Kanfer/Goldstein · Möglichkeiten der Verhaltensänderung

Möglichkeiten der Verhaltensänderung

HELPING PEOPLE CHANGE

Herausgegeben von

Frederick H. Kanfer
Arnold P. Goldstein

Mit Beiträgen von

Linda G. Buckner
William C. Coe
David L. Elwood
John Flowers
Anita P. Goldfried
Marvin R. Goldfried
Arnold P. Goldstein
David W. Johnson
Frederick H. Kanfer

Paul Karoly
Morton A. Lieberman
G. Alan Marlatt
Ronald P. Matross
Donald Meichenbaum
Richard J. Morris
Martha Perry
Jack Sandler

Urban & Schwarzenberg
München – Wien – Baltimore 1977

Anschriften der Herausgeber:
Prof. *Frederick H. Kanfer,* University of Illinois
Prof. *Arnold P. Goldstein,* Syracuse University

Anschriften der Beitragsautoren

Linda G. Buckner, M. A. Fresno, California
William C. Coe, Ph. D. Psychology Department California State University, Fresno, California
David L. Elwood, Ph. D. Psychology Laboratory Quinco Consulting Center, Columbus, Indiana
John Flowers, Ph. D. Program in Social Ecology University of California, Irvine, California
Anita P. Goldfried, M. A. East Setauket, New York
Marvin R. Goldfried, Ph. D. Psychology Department State University of New York, Stony Brook, New York
Arnold P. Goldstein, Ph. D. Psychology Department Syracuse University, Syracuse, New York
David W. Johnson, Ph. D. Psychological Foundations University of Minnesota, Minneapolis, Minnesota
Frederick H. Kanfer, Ph. D. Psychology Department University of Illinois, Champaign, Illinois
Paul Karoly, Ph. D. Psychology Department University of Cincinnati, Cincinnati, Ohio
Morton A. Lieberman, Ph. D. Department of Behavioral Sciences (Human Development) and Department of Psychiatry University of Chicago, Chicago, Illinois
G. Alan Marlatt, Ph. D. Psychology Department University of Washington, Seattle, Washington
Ronald P. Matross, Ph. D. Student Life Studies University of Minnesota, Minneapolis, Minnesota
Donald Meichenbaum, Ph. D. Psychology Department University of Waterloo, Waterloo, Ontario, Canada
Richard J. Morris, Ph. D. Psychology Department Syracuse University, Syracuse, New York
Martha Perry, Ph. D. Psychology Department University of Washington, Seattle, Washington
Jack Sandler, Ph. D. Psychology Department University of South Florida, Tampa, Florida

Autorisierte Übersetzung aus dem Amerikanischen
Titel der Originalausgabe HELPING PEOPLE CHANGE (ISBN 0-08-018272-0)
Copyright © 1975 Pergamon Press Inc. New York

CIP-Kurztitelaufnahme der Deutschen Bibliothek

> **Möglichkeiten der Verhaltensänderung** = Helping people change / hrsg. von Frederick H. Kanfer ; Arnold P. Goldstein. Mit Beitr. von Linda G. Buckner ... – 1. Aufl. – München, Wien, Baltimore : Urban und Schwarzenberg, 1977.
> Einheitssacht.: Helping people change ⟨dt.⟩.
> ISBN 3-541-07911-8
> NE: Kanfer, Frederick H. [Hrsg.]; Buckner, Linda G. [Mitarb.]; EST

Alle Rechte, auch die des Nachdruckes, der Wiedergabe in jeder Form behalten sich Urheber und Verleger vor. Es ist ohne schriftliche Genehmigung des Verlages nicht erlaubt, das Buch oder Teile daraus auf photomechanischem Weg (Photokopie, Mikrokopie) zu vervielfältigen oder unter Verwendung elektronischer bzw. mechanischer Systeme zu speichern, systematisch auszuwerten oder zu verbreiten.
Satz und Druck: Sellier GmbH Freising · Printed in Germany.
© Urban & Schwarzenberg, München – Wien – Baltimore 1977.

Vorwort zur deutschen Ausgabe

Das Buch bringt einen repräsentativen Überblick über psychologische Behandlungsmethoden, die auf der Basis empirischer Forschung, insbesondere der Lernforschung, entwickelt wurden. Der größte Teil der Themen ist sprachlich so klar dargestellt, daß er auch für den Nichtspezialisten verständlich ist. Die Anwendung der Methoden wird an praktischen Beispielen demonstriert. Der Leser erfährt auf diese Weise, welche Handlungen im Prinzip notwendig sind, um Verhaltens- und Erlebnisänderungen hervorzurufen.

Trotz der praxisnahen Darstellung bleibt eine wissenschaftlich-kritische Haltung durchgängig bestehen. Der Leser wird zwar zum psychologischen Handeln motiviert, ohne dabei jedoch die Mängel der bestehenden Theorien menschlicher Verhaltensänderung verdeckt zu bekommen. Eine Gewähr für diese praxisnahe und zugleich kritische Einstellung ist die Tatsache, daß alle Autoren des Buches sowohl in der therapeutischen Arbeit als auch in der experimentellen Forschung tätig sind.

Die Vorschläge des Buches zeichnen ein neues Bild des Verhältnisses zwischen dem Therapeuten und dem Patienten. Therapie wird als gemeinsames Handeln aufgefaßt, an welchem die Personen teilnehmen, die im Alltag der betroffenen Person eine Rolle spielen. Therapie sollte sich demzufolge in dem sozialen Feld ereignen, in dem die psychischen Störungen entstehen und aufrechterhalten werden. Wenn dieser Forderung in Wirklichkeit auch nur zum Teil Folge geleistet wird, so zeichnet sie doch den Trend der zukünftigen psychotherapeutischen Hilfe ab.

Ziel der meisten Vorschläge des Buches ist es, den Patienten möglichst rasch zum Therapeuten seiner eigenen Symptomatik werden zu lassen. Im Vergleich zu vielen anderen Büchern der lernpsychologisch orientierten Behandlung werden daher Methoden der Selbstregulation bzw. kognitiven Einflußnahme ausführlicher dargestellt.

Die besondere Berücksichtigung interner subjektiver Vorgänge im Rahmen der Methoden der Selbststeuerung und Einstellungsbildung erleichtert dem deutschen Leser den Zugang zu den verhaltenstheoretisch-pragmatischen Behandlungsmethoden. Die in ihren Anfängen an die Thesen des Behaviorismus gebundene Verhaltenstherapie zeigt hier in ihrer Auseinandersetzung mit den vielfältigen Erscheinungen der diagnostischen und therapeutischen Praxis ein wesentlich erweitertes theoretisches Konzept. Die heuristisch nützliche, den tatsächlichen Erscheinungen der psychologischen Praxis gegenüber jedoch künstliche, Abspaltung des Verhaltens vom erlebnispsychologischen Bereich wurde in diesem Buch zugunsten einer allgemeinpsychologisch erweiterten Einstellung aufgegeben.

Dem deutschen Leser wird das handlungsnahe, auf die Bewältigung der Alltagsprobleme hin ausgerichtete therapeutische Vorgehen zunächst manche Schwierigkeiten bereiten. Vielfach eingestellt auf den „typischen Psychotherapeuten", der weitgehend isoliert vom sozialen und dinglichen Alltag seine Kunst ausübt, werden den Leser die pragmatischen, an „Alltagstheorien" orientierten Ansätze zum Teil befremden. Er wird die Vorstellung überwinden müssen, Psychotherapie sei ein Suchen nach a priori vorhandenen „guten Eigenschaften", die durch Gespräche zutage gefördert werden. Das vorliegende Buch zeigt, daß psychologische Behandlung Arbeit bedeutet, für die das Gespräch nur einen Teil eines komplexen Handlungsgeschehens darstellt.

Herbst 1976   *Wolfgang Tunner*

*Für Ruby, Ruth, und Larry für ihre unendliche
Geduld, Ermutigung und Zuneigung
und
Für Susan in Liebe und Bewunderung
für ihre Bereitschaft, anderen zu helfen.*

Vorwort zur amerikanischen Ausgabe

In den Vereinigten Staaten stand in früheren Jahren für psychologische Probleme nur eine kleine Gruppe hochspezialisierter Therapeuten zur Verfügung. Andere Helfer existierten zwar, waren jedoch selten anerkannt und deshalb häufig schwer ausfindig zu machen. Normalerweise wurde nur eine kleine Anzahl recht aufwendiger therapeutischer Verfahren angewandt. Diese Situation hat sich in den letzten Jahren völlig verändert. Es gibt inzwischen viele verschiedene Arten von Therapeuten und auch ein breites Spektrum therapeutischer Verfahren. Hilfe zur Veränderung leisten nicht mehr nur Psychiater, Psychologen und Sozialarbeiter, sondern auch viele andere, sie sich beruflich und außerberuflich mit psychologischen Problemen befassen. Das vorliegende Buch wendet sich an alle, die mit diesen Problemen beschäftigt sind, unabhängig davon in welchem Beruf und mit welchem Ausbildungsstand.

Jedes der folgenden Kapitel behandelt eine Gruppe von Verfahren zur Verhaltensänderung. Man kann diese Verfahren als die wirksamen Komponenten betrachten, aus denen jede Art von Psychotherapie, Beratung und ähnlichen Hilfsmaßnahmen für die psychologischen Probleme eines Menschen besteht. Wichtige Verfahren wurden einbezogen, sofern über sie zuverlässige Forschungsergebnisse vorlagen. Wir haben mit voller Absicht aufsehenerregende modische Techniken ausgeschlossen, die eigentlich nur „Spiel und Spaß" sind oder dem Geltungsstreben ihres Urhebers und nicht der anhaltenden Veränderung der Klienten dienen.

Wir konnten für diese Aufgabe glücklicherweise hervorragende Mitarbeiter gewinnen, deren Beiträge Engagement für menschliches Leiden und wissenschaftliche Akribie gleichermaßen widerspiegeln. Ihre gemeinsamen Anstrengungen ermöglichen im vorliegenden Buch eine umfassende und genaue Darstellung von Verfahren zur Veränderung des Verhaltens und der Einstellungen und Kognitionen, zur Einzel- und Gruppentherapie und zu damit in Beziehung stehenden Vorgehensweisen. Die Betonung liegt dabei auf dem spezifischen Inhalt und auf der Anwendungsweise der Verfahren. Wir hoffen, daß dieses Buch einen Beitrag dazu leistet, Menschen zu helfen, sich zu ändern.

Da sich das vorliegende Buch an Studenten, Fachleute und Laientherapeuten wendet, haben wir wertvolle Beratung und Kritik von Personen aus diesen verschiedenen Sparten eingeholt. Ihre Überlegungen haben fast jedes Kapitel bedeutend bereichert. Deshalb sei auch Susan Goldstein, Larry Grimm, Bryce Kaye, Marina Kolb, Charles Spates und Andrew Ursino sehr herzlich gedankt.

Inhaltsverzeichnis

1. Einführung 1
   Frederick H. Kanfer und Arnold P. Goldstein
2. Methoden zur Verbesserung von Beziehungen 17
   Arnold P. Goldstein
3. Methoden der Einstellungsänderung 56
   David W. Johnson und Ronald P. Matross
4. Kognitive Methoden der Verhaltensänderung 103
   Marvin R. Goldfried u. Anita P. Goldfried
5. Methoden des Modellernens 133
   G. Alan Marlatt und Martha A. Perry
6. Simulation und Rollenspiel 178
   John V. Flowers
7. Operante Methoden 220
   Paul Karoly
8. Methoden der Angstreduktion 261
   Richard J. Morris
9. Aversive Methoden 309
   Jack Sandler
10. Selbstmanagement – Methoden 350
    Frederick H. Kanfer
11. Methoden der Selbstinstruktion 407
    Donald Meichenbaum
12. Therapieerwartung, Hypnose und suggestive Methoden 451
    William C. Coe und Linda G. Buckner
13. Gruppenmethoden 503
    Morton A. Lieberman

14. Automatisierungsverfahren 568
    David L. Elwood

Über die Herausgeber 610

Sachverzeichnis 611

1. Einführung

Frederick H. Kanfer und Arnold P. Goldstein

Das vielleicht charakteristischste Merkmal unseres Lebens während der vergangenen Jahrzehnte war der zunehmend schnellere Wandel in unserer materiellen Umwelt, unserer Technologie und unseren ethischen, sozialen und politischen Institutionen. Überflutet von Massenmedien, vom Reichtum an verfügbaren Gütern und Ideen und vom ständigen Wechsel der Szene, dem unsere Sinne ausgesetzt sind, hat sich jeder von uns, wenn auch nur leicht, bis zum Ende des Tages entweder zum Guten oder Bösen verändert. Die Unterhaltung mit einem Freund, ein interessanter Film oder ein spannendes Buch, eine neue emotionale Erfahrung, eine politische Kundgebung, ein Kunstwerk oder die atemberaubende Schönheit der Natur können einen tiefen Eindruck in uns hinterlassen und unsere Einstellung zu uns und der Welt verändern. Ist das Erlebnis intensiv genug, kann es unser Verhalten dermaßen beeinflussen, daß es unseren Familien und Freunden auffällt. Dennoch gibt es Menschen, denen in ihrem Alltag dieselben Vorstellungen, dieselben Bilder und dieselben Menschen begegnen wie anderen Leuten und die doch nicht fähig sind, ihre Einstellung zu sich und anderen zu verändern, die es nicht fertig bringen, ihr selbstverleugnendes Verhalten aufzugeben, obwohl sie nach Lösungen und Chancen für ihre persönliche Entwicklung nur zu greifen brauchten. Andere begegnen ihrer Umwelt in einer starren Haltung, voll Furcht und Aggression. Sie finden wenig Glück und Befriedigung, sind aber auch nicht in der Lage, aus dem Teufelskreis auszubrechen, in den sie sich begeben haben. Diese in der Lösung ihrer privaten und zwischenmenschlichen Problematik lahmgelegten Menschen bilden die Population, auf die sich die Aufmerksamkeit derjenigen unter uns richtet, die im Bereich der Psychohygiene tätig sind.

Dieses Buch berichtet über psychologische Methoden, die dem Menschen helfen sollen, sich zum Besseren zu verändern, damit er seine Fähigkeiten voll entwickeln und aus den Chancen, die ihm seine soziale Umwelt bietet, Nutzen ziehen kann. Die therapeutischen Methoden, die wir untersuchen wollen, haben das gemeinsame Ziel, dem Individuum zu größerem persönlichen Glück und zu einer optimaleren persönlichen Kompetenz und Zufriedenheit zu verhelfen. Wir glauben, daß ein professioneller oder halbprofessioneller Berater Menschen beratend, belehrend oder führend zur Seite stehen kann, deren körperliches Unbehagen, seelische Probleme und soziale Unzulänglichkeiten ihnen selbst oder anderen in ihrer Umgebung so stark zur Last fallen, daß die Hilfestellung durch einen geschulten Außenstehenden am Platze scheint.

Menschen helfen einander im Alltag auf vielerlei Weise und sie erreichen mit

Übersetzt von Hannelore Benkeser

1. Einführung

dieser recht informellen Hilfe tatsächlich eine Veränderung. Trotzdem unterscheiden sich professionelle bzw. halbprofessionelle therapeutische Beziehungen immer wieder in einigen charakteristischen Punkten von einer Freundschaft oder anderen hilfreichen Interaktionen. Ganz gleich, ob diese therapeutische Beziehung nun Psychotherapie, Beratung, Führung, Verhaltensmodifikation oder Gestalttherapie genannt wird oder ob sie von einem Arzt, einem Psychiater, einem Psychologen, einem Sozialarbeiter, einem Pfleger, einem Erzieher, einer Krankenschwester oder einem Praktikanten geleistet wird - wir finden immer wieder dieselben Merkmale in den professionellen oder halbprofessionellen therapeutischen Verbindungen: sie sind einseitig, systematisch, formal und zeitlich begrenzt.

Der Aspekt der *Einseitigkeit* der therapeutischen Beziehung entsteht dadurch, daß die Teilnehmer damit einverstanden sind, daß der eine als Therapeut, der andere als Klient bezeichnet wird. Es gibt auch ein explizites oder implizites Einverständnis, daß die Lösung der Probleme des Klienten im Mittelpunkt der Beziehung und der damit verbundenen Aktivitäten steht. In dieser Hinsicht unterscheidet sich der therapeutische Prozeß von den meisten anderen zwischenmenschlichen Beziehungen. Die persönlichen Probleme, privaten Angelegenheiten, die Sorgen und Wünsche der anderen beteiligten Person, des Therapeuten, werden absichtlich ausgeklammert. Die Behandlung, die Therapie, oder wie immer man diese helfende Verbindung auch nennen mag, ist einseitig und ausschließlich auf den Klienten konzentriert.

Die professionelle oder halbprofessionelle therapeutische Beziehung ist insofern *systematisch,* als die Teilnehmer sich üblicherweise zu Beginn mit dem Sinn und Zweck ihrer Interaktion einverstanden erklären und der Therapeut Schritte plant und durchführt, die beide in überschaubarer Weise der Lösung des Problems des Klienten näherbringen.

Die Beziehung ist deshalb *formal,* weil die Interaktion zwischen Therapeut und Klient normalerweise auf einen bestimmten Ort und eine bestimmte Zeit beschränkt bleibt. Obwohl es keine Vorschrift dafür gibt, daß die Interaktion immer zur selben Tageszeit und am selben Ort - sei es im Büro, in der Praxis oder in der Klinik - stattfinden müßte, wird es meistens so gehandhabt. Zeit und Ort werden so vereinbart, daß der Therapeut während des Treffens mit dem Klienten keine andere Rolle oder Aufgabe hat. Es kann vorkommen, daß der Therapeut absichtlich für eine zwanglose Atmosphäre sorgt. Es kann beispielsweise auch eine therapeutische Interaktion sein, wenn ein Erzieher mit einem Kind Tischtennis oder Dame spielt oder mit ihm spazierengeht, oder wenn ein erwachsener Klient zu Hause aufgesucht wird. In diesem Fall geht es aber dem Erzieher nicht darum, das Spiel zu gewinnen oder Sport zu treiben, noch dient der Besuch in der Wohnung des Klienten dem beiderseitigen Vergnügen. Es handelt sich im Gegenteil um Beispiele einer formalen Behandlung in einer formellen Situation.

Therapeutische Beziehungen sind *zeitlich begrenzt.* Sie sind in dem Augenblick beendet, da die festgelegten Ziele erreicht sind. Die Beendigung wird jeweils als das Endergebnis der Beziehung betrachtet und kann auf einer gemeinsamen Absprache beruhen oder von einer der beiden Seiten gewünscht werden.

1. Einführung

Wenn man eine Freundschaft oder eine Interaktion mit einem Kollegen oder einem Nachbarn einmal kurz betrachtet, wird deutlich, daß keines der genannten Kennzeichen auf solche Beziehungen zutrifft. Soziale Beziehungen werden zum Vorteil aller Beteiligten eingegangen. Es gibt keinen festgelegten Plan zur Erfüllung bestimmter Aufgaben. Man findet an der Beziehung um ihrer selbst willen Gefallen und nicht, weil man mit ihrer Hilfe etwas Bestimmtes erreichen möchte. Sie wird auch aus zahlreichen anderen Gründen abgebrochen als wegen der Vollendung einer Aufgabe.

Die Geschichte professioneller Helfer ist viele hundert Jahre alt. In jedem Zeitalter hat die vorherrschende Theorie über die menschliche Natur entschieden, welche Berufsgruppe als kompetent betrachtet werden durfte, den körperlichen und seelischen Schwierigkeiten der Menschen beizukommen. In Gesellschaften, die die Existenz des Menschen theologisch begründeten, erhielten Priester, Zauberer und Medizinmänner den Auftrag, den Leuten bei ihren persönlichen Problemen zu helfen oder abweichendes Verhalten wieder in die richtigen Bahnen zu lenken. In neuerer Zeit vertrat man in der westlichen Welt die Ansicht, Verhaltensstörungen seien Ausdruck nervöser Leiden oder auf die biologische Struktur des Individuums zurückzuführen. Als Folge davon wurden seelische Probleme der Verantwortung von Ärzten, insbesondere von Psychiatern übertragen.

Die frühe Vermutung, Hirnschäden oder ein schwaches Nervensystem seien die Ursache vieler Verhaltensstörungen, führte zu einer fieberhaften Suche nach den spezifischen Wurzeln „seelischer Krankheit". Selbst Freuds umfassende Theorie menschlichen Verhaltens basierte auf der Annahme, daß die der menschlichen Aktivität zugrundeliegende treibende Kraft, Libido genannt, durch Konversion physischer Energie entstehe und durch das Nervensystem übertragen werde.

In den vergangenen drei Jahrzehnten kam es hinsichtlich der Auffassung, Verhaltensstörungen seien als seelische Krankheit anzusehen und hingen mit der biologischen oder psychischen Struktur des Organismus zusammen, zunehmend zu einer Ernüchterung. Sie wurde abgelöst von Modellen psychischer Störungen, die sich aus philosophischen Vorstellungen und in zunehmendem Maße auch aus der wissenschaftlich orientierten Psychologie ableiteten. Dieser Tendenz entsprechend wurde auch die Tatsache anerkannt, daß psychische Probleme auch von nichtmedizinischen Fachleuten behandelt werden können. Der Verfall des Glaubens an die Unfehlbarkeit beruflicher Autorität hat die Entwicklung kurzer Schulungen beschleunigt, die es vielen Laien erlauben, sich in die Behandlung oder den Prozeß der Verhaltensveränderung einzuschalten. Die steigende Zahl von Helfern im Bereich der Psychohygiene hat geholfen, den Mangel an verfügbaren Kräften zu beheben, der durch die geringe Anzahl geschulter Fachleute und die große Zahl Hilfesuchender entstanden war. Der erweiterte Einsatz halbprofessionellen Personals, von Eltern, Freiwilligen und vielen anderen Helfern ist eine Entwicklung, die wir befürworten. Ihr Erfolg bei vielen Arten von Klienten mit einer breit gefächerten Skala von Problemen ist bereits erwiesen.

1. Einführung

Wer ist zum Helfer geeignet?

Viele verschiedene Berufsgruppen haben sich die Verhaltensveränderung ihrer Klienten zum Ziel gesetzt. Lehrer, Ärzte, Geistliche, Sozialarbeiter, Psychologen und Bewährungshelfer gehören zu den Berufen, die Dienstleistungen zur Veränderung menschlichen Verhaltens anbieten. Selbst dann, wenn bleibende Veränderungen im Verhalten des Klienten nicht unmittelbar im Mittelpunkt der professionellen Bemühung stehen, spielen sie dennoch im gesamten Zusammenhang der angebotenen Hilfe eine Rolle. Rechtsanwälte, Krankenschwestern, Zahnärzte und Finanzberater gehören zu den Berufen, die ihre vorgegebenen Ziele leichter realisieren können, wenn es ihnen gelingt, ihre Klienten zu beeinflussen. Der weitgespannte Bogen der gegebenen Möglichkeiten reicht von kleinen Gefälligkeiten bis zu tiefgreifenden Veränderungen in ihrem Lebensstil. Ein guter Zahnarzt behebt beispielsweise nicht nur Zahnschäden und führt eine vorbeugende Behandlung in seiner Praxis durch, sondern er ist auch in der Lage, seinen Patienten davon zu überzeugen, besser auf die Pflege seiner Zähne zu achten oder sogar seine Eßgewohnheiten zu verändern, damit spätere Schäden verhindert oder verzögert werden können. Nicht alle Fachleute besitzen jedoch in gleicher Weise die Fähigkeit, psychologische Probleme mit Erfolg zu behandeln. Das erfolgreiche Absolvieren bestimmter Ausbildungsprogramme war bisher die beste Voraussetzung für die Eignung zu therapeutischen Berufen. Im allgemeinen wird der erfolgreiche Abschluß eines Studiums durch die Verleihung eines akademischen Grades bestätigt und der Inhaber dieses Grades als befähigt angesehen, ganz bestimmte berufliche Aufgaben zu erfüllen. Die Institutionen, die ihren Absolventen einen Titel verleihen, machen natürlich keinen klaren Unterschied zwischen der Fähigkeit, den Anforderungen akademischer Kurse zu genügen und den Fertigkeiten, die die berufliche Praxis verlangt. Es gab immer wieder heiße Debatten darüber, welche Ausbildungsform die Studenten am besten für die therapeutischen Berufe vorbereitet.

Die am weitesten verbreiteten Kriterien fachlicher Qualifikation sind das Diplom oder der Doktorgrad in klinischer Psychologie, der Doktor in Medizin mit einer psychiatrischen Spezialausbildung oder der Abschluß als Sozialarbeiter. Mehr und mehr hat jedoch die Tatsache Anerkennung gefunden, daß die Durchführung von Programmen zur Verhaltensmodifikation nicht die Aufgabe einer einzigen Disziplin sein kann und daß man nicht von jedem Praktiker erwarten kann, in allen Gebieten seines Fachs versiert zu sein. Zu der Zeit, da sich die Behandlungsmethoden psychologischer Probleme von ihren in der religiösen, philosophischen und biologischen Auffassung des Menschen steckenden Grundpfeilern zu lösen begannen und auch psychologische, soziale, ökonomische und politische Gesichtspunkte miteinschlossen, gab es parallel dazu eine neuartige Entwicklung in der therapeutischen Praxis. Personen, die ein wesentlich kürzeres und einfacheres formales Training absolviert haben, als es das für Psychologen und Psychiater erforderliche sechs- bis achtjährige Studium darstellt, sind heute in der Lage, ein effektives Programm zur Verhaltensveränderung durchzuführen. Wie schon erwähnt, leisten diese Leute einen signifikanten Beitrag auf dem Gebiet der Psychohygiene. Diese veränderten Anforderungen sind teilweise das Ergebnis der Arbeitsteilung, die neuerdings durch die klarere Beschreibung der Anwendungsmöglichkeiten der Techniken der Verhaltensänderung möglich geworden ist. Die traditionellen psychotherapeutischen Methoden basierten hauptsächlich auf komplizierten abstrakten Persönlichkeitstheorien und die Beziehung zwischen Therapeut und Klient wurde als wichtigstes Instrument betrachtet, um eine Veränderung zu erzielen. Es war deshalb nötig, einen Schüler zunächst sehr ausführlich in die Theorien und Hypothesen der therapeutischen Methode einzuführen. Die Heranbildung der Fähigkeit, eine Behandlung durchzuführen, dauerte sehr lange. Sie geschah hauptsächlich im Verlauf einer langen Lehrzeit in Verbindung mit einer engen individuellen Supervision. In vielen Disziplinen, z.B. in der Psychoanalyse, wurde der Schüler vierzig Jahre und älter, ehe seine Lehranalyse abgeschlossen war. Die Erkenntnis, daß viele Komponenten eines Programms zur Verhaltensänderung in ziemlich kurzer Zeit erlernbar sind und daß es nicht notwendig ist, das gesamte Arbeitsgebiet zu beherrschen, um an einigen Phasen der Behandlung teilzunehmen, hat dazu geführt, Leute mit einem begrenzten Wissen über therapeutische Methoden (Halbprofessionelle) so zu schulen, daß sie unter der Anleitung fachlich qualifizierter Personen effektiv arbeiten können.

In einem vor kurzem veröffentlichten Bericht führender Autoren auf dem Gebiet der Verhaltensmodifikation stellten *Sulzer-Azaroff, Thaw* und *Olsen* (1974) Klienten die Frage, welche Art von Kompetenz sie von folgenden vier Berufen erwarten würden: Verhaltensanalytiker, Koordinator für Verhaltenstechnologie, Ingenieur für Verhaltenstechnologie, Assistent für Verhaltenstechnik. Die Erwartungen erwiesen sich auf der höchsten Stufe (Verhaltensanalytiker) als sehr konsistent. Er wurde als die Person angesehen, die Forschung betreibt und neue Methoden und Programme entwickelt. Von der niedrigsten Stufe (Assistent für Verhaltenstechnik) wurden keine besonderen Qualifikationen erwartet. Die Fertigkeiten, die er besitzen muß, könnten während der Tätigkeit selbst oder in einigen wenigen vorbereitenden Kursen erworben werden. Der Koordinator für Verhaltenstechnologie wurde als eine erfahrene Person beschrieben, die kurz vor dem Erwerb des Doktortitels steht. Ihr traut man die Durchführung von Programmen in Schulen und anderen Institutionen zu, aber keine Rolle in der Forschung und Verwaltung. Der Bericht machte deutlich, daß Personen mit unterschiedlichen Schulungen und Erfahrungen in der Therapie mit Erfolg zusammenarbeiten können.

Supervisoren müssen in der Lage sein, Art und Umfang eines persönlichen Problems zu beurteilen. Sie müssen den sozialen, biologischen und ökonomischen Hintergrund eines Problems durchschauen. Es ist ihre Aufgabe zu entscheiden, welche der verfügbaren Techniken sich zur Entwicklung eines therapeutischen Programms eignen. Sie müssen die Methoden kennen, mit deren Hilfe der Fortschritt in einem Programm überwacht wird und wissen, unter welchen Bedingungen das Behandlungsprogramm geändert werden kann. Schließlich müssen sie ihre eigenen Grenzen und die ihrer Helfer kennen und wissen, wohin sie sich wenden

1. Einführung

können, wenn das betreffende Problem ihre Kompetenz oder die Mittel ihrer Institution übersteigt. Auf diese Weise entwickelt sich ein pyramidenförmiges Vorgehen. Der Supervisor oder Berater hat am Anfang am meisten zu tun: er überwacht den Fortschritt der Behandlung und steht dem halbprofessionellen Mitarbeiter beratend und lenkend zur Seite, soweit er es braucht. Das Konzept eines Teams, das sich aus Leuten verschiedener Erfahrung und Kompetenz zusammensetzt, ist auch deshalb zu befürworten, weil es psychologische Dienstleistungen an einer großen Anzahl von Menschen erlaubt, die sich früher keine teure Einzeltherapie leisten konnten. Die Qualifikationen für die Ausübung psychologischer Aufgaben sind also von Stufe zu Stufe verschieden. Während es sehr wohl möglich ist, daß eine Person nach einer Schulung von nur wenigen Wochen ein gut geplantes und strukturiertes therapeutisches Programm unter Anleitung eines Experten durchführen kann, erfordert die gesamte Betreuung eines Klienten die Beratung oder Leitung eines Fachmanns mit einer gründlichen Kenntnis psychologischer Prinzipien, klinischer Methoden und dem Wissen um die Grenzen sowohl seiner eigenen Fähigkeiten als auch der seiner Mitarbeiter.

Eine ganz andere Qualifikation des Therapeuten betrifft seine persönlichen Eigenschaften. Wie schon einmal angedeutet und in dem noch folgenden Abschnitt über ethische Fragen im Einzelnen erörtert, ist es wichtig, daß der Therapeut in erster Linie das Ziel verfolgt, seinem Klienten zu helfen und nicht, seinen eigenen Interessen zu folgen. Darüber hinaus muß er in der Lage sein, Hinweise wahrzunehmen, die ihm zeigen, wie sein eigenes Verhalten auf den Klienten wirkt. Die Eigenschaften, die der im sozialen Beruf Tätige noch haben sollte, waren Gegenstand jahrelanger Forschung. Folgende Charakteristika scheinen eine Mindestforderung darzustellen: Empathie, Wärme, Aufrichtigkeit und Erfahrung. In den Kapiteln 2 und 3 werden diese und andere offensichtlich erwünschten Eigenschaften näher untersucht.

Obwohl die in den folgenden Kapiteln vorgestellten therapeutischen Methoden bis zu einem gewissen Grad untersucht und validiert worden sind, kann nicht oft genug betont werden, daß die Methoden selbst keinen Erfolg garantieren. Sowohl die geschickte *Anwendung* (d.h. die Beurteilung der Frage, wann welche Methode bei welchem Patienten einzusetzen ist) als auch das Wissen darum, wann eine Technik oder ein Ziel *verändert* werden müssen, ist für die erfolgreiche Durchführung therapeutischer Programme unentbehrlich. Die meisten der in den folgenden Kapiteln beschriebenen Techniken, sind nicht an bestimmte Probleme von Klienten gebunden. Sie können daher zur Verbesserung einer ganzen Reihe persönlicher, sozialer, sexueller und anderer Probleme eingesetzt werden. Wenn sie richtig angewendet werden, ist es sehr wahrscheinlich, daß sie eine heilsame Veränderung im Verhalten des Klienten bewirken. Die bloße Kenntnis eines Katalogs verfügbarer therapeutischer Techniken ist allerdings nur eine ungenügende Vorbereitung für eine kompetente psychologische Hilfestellung.

Die Probleme und Gefahren, die die Anwendung psychologischer Methoden durch Personen ohne geeignete Qualifikationen mit sich bringt, sind sehr zahlreich. Auf anhaltende körperliche Beschwerden angewandte operante Techniken können beispielsweise die Frequenz der Beschwerden reduzieren. Andererseits kann dadurch aber auch der Beginn einer schwerwiegenden physischen Krankheit verschleiert werden. Wachsende Selbstsicherheit und zunehmende Unabhängigkeit auf seiten eines Ehepartners kann das Verhalten des anderen Partners in der Tat verändern. Ohne eine gründliche Informationssammlung und ohne die Würdigung der interpersonalen Zusammenhänge des Problems läuft ein unerfahrener Therapeut Gefahr, zur Verschärfung einer ehelichen Problematik beizutragen und vielleicht eine Scheidung oder das Verlassen eines Partners heraufzubeschwören. Die Behandlung homosexuellen Verhaltens kann trotz des Wunsches des Klienten, seine sexuelle Veranlagung zu korrigieren, ganz einfach deshalb zum Scheitern verurteilt sein, weil der Klient nicht über ein ausreichendes Repertoire heterosexueller Verhaltensweisen verfügt, um neue sexuelle Erfahrungen zu machen bzw. die notwendigen Erfolgserlebnisse bei seinen sexuellen und anderen Aktivitäten zu haben, die an die Stelle seiner früheren angenehmen Erfahrungen treten könnten. Der Therapeut muß sich deshalb der Faktoren, die in die Planung einer Behandlung miteingehen, und seiner eigenen Grenzen voll bewußt sein und eng mit anderen zusammenarbeiten, die ihm notfalls mit Rat und Tat zur Seite stehen können. Die voreilige, ungeschickte und unerfahrene Anwendung verhaltenstherapeutischer Techniken kann im besten Fall Verschwendung und erfolglos, im schlimmsten Fall schädlich sein.

Im Verlauf unserer Diskussion über die notwendige fachliche Qualifikation für therapeutische Berufe ist es klar geworden, daß auch Halbprofessionelle, wie z.B. Studenten, Fürsorger, Angestellte des öffentlichen Gesundheitswesens, Wärter, Krankenschwestern und andere Personen auch ohne langwierige Ausbildung in angewandter Psychologie sehr viel dazu beitragen können, Verhalten zu verändern. Oft sind gerade sie diejenigen, die ein geplantes Programm am besten verwirklichen können. In vielen Situationen verbringt der halbprofessionelle Mitarbeiter mehr Zeit mit einem Klienten als der Fachmann und hat aufgrund seines intensiven Kontakts zu dem Betroffenen einen weit größeren Einfluß auf ihn als der leitende Therapeut während der kurzen Spanne eines diagnostischen Interviews. Es sollte trotzdem festgehalten werden, daß die Durchführung, nicht die Planung, Aufgabe des weniger gründlich geschulten Mitarbeiters ist. Dauernde Selbstbeobachtung und Kontrollgespräche mit einem Psychologen als Supervisor sind unentbehrlich, um die Wirksamkeit des Programms zu gewährleisten und den Klienten zu schützen.

Was ist ein psychologisches Problem?

Ganz allgemein gesagt sind psychologische Probleme Schwierigkeiten, die jemand in seinen persönlichen Beziehungen, in der Wahrnehmung seiner Umwelt oder in seiner Einstellung zu sich selbst hat. Psychologische Probleme können begleitet werden von Gefühlen der Angst und Spannung, von Unzufriedenheit mit dem eigenen Verhalten, ausschließlicher Beschäftigung mit dem Problem,

1. Einführung

Unfähigkeit, die gewünschten Ziele zu erreichen oder mangelnder Funktionsfähigkeit auf anderen Gebieten der Psyche. Psychologische Probleme ergeben sich manchmal auch dann, wenn der Klient selbst zwar keine Beschwerden äußert, aber andere in seiner Umgebung sich durch sein Verhalten unangenehm berührt fühlen, ihn als unfähig, destruktiv, unglücklich oder störend beurteilen oder das Gefühl haben, er handle gegen seine eigenen Interessen und die der sozialen Umwelt, in der er lebt. Ein psychologisches Problem läßt sich also durch folgende Merkmale beschreiben:
1. Der Klient leidet an subjektiven Beschwerden, Angst und Sorgen, die ohne fremde Hilfe nicht leicht zu bewältigen sind.
2. Der Klient zeigt ein Verhaltensdefizit oder ist derart auf ein bestimmtes Verhalten fixiert, daß es nach eigenen Angaben oder denen seiner Mitmenschen seinen Lebensrhythmus stört.
3. Der Klient tut Dinge, gegen die seine Umwelt etwas einzuwenden hat, und die entweder für ihn selbst oder andere negative Folgen haben.
4. Der Klient zeigt Verhaltensstörungen, die ihm von seiner unmittelbaren Umgebung schwere soziale Sanktionen eintragen.

Seelische Probleme hängen manchmal mit Schwierigkeiten aus anderen Lebensbereichen zusammen. Ein Autounfall kann beispielsweise zu einer Körperbehinderung führen, die psychische Folgen nach sich zieht. Jemand, der seine Stellung, seinen Ehepartner oder seine Ersparnisse verloren hat, kann sich vorübergehend psychologischen Schwierigkeiten gegenübersehen. Sozialpolitische Fragen, wie z.B. diskriminierende Praktiken gegenüber Minoritäten, wirtschaftliche Probleme, sexuelle, moralische oder religiöse Forderungen der Umwelt, die nicht im Einklang mit der Lebensweise eines Menschen stehen, können sämtlich Ursachen seelischer Probleme sein. Es gibt häufig vorübergehende psychische Probleme, die keines Psychologen bedürfen, sondern durch die Beseitigung der „Ursache" gelöst werden können. Die Sorge über eine medizinische Unzulänglichkeit oder eine ernste Krankheit überläßt man besser einer ärztlichen denn einer psychologischen Betreuung. Verzweiflung über den Verlust einer Stellung bekämpft man besser mit der Suche nach einem neuen Job als mit der Bewältigung der seelischen Problematik des Verlustes. Es ist deshalb die Pflicht des Therapeuten, eine Analyse des gesamten Problems durchzuführen, um die Frage zu entscheiden, ob die Behandlung zumindest einiger Aspekte nicht effektiver von jemand durchgeführt werden kann, der kein Psychologe ist. Was die Einstellungen, Verhaltensmuster und Interaktionen eines Individuums betrifft, so gehören sie in den Bereich psychologischer Beratung.

Therapieziele

Ein gutes therapeutisches Programm baut auf einer klaren Vorstellung über die Ziele der Behandlung auf und wird durch die Zusammenarbeit von Therapeut und Klient entwickelt. Man kann fünf langfristige Therapieziele unterscheiden:

Therapieziele

1. Veränderung eines bestimmten Problemverhaltens, z.B. mangelnde Kommunikationsfähigkeit
2. Einsicht in bzw. klares rationales und emotionales Verständnis für die eigenen Probleme
3. Veränderung des subjektiven emotionalen Zustandes eines Individuums, einschließlich des Abbaus von Spannungen und Ängsten
4. Veränderung der Wahrnehmung der eigenen Person, einschließlich der Ziele, des Selbstvertrauens und des Gefühls der Kompetenz
5. Wandel des Lebensstils oder „Umstrukturierung der Persönlichkeit", ein Ziel, das eine tiefgreifende Veränderung der Lebensweise des Klienten verfolgt.

Die Wahl eines dieser Ziele schließt nicht aus, daß parallel dazu weitere Ziele erreicht werden. Ein Beispiel: Obwohl viele der in diesem Buch beschriebenen Techniken die Veränderung bestimmter Verhaltensweisen im Auge haben, bringen solche Interventionen bei der betreffenden Person oft auch die Einsicht in die eigene Handlungsweise, die Modifikation der Einstellung gegenüber der eigenen Person und in manchen Fällen sogar einen tiefgreifenden Wandel der gesamten Lebensweise mit sich. In ähnlicher Weise können Therapeuten, die sich eine gründlichere Einsicht und entscheidende Persönlichkeitsveränderungen ihrer Klienten zum Ziel gesetzt haben, im Verlauf der Behandlung auch Veränderungen des sozialen Verhaltens und der spontanen Reaktionen beobachten. Therapieziele schließen einander also nicht gegenseitig aus. Die obige Aufzählung besagt nur, daß man einem bestimmten Ziel den Vorzug geben kann, ohne die anderen opfern zu müssen, die oft ein Nebenprodukt oder ein sekundäres Ergebnis des Prozesses persönlicher Veränderung sind.

Verhaltensmodifikation

Hat eine therapeutische Bemühung die Veränderung eines bestimmten Verhaltens zum Ziel, müssen gründliche Informationen über die Lebensumstände der betreffenden Person gesammelt werden, um die Frage zu klären, ob das kritische Verhalten modifizierbar ist, und ob eine Veränderung zu einer signifikanten Verbesserung der gesamten Lebenssituation des Klienten führen würde. Eine genauere Beschreibung der einzelnen Schritte, die vor Beginn des therapeutischen Programms unternommen werden müssen, folgt weiter unten in unserer Diskussion des diagnostischen Prozesses.

Einsicht

Einsicht als Ziel der Therapie ist charakteristisch für die Psychoanalyse und damit verwandte Theorien. Diese therapeutischen Methoden sind im vorliegenden Band nicht aufgenommen worden. Die Gründe dafür sind, daß die Annahmen, die der psychoanalytischen Therapie zugrundeliegen, sehr umfassend sind, und daß im Normalfall ihre Therapeuten ein gründliches Training in psychoanalytischen Methoden, einschließlich einer Lehranalyse und jahrelanger Supervision von Fällen, nachweisen müssen. Außerdem werden die therapeutischen Erfolge der psychoanalytischen und anderer auf Einsicht bauender Methoden durch die laufende empirische Forschung nicht ausreichend bestätigt. Sie sind außerordentlich zeitraubend und unseres Erachtens selten die geeignete Behandlung. Die in der psychologischen und psychiatrischen Literatur oft vorgebrachten Argumente hinsichtlich der Nützlichkeit von Einsicht versus Verhaltensveränderung sind jedoch manchmal übertrieben worden. Wenn ein motivierter Klient einen Zusammenhang zwischen seinen aktuellen Verhaltensproblemen und seiner Vergangenheit herstellt, kann die Befriedigung darüber, eine Erklärung für sein eigenes Verhalten gefunden zu haben und die Möglichkeit, seine emotionalen Erfahrungen einzuordnen - ungeachtet der Tatsache, ob diese Zusammenhänge tatsächlich existieren oder nicht - der Beginn einer Veränderung seiner gegenwärtigen Verhaltensmuster sein.

Reduktion emotionaler Spannungen

Die Reduktion der Angst ist lange Zeit als das schwierigste Problem in der Behandlung neurotischer Störungen angesehen worden[1]. In den Fällen, da die Reduktion der Angst oder die Befreiung von chronischen emotionalen Spannungen das Hauptziel der Intervention ist, wird davon ausgegangen, daß der Klient später imstande sein wird, sich adäquater zu verhalten, weil er die für die Bewältigung von Lebenssituationen notwendigen Fertigkeiten bereits in seinem Repertoire hat und der Gebrauch dieser Fertigkeiten nur durch die Angst gehemmt war. Trifft dies nicht zu (liegt das Problem z.B. nicht in der Hemmung durch Angst, sondern handelt es sich um ein Verhaltensdefizit), wird man sich dem Aufbau ganz bestimmter Fertigkeiten als nächstem Ziel des therapeutischen Programms zuwenden. Ist das Problem teils emotional und teils durch ein bestimmtes Verhaltensdefizit bedingt, dann sollten die Reduktion emotionaler Spannungen und das notwendige Verhaltenstraining gleichzeitig in Angriff genommen werden.

Veränderung der Einstellung zur eigenen Person

Techniken zur Veränderung der Wahrnehmung der eigenen Person, sowie der Beurteilung der eigenen Handlungsweise werden in einigen Kapiteln dieses Buches angeboten. Im allgemeinen wird bei der Anwendung solcher Verfahren

---

[1]) Die Techniken zur Reduktion der Angst werden in Kapitel 8 dieses Bandes erörtert.

angenommen, daß das positivere Selbstbild allein schon ausreicht, um den Klienten in die Lage zu versetzen, die konstruktiven Verhaltensmuster, deren er fähig ist, selbstständig auszuführen. Hat sich jemand einmal als kompetent erlebt oder sieht er sich realistischer im Vergleich mit anderen, kann er vermutlich mit größerem Selbstvertrauen, mit mehr Zielsicherheit und erhöhter Effizienz im sozialen Bereich planen und handeln.

Veränderung des Lebensstils

Das ehrgeizigste Ziel eines therapeutischen Programms ist die Veränderung des gesamten Lebensstils des Klienten. Dies erfordert häufig nicht nur eine Verhaltensmodifikation, sondern auch eine Veränderung seiner Umwelt, seines Freundeskreises, seines Arbeitsplatzes etc. Ein gutes Beispiel dafür ist ein Drogensüchtiger, dessen ganzer Lebensrhythmus der Beschaffung einer illegalen Droge unterworfen ist.

Entwurf eines therapeutischen Programms

Dieses Buch hat nicht die Absicht, dem Leser ein gründliches Wissen über diagnostische Methoden für die Analyse eines Problems und den Entwurf eines auf den gewonnenen Daten basierenden Behandlungsprogramms zu vermitteln. Trotzdem sollte sich der Interessierte über die Bedeutung einer rechtzeitigen Problemanalyse als Fundament für die Anwendung jeder therapeutischen Technik im klaren sein. Bisher gibt es nur einige wenige allgemein anerkannte Prinzipien, die den Therapeuten sicher durch den Prozeß des Sammelns und Beurteilens von Informationen führen könnten. Es gibt einige Bücher und Zeitschriftenartikel, die die verfügbaren psychologischen Tests diskutieren. Einige erörtern auch die Frage, welche Gesichtspunkte im Leben eines Individuums untersucht werden sollten, ehe eine Entscheidung über das Ziel und die Behandlungsmethode getroffen wird *Goldfried* und *Pomeranz* 1968; *Gottmann* und *Leiblum* 1974; *Kanfer* und *Saslow* 1969; *Lanyon* und *Goldstein* 1971). Vor der Entscheidung über die geeigneten therapeutischen Techniken ist vom Therapeuten mindestens eine gründliche Analyse folgender Punkte zu fordern: der Zusammenhang, in dem das Problemverhalten auftritt; Art und Intensität des Problemverhaltens; die Konsequenzen des Problemverhaltens für den Klienten und seine Umgebung; die Hilfsmittel, die der Klient und seine Umgebung für eine Veränderung aufbringen können; die Wirkung, die eine Veränderung auf den Klienten und seine Umgebung haben würde. Diese und andere Faktoren verkörpern den Inhalt dessen, was man *funktionale Analyse* der Problemsituation nennt. Die Informationen für eine umfassende Analyse stammen aus Interviews, Beobachtungen, der Lebensgeschichte des Klienten, Berichten anderer oder aus ähnlichen, zuverlässigen Quellen. In manchen Fällen, insbesondere bei Problemen mit

1. Einführung

physiologischen Aspekten, sind Informationen über medizinische Befunde bzw. die körperliche Verfassung des Klienten absolut notwendig.

Eine gute funktionale Analyse deckt die Faktoren auf, die zur Entwicklung des Problems beigetragen haben und die es gegenwärtig noch aufrechterhalten. Sie gibt auch Aufschluß darüber, welchem Stress und welchen Anforderungen der Klient in seiner Umgebung ausgesetzt ist. Für eine vollständige Informationssammlung ist es z.B. nicht genug zu wissen, was jemand tut und welchen Effekt sein Handeln hat, sondern man muß auch die Forderungen kennen, die seine Freunde, sein Beruf, die Gemeinde und andere Personen, die in seinem Leben eine wichtige Rolle spielen, an ihn stellen. Darüberhinaus liefert eine gute funktionale Analyse eine Liste problematischer Verhaltensweisen, über die sich der Therapeut Gedanken machen muß, um Prioritäten zu setzen und eine Entscheidung zu fällen, welches Problem bzw. welche Probleme vorrangig behandelt werden sollten. Welche Probleme Vorzug haben, hängt von der gesamten Lebenssituation des Klienten und seiner anfänglichen Reaktion auf das Programm ab. Selbstzerstörerische Tendenzen oder ein Verhalten, das ernste soziale Folgen nach sich zieht, sollte am Anfang anderen Problemen vorgezogen werden. In manchen Fällen stößt man auf Schwierigkeiten, deren Behandlung eigentlich dieselbe Priorität hätte. Hier kann die Überlegung zu einer Entscheidung führen, welches der Probleme durch die verfügbaren Techniken am ehesten einer Lösung zugeführt werden kann. Auch die Überzeugung des Klienten, sich verändern zu können und die Unterstützung des therapeutischen Programms durch Personen seiner Umgebung sollten in Betracht gezogen werden.

Ein weiterer wichtiger Gesichtspunkt der Informationssammlung ist die Ausarbeitung von Methoden und Kriterien, um die Fortschritte des Klienten im Verlauf der Therapie zu kontrollieren. Die gleichzeitige Erhebung quantitativer Daten über die Frequenz, Dauer oder Intensität des Problemverhaltens vor, während und nach der Intervention ist z.B. ein Merkmal der in Kapitel 7 beschriebenen Methoden der operanten Verhaltensveränderung. Bei anderen Techniken läßt sich die Kontrolle nicht so leicht in die Behandlung einbauen. Methoden, in deren Mittelpunkt die Beziehung zwischen Therapeut und Klient steht, Gruppentechniken und Methoden der Einstellungsveränderung haben meist die Modifikation komplexer Verhaltensmuster als Ziel und sehen gewöhnlich keine quantitativen Messungen und Kontrollen während des Behandlungsverlaufs vor. Dennoch sollte jeder therapeutisch Aktive vor Beginn eines Programms einige Aufzeichnungen über die problematischen Verhaltensweisen, Beschwerden und Erwartungen des Klienten gemacht haben. Nur wenn eine solche Dokumentation vorliegt, können der Klient und sein Helfer feststellen, ob das Programm effektiv gewesen ist und die Entscheidung treffen, andere Ziele anzugehen oder die Beziehung zu beenden. Aber nicht nur darin liegt die Bedeutung der Datenerhebung im Zusammenhang mit der Behandlung. Sie dient auch der Motivation der Beteiligten, indem sie ihnen einen objektiven Nachweis des erreichten Fortschritts liefert. Gleichzeitig versetzt sie den Therapeuten in die Lage, die Punkte genau zu definieren, in denen das Programm versagt hat und warum es versagt hat.

Ethische Überlegungen

Ein Therapeut stellt eine Reihe von Forderungen an seine Klienten. Er erwartet von ihnen, daß sie ihre Probleme offen diskutieren, sich aktiv am Programm beteiligen und gewissen Erfordernissen zur Durchführung der Behandlung nachkommen, z.B. Termine einhalten, Rechnungen bezahlen und vereinbarte Übungen oder sonstige Aktivitäten ausführen. Es liegt in der Natur der therapeutischen Beziehung, daß die Interessen des Klienten gewahrt bleiben müssen. Andernfalls würde dieser Gefahr laufen, durch die Ignoranz eines Therapeuten, dessen Skrupellosigkeit, eigennützige Manipulationen oder durch Ausnützung der Verletzbarkeit des Klienten Schaden zu nehmen.

Die Anwendung der in diesem Buch beschriebenen therapeutischen Techniken sollte sich auf die Situationen beschränken, da jemand ganz formal fremde Hilfe *sucht*. Im privaten Bereich sollte man auf ihren Einsatz verzichten, z.B. dann, wenn jemand über den Versuch, sein Verhalten zu verändern, nicht Bescheid weiß. Dasselbe gilt für persönliche Beziehungen, für den Freundeskreis und Familienmitglieder. Es sollte auch Abstand davon genommen werden, wenn ein Klient die Existenz eines Problems negiert, obwohl andere ihn darauf aufmerksam gemacht haben. Im letzteren Fall wäre es notwendig, komplexere Programme zur Behandlung zu entwickeln. Die hier vorgestellten Techniken der Verhaltensveränderung könnten dann ein Teil des gesamten therapeutischen Vorgehens sein.

In unserer Diskussion über fachliche Qualifikationen haben wir auf die Bedeutung der Ausbildung des Therapeuten zum Schutz des Klienten hingewiesen. In diesem Abschnitt wollen wir eine Reihe ethischer Überlegungen ins Auge fassen, an die sich ein Therapeut halten muß, wenn er seinen Klienten eine echte Hilfestellung geben und von seiner unmittelbaren Umgebung akzeptiert werden möchte. Bei einigen der folgenden Punkte ist der Aktionsradius des Therapeuten noch immer eine ungeklärte Frage. Die nachfolgenden Ausführungen haben demnach ein ganz unterschiedliches Gewicht. Während die Mißachtung des einen ethischen Grundsatzes zum Ausschluß aus dem Berufsstand führen kann, sind andere vor allem eine Frage des Gewissens des einzelnen Therapeuten.

Ausbeutung

Es gibt keinen Zweifel über die unerläßliche Forderung, daß der Therapeut die Beziehung zu seinem Klienten nicht zu seinem sozialen, sexuellen oder persönlichen Vorteil mißbrauchen darf. Dennoch kann man sich eine ganze Reihe eigennütziger Schritte seitens des Therapeuten denken. Er kann die Behandlung etwas länger ausdehnen als absolut notwendig, um einen finanziellen Vorteil daraus zu ziehen. Er kann seinen Klienten aber auch in schamloser Weise finanziell, moralisch oder sexuell ausnützen. Der Therapeut hat Zugang zu vertraulichen Informationen, deren Preisgabe den Klienten in Verlegenheit bringen oder verletzen würde. Schon der geringste Versuch, mit Hilfe dieses Wissens aus eigennützigen Motiven heraus Druck auf den Klienten auszuüben, bedeutet Erpressung und ist aus ethischen Gründen abzulehnen.

Täuschung

Sinn und Zweck der Interaktion sollten für den Klienten oder seinen Vormund transparent bleiben. Es gehört sich zum Beispiel nicht, über das Ziel und den Verlauf eines therapeutischen Programms mit Dritten zu sprechen, seien es auch der Ehepartner, die Eltern oder der Arbeitgeber, ohne diese Absicht mit dem Klienten vorher zu besprechen. Es wäre auch nicht zu verantworten, dem Klienten einen Rat zu geben, der ihn in eine Situation bringt, der er nicht gewachsen ist. Anregungen zu strafbarem Verhalten oder Vorschläge, Dinge zu tun, die den Klienten einer Gefahr aussetzen oder andere schlimme Folgen für ihn haben würden, sind Beispiele irreführenden Verhaltens auf seiten des Therapeuten.

Kompetenz und Angemessenheit der Behandlung

Es ist die Verantwortung des Therapeuten, nicht nur die bestmögliche Hilfestellung anzubieten, sondern sich auch seiner Grenzen bewußt zu sein, um den Klienten notfalls an einen anderen Kollegen zu überweisen. Darüber hinaus sollte er auch dafür Sorge tragen, daß Probleme, die über eine psychologische Behandlung hinausgehen, an die richtige Stelle weitergeleitet werden. Medizinische Probleme gehören in die Hand eines Arztes, spielen juristische Fragen eine Rolle, sollte ein Rechtsanwalt hinzugezogen werden, braucht der Klient eine finanzielle Unterstützung, empfiehlt es sich, ihn zum Sozialreferat seiner Stadt zu schicken. Da der Therapeut selbst sich oft über die Grenzen seiner Ausbildung nicht im klaren ist, ist es wichtig für ihn, beruflichen Anschluß zu haben, damit er sich in schwierigen Fällen an einen Kollegen wenden kann. Leute mit einer halbprofessionellen Schulung sollten diese Probleme mit ihrem Supervisor diskutieren, unter dessen Leitung das therapeutische Programm durchgeführt wird.

Das Prinzip der geringsten Intervention

Obwohl es keine Frage ist, daß fast jeder Mensch aus einer psychologischen Beratung bzw. einer therapeutischen Beziehung etwas lernen kann, ist es die Aufgabe des Therapeuten, in das Leben des Klienten nur insoweit einzugreifen, als dieser eine Veränderung wünscht. Ist das gemeinsam abgesprochene Ziel einmal erreicht, sollte der Helfer entweder die Beziehung beenden oder die Möglichkeiten einer zukünftigen Intervention in allen Einzelheiten besprechen. Sie soll nur durchgeführt werden, wenn der Klient sein Einverständnis dazu gibt. Ein

Problem, das sehr früh aktuell wird, ist die Frage, ob überhaupt eine Behandlung durchgeführt werden soll. Manchmal suchen Klienten für Probleme Hilfe, die sich dann als sehr alltägliche Schwierigkeiten herausstellen. Wenn z.B. ein Klient nach dem Tod eines nahen Verwandten starke Gefühle der Trauer erlebt, kann ein informatives Gespräch über die inneren Zusammenhänge für die notwendige Beruhigung sorgen. Es kommt auch vor, daß Eltern ihre Kinder in die Beratung bringen, obwohl ihr Verhalten für ihre Altersgruppe ganz normal ist. In solchen Fällen würde man keine Behandlung durchführen. Es reicht möglicherweise aus, den Klienten zu beruhigen und ihm die notwendigen Informationen zu geben.

Einige Techniken der Verhaltensmodifikation, insbesondere diejenigen, die die Veränderung des sozialen Umfelds des Klienten zum Ziel haben (siehe Kapitel 7), können sich auch anderer Personen bedienen, um sein Verhalten mittels Belohnung und Bestrafung in die erwünschte Richtung zu lenken. In Institutionen wie z.B. Kliniken, Schulen und Gefängnissen durchgeführte Programme setzen manchmal den Entzug bestimmter Privilegien ein, damit sie später als Belohnung für erwünschtes Verhalten verwendet werden können. Wegen der Gefahr der Manipulation stehen diese Techniken im Kreuzfeuer der Kritik. Es muß daher besonders sorgfältig darauf geachtet werden, daß die Grundrechte des Klienten nicht verletzt werden und daß er eine Entscheidung über seine Teilnahme an einem Programm treffen kann, die auch im Rahmen der Institution, die sie durchführt, als vernünftig angesehen wird. Die Verwendung aversiver Stimuli ist besonders fragwürdig, wenn der Patient nicht die Erlaubnis dazu gegeben hat. Die mit dieser Methode verbundenen ethischen Probleme werden in Kapitel 9 näher erläutert.

Der Therapeut muß also immer sicher sein, daß er die Würde seines Klienten respektiert, daß er der Schweigepflicht genügt und daß sein therapeutisches Vorgehen weder für seinen Klienten, noch für andere schädliche Folgen hat. Es fällt in den Verantwortungsbereich des Therapeuten, die Rechte und Interessen des Klienten zu wahren, damit das Programm zur Verhaltensmodifikation dem Wohl des Klienten dient und ihm keine neuen Konflikte und Probleme bringt.

Was ist der Inhalt der folgenden Kapitel?

Die einzelnen Kapitel dieses Buches liefern eine detaillierte Beschreibung verschiedener Techniken der Verhaltensveränderung. Sie wurden von Therapeuten verfaßt, die in ihrem Fach als Experten gelten. Diese Techniken eignen sich generell zur Behandlung von Personen, die in ihrem sozialen und sonstigen Verhalten nicht so stark gestört sind, daß sie in eine Nervenklinik eingeliefert werden müßten. Die Techniken sind also vor allem für einen Personenkreis gedacht, der in bestimmten Lebensbereichen Schwierigkeiten hat, in anderen jedoch zumindest einigermaßen funktionsfähig ist. Die hier vorgestellten Techniken erschöpfen die Möglichkeiten der Verhaltensveränderung bei weitem nicht. Es sind die wichtigsten Methoden, die bisher in der Behandlung psychologischer Probleme

1. Einführung

angewandt wurden. Bei der Auswahl der therapeutischen Ansätze und Techniken, haben wir uns danach gerichtet, ob sie auf einer allgemein akzeptierten psychologischen Theorie basieren und ob der Nachweis für die Effektivität ihrer Anwendung in einigen empirischen Studien erbracht worden ist. Viele der hier erwähnten Methoden sind recht neu oder noch in der Phase der Erprobung. Wir haben jedoch auf die Darstellung einer großen Anzahl von Methoden verzichtet, mit denen heute gearbeitet wird. Sie leben nur von dem Glauben ihrer Anhänger, sie seien effektiv, werden jedoch nicht durch andere empirische Nachweise und theoretische Überlegungen unterstützt. Gelegentliche Beobachtungen und beschränkte klinische Erfahrungen, die nicht durch wissenschaftliche Untersuchungen erhärtet wurden, sind eine unzureichende Grundlage für die Anwendung einer Methode. Wir haben auch solche Techniken ausgeschlossen, über die von Klienten zwar berichtet wurde, sie hätten sich danach besser gefühlt, diese Aussage aber nicht durch einen objektiven Nachweis belegt werden konnte. Alle in den folgenden Kapiteln erörterten Methoden sind in der einschlägigen Literatur ausführlich beschrieben worden. Der Leser findet am Ende der einzelnen Kapitel Literaturangaben zu seiner weiteren Information. Er möge dadurch in die Lage versetzt werden, seine Kenntnisse über die einzelnen Techniken zu erweitern und dem Ziel dieses Buches näherzukommen: dem Helfenden zu helfen, Menschen zu verändern.

Literatur

Goldfried, N. R., and *D. M. Pomeranz.* The role of assessment in behavior therapy. *Psychological Reports* **23,** (1968) 75–87.

Gottman, J. M., and *S. R. Leiblum:* How to do psychotherapy and how to evaluate it: A manual for beginners. Holt, Rinehart and Winston, New York 1974.

Kanfer, F. H., and *G. Saslow,* Behavioral diagnosis. In *C. Franks* (Ed.), *Behavior therapy: Appraisal and status.* McGraw-Hill, New York 1969.

Lanyon, R. I., and *L. D. Goodstein:* Personality assessment. Wiley, New York 1971.

Sulzer-Azaroff, B., Thaw J. and *Olsen C.:* Behavioral competencies for the evaluation of behavior modifiers. Unpublished mimeo, University of Massachussetts, Mansfield Training School, 1974.

2. Methoden zur Verbesserung von Beziehungen

Arnold P. Goldstein

Barbara Harris ist 34 Jahre alt, Ehefrau, Mutter von zwei Kindern, teilzeitbeschäftigt als Empfangsdame in einem Büro und jeden Dienstag um 10 Uhr Patientin eines Psychotherapeuten. Im Laufe der letzten Jahre entwickelte Barbara eine Reihe von Problemen, die ihr Wohlergehen und Glück zunehmend störten. Es fing mit Rückenschmerzen und einer Anzahl vager körperlicher Symtome an, die sich schwer behandeln ließen; Barbara veränderte sich, sie war nicht mehr so unbeschwert und gesund wie früher. Etwa zu dieser Zeit geriet sie in Konflikt mit ihrem Ehemann – wegen Geld, Sex und der Erziehung der Kinder. Sie fühlte sich mit der Zeit immer schlechter, wurde reizbarer und vertrug sich nicht mehr mit anderen Menschen. Schließlich wurden diese Sorgen und ihr Verhalten so quälend für Barbara selbst und ihre Umgebung, daß sie einen Psychotherapeuten aufsuchte, den ihr der Hausarzt empfohlen hatte. Seit ungefähr einem Jahr befindet sie sich in Behandlung, und der Psychotherapeut und sie selbst haben den Eindruck, daß sie erhebliche Fortschritte gemacht hat und ihre Schwierigkeiten viel besser bewältigt. Ihre körperlichen Beschwerden haben merklich abgenommen, ihre Beziehungen zu anderen Menschen sind sehr viel zufriedenstellender. Insgesamt scheint Barbara auf dem besten Wege zu sein, bald zu den zwei Dritteln aller psychotherapeutischen Patienten zu gehören, die offensichtlich von einer Behandlung profitieren.

In derselben Stadt wie Barbara leben vier andere Frauen, die ähnliche Schwierigkeiten hatten wie sie und denen es ebenfalls besser geht. Aber sie haben niemals einen Psychotherapeuten aufgesucht. Was haben sie unternommen? Unter dem Druck und der Belastung, die sie erlebten, suchten sie alle nach einem „guten Zuhörer" oder einem „freundlichen Problemlöser", der ihnen das Gefühl gab, ihre Last zu teilen. Bei der ersten war dies eine Freundin, bei der anderen der Seelsorger, bei der dritten der Hausarzt. Die vierte wandte sich an eine Laienhelferin, eine sogen. Familienpflegerin („home aide"). Allen fünf Frauen ging es besser, und zwar anscheinend vor allem auf Grund dessen, was zwischen ihnen und ihren Helfern geschah. Barbaras Genesung kann ein wenig vollständiger oder etwas schneller eingetreten sein oder auch nicht, aber uns interessiert hier vor allem die Tatsache, daß es allen Frauen besser ging.

Diese kleinen Fallgeschichten sind fiktiv, die geschilderten Tatsachen stimmen aber. Viele Menschen erreichen eine Entlastung von ihren Problemen, werden reifer und gewinnen mehr Einsicht in ihr Verhalten durch die Teilnahme an irgendeiner Form von Psychotherapie. Aber viele Menschen profitieren genauso von Gesprächen mit Helfern vielfältigster Art – Freunden, Pfarrern, Gastwirten,

Übersetzt von Sabine Göbel

2. Methoden zur Verbesserung von Beziehungen

Verwandten, Beratern, Krankenschwestern usw. Forscher, die sich dafür interessierten, was Menschen zur Veränderung ihres Verhaltens, ihrer Gefühle und Einstellungen veranlaßt, hat diese Tatsache schon seit langem beschäftigt. Viele Forscher haben vermutet, daß vielleicht manche der Ursachen für solche Veränderungen dadurch zu finden wären, daß man feststellt, welche Faktoren bei erfolgreicher Psychotherapie und erfolgreicher Hilfe durch andere Menschen übereinstimmen. Wenn erfolgreiche Hilfe unterschiedlichster Art eindeutig durch bestimmte Verfahrensweisen, Umstände oder Ereignisse charakterisiert ist, dann besteht die Möglichkeit, sie wirkungsvoll einzusetzen, um anderen zu helfen.

Dr. *Jerome Frank* vertritt in seinem bedeutenden Buch *Persuasion and Healing* (1961) einen ähnlichen Standpunkt. Er verglich Psychotherapie, „informelle" Psychotherapie (durch einen Freund, Pfarrer usw.), Wunderheilungen, religiöse Erweckung, Placebo-Effekte in der ärztlichen Praxis und eine Menge anderer Aktivitäten, bei denen zwei Menschen, ein Helfer und ein Klient, zusammenarbeiten, um irgendeine Form von psychologischer Veränderung beim Klienten zu erreichen. Nach *Frank* ist wahrscheinlich der entscheidende Faktor für eine solche Veränderung die Qualität der Beziehung zwischen Helfer und Klient. Zu der gleichen Schlußfolgerung kommt man, wenn man die Beschreibungen fast aller unterschiedlichen Ansätze formeller Psychotherapie miteinander vergleicht. Die Ansätze variieren in vieler Hinsicht – Aktivität und direktives Verhalten des Therapeuten, Überwiegen des Interesses am Verhalten des Patienten oder an seinen Gefühlen oder Einstellungen, Betonung des gegenwärtigen Lebens des Patienten oder seiner Kindheitsgeschichte, welche Aspekte der momentanen Schwierigkeiten betrachtet werden und eine Menge weiterer Verfahrensweisen. Fast alle psychotherapeutischen Ansätze betonen jedoch die Bedeutung der Beziehung zwischen Therapeut und Patient für positive Veränderungen beim Patienten. Je besser die Beziehung ist, (1) desto offener äußert der Patient seine Gefühle, (2) desto eher wird er diese Gefühle dem Helfer gegenüber in ihrer ganzen Tiefe erforschen und (3) desto wahrscheinlicher wird er ganz auf den Helfer hören und sich nach dessen Ratschlägen richten. Das heißt, daß der Patient desto eher bereit ist, sich zu verändern.

Diese bemerkenswerte Übereinstimmung bei allen Formen von Psychotherapie und bei anderen Ansätzen psychologischer Veränderungen findet auch Unterstützung auf anderen Gebieten. Ob verschiedene Medikamente den beabsichtigten Zweck erfüllen, hängt anscheinend teilweise von der Beziehung zwischen dem Verordnenden und dem Empfänger ab. Es hat sich gezeigt, daß in der Schule oft ein Zusammenhang zwischen dem Lernen und der Beziehung von Lehrern zu Schülern besteht. Auch das Verhalten von Vpn im Experiment kann leicht durch die Beziehung zwischen Vp und Experimentator beeinflußt werden. Kurz gesagt, es gibt inzwischen auf Grund von Forschungen über verschiedenste Arten von Interaktionen zwischen zwei Personen eine Vielzahl von Beweisen, die darauf hindeuten, daß die Art der Beziehung zwischen Helfer und Klient die Kommunikation, Offenheit, Zugänglichkeit und schließlich auch positive Veränderungen beim Klienten stark beeinflussen können. Diese Feststellungen bieten auch nütz-

2. Methoden zur Verbesserung von Beziehungen

liche Informationen für eine Definition des Begriffs „Beziehung". In unserer Definition haben positive Gefühle und die Einstellung, die Helfer und Klient zueinander haben, eine besondere Bedeutung. Eine positive oder „therapeutische" Beziehung kann dadurch definiert werden, daß der Klient den Helfer mag, bei dem er Unterstützung sucht, ihn achtet und ihm vertraut und daß der Helfer dem Klienten ähnliche Gefühle der Sympathie, der Achtung und des Vertrauens entgegenbringt.

Es konnte eine Reihe von Methoden gefunden werden, wie sich die Beziehung zwischen Helfer und Klient positiver gestalten läßt. Alle diese Methoden zur Verbesserung von Beziehungen waren Gegenstand beachtlicher Untersuchungen. Alle förderten unser Verständnis dafür, was Beziehung ist, und halfen außerdem, die Nützlichkeit dieser Beziehung für Veränderungen bei Menschen zu klären. Diese verschiedenen Methoden bilden daher die Grundlage dieses Kapitels. Außerdem werden wir mehrere konkrete Beispiele zu jeder Methode bringen und uns darauf konzentrieren, wie die Beziehung zum Wohl des Patienten gefördert oder verbessert werden kann. Tabelle 2.1 gibt einen Überblick über unseren Standpunkt.

Die hier aufgeführten beziehungsfördernden Faktoren sind die wichtigsten Mittel, die gegenwärtig zur Verbesserung der Interaktion zwischen Helfer und Klienten zur Verfügung stehen. Diese Interaktion oder Beziehung läßt sich durch die drei erwähnten Komponenten definieren: Sympathie, Achtung und Vertrauen. Es zeigte sich, daß diese Komponenten wiederum zu größerer Beeinflußbarkeit und damit auch zu mehr Veränderungen beim Klienten führen. Allerdings halten zwar die meisten Psychotherapeuten und Forscher auf dem Gebiet der Psychotherapie eine positive Beziehung zwischen Helfer und Klient für nötig, jedoch für nicht ausreichend, um eine Veränderung beim Klienten herbeizuführen. Ohne eine solche Beziehung ist eine Veränderung sehr unwahrscheinlich. Aber sie stellt die Grundlage dar für weitere spezifische Veränderungsverfahren (in den folgenden Kapiteln beschrieben), um die beabsichtigten Effekte zu erzielen.

Tabelle 2.1. Verlauf von Beziehungsverbesserung in Richtung Änderung des Klienten.

Beziehungsfördernde Faktoren	Komponenten von Beziehungen	Ergebnis
Vorstrukturieren des Klienten		
Imitationslernen des Klienten		
Konformität des Klienten		
Kompetenz des Helfers	Sympathie	
Empathie des Helfers		Änderung
Emotionale Wärme des Helfers	Achtung	des Klienten
Übereinstimmung zwischen Helfer und Klienten	Vertrauen	
Körperliche Entferung und Plazierung von Helfer und Klienten		

2. Methoden zur Verbesserung von Beziehungen

Sympathie

In experimentellen Untersuchungen wurde eine Reihe von Verfahren entwickelt, um die Sympathie zwischen den Versuchspersonen und dem Experimentator erfolgreich zu steigern. Der Autor dieses Kapitels (4) konnte nachweisen, daß viele dieser Verfahren zur Erhöhung von Sympathie die Beziehung zwischen Helfer und Klienten und vor allem die Zuneigung des Klienten zum Helfer wirkungsvoll verbessern. Drei der Verfahren – Vorstrukturierung, Imitation und Konformitätsdruck – werden im folgenden dargestellt.

Vorstrukturierung

Es paßt vielleicht in dieses Buch, in dem einige Dutzend Verfahren beschrieben werden, wie man Menschen helfen kann, sich zu verändern, daß die erste hier darzustellende Methode die am wenigsten komplexe ist. Es ist ganz einfach, einen Klienten darauf einzustellen, daß er seinen Helfer mögen oder ihn sympathisch finden wird: (1) Man sagt ihm, daß er seinen Helfer gern haben wird („direkte" Vorstrukturierung), (2) man beschreibt ihm kurz bestimmte positive Eigenschaften seines Helfers (Vorstruktierung durch Charaktereigenschaften), oder (3) man erklärt ihm, was er realistischerweise erwarten darf, was in den Zusammenkünften mit seinem Helfer geschehen wird (Vorstrukturierung der Rollenerwartungen). Alle drei Vorstrukturierungsverfahren sollen die Erwartungen und Empfindungen des Klienten im Hinblick auf seine Beziehung zum Helfer formen. In einem der ersten Versuche zur direkten Vorstrukturierung, die das Ziel hatten, die Sympathie des Klienten zum Helfer zu stärken, gab man neuen Klienten eines Beratungszentrums zuerst bestimmte Tests, um Informationen darüber zu erhalten, welche Art von Helfer sie bevorzugen würden – sein Verhalten, seine Erwartungen, seine Ziele etc. Nach dem Test sagte man den Klienten:

> Wir haben Ihre Testergebnisse sorgfältig ausgewertet, um Sie an einen Therapeuten zu überweisen, mit dem Sie am liebsten arbeiten möchten. Normalerweise können wir Patienten und Therapeuten nicht entsprechend ihren Wünschen aussuchen, aber für Sie haben wir fast genau die Art von Therapeut, wie Sie ihn beschrieben haben. (Der Untersucher zeigte dem Klienten dann, wie gut seine Testergebnisse anderen Informationen über das tatsächliche Verhalten, die Erwartungen und Ziele des Therapeuten, mit dem er zusammentreffen würde, entsprachen.) Tatsächlich stimmt die Person, mit der Sie arbeiten möchten, und Herr --- so gut überein, wie es kaum jemals vorkommt. Außerdem hat er oft beschrieben, mit welchen Patienten er am liebsten zusammenarbeitet, und sie entsprechen seinen Vorstellungen in vieler Hinsicht. Sie beide werden miteinander auskommen [4].

Es muß hier gesagt werden, daß in Wirklichkeit keine Abstimmung zwischen den Vorlieben des Klienten und den Eigenschaften des Therapeuten stattfand. Die Klienten nahmen, wie eben beschrieben, an der Vorstrukturierung teil und wurden dann an einen Therapeuten überwiesen, der gerade einen neuen Patienten nehmen konnte. Trotzdem führte die Vorstrukturierung dazu, daß die Klienten ihren Therapeuten mehr schätzten und ihre Offenheit bei der Darstellung ihrer Probleme zunahm. Es genügt also, daß der Klient glaubt, der Helfer werde ein Mensch sein, den sie mögen, um ihre wirkliche Sympathie ihm gegenüber zu beeinflussen.

Es hat sich gezeigt, daß die Wirkung auf Sympathie und Offenheit noch stärker ist, wenn man mit dem Klienten eine Vorstrukturierung im Hinblick auf Charaktereigenschaften vornimmt. In diesem Fall werden dem Klienten vor dem ersten Treffen bestimmte wichtige Eigenschaften des Therapeuten beschrieben. Die Auswirkung dieses Verfahrens auf die sich tatsächlich entwickelnde Sympathie ist auch hier sehr stark, selbst wenn die beschriebenen Therapeutenmerkmale in Wirklichkeit nicht vorhanden sind. Es ist von besonderer Bedeutung, welche speziellen Therapeuteneigenschaften dem Klienten beschrieben werden. In den meisten Fällen wählte man „Wärme" und „Erfahrung" zur Charakterisierung des Therapeuten aus; ersteres vermittelt dem Klienten im wesentlichen, wie wohl er sich in der Therapie fühlen werde; das zweite Merkmal informiert ihn über das voraussichtlich positive Ergebnis der Behandlung. Beide Informationsinhalte fördern daher die Sympathie des Klienten gegenüber dem Helfer. Es folgt ein Beispiel einer Vorstrukturierung der Therapeuteneigenschaften „Wärme" und „Erfahrung":

> Der Therapeut praktiziert seit über zwanzig Jahren, er hielt Vorlesungen und lehrte an einigen der führenden Universitäten und medizinischen Akademien des Landes. Aus Fragebögen, die man Kollegen des Therapeuten vorlegte, ging hervor, daß er warmherzig, fleißig, kritisch, praktisch begabt und zielstrebig ist [4].

Vorstrukturierung von Charaktereigenschaften wurde auch im umgekehrten Fall erfolgreich eingesetzt, um die Sympathie des Therapeuten für den Klienten zu vergrößern. Dabei werden Qualitäten des Klienten betont, die den Therapeuten erwarten lassen, daß der Klient ein „guter Patient" sein werde. Beispiele positiver Vorstrukturierungen sind die Art des Problems, die der Klient vermutlich hat, seine Diagnose und seine Motivation zu guter Mitarbeit, auf die man den Helfer einstellt.

In sehr vielen psychologischen Untersuchungen wollte man herausfinden, wie es sich auswirkt, wenn man jemanden zu der Überzeugung bringt, er gleiche einem Fremden in wichtigen Einstellungen, im Lebensstil oder Wertvorstellungen, und ob das die Zuneigung zu diesem Menschen bei einem Zusammentreffen beeinflußt. Die Forschungsergebnisse beweisen, daß die Sympathie für die andere Person um so größer ist, je stärker die Ähnlichkeit vorstrukturiert wurde. Dieser positive Effekt vorstrukturierter Ähnlichkeit auf die Sympathie wirkt erwiesenermaßen auch in der Beziehung zwischen Helfer und Klient. Vor allem aus diesem Grund hat man in den letzten Jahren bestimmte Arten von „Laientherapeuten" eingesetzt, das heißt Personen, denen zwar ein spezielles formelles Training oder eine abgeschlossene Ausbildung fehlt, deren Überzeugungen, persönlicher Lebensstil und sozialer Hintergrund jedoch denen der Menschen gleicht, denen sie helfen wollen. Diese Ähnlichkeiten zwischen Laientherapeuten und ihren Klienten verbessern genau wie eine „vorstrukturierte Ähnlichkeit" die Qualität der therapeutischen Beziehung.

2. Methoden zur Verbesserung von Beziehungen

Es wurde bis hierher klar, daß direkte Strukturierung, Vorstrukturierung der Charaktereigenschaften Wärme und Erfahrung sowie Ähnlichkeit, Sympathie-vergrößernde Effekte haben. Das gleiche gilt auch für den letzten Typ der Vorstrukturierung, den wir darstellen wollen – die Vorstrukturierung von Rollenerwartungen. Während direkte Strukturierung und die von Charaktereigenschaften dem Klienten vor allem vermitteln wollen, welche Art von Person sein Therapeut *ist*, konzentriert sich die Vorstrukturierung der Rollenerwartungen darauf, was der Helfer (und was der Klient selbst) tatsächlich *tun,* wenn sie zusammenkommen. Wenn der Klient später in der Therapie Dinge erlebt, die ihn überraschen oder verwirren, weil er falsch oder nur mangelhaft darüber informiert ist, was ihn erwartet, dann entstehen negative Gefühle. Ereignisse, die seine Erwartungen bestätigen, fördern die Sympathie für den Therapeuten. Viele neue psychotherapeutische Patienten kommen beispielsweise mit Erwartungen zur Behandlung, die primär auf früheren Erfahrungen beruhen, die sie ihrer Meinung nach in ähnlichen Beziehungen gemacht haben, was etwa geschieht, wenn sie zum praktischen Arzt gehen. Bei solchen Visiten beschrieb der Patient im allgemeinen kurz seine körperlichen Beschwerden, der Arzt stellte ihm eine Reihe von Fragen und riet ihm dann autoritär, was er tun solle. Wenn aber der Klient mit solchen „Arzterwartungen" jetzt mit einer Psychotherapie beginnt, wird er einige Überraschungen erleben. Der Klient beschreibt seine psychischen Schwierigkeiten, lehnt sich zurück und wartet auf Fragen und am Schluß auf den Rat des Helfers. Der Therapeut möchte aber, anders als Ärzte im allgemeinen, daß der Klient seine Gefühle ergründet, seine Lebensgeschichte überdenkt und sich über die Ursachen seiner Probleme klar wird. Dies entspricht nicht den Rollenerwartungen des Klienten; werden jedoch solche Erwartungen nicht erfüllt, so leidet die Beziehung deutlich darunter. Dies ist nur einer von vielen Aspekten, in denen Klient und Therapeut hinsichtlich wesentlicher Erwartungen, wie beide sich verhalten werden, unterscheiden können. Eine Vorstrukturierung dieser Erwartungen hat sich als bedeutender Faktor erwiesen, um Sympathie und eine anhaltende, fruchtbare Beziehung herzustellen. Man kann neue Klienten dadurch einstimmen, daß man sie eine Bandaufnahme einer typischen Therapiesitzung anhören läßt. Häufiger aber wird man die Rollenerwartungen strukturieren, indem man als Therapeut mit dem Klienten ein strukturierendes Interview (auch „antizipatorisches Sozialisationsinterview" oder „Rollen-induzierendes Interview" genannt) vor der ersten Sitzung durchführt. Es folgt ein Auszug aus einem Interview, in dem ein Helfer seinem zukünftigen Klienten erklärt, was sich in der Psychotherapie ereignet:

Also worum geht es in der Therapie? Was passiert? Ja, ich habe bis jetzt eine ganze Menge geredet; in der Behandlung wird Ihr Arzt nicht sehr viel sprechen. Ich spreche jetzt, weil ich es Ihnen erklären möchte. Es hat seinen guten Grund, daß der Arzt in der Behandlung nicht viel sagt. Jeder erwartet, daß er dem Psychiater von seinen Schwierigkeiten berichtet und dann von ihm einen Rat erhält, der einfach alles löst. Aber so ist es nicht, es geht nicht so einfach... Bevor Sie hierher kamen, haben Ihnen alle möglichen Leute Ratschläge erteilt... Hätten Ihnen die Ratschläge geholfen, so wären Sie nicht hier. Ihr Arzt möchte Ihnen helfen herauszufinden, was Sie selbst wirklich tun wollen – was für Sie die beste Lösung

> wäre. Seine Aufgabe ist es nicht, Ratschläge zu erteilen, sondern Ihnen dabei zu helfen, selbst herauszufinden, wie Sie Ihre Probleme lösen sollen.
> Also was geschieht in der Behandlung? Worüber sollen Sie sprechen? Was werden Sie da tun? Wie funktioniert das? Jedenfalls sollen Sie über Ihre Wünsche sprechen, Wünsche, die Sie jetzt haben oder früher einmal hatten . . . Sie werden feststellen, daß Sie mit Ihrem Arzt über alles reden können, was Ihnen einfällt. Er wird keine vorgefaßte Meinung darüber haben, was für Sie richtig oder falsch wäre oder was die beste Lösung ist. Daß Sie sprechen, ist sehr wichtig, weil er Ihnen helfen möchte, herauszufinden, was Sie wirklich möchten . . . Die Aufgabe des Arztes ist, Ihnen dabei zu helfen, daß *Sie* sich entscheiden . . . Fast niemand ist sich selbst gegenüber ehrlich. Wir versuchen, uns selbst zu täuschen. Und es ist die Aufgabe Ihres Arztes, es Ihnen bewußt zu machen, wenn Sie sich täuschen. Er wird Ihnen nicht zu sagen versuchen, was er denkt, sondern er wird Sie aufmerksam machen, wenn zwei Sachen, die Sie sagen, einfach nicht zusammenpassen.
> . . . Der Patient fühlt sich in manchen Stadien der Behandlung schlechter und mutlos. Wissen Sie, Sie werden das Gefühl haben, daß Sie nicht weiterkommen, daß der Arzt blöd ist und das ganze keinen Sinn hat und so. Genau diese Gefühle sind oft gute Anzeichen dafür, daß Sie arbeiten und daß das unangenehm ist. Es ist sehr wichtig, daß Sie diesen vorübergehenden Gefühlen nicht nachgeben, wenn sie entstehen.
> Sagen Sie alles, was Ihnen in den Sinn kommt, auch wenn Sie denken, es sei belanglos oder unwichtig. Das macht nichts. Es ist trotzdem wichtig, es auszusprechen. Und wenn Sie meinen, es würde Ihren Arzt langweilen oder ärgern, so macht das auch nichts; sagen Sie es trotzdem.
> Deshalb, genauso wie man Verabredungen einhält, stellen wir eine absolute Regel auf, daß Sie sich nämlich nicht im voraus überlegen, was Sie sagen werden und sich dadurch davor schützen, wichtigen Dingen ins Auge zu sehen. Sie sagen alles, was Ihnen gerade einfällt, ganz gleich was [8].

Wir können also zusammenfassend festhalten, daß eine Vorstrukturierung dazu führen kann, die Sympathie des Klienten für seinen Therapeuten zu vergrößern, ganz gleich ob man einfach direkt behauptet, daß Sympathie wahrscheinlich ist (direkte Vorstrukturierung), ob man bestimmte positive Eigenschaften des Therapeuten oder eine Ähnlichkeit zwischen Therapeut und Klient beschreibt (Vorstrukturierung von Charaktereigenschaften) oder erklärt, welche Ereignisse und Verhaltensweisen in der Beziehung zu erwarten sind (Rollenerwartungsstrukturierung). Ob eine vorstrukturierende Behauptung dieser Art tatsächlich die Zuneigung des Klienten vergrößert, wird zum Teil von anderen Faktoren als nur der Vorstrukturierung selbst abhängen. Diese Behauptungen sind dann am wirksamsten, wenn derjenige, der sie vorträgt, glaubwürdig erscheint, und wenn der Klient unter seinen Problemen leidet.

Nachahmung

Wie wir soeben beschrieben haben, bauen Versuche, die Sympathie des Klienten durch Vorstrukturierung zu fördern, ganz typisch auf Behauptungen über den Helfer auf, die dem Klienten mitgeteilt werden. Ein zweiter Ansatz zur Förderung von Sympathie, d.h. der Komponente der Sympathie in der Beziehung von Helfer und Klient, beruht auf verschiedenen Verfahren, die auf Ergebnissen der For-

2. Methoden zur Verbesserung von Beziehungen

schung über Nachahmung basieren. Um die Zuneigung zum Helfer durch Nachahmung zu fördern, läßt man den Klienten mit einer Person (dem „Modell") zusammentreffen, die die Rolle eines Klienten spielt, der den Helfer mag und dies auch deutlich ausspricht. Dieser Ansatz wird auch Modell- oder Beobachtungslernen genannt. Bei der Imitation (Nachahmung) wird dem wirklichen Klienten normalerweise ein Ton- oder Videoband des sympathisierenden Modellklienten vorgespielt. Der Inhalt dieser Bänder besteht gewöhnlich aus einem Ausschnitt einer tatsächlichen oder konstruierten Beratungs- oder Psychotherapiesitzung von „Modell" und Therapeut. Der Klient hört sich die Bänder einfach an oder betrachtet sie und trifft später den Therapeuten selbst. Es folgt ein Ausschnitt aus solch einem Tonband zur Sympathie-Imitation, das insgesamt ein Dutzend Äußerungen des Modellklienten enthält, die eine sehr hohe Sympathie ausdrücken:

> Wie ich mir meine Eltern wünschen würde? Also ich denke vor allem, daß sie sich mehr um mich kümmern sollten, daß sie mir zeigen sollten, daß ich ihnen nicht gleichgültig bin, wissen Sie, daß sie wärmer und nicht so kalt wären. Ja, vor allem das... Wissen Sie, ich glaube, ich habe es schon gesagt, aber *obwohl Sie in den letzten 5 oder 10 Minuten fast nichts als Fragen gestellt haben, fühle ich mich aus irgendeinem Grund gut, wenn ich mit Ihnen spreche und ehrlich zu mir selbst bin. Ich habe das Gefühl, daß Sie warmherzig sind und sich um mich kümmern* [5].

Wie wir in der Diskussion der Vorstrukturierung schon sagten, gehört zur Beziehung, die eine Veränderung fördert, eine wechselseitige Sympathie zwischen Klient und Therapeut. Je stärker einander die gegenseitigen positiven Gefühle entsprechen, desto wahrscheinlicher ist eine rasche Veränderung des Klienten. Aus diesem Grund wurde Imitation auch dazu benutzt, die Zuneigung des Therapeuten zum Klienten zu fördern. Die folgende Niederschrift ist Teil eines Modelltonbandes, das zu diesem Zweck aufgenommen und erfolgreich bei Helfern verschiedenster Art eingesetzt wurde. Jede kursiv gedruckte Äußerung veranschaulicht, wie ein Modelltherapeut Zuneigung, Sympathie oder positive Wertschätzung einem Klienten gegenüber äußert, d.h. Verhaltensweisen zeigt, die wir mit den zuhörenden Helfern trainierten.

Therapeut: Dies ist unser erstes Gespräch und ich werde Sie deshalb nach verschiedenen Bereichen Ihres Lebens fragen. Fangen wir doch einfach damit an, daß Sie mir etwas über Ihre Familie erzählen.

Patient: Meine Familie. Gut, wissen Sie, manchmal, manchmal habe ich das Gefühl, meine Familie käme genauso gut – ohne mich aus. Wissen Sie. Als ob ich – als ob ich irgendein unnützer Gegenstand bin, der zu Hause herumsitzt. Wenn ich – von der Arbeit nach Hause komme, dann ist es so – so, als ob niemand da wäre.

Therapeut: Sie haben nicht das Gefühl, daß sich Ihre Familie freut, wenn Sie abends nach Hause kommen?

Patient: Manchmal, manchmal scheint es so, als ob sie gar nicht wissen, daß ich zu Hause bin. Die Kinder rennen herum und – meine Frau – so wie sie sich manchmal benimmt, da wäre es besser, wenn ich einfach wegbliebe. Manchmal fängt sie an – MMMMMMMMMM.

Therapeut: Mir ist nicht klar, warum sich Ihre Frau so verhält. Ich finde, daß man mit Ihnen leicht sprechen kann . . . Was macht Ihre Frau manchmal?
Patient: – Ich weiß nicht. Sie brüllt und schreit ständig, will, daß ich etwas tue, wenn ich nach Hause komme – immerzu befiehlt sie mir dies oder jenes zu machen. Sie merkt gar nicht, daß ich einfach nach Hause kommen möchte und mich ein bißchen entspannen möchte. Also – ich weiß gar nicht, wie sie mich die ganze Zeit so herumschubsen kann – tu dies – mach das – die ganze Zeit.
Therapeut: Das klingt so, als ob Ihre Ehe Ihnen bislang viel Kummer gemacht hat.
Patient: Ja. Ja – wirklich es – es war früher ganz anders. Nachdem wir geheiratet hatten, war es – war es schön. Wir sind ausgegangen und haben verschiedene Leute besucht, haben . . . haben etwas zusammen unternommen. Wir verstanden uns ganz gut. Das gab's nicht, was jetzt so passiert.
Therapeut: Nach unseren Sitzungen bisher finde ich es recht leicht, mit Ihnen auszukommen . . . Ich vermute, daß es mit Ihrer Frau im Moment nicht sehr gut geht.
Patient: Nein – meine Frau hat sich verändert. Sie ist – ist anders geworden. Es fing damit an – wissen Sie – ihr wurde alles egal. Wir konnten nicht mehr so viel ausgehen. Dann – dann kamen die Kinder und dann – puh – dann mußte man sie füttern und sich um sie kümmern und all das. So – wissen Sie, wenn ich von der Arbeit nach Hause komme – meine Frau – dann rennt sie im Haus herum und hinter den Kindern her – ich, wenn ich zur Tür hereinkomme, werde ich übersehen, wissen Sie. Keiner sagt guten Tag, keiner fragt, wie's mir geht.
Therapeut: Irgendwie scheint das alles passiert zu sein, als die Kinder kamen?
Patient: Es – es scheint so. Bevor wir Kinder hatten, hatten wir diese Probleme nicht. Jetzt – es ist nicht mehr dasselbe.
Therapeut: Was war mit Ihren Eltern, Ihr Vater – hat er getrunken?
Patient: Oh ja. Er – da nahm er es mit allen auf. Meine Mutter könnte Ihnen das erzählen. Ja, er konnte wirklich trinken. Oft geriet er in schrecklichen Streit mit meiner Mutter. Junge – er kam nach Hause – hatte ein bißchen zu viel getrunken – dann gab sie's ihm aber. Ich mußte – mir das Kissen über den Kopf ziehen, damit ich den Krach nicht hörte. Ich konnte nicht einschlafen.
Therapeut: Ihre Mutter war also sehr streng mit Ihrem Vater.
Patient: Ja. Sie wurde wahnsinnig wütend auf ihn. Wissen Sie, wegen dem Trinken und überhaupt. Sie schrie ihn immer an. Dauernd saß sie ihm im Nacken. War richtig eklig zu ihm. Vielleicht ist er deshalb unter der Erde.
Therapeut: Irgendwie dasselbe, was Ihre Frau mit Ihnen macht?
Patient: Ja. Sie haben recht. Sie haben den Nagel auf den Kopf getroffen. Sie verstehen wirklich, was los ist. Es gibt eine ganze Menge, wo die beiden sich ähnlich sind. Ich denke, sie versucht mit mir dasselbe zu machen, was meine Mutter mit meinem Vater gemacht hat. – Schreien und Streiten – Schreien und Vorwürfe. Das macht es beides. Sie brüllt einen an – und nennt einen Säufer. Sagt mir, ich kann keine Verantwortung übernehmen. Immer schreit sie wegen irgendwas. Geld. Warum hast du nicht mehr Geld? Warum können wir uns dies nicht

2. Methoden zur Verbesserung von Beziehungen

kaufen? Warum können wir uns das nicht kaufen? Ich arbeite – so gut ich kann – und sie – sie merkt das nicht. Sie denkt, ich brauche bloß arbeiten die ganze Zeit. Sie denkt, das ist – das ist leicht für mich – jeden Tag arbeiten. – Immer schubst sie mich. Ich kann das nicht leiden, geschubst zu werden. Ich mache – ich mache schon alles. Aber ich muß nach meinem Tempo arbeiten, sonst – es ist ganz egal, ob ich arbeite, wenn ich nicht nach meinem eigenen Tempo arbeiten kann.

Therapeut: Sie scheinen wirklich zu versuchen, daß Ihre Ehe gut geht. Mir imponieren Leute, die das wirklich so versuchen . . . Es klingt so, als ob Ihre Frau und Sie – nichts auf die gleiche Art und Weise machen.

Patient: Ja. Sie lebt in ihrer eigenen Welt. – Ihr ist alles egal, was ich tue – oder sage. Sie kümmert sich nicht um mich oder um sonst wen. Manchmal möchte ich einfach aufstehen und weggehen. Es ist nichts übrig geblieben.

Therapeut: Sie möchten einfach weggehen?

Patient: Mmhmm.

Therapeut: Haben Sie's schon mal getan?

Patient: Nie für lange. Manchmal – bin ich einige Tage lang allein weggewesen. Aber es endete immer damit, daß ich wiederkam, weil ich sonst niemanden hatte, zu dem ich gehen kann.

Therapeut: Ja, wenn es Ihnen jetzt so geht, dann können Sie zu mir kommen . . . Sie mögen nicht gern allein sein.

Imitation ist also ein zweiter gesicherter Weg zur Vertiefung von Zuneigung. Allerdings ist es nicht ganz so einfach. Wir alle beobachten täglich viele Menschen, aber meistens imitieren wir das, was wir beobachten, nicht. Wir sehen uns teuer produzierte und fachmännisch vorgeführte Modellszenen von Leuten an, die irgendetwas im Werbefernsehen kaufen, meistens aber ahmen wir das nicht nach. Menschen ahmen andere nur unter bestimmten Umständen nach. Wir neigen dazu, andere zu imitieren, mit denen wir uns identifizieren, um also Imitation zu unterstützen, sollte das Modell bei Bandaufnahmen das gleiche Geschlecht und ungefähr das gleiche Alter wie der zuschauende Klient haben, dessen Sympathie wir vergrößern wollen. Wir neigen vor allem dazu, Verhalten zu imitieren, von dem wir sehen, daß es zu Belohnungen führt, die wir uns selbst wünschen. Daher sind die Modellbänder zur Förderung von Sympathie am erfolgreichsten, auf denen das sympathisierende Modell dadurch belohnt wird, daß seine Probleme gelöst werden. Außerdem ist es nicht zufällig, daß es im Werbefernsehen so häufig intensive Wiederholungen gibt (vor allem des Namens des Produkts), weil Imitation mit der Wiederholung der Modellvorführung zunimmt. Schließlich wird Imitation um so wahrscheinlicher, je mehr der Zuschauer dazu ermutigt wird, selbst zu erproben oder zu praktizieren, was er gesehen hat. Kurz gesagt, wiederholtes Betrachten eines belohnten Modells, das das gleiche Alter und das gleiche Geschlecht hat wie der Zuschauer, und Ausprobieren des beobachteten Verhaltens werden das Ausmaß an Imitation vergrößern.

Konformitätsdruck

Menschen mit Problemen haben oft Probleme mit Menschen. Klienten suchen häufig vor allem deshalb Hilfe, weil sie mit anderen nicht auskommen, und diese Schwierigkeiten können sich in *geringer* Sympathie (Abneigung, Mißtrauen, Ambivalenz) gegenüber dem Helfer widerspiegeln. Unter solchen Umständen funktioniert es unter Umständen nicht, wenn man versucht, Zuneigung dadurch zu erhöhen, daß man Anweisungen gibt (Vorstrukturierung) oder entsprechende Materialien vorführt (Imitation). Es können wirkungsvollere Methoden nötig werden. In diesem Fall ist Konformitätsdruck eine Möglichkeit. Im Experiment wird Konformitätsdruck typischerweise so verwendet, daß sich eine Gruppe von Individuen trifft und jedes Gruppenmitglied laut ein Urteil abgeben soll – darüber, welche von zwei Linien länger ist, ob ein Lichtpunkt sich bewegt, welcher soziale oder politische Standpunkt richtiger ist oder irgendeine andere Frage der Urteilsbildung. Jedoch sind ohne Wissen eines der Gruppenmitglieder alle anderen in der Gruppe eigentlich Komplizen des Gruppenleiters und vorher instruiert, auf seine Fragen nach ihren Einschätzungen in vorbestimmter und gewöhnlich einstimmiger oder fast einstimmiger Weise zu antworten. Bei mindestens einem Drittel so zusammengesetzter Gruppen paßt sich das nichteingeweihte Gruppenmitglied dem Urteil der Mehrheit an, auch wenn es (für den Außenstehenden) offensichtlich falsch ist. Forschungen, die der Autor in Beratungssituationen durchgeführt hat, weisen darauf hin, daß Konformitätsdruck tatsächlich in ähnlicher Weise Sympathie sehr stark fördern kann. Nach dem Anhören einer Bandaufnahme einer Sitzung von Helfer und Klient, schätzten drei Mitglieder (Komplizen) einer Gruppe von vier „Klienten" den Therapeuten laut als in vieler Hinsicht sympathisch ein. Der echte Klient paßte sich diesem Druck an und äußerte sich entsprechend dem Urteil der anderen. Besonders interessant ist das Ergebnis anderer Gruppen verschiedener wirklicher Klienten, die ebenfalls einen Therapeuten nach einer Bandaufnahme als höchst sympathisch einstufen, nachdem sie Konformitätsdruck ausgesetzt waren, selbst dann, wenn der Therapeut auf der Bandaufnahme in mehreren wichtigen Aspekten (wieder für außenstehende Beobachter) höchst unsympathisch war.

Kompetenz und Status des Therapeuten

In unserer Definition der Beziehung betonten wir wechselseitige Sympathie, Achtung und Vertrauen. Der Versuch, Beziehung durch eine Konzentration auf die Förderung von Sympathie zu verbessern, ist gleichbedeutend mit der Betonung der Sympathiekomponente in dieser Definition. Beziehung kann auch durch Verfahren verbessert werden, die für den Aspekt der Achtung relevant sind. Ein Hauptinstrument zur Erhöhung der Achtung des Klienten gegenüber seinem Therapeuten ist die tatsächliche oder scheinbare Kompetenz und der Status des Therapeuten.

2. Methoden zur Verbesserung von Beziehungen

Im allgemeinen ist anzunehmen, daß der Klient den Therapeuten um so mehr achtet, je größer dessen Kompetenz ist.

In der Psychotherapie hängt die Einschätzung der Kompetenz und Autorität eines Therapeuten stark von seinem Verhalten und seiner äußeren Umgebung ab. *Haley* [6] schreibt dazu:

> Der Kontext der Beziehung hebt die Position des Therapeuten hervor . . . Patienten werden im allgemeinen von Leuten an ihn überwiesen, die betonen, was für eine Autorität er wäre und wie sehr der Patient Hilfe brauchte. Manche Therapeuten haben eine Warteliste, so daß der Patient davon beeindruckt ist, darauf warten zu müssen, bis er behandelt wird, während andere andeuten, daß Patienten mit ähnlichen Symptomen dort erfolgreich behandelt wurden. Außerdem muß der Patient bereit sein, schon dafür Geld zu bezahlen, daß er mit dem Therapeuten spricht, und der Therapeut kann ihn entweder behandeln oder abweisen und hat es auf diese Weise in der Hand, ob eine Beziehung hergestellt wird oder nicht. Beim ersten Gespräch wird nicht nur das Prestige des Therapeuten betont, sondern es wird dem Patienten auch seine Unzulänglichkeit klar gemacht. Der Patient . . . muß einem Mann seine Schwierigkeiten mitteilen, der offenbar selbst keine hat. Die äußere Umgebung, in der die meisten Therapeuten arbeiten, verstärkt noch ihre überlegene Position. In vielen Fällen sitzt der Therapeut an einem Schreibtisch, dem Symbol der Autorität, während der Patient in der Position eines Bittstellers in einem Sessel sitzt. In der psychoanalytischen Therapie ist das Arrangement noch extremer. Der Patient liegt, während der Therapeut sitzt. Sein Stuhl steht außerdem so, daß er die Reaktionen des Patienten beobachten kann, der Patient kann ihn jedoch nicht beobachten. Schließlich macht das Anfangsinterview in der Therapie gewöhnlich ganz deutlich, daß der Therapeut die Beziehung nach den Regeln der Behandlung, wie er sie festlegt, bestimmt. Er schlägt die Häufigkeit der Gespräche vor, deutet an, daß er entscheiden wird, wann die Behandlung beendet sein wird, und er instruiert im allgemeinen den Patienten, wie er sich in seiner Praxis zu verhalten hat. Es kann sich allgemein darüber äußern, wie der Patient dort äußern soll, oder er gibt – wie in der analytischen Situation – bestimmte Anweisungen, daß der Patient sich hinlegen und alles, was ihm einfällt, sagen muß. [6].

Was unterscheidet außerdem den kompetenten Therapeuten vom inkompetenten? Nach unseren eigenen Untersuchungen wurde, wie wir kurz darstellen wollen, der Grad der offenkundigen Kompetenz des Therapeuten dadurch variiert, indem die äußere Ausstattung, die den Therapeuten umgab, abgewandelt wurde – sein Titel, Bücher, Büro, Diplome usw. Nach Untersuchungen von *Schmidt* und *Strong* [11] beurteilen Klienten Kompetenz in hohem Maß nach dem beobachtbaren Verhalten ihres Therapeuten. Nach diesen Ergebnissen beschreiben College-Studenten den kompetenten und den inkompetenten Berater ganz unterschiedlich:

> Der *Kompetente* schüttelt dem Studenten die Hand, schließt sich ihm an und grüßt ihn mit seinem Vornamen. Er scheint aufgeschlossen und entspannt. Er hat ein angenehmes Äußeres, ist aber nicht langweilig gekleidet . . . Er spricht mit dem Studenten auf einer Ebene und verhält sich nicht arrogant. Der kompetente Experte nimmt beim Sitzen eine aufmerksame, aber doch bequeme Haltung ein. Er konzentriert sich auf den Studenten und hört ihm genau zu. Er hat einen warmen Gesichtsausdruck und gestikuliert mit den Händen. Er spricht flüssig, mit Selbstvertrauen und Sicherheit. Der kompetente Experte hat sich auf das Gespräch vorbereitet. Er ist darüber informiert, warum der Student kommt und ist vertraut mit den Testergebnissen, seinen Prüfungen und seinem Hintergrund . . . Er fragt direkt und gezielt. Seine Fragen regen zum Denken an und folgen offensichtlich logischen Gesetzen. Sie scheinen spontan und in der Art eines Gesprächs. Der Experte ist bereit zu bestimmen, ob die

Entscheidungen des Studenten richtig sind, aber er versucht nicht, die Vorstellungen des Studenten mit Gewalt zu verändern. Er läßt vor allem den Studenten sprechen und unterbricht ihn nicht. Der Experte nähert sich rasch dem Kern des Problems. Er weist auf Widersprüche im Denken hin und bestätigt die Äußerungen des Studenten, soweit sie das Problem treffen . . . Er gibt Empfehlungen und schlägt mögliche Lösungen vor.

Der *Inkompetente* ist linkisch, verkrampft und verlegen. Er scheint sich vor dem Studenten zu fürchten. Er begrüßt den Studenten nicht mit Namen, um ihm die Situation zu erleichtern . . . Er ist seiner selbst oder dessen, was er sagt, nicht ganz sicher. Er scheint zu kalt, steif und dominierend und verhält sich zu formell. Seine Bewegungen sind steif und übertrieben . . . Der Inkompetente lümmelt in seinem Sessel. Er ist zu beiläufig und entspannt . . . Seine Stimme ist flach und unmoduliert und drückt Desinteresse und Langeweile aus . . . Der Inkompetente kommt kühl zum Interview. Er hat sich nicht genug darum gekümmert, wie die Unterlagen des Studenten aussehen. Der Inkompetente stellt vage Fragen, die trivial und irrelevant sind und weder Zusammenhang noch Ziel haben. Seine Fragen kommen abrupt und taktlos ohne Überleitungen. Er stellt wie bei einem Quiz zu viele Fragen, verhört den Studenten . . . Der Inkompetente braucht zu lange, um zum Kern der Sache zu kommen und verwirrt den Studenten beim Gespräch über Empfehlungen . . . Der Inkompetente kann seinen Standpunkt nicht recht darstellen . . . Ihm scheint einfach nichts zu gelingen [11].

Diese Beschreibungen wurden dann von den Forschern [13] als Grundlage in einer Untersuchung benutzt, die die Auswirkungen des Status auf den Einfluß eines Therapeuten prüfte. Berater übernahmen die Rollen je eines kompetenten und eines inkompetenten Psychologen und studierten die oben beschriebenen Verhaltensweisen sorgfältig ein. Ersterer wurde Klienten mit folgenden Worten vorgestellt:

Sie werden mit Dr. – sprechen, er ist Psychologe und hat langjährige Erfahrung in Gespräch und Beratung von Studenten.

Im Gegensatz dazu wurde der inkompetente Helfer folgendermaßen eingeführt:

Ursprünglich war vorgesehen, daß Dr. – mit Ihnen spricht, aber er hat uns leider mitgeteilt, daß es ihm heute nicht paßt. An seiner Stelle kommt Herr – , ein Student, der leider keine Gesprächserfahrung hat und dem wir den Zweck dieser Untersuchung nur kurz erklärten. Ich denke jedoch, daß er seine Sache trotzdem gut machen wird [13].

Die Analyse des Helfer-Klienten-Gesprächs ergab wie vorhergesagt positivere Veränderungen bei den Klienten, die auf den „kompetenten" Helfer vorbereitet waren und mit ihm sprachen.

Je größer also anscheinend die Kompetenz dessen ist, der Veränderungen bewirken soll, desto effektiver kann er Verhalten und Überzeugungen seiner Zielperson verändern. Experimentelle Untersuchungen unterstützen diese Behauptung nachdrücklich. Eine beträchtliche Anzahl von Untersuchungen bestätigt die Tatsache, daß eine Äußerung besser akzeptiert und auch befolgt wird, wenn der Empfänger glaubt, sie käme von einem Experten oder einer hochgestellten Persönlichkeit, als wenn sie von jemandem mit geringer oder unbekannter Kompetenz stammt.

Der erste Beweis, den wir als Beleg des Beziehungsaspektes dieser Befunde erhielten, ergab sich fast zufällig [4]. Wir führten eine Untersuchung mit der Absicht durch festzustellen, ob die Sympathie des Klienten für den Therapeuten

2. Methoden zur Verbesserung von Beziehungen

zunimmt, wenn der Therapeut dem Klienten ausnahmsweise einmal einen kleinen Gefallen oder seine besondere Gunst erwies. Der Gunstbeweis bestand darin, dem Klienten Kaffee und Kuchen anzubieten, was in Beratung oder Therapie sehr ungewöhnlich ist. Zwar verbesserte dieses Vorgehen wirklich die Beziehung, aber die Sympathie wuchs dann sogar noch stärker, wenn der Helfer klarstellte, daß er Kaffee und Kuchen für sich und nicht für den Klienten bestellte! Dieses Ergebnis hatten wir nicht vorhergesagt und nur halb scherzhaft vermutet, daß die Sympathie deswegen zunehmen würde, weil jemand, der sich so ungeniert verhält, eine bedeutende Persönlichkeit sein müsse. Das heißt, daß Sympathie dabei zunahm, weil der Helfer in den Augen des Klienten seinen Status verbessert hatte. Wir prüften diese Hypothese in unseren nächsten Untersuchungen auf direkterem Wege [10]. *Sabalis* hatte vier Klientengruppen, zwei sprachen mit einem Therapeuten mit scheinbar höherem Status, zwei mit einem Therapeuten mit niedrigem Status. Wir sagten voraus, daß nicht alle Personen jemanden sympathisch finden würden, der einen hohen Status hat. Autoritär eingestellte Personen, die rigide Autorität respektieren, scheinen sehr stark auf solche Menschen zu reagieren und fühlen sich von ihnen angezogen, während egalitär eingestellte Personen von kompetenten Fachleuten weniger angezogen werden. Die Hypothese unserer Untersuchung war also, daß ein Helfer mit hohem Status die Sympathie autoritär eingestellter Klienten für den Helfer steigern werde, nicht aber die von egalitär eingestellten Klienten.

Die Klienten (beider Art) in den hohen Status-Gruppen erhielten alle eine Postkarte mit dem Termin ihres Interviews. Der Interviewer war „Dr. Robert Sabalis". Bei der Ankunft der Klienten stellte sich der Interviewer vor als „Dr. Sabalis, Mitglied der Fakultät des Psychologie-Departments". Ein Namensschild mit „Dr. Robert Sabalis" stand auf seinem Schreibtisch, und das Büro war ein großer, gut möblierter Raum, der einem Mitglied der Fakultät gehörte. Der Interviewer war sorgfältig mit Anzug und Krawatte gekleidet. Die Sitzung begann damit, daß der Klient einigen Tests unterzogen wurde, die nach Aussage des Interviewers Teil seines Forschungsprojekts waren. Während der Klient die Testformulare ausfüllte, öffnete der Interviewer ein Buch und begann sich daraus Notizen zu machen, wobei er dem Klienten andeutete, daß er für eines seiner Seminare Prüfungsfragen vorbereitete.

In den niedrigen Status-Gruppen lautete der Name auf der Postkarte und bei der Vorstellung „Bob Sabalis". Er stellte sich den Klienten als Psychologiediplomand vor, der das Gespräch für einige seiner Übungen brauchte. Seine Kleidung war typisch für einen Studenten. Das Büro war ziemlich klein und sparsam möbliert. Zu Beginn der Tests begann auch er, sich Notizen nach einem Buch zu machen, deutete aber diesmal an, daß er sich auf eine Prüfung vorbereitete.

Der vorhergesagte Effekt des Status auf die Sympathie bestätigte sich. Das heißt, sehr autoritär eingestellte Klienten empfanden signifikant mehr Sympathie für den Interviewer im Falle eines hohen Status, nicht jedoch bei niedrigem Status.

Wie oben beschrieben, demonstrierten *Strong* und *Schmidt* [13] den positiven Effekt von Kompetenz, indem sie Berater darin trainierten, sich entweder kompetent oder inkompetent zu verhalten. *Sabalis* setzte einen einzigen Interviewer ein, der sowohl die Rolle eines Helfers mit hohem Status als auch die eines mit niedrigem Status spielte. Auch hier bestätigte sich der positive Effekt auf die Beziehung zwischen Helfer und Klient. *Streltzer* und *Koch* [12] stellten Kompetenz wieder anders her. In ihren Untersuchungen ging es darum, welche Effekte Rollenspiele mit Lungenkrebspatienten auf Personen haben, die das Rauchen einschränken müssen. Die teilnehmenden „Patienten" spielten eine Reihe von Szenen, in denen der Arzt aufgesucht wurde, der Arzt die Diagnose stellte, Behandlungspläne festgelegt und die Anweisung gegeben wurde, mit dem Rauchen sofort aufzuhören. Die Hälfte der „Patienten" spielten ihre Rolle mit einer „Ärztin", die eine 21jährige Psychologiediplomandin war. Sie benutzte keinen Titel. Die anderen Raucher kamen zu einem 32jährigen Arzt, der sich selbst als „Doktor" vorstellte. Beide Rauchergruppen schränkten das Rauchen mehr ein als Personen, die nicht am Rollenspiel teilnahmen. Darüberhinaus zeigte die Gruppe im Rollenspiel mit dem wirklichen Experten bei weitem die höchsten negativen Einstellungsänderungen gegenüber dem Rauchen.

Ähnliche Befunde werden von anderen Forschern berichtet. Generell läßt sich festhalten, daß die Kompetenz und der Status dazu dienen, die Achtung des Klienten zu vermehren, was wiederum dazu führt, daß er sich zu den Versuchen des Helfers, ihn zu beeinflussen, offener verhält, und daß damit die Wahrscheinlichkeit einer Veränderung des Klienten zunimmt.

Empathie des Therapeuten

Wir haben soeben die positiven Effekte tatsächlicher oder scheinbarer Kompetenz und Status des Helfers auf die Beziehung zwischen Helfer und Klient betrachtet. Es gibt weitere, in dieser Hinsicht bedeutsame Eigenschaften des Therapeuten, und in diesem Abschnitt werden wir uns auf eine davon, auf die Empathie, konzentrieren. Der Grad der Empathie des Therapeuten und ihre Auswirkungen auf Klienten waren Gegenstand beachtlicher Forschungen und Theorien. Die Untersuchungen zeigen übereinstimmend, daß die Empathie, das einfühlende Verständnis des Therapeuten für die Gefühle des Klienten die Qualität der Beziehung von Therapeut und Klient und damit auch das Ausmaß der Veränderung beim Klienten sehr stark beeinflußt.

Truax und *Carkhuff* [15] sind zwei Forscher, die die Effekte der Empathie auf die Beziehung von Helfer und Klient intensiv untersucht haben. Sie definieren „Empathie" zunächst so:

> Während wir manche seiner Wünsche, Bedürfnisse, Leistungen und manche seiner Mißerfolge allmählich kennenlernen, bemerken wir, daß wir als Therapeuten mit dem Patienten so „mitleben" wie mit der Hauptperson eines Romans ... Wie beim Helden eines Romans lernen wir die Person in ihrem inneren Rahmen oder Bezugssystem kennen und bekommen etwas Gespür für sein Erleben von Augenblick zu Augenblick. Wir sehen Ereignisse und wichtige Menschen in seinem Leben so, wie sie ihm erscheinen – nicht wie sie „objektiv sind",

2. Methoden zur Verbesserung von Beziehungen

sondern wie er sie erlebt. Da wir ihn allmählich von seiner positiven Seite kennenlernen, beginnen wir ganz automatisch ihn zu schätzen und zu mögen . . . Wir fangen an, Ereignisse und Erlebnisse in seinem Leben so wahrzunehmen, „als ob" sie Teil unseres eigenen Lebens wären. Es ist dieser Prozeß, der uns dazu führt, Wärme, Achtung und Sympathie zu empfinden . . . (S. 42).

Dieselben Forscher haben auch eine detailliertere Definition der Empathie entwickelt, die im folgenden ungekürzt zitiert wird. Dabei handelt es sich um ihre Empathie-Skala, die aus verschiedenen Stufen der Empathie besteht, die ein Therapeut einem Klienten entgegenbringen kann – in Abstufungen von sehr niedrig (Stufe 1) bis sehr hoch (Stufe 5).

Einfühlendes Verstehen (Empathie) in interpersonellen Prozessen

Eine Meßskala

Stufe 1
Die verbalen und Verhaltensäußerungen des Helfers gehen weder deutlich auf die verbalen und Verhaltensäußerungen des Klienten ein, noch schmälern sie sie entscheidend, da sie signifikant weniger etwas über die Gefühle und Erlebnisse des Klienten aussagen, als der Klient selbst mitteilt.
Beispiel: Der Helfer bemerkt nicht einmal die ganz offensichtlich geäußerten Oberflächengefühle des Klienten. Der Helfer kann gelangweilt oder desinteressiert sein oder sich einfach in einem vorgefaßten Rahmen oder Bezugssystem bewegen, das den des Klienten völlig ausschließt.
Insgesamt tut der Helfer alles, außer auszudrücken, daß er zuhört, versteht oder daß er die offenkundigsten Gefühle des Klienten derart wahrnimmt, daß er sie nach den Äußerungen des Klienten entscheidend abschwächt.

Stufe 2
Zwar reagiert der Helfer auf die Gefühlsäußerungen des Klienten, jedoch so, daß er den erkennbaren Affektgehalt der Klientenäußerungen verringert.
Beispiel: Der Helfer vermittelt wohl, daß er manche der offenkundigen Oberflächengefühle erfaßt hat, jedoch mindern seine Äußerungen den Affektgehalt und verzerren seine Bedeutung. Der Therapeut teilt zwar seine eigenen Gedanken darüber mit, was wohl gerade geschieht, aber diese stimmen nicht mit den Äußerungen des Klienten überein.
Insgesamt neigt der Helfer dazu, auf anderes einzugehen, als was der Klient ausdrückt oder andeutet.

Stufe 3
Die Äußerungen des Helfers sind in der Reaktion auf die Äußerungen des Klienten im wesentlichen mit denen des Klienten austauschbar, insofern sie im wesentlichen den gleichen Affekt und Inhalt ausdrücken.
Beispiel: Der Helfer reagiert genau verstehend auf die Oberflächengefühle des Klienten, aber er geht kaum ein auf tiefere Gefühle oder er interpretiert sie falsch.
Insgesamt reagiert der Helfer so, daß er den Äußerungen des Klienten weder etwas entzieht, noch fügt er ihnen etwas hinzu. Er reagiert nicht genau darauf, was die andere Person unter der Oberfläche empfindet; aber er deutet an, daß er offen und dazu bereit ist. Stufe 3 stellt die Grundstufe interpersoneller therapeutischer Wirksamkeit dar.

Stufe 4
Die Reaktionen des Helfers fügen den Äußerungen des Klienten in der Weise merklich etwas hinzu, als sie Gefühle ausdrücken, die eine Stufe tiefer liegen, als der Klient sie selbst äußern konnte.

Beispiel: Der Helfer vermittelt, daß er die Äußerungen des Klienten auf einer tieferliegenden Stufe verstanden hat, als er ausdrückte, und ermöglicht es dem Klienten so, Gefühle zu erleben oder zu äußern, zu denen er vorher nicht fähig war.

Insgesamt fügen die Reaktionen des Helfers den Äußerungen des Klienten tiefere Gefühle und Bedeutungen hinzu.

Stufe 5
Die Reaktionen des Helfers fügen den Gefühlen und dem Sinn der Äußerungen des Klienten in der Weise entscheidend etwas hinzu, daß er Gefühle genau auf einer Ebene ausdrückt, auf der der Klient sich selbst nicht äußern konnte, oder daß er in den tiefsten Momenten ganz beim Klienten ist, wenn dieser sich weiter und intensiv selbst exploriert.

Beispiel: Der Helfer reagiert genau auf alle tiefen Empfindungen und Oberflächengefühle des Klienten. Er ist auf die „Wellenlänge" des Klienten eingestimmt. Der Helfer und der Klient können gemeinsam vorher unexplorierte Bereiche menschlicher Existenz explorieren.

Insgesamt reagiert der Helfer in vollem Bewußtsein dessen, wer die andere Person ist und mit einfühlsamem und genauem einfühlendem Verständnis auf die tiefsten Gefühle dieses Menschen [15].

Es gibt sehr viele Untersuchungen über die Effekte hoher Stufen von Empathie des Therapeuten in Beratung und Psychotherapie. In diesen Untersuchungen treten regelmäßig bestimmte Wirkungen auf den Klienten auf. Es stärkt die Sympathie des Klienten für seinen Therapeuten, wenn er sich verstanden fühlt und empfindet, daß jemand fähig ist, seine tieferen Gefühle wirklich wahrzunehmen. In gewissem Sinn gewinnt der Klient unter diesen Umständen auch mehr Selbstvertrauen, da eine regelmäßige Wirkung hoher Empathie beim Therapeuten eine tiefere und anhaltende *Selbst*-Exploration des Klienten bedeutet. In mehreren dieser Untersuchungen ergab sich deutlich eine stärkere Veränderung beim Klienten. Ein hohes Ausmaß an Empathiereaktionen beim Therapeuten kann daher als eine notwendige (aber wahrscheinlich nicht hinreichende) Bedingung für die Veränderung des Klienten angesehen werden. *Carkhuff* (1969) hat unserer Meinung nach weitgehend recht, wenn er sagt:

> Empathie ist der wesentlichste Bestandteil der Therapie. Einfühlendes Verständnis muß vor allem in der ersten Therapiephase ausdrücklich vermittelt werden. Ohne Einfühlung in die Welt des Patienten und seine Schwierigkeiten, wie er sie erlebt, gibt es keine Basis für eine Therapie [1].

Die folgenden Beispiele sollen die Empathie des Helfers und ihre Auswirkungen auf das Verhalten des Klienten erhellen und verständlicher machen. Zunächst handelt es sich um einen Ausschnitt aus einer psychotherapeutischen Sitzung. Man beachte, daß alle Äußerungen des Therapeuten mindestens auf Stufe 3 und häufig noch höher liegen:

> *Klientin:* Ich weiß nicht, ob es richtig oder falsch von mir ist, so zu empfinden. Aber es ist so, daß ich mich von den Menschen zurückziehe. Ich kann irgendwie nicht mehr mitmachen und diese blöden Spielchen mitspielen. Es bringt mich hoch, und dann komme ich nach

2. Methoden zur Verbesserung von Beziehungen

Hause, deprimiert und mit Kopfweh. Alles erscheint mir so oberflächlich. Es gab eine Zeit, da kam ich ganz gut mit jedem zurecht. Alle sagten: „Ist sie nicht prima. Sie kann mit jedem auskommen. Alle mögen sie." Damals dachte ich, das . . . das wäre etwas, worauf ich richtig stolz sein könnte, aber das war früher. Ich hatte keinen Tiefgang. Ich war immer das, was die Leute von mir erwarteten – oder die Gruppe, mit der ich zusammenwar. Äh, ich weiß, es ist für das Geschäft meines Mannes wichtig, daß wir ausgehen, schön gesellschaftlich sind, Leute treffen und einen guten Eindruck machen, im Club sind und all diese blöden kleinen Spielchen spielen – Parties, wissen Sie, Kegelabende und, äh, Angelausflüge und solche Verbrüderungstreffen. Mh, ich mache mir einfach nichts mehr daraus, und äh, ich weiß nicht, ob das heißt, daß ich . . . daß irgendwas mit mir psychisch nicht stimmt oder, äh, oder ist es normal. Ich meine . . . äh . . . die Leute wissen wirklich nicht, wer ich bin, und es ist ihnen egal wer, was der eine für den andern ist, wer der andere ist. Sie . . . es ist alles so oberflächlich.

Therapeut: Sie sind sich eigentlich ganz sicher, wie Sie empfinden, aber Sie wissen wirklich nicht, was das alles zusammen werden soll. Sind Sie es? Sind es die anderen Leute? Was sind die notwendigen Folgen des Geschäfts Ihres Mannes? Sie? Wohin geht das alles?

Klientin: Ah. Es ist ein leeres Leben. Es ist, hm, es gibt, äh, keine Tiefe in dem allen. Ich meine, man spricht über sehr, sehr oberflächliche Dinge, und am Anfang ist das ja schön und gut. Aber dann gibt's nichts mehr, worüber man sprechen könnte. Also trinkt man und tut so, als wäre man über dumme Witze und alberne Sachen froh, die Leute machen, wenn sie alle, äh, versuchen Eindruck zu machen, und sie sind so materialistisch, und, äh, es ist einfach nicht der Weg, den ich gehen möchte.

Therapeut: Ihre Gefühle sind so stark jetzt, daß Sie sie einfach nicht mehr verheimlichen können.

Klientin: Das stimmt, aber was soll man machen? Die Leute sagen: „Oh, mit dir ist was nicht in Ordnung", dann „du mußt zum Psychiater oder so? weil man . . . wissen Sie, es ist doch so in der Gesellschaft, daß ein normaler Mensch mit anderen Leuten auskommt, und, äh, sich an jede Situation anpassen kann. Und wenn man . . . wenn man es ein bißchen differenzierter sieht, vielleicht sehr viel differenzierter oder kritisch, dann heißt das, es stimmt was nicht mit einem.

Therapeut: Sie wissen zwar, wie stark Sie all dies empfinden, aber Sie sind sich nicht sicher, ob Sie sich wirklich danach verhalten können und frei sein können.

Klientin: Ich weiß nicht, ob ich stark genug bin. Die Folgen sind so groß. Es kann heißen, äh, daß meine Ehe zerbricht, äh, und das heißt, es allein durchstehen, und das ist zu beängstigend. Ich habe nicht den Mut, denke ich. Aber ich habe das Gefühl, als ob ich in der Falle säße.

Therapeut: Sie wissen, daß Sie nicht Theater spielen können; trotzdem haben Sie richtig Angst davor, es allein durchzustehen.

Klientin: Ja, es gibt niemand, mit dem ich wirklich sprechen kann, ich meine, wissen Sie, wenn man einen . . . ah, jemanden hat . . . einen Ehemann . . . wenn man diese Dinge teilen kann, wenn er es irgendwie versteht, aber . . . mh . . . er kann es nicht.

Therapeut: Es ist irgendwie so, „Wenn ich so handle, wie ich wirklich empfinde, dann erschreckt das die Menschen, die mir am meisten bedeuten. Sie können es nicht verstehen, und ich kann das ganz sicher nicht mit ihnen teilen."

Klientin: (Pause) Also was soll man machen. (Pause) Ich meine . . . ich . . . wissen Sie. Ich merke, daß ich aus mir herausgehe und Leuten, für die ich etwas empfinde, etwas sage, zu verschiedenen Themen und ich gerate mit ihnen in Auseinandersetzungen, und äh, und das, das macht mir zuviel Angst. Ich kann das nicht, weil man dann in Streit gerät, und das will ich auch nicht, das führt zu nichts. Ich werde einfach frustriert und habe Angst, ich rege mich auf und bin über mich selbst wütend, weil ich mich in diese Situation gebracht habe.

Therapeut: Sie wissen, das Sie das nicht befreit.

Klientin: Nein, es sperrt mich ein.

Therapeut: Das bringt nur noch mehr Probleme, und wonach Sie eigentlich suchen, ist, wie Sie mehr Freiheit und größere Erfüllung in Ihrem eigenen Leben erreichen können.

Klientin: Ich . . . Ich denke, ich weiß, wer ich jetzt bin, unabhängig von anderen Menschen, und, äh, welche Menschen nicht . . . hm . . . in dieser Gesellschaft gibt es keinen Platz für diese Art von Mensch.
Therapeut: Da draußen gibt es für mich keinen Platz!
Klientin: (Pause) Also was soll ich tun?
Therapeut: Immer und immer wieder behandeln wir die Frage, bei der . . . Sie angekommen sind. „Wohin gehe ich von hier? Wie handele ich danach? Ich weiß, was ich fühle, aber ich weiß nicht, was passiert, wenn ich so handele, wie ich fühle."
Klientin: Ich . . . ich habe eine Ahnung, was passiert.
Therapeut: Und das ist nicht gut!
Klientin: Nein! Das bedeutet fast, ein ganz neues Leben anfangen.
Therapeut: Und Sie wissen nicht, ob Sie es schaffen können.
Klientin: Genau, ich weiß, was ich hier habe, und wenn ich es nicht in Einklang bringe, dann geht es mir schlecht.
Therapeut: Zwar wissen Sie nicht, was geschieht, wenn Sie sich nach Ihren Gefühlen richten, aber Sie wissen, was die Alternativen sind, wenn Sie es nicht tun. Und die sind auch nicht gut. Die sind schlimmer.
Klientin: Ich . . . mir bleibt nicht viel anderes übrig [1].

Eine weitere Reihe von Beispielen stammt aus unseren eigenen Untersuchungen [5], bei denen wir erfolgreich versuchten, die Empathie des Therapeuten durch ganz andere Trainingsverfahren als die von *Truax* und *Carkhuff* zu verbessern. Wir trainierten Krankenschwestern und Pfleger aus staatlichen psychiatrischen Kliniken. Ein Teil unserer Trainingsfolge beruhte darauf, ihnen eine Anzahl von verschiedenen Beispielen hochgradig einfühlender Reaktionen auf schwierige oder problembelastete Verhaltensweisen und Äußerungen von Patienten vorzuführen.

Zu diesen Beispielen gehörten

1. *Schwester:* Hier ist Ihre Medizin, Herr -.
Patient: Ich will sie nicht. Alle machen mir hier immer Vorschriften, tu dies, tu das, tu jenes. Ich nehme die Medizin, wann *ich* will.
Schwester: Es ist gar nicht so sehr die Medizin selbst, aber Sie haben das Gefühl, die ganze Zeit herumkommandiert zu werden. Sie haben es satt, daß die Leute Ihnen dauernd Befehle geben.

2. *Patient:* Ich kann die Klinik nicht verlassen. Ich bin noch krank. Was soll ich machen, wenn ich nach Hause komme?
Schwester: Sie haben nicht das Gefühl, daß Sie schon so weit wären wegzugehen und fragen sich, wie Sie es zu Hause schaffen sollen.

3. *Patient:* Ich weiß nicht, warum man mir diese Medizin weiter gibt. Ich nehme sie nun schon wochenlang und mir geht es überhaupt nicht besser. Ich habe es Dr. - schon zweimal gesagt.
Schwester: Nicht nur, daß die Medizin anscheinend nicht hilft, auch der Doktor scheint sich dafür gar nicht zu interessieren, irgendwas dagegen zu unternehmen.

4. *Patient:* Ich war schon mal im Krankenhaus. Es ging mir richtig schlecht. Schließlich konnte ich es nicht mehr aushalten. Ich ging von zu Hause weg, war nicht mehr zur Arbeit und irgendwie landete ich im Krankenhaus.
Schwester: Alles türmte sich vor Ihnen auf, es wurde immer schlimmer und am Ende kamen Sie hierher.

2. Methoden zur Verbesserung von Beziehungen

5. *Patient:* Manchmal denke ich, meine Familie käme genauso gut ohne mich aus. Es ist fast so, als ob ich für sie nicht existierte. Sie besuchen mich fast nie.
Schwester: Sie möchten so gern, daß sie zu Besuch kommen, aber sie kümmern sich anscheinend gar nicht um Sie.

6. *Patient:* Mein Vater und meine Mutter haben sich furchtbar gestritten. Er kam nach Hause und dann ging's los. Ich mußte mir das Kissen über den Kopf ziehen, damit ich den Krach nicht hörte.
Schwester: Das hört sich richtig schlimm an, vor allem für ein Kind.

7. *Patient:* Ich würde wirklich gerne was über ihre Schule, ihre Freunde und so erfahren. Wissen Sie, wofür sich ein Vater eben interessiert. Mein jüngster Sohn ist im Fußballverein, aber er hat mich nie zu einem Spiel eingeladen. Es war ihm immer gleichgültig, ob ich da war oder nicht. Ich verstehe das nicht.
Schwester: Es muß Ihnen sehr wehtun, daß er Sie nicht an seinem Leben teilnehmen läßt.

8. *Patient:* Ich will nicht mit dem Psychologen sprechen. Er ist in Ordnung, aber diese Fragen hat man mir *alle* schon hundert Mal gestellt.
Schwester: Sie haben es einfach satt, die ganze Prozedur nochmal über sich ergehen zu lassen.

9. *Patientin:* Es ist einfach ungerecht, daß ich auf der Station bleiben muß nur wegen dem letzten Wochenende. Mein Mann war widerlich. Er hat mich ganz nervös gemacht. Es war nicht meine Schuld. Kann ich die Station nicht verlassen?
Schwester: Sie haben das Gefühl, daß der Krach zu Hause wirklich die Schuld Ihres Mannes war und daß Sie jetzt dafür bestraft werden.

10. *Patient:* Ich kann sie nicht mehr ertragen. Niemals hält sie ihren Mund, redet und redet und redet. Sie redet mehr als jede andere Patientin hier. Ich will nicht neben ihr sitzen oder in ihrer Nähe sein.
Schwester: Sie geht Ihnen richtig auf die Nerven. Sie möchten nichts mit ihr zu tun haben.

Eine Reihe ähnlicher Beispiele wurde dazu verwendet, andere Helfer, nämlich Familienpfleger „home aides", zu trainieren. Diese Personen werden dazu ausgebildet, älteren, behinderten, ambulant behandelten psychiatrischen Patienten und anderen Personen zu Hause psychisch und physisch zu helfen. Einige der Beispiele lauteten:

1. *Patientin:* Im Altersheim war es ganz anders als in diesem Appartementhaus. Alle meine Freunde sind noch dort. Hier kenne ich überhaupt niemanden.
Familienpflegerin: Sie scheinen sich irgendwie allein zu fühlen in Ihrer neuen Wohnung. Wie eine Fremde in einer neuen Umgebung. Ich kann verstehen, daß es ziemlich deprimierend ist, alle seine Freunde zu vermissen.
Patientin: Ich bin ganz bestimmt allein. Alle meine Freunde sind noch in dem Heim. Und es ist so schwer, ganz allein in drei Zimmern für mich zu leben. Es macht mich sogar traurig, die Stimmen der anderen Leute in den anderen Wohnungen zu hören.
Pflegerin: Sie möchten aus Ihren drei einsamen Zimmern heraus und andere Leute im Haus treffen. Sie wären glücklicher, wenn Sie ein paar Freunde finden könnten.

2. *Patient:* Ich mag nicht ... Ich komme mir ganz albern vor, wenn Sie mich waschen und füttern.
Pfleger: Sie fühlen sich unbehaglich, wenn jemand Sie versorgt. Sie haben das Gefühl, daß Sie das alles selbst machen sollten und mich nicht brauchen sollten.
Patient: Mmhm. Ich komme mir vor wie ein Baby, wenn mir jemand hilft. Aber ich weiß, ich kann das nicht selbst machen; ich habe es ja probiert.

Einfühlendes Verstehen (Empathie) in interpersonellen Prozessen

Pfleger: Sie kommen sich ganz dumm vor, wenn Sie Unterstützung von anderen brauchen, da Sie für sich selbst sorgen können müßten. Aber Sie wissen, daß Sie jetzt die Hilfe von anderen für Ihr Wohlergehen brauchen.

3. *Patient:* Ich habe daran gedacht, wie es wäre, wenn ich die Treppe runterfalle oder meine Zigarette im Bett verliere oder nachts ein Fremder ins Haus käme . . . Ich weiß wirklich nicht, was ich machen würde . . .
Pfleger: Sie machen sich Sorgen, ob Sie im Notfall allein zurechtkämen.
Patient: Ja, ich mache mir *große* Sorgen . . . Ich weiß noch, wie furchtbar es war, als ich in Ohnmacht fiel und keiner da war, der mir helfen konnte.
Pfleger: Es wäre schön, auf die Hilfe von jemandem zählen zu können, wenn etwas schief geht und man nicht sicher ist, ob man alles selber schaffen kann.

4. *Patientin:* Alles, was ich anscheinend zu tun habe, ist, mich 25 Stunden am Tag um diese Kinder zu kümmern! Und das ist zuviel für eine Mutter ganz allein.
Pflegerin: Scheint so, also ob Sie gerne mehr Zeit für sich selbst hätten oder jemanden, der Ihnen hilft. Es ist viel für einen allein, und Sie scheinen sich darüber zu ärgern.
Patientin: Warum sollte ich mich nicht darüber ärgern? Es ist viel von einem verlangt, wenn man Windeln waschen, Schuhe zubinden, Essen kochen, die Kinder aus dem Dreck holen, ihre schmierigen Gesichter waschen und dauern rennen muß, um ihre blöden Spielsachen von der Straße zu holen . . .
Pflegerin: Es macht Sie ganz schön wütend, daß Sie immerzu auf diese Kinder aufpassen müssen. Irgendwie haben Sie um so weniger Zeit für sich, je mehr Forderungen sie an Sie stellen.

5. *Patientin:* Meinen Kindern ist es völlig gleich, ob ich lebe. Sie wohnen bloß in Rochester, aber das ist wohl zu weit, um mich zu besuchen.
Pflegerin: Sie würden sich freuen, wenn sie Sie besuchten, aber irgendwie scheint es ihnen nicht wichtig genug.
Patientin: Ja, Sie haben es erfaßt. Wenn sie sich für mich interessieren würden, dann würden sie die kleine Reise machen und mich besuchen. Aber sie rufen nicht mal an. Und ich bin doch nicht verrückt, sie nochmal einzuladen.
Pflegerin: Sie wollen nicht darum betteln, daß sie kommen, wenn sie gar nicht daran interessiert sind. Aber es scheint Sie ziemlich zu verletzen, daß Ihre Kinder sich anscheinend nicht um Sie kümmern.

6. *Patient:* (senkt beschämt den Kopf) Ob Sie mir nicht vielleicht zeigen können, wie, hm, ich mich selber waschen kann, statt daß Sie mir helfen. Die Krankenschwestern halfen mir in der Klinik, als ich Arthritis hatte . . . Ja . . . Ich zittere immer noch so, daß ich fürchte, daß ich die Seife fallen lasse und mich selbst nicht auf den Beinen halten kann.
Pfleger: Es macht Sie irgendwie verlegen, daß Sie jemanden zum Waschen brauchen. Auch wenn es so jetzt wahrscheinlich sicherer ist, würden Sie es lieber selbst tun.
Patient: Eben. Ich kann Ihnen gar nicht sagen, wie sehr ich die Badezeiten in der Klinik gehaßt habe. Es war so peinlich, daß die Krankenschwester mich sah, wissen Sie, nackt. Aber vielleicht muß das so sein. Wie Sie sagen, es war sicherer. Und auch viel sauberer, als wenn ich es selbst gemacht hätte.
Pfleger: Auch wenn es Ihnen nicht recht ist, daß Leute Sie nackt sehen, wäre es Ihnen vielleicht doch angenehmer, wenn ich Ihnen helfe, solange Sie die Arthritis noch plagt.

7. *Patient:* Dies Appartement ist überhaupt nicht so gut wie das Altersheim. Da waren Leute, die sich um mich kümmerten, und es gab immer etwas zu tun, und mein Zimmer war da anders eingerichtet.
Pfleger: Es ist schwer, sich an ein völlig neues Zuhause zu gewöhnen, das irgendwie noch gar nicht wie Ihr Zuhause ist.

2. Methoden zur Verbesserung von Beziehungen

Patient: Aber wissen Sie, ich hatte Angst, daß ich mich nicht an das Altersheim gewöhnen würde und ich habe mich doch daran gewöhnt. Also, auch wenn es jetzt an diesem neuen Ort schwer ist, ich werde mich wohl doch dran gewöhnen.
Pfleger: Auch wenn es erst ein bißchen schwer und beängstigend ist, beruhigt es Sie doch zu wissen, daß Sie sich schon mal in ein neues Zuhause eingelebt hatten und Sie es wahrscheinlich auch wieder schaffen.

8. *Patient:* (Verärgert) Ich wünschte, Sie würden meine Sachen in meinem Haus nicht so wegräumen, wie es Ihnen gerade einfällt.
Pfleger: Ich breche einfach in Ihr Haus ein und tue mit den Sachen was ich will – so als ob ich Sie nicht respektiere.
Patient: Ja! Meine Sachen haben ihren bestimmten Platz aus bestimmten Gründen und ich kann es nicht leiden, wenn jemand sie anders hinstellt, ohne mich zu fragen.
Pfleger: Sie haben hier Ihr Leben geführt, und plötzlich komme ich herein und räume alles, was *ich* denke, daß es sein muß. Ich kann verstehen, daß Sie sich über mich ärgern, weil ich hier so einbreche.

9. *Patient:* (Hektisch) Oh! Das tut mir aber leid mit dem Stuhl! Ich wollte ihn letzte Woche neu polstern lassen! Und diese Glühbirne brannte erst gestern durch. (Bedrückt, schlägt die Hände vors Gesicht) Oh-h-h es tut mir leid . . . Das ist hier ein Rattenloch.
Pfleger: Das ist Ihnen irgendwie peinlich, wenn jemand zum ersten Mal in Ihr Haus kommt und das Durcheinander sieht.
Patient: Das wäre *Ihnen* doch auch peinlich, oder? Die Möbel sind bloß Gerümpel, die Wände sind schäbig, das Licht geht nicht . . . Ich will gar nicht, daß Sie die Küche sehen . . . Es ist mir ganz schrecklich, daß Sie das alles so sehen müssen.
Pfleger: Sie schämen sich, daß alles in Ihrem Haus schmutzig zu sein scheint oder kaputt, und Sie haben das Gefühl, daß Sie sich entschuldigen wollen für das Durcheinander.

10. *Patient:* Ich habe nur um einen Pfleger gebeten, weil der Arzt es vorschlug und er darauf bestand. Ich möchte wirklich nicht, daß Sie mich versorgen. Ich brauche keine Hilfe.
Pfleger: Sie haben das Gefühl, daß Sie selbst für sich sorgen können, und es ist Ihnen nicht recht, wenn ich reinkomme und anfange, Sachen für Sie zu erledigen.
Patient: Ja, ich *kann* selbst für mich sorgen! . . . Außer, ich nehme an, ich könnte jetzt, wo ich nicht so gut sehe, etwas Hilfe gebrauchen.
Pfleger: Sie fühlen sich immer noch imstande, wie bisher alles zu schaffen, aber Sie merken, daß es nun ein bißchen schwerer ist . . . Trotzdem mögen Sie nicht um Hilfe bitten.

Wie wichtig Empathie des Helfers ist, haben wir bereits betont und dafür nun einige Beispiele gegeben. Zum Schluß dieses Abschnitts wird es nützlich sein, sich die Richtlinien anzuschauen, die *Carkhuff* (1969) für Helfer aufgestellt hat, die diese Stufen empathischer Reaktionen wirkungsvoll gegenüber den Klienten einsetzen wollen:

1. Der Helfer wird feststellen, daß er einfühlendes Verständnis am wirkungsvollsten vermittelt, wenn er sich intensiv sowohl auf das verbale wie das nicht-verbale Ausdrucksverhalten des Klienten konzentriert.

2. Der Helfer wird feststellen, daß er anfangs einfühlendes Verständnis dann am wirkungsvollsten vermittelt, wenn er sich auf Reaktionen konzentriert, die mit denen des Klienten austauschbar sind (Stufe 3).

3. Der Helfer wird feststellen, daß er einfühlendes Verständnis am wirkungsvollsten vermittelt, wenn er seine Antworten in einer Sprache formuliert, die in höchstem Maß auf den Klienten abgestimmt ist.

4. Der Helfer wird feststellen, daß er einfühlendes Verständnis am wirkungsvollsten vermittelt, wenn er in einem Gefühlston reagiert, der dem vom Klienten vermittelten ähnlich ist.

5. Der Helfer wird feststellen, daß er einfühlendes Verständnis am wirkungsvollsten vermittelt, wenn er sich sehr entgegenkommend verhält.

6. Der Helfer wird feststellen, daß er einfühlendes Verständnis am wirkungsvollsten vermittelt, wenn er eine wechselseitige Kommunikationsbasis geschaffen hat (Stufe 3), und sich dann probeweise erweiternd und klärend den Erlebnissen des Klienten auf höheren Stufen (Stufe 4 und 5) nähert.

7. Der Helfer wird feststellen, daß er einfühlendes Verständnis am wirkungsvollsten vermittelt, wenn er sich darauf konzentriert, was vom Klienten nicht ausgedrückt wird, und in gewissem Sinn versucht, das, was fehlt, auszufüllen, anstatt sich einfach nur damit zu beschäftigen, was vorhanden ist.

8. Der Helfer wird feststellen, daß er einfühlendes Verständnis am wirkungsvollsten vermittelt, wenn er das Verhalten des Klienten als die beste Richtschnur benutzt, um die Wirksamkeit seiner Reaktionen abzuschätzen.

Wärme des Therapeuten

Wärme wird ebenso wie Empathie als zentraler Bestandteil der helfenden Beziehung betrachtet. Unabhängig davon, welche spezifischen Veränderungsmethoden der Therapeut verwendet, scheint die Wahrscheinlichkeit eines Erfolgs in hohem Maß ein Ergebnis der Beziehungsbasis zu sein, auf der er und der Klient sich bewegen. Die Wärme des Therapeuten ist ein höchst bedeutsamer Aspekt dieser Grundlage. Ohne sie bleiben spezifische Therapieverfahren trotz technischer Korrektheit unter Umständen wirkungslos.

Die Wärme des Therapeuten erscheint auch im Hinblick auf die Beziehung wichtig, weil sie offenbar wiederum Wärme beim Klienten erzeugt. *Truax* und *Carkhuff* [15] führen dazu an: „Es gibt kaum einen Menschen, der nicht auf Wärme mit Wärme und auf Feindseligkeit mit Feindseligkeit reagiert. Dies ist wahrscheinlich das wichtigste Prinzip, das der Therapieanfänger begriffen haben muß, wenn er in der therapeutischen Beziehung erfolgreich sein will." Diese Behauptung wird durch ein Forschungsprogramm des Autors [4] weitgehend unterstützt. Vergrößerte man die Sympathie von A für B (Helfer oder Klient) durch Vorstrukturierung, Statuserhöhung oder durch andere Verfahren, nahm die Sympathie von B für A reziprok zu – auch dann, wenn wir B gegenüber überhaupt keine direkten Methoden angewandt hatten. Die Definition dieser Therapeuteneigenschaft nach *Truax* und *Carkhuff* und ihre Beispiele dazu aus Beratung und Therapie werden die Art und die Bedeutung therapeutischer Wärme klären helfen.

Die Dimension nicht besitzergreifender Wärme oder unbedingter positiver Wertschätzung reicht von einer hohen Stufe, auf der der Therapeut die Erlebnisse des Patienten warm als Teil dieses Menschen akzeptiert, ohne Bedingungen zu stellen, bis zu einer niedrigen Stufe, auf der der Therapeut einen Patienten oder seine Gefühle bewertet, Abneigung oder Mißbilligung äußert oder Wärme selektiv und bewertend ausdrückt.

Stufe 1

Der Therapeut gibt aktiv Ratschläge oder eindeutig negative Beurteilungen. Er kann dem Patienten beispielsweise sagen, was „für ihn das beste" wäre oder auf andere Weise aktiv dessen Verhalten zustimmen oder es ablehnen. Das Verhalten des Therapeuten läßt ihn selbst zum Maßstab werden; er fühlt sich für den Patienten verantwortlich.

Beispiel:
Patient: . . . und ich, ich weiß nicht, was für einen Job man mir anbietet, aber – äh . . .
Therapeut: Vielleicht ist es nicht der beste der Welt.
Patient: Ich bin sicher, das wird er nicht sein.
Therapeut: Und, äh . . .
Patient: . . . aber . . .
Therapeut: Aber wenn Sie sich dazu aufraffen könnten, auch Unerfreuliches zu schlucken.
Patient: Hm. Hm.
Therapeut: . . . Sie müssen es durchhalten – Sie werden durchhalten.
Patient: Ja, ich weiß, werde ich.
Therapeut: Und, äh, Sie werden hier rauskommen.
Patient: Sicher, äh, ich, ich weiß ja, daß ich es muß, also mache ich es, aber – es ist schrecklich einfach für mich, Doktor, also (seufzt), ich ziehe mich einfach in mein Schneckenhaus zurück, ich – ich überwintere einfach. Ich, ja, ich tue einfach überhaupt nichts.
Therapeut: Das ist Ihre eigene Schuld (ernst).
Patient: Sicher. Ich weiß. (Pause) Aber es scheint, also ob ich immer – hier – hier ist es. Immer wenn ich mich aufraffe und selber aktiv Pläne mache, dann sagen sie, daß ich übergeschnappt bin. Und . . .
Therapeut: In anderen Worten, sie kritisieren Sie, daß . . .
Patient: Ja.
Therapeut: Also kriecht die zarte kleine Madonna einfach in ihr Schneckenhaus.
Patient: Also, ich, ich sage „recht so".
Therapeut: Wenn sie nach mir werfen, wenn sie mich aufs Korn nehmen, dann ziehe ich mich in mein Schneckenhaus zurück und komme nicht wieder raus (energisch).
Patient: Das stimmt (traurig).
Therapeut: Und das ist um so schlimmer (schnell).
Patient: (Pause) Aber warum lassen sie mich nicht ein bißchen übergeschnappt sein? Warum – ich nehme jetzt einfach . . .
Therapeut: (Unterbricht) Weil manche Leute . . .
Patient: (Spricht zur gleichen Zeit) . . . 600 Milligramm Malorin, egal was das ist, Malorin.
Therapeut: . . . weil hier viele Leute Sie überhaupt nicht gut kennen. Und weil man Menschen überhaupt manchmal erlauben muß, daß sie dumm sein dürfen. Auch Ihnen. Ich meine, Sie sind manchmal dumm, also warum dürfen nicht auch andere Leute . . .
Patient: So oft.
Therapeut: Warum dürfen die anderen nicht? Ich meine, Sie sind ein intelligenter Mensch und sind dumm. Warum erlauben Sie nicht anderen intelligenten Menschen, auch dumm zu sein? Wenn es um Sie geht, wissen die nicht sehr viel.
Patient: Mmm (murmelt).

Stufe 2

Der Therapeut reagiert mechanisch auf den Klienten, zeigt wenig positive Wertschätzung und daher auch nur wenig nicht-besitzergreifende Wärme. Er ignoriert den Patienten oder dessen Gefühle oder er zeigt nur mangelhaft Anteilnahme oder Interesse. Der Therapeut ignoriert den Klienten in Momenten, in denen eine nicht-besitzergreifende warme Reaktion zu erwarten wäre; er demonstriert völlige Passivität, die einen fast vollständigen Mangel an Anteilnahme vermittelt.

Beispiel:
    Patientin: (spricht die ganze Zeit mit weinerlicher Stimme) Man setzt sich nicht hin und, und, und schreibt so, aber ich dachte, er würde auf meinen Brief antworten. Ich dachte, dachte nicht, daß er den Brief beantworten würde, ich dachte, er würde kommen.
    Therapeut: Ehm, hm.
    Patientin: ... und, und mich besuchen; es sind nur 50 Kilometer, er hat mich noch nicht besucht. Es sind nur ungefähr, äh, es sind bloß ungefähr 50, 60 Kilometer von hier.
    Therapeut: Ehm, hm.
    Patientin: Ich habe ihn irgendwie letzten Sonntag erwartet, aber er kam nicht . . .
    Therapeut: Sie haben irgendwie auf ihn gewartet, aber er . . .
    Patientin: (Unterbricht beharrlich) Also, ich hab nicht, ich hab nicht auf ihn gewartet. Ich hatte nur so irgendwie fast das Gefühl, daß er nicht auftauchen würde. Ich kenne ihn ganz gut, und er – wandert herum, wissen Sie, und denkt und denkt und denkt und vielleicht dauert es zwei, drei Wochen, bis er auf einmal – spaziert er zur Haustür herein (lacht) – „Tag, wie geht's, wollen wir so und so besuchen." (Nervöses Lachen) Er ist ein – er ist in vielem genau wie ich – wir sind beide gleich, glaube ich. Er hat wahrscheinlich den Brief gelesen und – wahrscheinlich hat er nicht viel gesagt, ging weg, hat es vergessen (lacht nervös), dann auf einmal dämmert es ihm (nervöses Lachen) und äh, das, äh, das ist es bisher. Und äh, äh, wie ich sagte, ich wäre nicht, wäre nicht – allzu enttäuscht, wenn er, wenn er nicht, äh, äh, äh, antworten würde oder mich nicht besuchen käme. Aber er wird wohl doch. (Lacht) Ich bin ein Optimist, war ich immer, er wird wahrscheinlich kommen und mich eines Tages besuchen. Vielleicht kommt er und nimmt mich mit, und wir leben da. Vielleicht kommt er nicht, es ist ja auch egal (lacht) so oder anders.
    Therapeut: Hmm. Sie können irgendwie . . .
    Patientin: Ja.
    Therapeut: . . . die Dinge so nehmen, wie sie kommen (strahlend).

Stufe 3

Der Therapeut zeigt positive Anteilnahme für den Patienten oder Klienten, die Anteilnahme ist jedoch halbwegs besitzergreifend insofern, als er dem Klienten vermittelt, daß ihm dessen Verhalten etwas ausmacht. Das heißt, der Therapeut äußert etwa „Es ist nicht recht, wenn Sie sich unmoralisch verhalten," „Ich möchte, daß Sie mit Ihrer Arbeit zurechtkommen", oder „Es ist wichtig für mich, daß Sie sich mit dem Stationspersonal vertragen." Der Therapeut fühlt sich für den Klienten verantwortlich.

Beispiel:
    Patient: Ich habe noch, man haßt es irgendwie, etwas aufzugeben, wissen Sie, was man aufgebaut hat, und, und, äh, eigentlich geht es soweit, äh, wenigstens, äh, was will man, äh, für jemand anderen arbeiten, also . . .
    Therapeut: (Beigeistert) O.K. Was, gut, äh, warum, warum machen wir das nicht so? Das, äh, ich werde Ihnen eine Art Hausarbeit aufgeben. (Lacht) Und wenn Sie am Wochenende

2. Methoden zur Verbesserung von Beziehungen

nach Hause fahren, em, wirklich mit Ihrer Frau sprechen, und äh, über ein paar schöne Möglichkeiten für Sie selbst nachdenken, auf die Umgebung achten und daran denken, welche Jahreszeit es ist und was Sie tun können und so, und äh, dann können wir hier darüber sprechen und wirklich ernst darüber sprechen, und nicht bloß über Pläne reden ... (Der Patient antwortet nach fast jedem Satz mit „ja").

Patient: (Unterbricht) Gut, wirklich, ich habe fast das Gefühl gut rauszukommen, aber irgendwas hält mich zurück, die Zeit ist noch nicht gekommen (*Therapeut:* hmhm) und ich weiß nicht, ob es für mich gut ist oder nicht (*Therapeut:* hm hm), aber ich, ich ...

Therapeut: O.K., aber wir könnten wenigstens die nächsten beiden Monate dazu benutzen – wenigstens versuchen, etwas auf die Beine zu bringen oder, oder ...

Patient: Weil ich fühle daß ich, ich weiß nicht, ich, ich habe einfach das Gefühl, ich möchte wieder etwas machen.

Therapeut: (Em, hm). Ah, um so länger Sie von der Arbeit wegbleiben, ich habe gerade gestern hier über den Psychologen James gelesen, und es scheint, als ob man sich besser fühlt, wenn man erst einmal anfängt und arbeitet (*Patient:* Sicher) ... und Sie, es scheint, um so länger Sie sich aus allem raushalten, äh, Sie, gut, irgendwie darüber nachdenken, es so sehen. Hmhm. O.K. Also, wenn wir an die nächsten Wochen denken, sollten wir es doch irgendwie in die Tat umsetzen. O.K. (Warm)?

Patient: Gut, ja, das ist es – was ...

Therapeut: Ist es Ihnen recht?

Patient: Ja, es ist mir recht.

Therapeut: Sehr schön (Freundlich).

Stufe 4

Der Therapeut vermittelt ein sehr tiefes Interesse und Anteilnahme am Wohlergehen des Patienten und zeigt wertfreie und bedingungslose Wärme in fast allen Bereichen seines Tuns. Obwohl in persönlicheren und privateren Gebieten einige Bedingtheiten bestehen bleiben, wird dem Patienten die Freiheit gegeben, er selbst zu sein und als er selbst gemocht zu werden. Gedanken und Verhaltensweisen werden kaum bewertet. In besonders persönlichen Angelegenheiten stellt der Therapeut unter Umständen doch Bedingungen und vermittelt dem Klienten, daß er nach eigenem Wunsch handeln könne – dem Therapeuten ist es lediglich wichtig, daß er reifer wird oder in der Therapie nicht regrediert oder daß er den Therapeuten akzeptieren oder mögen solle. In allen anderen Bereichen aber wird nicht-besitzergreifende Wärme vermittelt. Der Therapeut fühlt sich für den Klienten verantwortlich.

Beispiel:

Therapeut: Mir fällt ein, daß ich sehr froh bin, daß Sie gekommen sind. Ich fürchtete, Sie würden nicht kommen. Ich hatte alles vorbereitet, aber ich fürchtete, Sie würden nicht kommen (Pause).

Patient: Was – würden Sie dann von mir gedacht haben? Ich vermute, ich hätte es nicht tun sollen, aber ich habe es jedenfalls gemacht (Schnell).

Therapeut: Ist das – als ob Sie sagten „Warum und Wozu?" Aber zum Teil haben Sie das Gefühl – vielleicht hätten Sie nicht kommen sollen – oder wissen nicht, ob Sie sollten oder „nicht sollten". Es ist irgendwie so – daß Sie sich schlecht fühlen, so – so daß Sie nicht kommen möchten. Ich weiß nicht, ob ich das richtig verstanden habe, aber – weil Sie sich dann schlecht fühlen, dann – dann, ich weiß nicht. Ist da etwas dran?

Patient: Also – Ich habe es Ihnen schon gesagt, ich meine, wissen Sie, es sind zwei Dinge, wenn ich mich schlecht fühle. Ich meine, das eine ist immer – ich habe das Gefühl, daß die

Möglichkeit besteht, ich denke, Sie wissen das, daß man mich wieder zurück in die Klinik bringt, wenn es mir so schlecht geht.
Therapeut: Oh, das hatte ich vollkommen vergessen, ja – doch, das ist das eine – Aber da ist noch etwas anderes?
Patient: Ja, das habe ich Ihnen auch schon gesagt.
Therapeut: Oh ja, das haben Sie sicherlich – Ich hatte es vergessen – und das andere, was Sie schon sagten, auch?
Patient: Ich bin sicher, daß ich es gesagt habe (Pause).
Therapeut: Es fällt mir nicht ein. Wenn ich darüber nachzudenken versuche, begreife ich es nur im allgemeinen Sinn, wenn es Ihnen schlecht geht, daß es dann schwer und unerfreulich ist – aber ich weiß nicht – ich habe vielleicht etwas vergessen – muß es vergessen haben. (Pause)
Patient: Sie sprechen – Sie hören immer, hören, was ich jetzt sage, es gelingt Ihnen so gut, mir auszuweichen, Sie bringen mich immer dazu, daß ich dann doch rede.
Therapeut: Sie haben recht.
Patient: Sie bemerken immer etwas auf Fragen oder so, und es wird mir einfach nicht klar.
Therapeut: (einwerfend) Richtig, ich komme instinktiv darauf zurück – auf Sie, wenn ich mir überlegte – was, ich, also sagen möchte, weil – das war es, was ich sagen wollte. Sie meinen, daß – Sie wollen sagen, daß wir vor einigen Minuten beschlossen hatten, daß ich sprechen sollte . . .
Patient: Also, Sie – Sie haben es erwähnt, aber (*Therapeut:* Richtig) so weit waren wir.
Therapeut: Sie haben recht – und ich habe – dachte darüber nach, was Sie mich fragten – ich interessiere mich jetzt mehr für Sie als für irgendwas anderes.

Stufe 5

Auf Stufe 5 vermittelt der Therapeut Wärme ohne Einschränkung. Er respektiert voll den Wert des Patienten als Person und seine Rechte als ein freier Mensch. Auf dieser Stufe hat der Patient die Freiheit, er selbst zu sein, selbst wenn das heißt, daß er sich regressiv verhält, abwehrt oder sogar den Therapeuten selbst ablehnt oder nicht leiden kann. Auf dieser Stufe nimmt der Therapeut zutiefst Anteil am Patienten als Person, aber es ist ihm gleich, welche Wahl der Patient im Hinblick auf sein Verhalten trifft. Er nimmt echt am Patienten Anteil und schätzt seine menschlichen Möglichkeiten ohne Einschränkung und ohne sein Verhalten oder seine Gedanken zu bewerten. Er ist bereit, mit dem Patienten dessen Freuden, Sehnsüchte oder Depressionen und Mißerfolge zu teilen. Die einzige Lenkung durch den Therapeuten kann darin bestehen, daß er den Patienten auffordert, persönlich relevantes Material mitzuteilen.

Beispiel:
Patient: . . . ob ich mich jemals so erhole, daß ich selbst für meinen Unterhalt sorgen und allein leben kann. Ich dachte, daß ich dazu verurteilt wäre, den Rest meines Lebens in der Klinik zu verbringen, und wenn ich einige Leute im, im Haupthaus, einige dieser alten Leute sehe, die sind, die so viel Aufsicht und so brauchen, dann ist das das einzige Bild, das ich von meiner eigenen Zukunft sehen kann. Einfach eine (*Therapeut:* Mhm) völlige Hoffnungslosigkeit, daß es irgendwas gibt –
Therapeut: (Unterbricht). Es gab für Sie überhaupt keinen Hoffnungsschimmer, nicht?
Patient: Überhaupt nicht. Ich dachte, es kümmerte niemanden, und mir selbst war es egal, und ich habe ernsthaft – äh – an Selbstmord gedacht; wenn es irgendeine Möglichkeit gegeben hätte, mit allem völlig Schluß zu machen und nicht einfach ein Last- oder ein Behandlungsfall zu werden, ich hätte Selbstmord gemacht, so am Ende war ich. Ich wollte nicht

2. Methoden zur Verbesserung von Beziehungen

leben. Eigentlich hoffte ich, daß ich – ich würde nachts einschlafen und nicht mehr aufwachen, weil ich wirklich das Gefühl hatte, daß es nichts gab, wofür ich leben wollte (*Therapeut:* Mhmh (sehr sanft). Jetzt glaube ich wirklich, daß diese Medizin, die man mir gibt, mir sehr viel hilft, ich denke, ich denke, daß es genau die Medizin ist, die mir wirklich gut tut (*Therapeut:* Mh mh).

Therapeut: Aber Sie sagen, daß, daß zu der Zeit es Ihnen so vorkam, daß es niemanden kümmerte, was (*Patient:* Stimmt) . . . was mit Ihnen geschah.

Patient: Und nicht nur das, ich haßte mich so, daß ich dachte, daß ich es nicht verdiente, daß sich irgendjemand um mich kümmerte. Ich haßte mich selbst so, daß ich, ich, ich nicht nur das Gefühl hatte, es wäre allen egal, sondern ich sah auch keinen Grund, warum sich jemand kümmern sollte.

Therapeut: Ich vermute, daß ich es jetzt begreife. Ich habe mich gefragt, warum Sie andere Menschen ausgeschlossen haben. Sie ließen niemanden für Sie sorgen.

Patient: Ich habe nicht gedacht, ich sei es wert, daß sich jemand um mich kümmerte.

Therapeut: Also Sie haben – vielleicht haben Sie nicht nur gedacht, es wäre hoffnungslos mit Ihnen, sondern Sie wollten auch niemandem erlauben . . . (Die Äußerungen des Therapeuten gehen unter in dem, was der Patient sagt).

Patient: (Unterbricht, sehr laut). Ich habe allen die Tür vor der Nase zugeschlagen. Ja, ich habe niemanden reingelassen, weil ich dachte, ich wäre es nicht wert, daß man sich mit mir abgibt. Ich dachte nicht, daß ich es wert wäre, daß Sie sich mit mir befassen. „Laßt mich bloß allein und – und laßt mich verrotten, mehr habe ich nicht verdient." Ich meine, das waren meine Gedanken. Und ich ich will offen zugeben, daß ich versucht habe, wenn die Ärzte ihre Runde auf der Station machten, ich meine die Routinerunden, irgendwo zu sein, wo sie mich nicht sehen würden. Die Ärztin kommt oft auf die Station und fragt, wie es allen geht, und wenn ich dran war, ging ich dorthin, wo sie schon gewesen war . . .

Therapeut: Sie sind den Leuten richtig ausgewichen.

Patient: So daß sie nicht, äh, nicht mit mir spricht (*Therapeut:* Hmhm) und wenn – die Male, wo ich mich weigerte, sie zu sehen, dann war das aus dem gleichen Grund. Ich habe nicht gedacht, ich wäre es wert, daß man sich mit mir abgibt, warum soll sie ihre Zeit verschwenden – ich wollte einfach . . .

Therapeut: Darf ich Sie dazu, dazu etwas fragen. Denken Sie, es wäre besser gewesen, wenn ich darauf bestanden hätte, äh, äh, daß Sie kämen und mit mir sprechen?

Patient: Nein, ich glaube nicht, Doktor. (Sie sprechen gleichzeitig).

Therapeut: Ich hatte darüber nachgedacht; ich war mir nicht sicher . . . (leise).

Patient: Nein, ich glaube nicht, ich, ich . . . [15].

Raush und *Bordin* [9] bringen eine weitere Definition von Wärme. Ihrer Ansicht nach hat Wärme drei Komponenten.

Bemühen und Einsatz. Der Therapeut zeigt einen gewissen Grad von Bereitschaft, den Patienten zu unterstützen. Diese Unterstützung kann je nach Aktivität und Konkretheit variieren. Der Therapeut kann beispielsweise Hilfe in der Form anbieten, daß er Grenzen setzt, Grenzen überschreitet oder aktiv mit dem Patienten bei der Lösung eines externen Problems zusammenarbeitet, oder aber er hilft lediglich dadurch, daß er seine Zeit zur Verfügung stellt. Der Therapeut verwirklicht zu jeder Zeit einen Punkt in einem Kontinuum, das ein Maß für Bemühen und Einsatz darstellt . . . Vor allem hat der Therapeut kennzeichnenderweise eine bestimmte Menge Zeit für den Patienten; er stellt dem Patienten dann einen Ort für eine private Zusammenkunft zur Verfügung, der durch äußere Faktoren relativ ungestört bleibt; er setzt seine ganze Geschicklichkeit und alle seine Bemühungen ein, den Patienten zu verstehen und ihm zu helfen; außerdem geht er eine Beziehung zum Patienten ein, in der die Bedürfnisse und Interessen des Patienten vorherrschen und in der die persönlichen Ansprüche des Therapeuten möglichst gering bleiben. Auch für den Patienten gibt es Verpflichtungen: Verabredungen einhalten, Honorare regelmäßig bezahlen, bewußte Hemmungen von Assoziationen vermeiden, bevorstehende Entscheidungen besprechen und so weiter.

Bemühen um Verständnis. Der Therapeut zeigt, daß er sich um Verständnis bemüht, indem er Fragen stellt, die die Sicht des Patienten von sich selbst und der Welt klären helfen, indem er gemeinsam mit dem Patienten den Eindruck überprüft, den er von dieser Anschauung gewonnen hat, und indem er durch Kommentare und andere Formen des Handelns sein Interesse daran bekundet, die Ansichten des Patienten zu begreifen. Unabhängig vom Fehlen des eben beschriebenen Verhaltens, wäre das andere Extrem, wenn der Therapeut dazu neigte, sich so zu verhalten, als hätte er eine vorgefaßte Meinung über den Patienten, seine Handlungen und seine Gefühle . . . Sicherlich sind es die Bemühungen des Therapeuten um Verständnis, die eine erste größere emotionale Bindung zwischen Patient und Therapeut in den meisten Therapieformen schaffen . . . diese Bemühung auf Seiten des Therapeuten wird zur Hauptdeterminante des „Rapports" und der Kommunikation zwischen Patient und Therapeut. Diese Anstrengung des Therapeuten kann auf vielfältige Weise vermittelt werden: durch aufmerksames und unaufdringliches Zuhören, durch all die verbalen und nicht verbalen Zeichen, die eigentlich sagen, „ich interessiere mich für alles, was Sie sagen und fühlen – nur weiter." Ganz gleich welche Kommunikationsform gewählt wird, die Bemühungen des Therapeuten bestehen in der Mitteilung von Wärme . . . Die Dankbarkeit und Bereitschaft des Patienten, sich unter diesen Umständen freier auszudrücken . . . sind „natürliche" Reaktionen auf die Wärme in dem Sinne, wie Kinder und Erwachsene dankbar sind, wenn man ihren ernstgemeinten Äußerungen auch ernst zuhört.

Spontaneität. Der gänzlich unspontane Therapeut ist auf der Hut und maskiert entweder bewußt oder unbewußt alle seine Gefühle. Diese maskierten Empfindungen können eng mit den zugrundeliegenden Bedürfnissen und Gefühlen des Patienten verbunden sein oder den Charakter haben, wie sie als Teil natürlicher Interaktion zwischen zwei Menschen überhaupt auftreten. Solch ein Therapeut bewahrt Imponierverhalten und ist wahrscheinlich in allen seinen motorischen Äußerungen, beispielsweise in seinen Gesten gehemmt. Seine verbalen Mitteilungen sind durch Stereotype, Formalismen und Steifheit gekennzeichnet. Der gänzlich unspontane Therapeut kann jedoch scheinbar impulsiv handeln. Diese Impulsivität wird gezwungen und unnatürlich wirken . . . „Es reicht nicht, einfach alle psychotherapeutischen Bewegungen durchzugehen" – das muß Studenten in der Ausbildung unbedingt klargemacht werden. Der Therapeut soll fähig sein, etwas von sich selbst auszudrücken . . . Beobachtungen bei verschiedenen Therapeuten zeigen eine beachtliche Variationsbreite der geäußerten Affekte. Manche Therapeuten scheinen sich immer zu beherrschen; sie sind ohne Gefühle oder scheinen es zu sein. Andere fühlen sich anscheinend viel freier, sich selbst auszudrücken; sie scheinen natürlicher [9].

Ähnliches Verhalten wird auch in anderen Untersuchungen geschildert. Da heißt es einmal: „Während eines warmen Gesprächs lächelte der Interviewer, nickte mit dem Kopf und sprach warmherzig. In einem kalten Gespräch sprach er ohne zu lächeln, nickte nicht mit dem Kopf; und seine Stimme blieb trocken und kalt." In vielen Untersuchungen dieser Art stellten die Forscher fest, daß die interviewten Personen signifikant mehr bei einem warmen Interviewer sprachen[1]. In einer anderen Untersuchung mit ähnlichem Resultat wurde ein Helfer eingesetzt, der „weich, melodisch und in angenehmem Ton" sprach im Gegensatz zu einem anderen mit „rauhem, unpersönlichem und geschäftsmäßigem Ton"; beabsichtigt war ein Vergleich von warmen und kalten Therapeutenverhaltensweisen.

[1]) Der Begriff „signifikant" wird in diesem Buch durchgehend im allgemeinen statistischen Sinn gebraucht, d.h. ein statistisch signifikantes Ergebnis ist ein „reales", also eines, das zufällig nur in 5 von 100 Fällen vorkommt.

Bei einer erfolgreichen Wiederholung der Untersuchung erarbeitete derselbe Forscher eine Definition von Wärme, die der von *Raush* und *Bordin* („Einsatz", „Bemühen um Verständnis") verwandt ist. Außer bestimmten Qualitäten des Tons und der Stimme zeigte der warme Helfer „Interesse, Anteilnahme und Aufmerksamkeit", während sein „kalter" Gegenspieler „Desinteresse, Gleichgültigkeit und Unaufmerksamkeit" ausdrückte.

Es ist zwar sicher, daß Therapeuten darin ausgebildet werden können, das oben beschriebene Verhalten zuverlässig zu zeigen; es ist auch bewiesen, daß diese Verhaltensweisen den Klienten in seinem Handeln beeinflussen, der Leser sei jedoch davon gewarnt, allzu rigide eine solche „warme Haltung" zu übernehmen. Lächeln, eine angenehme Stimme und dergleichen können tatsächlich Wärme repräsentieren. Wenn aber Wärme ihrem Wesen nach, wie *Raush* und *Bordin* meinen, Einsatz, Bemühen um Verständnis und Spontaneität ist, dann kann sich Wärme im Verhalten auch durch Direktheit, Selbstbehauptung, autonomievergrößernde Distanzierung und sogar im Ärger äußern. In hohem Maße sind es der Kontext und Inhalt der Interaktion zwischen Therapeut und Klient, die bestimmen, ob der Klient in einem bestimmten Moment das Verhalten des Therapeuten als warm empfindet. *Carkhuff* und *Berenson* [2] machten eine ähnliche Beobachtung: „ . . . es liegt nicht immer an einer warmen, klangvollen Stimme; es kann sich auch beispielsweise im Ärger äußern. Letzten Endes zählt, wie der Klient den Therapeuten erlebt." (S.28).

Vermischte Methoden

In diesem Kapitel haben wir bisher festgestellt, daß die Beziehung zwischen Therapeut und Klient durch direkte Behauptungen über den sympathischen Charakter des Therapeuten verbessert werden kann (Vorstrukturierung); außerdem dadurch, daß der Klient beobachtet, wie ein anderer Sympathie für den Therapeuten äußert, bzw. daß der Therapeut erlebt, wie jemand Sympathie für den Klienten äußert (Imitation); sowie dadurch, daß der Klient hört, wie andere Klienten den Therapeuten als sympathisch einschätzen (Konformitätsdruck); ferner, indem man dem Klienten den Therapeuten als jemand vorstellt, der eine beachtliche Kompetenz und Erfahrung hat, oder indem man den Therapeuten mit verschiedensten Zeichen und Symbolen solcher Kompetenz und Leistung umgibt (Status); oder indem man die Bedingungen und hilfreichen Verhaltensweisen erleichtert, die der Therapeut dem Klienten tatsächlich anbietet (z. B. Empathie und Wärme).

Diese Ansätze können als die Hauptmethoden zur Verbesserung angesehen werden, die gegenwärtig zur Verfügung stehen; die Menge und Schlüssigkeit der Forschung sprechen dafür. In der Fachliteratur sind jedoch auch bestimmte andere Instrumente erwähnt, die die Art der Interaktion zwischen Therapeut und Klient fördern. Sie sollte der Leser allerdings eher als die bereits behandelten für Versuche oder Spekulationen halten, da Quantität und Qualität der Forschung in dieser Hinsicht bisher noch ziemlich gering sind.

Übereinstimmung von Therapeut und Klient

Dieser Ansatz versucht im Gegensatz zu den bisher behandelten nicht, Therapeut oder Klient irgendwie zu verändern, um die Güte ihrer Übereinstimmung zu verbessern. Stattdessen bemüht man sich,

a) echte Charakteristika der Therapeuten und Klienten zu erkennen, die dafür relevant sind, wie gut beide zusammenpassen,
b) Therapeuten und Klienten nach diesen Charakteristika einzuschätzen und
c) für eine Klientenveränderung optimale Paare zu bilden, die auf dieser Einschätzung basieren.

Viele der Forschungsergebnisse zur Übereinstimmung sind widersprüchlich oder nicht beweiskräftig, manches jedoch führte zu nützlichen oder anregenden Schlußfolgerungen. Es folgen einige häufige Charakteristika einer optimalen Therapeuten-Klienten-Paarung:

1. Helfer und Klient haben übereinstimmende Erwartungen hinsichtlich der Rolle, die beide in der Beziehung spielen. Sie stimmen darin überein, welche gegenseitigen Rechte und Verpflichtungen sie im Hinblick darauf haben, was beide im Rahmen ihrer Interaktionen voraussichtlich tun oder nicht tun werden.
2. Helfer und Klient vertrauen beide darauf, daß ihre Zusammenkünfte positive Ergebnisse zeigen werden. Beide erwarten zumindest eine ziemlich hohe Wahrscheinlichkeit, daß sich der Klient verändern werde.
3. Helfer und Klient haben eine ähnliche soziale, kulturelle, rassische und ökonomische Herkunft.
4. Helfer und Klient ähneln einander in Sprache, in der begrifflichen Komplexität, Extraversion-Introversion, Objektivität – Subjektivität, Flexibilität und sozialem Bewußtsein.
5. Helfer und Klient ergänzen oder entsprechen einander in ihrem Bedürfnis, Einbeziehung, Kontrolle und Affektion anzubieten und zu empfangen. Dieses Bedürfnis nach Einbezogen-Werden ist verbunden mit Gemeinschaftsgefühl, Zugehörigkeitsgefühl und Kameradschaft im Gegensatz zu Isolation, Gleichgültigkeit und Einsamkeit. Kontrolle ist eine Dimension der Macht und des Einflusses, Affektion bezieht sich auf emotionale Nähe, Freundlichkeit und dergleichen. Helfer und Klient ergänzen oder entsprechen einander in diesen Dimensionen, wenn das Ausmaß an Einbeziehung, Affektion oder Kontrolle, die einer von beiden anbieten kann, dem Ausmaß in der Dimension nahekommt, die der andere annehmen kann.

Zweifellos können einander Therapeuten und Klienten niemals in all diesen Dimensionen vollkommen entsprechen. Je mehr sich davon jedoch in einer Paarbildung von Therapeut und Klient widerspiegelt, desto wahrscheinlicher ist es, daß sich eine günstige Beziehung entwickelt.

2. Methoden zur Verbesserung von Beziehungen

Proxemik

Proxemik ist die Lehre vom personellen Raum und der interpersonellen Distanz. Besteht ein Zusammenhang zwischen der Plazierung von zwei Personen und wie weit sie voneinander entfernt sitzen einerseits und der Vorteilhaftigkeit ihrer Beziehung andererseits? Erstens scheint es, daß Sympathie in einer Gesprächssituation zu körperlicher Nähe und einer besonderen Art der Plazierung führt. In einem Experiment von *Leipold* [7] sagte man einer Gruppe von Studenten: „Wir sind der Ansicht, daß die Leistungen in unserem Kurs ziemlich mager sind und daß Sie sich nicht gerade angestrengt haben. Bitte nehmen Sie im Nebenzimmer Platz. Herr Leipold wird gleich mit Ihnen darüber sprechen." Andere Gruppen hörten neutrale oder positive Äußerungen über ihre Leistungen im Kurs. Daraufhin saßen die, die gelobt worden waren, signifikant näher beim Interviewer; die Kritisierten zogen es vor, sich weiter weg zu setzen.

Auch eine zweite Untersuchung weist darauf hin, daß eine Zunahme der Sympathie zur Abnahme körperlicher Distanz führt. *Walsh* [16] setzte Imitationsverfahren ein, um die Sympathie einer Gruppe von Patienten für einen Interviewer erfolgreich zu vergrößern. Vor dem Interview wurde das Büro so eingerichtet, daß der Stuhl des Patienten leicht war, Rollen hatte und am anderen Ende des Raums etwa 2,5 m von dort aufgestellt war, wo der Interviewer sitzen sollte. Als der Interviewer den Raum betrat, schlug er dem Patienten vor, sich doch näher zu setzen. Sympathisierende Patienten setzten sich signifikant näher zum Interviewer als die, die ihn weniger sympathisch fanden.

Uns geht es selbstverständlich um den umgekehrten Fall, das heißt um eine Verbesserung der Beziehung. Führt nahes Beieinandersitzen und eine bestimmte Plazierung wirklich zu einer günstigen Beziehung? Diese Annahme wurde in einer unserer Untersuchungen zum Modellernen überprüft. Bei manchen Patienten saß der Interviewer nicht nur sehr nah (70 cm), sondern er nahm auch eine Haltung ein, die sich in anderen Untersuchungen als Ausdruck von Sympathie erwiesen hat. Im einzelnen heißt das, er lehnte sich vor (20°) in Richtung auf den Patienten, er hielt während 90 Prozent der Zeit Augenkontakt und saß dem Patienten direkt gegenüber. (Schulterausrichtung 0°). Ganz andere Entfernung und Plazierung wurde unter Kontrastbedingungen gewählt. Der Interviewer war 110 cm vom Patienten entfernt, lehnte sich um 30° zurück, zeigte Augenkontakt in 10 Prozent der Zeit und saß seitlich vom Patienten mit einer Schulterausrichtung von 30°. Die Ergebnisse dieser Untersuchung zeigen teilweise, daß Distanz und Plazierung die Sympathie beim Patienten in der Tat beeinflussen kann. Relevante Forschungsergebnisse zur Proxemik wie auch zur Frage der Übereinstimmung von Therapeut und Patient sind noch nicht sehr umfangreich. Versuchsweise können wir jedoch Nähe und „interessierte" Haltung als Methoden ansehen, die Beziehungen verbessern.

Verbote und Gebote im Gespräch

Ein „Kochbuch" über den stufenweisen Aufbau von Beziehungen zu verfassen ist weder möglich noch wünschenswert. Da sich jedes Therapeuten-Klienten-Paar ziemlich von anderen unterscheidet, darf das, was wir in diesem Kapitel angeboten haben, nur als *allgemeine* Vorschläge aufgefaßt werden. Wie, wann, wo und in welcher Form eine bestimmte Methode benutzt werden soll, muß der vernünftigen Beurteilung jedes Therapeuten überlassen bleiben. Der gleiche Vorbehalt gilt für das folgende Material. *Wolberg* [17] faßte zusammen, welche Verhaltensweisen seiner Meinung nach nützlich sind und welche vermieden werden sollten, wenn man versucht, eine günstige Beziehung zwischen Therapeut und Klient aufzubauen. Es folgten ein großer Teil seiner Zusammenstellung und seine Beispiele. Was er vorschlägt, darf lediglich als Richtschnur und nicht als wörtlich anzuwendendes Rezept aufgefaßt werden.

Vermeide Ausrufe der Überraschung.
Patient: Ich gehe niemals zu einer Verabredung, ohne daß ich heulen möchte.
Unpassende Antworten.
Therapeut: Um Himmels Willen!
Therapeut: Das ist ja schrecklich!
Therapeut: Auch das noch!
Passende Antworten.
Therapeut: Ich frage mich, warum.
Therapeut: Heulen?
Therapeut: Das muß doch einen Grund haben.

Vermeide, Überbesorgtheit zu äußern.
Patient: Ich habe oft das Gefühl, daß ich sterbe.
Unpassende Antworten.
Therapeut: Dagegen müssen wir sofort etwas unternehmen.
Therapeut: Ach Sie Arme!
Therapeut: Meine Güte, da machen Sie aber Schreckliches durch.
Passende Antworten.
Therapeut: Das muß Ihnen große Angst machen.
Therapeut: Können Sie sich vorstellen, warum?
Therapeut: Was ruft dieses Gefühl im allgemeinen hervor?

Vermeide moralische Urteile.
Patient: Ich bekomme den unwiderstehlichen Drang zu stehlen.
Unpassende Antworten.
Therapeut: Da können Sie ganz schön in Schwierigkeiten geraten.
Therapeut: Dem müssen Sie ein Ende setzen.
Therapeut: Das ist schlimm.
Passende Antworten.
Therapeut: Können Sie sich irgendwie denken, was hinter diesem Drang steckt?
Therapeut: Seit wann haben Sie diesen Drang?
Therapeut: Wie fühlen Sie sich dann?

Vermeide unter allen Umständen strafende Äußerungen.
Patient: Ich denke, Sie helfen mir überhaupt nicht.

2. Methoden zur Verbesserung von Beziehungen

Unpassende Antworten.
Therapeut: Vielleicht sollten wir mit der Therapie aufhören.
Therapeut: Das liegt daran, weil Sie nicht mitarbeiten.
Therapeut: Wenn Sie sich nicht bessern, können wir uns nicht mehr treffen.
Passende Antworten.
Therapeut: Lassen Sie uns darüber sprechen; was ist denn los?
Therapeut: Vielleicht haben Sie das Gefühl, daß ich Ihnen nicht helfen kann.
Therapeut: Gibt es irgendwas, was ich tue oder nicht tue, was Sie ärgert?

Vermeide den Patienten zu kritisieren.
Patient: Ich weigere mich, mich zu waschen und zu frisieren.
Unpassende Antworten.
Therapeut: Wissen Sie, wie ungekämmt Sie aussehen?
Therapeut: Sie sind sich selbst völlig wurscht, oder?
Therapeut: Da schneiden Sie sich ins eigene Fleisch.
Passende Antworten.
Therapeut: Das muß doch einen Grund haben.
Therapeut: Fällt Ihnen dazu etwas ein?
Therapeut: Wie fühlen Sie sich dabei?

Vermeide falsche Versprechungen.
Patient: Meinen Sie, ich werde wieder normal?
Unpassende Antworten.
Therapeut: Oh ganz bestimmt, keine Frage.
Therapeut: Sie werden schon sehr bald einen Unterschied merken.
Therapeut: Bei Ihnen habe ich große Hoffnungen.
Passende Antworten.
Therapeut: Ein gut Teil wird davon abhängen, wie gut wir zusammenarbeiten.
Therapeut: Sie scheinen daran zu zweifeln.
Therapeut: Sprechen wir darüber, was Sie unter normal verstehen.

Vermeide, den Patienten zu bedrohen.
Patient: Ich werde die beiden nächsten Termine wohl nicht einhalten können, weil ich an diesen Tagen ins Konzert gehen will.
Unpassende Antworten.
Therapeut: Sie scheinen Ihre Therapie nicht ernst zu nehmen.
Therapeut: Wenn Sie mehr daran denken, ins Konzert zu gehen statt hierherzukommen, dann können Sie genauso gut überhaupt nicht mehr kommen.
Therapeut: Vielleicht lassen Sie sich besser von einem anderen Therapeuten behandeln.
Passende Antworten.
Therapeut: Ich frage mich, warum die Konzerte wichtiger scheinen als hierherzukommen.
Therapeut: Vielleicht macht es mehr Spaß, ins Konzert zu gehen als hierher zu kommen.
Therapeut: Was für ein Gefühl haben Sie, wenn Sie hierher zur Therapie kommen?

Vermeide, den Patienten mit eigenen Schwierigkeiten zu belasten.
Patient: Sie sehen heute müde aus.
Unpassende Antworten.
Therapeut: Ja, ich habe viel Kummer mit meiner kranken Familie.
Therapeut: Diese Rückenschmerzen bringen mich um.
Therapeut: Ich konnte in letzter Zeit einfach nicht schlafen.
Passende Antworten.
Therapeut: Kein Wunder, weil ich gestern lange aufbleiben mußte. Aber das soll unsere Sitzung nicht stören.

Vermischte Methoden

Therapeut: Ich hatte etwas Rückenschmerzen, aber es ist nichts Ernstes und sollte unsere Sitzung nicht stören.
Therapeut: Das kommt davon, wenn man so lange arbeitet und so, aber es soll unsere Sitzung nicht stören.

Vermeide Äußerungen der Ungeduld.
Patient: Ich fühle mich ganz hilflos und denke, ich sollte mit allem Schluß machen.
Unpassende Antworten.
Therapeut: Das muß aber ganz schnell aufhören.
Therapeut: Also, ich muß schon sagen, das ist ja 'ne schöne Einstellung.
Therapeut: Vielleicht machen wir besser gleich Schluß mit der Therapie.
Passende Antworten.
Therapeut: Ich frage mich, was diesem Gefühl wohl zugrunde liegt.
Therapeut: Vielleicht gibt es für Ihre Probleme eine andere Lösung.
Therapeut: Das hört sich so an, als ob Sie meinen, Sie seien am Ende Ihrer Kraft.

Vermeide politische oder religiöse Diskussionen.
Patient: Werden Sie die Republikaner oder die Demokraten wählen?
Unpassende Antworten.
Therapeut: Natürlich die Republikaner; das Land braucht eine gute Regierung.
Therapeut: Ich bin Demokrat und wähle natürlich die Demokraten.
Passende Antworten.
Therapeut: Welche Partei, meinen Sie, werde ich wählen?
Therapeut: Haben Sie über mich nachgedacht?
Therapeut: Ich frage mich, was Sie denken würden, wenn ich Ihnen sagte, daß ich entweder Republikaner oder Demokrat sei. Wäre das für Sie irgendwie von Bedeutung?
Therapeut: Ich wähle immer den, den ich für den Besten halte, unabhängig von der Partei, aber warum fragen Sie?

Vermeide Auseinandersetzungen mit dem Patienten.
Patient: Für meinen Mann rühre ich keinen Finger mehr.
Unpassende Antworten.
Therapeut: Es ist unvernünftig, wenn Sie sich so verhalten.
Therapeut: Meinen Sie nicht, daß Sie sich selbstsüchtig verhalten?
Therapeut: Wie können Sie erwarten, daß Ihr Mann etwas für Sie tut, wenn Sie nichts für ihn tun?
Passende Antworten.
Therapeut: Sie haben das Gefühl, daß es keinen Sinn hat, etwas für ihn zu tun?
Therapeut: Vielleicht fürchten Sie, ihm nachzugeben?
Therapeut: Was empfinden Sie wirklich für Ihren Mann gerade jetzt?

Vermeide, den Patienten ironisch zu behandeln.
Patient: Es gibt fast nichts, was ich nicht schaffe, wenn ich es mir einmal in den Kopf gesetzt habe.
Unpassende Antworten.
Therapeut: Sie halten nicht viel von sich selbst?
Therapeut: Vielleicht überschätzen Sie Ihre Fähigkeiten?
Therapeut: Das klingt, als ob Sie angeben.
Passende Antworten.
Therapeut: Das setzt Sie irgendwie unter Druck.
Therapeut: Haben Sie es sich in den Kopf gesetzt, dieses emotionale Problem zu bewältigen?
Therapeut: Sie fühlen sich schön selbstsicher, wenn sie sich einmal entschieden haben.

2. Methoden zur Verbesserung von Beziehungen

Vermeide, den Patienten herabzusetzen.
Patient: Man hält mich für sehr intelligent.
Unpassende Antworten.
Therapeut: Eine Ansicht, die Sie zweifellos teilen.
Therapeut: Die Probleme, in die Sie geraten sind, scheinen mir nicht gerade intelligent.
Therapeut: Auch ein Idiot denkt manchmal, er wäre intelligent.
Passende Antworten.
Therapeut: Was meinen Sie dazu?
Therapeut: Das klingt so, als seien Sie sich Ihrer Intelligenz nicht ganz sicher.
Therapeut: Das ist noch mehr ein Grund dafür, daß Sie sich in der Therapie sehr anstrengen.

Vermeide, dem Patienten Vorwürfe zu machen, wenn er versagt hat.
Patient: Ich habe wieder vergessen, den Arztbericht mitzubringen.
Unpassende Antworten.
Therapeut: Meinen Sie nicht, daß das unverantwortlich ist?
Therapeut: Da haben wir es wieder.
Therapeut: Wenn ich Ihnen sage, der Bericht sei wichtig, dann meine ich das auch.
Passende Antworten.
Therapeut: Ich frage mich, warum.
Therapeut: Wissen Sie, warum?
Therapeut: Vielleicht wollen Sie ihn nicht mitbringen?

Vermeide, den Patienten zurückzuweisen.
Patient: Ich will, daß Sie mich lieber haben als alle anderen Patienten.
Unpassende Antworten.
Therapeut: Warum sollte ich?
Therapeut: Ich habe keine Lieblinge.
Therapeut: Ich mag einfach keine Menschen wie Sie.
Passende Antworten.
Therapeut: Ich frage mich, warum Sie es gern hätten, wenn ich Sie bevorzugen würde.
Therapeut: Vielleicht fühlen Sie sich sicherer, wenn ich Ihnen sagte, daß ich Sie am liebsten habe.
Therapeut: Was meinen Sie, was ich für Sie empfinde?

Vermeide Äußerungen der Intoleranz.
Patient: Meine Frau hatte letzte Woche wieder einen Autounfall.
Unpassende Antworten.
Therapeut: Frauen am Steuer!
Therapeut: Es ist manchmal schwer, es mit einer Frau auszuhalten.
Therapeut: Die Frauen bringen einen noch um.
Passende Antworten.
Therapeut: Was für ein Gefühl bekommen Sie da?
Therapeut: Wie geht's wohl weiter?
Therapeut: Wie haben Sie reagiert, als Sie das erfuhren?

Vermeide dogmatische Äußerungen.
Patient: In Gegenwart von Frauen fühle ich mich kalt und gleichgültig.
Unpassende Antworten.
Therapeut: Das liegt daran, weil Sie Angst vor Frauen haben.
Therapeut: Sie wollen sicher gleichgültig sein.
Therapeut: Sie möchten Frauen zerstören und müssen sich selbst schützen.
Passende Antworten.
Therapeut: Das ist interessant; warum haben Sie wohl dieses Gefühl?

Therapeut: Wie lange geht es Ihnen schon so?
Therapeut: Welche Empfindungen haben Sie, wenn Sie mit Frauen zusammen sind?

Vermeide voreilige tiefe Interpretationen.
Patient: Ich habe Ihnen gesagt, was mir Sorgen macht. Was steckt Ihrer Meinung nach dahinter?
Unpassende Antworten.
Therapeut: Also Sie scheinen ein abhängiger Mensch zu sein, der nach einer Elternfigur sucht.
Therapeut: Sie haben einen Minderwertigkeitskomplex.
Therapeut: Sie haben Ihren Ödipuskomplex nie gelöst.
Passende Antworten.
Therapeut: Es ist nötig, daß wir Ihre Probleme noch näher klären, bevor ich Ihnen eine gültige Erklärung geben kann.
Therapeut: Wir werden weiter über Ihre Einstellungen, Werte und vor allem über Ihre Gefühle sprechen, und wir werden bald entdecken, was hinter Ihren Sorgen steckt.
Therapeut: Deshalb müssen wir gemeinsam daran arbeiten. Wenn ich Ihnen die Antwort gäbe, würde es Ihnen nicht helfen.

Vermeide über traumatisches Material weiter zu sprechen, wenn der Widerstand zu groß ist.
Patient: Ich möchte einfach nicht über Sex sprechen.
Unpassende Antworten.
Therapeut: So kommen Sie nicht weiter, wenn Sie das vermeiden.
Therapeut: Sie müssen sich dazu zwingen, über unerfreuliche Dinge zu sprechen.
Therapeut: Was ist mit Ihrem Sexualleben?
Passende Antworten.
Therapeut: Es muß schwer für Sie sein, über Sex zu sprechen.
Therapeut: Gut, Sie können über irgendetwas anderes reden, was Sie für wichtig halten.
Therapeut: Sex ist immer ein peinliches Thema.

Vermeide unnötige Beschwichtigungen.
Patient: Ich glaube, ich bin die häßlichste, ekligste, schwächste und verächtlichste Person der Welt.
Unpassende Antworten.
Therapeut: Das ist albern. Ich glaube, Sie sehen sehr gut aus und sind in vieler Hinsicht eine wundervolle Person.
Therapeut: Glauben Sie's mir, das sind Sie nicht.
Therapeut: Sie sind einer der nettesten Menschen, die ich kenne.
Passende Antworten.
Therapeut: Warum, glauben Sie, fühlen Sie sich so?
Therapeut: Wie erleben Sie das, wenn Sie so über sich denken?
Therapeut: Denken das andere auch?

Äußere Unvoreingenommenheit auch gegenüber irrationalen Einstellungen.
Patient: Alle Menschen sind Hohlköpfe.
Unpassende Antworten.
Therapeut: Das ist ein Vorurteil von Ihnen.
Therapeut: Sie sollten toleranter sein.
Therapeut: Mit so einer Einstellung kommen Sie nicht weiter.
Passende Antworten.
Therapeut: Was bringt Sie zu dieser Überzeugung?
Therapeut: Ihre Erfahrungen mit Menschen müssen sehr unerfreulich für Sie gewesen sein, daß Sie das so empfinden.
Therapeut: Es ist verständlich, daß Sie das im Moment so erleben, aber es gibt vielleicht Arten der Beurteilung, die sich allmählich entwickeln können.

2. Methoden zur Verbesserung von Beziehungen

Respektiere das Recht des Patienten, andere Werte und Vorlieben zu äußern als deine eigenen.
Patient: Ich mag die Bilder an Ihrer Wand nicht.
Unpassende Antworten.
Therapeut: Also, das ist ja bedauerlich.
Therapeut: Fachleute halten sie für hervorragende Bilder.
Therapeut: Vielleicht bessert sich Ihr Geschmack im Laufe der Therapie.
Passende Antworten.
Therapeut: Warum?
Therapeut: Welche Art von Bildern mögen Sie?
Therapeut: Was denken Sie von mir, wenn ich solche Bilder habe?

Zeige Mitgefühl, wenn es nötig ist.
Patient: Mein Mann trinkt immer und dann wird er im Beisein der Kinder ganz rabiat.
Unpassende Antworten.
Therapeut: Warum leben Sie weiter mit ihm zusammen?
Therapeut: Kann sein, daß Sie dazu beitragen, daß Sie ihn zum Trinken treiben.
Therapeut: Er ist ein Schuft.
Passende Antworten.
Therapeut: Das muß Sie furchtbar aufregen.
Therapeut: Es muß sehr schwer sein, unter diesen Umständen mit ihm zusammenzuleben.
Therapeut: Es muß hart für Sie sein, mit dieser Bedrohung zu leben [17].

Zusammenfassung

Für wen wurde dieses Kapitel geschrieben? Wer sollten unsere Therapeuten sein? Verfahren zur Verbesserung von Beziehungen sind genausowenig wie die vielen therapeutischen Methoden, die in den folgenden Kapiteln beschrieben werden, Eigentum einer auserwählten Minderheit, die zufällig bestimmte professionelle Auszeichnungen erworben hat. Sicherlich kann solch ein Training zu Fähigkeiten führen, die beachtliche positive Konsequenzen für Veränderungen bei Klienten haben. Es ist jedoch genauso wichtig, was für ein Mensch der Therapeut ist. Wir stimmen völlig mit *Strupp* überein, der meint:

Es scheint, daß ein guter Therapeut keine esoterischen oder übermenschlichen Fähigkeiten braucht! Es sind die Eigenschaften guter Eltern und eines anständigen Menschen, der sich selbst und seine interpersonellen Beziehungen recht gut kennt, so daß seine eigenen Probleme sich nicht störend auswirken, der einigermaßen warm und einfühlsam ist, nicht übermäßig feindselig oder destruktiv ist und der die Begabung, die Hingabe und Leidenschaft hat, kooperativ mit anderen zusammenzuarbeiten [14]. Der persönliche Hintergrund des Therapeuten, sein Selbstverständnis, seine Reife, seine Art, Kontakt aufzunehmen und sich um andere zu kümmern, sind für das Ergebnis seiner therapeutischen Anstrengungen genauso entscheidend wie das formale Therapietraining.

Wir haben in diesem Kapitel immer vorausgesetzt, daß sich Klienten ohne eine gute Beziehung zwischen Therapeut und Klient kaum verändern. Ist solch eine Beziehung vorhanden, so ist es möglich oder sogar wahrscheinlich, jedoch nicht unausweichlich, daß sich der Klient verändert. Es müssen zusätzlich andere spezifische Maßnahmen richtig eingesetzt werden. Wir überlassen es den folgenden Kapiteln, diese spezifischen Verfahren genau zu beschreiben und darzustellen.

Literatur

[1] *Carkhuff, R. F.:* Helping and human relations. Holt, Rinehart and Winston, New York 1969.

[2] *Carkhuff, R. F.:* and *Berenson, B. G.:* Beyond counseling and therapy. Holt, Rinehart and Winston, New York 1967.

[3] *Frank, J. D.:* Persuasion and healing. Johns Hopkins Press, Baltimore 1961.

[4] *Goldstein, A. P.:* Psychotherapeutic attraction. Pergamon Press, New York 1971.

[5] *Goldstein, A. P.:* Structured learning therapy. Academic Press, New York 1973.

[6] *Haley, J.:* Strategies of psychotherapy. Grune and Stratton, New York 1963.

[7] *Leipold, W. E.:* Psychological distance in a dyadic interview. Unpublished Doctoral dissertation, University of North Dakota 1963.

[8] *Orne, M. T.* and *Wender, P.H.:* Anticipatory socialization for psychotherapy. American Journal of Psychiatry 124, 1968. 88–98.

[9] *Raush, H. L.* and *Bordin E. S.:* Warmth in personality development and in psychotherapy. Psychiatry, 20, 1957. 351–363.

[10] *Sabalis, R. F.:* Subject authoritarianism, interviewer status, and interpersonal attraction. Unpublished Master's thesis, Syracuse University, 1969.

[11] *Schmidt, L. D.* and *Strong, S. R.:* Expert and inexpert counselors. Journal of Counseling Psychology, 17, 1970. 115–118.

[12] *Streltzer, N. E.* and *Koch, G. V.:* Influence of emotional role-playing on smoking habits and attitudes. Psychological Reports, 22, 1968. 817–820.

[13] *Strong, S. R.* and *Schmidt, L. D.:* Expertness and influence in counseling. Journal of Counseling Psychology, 17, 1970. 81–87.

[14] *Strupp, H. H.:* On the basic ingredients of psychotherapy. Journal of Consulting and Clinical Psychology, 41, 1973. 1–8.

[15] *Truax, C. B.* and *Carkhuff, R. R.:* Toward effective counseling and psychotherapy. Aldine, Chicago 1967.

[16] *Walsh, W. G.:* The effects of conformity pressure and modeling on the attraction of hospitalized patients toward an interviewer. Unpublished Doctoral dissertation, Syracuse University, 1971.

[17] *Wolberg, L. R.:* The technique of psychotherapy, 2nd ed. Grune and Stratton, New York 1967.

3. Methoden der Einstellungsänderung

David W. Johnson und Ronald P. Matross

Versuche, unsere Einstellungen zu verändern, ereignen sich jeden Tag mehrmals. Werbeleute versuchen uns zum Kauf von Konsumgütern zu bewegen, Professoren versuchen ihre Studenten zum Studieren zu bringen, Freunde versuchen vielleicht unsere Haltung gegenüber Drogen zu beeinflussen, ein Berater versucht auf die Einstellungen, die ein Patient sich selbst gegenüber hat, Einfluß zu nehmen. Jeder von uns versucht die Einstellungen des anderen zu ändern, und jeder von uns unterliegt dem Einfluß anderer, die unsere Einstellungen verändern wollen. Dies macht für jemanden, dem daran liegt, sich und andere zu ändern, den Aufbau und die Änderung von Einstellungen zu einem Gebiet von höchster Wichtigkeit. Das vorliegende Kapitel möchte mit seinem Inhalt die folgenden Fragen beantworten: „Welche Arten der Einstellungsänderung helfen den Leuten?" und „Wie bringt man solche Änderungen zuwege?"

In welcher Beziehung stehen Einstellungsbildung und -änderung einerseits und die Hilfestellung bei der Änderung anderer Menschen andererseits zueinander? Eine Fünfzehnjährige wird von ihren Freundinnen sowie von ihrem Freund bewegt zu glauben, sie sei verliebt; dann wird sie überredet, sexuelle Beziehungen aufzunehmen; schließlich wird sie schwanger und muß sich entscheiden, das Kind auszutragen oder die Schwangerschaft abbrechen zu lassen. Sie fragt ihre Eltern, ihre Freundinnen, ihren Pfarrer, ihren Arzt und einen Berater, um sich klarzuwerden; alle diese Personen, die sie um Hilfe angegangen hat, werden versuchen, ihre Einstellungen gegenüber Abortus und Schwangerschaft zu beeinflussen.

Ein dreiundzwanzigjähriger Lehrer beginnt seine Laufbahn in einer Schule des Stadtkerns, wo 90% der Schüler aus der unteren sozialen Schicht kommen. Die Lehrer werden dort ziemlich angefeindet, die Schüler verhalten sich im allgemeinen widerstrebend und sind nicht zur Zusammenarbeit bereit. Nach zwei verzweiflungsvollen Monaten ist der Lehrer hoffnungslos davon überzeugt, er sei zum Lehrberuf ungeeignet. Er wendet sich an verschiedene Kollegen, an seine ehemaligen College-Professoren, an seine Freundin, an seine Eltern und an zwei Schüler um Rat, ob er Lehrer bleiben, eine Versetzung erreichen oder ob er aufgeben und Versicherungsvertreter werden soll. Jeder, mit dem er spricht, wird seine Einstellung bezüglich des Lehrberufs, seiner gegenwärtigen Schüler, seiner Fähigkeiten als Lehrer und bezüglich seiner Leistungen in den vergangenen zwei Monaten zu beeinflussen suchen.

Eine liberal denkende Studentin bildet sich etwas darauf ein, an Programmen ihrer Heimatgemeinde zur Verringerung der Diskriminierung amerikanischer Ein-

Übersetzt von Max Werner Vogel

geborener teilgenommen zu haben. Sie kehrt zur Schule zurück und findet, daß man ihr eine Indianerin zur Zimmergenossin gegeben hat. Obwohl sie erfährt, daß sie beide doch verschiedene Schulstunden und völlig verschiedene Freundinnen haben, sich nicht auf einer besonders intimen Ebene unterhalten können und zu verschiedenen Stunden lernen wollen, entwickelt sie eine wachsende Feindseligkeit gegenüber ihrer Zimmergenossin und erlebt zugleich ein wachsendes Schuldgefühl, daß sie eine amerikanische Ureinwohnerin schlecht behandelt. Die Situation wird unerträglich, denn sie kann den Konflikt nicht lösen, der daraus entsteht, daß sie zwar für die Rechte der Indianer kämpfen will, ein Zusammenleben mit ihrer indianischen Zimmergenossin aber ablehnt. Sie geht zu Freundinnen, einem Berater, sie spricht einen Fremden in einer Bar an und fragt um Rat. Alle diese Leute versuchen gesprächsweise, ihre Einstellungen gegenüber ihrer eigenen Person, gegenüber ihrer Zimmergenossin, gegenüber amerikanischen Eingeborenen im allgemeinen und gegenüber den Bürgerrechten zu ändern.

Wenn jemand Hilfe sucht, so bringt er bestimmte Einstellungen zu sich selbst und zu seiner Situation mit. Er möchte seine Probleme besprechen und auch Rat und Führung erhalten. Teil einer jeden Hilfeleistung ist es, die gegenwärtigen Einstellungen gegenüber den Menschen, die für das Problem von Bedeutung sind und gegenüber möglichen Problemlösungen zu klären. Ein integrierter Bestandteil vieler Problemkonstellationen sind Einstellungen, die zu selbstschädigendem Verhalten und zu Vorstellungsmustern führen, welche Depression, Angst, Ärger und Verstimmungen auslösen. Sie, als Hilfeleistender, werden solche Einstellungen zu ersetzen oder doch zu modifizieren suchen. Ohne Bemühungen um eine Einstellungsänderung ist kein psychisches Problem zu lösen, kann keinerlei Hilfeleistung stattfinden.

Was sind Einstellungen? *Einstellungen* sind eine Verbindung von Gefühlsinhalten und Überzeugungen, die dazu führen, bestimmten Personen, Gruppen, Ideen, Ereignissen oder Dingen positiv oder negativ zu begegnen. Die affektive Komponente von Einstellungen besteht in der Wertschätzung, Zuneigung oder emotionalen Reaktion. Die kognitive oder Meinungskomponente stützt sich auf die der betreffenden Person gerade verfügbaren Informationen über das Objekt der Einstellung. Wenn jemand sagt: „Ich mag Eiskrem", so drückt er damit eine Einstellung aus. Wenn jemand aufspringt und aus dem Zimmer rennt, weil eine Ex-Freundin hereinkommt, so drückt er eine Einstellung aus. Einstellungen sind relativ dauerhafte Dispositionen, die dem Verhalten zeitliche Kontinuität verleihen; sie sind weniger angeboren als vielmehr erworben; sie unterliegen der Veränderung. Was ist Einstellungsänderung? *Einstellungsänderung* ist der Erwerb, die Aufhebung oder die Intensivierung einer Einstellung.

Welchem Zweck dienen Einstellungen? Warum hat jemand Einstellungen? Im täglichen Leben wird jeder beständig mit einer Vielfalt regelmäßig wiederkehrender Situationen konfrontiert. Wahrscheinlich vergeht kein einziger Tag im Universitätsleben eines männlichen Studenten, an dem er nicht ein anziehendes Mädchen sieht. Was er als attraktiv ansieht und was er für *einen geeigneten Weg* hält, ein Mädchen anzusprechen, das sind Einstellungen, die auf sein Verhalten einwirken.

3. Methoden der Einstellungsänderung

Einstellungen entwickeln sich also, damit man wiederkehrende Ereignisse leichter voraussehen und bewältigen kann. Eine Einstellung ist ein vereinfachender und rasch verfügbarer Leitfaden zu passendem Verhalten. Weil alle Erfahrungen in ihrer Einmaligkeit nicht zu erfassen sind, neigt der Mensch dazu, Erfahrungen in geeignet erscheinende Klassen einzuordnen und, hinsichtlich der Beziehungen solcher abstrakter Klassen untereinander, nützliche Synthesen zu finden (die Klassen „Attraktivität" und „Mädchen" sind im obigen Beispiel synthetisch zusammengebracht). Wie jede andere Verallgemeinerung, so bringt eine Einstellung die Übervereinfachung der Vielfalt des Erlebens des Betreffenden mit sich. Einstellungen führen zur Automatisierung gewisser Reaktionen und befreien so davon, sich mit den einmaligen Aspekten des täglichen Lebens auseinanderzusetzen. Der Rückgriff auf Einstellungen ist Teil einer fundamentalen psychischen Ökonomie, die sich als „Prinzip des geringsten Aufwandes" beschreiben läßt: Wann immer möglich, wende Lösungen der Vergangenheit auf gegenwärtige Problemsituationen an; oder: Wann immer möglich, wende alte Reaktionen auf aktuelle Wahrnehmungskonstellationen an.

Einstellungen können eine zufriedenstellende und erfüllende Lebensführung ebensowohl fördern wie behindern. Aus der Sicht des Helfenden sind *wünschenswerte Einstellungen* einer Person solche, die ihre Fähigkeit steigern, sich zur Umwelt so zu verhalten, daß ihre Selbsterhaltung, ihr Wachstum und Gedeihen daraus folgen. *Unerwünschte Einstellungen* sind solche, die durch Minderung jener Fähigkeiten zu einem leidvollen und gestörten Lebensvollzug führen. Erwünschte Einstellungen bringen Gefühle des Glücklichseins, der Zufriedenheit, bringen Vergnügen und Lebensfreude, ja sogar ekstatische Erlebnisse hervor. Unerwünschte Einstellungen erzeugen Depression, Verzweiflung, Traurigkeit, Schuldgefühle, Furcht, Angst, Scham und sogar seelischen Schmerz. Solche Gefühle werden nicht allein durch Einstellungen hervorgerufen – vielerlei unmittelbares Erleben löst von selbst Freude und Trauer aus. Wenn aber die genannten Gefühle andauern und zur Gewohnheit werden, so deswegen, weil Einstellungen sie aufrechterhalten. Mancher erlernt Einstellungen, die negative und selbstbehindernde Gefühle fördern; manchem werden Einstellungen beigebracht, die zu selbstschädigenden und frustrierenden Verhaltenszyklen führen. Diese Einstellungen werden im Umgang mit der Familie, mit Kameraden, mit Bezugsgruppen, mit der Gesellschaft und der jeweiligen Kultur erworben und aufrechterhalten. Ohne Gelegenheit zur Änderung vergiften derlei selbstbehindernde Einstellungen alle Lebensbereiche. Menschen mit selbstschädigenden Einstellungen bedürfen der Hilfe, um geeignetere, förderliche Einstellungen zu finden.

Einstellung und Verhalten

Die Änderung von Einstellungen ist oftmals der entscheidende Schritt bei der Veränderung eines Lebensstils. Ein Einstellungswechsel hinsichtlich der Selbstbewertung kann beispielsweise zu einer neuen Karriere, zu besseren sozialen Beziehungen sowie zu einer reichen Vielfalt weiterer Verhaltensänderungen führen. Indessen gibt es, trotz der offensichtlich verderblichen und eindringlichen Wirkung mancher Einstellung, nur wenig zusammenhängendes Beweismaterial für die Hypothese, die Kenntnis der Einstellungen einer Person erlaube die Art und Weise ihres Verhaltens genau vorherzusagen. Es gibt verschiedene Erklärungen dafür, warum Einstellungen und Verhalten so oft unzusammenhängend erscheinen. Eine davon besagt, daß zu jeder Zeit eine Vielzahl verschiedener Einstellungen, Motive und Fertigkeiten das Verhalten beeinflussen können. In jeder Situation können die verschiedenen persönlichen Einstellungen interagieren oder sich untereinander kombinieren, so daß ein Verhalten eintritt, das aus der Kenntnis irgendeiner einzelnen Einstellung heraus nicht klar vorauszusagen war. Die Einstellung, Lebensart zu haben, kann den Ausdruck vorurteilshafter Einstellungen gegenüber Mitgliedern einer bestimmten rassischen Gruppe modifizieren; jemand kann Kriegsgegner sein und doch für einen kriegsbefürwortenden Politiker seine Wahlstimme abgeben, weil er die bunten Anspielungen des Politikers hinsichtlich seiner Position gegenüber dem Kriege nicht versteht; oder jemand möchte zu einer Person freundlich sein, verfügt aber nicht über die Fertigkeit, Freundlichkeit auszudrücken.

Eine andere Erklärung für den Mangel an Beziehungen zwischen Einstellungen und Verhalten bezieht sich auf umfangreiche Forschungsergebnisse, wonach die Vorhersage manifesten oder offenen Verhaltens in einer bestimmten Situation eher aus der Kenntnis eben jener Situation als aus der Kenntnis individueller Charakteristika, wie Einstellungen und Wertungshaltungen, möglich sei [49]. Verhalten entsteht immer aus der Reaktion auf situative Einflüsse und der jeweiligen Persönlichkeitsstruktur, aber gewöhnlich ist das wichtigere die Reaktion auf die situativen Einflüsse. Wer in der Situation anwesend ist, was die normativen Vorschriften für richtiges Verhalten sind, die verfügbaren Verhaltensalternativen, unvorhergesehene und von außen herantretende Ereignisse, erwartete und/oder wirkliche Konsequenzen verschiedener Handlungen und schließlich die Besonderheit der gegebenen Einstellungsobjekte – sie alle wirken auf das Verhalten einer Person ein. Jemand mag glauben, das Demütigen anderer sei ein großer Spaß, ein solches Verhalten aber nicht an den Tag legen, solange sein Chef zugegen ist. Eine Frau könnte eine negative Einstellung gegenüber kleinen Männern hegen, sie indes nicht ausdrücken, solange sie Gastgeberin eines Festessens ist, dem einige kleine Männer beiwohnen. Ein Kellner etwa hat es nicht gern, wenn gewisse Leute sein Lokal besuchen; wenn sie aber erscheinen, so drückt er seine negativen Einstellungen eher mittels schlechter Bedienung aus, als daß er sie auffordert, das Lokal zu verlassen. Jemand hegt ein Vorurteil gegenüber Ungarn und vergnügt sich doch auf einer Party, ohne überhaupt zu merken, daß alle anderen Leute dort Ungarn sind. Viele situative Einflüsse bestimmen das Verhalten, so daß das Wissen um die Einstellungen einer Person nicht immer genügt, erfolgreich vorherzusagen, wie sie sich verhalten wird. Die meisten Situationen sind derart komplex, daß in ihnen verschiedene Einstellungen für die schließlich auftretende Handlung relevant sein können; umgekehrt können verschiedene Handlungen der relevante

3. Methoden der Einstellungsänderung

Ausdruck einer und derselben Einstellung sein. Beispielsweise kann die Vorhersage, ein Schüler mit einer zu seinem Lehrer günstigen Einstellung werde sich zu einer bestimmten Zeit zu eben diesem Lehrer zuvorkommend verhalten, von der Kenntnis solcher Einzelheiten abhängen, wie ob sich der Schüler physisch wohlfühlt (vielleicht ist er krank und will andere Menschen meiden) oder ob irgendwelche anderen Verhaltensweisen dem vorhergesagten Verhalten entgegenlaufen (er will etwa für ein Examen lernen und lieber mit seinen Freunden reden, als seinem Lehrer einen Dienst erweisen).

Das soll nicht heißen, Einstellungen wären bedeutungslos – das ganze Kapitel will auf das Gegenteil hinaus. Wir wollen nur zu verstehen geben, daß das Verhalten von vielen Determinanten bestimmt ist, und daß die Verhaltensmodifikation weit davon entfernt ist, eine exakte Wissenschaft zu sein. Bei der Hilfeleistung mag man enttäuscht sein, wenn man herausfindet, daß jemand, der da sagt, nun sehe er die Dinge wirklich anders, in seinem täglichen Leben keinerlei wirkliche Änderungen zuwege bringt. Oder man findet, daß eine augenscheinlich triviale Einstellungsrevision sich als Schlüssel zu einem völlig neuen Leben erweist.

Der Zweck dieses Kapitels ist, verstehen zu lernen, wann und wie Techniken und Vorgänge der Einstellungsänderung bei dem Bemühen anzuwenden sind, dem anderen zu helfen.

Änderungsmodelle

Wenn jemand Sie um Hilfe ersucht, dann sollten Ihnen die folgenden allgemeinen Modelle zur Verfügung stehen. Das erste ist ein Modell der psychischen Gesundheit, das anzeigt, in welcher Verfassung der Betreffende sein wird, wenn die Änderungen erfolgreich stattgefunden haben. Die Besprechung der sozialen Fähigkeiten im nächsten Abschnitt ist ein Beispiel für ein solches Modell. Das zweite ist ein Modell der Hilfeleistungsverfahren. Diese umfassen:
1. Herbeiführung der Bedingungen der Einstellungsänderung,
2. Wahl und Anwendung einer Theorie (oder Kombination von Theorien) der Einstellungsänderung,
3. Festigung der neugewonnenen Einstellungen durch den Aufbau aufrechterhaltender Stützen.

Jedes dieser Verfahren soll in den folgenden Abschnitten besprochen werden. Bei der Anwendung der Verfahren muß man die Beziehung zwischen Einstellungen und Verhalten verstehen, und man muß an grundlegenden ethischen Leitfäden des Berufsstands festhalten. Jeder dieser Punkte soll behandelt werden.

Psychische Gesundheit

Psychische Gesundheit bedeutet die Fähigkeit, seine eigenen offenen Beziehungen zu anderen Menschen zu verstehen und zu lenken. Psychische Schwierigkeiten sind Schwierigkeiten in den zwischenmenschlichen Beziehungen [12,29,60]. Die psychische Gesundheit eines Menschen spiegelt sich in seiner Fähigkeit zum zwischenmenschlichen Handeln (dem Umfang, in dem die Konsequenzen seines Verhaltens die Verhaltensabsichten erreichen) sowie in seiner Fähigkeit, menschengerechte Beziehungen auszubilden (Beziehungen, welche die Eigenschaften der Freundlichkeit, Rücksichtnahme, des Taktgefühls, Mitgefühls, Mitleids, der Verantwortlichkeit, Freundschaft, Liebe und des Erbarmens spiegeln) [25,27]. Da der Mensch ein soziales Wesen ist und Mitmenschen der wichtigste Bestandteil seiner Umwelt sind, bilden jene grundlegenden Befähigungen, die ein wirksames Interagieren mit dem andern ins Werk zu setzen erlauben, den Kern des normativen Modells für ein Interventionsverfahren. Dieses Modell läßt sich vom Hilfeleistenden verwenden, um die gegenwärtigen Funktionen seines Patienten zu diagnostizieren, um Hypothesen über den Ursprung seiner Schwierigkeiten zu bilden und um die Richtung für dessen Veränderungsversuche zu bestimmen. Diese grundlegenden sozialen Befähigungen lassen sich unter den Begriff der sozialen Tüchtigkeit subsumieren. *Soziale Tüchtigkeit* läßt sich definieren durch jene Einstellungen, kognitive[1]) Kapazitäten und Verhaltensfertigkeiten, welcher eine Person zur Selbsterhaltung, zu Wachstum und Gedeihen im Umgang mit anderen bedarf. Soziale Tüchtigkeit ist zur Entwicklung einer psychisch gesunden Persönlichkeit, die ein produktives und erfüllendes Leben zu führen imstande ist, unerläßlich. Die gesunde Person entwickelt soziale Tüchtigkeit in der Umwelt, die aus ihrer Familie und anderen Bezugsgruppen besteht. Wie jemand sich zu anderen verhält, was er darüber gelernt hat, all das wirkt auf die Entwicklung seiner sozialen Befähigungen ein. Denn psychische Gesundheit oder Krankheit entsteht im Rahmen der zwischenmenschlichen Beziehungen, und jemandem zu einer konstruktiven Änderung zu verhelfen ist in dem Maße erfolgreich, in dem sich dadurch dessen soziale Tüchtigkeit steigert.

Die grundlegenden sozialen Fähigkeiten, die für die soziale Tüchtigkeit wesentlich sind, bestehen aus vier Einstellungen, einer kognitiven Fähigkeit und einer Reihe von Verhaltensfertigkeiten. Die *erste Einstellung* ist die *vertrauende* Einstellung, daß man sich auf Leistung und Beistand der andern verlassen kann. Eine so geartete Einstellung ist notwendig zur Herstellung stabiler und erfüllender Beziehungen, die gekennzeichnet sind durch effiziente Zusammenarbeit, wirksame Kommunikation und erfolgreiche Problemlösung. Eine mißtrauende Einstellung, wonach die anderen abstoßend und unzuverlässig seien, mündet in emotionale Zustände des sozialen Rückzugs, der Depression, Angst, Furcht, Besorgtheit sowie in die Ansicht, die anderen verhielten sich kritisch, abwehrend und erniedrigend, mündet in ein durch Scheu und Argwohn charakterisiertes Auftreten und in eine allgemein unstabile und unzulängliche Beziehung zu anderen Menschen.

---

[1]) Unter „Kognition" (Adj. „kognitiv") versteht die Psychologie jeden Anteil des Erkenntnisprozesses, d.h. die Informationsaufnahme, deren umgestaltende Verarbeitung sowie deren beider Speicherung und bewußte Reaktivierung, also gemeinhin Wahrnehmung, Denken und Gedächtnis (Anm. d. Ü.).

3. Methoden der Einstellungsänderung

Die *zweite Einstellung* bedeutet *Vertrauen zu den eigenen Fähigkeiten* und zur eigenen Kraft zu haben, um erwünschte Änderungen in der Umwelt herbeizuführen. Zuversicht hinsichtlich der eigenen Fähigkeiten fördert die Entwicklung der Selbständigkeit, erhöht die Bereitschaft, Risiken einzugehen, Initiativen zu ergreifen, um die gewünschten Ziele zu erreichen, und gewährt die fundamentale Befriedigung, die aus der Einflußnahme auf das eigene Leben entsteht.

Menschen, die sich grundsätzlich für inkompetent halten, unterliegen einer Tendenz, in einen Teufelskreis selbstbehindernden Verhaltens zu geraten, indem sie von ihrer Untauglichkeit überzeugt sind, riskieren sie weniger und unternehmen nur schwache Versuche, ihr Ziel zu erreichen. Demzufolge erleben sie es nur selten, daß ihre Handlungen direkt zu lohnenden oder wenigstens nennenswerten Erfolgen führen. Mittels ihrer eigenen Aktivitäten festigen und bestätigen sie ihre schlimmsten Befürchtungen hinsichtlich ihrer selbst.

Die *dritte Einstellung* ist, das Leben habe *Zweck* und sinnvolle *Richtung*. Menschen mit zielbezogener Lebensausrichtung zeichnen sich durch Intentionalität (Ausrichtung der Aufmerksamkeit auf ein für den Betreffenden bedeutungsvolles Ziel), durch voll bewußte Entscheidungen, durch Zielstrebigkeit und Motiviertheit, durch psychische Erfolgserlebnisse (die Befriedigung, die aus dem Erreichen sinnvoller Ziele entsteht) sowie durch Selbstverwirklichung (Entwicklung und Gebrauch der eigenen Fähigkeiten) aus. Menschen, denen die Ausrichtung auf ein festes Ziel fehlt, sind dadurch gekennzeichnet, daß sie von einer versuchten Aktivität zur anderen taumeln, sich der Entscheidungen, die sie treffen, nicht voll bewußt sind und durch Apathie ihre Fähigkeiten verkümmern lassen. Sie entwickeln ein Gefühl von vager Unzufriedenheit, von allgemeiner Sinn- und Zwecklosigkeit und von Verlorenheit.

Die *vierte Einstellung* bedeutet den Besitz einer integrierten, zusammenhängenden *Identität*. Menschen mit einer zusammenhängenden Gruppe von Einstellungen, die besagen, „wer ich bin", zeichnen sich aus durch ein hohes Maß an persönlicher Ausgewogenheit, geistiger Gesundheit, an Selbstbewußtsein und dadurch, daß sie sich selbst als beliebt, erwünscht für andere, annehmbar, als mit Fähigkeiten begabt und wertvoll sehen. Sie bejahen auch andere Menschen. Persönlichkeiten ohne grundlegendes Selbstbewußtsein betrachten sich selbst als unzulänglich, unbeliebt, unerwünscht, unannehmbar und unfähig. An Emotionen zeigen sie Angst, Unsicherheit, Depression, Zynismus und wirken unbefriedigt. Sie neigen dazu, sich und andere zu verachten. Sie sind psychisch unstabil, und es mangelt ihnen an persönlicher Anpassungsfähigkeit.

Eine für die soziale Tüchtigkeit entscheidende kognitive Fähigkeit nennt sich *Standortverlagerung*. Dieser Begriff bedeutet die Fähigkeit zu verstehen, wie eine Situation jemand anderem erscheint und wie jemand kognitiv und affektiv darauf reagiert. Die gegenwärtige Forschung zeigt, daß die Fähigkeit zur Standortverlagerung in Beziehung steht zu Selbstbewußtheit, sozialer Anpassungsfähigkeit, Kommunikationsfähigkeit, selbständiger Urteilskraft, zu kooperativen Fähigkeiten, zur Einfühlungsgabe, zur Fähigkeit, nachzudenken und den eigenen Erfahrungen einen Sinn abzugewinnen, zur Fähigkeit, die Auswirkungen des eigenen Verhaltens vorauszusehen, zur geistigen Aufgeschlossenheit und zur Anerkennung von Unterschieden. Egozentrismus (Situationen ausschließlich vom eigenen Standort her zu sehen) korreliert mit genau den entgegengesetzten Positionen.

Schließlich sind die interpersonalen Fertigkeiten zur Anknüpfung und Aufrechterhaltung von Beziehungen höherer Qualität nötig, um sozial tüchtig zu sein. Ihr Mangel mündet in die Unfähigkeit, Kontakte herzustellen und zu unterhalten, vorwärtszukommen und mit den Mitmenschen zusammenzuleben. Entsprechend geartete Menschen sind gewöhnlich einsam und sonderbar.

Zusammenfassend gesagt, werden Menschen, die über vertrauende Einstellungen zu anderen, über Zuversicht hinsichtlich ihrer eigenen Fähigkeiten, über Zielstrebigkeit, über eine integrierte und zusammenhängende Identität, über die Fähigkeit zur Standortverlagerung sowie über grundlegende interpersonale Fertigkeiten verfügen, sozial tüchtig und psychisch gesund sein. Menschen mit mißtrauenden Einstellungen, zudem mit den Einstellungen, inkompetent und unzulänglich zu sein, Menschen, denen es an Zielstrebigkeit fehlt, denen es an einer integrierten und zusammenhängenden Identität mangelt, die egozentrisch denken und nicht über die grundlegenden interpersonalen Fertigkeiten verfügen, sind sozial untauglich und psychisch krank. Dieses grundlegende Modell der sozialen Tüchtigkeit stellt einen Leitfaden dar, an dem sich die Hilfeleistung orientiert.

Bedingungen der Einstellungsänderung

In der Beziehung zwischen Hilfeleistendem und Hilfeempfänger müssen verschiedene Bedingungen herbeigeführt werden, damit eine Einstellungsänderung stattfinden kann. Vertrauen muß aufgebaut und aufrechterhalten werden, Abwehrhaltungen, die gegenwärtige Einstellungen stützen, müssen abgebaut, der Egozentrismus, der verhindert, daß die eigenen Probleme von neuen Standpunkten aus gesehen werden, muß eingedämmt, und die Niedergeschlagenheit, welche die Motivation zur Lösung der eigenen Probleme untergräbt, muß vermindert werden. Ihre Wirksamkeit als Hilfeleistender wird beträchtlich anwachsen, wenn Sie lernen, Vertrauen aufzubauen und die genannten Hindernisse gegen die Einstellungsänderung beiseite zu räumen.

Kurt Lewin, ein großer Sozialpsychologe, zeigte drei Wege, um eine Veränderung in einer Person hervorzubringen: Man kann neue Kräfte zur Änderung hinzufügen; man kann Kräfte, die gegenwärtig die Änderung verhindern, schwächen; und man kann gegenwärtig wirksame Kräfte in ihrer Richtung so verändern, daß sie auf eine Änderung hinwirken. Meist wird zuerst versucht, neue Kräfte hinzuzufügen, wenn eine Einstellungsänderung das Ziel ist. Da wird also jemand überredet, neue Einstellungen anzunehmen. Die Vermehrung von auf Änderung gerichteten Kräften hat indes ihre Nachteile. Wenn sich beispielsweise ein Schulmädchen vor möglichen Zurückweisungen durch Jungen fürchtet und daher niemals auf Verabredungen eingeht, so wird der Versuch, sie zu einer Verabredung zu überreden, ihre Furcht nur verstärken. Lewin bemerkt, der wirksamere Weg der Einstellungsveränderung sei der, jene Kräfte, die gegenwärtig die Änderung verhindern, zu reduzieren. In diesem Falle würden Sie also die Ängste des Mädchens ausfindig machen und sie zu vermindern suchen, ehe Sie vorschlagen, sie möge eine Verabredung annehmen (siehe Kapitel 8 hinsichtlich der Methoden der Angstreduktion). Die Neuausrichtung der Kräfte kann recht kompliziert werden; sie wird deshalb hier nicht erörtert. Wesentlich ist, daß bei der Hilfe zur Einstellungsänderung zuerst die Kräfte vermindert werden, die solche Änderungen vereiteln, bevor man beginnt, neue und konstruktivere Einstellungen zu fördern.

Aufbau und Aufrechterhaltung des Vertrauens

Die erste Frage bei der psychologischen Hilfeleistung lautet, wie sehr die betreffende Person Ihnen vertraut. (Siehe hierzu Kapitel 2, wo eine Aufzählung der beziehungsfördernden Methoden gegeben ist.) Ein Mindestmaß an Vertrauen muß zwischen Hilfeleistendem und Patienten geschaffen werden, damit konstruktive Verhaltensänderungen vonstatten gehen können. Wie tief Probleme und Einstellungen des Patienten erörtert werden, seine Öffnung gegenüber Einflußnahme und Änderung, die Effizienz der Kommunikation zwischen Patient und Hilfeleistendem sowie der Erfolg der kooperativen Problembearbeitung: sie hängen sämtlich ab von der Größe des Vertrauens, das im Rahmen ihrer Beziehung aufgebaut und aufrechterhalten wird [5, 6, 11, 14, 24, 31, 63]. Es ist wichtig, zu verstehen, daß Vertrauen nicht in einer Person als stabil und unveränderlich existiert; Vertrauen ist etwas, was in einer Beziehung existiert und unablässig wechselnd schwankt. Das Verhalten sowohl des Patienten wie des Hilfeleistenden ist hinsichtlich Aufbau und Aufrechterhaltung von Vertrauen in ihrer Beziehung wesentlich.

Vertrauen – ein jedermann geläufiges Wort – ist ein recht komplexer Begriff und schwierig zu definieren. Auf der Grundlage von Schriften von *Deutsch* [5, 6] und anderer kann Vertrauen als folgende Elemente enthaltend definiert werden:
1. Man befindet sich in einer Situation, in der die Entscheidung, jemand anderem zu vertrauen, hinsichtlich der eigenen Bedürfnisse und Ziele zu vorteilhaften oder zu schmerzlichen Konsequenzen führen kann. Also wird einem klar, daß Vertrauen ein Risiko einschließt.
2. Man stellt fest, daß die vorteilhaften oder die schmerzlichen Konsequenzen abhängig vom Verhalten eines anderen sind.
3. Man erwartet, mehr unter den schmerzlichen Folgen zu leiden, als von den nützlichen Folgen zu profitieren.
4. Man ist relativ zuversichtlich, der andere würde sich so verhalten, daß sich daraus die vorteilhaften Konsequenzen ergeben.

Jemand, der wegen seiner Eheprobleme niedergedrückt ist, entscheidet sich somit, wenn er seine Probleme einem Freund mitteilt, für eine Vertrauenshaltung, denn:

Bedingungen der Einstellungsänderung

1. Er ist sich bewußt, daß die Entscheidung, seine Eheprobleme mit jemandem zu besprechen, ebenso zu vorteilhaften (es wird eine wirkungsträchtige Handlungsanweisung zur Verbesserung seiner Ehesituation ausgedacht) wie zu schmerzlichen Folgen führen kann (er wird ausgelacht, lächerlich gemacht, zurückgewiesen, und es entsteht Klatsch).
2. Er wird sich darüber klar, daß die Konsequenzen seiner Entscheidung vom Verhalten des um Hilfe ersuchten Freundes abhängen.
3. Er glaubt mehr darunter leiden zu müssen, wenn er abgelehnt und lächerlich gemacht wird, als er bei der Planung von Handlungen zur Verbesserung seiner Beziehungen zu seiner Frau zu gewinnen hofft.
4. Er ist relativ zuversichtlich, der Freund werde sich so verhalten, daß es zu vorteilhaften Folgen kommt.

Der Großteil dessen, was sich in Hilfeleistungsbeziehungen ereignet, hängt von der Kommunikation zwischen Hilfeleistendem und Patient ab. Vertrauen und Kommunikation sind voneinander in dem Sinne abhängig, daß Vertrauen nicht ohne Kommunikation entwickelt werden kann und daß die Kommunikation vom Stand des zwischen den Teilnehmern herrschenden Vertrauens beeinflußt ist. Untersuchungen haben gezeigt, daß die Kommunikation bei geringem Vertrauen nicht so wirksam ist wie bei hohem [4]. Vertrauen muß daher unbedingt aufgebaut und aufrechterhalten werden, wenn die zur Hilfeleistung nötige Kommunikation stattfinden soll.

Der Erfolg der Hilfeleistung hängt ferner ab vom Grad der Selbstenthüllung des Patienten gegenüber dem Helfenden. Wenn der Patient nicht geneigt ist, seine Probleme und Einstellungen offen und vollständig zu diskutieren, dann fällt es schwer zu helfen. Selbstenthüllung setzt den Betreffenden den Möglichkeiten von Zurückweisung, Verachtung, Gelächter, Scham oder Ausnützung aus. In einer Vertrauenssituation hängt derjenige, der Vertrauen beansprucht, von dem anderen ab, der seine Verwundbarkeit mißbrauchen könnte. Verwundbarkeit besteht, wenn jemand ein Risiko eingegangen ist, das ihn schmerzlichen Folgen aussetzt. Wegen der Verletzbarkeit des Initiators wird das Vertrauen zerstört, sobald der Vertrauensempfänger seine Macht gebraucht, um ihm zu schaden. Vertrauenswürdig zu sein heißt, jene Macht zum Aufbau einer produktiven Hilfeleistungsbeziehung einzusetzen, indem der Helfer den Selbstentblößungen des Patienten billigend und verstehend zuhört. Der Schlüssel zu Aufbau und Aufrechterhaltung des Vertrauens in einer Hilfeleistungsbeziehung ist, sich als vertrauenswürdig zu erweisen.

Da die Enthüllung von Problemlagen und Gefühlen von seiten des Klienten wesentliche Voraussetzung dafür ist, daß der Hilfeleistende überhaupt nützlich werden kann, und da die Furcht des Patienten, zurückgewiesen und ausgenützt zu werden, eingedämmt werden muß, lassen sich die Schritte zum Aufbau von Vertrauen so ordnen:
1. Der Patient unterwirft sich dem Risiko, seine Probleme, Gefühle, sein Verhalten und seine Gedanken bloßzulegen.

3. Methoden der Einstellungsänderung

2. Der Hilfeleistende antwortet mit Annahme (d.i. mit Wärme, Verständnis und kooperativen Absichten).
3. Der Hilfeleistende erwidert in gewissem Grade die Selbstentblößung des Patienten, indem er Informationen enthüllt der Art, wie er den Patienten wahrnimmt und wie er auf die Vorgänge in der Hilfeleistungsbeziehung innerlich reagiert.

Es gibt zwei Arten von Verhalten, die das Vertrauen in eine Hilfeleistungsbeziehung mindern. Erstens Zurückweisung, Belächeln oder Respektlosigkeit als Antwort auf die Selbstoffenbarungen des Gegenübers; Moralisieren über dessen Verhalten, Abgeben von Wertungen oder Schweigen mit unbewegtem Gesicht: all dies wirkt abweisend, bringt den andern mit Sicherheit zum Schweigen und zerstört einen Teil des Vertrauens in die Beziehung. Zweitens das Nichteingehen auf Selbstenthüllungen. In dem Maße, wie der Hörende verschlossen und der Gebende geöffnet ist, wird letzterer jenem nicht trauen. Wenn sich jemand einem anderen öffnet und dieser kommt ihm nicht entgegen, so wird er sich sehr wahrscheinlich bloßgestellt und reichlich verletzbar fühlen.

Die Annahme dürfte die erste und wichtigste Voraussetzung bei einer Hilfeleistungsbeziehung sein. Diesbezüglich sind zwei Anmerkungen zu machen. Zum ersten beginnt und endet die Annahme anderer mit der Annahme der eigenen Person. Zum zweiten ist die Annahme der Schlüssel zur Verminderung von Angst und Furcht vor Verletzbarkeit. Defensive Gefühle von Furcht und Mißtrauen gehören zu den am meisten verbreiteten Hemmnissen gegen kooperative Problemlösung und Entwicklung einer Vertrauenshaltung [25, 27, 51, 52]. Wenn der Patient sich nicht bejaht fühlt, dann vermindern sich Häufigkeit und Relevanz seiner Selbstoffenbarungen [3, 31, 62].

Was ist Annahme der Person? Wie teilt sie sich vom Helfenden her dem Patienten mit? *Annahme* der Person ist die Vermittlung
1. von Hochachtung vor dem anderen und
2. von wertungsneutralen und Interesse bekundenden Reaktionen auf des andern Verhalten.

Hochachtung teilt sich mittels des Ausdrucks von Wärme mit. Die wertungsneutrale und interessierte Haltung einem andern gegenüber teilt sich durch rechtes Verstehen und Bekundung kooperativer Absichten mit. Der Ausdruck von Wärme, rechtem Verstehen und kooperativen Absichten vermittelt die Annahme der Person durch den andern und steigert das Vertrauen in eine Beziehung, auch wenn es in ihr ungelöste Konflikte gibt [22, 31].

In den folgenden Abschnitten sollen diese drei Verhaltensarten detaillierter besprochen werden.

Der Ausdruck von Wärme

Wärme ist eine gefühlsmäßige Haltung, weshalb wir bei der Erörterung des Ausdrucks von Wärme kurz auf die Vermittlung von Gefühlen überhaupt eingehen wollen. Wichtig ist, daß Gefühle klar und unzweideutig zum Ausdruck kommen. Dabei muß man sowohl die verbale wie die nichtverbale Kommunikation fest im Griff haben. Um seine Gefühle klar und unmißverständlich mitzuteilen, muß man sich ihrer bewußt sein, sie billigen sowie sie gewandt darzustellen wissen. Mit Worten wird ein Gefühl durch Beschreibung ausgedrückt. Eine Gefühlsbeschreibung hat eine persönliche Feststellung zu sein (d.h. eine Bezugnahme auf „ich", „mich" oder „mein") und muß ein bestimmtes Gefühl beim Namen nennen („Ich habe Ihnen gegenüber warmes Mitempfinden"), muß eine Redewendung sein („Ich fühle mich Ihnen nahe") oder einen Handlungsantrieb ausdrücken („Ich könnte Sie an mich drücken"). Weitere Beispiele des verbalen Ausdrucks von Wärme sind Aussagen wie „Ich fühle mich ganz behaglich mit Ihnen", „Ich freue mich immer schon auf Sie" und „Ich glaube, Sie sind wirklich ein Freund". Je transparenter die Gefühle mit Worten beschrieben werden, desto erfolgreicher die Kommunikation.

Bei der Mitteilung von Gefühlen beinhaltet der verbale Anteil gewöhnlich weniger als 35% der sozialen Bedeutung, während der nichtverbale Anteil mehr als 65% davon enthält [4]. Außer mit Worten kommunizieren wir miteinander durch die Art unserer Kleidung, unseres Körperbaus, unserer Körperhaltung, unseres Muskeltonus, unseres Gesichtsausdrucks, des Ausmaßes an Blickkontakt, der Hand- und Körperbewegungen, des Tonfalls und unserer Sprechkontinuität (wie Sprechrate, Sprechdauer, Unflüssigkeiten und Pausen) sowie vermöge der Körperdistanz und der Berührung. Um jemandem ein Gefühl der Wärme zu geben, müssen Sie daher auf die ausgesandten nichtverbalen Botschaften achten. Die besonderen nichtverbalen Hinweise für den Ausdruck von Wärme sind ein gesenkter Ton, ein Lächeln und ein interessierter Gesichtsausdruck, eine entspannte Haltung – leicht nach vorn geneigt –, der direkte Blickkontakt, leichte Berührungen, offene und einladende Gesten sowie eine etwas kürzere Körperdistanz.

Wie wichtig es ist, bei der Mitteilung von Gefühlen die verbalen und nichtverbalen Botschaften zur Übereinstimmung zu bringen, kann kaum genügend betont werden. Wenn Wärme ausgedrückt werden soll, so müssen Worte und nichtverbale Signale sie gleichermaßen übermitteln. Widersprüchliche Botschaften zeigen dem Patienten nur an, daß der Helfende nicht vertrauenswürdig bzw. unaufrichtig ist. Damit jemand den Gefühlsausdruck für wahr hält, für wirklich und echt, müssen die verbalen und die nichtverbalen Mitteilungen miteinander übereinstimmen.

Wärme auszudrücken ist ein Können, das wie jede andere Fertigkeit zu entwickeln ist. Sie wird in Teilen so lange geübt, bis man das Ganze natürlich und mit Leichtigkeit beherrscht. Der Leser möge die zur Übermittlung von Wärme notwendigen Botschaften einüben, sowohl die verbalen wie die nichtverbalen, bis alles zu einem automatischen Vorgang geworden ist, der ausdrückt, wie er fühlt. Ausführlichere Übungsanweisungen und eine sorgfältigere Besprechung des Gefühlsausdrucks finden sich bei Johnson [25].

Rechtes Verstehen

Die zweite grundlegende, zum Aufbau von Vertrauen notwendige Fertigkeit ist der Ausdruck rechten Verstehens. Er zeigt sich durch eine wertneutrale und interessierte Haltung gegenüber den Enthüllungen und dem Verhalten des Patienten an. Er läßt sich definieren als Übernahme des Standpunkts oder Bezugssystems eines andern, aufgrund dessen dann Inhalt, Gefühle und Bedeutungen, die sich in den Mitteilungen jenes andern ausdrücken, neu formuliert werden. Rechtes Verstehen wurde oft als Rollentausch bezeichnet, da mit ihm die Übernahme der Rolle des andern bei der Neuformulierung seiner Mitteilung einhergeht. Die Grundregel, der man dabei folgen muß, ist, daß man die Mitteilung eines andern erst beantworten darf, nachdem man Inhalt, Gefühlsanteil und Bedeutung des Mitgeteilten zur Zufriedenheit des Mitteilenden neu formuliert hat. Die allgemeinen Richtlinien, rechtes Verstehen zu erreichen sind:

1. Die vom Mitteilenden geäußerten Inhalte, Gefühle und Bedeutungen sind mit eigenen Worten, und nicht durch Nachahmung oder papageienhaftes Nachsprechen, neu zu formulieren.
2. Neuformulierte Bemerkungen sind mit Voranstellungen zu versehen, wie „Sie glauben ...", „Sie meinen ...", „Sie denken ...", „Ihnen scheint ..." usw.
3. Jegliches Anzeichen von Zustimmung oder Mißfallen, Übereinstimmung oder Divergenz ist zu vermeiden; die Neuformulierung darf nicht werten.
4. Die nichtverbalen Mitteilungen sind mit den verbalen Neuformulierungen in Übereinstimmung zu bringen. Man beobachte die Gedanken und Gefühle des andern aufmerksam, interessiert und mit Aufgeschlossenheit, und man biete den Anblick einer Person dar, die sich auf das konzentriert, was der andere mitzuteilen versucht.

Besondere Übungsanweisung zur Entwicklung der Gewandtheit im rechten Verstehen gibt *Johnson* [25].

Die Kooperationsabsicht

Sie bildet den dritten Aspekt des Vertrauensaufbaus. Wenn jemand um Hilfe ersucht, so muß man ihm gegenüber die Bereitschaft ausdrücken, solche Hilfe zu geben, wie auch sich zu jener kooperativen Problembearbeitung zu verpflichten, die zur Bereinigung der Konflikte des Hilfesuchenden oder zur Änderung seiner Einstellungen und Gefühlshaltungen unabdingbar ist. Die Kooperationsabsicht zeigt an, daß der Helfende die Verletzbarkeit des Hilfesuchenden nicht ausnützen und statt dessen seinen Enthüllungen und seinem Verhalten gegenüber eine wertneutrale Haltung und Interessiertheit an den Tag legen wird. In einer Hilfeleistungsbeziehung sind untereinander verbundene Ziele hinsichtlich konstruktiver Änderungen im Verhaltensrepertoire, im Gefühls- und im Einstellungsbereich des Patienten abzustecken, und es ist ein Plan zu verabreden, welche Funktion die

Beziehung bei der Ansteuerung dieser Ziele haben soll. Kooperative Interaktion bedeutet die Koordination des Verhaltens aller einzelnen untereinander, um wechselseitige Ziele zu erreichen; demgemäß gründen alle Hilfeleistungsbeziehungen auf der kooperativen Interaktion und der gemeinsamen Problembearbeitung. Kooperationsabsichten drücken sich aus durch verbale und nichtverbale Mitteilungen darüber, jemand wolle dem andern helfen, seine Lage verstehen und gemäß einem Plan mit ihm zusammenarbeiten, der geeignet ist, das Leben jenes andern zu verbessern. Besondere Übungen und Verfahren zur Erlangung der Fertigkeit, die Absicht zu Kooperation und zu gemeinsamer Problembearbeitung auszudrücken, finden sich bei *Johnson* [25] sowie bei *Johnson* und *Johnson* [34, 35].

Die Erwiderung der Eröffnungen

Diese bildet den vierten Schritt bei Aufbau und Aufrechterhaltung des Vertrauens in einer Hilfeleistungsbeziehung. Ergebnisse umfangreicher Forschungsarbeiten zeigen, daß das Maß der Selbstenthüllung des Helfenden das Maß an Selbstentblößung des Patienten bestimmt [2, 7, 38, 50, 61, 66]. *Johnson* und *Noonan* [31] führten eine Untersuchung durch, worin trainierte Mitarbeiter jemandes Enthüllungen entweder mit gleichem erwiderten oder unbeantwortet ließen; sie fanden, daß unter der Erwiderungsbedingung die Versuchspersonen den Mitarbeitern signifikant stärker vertrauten und daß die Versuchspersonen die Mitarbeiter als angenehmer empfanden als unter der Bedingung der Nichterwiderung.

Was besagt „Selbstenthüllung"? Wie enthüllt sich ein Helfender, damit sich das Vertrauen innerhalb der Hilfeleistungsbeziehung steigert? *Selbstenthüllung* deckt die innere Reaktion auf die gegenwärtige Situation auf und gibt jegliche Information über Vergangenes, die für das Verständnis dafür ausschlaggebend ist, wie man gegenwärtig reagiert [25]; sie bedeutet die Offenlegung von Informationen, Vorstellungen, Gedanken, Gefühlen und Reaktionen, die für die erörterte Sache erheblich sind [34]. Enthüllungen als Erwiderung zeigen die Bereitschaft an, Ihrerseits dem Patienten zu vertrauen, und befördern somit sein weiteres vertrauendes Entgegenkommen. Ihre Risikobereitschaft, dem Patienten gegenüber verletzbar zu sein, vermehrt die Wahrscheinlichkeit seiner Bereitschaft, sich seinerseits zu enthüllen. Wenn beispielsweise jemand gesteht, er sei bezüglich Ihrer Hilfeleistungsanstrengungen enttäuscht, so riskiert er eine Zurückweisung. Sie bauen Vertrauen auf, indem Sie Ihre Gefühle hinsichtlich der Situation preisgeben, etwa die Frustration, nicht in der Lage zu sein, die erwartete Hilfe sofort leisten zu können.

Selbstpreisgabe gründet auf der Bewußtheit der inneren Vorgänge und auf Annahme der eigenen Person. Um innere Reaktionen offenzulegen, muß man sich beispielsweise ihrer bewußt sein und sie so weit akzeptieren, daß sie nicht abwehrend verstärkt oder falsch dargestellt werden. Besondere Übungen zur Entwicklung von Selbstenthüllungsverhalten gibt *Johnson* [25] an.

3. Methoden der Einstellungsänderung

Abbau von Abwehrhaltungen

Wenn jemandem nach Abwehr zumute ist, so schützt er sich, indem er sich halsstarrig an seine gegenwärtigen Einstellungen und Verhaltensweisen klammert und sich von andersgearteten Gesichtspunkten bedroht fühlt. Abwehr vermindert ebenso die Toleranz gegenüber dem Ungewissen, wie sie vor dem Neuen und Unbekannten verschlossen macht. Die von der Abwehrhaltung erzeugte Spannung führt zu rigidem und stereotypem Gedankenablauf. Jene Gefühle des Bedrohtseins und die erhöhte Spannung verschließen, statt zu öffnen. Um von jemandem beeinflußbar zu sein, müssen dessen Mitteilungen beachtet, richtig verstanden und ihr Inhalt schließlich als gültig angenommen werden. *Aufgeschlossenheit* bedeutet die Bereitschaft, Einstellungen, die von den eigenen abweichen, zur Kenntnis zu nehmen, zu verstehen und mit Einsicht zu durchdringen; es ist die Fähigkeit, bedeutsame Informationen um ihrer selbst willen entgegenzunehmen, zu prüfen und nach ihnen zu handeln (und sie eben nicht nur in dem eigenen Bezugsrahmen abzuwerten).

Unaufgeschlossenheit bedeutet (psychischen oder physischen) Rückzug von der Gelegenheit, Einstellungen zu erforschen, die von den eigenen abweichen, das heißt, Leuten mit den gleichen Ansichten nachzulaufen, um den eigenen alten Einstellungen den Rücken zu stärken. Untersuchungsmaterial beträchtlichen Umfangs zeigt, daß, je stärker jemand abwehrt, er um so stärker die Kommunikation mit Menschen ablehnt, die gegenteilige Ansichten vertreten [28]. Um destruktive und unangemessene Einstellungen eines Patienten ändern zu können, muß der Helfende zunächst dessen Abwehrhaltung abbauen und seine Aufgeschlossenheit fördern.

Abwehrhaltungen eines Patienten sind mittels derselben Aktivitäten reduzierbar, die eine vertrauensgetragene Beziehung aufbauen. In dem Maße, in dem das Vertrauen wächst, vermindert sich das Gefühl des Risikos, das bei der Öffnung gegenüber fremden Standpunkten entsteht, und damit wiederum verringern sich Spannungen sowie das Gefühl, bedroht zu sein, die sich beide mit der Ausforschung alternativer Einstellungen und Verhaltensweisen verbinden.

Im besonderen wird Abwehr vermindert und Aufgeschlossenheit vermehrt, wenn der Helfende mitzuteilen imstande ist, der Patient sei gehört und klar verstanden worden. Es ist wichtig, daß der Helfende sowohl seine *Absicht*, den Patienten zu verstehen, wie sein *tatsächliches* Verständnis für die Lage des Patienten zum Ausdruck bringt.

Johnson [22] fand, daß ein Mitteilender die Absicht, die Position seines Kontrahenten korrekt verstehen zu wollen, und den Eindruck, er sei eine verständnisvolle Person, vermöge des Ausdrucks von *Wärme* übermitteln kann. *Johnson* fand ferner, daß der Ausdruck dafür, die Lage des Kontrahenten sei *korrekt verstanden* worden, bei letzterem zu dem Glauben führte: der Ausdrückende verstehe seine Lage korrekt, habe seine Absicht darauf gerichtet, diese Lage zu verstehen, und sei ganz allgemein eine verständnisvolle Person. Somit teilt der Ausdruck von Wärme die Absicht mit, den Patienten wirklich verstehen zu wollen; und der Ausdruck rechten Verstehens teilt sowohl die Verstehensabsicht wie auch das *tatsächliche* Verstehen der Lage des Patienten mit. Da sowohl der Ausdruck von Wärme wie auch der Ausdruck rechten Verstehens bereits behandelt wurden, brauchen sie hier nicht erörtert zu werden.

Reduktion des Egozentrismus

Um seine Einstellungen ändern zu können, muß man sich von vorgefaßten Meinungen hinreichend lösen, so daß man in der Lage ist, die Situation unter neuen Perspektiven zu sehen. Die Grundlage für rationale Problembearbeitung ist ein klares Verstehen aller Aspekte einer Sachlage und eine richtige Einschätzung ihrer jeweiligen Gültigkeit und relativen Wesentlichkeit. Helfender und Patient analysieren die gegenwärtige Krise des letzteren, um konstruktivere Denk- und Verhaltensmuster herauszufinden. Dazu bedarf es beim Patienten des Verständnisses für die Standpunkte anderer (einschließlich jener des Helfenden). Ein Helfender muß die Fähigkeit seines Patienten zur Standortverlagerung fördern, um jenen Egozentrismus zu reduzieren, der einer konstruktiven Problembearbeitung und einem funktionalen Einstellungswandel entgegensteht. *Egozentrismus* bedeutet Unfähigkeit, anderer Leute Standpunkte einzunehmen. *Standortverlagerung* bedeutet die Fähigkeit zu verstehen, wie eine bestimmte Situation anderen erscheint und wie jene anderen kognitiv und affektiv darauf reagieren [29]. Wie zuvor besprochen, entscheidet die Entwicklung der Fähigkeit zur Standortverlagerung darüber, ob der Patient dahin zu bringen ist, seine Probleme und Aktivitäten von mehreren Gesichtspunkten aus zu betrachten, was ihm wiederum einzusehen erlaubt, wie zerstörerische, selbstbehindernde Haltungen wirken und wie neue Einstellungen konstruktive Denkmuster und konstruktive Interaktionen mit anderen Menschen hervorbringen können.

Das Hauptverfahren zur Förderung von Standortverlagerungen ist der Rollentausch. *Rollentausch* findet statt, wenn der Patient die Rolle eines anderen übernimmt und dessen Standpunkt darstellt, als wäre er jener andere. Um in den Gebrauch des Rollentauschs einzuführen, bezeichnet der Helfende zunächst jemanden, der in die Probleme des Patienten verwickelt ist. Dies mag eine Person sein, die gerade zugegen ist (etwa seine Ehefrau), oder eine Person aus der Vergangenheit des Patienten (etwa sein Vater, als er selber zehn Jahre alt war). Es kann auch der andere Teil des Patienten selbst sein (etwa wird der Minoritätsstandpunkt einer Haltungsambivalenz des Patienten gegenüber einer Problemsituation eingenommen). Sobald die Person bezeichnet ist, fordert der Helfende den Patienten auf, deren Standpunkt und Einstellungen zu erläutern. Dabei soll der Patient jenen Gesichtspunkt und jene Einstellungen so darstellen, als wäre er jener andere. Mitunter ist es für den Patienten von Vorteil, zwischen seinem Gesichtspunkt und seiner Lage und der Lage und dem Gesichtspunkt des andern hin und her zu wechseln; dabei hilft es dem Patienten, zusammen mit dem Standpunkt auch den Sitzplatz zu wechseln. Manchmal ist es möglich, daß die

Person, deren Rolle gespielt wird, die Darstellung mit ansieht und ihr Zutreffen beurteilen kann. Ein andermal ist es möglich, daß jemand (etwa der Helfende oder ein Dritter) die Rolle jener anderen Person übernimmt und daß dann Patient und Rollenspieler periodisch die Rollen tauschen.

Die Anwendung des Rollentauschs hat das Verstehen von Inhalt und Bezugsrahmen der Stellungnahmen anderer Personen erwiesenermaßen verbessert [18, 19, 20, 23, 26]. Je unvereinbarer die Standpunkte von Patient und der dargestellten Person allerdings sind und je stärker die Abwehr des Patienten und sein Beharren auf eigenen Standpunkten und Einstellungen, desto schwerer läßt sich Einsicht gegenüber Standpunkten und Einstellungen jenes anderen erreichen [26].

Vielfach mißversteht der Patient wegen seiner Abwehrhaltung und seiner Vorurteile die Aktivitäten und Einstellungen seiner Interaktionspartner. Um der Problembearbeitung zum Erfolg zu verhelfen und einen produktiven Wandel herbeizuführen, müssen solche Mißverständnisse und verzerrte Wahrnehmungen geklärt werden. *Johnson* [18, 19, 20] fand viele Anhaltspunkte dafür, daß ein Rollentausch solche Mißverständnisse und Wahrnehmungsverzerrungen klärt.

Abbau von Demoralisierung

Die Reaktion des Menschen auf psychische Schwierigkeiten unterscheidet sich von seinen Reaktionen auf andere Arten von Problemen. Ein Ingenieur, der täglich äußerst schwierige technische Aufgaben ohne weiteres löst, mag überaus demoralisiert sein, wenn er sich außerstande findet, dauerhafte Beziehungen zu anderen Menschen herzustellen. Ein Psychologe, der sich anschickt, anderer Menschen persönliche Schwierigkeiten lösen zu helfen, sieht sich frustriert und entmutigt, wenn er mit einer ernsten Schwierigkeit seines eigenen Lebens konfrontiert ist. Wenn sich jemand andauernd unfähig fühlt, so zu handeln, zu fühlen und zu denken, wie er nach seiner eigenen Meinung sollte, dann führt dies gewöhnlich zu einer Demoralisierung [10]. Jeder, der persönliche Probleme hat, die sich nicht alsbald lösen lassen, schwebt in Gefahr, den Mut zu verlieren. *Frank* [10] bemerkt, *Demoralisierung* bedeute, mutlos, niedergeschlagen, bestürzt, verwirrt und zerrüttet zu sein. Demoralisierte tragen das Bewußtsein mit sich herum, ihre eigenen oder die Erwartungen anderer enttäuscht zu haben oder unfähig zu sein, mit anstehenden Problemen fertigzuwerden. Sie fühlen sich verwirrt und daher außerstande, die Situation oder sich selbst zu ändern. Mitunter fürchten sie, daß sie nicht einmal ihre eigenen Gefühle unter Kontrolle halten könnten, was in ihnen die Furcht aufkommen läßt, sie könnten „verrückt" werden. Der Betroffene fühlt sich in verschiedenem Grade isoliert, ohne Hoffnung und hilflos.

Außer daß Demoralisierung inneren Schmerz bereitet, hemmt sie auch das wirkungsvolle Problemlöseverhalten. Zum ersten kann sie das Problem komplizieren und damit verschlimmern. Wenn das Problem von der Art ist, daß Angst das Verhalten behindert, so wird es durch Besorgnis darüber noch vergrößert. Ein gutes Beispiel geben sexuelle Schwierigkeiten. Ein Mann, der impotent wird, gerät möglicherweise in einen Teufelskreis. Je länger sein Problem andauert, um so mehr sorgt er sich darum. Indes, je mehr er sich sorgt, um so schlimmer wird sein Problem. Alle Probleme, die einen größeren Anteil an Furcht oder Angst beinhalten, nähren sich von und gedeihen auf Demoralisierung.

Die zweite destruktive Besonderheit der Demoralisierung ist, daß sie die Leute davon abhält, vernünftige Problemlösungen auch nur wahrzunehmen. Jemand, der sich schuldig fühlt, ängstlich und frustriert ist und durch und durch erbärmlich zu sein glaubt, befindet sich in einer zu jämmerlichen Gemütsverfassung, um alternative Handlungsabläufe rational zu entwickeln und gegeneinander abzuwägen. Demoralisierte neigen vielmehr dazu, drastische und übereilte Lösungsversuche zu unternehmen, also etwa davonzulaufen oder sich umzubringen.

Wie bessert man Demoralisierung? Die endgültige Kur für die Demoralisierung ist der Erfolg. Jemand, der stets imstande ist, seine persönlichen Zielsetzungen hinsichtlich eines erfolgreichen Lebens zu erreichen, muß ganz einfach eine gute Meinung von sich selbst haben. Natürlich ist es das Endziel der Hilfestellungen, den Patienten gerade dorthin zu bringen, und das ist zunächst nicht ohne unmittelbare Entlastung von der Demoralisierung zu erreichen. Untersuchungen aus letzter Zeit über die kausale Attributionstheorie [37, 46] und einige klinische Beobachtungen älteren Datums weisen darauf hin, daß die Demoralisierung in Zusammenhang steht mit der „Einsicht" in die eigene Problemlage – so wie jemand Art und Ursache seiner Schwierigkeiten begreift. Eine knappe Aufklärung über die Ursachen von Problemen befähigt die Menschen dazu, sich hinsichtlich ihrer selbst und der Aussicht auf Wandel besser zu fühlen. Weitere Einsichten kompensieren Not und Verzweiflung der Demoralisierung. Ein schneller Weg, aus dem Gefühl der Demoralisierung herauszukommen, führt über das Formulieren von Erklärungen, die ein Patient für seine Probleme findet.

Der erste Faktor, der bei der Erklärung psychischer Probleme zu berücksichtigen ist, ist die durch die Erklärung implizit mitgegebene *Veränderbarkeit* der Probleme [1]. Man fühlt sich weniger demoralisiert, wenn man seine Probleme dem Wechsel unterworfenen Ursachen zuzuordnen vermag – Dingen, die kommen und gehen oder die wenigstens irgendeinen bestimmbaren Anfang hatten. Erklärungen unter Heranziehung von Einstellungen, erlernten Gewohnheiten oder auf der Grundlage umweltinduzierten Stresses implizieren sämtlich Veränderbarkeit. Andererseits impliziert die Zuordnung von Problemen zu festen Persönlichkeitseigenschaften oder an ein drohendes Schicksal ihre Unveränderlichkeit. Allzu oft fürchten Demoralisierte, daß ihre Persönlichkeitsstruktur einen grundlegenden Defekt habe. Andere glauben wie Hiob, sie seien aus der Herde ausgestoßen und einem schmerzensreichen Lebensweg geweiht worden. Keine dieser Zuordnungen zu unveränderlichen Ursachen führt zu Wandel und Gesundheit.

Sogar wenn jemandem ein bleibendes Unglück widerfahren ist, kann er Hilfe erfahren, indem der Großteil seiner Schwierigkeiten Ursachen zugeschrieben wird, die jenseits seines Schicksals liegen. Einer der Verfasser hatte schwerbehinderte Veteranen des Vietnamkrieges in Beratung. Einige dieser jungen Männer, vor ihrer Verletzung kraftvoll und athletisch, schoben die Schuld an ihrem ruinierten

3. Methoden der Einstellungsänderung

Leben auf die Verletzung. Sie waren deprimiert, apathisch, ohne den Wunsch, eine Anstellung zu finden oder gar Menschen zu sehen. Ein Teil ihrer Behandlung bestand darin, sie zu der Einsicht zu bringen, ein Großteil ihrer Probleme sei Folge ihrer Einstellung zu der Verletzung und nicht eine notwendige Konsequenz der Verletzung an sich. Sobald sie verstanden hatten, daß ihre Niedergeschlagenheit, Apathie und Scham der Einstellung zugeschrieben werden konnten, wonach sie durch ihre Verletzungen ganz und gar ruiniert seien, waren sie auf dem Wege zur Besserung. Der Schlüssel dazu war, daß sie von der Bindung ihrer Probleme an unveränderliche Ursachen zugunsten veränderlicher und beherrschbarer Gründe abließen.

Der zweite bei der Erklärung von Problemursachen zu beachtende Aspekt behandelt die Frage, ob diese Erklärung eine *Verantwortlichkeit* des Betreffenden für seine Schwierigkeiten impliziert. Im wesentlichen behaupten sämtliche Theorien und philosophischen Überlegungen über die menschliche Hilfeleistung, jeder einzelne sei dafür verantwortlich, seine Schwierigkeiten selbst auszuräumen. Aber mit Bezug auf die Frage, ob es den Leuten guttut, wenn sie das Gefühl haben müssen, daß zuallererst sie selbst an ihren Schwierigkeiten schuld tragen, gehen die Meinungen auseinander. Wahrscheinlich kommt es je auf den Fall an: Dem einen hilft es, wenn er glauben muß, seine Probleme seien durch ihn selbst verursacht, während es zum Besten des anderen ist, wenn er seine Schwierigkeiten äußeren Gründen zuschreibt, etwa Konditionierungen oder dem Leistungsdruck. Gegenwärtige Forschung und Praxis [37, 58] zeigen, daß Phobien, sexuelle Probleme, Depressionen und jedwede Schwierigkeit, die in der Krise des Eingriffs bedarf, dadurch einer Besserung zugeführt werden können, daß sie äußeren Ursachen zugeordnet werden und es vermieden wird, den Betreffenden für seine Probleme selbst verantwortlich zu machen. Einem schuldgeplagten Selbstmordkandidaten eine Strafpredigt darüber zu halten, wie er sich selbst in die Klemme gebracht habe, scheint also kaum die Behandlung der Wahl zu sein. Wenn es aber andererseits jemand vermieden hat, seine Schwierigkeiten anzufassen, oder wenn sich jemand apathisch und hilflos vorkommt, dann vermag es ihn zu einer konstruktiven Initiative zu bringen, wenn seine Schwierigkeiten auf seine eigenen willentlichen Entscheidungen zurückgeführt werden [42, 57]. Probleme wie Rauchen, Übergewicht und Straffälligkeit sind Beispiele für Schwierigkeiten, die durch solche Zuordnung zu persönlichen Ursachen zu bessern sind.

Die von den vorherrschenden therapeutischen Schulen vorgelegten theoretischen Begründungen suchen die Unterschiede hinsichtlich Erklärungsart und Besonderheit des Falles, wie soeben erörtert, zu reflektieren. Jenes Therapiesystem, das die Erklärung von Problemen aus äußeren Ursachen am klarsten betont, die sog. reziproke Inhibition (Desensibilisierung; siehe Kapitel 8), wurde aus den Erfahrungen entwickelt, die *Joseph Wolpe* aus der Arbeit mit Menschen gewann, an deren Problemen Furcht und Angst großen Anteil hatten. Das Therapiesystem, das im Gegensatz hierzu den größten Nachdruck auf die persönliche Verantwortlichkeit legt, die sog. Realitätstherapie, wurde aus *William Glassers* Erfahrungen mit jugendlichen Straftätern entwickelt.

Wie verhilft man den Leuten zu Einsichten, die den Grad ihrer Demoralisierung vermindern? Zwei Hauptwege bieten sich an. Der erste läuft geradeaus. Sie bieten dem Patienten einfach eine Interpretation seiner Schwierigkeiten an, die jene erwünschten Eigenschaften enthält. Wenn Sie zum Beispiel wünschen, daß eine ängstliche Person ihre Schwierigkeiten einer unpersönlichen, aber veränderlichen Ursache zuschreibe, so folgen Sie etwa dem von *Wolpe* und *Lazarus* [65] dargelegten Verfahren:

> Der Verhaltenstherapeut schult den Patienten darin, anzuerkennen, daß seine unangenehmen Reaktionen Folge einer emotionalen Gewohnheit sind, für die er nichts kann; daß sie mit Charakterstärke oder einem Nicht-gesund-werden-Wollen nichts zu tun haben; daß ähnliche Reaktionen leicht bei Tieren herbeigeführt werden können und daß, wenn die Zeit reif ist und der Experimentator die Neurose zu „heilen" beschließt, von ihm Methoden auf das Problem angewendet werden, die sich aus den Prinzipien der Lernpsychologie bestimmen. Wie das Verlernen der experimentellen Neurose völlig unter der Kontrolle des Experimentators steht, so liegt die Überwindung einer menschlichen Neurose vermöge der Technik, die den im Labor verwendeten ganz ähnlich ist, völlig in der Hand des Therapeuten (S. 16f.).

Obgleich man oft Verhaltenstherapeuten antrifft, die mit dem Begriff „Einsicht" nichts zu schaffen haben wollen, bekämpfen viele die Demoralisierung ausdrücklich damit, das Gefühl des Patienten, für seine Probleme persönlich verantwortlich zu sein, abzubauen.

Wenn der Patient sich nicht mitten in einer emotionalen Krise befindet und Schwierigkeiten hat, sich seinen wirklichen Problemen zu stellen, so kann erwogen werden, seine Probleme unumwunden einer persönlichen, veränderlichen Ursache zuzuschreiben. Ein Weg in diese Richtung ist die Anwendung der Realitätstherapie [15], mit der die auf äußerliche Ursachen bezogenen Erklärungen des Patienten für sein Verhalten (z.B. „Ich trinke aus Leistungsdruck") ignoriert und seine Schwierigkeiten dem Widerstreben zugeordnet werden, sich selbst verantwortlich zu machen. Dem Patienten ist klarzumachen, daß er die Verantwortung für sein gegenwärtiges Verhalten von sich schiebt und daß er, wenn er sich zu ändern hofft, sich *entscheiden* muß, sich die mit der Änderung verbundene Mühe zu geben. Eine solche Ursachendeutung impliziert die persönliche Verursachung des Problemverhaltens so wie dessen Veränderbarkeit.

Natürlich sollte jede Erklärung, die Sie einem Klienten für seine Schwierigkeiten geben, Ihnen selbst sinnvoll erscheinen. Niemals sollen Sie eine Erklärung geben, die Sie selbst nicht für glaubwürdig halten. Es finden sich genügend plausible Erklärungen für jedes gegebene Problem, so daß Sie niemals das Gefühl zu haben brauchen, jemanden anlügen zu müssen, um seine Demoralisierung zu bekämpfen.

Es gibt einen zweiten, verschlungenen Weg, jemanden zur nützlichen Einsicht in seine Konflikte zu bringen. Es ist die Methode der „Problemaufbereitung"[1]), die *George Kelly* [41] entwickelt hat. Erfahrene Therapeuten sind darauf gekommen,

---

[1]) Im Original: „problem elaboration" (Anm. d. Ü.).

3. Methoden der Einstellungsänderung

daß sich diagnostische Fragen zur Informationsgewinnung und auch zur Reduktion von Demoralisierung einsetzen lassen. Nach *Kelly* erfüllt die folgende Fragenreihe beide Zwecke:

1. Für welche Probleme wünschen Sie Hilfe?
2. Wann wurden diese Probleme zuerst bemerkt?
3. Unter welchen Bedingungen erschienen diese Probleme erstmals?
4. Mit welchen Maßnahmen wurden sie zu korrigieren versucht?
5. Welche Veränderungen traten mit der Behandlung oder einfach mit der Zeit ein?
6. Unter welchen Bedingungen machen sich die Probleme am stärksten bemerkbar?
7. Unter welchen Bedingungen sind die Probleme am wenigsten bemerkbar?

Die Formulierung der Fragen ist so gewählt, daß der Patient seine Probleme

1. als mit genau festgesetztem Anfang und Ende,
2. als im Fluß befindlich und zeitgebunden sieht und daß er sie
3. als durch
   a) eine Behandlung,
   b) durch reinen Zeitablauf und
   c) als durch veränderte Bedingungen ansprechbar deutet [41].

Die Beantwortung dieser Fragen bringt den Patienten ein ganzes Stück weiter, seine Probleme als veränderbar anzusehen – ein wesentlicher Schritt für den Demoralisierten, der seine Probleme als ständige Gegebenheiten seiner Existenz zu sehen gewohnt ist.

Jeder, der seinen Ansprüchen nicht zu genügen glaubt, neigt zu Demoralisiertheit. Man kann dieses Hindernis auszuräumen helfen, indem man dem Patienten eine Erklärung für seine Schwierigkeiten gibt, die seine damit verbundenen Ängste mindert und ihm den Glauben gibt, sie seien unter Kontrolle zu bringen.

Zusammenfassend ist zu sagen: Man ist in der Einstellungsveränderung erfolgreicher, wenn man zuerst Bedingungen schafft, die dem Wandel dienlich sind. Das bedeutet die Errichtung einer vertrauensvollen Beziehung zwischen Helfer und Patienten, die zwischen ihnen eine wirksame Verbindung schafft, sowie die Verminderung der Faktoren, welche konstruktiven Problemlösungen im Wege stehen: Abwehrverhalten, das unangemessene Einstellungen abschirmt; Egozentrismus, der verhindert, daß der Betreffende seine Probleme aus neuen Gesichtswinkeln sieht; und Demoralisierung, die beim Betreffenden die Motivation einschränkt, seine Probleme anzupacken.

Sobald die Bedingungen für den Einstellungswandel geschaffen sind, muß der Helfende eine Theorie (oder eine Theorienkombination) der Einstellungsveränderung wählen und schließlich anwenden. In den folgenden Abschnitten soll eine Übersicht der Haupttheorien der Einstellungsveränderung gegeben werden.

Tabelle 3.1. Modell für den Einstellungswandel in einer Hilfeleistungsbeziehung.

1. Diagnostizieren Sie die gegenwärtige Situation des Patienten unter Zugrundelegung eines Modells der psychischen Gesundheit. Identifizieren Sie die zu verändernden Einstellungen und die Ziele der Änderung.
2. Führen Sie die dem Einstellungswandel dienlichen Vorbedingungen herbei: Bauen Sie eine vertrauensvolle Beziehung zwischen sich und dem Patienten auf und vermindern Sie die Änderungshindernisse aus Abwehr, Egozentrismus und Demoralisierung.
3. Wählen Sie unter den Haupttheorien des Einstellungswandels, und wenden Sie die geeigneten Methoden zur Einstellungsänderung an.
4. Festigen Sie die erwünschten Änderungen und beurteilen Sie die Fortschritte des Patienten.

Einstellungserwerb und Einstellungsänderung

Es gibt fünf Hauptzugänge zum Gebiet des Einstellungserwerbs und Einstellungswandels. Zum ersten sind Einstellungen etwas Erlerntes, und es ist daher möglich, an Einstellungserwerb und Einstellungswandel mit *lernpsychologischen* Methoden heranzugehen. Indes, Einstellungen setzen sich weitgehend aus Meinungen zusammen; wie zwei Einstellungen miteinander in Beziehung stehen, hängt von ihrem Bedeutungsgehalt ab, und nicht allein von der Tatsache, daß sie beide erlernt sind. Es gibt daher zum zweiten einen *kognitiven* Zugang zu Einstellungserwerb und Einstellungswandel. Zum dritten werden Einstellungen nur entwickelt, wenn sie dem Betreffenden bei einer Aufgabe dienlich sind: Jemand entwickelt Einstellungen, um mit seiner Umwelt auszukommen, indem er nämlich relativ überdauernde Orientierungen gegenüber alltäglichen Anteilen seines Erlebens ausbildet. Es gibt daher einen *funktionalen* Zugang zu Wandel und Erwerb von Einstellungen. Der Großteil aller Einstellungen wird von Menschen beeinflußt, mit denen der Betreffende interagiert und sich identifiziert. So gibt es viertens Methoden der *sozialen Einflußnahme,* die sich zum Zwecke von Entwicklung und Änderung von Einstellungen anwenden lassen. Schließlich beeinflußt fünftens die *Sozialstruktur* mit ihren vorgegebenen Verhaltensrollen und somit die Ausfüllung dieser Rollen den Erwerb und die Stabilität von Einstellungen. Jeder dieser fünf Ansätze des Einstellungserwerbs und -wandels sei in den folgenden Abschnitten besprochen, wobei der Nachdruck auf ihren Gebrauch bei der Hilfeleistung für andere zu legen ist.

Lerntheoretische Ansätze

Da Einstellungen erlernt werden, sollten alle Methoden, von denen bekannt ist, daß sie Lernergebnisse zeitigen oder solche abtragen, auf den Erwerb und den Wandel von Einstellungen anwendbar sein. Einstellungswandel kann dann ganz einfach eine Angelegenheit neuen Lernens sein. Es gibt drei Ausrichtungen der Einstellungsänderung mittels Lernen: klassisches Konditionieren, operantes Lernen sowie die Ergebnisse der Arbeit von *Carl Hovland* und seiner Mitarbeiter.

Klassisches Konditionieren

Eines der Grundprinzipien des klassischen Konditionierens ist die *Stimulusgeneralisierung:* Wenn eine bestimmte Reaktion habituell auf einen bestimmten Stimulus folgt, so zeigen dem Stimulus ähnliche oder eng mit ihm verbundene Reizgegebenheiten die Tendenz, eine ähnliche Reaktion auszulösen. Dieser Vorgang wurde zur Erklärung des Erwerbs von Einstellungen vorgeschlagen [Staats, 1967]. Beispielsweise wird ein Mädchen dauernd von einem strengen Vater zurechtgewiesen. Das Verhalten des Vaters löst in jenem Mädchen die Gefühle von Furcht, Angst und Wut aus. Durch die Stimulusgeneralisierung rufen andere Männer dieselben Gefühle hervor. Als Folge entwickelt sie negative Einstellungen gegenüber Männern.

Mitunter wurde jemand zu einer negativen Reaktion auf etwas konditioniert, das er schätzen sollte. Um ihm zu helfen, müßten Sie die Methode des *Gegenkonditionierens* (Counter-conditioning) anwenden, d.h. daß ein Stimulus, der eine negative emotionale Reaktion auslöst, mit einem Stimulus, der eine positive emotionale Reaktion bewirkt, wiederholt verbunden wird. Ein solches Vorgehen konditioniert eine positive emotionale Reaktion auf den negativen Stimulus, sofern der positive Stimulus stärkere Reaktionen auslöst als der negative. Klingt das kompliziert? Es funktioniert so: Ihr Freund, ein Fußballtrainer, bittet Sie um Hilfe. Wie so viele Weiße hegt er Vorurteile gegenüber Schwarzen; indes, seine Fußballstars sind Schwarze, und er muß eine positive Einstellung zu ihnen entwickeln. Da sein Vorurteil ursprünglich durch klassisches Konditionieren entstanden ist, entscheiden Sie sich für eine Veränderung durch Gegenkonditionierung. Sie entschließen sich zu folgendem Plan: Mehr als alles andere wünscht Ihr Freund, als großer Trainer bekannt zu werden. Jedesmal, wenn Ihr Freund an einen Schwarzen gerät, sagen Sie ihm, was für ein guter Trainer er doch sei. Sofern das Kompliment eine höhere Valenz – im positiven Sinne – hat als das Vorurteil – im negativen Sinne –, wird der Trainer allmählich sein Vorurteil gegenüber Schwarzen wandeln! Obwohl dieses Beispiel mit einem Augenzwinkern angeführt wird und stark vereinfacht ist, so zeigt doch eine von *Litcher* und *Johnson* [44] durchgeführte Untersuchung, daß wiederholtes Vereinigen von Bildern von Schwarzen einerseits mit Attributen der Mittelklasse andererseits das Vorurteil von weißen Schülern der zweiten Hauptschulklasse tatsächlich signifikant verminderten. Das Gegenkonditionieren funktioniert also. (Siehe hierzu Kapitel 8, das eine vollständige Übersicht über die Methoden des Gegenkonditionierens gibt.)

Operantes Lernen

Ein Grundprinzip des operanten Lernens ist die (Reaktions-)*Verstärkung,* die auftritt, wenn Belohnungen mit bestimmten Reaktionen verknüpft werden. (Siehe Kapitel 7 mit einer vollständigen Übersicht über die Methoden des operanten Lernens.) Belohnte Reaktionen werden mit verstärkter Wahrscheinlichkeit wiederholt; Einstellungen, denen Belohnungen folgen, entwickeln sich leichter und werden eher aufrechterhalten. Die Verfahren des operanten Lernens sind diese: Die zu verstärkende Einstellung ist eindeutig festzulegen, ebenso die sie repräsentierenden verbalen sowie Verhaltensäußerungen. Jedesmal, wenn der Betreffende eine der spezifizierten Äußerungen hören oder eine der spezifizierten Verhaltensweisen sehen läßt, wird er auf irgendeine Weise belohnt. Bald wird der Ausdruck jener Einstellung häufiger auftreten, dann wird der Betreffende nur noch für jedes dritte Auftreten der Einstellung belohnt. So kann die Einstellung schnell und auf lange Sicht verstärkt werden.

Wenn beispielsweise ein Lehrer um Hilfe zur Verbesserung seiner Unterrichtsstunden bittet, so legen Sie mit ihm eine Reihe von Einstellungen fest, die zur Verbesserung seines Unterrichts angetan sind, etwa die Einstellung, Schüler seien am Lernen interessiert und überhaupt recht faszinierende Menschen. Ausdruck für eine solche Einstellung wäre etwa, den Schülern während der Stunde Fragen zu stellen und aufmerksam zuzuhören, wenn sie eine Antwort geben oder sich über das behandelte Material spontan äußern. Nun bitten Sie etliche Schüler um ihre Mitarbeit; jedesmal wenn der Lehrer einen von ihnen fragt oder aufmerksam anschaut, dann lächeln alle und nicken zustimmend. Sobald der Lehrer damit begonnen hat, viele Fragen zu stellen und aufmerksam zuzuhören, lächeln und nicken alle nur jedes zweite Mal, dann jedes dritte Mal und so weiter. In kurzer Zeit wird der Lehrer nicht nur seine Unterrichtsmethode verbessern, sondern darüber hinaus positive Einstellungen zu seinen Schülern entwickelt haben. Vermöge operanten Lernens haben Sie den Verhaltensausdruck der Einstellungen des Lehrers zu Schülern signifikant verändert, und damit auch die Einstellungen selbst.

Das Yale-Programm zum Einstellungswandel

Carl Hovland von der Yale-Universität und seine Mitarbeiter haben um das Thema „Wer sagt zu wem was mit welcher Wirkung?" ein empirisches Forschungsprogramm entwickelt. Der zitierte Satz wird gewöhnlich nach drei Komponenten aufgeschlüsselt: Informator – Mitteilung – Empfänger. Der Ansatz des Yale-Programms leitet sich aus der Lerntheorie ab, unter der Voraussetzung, daß der Mensch bei der Abfassung und Weiterleitung von Information vernünftig verfährt, zur Entgegennahme von Information motiviert sei, die Inhalte lernend aufnehme und sie seinen Einstellungen hinzufüge. Eine vollständigere Erörterung des Yale-Forschungsprogramms geben *Goldstein, Heller* und *Sechrest* [16] sowie *Strong* [59].

Der Informator

Nach Aristoteles muß der tüchtige Informator ein Mann mit Vernunft, gutem Willen und von gutem Charakter sein. Im Anschluß an Aristoteles hat sich der

3. Methoden der Einstellungsänderung

Großteil der auf die Persönlichkeitseigenschaften des Informators gerichteten Untersuchungsarbeit auf die Dimension der Glaubwürdigkeit konzentriert. Die Glaubwürdigkeit eines Informators setzt sich aus Sachverstand, Vertrauenswürdigkeit und Objektivität zusammen, d.h. aus seiner augenscheinlichen Fähigkeit, wohlbegründete Information zu sammeln, und seiner Motivation, dieses Wissen ohne Einseitigkeiten mitzuteilen. Im besonderen hat die Forschung gezeigt, daß Glaubwürdigkeit sich zusammensetzt aus:

1. Sachkenntnis bezüglich des angesprochenen Gegenstands.
2. Zuverlässigkeit als Informationsquelle; dies bezieht sich auf den augenscheinlichen Charakter des Informators, etwa seine Zuverlässigkeit, die Vorhersagbarkeit und Art seines Auftretens.
3. Absichten des Informationsgebers. Es ist gewöhnlich für den Empfänger wichtig, zu wissen, ob die Motive des Informators ganz und gar selbstsüchtig sind oder nicht. Was immer auch die beabsichtigte Wirkung der Mitteilung auf den Empfänger sein möge, wir sollten diesbezüglich offen sein.
4. Ausdruck von Wärme und Freundlichkeit.
5. Dynamik des Informationsgebers. Ein dynamischer Informator erscheint packend, einfühlsam und kraftvoll.
6. Der Meinung der Mehrheit anderer Menschen über den Grad der Glaubwürdigkeit des Informators. Wenn unsere Freunde uns sämtlich sagen, der Informator sei vertrauenswürdig und sachverständig, so sind wir geneigt, das zu glauben.

Je mehr Gewandtheit Sie sich auf jedem der genannten Gebiete aneignen, um so glaubwürdiger und um so tüchtiger werden Sie sein. Der Großteil dessen, was Sie tun können, um glaubhaft zu werden, bedarf einer langen und ernsthaften Anstrengung. Glaubwürdigkeit beinhaltet, daß mittels Studium und Praxis ein Fundus echter Kenntnisse in der Hilfeleistung erworben wurde und daß der Lebenswandel für Ehrlichkeit und Zuverlässigkeit bürgt.

Glücklicherweise lassen sich einige der für das Erscheinungsbild der Glaubwürdigkeit nötigen Erfordernisse üben und recht schnell erwerben. Die Techniken des Ausdrucks von Wärme und kooperativer Absicht, die schon oben erwähnt wurden, sind Beispiele dafür. Darüber hinaus können Sie etwas tun, damit Sie der Person, der Sie helfen wollen, dynamisch und sachverständig erscheinen.

Die erste Weise, den Eindruck von Dynamik zu erwecken, ist es, verantwortungsbewußt zu sein, sowohl im Wort wie im Verhalten. Sehen Sie Ihr Gegenüber an, wenn Sie mit ihm sprechen, und variieren Sie Ihren Gesichtsausdruck, wenn der andere spricht. Vermeiden Sie es, ins Nichts zu starren oder Ihr Gesicht zu einer Totenmaske gefrieren zu lassen. Wenn Sie sprechen, variieren Sie den Tonfall, und verwenden Sie gemessene und natürliche Gesten. Versuchen Sie nervöse Tics, auftretendes Jucken, schlechten Atem und überhaupt alles zu vermeiden, was Ihrem Zuhörer die Konzentration darauf, was Sie sagen, erschweren könnte.

Die zweite Weise, dynamisch zu erscheinen, ist, Fragen und Bemerkungen in einen logischen Zusammenhang zu bringen. Ihre Fragen sollten eine logische Folge ergeben und nicht mehr als eine Informationseinheit auf einmal fordern.

Wenn Sie Bemerkungen machen, so sollten Sie ohne Umschweife schnell und sicher zu Ihrem Punkt kommen. Sie sollten in Anlage und Strukturierung des Gesprächs die Führung übernehmen. Kurz, Sie sollten in Ihrem Handeln sinnvoll erscheinen. Menschen, die der Hilfe bedürfen, sind ohnehin verstört genug.

Kenntnisse und Erfahrung eines Hilfeleistenden zeitigen unter Umständen wenig Wirkung, wenn er nicht dynamisch vorgeht. *Schmidt* und *Strong* [56] fanden, daß Studenten, die Bildaufzeichnungen von simulierten Beratungssitzungen angesehen hatten, den erfahrenen Psychologen sowie den fortgeschrittenen graduierten Studenten für weniger verantwortungsvoll und verhaltenskohärent ansahen als die Anfänger unter den Graduierten. Ohne über den wirklichen Bildungsgrad unterrichtet zu sein, hatten die Zuschauer die Anfänger unter den Graduierten als sachverständiger eingeschätzt als die übrigen. In überzeugender Weise kompetent und vertrauenswürdig zu sein, ist das Wichtigste, um glaubhaft zu wirken; Sie werden sich aber in unnötiger Weise behindern, wenn Sie nicht obendrein lernen, warm, kooperativ und dynamisch zu erscheinen.

Die Mitteilung

Die Fähigkeit des Informators, seine Mitteilung geschickt zu organisieren und in Worten auszudrücken, ist für seine Tüchtigkeit als Modifikator der Einstellungen seines Zuhörers in größerem Umfang maßgebend. Die Art der Argumente, ihr logischer Zusammenhang, wie sie emotional ansprechen sowie die verwendete Sprechweise: alles ist gleich wesentlich. Die allgemeinen Ergebnisse der sozialpsychologischen Forschung auf diesem Gebiet zeigen, daß die zweiseitige Argumentation, worin die von Ihnen vertretene Seite als letzte dargestellt wird, wahrscheinlich die wirksamste ist. Wenn Sie also jemanden von seinen Fähigkeiten überzeugen wollen, so würden Sie kurz seine Gefühle der Inkompetenz streifen und dann eine detaillierte Darstellung davon geben, warum Sie denken, er sei kompetent. Ein emotionaler Appell kann unter Umständen nützlich sein; wenn Sie jemandem dabei helfen wollen, das Rauchen einzustellen, so ist es nützlich, Furcht zu erwecken, vorausgesetzt, Sie empfehlen klare und durchführbare Schritte zur Vermeidung der von Ihnen angezeigten Gefahren. Natürlich werden Sie nicht einen emotionalen Appell an jemanden richten, der ohnedies schon gespannt und heftig erregt ist. In den meisten Fällen ist es nützlich, aus Ihren Argumenten auch die Schlußfolgerungen zu ziehen. Wenn Sie es indes mit einer sehr intelligenten Person zu tun haben und überzeugendes Beweismaterial anbieten können, so ist es besser, jene Person selbst die Schlüsse daraus ziehen zu lassen.

Der Empfänger

Die Wirksamkeit jeglicher Mitteilung bestimmt sich, wie anzunehmen, daraus, wie gut sie auf ihre Zuhörerschaft zugeschnitten ist. An einen religiösen Wert zu appellieren mag für einen Seminaristen recht überzeugend, für jemanden mit weniger starkem religiösem Gefühl aber gänzlich unwirksam sein. Wenn Menschen ihre Einstellungen nicht geändert haben wollen, so ist es oftmals nützlich, sie abzulenken, während Sie Ihre Mitteilung machen; dann können sie vor sich selbst nicht wirksam gegen Sie argumentieren (die Mitteilung in eine Geschichte zu verpacken ist ein möglicher Weg der Ablenkung). Menschen mit geringer Selbsteinschätzung lassen sich leichter beeinflussen als solche mit hoher. In gewissen Grenzen haben problemgeplagte Menschen eine niedrigere Selbsteinschätzung und sind vielfach leicht zu überreden.

Kognitive Ansätze

Jeder von uns trägt eine Unmenge von Einstellungen mit sich herum, und sie alle sind gemäß ihrem Inhalt und ihrer Bedeutung zu Systemen gegliedert. Wie sich Einstellungen aufeinander beziehen, hängt von ihrem Bedeutungsgehalt ab. Daher müssen die Prinzipien der kognitiven Organisation berücksichtigt werden, soll es zu einem Verständnis von Erwerb und Wandel von Einstellungen kommen. Insbesondere zwei Prinzipien der kognitiven Organisation werden in der Literatur über Einstellungen diskutiert: das Prinzip der Einfachheit und das Prinzip der Wertungskonsistenz.

Einfachheit

Unsere Sinne sammeln zahlreiche Anregungen, die geordnet werden müssen, wenn sie einen Sinn geben sollen. Bei der Organisation unserer Wahrnehmung vereinfachen wir die Stimuli, indem wir Dinge nach Klassen ordnen (etwa nach Jungen und Mädchen) und indem wir schließlich die Klassen nach Begriffssystemen organisieren. Der Mensch tendiert dahin, die Erkenntnisinhalte in einen Rahmen von höchstmöglicher Uniformität und Regelmäßigkeit einzuordnen; dies ist das Prinzip der Einfachheit. Wahrnehmungen werden zur „Ganzheit" oder „Gestalt" geordnet, die mehr als die Summe ihrer Teile darstellt und die die Tendenz[1]) hat, so gut organisiert zu sein wie es die herrschenden Bedingungen erlauben. Einstellungen, als eine Art von Kognition, werden daher zu Systemen organisiert, die sich dadurch auszeichnen, daß sie durch Vereinfachung eine „gute Gestalt" anstreben. Mit anderen Worten: Der Mensch nimmt die Dinge nicht als beziehungslose, isolierte Elemente wahr, sondern er organisiert sie im Wahrnehmungsprozeß zu einem sinnvollen Ganzen. Einstellungen werden zu einem der Mittel, die Wahrnehmung zu vereinfachen; sie ergeben einen Bezugsrahmen, in dem neue Wahrnehmungen untergebracht werden. Wenn Sie beispielsweise jemanden auf dem Universitätsgelände daherkommen sehen, so sind Sie unver-

---

[1]) Nach dem gestaltpsychologischen Begriff der „Prägnanztendenz" (Anm. d. Ü.).

züglich imstande, die wahrgenommene Person nach Geschlecht und Attraktivität zu klassifizieren, und Sie verspüren ihr gegenüber automatisch gewisse Gefühle.

Der Mangel an einfachen und gutorganisierten Gestalten ist eine Krankheit unserer Tage. Durch den schnellen Wandel in den sozialen und religiösen Gebräuchen bleiben manche von uns ohne einen harten Kern von Einstellungen zurück, der ihnen die Welt zu interpretieren hälfe. Wenn Sie Ihre Zeit dafür einsetzen, jemandes Wertvorstellungen und Einstellungen sowie deren Auswirkung auf seine Lebensführung klären zu helfen, so erleichtert es dem Betreffenden, sich für die notwendigen Änderungen zu entschließen. Einer der Autoren beriet einen jungen Mann, der mit Selbstmord drohte. Familienverantwortlichkeiten, die auf ihn zugekommen waren, und die Unzufriedenheit mit seinem gegenwärtigen Arbeitsplatz hatten ihn demoralisiert und wurzellos gemacht. Durch eine längere Erörterung der Wertvorstellungen und Einstellungen des jungen Mannes kam er zum Entschluß, der Wert des Lernens sei ein bleibender Faktor, der das Leben für ihn sinnvoll und lebenswert mache. Der Berater rückte den Umstand in den Vordergrund, daß ein Selbstmord jede Gelegenheit, zu lernen und zu wachsen, verschütten würde. Mit seinem neu erworbenen Bewußtsein für seine Werthaltungen und Einstellungen war der junge Mann imstande, sowohl seine Selbstmordgedanken wie auch seine nicht zufriedenstellende Arbeit aufzugeben und aufs College zurückzukehren. Das Prinzip der Einfachheit läßt sich also von einem Helfenden, der auf eine Änderung der Einstellungen seines Patienten abzielt, einsetzen, indem er mit dem Patienten dessen Einstellungen so durchspricht, daß sich deren Neuorganisation und ein neues Bezugssystem ergeben. Dies läßt sich durch die Entdeckung besserer „Gestalten" erreichen, nämlich durch die Entdeckung einer einfacheren Weise, verschiedene Einstellungen untereinander zu verbinden.

„Gestalten" sind nicht nur häufig schlecht organisiert, sie können auch unvollständig oder unfertig sein. Ein junger Rechtsanwalt kam einmal auf Rat seiner Ärzte zu einem der Autoren und fragte, ob seine Magengeschwüre von ungelösten psychischen Spannungen herrührten. Nach einigen Sitzungen wurde deutlich, daß der Rechtsanwalt über die hohen Erwartungen und Ansprüche, die sein Vater an sein Verhalten stellte, fortdauernd verärgert war, aber, weil er die Mißbilligung des Vaters fürchtete, die meiste Zeit Angst hatte, seinem Ärger Ausdruck zu verleihen oder gar erst sich ihn selbst einzugestehen. Dementsprechend unterdrückte er jedes Bewußtmachen seines Ärgers. Dieser nicht zugelassene Ärger war zu einer unfertigen „Gestalt" geworden, und trug zur Entstehung seiner Geschwüre bei.

Konsistenz der Werthaltungen

Eng verwandt mit der Tendenz zur Vereinfachung unserer Erkenntnisinhalte ist die Tendenz zur Konsistenz der Werte. Einstellungen besitzen eine wertende Qualität. Das Prinzip der Konsistenz der Werte besagt, daß wir dahin tendieren, untereinander assoziierte Erkenntniselemente ähnlich zu werten. Wenn wir zwei Einstellungen in unserem Denken eng miteinander verbinden (Einstellungen gegen-

3. Methoden der Einstellungsänderung

über diesem Kapitel und den beiden Autoren zum Beispiel), so neigen wir dazu, sie ähnlich zu werten, ebenso dafür wie dagegen (wenn wir das Kapitel gutheißen, dann auch die Autoren). Und umgekehrt, wenn wir zwei Objekte ähnlich bewerten, so neigen wir dazu, sie miteinander zu verbinden.

Hinsichtlich des Einstellungswandels gibt es verschiedene Konsistenztheorien. Jede von ihnen postuliert ein grundlegendes „Bedürfnis" nach Konsistenz der Einstellungen untereinander oder zwischen Einstellungen und Verhalten. Die Mehrzahl der Theorien nimmt darüber hinaus an, eine offensichtliche Inkonsistenz rufe „psychische Spannung" hervor oder werde zumindest als unbequem empfunden, und um diese Spannung zu vermindern, führe der Betreffende ein „Neuarrangement" seiner psychischen Welt mit dem Endziel der Konsistenz herbei. Mit anderen Worten: Der Mensch versucht gegenüber sich selbst rational und konsistent zu erscheinen. Die erste Konsistenztheorie stammt von *Heider* [17]; die bekannteste ist die von *Festinger* [9].

Die stärkste Quelle der Inkonsistenz ergibt sich zwischen den Einstellungen zum eigenen Selbst und dem wahrgenommenen eigenen Verhalten oder den übrigen Einstellungen. Jemand mag glauben, er sei absolut wertlos, und wenn andere ihm nun sagen, wie wertvoll sein Verhalten gewesen sei, so entstehen Gefühle der Inkonsistenz, des Ungleichgewichts oder der Dissonanz. Das Konsistenzgefühl stellt sich nun entweder durch den Wandel der Einstellung zum Selbst wieder her („Ich bin wirklich etwas wert") oder aber durch den Wandel der Einstellung zum eigenen Verhalten („Ich habe sie hereingelegt: Sie merken nicht, wie wertlos mein Verhalten in Wirklichkeit war"). Jemandem mit geringer Selbsteinschätzung hilft man, indem man sein Verhalten so offensichtlich und klar als wertvoll herausstellt, daß ihm nichts anderes übrig bleibt, als seine Selbsteinstellungen zu ändern, damit er wiederum Konsonanz bzw. das Gleichgewicht erlangt. Ein anderer glaubt etwa, er sei anständig und gerecht, und gibt zugleich zu erkennen, bestimmte ethnische Gruppen seien der weißen Mehrheit unterlegen. Werden nun diese beiden Einstellungen grell beleuchtet und wird herausgestellt, wie anständig und gerecht der Betreffende doch sei, so wird er nicht umhin können, seine Einstellungen zu jenen ethnischen Gruppen zu revidieren. Das allgemeine Verfahren der Anwendung des Wertkonsistenz-Ansatzes ist also einerseits, die Selbsteinstellungen und andererseits das Verhalten und die übrigen Einstellungen, sofern sie zu den Selbst-Einstellungen inkompatibel sind, festzustellen und die Inkonsistenz zwischen ihnen hervorzuheben, während gleichzeitig jene Einstellung bzw. jenes Verhalten gestützt wird, dessen Änderung nicht erwünscht ist.

In Anwendung der Konsistenztheorien auf den Einstellungswandel untersuchte die Forschung die Frage der Inkonsistenz zwischen Einstellungen und Verhalten, wenn jemand zu einem bestimmten Verhalten „gezwungen" worden war. Wenn die Einstellungen für den Betreffenden wichtig sind und solange es kaum einen Grund gibt, sich jenes erzwungene Verhalten zu erlauben, wird starke Dissonanz oder Inkonsistenz empfunden. Zumeist ändert jemand unter solchen Umständen die Einstellungen, da er sein Verhalten nicht zurücknehmen kann. Ein Hilfeleistender kann das sich daraus ergebende Verfahren wie folgt anwenden. Angenommen, jemand bittet Sie um Hilfe, und erklärt, er sei wie das Laub im Winde, unfähig, seinem Leben irgendeine Richtung zu geben oder Einfluß darauf zu nehmen, was ihm widerfährt. Sie könnten mit ihm gemeinsam untersuchen, zu welchen Ergebnissen sein Verhalten führte und was für ein Ziel er seinem Verhalten gesetzt und wie er es erreicht hat. Zugleich vereiteln Sie alle seine Versuche, mit denen er die Wirkung seines Verhaltens leugnet, und betonen die von ihm bewiesene Durchschlagskraft. Dem Betreffenden wird nichts übrig bleiben, als seine Selbsteinstellung zu ändern, um die Konsistenz oder das Gleichgewicht oder die Konsonanz wiederherzustellen. In einer derartigen Situation offenbart gerade die Tatsache, daß jemand Hilfe sucht, die Möglichkeit, Richtung und Wirksamkeit seines Verhaltens zu beeinflussen.

Sokrates war vermutlich der erste, der einen Konsistenzansatz zur Einstellungsänderung angewendet hat. Seine „sokratische Methode", vermittels derer er die Einstellungen seiner Schüler änderte, bestand darin, sie über bestimmte Fälle zu befragen, die ihre Definition eines gegebenen Begriffs veranschaulichten, also etwa des Begriffs der Freundschaft, der Gerechtigkeit oder der Frömmigkeit. Er strukturierte sein Fragen so, daß er von seinen Schülern das Zugeständnis von Ausnahmen hinsichtlich ihrer Definition erreichte. Die Inkonsistenz zwischen der alten Definition und den neuentdeckten spezifischen Ausnahmen führte die Schüler zu neuen und umfassenderen Definitionen. Nicht zufällig entsprachen diese neuen Definitionen in starkem Maße seinen eigenen, obwohl Sokrates seinen Standpunkt zuvor nicht dargelegt hatte. Die beiden Schlüssel zur sokratischen Methode waren der Gebrauch der Frage einerseits und induktives Denken andererseits – die Ableitung allgemeiner Aussagen aus besonderen Fällen. Sokrates stand in scharfem Kontrast zu anderen Lehrern, die ihre Meinungen deduzierten und sodann ihre Schüler darüber belehrten, warum diese Meinungen angenommen werden sollten.

Matross [47] entwickelte eine Methode des Selbst-Einstellungs-Wandels, die nach den Prinzipien der sokratischen Methode verfährt. Die Logik dieses Ansatzes liegt darin, die Befragung anzuwenden, um beim Patienten ein Muster von spezifischen Beispielen seines Verhaltens auszulösen, die sich mit der zu verändernden Einstellung nicht vertragen. Der Betreffende wird, nachdem er mit konkreten und spezifischen Beweisen konfrontiert wurde, die seine ungesunde Selbstwahrnehmung widerlegen, ermutigt, induktiv ein neues Selbstbild zu entwerfen. Die Einzelschritte der Methode sind:

1. Stellen Sie die zu verändernden Selbstwahrnehmungen fest, z.B. den Glauben, inkompetent und leistungsunfähig zu sein. Denken Sie sich sodann Aktivitäten aus, die mit der fraglichen Einstellung unvereinbar sind. In unserem Beispiel haben Handlungsweisen, die harte Arbeit, besondere Anstrengungen und ungewöhnliche Bestrebungen einschließen, wahrscheinlich irgendwann zu echten Leistungen geführt, die mit der Selbstwahrnehmung, inkompetent zu sein, unvereinbar sind.
2. Beginnen Sie, dem Betreffenden Fragen zu stellen hinsichtlich spezifischer Verhaltensweisen, die mit der angestrebten Einstellung in Beziehung stehen.

3. Methoden der Einstellungsänderung

Beginnen Sie mit einem allgemeinen Hinweis, etwa: „Reden wir über Ihre Leistungen. Können Sie ein paar Beispiele geben, anhand derer sich zeigt, wie Sie etwas zu erreichen suchen?"
3. Fahren Sie zu fragen fort, indem Sie direkt aufs Ziel losgehen. Zu Anfang mag der Betreffende ein unbrauchbares Beispiel anführen (z.B. „Ich blödelte herum und fiel in Biologie durch"). Nehmen Sie solche nicht zielgerechten Beispiele mit der kürzestmöglichen Zusammenfassung zur Kenntnis (z.B. „Also Biologie war Fehlanzeige") und fahren Sie mit einer Frage fort, die ausdrücklich ein brauchbares Beispiel verlangt: „Denken Sie mal an eine Zeit, als Sie sich wirklich ins Zeug legten und schließlich zum Ziel kamen!"
4. Fragen Sie nach den Wirkungen des fraglichen Verhaltens sowie nach den Wirkungen der nicht auf das Leistungsziel bezogenen Handlungen, die der Betreffende hätte unternehmen können, z.B.: „Was kam bei der Anstrengung mit dem Psychologiereferat heraus? Erreichten Sie eine bessere Note? Meinte Ihr Professor, daß es recht gut war? Hatten Sie das Gefühl persönlicher Zufriedenheit?" Fassen Sie die Antworten auf diese Fragen zusammen und fragen Sie sodann nach den Ergebnissen von nicht zielbezogenen Handlungsalternativen, z.B.: „Nehmen wir an, Sie hätten für das Referat nicht so gründlich recherchiert. Nehmen wir an, Sie hätten nur ein paar Seiten gelesen und weiter keine Mühe darauf verwendet. Glauben Sie, Sie hätten dann schlechter abgeschnitten?". Geben Sie eine abschließende Zusammenfassung des Beispiels, indem Sie gegenüberstellen, was der Betreffende seinerzeit tat und was er nicht tat, z.B.: „Sie hätten sich die Sache leicht machen können, hätten bloß ein paar Stunden in der Bibliothek zugebracht und dann hauptsächlich Abgeschriebenes präsentiert. Wenn Sie das getan hätten, wären Sie zu einer schlechten Note gekommen. Sie hätten Ihren Lehrer und sich selbst enttäuscht. Statt dessen haben Sie sich entschieden ins Zeug geworfen, viele Stunden lang studiert, eine Reihe Bücher gelesen und eine Menge über sie nachgedacht. Als Folge dieser Anstrengung erhielten Sie eine gute Note, machten dem Lehrer eine Freude und gewannen Respekt vor sich selbst."
5. Fahren Sie fort, nach Beispielen für das fragliche Verhalten zu suchen, und gehen Sie die oben gegebene Fragenreihe abermals durch. Wenn die Unterredung zu einem logischen Schluß kommt, bieten Sie eine abschließende Zusammenfassung an. Nehmen Sie die drei oder vier besten Beispiele für das fragliche Verhalten, und stellen Sie heraus, wie diese ein konsistentes Muster bilden, und machen Sie nur eine kurze, unbestimmte Bemerkung über das gegenteilige Verhalten, z.B.: „Einerseits haben Sie Zeiten, wo Sie nicht viel Kraft aufbringen und nichts erreichen. Andererseits gibt es bei Ihnen immer wieder Perioden, wo Sie sich richtig Mühe geben und zu etwas kommen. Zum Beispiel..."

Der Erfolg der sokratischen Methode beruht auf ihrem Rückgriff auf konkrete und besondere Ereignisse. Anstatt jemandem einen Vortrag zu halten, warum er eine unpassende Einstellung ändern sollte, bringen Sie ihn dahin, sich selbst Grund für solche Änderungen zu schaffen. Jemand, der sich selbst nicht mag, hat im allgemeinen zur Stützung seiner negativen Selbst-Einstellung bereits Beweise erzeugt. Indem Sie seine Aufmerksamkeit auf Beispiele positiver Aktivitäten lenken, erzeugen Sie in seiner Selbstsicht eine heilsame Inkonsistenz. Wenn das gelingt, dann sollte die Durchschlagskraft der spezifischen, von Ihnen erfragten Beispiele ausreichen, so daß Sie die Schlußfolgerung, zu der der Patient selber kommen kann und soll, nicht selbst aussprechen müssen. *Matross* [47] fand heraus, daß der zusätzliche Einfluß, den die ausdrücklich gemachte Schlußfolgerung zunächst hatte, mit der Zeit verschwand. Auch hatten jene, denen eine ausdrückliche Schlußfolgerung angeboten worden war, ein geringeres Vertrauen in ihre Denkergebnisse als solche, denen nur die sokratischen Fragen vorgelegt worden waren. Nach einiger Übung werden Sie finden, daß die Fragesätze ganz flüssig und natürlich herauskommen.

Der funktionale Ansatz

Welchen Nutzen zieht man aus Einstellungen? In dieser Frage konzentriert sich der funktionale Ansatz zu Erwerb und Veränderung von Einstellungen. Die beiden vorrangigen funktionalen Ansätze sind jene von *Katz* [39] und von *Ellis* [8]. Der funktionale Ansatz auf dem Gebiet der Einstellungen betrachtet Menschen als Individuen, die gewisse Ziele erreichen wollen, und analysiert ihre Einstellungen darauf hin, inwiefern sie ihnen zur Erreichung des Zieles förderlich sind. Die Version des Katzschen funktionalen Ansatzes bestimmt die psychischen Bedürfnisse, denen die Menschen vermöge ihrer besonderen Einstellungen nachzukommen suchen [39,40,53]. *Katz* stellt vier Einstellungsfunktionen fest:
1. Anpassungsfunktion
2. Ich-Abwehrfunktion
3. Erkenntnisfunktion und
4. Wertausdrucksfunktion.

Die *Anpassungsfunktion* der Einstellung setzt voraus, daß der Mensch die umweltlichen Belohnungen zu maximieren und die Bestrafungen zu minimieren sucht. Daher entwickelt der Mensch günstige Einstellungen zu jenen Objekten, die seine Bedürfnisse befriedigen, und abwehrende Einstellungen gegen solche, die ihm widerwärtig oder schädlich sind. Die *Ich-Abwehrfunktion* bedeutet, daß der Mensch sich vor Angst schützt, indem er bedrohliche äußere und innere Stimuli aussperrt. Einstellungen können also wie Abwehrmechanismen funktionieren und den Menschen vor dem Zugeständnis seiner Konflikte und Unzulänglichkeiten gegenüber sich selbst und anderen schützen. In beträchtlichem Ausmaß helfen beispielsweise vorurteilshafte Einstellungen das individuelle Selbstbild zu stützen, indem sie ein Gefühl der Überlegenheit anderen gegenüber aufrechterhalten. Die *Erkenntnisfunktion* nimmt Bezug auf die Tatsache, daß der Mensch nach Erkenntnis verlangt, um dem, was andernfalls als unstrukturierte, chaotische Welt erscheinen würde, Sinn zu verleihen. Der Mensch braucht Maßstäbe oder Bezugssysteme, um seine Welt zu verstehen, und Einstellungen geben solche Maßstäbe. Einstellungen helfen einen gewissen Grad von Vorhersagbarkeit, Konsistenz und Stabilität in der Wahrnehmung zu schaffen. Die *Wertausdrucksfunktion* der Einstellungen schließlich geht davon aus, daß Einstellungen den zentralen Werten und dem Selbstbild eines Menschen positiven Ausdruck verleihen. Das Ausdrücken von Einstellungen, welche die höchsten Überzeugungen und das umhegte Selbstbild spiegeln, bringt Befriedigung.

Die Katzsche Theorie läßt sich folgendermaßen anwenden. Wenn der Patient bei Ihnen Hilfe sucht, so stellen Sie fest, wer und was seine Bedürfnisse befriedigt und wer und was ihn an dieser Bedürfnisbefriedigung hindert; die Diskussion zwischen Ihnen beiden sollte darauf verwendet werden, positive Einstellungen gegenüber den ersteren und negative Einstellungen gegenüber den letzteren aufzubauen (Anpassungsfunktion). Darüber hinaus soll es Ihnen gelingen festzustellen, auf welche Weise seine Einstellungen ihn vor Angst schützen, und Sie können entweder ihre Wirksamkeit steigern oder aber dem Patienten klarmachen, warum man sie gegen eine Ausrüstung mit wirksameren Einstellungen austauschen sollte (Ich-Abwehrfunktion). Sie finden das Bezugssystem des Patienten heraus und sehen, wieviel an Vorausschau, Konsistenz und Stabilität es dem Weltbild und damit der Person selbst gibt; je nachdem stärken Sie dann die Einstellungen im Rahmen jenes Bezugssystems, oder Sie stellen klar heraus, inwiefern dieselben nutzlos sind, und versuchen den Patienten dazu zu überreden, sie zugunsten einer wirkungsvolleren Ausrüstung aufzugeben (Erkenntnisfunktion). Sie stellen schließlich die Werthaltungen und das Selbstbild des Patienten fest und bewerten seine Einstellungen vor dem Hintergrund dessen, wie gut sie jene Werte zum Ausdruck und ein positives Selbstbild zuwege bringen; und wiederum stärken Sie entweder die produktiven Einstellungen oder machen die Ineffektivität der Einstellungen deutlich und versuchen den Patienten dazu zu bringen, sie gegen ein nutzbringenderes Inventar auszutauschen (Wertausdrucksfunktion).

Die Katzsche Theorie hilft darüber hinaus, den Widerstand gegen eine Änderung zu verstehen. Man ändert eine Einstellung nur zögernd, die einem bislang geholfen hat, mit der Welt fertigzuwerden, und sei es auf unzulängliche Weise. Sie können die Bedrohlichkeit der Änderung herabsetzen, sofern es Ihnen gelingt, klarzumachen, wie eine neue Einstellung die Aufgabe jener alten um vieles besser übernimmt.

Ein zweiter Ansatz der funktionalen Einstellungsänderung stammt von *Ellis* [8]. Während *Katz* die adaptiven, umweltbewältigenden Funktionen von Einstellungen im Blick hat, legt *Ellis* den Akzent auf die negativen, selbstschädigenden Funktionen, denen Einstellungen zuweilen dienen. Er nimmt an, daß die psychischen Probleme zur Hauptsache in gewissen irrtümlichen und destruktiven Einstellungen wurzeln. Beispielsweise können Frustration, Enttäuschung und Apathie aus der Einstellung erwachsen, daß alles, was man tut, perfekt sein müsse. Wenn der Betreffende sich nun mit unvermeidlichen Fehlern konfrontiert sieht, so schilt er sich auf Grund seiner Einstellung ohne Unterlaß selbst und hält sich einen Vortrag nach dem anderen über seine perfektionistischen Maßstäbe. Der Weg aus dieser Klemme führt über die Annahme einer neuen, realistischeren Ausrüstung an Einstellungen gegenüber dem Leistungsverhalten, wie u.a. des Glaubens, daß

Mißerfolge, obzwar nicht angenehm, nicht die Katastrophe bedeuten und daß eine angemessene Zielsetzung mehr Vergnügen bereitet als die Forderung nach Perfektion.

Bei Verwendung des Ellisschen Ansatzes sollten Sie zunächst die für die unzuträglichen Ereignisse im Leben des Patienten verantwortlichen Einstellungen herausfinden. Dann sollten Sie, ziemlich detailliert, alle die Möglichkeiten durchdenken, wie jene Einstellungen negativen und selbstbehindernden Funktionen dienen. Schließlich sollten Sie genau klarmachen, wie neue Einstellungen positive, ich-fördernde Funktionen erfüllen werden. Verfahrensanweisungen sind bei *Ellis* [8] und im Kapitel 4 dieses Buches zu finden.

Der Ansatz der sozialen Einflußnahme

Die Richtigkeit vieler unserer Einstellungen läßt sich schlechterdings nicht vor dem Hintergrund der physikalischen Wirklichkeit prüfen. Beispielsweise gibt es kaum einen Weg, unseren persönlichen Wert objektiv zu messen. Wenn sich also die physische Wirklichkeit nicht zur Bestimmung der Richtigkeit einer Einstellung heranziehen läßt, dann ist jeder von uns in dieser Beziehung von anderen Menschen, als von einer Basis der sozialen Wirklichkeit, abhängig. Jedermann ist auf die Information durch andere angewiesen, um die Richtigkeit seiner Einstellungen sicherzustellen. Innerhalb der sozialen Wirklichkeit gibt es zweierlei Einflüsse, die in diesem Abschnitt besprochen werden sollen: Bezugsgruppen und Bezugspersonen.

Bezugsgruppen

Eine *Bezugsgruppe* ist eine Personengruppe, die wir für die Einschätzung unserer Einstellungen zum Maßstab nehmen. Wer eine Bezugsgruppe unter diesem Blickwinkel betrachtet, nimmt an, seine Einstellungen seien in dem Maße richtig, wie die Mehrzahl der Mitglieder jener Gruppe ähnliche Einstellungen hegt. Es ist natürlich nicht notwendig, daß alle Leute, mit denen eine Person umgeht, ihre Einstellungen gutheißen, aber es ist wichtig, daß irgendeine bedeutsame Bezugsgruppe ihre Einstellungen teilt. Es gibt umfangreiches Beweismaterial dafür, daß die Gruppen, denen wir angehören, auf unsere Einstellungen und unser Verhalten wesentlichen Einfluß nehmen. Beispielsweise fanden *Johnson* und *Neale* [30], daß Studenten, die sich an sozialen Aktivitäten beteiligen, Gruppen angehören, die entsprechende Normen haben und sich in ihrer Identität von Gruppen mit gegensinnigen Normen unterscheiden. *Watson* und *Johnson* [64] fassen umfangreiche Untersuchungsergebnisse im Bereich der Konformität, der Bezugsgruppe, der Gruppennorm, der Gruppen-Entscheidungsfunktion und der Vorgänge des sozialen Vergleichs zusammen, und zeigen, welchen Einfluß eine Gruppe auf die Einstellungen und das Verhalten des einzelnen Mitglieds ausübt.

3. Methoden der Einstellungsänderung

Diese Forschung auf dem Gebiet des Einstellungswandels brachte folgende Ergebnisse:

1. Die Einstellungen des einzelnen unterliegen einem starken Einfluß von seiten der Gruppen, denen er angehört, sowie jener Gruppen, denen er angehören möchte.
2. Wenn jemandes Einstellungen mit Gruppennormen und -standard übereinstimmen, so werden sie verstärkt, und er wird für Einstellungen bestraft, die von Gruppennormen und -standard abweichen.
3. Jemand, der sehr eng mit seiner Gruppe verbunden ist, ist von Versuchen, seine Einstellungen zu verändern, am wenigsten beeinflußbar.
4. Die Unterstützung der Einstellung einer Minderheit von seiten auch nur eines weiteren Mitglieds schwächt den Einfluß der Gruppenmehrheit auf jene Einstellung.
5. Eine Minderheit von nur zwei Mitgliedern, die im Ausdruck ihrer Einstellungen übereinstimmen, vermag die Mehrheit der übrigen Gruppenmitglieder zu beeinflussen.
6. Die Teilnahme an Gruppendiskussionen und an der Entscheidungsbildung der Gruppe hilft bei der Überwindung des Widerstands gegen die Entwicklung neuartiger Einstellungen; wenn eine Gruppe sich zu neuen Einstellungen entschließt, so werden auch ihre Mitglieder neue Einstellungen annehmen.
7. Mit dem Wechsel der Bezugsgruppe wechseln auch die Einstellungen.

Angenommen, ein Freund kommt zu Ihnen und bittet, ihm beim Aufbau besseren Lernverhaltens zu helfen, damit er nicht von der Schule fliegt. Sie stellen fest, daß seine Freunde (Sie selbst ausgenommen) samt und sonders dem Lernen gegenüber negativ eingestellt sind, jedoch positiv dazu, jede freie Minute in einer gewissen Bar zu verbringen. Sobald der Freund zu lernen versucht, wird er gehänselt; wenn er nicht in die Bar läuft, wird er ausgelacht. Vom Gesichtspunkt der Gruppenpsychologie her gibt es zwei Wege, mit diesem Problem fertigzuwerden: Veränderung der Gruppennormen oder Wechsel der Bezugsgruppe. Wiederum gibt es zwei Wege, die Gruppennormen zu ändern: Man führt eine Gruppendiskussion durch, die hinsichtlich der Normenänderung zu einer Neuentscheidung führt, oder man beeinflußt ein oder zwei Mitglieder, ihre Einstellungen zu ändern, und bildet so eine solide Minderheit. Jemanden von einer Bezugsgruppe weg zu einer anderen hinzuführen heißt gewöhnlich, die Bedeutung der einen Gruppe zu mindern, während die der andern mehr und mehr heraufzusetzen ist. Die stabilisierende Wirkung von Bezugsgruppen auf Einstellungen zeigt, wie wichtig es ist, sich zu versichern, daß jede neu entwickelte Einstellung interpersonale Unterstützung erfährt, während Sie noch mit dem Patienten arbeiten.

Der andere Weg, wie Bezugsgruppen helfen können, ist gegeben, wenn jemand Sie um Hilfe angeht, der niemals seine Einstellungen mit anderen geteilt hat und der hinsichtlich Angemessenheit und Allgemeingültigkeit seiner Einstellungen nicht Bescheid weiß. *Unkenntnis aus Isolation* ist eine Abwehr, die den einzelnen hindert, seine Einstellungen mit anderen zu teilen oder der Bekundung von Einstellungen zuzuhören, die ein Gebiet betreffen, auf dem er sensitiviert ist. Manche sind so ängstlich, ihre Einstellungen und Gefühle mit anderen zu diskutieren, daß sie einem solchen Gespräch strikt aus dem Wege gehen und daher verzerrte Ansichten über die allgemeine Zustimmung mit sich herumtragen. Einmal kam jemand zu einem der Autoren dieses Kapitels, er möge ihn bei der Entwicklung besserer sexueller Beziehungen zu Frauen unterstützen. Ein Teil seines Problems war, daß er Frauen für eingefleischte Lügnerinnen hielt, für trügerisch, vertrauensunwürdig, Männern gegenüber feindlich gesinnt, für kalt und dumm, verführerisch, herzlos, und ganz allgemein meinte, sie wollten die Männer lediglich körperlich ausnützen. Er glaubte fest, die meisten Männer der Vereinigten Staaten würden seine Einstellungen teilen. Diese Unkenntnis der Einstellungen anderer verschanzte sich hinter einem Wall stärkster Abwehr, die ihn mit keinem seiner Freunde über Frauen reden ließ. Der Autor ermutigte ihn, seine Einstellungen mit anderen zu besprechen, und schlug die Beteiligung an Gruppen vor, die ihn mit Männern zusammenbrachte, welche günstigere Einstellungen zu Frauen hegten, die daraus gewonnenen Erfahrungen halfen ihm zu erkennen, in welchem Ausmaß seine eigenen Einstellungen ungewöhnlich waren und überdacht zu werden verdienten.

Bezugspersonen

Bezugspersonen sind Individuen, die jemand sich zur Bewertung seiner Einstellungen, seiner Fähigkeiten und seiner gegenwärtigen Situation zum Maßstab setzt; der betreffende Einfluß nimmt seinen Weg oftmals über die Identifikation. *Identifikation* ist ein verbreiteter Vorgang, womit jemand die Eigenmerkmale (u.a. die Einstellungen) eines andern übernimmt. Beispielsweise fanden *Johnson* und *Neale* [30], daß Studenten, die an sozialen Aktivitäten teilnahmen, sich mit solchen Menschen in und außerhalb ihrer Familie identifizierten, deren Einstellungen derlei Beteiligungen begünstigten. Wenn ein Patient sich mit seinem Helfer identifiziert und ihn zur Bezugsperson nimmt, so befähigt das den Hilfeleistenden zu weit umfangreicherer Einflußnahme in Richtung auf angemessenere und konstruktivere Einstellungen beim Patienten. Der Hilfeleistungsvorgang wurde in der Literatur bereits unter dem Gesichtspunkt der Berichtigung falscher Identifikationen beschrieben. Schädliche Identifikationen sind solche, die jemandes Fortentwicklung beengen oder verhindern oder die zu destruktiven und selbstbehindernden Einstellungen und zu ebensolchem Verhalten führen. Gute Identifikationen sind solche, die zu befriedigenden Erlebnissen und zum Erreichen gesteckter Ziele führen. Daher werden Sie den Patienten ermutigen wollen, sich mit solchen Menschen (Sie eingeschlossen) zu identifizieren, welche über konstruktivere Einstellungen verfügen, als sie der Patient gegenwärtig besitzt.

Wie kann ein Hilfegebender einen Patienten zu einer konstruktiven Identifikation mit sich, dem Helfer, bewegen? Das vorrangige Mittel ist der Aufbau einer Beziehung durch den Helfenden, in der dem Patienten die konstruktive Änderung

3. Methoden der Einstellungsänderung

seiner Einstellungen leichtgemacht und in der der Helfende dem Patienten als Person mit Wärme entgegentritt.

Wenn jemand bei Ihnen Hilfe sucht, so hofft er sie zu erhalten. Sie und der Patient werden zu einem Gespann, dessen Ziel es ist, die Leiden des Patienten zu lindern, konstruktive Lösungen seiner Probleme zu finden und seine soziale Tüchtigkeit zu verbessern, so daß er auch zukünftige Krisen zu meistern vermag. Im Hinblick auf die Einstellungen arbeiten Helfer und Patient zusammen, um dessen hergebrachte Einstellungen festzustellen, ihre Wirkung auf seine Lebensführung wie auch ihre gegenwärtige Stellung im Rahmen seiner Probleme zu bewerten und um daraufhin zu entscheiden, welche der Einstellungen verstärkt und welche verändert oder ersetzt werden müssen. Sodann versucht der Hilfeleistende diese Änderungen zu veranlassen. Die Erwartung des Patienten, der Helfende werde die Erreichung seiner Ziele fördern, wie auch die fortgesetzte gemeinsame Problembearbeitung erzeugen im Patienten eine Zuneigung zum Helfer [32, 33, 36]. Darüber hinaus gibt es hinreichend Beweise dafür, daß eine Zuneigung des Patienten zum Helfenden entsteht, wenn der letztere seinem Patienten als Person mit Wärme begegnet [22, 24, 31]. Indem er also zusammen mit seinem Patienten auf einen konstruktiven Wandel in dessen Einstellungen hinarbeitet und indem er ihm als Menschen Wärme entgegenbringt, fördert der Helfende die Zuneigung des Patienten zu sich selbst sowie dessen Identifizierung mit ihm, und dies verleiht dem Hilfeleistenden vermehrten Einfluß auf den Einstellungsapparat des Patienten. Untersuchungen ergaben, daß Zuneigung und Identifikation zueinander in Beziehung stehen und daß der Ausdruck von Wärme beim Patienten zur Vorstellung führt, der Hilfeleistende sei in Einstellungen und Wertungen sowie als Persönlichkeit ihm ähnlich [22, 24, 31]; um eine solche Vorstellung am Leben zu erhalten, wird der Patient seine Einstellungen mehrfach modifizieren müssen, um sie mit jenen des Helfenden in größere Übereinstimmung zu bringen.

Wenn die Identifikation einmal erreicht ist, dann gibt es viele Wege, auf denen Verhalten und Handlungen des Hilfeleistenden die Einstellungen der Patienten beeinflussen können. Die Identifikation führt auf seiten des Patienten zur Möglichkeit der Übernahme und Imitation der Einstellungen des Helfenden, ohne daß der letztere viel dazutun muß. Überdies stehen dem Hilfeleistenden vier spezifische Handlungswege offen, auf die Einstellungen des Patienten einzuwirken: die Bekundung rechten Verstehens, der Ausdruck kooperativer Absichten, die Bekundung von Kälte und Ärger gegenüber destruktiven Einstellungen sowie die Einführung des Patienten in den Rollentausch.

Der Ausdruck rechten Verstehens wurde oben erörtert; wenn er bei der Bespiegelung der destruktiven Einstellungen des Patienten auf kühle Art und Weise eingesetzt wird, führt er zum Einstellungswechsel [22]. Gleichermaßen fördert die Bekundung kooperativer Absichten den Einstellungswandel des Patienten [22]; wie sie zuwege zu bringen sei, wurde ebenfalls oben schon besprochen. Wie der Ausdruck von Wärme Zuneigung einbringt, so hat er zudem eine interessante Beziehung zum Ausdruck von Kälte und Ärger gegenüber jemandes Einstellungen.

Wenn gegenüber jemandes Einstellungen Wärme zum Ausdruck kommt, so wird der Betreffende glauben, der Hilfeleistende stimme ihnen zu und stütze sie [21, 22, 24]. Der Ausdruck von Kälte und Verärgerung schafft den Eindruck, der Helfende sei mit den betreffenden Einstellungen nicht einverstanden und mißbillige sie [22, 24]. Ärger und kühles Verhalten vermögen aber auch eine Abneigung gegenüber dem Helfenden aufzubauen [22, 24]. Daher muß der Hilfeleistende imstande sein, eine Mischung von Wärme gegenüber der Person einerseits und von Kälte und Ärger gegenüber ihren destruktiven Einstellungen andererseits zum Ausdruck zu bringen, damit es zu einem konstruktiven Einstellungswandel kommen kann. Der Ausdruck von Kühle und Verärgerung wird unten besprochen.

Der Ausdruck von *Kälte* wird am besten durch nonverbale Kanäle vermittelt. Ein harter Ton, ein unbewegliches Gesicht, Stirnrunzeln oder ein uninteressierter Gesichtsausdruck, eine gespannte Haltung, die sich vom Klienten abwendet, sowie kurzgehaltene, strenge Gesten: dies alles vermittelt den Ausdruck von Kühle. Verbal läßt sich Kälte am ehesten durch Nichtzurkenntnisnahme (d.h. Stillsein) der destruktiven Einstellungen oder einfach dadurch bekunden, daß man auf kühle Art sagt, man stimme mit der Einstellung nicht zu und glaube, sie schädige die Interessen des Patienten.

Verärgerung läßt sich sowohl verbal wie nicht verbal ausdrücken. Verbal kommt Ärger durch Feststellungen wie „Diese Einstellung macht mich ärgerlich", „Diese Einstellung bereitet mir Langeweile", „Diese Einstellung ärgert mich, weil sie Ihnen schadet" usw. zum Ausdruck. Nichtverbal bekundet man Ärger durch einen kalten und schneidenden Ton, durch einen schmallippigen Mund, indem man eine steife oder aggressive Haltung einnimmt, die Fäuste ballt und indem man sich augenfunkelnd zurücklehnt. Verärgerung ist in der Hand des Hilfeleistenden ein reichlich delikates Werkzeug, denn *Johnson* [24] fand, daß der Helfende häufig die negative Wirkung seines Ausdrucks von Ärger unterschätzt. Er muß mit großer Vorsicht eingesetzt werden.

Eine der wirksamsten Weisen, die Einstellungen eines Patienten zu beeinflussen, ist die Einführung in den Rollentausch. Beim *Rollentausch* wird der Betreffende aufgefordert, sich in die Einstellungen, Gedanken und Standpunkte eines anderen Menschen hineinzuversetzen und sie darzustellen. Vermöge des Rollentausches verbessert sich das Verständnis für den Inhalt der Standpunkte anderer und für deren Perspektive oder das Bezugssystem hinter dem jeweiligen Standpunkt [18, 19, 20, 21, 26]. Beim Rollentausch wird der Patient aufgefordert, das Verhalten eines anderen Menschen offen darzustellen, dabei eine Gruppe von Einstellungen zu übernehmen, die er mißbilligt, und vor aller Augen dafür einzutreten. Mit dem Engagement für die fremde Rolle überredet sich der Patient gewissermaßen selbst zu modifizierten Einstellungen. Eine Reihe von Untersuchungen zeigt, daß die Modifikation von Einstellungen nach dem aktiven Rollentausch weiter geht als durch passives Hinnehmen der entsprechenden Überzeugungsargumente [24]. *Johnson* [18, 19, 21] fand schlüssige Beweise, wonach der aktive Rollentausch mittelbar zu Einstellungswandel führte, auch wenn der Stand-

3. Methoden der Einstellungsänderung

ort anderer Menschen übernommen wurde, mit denen man gerade einen Konflikt aushandelte.

Ein Ehepaar, das jahrelang in engem Verhältnis miteinander lebte, fordert Ihre Hilfe zur Rettung dieser Verbindung. Der Ehemann besteht darauf, daß sie wegen einer besseren Arbeitsgelegenheit miteinander in eine kleine, abgelegene Stadt übersiedeln. Sie streiten heftig über diese Sache, wobei jeder den andern beschuldigt, zuwenig Liebe aufzubringen, um den Forderungen des anderen nachzugeben. Eine Frau bittet Sie, ihr bei der Entwicklung zu größerer Selbständigkeit zu helfen. Sie weint beständig über die Art und Weise, wie ihre Mutter sie als Kind behandelt hat, und hämmert ärgerlich auf die Armlehne ihres Stuhl, während sie beschreibt, wie die Mutter sich ihr versagt habe. Alle diese Beispiele sind gute Möglichkeiten für die Anwendung von Rollentausch. Im ersten Beispiel braucht jeder Partner mehr Verständnis für die Lage des andern und den entsprechenden Einstellungswechsel. Im zweiten Beispiel bedarf die Frau einer gewandelten Einstellung zu ihrer Mutter, zu den Vorstellungen ihrer Mutter über ihre Beziehung und zu ihrer Abhängigkeit von der Mutter, um ein erfolgreiches Leben zu führen.

Das Verfahren des Rollentauschs läuft wie folgt ab. Zuerst stellen die Betreffenden ihre eigenen Einstellungen oder ihren Standpunkt dar. Zweitens legen sie die Einstellungen und Standpunkte eines andern dar, der mit ihnen in der betreffenden Situation steht (etwa des Ehegatten, der Mutter). Bei der Übernahme der Rolle des andern sollen sie nun die Person des andern spielen, so gut sie irgend können. Ein Mittel, dies zu erleichtern, ist ein zweiter Stuhl, auf den der Betreffende hinüberwechselt, sobald er die Rolle des andern übernimmt. Wenn jene andere Person anwesend ist, läßt sich die Genauigkeit der Darstellung der Lage des andern und seiner Erwartungen beurteilen. Sollte jener andere nicht zugegen sein, so hängt der Erfolg des Rollentauschs vom Einfühlungsvermögen in die Rolle ab. Um die optimale Wirkung zu erreichen, kann es notwendig werden, daß der Betreffende zwischen seinen eigenen Einstellungen und Erwartungen und den Erwartungen und Standpunkten des andern hin und her wechselt. Die Frau aus dem oben gegebenen Beispiel könnte also eine Behauptung gegenüber ihrer Mutter äußern (die vom leeren Stuhl vertreten wird), den Sitzplatz wechseln und als ihre eigene Mutter darauf antworten, den Stuhl abermals wechseln und als sie selbst argumentieren usw. Das Rollentauschverfahren läßt sich auch einsetzen, wenn jemand hinsichtlich gewisser eigener Einstellungen ambivalent ist; er sollte dann jede Seite seiner Ambivalenz kontrapunktisch darstellen und die Sache mit sich selbst austragen, während er zwischen den beiden Stühlen hin und her wechselt.

Sollte die dramatische Form des Rollentauschs unmöglich oder unpassend sein, so lassen sich modifizierte Verfahren benützen. Die Anwendung des sog. rechten Verstehens ist eine abgemilderte Form des Rollentauschs; dem Patienten wird etwa beigebracht, das rechte Verstehen auf die Besprechung seiner Einstellungen mit Menschen anzuwenden, die andere, destruktivere Einstellungen hegen. Der Ehemann des oben erwähnten Paares wäre zu bitten, die Lage und die Erwartungen seiner Frau zu beschreiben, ohne wirklich ihre Rolle so, als wäre er selbst seine

Frau, dramatisch vorzutragen. Solche Verfahrensweisen fördern wesentlich Kommunikation und Einstellungswandel, obwohl sie wahrscheinlich nicht derart durchschlagend wirken wie das mit größerer Beteiligung durchgeführte Rollenspiel.

Der sozialstrukturgenetische Ansatz

Die voranstehend behandelten vier Ansätze zu Einstellungserwerb und -wandel verfolgten vor allem das Ziel, die Person selbst zu ändern, so daß sich ihre Einstellungen und die Art ihres Interagierens mit der Umwelt modifizierten. Es gibt darüber hinaus einen Ansatz, der vorrangig auf die Änderung der Umwelt zum Zwecke der Änderung der Person abzielt. Durch die Veränderung der Situationstypen (oder der objektiven Situationsmuster), in denen sich jemand befindet, wird auch die Art, wie er mit anderen interagiert, geändert – und im Zusammenhang damit schließlich seine Einstellungen. Durch den neuen Arbeitsplatz, durch einen veränderten Familienstand, eine andere Schule, einen neuen Lehrer usw. lassen sich Einstellungen ebenfalls ändern. In jeder Gesellschaftsform gibt es eine Anzahl von Untereinheiten organisierten Interagierens, die Sozialsysteme genannt werden könnten. Eine Familie, eine Schule, ein Unternehmen, ein Baseball-Team oder ein Krankenhaus sind solche sozialen Systeme. Innerhalb jedes sozialen Systems werden an die Beteiligten Rollen herangetragen, die ganz allgemein für jeden eine Verhaltenserwartung spezifizieren hinsichtlich seiner Interaktion mit anderen Beteiligten. In der Familie gibt es die Rollen von Vater, Mutter und Kindern, wobei jede sich mit Verhaltenserwartungen verbindet, nämlich wie ein jeder mit jedem anderen umzugehen habe. Diese Rollenerwartungen werden weiter durch Normen und Werte gestützt, die bestimmen, was einer gegebenen Rolle entspricht. Ein soziales System gibt somit ein gewisses Muster oder eine *Struktur* vor, aus der

---

Tabelle 3.2. Ansätze zum Einstellungswandel.

   I. Lerntheoretische Ansätze
       Methoden des klassischen Konditionierens
       Methoden des operanten Lernens
       Methoden des Yale-Programms: Informator, Mitteilung, Faktoren seitens der Zuhörerschaft
  II. Kognitive Ansätze
       Gestaltpsychologische Methoden
       Methoden nach der Theorie der kognitiven Dissonanz
 III. Funktionale Ansätze
       Die funktionale Theorie nach *Katz*
       Die „Rational-emotive theory" nach *Ellis*
 IV. Ansätze der sozialen Einflußnahme
       Methoden im Bereich der Bezugsgruppe
       Methoden im Bereich der Bezugsperson
  V. Intervention nach dem Modell der Sozialstrukturgenese der Einstellung

3. Methoden der Einstellungsänderung

sich Rollenvorschriften ableiten. Im Prozeß der Durchführung dieser Rollen nun entwickelt der einzelne entsprechende Auffassungen, *Einstellungen* und Gefühle. Eine Änderung im System hat Änderungen der Rollen im Gefolge, und die somit veränderte Interaktion verändert die Einstellungen und Gefühle der Beteiligten. Die Struktur eines sozialen Systems führt also zu einem bestimmten Interaktionsverlauf zwischen den Beteiligten, der seinerseits zum Erwerb bestimmter Einstellungen führt. Eine weiter gehende Erörterung dieser sozialstrukturgenetischen Theorie des Einstellungserwerbs und -wandels findet sich bei *Watson* und *Johnson* [64].

Wenn jemand Sie um Hilfe ersucht, so ist es ganz und gar nicht unwichtig, Möglichkeiten von Änderungen im sozialen System oder den Rollenwechsel zu erwägen, um mittels der so gewonnenen neuen Interaktionsmuster einen Einstellungswandel anzubahnen. Jemand mag sich an dem einen Arbeitsplatz ständig für einen Versager halten, an einem anderen aber Erfolgserlebnisse haben; in der einen Freundesgruppe wird an jemanden die unbequeme Rolle des „Intellektuellen" herangetragen, was ihm Unbehagen bereitet, während derselbe in einer anderen Freundesgruppe die Erwartung antrifft, die bequeme und vertraute Rolle des Clowns zu spielen.

Die Festigung neuerworbener Einstellungen

Nachdem Sie in den Sitzungen mit Ihrem Patienten die Bedingungen des Einstellungswandels herbeigeführt sowie eine Theorie (oder eine Kombination von Theorien) der Einstellungsveränderung ausgewählt und ausgeführt haben, wird es notwendig, sich mit der Festigung der neuen Einstellungen zu befassen, so daß sie zukünftigen Krisen standhalten können und die von anderer Seite herangetragenen Änderungsversuche heil überstehen. Neue Einstellungen sind erwerbbar; alte Einstellungen lassen sich ablegen. Soll aber jemandem wahrhaft geholfen werden, dann müssen die neuen Einstellungen gefestigt werden, so daß das Einstellungssystem nicht ins alte Gleis zurückfällt, sobald die Hilfestellung aufhört. Vier Wege zur Festigung neuer Einstellungen durch den Helfenden bieten sich an. Zum ersten die so weit getriebene Diskussion der neuen Einstellungen, daß sie sich in das Einstellungssystem des Betreffenden integrieren. Da Einstellungen sich zu Systemen ordnen, wirkt sich eine Änderung von nur wenigen Einstellungen auf viele weitere Einstellungen des Gesamtverbandes aus, der sich zur Aufnahme der neuen Einstellungen im einzelnen modifizieren und insgesamt reorganisieren muß. Beispielsweise erfordert u.U. die Veränderung der Selbst-Einstellungen den Austausch oder die Veränderung von Werteinstufungen gegenüber der Berufsneigung, gegenüber der erwarteten Art und Weise des Entgegenkommens anderer Menschen, gegenüber den im Rahmen von Leistungsaktivitäten einzugehenden Risiken, der Art von Frauen, die man um ein Rendezvous bitten möchte, gegenüber der Glaubwürdigkeit der Wertschätzung, die einem die Eltern entgegenbringen, und so weiter. Die kognitive Organisation von Einstellungen hat eine wesentliche

Bedeutung; daher wird der Einstellungswandel nicht von Dauer sein, wenn er nicht zu neuen Gestalten oder neuen Systemen von Einstellungsbündeln führt.

Zum zweiten lassen sich neue Einstellungen dadurch festigen, daß sie in bestimmte Kausalketten mitsamt deren Konsequenzen fest eingebaut werden. Räumen die neuen Einstellungen mit dem alten selbstschädigenden Verhalten auf und regen sie selbstfördernde Aktivitäten an, dann werden wachsende Befriedigung, Freude und Leistungsfähigkeit sowie das verminderte Leid und die abgeklungene Depressivität diese Einstellungen aufrechterhalten. Die genannten Folgen müssen dem Patienten aber deutlich sein; neue Einstellungen überleben nicht, sofern ihre Konsequenzen nicht klar sind.

Zum dritten werden Einstellungen durch eine Art Immunisierung gegen Veränderung gefestigt. Wie man jemanden gegen physische Krankheit zu immunisieren vermag, so kann jemand, wenigstens zu einem gewissen Grad, gegen Einstellungsänderungen immunisiert werden. Durch ein leicht herausforderndes Argumentieren gegen die neuen Einstellungen vermag der Helfende den Patienten dahin gehend zu stimulieren, daß er starke Argumente für seine neuen Einstellungen entwickelt und sie auch gegen zukünftige Änderungsversuche (mit denselben Mitteln) verteidigt. Die Immunisierung besteht also darin, den Patienten so zu präparieren, daß er seine neuen Einstellungen gegen auftretenden Widerstand verteidigt. Beispielsweise könnte ein Hilfeleistender ein kurzes Rollenspiel entwerfen, worin er selbst die Rolle einer jener Personen übernimmt, die am Aufbau der alten, selbstbehindernden Einstellungen des Patienten beteiligt waren, und also die neuerworbenen Einstellungen herausfordernd angreift. Eine abgemilderte Form davon läßt sich in der Frage zusammenfassen: „Was werden Sie antworten, wenn ‚X' zu Ihnen sagt: Sie sind ja gar nicht in der Lage, ‚y' zu tun!?"

Zum vierten läßt sich die Änderung stabilisieren, indem im Betreffenden das Gefühl gefördert wird, er sei für die Änderung persönlich verantwortlich. Wenn jemand eine heilsame Änderung seiner eigenen Bemühung zuordnet, so bleibt er mit höherer Wahrscheinlichkeit dabei, als wenn er sie äußeren Kräften wie dem Glück, einer „magischen" Technik oder einem mächtigen Helfer zuschreibt. Sie können den Patienten während des gesamten Umgangs mit ihm dazu ermuntern, daß er die Änderung seiner eigenen Person zuschreibt. Am Anfang der Beziehung sollten Sie betonen, der Prozeß werde eine kooperative Bemühung sein, worin aber der Patient den Hauptteil der Arbeit zu übernehmen habe. Wenn Sie dann Änderungen vorschlagen, so sollten Sie den Anschein offenen Drucks zu vermeiden suchen. Das bedeutet, Sie sollten nicht zu befehlsmäßigen Behauptungen, zu Kommandos oder strengen Schlußfolgerungen greifen, es sei denn, solche wären der einzige Weg zu Ihrem Ziel. Wenn eine erfolgreiche Änderung einmal vollzogen ist, dann sollten Sie betonen, wie der Patient selbst sich für die Änderung *entschied*. Sie können diese Haltung, sich persönlich entschieden zu haben, dem Patienten anzeigen, indem Sie ausdrücklich auf all jene selbstschädigenden Handlungen hinweisen, die er zwar hätte ausführen können, die er aber inzwischen unterlassen hat. Mit derlei Maßnahmen helfen Sie ihm, seine neuen Einstellungen und sein neues Verhalten zu „besitzen".

3. Methoden der Einstellungsänderung

Ethische Fragestellungen und die soziale Verantwortung

Bei dem vorsätzlichen Versuch, die Einstellungen anderer zu beeinflussen, erheben sich ernste ethische Fragen. Bevor ein solcher Vorstoß unternommen wird, müssen Wert und Notwendigkeit der Beeinflussungsversuche gegen die Möglichkeit abgewogen werden, daß andere aus eigenen Bedürfnissen und zum Zwecke der eigenen Zufriedenheit manipuliert, ausgenützt oder einer Hirnwäsche unterzogen werden. *Der Versuch, einem andern Menschen zu helfen, verbindet sich mit der Verantwortung, daß nicht gegen jenes andern grundlegende Interessen und Bedürfnisse gearbeitet wird.* Zudem sollte zur Kenntnis genommen werden, daß der einzige Weg, ethische Maßstäbe in eine Hilfeleistungsbeziehung hineinzutragen, für den Helfenden darin besteht, seine Vorstellungen von Moral zuallererst in der eigenen Person durchzusetzen und sein Handeln diesen Maßstäben zu unterwerfen. Solange sich das Verhalten des Helfers auf Fürsorge, Achtung und Rücksichtnahme gegenüber dem Patienten stützt, bleiben die Verletzungen der Ethik gering. Jeder, der Hilfeleistung beabsichtigt, hat daher einen persönlichen ethischen Kodex aufzubauen, dem gegenüber er sich Rechenschaft ablegt. Hoffentlich geben die folgenden Punkte eine Vorstellung davon, was ein solcher persönlicher Moralkodex enthalten kann.

Die erste Reihe von Einzelpunkten hinsichtlich des Gebrauchs von Einstellungsänderungs-Methoden zur Hilfeleistung betrifft den Vertrag zwischen Hilfeleistendem und dem Patienten. Das Wesen des Vertrags sollte beiden Teilen klar sein; die Zahl der Lernschritte, die Angemessenheit und die Ziele der Hilfeleistungen, der Beendigungstermin der Beziehung sowie die Absichten und die Ziele des Hilfeleistenden sollten beiden Parteien klar sein. Darüber, was zu tun sei, muß eine klare wechselseitige Übereinstimmung herrschen, bevor die Hilfeleistung beginnt.

Bei der zweiten Reihe von zu beachtenden Punkten geht es um die Tätigkeiten des Helfenden. Zum ersten muß alles, was er unternimmt, sich auf empirisch validiertes Wissen stützen. Folklore, Aberglaube, der sogenannte gesunde Menschenverstand, Steckenpferde und verbreitete Zaubertricks sowie die persönliche Erfahrung bilden kein angemessenes Fundament, um anderen Menschen zu helfen; daher bedarf es einer sorgfältigen Kenntnis der Sozialpsychologie des Einstellungswandels, bevor jemand sich als eine Person anbietet, die anderen bei Problemen des Einstellungswandels helfen könne. *Einem anderen Menschen zu helfen versuchen, wenn man nicht weiß wie, ist sowohl unmoralisch wie unverantwortlich.* Viel Schaden wurde schon von Leuten angerichtet, die zwar gute Absichten hatten, aber kein Wissen, und nur einfach helfen wollten. Ein zweiter, damit zusammenhängender Punkt ist, daß der Hilfeleistende über Kompetenz, Vorbereitung und Übung in der Anwendung seiner Kenntnisse verfügen sollte. *Theoretische Kenntnisse genügen nicht; auch eingeübte Fertigkeiten und Befähigungen sind nötig.* Drittens sollte der Helfende zu jedem Zeitpunkt der Hilfeleistungsbeziehung imstande sein, die seiner Arbeit zugrunde liegende Theorie sowie die Art und Weise, wie die unternommenen Aktionen mit dieser Theorie in Verbindung stehen, zu erklären. Dies bedeutet keineswegs, daß der Helfende nicht von seiner Intuition und seinen Impulsen Gebrauch machen kann, aber im Nachhinein sollte es möglich sein, die hinter dem Einfall waltende Theorie zu rekonstruieren.

Viertens sollte sich der Helfende seines Verhaltensstiles und seiner persönlichen Bedürfnisse bewußt sein und bei der Ausführung seiner Rolle mit beiden schöpferisch umgehen; der Helfende sollte sich der Wirkung seiner Bedürfnisse und seines Stils auf den Patienten bewußt sein.

Fünftens soll die vom Patienten eröffnete Information streng vertraulich behandelt werden; selbst wenn Sie einem Kind helfen, und ein Elternteil würde wissen wollen, was das Kind in der Behandlung sagt, ist es wesentlich, zuerst die Erlaubnis des Kindes zur Preisgabe seiner Enthüllungen einzuholen. Jede Möglichkeit, daß eine vom Patienten preisgegebene Information zu seinem Schaden verwendet werden könnte, muß auf ein Minimum reduziert werden.

Sechstens sollte der Helfende im Idealfalle imstande sein, die Anzeichen von ernstem psychischem Streß zu erkennen und verantwortbare Entscheidungen zu fällen, wenn derlei Probleme anfallen. Der Helfende muß wissen, wo Notfalldienste (wie das nächste Krankenhaus mit einer psychiatrischen Station) bereitstehen.

Siebentens sollten die Einzelsitzungen bewertet werden, um den Helfenden mit Feedback zur Verbesserung seiner künftigen Leistungen zu versehen. Es ist zu hoffen, daß der Helfende sich mit erfahreneren Hilfeleistenden darüber berät, was er tut, und ebenso, daß er den Patienten nach seinen Gefühlen und Reaktionen befragt. Schließlich sollte eine Katamnese ermöglicht werden, um die Wirkung der Hilfeleistungssitzungen auf die Teilnehmer zu beurteilen und jegliche Gefühle und Reaktionen, die zu späterer Zeit bei Patienten auftreten, zu diskutieren.

Das mehrmalige Durchlesen dieses Kapitels und die intelligente und vorsichtige Anwendung des gebotenen Materials wird die Hilfeleistungsfähigkeit der meisten Leser anheben. Leser, die an weiteren besonderen Verfahren zum Aufbau von Fertigkeiten interessiert sind, werden auf *Johnson* [25] sowie auf *Johnson* und *Johnson* [34] verwiesen. Es ist nicht nötig, ein erfahrener Therapeut zu sein, um einem Freund in einer wichtigen Sache problemlösend beizustehen oder ein Inventar selbstbehindernder Einstellungen zu berichten. Aber es ist wichtig, den Unterschied zu erkennen, der darin besteht, ein hilfreicher Freund zu sein, und formell Psychotherapie zu betreiben, und man sollte die Hilfeleistung ausschließlich im abgesteckten Bereich der durch Übung erworbenen Befähigungen durchführen.

Literatur

[1] *Blechman, E.:* Attribution theory and family therapy. Paper presented at the 1973 Convention of the American Psychological Association in Montreal, Quebec.

[2] *Chittick, E. V.* and *P. Himelstein:* The manipulation of self-disclosure. Journal of Psychology 65 (1967), 117–121.

[3] *Colson, W. N.:* Self-disclosure as a function of social approval. Un-

3. Methoden der Einstellungsänderung

published Master's thesis, Howard University, 1968.
[4] *Deutsch, M.:* Conditions affecting cooperation. Final Technical Report for the Office of Naval Research, Contract NONR-285, 1957.
[5] *Deutsch, M.:* Cooperation and trust: Some theoretical notes. In *M. R. Jones* (Ed.), Nebraska symposium on motivation. University of Nebraska Press, Lincoln, Nebraska 1962, 275-320.
[6] *Deutsch, M.* and *R. Krauss:* Studies of interpersonal bargaining. Journal of Conflict Resolution 6 (1962), 52-76.
[7] *Drag, L. R.:* Experimenter-subject interaction: A situational determinant of differential levels of self-disclosure. Unpublished Master's thesis, University of Florida, 1968.
[8] *Ellis, A.:* Reason and emotion in psychotherapy. Lyle Stuart, New York 1962.
[9] *Festinger, L.:* A theory of cognitive dissonance. Row, Peterson, Evanston, Ill. 1957.
[10] *Frank, J.D.:* Persuasion and healing. A comparative study of psychotherapy. Revised edition. Baltimore: The Johns Hopkins University Press, 1973.
[11] *Friedlander, F.:* The primacy of trust as a facilitator of further group accomplishment. Journal of Applied Behavioral Science 6 (1970), 387-400.
[12] *Fromm-Reichmann, F.:* Principles of intensive psychotherapy. University of Chicago Press, Chicago, 1950.
[13] *Gahagan, J. P.* and *J. T. Tedeschi:* Strategy and the credibility of promises in the Prisoner's Dilemma game. Journal of Conflict Resolution 12 (1968), 224-234.
[14] *Gibb, J. R.:* Climate for trust formation. In L. P. Bradford, J. R. Gibb and K. D. Benne (Eds.), T-group theory and laboratory method. Wiley, New York 1964.
[15] *Glasser, W.:* Reality therapy: A new approach to psychiatry. Harper, New York 1965.
[16] *Goldstein, A. P., K. Heller* and *L. B. Sechrest:* Psychotherapy and the psychology of behavior change. Wiley, New York 1966.
[17] *Heider, F.:* The psychology of interpersonal relations. Wiley, New York 1958.
[18] *Johnson,D.W.:* The use of role reversal in intergroup competition. Unpublished Doctoral dissertation, Columbia University, 1966.
[19] *Johnson,D.W.:* The use of role reversal in intergroup competition. Journal of Personality and Social Psychology 7 (1967), 135-141.
[20] *Johnson, D. W.:* The effects upon cooperation of commitment to one's position and engaging in or listening to role reversal. Unpublished research report, University of Minnesota, 1968.
[21] *Johnson, D. W.:* Role reversal: A summary and review of the research. International Journal of Group Tensions 1 (1971), 318-334. (a)
[22] *Johnson, D. W.:* The effects of warmth of interaction, accuracy of understanding, and the proposal of compromises on the listener's behavior. Journal of Counseling Psychology 18 (1971), 207-216. (b)
[23] *Johnson, D. W.:* The effectiveness of role reversal: The actor or the listener. Psychological Reports, 28 (1971), 275-282. (c)
[24] *Johnson, D.W.:* The effects of the order of expressing warmth and anger upon the actor and the listener. Journal of Counseling Psychology 18 (1971), 571-578. (d)
[25] *Johnson, D. W.:* Reaching out: Interpersonal effectiveness and self-actualization. Prentice-Hall, Englewood Cliffs, N.J. 1972. (a)
[26] *Johnson, D. W.:* The effects of role reversal on seeing a conflict from the opponent's frame of reference. Unpublished manuscript, University of Minnesota, 1972. (b)
[27] *Johnson, D. W.:* Contemporary social psychology. Lippincott, Philadelphia 1973. (a)
[28] *Johnson, D. W.:* Communication in conflict situations: A critical review of the research. International Journal of Group Tensions 3 (1973). (b)
[29] *Johnson, D. W.:* Cooperativeness and social perspective taking. Journal of Personality and Social Psychology 31 (1975), in press.

[30] *Johnson, D. W.* and *D. Neale:* The effects of models, reference groups, and social responsibility norms upon participation in prosocial action activities. Journal of Social Psychology 81 (1970), 87–92.

[31] *Johnson, D. W.* and *M. P. Noonan:* The effects of acceptance and reciprocation of self-disclosures on the development of trust. Journal of Counseling Psychology 19 (1972), 411–416.

[32] *Johnson, D. W.* and *S. Johnson:* The effects of attitude similarity, expectation of goal facilitation, and actual goal facilitation on interpersonal attraction. Journal of Experimental Social Psychology 8 (1972), 197–206.

[33] *Johnson, D. W.* and *R. T. Johnson:* Instructional structure: Cooperative, competitive, or individualistic. Review of Educational Research 44 (1974), 213–240.

[34] *Johnson, D.W.* and *R.T. Johnson:* Joining together: Group theory and group skills. Prentice-Hall, Englewood Cliffs, N.J. 1975. (a)

[35] *Johnson, D. W.* and *F. P. Johnson:* Learning together and alone: Cooperation, competition, and individualization. Prentice-Hall, Englewood Cliffs N.J. 1975. (b)

[36] *Johnson, S.* and *D. W. Johnson:* The effects of others' actions, attitude similarity, and race on attraction towards the other. Human Relations 25 (1972), 121–130.

[37] *Jones, E.E., D.E. Kanouse, H.H. Kelly, R. E. Nisbett, S. Valins* and *B. Weiner:* Attribution: Perceiving the causes of behavior. N. J. Morristown: General Learning Press, 1971.

[38] *Jourard, S.M.* and *R. Friedman:* Experimenter-subject distance and self-disclosure. Journal of Personality and Social Psychology 15 (1970), 278–282.

[39] *Katz, D.:* The functional approach to the study of attitudes. Public Opinion Quarterly 24 (1960), 163–204.

[40] *Katz, D.* and *E. A. Stotland:* A preliminary statement to a theory of attitude structure and change. In *S. Koch* (Ed.), Psychology: A study of a science. Vol. 3. McGraw-Hill, New York 1959, 423–475.

[41] *Kelly, G. A.:* The psychology of personal constructs, Vol. 2: Clinical diagnosis and psychotherapy. Norton, New York 1955.

[42] *Kirtner, W. L.* and *D. S. Cartwright:* Success and failure in client-centered therapy as a function of initial in-therapy behavior. Journal of Consulting Psychology 22 (1958), 329–333.

[43] *Krauss, R. M.* and *M. Deutsch:* Communication in interpersonal bargaining. Journal of Personality and Social Psychology 4 (1966), 572–577.

[44] *Litcher, J.* and *D.W. Johnson:* Changes in attitudes towards Negroes of white elementary school students after use of multi-ethnic readers. Journal of Educational Psychology 60 (1969), 148–152.

[45] *McCroskey, J. C., C. E. Larson* and *M. L. Knapp:* Introduction to interpersonal communication. Prentice-Hall, Englewood Cliffs, N.J. 1971.

[46] *Matross, R. P.:* Insight and attribution in counseling and psychotherapy. Office for Student Affairs Research Bulletin, University of Minnesota, 1974. (a)

[47] *Matross, R. P.:* Socratic methods in counseling and psychotherapy. Office for Student Affairs Research Bulletin, University of Minnesota, 1974. (b)

[48] *Mellinger, C. D.:* Interpersonal trust as a factor in communication. Journal of Abnormal and Social Psychology 52 (1956), 304–309.

[49] *Mischel, W.:* Personality and assessment. Wiley, New York 1968.

[50] *Murdock, P., R. Chenowith* and *K. Riseman:* Eligibility and intimacy effects on self-disclosure. Paper presented at the meeting of the Society of Experimental Social Psychology, Madison, Wisconsin 1969.

[51] *Rogers, C. R.:* Client-centered therapy. Houghton Mifflin, Boston 1951.

[52] *Rogers, C.R.:* Dealing with psychological tensions. Journal of Applied Behavioral Science 1 (1965), 6–25.

[53] *Sarnoff, I.* and *D. Katz:* The motivational basis of attitude change. Journal of

Abnormal and Social Psychology 49 (1954), 115–124.
[54] *Schlenker, B. R., B. Helm* and *J. T. Tedeschi:* The effects of personality and situational variables on behavioral trust. Journal of Personality and Social Psychology 25 (1973), 419–427.
[55] *Schlenker, B. R., B. Helm, P. Nacci* and *J. T. Tedeschi:* The generalization of credibility across influence modes: Compliance to threats as a function of promise credibility. Authors, State University of New York at Albany 1972 (mimeo).
[56] *Schmidt, L.D.* and *S.R. Strong:* Expert and in-expert counselors. Journal of Counseling Psychology 17 (1970), 115–118.
[57] *Schroeder, P.:* Client acceptance of responsibility and difficulty of therapy. Journal of Consulting Psychology 24 (1960), 467–471.
[58] *Skilbeck, W.M.:* Attribution theory and crisis intervention therapy. Paper presented at the 1973 Convention of the American Psychological Association in Montreal, Quebec, Canada.
[59] *Strong, S.R.:* Counseling: An interpersonal influence process. Journal of Counseling Psychology 15 (1968), 215–224.
[60] *Sullivan, H. S.:* The interpersonal theory of psychiatry. Norton, New York 1953.
[61] *Taylor, D.A.:* The effects of social reinforcement and self-disclosure patterns on interpersonal behavior. Unpublished manuscript, University of Delaware 1964.
[62] *Taylor, D. A., I. Altman* and *R. Sorrentino:* Interpersonal exchange as a function of rewards and costs and situational factors: Expectancy confirmation-disconfirmation. Journal of Experimental Social Psychology 5 (1969), 324–339.
[63] *Walton, R.E.* and *R.B. McKersie:* Attitude change in intergroup relations. Institute for research in the behavioral, economic, and management sciences. Paper No. 86, Purdue University.
[64] *Watson, G.* and *D. W. Johnson:* Social psychology: Issues and insights. Lippincott, Philadelphia 1972.
[65] *Wolpe, J.* and *A. A. Lazarus:* Behavior therapy techniques. Pergamon Press, New York 1966.
[66] *Worthy, M., A. L. Gary* and *G. M. Kahn:* Self-disclosure as an exchange process. Journal of Personality and Social Psychology 13 (1969), 59–63.

4. Kognitive Methoden der Verhaltensänderung[1])

Marvin R. Goldfried und Anita P. Goldfried

> Wir denken nicht ...
> Wir denken nur zu denken.

Als der verhaltenstherapeutische Ansatz erstmals der etablierten Psychiatrie bekannt wurde, stieß er auf allseitige Kritik. Wie eingangs ausgeführt, stellt die Arbeit des verhaltenstheoretisch orientierten Therapeuten eine Abkehr von der traditionellen klinischen Praxis dar. Einer der zahlreichen kritisierten Punkte betraf das Fehlen jeglicher Bezugnahme auf die kognitiven Prozesse des Klienten. Bezeichnenderweise wurde Verhaltenstherapie in ihren Anfängen – die so lange noch nicht zurückliegen – als die Anwendung von Lernprinzipien gegen störende Verhaltensweisen definiert. Diese Lernprinzipien gehen auf Laboratoriumsuntersuchungen zurück, die – übereinstimmend mit der damaligen Auffassung, daß unangepaßtes Verhalten durch Paarung bestimmter Reize oder Darbietung geeigneter Verstärkungskontingenzen modifiziert werden können – hauptsächlich mit den Methoden des klassischen Konditionierens bzw. operanten Verstärkens arbeiteten.

Inzwischen sind Theorie und Methode der Verhaltungstherapie in zahlreichen Punkten weiterentwickelt worden. Unter anderem erkannte man die große Bedeutung kognitiver Variablen für das Verstehen und Verändern menschlichen Verhaltens. Ohne jenen psychotherapeutischen Verfahren, die aus den Prinzipien des klassischen und operanten Konditionierens abgeleitet sind, in allen Fällen eine Wirksamkeit abzusprechen, sehen nun viele Verhaltenstherapeuten immer deutlicher, daß Techniken, die ausschließlich auf den genannten Prinzipien beruhen, komplexeren Störungen nicht gerecht werden. So stellen *Davison* und *Goldfried* [9] fest: „Wir bestreiten keineswegs die Bedeutung des klassischen und operanten Konditionierens als Mittel der Verhaltensänderung, berücksichtigen jedoch in unserer Therapiekonzeption darüber hinaus jene Befunde, die insbesondere auf die entscheidende Rolle kognitiver und anderer vermittelnder Prozesse für die Modifikation menschlichen Verhaltens hinweisen" (S. 82). Andere Verhaltenstherapeuten gingen noch einen Schritt weiter, z.B. *Kanfer* [25]: „Ohne Einbeziehung dieser (kognitiven) Phänomene in das behavioristische Modell sind sehr wahrscheinlich die Tage des Behaviorismus, selbst als Methodologie, gezählt" (S. 212).

Die Nichtberücksichtigung kognitiver Variablen war teilweise durch das Bemühen bedingt, eine Therapiekonzeption mit streng „wissenschaftlicher" Basis zu

---

[1]) Diese Arbeit wurde gefördert vom National Institute of Mental Health (MH24327).

Übersetzt von Reinhard Bodack

4. Kognitive Methoden der Verhaltensänderung

entwickeln. Erst später sah man ein, daß diese Besorgnis grundlos war. Eine Reihe der exponiertesten Lerntheoretiker und Experimentalpsychologen weist nämlich heute eingehend darauf hin, daß eine zu enge Definition des Lernens keinen angemessenen Zugang zu den komplexeren Verhaltensweisen des Menschen bietet. *Hilgard* und *Bower* [24] z.B. gelangen in dem vielleicht meistzitierten Standardwerk der Lerntheorie zu der Schlußfolgerung:

> Es mag durchaus verschiedene Arten des Lernens geben, die sich vom Einfacheren bis hin zum Komplexeren erstrecken, und es kann durchaus sein, daß sie nicht alle den gleichen Prinzipien folgen. Wenn das aber so ist, dann wissen wir nicht von vornherein, ob sich nur dann und erst dann die Notwendigkeit zu einer scharfen Unterscheidung ergibt, wenn wir bis zum „Urteilen" gelangt sind. Behandelt man diese schwer einstufbaren Vorgänge auch weiterhin im Rahmen der Lernvorgänge, so besagt dies lediglich, daß eine vollständige Lerntheorie auch etwas über Urteile, schöpferische Einbildungskraft und Erfindergeist zu sagen haben muß und daß sie dabei über das hinausgehen sollte, was sie über Einprägung und Behalten oder über die Aneignung von Fertigkeiten aussagt [24].

Estes [15] – ein recht bekannter Lerntheoretiker und interessanterweise ein ehemaliger *Skinner*-Schüler – vertritt einen ähnlichen Standpunkt:

> Das im jeweiligen Augenblick beobachtete Verhalten primitiver Tiere, sehr kleiner Kinder und in gewisser Weise von Menschen jeden Alters mit hirnorganischen Schädigungen oder schweren Neurosen kann weitgehend als Reaktion auf bestimmte Reize und die belohnenden oder bestrafenden Konsequenzen früherer Reiz-Reaktions-Sequenzen beschrieben werden und ist damit gut vorhersagbar.
> Ein Großteil des Wirk-, insbesondere aber des Verbalverhaltens wird beim gesunden Menschen kortikal gesteuert; es sollte meist eher als ein Anwenden von Regeln, Prinzipien, Strategien u.ä. und weniger als eine Folge von Reaktionen auf bestimmte Stimuli aufgefaßt werden. So wird vielfach das augenblickliche Verhalten durch eine eher allgemeine Strategie gesteuert, die, einmal gelernt, die Reaktionsketten bestimmt, und nicht durch die erwarteten Folgen einzelner Handlungen. In diesen Situationen wird die Wahl der Handlungsstrategie eher durch die im Laufe der Lerngeschichte erfahrenen Belohnungen und Bestrafungen beeinflußt als durch die Wahl bestimmter Reaktionen auf Reize[1]).

Der Fortschritt in der Verhaltenstherapie beschränkt sich aber nicht nur auf die stärkere Beachtung komplexer Lernvorgänge. Anstatt den Tätigkeitsbereich als die Anwendung von Lernprinzipien zur Beseitigung störenden Verhaltens beim Menschen zu definieren, setzt sich immer mehr die Auffassung von *Goldstein, Heller* und *Sechrest* [23] durch, daß alle Gesetze der Psychologie im klinischen Bereich bedeutsam sein können. Von daher hat sich das Repertoire an verhaltenstherapeutischen Techniken noch erweitert.

Die Entwicklung in den letzten Jahren hat im wesentlichen dazu geführt, daß kognitive Prozesse eine höchstbedeutsame Rolle in der verhaltenstherapeutischen Praxis spielen. Schon eine flüchtige Durchsicht der gängigen Bücher zur Verhaltenstherapie bestätigt diesen Eindruck (z.B. [2, 19, 26, 29, 42]).

---

[1]) Mit freundlicher Genehmigung aus *Estes, W. K.:* Reward in human learning: Theoretical issues and strategic choice points. In R. *Glaser* (Ed.): The nature of reinforcement. New York: Academic Press, 1971.

Wir möchten im folgenden zwei Verfahren der Verhaltensänderung darstellen, die paradigmatisch bei den kognitiven Prozessen ansetzen. Der Abschnitt über die systematische kognitive Umstrukturierung behandelt Techniken, mit deren Hilfe der Klient unangepaßte emotionale Reaktionen abbauen kann, indem er lernt, die kritischen Situationen präziser zu verbalisieren. Überspitzt ausgedrückt, lehrt diese Methode den Klienten „logisches Denken". Das zweite therapeutische Verfahren übt das Lösen von Problemen ein.

Es soll dem Klienten eine allgemeine Strategie vermitteln, mit den Schwierigkeiten in seinem Alltag fertigzuwerden; d. h. er lernt, die Dinge richtig zu sehen und sich richtig zu entscheiden.

Zuvor noch ein letzter Hinweis: Mit Begriffen wie „Umstrukturierung" und „Bewältigungsstrategie" meinen wir nicht irgendwelche spezifischen Hirnprozesse. Vielmehr verwenden wir solche Bezeichnungen rein deskriptiv oder operational, denn wir denken hier an die therapeutischen Instruktionen, die wir dem Klienten geben sowie an sein Vertrauen in sie.

Systematische kognitive Umstrukturierungstherapie

Die Erwartungen und Annahmen, mit denen jemand seiner Umwelt begegnet, können sich entscheidend auf sein emotionales und sichtbares Verhalten gegenüber dieser Umwelt auswirken. Dies gilt auch für den Therapiebereich. Beispielsweise steht der spätere Erfolg einer beliebigen therapeutischen Aktivität im Zusammenhang mit dem vom Klienten erwarteten Ausgang der Therapie [22]. Ferner sind wirksame Therapieverfahren unter der Voraussetzung entwickelt worden, daß sich Verhaltensänderungen durch Modifikation der Erwartungshaltungen der betreffenden Person herbeiführen lassen (z. B. [3, 14, 20, 27, 31, 37, 41]).

Die Begriffe „Erwartung" und „Annahme" können synonym mit dem aus der experimentellen Sozialpsychologie bekannten Konstrukt „Einstellung" gebraucht werden. Zahlreiche experimentelle Untersuchungen haben gezeigt, daß die emotionalen Reaktionen und die objektive Leistung in einer Testsituation mit der Einstellung variieren, mit der ein Proband an die Aufgabe herangeht. Wie jemandem beigebracht werden kann, sich mit bestimmten Aufgaben in einem Experiment mit dieser oder jener Einstellung auseinanderzusetzen, so können Klienten vermutlich allgemeine Einstellungen lernen, mit denen sie verschiedenen Alltagssituationen begegnen. So wird der Pessimist, falls er sich überhaupt bemüht, vorzeitig aufgeben in der Meinung, daß es wahrscheinlich doch nicht klappt. Der Optimist dagegen hat eine größere Ausdauer in der Hoffnung, vielleicht doch erfolgreich zu sein. Erfolg oder Mißerfolg einer Anstrengung verstärken diese anfänglichen Erwartungen.

In einem der ersten Versuche, Verhaltensprinzipien auf die höheren kognitiven Prozesse anzuwenden, beschreiben *Dollard* und *Miller* [11], wie Selbstverbalisationen emotionale Erregungen hervorrufen können. Sie meinen, daß häufig das emotionale Befinden einer Person davon abhängt, wie sie einen Reiz bewertet

4. Kognitive Methoden der Verhaltensänderung

oder sprachlich etikettiert, und nicht unbedingt von den objektiven Kennzeichen der Situation selbst. Klassifiziert jemand eine Situation als „gefährlich", ist sein Erregungsanstieg die direkte Antwort auf das Adjektiv „gefährlich". Soweit die Situation richtig beurteilt ist – wie es z.B. zuträfe, wenn jemand mit seinem Auto auf einem Bahngleis, auf dem gerade ein Zug heranbraust, hängenbliebe – wird die emotionale Erregung als situationsangemessen befunden. Bezeichnet jemand eine Situation fälschlich als gefährlich – wie im Fall der sozialängstlichen Person, die sich sogar unter freundlichen Menschen unbehaglich fühlt – ist diese Reaktion als unangepaßt zu werten. Das Wesentliche ist hier, daß die Erregung eine logische Antwort auf das für die betreffende Situation gewählte Sprachsymbol ist; was dagegen nicht stimmt, ist der verwendete Begriff. In solchen Fällen sollte sich das therapeutische Bemühen gegen die verzerrte Wahrnehmung richten, da solche unangemessenen Selbstverbalisationen zu unangemessenen emotionalen Erregungen und Verhaltensweisen führen.

Auf dieser Grundannahme, daß emotionale Erregung und unangepaßtes Verhalten durch die individuellen Interpretationen vermittelt sind, baut die „Rational-Emotive-Therapy" von Albert *Ellis* [14] auf. Immer mehr verhaltenstheoretisch orientierte Kliniker haben in den letzten Jahren die Bedeutung des Ansatzes von *Ellis* erkannt und versucht, seine Methode verhaltenspsychologisch zu adaptieren [20, 31].

Im Mittelpunkt der therapeutischen Methode von *Ellis* steht der Gedanke, daß viele Menschen mit Vorurteilen, unrealistischen Erwartungen oder unlogischen Annahmen an die Dinge herangehen. Je stärker jemand an solchen irrationalen Annahmen festhält, desto eher ordnet er Situationen begrifflich falsch ein.

Typische Beispiele irrationaler Kognitionen nach *Ellis* [14] sind:

1. Jeder erwachsene Mensch muß eigentlich unbedingt von jeder wichtigen Person seiner Umwelt geliebt oder geschätzt werden (S. 61).
2. Man sollte durchweg kompetent sein, an jedem Platz seinen Mann stehen und in jeder Hinsicht tüchtig sein, wenn man vor sich selbst bestehen will (S. 63).
3. Manche Menschen sind schlecht, boshaft oder kriminell, und dafür sollten sie hart angefaßt und bestraft werden (S. 65).
4. Es ist eine Katastrophe, wenn etwas nicht so läuft, wie man es sehr gern hätte (S. 69).
5. Unglück kommt von außen, und man kann wenig oder nichts gegen seine Sorgen und Nöte tun (S.72).
6. Wenn etwas gefährlich oder beängstigend ist, muß man es schrecklich ernst nehmen und immer daran denken, daß es eintreten könnte (S. 75).
7. Es ist leichter, sich gewissen Schwierigkeiten und Verpflichtungen zu entziehen, als ihnen ins Auge zu sehen (S. 78).
8. Man sollte von anderen abhängig sein, und man braucht jemand Stärkeren, auf den man sich verlassen kann (S. 80).
9. Unsere Vergangenheit bestimmt entscheidend unser gegenwärtiges Leben, weil etwas, was uns einmal stark berührt hat, unauslöschlich ist (S. 82).
10. Man sollte über die Probleme und Störungen anderer Leute sehr bestürzt sein (S. 85).
11. Es gibt für alle menschlichen Probleme eine ein für allemal richtige, genaue und perfekte Lösung, und es bedeutet eine Katastrophe, wenn diese Lösung nicht gefunden wird (S. 87) [14].

In einer neueren Untersuchung ermittelten *Goldfried* und *Sobocinski* [21] einen positiven Zusammenhang zwischen dem Ausmaß, in dem eine Person an ihren irrationalen Meinungen festhält, und den Werten bei der Messung von Sozial-, Rede- und Prüfungsangst; ferner hängt die Neigung zu irrationaler Betrachtungsweise zusammen mit dem Grad der persönlichen emotionalen Reizbarkeit in Situationen, auf die sich jene irrationalen Erwartungen beziehen. *Goldfried* und *Sobocinski* wählten die Personen aus, die den unsinnigen Anspruch, jeder Mensch müsse sie lieben und ihnen in allem zustimmen, für sich entschieden bejahten oder entschieden ablehnten. Die Personen dieser beiden Extremgruppen wurden dann gebeten, sich in eine Reihe von Situationen hineinzuversetzen, in denen sie sich von anderen abgelehnt fühlen konnten. Eine typische Situation lautete:

> Es ist Samstagabend und Sie sitzen allein in Ihrem Zimmer. Sie haben nichts besonderes an diesem Abend vor; Sie wissen nicht, wohin Sie gehen könnten. Sie sind ganz für sich allein. Alle Ihre Bekannten haben etwas anderes vor. Es ist ganz still, und Sie fühlen sich ziemlich einsam. Sie möchten mit jemandem zusammen sein, aber niemand ist da; jeder macht irgendetwas anderes. Sie haben etwas zu lesen, aber Sie haben zum Lesen eigentlich keine rechte Lust; lieber wären Sie mit irgend jemandem zusammen (*Goldfried* und *Sobocinski,* unveröffentlicht).

Es stellte sich heraus, daß die Gruppe mit hohem Irrationalitätswert bei der Vorstellung dieser und ähnlicher Szenen mehr Ängstlichkeit und Verärgerung zeigte als die Gruppe mit geringem Bedürfnis nach sozialer Anerkennung.

Eine ganze Zeitlang wurde die Wirksamkeit der rational-emotionalen Therapie im wesentlichen durch Einzelfallstudien nachgewiesen [14]. In den letzten Jahren haben kontrollierte Nachuntersuchungen eine schlüssigere Bestätigung erbracht, daß diese allgemeine Strategie zur Modifikation irrationaler Kognitionen Prüfungsangst [30], Sprechangst [32, 43] und soziale Ängste [10] zu mindern vermag.

Goldfried, Decenteceo und *Weinberg* [20] haben versucht, die rational-emotionale Therapie praxisorientierter darzustellen. Sie führen im einzelnen die Schritte aus, nach denen der Therapeut mit dem Klienten üben könnte, die emotional erregenden Selbstverbalisationen zu modifizieren, mit denen er verschiedenen Lebenssituationen zu begegnen pflegt. Es folgen die Richtlinien für das therapeutische Vorgehen bei der systematischen kognitiven Umstrukturierung.

Therapeutisches Vorgehen

Dieser Abschnitt stellt die praktische Anwendung der kognitiven Umstrukturierung anhand aufgezeichneter Therapeut-Klient-Interaktionen dar. Die ausgewählten Beispiele stammen aus einer Gruppentherapie, weil diese eine ökonomische Behandlungsmethode ist und weil sich diese Technik von vornherein für Gruppen eignet, wo andere Teilnehmer als positive Modelle dienen können. Doch sind die Anleitungen leicht auf eine Einzeltherapie übertragbar. Ähnliches gilt für die Pro-

4. Kognitive Methoden der Verhaltensänderung

tokolle aus einer Gruppe prüfungsängstlicher Klienten: das gleiche Vorgehen ist ohne weiteres auf Klienten mit anderen Schwierigkeiten anwendbar.

Wie bei den meisten verhaltenstherapeutischen Techniken wird zu Beginn der Therapieverlauf erläutert. Bei der kognitiven Umstrukturierung einer Gruppe prüfungsängstlicher Personen sollte der Therapeut in groben Zügen erklären, was die Gruppe tun wird und was der Prüfungsangst zugrundeliegt. Dies verdeutlicht das nachstehende Bandprotokoll:

Therapeut: Ich möchte Ihnen die wesentlichen Überlegungen zum Gesamtkomplex der Angst und zur Angst vor Prüfungssituationen im besonderen vortragen. Wir kommen dann genau auf den Inhalt unseres Programms zu sprechen. Wir gehen davon aus, daß Ihre gegenwärtige Angst vor Prüfungen – und hiermit sind alle möglichen Leistungssituationen gemeint – ganz sicher mit Ihren früheren Erlebnissen zusammenhängt. Das mögen eigene unangenehme Prüfungserlebnisse gewesen sein; oder Sie haben andere bei Prüfungen beobachtet oder von den schlechten Erfahrungen anderer gehört. So hat sich in Ihnen die Einstellung entwickelt, daß Prüfungen ungeheuer wichtig sind und daß Sie dabei gut abschneiden müssen.

Wenn Sie sich anstrengen, wird es dem einen oder anderen vielleicht gelingen, sich solcher negativen Erfahrungen zu erinnern. Aber selbst wenn Ihnen einiges aus Ihrer Vergangenheit bewußt würde, was Ihre Schwierigkeit verursacht haben mag, glaube ich nicht, daß Ihnen all das heute helfen könnte. Stattdessen ist der beste Weg, Ihre Ängstlichkeit zu vermindern, Sie hier und heute neue Erfahrungen machen zu lassen.

Unser Programm beruht auf einigen Überlegungen zum Lernen bzw. Umlernen, die ich Ihnen nennen möchte. Das Hauptziel ist: Abbau von Angst. Wir nehmen an, daß jeder lernen will und daß dies nicht ein Kurs werden soll, wie man Prüfungen macht oder am besten studiert. Vielmehr ist es ein Therapieprogramm zur Angstminderung. Wenn Sie nicht mitlernen, haben Sie einigen Grund, ängstlich zu sein. Arbeiten Sie dagegen mit, werden Sie merken, daß Sie wenig Grund zur Angst haben.

Wir werden auch keine Selbsterfahrungsgruppe sein. Kommen heutzutage mehrere Leute in einem Raum zusammen, so scheint damit eine Bühne zu entstehen, auf der man seinen Gefühlen freien Lauf läßt. Das macht viel Spaß und ich bin wirklich gern dabei, aber ich glaube nicht, daß es Ihnen das gibt, was Sie wünschen. Daher werden wir uns ganz auf eine neue Technik konzentrieren, Angst in Prüfungssituationen zu meistern. Haben Sie hierzu irgendwelche Fragen, oder gibt es Punkte, die Sie zuvor erörtert haben möchten?

Klient: Erfahren wir etwas darüber, wie man für Prüfungen lernt?

Therapeut: Nein, nicht direkt, aber unser Kurs schließt auch diese Art von Lernen ein. Sie werden aus praktischen Übungen lernen, die wir hier durchführen, und Sie werden dabei etwas von sich wiederentdecken, wie Sie in Ihrem Alltag außerhalb der Sitzungen sind.

Der Therapeut kann nun zur kognitiven Umstrukturierung selbst übergehen. Er geht in vier Schritten vor: (1) Darlegen der Grundannahmen; (2) Überblick über irrationale Annahmen; (3) rationale Analyse der Probleme des Klienten; (4) Unterweisen des Klienten in der Modifikation seiner Annahmen.

Grundannahmen

Der Therapeut erklärt die der kognitiven Umstrukturierung zugrundeliegenden Annahmen; er zeigt an Beispielen, wie das, was wir uns selbst sagen, unser Erleben beeinflussen kann. Es empfiehlt sich darauf hinzuweisen, daß wir uns nicht bewußt etwas einreden, was dann unsere Störung bewirkt, denn diese Selbstverbalisationen haben wir so gut gelernt, daß sie sich mehr oder weniger automatisiert haben. An dieser Stelle soll sich der Klient die allgemeine Bedeutung von Selbstverbalisationen klarmachen, ohne sie auf seine eigene spezifische Symptomatik anzuwenden, was ihn zu diesem Zeitpunkt überforderte. Hat der Klient die Grundprinzipien erst einmal akzeptiert, dürfte er nun in der Lage sein, sie auf seine eigenen Probleme anzuwenden. Dieser Prozeß ist im folgenden Protokoll dargestellt:

Therapeut: Das Thema Angst können wir von den Interpretationen her betrachten, die in einer angsterregenden Situation in Ihrem Kopf ablaufen. Wenn ich zum Beispiel diesen Bleistift nehme und auf Sie richte, wie reagieren Sie?
Klient 1: Überhaupt nicht.
Therapeut: Sind Sie nervös?
Klient 1: Nein, warum sollte ich?
Therapeut: Wenn das hier nun ein Revolver wäre, den ich so auf Sie gerichtet hätte – ich glaube, Sie hätten anders reagiert. Warum? Weil ein Revolver größer ist und anders aussieht als das hier (hält den Bleistift hoch)? Warum hätten Sie Angst gekriegt (schaut auf jemand anderen)?
Klient 2: Weil man weiß, daß ein Revolver gefährlich ist.
Therapeut: Sie schätzen damit die Lage richtig ein. Sie reagieren gar nicht auf den Revolver, sondern darauf, was Sie über das Ding wissen – und das macht Ihnen Angst. Sie lehnen sich also nicht gelassen zurück und sagen: „Zeig her, ich weiß, so ein Revolver ist gefährlich". Sie würden automatisch mit Angst reagieren.
Ihrer Angstreaktion geht wahrscheinlich eine blitzschnelle Bewertung der Situation voraus. Sie sagen sich: Die Situation ist gefährlich. Im wesentlichen läuft ein unmittelbares Beurteilen der Lage ab. Ich meine damit wirklich nicht, daß Sie sich lang und breit etwas erzählen. Es handelt sich um eine schnelle, automatisierte, überlernte Reaktion. Lassen Sie mich das weiter ausführen, indem ich es mehr auf Angstreaktionen im realen Leben beziehe. Zwei Personen machen sich zurecht, weil sie auf eine Party wollen. Nehmen wir an, es ist dieselbe Party. Beide kennen kaum jemanden dort. Die eine Person ist schrecklich aufgeregt, die andere freut sich sehr, dorthin zu gehen. Wohlgemerkt, es ist dieselbe Party, beide kennen gleich viele Gäste. Der Ängstliche spricht vielleicht zu sich: „Das wird ganz bestimmt ein furchtbarer Abend. Eine Menge Leute habe ich nie gesehen; ich weiß nicht, was ich sagen und wie ich mich bewegen soll. Wenn ich nun blöd aussehe? Was denken die dann von mir? Was werden die sagen, die mich kennen, wenn ich so dumm dastehe. Schrecklich!" Diese Person gerät in helle Aufregung.
Die andere Person denkt beim Ankleiden: „Da sind viele mir unbekannte Leute. Wie interessant! Ich könnte neue Freunde gewinnen. Und wie schön, meine Bekannten wiederzusehen."
Sehr verschiedene emotionale Reaktionen auf dieselbe Situation also. Was in den Köpfen der beiden Personen vorgeht, macht den Unterschied aus und führt zu jener Verschiedenheit emotionalen Erlebens. Hier haben wir dasselbe Prinzip wie im Beispiel mit dem Bleistift und dem Revolver, nur mit mehr Bezug zum realen Leben und zu Ihren Ängsten in Leistungssituationen.

Irrationale Selbstverbalisationen

Bevor die Probleme logisch angegangen werden, ist es aufschlußreich, den Klienten einmal mit den oben zitierten irrationalen Annahmen zu konfrontieren, um zu erfahren, wie er selbst dazu steht. Diese Annahmen können sogar noch extremer formuliert werden, um es dem Klienten leichter zu machen, sie als unhaltbar zurückzuweisen (z.B. „Wenn mich die anderen nicht lieben oder nicht alles gutheißen, was ich sage oder tue, bin ich als Mensch wenig wert"). Der Therapeut legt es geradezu darauf an, daß dem Klienten der Unterschied bewußt wird zwischen der Annahme „es wäre ganz schön" (wenn mich alle liebten oder wenn ich alles richtig machte) und der Annahme „das muß oder sollte so sein" – einem Anspruch, der enttäuscht werden muß. Der Therapeut sollte sozusagen die Rolle des „Teufelsadvokaten" spielen und auf diese Weise den Klienten dahin bringen, daß er solche irrationalen, selbstschädigenden Überzeugungen für seine Person als völlig unakzeptabel erlebt – in der sozialpsychologischen Literatur wird berichtet, daß diese Methode Einstellungen wirksamer verändern kann [6].

Es ist wohl überflüssig, alle elf genannten irrationalen Annahmen durchzusprechen. Zwei von ihnen haben sich in einer großen Zahl von Fällen am besten bewährt: „Jeder muß mich lieben" und „ich muß in allem, was ich tue, perfekt sein". Es gibt jedoch keine strenge und starre Regel, welches Stereotyp sich in welchem Fall am besten eignet; der Therapeut sollte bei jedem Klienten Fingerspitzengefühl beweisen. Der folgende Ausschnitt aus einer gruppentherapeutischen Sitzung vermittelt einen Eindruck von diesem zweiten Therapieschritt:

Therapeut: Wir wollen uns über gewisse Einstellungen im allgemeinen unterhalten und danach versuchen, das Besprochene auf Angst in Leistungssituationen zu beziehen. In unserer Gesellschaft gibt es bestimmte weitverbreitete Ansichten, und ich möchte gern hören, was Sie von diesen halten. Eine dieser Ansichten ist, daß es sehr wichtig sei, perfekt zu sein. Ist jemand nicht perfekt und macht nicht alles hundertprozentig – d.h. erfüllt er diese Supernorm nicht – dann ist er im Grunde ein Versager. Mit anderen Worten: Solange Sie nicht vollkommen sind, sind Sie ein wertloser Mensch. Das ist eine solche populäre Meinung. Eine zweite, die Sie sich mal näher anschauen mögen, lautet: Es ist unbedingt notwendig, daß mich jeder, den ich kenne, liebt, nur Gutes über mich denkt und alles, was ich mache, Klasse findet. Und wenn irgendwer nicht das beste von mir denkt, dann beweist das, daß ich zu gar nichts tauge. Mit anderen Worten: Sie sind entweder vollkommen oder ein Nichts; entweder liebt jeder Sie oder Sie verdienen es nicht, überhaupt geliebt zu werden. Was sagen Sie dazu? Ich sehe einige schmunzeln und nicken.
Klient 1: Ich weiß nicht, wie es den anderen geht – aber ich weiß, daß ich so denke. Ich habe schon immer eingesehen, daß das falsch ist, trotzdem denke ich so. Ich übertreibe immer. Wenn ich irgendwo versage, denke ich: Du bist total unfähig.
Therapeut: Sie sagen, Sie wüßten, daß das verkehrt sei?
Klient 1: Ich weiß es verstandesmäßig. Ich weiß, ich kann nicht vollkommen sein, ich muß mich akzeptieren, gerade so, wie ich bin.
Therapeut: Warum kann man nicht vollkommen sein?
Klient 2: Na ja, es ist eben unmöglich. Die Menschen sind nun mal von Natur aus nicht so. Wahrscheinlich ist es aber gut, nach Vollkommenheit zu streben, weil wir uns so stetig weiterentwickeln.
Klient 3: Aber da ist doch ein großer Unterschied, ob einer versucht, sein Bestes zu tun, oder ob er versucht, vollkommen zu sein. Sie sagten ja selbst, daß Vollkommenheit unmöglich wäre.
Therapeut: Wieso nicht? Kennen Sie niemanden, der perfekt ist?
Klient 4: Ich vergleiche mich oft mit anderen, und immer ist da noch einer, der etwas besser kann als ich. Aber es stimmt schon, ich kenne keinen perfekten Menschen. Ich gebe zu, daß ich es manchmal von mir erwarte; obwohl es mir jetzt, wo wir darüber reden, völlig unsinnig vorkommt. Ich meine also auch, daß Vollkommenheit unerreichbar ist.

Therapeut: Okay. Was sagen Sie zu der Meinung, jeder muß mich lieben, anderenfalls bin ich minderwertig?
Klient 1: Das ist einfach nicht wahr. Ich meine, es gibt Leute, die sich aber auch immer irren müssen.
Therapeut: Kann man hier entscheiden, was richtig oder falsch ist, oder ist es gar eine Frage des Geschmacks? Welche ist die „beste" Farbe? Rot? Nein, für mich Grün! Das ist das gleiche, als ob man jemanden ganz oder gar nicht mag.
Klient 3: Einverstanden. Ich möchte aber einmal gern herausfinden, warum mich jemand nicht mag und möchte mit ihm darüber sprechen. Kann ich ihn nicht dazu bringen, mich zu mögen, muß ich damit so gut es geht fertig werden.
Klient 2: Es wäre doch sehr langweilig, wenn Sie jeder sympathisch fände. Mit wem würden Sie Wortgefechte austragen, wenn Sie dazu aufgelegt wären? Überlegen Sie doch mal: Um Sie herum gibt es so viele Menschen – wie wollen Sie es da auch nur anfangen, daß jeder Sie liebt!
Therapeut: Aber vielleicht schaffen Sie das, wenn Sie immer nur das sagen, was die anderen gern hören möchten.
Klient 3: Ich kenne welche, die das versucht haben – mit dem Erfolg, daß jedermann sie haßt. Auch das Streben nach Perfektion ist keine gute Idee; alles, was dabei herauskommt, ist, daß eine ganze Menge Leute scheitert und ständig ängstlich und unglücklich ist.
Therapeut: Eine Menge Leute?
Klient 4: Ja, denn niemand kann perfekt sein.
Klient 3: Aber viele bemühen sich darum.
Therapeut: Aber es stimmt schon, niemand erreicht das. Es ist das gleiche wie bei dem Ideal, daß uns jeder lieben soll. Es sind zu viele Menschen. Und um perfekt zu sein, müßte man zu vieles tun.

Rationale Problemanalyse

Hat der Klient grundsätzlich eingesehen, daß Selbstverbalisationen emotionale Störungen hervorrufen können und daß es gewisse unvernünftige und unrealistische Vorurteile und Erwartungen gibt, legt nun der Therapeut den Schwerpunkt auf die persönliche Problematik des Klienten.
Die Analyse der „ungesunden" Selbstverbalisationen kann von zwei möglichen Quellen der Irrationalität ausgehen:
1. In welchem Maße ist die Interpretation des Klienten realitätsgerecht?
2. Welche Implikationen hat letztlich die vom Klienten gewählte sprachliche Symbolisierung der kritischen Situation?

Ein Beispiel: Eine junge Frau ist fassungslos, weil ein ihr bekannter Mann, den sie liebt, die Einladung zu ihrer Party ausgeschlagen hat. Die naheliegende und belastende Erklärung der Frau könnte jetzt lauten: „Er mag mich nicht." Wie einleuchtend diese Erklärung erscheint, richtet sich nach der Wahrscheinlichkeit, mit der andere vernünftige Erklärungen für den erhaltenen „Korb" zutreffen, etwa anderweitige Verpflichtungen des Mannes an dem Partyabend. Die zweite, tieferliegende Quelle der Irrationalität offenbart der folgende Gedankengang: „Was wäre eigentlich, wenn mich dieser junge Mann nun wirklich nicht liebte? Warum sollte mich das umwerfen? Was erzähle ich mir sonst noch alles darüber, daß er mich nicht gern haben könnte?" Weiteres Sich-Fragen (z.B. „Angenommen ja – aber warum würde mich das so erschüttern?") läßt die Klientin einsehen, daß

4. Kognitive Methoden der Verhaltensänderung

der Inhalt ihrer Selbstgespräche anläßlich solcher Situationen aus einer bislang nicht eingestandenen irrationalen Kognition resultiert (z.B. „jeder muß mich lieben").

Die folgende Therapeut-Klienten-Interaktion verdeutlicht diese Therapiephase:

Therapeut: Meiner Meinung nach ist es ein wesentlicher Unterschied, ob Sie denken: Ich muß so oder so sein – oder ob Sie denken: Es wäre schön, wenn ich so oder so wäre.
Klient 2: Versteh' ich nicht.
Therapeut: Wenn Sie an eine schwierige Situation mit der Haltung herangehen, „ich muß mich perfekt verhalten", werden Sie Angst verspüren, denn Sie können nicht perfekt sein. Sie machen sich geradewegs selbst zum Versager. „Ich muß ein gutes Examen machen, sonst sehen mich einige schief an. Sie werden mich nicht mehr mögen, also tauge ich wohl zu nichts." Ja, es wäre schön, sogar sehr schön, wenn die Leute Sie gern hätten. Schön, wenn Sie alles sehr gut machten. Aber sehen Sie nicht den Unterschied zwischen „es wäre schön" und „es muß sein"! Die Schwierigkeit, die Sie haben, wenn es um Leistungen, Prüfungen und vielleicht auch um was ganz anderes geht, sehe ich darin, daß Sie zu harte Anforderungen an sich selbst stellen. Es gibt keinen Grund, weshalb Sie nicht einen klaren Kopf behalten und die Dinge logisch beurteilen können, wenn Sie sensibler wären. Sie können sich sagen: „Erstens einmal spricht einiges dafür, daß mich die Leute weiterhin sympathisch finden, auch wenn ich diese Sache nicht gut mache. Zweitens, selbst wenn sie mich nicht mehr mögen – was sind das eigentlich für Leute, die ihre Sympathie danach richten, wie ich in dieser Prüfung abschneide! Sind das wahre Freunde? Bedeuten mir solche Menschen etwas?" Sie sehen, wie Sie Ihre Schwierigkeit so analysieren können, daß Sie die schlimmsten Befürchtungen Schritt für Schritt überwinden. Und selbst wenn diese tatsächlich einträfen – wäre das wirklich so schrecklich?
Klient 4: Mein Mann hätte gern, daß ich alles perfekt mache. Er selbst aber bemüht sich nicht darum. Bei Prüfungen nehme ich mir vor, ihm zu beweisen, daß ich wirklich etwas kann.
Therapeut: Was würde geschehen, wenn das nicht so ist? Würde er Sie menschlich weniger schätzen?
Klient 4: Nein. Das Problem liegt, glaube ich, bei mir selbst.
Therapeut: Was würde Ihr Mann von Ihnen nach einem schlechten Abschneiden halten? Würde er die Scheidung einreichen?
Klient 4: Nein.
Therapeut: . . . oder sagen „pack' deine Sachen und geh', du hast in dieser Prüfung versagt"?
Klient 4: Nein, offenbar nicht.
Klient 1: Das hört sich fast nach einer Eltern-Kind-Beziehung an.
Therapeut: Ja, es ist ein Rest kindhaften Denkens, wenn Sie meinen, Sie müßten sich immer mustergültig verhalten, alles Weniger zähle nicht – nach dem Motto: Man muß mich lieben, andernfalls werde ich gehaßt.
Klient 4: Das ist ein Extrem; ich weiß nicht, ob ich so denke.
Therapeut: Hier, sozusagen am grünen Tisch, fällt es uns leicht, alle einer Meinung zu sein, daß man nicht in solchen Extremen denken sollte.
Klient 4: Das habe ich nicht gesagt. (Gelächter)
Therapeut: Aber Sie sagten, daß es Ihrer Meinung nach nicht vernünftig war.
Klient 4: Ja, das stimmt.
Klient 5: Ich glaube, Sie vergessen da etwas. Sie sprechen von Perfektionismus, verlieren aber kein Wort darüber, wie heute das Zulassungssystem funktioniert. Die meisten, die eine Oberschule besuchen, hoffen, einen Studienplatz auf einer Hochschule zu bekommen; und dazu müssen Sie gewisse strenge Leistungskriterien erfüllen, anderenfalls können Sie Ihr Studium gar nicht erst beginnen. Vielleicht streben Sie daher gar nicht nach Perfektion,

sondern Sie versuchen, diese Hürde zu nehmen, die man vor Ihnen aufgebaut hat. Das ist es, was soviel Angst macht – dieser Druck von außen.

Therapeut: Gut, sprechen wir darüber, weil es ein besonders wichtiger Punkt zu sein scheint. Was passiert, wenn Sie keinen Studienplatz erhalten?

Klient: Kommt darauf an. Ich weiß nicht, was ich machen würde.

Therapeut: Warum ist das so wichtig für Sie?

Klient: Weil ich einmal beruflich etwas tun möchte, was mir Spaß macht, möglichst etwas Wissenschaftliches. Ich möchte nicht nur des Geldes wegen arbeiten.

Therapeut: Mit anderen Worten, könnten Sie nicht studieren, wäre Ihr restliches Leben vertan.

Klient: Nein. Ich würde mich ein zweites Mal um einen Studienplatz bewerben. Würde ich wieder abgewiesen, müßte ich meine Ziele neu überdenken und andere Wege ausfindig machen, auf denen ich sie erreichen kann.

Therapeut: Sie wissen, ich sehe durchaus den Unterschied zwischen der Nervosität vor einer Party und der Nervosität vor einem Examen, besonders wenn von diesem Examen so viel abhängt. Trotzdem können Sie den gleichen Denkprozeß anstellen wie vorhin. Wie hoch ist das Risiko, daß ein schlechtes Abschneiden bei dieser Prüfung die Aufnahme in die Hochschule verhindert? Es ist ziemlich gering. Aber selbst wenn das Risiko groß wäre – was passierte, wenn Sie nicht studieren könnten? Geht dann die Welt unter? Es könnte gut sein, daß Sie in Ihren emotionalen Reaktionen keine Unterschiede machen. Selbst bei kleinen Prüfungen reagieren Sie, als sei eine Katastrophe über Sie hereingebrochen – als könnten Sie niemals wieder arbeiten, als wären Sie körperlich nicht mehr leistungsfähig oder als hätten Sie Ihre Familie verloren. Der Zweck unseres Programms besteht darin, Sie für die Unterschiede zwischen Ihren Emotionen sensibler zu machen.

Modifikation der Selbstverbalisationen

Durch die vorausgegangenen therapeutischen Schritte ist der Klient auf die eigentliche Behandlung vorbereitet. Er sollte nun verstehen, wie seine Selbstäußerungen die störenden Erregungen verursacht haben. Hat er einmal soviel begriffen, kann der Therapeut beginnen, das unerwünschte Verhalten des Klienten zu verändern. Bloßes Verstehen der Ursache der Störung trägt wenig zu deren Minderung bei; der Klient muß bewußt und wohlüberlegt eine alternative Verhaltensweise einsetzen, sobald er die Erregungen wahrnimmt. Diese emotionale Reaktion dient nun als Signal, den Prozeß zu stoppen und sich zu fragen: „Was ist unlogisch an dem, was ich mir gerade sage?" Der Klient muß lernen, die automatisierte Reaktion zu stoppen und sie durch eine realistischere Einschätzung der Situation zu ersetzen. Das ist anfangs nicht leicht; doch mit zunehmender Übung erfordert diese Technik immer weniger Konzentration und Überlegen, bis sich schließlich die realistische Bewertung selbst so eingeschliffen hat, daß sich der Klient die anfängliche Erregungsphase eventuell vollständig ersparen kann.

Das allgemeine Verfahren trainiert den Klienten, noch in der kritischen Situation logisch zu denken und nicht im nachhinein. Im wesentlichen lernt er, die Dinge, noch während die Erregungen andauern, in eine angemessene Perspektive zu bringen; das verlangt Übung in rationaler Neueinschätzung. Da der Klient die Bewältigungsstrategie in der problematischen Situation erlernen muß, kann die Trainingsphase auf Vorstellungsebene durchgeführt werden. Auf diese Weise kann der Therapeut bestimmen, wie lange der Klient jeweils einer Situation ausgesetzt ist, und er kann die Stärke der mit ihr verbundenen Angsterregung kontrollieren. Ferner stellt sich jeder Klient die einzelnen Situationen mit den für ihn persönlich relevanten Details vor. Wie bei der systematischen Desensibilisierung werden die Situationen nach dem Grad ihrer subjektiven Aversivität hierarchisch geordnet, damit der Klient fortlaufend an immer schwierigere Situationen herangeführt wird. Er wird also niemals mit einem Reiz konfrontiert, den er im Augenblick noch nicht bewältigen kann; vielmehr wird ihm immer erst dann die nächstschwierigere Situation dargeboten, wenn er die rangtiefere gemeistert hat.

Das praktische Vorgehen sieht so aus, daß der Therapeut eine Situation schildert, sich der Klient in diese hineinversetzt und dabei genau darauf achtet, wieviel Angst (Traurigkeit oder Ärger) er verspürt. Überschreitet seine Erregung ein bestimmtes Niveau, das der Therapeut zuvor mit ihm festgelegt hat, stoppt der Klient die emotionale Reaktion und fragt sich etwa: „Was spreche ich gerade zu mir selbst, das mich so erregt?" Er muß dann die störenden, irrationalen Kognitionen innerhalb seiner Selbstverbalisationen herausfinden. Nachdem er eine logischere Beurteilung der Situation vorgenommen hat, beobachtet er sich abermals, wie ängstlich (bzw. traurig oder ärgerlich) er nun ist[1]).

Ganz am Anfang kann der Therapeut kognitives Umstrukturieren modellhaft vorführen:

> Ich bin soeben auf eine Party gekommen, wo ich nur sehr wenige Gäste kenne. Es haben sich kleine Gesprächsgruppen gebildet, und ich fühle mich hier nicht zugehörig. Ich spüre, wie Spannung in mir aufsteigt; auf einer Skala von 0 bis 100 Prozent erreicht sie etwa den Wert 40. Ich stoppe und denke: „Was habe ich gerade mit mir gesprochen, das dieses Angstgefühl in mir erregt?" Nun, mir wird folgendes Selbstgespräch bewußt: Ich mache mir Sorgen, ob ich mich wohl richtig bewege, ob mich die anderen nett finden, daß ich unangenehm auffalle und mich in ihren Augen lächerlich mache. – Aber warum sollten die anderen das von mir denken? Ich benehme mich nicht dumm. Wirklich, das Schlimmste, was sie von mir denken können, ist, daß ich ein bißchen still bin – und das ist gar nicht so schlecht. Was immer sie über mich denken, es würde mich doch nicht ändern. Ich bin so, wie ich bin. Und siehe da, ich fühle mich nicht mehr so angespannt – die Angsterregung ist vielleicht noch 20.

Das Vorstellen der kritischen Situationen bildet lediglich einen, obschon annehmbaren Kompromiß, hauptsächlich durch praktische Erwägungen begründet. Es ist nun mal nicht möglich, den Klienten im Behandlungszimmer die emotional erregenden Situationen anders als imaginativ erleben zu lassen (man denke z.B. an intime Sexualkontakte). Die Verhaltenstherapeuten haben sich jedoch auf die imaginative Darbietung der problematischen Reize anscheinend so stark verlassen, daß sie oftmals Möglichkeiten für realistischere Simulationen übersahen. Wir spielen damit auf die so bewährten Verhaltensübungen an, durch die häufig

---

[1]) Diese Methode ist der von *Goldfried* [17] beschriebenen systematischen Desensibilisierung als Technik der Selbstkontrolle sehr ähnlich, mit der Ausnahme, daß rationale Neubewertung anstelle von Entspannung als angstinkompatible Reaktion gelernt werden muß. Methoden der systematischen Desensibilisierung sind in Kapitel 8 ausführlich dargestellt.

die Situation für den Klienten lebendiger wird. In Gruppen durchgeführt, eignet sich die kognitive Umstrukturierung besonders gut für Verhaltensübungen, speziell in Fällen von Angst vor sozialer Kritik. Setzt sich beispielsweise die Gruppe aus Teilnehmern mit Sozialängsten zusammen, kann eine Angsthierarchie der kritischen Situationen gebildet und anschließend in Interaktionen verschiedener Mitglieder durchgespielt werden.

Redeangst kann ebenfalls sehr gut in der Gruppe behandelt werden, wo der Klient vor „Leidensgenossen" Reden hält und dabei lernt, seine angsterregenden Erwartungen zu modifizieren.

Zur Unterstützung der Therapie – Training auf Vorstellungs- oder Verhaltensebene – soll der Klient rationales Neubewerten auch in den schwierigen Situationen seines Alltags anwenden. Er muß allerdings gewarnt werden, daß Realsituationen nicht wie in einer Angsthierarchie geordnet sind und er deshalb Situationen begegnen könnte, die er noch nicht auf Anhieb erfolgreich rational neuzubewerten vermag. Aber auch solche erfolglosen Versuche außerhalb der Therapiesitzung machen den Klienten in der Handhabung der Bewältigungsstrategie sicherer. Wir haben gute Erfahrungen mit dem abgebildeten Protokollbogen gemacht; wir geben ihn den Klienten für ihre Hausaufgaben mit.

Anwendungsbereiche

Theoretisch betrachtet, scheint kognitive Umstrukturierung bei jeder fehlangepaßten Emotion oder Verhaltensweise indiziert, die primär durch illusionäre Einstellungen und unangemessene sprachliche Symbolisierungen aufrechterhalten wird. Hierfür typisch sind verschiedene Formen von Angst (z.B. Prüfungsangst, Redeangst, Kontaktangst), depressive Verstimmungen, Ärger und extrem hoher Qualitätsanspruch.

Erfahrungen mit der kognitiven Umstrukturierung bei verschiedenen Störungen haben uns auf gewisse Schwierigkeiten aufmerksam gemacht, die im Verlauf der Behandlung auftreten können. Der Therapeut sollte sich z.B. bei der Behandlung von Prüfungsangst von vornherein einiger typischer Probleme bewußt sein. Obwohl an Prüfungsangst leidende Personen dazu neigen, die Bedeutung jeder Prüfung falsch einzuschätzen, muß er sich darüber im klaren sein, daß Prüfungsergebnisse manchmal weitreichende Folgen für die Zukunft eines Klienten haben. Die entscheidende Frage ist hier nun, von welcher Tragweite sie sein werden. Schafft es jemand nicht, einen Studienplatz zu bekommen, mag zwar seine Niedergeschlagenheit gerechtfertigt sein, vor dem Hintergrund seines ganzen Lebens aber erscheint seine Reaktion übertrieben. Wir behandelten einmal einen Studenten mit extremer Angst unmittelbar vor einer Prüfung. Auf einer Skala von 1 bis 10 stufte er sein Angstniveau mit 9 ein. Als wir ihn fragten, wie er wohl seine Angsterregung einschätzen würde, wenn er mit Sicherheit wüßte, daß er durchfiele, antwortete er „10". Wir stellten daraufhin eine Reihe weiterer Fragen, die alle noch Schlimmeres betrafen als das Versagen bei einer Prüfung (z.B. wie wür-

4. Kognitive Methoden der Verhaltensänderung

Tabelle 4.1. Liste der Versuche, Angst in Alltagssituationen zu überwinden.

Datum	Situationsbeschreibung	Angstniveau vorher 0–100	Irrationale Gedanken	Rationale Bewertung	Angstniveau nachher 0–100

den Sie sich fühlen, wenn Sie den ganzen Kurs nicht schaffen? Wenn Sie von der Schule fliegen? Wenn Sie nur einen schlecht bezahlten Arbeitsplatz erhalten könnten? Wenn Sie nicht imstande wären, überhaupt Arbeit zu finden?). Auf jede Frage antwortete der Student zuerst mit dem Satz: „Moment mal, ich glaube, ich muß erst einmal meine Skala anders anlegen". Diese Äußerung drückte einen dramatischen Prozeß aus: Dem Klienten wurde bewußt, daß er auf die Prüfungssituation emotional ohne jede Abstufung reagiert hat; und er erkannte bald, daß die Bedeutung dieser Prüfung lediglich eine Angstreaktion von nicht mehr als „2" rechtfertigte.

Ein verwandtes Problem bei der Behandlung prüfungsängstlicher Klienten ist deren Schwierigkeit, Examen in einem größeren Zusammenhang zu sehen. Das ist gewiß verständlich, zumal wenn das Leben eines Menschen in einem bestimmten Zeitraum hauptsächlich im Lernen für die Schule besteht. Wir hatten in einer Gruppe prüfungsängstlicher Klienten eine ältere, verheiratete Frau, die ihr Studium kürzlich wieder aufgenommen hatte. Obwohl sie zugegebenermaßen unter Prüfungsangst litt, merkte sie sehr bald, daß der Wert, den sie Prüfungen beimaß, in keinem vernünftigen Verhältnis zur tatsächlichen Bedeutung stand. Wie sie sagte, hatte sie noch Mann und Kinder und führte ein reges gesellschaftliches Leben. Je mehr Raum die Schule im Leben eines Menschen beansprucht, desto schwerer wird es dem Therapeuten gelingen, zu einer realistischen Einschätzung von Prüfungen zu verhelfen. Trotz der genannten Schwierigkeiten dürfte die Methode der kognitiven Umstrukturierung sicherlich zur Behandlung von Prüfungsangst geeignet sein.

Dies trifft ebenfalls auf Ängste vor anderen Situationen zu, z.B. Angst vor sozialer Kritik, Redeangst, Kontaktangst. In all diesen Fällen ist vermutlich das Erleben emotionaler Erregungen durch die Sorge der Klienten vermittelt, was wohl die anderen über sie denken. Diese Ängste können allerdings ebenso mittels systematischer Desensibilisierung behandelt werden. Nachweise, welches der beiden Verfahren im gegebenen Fall effektiver ist, sind kaum geführt worden. Neuere Befunde von *Meichenbaum, Gilmore* und *Fedoravicius* [32] über die Behandlung der Redeangst legen nahe, systematische Desensibilisierung dann vorzuziehen, wenn die Angst spezifisch ist, d.h. nur von Sprechsituationen ausgelöst wird; dagegen ist die kognitive Umstrukturierung die angemessenere Methode, wenn Redeangst Ausdruck einer generalisierten sozialen Angst ist.

Bei Anwendung der kognitiven Umstrukturierung in der Gruppe sollte der Therapeut die verschiedenen, für Gruppentherapien typischen Fälle steuern können. Die Gruppe ermöglicht zwar einen wirksameren und ökonomischeren Einsatz des Verfahrens, doch muß der Therapeut den Gruppenprozeß in Gang halten können. Schweigsame Teilnehmer soll er ermuntern, redselige mäßigen. Da ja die Therapieverfahren ziemlich gut beschrieben sind, dürfte er dem Problem, daß oftmals einige Gruppenmitglieder abschweifen, gewachsen sein. In Kapitel 13 werden einige gebräuchliche Techniken zur Anleitung von Gruppen diskutiert.

Da die kognitive Umstrukturierung als ein neues Verfahren noch in Entwicklung begriffen ist, gibt es noch ungeklärte Punkte. Einer davon betrifft die Notwendigkeit, sich mit den von *Ellis* dargelegten irrationalen Einstellungen zu befassen. Möglicherweise ist das Verfahren ebenso wirkungsvoll, wenn der Klient einfach lernt, „die Dinge in eine günstigere Perspektive zu rücken". In dem geschilderten Fall beispielsweise, in dem jener Student die Bedeutsamkeit eines bestimmten Examens neu einstufte, wäre das kognitive Umstrukturieren auch ohne Bezugnahme auf das Bedürfnis gelungen, von jedermann geliebt zu werden oder perfekt zu sein. Tatsächlich haben wir alle schon einmal erlebt, daß wir über gewisse Ereignisse sehr bestürzt waren; hatten wir aber Gelegenheit, später darüber nachzudenken, vermochten wir dasselbe Ereignis in einem besseren Licht zu sehen. Kognitives Umstrukturieren könnte durchaus wirkungsvoll erfolgen, indem man die Klienten trainiert, diese angenehmere Perspektive, die sie später von selbst finden (d. h. die späte Einsicht), bereits zu erkennen noch *während* das emotional erregende Ereignis andauert. Die Effektivität dieses Vorgehens im Vergleich zu dem, das bei spezifischen irrationalen Selbstäußerungen ansetzt, muß erst noch empirisch untersucht werden.

Wie bei anderen therapeutischen Verfahren auch, kann hier selbst eine sehr ausführliche Darstellung der Methode das aus der täglichen klinischen Erfahrung abgeleitete Urteil nicht ersetzen. Dies belegt eindrucksvoll der Fall einer Klientin, deren Angst vor Kritik mittels kognitiver Umstrukturierung behandelt wurde. Als der Therapeut sie fragte, warum sie letztesmal nicht gekommen sei, berichtete sie, daß es ihren Kindern nicht gut gegangen sei und sie das Gefühl gehabt habe, daß die Kinder sie brauchten. Der Therapeut war gerade im Begriff zu betonen, wie wichtig die regelmäßige Teilnahme an den Sitzungen sei, als die Klientin fortfuhr: „Ich wollte wirklich nicht absagen. Ich wußte, Sie würden enttäuscht sein, wenn ich den Termin ausfallen lasse, und mir war das zuerst auch sehr unangenehm. Aber als ich vernünftig darüber nachdachte und erkannte, daß ich so unsicher war, weil ich Ihre Kritik fürchtete, konnte ich mich plötzlich für das entscheiden, was ich wirklich wollte: zu Hause bei meinen Kindern bleiben." Der Therapeut unterdrückte seinen Tadel und lobte stattdessen die Klientin für ihre erfolgreiche rationale Neubewertung. Die hier dargestellten Verfahren sollten also nicht zu einer Zwangsjacke für den Therapeuten werden, sondern eher als ein allgemeiner Rahmen dienen, innerhalb dessen er sein therapeutisches Handeln selbst bestimmt.

Problemlösen

Betrachten wir unsere Umwelt einmal unvoreingenommen, ist schwerlich zu leugnen, daß wir fortwährend vor schwierige Situationen gestellt sind, die wir irgendwie meistern müssen. *D'Zurilla* und *Goldfried* [12] äußerten, daß „unser Alltag voller Probleme ist, die wir lösen müssen, um ausreichend lebenstüchtig zu bleiben" (S. 107) – was in manchen Ohren allzu pessimistisch klingen mag. Aber wer ist nicht schon einmal in einen Verkehrsstau ausgerechnet dann geraten, als er bereits anderswo hätte sein müssen? Oder jemand kann in der Buchhandlung bestimmte Bücher oder Zeitschriften nicht sofort bekommen und deshalb ein schriftliches Referat nicht abschließen. Oder wir müssen uns entscheiden, ob wir ein Stellenangebot annehmen sollen oder nicht. Unser Unvermögen in vielen Fällen dieser Art, eine angemessene Lösung zu finden, macht uns nicht nur unzufrieden, sondern kann auch schwerwiegende Konsequenzen haben, aus denen weitere Probleme in der Zukunft erwachsen.

In ihrem Überblick über Theorie und Forschung über Problemlösungen betonen *D'Zurilla* und *Goldfried* [12] die Bedeutung des Problemlösens für den Umgang mit den realen Lebensschwierigkeiten. Nach der Definition dieser Autoren besteht Problemlösen aus „einem offenen oder kognitiven Verhaltensprozeß, der (a) eine Vielzahl potentiell wirksamer Reaktionsalternativen für die problematische Situation bietet und (b) die Wahl der wirksamsten Reaktion aus diesem Repertoire wahrscheinlicher macht" (S. 108). Das Übungsprogramm für Problemlösungen hat nicht zum Ziel, dem Klienten spezifische Lösungen für spezifische Probleme zu vermitteln, sondern eine allgemeine Strategie, die ihn dazu befähigt, auch ein breites Spektrum schwieriger Situationen zu bewältigen.

Nach *D'Zurilla* und *Goldfried* vollzieht sich der Problemlöseprozeß in fünf Schritten oder Phasen:
1. Allgemeine Einstellung
2. Definieren und Formulieren des Problems
3. Finden von Alternativen
4. Entscheiden und
5. Überprüfen.

Natürlich gibt es viele Menschen, die mit ihren Problemen gut zurechtkommen, ohne sich genau an diese fünf Schritte zu halten. Uns kommt es aber auf Personen mit weniger Fertigkeit an; sie können ihren Entscheidungsprozeß verbessern, indem sie die Problemlöse-Strategie erlernen.

Bevor wir das Training selbst beschreiben, möchten wir kurz auf Theorie und Forschung eingehen, soweit sie für die einzelnen Phasen relevant sind.

Allgemeine Einstellung

Hiermit ist die Grundhaltung gemeint, mit der jemand an die Problemsituation herangeht. Diese allgemeine Einstellung besteht aus
a) der Einsicht, daß Problemsituationen zum normalen Leben gehören
b) der Annahme, daß man solche Situationen aktiv meistern kann
c) der Bereitschaft, Problemsituationen im Augenblick ihres Auftretens wahrzunehmen und
d) der Entschlossenheit, der Versuchung zu impulsivem Handeln zu widerstehen.

Im Zusammenhang mit der kognitiven Umstrukturierung haben wir die ersten beiden kognitiven Aspekte bereits diskutiert; ihre Gegenstücke sind in der oben aufgeführten Liste irrationaler Kognitionen enthalten.

Problemsituationen rechtzeitig zu erkennen, ist nicht so einfach, wie man es sich vielleicht vorstellt. Manchmal stecken wir „mittendrin", noch ohne es zu bemerken. *Miller, Galanter* und *Pribram* [33] nehmen an, daß der Prozeß des Problemerkennens folgendermaßen abläuft:

> Normalerweise wursteln wir vor uns hin, tun, was üblich und Sitte ist, sind leicht verwirrt, wenn manchmal nicht das herauskommt, was wir beabsichtigten, machen uns darüber aber keine großen Gedanken, weil es noch soviel anderes zu erledigen gibt. Eines Tages dann verschwört sich alles gegen uns und wir sehen uns Mißerfolgen gegenüber, wo wir hätten erfolgreich sein müssen – und können uns nicht einfach davonstehen oder unseren selbst gesetzten Anspruch senken oder um Hilfe bitten oder unsere Wut auslassen. In diesem Augenblick werden wir vielleicht gewahr, daß wir einem Problem gegenüberstehen [33].

Wir erkennen also häufig eine Problemsituation nur daran, daß wir über „irgendetwas" beunruhigt sind. Sobald wir das bemerken, haben wir die Aufgabe, unsere Aufmerksamkeit von der emotionalen Erregung auf die Auslösesituation zu lenken.

Der Aspekt (d) drückt eine zwingende Forderung aus. Angesichts einer wirklich schwierigen Situation – d.h. wenn sich eine Lösung nicht sofort abzeichnet – ist es schwer vorstellbar, wie jemand mit dem Problemlösen überhaupt anfangen kann, ohne zuerst zu überlegen.

Definieren und Formulieren des Problems

In den grundlegenden Forschungsarbeiten zum Problemlöse-Verhalten wird der Versuchsperson gewöhnlich eine relativ eng umschriebene Aufgabe gestellt. Dagegen sind die Problemsituationen im realen Leben nicht immer klar umrissen. Es ist deshalb notwendig, die einzelnen Elemente einer Situation relativ konkret zu definieren. *Bloom* und *Broder* [5] fanden, daß sich gute Problemlöser dadurch auszeichnen, daß sie abstrakte Begriffe in konkrete Beispiele übertragen, während schlechte Problemlöser dies nicht tun. Man kann jedoch nicht eine große Menge Fakten auf Anhieb bewältigen. Indem der Klient die verschiedenen situativen Merkmale formuliert, wird ihm die Richtung des Lösungsprozesses klarer.

Finden von Alternativen

Die für diese Phase des Problemlösens maßgebliche Forschung basiert auf der Technik des „Brainstorming" [34,35]. Als eine Art fokussierter freier Assoziation liegen dieser Methode zwei Prinzipien zugrunde: (1) Zurückstellen jeglichen Bewertens und (2) Quantität schafft Qualität. Das erste Prinzip besagt, daß gute Lösungen mit größerer Wahrscheinlichkeit produziert werden, wenn man sich eine Zeitlang jeglicher Bewertung der Qualität seiner Lösungsvorschläge enthält. Nach dem zweiten Prinzip ist die Wahrscheinlichkeit, daß sich brauchbare Vorschläge unter den Assoziationen befinden, um so höher, je größer die Summe der produzierten Alternativen ist. Zahlreiche Untersuchungen zum Brainstorming haben übereinstimmend ergeben, daß ein Training in dieser Technik tatsächlich die Wahrscheinlichkeit erhöht, qualitativ gute Lösungen zu finden [12].

Entscheiden

Die Grundlagenforschung zur Informationsverarbeitung hat sich der Entscheidungstheorie bedient, um die „Güte" jeder einzelnen Handlungsweise bewerten zu können [4,7,13,39]. Diese Theorie ermöglicht im wesentlichen eine funktionale Bewertung jeder Alternative. Im Geschäfts- und Wirtschaftsleben kann eine bestimmte Handlungsweise nach ihrem finanziellen Nutzen bewertet werden. Bei Anwendung dieser Methode auf mehr persönliche oder zwischenmenschliche Probleme könnte der Nutzen einer Reaktionsweise nach der Wahrscheinlichkeit bemessen werden, mit der die betreffende Alternative die in der Definitions- und Formulierungsphase isolierten Detailprobleme löst.

Überprüfen

Hat der Klient das Problem einmal in Angriff genommen, es definiert und die hervorstechenden Merkmale formuliert, hat er sich Lösungsmöglichkeiten ausgedacht und sich für eine bestimmte Handlungsweise entschieden, so muß er die Effektivität des von ihm gewählten Lösungsweges überprüfen. Dies setzt voraus, daß er gemäß seiner Entscheidung handelt und dann abschätzt, inwieweit die schwierige Situation geklärt worden ist.

Das für diese Überprüfungsphase maßgebliche theoretische Modell stammt von *Miller, Galanter* und *Pribram* [33], die darin Aussagen über die Wechselbeziehung zwischen Planen und Handeln machen. Sie schlagen ein TOTE-Modell („Test-Operate-Test-Exit") vor, nach dem das Ausmaß, in dem die Handlungsergebnisse einem vorgegebenen Kriterium genügen, das offene und verdeckte Verhalten steuert. So hat jeder eine bestimmte Norm für die Angemessenheit seines Verhaltens („Test") und versucht nun, entsprechend zu handeln („Operate"). Die Konsequenzen dieser Handlungen werden an der Norm gemessen („Test"), und sofern sie erreicht ist, wird die Aktivität beendet („Exit"). Genügt das Handlungsergebnis diesem Normwert nicht, setzt das Individuum seine Aktivität („Operate") so lange fort, bis das Kriterium erreicht ist.

Während der Überprüfungsphase bestimmt der Problemlöser selbst, nachdem er die von ihm bevorzugte Handlungsweise ausgeführt hat, ob das Problem zufriedenstellend gelöst ist oder nicht. Von seiner Antwort hängt es ab, ob er den Problemlöseprozeß beendet oder fortsetzt in der Hoffnung, eine bessere Lösung zu finden.

4. Kognitive Methoden der Verhaltensänderung

Therapeutisches Vorgehen

Es seien nochmals die fünf Trainingsphasen erwähnt: Zunächst muß der Klient eine bestimmte Grundeinstellung Problemsituationen gegenüber entwickeln. Diese hilft ihm, Probleme rechtzeitig zu erkennen, überzeugt zu sein, daß sie bewältigt werden können, und impulsives Handeln angesichts einer schwierigen Situation zu vermeiden. In der zweiten Phase wird das Problem konkretisiert und es werden seine relevanten Merkmale ermittelt. Es folgt die Suche nach Lösungsmöglichkeiten; in dieser Phase sammelt der Klient Alternativen. Danach entscheidet er sich für die optimale Handlungsweise aus diesem Repertoire verfügbarer Alternativen. In der Schlußphase überprüft er die Effizienz der gewählten Lösung.

Selbstverständlich werden die Klienten unterschiedliche Schwierigkeiten bei den verschiedenen Trainingsphasen haben. Manche definieren das Problem sehr vage, andere sind nicht imstande, in Gedanken mehrere Lösungswege zu produzieren. Wieder andere haben ein Gefühl der Hilflosigkeit – das Gefühl, generell mit den Dingen nicht fertigwerden zu können. Der Therapeut sollte natürlich auf jene Aspekte des Problemlöse-Prozesses besonders eingehen, die dem Klienten die größten Schwierigkeiten bereiten.

Problemlöse-Training kann als ein Programm zur Verhaltensänderung verstanden werden, in dem das Zielverhalten – Problemlösen – schrittweise erarbeitet wird. Der Therapeut stellt eine „problematische Situation" vor, und der Klient muß in jeder Phase des Prozesses ein gewisses Leistungsminimum nachweisen, bevor er zur nächsten übergehen kann. Erst wenn er sämtliche Phasen durchlaufen hat, kann das Problem als „gelöst" gelten. Er erhält dann schwierigere Situationen und muß abermals den Lösungsprozeß von Anfang bis Ende durchführen. Dieses wiederholte Üben soll die einzelnen Reaktionen in den verschiedenen Phasen, mehr oder weniger automatisieren und jeder Reaktion innerhalb der Sequenz die Funktion eines Signals für die nächstfolgende und eines Verstärkers für die vorhergehende Reaktion geben. Die ganze Verhaltenssequenz wird durch das Handlungsergebnis verstärkt, d.h. durch die erfolgreiche Lösung des Problems.

Zu Beginn des Trainings führt der Therapeut das Verfahren vor und spricht alle Gedanken laut aus, während der Klient ihn lediglich beobachtet. Mit dem Aktiverwerden des Klienten verliert der Therapeut diese Modellfunktion und übernimmt die Rolle eines Beraters, der Anleitungen und Rückmeldungen zu den Übungen außerhalb der Sitzungen gibt.

Allgemeine Einstellung

Vor Beginn des Trainings erklärt der Therapeut, worauf es in der Behandlung ankommt; ihm geht es ganz allgemein darum, dem Klienten verständlich zu machen, daß schwierige Situationen ein Bestandteil des Lebens jedes Menschen sind. Er betont, wie wichtig es ist, für diese Schwierigkeiten sensibler zu werden, damit man sie so früh wie möglich wahrnimmt, und daß man nicht schematisch oder impulsiv reagieren darf. Dem Klienten können Beispiele häufiger Problemsituationen vorgestellt werden und/oder der Therapeut fordert ihn auf, selbsterlebte schwierige Situationen in Erinnerung zu rufen. Solche Schilderungen sind anfangs sehr aufschlußreich, weil der Therapeut dabei die emotionalen Reaktionen des Klienten beobachten kann. Diese (z.B. Verwirrtheit, Enttäuschung) können dem Klienten als Signal dienen, seine Aufmerksamkeit auf das Geschehen um sich herum zu richten, sich einmal die Situationen näher anzuschauen, die seine Emotionen auslösen. Im wesentlichen soll dem Klienten eine Problemlöse-Haltung vermittelt werden, bevor er mit dem Training beginnt.

Definieren und Formulieren des Problems

Die meisten Klienten schildern anfangs ihre Probleme eher vage und abstrakt und geben nur globale Beschreibungen des Wesentlichen. Der Klient muß lernen, die Probleme präziser zu definieren und alle zugehörigen Details einzubeziehen. Nicht allein externe Reize, auch Gedanken und Gefühle (interne Reize) sind für eine umfassende Situationsbeschreibung oft sehr bedeutsam. Darüberhinaus muß er irrelevante Informationen aussondern und sich auf jene Daten konzentrieren, die zur Lösung am meisten beitragen.

Die folgende Passage zeigt, wie man aus einer vagen Beschreibung ein scharfes Bild gewinnen kann:

Klientin: Ich bin in letzter Zeit sehr erschöpft und reizbar und manchmal sehr niedergeschlagen.
Therapeut: Seit wann fühlen Sie sich so?
Klientin: Ach, seit ein paar Monaten. Es fing an, schätze ich, kurz nachdem ich hierher gezogen war und diese neue Wohnung gefunden hatte. Mir gefällt sie wirklich sehr gut. Sie ist sehr günstig gelegen, meine Arbeitsstelle, Restaurants und Kinos kann ich bequem erreichen – ich glaube, hier ist furchtbar viel los, und nachts kann man sich auch ziemlich sicher fühlen. Der Haken ist nur, daß sie ein bißchen klein ist; die Wohnverhältnisse sind nicht allzu gut.
Therapeut: In welcher Beziehung steht Ihrem Gefühl nach diese Wohnung zu Ihrer Störung?
Klientin: Nun, es ist eigentlich ein riesiges Atelier, für das ich aber die Miete nicht allein aufbringen könnte; deshalb wohne ich mit jemandem zusammen. Das bedeutet, daß wir den einen Raum zum Schlafen und Wohnen benutzen müssen, und das wird hin und wieder ein bißchen eng.
Therapeut: Kommen Sie mit der Mitbewohnerin nicht immer gut aus?
Klientin: Nein, das ist, glaube ich, kein Problem. Ich mag sie, sie ist nett, und es ist mit ihr leicht auszukommen. Aber Sie haben doch recht, ich habe eine Schwierigkeit mit ihr; oder vielleicht bin ich schwierig. Ich habe doch diesen neuen, tollen Job, der eine Menge verlangt, mich aber auch ganz schön schlaucht. Und da finde ich, daß ich nachts ein Recht auf einen ungestörten Schlaf habe, um fit zu bleiben. Meine Zimmergenossin und ihre Clique sind Nachtmenschen und reden gern nächtelang und hören Platten. Ich beneide sie wirklich – sie muß ebenfalls früh zur Arbeit, aber sie kommt anscheinend mit viel weniger Schlaf aus als ich.
Therapeut: Was ist der springende Punkt?
Klientin: Ich kriege nicht genügend Schlaf und bin tagsüber meistens sehr müde. Ich muß so lange aufbleiben wie die andern – und ich bin nicht nur müde, ich bin auch nicht gerade

4. Kognitive Methoden der Verhaltensänderung

versessen auf diese Gesellschaft. Jeden Morgen fühle ich mich wie gerädert, weil ich unter Leuten, die mir nicht besonders liegen, nur darauf gestoßen werde, wie einsam ich bin.

Therapeut: Es ist also so, daß sie nicht nur eine andere Regelung für Abendbesuche wollen, sie wünschen sich selbst auch mehr soziale Kontakte.

Klientin: Ja, das gehört wohl auch dazu. Ich hatte, bevor ich hierher kam, ein paar gute Freunde, aber mir ist es nicht gelungen, hier irgend jemanden näher kennenzulernen.

Es war das Ziel des Therapeuten, die Situation zu analysieren und das Problem zu formulieren, indem er die Hauptaspekte und jene kritischen Punkte und Konflikte bewußt machte, die das Problematische an der Situation bildeten. Diese Klientin wünschte, mehr schlafen zu können, die gute Beziehung zu ihrer Mitbewohnerin zu erhalten und mehr Freunde zu haben. Die Situation enthielt folgende Konfliktelemente: Mehr schlafen wollen vs. andere Leute sind anwesend; mehr Freunde haben wollen vs. unbekannt sein in der Stadt.

Solche Wünsche und Gegensätzlichkeiten herauszufinden, ist der erste kritische Lernschritt im Behandlungsprogramm, und in manchen Fällen reicht er bereits dazu aus, daß dem Klienten schlagartig mögliche Lösungen einfallen. Dann erübrigt sich die Fortsetzung des formalen Löseprozesses hinsichtlich der betreffenden Problemsituation. Andernfalls jedoch geht der Klient zur nächsten Phase über: Lernen, mögliche Lösungsalternativen zu finden.

Finden von Alternativen

Um zu entscheiden, wie er an die Lösung eines operational definierten Problems herangeht, muß der Klient den Unterschied zwischen „Strategie" und „Taktik" kennen. Strategie ist die allgemeine Formulierung einer Handlungsweise, während Taktik das spezifische Vorgehen bei der Realisierung des Planes angibt. Der Klient wird in dieser Phase angeleitet, mittels Brainstorming Lösungsmöglichkeiten zu finden. Beispiel:

Therapeut: Jetzt, wo wir Ihr akutes Problem besser kennen, wollen wir nach einigen möglichen Lösungen forschen. Ich möchte Sie bitten, die Technik des Brainstorming anzuwenden, über die ich Ihnen einiges gesagt habe, d.h. Sie denken sich so viele Möglichkeiten aus wie Sie können, ohne Rücksicht darauf, wie lächerlich oder undurchführbar sie Ihnen vorkommen mögen. Lassen Sie Ihren Gedanken freien Lauf.

Klientin: Ich will's versuchen.

Therapeut: Denken Sie daran: Versuchen Sie, sich so viele Lösungen wie möglich einfallen zu lassen. Sie müssen sie ja nicht alle ausführen. Und bemühen Sie sich jetzt noch nicht um allzu spezifische Lösungen. Darüber machen wir uns später Gedanken. Im Augenblick möchte ich, daß Sie sich auf allgemeine Lösungswege beschränken.

Klientin: Können Sie erklären, was Sie mit allgemeinen Lösungswegen meinen?

Therapeut: Ja. Nehmen Sie einmal an, eine mögliche Lösung für eine bestimmte problematische Situation lautete: „Einen besseren Job bekommen". Diese Alternative ist sehr allgemein formuliert, sie sagt lediglich aus, was Sie tun, aber nichts darüber, wie Sie es anstellen. Das „Wie" könnte folgende Aktivitäten enthalten: Jeden Tag Stellenangebote in der Zeitung lesen, Freunde anrufen und fragen, ob sie irgend etwas wissen, sich beim Arbeitsamt melden – und noch vieles mehr, was man tun könnte, um das allgemeine Ziel „einen besseren Job bekommen" zu verwirklichen.

Klientin: Ich habe es jetzt verstanden.
Therapeut: Gut, dann bitte ich Sie jetzt, mir so viele denkbare Lösungen wie möglich zu nennen, und ich notiere sie. Lassen Sie alle Möglichkeiten zu – gleichgültig, wie albern einige anmuten mögen. Aber denken Sie an Ihre beiden Hauptsorgen: Mehr Schlaf zu finden und mehr Freunde zu haben.
Klientin: Gut, ich könnte versuchen, mit Ohrkügelchen zu schlafen, während die anderen im Raum sind. Ich könnte ihnen sagen, sie sollten zu einer bestimmten Zeit gehen. Ich könnte meine Zimmerkollegin bitten, ihre Treffen früher anfangen und enden zu lassen. Ich glaube, ich könnte gut mit ihr reden, ihr das Problem erklären und mit ihr etwas aushandeln. Vielleicht könnten wir immer nur an Wochenenden Leute einladen, wenn ich morgens länger schlafen kann. Oder wir haben überhaupt keinen Besuch. Vielleicht finde ich eine Möglichkeit, mit weniger Schlaf auszukommen. Ich weiß, daß ich mir eigene Freunde suchen muß, wenn ich nicht einsam sein möchte.
Therapeut: Noch etwas? Was halten Sie von einer besser bezahlten Arbeit, so daß Sie sich eine eigene Wohnung leisten könnten?
Klientin: Aber nein! Mir gefällt meine Arbeit.
Therapeut: Denken Sie bitte daran, wir wollen im Augenblick noch nichts ausschließen.
Klientin: Ja gut. Es könnte sein, daß ich mir noch nebenbei etwas Geld verdiene.

Der Therapeut geht dann auf den Wunsch ein, mehr Freunde zu haben, und fordert die Klientin auf, sich in ähnlicher Weise verschiedene Möglichkeiten auszudenken. Es liegt am Therapeuten zu bestimmen, wann die Liste mit den Lösungseinfällen abgeschlossen und wann zur nächsten Therapiephase übergegangen wird.

Entscheiden

Der Klient muß nun abwägen, welche der vielen frei erdachten Lösungsvorschläge es wert sind, ausgewählt und näher geprüft zu werden. Zu jeder Strategie muß sich der Klient die wahrscheinlichen Konsequenzen überlegen und diese im Hinblick auf die problematischen Punkte und Konflikte bewerten. Der Klient könnte einige offensichtlich utopische Vorschläge gemacht haben, die er gleich zu Anfang streichen möchte.

Versucht er, die möglichen Konsequenzen einer bestimmten Alternative zu antizipieren, sollte er folgendes bedenken:
a) Die persönlichen Konsequenzen, insbesondere in bezug auf die Hauptanliegen oder Konflikte.
b) Die sozialen Konsequenzen der Handlungsweise, insbesondere für wichtige Personen im Leben des Klienten.
c) Die kurzfristigen Konsequenzen sowohl für den Klienten als auch für andere.
d) Die langfristigen Konsequenzen für das persönliche und soziale Wirken des Klienten; und inwieweit die Lösung eine ähnliche Problemsituation in Zukunft verhindert.

Selbstverständlich vermag der Klient nicht alle möglichen Folgen einer Handlung abzusehen, unser Blick in die Zukunft ist nun einmal begrenzt. Tatsächlich wird der Klient lediglich einige der bedeutsamen Auswirkungen prüfen und die Wahrscheinlichkeit, mit der eine bestimmte Konsequenz eintreten wird, nur grob abschätzen können, z.B. als „sehr wahrscheinlich", „wahrscheinlich" oder „unwahrscheinlich". Ebenso kann er die voraussichtliche Wirksamkeit der einzelnen Alternativen nur allgemein beurteilen, z.B. als „sehr gut", „gut", „neutral", „schlecht" oder „sehr schlecht". Dennoch dürfte er nach kritischer Betrachtung der verschiedenen Lösungswege imstande sein, sich für den zu entscheiden, der die besten Resultate verspricht. Diesen Selektionsvorgang demonstriert der folgende Gesprächsausschnitt:

Therapeut: Hier ist die Liste mit Ihren Lösungsvorschlägen. Ich bitte Sie, sich einmal alle daraufhin anzuschauen, welche unter ihnen brauchbar sind. Zuerst einmal – sind Ideen dabei, die gar nicht erst der Mühe wert sind?
Klientin: Offen gesagt, ich glaube nicht, daß ich körperlich in der Lage wäre, mit weniger Schlaf zu leben und dabei noch etwas leisten zu können. Ich habe immer rund acht Stunden Schlaf gebraucht – und ich bin sonst ganz gesund, es liegt also, glaube ich, an meiner Konstitution, und ich bezweifle, daß man sie ändern kann.
Therapeut: Möchten Sie noch etwas anderes streichen?
Klientin: Nein.
Therapeut: Bitte, denken Sie nun darüber nach, was jede einzelne Möglichkeit nicht nur für Sie, sondern auch für andere, Freunde und Angehörige, bedeutet. Und denken Sie nicht nur an die unmittelbaren Konsequenzen, beziehen Sie auch die möglichen Folgen in fernerer Zukunft ein. Warum greifen wir nicht als erstes Ihren Gedanken auf, zu schlafen, während die Besucher da sind?
Klientin: Wahrscheinlich würde mich der Lärm mehr stören als das Licht; ich könnte also Wachskügelchen in die Ohren stecken oder vielleicht einen dieser Apparate benutzen, die ständig einen Brummton erzeugen und damit die Störgeräusche überdecken. Aber selbst wenn ich so schlafen könnte, wäre die Situation doch ziemlich peinlich, und ich bin sicher, daß ich die Beziehung zu meiner Partnerin belasten würde. Ich sollte vielleicht allein eine Absprache mit ihr ins Auge fassen, daß in meiner Schlafenszeit niemand bei uns ist.
Therapeut: In Ordnung, konzentrieren wir uns darauf.
Klientin: Wir könnten uns zum Beispiel darauf einigen, daß wir nur übers Wochenende Leute bei uns haben. Dann könnte ich entscheiden, ob ich zu Hause bleiben oder mich irgendwo mit anderen treffen möchte, ohne Rücksicht nehmen zu müssen, wie spät es wird. Ja, ich spreche mit ihr, und vielleicht können wir so etwas wie eine „Hausordnung" aufstellen. Vielleicht gibt es auch einiges an mir, was sie stört und was ich ihr zuliebe ändern könnte – so würden wir uns in der Mitte treffen.
Therapeut: Wie, glauben Sie, wird sich das auf Ihre Beziehung zueinander auswirken?
Klientin: Das weiß ich nicht genau; aber da sie ziemlich bequem ist, nehme ich an, wird es wohl irgendwie gehen. Zumindest ist es einen Versuch wert.
Therapeut: Wie beurteilen Sie die gefundene Lösung?
Klientin: Gut, sogar sehr gut.
Therapeut: Prima, gehen wir dann ein paar andere Möglichkeiten durch.

Nach Auswahl einer oder mehrerer Strategien muß sich der Klient das taktische Vorgehen überlegen, d.h. wie er die Strategie konkret ausführt. Dabei soll er ebenso vorgehen wie bei der Ausarbeitung der Strategie. Nehmen wir an, unsere Klientin hat sich für eine Aussprache und das Aushandeln einer Regelung als die beste Strategie zur Lösung ihres ursprünglichen Konfliktes entschieden. Sie muß sich nun die einzelnen Handlungsschritte (die Taktik, die sie einschlagen will) zurechtlegen: Den günstigsten Zeitpunkt für die Unterredung abwarten; sicherstellen, daß beide ausreichend Zeit für ein ruhiges Gespräch haben; überlegen, wie sie reden sollte, damit sie einen verbindlichen und keinen feindseligen Ton anschlägt, der die Gesprächspartnerin in die Defensive drängen würde; festlegen, was sie sagen wird, indem sie die Hauptpunkte heraussucht und daran denkt, daß es vielleicht noch andere strittige Punkte gibt, die die Partnerin durch den Kompromiß klären möchte. Zur Lösung des bislang zurückgestellten zweiten Problems (mehr Sozialkontakte wünschen vs. fremd sein in der Stadt) könnte die Klientin beispielsweise die Strategie „Freunde finden" wählen und sich folgende Verhaltensweisen ausdenken: Abendkurse belegen; Vereinen beitreten; Vorträge hören; Wochenendausflüge machen; interessante Leute in der Arbeitsstelle ansprechen. Die Klientin muß sich dann wiederum entscheiden, welche dieser Verhaltensweisen voraussichtlich am meisten einbringt.

Es gibt selbstverständlich auch kompliziertere Situationen, die viele ernsthafte Teilprobleme enthalten und zu deren Lösung es mehr als einer Handlungsalternative bedarf. Auch sei daran erinnert, daß Situationen auftreten können, für die es keine wirklich befriedigende Lösung gibt. Ein schwerer Krankheitsfall oder der Tod eines Familienangehörigen können solche Situationen bedingen, obgleich einem auch hier die Anwendung der Problemlöse-Methode zur besten der verfügbaren Reaktionsweisen verhelfen kann.

Überprüfen

Ein Großteil des Problemlöse-Trainings findet zwar auf kognitiver Ebene statt, doch hat es letztlich zum Ziel, daß der Klient diejenige Handlungsweise auch in seiner Umwelt ausführt, die er als die effektivste ausgewählt hat. Deshalb werden ihm auch während der gesamten Behandlungsdauer Hausübungen aufgegeben, die ihn ermutigen, Problemlösen in vivo anzuwenden. Aber der Therapeut ermutigt nicht nur, die selektierten Verhaltensweisen auszuführen; unter seiner Anleitung prüft der Klient auch ihre Wirksamkeit nach. Um Ergebnisse bewerten zu können, muß man zuerst lernen, die Konsequenzen seiner Aktivität wahrzunehmen. Ist der Klient mit den Konsequenzen zufrieden, ist die problemlösende Verhaltenssequenz abgeschlossen. Hat sie zu unbefriedigenden Ergebnissen geführt, wird das Problemlöse-Verfahren erneut aufgenommen und ein anderer Lösungsweg ausprobiert.

Anwendungsbereiche

Die dargestellte Problemlöse-Methode ist besonders hilfreich für Personen, die vor schwierigen und wenig vertrauten situativen Anforderungen stehen, für Personen, die bislang noch keine ausreichende Selbständigkeit erworben haben sowie für Personen, auf die beide Bedingungen zutreffen.

Problemlösen kann in schwersten Lebenskrisen weiterhelfen. Wir denken hierbei an Ereignisse wie Scheidung, Trennung, Tod eines geliebten Menschen und andere extreme Belastungen in unserem Leben. Die Anwendung der Problemlöse-

4. Kognitive Methoden der Verhaltensänderung

Strategie in diesen Fällen soll aus der betreffenden Person nicht primär einen besseren Problemlöser machen, denn selbst der, der die Methode perfekt beherrschte, hätte es wahrscheinlich in den genannten Situationen sehr schwer. Vielmehr besteht der Hauptnutzen darin, auch noch in solchen Situationen ein klares Denken zu ermöglichen, die sonst als überwältigend und völlig unlösbar erlebt würden oder die im Extremfall – der allerdings für die Telefonseelsorger nicht ungewöhnlich ist – nur noch den Suizid als den einzigen Ausweg erscheinen ließen. Obgleich wir zugeben, daß es nicht für alle Probleme im Leben endgültige Lösungen gibt, meinen wir, daß unabhängig davon systematisches Problemlösen helfen kann, eine schwierige Situation zu analysieren und zumindest Teillösungen zu finden.

Wer ein Studium beginnt, wird zwar im allgemeinen nicht gerade in eine Lebenskrise gestürzt, ist aber immerhin mit einer ganz neuen, schwer durchschaubaren Umwelt konfrontiert, was häufig zahlreiche Probleme aufwirft [18]. Viele Studienanfänger sind zum ersten Mal in ihrem Leben gezwungen, vollkommen selbständig zu leben. Es empfiehlt sich daher, innerhalb der Studienberatungen für Erstsemester auch ein Kurztraining in Problemlösen anzubieten; dabei geben die zahlreichen Fragen und Probleme, die auf den Studenten in den folgenden Monaten und Jahren wahrscheinlich zukommen, das beste Übungsmaterial ab.

Problemlösen ist bei ehemaligen Drogenabhängigen angewandt worden. *Copeman* [8] hat es innerhalb eines lerntheoretischen Behandlungsprogramms für Heroinabhängige eingesetzt. Nach erfolgreicher Entziehungskur sieht sich der Klient wieder in seine alte Umwelt gestellt mit allen Frustrationen und Versuchungen, die ihn einst zur Droge greifen ließen. Aufgrund dieser Überlegung wurde das Problemlöse-Training mit ehemaligen Suchtkranken durchgeführt; es diente dem Erlernen wirksamer Verhaltensweisen zur Bewältigung der alltäglichen Anforderungen, um die Klienten in die Lage zu versetzen, nicht mehr Zuflucht zu Rauschmitteln nehmen zu müssen. Erste Befunde über den Einsatz der Problemlöse-Technik als Teil eines umfassenderen Behandlungsprogramms waren sehr ermutigend [8].

Wie die ehemaligen Drogenabhängigen, so werden auch Patienten in psychiatrischen Abteilungen und Strafgefangene, deren Entlassung kurz bevorsteht, wahrscheinlich einige Schwierigkeiten mit dem Leben außerhalb der Anstalt haben. Auch wenn man davon ausgeht, daß die Maßnahmen zur Resozialisierung erfolgreich waren und sich das problematische Verhalten, das zur Institutionalisierung geführt hat, nicht mehr manifestiert – eine vielleicht nicht ganz gerechtfertigte Annahme – ist dennoch mit Schwierigkeiten nach der Entlassung zu rechnen. *Goffman* [16], *Rosenthal* (1973) und andere haben festgestellt, daß die Welt in den Anstalten grundlegend andere Anforderungen stellt als die Welt „draußen". Zum Beispiel werden selbständiges Denken und Handeln negativ sanktioniert. Eine weitere Belastung für jemanden, der lange Zeit in einer Anstalt gelebt hat, besteht darin, daß er in eine Umwelt zurückkehrt, die sich erheblich von der unterscheidet, die er verließ. Ein Problemlöse-Training könnte folglich dafür entscheidend sein, daß die Wiedereingliederung gelingt.

Das Training ist ferner mit Jugendlichen und Kindern durchgeführt worden, um ihnen die Bewältigung verschiedener Konfliktsituationen zu erleichtern. *Kifer, Lewis, Green* und *Phillips* [28] haben delinquente Jugendliche und deren Eltern verschiedene Konflikte aus dem täglichen Leben mit Hilfe des Verfahrens gemeinsam lösen lassen. Problemlösen war bei *Almedina* und *Rubin* [1] Teil eines Trainingsprogramms für jugendliche Gruppenleiter; und es wurde in Grundschule und Kindergarten zur Förderung kooperativen Verhaltens unter Gleichaltrigen eingesetzt [38,40].

Es kommt selten vor, daß Problemlösen als einziges Verfahren in einer Behandlung angewandt wird. Die Erfahrung zeigt, daß die Unfähigkeit zum effektiven Problemlösen häufig noch mit anderen Verhaltensschwierigkeiten verbunden ist. Gewisse Menschen beispielsweise können die Anwendung einer Problemlöse-Strategie zwar erlernen, tun sich aber dennoch schwer, die gewählte Handlungsweise auszuführen, sei es aufgrund gewisser Hemmungen oder Ängste, oder weil sie bestimmte Verhaltensweisen nie gelernt haben. In solchen Fällen wäre die Durchführung zusätzlicher Verfahren der Verhaltensänderung angezeigt. Kann z.B. jemand wegen zu starker Angst eine Handlungsweise nicht ausführen, könnten zunächst seine Angstgefühle durch systematische Desensibilisierung abgebaut werden. Und wer sich im sozialen Bereich nicht ausreichend durchsetzt, würde ein Selbstbehauptungstraining benötigen.

Wir haben hier zwar allgemeine Richtlinien für die Anwendung des Problemlösens als Therapieverfahren gegeben, doch wird die konkrete Durchführung von Fall zu Fall Unterschiede aufweisen. Wir sagten bereits, daß sich die Klienten darin unterscheiden, in welcher Problemlösephase sie das größte Lerndefizit haben. Deshalb muß das Vorgehen auf den individuellen Fall zugeschnitten werden. Außerdem wird sich die Art und Weise, in der sich das Training abspielt, danach richten müssen, inwieweit der Klient das Verfahren verstehen kann. Bei Kindern werden die Erklärungen selbstverständlich nicht so sehr ins einzelne gehen wie bei Erwachsenen, und das Training wird entsprechend einfacher gestaltet werden müssen.

Schließlich möchten wir betonen, diese Zusammenstellung therapeutischer Richtlinien nicht fälschlich als ein Kochbuch aufzufassen. Wir haben auf diesen Punkt im Zusammenhang mit der kognitiven Umstrukturierung hingewiesen, doch ist er so wichtig, daß wir noch einmal sagen: Therapeutische Richtlinien können die Sensibilität und Flexibilität des Therapeuten nicht ersetzen (s. Kapitel 1 und 2).

Schlußbemerkungen

Es stimmt zwar, daß Verhaltenstherapeuten nun die Rolle kognitiver Prozesse für die Verhaltensmodifikation anerkennen und diese Variablen in ihre Verfahren einbeziehen; es bestehen jedoch einige grundlegende Unterschiede zwischen dem kognitiven Ansatz der Verhaltenstherapie und den eher psychodynamischen Behandlungsverfahren. Der Hauptunterschied besteht darin, daß die kognitiven

Techniken der Verhaltenstherapeuten letzlich aus der Grundlagenforschung hervorgegangen sind. Ungeachtet der immer größeren Skepsis unter Verhaltenstherapeuten, daß alles menschliche Verhalten allein den Prinzipien des klassischen und operanten Konditionierens folgt, betonen sie nach wie vor die maßgebende Bedeutung eines operationalen und methodologischen Denkens beim Studium menschlichen Verhaltens. Die beiden hier dargestellten Verfahren haben somit nicht nur den Vorteil, wissenschaftlichen Ursprungs zu sein, sie sind auch so weit operationalisiert, daß sie ohne weiteres von anderen Therapeuten angewandt werden können und ihre Wirksamkeit empirisch überprüfbar ist.

Mit dem wachsenden Interesse der Verhaltenstherapeuten an kognitiven Faktoren hat das Bedürfnis nach genauerer Kenntnis der Wechselwirkung dieser Variablen mit emotionalen Reaktionen und offenem Verhalten zugenommen. Schickt sich der Therapeut an, jemandem vernünftigeres Denken oder wirksameres Problemlösen beizubringen, richtet sich dieses Bemühen primär auf das emotionale Befinden und das offene Verhalten. Obgleich wir nicht ganz genau wissen, wie Veränderungen im Kognitiven sich im emotionalen und im motorischen Bereich auswirken, gehen wir bei unserer Arbeit von der Annahme aus, daß eine therapeutische Einflußnahme auf einen Bereich Veränderungen in den anderen erleichtert.

Die hier behandelten Therapieverfahren haben noch ein anderes wichtiges Ziel. Der Klient lernt eine allgemeine Strategie zur besseren Lebensbewältigung. Die Techniken der kognitiven Umstrukturierung und des Problemlösens können folglich dem großen Bereich der Selbstkontroll-Verfahren zugeordnet werden, deren Hauptziel es ist, den Klienten zu einer stärkeren Selbstregulation des eigenen Verhaltens zu befähigen [17,19,42]. Oft gehen die Klienten aus einer Therapiesitzung mit dem Gefühl, dank der Unterstützung und Ermutigung des Therapeuten ein bestimmtes Problem optimistischer betrachten zu können. Die systematische kognitive Umstrukturierung soll den Klienten vom Therapeuten unabhängig machen, so daß er nach Abschluß der Behandlung diese Technik in Belastungssituationen selbständig anwenden kann. Jahrelang hat man Problemlöse-Techniken in der Industrie eingesetzt, insbesondere zur Managementschulung leitender Angestellter. Von einer mehr persönlichen Warte aus gesehen, kann das Training in Problemlösen dem einzelnen Menschen zu einem besseren „Lebensmanagement" verhelfen. Und wem könnten nicht solche Kenntnisse und Fertigkeiten der Selbsthilfe nutzen?

Literatur

[1] *Almedina, J.* und *A. Rubin:* Environmental design. Unveröffentlichtes Manuskript, State University of New York at Stony Brook 1974.

[2] *Bandura, A.:* Principles of Behavior Modification. Holt, Rinehart und Winston, New York 1969.

[3] *Beck, A.:* Cognitive therapy: Nature and relation to behavior therapy. Behavior Therapy 1 (1970), 184–200.

[4] *Becker, G.M.* und *C.G. McClintock:* Value: Behavioral decision theory. Annual Review of Psychology 18 (1967), 239–286.
[5] *Bloom, B.S.* und *L.J. Broder:* Problem-Solving Processes of College Students. University of Chicago Press, Chicago 1950.
[6] *Brehm, J.W.* und *A.R. Cohen:* Explorations in Cognitive Dissonance. Wiley, New York 1962.
[7] *Churchman, C.W.:* Prediction and optimal decision. Prentice-Hall, Englewood Cliffs, N.J. 1961.
[8] *Copeman, C.D.:* Aversive counterconditioning and social restraining: A learning theory approach to drug rehabilitation. Unpublished doctoral dissertation, State University of New York at Stony Brook 1973.
[9] *Davison, G.C.* und *M.R. Goldfried:* Postdoctoral training in clinical behavior therapy. In: *I.B. Weiner* (Ed.): Postdoctoral Education in Clinical Psychology. Menninger Foundation, Topeka, Kansas 1973.
[10] *DiLoreto, A.O.:* Comparative Psychotherapy: An Experimental Analysis. Aldine-Atherton, Chicago 1971.
[11] *Dollard, J.* und *N.E. Miller:* Personality and psychotherapy. McGraw-Hill, New York 1950.
[12] *D'Zurilla, T.J.* und *M.R. Goldfried:* Problem solving and behavior modification. Journal of Abnormal Psychology 78 (1971), 107–126.
[13] *Edwards, W.:* Behavioral decision theory. Annual Review of Psychology 12 (1961), 473–498.
[14] *Ellis, A.:* Reason and emotion in psychotherapy. Lyle Stuart, New York 1962.
[15] *Estes, W.K.:* Reward in human learning: Theoretical issues and strategic choice points. In: *R. Glaser* (Ed.): The Nature of Reinforcement. Academic Press, New York 1971.
[16] *Goffman, E.:* Asylums. Doubleday, Garden City, N.Y. 1961.
[17] *Goldfried, M.R.:* Systematic desensitization as training in self-control. Journal of Consulting and Clinical Psychology 37 (1971), 228–234.
[18] *Goldfried, M.R.* und *T.J. D'Zurilla:* A behavioral – analytic model for assessment competence. In: *C.D. Spielberger* (Ed.): Current Topics in Clinical and Community Psychology. Academic Press, New York 1969.
[19] *Goldfried, M.R.* und *M. Merbaum* (Eds.): Behavior Change Through Self-Control. Holt, Rinehart and Winston, New York 1973.
[20] *Goldfried, M.R., E.T. Decenteceo* und *L. Weinberg:* Systematic rational restructuring as a self-control technique. Behavior Therapy 5 (1974), 247–254.
[21] *Goldfried, M.R.* und *D. Sobocinski:* The effect of irrational beliefs on emotional arousal. Journal of Consulting and Clinical Psychology, 1975. Im Druck.
[22] *Goldstein, A.P.:* Therapist-Patient Expectancies in Psychotherapy. Pergamon Press, New York 1962.
[23] *Goldstein, A.P., K. Heller* und *L.B. Sechrest:* Psychotherapy and the Psychology of Behavior Change. Wiley, New York 1966.
[24] *Hilgard, E.R.* und *G.H. Bower:* Theorien des Lernens. Klett, Stuttgart 1970.
[25] *Kanfer, F. H.:* Self-regulation: Research and speculations. In: *C. Neuringer* und *J.L. Michael* (Eds.): Behavior Modification in Clinical Psychology. Appleton-Century-Crofts, New York 1970.
[26] *Kanfer, F.H.* and *J.S. Phillips:* Learning foundations of behavior therapy. Wiley, New York 1970.
[27] *Kelly, G.A.:* The Psychology of Personal Constructs. Norton, New York 1955.
[28] *Kifer, R.E., M.A. Lewis, D.R. Green* und *E.L. Phillips:* The S.O.C.S. model: Training pre-delinquent youths and their parents in negotiation responses to conflict situations. Paper presented at the annual convention of the American Psychological Association, Montreal, Quebec, Canada, August 1973.
[29] *Lazarus, A.A.:* Behavior therapy and beyond. McGraw-Hill, New York 1971.
[30] *Meichenbaum, D.H.:* Cognitive modification of test anxious college

students. Journal of Consulting and Clinical Psychology 39 (1972), 370–380.
[31] *Meichenbaum, D.H.:* Cognitive Behavior Modification. General Learning Press, Morristown, N.J. 1974.
[32] *Meichenbaum, D.H., J.B. Gilmore* und *A. Fedoravicius:* Group insight versus desensitization in treating speech anxiety. Journal of Consulting and Clinical Psychology 36 (1971), 420–421.
[33] *Miller, G.A., E. Galanter* und *K.H. Pribram:* Plans and the structure of behavior. Holt, Rinehart and Winston, New York 1960.
[34] *Osborn, A.F.:* Applied Imagination: Principles and Procedures of Creative Problem-Solving (3rd ed.). Scribner's, New York 1963.
[35] *Parnes, S.J.:* Creative behavior guidebook. Scribner's, New York 1967.
[36] *Rosenhan, D.L.:* On being sane in insane places. Science 179 (1973), 250–258.
[37] *Rotter, J.B.:* Social Learning and Clinical Psychology. Prentice-Hall, Englewood Cliffs, N.J. 1954.
[38] *Shaftel, F.R.* and *G. Shaftel:* Role-Playing for Social Values: Decision-Making in the Social Studies. Prentice-Hall, Englewood Cliffs, N.J. 1967.
[39] *Simon, H.A.:* A behavioral model of rational choice. Quarterly Journal of Economics 69 (1955), 99–118.
[40] *Spivack, G.* und *M.B. Shure:* Social adjustment of young children. Jossey-Bass, San Francisco, Calif. 1974.
[41] *Staats, A.W.:* Language behavior therapy: A derivative of social behaviorism. Behavior Therapy 3 (1972), 165–192.
[42] *Thoreson, C.E.* und *M.J. Mahoney:* Behavioral Self-Control. Holt, Rinehart and Winston, New York 1974.
[43] *Trexler, L.D.* und *T.O. Karst:* Rational-emotive therapy, placebo, and no-treatment effects on public-speaking anxiety. Journal of Abnormal Psychology 79 (1972), 60–67.

5. Methoden des Modellernens

G. Alan Marlatt und Martha A. Perry

Einführung

Man stelle sich die folgende Kette von Ereignissen vor. Ein Junge will gerade das eben erst gefrorene Eis eines Teichs betreten, als er plötzlich bemerkt, daß ein anderer Junge schon über den Teich gelaufen ist und die Eisfläche Sprünge bekommen hat; also beschließt er, stattdessen lieber mit dem Fahrrad zu fahren. Zu Hause verkleidet sich seine kleine Schwester mit den Sachen der Mutter und versucht, in hochhackigen Schuhen herumzuspazieren. Sein älterer Bruder übt in Begleitung des Vaters Auto zu fahren, der Vater zeigt ihm die Benutzung der Kupplung beim Schalten. Die Abendzeitung berichtet über einen weiteren Fall einer langen Kette von Flugzeugentführungen. Zu Hause bereitet die Mutter ein besonders schönes Abendessen nach einem Rezept, das im Fernsehen vorgeführt wurde. Auf dem Heimweg fährt der Junge mit dem Rad eine Abkürzung, hält oben auf einem Hügel an und überlegt, ob er zu steil zum Hinunterfahren ist. Er wartet, bis er zwei andere Kinder sieht, die die Abfahrt auf dem Rad offenbar ohne Schwierigkeiten schaffen, und beginnt dann selber den Hügel hinunterzufahren.

Was ist diesen Ereignissen gemeinsam? In allen Fällen wurden die Handlungen oder das Verhalten eines Einzelnen oder einer Gruppe vom Verhalten anderer beeinflußt. Für diesen Vorgang gibt es viele verschiedene Begriffe wie Imitation, Nachahmung, Mimikry, Identifikation und Modellernen. Wir werden in diesem Kapitel den Begriff Modellernen in Bezug auf Beobachtungslernen verwenden, wobei das Verhalten eines Einzelnen oder einer Gruppe, also des Modells, als Stimulus für die Gedanken, Einstellungen oder Verhaltensweisen eines anderen Individuums wirkt, das dieses Verhalten des Modells beobachtet.

Zwar wird die Rolle des Imitationslernens bereits seit Aristoteles' Zeiten diskutiert, aber erst in den letzten Jahren haben Forscher diesem Thema volle Aufmerksamkeit geschenkt. In der Psychologie wurde die Untersuchung der Imitation bis zur Pionierarbeit von *Miller* und *Dollard* [45] fast völlig vernachlässigt. Diese Autoren gaben einen Überblick über die zu dieser Zeit existierenden Theorien und formulierten ihre eigene Analyse der Imitation unter behavioristischen Gesichtspunkten. Es vergingen mehr als zwanzig Jahre, ehe die Bedeutung des Imitationslernens für soziales Lernen und Persönlichkeitsentwicklung in einem wichtigen Buch von *Bandura* und *Walters* [10] ins rechte Licht gerückt wurde. Seither wurde Banduras Name fast zum Synonym für die Erforschung des Beobachtungslernens und seiner Wirkungen auf soziales Verhalten. Der Begriff des

Übersetzt von Sabine Göbel

5. Methoden des Modellernens

Modellernens wurde anstelle des Begriffs der Imitation zur alles umfassenden Bezeichnung für eine Vielzahl von Beobachtungslernprozessen.

Es gibt wohl eine Reihe einander widersprechender Theorien über das Wesen und die Wirkung der Prozesse des Modellernens, Banduras Position scheint jedoch in den allermeisten Fällen akzeptiert zu werden. Der interessierte Leser sei auf das Einführungskapitel eines kürzlich von *Bandura* [4] herausgegebenen Buches verwiesen, in dem die meisten dieser theoretischen Kontroversen im einzelnen dargestellt sind. Einen Überblick über die große Vielfalt experimenteller und theoretischer Literatur zum Modellernen bieten auch die von *Bandura* [11] und *Kanfer* und *Phillips* [32] verfaßten Grundlagentexte zur Verhaltensmodifikation.

Nach *Bandura* geht es, einfach ausgedrückt, beim Prozeß des Modellernens um folgendes. Auf der ersten Stufe des Prozesses wird das Verhalten eines Modells von einem Beobachter betrachtet. Dies wird die *Aneignungs*phase genannt, bei der die Aktionen des Modells anfänglich vom Betrachter, der das Modell beobachtet, aufgenommen werden. Der Beobachter braucht während der Aneignungsphase nicht verstärkt zu werden oder praktisch zu üben, damit Beobachtungslernen stattfindet. Es ist eher anzunehmen, daß der Beobachter während der Beobachtung Vorstellungen und verbale Repräsentationen vom Verhalten des Modells erwirbt, die dann im Gedächtnis „gespeichert" werden.

Auf der zweiten Stufe des Prozesses geht es um die *Ausführung* des Modellverhaltens durch den Beobachter. Die Unterscheidung zwischen Aneignung und Ausführung einer nach einem Modell erlernten Reaktion ist wichtig, da es durchaus sein kann, daß eine durch Beobachtung erworbene Reaktion vom Beobachter niemals wirklich ausgeführt wird. Man kann beispielsweise das Verhalten eines Fallschirmspringers im Film in allen Einzelheiten so weit beobachten, daß man *gelernt* hat, welche Schritte zu dieser Aktivität gehören (Aneignungsphase), man müßte jedoch immer noch aus einem Flugzeug springen, wenn man versuchen wollte, dieses Verhalten selbst *auszuführen*.

Nach *Bandura* spielen Verstärkung und Bestrafung in erster Linie bei der Ausführung des modellerlernten Verhaltens eine wesentliche Rolle. Ob eine modellerlernte Reaktion in Zukunft wahrscheinlich häufiger oder weniger häufig ausgeführt wird, ist abhängig von der Aktion oder der Verstärkung, die zu diesem Zeitpunkt auf die Reaktion folgt. Eine Vielzahl von Faktoren kann bestimmen, ob ein Verhalten, das durch Beobachtungslernen erworben wurde, vom Beobachter in der Folge ausgeführt wird. Viele dieser Faktoren sollen im folgenden bei der Diskussion der praktischen Anwendung der Prinzipien des Modellernens beschrieben werden.

Vor der Darstellung, wie Methoden des Modellernens im klinischen Bereich angewendet werden können, scheint es nützlich, einen kurzen Überblick über die wichtigsten Wirkungen des Beobachtungslernen zu geben. *Bandura* [3] nennt drei Haupteffekte des Modellernens, die alle in der klinischen Anwendung ihre wichtige Entsprechung haben. Das Erlernen neuer oder neuartiger Verhaltensweisen oder neu integrierter Verhaltensmuster wird als *Beobachtungslerneffekt* bezeichnet. Das obige Beispiel vom Bruder, der den Umgang mit Kupplung und Gangschaltung dadurch lernt, daß er seinem Vater zuschaut, der ihm diese Fertigkeit demonstriert, veranschaulicht den Beobachtungslerneffekt. Dieser Effekt kann vielfältig angewendet werden, wenn man beispielsweise zurückgezogenen oder sozial ungeschickten Klienten grundlegende soziale Fertigkeiten beibringen will, autistische oder retardierte Kinder in den Grundfunktionen des Sprechens trainiert und hospitalisierte psychotische Patienten dazu anleitet, wie sie sich in einer Reihe von neuen sozialen Situationen verhalten sollen, denen sie wahrscheinlich bei ihrer Rückkehr in den Alltag begegnen werden.

Die zweite Funktion des Modellernens betrifft die Einwirkung auf Verhaltensweisen, die beim Beobachter irgendwie gehemmt oder eingeschränkt sind. Hier hat der Beobachter das betreffende Verhalten schon vor der Darbietung des Modells gelernt, das Modell soll jedoch bewirken, daß die Zahl der Ausführungen des Verhaltens beim Beobachter entweder zunimmt oder abnimmt. Die Beobachtung der Konsequenzen oder Verstärkungen, die das Modell als Folge seines Verhaltens erfährt, spielt in den meisten Fällen eine sehr große Rolle. Verhaltensweisen des Modells, die positiv verstärkt werden, bewirken wahrscheinlich eine häufigere Anwendung dieser Verhaltensweisen beim Beobachter. Wenn zu den Verhaltensweisen, die dann vermehrt auftreten, auch solche gehören, die beim Beobachter früher gehemmt oder eingeschränkt waren, nimmt man einen *Enthemmungseffekt* an. Im Falle des Jungen, der sich nicht sicher war, ob er den steilen Abhang hinunterfahren sollte, bewirkte die Beobachtung eines anderen, der den Hügel leicht hinunterradelte, eine Enthemmung seines eigenen Verhaltens in dieser Situation. Hätte der Junge jedoch einen anderen Radfahrer beobachtet, der bei der Abfahrt auf dem Kies gerutscht und gestürzt wäre, hätte ihn das dazu gebracht, einen sichereren Heimweg zu suchen. In diesem Fall handelte es sich um einen *Hemmungseffekt*. Die Geschichte des Jungen, der nicht wußte, ob er das Eis des Teichs betreten sollte, ist ein weiteres Beispiel für den Hemmungseffekt. Sähe er jemanden durch das Eis brechen, hinderte ihn das sicher daran, über das Eis zu gehen aus Angst, daß er die gleichen nachteiligen Konsequenzen erleben könnte wie das Modell.

Viele der klinischen Anwendungen der Prinzipien des Modellernens, die bisher beschrieben worden sind [5, 49] gehören in die Kategorie der Enthemmungseffekte. Verhaltensweisen, die wie bei phobischen Störungen durch starke Furcht oder Ängste gehemmt waren, konnten erfolgreich dadurch behandelt werden, daß die Phobiker miterlebten, wie Modelle diese gefürchteten Verhaltensweisen ausführten und positive oder gefahrlose Konsequenzen erfuhren. Eine gewisse Aufmerksamkeit galt auch der Verwendung von Hemmungseffekten im klinischen Bereich. Klienten, die sich unkontrolliert oder sozial unerwünscht verhalten (z.B. Alkoholiker oder Delinquenten, die ihre eigenen Impulse nur schwer steuern können), stärken ihre Hemmungen gegenüber solchen Verhaltensweisen eventuell dadurch, daß sie beobachten, wie ein Modell bei der Ausführung eben dieser Aktionen negative Konsequenzen erlebt.

Die dritte Wirkung des Modellernens wird *reaktionserleichternder Effekt* genannt. In diesem Fall besteht die Wirkung des Modellernens darin, daß Verhal-

5. Methoden des Modellernens

tensweisen zunehmen, die der Beobachter bereits gelernt hat und die nicht eingeschränkt oder gehemmt sind. Hier beruht der Effekt des Modells einfach darauf, ein Informationssignal zu bieten, das ähnliches Verhalten beim Beobachter auslöst. Bei einer Konzertreise von Bob Dylan konnte man kürzlich ein Beispiel für den reaktionserleichternden Effekt sehen. Gegen Ende des Konzerts zündeten einige Zuhörer Streichhölzer an als Zeichen ihrer Zuneigung für Dylan – innerhalb weniger Augenblicke hielten Tausende im Publikum brennende Streichhölzer ebenfalls hoch. Nimmt man an, daß fast jeder gelernt hat, wie man ein Streichholz anzündet und daß es kaum oder gar keine Hemmungen bei diesem Verhalten gibt, erleichterten die ersten diese Aktion einfach beim übrigen Publikum. Im klinischen Bereich wird der reaktionserleichternde Effekt kaum angewendet – außer vielleicht bei der Verwendung des Modellernens zur Steigerung der Frequenz normalerweise auftretenden sozialen Verhaltens. In diesem Kapitel werden wir uns vor allem auf die Verwendung der Effekte des Beobachtungslernens und auf die Hemmungs- und Enthemmungseffekte als praktische Methoden der Verhaltensänderung konzentrieren.

Im übrigen wird es in diesem Kapitel um folgendes gehen. In Teil II werden die Hauptprinzipien des Modellernens als Methode der Verhaltensänderung im klinischen Bereich in Bezug auf drei Verhaltensklassen besprochen. Im ersten Abschnitt geben wir einen Überblick über die Verwendung des Modellernens bei der Modifikation von Problemverhalten, das durch Ängste oder Furcht, wie im Fall der Phobien, gekennzeichnet ist. Die Behandlung einer Schlangenphobie wird ausführlich dargestellt, um den Leser mit einer Reihe praktischer Aspekte vertraut zu machen, die bei jeder Behandlung mit Modellverfahren beachtet werden müssen. In diesem zweiten Abschnitt wird Modellernen als Technik der Verhaltensveränderung beschrieben. Thema dieses Abschnitts sind die enthemmenden Effekte des Modellernens auf verbale Selbstdarstellung. Im dritten Abschnitt geht es um die Anwendung des Modellernens bei Personen, die sich häufig sozial unangemessen verhalten. Es werden Programme zum Beobachtungslernen zur Veranschaulichung dieser Verfahren beschrieben, bei denen man versucht hat, jugendlichen Delinquenten und Alkoholikern neue soziale Verhaltensweisen zu vermitteln. Da die in Teil II zum Studium ausgewählten Verhaltensweisen für eine Vielzahl klinischer Populationen gelten, konzentriert sich die Darstellung auf eine Reihe allgemeiner Prinzipien, die bei der Anwendung von Methoden des Modellernens immer wichtig sind.

In Teil III geben wir eine Reihe detaillierter Beispiele der Anwendung des Modellernens bei spezifischen Klientenpopulationen. Wie Modellernen in der Schule eingesetzt werden kann, wird im ersten Abschnitt beschrieben. In den übrigen Abschnitten von Teil III werden Modellernprogramme für die folgenden klinischen Populationen dargestellt: autistische Kinder, Retardierte und psychotische Erwachsene. Zum Schluß wird das Modellernen als Methode zur Ausbildung von Psychotherapeuten und Laientherapeuten besprochen. Das Kapitel schließt mit einigen Bemerkungen über zufällige Effekte des Modellernens, die wahrscheinlich bei jeder Behandlung auftreten können.

Prinzipien des Modellernens im klinischen Bereich

Behandlung von Ängsten

Modellernen im klinischen Bereich wurde bislang vor allem bei der Behandlung von Verhaltensweisen eingesetzt, die wie im Fall der Phobien durch Angst oder Furcht gehemmt sind. Dabei weiß der Klient vermutlich schon, wie er sich angemessen verhalten sollte, aber die vielleicht folgenden gefürchteten Konsequenzen hindern ihn daran. Ein Modell, das fähig ist, sich in der gefürchteten Situation angemessen und sicher zu verhalten, kann diese Reaktionen beim Beobachter enthemmen. Solche Wirkungen werden mit dem Fachausdruck der *stellvertretenden Löschung* beschrieben. Beobachtet jemand mit einer Schlangenphobie, wie eine Modellperson sicher mit einer Schlange umgeht, wird die Angst des Beobachters vermutlich gelöscht, weil die Aktionen des Modells (die der Beobachter stellvertretend wahrnimmt und erlebt) keine aversiven Konsequenzen wie beispielsweise einen Schlangenbiß haben. Daraufhin sollte das Vermeidungsverhalten, das den Phobiker davon abhält, solche ungefährlichen Konsequenzen zu erleben, so weit gelöscht werden, daß die Angst abnimmt.

Eine erfolgreiche Anwendung der Techniken des Modellernens in der Behandlung von Schlangenphobien stellt die klassische Untersuchung von *Bandura, Blanchard* und *Ritter* [11] dar. Wir werden uns die in dieser Untersuchung angewandten Verfahren genauer ansehen, um die Bedeutung einer Reihe praktischer Resultate hervorzuheben. Die Vpn hatten auf eine Zeitungsanzeige geantwortet, in der Personen mit intensiver Schlangenangst gesucht wurden. Alle Vpn wurden vor der Behandlung einem Test zum Vermeidungsverhalten unterzogen, wobei sie eine Reihe von Annäherungsverhaltensweisen in Gegenwart einer lebenden Schlange auszuführen hatten; nur Vpn, die sich weigerten, die Schlange eigenhändig mit einem Handschuh aus dem Käfig zu heben, wurden in die endgültige Behandlungsstichprobe aufgenommen. Diese 48 Vpn wurden in vier Gruppen aufgeteilt: zwei Modellerngruppen, eine Kontrollgruppe ohne Behandlung und eine weitere Kontrollgruppe, die mit systematischer Desensibilisierung (siehe Kapitel 8) behandelt wurde. Welche allgemeinen Fragen sind vor Anwendung dieser Therapieform zu beantworten?

Auswahl des Modells

Man kann zwischen zwei Formen der Modelldarbietung wählen. Bei der ersten Form wird ein echtes oder *lebendes Modell* eingesetzt, das das Verhalten in Anwesenheit des Beobachters wirklich ausführt. Dies ist in vielen Fällen günstiger, weil der Beobachter besser aufpaßt und an der naturalistischen Darstellung durch echte Menschen in lebendigen Situationen eher anteilnimmt. Die Verwendung lebender Modelle birgt jedoch gewisse Gefahren, weil das Verhalten des Modells nicht exakt vorhergesagt und kontrolliert werden kann. Es wäre beispielsweise katastro-

5. Methoden des Modellernens

phal, wenn das Modell bei der Behandlung einer Schlangenphobie zunehmend Angst zu zeigen begänne (oder, was noch schlimmer wäre, von der Schlange gebissen würde), während der Beobachter zuschaut. Die Behandlung wäre dann ein Fehlschlag, und der Klient reagierte wahrscheinlich noch empfindlicher und ängstlicher auf Schlangen. Statt eines Enthemmungseffekts entstünde ein Hemmungseffekt.

Der Therapeut wird beim Modellernen häufig lieber ein *symbolisches Modell* einsetzen, wobei das Modellverhalten in Filmen, Videobändern, Tonbandaufnahmen oder auch in schriftlicher Form dargeboten wird. Welches Medium im Einzelfall zur Darbietung des symbolischen Modells benutzt wird, hängt vom Verhalten, das verändert werden soll und anderen praktischen Überlegungen ab. Es spricht vieles dafür [3], daß Modellerneffekte in den meisten Fällen erfolgreich durch den Einsatz symbolischer Modelle erzielt werden können. Symbolische Modelle haben gegenüber lebenden Modellen viele Vorteile. Das aufgezeichnete Modellverhalten kann kontrolliert und gegebenenfalls so dargeboten werden, daß die relevanten Anteile des Modellverhaltens hervorgehoben werden. Auch kann man Modellbänder oder Filme im klinischen Bereich wiederholt benutzen. Nachsynchronisierte Kommentare durch einen Sprecher ermöglichen es, wesentliche Merkmale oder Komponenten des Modellverhaltens zu unterstreichen wie im Fall von Trainingsfilmen, bei denen der Zuschauer darin unterwiesen wird, komplizierte motorische Handlungsabläufe auszuführen. Außerdem sind symbolische Modelle eher bei Gruppenbehandlung geeignet, wo das Verhalten mehrerer Beobachter zur gleichen Zeit modifiziert werden soll.

Wer soll die Rolle des Modells spielen? Welche Eigenschaften eines Modells bewirken am wahrscheinlichsten imitative Effekte? Zu dieser Frage gibt es sehr viele Untersuchungen, über die *Bandura* und andere einen Überblick geben [3, 10, 20]. Eine präzise Antwort auf diese Frage hängt wiederum ab von der Art des Problems, das behandelt werden soll, aber die folgenden Richtlinien können bei der Modellauswahl für Behandlungen verschiedenster Art hilfreich sein. Modelle, die nach Ansicht des Beobachters Kompetenz und Prestige besitzen, werden eher nachgeahmt als Modelle mit nur geringem Ansehen. Modelle, die vom Beobachter für warm und zugewandt gehalten werden, erleichtern ebenfalls Effekte des Modellernens. Diese Wirkungen können noch dadurch unterstützt werden, daß der Beobachter mit dem Modellverhalten belohnende Qualitäten verbindet und von daher mehr dazu motiviert ist, dem Verhalten zu entsprechen.

Weitere Überlegungen sind bei der Auswahl des passenden Modells nötig. Ein Modell, das dem Beobachter allzu unähnlich ist oder dessen Verhalten, verglichen mit den Fähigkeiten des Beobachters, zu überlegen oder technisch vollkommen ist, wird unter Umständen vom Beobachter abgelehnt. Der Beobachter weigert sich vielleicht, sich vom Modell beeinflussen zu lassen, weil er ihm „magische Kräfte" zuschreibt oder weil er sich für völlig unfähig hält, es mit dem Modell aufzunehmen. Es ist wohl am besten, ein Modell zu wählen, das gerade ein oder zwei Schritte weiter ist als der Beobachter oder das sich ganz allmählich von relativer Ähnlichkeit mit dem Beobachter zu größerer Geschicklichkeit fortentwickelt. Ein

Modell, das zunehmend schwierigere Handlungen ausführt, wird in der Literatur manchmal „Gleit"-Modell genannt. Besonders hilfreich in dieser Beziehung ist eine Modellperson, die ihre eigene anfängliche Unsicherheit und nach und nach Strategien des Problemlösens und der Bewältigung verbalisiert, wie *Meichenbaum* an anderer Stelle (Kapitel 11) beschreibt.

Zusätzliche Vorteile hat das Modellernverfahren dadurch, daß man *multiple Modelle* anbieten kann. Die Probleme, die nach den bisherigen Überlegungen durch den Einsatz eines bestimmten Modells entstehen, können teilweise dadurch überwunden werden, daß man mehrere verschiedene Modellpersonen einführt, die vom Beobachter hinsichtlich Alter, Geschlecht, sozialökonomischem Status und anderer Faktoren unterschiedlich abweichen. Eine zunehmende Generalisierung der Behandlungseffekte ist viel wahrscheinlicher, wenn der Beobachter erlebt, daß verschiedenste Modellpersonen sich in der erwünschten Weise verhalten. Die situativen Faktoren einer Modellsequenz können gleichfalls auf dieselbe Art und Weise variiert werden. Bei der Behandlung einer Schlangenphobie könnte man dem Beobachter eine Reihe von Modellpersonen verschiedenen Alters und beiderlei Geschlechts vorführen, die mit vielen Schlangen von unterschiedlicher Größe und Farbe sicher umgehen, und dadurch die Generalisationseffekte maximieren.

Diese Überlegungen gelten auch für die folgende Beschreibung einer von *Bandura, Blanchard* und *Ritter* ([11], S. 178) übernommenen Modellsequenz.

Vpn nahmen an einer Behandlung mit symbolischen Modellen unter eigener Anleitung teil, wobei sie sich einen stufenweise aufgebauten Film ansahen, in dem kleine Kinder, Jugendliche und Erwachsene auf immer gefährlichere Weise mit Schlangen umgingen. Der etwa 35 Minuten dauernde Farbfilm begann mit Szenen, in denen furchtlose Modellpersonen mit Plastikschlangen hantierten. Zum Ende hin waren dann Personen zu sehen, die eine große Kobra berührten und festhielten, sie sich um den Hals legten und frei über den Körper kriechen ließen.

Diese Modelldarbietung ist folgendermaßen aufgebaut: die Darbietung eines symbolischen Modells, die Verwendung multipler Modelle und eine Reihe von Aktivitäten mit zunehmender Schwierigkeit. Besonders wichtig sind diese Aspekte bei der Behandlung von Verhaltensweisen, die durch Angst gehemmt sind.

Beobachtung des Modells

Damit eine Therapie mit Methoden des Modellernens während der Aneigungsphase wirksam ist, muß der Beobachter dem Verhalten des Modells volle Aufmerksamkeit schenken. Konzentration kann man auf verschiedene Weise fördern. Abgesehen von der schon beschriebenen sorgfältigen Auswahl der Modellperson können bei diesem Verfahren die Hauptaspekte des Modellverhaltens besonders hervorgehoben werden. Die Instruktionen „verleiten" den Beobachter dazu, bestimmte Aspekte des Modellverhaltens zu beachten, und stellen so eine angemessene Aufmerksamkeitshaltung her. Auch sollte die Modellperson so vorgeführt werden, daß der Beobachter nicht durch ablenkende Reize gestört wird; in dieser Hinsicht sind symbolische Modelle günstiger, weil die Aufmerksamkeit leichter bei der Betrachtung eines Films oder einer Videoaufnahme in einem dunklen, ruhigen Raum zu lenken ist. Tonbandmodelle werden konzentrierter mit Kopfhörern angehört. Beim Einsatz lebender Modelle vor allem in natürlicher Umgebung muß alles unternommen werden, um Ablenkungen durch andere Personen oder Ereignisse auszuschalten oder zu reduzieren.

Modelle bieten dem Beobachter eine Fülle von Informationen. Sie sagen den Leuten häufig, was zu machen ist, wann und wie es zu tun ist. Daher wird der Beobachter das Verhalten einer Modellperson wahrscheinlich am genauesten beachten, wenn er sich in Bezug auf sein eigenes Verhalten unsicher ist [28, 41]. Das Verhalten eines Modells und dessen Konsequenzen können dem Beobachter als Wegweiser dienen, wenn er zwischen mehreren Verhaltensweisen wählen muß und ihm die Situation unklar ist. Bei einem offiziellen Abendessen warten beispielsweise einige unsichere Gäste, bis der Gastgeber die Fingerschale benutzt, um sie selber richtig gebrauchen zu lernen. Die Aufmerksamkeit für das Verhalten des Modells kann gesteigert werden, wenn sich der Beobachter in einem Zustand der Unsicherheit befindet und nach Information sucht, was er als nächstes tun soll.

Bei der Behandlung von Ängsten sind noch weitere Faktoren hinsichtlich der Aufmerksamkeit des Beobachters zu bedenken. Wenn das Verhalten des Modells in der gefürchteten Situation zu viel Angst beim Beobachter auslöst, wird er es eventuell vermeiden, dem Modell zuzusehen oder sonst irgendwie das Verfahren ignorieren. In diesem Fall kann man vorsichtig und schrittweise mit einem „Gleit"-Modell arbeiten und die Angst auf diese Weise minimal halten. Eine weitere Möglichkeit besteht darin, mit dem Beobachter vor der Darbietung des Modells Entspannungstechniken zu üben, damit er sich bei der aktuellen Vorführung des Modells entspannen kann. Dieses Verfahren ähnelt der Verwendung von Entspannung in der Desensibilisierungsbehandlung, wobei man annimmt, daß Entspannung den Angstreaktionen entgegenwirken wird. Ein symbolisches Modell kann man in Kombination mit Entspannungstechniken einsetzen, so daß der Beobachter die ihm dargebotenen Szenen seinem eigenen Tempo entsprechend selber kontrollieren kann. Diese Methode stammt von *Bandura* und seinen Mitarbeitern aus der Behandlung von Schlangenphobien mit symbolischem Modellernen:

> Um die Wirksamkeit der Methode zu erhöhen, wurden zwei weitere Techniken eingeführt: erstens lehrte man die Vpn, während der gesamten Darbietungsperiode angstneutralisierende Entspannung einzusetzen und aufrechtzuerhalten. Zweitens ging es um die Kontrolle der Reizdarbietung. Eine selbstregulierte Modellernbehandlung wird wahrscheinlich eine größere Kontrolle der Löschung erlauben als Verfahren, bei denen die Vpn einer Sequenz von aversiven Modellreizen ausgesetzt werden, ohne daß man sich um ihre Angstreaktionen kümmert. Deshalb regulierten die Vpn selber die Darbietungsrate der Modellreize mit einem Kodak-Projektor, der mit einem verzögerten Kontrollstarter und einer Rücklaufvorrichtung ausgestattet war. Die Vpn wurden instruiert, den Film immer dann anzuhalten, wenn eine bestimmte Verhaltensweise des Modells Angst hervorrief, den Film bis zum Anfang der aversiven Sequenz zurücklaufen zu lassen und sich erneut tief zu entspannen. Dann sahen sie sich die bedrohliche Szene mehrfach auf diese Weise an, bis sie vollständig neutralisiert war,

bevor sie zur nächsten Stufe der abgestuften Sequenz übergingen. Nachdem die Vpn den Umgang mit der Projektorkontrolle und der selbstinduzierten Entspannung beherrschten, zog sich der Vl aus der Situation zurück, so daß die Vpn ihre Behandlung selbst leiteten, bis ihre Angst bei den Filmszenen völlig gelöscht war. Die Behandlung wurde beendet, als sie den gesamten Film ohne jede emotionale Erregung anschauen konnten [11].

Obwohl die Wirksamkeit des Entspannungstrainings bei Behandlungsprogrammen mit Modellernen noch nicht voll bewiesen ist [50], scheint sie sehr hilfreich für Beobachter zu sein, die außergewöhnlich ängstlich auf das Verhalten der Modellperson in der gefürchteten Situation reagieren.

Darbietung des Modells

Abgesehen von der Lenkung der Aufmerksamkeit des Beobachters vor der Darbietung des Modells, sollte der Therapeut alles versuchen, um sicherzugehen, daß der Beobachter die Handlungen des Modells beachtet und auch in Erinnerung behält. Wenn sich der Beobachter die wesentlichen Züge des Modellverhaltens nicht merken kann, dann ist die ganze Behandlung nutzlos. Falls das Modellverhalten besonders kompliziert oder abstrakt ist, läßt sich das Behalten dadurch erleichtern, daß entweder das Modell oder ein Sprecher die wichtigen Charakteristika des Modellverhaltens und die allgemeinen Prinzipien oder Regeln, die die Modellhandlung bestimmen, verbal kommentiert. Angenommen, eine Modellperson soll einem schüchternen, sozial ungeschickten Beobachter selbstsicheres Verhalten demonstrieren. In der Szene geht es darum, in einem Restaurant ein Essen zu bestellen und festzustellen, daß das Steak ungenießbar ist. Die Modellperson demonstriert in dieser Situation eine selbstbewußte Reaktion, sie bittet die Kellnerin, ihr ein anderes Steak zu bringen. An dieser Stelle könte das Modell oder ein Sprecher folgendermaßen kommentieren: „Dies ist ein Beispiel einer selbstsicheren Reaktion. Ich erwartete ein gutes Steak und war bereit, dafür zu bezahlen; und dann brachte man mir ein unmögliches Stück Fleisch. Ich erklärte der Kellnerin offen und freundlich das Problem und bat sie, mir ein anderes Steak zu bringen. Danach war ich mit mir sehr zufrieden und genoß das Essen." Der Beobachter wird die Regeln oder Prinzipien der selbstsicheren Reaktion eher im Gedächtnis behalten und kann diese Reaktionsform in vielen verschiedenen Situationen besser anwenden, wenn ihm die Modellperson die wesentlichen Merkmale dieses Verhaltens erklärt hat. Als zusätzliche Lernhilfe kann der Therapeut den Beobachter die Hauptzüge und allgemeinen Regeln zusammenfassen lassen, die nach der Vorführung des Modells mit dem Modellverhalten assoziiert werden. Mehrere Untersuchungen [12] ergaben, daß Beobachter, die das Modellverhalten aktiv zusammenfaßten oder kodierten, diese Information besser lernen und behalten konnten.

Die Erinnerung wird auch dadurch unterstützt, daß man den Beobachter das Modellverhalten entweder während der Modelldarbietung oder auch nach der Demonstration aktiv erproben und üben läßt. Erprobung und Übung dienen sowohl der Kodierung des Modellverhaltens als auch der Entwicklung der nötigen motorischen oder verbalen Geschicklichkeit, damit das Verhalten glatt und wirkungsvoll ausgeführt werden kann. Beim Erlernen sehr komplexer motorischer Verhaltensweisen wie z.B. beim Autofahren oder Spielen eines Musikinstruments sollte die Sequenz möglichst in einfache Abschnitte aufgeteilt und der wichtigste Schritt des Verfahrens dargeboten werden, bevor man die ganze Reaktionskette vorführt. Bei Personen, denen die notwendigen motorischen Fähigkeiten fehlen, um das Modellverhalten auszuführen (z.B. körperbehinderte oder hirngeschädigte Patienten), empfiehlt sich eine abgestufte Modellsequenz kombiniert mit Proben und praktischen Versuchen. Der Therapeut könnte auch verbale Anregungen oder Hilfestellung geben, wenn der Beobachter bei den Proben und praktischen Übungen gar nicht oder falsch reagiert. Man kann beispielsweise sagen, „Ja, das war ein guter Versuch, aber es ist Ihnen diesmal nicht so ganz gelungen und zwar aus folgenden Gründen. . . . . Gut, versuchen wir es noch einmal. Mal sehen, ob Sie es so machen können, wie ich es vorgeschlagen habe."

Ein der Erprobung und Übung nahe verwandtes Verfahren ist das *teilnehmende Modellernen*. Dieses Verfahren wurde ursprünglich von *Ritter* [51, 52] zur Behandlung phobischer Störungen entwickelt, wobei Modell und Beobachter direkt interagieren. Nach der Demonstration des erwünschten Verhaltens führt das Modell den Beobachter Schritt für Schritt durch alle Phasen und hilft ihm nötigenfalls direkt. Die wesentlichen Merkmale des teilnehmenden Modellernens bei der Behandlung von Phobien veranschaulicht die dritte Modellerngruppe in der Untersuchung von *Bandura, Blanchard* und *Ritter* [11]:

Die der dritten Gruppe zugeordneten Vpn erhielten eine kombinierte Behandlung durch abgestuftes Lernen mit lebendem Modell und lenkender Teilnahme. Nachdem die Vpn wiederholt beobachtet hatten, wie der Vl als Modell direkt mit der Schlange umging, half man ihnen durch Demonstration und gemeinsames Arbeiten schrittweise bedrohlichere Annäherungsreaktionen in Richtung auf die Kobra auszuführen. Zu Beginn betrachteten die Vpn durch eine Einwegscheibe, wie der Vl eine Reihe gefährlicher Handlungen mit der Kobra unternahm, um eindeutig zu beweisen, daß enge Interaktion mit der Schlange keine negativen Konsequenzen hat. Während dieser etwa 15 Minuten dauernden Periode hielt sich der Vl die Schlange nahe ans Gesicht, ließ sie nach Belieben über seinen Körper kriechen und frei im Raum gleiten. Nachdem der Vl die Schlange in den Glaskasten zurückgebracht hatte, holte er die Vpn zu sich in den Raum und bat sie, sich auf einen der vier Stühle zu setzen, die in unterschiedlichem Abstand zum Stuhl des Vl aufgestellt waren. Dann nahm er die Schlange wieder aus dem Kasten und setzte die Behandlung fort, indem er mit relativ ungefährlichen Aufgaben anfing und allmählich zu immer angsterregenderen Aktivitäten überging.

Auf jeder Stufe zeigte der Vl selbst angstfreies Verhalten und ließ die Vpn die Schlange nach und nach berühren, streicheln und dann zuerst mit Handschuhen und später mit bloßen Händen in der Mitte halten, während er sie sicher an Kopf und Schwanz festhielt. Immer wenn eine Vp das Verhalten nur nach Demonstration nicht ausführen konnte, sollte sie ihre Hand auf die des Vl legen und sie ganz allmählich senken, bis sie die Schlange berührte. Nachdem die Vpn sich nicht länger fürchteten, die Schlange unter diesen sicheren Bedingungen anzufassen, wurden Ängste beim Kontakt mit dem Kopf und dem sich windenden Schwanz der Schlange gelöscht. Wieder führte der Vl die Aufgaben angstfrei aus, und dann reagierten er und die Vp gemeinsam; sobald die Vpn weniger Angst hatten, reduzierte der Vl nach und nach seine Teilnahme und seine Kontrolle über die Schlange, bis die Vpn schließlich die Schlange ohne Hilfe auf dem Schoß halten, frei im Raum herumkriechen lassen, sie wieder einfangen und frei über ihren Körper gleiten lassen konnten. Der Ablauf der abgestuften Annäherungsaufgaben wurde im Tempo der Ängstlichkeit der Vpn angepaßt. Das Ausmaß an Bedrohlichkeit der Aktivitäten für jede Vp bestimmte die Reihenfolge, in der sie ausgeführt wurden. Wenn sie berichteten, sie seien nun fähig, eine Aktivität mit wenig oder ohne Angst zu bewältigen, wurden sie schwierigeren Interaktionen ausgesetzt. Die Behandlung wurde beendet, als alle Vpn selbständig jede der Interaktionsaufgaben mit der Schlange ausführen konnten.

Teilnehmendes Modellernen hat sich in mehreren kontrollierten Outcome-Untersuchungen als eine äußerst effektive Behandlungsmethode mit Modellernen bei Angstverhalten erwiesen. In der oben beschriebenen Untersuchung von *Bandura* führte diese Behandlungsmethode zu einer völligen Beseitigung der Schlangenphobie bei 92 Prozent der untersuchten Vpn, wie sich in einer Gruppe von Verhaltens- und Einstellungsmessungen ergab. Die Methode war erfolgreicher als die des symbolischen Modellernens, und beide Modellgruppen erwiesen sich als der Gruppe der Standarddesensibilierungsbehandlung überlegen. Zweifellos ist teilnehmendes Modellernen eine der wirksamsten Behandlungstechniken, die bei phobischen Problemen zur Verfügung stehen.

Anreize, nach Modell erlernte Verhaltensweisen auszuführen

Zusätzlich zu den oben geschilderten Überlegungen im Zusammenhang mit der Aufmerksamkeit des Beobachters und den Methoden, die das Behalten des Materials fördern sollen (Erprobung, Übung und teilnehmendes Modellernen), stellt sich die Frage, wie man den Beobachter motiviert, diese neu erworbenen Verhaltensweisen auch auszuführen, nachdem die Behandlung selbst abgeschlossen ist. Wie kann der Therapeut *Anreize* während der Modelldarbietung aufbauen, die den Beobachter dazu motivieren, eben diese Reaktionen zu zeigen? Eine Reihe von experimentellen Untersuchungen ergab, daß die Wahrscheinlichkeit signifikant ansteigt, daß der Beobachter diesen Verhaltensweisen nachkommt, wenn das Verhalten des Modells belohnt wird oder wenn die Konsequenzen seiner Aktionen sich nicht schädigend auswirken. Andererseits ruft die Beobachtung eines Modells, das für sein Handeln bestraft wird, im allgemeinen eine Abnahme der Nachahmung beim Beobachter hervor.

Zur Beobachtung der verstärkenden Konsequenzen, die auf das Verhalten des Modells folgen, gehört auch der Prozeß der *stellvertretenden Verstärkung* im Unterschied zur *direkten Verstärkung,* bei der der Beobachter dafür belohnt wird, daß er nachahmende Reaktionen ausführt. Stellvertretende positive Verstärkung hat zwei Haupteffekte. Sie vermittelt dem Beobachter Informationen über relevante Verhaltensmerkmale des Modells und sie gibt dem Beobachter einen Anreiz oder Anlaß, das Verhalten der Modellperson nachzuahmen. Angenommen, jemand versucht in der Rolle eines Modells ein Puzzle nach der Methode von Versuch und Irrtum zu lösen. Plötzlich stößt er zufällig auf die entscheidende Reaktion, die zu einer korrekten Lösung führt. An diesem Punkt wird er von einem Zuschauer belohnt, der sagt, „Gut! Mit dieser letzten Bewegung haben Sie

5. Methoden des Modellernens

das Puzzle gelöst!" Der Beobachter sieht, daß das Modell in diesem speziellen Augenblick eine soziale Belohnung erhält, und er erhält dadurch einmal Information über die wirksamste Reaktion in dieser Situation (weil die Verstärkung die richtige Reaktion „einschleift"), und zum anderen bekommt er einen Anreiz, sich in gleicher Weise zu verhalten, um auch belohnt zu werden. Fehlen extrinsische Verstärker, kann man ähnliche Wirkungen erzielen, indem das Modell sich für das erwünschte Verhalten selbst belohnt. Ein Beispiel verbaler Selbstverstärkung wäre etwa, wenn das Modell sagt „Oh! Ich habe das Puzzle selber gelöst. Das ist ja prima!" Selbstverstärkung beim Modell hat außerdem den Vorteil, daß der Beobachter Methoden lernen kann, sein eigenes Verhalten durch Selbstbelohnung selber zu verstärken. In diesem Fall zeigt das Modell nicht nur das erwünschte Verhalten, sondern es führt außerdem eine Struktur sozusagen eingebauter Anreize in Form von Selbstverstärkungen vor, die der Beobachter lernen kann (siehe auch Kapitel 10 und 11).

Bei der Behandlung von Ängsten wirkt schon die bloße Tatsache, daß das Modell für sein Verhalten keine negativen Konsequenzen erfährt, als stellvertretende positive Verstärkung beim Beobachter. Ein Modell, das sich in gefürchteten Situationen ganz sicher verhält, wird viel eher den erwünschten Modellerneffekt erzielen als ein Modell, dessen Verhalten Schmerz oder extreme Angst zur Folge hat.

Direkte Verstärkung des Beobachters, wenn er sich dem Modell entsprechend verhält, erhöht auch die Wahrscheinlichkeit, daß dieses Verhalten wiederholt wird. Beim Üben oder in Rollenspielen kann der Therapeut die Wirksamkeit der Behandlung beträchtlich steigern, wenn er den Beobachter ermutigt und ihn für die Ausführung der Modellreaktionen aktiv belohnt. Die direkte Verstärkung in dieser Form funktioniert nach den gleichen Prinzipien wie die *stellvertretende Verstärkung,* und sie ist mindestens genauso wirksam, wenn nicht sogar noch effektiver. Bei Programmen mit teilnehmendem Modellernen kann das Modell den Beobachter während der aktuellen Modellernsequenz auch direkt belohnen. Die Prinzipien der stellvertretenden und der direkten Verstärkung beim Modellernen sind in der Literatur gut dokumentiert [6, 31].

Damit ist die Darstellung der Grundtechniken der Anwendung von Methoden des Modellernens zur Behandlung von Ängsten abgeschlossen. Viele der hier besprochenen Basisverfahren gelten auch für andere klinische Anwendungsbereiche beim Modellernen. Der Leser sollte sich an diese Prinzipien erinnern, wenn er Behandlungspläne entwickelt. Weitere Einzelheiten des Vorgehens mit Modellernen bei der Behandlung von Ängsten und Phobien sind in kürzlich erschienenen Aufsätzen zu finden [7, 13, 8, 15, 21, 34, 44]. *Rachman* [49] gibt eine kritische Zusammenfassung der einschlägigen Literatur zu diesem Gebiet.

Modifikation verbalen Verhaltens

Die oben beschriebenen Prinzipien des Modellernens gelten auch für die Modifikation verbalen Verhaltens. Zweifellos beeinflussen die Verbalisationen anderer in mündlicher oder schriftlicher Form unsere Worte und Aktionen zutiefst. In diesem Abschnitt werden wir Verfahren verbalen Modellernens besprechen, die im klinischen Bereich angewendet werden können. Im Rahmen der Psychotherapie und der Verhaltensmodifikation sind Wörter die Grundbestandteile des Informationsaustauschs zwischen Klient und Therapeut. Der Klient muß als erstes Worte finden, um dem Therapeuten meist beim Erstinterview oder bei der Anfangsuntersuchung seine Probleme zu erläutern. Die Interaktionen zwischen Therapeut und Klient, der Austausch von Gefühlen und Informationen im Laufe der Behandlung vollziehen sich auch durch das Medium verbalen Ausdrucks.

Im ersten Gespräch fällt es vielen Klienten sehr schwer, ihre Probleme so in Worte zu fassen, daß der Therapeut damit etwas anfangen kann. Zum einen empfindet der Klient vielleicht Angst, Verlegenheit oder starke Schuldgefühle, wenn er damit konfrontiert wird, einem Fremden seine tiefsten Geheimnisse und persönlichen Sorgen eröffnen zu müssen. Dieses verbale Verhalten unterliegt gleichermaßen Hemmungen wie die im vorangegangenen Abschnitt beschriebenen angstbestimmten Verhaltensweisen. Zum zweiten fehlen vielen Klienten, die dem Therapeuten ihre Probleme anscheinend gehemmt oder widerwillig berichten, die notwendigen verbalen Fertigkeiten, diese Informationen zu vermitteln. Modellernen kann solchen Klienten helfen, sich eine generelle Fähigkeit oder einen Verbalstil anzueignen, der es ihnen ermöglicht, sich selbst verbal besser darzustellen.

Man kann sich fragen, warum man dem Klienten nicht direkte Anweisungen geben soll, um die erwünschten Veränderungen des verbalen Verhaltens zu erzielen. Instruktionen allein sind jedoch häufig nur unzulängliche Informationsquellen [41]. Im allgemeinen enthalten Anweisungen Regeln von der Art „tu dies" und „unterlasse jenes", aus denen der Zuhörer spezifische Beispiele abzuleiten hat, die die generelle Regel bilden. Wenn ein Therapeut beispielsweise einem Klienten sagt, er solle ihm „einfach seine Gefühle dazu mitteilen", wird der Klient eventuell einige Schwierigkeiten haben, die Regel im Hinblick darauf zu interpretieren, wie das Gespräch über Gefühle einzugrenzen sei. Wie werden Gefühle definiert? Worin besteht der Unterschied zwischen Ansichten und Gefühlen? In diesem Fall kann ein Modell, das die Bedeutung dieser Regel veranschaulicht, indem es bestimmte Beispiele eigener Gefühle bringt, die nötigen Informationen geben. Wenn es in der Modellsequenz um ein Interview zwischen Klient und Therapeut oder Interviewer geht, kann der Interviewer außerdem die verbale Selbstdarstellung des Modells verstärken und dem Beobachter dadurch positive stellvertretende Verstärkung bieten. Dadurch kann die Befürchtung, ausgelacht oder verspottet zu werden, wenn man bestimmte Gefühle, persönliche Probleme oder Schwächen äußert, beseitigt werden.

Für viele mit persönlichen oder Verhaltensproblemen belastete Klienten ist der erste Besuch beim Therapeuten oder Psychologen eine bedrohliche Erfahrung. In dieser Frühphase des Behandlungsprozesses können Klienten von jeder Information nur profitieren, die ihnen sagt, was sie im Laufe der Behandlung erwartet. Merkblätter oder Bücher, die den Verlauf der Therapie beschreiben [19] dienen als symbolische Modelle, die die Klienten zur Ausrichtung ihres Verhaltens benut-

5. Methoden des Modellernens

zen können. Die Verwendung von lebenden Modellen oder Tonbandaufnahmen erweist sich in dieser Hinsicht als besonders hilfreich.

In einer Untersuchung zur Wirkung verbalen Modellernens [43] hörten die Vpn eine kurze Wartezimmerunterhaltung zwischen einem Modell (von dem die Vp annahm, es sei eine andere Vp in diesem Experiment) und dem Vl, worin das Modell eine Reihe persönlicher Sorgen äußerte. Das Anhören dieses Dialogs förderte in einem darauffolgenden quasi klinischen Interview signifikant problembezogene Äußerungen beim Beobachter, und dies vor allem dann, wenn der Vl die verbale Selbstdarstellung des Modells ermutigt oder passiv akzeptiert hatte. Andere Untersuchungen in diesem Bereich ergaben, daß die Wirkung des Modellernens zunahm, wenn der Beobachter sich nicht sicher war, was bei der Aufgabe, sich selbst darzustellen, von ihm erwartet wurde [40], und außerdem dann, wenn stellvertretende und direkte Verstärkung bei der Modifikation verbalen Verhaltens eine wesentliche Rolle spielten [39].

Eine Untersuchung von *Kaplan* [33] soll als Beispiel beschrieben werden, wie man diese Methoden des Modellernens im klinischen Bereich anwenden kann. Der Forscher wollte feststellen, ob man verbale Modelle dazu verwenden kann, die Darstellung persönlicher Probleme bei einer hospitalisierten Gruppe von Kriegsteilnehmern der psychiatrischen Abteilung eines Militärkrankenhauses zu vermehren. Die Patienten im Alter von 17 bis 64 Jahren litten an einer Vielzahl nicht-psychotischer Störungen wie Depression, Alkoholismus und neurotische Angstreaktionen. Viele von ihnen hatten erhebliche Schwierigkeiten, ihre Probleme dem Fachpersonal mitzuteilen. Der Vl sagte den freiwillig an der Untersuchung teilnehmenden Patienten:

> In diesem Forschungsprojekt untersuchen wir Patienten des Militärhospitals. Wir sind daran interessiert, genauer zu erfahren, aus welchen Gründen Kriegsteilnehmer in die Klinik kommen und was Kriegsteilnehmer über sich selbst denken und empfinden. Sie sollen über die Gründe sprechen, weswegen Sie in die Klinik aufgenommen werden wollten, welche Probleme Sie hatten, und uns etwas über sich selbst erzählen. Sie haben 15 Minuten Zeit, in das Mikrophon vor Ihnen zu sprechen [33].

Diese „minimalen" Instruktionen ähneln dem, was ein Interviewer einem Klienten zu Beginn des Erstaufnahmeinterviews sagen könnte: „Ob Sie mir etwas über sich selbst berichten können und warum Sie jetzt in die Klinik kamen?" Diese minimalen Instruktionen wurden in diesem speziellen Experiment mit einer Reihe detaillierterer Anweisungen verglichen, dennoch war die Verwendung eines Modells sehr viel wirkungsvoller als jede Art von Instruktion, die die Zahl der Problemäußerungen bei den meisten Patienten vermehren sollte. Patienten, die sich das Modell anhörten, sagte man außerdem:

> Sie überlegen jetzt wahrscheinlich, was Sie sagen sollen. Damit Sie eine Vorstellung davon bekommen, woran wir interessiert sind, hören Sie zuerst einen Ausschnitt einer Tonbandaufnahme eines anderen Patienten, der wie Sie an dieser Untersuchung teilnahm. Er hat uns gestattet, sein Tonband in dieser Weise zu benutzen [33].

Es wurde auf einen „anderen Patienten" hingewiesen, um zu erreichen, daß der Beobachter zwischen sich und dem Modell mehr Ähnlichkeit wahrnahm. Der ganze Tonbandausschnitt dauerte weniger als vier Minuten. Am Anfang der Bandaufnahme spricht das Modell:

> Also ich bin in letzter Zeit so nervös. Vor drei Wochen wurde ich entlassen. Ich habe hier in der Stadt seit drei Jahren in einer Brauerei gearbeitet. Aber vor ein paar Wochen hatte ich Krach mit dem Vorarbeiter. Er hat mich fertiggemacht, weil ich ein paar kaputte Flaschen durchgehen ließ, und ich glaube, ich wußte, daß er irgendwie recht hatte, aber ich konnte mich nicht beherrschen und habe ihn angebrüllt. Also hat er mich auf die dritte Schicht gesetzt. Das habe ich eine Zeitlang hingenommen, aber dann habe ich mich schließlich bei der Gewerkschaft beschwert; die hielten zum Vorarbeiter, und ich wurde gefeuert. Jetzt schäme ich mich, wie ich mich benommen habe. Ich glaube, mein Stolz war verletzt, und ich hatte einfach nicht die Geduld, den Mund zu halten und zu warten, bis sich alles von selbst erledigt hätte. Klar, daß ich rausgeworfen wurde, hat die Sache zu Hause nicht gerade erleichtert. Wir haben drei Kinder und vor zwei Jahren gerade ein Haus gekauft; seit wir da hingezogen sind, geht alles schief. Es hat mich immer gestört, daß ich mir kein eigenes Haus leisten konnte, und als ich dann den Job bei der Brauerei bekam, da haben wir das Haus gekauft und haben ganz schön geschuftet, um mit den Zahlungen nachzukommen. Und ich habe mich nicht nach einer neuen Stelle umgesehen, weil ich es nicht über mich bringe, beim Personalchef anzugeben, daß ich bei der Brauerei entlassen wurde. In meinem Alter ist es sehr schwer, ohne Arbeit zu sein, und wenn ich an all die Rechnungen denke, die sich angesammelt haben, das bedrückt mich sehr [33].

Beachtung fand auch eine andere Anwendung von Verfahren verbalen Modelllernens bei der Modifikation verbalen Verhaltens von Teilnehmern in der Gruppenpsychotherapie. Es werden zwei Beispiele dieser Methode beschrieben. In der einen Untersuchung [67] sahen zukünftige Gruppenmitgleider (studentische Praktikanten) einen 12minütigen Film über eine vierköpfige Gruppe, bevor sie selbst an Gruppensitzungen teilnahmen:

> In dem Experimentalfilm unterhielten sich vier Studenten unter der Voraussetzung, daß sie einander eben erst kennengelernt hatten. Zwei der Teilnehmer im Film gaben ganz kurz biographische Informationen und wurden dann von einem dritten Gruppenmitglied unterbrochen, das behauptete, dies sei nicht der beste Weg, sich kennenzulernen. In der übrigen Zeit sprachen die Teilnehmer über persönlichere Dinge, über Ängste und andere Gefühle und schilderten den anderen Gruppenmitgliedern ihre Eindrücke – gleich ob diese nun positiv, negativ oder neutral waren [67].

Das Ergebnis dieser Manipulation war, daß der Modellfilm, in Verbindung mit detaillierten Instruktionen für die Beobachter, verglichen mit anderen ebenfalls untersuchten Bedingungen, das höchste Ausmaß an interpersoneller Offenheit in den Gruppen der Beobachter erbrachte. Detaillierte, ausführliche Anweisungen, die das erwünschte Verhalten beschreiben, scheinen in Verbindung mit Modelldarbietungen bei Untersuchungen dieser Art die besten Resultate zu erzielen [24].

In einem ähnlichen Ansatz wurde ein Modell verwendet, das als Gruppenmitglied „eingeschleust" wurde und in Anwesenheit der Beobachter sich offen selbst darstellte [60]. In einer neueren Untersuchung erforschte *Hall* [27] den Einfluß eines eingeschleusten Modells in Gruppen mit vier Studenten. In manchen der Gruppen begann die Modellperson die Diskussion mit folgenden Bemerkungen (Auszug aus dem ersten Teil des Modellskripts):

5. Methoden des Modellernens

Also, wollen wir mal sehen ... Ich bin zwanzig Jahre alt; ich bin Student aus (einer benachbarten Stadt). Ja, was soll ich Ihnen über mich erzählen, damit Sie mich besser kennenlernen? Ich glaube, ich sollte sagen, daß ich im Grunde genommen irgendwie ein sehr schüchterner Mensch bin. Wenigstens fühlte ich mich früher in Gesellschaft anderer Leute sehr unwohl und hatte Angst, etwas zu sagen, aber ich glaube, ich habe mich in den letzten Jahren sehr verändert. Ich habe so viel Selbstvertrauen und Ausgeglichenheit bekommen, daß ich mit Menschen reden und Freunde gewinnen kann, auch wenn ich mich innerlich fürchte, und ich kann mitteilen, was ich fühle und so. Wie gerade eben, da macht es mich etwas verlegen, hier zu sitzen und mit drei Fremden zu sprechen, und trotzdem rede ich mit Ihnen, und ich fühle mich ganz gut dabei. Das war immer mein schlimmstes Problem, mit Menschen zu sprechen, die ich nicht kannte. Ich glaube, ich habe mich wirklich sehr verändert, seit ich nach Madison gekommen bin [27].

Vpn, die diese Modellperson erlebten, äußerten sich signifikant offener und persönlicher als Kontroll-Vpn, die ein Modell hörten, das sich selbst sachlicher und unpersönlicher beschrieb.

Der Einsatz verbaler Modelle ist nicht auf persönliche Selbstdarstellung oder interpersonelle Kommunikation in Gruppen beschränkt. Im folgenden Abschnitt werden verbale Modelle auch dazu eingesetzt, soziales Verhalten und Problemlösungsstrategien zu vermitteln.

Modifikation sozialen Verhaltens

In den bisherigen beiden Abschnitten wurde der Enthemmungseffekt des Modellernens bei der Behandlung von Ängsten und bei der Modifikation verbaler Selbstdarstellung beschrieben. Im Zusammenhang mit dem Enthemmungsprozeß wurde die Bedeutung der verstärkenden Konsequenzen des Modellverhaltens betont. Bei vielen klinischen Problemen genügt jedoch die Aufhebung von Hemmungen oder Einschränkungen allein nicht. Viele Verhaltensweisen scheinen einfach deswegen „gehemmt" zu sein oder zu fehlen, weil das Individuum nicht die nötigen Fertigkeiten bzw. das Verhalten beherrscht, um sich in der erwünschten Weise benehmen zu können. In vielen Fällen spielen sowohl Angst als auch Lerndefizite bei ein und demselben Problem eine Rolle, und der Therapeut muß sich ein Behandlungsprogramm ausdenken, das beide Elemente modifiziert. Wir werden nun Verfahren des Beobachtungslernens beschreiben, die neue Verhaltensweisen oder Geschicklichkeiten vermitteln. Außerdem werden stellvertretende Prozesse kurz beschrieben, die emotionale oder affektive Reaktionen modifizieren.

Aneignung sozialer Fertigkeiten

Es folgt ein Beispiel, das die eben erwähnten Tatsachen illustriert. In einer kürzlich durchgeführten Nachuntersuchung über die Effektivität eines Behandlungsprogramms für männliche Alkoholiker [42], wurde jeder Patient, der nach seiner Entlassung aus einer Alkoholikerklinik erneut zu trinken begonnen hatte, genauestens nach der Situation und den Umständen gefragt, die zum ersten Rückfall führten. Eine Analyse der Berichte zu den Rückfallsituationen von 48 Patienten ergab, daß mehr als die Hälfte der Stichprobe zum ersten Mal wieder in den folgenden beiden Situationen getrunken hatte: Der erste Situationstyp mit 29 Prozent der Rückfälle war wie folgt charakterisiert: der Patient war bei irgendeiner zielgerichteten Aktion frustriert worden und berichtete, daß er verärgert und empört war. Statt seinen Ärger in konstruktiver Weise zu äußern, fing er an zu trinken. Ein Patient versuchte zum Beispiel gleich nach der Entlassung aus der Klinik seine von ihm getrennt lebende Frau anzurufen, um einen Besuch bei seinen Kindern zu vereinbaren. Sobald seine Frau seine Stimme am Telefon erkannt hatte, legte sie auf. Auf die Frage nach seinen Gefühlen in diesem Augenblick antwortete er: „Die Hure! Ich könnte sie dafür umbringen!" Was er tatsächlich getan habe? „Ich ging zum Trinken in eine Bar an der nächsten Ecke."

Der zweite Situationstyp war durch sozialen Druck gekennzeichnet (23 Prozent aller Rückfälle), wobei der Patient dem sozialen Druck durch andere Personen, doch wieder zu trinken, nicht widerstehen konnte. In einem Fall hatte der Patient gerade die erste Arbeitswoche in der neuen Stellung hinter sich. An einem Freitagnachmittag luden ihn seine neuen Kollegen in eine Gastwirtschaft zum wohlverdienten Umtrunk ein. Er unternahm einige schwache Versuche abzulehnen, gab aber bald auf und folgte seinen hartnäckigen Kollegen. An diesem Abend hatte er bei Lokalschluß mehr als 30 Glas Bier getrunken.

Wie kann man Modellernen einsetzen, um Menschen zu helfen, der Versuchung in solch höchst riskanten Situationen widerstehen zu können? Ein Ansatz ist die Verwendung von Modellernen und Rollenspiel in einem Programm, bei dem neue, konstruktive Alternativverhaltensweisen gelernt werden. Dieses Programm kann man durchführen, während sich der Patient noch in Behandlung befindet, und so ein Verhaltensrepertoire bei ihm aufbauen, bevor er tatsächlich mit belastenden Situationen draußen konfrontiert wird.

Ein Programm dieser Art wurde von *Sarason* [56, 58] für jugendliche Delinquenten entwickelt. Dabei untersuchten *Sarason* und seine Mitarbeiter die Effektivität von Modellernverfahren im Vergleich zu traditionellen Gruppengesprächsansätzen mit männlichen Delinquenten in einer Anstalt. Die Gruppen trafen sich einen Monat lang viermal pro Woche, wobei jede Sitzung einem speziellen Anpassungsproblem gewidmet war. Themen der Sitzungen waren beispielsweise: wie bewirbt man sich um einen neuen Arbeitsplatz, wie widersteht man dem Druck von Freunden und Kollegen, bei antisozialen Aktionen mitmachen zu sollen, und wie zögert man unmittelbare Bedürfnisbefriedigung zugunsten wertvollerer Ziele in der Zukunft hinaus. In den Modellerngruppen mit vier oder fünf Jugendlichen stellten zwei Modellpersonen (Psychologiediplomanden) eine Szene dar, die in solchen Problemsituationen angemessenes Verhalten demonstrierte. Nach der Modellsequenz hatten die Beobachter die Aufgabe, zusammenzufassen und die Hauptaspekte dessen, was sie gerade beobachtet hatten, zu erläutern. Alle Jugend-

5. Methoden des Modellernens

lichen stellten dann die gleiche Szene mit einem anderen Jugendlichen oder einer Modellperson dar. Im folgenden Beispiel ähnelt die Problemsituation der oben zu den Rückfällen bei Alkoholikern beschriebenen. Den Jugendlichen wurde eine Modellinteraktion vorgeführt, bei der Tom, ein auf Bewährung entlassener Jugendlicher, gedrängt wird, mit zum Trinken zu gehen [57].

(Georg klopft an der Tür, Tom ruft herein)
Tom: Hallo Georg, wie geht's?
Georg: Hallo! Wir sind froh, daß du wieder da bist. Das müssen wir feiern. Wir haben ein paar Kästen Bier im Auto. Los, wir feiern eine Party.
Tom: Au, weißt du, ich muß sauber bleiben.
Georg: Was heißt hier, du mußt sauber bleiben? Los, wir haben die Party gerade für dich geplant. Wir haben sogar Debbie für dich eingeladen. Dies eine Mal macht doch nichts.
Tom: Du weißt doch, daß ich auf Bewährung bin. Ich darf nicht trinken . . . Sie könnten mich schnappen, und wenn sie mich jetzt schnappen, dann werde ich wirklich eingebuchtet.
Georg: Oh Mann, die schnappen uns nicht. Wir sind dabei noch nie geschnappt worden.
Tom: Gut, vielleicht seid ihr noch nicht erwischt worden, aber als ich in der Nacht in Schwierigkeiten geraten bin, war ich bloß zum Trinken gegangen, und am Schluß haben wir das Auto geklaut. (Pause) Du weißt, ich bin gerade erst raus.
Georg: Sieh mal, Mann, du mußt ja nicht trinken. Du kommst einfach mit zur Party und amüsierst dich. Was sollen wir denn Debbie sagen?
Tom: Du weißt, wenn man erst da ist, läßt man sich auch vollaufen. Und Debbie findet leicht einen anderen.
Georg: Heißt das, du willst nicht mit Debbie ausgehen?
Tom: Nicht zu dieser Party. Vielleicht mal ins Kino oder so.
Georg: Junge, ich versteh' dich nicht. Du hast dich vielleicht verändert, seit du von da wieder hier bist. Willst du uns loswerden?
Tom: Nein, das ist es nicht, Mensch. Wenn ihr was anderes macht, wo wir keine Schwierigkeiten kriegen, (Pause) vielleicht ins Kino oder zum Tanzen gehen oder irgendwas, das wäre in Ordnung, aber . . . gut . . . Ich kenne ein paar Leute, die das zweite oder dritte Mal da gelandet sind und nicht mehr rauskommen. Du weißt, was das heißt, auf Bewährung sein.
Georg: In Ordnung, dann trinken wir eben schnell ein Bier unten im Auto. Auf die guten alten Zeiten.
Tom: Nein, Junge, ich weiß, wohin das führt. Erst eins und dann bloß noch eins und dann sind wir schon bald betrunken. Ich kann nicht.
Georg: Oh Gott! Was ist mit dir los, Mann! Nur ein Bier?
Tom: Vielleicht ein andermal. Mein Alter erwartet sowieso, daß ich ihm heute Abend auf dem Boot helfe. Ich kriege Ärger mit ihm, wenn ich verschwinde. Sieh mal, es tut mir leid, vielleicht irgendwann mal, klar?
Georg: Klar. Kann man nicht ändern, glaube ich. Also wir sind bei John. Komm eben später, wenn du kannst.
Tom: Sicher. Wir sehen uns jedenfalls morgen (S. 139)

Die von *Sarason* beschriebene Behandlungsmethode hat sich nach einer Reihe von Tests zur Einstellung und Verhaltensanpassung als höchst wirksam erwiesen. Diese Methode läßt sich in vielen Fällen anwenden, in denen der Therapeut Klienten darin trainieren möchte, neues Verhalten auszuführen oder neue soziale Fertigkeiten zu erwerben.

Dieses Verfahren kann auch dazu eingesetzt werden, unabhängiges und durchsetzendes Verhalten gegenüber unvernünftigen Forderungen anderer einzuüben. Viele passive, sozial zurückgezogene Menschen kann man durch Techniken des

Modellernens dazu bringen, aggressiver zu sein und mehr aus sich herauszugehen. Die Arbeit von *McFall* und seinen Mitarbeitern veranschaulicht diesen Ansatz. In einer Untersuchung, die nach dem Muster eines früheren Experiments entwickelt wurde [38], führte man mit selbstunsicheren Collegestudenten ein Selbstbehauptungstraining mit einem Programm durch, das aus symbolischem verbalem Modellernen bestand, aus Übungs- oder Rollenspielsitzungen und informierender „Anleitung" durch den Therapeuten. Den Beobachtern wurden zehn Situationen vorgeführt, die entsprechende ablehnende Reaktionen auf unvernünftige Forderungen verlangten. Alle Situationen wurden den Beobachtern auf Tonband vorgespielt. Dazu folgendes Beispiel [37]:

Die Trainingssequenz verlief folgendermaßen:
a) der Sprecher beschrieb die Situation;
b) die Vp reagierte offen oder verdeckt;
c) die Vp hörte die Reaktion eines männlichen oder weiblichen Selbstbehauptungsmodells;
d) der Sprecher erklärte der Vp, was in dieser Situation angemessene assertive Reaktionen wären;
e) die Vp hörte sich ihre eigenen Reaktionen entweder noch einmal auf Band an oder dachte über sie nach;
f) die Situation wurde wiederholt; und
g) die Vp reagierte noch einmal offen oder verdeckt.

Der folgende Ausschnitt aus dem Trainingstonband veranschaulicht das Trainingsverfahren und das Material:

Sprecher: Jemand aus Ihrem Seminar, den Sie nicht so sehr gut kennen, hat sich von Ihnen vor einigen Wochen Ihre Aufzeichnungen geliehen, sie dann aber in der nächsten Seminarsitzung nicht zurückgegeben und Sie auf diese Weise gezwungen, auf Schmierpapier mitzuschreiben. Nun kommt diese Person wieder zu Ihnen und sagt, „Hallo, kann ich deine Aufzeichnungen wieder haben?" Was sagen Sie? (Die Vp antwortete entweder offen oder verdeckt.)

Sprecher: Nun hören Sie die Antworten von zwei Personen, die sich in dieser Situation durchsetzen.

Männliches Modell: Du hast mir das letzte Mal meine Aufzeichnungen nicht wiedergegeben, deshalb kann ich sie dir diesmal auch nicht leihen.

Weibliches Modell: Nein, ich kann mich ja nicht darauf verlassen, daß du sie mir rechtzeitig zurückgibst.

Sprecher (gibt Anleitung): Beachten Sie, daß beide sich selbst behauptenden Personen dem Fordernden mitteilten, daß ihre Weigerung auf dessen früherem Verhalten beruhte. Ihre Antworten waren kurz und eindeutig. Ihre Stimmen drückten aus, daß sie über sein früheres Verhalten etwas irritiert waren, aber insgesamt waren ihre Reaktionen gut kontrolliert. Nun (hören Sie/denken Sie nach über) Ihre Antwort auf diese Situation und vergleichen Sie sich mit den Antworten der Modelle, die Sie gerade gehört haben. (Playback oder 10 Sekunden Pause)

Sprecher: Jetzt hören Sie dieselbe Situation noch einmal. Versuchen Sie diesmal, sich mit Ihrer Antwort noch besser durchzusetzen. (Die Situation wird wiederholt. Vp übt zu antworten.) (S. 315–316.)

McFalls Untersuchung zeigt die Wirksamkeit von Modellernverfahren in Programmen zum Selbstbehauptungstraining. Ähnliche Techniken wurden auch verwendet, um soziale Fertigkeiten und Verhaltensweisen zu modifizieren. Der Leser findet weitere methodische Beispiele bei *Goldstein* [22]; *Krumboltz* und *Thoreson* [35] und *O'Connor* [46].

Aneignung emotionaler Reaktionen

Es gibt eine Reihe experimenteller Beweise dafür, daß emotionale Reaktionen stellvertretend über die Darbietung emotionaler Reaktionen von Modellpersonen gelernt werden können. Die Forschung hat sich häufig mit dem Erlernen aversiver emotionaler Reaktionen wie Angst oder Schmerz befaßt, aber ähnliche Prinzipien gelten auch für das Modellernen positiver emotionaler Reaktionen wie Freude, gute Stimmung oder sogar sexuelle Erregung. In vielen neueren Untersuchungen [9, 14, 17] verfuhr man folgendermaßen. Dem Beobachter wird ein Modell vorgeführt, das häufig in Form eines Elektroschocks nach Darbietung eines Stimulus wie Licht oder Ton bestraft zu werden scheint. Wenn man daraufhin den Beobachter demselben Reiz aussetzt, zeigt sich, daß er ebenfalls mit zunehmender Erregung oder Angst reagiert, wie sich aus einer Reihe von psychophysiologischen und Verhaltensmessungen ergab. Dieses Verfahren wird *stellvertretende klassische Konditionierung* genannt.

Obwohl diese Methode im klinischen Bereich nicht oft benutzt wurde, lassen sich leicht Anwendungsmöglichkeiten denken. Stellvertretende Konditionierung kann sich als effektive Trainingsmethode emotionaler Reaktionsbereitschaft bei solchen Personen erweisen, die im Vergleich zur Normalbevölkerung in belastenden Situationen nur wenig oder gar keine affektive Reaktion zeigen. Bei der sogenannten „soziopathischen Persönlichkeit" kann es sich um diesen Typ handeln. Es besteht die Möglichkeit, daß *Hemmungs*mechanismen von solchen Menschen erworben werden können, die sonst kaum ihr impulsives, antisoziales Verhalten zu kontrollieren in der Lage sind, indem man ihnen Modelle vorführt, die sowohl negative Konsequenzen für solches Verhalten erfahren, wie auch deutliche emotionale Reaktionen auf die Bestrafung zeigen. Die gegenwärtig zur Verfügung stehenden Daten sind begrenzt, außerdem handelt es sich um ethische Probleme; daher sollte die Verwendung aversiver Kontrollen dieser Art erst weiteren Laboratoriumstests unterzogen werden, ehe man sie als Therapiemethode einsetzt.

Es bleiben auch noch weitere Fragen zu beantworten. Welche Wirkung hat stellvertretende Aversionstherapie, bei der Patienten beobachten, wie ein anderer Mensch für unangepaßtes Verhalten wie Alkohol- oder Drogenmißbrauch oder abweichendes Sexualverhalten aversive Konsequenzen erlebt (z.B. Schock oder Übelkeit)? Falls sich die stellvertretende Darbietung bei dieser Behandlungsmethode als ebenso effektiv erweist wie das direkte Erleben schädlicher Konsequenzen, wäre diese Methode ein sicherer und akzeptabler Ersatz für die Aversionstherapie (siehe Kapitel 9). *Sobell* und *Sobell* [62] beschreiben beispielsweise eine Behandlungsmethode für Alkoholiker, wobei Patienten ihr „betrunkenes" Verhalten (das vorher auf Videofilm aufgenommen worden war) in nüchternem Zustand anschauen. Dieses Erleben scheint sehr wirksam zu sein, und die Methode verdient weitere Untersuchung.

Anwendungsmöglichkeiten des Modellernens bei bestimmten Populationen

Modifikation des Verhaltens in der Schule

Der geplante Einsatz von Modellernen im Rahmen des Unterrichts bietet Schulen die vielfältigsten Möglichkeiten, das Lern- und Sozialverhalten von Schülern zu beeinflussen. Welche Möglichkeiten gibt es?

Normalerweise ist der Lehrer die wichtigste *geplante* Modellperson in der Klasse, er bringt den Schülern bei, was sie wissen und können sollen. Zum Beispiel wird 2 × 2 = 4 an die Tafel geschrieben; „Und nun löst die ganze Klasse die Aufgaben im Heft so, wie ich es euch gezeigt habe," oder:

Hans (liest laut): Peter und sein Bruder sahen durch das . . . äh . . .das . . .
Lehrer: . . . Fenster . . .
Hans: . . . das Fenster der Tierhandlung.

Es gibt in der Schule jedoch noch andere Modelle, um Schulleistungen und auch angemessenes Verhalten in der Klasse zu demonstrieren. Einige Beispiele sollen zeigen, wie Mitschüler, Laien und Modelle in Filmen in der Schule effektiv eingesetzt werden können.

Csapo [18] wählte sechs normale Grundschulkinder als Modelle angemessenen Schulverhaltens für sechs emotional gestörte Klassenkameraden aus. Sechs weitere ungestörte Kinder nahmen am Programm als Verhaltensbeobachter und Protokollanten teil. Sie schreibt:

Ich wurde den Schülern als eine Lehrerin vorgestellt, die sich für das Verhalten der Kinder in der Klasse interessierte und Kindern helfen wollte, in der Schule besser zurechtzukommen. Ich erklärte den Schülern, daß das Modell sein sollte, daß die Lehrerin ihn ausgesucht hatte, weil sie ihn für einen Schüler hielt, der weiß, wie man sich in der Schule richtig benimmt. Ich bat die zum Modell bestimmten Kinder, an einem Experiment teilzunehmen, das emotional gestörten Klassenkameraden helfen sollte, besseres Verhalten in der Klasse zu lernen. Ich erklärte den Kindern, daß sie als Modelle mit ihrem gestörten Klassenkameraden an den fünfzehn folgenden Schultagen Seite an Seite an benachbarten Tischen sitzen sollten und daß man von ihnen erwarte, daß sie sich entsprechend der Situation in der Klasse richtig verhalten. Das Modellkind wurde gebeten, den ganzen Tag über außer einer halben Stunde am Nachmittag neben dem emotional gestörten Klassenkameraden zu sitzen.

Den emotional gestörten Kindern sagte ich, daß man in der Schule einige Verhaltensweisen beobachtet hätte, die die Möglichkeiten aller Schüler, zu lernen und in der Schule gut zurechtzukommen, störten. Ich schlug ein kleines Experiment vor, das den emotional gestörten Kindern lernen helfen sollte, sich in der Klasse besser zu verhalten. Damit sie diese neuen Dinge lernten, hätten ihre Klassenkameraden angeboten, ihnen zu helfen. Diese Mitschüler würden neben ihnen sitzen und Modell sein. Alles was das Kind zu tun hätte, wäre, seinen Mitschüler zu beobachten und zu versuchen, das zu tun, was er machte. Wenn er dies einige Zeit lang befolgte, sei zu erwarten, daß er selbst einige Verhaltensweisen lernen und auch ausführen könnte.

Um ihm mitzuteilen, daß er alles richtig mache, würde ihm der Mitschüler immer dann ein Chip geben, wenn sein Verhalten angemessen wäre. Er sollte auf einem Blatt Papier mit Datum und einer Spalte für die tägliche Summe notieren, wenn er ein Chip bekommen hätte. Die Zahl der Chips pro Tag würden ihm seine Erfolge zeigen (S. 20–21).

5. Methoden des Modellernens

Für jedes Kind wurde das Zielverhalten definiert. Verändert werden sollten zum Beispiel solche unangepaßten Verhaltensweisen wie Schwatzen, Daumenlutschen und das Stören anderer Kinder. Im Laufe des Programms zeigten alle emotional gestörten Kinder immer weniger unangemessene und zunehmend mehr angemessene Verhaltensweisen. Nebenbei entwickelten die Modellschüler außerdem positivere Einstellungen zu ihren Partnern, und die Beziehungen der Kinder untereinander verbesserten sich ganz allgemein.

Worauf ist hier besonders hinzuweisen? Erstens, wenn man erst einmal mit einer Intervention begonnen hat, kann der Lehrer sein reguläres Unterrichtsprogramm mit allen Kindern fortsetzen. Er muß nicht die gesamte Klasse unterbrechen, um sich dem Fehlverhalten zu widmen. Zweitens ziehen nicht nur die Zielschüler, sondern auch die Modelle einen Nutzen aus diesem Verfahren. Und drittens ist anzunehmen, daß fast jedes dem Alter entsprechend entwickelte Kind ein wirkungsvolles Modell sein kann, nachdem schon so kleine Kinder an einem solchen Programm erfolgreich teilgenommen haben. In Abwandlung dieses Plans könnte man einer Reihe von Kindern Modellernen mit nur einem Modell ermöglichen oder aber einem einzigen Kind, das spezifische Hilfen braucht, ein Modell zuordnen. Man könnte mehrere Kinder auswählen, die alle ein bestimmtes Verhalten eines Kindes modellieren oder als Modelle für verschiedene Verhaltensweisen für dasselbe Kind dienen.

Manchmal allerdings wird Modellernen durch Gleichaltrige oder Lehrer auf Grund verschiedener Umstände nicht die Behandlungsmethode der Wahl sein. *Ross, Ross* und *Evans* [55] berichten über die Behandlung eines äußerst zurückgezogenen sechsjährigen Kindes mit Modellernen und Teilnahme unter Anleitung. In diesem Fall konnte der Lehrer nicht Therapeut sein, weil das Kind zu sehr gestört war. Der Lehrer hätte sich so sehr um dieses Kind kümmern müssen, daß er keine Zeit mehr für die übrige Klasse gehabt hätte. Und da das Kind Gleichaltrige mied, konnten sie nicht als Modelle eingesetzt werden.

In dieser Untersuchung leiteten ein Experimentator (Psychologe) und ein Modell (Schüler der Oberstufe) ein siebenwöchiges Behandlungsprogramm in der Vorschule. Wenn die Schule personell nicht so ausgestattet ist, könnte man das Programm mit trainierten Laien wie zum Beispiel mit einer bereitwilligen Mutter oder anderen Freiwilligen durchführen. Das Programm wurde zunächst so gestaltet, daß sich eine generelle Imitation des Modells entwickelte, das heißt, man versuchte, das Kind überhaupt dazu zu bringen, das Verhalten des Modells nachzuahmen oder zu imitieren. Außerdem wurde Modellernen im Programm eingesetzt, um Angst- und Vermeidungsverhalten zu beseitigen und soziale Interaktion, motorische und spielerische Fähigkeiten aufzubauen.

In der ersten Phase mit vier Sitzungen wurde M (Modell) sehr häufig materiell und sozial belohnt; M wandte sich V (Versuchsperson) positiv und demonstrativ zu und belohnte V für nachahmende Reaktionen; M reagierte sofort, wenn V Aufmerksamkeit, Hilfe und Zustimmung suchte. In Abwesenheit von M ermutigte E (Experimentator) die Versuchsperson, M's Verhaltensweisen zu reproduzieren und belohnte nachahmende Reaktionen. Gegen Ende dieser Phase festigte sich der reaktionserleichternde Effekt der Zuwendung bei Nachahmung;

V hing sehr an M: er sprach mit E dauernd über M, reproduzierte viele verbale und nichtverbale Verhaltensweisen von M und wartete ungeduldig an der Schultür auf M. (S. 275 [55]).

Nachdem nun eine gute Beziehung zwischen Modell und Kind aufgebaut war und das Kind das Modell imitierte, begann die zweite Phase des Programms. Diese Phase umfaßte mehrere Stufen:
1. Das Modell demonstrierte soziale Interaktionen mit anderen Kindern, die nach dem Grad der Annäherung und der Interaktion abgestuft waren. Wenn das Kind, wie es gelegentlich geschah, nicht aufpaßte, gaben entweder der Experimentator oder das Modell einen Kommentar dazu.
2. Man zeigte dem Kind Bilder, Geschichten und Filme, und der Experimentator oder das Modell besprachen sie mit ihm (symbolisches Modellernen).
3. Ganz allmählich wurde Modellernen von Interaktionen mit Gleichaltrigen eingeführt, wobei das Modell vom Experimentator Zustimmung und Ermutigung erhielt. Dies geschah, um Ähnlichkeit zwischen dem Kind und dem Modell herzustellen und Fortschritte in der sozialen Interaktion zu zeigen.
4. Das Modell und/oder der Experimentator führten Modelle angemessenen sozialen Verhaltens in lustigen Situationen vor. Das Kind wurde in diese Situationen hineingezogen.
5. Modell und Kind nahmen gemeinsam an einer Reihe abgestufter sozialer Interaktionen teil.
6. Das Modell zeigte dem Kind Spiele oder andere in der Vorschule verlangte Geschicklichkeiten und half ihm dabei.
7. Das Kind wurde außerhalb der Schulsituation geprüft (z.B. zu einer Gruppe fremder Kinder in einen Park geschickt). Bei diesen Gelegenheiten wurde es für seine Leistung vom Modell oder vom Experimentator belohnt und ermutigt. Außerdem boten diese Situationen Material für weitere Rollenspiele.

Die Untersuchungsergebnisse zeigten, daß sich das Kind nach der Behandlung ganz ähnlich wie andere sozial angepaßte Kinder in der Klasse verhielt. Durch Modellernen und anleitende Teilnahme können also mit Hilfe von Außenstehenden in der natürlichen Schulumgebung wichtige Veränderungen erzielt werden. Man beachte, daß in diesem Programm sowohl lebende wie symbolische Modelle, anleitende Teilnahme, Hilfestellung und direkte Verstärkung eingesetzt wurden.

Andererseits bietet sich aber auch die Möglichkeit, viele Kinder zur gleichen Zeit zu behandeln. In vielen Fällen sind Filmmodelle ebenso effektiv wie lebende Modelle. In Schulen kann man daher vorbereitetes Filmmaterial verwenden, das sich mit den Problemen vieler Kinder im Schulalter befaßt. *Hosford* und *Sorenson* [30] wählten diese Methode, um schüchternen Schülern die Teilnahme an Diskussionen in der Klasse zu erleichtern. Diese Autoren kamen nach einer Untersuchung von Viert-, Fünft- und Sechstklässlern zu der Ansicht, daß ungefähr 25 Prozent der Kinder Schwierigkeiten haben, sich an Diskussionen in der Klasse zu beteiligen.

Wir begannen mit einem Schüler, Steve, der nach Meinung seiner Lehrer und Eltern nicht in der Klasse sprechen konnte und selbst zu verstehen gegeben hatte, daß er sich in diesem Problem Hilfe wünschte. Der Berater nahm das Interview mit Steve, dem „Modell-Schüler", auf Band auf. Die Beratungssitzung bestand vor allem in einem Gespräch zwischen Steve und dem Berater, bei dem Steve Hinweise und Fragen dazu beantwortete, was er tun könnte, um sich in der Klasse zu melden. Es stellte sich heraus, daß es Steve weniger schwerfiel, auf eine „gute" Frage zu antworten. Immer wenn er beispielsweise vorschlug, „ich würde damit anfangen, eine Frage zu stellen", wurde er verstärkt, „so anzufangen, ist sehr gut." Das Interview wurde beendet, nachdem Steve mehrere Vorschläge gemacht hatte, was er tun könnte (S. 203).

Es folgt ein Auszug aus dem endgültigen acht-Minuten-Videoband:

Berater: Gut, gut. So kannst du anfangen, nicht?
Steve: Ja.
Berater: Weißt du, möchtest du das jetzt üben, damit du morgen weißt, was du tun sollst?
Steve: Hmhm. Okay.
Berater: Also, ich kann ja mal deine Lehrerin spielen. Das ist Frau Jones, nicht?
Steve: Hmhm.
Berater: Okay, Kinder, wir haben jetzt Naturkunde, und wir haben uns mit den Sternen befaßt. Hat jemand etwas über die Sterne gelesen?
Steve: Ich.
Berater: Oh du, Steve, gut. Kannst du uns etwas von den Sternen erzählen, was du gelesen hast?
Steve: Also . . . die Erde umkreist die Sonne in einem Jahr.
Berater: Richtig! Ist die Sonne ein Stern?
Steve: Hmhm.
Berater: Gut. Meinst du, du könntest das vielleicht morgen in der Klasse von Frau Jones probieren?
Steve: Hmhm. Okay. Ich glaube schon (S. 203–204).

Obwohl die entscheidende Frage, ob sich die Betrachter des Films tatsächlich mehr an Diskussionen in der Klasse beteiligten, in dieser Untersuchung nicht gestellt wurde, erwies sich in einem Fragebogen, daß die Schüler etwas aus der Beobachtung von Steve gelernt hatten und einige der Ideen, die sie bei Steve beobachtet hatten, benutzten.

An diesen Beispielen zeigen sich sicherlich einige Vorteile planmäßiger Verwendung von Modellen in der Schule: es stehen viele Modelle in der Schule zur Verfügung; die Flexibilität bei der Programmplanung ist maximal; Störungen des regulären Unterrichts lassen sich auf ein Minimum reduzieren; Programme können mit einem oder multiplen Modellen für ein oder mehrere Kinder aufgestellt werden. Das Ziel der Schulprogramme ist im allgemeinen angemessenes Verhalten in der Schule, soziale Fähigkeiten in Interaktionen und Schulleistungen. Weitere Hinweise für die Anwendung des Modellernens in der Schule finden sich bei *Sarason* und *Sarason* [59].

Modellernen beim Training geistig Behinderter

Modellernen kann eine wertvolle Trainingshilfe bei der Arbeit mit geistig Behinderten sein. Man wird darauf zurückgreifen, eine Fertigkeit durch Modellernen zu vermitteln, wenn verbale Instruktionen versagen. Es ist ganz natürlich zu sagen „Sieh mal, Johnny, mach das so", und dabei das vorzumachen, was das Kind tun soll. Ist diese Methode bei geistig Behinderten effektiv? Es kommt darauf an.

Zigler und seine Mitarbeiter [65, 72] stellten fest, daß Retardierte ohne erkennbare Schädigungen oder genetische Anomalien mehr außengesteuert sind als durchschnittlich begabte Kinder. Das heißt, sie suchen bei anderen nach Hinweisen, wie Probleme, denen sie begegnen, zu lösen sind. Danach ist zu vermuten, daß Modellernen für diese Gruppe Retardierter eine effektive Trainingstechnik sein könnte. Eine Reihe von experimentellen Untersuchungen unterstützt diese Annahme. Wir wollen jedoch eine Reihe von Untersuchungen in mehr natürlicher Umgebung betrachten, die uns eventuell Modelle für Trainingsprogramme bieten.

Das Training von Überlebenstechniken, vor allem richtiges Telefonieren, stand im Mittelpunkt einer Untersuchung von *Stephan, Stephano* und *Talkington* [63]. Am Training nahmen retardierte Mädchen im Alter von 16 bis 22 Jahren teil (Durchschnittsalter 19), deren IQ zwischen 55 und 85 lag (mittlerer IQ 64,9). Die Untersucher waren unter anderem an einem Vergleich zwischen dem Training mit einem lebenden Modell und dem Training mit Videobändern interessiert.

Solche Trainingsprogramme können ganz einfach sein. In diesem Fall stellte man den Mädchen ein Modell vor (College-Studentin) und sagte: „Diese Dame wird euch zeigen, wie man telefoniert. Paßt genau auf, denn ihr sollt dann so telefonieren, wie es euch gezeigt wird" (S. 65). Andere Mädchen sollten sich ein Videoband über das Telefonieren ansehen. Ihnen sagte man: „Das Mädchen im Film wird euch zeigen, wie man telefoniert. Paßt genau auf, denn ihr sollt dann genauso telefonieren wie das Mädchen im Film" (S. 65). In beiden Fällen erklärte das Modell dann sechs Teile des Telefonapparats, zeigte, wie man die Polizei anruft und wie man einen Telefonanruf annimmt und eine Nachricht für jemanden, der nicht zu Hause ist, entgegennimmt. Dann sollten die Mädchen die Aufgaben ausführen. Die Demonstrationstestsequenz wurde dreimal vorgeführt.

Die Befunde sprechen dafür, Retardierte durch Modellernen zu trainieren. Die Leistungen der beiden eben beschriebenen Modellern-Gruppen waren erheblich besser als die einer Kontrollgruppe, die kein Modell sah, obwohl sich die Gruppe mit dem lebenden Modell nicht signifikant von der Gruppe, die das Videoband ansah, unterschied. Wir meinen daher, daß die Verwendung einer Reihe von Trainingsfilmen eine wirksame und zeitsparende Methode des Trainings bestimmter Grundfähigkeiten für leicht Retardierte sein kann.

Zu fragen wäre, wie häufig die Modelldarbietung bei einem Filmprogramm wiederholt werden muß. *Stephan, Stephano* und *Talkington* [63] stellten fest, daß die größten Verhaltensfortschritte zwischen dem ersten und zweiten Modelldurchgang erzielt wurden. Die Zahl der notwendigen Wiederholungen hängt jedoch wahrscheinlich von der Art der Aufgabe und ihrer Komplexität ab. Das Ausmaß der Modellwiederholungen muß also für jedes einzelne Trainingsprogramm individuell bestimmt werden.

Dorothea Ross [54] wies nach, daß das Lernen mit audio-visueller Darbietung dadurch erleichtert werden kann, daß man vorher beim Kind eine Assoziation zwischen Modell und Belohnung herstellt. Die Vpn in ihrer Untersuchung waren

5. Methoden des Modellernens

bildbare geistig behinderte Jungen und Mädchen im Alter zwischen drei Jahren vier Monaten und zehn Jahren acht Monaten (Durchschnittsalter sechs Jahre zehn Monate) mit einem IQ zwischen 50 und 82 (mittlerer IQ 64,24). Die Beziehung zwischen dem Kind und einem Altersgenossen, der als Modell diente, wurde folgendermaßen hergestellt:

> Bei dem folgenden Verfahren sollten alle Vpn lernen, mit einem Modell gleichen Alters im Film einen Belohnungswert zu verbinden. Die Versuchsleiterin, die alle Vpn gut kannten, lud ein Kind oder eine Gruppe von drei Kindern in den Experimentierraum zum Spielen ein. Sobald sie den Raum betraten, wurden ihnen bunte Dias der Modellperson gezeigt. In den folgenden Sitzungen wurde der Diaprojektor immer angeschaltet, wenn das Kind in den Raum kam. Außerdem zeigte man dem Kind, wie der Projektor funktionierte, und erlaubte ihm, ihn anzuschalten, wann es wollte. Die Versuchsleiterin sagte nichts, wenn das Kind den Projektor abschaltete.
> Aus experimentellen Gründen sahen einige das Modell Polly, anderen wurde das Modell Susan vorgeführt. „Polly war ein Mädchen im Grundschulalter mit dunkelbraunem Haar und einem leuchtend roten Kleid, Susan hatte blondes Haar und trug ein blaßrosa Kleid." Die Versuchsleiterin stellte dem Kind die Modellfigur vor: „Dies ist ein Bild von Polly (oder Susan). Sie geht in eine andere Schule. Sie hat dir alle Spielsachen und Spiele in diesem Zimmer geschickt, damit du damit spielen kannst. Möchtest ein paar Bilder von ihr sehen? Sieh mal, du kannst dir die Bilder selbst vorführen. Es ist ganz leicht. Ich werde dir helfen. Du kannst jetzt mit den Spielsachen spielen, wenn du möchtest."
> Dann setzte sich die Versuchsleiterin in eine Ecke des Zimmers. Sie machte häufig Bemerkungen, die die Aufmerksamkeit des Kindes auf das Modell lenken sollten, z.B. „Wetten, daß Polly denken wird, daß du das Spiel richtig gut kannst, wenn ich ihr erzähle, daß du das Ziel fast immer getroffen hast", und die das Kind zudem daran erinnern sollten, daß die im Zimmer vorhandenen Spielsachen und Süßigkeiten dem Modell (und nicht der Versuchsleiterin) gehörten. Die Versuchsleiterin handelte immer *im Auftrag* der Modellfigur als eine Person ohne Autorität, die dem Kind lediglich zu sagen hatte, wann die Zeit zu Ende sei und es den Raum verlassen müßte [54], (S. 702–703).

Später führte Polly auf Videoband als Modell einige Lernaufgaben vor und sagte den Kindern: „Hallo, hier ist eure Freundin Polly. Heute werde ich ..." und erklärte dann die Aufgabe. Einzelne oder Gruppen kann man auf ähnliche Weise vorbereiten, um die Wirksamkeit eines Modells zu vergrößern. Diese Technik ist wahrscheinlich besonders effektiv bei retardierten Personen in Heimen, deren Möglichkeiten zu belohnenden Interaktionen mit Altersgenossen im allgemeinen recht begrenzt sind.

Beide Beispiele machen deutlich, daß Techniken des Modellernens beim Training zumindest eines Typs von Retardierten, den leicht Retardierten und Bildbaren, sehr wirksame Instrumente sein können. Welche Möglichkeiten bestehen aber bei schwereren Defiziten? Die Ergebnisse auf diesem Gebiet sind nicht so ermutigend. *Altman, Talkington* und *Cleland* [1] konnten bei Jungen im Alter von 6,3 bis 15,8 Jahren und einem IQ zwischen 10 und 50 (mittlerer IQ 17,5) kein spontanes Modellernen motorischer Fähigkeiten und kein spontanes Modellernen motorischer Fähigkeiten und kein Befolgen motorischer Instruktionen feststellen. Modellernen in Verbindung mit Verstärkung führte jedoch zur Aneignung eines generalisierten imitativen Repertoires bei sehr schwer Retardierten, die vor dem

Training nicht imitierten [2]. Ein Behandlungsprogramm mit Modellernen für schwer Retardierte in Heimen wird im folgenden beschrieben.

Whalen und *Henker* [68, 69] verwendeten als Trainingsverfahren im Rahmen eines „therapeutischen Pyramiden-Programms" in einem Heim für geistig Behinderte sowohl Modellernen als auch Verstärkung. In ihrem Programm trainierten sie Teenager mit einem IQ zwischen etwa 40 und knapp 70 zuerst mit Techniken der Verhaltensmodifikation. Die Hauptkomponente beim Training von Assistenten oder Tutoren war Modellernen, wie die folgenden Auszüge [68] zeigen:

In der ersten Sitzung wurde der Tutor kurz über die Ziele und Verfahren des Projekts informiert. Ihm wurde gesagt, er sei als „besonderer Lehrer" für ein jüngeres Kind ausgewählt worden. Dann beobachtete er, wie ein erfahrener Verhaltenstherapeut mit einem Probanden übte, eine bestimmte Reaktion zu imitieren. Nach dieser kurzen Beobachtung übte der zukünftige Tutor diese Technik mit demselben Probanden. Der Versuchsleiter blieb mit dem Paar im Raum und überwachte alle Interaktionen genau. Bei dieser Supervision gab der Versuchsleiter dem Tutor häufig verbale Rückmeldungen im Hinblick auf seine Leistungen und machte Vorschläge zur Verbesserung. Außerdem waren weitere Demonstrationen vorgesehen, wenn der Tutor etwas nicht verstand, die Technik nicht behalten konnte, und wenn eine neue Phase des Programms (z.B. Aufmerksamkeit wecken, Wutanfälle löschen, imitatives Sprechen und Handeln ausformen) eingeführt wurde.

Modellernen und Rückmeldung wurden schrittweise ausgeblendet, während der Tutor zunehmend mehr Selbstvertrauen und Geschick entwickelte. Das Ziel war, die Supervision nach und nach zu beenden, damit der Tutor zunehmend mehr Verantwortung für das Training seines Kindes zu übernehmen lernte. Die Tutoren begannen sich auch untereinander zu unterrichten, ihren „Kollegen" spontan Modell zu sein und Rückmeldung zu geben (S. 332).

Nach Abschluß des Trainings fingen die Tutoren an, mit ihren Schützlingen zu arbeiten. Wieder wurden Techniken des Modellernens und der Verstärkung verwendet.

Anfänglich konzentrierte sich das Training auf das Löschen von Wutanfällen und die Herstellung von Blickkontakt. Die nächste Phase bestand darin, die Probanden in der Imitation einfacher Laute und Gesten zu unterweisen. Zuerst demonstrierte der Tutor das Verhalten, das er dem Probanden beibringen wollte. Versagte der Proband bei der Imitation, dann wurden aufmerksamkeitsfördernde Anregungen gegeben, um die erwünschten Reaktionen hervorzurufen. Beim verbalen Imitationstraining hielt der Tutor beispielsweise die Belohnung (Essen) in die Nähe des Mundes, während er die Reizwörter aussprach, damit der Proband, dessen Aufmerksamkeit durch die Belohnung gelenkt wurde, sah, wie der Tutor mit den Lippen das Wort formte. Wenn nötig, wurde die Lautbildung durch Manipulation von Mund und Lippen des Kindes angeregt. In analoger Weise regte der Tutor Bewegungen dadurch an, daß er die Glieder des Probanden bewegte. Die Anregungen wurden so schnell, wie es die Leistungen des Probanden erlaubten, ausgeblendet. ... Wenn der Proband eine genaue nachahmende Reaktion oder eine angemessene Annäherung brachte, belohnte ihn der Tutor mit Essen, Lob und körperlicher Zuwendung (S. 333).

Wie erfolgreich war dieses Programm? Nach 25 Sitzungen hat Joey „jetzt ein imitatives Vokabular von ungefähr 40 Wörtern und kann Anweisungen wie „Lösch das Licht" und „Berühre deine Nase" verstehen und ausführen (S. 334). Sein Tutor Jud „hat seine Fähigkeit bewiesen, relativ unabhängig als Tutor zu fungieren. Außerdem kann er recht gut Anregungen geben und die Leistungen seiner Mit-Tutoren beurteilen" (S. 334).

Dieses Material macht klar, daß Modellernen ein wichtiger und wertvoller Bestandteil der Trainingsbatterie ist, die man bei geistig Behinderten verwendet. Modelle und Trainer können andere Retardierte sein, auch andere Laien können gegebenenfalls als Tutoren ausgebildet werden. Anregungen und Verstärkung erleichtern zudem in Verbindung mit Modellernen das Lernen bei schwer Retardierten. Diese Befunde sind auf diesem Gebiet wichtig, weil es da so wenige effektive Trainingstechniken gibt. Viele Retardierte, vor allem in Heimen, können nicht trainiert werden, weil Personal und Mittel fehlen. Wenn man jedoch Laien zu Tutoren ausbilden kann und wenn die Darbietung von Modellen im Film bei der Entwicklung neuer Fertigkeiten hilft, kann man ein programmiertes Training auch ohne große Personalzahlen einsetzen und ohne die zu überlasten, die bereits mit den Retardierten arbeiten. Es müssen weiter Programme entwickelt werden, die Modellernen allein und in Verbindung mit anderer Trainingstechniken benutzen.

Modellernen beim Training autistischer Kinder

Autistische Kinder sind durch einen Mangel sozialer Reaktionsfähigkeit und durch ein generelles Fehlen von Nachahmung anderer Menschen gekennzeichnet. Da das Lernen beim Menschen durch Modelle und Imitation erleichtert wird, wirkt sich dieses Defizit besonders einschränkend aus. In dieser Hinsicht verhalten sich autistische Kinder sehr ähnlich wie retardierte Kinder, die keinerlei spontane Nachahmung zeigen. Trainingsprogramme zur Förderung der Nachahmung bei autistischen Kindern gleichen den im vorigen Abschnitt beschriebenen Programmen. In diesen Programmen werden Demonstration, Anregung und Verstärkung eingesetzt, um ein Repertoire imitativen Verhaltens aufzubauen.

Hintgen, Coulter und *Churchill* [29] beschreiben detailliert ein intensives, kurze Zeit dauerndes (drei Wochen) Trainingsprogramm mit Sonny, einem Sechseinhalbjährigen, der die meiste Zeit damit verbrachte, mit Objekten zu hantieren, mit den Fingern zu spielen oder zu spucken, und mit Becky, einem fünfeinhalbjährigen Mädchen, das den ganzen Tag schaukelte. Beide Kinder waren stumm. Das Programm war folgendermaßen aufgebaut [29]:

> ... das Kind wurde in einem Raum von 2,5 mal 4,5 m Größe 24 Stunden am Tag an 21 aufeinanderfolgenden Tagen isoliert. Während dieser Zeit erhielt das Kind entsprechend zur Emission spezifischer Verhaltensweisen alles Essen, Wasser und sozialen Kontakt von Erwachsenen (zwei bei Sonny und sechs bei Becky). Während der täglichen Trainingssitzungen, die durchschnittlich 6 Stunden dauerten und über eine Periode von 12 Stunden verteilt waren, wurden Essen, Wasser und die Befreiung von physischer Einschränkung (bei gleichzeitiger verbaler Zustimmung) dazu verwendet, *drei* Formen imitativer Reaktionen zu verstärken (S. 37).
> 1. Einzelner und kombinierter Gebrauch von Körperteilen – z.B. einen Finger heben, in die Hände klatschen, Teile des Körpers berühren, verschiedene Hand-, Zungen- und Mundpositionen, Laufen, Springen usw. . . . (S. 37).
> 2. Einfacher und komplexer Gebrauch von Objekten – z.B. einen Ball in einen Eimer wer-

fen, einen Spielzeugzug zusammenhängen, knöpfen, Linien zeichnen, Zähne putzen, angemessen mit Spielzeug spielen, mit der Schere schneiden usw. ... (S. 38).
3. Lautreaktionen – z.B. Vokal- und Konsonantlaute bis zu Wortbildungen (S. 38).

Einige Beispiele illustrieren das Vorgehen in den Trainingssitzungen:

Imitation vokaler Reaktionen – Pusten. Während einer 80minütigen Sitzung am dritten Tag von Sonnys Isolierung wurde er auf einen Stuhl direkt mit dem Gesicht vor E-1 (den ersten Experimentator) gesetzt und physisch daran gehindert, vom Stuhl aufzustehen. In dieser Sitzung sollte eine Pustereaktion als Vorbereitung auf die spätere Nachahmung des Lautes „puh" imitiert werden. Man hatte beobachtet, daß Sonny spontan bei seinen Ritualen pustete, niemals jedoch Erwachsene darin nachahmte. Da Sonny im Laufe der Sitzungen zur Objektverwendung in Imitation eines Erwachsenen auf einer Mundharmonika geblasen hatte, begann E-1 die Sitzung damit, auf einer großen Spielzeugmundharmonika zu blasen, was Sonny sehr gut nachahmte. Bei jeder imitativen Reaktion zog E-1 die Harmonika ein wenig von Sonnys Mund fort, so daß Sonny kräftiger pusten mußte, um den Musikton zu erreichen. Dann nahm E-1 Sonnys Hand, pustete darauf und verlangte von ihm, er solle die Reaktion nachahmen. Nach über 30 Modelldarbietungen hatte Sonny keinen Versuch unternommen, auf seine eigene Hand zu pusten, und nach 15 Minuten verließ E-1 den Raum und E-2 (der zweite Experimentator) kam herein. Dann versuchte E-2 Sonny dazu zu bringen, das Blasen eines Windrades zu imitieren, aber es erfolgte während 15 Minuten fortwährender Modelldarbietung keine Reaktion. In den nächsten 30 Minuten blies E-2 als Modell abwechselnd auf der Harmonika und dem Windrad. Sonny wurde während dieser Zeit sehr aufgeregt und emittierte viele der zu vermeidenden Verhaltensweisen, die in den ersten Tagen des intensiven Trainings für ihn typisch waren. Er weinte, kniff, schlug, klammerte sich an, lachte, kicherte und neckte E-2, um die Pustereaktion zu vermeiden. Während sein Vermeidungsverhalten an Intensität zunahm, vermehrte E-2 die physische Einschränkung. Schließlich brachte Sonny eine hervorragende Pustereaktion und wurde von E-2 mit teilweiser Befreiung von der körperlichen Einengung und reichlichem Lob belohnt. Dann betrat anstelle von E-2 E-1 den Raum und versuchte eine konsistente Pustereaktion zu erreichen. Nachdem sich Sonny 10 Minuten lang gewunden und geweint hatte, was E-1 dazu nötigte, ihn physisch wieder einzuengen, brachte Sonny eine weitere hervorragende Pustereaktion. E-1 belohnte Sonny damit, daß er die Fesseln löste und ihn hoch in die Luft hob. Während der letzten fünf Minuten dieser Periode ahmte Sonny 33mal das Pusten von E-1 nach. In dieser Sitzung wurde kein Essen als Belohnung verwendet, und jede imitative Reaktion wurde durch die Befreiung von der physischen Einengung und die Darbietung sozialer Verstärker belohnt (S. 38–39).

Imitation im Gebrauch von Objekten – Schere. Am dritten Tag, den Becky in dem Raum verbrachte, wurde ihr während einer Sitzung eine Kinderschere auf Daumen und Mittelfinger gesetzt. E hielt selbst eine Schere in der Hand und zeigte das Öffnen und Schließen der Hand. Becky konnte mit etwas Hilfe die Reaktion imitieren. Am Ende der 45 Minuten dauernden Sitzung fing Becky an, kleine Schnitte in ein dickes Stück Papier zu schneiden, indem sie E nachahmte (S. 39).

Offenbar war die Behandlung von Sonny und Becky im Eins-zu-Eins-Ansatz intensiv und zeitraubend. Weil die Defizite autistischer Kinder so groß sind, ist dies wahrscheinlich unvermeidlich. *Stilwell* [64] berichtet jedoch von einem Fall, bei dem Gleichaltrige effektiv als Modelle eingesetzt wurden, um die Behandlung eines sozial isolierten und sich selbst schädigenden, hospitalisierten, autistischen Kindes zu unterstützen.

Stilwell stellt die Schritte sehr klar dar, die bei der Erstellung des Trainingsprogramms für Curt, einen autistischen Jungen, nötig waren. Dazu gehörten:

5. Methoden des Modellernens

1. Einschätzung des Problems bzw. Bestimmung der gegenwärtigen Verhaltensmuster. Curt zeigte eine Verhaltenskette isolierten Herumgehens und Weinens, und wenn man sich ihm näherte, kaute er an seiner Hand.
2. Auswählen von Verhaltenszielen. Bei Curt war das Ziel, das erste Element der Kette, sein isoliertes Herumgehen zu modifizieren.
3. Analyse der Kontingenzen und Bestimmung der wirksamsten Verstärker. Bei Curt wurden Bonbons und kräftige soziale Verstärker benutzt.
4. Kontrolle aufbauen oder Aufmerksamkeit für den Therapeuten entwickeln;
5. Entwicklung einer Sequenz. Die Sequenz wird davon abhängen, was in den vorherigen vier Schritten festgelegt wurde. Die Sequenz wird schrittweise mit abgestuftem Schwierigkeitsgrad aufgebaut.

Curts Verhaltenssequenz sollte darin bestehen, daß er auf „der Rutschbahn spielte". Obwohl er dazu alle Fähigkeiten besaß, tat er es jedoch nicht spontan. In einer Reihe von Schritten führte er diese Aktivität aus und wurde dafür belohnt. Dann wurde ein Gleichaltriger als Helfer angeworben.

Therapeut: Ich möchte, daß du etwas für mich arbeitest, Mark. Wir schließen einen Vertrag, geben uns die Hand und du bekommst dafür etwas bezahlt.
Mark: Schweigt.
Therapeut: Ich möchte, daß Curt die Rutschbahn hinunterrutscht. Willst du mir helfen?
Mark: In Ordnung.
Therapeut: Jedesmal wenn Curt nach dir die Rutschbahn hinunterrutscht, gebe ich dir ein Bonbon (S. 197).

Nach einigem Hin und Her war Mark damit einverstanden, Modell zu sein; später schlossen andere Kinder ähnliche Verträge, um Curt zu helfen.

Obwohl das Modellernen in diesem Fall die Zahl der Kontakte des Therapeuten, die zum Training von Curt nötig waren, nicht reduzierte (der Therapeut setzte die verbale und nichtverbale Verstärkung fort, während die Modellkinder auf der Rutschbahn rutschten), bot das Modellernen für Curt beim Spielen auf der Rutschbahn einen wichtigen Stimulus. Als der Therapeut fehlte, setzte Curt sein Verhalten unglücklicherweise nicht fort, weil seine Kameraden zwar gute Modelle boten, ihn aber nicht belohnten.

Bei diesen drei Beispielen ist zu beachten, daß das Modell für die Kinder so eindrucksvoll sein soll, daß Aufmerksamkeit gewährleistet ist; komplexe Verhaltensweisen werden zunächst in kleinen Abschnitten dargeboten und schrittweise ausgearbeitet; das Kind wird für seine Imitation unmittelbar belohnt. Nach den hier zitierten Arbeiten und anderen Behandlungsprogrammen für autistische Kinder [36] wird deutlich, daß Modellernen für autistische Kinder eine nützliche Hilfe bei der Vermittlung sowohl verbalen wie nichtverbalen Verhaltens ist.

Modellernen bei der Behandlung psychotischer Erwachsener

Die Defizite mancher Psychotiker ähneln in vieler Hinsicht den Problemen autistischer Kinder. Bei vielen schwer gestörten schizophrenen Patienten ist das Verhaltensrepertoire erheblich eingeschränkt und häufig durch Mangel an Sprache und sozialen Rückzug gekennzeichnet. Es überrascht nicht, daß die Verwendung des Modellernens bei der Behandlung psychotischer Erwachsener den im vorigen Abschnitt beschriebenen Programmen sehr ähnlich ist. Ein Unterschied besteht jedoch darin, daß es beim Training autistischer Kinder im allgemeinen darum geht, über Beobachtungslernen neue Fertigkeiten zu erwerben, da die Kinder das Zielverhalten nicht gelernt oder niemals zuvor ausgeführt haben. Bei psychotischen Erwachsenen geht es eher darum, Fertigkeiten wieder zu erwecken, die der Patient früher einmal beherrschte.

Sherman [61] und *Wilson* und *Walters* [70] wiesen die Nützlichkeit einer Kombination von Modellernen und Verstärkung nach, um stumme oder fast stumme schizophrene Patienten zum Sprechen anzuregen. Man beachte die Unterschiede zwischen der Arbeit von *Wilson* und *Walters* und dem Sprachtraining bei Sonny und Becky von *Hingtgen, Coulter* und *Churchill*.

Die Untersuchung von *Wilson* und *Walters* prüfte die Effekte von Modellernen plus Verstärkung, Modellernen allein und keinerlei Modellernen oder Verstärkung (Kontrollgruppe). Modellernen plus Verstärkung war bei der Behandlung am wirkungsvollsten; deshalb soll hier nur dieses Vorgehen dargestellt werden.

In wiederholten Sitzungen sahen die Vpn einzeln in einem Untersuchungsraum farbige Dias. Während der Trainingssitzungen (im Gegensatz zur Voruntersuchung) wurde den Vpn zuerst ein Sprachmodell vorgeführt. „Der Versuchsleiter, der als Modell fungierte, begann die Sitzung damit, daß er sich vor den Bildschirm des Hintergrundprojektors setzte und zu jedem Dia fortwährend und schnell sprach. Die Vp, der die Sicht durch das Hindernis versperrt war, hörte inzwischen dem Versuchsleiter zu" (S. 63). Beim zweiten Durchgang mit einem weiteren Satz Dias wurde jede Vp nach einem fixierten Quotenplan mit Pennies für spezifische und unspezifische verbale Imitation verstärkt. Wenn die Vp 15 Sekunden nach Beginn der Darbietung des Dias nicht reagierte, wurden bei 5 von 20 Dias Anregungen gegeben wie „Was sehen Sie auf diesem Bild?" und „Erzählen Sie mir etwas zu diesem Bild". Bei dieser Untersuchung ist zu beachten, daß keine exakte Entsprechung zum Verhalten des Modells verlangt war, sondern *jede* Verbalisation verstärkt wurde.

Wie so häufig bei Behandlungen außerhalb der normalen Umgebung der Patienten, stellten *Wilson* und *Walters* auch hier fest, daß sich zwar das verbale Verhalten in Reaktion auf die Dias im Labor veränderte, auf der Station jedoch keine Veränderung der Verbalisationsrate festzustellen war. Da die eben beschriebene Methode aber Möglichkeiten der Behandlung bietet, sollten Programme in Zukunft Verhaltensweisen trainieren, die im Hospital und außerhalb gebraucht werden, um eine Generalisierung der Behandlungseffekte zu erzielen.

Gutride, Goldstein und *Hunter* [25, 26] versuchten in zwei Untersuchungen mit hospitalisierten schizophrenen Patienten dieser Frage nachzugehen. Sie trainierten Fähigkeiten bei den Patienten, die diesen in der Klinik und außerhalb nützlich sein konnten, und sie versuchten, eine Generalisierung der Behandlungseffekte zu för-

5. Methoden des Modellernens

dern. In der ersten Untersuchung [25] wurden vier Modell-Videobänder zum Training verwendet.

... auf dem ersten Videoband war dargestellt, wie eine Person (das Modell) mit einer anderen, die auf sie zukommt, umgehen kann. Auf dem zweiten Band war zu sehen, wie eine Person (das Modell) mit einer anderen Kontakt aufnehmen kann. Und auf dem dritten Band wurde gezeigt, wie jemand (das Modell) Kontakt mit einer Gruppe von Personen herstellen kann. In einer Steigerung, die sich in zunehmender Komplexität der sozialen Interaktion spiegelte, veranschaulichte das vierte Band schließlich, wie eine Person (das Modell) die Beziehungen zu Verwandten, Freunden und Kollegen außerhalb der Klinik wieder aufnehmen kann. Wir versuchten auch hier, bei der Entwicklung und auch hinsichtlich der experimentellen Verwendung dieser Modellvorführungen die experimentellen Laborbefunde zu verwerten, die Merkmale des Beobachters, des Modells und der Modelldarbietung herausgearbeitet haben, welche das Ausmaß an stellvertretendem Lernen fördern. Dazu gehörten einmal die Darstellung mehrerer heterogener Modelle; dann die Einführung und Zusammenfassung aller Bänder durch einen Sprecher mit hohem Status (Klinikinspektor oder Direktor), der mit seiner Einführung die Aufmerksamkeit der Beobachter zu maximieren und mit der Zusammenfassung erneut die Art der spezifischen, konkreten sozialen Interaktionen hervorzuheben versuchte; weiterhin eine Darstellung der Merkmale des Modells, die den meisten der Patienten, die an der Untersuchung teilnahmen, möglichst ähneln sollte (Alter, Geschlecht, Status des Patienten); und schließlich häufige und gut beobachtbare Belohnung des Modells im Verhältnis zu ihrem sozialen Interaktionsverhalten (S. 410).

Bei den folgenden Auszügen aus den Modellbändern [25] ist zu beachten, wieviel Aufmerksamkeit den Variablen gewidmet wurde, die das Modellernen fördern sollten.

Band 1
Einführung durch den Sprecher
Hallo, ich bin Dr. Turner vom Denver State Hospital. Sie sehen nun einige sehr wichtige Filme, die Ihnen zeigen, wie Patienten einer anderen Klinik andere Personen, die sie besuchten, kennenlernten und mit ihnen sprachen. Bitte sehen Sie sich diese Filme genau an und achten Sie darauf, was die Patienten taten, um die Person kennenzulernen, die sie besuchte.

Der Sprecher nannte dann Gründe (sich wohler zu fühlen und glücklicher zu sein), warum es wichtig ist, andere Menschen zu kennen und mit ihnen zu sprechen. Es sollten vier wichtige Punkte bei der Reaktion des Modells beachtet werden. Und zum Schluß lenkte der Sprecher die Aufmerksamkeit der Zuschauer auf die Aufgabe.

Weil wir möchten, daß es Ihnen besser geht und daß Sie glücklicher sind, bitten wir Sie, alles genauso zu machen wie die Patienten in den Filmen. Bitte passen Sie genau auf und prägen Sie sich ein, was Sie tun sollen. Vielen Dank.
Szene 1
M (Modell) sitzt allein da und tut nichts.
P (Patient): Hallo, ich heiße Tom. Wie heißt du? (streckt die Hand aus)
M: Ich heiße Steve (reicht ihm die Hand und sieht P an).
P: Wie geht es dir?
M: Danke gut, und dir?

Die Unterhaltung wird eine Weile fortgesetzt, M wird dabei für sein freundliches Verhalten verstärkt.

Anwendungsmöglichkeiten des Modellernens bei bestimmten Populationen

P: ... Ich freue mich wirklich, daß wir uns getroffen haben. Es ist immer schön, neue Menschen kennenzulernen und neue Freunde zu gewinnen, mit denen man auch sprechen kann.

In weiteren Szenen wurden sowohl verbale wie nicht-verbale Interaktionsmuster modelliert und die Bemühungen des Modells verstärkt.

Szene 3
Das Modell sitzt allein da und liest Zeitung.
P: Kann ich einen Teil der Zeitung haben?
M: Gerne, welchen Teil möchten Sie? (Sieht P an)
P: Die Sportseite, wenn Sie sie schon zu Ende gelesen haben. Lesen Sie die Sportberichte?
M: Ja. Ich lese gerne etwas über Fußball und Hockey. Mit diesem Abschnitt bin ich fertig. Hier ist er. (Sieht P an und beugt sich zu ihm vor.)
P: Vielen Dank. Das ist nett, daß Sie die Zeitung mit mir teilen. Ich interessiere mich auch für die Fußball- und Hockeyergebnisse.
M: Gut... Vielleicht können wir von Ihrem Lieblingsverein sprechen, wenn Sie die Sportnachrichten gelesen haben. Was meinen Sie, wer wohl in diesem Jahr die Meisterschaft gewinnen wird?
P: Ich weiß nicht, aber es könnte wohl wieder Dallas sein. Wissen Sie, ich unterhalte mich richtig gern mit Ihnen über Sport.

Nach zehn Szenen faßte der Sprecher die eben angesehenen Filme zusammen:

Sie haben gerade einige sehr wichtige Filme gesehen, in denen einige Patienten sich kennenlernen konnten und mit jemandem sprachen, der zu ihnen gekommen war.

Der Sprecher wiederholte noch einmal den Inhalt der Einführung. Dann:

Weil diese Patienten den Menschen, der zu ihnen kam, kennenlernen und mit ihm sprechen konnten, ging es ihnen viel besser und sie waren glücklicher. Wenn wir mit Menschen sprechen, sind wir gesünder und freuen uns mehr. Wir möchten, daß es auch Ihnen besser geht und daß Sie sich glücklicher fühlen, deshalb bitten wir Sie, daß Sie alles das tun, was die Patienten im Film taten, und das genau hier mit den anderen Menschen in Ihrer Gruppe. Vielen Dank.

Wie sich aus der abschließenden Aussage des Sprechers ergibt, endete das Training nicht mit der Darbietung des Modells. Die Patientengruppe besprach dann die Szenen, die sie gesehen hatte und spielte sie in Rollenspielen nach. Für ihre Bemühungen, die vom Modell gespielten Rollen erfolgreich nachzuahmen, erhielten sie Rückmeldungen und Verstärkung.

Die zweite Untersuchung [26] konzentrierte sich auf das Training bestimmter Geschicklichkeitsdefizite. Zum Beispiel:

Einführung durch den Sprecher
Hallo, ich bin Dr. K...
In dieser Woche beginnen wir mit den absoluten Grundlagen sozialer Interaktion – einfaches Verhalten beim Essen... Sehen Sie sich diesen Film genau an, weil er Ihnen zeigt, daß Ihr Verhalten beim Essen etwas mit Geselligkeit zu tun hat.

Szene 1
Sprecher: Legen Sie die Serviette auf den Schoß.
Patient A setzt sich an den Tisch im Speisesaal, nimmt seine Serviette vom Tisch, breitet sie aus und legt sie sich auf den Schoß.

5. Methoden des Modellernens

Sprecher: Gut.
Patient A lächelt.
Patient B setzt sich an den Tisch im Speisesaal, nimmt seine Serviette vom Tisch, breitet sie aus und legt sie sich auf den Schoß.
Sprecher: Gut.
Patient B lächelt.
Sprecher fährt mit Patient C fort.
Sprecher: Benutzen Sie Ihre Serviette auch während des Essens, wenn Sie sie brauchen.
Patient A und B tun dies.
Patient C, ißt, nimmt seine Serviette vom Schoß, wischt sich den Mund ab, legt die Serviette wieder auf den Schoß.
Sprecher: Sehr gut.
Patient C lächelt.
Sprecher: Das war gut, so sollen Sie die Serviette benutzen.

Nach weiteren Szenen faßte der Sprecher die Aktion zusammen:

Sie haben jetzt gesehen, wie wichtig es ist, beim Essen gerade zu sitzen, die Serviette zu benutzen und Gabel und Messer richtig zu gebrauchen. Nun haben Sie die Gelegenheit, dies selbst zu tun. Sie werden sich selbst im Fernsehen anschauen und dadurch erfahren, wie freundlich und umgänglich Sie aussehen, wenn Sie gute Tischmanieren haben. Sitzen Sie gerade, benutzen Sie Ihre Serviette, halten Sie Messer und Gabel richtig, und ich verspreche Ihnen, daß Sie nicht nur gut aussehen, sondern sich auch wohlfühlen werden. „Versuchen Sie's mal, es wird Ihnen gefallen."

Die Ergebnisse der beiden Untersuchungen ermutigen dazu, die beschriebenen Techniken beim Training hospitalisierter Schizophrener anzuwenden. Die Ergebnisse waren bei einfachen Fertigkeiten besser als bei komplexen, sie waren auch besser bei akut erkrankten Patienten als bei chronischen. Wie in anderen Untersuchungen auch, blieb es ein Problem, die Patienten dazu zu bringen, die neu eingeübten Fertigkeiten in weiteren Situationen und Interaktionen in der Klinik anzuwenden. Eine gute Ergänzung zum eben beschriebenen Programm wäre die Ausbildung des Klinikpersonals, damit die gleichen Verhaltensweisen auf der Station und in der Klinik angeregt und verstärkt werden könnten.

Die oben zitierten Beispiele zeigen, daß Verfahren zur Behandlung psychotischer Erwachsener recht wirksam sind, bei denen Modellernen ein Hauptbestandteil des Trainings ist. Die Modelle sollen Verhaltensweisen ausbilden, die früher einmal zum Repertoire der Patienten gehörten, oder neues Verhalten vermitteln. Es muß jedoch weiter darauf geachtet werden, daß die Motivation des Patienten, das Verhalten auch außerhalb der Behandlungssituation zu zeigen, erhalten bleibt.

Modellernen beim Training von Therapeuten

Modellernen ist eine wirksame Technik der Verhaltensmodifikation für Personen jeden Alters (Kinder, Jugendliche, Erwachsene), der unterschiedlichsten Art (Normale, Delinquenten, geistig Retardierte, Psychotiker) und bei den verschiedensten Problemen (Ängste, Verhaltensdefizite, Verhaltensexzesse). Wir können annehmen, daß diese Technik auch für den Leser dieses Buchs, den Fachmann und den Laien, der sich mit Verhaltensänderungen befaßt, gleichermaßen effektiv ist. Im professionellen therapeutischen Training wurden Beispiele erwünschten Verhaltens (symbolisches Modellernen) und Verhaltensdemonstrationen (Verhaltensmodellierung) sehr häufig verwendet, aber die systematische Anwendung und Überprüfung dieser Techniken ist eine relativ neue Entwicklung. Wir wollen nun einige neuere Anwendungsmöglichkeiten des Modellernens im Rahmen der Therapeutenausbildung betrachten.

Im Mittelpunkt einer Untersuchung von *Perry* [47] stand das Training von Seelsorgern, sich im Umgang mit Ratsuchenden einfühlsamer zu verhalten. Den Seelsorgern wurde auf Tonband ein Empathiemodell vorgeführt. Man erklärte ihnen, daß der Berater, den sie hören würden, ein „Pfarrer sei, der in den vergangenen vier Jahren in seinem Amt sehr viele therapeutische Gespräche geführt habe und von seinen Kollegen wegen der Qualität seiner Therapien sehr geschätzt werde" (gleiches Geschlecht und gleicher Beruf wie die Probanden, hoher Status, Erfahrung). In den Modellinteraktionen zwischen Pfarrer (Modell) und Klient, belohnte der Klient den Pfarrer in periodischen Abständen (die entsprechenden Äußerungen sind kursiv gedruckt).

Patient: Also – ich trinke seit einigen Jahren, glaube ich. Ich denke – ich kann mich nicht genau erinnern, wie lange schon. – Es passiert mir einfach, wissen Sie, man – man weiß es einfach nicht, wenn man anfängt, wenn man anfängt – zu trinken – es verändert das Leben nicht sehr. Wissen Sie, ich – ich trinke nicht so viel, ich – trinke ab und zu ein bißchen – aber nicht soviel.
Therapeut: Sie glauben nicht, daß das Trinken das Hauptproblem ist.
Patient: Alle, die ich kenne, trinken wahrscheinlich mehr als ich. Meine Frau denkt, ich trinke furchtbar viel – sie ist – Mensch, wenn man sie hört, könnte man meinen, ich sei der widerlichste Kerl und Verschwender überhaupt. *Meine Frau versteht mich einfach nicht so wie Sie.*
Therapeut: Das hört sich so an, als ob sie Sie nicht nur wegen des Trinkens, sondern auch wegen Geld kritisiert.
Patient: Sie verstehen mich, Sie verstehen mich wirklich . . . (S. 90, [47]).

Und später:

Patient: . . . Den Leuten ist es anscheinend gleichgültig – denen ist wohl alles gleichgültig – andere Menschen. Aber Sie kümmern sich um mich. *Sie erinnern mich an einen Onkel, den ich sehr gern hatte* . . . (S. 93).

Und:

Patient: . . . Ich bin kein Übermensch – ich – ich mache einfach meine Arbeit, wie ich soll. Jedenfalls versuche ich es wenigstens. Sie scheinen das zu verstehen. Ich wünschte, mich würden alle so verstehen wie Sie. *Ich mag Sie wirklich gern.* Aber . . . (S. 96).

Die Probanden hören 12 Szenen zwischen Pfarrer und Klient, in dieser Zeit antwortete der Pfarrer insgesamt 44mal auf die Äußerungen des Klienten. Am Ende jeder Szene sollten die Probanden dem Klienten einfühlend antworten, so als seien sie die Therapeuten. Zum Beispiel:

Patient: Es scheint so. Als die Kinder noch nicht da waren, hatten wir diese Probleme noch nicht. Jetzt – ist es einfach nicht mehr wie früher. Jetzt bin ich entweder Luft für sie, oder sie meckert, meckert, meckert – die ganze Zeit.
Andere Stimme: Was würden Sie sagen? (S. 88)

5. Methoden des Modellernens

Probanden, die ein Modell mit starker Empathie hörten, gaben Antworten mit signifikant mehr Empathie als andere Probanden, die kein Modell oder nur ein Modell mit niedriger Empathie anhörten. Unglücklicherweise leidet diese Untersuchung unter einem Mangel an Übertragbarkeit bzw. an Generalisierungseffekten. Als die Seelsorger ein reales Gespräch mit einem Alkoholpatienten (Schauspieler) führen sollten, waren die Resultate viel schwächer.

Obwohl mit dem Modellernen angemessener therapeutischer Reaktionen ein guter Anfang gemacht war, ist offenbar ein wirksameres Trainingsverfahren notwendig. Wie ließe sich das erreichen? Die Instruktionen, die Empathie und ihre Bedeutung in der Therapie erklärten, hatten zwar einige Wirkung, aber sie waren zu schwach. Vielleicht müssen die Instruktionen dahingehend erweitert werden, daß Empathie nicht nur erklärt wird, sondern auch Beispiele solcher Reaktionen vorgeführt werden mit dem Hinweis darauf, was sie einfühlsam macht. Außerdem könnte man das Training dadurch verbessern, daß man den Probanden für jede Reaktion Rückmeldungen und Verstärkungen gibt. In der folgenden Untersuchung hat man das Verfahren in dieser Richtung erweitert, um durch ein Trainingsprogramm anhaltende Effekte zu erreichen.

Goldstein und *Goedhart* [23] boten Krankenschwestern aus einer psychiatrischen Klinik einen zweitägigen, 10 Stunden dauernden Trainingskurs an. Ihr Trainingsprogramm sah folgendermaßen aus:

1. Darstellung und Diskussion der Bedeutung und des Inhalts von Empathie und ihrer Wichtigkeit für Veränderungen bei Patienten, für die Entwicklung pflegerischer Fähigkeiten und die Krankenhausatmosphäre.
2. Verteilung und Besprechung der Empathie-Skala von *Carkhuff* [16], Veranschaulichung der fünf Stufen durch konkrete Beispiele.
3. Besprechung so wesentlicher Themen wie (a) wie erkennt man die Gefühle der Patienten, (b) wie vermittelt man den Patienten, daß man ihre Gefühle versteht, (c) Empathie im Unterschied zu Sympathie, (d) Empathie im Unterschied zu Diagnose oder Beurteilung, (e) Empathie im Unterschied zu Ratschlägen und Fragen usw.

   Nach der einführenden Gruppendiskussion begann man mit Modellernen und Rollenspielphasen des Trainings:
4. Erstes Modellernen. Alle 30 Situationen des Hospital-Training-Fragebogens (von diesen Autoren entwickelt) wurden von zwei Gruppenleitern vorgespielt. Einer spielte den Patienten, der andere die Krankenschwester (Modell), dabei lagen die Modellantworten auf jede Patientenäußerung auf den Stufen 3, 4 oder 5 der Empathieskala. Die Situationen wurden zum Beispiel so dargestellt:

   a) *Schwester:* Hier ist Ihre Medizin, Herr –.
      Patient: Ich will sie nicht. Alle machen mir hier immer Vorschriften, tu dies, tu das, tu jenes. Ich nehme die Medizin, wenn *ich* will.
      Schwester: Es ist gar nicht so sehr die Medizin, aber Sie haben das Gefühl, die ganze Zeit herumkommandiert zu werden. Sie haben es satt, daß die Leute Ihnen dauernd Befehle geben.
   b) *Patientin:* Mein Mann lebte in seiner eigenen Welt. Ihm war alles gleichgültig, was ich tat oder sagte. Er kümmerte sich einfach nicht um mich. Es ist alles so sinnlos.
      Schwester: Das klingt wirklich traurig und einsam, als ob er Ihnen den Rücken gekehrt hätte und fortgegangen wäre.

      Bei jeder Präsentation der Übungssituation sollten die Gruppenmitglieder sich nach jeder Patientenäußerung auf die Empathieskala beziehen und leise für sich ihre eigene Reaktion darstellen, bevor sie die Antwort des Modells hörten.

5. Erstes Rollenspiel. Es wurden dieselben 30 Situationen benutzt; ein Gruppenleiter las dann jede Patientenäußerung laut vor und bat die Gruppenmitglieder zunächst freiwillig, dann der Reihe nach um eine Antwort. Antworten ohne Empathie (Stufe 1 oder 2) von den Teilnehmern korrigierte der Gruppenleiter, indem er erneut eine für diese Situation einfühlende Modellantwort (Stufe 3, 4 und 5) gab.
6. Weiteres Modellernen – Rollenspiel. Der vorige Abschnitt (5.) wurde zweimal wiederholt, damit alle Gruppenmitglieder auf mehrere Patientenäußerungen antworten und Rückmeldungen dazu erhalten konnten. Danach nahmen alle Teilnehmer an einer oder mehreren Rollenspielsequenzen teil, wobei der Gruppenleiter den Patienten und die Mitglieder die Krankenschwester spielten. Diese Sequenzen begannen mit einer unserer Standardsituationen, wurden dann aber vom Darsteller nach Belieben fortgeführt. Wieder gaben die Gruppenleiter und andere Mitglieder wenn nötig korrigierende Rückmeldungen in Form zusätzlicher Modellantworten mit hohem Ausmaß an Empathie. Die gleiche Rollenspielsequenz wurde dann erneut eingesetzt, diesmal jedoch mit neuen problematischen Situationen, die jedes Gruppenmitglied freiwillig vortrug. Schließlich gingen die Gruppenleiter alle 30 Situationen mit Modellantworten und Rollenspiel noch einmal durch [23].

Nach dem Training reagierten die Krankenschwestern auf situative Testitems tatsächlich mit höheren Empathieantworten als vor dem Training; und auch noch einen Monat später lag die Empathie in situativen Testitems höher als vor dem Training. Ein weiterer Nutzen dieser Untersuchung war, daß Oberschwestern, die an den ursprünglichen Trainingsgruppen als Mitglieder und Beobachter teilgenommen hatten, Trainer für eine zweite Gruppe wurden. Nach diesem Trainingsprogramm nahm die Empathie bei ihrer Trainingsgruppe ebenfalls zu. Intensives Modellernen und Rollenspiel veränderten also nicht nur das verbale Verhalten der Krankenschwestern, sondern wirkten auch bei der Ausbildung von Trainern, die bei ihren Trainingsgruppen ebenfalls Veränderungen erreichen konnten. *Goldstein* bestätigte seine Untersuchung und erweiterte sie noch, indem er dem Personal des psychiatrischen Hospitals Rückmeldungen und Training auf der Station bot. Außerdem zeigten die Ergebnisse, daß die Trainingskandidaten ihre neuen Fähigkeiten auf der Station einsetzten.

Wallace, Davis, Liberman und *Baker* [66] benutzten eine ganz andere Form des Modellernens, um das Verhalten des Personals im Bereich der Klinik zu verändern. Dabei handelte es sich nicht um ein Trainingsprogramm, sondern die Forscher hatten eher die Absicht, das technische Personal und die Krankenschwestern in einem psychiatrischen Krankenhaus dazu zu ermutigen, weiterhin eine „soziale Interaktions"-Stunde anzubieten. Häufig ist das Pflegepersonal von einem neuen Programm wie beispielsweise einer sozialen Interaktionsstunde ganz begeistert, wenn aber der Reiz des Neuen abgenutzt ist, bereitet es Schwierigkeiten, das Programm aufrechtzuhalten. In einer Reihe von Behandlungsphasen und Neuorientierungen versuchte man festzustellen, wie man die Teilnahme des Personals sichern könnte. In der ersten Phase lernte das Fachpersonal nach Modell:

1. Sie (Klinikpsychologe und Forschungsassistent) . . . boten ein Modell für das Zielverhalten, indem sie (a) um 1.15 Uhr in der Forschungsabteilung der Klinik erschienen; (b) den Patienten ankündigten, daß jetzt die soziale Interaktionsstunde anfinge; (c) in den Speisesaal gingen; (d) dort verschiedene Spiele arrangierten; und (e) mit den Patienten gemeinsam an diesen Aktivitäten teilnahmen. Dem Personal gegenüber wurde überhaupt nicht erwähnt, daß

es Zeit für die soziale Interaktionsstunde war und auch nicht, daß man an den Aktivitäten teilnehmen sollte.

Diese Methode war wirkungsvoll. Die Teilnahme des Personals stieg während dieser Phase um durchschnittlich 40 Prozent. Als sich die Modelle jedoch zurückzogen, nahm die Teilnahme sowohl von Personal als auch von Patienten ab. Eine weitere Phase, erinnerndes Informationspapier an das Personal, verbesserte die Situation nicht (keine Teilnahme des Personals). Später stieg jedoch die Teilnahme des Personals an den Aktivitäten nach einer weiteren Prozedur erneut an. In Phase 6 wiederholte der Supervisor der Krankenschwestern das Modellverhalten von Phase 1. Diesmal stieg die durchschnittliche Teilnahme auf ungefähr 67 Prozent. Die für ein solches Behandlungsprogramm Verantwortlichen müssen daran denken, daß ihr eigenes Verhalten ein wirksames Instrument ist, um Verhaltensweisen beim Personal aufzubauen und aufrechtzuhalten.

Zufälliges Modellernen in therapeutischer Umgebung

Zwar handelte es sich bei der im vorigen Abschnitt geschilderten Untersuchung um ein geplantes Modellprogramm, aber sie weist doch darauf hin, daß wir uns mit den Modellwirkungen befassen müssen, die das Behandlungspersonal mit seiner Autorität und in gehobener Position auf das Verhalten von Patienten hat, wenn weder das Personal noch die Patienten sich dieses Einflusses direkt bewußt sind. Mit anderen Worten, wie sieht zufälliges Modellernen in therapeutischer Umgebung aus? Nach den folgenden Untersuchungsergebnissen scheinen zufällige Modelleffekte recht nachhaltig zu sein:
1. Wenn die Krankenschwestern und Pfleger in psychiatrischen Kliniken das Verhalten der Oberschwester in der sozialen Interaktionsstunde nachahmen [66], ist zu erwarten, daß sie von ihr auch in den restlichen sieben Dienststunden als Modell für ihr Verhalten beeinflußt werden.
2. Emotional gestörte Kinder werden nachweislich mehr vom Modell der Kinderpflegerinnen als von Therapeuten beeinflußt und beide werden eher nachgeahmt als neutrale Personen [48]. Kinderpflegerinnen verbringen viele Stunden mit diesen Kindern und können deshalb sehr wirksame Modelle sein.
3. Einige psychotherapeutische Forschungsergebnisse deuten darauf hin, daß Therapeuten für ihre Klienten auf vielen Gebieten unbeabsichtigt Modelle sein können. Die Befunde von *Rosenthal* [53], daß die moralischen Werthaltungen bei gebesserten Patienten denen ihrer Therapeuten ähnlicher werden, können teilweise mit Modellernen erklärt werden.
4. Auf einem ganz anderen Gebiet stellten *Yando* und *Kagan* [71] fest, daß das Tempo des Lehrers (bedächtig, impulsiv) nach einem Schuljahr das Verhaltenstempo der Kinder in ihrer Klasse beeinflußt hatte.

Zwar ließen sich bei diesen Untersuchungen außer Modellernen auch andere Erklärungen finden; die Wahrscheinlichkeit, daß Personen von höherem Rang und Ansehen Modelle für ihre Untergebenen sind, ist jedoch sehr groß. Wir sollten deshalb unser eigenes Verhalten überprüfen und uns unseres Einflusses auf andere bewußt sein.

Zusammenfassung

In diesem Kapitel wird die Technik des Modellernens beschrieben, die im klinischen Bereich auf verschiedenste Weise verwendet werden kann. Der Begriff des *Modellernens* bezieht sich auf einen Prozeß, bei dem das Verhalten eines Einzelnen oder einer Gruppe, des Modells, als Reiz für das Denken, die Einstellungen und/oder Verhaltensweisen eines anderen Individuums, des Beobachters, wirkt. In Teil I des Kapitels werden einige Grundannahmen zum Modellernen behandelt. Man muß unterscheiden zwischen der *Aneignungsphase,* während der das Verhalten des Modells vom Beobachter aufgenommen oder gelernt wird, und der *Ausführungsphase,* während der der Beobachter dann das vom Modell demonstrierte Verhalten ausführt. Es werden drei Effekte des Modellernens auf das Verhalten beschrieben:
1. der Effekt des Beobachtungslernens, d.h. der Beobachter lernt neue oder ungewohnte Reaktionen.
2. der Enthemmungs-, bzw. Hemmungseffekt, d.h. früher gelerntes Verhalten nimmt zu (wird enthemmt) oder verringert sich (wird gehemmt).
3. der reaktionserleichternde Effekt, d.h. früher gelerntes Verhalten, das nicht eingeschränkt oder gehemmt ist, nimmt zu.

Welche Grundprinzipien bei der klinischen Anwendung von Modellern-Methoden zu beachten sind, wird in Teil II beschrieben. Viele der bisherigen Befunde werden im Zusammenhang mit der Behandlung von Ängsten am Beispiel der Schlangenphobie dargestellt. Dabei dienen Illustrationen als wichtige „Kontrollliste" von Bestandteilen, die beim Modellern-Verfahren zu beachten sind:

Modellauswahl. Zur Darbietung des erwünschten oder Zielverhaltens kann man entweder ein *lebendes* („echtes") oder ein *symbolisches Modell* (schriftliches Material, Filme, Tonbänder, Videobänder) einsetzen. Während lebende Modelle das Engagement und die Motivation des Beobachters steigern können, bieten symbolische Modelle den Vorteil besserer therapeutischer Kontrolle bei der Darbietung; Bandaufnahmen können immer wieder in verschiedensten Situationen verwendet werden. In der Praxis wird symbolisches Modellernen oft die einzige methodische Möglichkeit sein, zumal sie sich häufig als ebenso wirksam erwiesen hat wie Lernen nach lebendem Modell. Wichtig sind auch die Eigenschaften des Modells: Faktoren wie das Prestige und die persönliche „Wärme" erhöhen im allgemeinen den Modellern-Effekt. Am besten wählt man Modelle, die das Zielverhalten beherrschen, allerdings darf das Modell im Vergleich zum Beobachter nicht *zu* kompetent sein, sonst weigert sich der Beobachter eventuell, die Darbietung zu verfolgen („Ich gebe auf – ich werde das nie so gut können!"). Diese Barriere läßt sich dadurch überwinden, daß man ein „Gleit"-Modell einsetzt, dessen Leistungen sich im Laufe der Modellsequenz schrittweise verbessern. In vielen

5. Methoden des Modellernens

Fällen fördert die Verwendung *multipler Modelle* die Möglichkeit zur Generalisierung und die Wirksamkeit der Modellernbehandlung.

Modelldarbietung. Die Art der Modellpräsentation sollte dem Beobachter maximale Aufmerksamkeit und optimales Behalten der Verhaltensweisen des Modells ermöglichen. Man kann die Aufmerksamkeit dadurch unterstützen, daß man eine angemessene Umgebung schafft, Ablenkung verhindert und die Verhaltensweisen des Modells durch Instruktionen und Darstellung der wesentlichen Züge veranschaulicht. Falls das Verhalten des Modells den Beobachter ängstigen könnte, fördern zusätzliche Entspannungsübungen das Interesse für das Modell. Auch wird der Beobachter das Modell eher beachten, wenn er *nicht sicher* ist, wie er sich verhalten soll und Informationen braucht, um angemessen reagieren zu können. Das Behalten des Modellverhaltens wird auch dadurch gefördert, daß man dem Beobachter Gelegenheit bietet, das Zielverhalten entweder während oder unmittelbar nach der Modelldarstellung zu *üben* oder zu *erproben*. Ein besonders wirksames Verfahren ist das *teilnehmende Modellernen,* bei dem das Modell direkt in Interaktion mit dem Beobachter steht und ihm *anleitende Demonstrationen* des erwünschten Verhaltens gibt.

Anreize zur Ausführung des Modellverhaltens. Unter Umständen genügen erstes Lernen oder die Aneignung des Modellverhaltens nicht, um sicherzustellen, daß der Beobachter dieses Verhalten auch ausführt. Es müssen deshalb Faktoren beachtet werden, die es wahrscheinlicher machen, daß der Beobachter sich wirklich so verhält, wie er es gelernt hat. Einer dieser Faktoren ist die Verstärkung des Modells (*stellvertretende Verstärkung*); positive Verstärkung des Modells informiert den Beobachter nicht nur darüber, welche besonderen Komponenten des Verhaltens für ein „erfolgreiches" Ergebnis wesentlich sind, sondern bietet ihm auch einen motivationalen Anreiz, sich ebenso zu verhalten. In ähnlicher Weise wird *direkte Verstärkung* des Beobachters für die Ausführung des Modellverhaltens die Wahrscheinlichkeit erhöhen, daß er dieses Verhalten zeigt. Auch kann man dem Beobachter das Lernen dadurch erleichtern, daß man während der Prozedur verbale Direktiven oder *„Anregungen"* einsetzt oder ihm nach der Ausführung Rückmeldungen oder *„Anleitung"* gibt.

Diese Prinzipien werden im einzelnen an Hand einer Fallstudie dargestellt, bei der es um die erfolgreiche Behandlung von *Schlangenphobien* mit Methoden des *teilnehmenden Modellernens* geht. Teil II beschreibt außerdem die Verwendung des Modellernens bei der Modifikation *verbalen Verhaltens.* Der Einsatz verbaler Modelle zur Förderung verbaler Selbstdarstellung und Problemschilderung beim Erstinterview oder der Voruntersuchung wird besprochen. In diesem Abschnitt geht es um den Einsatz symbolischer Modelle (schriftliches Material), um die Erwartungen der Klienten *vorzustrukturieren* und einen Überblick über Verhaltensweisen zu geben, die ihre Behandlung erleichtern werden. Auch die Verwendung von Modellen in Gruppentherapien wird in diesem Abschnitt beschrieben. Dazu gehören beispielsweise der Einsatz von filmischen Modelldarbietungen und „eingeschleuster" lebender Modelle, um das Engagement und die Selbstdarstellung im Rahmen der Gruppe zu fördern.

Zusammenfassung

Teil II schließt ab mit einer Beschreibung der Verwendung von Modellernen, um soziales Verhalten zu modifizieren. Abgesehen von Hemmungen auf Grund von Ängsten, können viele Probleme von Klienten darauf beruhen, daß ihnen wichtige Fähigkeiten oder das „Know-how" fehlen, wie man sich in sozialen Situationen erfolgreich verhält. Es werden Beispiele beschrieben, wie man mit Methoden des Modellernens Alkoholikern und jugendlichen Delinquenten angemessenes soziales Verhalten vermittelt. Diese Verfahren demonstrieren die kombinierten Effekte von Enthemmung und Beobachtungslernen, die im Rahmen desselben Behandlungsprogramms möglich sind. Außerdem wird zum Abschluß von Teil II kurz diskutiert, wie man emotionale Reaktionen bei bestimmten klinischen Populationen entweder durch positives oder durch aversives klassisches Konditionieren stärken bzw. hemmen kann.

Teil III behandelt die Verwendung von Modellernmethoden bei verschiedenen spezifischen Populationen. Es werden mehrere Beispiele dargestellt, wie Lehrer, Gleichaltrige und Laien als Modelle agieren können, um sozial gestörten und gehemmten Kindern in der Schule neues Verhalten beizubringen. Die Darbietung von Filmmodellen ist eine Methode, um den Unterricht zu erleichtern. Modellernen hat sich auch bei der Behandlung *geistig Behinderter* als effektiv erwiesen. Retardierten Menschen kann man *Überlebenstechniken* wie zum Beispiel das Telefonieren vermitteln, indem man ihnen lebende Modelle oder Videobänder vorführt. In einer der zitierten Untersuchungen wurde der Modellern-Effekt dadurch vergrößert, daß man mit den Leistungen des Modells belohnende Eigenschaften assoziierte. Erfolgreich war auch das Training intelligenzmäßig besser ausgestatteter retardierter Jugendlicher, die für Minderbegabtere als Modelle dienten. Eine Kombination von Modellernen und Verstärkung wird an der Behandlung *autistischer Kinder* verdeutlicht. Sprachliche und motorische Grundfertigkeiten können bei autistischen Kindern ausgebildet werden, die Erwachsene oder Gleichaltrige beobachten und dann für die Ausführung des Modellverhaltens belohnt werden.

Auch *psychotische Erwachsene* können erfolgreich mit Modellernen behandelt werden. Im Gegensatz zur Therapie autistischer Kinder, bei denen das Ziel der Behandlung die Entwicklung neuen oder ungewohnten Verhaltens ist, geht es bei der Behandlung psychotischer Erwachsener oft darum, früher gelernte, aber nicht mehr ausgeführte Reaktionen wiederherzustellen (z.B. Wiederaufbau von Sprache bei stummen Patienten). An anderen Beispielen wird in diesem Abschnitt gezeigt, wie man Modellernen dazu einsetzen kann, psychotischen Erwachsenen angemessenes interpersonelles Verhalten zu vermitteln, das sie nach ihrer Rückkehr in die Gesellschaft gebrauchen können.

Modellernen kann auch effektiv dazu benutzt werden, um das *Personal* klinischer Einrichtungen in Beratungs- und Therapietechniken auszubilden. An Beispielen wird deutlich, wie das Modellernen von Empathie zu einer Verbesserung der Interaktion zwischen Therapeut und Klient führen kann. In einer Untersuchung wurde eine Kombination verschiedener Methoden (Instruktionen, Modellernen, Rückmeldung, Verstärkung und Rollenspiel) erfolgreich beim Training von Krankenschwestern angewendet, um das Ausmaß an Empathie in der Arbeit mit ihren Patienten zu steigern. Solche „gebündelten" Behandlungsprogramme, bei denen mehrere Modifikationsmethoden eingesetzt werden, fördern die Generalisierung der Therapieeffekte. Das Kapitel schließt ab mit einer kurzen Diskussion der *zufälligen Modellern-Effekte,* die in jeder Therapiesituation vorkommen. Fachkräfte sind für ihre Klienten in gewisser Hinsicht „Rollenmodelle" und müssen sich der möglichen therapeutischen Konsequenzen dieser Tatsache bewußt sein. Hoffentlich dient dieses Kapitel dem Leser, der mit Methoden des Modellernens therapeutisch arbeiten möchte, als symbolisches Modell.

Literatur

[1] *Altman, R., L.W. Talkington,* and *C.C. Cleland:* Relative effectiveness of modeling and verbal instructions on severe retardates' gross motor performance. Psychological Reports, 31 (1972), 695–698.

[2] *Baer, D.M., R.F. Peterson,* and *J.A. Sherman:* The development of imitation by reinforcing behavioral similarity to a model. Journal of the Experimental Analysis of Behavior, 10 (1967), 405–416.

[3] *Bandura, A.;* Principles of behavior modification. Holt, Rinehart and Winston, New York 1969.

[4] *Bandura, A.* (Ed.): Psychological modeling: Conflicting theories. Aldine-Atherton, Chicago 1971.

[5] *Bandura, A.:* Psychotherapy based upon modeling principles. In *A.E.Bergin* and *S.L.Garfield* (Eds.): Handbook of psychotherapy and behavior change. Whiley, New York 1971.

[6] *Bandura, A.:* Vicarious and self-reinforcement processes. In *R. Glaser* (Ed.): The nature of reinforcement. Merrill, Columbus, Ohio 1971.

[7] *Bandura, A.* and *P.G.Barab:* Processes governing disinhibitory effects through symbolic modeling. Journal of Abnormal Psychology 82 (1973), 1–9.

[8] *Bandura, A.* and *F.L.Menlove:* Factors determining vicarious extinction of avoidance behavior through symbolic modeling. Journal of Personality and Social Psychology, 8 (1968), 99–108.

[9] *Bandura, A.* and *T.L. Rosenthal:* Vicarious classical conditioning as a function of arousal level. Journal of Personality and Social Psychology, 3 (1966), 54–62.

[10] *Bandura, A.* and *R.H. Walters:* Social learning and personality development. Holt, Rinehart and Winston, New York 1963.

[11] *Bandura, A., E.B. Blanchard* and *B. Ritter:* Relative efficacy of desensitization and modeling approaches for inducing behavioral, affective, and attitudinal changes. Journal of Personality and Social Psychology, 13 (1969), 173–199.

[12] *Bandura, A., J.E. Grusec* and *F.L. Menlove:* Observational learning as a function of symbolization and incentive set. Child Development, 37 (1966), 499–506.

[13] *Bandura, A., R.W. Jeffery* and *C.L. Wright:* Efficacy of participant modeling as a function of response induction aids. Journal of Abnormal Psychology, 83 (1974), 56–61.

[14] *Berger, S.M.:* Conditioning through vicarious instigation. Psychological Review, 69 (1962), 450–466.

[15] *Blanchard, E.B.:* Relative contributions of modeling, informational influences, and physical contact in extinction of phobic behaviors. Journal of Abnormal Psychology, 76 (1970), 55–61.

[16] *Carkhuff, R.F.:* Helping and human relations. Holt, Rinehart and Winston, New York 1969.

[17] *Craig, K.D.* and *H.J. Lowery:* Heart-rate components of conditioned vica-

rious autonomic responses. Journal of Personality and Social Psychology, 11 (1969), 381–387.

[18] *Csapo, M.:* Peer models reverse the „one bad apple spoils the barrel" theory. Teaching Exceptional Children, 4 (1972), 20–24.

[19] *Duke, M.P.* and *A.S. Frankel:* Inside psychotherapy. Markham, Chicago, Ill. 1971.

[20] *Flanders, J.P.:* A review of research on imitative behavior. Psychological Bulletin, 69 (1968), 316–337.

[21] *Geer, J.* and *G. Turtletaub:* Fear reduction following observation of the model. Journal of Personality and Social Psychology, 6 (1967), 327–335.

[22] *Goldstein, A.P.:* Structured learning therapy: Toward a psychotherapy for the poor. Academic Press, New York 1973.

[23] *Goldstein, A.P.* and *A. Goedhart:* The use of structured learning for empathy enhancement in paraprofessional psychotherapist training. Journal of Community Psychology, 1 (1973), 168–173.

[24] *Green, A.H.* and *G.A. Marlatt:* Effects of instructions and modeling upon affective and descriptive verbalization. Journal of Abnormal Psychology, 80 (1972), 189–196.

[25] *Gutride, M.E., A.P. Goldstein* and *G.F. Hunter:* The use of modeling and role playing to increase social interaction among asocial psychiatric patients. Journal of Consulting and Clinical Psychology 40 (1973), 408–415.

[26] *Gutride, M.E., A.P.Goldstein* and *G.F. Hunter:* The use of structured learning therapy and transfer training in the treatment of chronic psychiatric inpatients. Journal of Clinical Psychology, July 1974, 277–280.

[27] *Hall, H. L.:* The effect of personal and impersonal participant models on interpersonal openness in same and mixed sex groups. Unpublished Doctoral dissertation, University of Wisconsin, 1973.

[28] *Heller, K.* and *G.A. Marlatt:* Verbal conditioning, behavior therapy and behavior change: Some problems in extrapolation. In *C.M. Franks* (Ed): Behavior therapy: Appraisal and status. McGraw-Hill, New York 1969.

[29] *Hingtgen, J.N., S.K. Coulter* and *D.W. Churchill:* Intensive reinforcement of imitative behavior in mute autistic children. Archives of General Psychiatry, 17 (1967), 36–43.

[30] *Hosford, R.E.* and *D.L. Sorenson:* Participating in classroom discussions. in *J.D. Krumboltz* and *C.E. Thoresen* (Eds.): Behavioral counseling: Cases and techniques. Holt, Rinehart and Winston, New York 1969.

[31] *Kanfer, F.H.:* Vicarious human reinforcement: A glimpse into the black box. In *L. Krasner* and *L.P. Ullmann* (Eds.): Research in behavior modification. Holt, Rinehart and Winston, New York 1965.

[32] *Kanfer, F.H.* and *J.S. Phillips:* Learning foundations of behavior therapy. Wiley, New York 1970.

[33] *Kaplan, S.J.:* The effects of a model and instructions upon problem admission in two types of psychiatric patients. Unpublished Master's thesis, University of Wisconsin, 1971.

[34] *Kazdin, A.E.:* Covert modeling and the reduction of avoidance behavior. Journal of Abnormal Psychology, 81 (1973), 87–95.

[35] *Krumboltz, J. D.* and *C. E. Thoresen* (Eds.): Behavioral counseling: Cases and techniques. Holt, Rinehart and Winston, New York, 1969.

[36] *Lovaas, O.I., L.Freitag* and *C. Whalen:* The establishment of imitation and its use for the development of complex behavior in schizophrenic children. Behaviour Research and Therapy, 5 (1967), 171–181.

[37] *McFall, R.M.* and *D.B. Lillesand:* Behavior rehearsal with modeling and coaching in assertion training. Journal of Abnormal Psychology, 77 (1971), 313–323.

[38] *McFall, R.M.* and *A.R. Marston:* An experimental investigation of behavior rehearsal in assertive training. Journal of Abnormal Psychology, 76 (1970), 295–303.

[39] *Marlatt,G.A.:* Comparison of vicarious and direct reinforcement control of verbal behavior in an interview setting.

Journal of Personality and Social Psychology, 16 (1970), 268–276.

[40] *Marlatt, G.A.:* Exposure to a model and task ambiguity as determinants of verbal behavior in an interview. Journal of Consulting and Clinical Psychology, 36 (1968), 268–276.

[41] *Marlatt, G.A.:* Task structure and the experimental modification of verbal behavior. Psychological Bulletin, 78 (1972), 335–350.

[42] *Marlatt, G.A.:* A comparison of aversive conditioning procedures in the treatment of alcoholism. Paper presented at the annual meeting of the Western Psychological Association, Anaheim, California, April, 1973.

[43] *Marlatt, G.A., E.A. Jacobson, D.L. Johnson* and *D.L. Morrice:* Effect of exposure to a model receiving evaluative feedback upon subsequent behavior in an interview. Journal of Consulting and Clinical Psychology, 34 (1970), 104–112.

[44] *Meichenbaum, D.H.:* Examination of model characteristics in reducing avoidance behavior. Journal of Personality and Social Psychology, 17 (1971), 298–307.

[45] *Miller, N. E.* and *J. Dollard:* Social learning and imitation. Yale University Press, New Haven, 1941.

[46] *O'Connor, R.D.:* Relative efficacy of modeling, shaping, and the combined procedures for modification of social withdrawal. Journal of Abnormal Psychology, 79 (1972), 327–334.

[47] *Perry, M.A.:* Didactic instructions for and modeling of empathy. Unpublished Doctoral dissertation, Syracuse University, 1970).

[48] *Portnoy, S.M.:* Power of child care worker and therapist figures and their effectiveness as models for emotionally disturbed children in residential treatment. Journal of Consulting and Clinical Psychology, 40 (1973), 15–19.

[49] *Rachman, S.:* Clinical applications of observational learning, imitation and modeling. Behavior Therapy, 3 (1972), 379–397.

[50] *Rimm, D.C.* and *D.C. Medeiros:* The role of muscle relaxation in participant modeling. Behaviour Research and Therapy, 8 (1970), 127–132.

[51] *Ritter, B.:* The group treatment of children's snake phobias using vicarious and contact desensitization procedures. Behaviour Research and Therapy, 6 (1968), 1–6.

[52] *Ritter, B.:* Treatment of acrophobia with contact desensitization. Behaviour Research and Therapy, 7 (1969), 41–45.

[53] *Rosenthal, D.:* Changes in some moral values following psychotherapy. Journal of Consulting Psychology, 19 (1955), 431–436.

[54] *Ross, D.M.:* Effect on learning of psychological attachment to a film model. American Journal of Mental Deficiency, 74 (1970), 701–707.

[55] *Ross, D.M., S.A. Ross* and *T.A. Evans:* The modification of extreme social withdrawal by modeling with guided participation. Journal of Behavior Therapy and Experimental Psychiatry, 2 (1971), 273–279.

[56] *Sarason, I.G.:* Verbal learning, modeling, and juvenile delinquency. American Psychologist, 23 (1968), 254–266.

[57] *Sarason, I.G.* and *V.J. Ganzer:* Modeling: An approach to the rehabilitation of juvenile offenders. Final report to the Social and Rehabilitation Service of the Department of Health, Education and Welfare, June, 1971.

[58] *Sarason, I.G.* and *V.J. Ganzer:* Modeling and group discussion in the rehabilitation of juvenile delinquents. Journal of Connseling Psychology, 20 (1973), 442–449.

[59] *Sarason, I.G.* and *B.R. Sarason:* Modeling and role-playing in the schools: A manual with special reference to the disadvantaged student. Human Interaction Research Institute, Los Angeles, Calif., 1973.

[60] *Schwartz, A.N.* and *H.L. Hawkins:* Patient models and affect statements in group therapy. In Proceedings of the 73rd Annual Convention of the American Psychological Association, 1965.

[61] *Sherman, J.A.:* Use of reinforcement and imitation to reinstate verbal behavior in mute psychotics. Journal of

Abnormal and Social Psychology, 70 (1965), 155–164.

[62] *Sobell, M.B.* and *L.C. Sobell:* Individualized behavior therapy for alcoholics. Behavior Therapy, 4 (1973), 49–72.

[63] *Stephan, C., S. Stephano* and *L.W. Talkington:* Use of modeling in survival social training with educable mentally retarded. Training School Bulletin, 70 (1973), 63–68.

[64] *Stilwell, W.E.:* Using behavioral techniques with autistic children. In J.D. Krumboltz and C.E. Thoresen (Eds.): Behavioral counseling: Cases and techniques. Holt, Rinehart and Winston, New York, 1969.

[65] *Turnure, J.* and *E. Zigler:* Outer-directedness in the problem solving of normal and retarded children. Journal of Abnormal and Social Psychology, 69 (1964), 427–436.

[66] *Wallace, C.J., J.R. Davis, R.P. Liberman* and *V. Baker:* Modeling and staff behavior. Journal of Consulting and Clinical Psychology, 41 (1973), 422–425.

[67] *Whalen, D.:* Effects of a model and instructions on group verbal behaviors. Journal of Consulting and Clinical Psychology, 33 (1969), 509–521.

[68] *Whalen, C.K.* and *B.A. Henker:* Creating therapeutic pyramids using mentally retarded patients. American Journal of Mental Deficiency, 74 (1969), 331–337.

[69] *Whalen, C.K.* and *B.A. Henker:* Pyramid therapy in a hospital for the retarded: Methods, program evaluation, and long-term effects. American Journal of Mental Deficiency, 75 (1971), 414–434.

[70] *Wilson, F.S.* and *R.H. Walters:* Modification of speech output of near-mute schizophrenics through social learning procedures. Behaviour Research and Therapy, 4 (1966), 59–67.

[71] *Yando, R.M.* and *J. Kagan:* The effect of teacher tempo on the child. Child Development, 39 (1968), 27–34.

[72] *Yando, R.* and *E. Zigler:* Outer-directedness in the problem-solving of institutionalized and non-institutionalized normal and retarded children. Developmental Psychology, 4 (1971), 277–288.

6. Simulation und Rollenspiel

John V. Flowers

Einführung

Die Tatsache, daß fast jede Therapieform eine Simulation des realen Lebens des Klienten darstellt, macht es sehr schwierig, über Simulation und Rollenspiel und ihnen verwandte therapeutische Techniken in der Psychotherapie zu sprechen. Die einzelnen Therapieformen unterscheiden sich in den Dimensionen, die sie zur Simulation realer Lebenssituationen benützen. Zu diesen Dimensionen gehören die Zeit, verdecktes bzw. privates versus offenes bzw. öffentliches Verhalten, reale versus überzogene Verhaltensweisen und die Wahl des Inhalts. Das vorliegende Kapitel wird sich vor allem mit realistischen und offenen Simulationen beschäftigen, die sich eine Verhaltensveränderung außerhalb der therapeutischen Situation zum Ziel gesetzt haben.

Die Dimension Zeit spielt in der psychodynamischen Therapie eine entscheidende Rolle. Das grundlegende Konzept der Übertragung beschreibt den Prozeß, in dem der Klient Beziehungen, die früher für ihn bedeutsam waren, in der aktuellen therapeutischen Situation simuliert. Diese Simulation erlaubt dem Klienten, zuvor unlösbare Konflikte durchzuarbeiten, indem er sie in Anwesenheit des Therapeuten wiedererlebt, der ihm bei der Bewältigung der früheren Schwierigkeiten hilft. Psychoanalyse ist eine Simulation, mit deren Hilfe vergangene Konflikte an die Oberfläche gebracht werden, damit man sich in der realen Beziehung mit ihnen auseinandersetzen kann und nicht auf eine vorgestellte bzw. erinnerte Situation angewiesen ist. Interessanterweise ist die bekannteste Form des Rollenspiels in der analytischen Therapie, das Psychodrama, von Moreno [32] nicht als Methode zur Lösung von Konflikten entwickelt worden, sondern als Programm zur Ausbildung bestimmter Fähigkeiten bei straffällig gewordenen Mädchen. *Moreno* war der Meinung, daß die Mädchen, mit denen er arbeitete, in einer eingeschränkten sozialen Umwelt lebten, die sie für die Probleme, die ihnen außerhalb der Institution begegnen würden, nicht vorbereitete. Trotz seiner Herkunft wurde Psychodrama mehr dazu verwendet, vermeintliche intrapsychische Schwierigkeiten zu lösen, als Leuten mit einem Verhaltensdefizit zu helfen. Da die analytische Therapie in gewissem Sinne eine Simulation darstellt, bedeutet die Anwendung des Psychodramas in der Psychoanalyse eine Simulation durch Rollenspiel im Rahmen einer umfassenderen Simulation.

Die Gesprächstherapie [39] dagegen versucht, eine Atmosphäre „bedingungsloser positiver Zuwendung" zu schaffen. Eine Simulation dessen also, was ein

Übersetzt von Hannelore Benkeser.

Mensch mit einer größeren Selbstachtung in einer glücklicheren Jugend erfahren hätte. Die Psychoanalyse legt mehr Nachdruck auf zurückliegende Konflikte, während sich die Gesprächstherapie darum bemüht, hier und heute eine therapeutische Situation zu schaffen, die die persönliche Entwicklung begünstigt.

Dieses Kapitel beschäftigt sich mit keiner dieser beiden Formen therapeutischer Simulation. Hier geht es um Simulation und Rollenspiel, die auf die Zukunft gerichtet sind. Dies entspricht auch *Morenos* ursprünglicher Konzeption des Psychodramas. Der Klient lernt systematisch neue Verhaltensweisen zur Bewältigung von Situationen in seiner natürlichen Umgebung. Simulation in diesem Sinne versucht, die Effektivität des Verhaltens des Klienten außerhalb der Therapie in kleinen Lernschritten zu verbessern.

Die Therapeuten unterscheiden sich noch bei einer anderen Dimension der Simulation, nämlich, ob sie offen ist und beobachtbares Verhalten betrifft, oder ob sie sich auf verdecktes und nicht beobachtbares stützt, wie dies bei Gedanken und Phantasien der Fall wäre. Läßt der Therapeut den Klienten seine Probleme so darstellen, daß sie beobachtbar sind (z.B. Selbstbehauptung im Rollenspiel), handelt es sich um eine offene Simulation. Die Simulation ist verdeckt, wenn sich der Klient bei der Desensibilisierung einen gefürchteten Gegenstand nur vorstellt. Auch Hypnose ist eine verdeckte Simulation. Das vorliegende Kapitel wird sich nur mit offener Simulation beschäftigen.

Bei der Realitätsdimension begegnen wir den beiden folgenden Extremen: Rollenspiel eines Einstellungsgesprächs als Beispiel einer realistischen Simulation oder eine Psychodramasitzung, in der der Klient seine kriecherische Abhängigkeit absichtlich überzogen darstellt, um Einsicht zu gewinnen. In diesem Kapitel geht es nur um realistische Formen der Simulation.

Dann gibt es noch die inhaltliche Dimension von Simulation. Man kann diese Übungen wahlweise in Industrie, Pädagogik und Psychotherapie anwenden oder grundsätzlich überall dort, wo Verhalten verändert werden soll. Das vorliegende Kapitel wird sich im großen und ganzen mit der Anwendung von Simulation und Rollenspiel in der Therapie beschäftigen. Der kommerzielle und pädagogische Bereich werden nur kurz gestreift. Um es noch einmal zusammenzufassen: Es geht hier um offene, realistische und systematische Simulation in der Therapie.

Wozu überhaupt Simulation? Jede Abweichung von der aktuellen Lebenssituation des Klienten bedeutet eine Simulation seines Lebens. Selbst dann, wenn sich der Verhaltenstrainer im realen Lebensraum des Klienten aufhält, hat seine Anwesenheit die Situation verändert. Sie kann nur noch eine Simulation dessen sein, was sie ohne sein Erscheinen gewesen wäre. Die Tatsache, daß man Simulation nicht vermeiden kann, ist allerdings nicht der einzige Grund dafür, daß diese Technik in den vergangenen Jahren immer häufiger eingesetzt wurde. Diese Übungen besitzen eindeutige therapeutische Vorzüge. Sie machen Spaß und fesseln. Viele Therapeuten, die mit Rollenspiel und Simulation arbeiten, berichten über niedrigere Ausfallquoten unter den Klienten, wenn diese Übungen durchgeführt wurden. Systematische Simulation erlaubt es dem Therapeuten auch, das Verhalten des Klienten – zumindest in der therapeutischen Situation – zu strukturieren. Dadurch hat der Therapeut die Möglichkeit, zwei therapeutische Probleme gut in den Griff zu bekommen, nämlich mangelndes Verhaltensrepertoire und Angst.

Viele Klienten bekommen Angst, wenn man ihnen nahelegt, ihr Verhalten zu verändern. Bitten Sie einen schüchternen Casper Milquetoast, im Restaurant ein nicht richtig gegrilltes Steak zurückgehen zu lassen, so wird er vermutlich schon beim Gedanken daran zu zittern beginnen. In der realen Situation wird er das Steak wahrscheinlich essen. Selbst wenn er sich an Ihre therapeutische Instruktion erinnert, wird er es aus Angst essen, der furchteinflößende Ober könnte seine Gedanken lesen. Bei systematischer Anwendung von Simulation vermag der Therapeut den Klienten zu veranlassen, Verhaltensweisen zu üben, die nicht soviel Angst auslösen und mehr Aussicht auf Erfolg haben. Der Therapeut paßt die Übungen einer Hierarchie von Situationen an, die immer höhere Anforderungen an den Klienten stellen. Voraussetzung dafür ist allerdings, daß der Klient der schwierigeren Aufgabe jeweils gewachsen ist. Simulation ist also eine Technik, die dem Therapeuten die schrittweise Annäherung an das Behandlungsziel erlaubt.

Viele Klienten wissen auch nicht, wie sie ihr Verhalten verändern sollen. Wir nehmen es oft als gegeben hin, daß die Verhaltensmuster, die die meisten von uns mühelos beherrschen, universell gelehrt und gelernt werden, und daß jeder, der sie nicht kann, an einer innerpsychischen Störung leiden muß. Handelt es sich um ein seltenes Verhalten, z.B. einen Computer programmieren, sind wir etwas geneigter, die Unfähigkeit zur Ausübung dieser Tätigkeit ganz einfach auf den Mangel an notwendiger Schulung zurückzuführen. Ist das Verhaltensmuster ein alltägliches, z.B. jemand um eine Verabredung bitten, nehmen wir für gewöhnlich an, Schwierigkeiten in der Durchführung würden auf innerpsychischen Ursachen beruhen. In Wirklichkeit haben viele Menschen nie gelernt, wie man mit jemand ins Gespräch kommt. Es mag zwar stimmen, daß eine solche Person große Angst hat, mit einem anderen Menschen zusammenzutreffen, aber unsere Annahme, die Angst hindere ihn daran, ein Gespräch zu beginnen, ist vielleicht voreilig. Es kann sein, daß er nicht weiß, welche Fragen er stellen und was er mit einer bestimmten Antwort anfangen soll. Simulationen haben die therapeutische Aufgabe, Verhalten in einzelne Schritte zu zerlegen, die leicht zu erlernen sind. Jeder Lehrer weiß aus eigener Erfahrung, daß es besser ist, zuerst die Division durch eine einstellige Zahl zu lehren, ehe man auf die Division mit mehrstelligen Zahlen übergeht. Die meisten Fertigkeiten werden am schnellsten in kleinen, leicht handzuhabenden Schritten erlernt. Simulation bedeutet die Übertragung dieses Modells auf die Therapie. Man könnte sie als programmierte Interaktion mit aktiver Teilnahme des Klienten bezeichnen. Wir werden uns später noch mit der Tatsache näher befassen, daß Simulation zur Generalisierung des erlernten Verhaltens führen kann. Dieses Phänomen läßt sich durch eine Reihe von Faktoren erklären. Rollenspiel ist einer dieser Faktoren.

In der Überschrift dieses Kapitels werden Rollenspiel und Simulation getrennt aufgeführt. Diese Unterscheidung geschieht aus praktischen Gründen und hat keinen theoretischen Hintergrund. Wie schon erwähnt, bedeutet simulieren imitieren bzw. die Gestalt einer Sache oder einer Person nachzeichnen, ohne Realität vorauszusetzen. In diesem Sinne ist Rollenspiel, d.h. das Spielen einer Rolle, die nicht unbedingt die eigene ist, ein Beispiel für Simulation und entspricht der Replikationstherapie von *Kanfer* und *Phillips* [24]. Wenn wir Rollenspiel therapeutisch einsetzen, fordern wir den Klienten auf, Verhaltensweisen zu spielen, die er normalerweise nicht anwendet, die wir als Therapeuten ihm jedoch zutrauen und die ihm unserer Meinung nach in seiner natürlichen Umgebung weiterhelfen werden. Genauer gesagt, wir fordern den Klienten auf, eine Situation aus seinem Leben zu kopieren, die sich tatsächlich ereignet hat oder die sich ereignen könnte. Wir helfen ihm dabei, sich anders zu verhalten, als es sonst der Fall wäre und diese neuen Verhaltensweisen auch gründlich einzuüben. Wir nennen diese Technik „Spiel", um auftretenden Ängsten vorzubeugen und weil wir davon ausgehen, daß das Verhalten, zumindest am Anfang, gestellt ist.

Simulation wird oft nur flüchtig vorgestellt und als Spiel herabgewürdigt. Zwischen Simulation und Rollenspiel wird gewöhnlich der Unterschied gemacht, daß Simulation eher Regeln unterliegt als Rollenspiel und weniger dazu dient, die aktuelle Lebenssituation des Klienten in der Therapie nachzuzeichnen. Simulation versucht, dem Klienten ein allgemeines Repertoire an Verhaltensweisen zur Lösung von Problemen beizubringen. Aus diesem Grund wird dasselbe simulierte Spiel oft bei mehreren Klienten angewandt. Obwohl die Unterscheidung zwischen Simulation und Rollenspiel ihren Zweck erfüllt, sollte sie nicht zu ernst genommen werden. Wie wir sehen werden, finden viele Rollenspiele bei mehreren Klienten Anwendung, aber es werden auch viele simulierte Spiele auf individuelle Situationen zugeschnitten.

Rollenspiel

Selbstbehauptungstraining

Sowohl Klienten als auch Fachleute können bei ihrer ersten Begegnung mit einem Selbstbehauptungstraining einfach nicht glauben, daß es eine Form der Verhaltenstherapie ist. Sie meinen, es sei zu menschlich, zu komplex und ähnele zu sehr der traditionellen Form der Therapie. Diese Verlegenheit entsteht aufgrund der Tatsache, daß das Bemühen um ein relativ unkompliziertes Vorgehen in der Verhaltenstherapie als Simplifizierung und Systematik als mechanistisch mißinterpretiert werden.

Erste Informationssammlung

Wie es in der Verhaltenstherapie üblich ist, beginnt ein Selbstbehauptungstraining damit, daß der Therapeut feststellt, ob der Klient ein Training braucht und ob ihm diese Form der Therapie entspricht. Manchmal kommt der Klient schon mit dem Wunsch mehr Selbstsicherheit zu gewinnen oder der Therapeut kennt ihn lange genug, um über seine Bedürfnisse informiert zu sein. Die Wahl dieser Form der Therapie sollte aber nicht allein deshalb getroffen werden, weil der Klient passiv erscheint oder sich über Schwierigkeiten beklagt, die ein Selbstbehauptungstraining beheben könnte. Hat der Therapeut nach dem ersten Interview den Eindruck, ein Selbstbehauptungstraining sei angebracht, hat er noch die Möglichkeit, einen Selbstbehauptungstest voranzustellen. Der zuverlässigste und valideste unter ihnen wurde von *Rathus* [36] konstruiert. Der Therapeut sollte sich allerdings nicht nur auf subjektive Berichte oder Papier- und Bleistifttests stützen, sondern dem Klienten die Instruktion geben, einige Tage lang alle Interaktionen zu notieren, bei denen er sich gerne anders verhalten hätte, und auch Angaben darüber zu machen, wie er sich gerne verhalten hätte.

Phase 1 – Der Therapeut als Modell

Hält der Therapeut ein Selbstbehauptungstraining für angezeigt, ist der in der Verhaltenstherapie allgemein übliche nächste Schritt die Erklärung des Verlaufs der Therapie und der dahinterstehenden wissenschaftlichen Begründung. Der Therapeut muß davon überzeugt sein, daß ein Selbstbehauptungstraining in diesem Fall das Richtige ist. Der Klient sollte genau darüber informiert werden, was geschieht und warum es geschieht. Man sollte ihm auch sagen, daß ähnliche Fälle mit dieser Methode schon mit Erfolg behandelt wurden. Zwei Gesichtspunkte sind für die Einführung des Selbstbehauptungstrainings besonders wichtig. Der eine betrifft die Tatsache, daß man dem Klienten wiederholt sagen muß, daß er das Recht hat, seine Bedürfnisse auszusprechen und auch das Recht abzulehnen, wenn er etwas nicht möchte. Wenn er seine Rechte nicht wahrnimmt und sich wie ein Teppich benimmt, werden (selbst gute) Menschen auf ihm herumtrampeln. Wenn er wie ein Verlierer aussieht und auch so handelt, werden die Leute ihn als solchen behandeln und er wird tatsächlich auf dem absteigenden Ast sein. Zweitens sollte eine deutliche Unterscheidung zwischen Selbstbehauptung und Aggression getroffen werden. Klienten verstehen diese Unterscheidung, wenn das Verhalten auf einem Kontinuum aufgezeichnet wird:

Passiv ——————— sich selbst behauptend ——————— aggressiv

Selbstbehauptung bedeutet das Recht, um etwas zu bitten und das Recht, etwas zu verweigern, ohne die Rechte eines anderen vorsätzlich zu verletzen. Aggression hingegen beinhaltet die Verletzung der Rechte anderer und das Aussprechen einer Bitte im Imperativ, d.h. einer Forderung. Bittet jemand um etwas, kann der andere sich weigern, den Wunsch zu erfüllen. Wird eine Forderung gestellt, entzieht man dem anderen das Recht, sich zu weigern. Passives Verhalten ist die Haltung, die jemand einnimmt, der weder das Recht hat, um etwas zu bitten, noch das Recht, etwas zu verweigern. Obwohl diese „Einsicht" allein normalerweise nicht ausreicht, das Verhalten des Klienten zu verändern, hat eine Reihe von Trainern die Erfahrung gemacht, daß diese Information die nachfolgende Therapie in Form von Rollenspielen günstig beeinflußt.

Analyse der Lebenssituation

Der Klient sollte nach Möglichkeit einer Gruppe zugeteilt werden. Es liegen zwar noch keine empirischen Vergleiche zwischen Selbstbehauptungstrainings in der Einzeltherapie und in Gruppen vor, aber viele der noch vorzustellenden Verfahren sind in der Einzeltherapie nur unter Schwierigkeiten oder überhaupt nicht anzuwenden. Ganz gleich, ob die Entscheidung zugunsten individueller Sitzungen oder einer Gruppe fällt, beginnt die Therapie mit einer sorgfältigen Analyse der Lebenssituation des Klienten. Dieser Schritt könnte als Wiederholung dessen aufgefaßt werden, was schon zur Beantwortung der Frage getan wurde, ob für den betreffenden Klienten ein Selbstbehauptungstraining angezeigt ist. Es wird damit aber ein ganz anderes Ziel verfolgt, nämlich die Situationen zu ermitteln, die in den Sitzungen gespielt und zur Kontrolle des Therapieerfolges fortlaufend beobachtet werden sollen. Es ist von entscheidender Bedeutung, daß die Klienten nach der ersten Analyse nicht nur über Selbstbehauptungsprobleme Buch führen, sondern auch solche Situationen protokollieren, in denen sie selbstsicher aufgetreten sind und die, in denen sie sich gerne anders verhalten hätten. Dabei sollten die folgenden vier Gesichtspunkte berücksichtigt werden:

1. was geschah,
2. mit wem,
3. wann,
4. wo.

In dieser Beziehung läßt sich eine sorgfältige Datenerhebung mit der Kunst des Journalismus vergleichen. Genauso wie die Frage nach dem Warum dem redaktionellen Teil einer Zeitung überlassen bleibt und nicht in der Berichterstattung selbst erscheint, sollte der Klient nicht dazu angehalten werden, in seinem wöchentlichen Bericht die Frage nach dem Warum zu beantworten. Vom therapeutischen Standpunkt aus gesehen, besteht die Gefahr, daß der Klient entmutigt wird, weil er die Frage nach dem Warum nicht beantworten kann oder sich dazu aufgerufen fühlt, langatmige Essays zu verfertigen, die das Problem unlösbar erscheinen lassen. Auf einer rein pragmatischen Ebene wurde zudem die Beobachtung gemacht, daß Klienten der Protokollierung rasch überdrüssig werden, wenn sie viel über die Frage nach dem Warum schreiben müssen. Wenn dies geschieht, muß der Therapeut im Laufe der Sitzungen ein Programm zur Veränderung der Kooperationsbereitschaft hinsichtlich der privaten Protokollführung aufstellen, anstatt am Problem der Selbstbehauptung weiterzuarbeiten.

Es gibt eine Strategie, die dem Klienten dabei hilft, Daten zu registrieren und sich einen Begriff davon zu machen, was selbstsicheres Verhalten bedeutet. Es läßt

sich nämlich in zwei Kategorien gliedern: jemand um etwas bitten und jemand etwas verweigern.
1. *Die Verweigerung von Objekten* bezieht sich auf die Weigerung, einen Gegenstand herzugeben, wenn man nicht will. Beispiel: die Weigerung, seinen Wagen einem Freund zu leihen, der ein schlechter Autofahrer ist. Hier ist Vorsicht geboten, denn nach den ersten Erfolgen im Selbstbehauptungstraining beginnen manche Klinten, sich ihrer Macht bewußt zu werden und sagen Nein, ohne zu überlegen, ob das überhaupt wünschenswert ist, d.h. ohne die Konsequenzen der Weigerung zu bedenken.
2. *Die Bitte um einen Gegenstand* bezieht sich auf das Recht, um etwas zu bitten, z.B. um ein Glas Wasser in einem Restaurant, ohne gleich eine größere Bestellung aufgeben zu müssen.
3. *Die Verweigerung einer Interaktion* bezieht sich auf das Recht, eine unangenehme Interaktion zu beenden, z.B. einem Vertreter zu sagen, daß man das Gespräch beenden möchte und die Tür zu schließen, bzw. den Telephonhörer aufzulegen.
4. *Die Bitte um eine Interaktion* bezieht sich auf das Aussprechen des Wunsches nach irgendeiner Form einer Beziehung. Diese Verhaltensklasse ist für einen selbstunsicheren Menschen die schwierigste unter den Übungen im Selbstbehauptungstraining.

Die Unterteilung in Kategorien der Selbstbehauptung hilft sowohl dem Klienten als auch dem Therapeuten, die Stärken und Schwächen des Klienten festzustellen. Dies ist ein wichtiger Gesichtspunkt in der Analyse der Lebenssituation. Er dient der Vorbereitung der Sitzungen und der Feststellung von Verstärkungsmöglichkeiten bestehender Fähigkeiten und zukünftiger Therapiefortschritte.

Rollenspiel in strukturierten Situationen

Nachdem die tägliche Protokollierung des Verhaltens erklärt wurde und die Klienten über die betreffenden Situationen gut unterrichtet sind, geht die Therapie zum Rollenspiel strukturierter Situationen über, die der Therapeut anbietet. Da die Verhaltensproben jeweils mit den einfachsten Situationen beginnen und dann langsam schwieriger werden, werden die frühen Rollenspiele vom Therapeuten gestellt und stammen nicht aus der realen Situation des Klienten. Der Therapeut kann diese Standardsituationen entweder selbst vor der Sitzung entwerfen oder die Gruppe bzw. den Klienten bitten, sie mit ihm zusammen in der Sitzung zu erarbeiten. Eine Hierarchie von Standardsituationen könnte beispielsweise so aussehen:
a) sich weigern, einem Bekannten 20.- DM zu leihen, wenn man sie nicht hat
b) sich weigern, einem Freund 20.- DM zu leihen, wenn man sie nicht hat
c) sich weigern, einem Bekannten 20.- DM zu leihen, obwohl man sie hat
d) sich weigern, einem Freund 20.- DM zu leihen, obwohl man sie hat.

Es empfiehlt sich, zusammen mit jedem Klienten zu prüfen, ob diese Hierarchie für ihn tatsächlich an Schwierigkeit zunimmt. Der Therapeut kann eine Situation schwieriger gestalten, wenn er die Sache, um die es geht, herunterspielt, z.B. eine Bitte um *weniger* Geld abschlagen. Dasselbe gilt für ein Ersuchen, das für die Zukunft gestellt wird. Eine Aufgabe wird leichter, wenn die Sache, um die es geht, hochgespielt wird, in diesem Fall, eine Bitte um mehr Geld abzuschlagen.

Das Rollenspiel wird in der Gruppe jeweils zu dritt durchgeführt, wobei Klienten die Rollen der beiden Interaktionspartner übernehmen. Der Therapeut nimmt zunächst die Aufgabe des Moderators wahr. Er gibt beiden Parteien Hilfestellung, indem er ihnen Sätze vorsagt und Strategien empfiehlt. Dabei ist es wichtig, daß der Klient die Vorschläge auch aufgreift oder zumindest in seinem Sinne etwas damit anzufangen versucht. Zuhören allein genügt nicht. Die aktive Teilnahme ist unerläßlich. Im weiteren Verlauf sollte die Rolle des Trainers von anderen Klienten übernommen werden. Es hat sich nämlich gezeigt, daß Klienten, die andere Mitglieder beraten haben, später viel besser sich selbst behaupten konnten als Klienten ohne diese Erfahrung [13]. Diese Standardszenen sollten so lange gespielt werden, bis der Klient mit seiner Leistung zufrieden ist und sich dabei wohlfühlt. Sollte eine Situation trotz langer Übung noch immer Unbehagen bereiten, empfiehlt es sich, auf leichtere Szenen zurückzugreifen. Die Sitzung sollte grundsätzlich immer mit einem Erfolgserlebnis für den Klienten enden.

Die SUD-Skala

Ein von *Wolpe* und *Lazarus* [48] entwickelter Test, „Subjective Units of Discomfort Scale" (SUDS), hat sich im Rollenspiel als nützliche Kontrolltechnik erwiesen. Der Klient lernt, diese Skala während des Rollenspiels und bei seinen täglichen Aufzeichnungen zu Hause anzuwenden. Es handelt sich dabei um eine vollkommen subjektive Einschätzung. 0 steht für das größte Wohlbefinden, an das sich der Klient aus seiner Erfahrung erinnert und 100 für das größte Unbehagen. Eigentlich bedeutet das Wort „Unbehagen", wie es in dieser Skala verwendet wird, Angst. Es scheint jedoch therapeutisch ratsam zu sein, den Begriff „Angst" durch „Unbehagen" zu ersetzen. Als Hausaufgabe wird den Klienten aufgetragen, eine Hierarchie von Situationen zu konstruieren, die auf der Skala nicht weiter als 10 Einheiten voneinander entfernt liegen. Dahinter steht die Hoffnung, daß die Klienten ein Gefühl für die Anwendung der Skala bekommen. Auch in den Sitzungen empfiehlt es sich, den Klienten das Ausmaß seines Unbehagens auf der SUD-Skala bestimmen zu lassen und ihm dann die scharfe Frage zu stellen, ob er sich seiner Sache auch sicher sei. Dieser milde Angriff wird aller Wahrscheinlichkeit nach sein Unbehagen vergrößern, und er wird ganz unmittelbar spüren, daß diese Skala so etwas wie ein Temperaturmesser ist, der bei verschiedenen Situationen steigt oder fällt. Wird die Skala relativ gut beherrscht, was meist am Ende der zweiten Sitzung der Fall ist, sollte jedes kritische Ereignis in seinem täglichen Protokoll von einer Messung auf der SUD-Skala begleitet werden. Dasselbe gilt für die Situation nach einem Rollenspiel.

6. Simulation und Rollenspiel

Rollenspiel realer Situationen

Hat der Klient gelernt, wie man Situationen im täglichen Leben protokolliert, wie man Rollenspiele absolviert, wie man die SUD-Skala anwendet und wie man bei einem Gruppentraining moderiert, kann damit begonnen werden, reale Situationen aus dem Alltag des Klienten, die er zuvor registriert hat, für das Rollenspiel auszuwählen. Die Situationen, die ihm am wenigsten Unbehagen bereiten, sollten zuerst bearbeitet werden. Der Klient sollte in der Gruppe auch die Möglichkeit erhalten, sich den Mitspieler auszusuchen, mit dem er sich am wohlsten fühlt. In dem Maße, in dem der Klient sich in seiner Rolle zurechtfindet, sollte er zu schwierigeren Situationen und (für ihn) schwierigeren Partnern übergehen. Einem Klienten, der als schwieriger Partner gewählt wird, sollte vor Augen gehalten werden, daß er entweder zu den Personen gehört, mit denen der Klient in seiner Umwelt nicht umgehen kann oder daß er als selbstbewußt wahrgenommen wird, daß es aber keinesfalls bedeutet, daß er ein „schlechter" Mensch sei.

Vor kurzem wurde festgestellt [5], daß der Therapeut das Rollenspiel manchmal nicht oft genug wiederholen läßt. Das heißt, er bricht es ab, ehe das betreffende Verhalten gründlich beherrscht wird oder ehe der Klient sich in der Lage fühlt, es auch außerhalb der Therapie anzuwenden. Der Therapeut darf nicht vergessen, daß das Rollenspiel der Übung und nicht der Einsicht dient. Da er selbst die zur Selbstbehauptung erforderlichen Verhaltensmuster sehr viel besser beherrscht als seine Gruppe, gerät er leicht in die Gefahr, sich zu langweilen und zu glauben, der Klient sei bereits so weit, das gelernte Verhalten auch draußen anzuwenden, ehe dies wirklich der Fall ist.

Kleine Übungen für das Rollenspiel in der Umwelt

Diese Übungen sind so etwas wie strukturierte Situationen „aus der Dose", mit dem Unterschied, daß der Klient sie als Hausaufgabe in seinem Alltag wagen muß. Hier einige Beispiele dafür:
a) In eine Reinigung gehen und um einen Kleiderbügel bitten, weil man den Schlüssel im Auto hat stecken lassen
b) In eine Reinigung gehen und ohne weitere Erklärung um einen Kleiderbügel bitten
c) In einen Supermarkt gehen, ein einziges Stück einkaufen und eine Person mit einem vollen Korb fragen, ob sie einen vorlassen würde
d) In einem Restaurant das Essen zurückgehen lassen
e) Einen Telephonverkäufer innerhalb von zwanzig Sekunden unterbrechen und den Telephonhörer auflegen

Die Aufgabe sollte in der Gruppe im Rollenspiel eingeübt werden, nicht zu den hauptsächlichen Problemen im Alltag des Klienten gehören und nur dann gegeben werden, wenn der Klient damit einverstanden ist und der Therapeut zur Überzeugung gelangt ist, daß der Klient eine echte Chance für ein Erfolgserlebnis hat. Die

Ergebnisse dieser Übungen müssen in den darauffolgenden Gruppen- bzw. individuellen Sitzungen besprochen werden. Konnte der Klient keinen Erfolg verbuchen, sollte der Therapeut ihm erklären, daß die Übung noch zu schwierig für ihn war (nicht, daß er gescheitert ist) und entweder eine leichtere Übung vorschlagen oder die alte noch einmal im Rollenspiel durcharbeiten, bis sowohl der Klient als auch der Therapeut das Gefühl haben, daß sie durchführbar ist.

Eine selbstsichere Rolle im Leben „spielen"

Wenn ein Klient soweit ist, Selbstbehauptung in einer realen Situation zu versuchen, die er zuvor als schwierig beschrieben hat, sollte die ganze Gruppe sowohl seine Strategie als auch sein Ziel überprüfen. Dieses Vorgehen empfiehlt sich deshalb, weil selbstunsichere Menschen weniger klare Ziele haben als selbstsichere. Ist das Ziel einer angestrebten Interaktion unklar, wird der Klient öfter scheitern, als wenn es eindeutig definiert wurde. Als Faustregel gilt, daß es sich für gewöhnlich um zwei Ziele handelt, wenn ein Ziel nicht in einem Satz definiert werden kann.

Eine zweite Regel besagt, daß ein Ziel dann fragwürdig ist, wenn es die Macht in die Hand des Partners legt [38]. Möchte ein Klient jemand um ein Rendezvous bitten, sollte er seine Leistung danach beurteilen, wie gut sie ihm formal gelingt und nicht danach, ob der andere die Bitte annimmt oder nicht. Genauso wie der Klient das Recht hat, um etwas zu bitten, hat der andere das Recht, Nein zu sagen. Das Selbstbehauptungstraining benützt das Rollenspiel, um den Klienten beizubringen, eine klare Bitte zu äußern und dies auch wiederholt zu tun. Dahinter steht die Erfahrung, daß Menschen, die um nichts bitten, sehr wenig bekommen. Der Erfolg der Bitte ist nicht garantiert, aber die Chancen werden erhöht. In einigen seltenen Fällen [8] wird der Therapeut erkennen, daß selbstsicheres Verhalten in der natürlichen Umgebung des Klienten gewöhnlich bestraft wird. Hier ist es für den Therapeuten angezeigt, das Selbstbehauptungstraining zu unterbrechen und zu versuchen, entweder die Umweltbedingungen zu verändern oder den Klienten aus seiner bisherigen Umgebung zu entfernen. Nun sollte ein Therapeut allerdings nicht gleich auf den Gedanken kommen, er habe einen dieser seltenen Fälle, weil der Klient für seine ersten Versuche, sich zu behaupten, bestraft wird.

Die Gruppe – in der Einzeltherapie der Therapeut – sollte auch die Konsequenzen bedenken, denen der Klient mit seinen Versuchen, sich selbst zu behaupten, ausgesetzt sein wird. Ein Beispiel: Obwohl der Klient das Recht hat, seinem Arbeitgeber etwas zu verweigern, könnten die Folgen einer Weigerung für den Klienten höchst unangenehm sein. Anhand des während der ganzen Therapie täglich geführten Protokolls sollten die Angemessenheit des Ziels und die Folgen der erstrebten Selbstbehauptung kritisch unter die Lupe genommen werden.

6. Simulation und Rollenspiel

Einige besondere Erfahrungen aus dem Gruppentraining

Ist der Klient Mitglied einer Selbstbehauptungsgruppe, ist es ratsam, daß er die Ergebnisse seiner Übungen „aus der Dose" oder in der realen Lebenssituation vor Beginn des Rollenspiels der Gruppe vorträgt. Die Gruppe sollte einen Fehlschlag nicht kritisieren, dafür aber jeden Erfolg bejubeln. Ein einziger Erfolgsbericht kann die gesamte Gruppensitzung günstig beeinflussen. Selbstbehauptungsgruppen scheinen am besten zu funktionieren, wenn sie aus acht bis zehn Mitgliedern und zwei Therapeuten zusammengesetzt sind. Nach etwa drei Wochen können jeweils mehrere Dreier-Gruppen gleichzeitig üben. Die Therapeuten übernehmen dann die Rolle von Beratern. Die Gruppen können auf sechs bis zwölf Sitzungen begrenzt werden oder immer weiterlaufen, wenn die ausscheidenden Mitglieder durch neue ersetzt werden. Sowohl homogene als auch heterogene Gruppen haben bisher mit Erfolg gearbeitet. Selbstbehauptungstraining wurde bisher mit stationären und ambulanten Patienten, Strafgefangen, Klienten aus der therapeutischen Praxis und Studenten durchgeführt. Die wichtigste Frage, die man sich bei der Anwendung des Selbstbehauptungstrainings stellen sollte, ist nicht, als was eine Person abgestempelt ist, sondern ob sie sich angepaßter verhalten kann, wenn sie selbstsicherer geworden ist. Steht ein Video-Gerät zur Verfügung, sollte es eingesetzt werden. Video-Feedback gibt dem Klienten die Möglichkeit, die verbalen und averbalen Merkmale seines Verhaltens (Blickkontakt, Haltung, nervöse Gestik) zu erkennen. Dadurch macht er schnellere Fortschritte, als wenn er diese Rückmeldung nur durch die Gruppe erhält. *Eisler, Miller* und *Hersen* [9] haben gezeigt, daß der wichtigste Gesichtspunkt dafür, daß ein Klient von einer anderen Person als selbstsicher beurteilt wird, die Art und Weise ist, wie er auf andere wirkt. Video-Feedback erleichtert diesen Lernschritt.

Der Autor dieses Kapitels hat vor kurzem ein neues Verfahren entwickelt, um dem Klienten beim Rollenspiel Feedback zu geben. Die „stummen" Klienten, die nicht am Rollenspiel teilnehmen, teilen einen blauen Chip aus für eine passive Reaktion, einen roten für aggressives, einen weißen für selbstsicheres Verhalten. Die Verteilung der Chips simuliert verbales Feedback, hat jedoch den Vorteil, das Rollenspiel nicht zu unterbrechen. Die Untersuchung der Auswirkungen dieser Simulation innerhalb des Rollenspiels ist noch nicht abgeschlossen. Sie hat bisher zwei klare Ergebnisse gebracht. Sie bezieht die stummen Teilnehmer stärker in das Spiel mit ein, weil sie ihren visuellen Kontakt mit den Spielenden signifikant erhöht. Zweitens gibt es eine Reihe von Klienten, die mit der Vorstellung in das Selbstbehauptungstraining kommen, daß Selbstbehauptung ungerechtfertigt und aggressiv sei. Klienten, die in der Gruppe Chips als Feedback erhalten, die also ihr eigenes Urteil über ihr Verhalten mit dem Urteil der anderen „stummen" Teilnehmer vergleichen können, gelangen viel eher dazu, ihre Versuche, sich selbst besser zu behaupten, nicht mehr als ungerechtfertigt und aggressiv zu betrachten, als dies bei Klienten der Fall ist, die nicht mit Chips arbeiten.

Dieses Token-System wurde auch in abgewandelter Form dazu verwandt, Klienten ihr eigenes Verhalten im Rollenspiel einschätzen zu lassen. Es wurden dabei nur zwei Farben ausgewählt, eine für Selbstbehauptung und eine für passives Verhalten. Bei einem Vergleich zwischen Klienten, die sich selbst einschätzen und solchen, die vom Therapeuten beurteilt werden, stellte sich heraus, daß diejenigen Klienten, die sich als selbstsicher einschätzen eher dazu tendieren, auch außerhalb der therapeutischen Sitzungen Selbstbehauptung zu üben, als jene, die vom Therapeuten als selbstsicher beurteilt wurden. Diese und eine ähnliche, auf die Gruppentherapie zugeschnittene Simulation werden im Abschnitt über Simulationsspiele noch einmal behandelt werden. Sie wurde hier dargestellt als Beispiel für eine Technik, die für das Selbstbehauptungstraining sowohl klinische als auch wissenschaftliche Bedeutung hat.

Weitere Gesichtspunkte

Es sollte noch darauf hingewiesen werden, daß im Selbstbehauptungstraining außer dem Rollenspiel auch die Techniken der Instruktion, des Modell-Lernens, des Feedbacks und der Verstärkung Einfluß ausüben. Man kann sagen, daß das Rollenspiel eine Situation schafft, in der die anderen Behandlungsvariablen ihre Wirkung entfalten können. Aus experimentellen Gründen ist es notwendig, die verschiedenen Variablen zu trennen und auf ihren Einfluß und ihre Interaktion zu überprüfen. In der therapeutischen Situation wird der Berater jedoch nur selten Rollenspiel einsetzen, das nicht auch andere Variable wie Instruktionen, Modell-Lernen, Feedback, Verstärkung und vor allem Selbstbeobachtung und Selbstbeurteilung beinhaltet.

Andere Arten des Rollenspiels

Obwohl das Rollenspiel bisher am häufigsten auf dem Gebiet des Selbstbehauptungstrainings angewandt wurde, sollte nicht übersehen werden, daß sich Rollenspiel immer dann als Technik zur Verhaltensveränderung eignet, wenn ein Klient neue Verhaltensweisen lernen möchte. Dies gilt ganz besonders für soziale Situationen. Es wurde außerdem eingesetzt, um adäquates Verhalten bei Sträflingen zu entwickeln [41], um das Führen eines Einstellungsgespräches zu erlernen [35], um offenes aggressives Verhalten unter Kontrolle zu bringen [25], und um das soziale Verhaltensmuster von Männern zu verändern, die kaum ein Rendezvous mit einem Mädchen haben [31]. Diese Anwendungsmöglichkeiten des Rollenspiels haben alle eine gewisse Ähnlichkeit mit dem Selbstbehauptungstraining. Die Unterschiede bestehen darin, was jeweils in dem Rollenspiel vermittelt werden soll und wie es eingeübt wird.

Bei *Sarasons* Anwendung des Rollenspiels zur Entwicklung adäquater sozialer Verhaltensweisen bei Gefangenen liegen vollständige Anleitungen darüber vor, wie sich die Jugendlichen außerhalb der Institution verhalten sollen. In dem Expe-

6. Simulation und Rollenspiel

riment wurden die Szenen zuerst von Studenten gespielt, während die Jugendlichen nur beobachteten. Dann übernahmen diese das Rollenspiel paarweise. Einige der Jugendlichen erhielten auch Audio- oder Video-Feedback, um ihre Leistung bei der Übung selbst kontrollieren zu können. Mehrere Gruppen diskutierten über das Spiel, einige taten es nicht. Pro Sitzung wurde eine Szene bearbeitet. Insgesamt waren es fünfzehn. Die Jugendlichen wurden dazu angehalten, sich in jede Rolle, die sie spielten, möglichst gut hineinzuversetzen. Man kann die Szenen ganz allgemein vier Kategorien zuordnen:

1. Umgang mit Autoritätspersonen, z.B. Polizisten, Schuldirektoren, etc.
2. Sich dem negativen Druck von Kameraden widersetzen, wie z.B. Prahlen und Schule schwänzen.
3. Selbstkontrolle, z.B. im voraus planen oder seinen Ärger meistern.
4. Einen guten Eindruck machen, z.B. beim Eintritt in eine neue Gruppe oder bei einem Einstellungsgespräch.

In dem folgenden, von *Sarason* [40] entwickelten Beispiel geht es darum, wie man einen Streit vermeidet. In dieser Szene unterhalten sich zwei Jungen auf dem Heimweg von der Schule. Sie wird zuerst so gespielt, wie sie nicht ablaufen soll.

Falsch

Bill: „Na, George, du versuchst es jetzt wohl auf die bequeme Tour?"
George: „Was meinst du damit?" (etwas ärgerlich)
Bill: „Willst wohl den Lehrer davon überzeugen, daß du nicht so dumm bist, wie du aussiehst, was?"
George: „Was, zum Teufel, willst du damit sagen?"
Bill: „Tu doch nicht so unschuldig! Wir haben alle gesehen, wie du nach dem Unterricht beim Lehrer gut Wetter gemacht hast."
George: „Ich biedere mich bei niemand an. Ich wollte nur etwas klarstellen."
Bill: „Sicher wolltest du das. Schon zum dritten Mal in dieser Woche. Mensch bist du ein Radfahrer geworden!"
George: „Was, zum Teufel, ist los mit dir? Hat dir Sheila wieder einen Korb gegeben?"
Bill: „Nichts ist los mit mir, und laß Sheila aus dem Spiel. Ich wollte dir nur sagen, wie lächerlich du dich machst, wenn du andauernd so zum Lehrer hinläufst. Und wir brauchen keinen Scheißkerl wie dich, der versucht, den Ast abzusägen, auf dem wir sitzen."
George: „Wenn wir schon dabei sind, du hast dich heute in der Schule ganz schön blamiert. Wir haben lange nicht so gelacht. Du bist beinahe so dumm, wie deine fette Schwester."
Bill: „Halt's Maul!"
George: „Das war die blödeste Bemerkung, die ich im ganzen Leben gehört habe."
Bill: „Sag noch ein Wort, und . . ."
George: „Der Lehrer fragte, ‚Was ist ein gleichseitiges Dreieck?' und du hast gesagt . . ."
Bill: „Du Bastard." (schlägt auf ihn ein)

Richtig

Bill: „Na, George, du versuchst es jetzt wohl auf die bequeme Tour?"
George: „Was meinst du damit?"
Bill: „Willst wohl den Lehrer davon überzeugen, daß du nicht so dumm bist, wie du aussiehst, was?"
George: „Was beunruhigt dich? Du drückst dich noch nicht klar genug aus."
Bill: „Na, tu nicht so unschuldig. Heute war es das dritte Mal, daß du nach dem Unterricht mit dem Lehrer gesprochen hast. Wenn das kein Radfahren ist, dann weiß ich nicht."

George: „Oh, das meinst du? Na, weißt du, ich habe schon die ganze Zeit Schwierigkeiten in Geometrie. Deshalb bin ich zum Lehrer gegangen und habe ihm einige Fragen über die gestrige Hausaufgabe gestellt."
Bill: „Und dabei hast du versucht, einen Vorteil für dich herauszuschlagen."
George: „Du weißt verdammt gut, daß ich mich bei niemand anbiedere. Wie es jetzt steht, kann ich froh sein, wenn ich eine Drei in diesem Fach bekomme. Schau mal, wenn du in diesem Fach Schwierigkeiten hättest, würdest du nicht dasselbe tun?"
Bill: „Spinnst du? Ich würde so etwas niemals tun!"
George: „Na ja, es ist besser als durchfallen. Und wenn man das Fach nicht mag, ist es besonders schwierig."
Bill: „Ich bin immer noch der Meinung, daß es komisch aussieht."
George: „Ja, aber was soll ich sonst tun?"
Bill: „Das weiß ich nicht, aber ich glaube nicht, daß ich das tun würde."
George: „Hm, vielleicht macht es dir nichts aus, durchzufallen. Ich muß jetzt nach Hause. Bis bald."
Bill: „Ja, bis bald."

Sarasons Szenen entstanden dadurch, daß sich die Studenten zwanglos mit den Jugendlichen trafen und versuchten herauszufinden, wie diese die Probleme sahen, denen sie außerhalb der Institution begegnen würden. Sie wurden gebeten, ihre Schwierigkeiten spontan im Rollenspiel darzustellen. Diese Sitzungen wurden auf Tonband aufgezeichnet und zu Manuskripten verarbeitet. Der Therapeut sollte wissen, daß solche Szenen nicht unbedingt seiner Phantasie entstammen müssen. Es ist leichter und vermutlich auch angebrachter, den Klienten als Quelle für die inhaltliche Gestaltung des Rollenspiels heranzuziehen.

Rollenspiel eignet sich dazu, jedes Verhalten zu trainieren, das ein Klient nicht beherrscht. Um sicher gehen zu können, daß ein bestimmtes Verhalten tatsächlich gelernt wurde und richtig angewendet werden kann, muß das Verhalten des Klienten außerhalb der Therapie kontrolliert werden. In dem Beispiel von *Sarason* lernten straffällig gewordene Jugendliche die allgemeine Reaktionsklasse sozialer Fertigkeiten. Einige Standardsituationen haben Ähnlichkeit mit dem Selbstbehauptungstraining. Die Art und Weise, wie *Sarason* das Rollenspiel anwendet, geht allerdings darüber hinaus und umfaßt weitere Bereiche sozialen Verhaltens. Auch hier ist es so, daß in der Behandlung außer Rollenspiel noch andere Techniken mitwirken, wie z.B. Modellernen, Instruktionen und in einigen Gruppen Feedback und Selbstbeobachtung. In welchem Maße jeder dieser Faktoren zur Veränderung beiträgt, wird noch untersucht. Für den praktizierenden Therapeuten ist zunächst wichtig, daß er mit dem Rollenspiel ein weiteres Werkzeug für seine Bemühungen um eine Verhaltensveränderung in der Hand hält.

Ein anderer Anwendungsbereich für das Rollenspiel, der ein wenig dem Selbstbehauptungstraining ähnelt, aber nur für die Verhaltensmodifikation in einer ganz bestimmten Situation entwickelt wurde, ist das Erlernen von Fertigkeiten für Einstellungsgespräche [35]. Diese Wissenschaftlerin weist darauf hin, daß die Rehabilitationszentren mit anderen Organisationen der Psychohygiene ein Problem gemeinsam haben: viele Klienten kommen immer wieder zur Behandlung. Für dieses Phänomen ist der Begriff „Drehtürtherapie" geprägt worden. Das Rehabilitationszentrum verschafft den Klienten Arbeit, die sie oft prompt wieder verlieren.

6. Simulation und Rollenspiel

Da sie zweimal so oft ihre Stelle wechseln, wie der Durchschnitt der Bevölkerung, folgerte *Prazak,* daß es sinnlos ist, den Klienten direkt einen Job zu vermitteln. Sie entschloß sich stattdessen, den Klienten die Fähigkeiten beizubringen, die sie brauchen, um sich selbst eine Arbeit suchen zu können.

Dieses Programm versucht folgende Fertigkeiten zu vermitteln:
a) Sein Wissen und Können darstellen lernen
b) Problemfragen beantworten können
c) Passende äußere Erscheinung und Umgangsformen
d) Begeisterung zeigen können
e) Fähigkeit, das Gespräch gut zu beenden

In jedem Rollenspiel müssen die Verhaltensweisen, die der Therapeut trainieren möchte, klar definiert sein. Man kann fast immer voraussetzen, daß der Klient ein Verhalten nicht lernen wird, über das sich der Therapeut selbst nicht im klaren ist. In ihrem Programm zeigte *Prazak* den Klienten zuerst die Video-Aufnahme eines guten Interviews. Wenn ein Therapeut das Prinzip des Modellernens einsetzen möchte, sollte er daran denken, daß die Demonstration am Anfang nicht perfekt sein darf. Es gibt nämlich Hinweise, daß Modellieren mehr Aussicht auf Erfolg hat, wenn das demonstrierte Verhalten nicht zu sehr davon abweicht, was der Klient tatsächlich leisten kann oder zumindest glaubt, leisten zu können. Dann stellten die Klienten einige Interviews im Rollenspiel dar. Diese wurden auf Video-Band aufgezeichnet, um sie später als Feedback einsetzen zu können. Anstatt die Klienten zu kritisieren, wenn ihre Leistung nicht an die Demonstration durch das Modell herankam, lobte der Therapeut sie für die Verhaltensweisen, die denen des Modells entsprachen. Diese ersten Rollenspiele wurden auch bezüglich der Stärken und Schwächen des Klienten im Einstellungsgespräch ausgewertet. Es ist wichtig, sich sowohl über die schwachen, wie auch die starken Punkte zu informieren, denn es gibt die weitverbreitete destruktive Tendenz, nur nach Mängeln zu suchen, obwohl man es mit Menschen zu tun hat, die nach Hilfe suchen.

In einem Einstellungsgespräch wird als erstes gefordert, seine Fähigkeiten darstellen zu können. Jeder Klient erfaßt seine diesbezüglichen Aktivposten in einem Notizbuch und lernt sie auswendig. Nur wenige Klienten sind sich ihres Könnens bewußt. Das therapeutische Team hilft ihnen dabei, ihre Geschichte, einschließlich Schule, Militärdienst und Hobbies genau zu durchkämmen.

Der nächste Schritt ist zu lernen, wie man mit Fragen nach persönlichen Problemen umgeht. Die meisten Rehabilitierten haben mehr Probleme als der Durchschnittsbürger. Dazu gehören die öfter unterbrochene berufliche Tätigkeit, Gefängnisstrafen, Aufenthalte in Nervenkliniken, körperliche Behinderungen etc. Im Rollenspiel lernen sie, während eines Einstellungsgespräches mit diesen Fragen umzugehen. Dem Rollenspiel kommt deshalb eine entscheidende Bedeutung zu, weil das Wissen um einen Problemkreis allein noch keinen Erfolg garantiert. Der Klient muß so lange üben, bis er geschickt genug ist und sich sicher genug fühlt, das Verhalten auch in der realen Situation zu zeigen. Wieder werden die einzelnen Verhaltensmuster genau definiert:

a) Geben Sie kurze Antworten und schließen Sie mit einer positiven Note
b) Wenn der Arbeitgeber Ihr Problem kennt, beginnen Sie darüber zu sprechen, ehe er es tut
c) Benutzen Sie keine psychiatrischen oder medizinischen Begriffe und sagen Sie niemals, Sie seien in die Klinik eingeliefert worden, sondern, Sie seien selbst gegangen

Der Klient lernt auch, wie man sich kleidet und wie man sich benimmt, wenn man zu einem Einstellungsgespräch geht. *Prazak* macht vor und nach dem Training Polaroid-Aufnahmen, um den Klienten zu zeigen, um wieviel besser sie aussehen. Im Rollenspiel lernen die Klienten, Begeisterung zu zeigen und werden dafür verstärkt. Sie lernen, Blickkontakt zu halten, einen festen Händedruck zu geben und das Gespräch mit der Frage zu beenden, ob sie anrufen dürften, um zu erfahren, ob sie die Stelle bekommen oder nicht.

Dies ist ein Beispiel dafür, daß sich die Technik des Rollenspiels auf ganz spezifische Problembereiche übertragen läßt. Der Leser sollte sich aber darüber im klaren sein, daß die Effektivität dieses Anwendungsbereiches des Rollenspiels noch nicht ausreichend untersucht worden ist. Jeder Therapeut, der mit Rollenspiel arbeitet, übernimmt – insbesondere, wenn es sich um noch wenig erprobte Formen handelt – die Verantwortung dafür, das Ergebnis der Intervention zu kontrollieren und festzustellen, ob die Behandlung seinem Klienten tatsächlich hilft, sich zu verändern.

Eine weitere interessante Rollenspieltechnik, „Barb" genannt, wurde von *Kaufmann* [25] entwickelt. Mit Ausnahme der bereits beschriebenen Methode von *Sarason* bei Strafgefangenen, dienen die meisten Rollenspiele dazu, „passive" Leute angepaßtes Verhalten zu lehren. „Barb" hingegen wird bei sehr aggressiven Menschen angewendet, um ihnen alternative Verhaltensweisen nahezubringen. Auslöser für aggressives Verhalten können verbaler Natur sein („Warum hast du dein Zimmer nicht aufgeräumt") oder averbaler (wenn einem mit Gewalt der Bleistift aus der Hand gerissen wird). Um zu verhindern, daß es in solchen Situationen zu verbalen oder körperlichen Auseinandersetzungen kommt, lernt der Klient im „Barb"-Training
a) beim Sprechen Blickkontakt zu halten
b) eine selbstbewußte, aber nicht aggressive Haltung einzunehmen
c) weder zu laut, noch zu leise, sondern mit normaler Stimme zu sprechen
d) in verbalen Aussagen Probleme zu meiden und gleichzeitig positive Ergebnisse zu erhalten (z.B. selbstbewußte verbale Reaktionen)

Eine Technik der Selbstbehauptung, die der Autor bei Schritt (d) als sinnvoll ansieht, wird „negative Selbstbehauptung" genannt. Ist der Klient im Unrecht, sagt er, „Ich hatte Unrecht, aber ich bin kein schlechter Mensch". Hält sich der Klient an einem Ort auf, an dem er nicht sein sollte, empfiehlt man ihm die Antwort: „Sie haben Recht, ich sollte eigentlich nicht hier sein. Es soll nicht wieder vorkommen". Oder: „Es ist mein Fehler, ich werde es das nächste Mal besser machen". Dieser und ähnlichen Techniken einen Namen wie „Negative Selbstbehauptung" zu geben, hat einen bestimmten Grund. Sie sind für den Klien-

6. Simulation und Rollenspiel

ten einprägsamer und leichter wieder ins Gedächtnis zu rufen, wenn er sie braucht. Am Ende dieses Kapitels findet der Leser einen Anhang mit Techniken, wie sie in „Barb" und in Selbstbehauptungstrainings ganz allgemein angewendet werden.

Das „Barb"-Programm wurde zuerst stationär an Strafgefangenen erprobt, später jedoch vom Autor dieses Artikels auch bei ambulanten Klienten eingesetzt. Ein „Barb" (Widerhaken) ist jeder Stimulus, der nach den Angaben des Klienten bisher zu einer Auseinandersetzung geführt hat oder in Zukunft dazu führen könnte. In einem ersten Schritt erklärt der Berater, daß er den Klienten absichtlich herausfordern, ihn aber mit den Worten ausdrücklich warnen wird: „Das wird eine Herausforderung (barb) sein". Dann unterweist er den Klienten darin, wie er auf diese Provokation reagieren soll. In einer Gruppe stationärer Patienten wird die Anzahl der Leute, die den Klienten provoziert, und der Ernst der Herausforderungen vergrößert, während der Hinweis auf die nachfolgenden Herausforderungen langsam ausgeblendet wird. In einer Gruppe ambulanter Patienten läßt der Autor dieses Kapitels den Klienten Buch darüber führen, wievielen Provokationen er in seiner natürlichen Umgebung begegnet und wie er auf sie reagiert. Dieses Vorgehen hat einen doppelten Vorteil: bei einem Erfolg ergibt sich hier eine Möglichkeit, den Klienten zu verstärken und die Aufzeichnungen liefern außerdem Anregungen für das Rollenspiel in der Therapiesitzung. Diese besondere Form des Rollenspiels wird zur Zeit mit Kindern und Straffälligen erprobt. Der Therapeut, der sie schon jetzt anwenden möchte, sollte beachten, daß sich das Verfahren noch im experimentellen Stadium befindet und die Ergebnisse der Behandlung während jeder Therapiephase genau überprüfen.

Ein großer Teil der bisher erwähnten Literatur über Rollenspiel beschäftigt sich hauptsächlich mit der klinischen Anwendung dieser Technik. Zwei weitere Formen der Anwendung sind vor allem experimenteller Natur, obwohl auch sie klinische Bedeutung haben. *Melnick* [31] verglich sechs verschiedene Methoden, mit deren Hilfe er versuchte, das soziale Verhalten von Männern zu modifizieren, denen ihre Unfähigkeit, mit Frauen Verabredungen zu treffen, Sorge bereitete. In drei Gruppen (Kontrollgruppe, traditionelle Therapie und Modell-Lernen) wurde das Rollenspiel nicht eingesetzt. In den verbleibenden drei Gruppen (Modell-Lernen plus Rollenspiel, Modell-Lernen plus Rollenspiel plus Selbstbeobachtung und Modell-Lernen plus Rollenspiel plus Selbstbeobachtung plus Verstärkung) wurden Interaktionen mit Frauen im Rollenspiel trainiert. Vor und nach der Behandlung wurden die Reaktionen der Klienten in einem simulierten Gespräch und einem strukturierten Test mit zehn auf Video-Band aufgenommenen Situationen im Ratingverfahren registriert. *Melnick*s Ergebnisse zeigen, daß weder die traditionelle Therapie, noch Modell-Lernen, noch Modell-Lernen plus Rollenspiel allein signifikante Veränderungen hervorriefen. Kam zu der Kombination Modell-Lernen plus Rollenspiel noch Selbstbeobachtung mittels Video-Feedback hinzu, veränderten die Klienten ihr Verhalten in den Testsituationen signifikant. Für das Thema dieses Kapitels sind *Melnick*s Befunde wichtig. Die Teilnehmer der Gruppe, bei denen das Prinzip des Modell-Lernens plus Rollenspiel eingesetzt wurde, beobachteten zunächst ein Modell, übten dann im Rollenspiel ein, wie man mit einer Frau umgeht, und erhielten ein geringes Maß an Feedback (drei Vorschläge, wie man es besser machen könnte). Diese Klienten zeigten nach der Behandlung weder einen Fortschritt in ihren Interaktionen mit Frauen, noch in ihren Reaktionen auf die zehn Situationen auf dem Video-Band. Das ist ein deutlicher Hinweis dafür, daß Modell-Lernen plus Rollenspiel, verbunden mit minimalem Feedback, nicht ausreichen, um derart komplexe Verhaltensmuster wie soziale Interaktionen zu verändern. In den bereits zitierten Fällen, in denen Rollenspiel mit Erfolg angewendet wurde, war entweder das Feedback viel intensiver (z.B. Feedback durch die gesamte Gruppe) oder es wurde mit Feedback mittels Video-Band zur eigenen Kontrolle gearbeitet. Manchmal wurden auch beide Verfahren eingesetzt. *Melnick* ist in seiner Untersuchung nicht der Frage nach mehr oder weniger Feedback nachgegangen, hat aber den klaren Beweis erbracht, daß Video-Feedback die Wirksamkeit der Behandlung steigert.

Wenn Rollenspiel lediglich zur Einübung einer Reaktion eingesetzt wird, ist es also nicht die wirksamste Methode der Verhaltensveränderung. Obwohl *Melnick*s Arbeit darauf hinweist, daß weder Modell-Lernen noch Modell-Lernen plus Rollenspiel allein für eine Verhaltensveränderung genügen, heißt das noch lange nicht, daß man auf sie verzichten kann. *Freedman* [18, 19] hat gezeigt, daß Modellieren plus Rollenspiel effektiver ist als Rollenspiel allein. Wenn man bedenkt, daß zum therapeutischen Prozeß Instruktionen, Modellieren, Rollenspiel, Feedback, äußere Verstärkung, Selbstbeobachtung und Selbstverstärkung gehören, kann man im Rollenspiel ganz einfach ein Verhalten sehen, das die Wirksamkeit von Instruktionen und Modell-Lernen erhöht und ein leicht herzustellendes Medium für den Einsatz verschiedener Arten des Feedback und der Verstärkung darstellt. Vom klinischen Standpunkt aus gesehen, muß sich der Therapeut darüber klar sein, daß er mit dem Rollenspiel eine Technik anwendet, die ohne exakte Instruktionen, Feedback von außen sowie äußere und innere Verstärkung wahrscheinlich an Effektivität verliert. Mit ziemlicher Sicherheit wäre dies auch der Fall, wenn es ohne die Beobachtung von Modellen und ohne Selbstbeurteilung eingesetzt würde. Tatsächlich wäre es in der therapeutischen Arbeit sehr schwierig, Rollenspiel ohne zusätzliche Komponenten einzusetzen. Die Kernfrage für den Therapeuten ist jedoch nicht, daß Rollenspiel fast immer mehr ist, als das Einüben eines Verhaltens mittels einer strukturierten Situation. Er sollte die anderen Variablen in einer möglichst effektiven Weise bewußt einsetzen.

Simulation

Es wurde schon einmal darauf hingewiesen, daß die Unterscheidung zwischen Rollenspiel und Simulation der Bequemlichkeit halber getroffen wurde. Die in diesem Kapitel dargestellten Übungen unterscheiden sich in einigen Details vom Rollenspiel. Die simulierten Szenen sind weniger auf die spezifischen Probleme des einzelnen Klienten zugeschnitten. Sie werden im voraus entworfen, um eine größere Anzahl von Klienten ganz bestimmte Verhaltensweisen zu lehren. Dieser

Abschnitt beschäftigt sich vor allem mit Übungen, die ein Therapeut oder Verhaltenstrainer in seiner Arbeit anwenden könnte. Simulationsübungen werden oft Simulationsspiele genannt. Es steht fest, daß sie die Motivation günstig beeinflußen. Die Leute spielen sie z.B. sehr gerne. Die laufende Forschung über den Einfluß von Simulationsspielen auf die Veränderung von Verhalten wird jedoch nicht mit derselben Intensität betrieben, wie die Untersuchungen über das Rollenspiel. Deshalb wurden viele der hier dargestellten Simulationsspiele eher hinsichtlich ihrer klinischen als ihrer experimentellen Evidenz ausgewählt. Jeder psychologische Berater, der Simulationsspiele im Verhaltenstraining einsetzt, sollte diese Tatsache im Auge behalten und die Ergebnisse laufend daraufhin kontrollieren, inwieweit die Simulation seine Erwartungen erfüllt.

Simulation im Betrieb

Simulation in der betrieblichen Ausbildung verfolgt das spezifische Ziel, den Spielern einige Aspekte effektiven Managements einsichtig zu machen. Diese Simulationsspiele gehören zu den kompliziertesten, die zur Zeit angeboten werden. Oft werden im Verlauf des Spiels sogar Computer eingesetzt. Das Carnegie-Tech-Management-Spiel und seine letzte Revision, das Management-Spiel [43], sind vielzitierte Beispiele. Diese Simulation dauert ein ganzes Semester lang. Circa zehn Jahre aus der Geschichte der Waschmittelindustrie werden simuliert. In jeder Planungsperiode werden dreihundert Entscheidungen getroffen, die auf über zweitausend einzelnen Informationen beruhen. In einem solchen Spiel konkurrieren drei Gesellschaften, die alle das gleiche Produkt herstellen. Jede Gesellschaft wird von einem Studenten-Team geleitet, das die Funktionen des Top-Managements übernimmt. Die Entscheidungen, die die Studenten auf dem Gebiet der Kalkulation, der Werbung, und der Marktforschung treffen, werden in einen Computer gefüttert. Die finanziellen Resultate der Entscheidungen der Studenten basieren auf statistischen Daten von Ergebnissen ähnlicher Entscheidungen in der Vergangenheit. Die neueste Version des Spiels verlangt von den Studenten, daß sie für spezielle Fragen des Rechts, Steuerrechts, Bankwesens und der Buchhaltung Experten zu Rate ziehen. Solche Management-Spiele haben dazu beigetragen, daß sich die Leistungen der Studenten in den Klausuren verbesserten, aber Kontrolluntersuchungen in der realen Geschäftswelt waren meist nicht durchführbar. Das Problem der Erfolgskontrolle der in der Ausbildung angewandten Simulationen ist sehr komplex. Das Studium der Betriebswirtschaft selbst ist eine Simulation der realen Geschäftswelt. Simulation als pädagogische Technik wäre demnach ein Simulator innerhalb einer Simulation. Das den Studenten beigebrachte Wissen kann nicht auf Jahre hinaus angewendet werden und auch nur innerhalb einer komplexen Organisation, an der auch Leute beteiligt sind, die nicht an dem Simulationsspiel teilgenommen haben. Wie fast alle pädagogischen Institutionen, benutzt auch die Betriebswirtschaft Simulationen im Glauben, daß sich Fortschritte im akademischen Bereich auch auf andere Situationen übertragen lassen.

Simulation in der Pädagogik

Während Simulationsspiele in der Industrie und den entsprechenden wirtschaftswissenschaftlichen Fakultäten für gewöhnlich sehr komplex sind, weisen die in der Pädagogik gebräuchlichen eine weniger komplizierte Struktur auf. Die meisten zu pädagogischen Zwecken eingesetzten Simulatoren betreffen sozialwissenschaftliche Studien. In diesem Bereich wurden für alle Altersstufen Spiele entwickelt – angefangen vom Kindergarten bis zur Universität. Verhaltenstrainer, die sich für diese oder für betriebliche Spiele interessieren, sollten sich die Zeitschrift *„Simulation and Games: an international journal of theory, design and research"*, (Simulation und Spiele: eine internationale Zeitschrift für Theorie, Planung und Forschung) ansehen, in der solche Spiele genau untersucht und kommentiert werden.

Eines dieser Spiele, das *Karriere-Spiel* (The Liefe Career Game) [4] haben Schulberater dazu eingesetzt, um Menschen in einem eher therapeutischen Sinn zu verändern. Dieses Spiel hat das Ziel, den Tagesablauf einer fiktiven Person so zu planen, daß ihre persönliche Zufriedenheit hinsichtlich ihres Lebens im Verlauf von acht Jahren möglichst groß ist. Die Punkteverteilung basiert auf Wahrscheinlichkeitsdaten der nationalen Statistik und verlangt keinen Einsatz eines Computers. Teams von Studenten führen die fiktive Person mit Ausblicken auf die Zukunft durchs Leben, die auf vergangenen Entscheidungen beruhen. Ein Team kann also für seine Person keine Stellung bekommen, die ein Universitätsstudium voraussetzt, wenn es für sie nicht zuvor einen täglichen Stundenplan erstellt hat, der die betreffende Person für ein solches Studium qualifiziert. Wird die Persönlichkeit in einer Weise dargestellt, die ein Universitätsstudium als kaum erwünscht erscheinen läßt, und trifft das Team die Entscheidung, die fiktive Person trotzdem durch die Universität zu schleusen, wird sie letzten Endes bei der Bewertung ihrer Zufriedenheit Punkte verlieren, wenn sie aufgrund ihres Studiums eine Stellung bekommt, die sie nicht mag. Es müssen Entscheidungen über Ausbildung, berufliche Karriere, Heirat und Familie getroffen werden. Es kommen auch Karten mit unerwarteten Ereignissen hinzu, wie z.B. relegiert werden, befördert werden, zum Krieg eingezogen werden, ein unerwünschtes Kind bekommen etc., die das Spiel etwas realistischer gestalten. Von Zeit zu Zeit unterbricht das Team die Planung, und führt eine Diskussion darüber, was mit dem Leben der betreffenden Person geschehen soll. In der Originalarbeit stellte *Boocock* fest, daß dieses Spiel insbesondere Frauen Informationen über mögliche berufliche Wege vermittelte. Obwohl es noch keinen experimentellen Beweis dafür gibt, daß dieses Spiel geeignet ist, Studenten bei ihren eigenen Entscheidungen zu unterstützen, zitiert *Varenhorst* [45] Beispiele aus der klinischen Arbeit, wonach Studenten aus der Teilnahme an dem Spiel Nutzen für ihr eigenes Leben ziehen konnten. Sie setzt das Spiel im Rahmen der Berufsberatung ein.

Meiner Erfahrung nach gibt es bei diesen komplizierten Spielen vor allem ein Problem: Berater und Lehrer, die davon hören, besorgen sie sich selten. Von denen, die sie sich bestellen, werden sie nur wenige wirklich anwenden. Von den

6. Simulation und Rollenspiel

wenigen, die sie anwenden, werden die meisten sie nicht abschließen bzw. eine Nachuntersuchung durchführen. Da Therapeuten vielbeschäftigte Leute sind, scheinen einfachere Simulationsspiele, die man nicht kaufen muß und die kein kompliziertes Bewertungssystem verlangen, angebrachter zu sein. Sie haben zumindest eine größere Chance, auch angewendet zu werden.

Das *Ehrlichkeits-Spiel* (Honesty Game) [11] ist ein einfaches Spiel, das ohne viel Zeit und Geld im Klassenzimmer angewendet werden kann. Es wurde für Studenten entwickelt, die in der Schule ständig mogeln. Der Berater wählt die Fächer aus, in denen das Spiel angewendet werden soll und gibt dem Schüler die Information, daß er an vier Tagen in der Woche seine eigene Arbeit beurteilen muß. Es wird ihm außerdem gesagt, daß diese Bewertungen den Zweck haben, ihm zu zeigen, was er weiß, und was nicht, d.h. was er noch lernen muß. Die Bewertungen werden vom Schüler selbst mit einem eigens dafür bestimmten Stift in eine Liste eingetragen. Einmal in der Woche gibt der Lehrer dem Schüler einen Test über dasselbe Material, der genau durchgesehen und dessen Ergebnis mit einer anderen Farbe in die Liste aufgenommen wird. Die wöchentliche Note wird aus den Selbstbeurteilungen des Schülers und aus der Bewertung des Lehrers errechnet. Liegt die Note des Tests unterhalb des wöchentlichen Durchschnitts, verliert der Student für einen Unterschied von zehn Punkten jeweils einen Grad. Gab sich der Schüler viermal die Berwertung hundert für seine Arbeit während der Woche und lag die Beurteilung durch den Lehrer bei achtzig, so ergab das eine Drei. War seine durchschnittliche Bewertung während der Woche fünfundsiebzig und im Test ebenfalls achtzig, bekam der Schüler hingegen eine Eins.

Da dieses Spiel in sich schon Gelegenheit zum Mogeln bietet, baute der Autor ursprünglich Regeln ein, die den Schüler daran hindern sollten, seine Selbstbeurteilung mit Absicht so tief anzusetzen, daß die Note für die Extemporale nicht unter die durchschnittliche Selbstbeurteilung fallen konnte. Der Lehrer legte die Zahl der Punkte fest, die der Schüler im Durchschnitt in der Woche erreichen mußte. Andernfalls mußte die Arbeit wiederholt werden. So war es nicht mehr möglich, daß ein Schüler während der vier Tage seine Arbeit im Durchschnitt mit vierzig Punkten bewerten, im Test siebzig erhalten konnte und dann automatisch eine Eins bekommen mußte. Interessanterweise mußte diese Regel nie angewandt werden. Einem Studenten, der abschreibt, fällt es offensichtlich schwer, sich selbst niedriger zu bewerten, obwohl es sich letzten Endes für ihn auszahlen würde.

Dieses Spiel eignet sich für einen oder mehrere Schüler und läßt sich fast jedem Lehr- und Stundenplan anpassen. Die Selbstbeurteilung kann z.B. alle zwei Tage und die schriftliche Arbeit alle zwei Wochen durchgeführt werden. Ursprünglich war das Spiel für eine Dauer von sechs Wochen konzipiert. Die Schüler verzichteten nicht nur in den in das Spiel miteinbezogenen Fächern auf das Abschreiben, sondern gaben es generell auf. Dies gilt auch für die Zeit nach dem Spiel. In diesem Fall und in ähnlichen Untersuchungen hat sich gezeigt, daß sich nach der Anwendung des Spieles die Schulleistungen verbesserten.

Dieses Spiel demonstriert ein Prinzip, das allen Simulationsspielen gemeinsam ist: Wenn der Berater klar definieren kann, was verändert werden soll, wird die

Entwicklung des Simulationsspiels wesentlich einfacher. Im vorliegenden Fall besagt die Definition nicht, daß das Kind „ehrlich" sein soll. Diese Definition würde uns nicht helfen, ein Verhalten zu verändern. Das erwünschte Verhalten wäre die relative Übereinstimmung zwischen der Selbstbeurteilung des Schülers in einer Situation, in der Mogeln möglich ist, und der Bewertung von außen, die jede Unehrlichkeit ausschließt. Es ist klar, daß die eigene Bewertung nicht mit der des Tests übereinstimmt, wenn der Schüler seine Antworten ändert, nachdem er die richtigen gesehen hat. Hier verbirgt sich aber noch ein wichtigeres Problem. Wenn ein Schüler die Antworten korrigiert, um eine bessere Note zu bekommen, benützt er den Test nicht als Feedback, das ihm die notwendige Information geben könnte, was er noch lernen muß. Also hat er gelernt, daß das Ziel der Beurteilung die Note ist, und nicht das Feedback. In meinen Augen ist dieses Verhalten im pädagogischen Sinn noch schwerwiegender als der Fall, daß ein Schüler eine gute Note für eine Leistung erhält, die er nicht erbracht hat. Simulationsspiele sind gerade im pädagogisch-therapeutischen Bereich sehr nützlich, weil sie dem Spieler Regeln in die Hand geben, die mehr leisten als nur Verhaltensmuster und Belohnungen zu spezifizieren. Sie definieren die Taktik bzw. die Verfahrensweise, nach denen der Spieler sich richten soll und belohnen ihn sowohl für eine Taktik als auch für ein spezifisches Verhalten.

Nehmen Sie z.B. das allgemein bekannte Problem, daß einige Kinder im Unterricht wesentlich mehr Fragen an den Lehrer stellen als andere und daß viele dieser Fragen ungerechtfertigt und überflüssig sind. Dazu zwei Beispiele: Ein Schüler fragt, welche Seite dran ist, unmittelbar nachdem der Lehrer die Anweisung gegeben hat, Seite 21 aufzuschlagen. Ein Student stellt die Frage, wo denn das Papier sei, obwohl das Papier das ganze Jahr hindurch an derselben Stelle lag und der Klasse wiederholt gesagt wurde, wo es sich befindet. Verhaltensveränderung bedeutet hier nicht, daß die Schüler aufhören sollen, Fragen zu stellen oder „den Mund zu halten". Ihr Bedürfnis nach echter Hilfestellung und Zuwendung durch den Lehrer ist legitim. Erwünscht ist, daß die Schüler angebrachte Fragen stellen und auf unberechtigte und überflüssige Fragen verzichten. Da es sehr schwierig wäre, eine solche Diskrimination per se auszubilden, empfiehlt es sich, Regeln für ein Simulationsspiel zu entwickeln, die berechtigte Fragen erstrebenswerter machen als andere. Der Schüler muß also eine Strategie lernen, wann und wie man Fragen stellt. Um ein derartiges Spiel zu entwerfen [13], müssen wir nur beobachten, wie Menschen im allgemeinen lernen, ihre Reaktionen auf solche zu beschränken, die einen definierten Wert besitzen. Wenn jemand zum Einkaufen einen bestimmten Betrag zur Verfügung hat, wird der Einkauf von den vorhandenen Bedürfnissen und den verfügbaren Mitteln beeinflußt. Das Budget einer Schulklasse ist dadurch bestimmt, daß der Lehrer keine grenzenlosen Reserven zur Verfügung hat, was auf den vorliegenden Fall übertragen heißt, keine grenzenlose Zeit, um auf jeden Schüler ununterbrochen individuell einzugehen. Um dem Verbraucher, bzw. dem Schüler diesen Zusammenhang zu verdeutlichen, muß auch er auf ein Budget gesetzt werden.

Der Zweck dieser Simulation ist es, Fragen an den Lehrer und Interaktionen mit

6. Simulation und Rollenspiel

ihm „kostbar" zu machen, damit sparsam mit ihnen umgegangen wird. Jeder Schüler, der häufig überflüssige Fragen stellt, erhält allmorgendlich fünf Gutscheine, von denen jeder gegen eine Antwort des Lehrers eingetauscht werden kann. Für jede Frage muß ein Schein abgegeben werden. Sind die fünf Möglichkeiten in Anspruch genommen, beantwortet der Lehrer keine weiteren Fragen mehr. Diese Simulation wird den Schülern als Spiel vorgestellt. Der Lehrer erhält die Instruktion, mitzuspielen, indem er demonstrativ die Hand nach einem der Gutscheine ausstreckt, bevor er eine Frage beantwortet und sich ebenso demonstrativ abwendet und den Zeigefinger vor den Mund legt, wenn ein Schüler keine Frage mehr frei hat. Dieses Spiel enthält Elemente von Response Cost und Löschung. Jede Antwort kostet also einen Gutschein und der Schüler wird ignoriert, wenn er alle Bons ausgegeben hat. Das Spiel lief im Durchschnitt drei bis vier Wochen. Nach dieser Periode hatten Schüler, die früher weit über zehn Fragen am Tag gestellt hatten, am Ende eines Schultages noch Gutscheine „gespart". Sie kamen zum Lehrer, um ihm ihre „Ersparnisse" zu zeigen, oder sie dazu zu verwenden, mit ihm über persönliche Probleme zu sprechen, wie z.B. folgendes: „Ich werde gehänselt, weil ich einen Freund habe. Was kann ich dagegen tun?"

Experimentelle Ergebnisse von der Durchführung dieses Spiels zeigen deutlich, daß die betreffenden Schüler spielend lernen, sinnvolle Fragen zu stellen. Das überrascht nicht – eine überflüssige oder unangebrachte Frage bekommt zwar die Aufmerksamkeit des Lehrers, aber auf eine berechtigte Frage folgt beides, die Aufmerksamkeit und die gewünschte Information. Lehrer, die das Spiel angewendet haben, behaupten, daß sinnvolle Fragen mehr Aufmerksamkeit bekommen als andere. Das würde eine dreifache Belohnung bedeuten. Die Verhaltensmodifikation hält auch noch nach Beendigung des Spiels an, und auch die anderen Schüler der Klasse beginnen, adäquatere Fragen zu stellen. Wahrscheinlich deshalb, weil der Lehrer nun mehr Zeit für die schüchterneren Schüler hat. Diese Beobachtung bringt für Verhaltenstrainer, die Simulationsspiele im Unterricht einsetzen wollen, einen kritischen Punkt zur Sprache. Das Klassenzimmer ist ein geschlossenes System, in dem die Veränderung eines seiner Teile wahrscheinlich auch Veränderungen anderer Teile nach sich ziehen wird. In dem dargestellten Spiel ging mit der Abnahme der absoluten Häufigkeit von Fragen und der Zunahme des Prozentsatzes adäquater Fragen derjenigen Kinder, die schon immer sehr viele gestellt hatten, auch die Zunahme der Häufigkeit angebrachter Fragen seitens der früher schweigsamen Kinder einher. Beide Veränderungen waren erwünscht. Eine Simulation kann jedoch die behandelten Individuen zum Besseren beeinflussen, während sich andere Teile des Systems zum Schlechteren verändern. Deshalb sollten in jedem ökologischen System, wie es ein Klassenzimmer oder eine Familie darstellt, die Ergebnisse der Simulation nicht nur hinsichtlich der Zielperson registriert werden. Selbst wenn nur ein Teil einer Behandlung unterzogen wird, sollte das gesamte System im Hinblick auf eine Veränderung gemessen werden.

Mit Ausnahme des *Karriere-Spiels* sind die bisher vorgestellten Simulationsspiele recht einfach strukturiert und leicht anzuwenden. Ein komplizierteres Spiel, das aber immer noch in einer Klasse durchgeführt werden kann, ist das *Selbstver-*

trauen-Spiel (Self-Confidence Game [10, 15]). Dieses Spiel wurde entworfen, um das Selbstvertrauen von Schülern der oberen Klassen der Elementary School und den unteren Klassen der High School zu verändern. Wie bei allen Simulationsspielen, muß das Verhalten, das verändert werden soll, klar definiert werden. Auf einem Vorschlag von *Marston* [27] basierend, kann Selbstvertrauen im Unterricht folgendermaßen definiert werden: Ein Schüler zeigt durch Handzeichen, daß er eine Frage beantworten will, die einer Gruppe von Schülern im Klassenzimmer gestellt wurde. Das Fachpersonal ist sich der Tatsache wohl bewußt, daß viele Schüler mit dem Ruf durch die ersten Schuljahre hindurchkommen, „gute, ruhige" Schüler zu sein. Das heißt im allgemeinen, daß sie weder ihren Körper, noch ihre Lippen sehr viel bewegen. Obwohl ein derartiges Verhalten dazu angetan ist, die Klasse unter Kontrolle zu halten, ist es doch sehr fraglich, ob es im Hinblick auf spätere Leistungen in Ausbildung und Beruf wünschenswert ist. Auf dem College gibt es viele Studenten, die sich nicht an ihren Professor wenden, um an den Forschungen auf ihrem Interessengebiet teilnehmen zu können oder darüber zu diskutieren, wie man eine unvollständige Arbeit am besten zum Abschluß bringt. Auf der Handelsschule gibt es sogar Bücher und Seminare, die Selbstvertrauen als Grundvoraussetzung für beruflichen Erfolg anpreisen.

Im Gegensatz zum Ehrlichkeits- oder Frage-Spiel, macht es das *Selbstvertrauen-Spiel* erforderlich, daß die gesamte Unterrichtszeit für die Durchführung des Spiels verwendet wird. Es läuft ab wie folgt:

Instruktionen für das Selbstvertrauen-Spiel

1. Lassen Sie von den Schülern Fragen über alle Unterrichtsfächer ausarbeiten. Die Fragen sollten einen Stoff betreffen, den alle Schüler bereits durchgenommen haben. Die Frage, die Antwort und der Name des Schülers, der die Frage entworfen hat, sollen auf gleich große Karten (ca. 8 × 12 cm) geschrieben und in einer Frage-Kiste gesammelt werden. Der Lehrer oder einige gute Schüler sollten ungeeignete Fragen aussortieren. Es wäre gut, wenn die Schüler zweimal in der Woche für fünf Minuten Gelegenheit erhielten, neue Fragen zu entwickeln, um zu gewährleisten, daß sowohl alter als auch neuer Stoff im Umlauf ist. Diese Aufgabe sollte auf freiwilliger Basis gestellt werden, und keinesfalls sollte ein Schüler gezwungen werden, Fragen zu entwerfen oder sich gegen seinen Willen an dem Spiel zu beteiligen.
2. Bilden Sie durch zufällige Auswahl Teams von jeweils drei Schülern. Das kann beispielsweise durch Ziehen der Namen aus einem Hut geschehen.
3. Das Spiel sollte zwei- bis dreimal in der Woche etwa zwanzig bis dreißig Minuten gespielt werden. Bestimmen Sie im Zufallsverfahren die Reihenfolge, in der die Teams spielen sollen. Jedes Team spielt in dieser Phase mindestens dreimal und nicht mehr als viermal. Fehlt ein Gruppenmitglied, wenn sein Team an der Reihe ist, ersetzen Sie es durch einen anderen Schüler oder ziehen Sie eine andere Gruppe.

4. Außer den drei Mitgliedern aus den zwei spielenden Gruppen, werden noch folgende Schüler zur Durchführung des Spiels benötigt:
   a) ein Moderator
   b) einer, der die Daten an die Tafel schreibt
   c) ein Schiedsrichter für die erfolgten Meldungen
   d) zwei, die die Daten registrieren
   e) ein Zeitnehmer.
5. Die beiden Teams sitzen vor der Klasse und der Moderator liest den beiden konkurrierenden Gruppen eine Frage aus der Frage-Kiste vor. Wer zuerst die Hand hochhebt, darf zuerst antworten. Der Schiedsrichter beurteilt die Antwort. Seine Entscheidung ist endgültig. Der Moderator gibt bekannt, ob die Antwort richtig oder falsch ist. Ist sie richtig, notiert der dafür bestimmte Schüler an der Tafel einen Punkt für das betreffende Team. Die Datensammler registrieren, wer die einzelnen Fragen beantwortet und ob die Antwort richtig oder falsch ist. Wird die Frage falsch beantwortet, erhält das Mitglied aus dem anderen Team, das sich zuerst meldet, die nächste und letzte Möglichkeit, die Frage zu beantworten. Der Zeitnehmer gibt ein Signal, wenn zwischen einer Frage und dem ersten oder zweiten Versuch, sie zu beantworten, zwanzig Sekunden verstrichen sind. Er darf eine Antwort aber nicht unterbrechen. Nach dem Signal wird die nächste Frage vorgelesen. Ist eine Frage richtig beantwortet worden, wird die nächste Frage gezogen.
6. Am Ende des Spiels überreichen die beiden Schüler, die die Ergebnisse festgehalten haben, dem Lehrer die Punktekarten.
7. Die Fragen in der Kiste sollen vor jedem Spiel geschüttelt werden. Während des Spiels darf der Moderator keine Frage nehmen, die von einem Schüler entworfen wurde, der am Wettbewerb teilnimmt.

Die erste Phase des Spiels besteht also lediglich darin, daß jeder Schüler zumindest dreimal mitspielt. Dies ist die „Baseline"-Phase. Schüler, die im Laufe dieses Spiels weniger als 10% der gestellten Fragen beantworten, haben definitionsgemäß ein geringes Selbstvertrauen. Untersuchungen haben gezeigt, daß das Selbstvertrauen dieser Schüler vor dem Spiel durch den Lehrer und die Klassenkameraden sehr niedrig eingeschätzt wurde.

Phase zwei besteht aus der sogenannten erzwungenen Reaktion (forced response). Sie verfolgt ein ähnliches Ziel wie die Leichtathletik-Teams der Universitäten. Alle Schüler, die weniger als 10 % der in Phase eins gestellten Fragen beantwortet hatten, werden nach dem Zufallsprinzip in Teams zusammengefaßt. Dasselbe geschieht mit den Schülern, die mehr als 10 % der in Phase eins gestellten Fragen beantwortet hatten. In dieser Phase, der zweiten also, spielen die Teams, die ein niedriges Selbstvertrauen bewiesen haben, nur unter sich. Die Teams, deren Mitglieder ein hohes Selbstvertrauen haben, treffen im Spiel auf Teams, die ebenso eingeschätzt wurden. Ebenso wie auch ein weniger guter Student der Leichtathletik Gelegenheit zum Training erhält, ohne gleich gegen überlegene Sportler antreten zu müssen, gibt dieses Spiel einem Kind mit geringem

Selbstvertrauen die Möglichkeit, sich zur Beantwortung einer Frage zu melden, ohne es der Konkurrenz der schnelleren Mitschüler auszusetzen.

Phase drei verläuft wie Phase eins. Die Teams werden zufällig zusammengestellt. Alle spielen gegen alle. Die Ergebnisse dieser Phase entscheiden, ob die Intervention in Phase zwei die Meldungen der Schüler in der Wettbewerbssituation des normalen Unterrichts effektiv erhöht hat.

Ergebnisse aus zahlreichen Einsätzen dieser Simulation haben den Beweis erbracht, daß diese Spiele stark motivierend wirken. In über fünftausend Teamversuchen hat kein einziger Schüler freiwillig einen Wettbewerb versäumt. Der Verhaltenstrainer sollte jedoch die viel zitierten motivierenden Eigenschaften der Simulationsspiele nicht mit dem wichtigeren Ergebnis der Verhaltensveränderung verwechseln. Es ist durchaus möglich, daß eine Simulation zwar die Motivation erhöht, aber nichts verändert. Man kann damit rechnen, daß etwa die Hälfte der Schüler an einer Grundschule in Phase eins weniger als 10 % der Fragen beantwortet. 80 % davon beantworten sogar weniger als 5 %. Die Verteilung hat eine Tendenz zur Bimodalität, weil ungefähr 70 % der Schüler mit hohem Selbstvertrauen mehr als 20 % der in Phase eins gestellten Fragen beantworten. Nach der Interventionsphase beantworten die Schüler, die zu Beginn ein geringes Selbstvertrauen besaßen, zwei- bis dreimal so viele Fragen wie in Phase eins. Auch der Anteil richtiger Antworten erhöht sich signifikant. Im Hinblick auf den Gesichtspunkt der Generalisation ist zu erwarten, daß diese Schüler im normalen Unterricht, wo der Lehrer Fragen an die ganze Klasse richtet, signifikant mehr Fragen beantworten werden als vor der Intervention. Über diese Frage-Antwort-Reaktion hinaus zeigen die vorher selbstunsicheren Schüler eine Verbesserung ihrer Noten. Sie melden sich öfter freiwillig zu Vorträgen vor der Klasse und kandidieren häufiger als Klassensprecher.

Auch hier sollte der Verhaltenstrainer bedenken, daß er es im Unterricht mit einer Ökologie zu tun hat, die auch den Lehrer einschließt. Falls der Lehrer das Ziel hat, eine ruhige Klasse zu haben, die keine Fragen stellt, ist dieses Spiel für seinen Unterricht ungeeignet. Ich habe zweimal erlebt, daß das Spiel in einer Klasse eingeführt wurde und der Lehrer mit den Resultaten nicht einverstanden war und das Spiel zu unterbrechen wünschte. In beiden Fällen war die zweite Phase bereits sehr gut angelaufen und die Schüler wehrten sich gegen die Beendigung des Spiels. Die Klasse, insbesondere die Schüler mit einem geringen Grad an Selbstvertrauen, setzte es durch, daß das Spiel fortgesetzt wurde. Obwohl dieses Ereignis als Beweis dafür gewertet werden kann, daß die Ergebnisse dieses Simulationsspiels auf andere Interaktionen in der Klasse generalisieren, sollte man nicht vergessen, daß die Veränderung des Verhaltens der Schüler den Rest des Schuljahres für die betroffenen Lehrer sehr schwierig machte. Beide Lehrer waren über den Zweck des Spiels unterrichtet worden und beide hatten versichert, sie würden eine Stärkung des Selbstvertrauens der unsicheren Kinder begrüßen. Der weitere Verlauf zeigte jedoch ganz deutlich, daß sich keiner der beiden Lehrer darüber klar war, daß Selbstvertrauen mehr ist, als ein abstraktes Konzept. Es genügt nicht, daß der Berater das Simulationsspiel nur ganz allgemein erklärt. Vor dem Einsatz der Simulation sollte allen Beteiligten genau erklärt werden, welche Verhaltensveränderungen das Spiel anstrebt und vermutlich auch erreichen wird. Etwa 20 % der Lehrer, die die Simulation eingesetzt haben, sind mit dem Ergebnis nicht zufrieden, etwa 20 % begrüßen es, hören aber auf, wenn der Berater seine Mitarbeit beendet und 60 % machen allein weiter.

Es ergeben sich also zwei Probleme beim Einsatz der Simulation in der Pädagogik. Das eine ergibt sich aus der Frage, ob die Simulation das Verhalten in der erwünschten Weise verändert. Das zweite ist die spätere Anwendung dieser Technik. Viele von Außenstehenden eingeführte Simulationsspiele scheitern – nicht etwa deshalb, weil sie keine Veränderung des Verhaltens erreichen, sondern weil sie nach dem Ausscheiden des Beraters nicht mehr weitergeführt werden. Je mehr der von außen kommende Verhaltenstrainer den betreffenden Lehrer in die Simulation, in ihre Anwendung, Kontrolle und Revision mit einbezieht, desto größer ist die Chance, daß dieser später dessen Rolle als Verhaltenstrainer übernimmt. Werden die Simulationsspiele als Forschungsprojekte deklariert, sinkt die Wahrscheinlichkeit, daß sie weiterhin angewendet werden. Es ist bedauerlich, daß viele Lehrkräfte zu Forschungsarbeiten in ihrem Arbeitsbereich herangezogen werden und daß diese Untersuchungen zur Veröffentlichung kommen, ohne daß man sich die Mühe macht, ihnen das genau zu erklären. Oft ist die Beschaffung von Versuchspersonen die einzige Aufgabe, an der sie aktiv beteiligt werden, und sie haben nur wenig oder keine Ahnung davon, inwieweit die Forschungsarbeit ihnen nützlich sein kann. Da diese Erfahrung immer wieder gemacht wird, wenn ein Verhaltenstrainer als Außenseiter eindringt, um Daten für seine Dissertation oder einen anderen persönlichen Zweck zu sammeln, und dann wieder verschwindet, wird dem Simulationsspiel wohl dasselbe Schicksal bestimmt sein, das anderen wichtigen Forschungsarbeiten heute blüht.

Wer Leuten helfen will, ihr Verhalten zu verändern, kann die bereits entwickelten Simulationen heranziehen. Er kann aber auch eigene Simulationsspiele für seine ganz spezifischen Bedürfnisse entwerfen. Zur Konstruktion eines Spiels gehört die genaue Definition des zu verändernden Verhaltens und das Aufstellen von Regeln, die das erwünschte Verhalten verstärken. Der Therapeut kann sich an der natürlichen Umgebung, an der Welt des Sports, der Geschäftswelt und anderen Lebensbereichen orientieren, um zu beobachten, wie Verhalten durch natürliche Regeln geformt wird und das Spiel dementsprechend gestalten. Ergebnisse aus der Erprobung eines Spiels können helfen, hier und dort Verbesserungen anzubringen. Erfahrungen mit dem Selbstvertrauen-Spiel zeigten beispielsweise, daß Schüler mit einem geringen Grad an Selbstvertrauen das Frage-Antwort-Verhalten nicht am Modell lernen, wenn sie nur Schüler mit einem hohen Grad an Selbstvertrauen beobachten. Dies war jedoch der Fall, wenn sie Schüler mit geringem Selbstvertrauen beobachten konnten, die während der Interventionsphase gezwungen waren, öfter zu reagieren. Dieses Resultat spricht für das bereits erwähnte Argument, daß das Verhalten des Modells nicht zu stark vom Verhalten desjenigen abweichen darf, der sich verändern soll. Obwohl dieses Ergebnis nicht unerwartet kommt, zeigt es einen Weg auf, die Effektivität des Spiels zu erhöhen, indem man Schülern mit geringem Selbstvertrauen die Leitung des Spiels überträgt, wenn andere Schüler, die ebenfalls wenig Selbstvertrauen besitzen, während der Interventionsphase spielen. Die Frage der Kontrolle betrifft also nicht nur die Nützlichkeit des Simulationsspiels, sondern auch seine kontinuierliche Verbesserung. Hat ein Berater einmal ein Spiel entworfen und erprobt, wird er die Erfahrung machen, daß ihm die Konstruktion des nächsten leichter fällt und auch besser gelingt. Da der erste Schritt der schwierigste ist, haben Sie vielleicht den Wunsch, in kleinen Schritten vorzugehen. In diesem Fall können Sie eines der bereits bekannten Simulationsspiele heranziehen, um es nach Ihren eigenen Bedürfnissen zu revidieren und zu verbessern. Versuchen Sie es dann mit einem eigenen.

Simulation in der Psychotherapie

Während das Rollenspiel in der Psychotherapie in großem Umfang untersucht und angewendet wurde, sind andere Formen der Simulation weniger häufig eingesetzt worden. Ein Grund dafür liegt in der individuellen Natur psychotherapeutischer Bemühungen. Während das Rollenspiel auf die einmalige Problematik eines Individuums zugeschnitten werden kann, haben Simulationsspiele eine Tendenz zur Undifferenziertheit und kommen eher dann zur Anwendung, wenn eine Gruppe von Leuten dasselbe Verhalten zu verändern wünscht. Deshalb werden Simulationsspiele häufiger in der Gruppentherapie und von Therapeuten eingesetzt, die es mit einer Reihe von Leuten mit ähnlicher Problematik zu tun haben.

Eine sehr bekannte Form der Simulation, die außerhalb des Rahmens der traditionellen Gruppenpsychotherapie häufig angewendet wurde, ist die Token Economy (s. Kap. 7), die sich auf eine ganze Station erstreckt. Manche Leser mögen zwar in einem Token-Programm zunächst keine Form der Simulation sehen, doch hat die Arbeit von *Winkler* [47] gezeigt, daß Token-Systeme auf dieselbe Art und Weise funktionieren, wie die Volkswirtschaft, das vielleicht größte Simulationsspiel, das wir kennen. Das Token-Programm versucht, das subtilere (und oft verzögerte) Belohnungssystem für angepaßtes soziales Verhalten im Alltagsgeschehen annäherungsweise zu simulieren. Das hauptsächliche Ziel des Token-Programms und anderer Formen der Simulation ist der Versuch, die psychische Ökonomie eines Menschen herzustellen, das heißt ihm zu zeigen, welche Verhaltensmuster belohnt werden und welche Verhaltensweisen in seinem Repertoire sich auszahlen. Die erfolgreichsten Simulationsspiele sind vermutlich diejenigen, die sowohl das Verhalten als auch die in der Umwelt zu erwartende Belohnung simulieren.

Die Mehrzahl der psychotherapeutischen Simulationsspiele fördert zwar das erwünschte Verhalten, auf die Belohnung innerhalb und außerhalb der Gruppe hofft sie jedoch nur.

Die Kampfübungen von *Bach* und *Bernhard* [2] sind ein Beispiel einer Simulation für eine Gruppe von Leuten, bei denen eine ähnliche Problematik angenommen wird. In dieser Therapieform lernen die Klienten, verbal miteinander zu

6. Simulation und Rollenspiel

streiten und dann körperlich mit einem Schaumstoffstock, Bataca genannt, zu kämpfen. Einige dieser Simulationsübungen haben insofern Ähnlichkeit mit dem Rollenspiel, als die Teilnehmer sich um tatsächliche Probleme streiten, insbesondere die anwesenden Paare. Andere Übungen, z.B. das Einbrechen in einen Kreis von Menschen, die die Arme ineinander verhaken, um den Angriff abzuwehren, schreiben für alle Teilnehmer dieselben Regeln vor und sind deshalb eher den Simulationsspielen zuzuordnen.

Die von *Bach* oder den Gestalttherapeuten [33] eingesetzten Simulationsübungen sind nicht so systematisch strukturiert, wie die oben beschriebenen Spiele. Sie erfordern weniger Zeit als die meisten Simulationsspiele und verfolgen meist das Ziel, den Teilnehmern ihren emotionalen Zustand bei der Bewältigung einer bestimmten Aufgabe bewußt zu machen. Damit soll nicht gesagt werden, daß Gestalt und Kampfübungen keine Verhaltensveränderungen bewirken. Wir wissen nur nicht, inwieweit diese Simulationen helfen, Menschen zu verändern. Die beschriebenen Übungen sind, wie die meisten Simulationsspiele, für manche Personen sehr motivierend. Berater, die diese Übungen anwenden, sollten ihre motivierenden Eigenschaften und die offensichtliche Begeisterung der Klienten nicht mit Verhaltensmodifikation verwechseln. Wie alle Simulationsspiele, sollten diese Übungen bezüglich ihrer Ergebnisse überprüft werden. Das betrifft vor allem die Frage, ob sich der Klient nicht nur in der therapeutischen Situation, sondern auch in seiner natürlichen Umwelt besser zurechtfindet.

Es gibt ein Handbuch mit derartigen Übungen [34]. Die meisten Spiele in diesen vier Bänden eignen sich zwar vornehmlich zu pädagogischen Zwecken, wie Training für Manager und Lehrer, doch lassen sich eine ganze Reihe auch in Therapiegruppen anwenden, insbesondere während der Aufwärmphase. Einige weitere Übungen können therapeutischen Zwecken sehr leicht angepaßt werden, wenn es darum geht, neue Verhaltensweisen aktiv einzuüben.

In dem Handbuch sind über einhundert Spiele zusammengestellt. Die Übungen haben einen unterschiedlichen Komplexitätsgrad. Manche sind sehr einfach, andere mit Bogen zur Datenkontrolle sehr komplex. Es sind auch verbale Techniken darunter, wie z.B. das „aktive Zuhören" (active listening). Dabei gibt ein Gruppenteilnehmer eine Erklärung ab und der Partner nimmt die Botschaft entgegen, indem er sagt: „Du hast (irgendwie) den Eindruck, daß (irgendetwas) . . .". Der Sender sagt nur ja oder nein. Dann macht der Partner eine Bemerkung, auf die der erste Sender antwortet. Dieses Verfahren wird fortgesetzt, bis beide darin übereinstimmen, daß sie einander verstehen. In dem Buch sind auch averbale Techniken enthalten, wie z.B. die Übung, in der ein Gruppenmitglied seine Gefühle einem anderen Teilnehmer gegenüber pantomimisch zum Ausdruck bringt. Diese Übungen sind zwar noch keiner wissenschaftlichen Kontrolle unterzogen worden, doch ist es durchaus möglich, daß sie sich als nützlich und auch testbar im Rahmen der Bemühungen um Verhaltensänderung erweisen.

Ein gut ausgearbeitetes Simulationsspiel, das viele Gestaltübungen enthält und die verbale Kommunikation strukturiert, wurde von der *Bell & Howell Corporation* (1969) entwickelt und *Vertrautheit* genannt. Dieses Spiel wurde – ebenso wie andere, die von dieser Gesellschaft stammen – eigentlich nicht speziell dazu entworfen, als Teil einer Therapie eingesetzt zu werden. Sie sind vielmehr selbst eine Simulation der Therapie. In diesem Spiel nehmen verheiratete Paare an strukturierten Interaktionsübungen teil. Die Instruktionen dazu sind auf Tonbänder gesprochen oder liegen schriftlich vor. Die Paare werden gebeten, sich selbst und ihren Partner anhand der üblichen Selbstenthüllungen und Rollenverteilung in ihrer Beziehung zu beschreiben. Die Partner werden dann durch eine Übung in Selbstenthüllung und aktivem Zuhören geführt. In dem Programm lernen die Paare auch, „man"-Aussagen zu vermeiden, „Ich"-Aussagen den Vorzug zu geben, ungewohnte Rollen miteinander einzuüben und den Körper zur Vermittlung averbaler Botschaften einzusetzen. In jeder Sitzung wird dem Paar ein neues Tonband und eine Reihe schriftlich fixierter Instruktionen zur Übung vorgelegt. Dieses und andere von derselben Gesellschaft herausgebrachte Spiele (Gruppentherapie, Kampfspiele, Eltern-Kind-Beziehungen, sexuelle Schwäche) stellen im wesentlichen Simulationen bestimmter traditioneller therapeutischer Programme für die genannten Problembereiche dar. Sie können von Beratern im Rahmen laufender Therapien eingesetzt werden. Sie sollten dabei aber nicht die Tatsache aus den Augen verlieren, daß diese Spiele hinsichtlich des tatsächlichen Gewinnes für den Klienten, im großen und ganzen noch nicht überprüft worden sind.

Ein Grund, weshalb die in der Therapie verwendeten Simulationsspiele weniger ausführlich untersucht wurden als andere Interventionen, ist die Tatsache, daß das Verhalten, das verändert werden soll, oft nicht klar definiert ist. Es ist dann sehr schwer zu eruieren, ob die Simulation eine Wirkung gezeigt hat oder nicht. Dazu ein Beispiel: Wenn ein Therapeut einen Klienten den Versuch unternehmen läßt, in einen geschlossenen Kreis von Personen einzubrechen, dann macht er gewöhnlich keine genauen Angaben, welche Veränderung im Verhalten des Klienten er nach der Übung erwartet. Werden die Veränderungen tatsächlich definiert, dann eher im Hinblick auf die betreffende therapeutische Sitzung und nicht bezogen auf den Alltag des Klienten.

Es liegt jedoch nicht in der Natur der Simulationsspiele, klare Definitionen des zu modifizierenden Verhaltens zu verhindern. Eindeutige Angaben über die erwarteten Verhaltensveränderungen sind natürlich noch keine Garantie, daß das Simulationsspiel bei der Realisierung dieses Ziels mitwirkt. Eine klar definierte Veränderung ist aber zumindest ein therapeutisches Ziel, das überprüfbar ist.

Eine weitere Simulation, die sich nach den Erfahrungen des Autors dieses Kapitels in der Ehe- und Familientherapie als brauchbar erwiesen hat, ist ein Kommunikationsspiel. Viele Paare und Familien, die in die Therapie kommen, zeigen ein Verhaltensmuster, von dem der Beobachter ablesen kann, daß sie bereits gegenteiliger Meinung sind, ehe überhaupt feststeht, worüber sie diskutieren werden. Oft hat der Partner schon eine Antwort bereit, ehe der andere seinen Satz beendet hat, das heißt, daß er den letzten Teil der Botschaft gar nicht hört. In solchen Fällen wird die Kommunikation zwischen zwei oder mehreren Personen oft sehr hektisch. Es werden beispielsweise mehr Worte pro Minute gesprochen, und die Meinungsverschiedenheiten häufen sich. Das Kommunikationsspiel verfolgt das Ziel, Miß-

6. Simulation und Rollenspiel

verständnissen rechtzeitig vorzubeugen, die Anzahl der Worte pro Minute zu reduzieren und längere Pausen einzuschieben zwischen dem Augenblick, da der eine Partner zu sprechen aufhört und die nächste Kommunikation beginnt. Das Ehepaar, bzw. ein älteres Kind und ein Elternteil bauen den Spieltisch auf, wie er in Abbildung 1 abgebildet ist.

Das Thema der Diskussion steht auf einer ca. 8 × 12 cm großen Karte. Der Pfeil wird einem der Partner zugedreht und er sagt, was er möchte. Der Therapeut gibt ihm einen Strafpunkt, wenn er mehr als zwei oder drei Sätze sagt. Gleichzeitig erklärt er ihm, daß es schwer ist, auf lange Mitteilungen zu antworten, weil sie zuviel Information enthalten. Er versichert ihm auch, daß er später weitersprechen darf. Hat der erste Sprecher seine Mitteilung beendet, legt er einen Chip in eines der Kästchen, um damit anzuzeigen, ob er seine eigene Kommunikation als vollkommen klar, ziemlich klar oder eher unklar einschätzt. Dann dreht er den Pfeil in Richtung des Partners. Ehe der zweite Spieler zu sprechen beginnt, deutet er mit einem Chip an, ob die Mitteilung für ihn vollkommen klar, ziemlich klar oder etwas unklar war und ob er damit übereinstimmt, bzw. sich nicht entscheiden kann. Der Therapeut gibt einen Strafpunkt, wenn die Partner einer Mitteilung zustimmen oder sie verwerfen, die sie beide als unklar beurteilt haben. Er gibt den Klienten auch Hilfestellung dafür, wann sie einen Chip in die sechs Feedback-Kästchen legen sollen. Das U-Kästchen zeigt an, daß ein Sprecher unterbrochen wurde, ehe er den Pfeil umgedreht hatte. Wenn das zutrifft, gibt der Therapeut dem Unterbrecher einen Strafpunkt. Das D-Kästchen deutet an, daß der Zuhörer eine offene oder verdeckte Drohung wahrgenommen hat. Wird dieses Kästchen besetzt, dreht der Empfänger den Pfeil wortlos zurück. Der Therapeut fragt den Sender, ob die Drohung beabsichtigt war. Trifft dies zu, erhält er einen Strafpunkt. Andernfalls wird er gebeten, seinem Partner die Mitteilung so zu übermitteln, daß er sie nicht als Drohung empfindet. Das F-Kästchen bedeutet, daß der Zuhörer eine Frage als rhetorisch empfunden hat, das heißt, eine Frage, die nicht direkt um Information ersucht. Hier gelten dieselben Regeln wie für das D-Kästchen. Das T-Kästchen gibt den Eindruck des Zuhörers wieder, daß der Sprecher vom Thema abgewichen ist. Die Regeln für dieses Kästchen sind dieselben wie für die D-Kategorie, mit der Ausnahme, daß jeder Sprecher den Wunsch äußern kann, das Thema zu wechseln. Ist der Partner damit einverstanden, wird die Karte mit dem Thema neu geschrieben. Das W-Kästchen wird in Anspruch genommen, wenn der Zuhörer glaubt, seine letzte Mitteilung sei mißverstanden worden. Mit einem Chip in diesem Feld bittet er um die Wiederholung seiner letzten Mitteilung. Für dieses Kästchen gibt es keine Strafpunkte. Das L-Kästchen wird mit einem Chip belegt, wenn der Empfänger eine Mitteilung als zu lang beurteilt oder wenn sie aus zwei verschiedenen Teilen besteht, mit deren Inhalt er nicht gleichermaßen einverstanden ist. Der Therapeut gibt in diesem Fall einen Strafpunkt. Theoretisch gibt es einen Gewinner, da ein Spieler weniger Strafpunkte haben kann, als der andere. Tatsächlich scheint es keine Bedeutung zu haben, und ich habe die Möglichkeit des Gewinnens nie hervorgehoben.

In zwei bis vier Sitzungen haben die Partner normalerweise das Spiel gelernt.

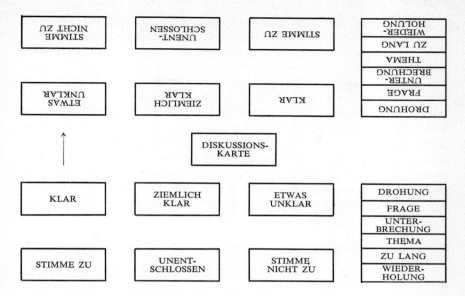

Abb. 6.1. Kommunikationsspiel.

Dann nehmen sie es mit nach Hause und spielen es viermal wöchentlich. Jeder Spieler schreibt einmal in der Woche ein Problem auf eine Karte, das er gern gelöst sehen möchte. Er muß auch eine Diskussionskarte ausfüllen, über deren Inhalt keine Einigung erzielt werden muß. Die Spieler wechseln sich in der Festlegung des Diskussionsgegenstandes ab. Sagt einer der Spieler „Schluß", ist das Spiel bendet. In der zweiten Woche zuhause muß der Spieler einmal eine „Pause" von dreißig Minuten ausrufen und dann zum Spiel zurückkehren, bevor er oder sie „Schluß" sagen kann.

In der Therapiesitzung gleichen sich die Zeitspannen, die jeder Partner für seine Mitteilungen benötigt, sehr schnell einander an. Auch die Übereinstimmungen und Unstimmigkeiten, die von beiden Partnern als unklar bezeichnet wurden, verschwinden sehr schnell. Die Übereinstimmung über die Häufigkeit der Klarheit der Mitteilungen liegt anfangs bei 40 bis 60 % und steigt in der dritten Sitzung auf 90 % an.

Die von den Klienten zu Hause gesammelten Daten zeigen, daß sich die Zeiträume, in denen die Partner miteinander sprechen, erhöht haben, daß die Sprechzeiten ausgeglichen sind (auch wenn das Spiel nicht mehr gespielt wird) und daß sich die Anzahl ungelöster Unstimmigkeiten verringert hat. Die Klienten berichten auch von einem Abklingen der früheren Hektik in ihrer Kommunikation (insbesondere, wenn es um Unstimmigkeiten geht). Es wird auch außerhalb der Spielsituation bei Uneinigkeiten mehr gelacht als zu Beginn. Die zuletzt genannten Ergebnisse sind jedoch noch nicht experimentell erforscht.

Der Autor hat gute Erfahrungen damit gemacht, ältere Kinder und ihre Eltern in dieses Spiel einzuweisen, indem man die Kinder zunächst mit fremden Eltern und die Eltern mit fremden Kindern spielen läßt. Wenn sie das Spiel beherrschen, versuchen es Eltern und Kinder gemeinsam mit der Unterstützung des Therapeuten in den Sitzungen, ehe sie es mit nach Hause nehmen. Dieses Simulationsspiel versucht offensichtlich, eine Reihe von Verhaltensveränderungen herbeizuführen, die nicht alle experimentell überprüft worden sind. Der Berater, der dieses Spiel in Fällen einsetzt, wo bisher nicht getestete Ergebnisse erwartet bzw. gefordert werden, sollte die Auswirkungen der Simulation sorgfältig überprüfen. Ein Vorteil der Simulationen liegt darin, daß sie auch nach Abschluß einer Beratung angewendet werden können. Ehemalige Patienten haben mir erzählt, daß sie oft noch nach Monaten das Spiel in besonders gespannten Problemsituationen wieder hervorziehen und es dazu einsetzen, das Problem zu lösen.

Gruppentherapie als Simulationsspiel

Für viele Therapeuten stellt die Gruppentherapie eine Simulation der Interaktionen dar, die der Klient nach Möglichkeit auch außerhalb der therapeutischen Situation in seiner gewohnten Umgebung einsetzen sollte. Gruppentherapie kann sich zum einen auf den Inhalt der Probleme eines Klienten konzentrieren, zum anderen aber auch ein Ort sein, wo der Klient ermutigt wird, neue Wege und Möglichkeiten zwischenmenschlicher Kommunikation zu erproben. Unserer Meinung nach stellt die Tatsache, daß die spezifische, angestrebte Verhaltensmodifikation meist nur vage definiert wird, ein wesentliches Problem solcher Simulationen dar.

Mit dem Entwurf eines gruppentherapeutischen Simulationsspiels haben *Flowers, Booream, Brown* und *Harris* [16] und *Flowers* und *Booream* [14] den Versuch unternommen, den Kommunikationsprozeß klarer zu formulieren, der in einer Gruppe abläuft und dem Klienten hilft, sich zu verändern. Ähnlich wie bei der im Abschnitt über das Selbstbehauptungstraining beschriebenen Simulation, verteilen die Klienten oder Therapeuten für jedes in der Gruppe auftretende Verhalten entweder einen blauen Chip, begleitet von einer positiven verbalen Beurteilung, oder einen roten Chip, begleitet von einer negativen verbalen Äußerung. Dieses Verfahren unterscheidet sich insofern vom Selbstbehauptungstraining, als dort die Chips eingesetzt werden können, ohne den Gruppenprozeß zu unterbrechen. Im vorliegenden Fall muß der Chip mit einer verbalen Bewertung gekoppelt sein. Vom klinisch-therapeutischen Standpunkt aus gesehen, scheint diese Simulation eine schnelle Identifizierung verbaler Aussagen zu erlauben, bei denen eine Diskrepanz zwischen Inhalt und emotionaler Färbung besteht. Dies wäre beispielsweise der Fall, wenn jemand einen blauen (positiven) Chip mit den Worten überreicht: „Verdammt noch mal, Du hast recht", worin eine negative verbale Komponente enthalten ist. Die Identifizierung von Mitteilungen, auf die sonst nur schwer eine Antwort zu geben wäre, weil der Empfänger sie gleichzeitig als positiv und negativ wahrnimmt, wird vermutlich durch die zusätzliche Feedbackquelle (die Farbe des Tokens) erleichtert. Bei der experimentellen Überprüfung dieser Simulation in einer Gruppentherapie erhöhte sich die Häufigkeit der positiven und negativen verbalen Einschätzungen und der Anteil der Interaktionen zwischen den Patienten im Vergleich zu den Interaktionen Therapeut-Patient bzw. Patient-Therapeut signifikant. Die Klienten, die an einer Gruppe mit einem Token-Programm teilgenommen hatten, zeigten auch außerhalb der therapeutischen Situation mehr erwünschte Verhaltensweisen – sie suchten sich beispielsweise eine Arbeit, nahmen soziale Kontakte auf, setzten ihre Ausbildung fort. Damit erzielten sie größere Fortschritte als die Kontrollgruppe, die mit traditionellen therapeutischen Methoden gearbeitet hatte.

In einer zweiten experimentellen Arbeit [17] wurde die beschriebene Simulation in einem Training für Gruppentherapeuten eingesetzt. Dabei erwies sich, daß die Auszählung der gegebenen und erhaltenen Chips genau der Anzahl positiver und negativer Äußerungen auf dem Tonband entsprach. Die Zahl der in einer Therapiegruppe verwendeten Chips liefert dem Trainer ein objektives Maß für das Verhalten jedes einzelnen Teilnehmers. Jeder Teilnehmer kann demnach aufgrund der Anzahl seiner Interaktionen einer oberen, mittleren oder unteren Gruppe zugeordnet werden. Eine weitere Klassifikation wäre nach der Zahl der Chips, die jemand ausgeteilt bzw. bekommen hat, möglich. Diese Dimension erlaubt zusätzlich noch die Aufteilung in positive und negative Evaluationen. Ein Urteil der Teilnehmer über das Verhalten aller anderen Gruppenmitglieder vor dem Auszählen der Chips, ihre subjektive „Sensibilität" also, wer wem was erzählt hat, könnte das objektive Maß ergänzen. Es wurde experimentell erwiesen, daß die Sensibilität der Teilnehmer gesteigert wurde. Das machte sich auch noch bei ihrer Arbeit in Gruppen bemerkbar, die kein Token-Programm verwendeten. Es zeigte sich auch, daß die Gruppenmitglieder, die hinsichtlich ihrer therapeutischen Fähigkeit höher eingeschätzt wurden, ihr Verhalten von Sitzung zu Sitzung in stärkerem Maße veränderten als jene, die am unteren Ende der Skala lagen.

Diese Befunde versprechen einige recht interessante Verwendungsmöglichkeiten der Daten über die verteilten Chips. Sie geben Auskunft darüber, ob ein Klient in der Lage ist, die Anzahl seiner verbalen Bewertungen von Sitzung zu Sitzung und in anderen Situationen zu erhöhen. Eine derartige Veränderung könnte als Zeichen von Flexibilität gewertet werden. Aus den bisher vorliegenden Daten geht hervor, daß die Klienten so etwas wie eine Standardrolle haben, die sie ungeachtet des Geschehens während der Sitzungen, immer wieder spielen. Ein Klient, der viele Interaktionen eingeht, der mehr Chips austeilt, als er bekommt, der in einer Sitzung häufig negative verbale Bewertungen vornimmt, tendiert dazu, dieses Verhalten in der Gruppe in jeder Sitzung aufrechtzuerhalten. Hier stellt sich die Frage, ob dieses Verhalten in der Gruppe dem Verhalten des Klienten außerhalb der Gruppe entspricht und ob eine Veränderung dieses Verhaltens innerhalb der Gruppe auch eine Veränderung draußen nach sich ziehen würde. Das ist zwar eine recht komplexe Frage, doch kann die beschriebene Simulation Daten zu ihrer Beantwortung liefern.

6. Simulation und Rollenspiel

Die Token-Simulation kann auf vielfältige Weise zum Einsatz kommen. Das Zielverhalten hängt jeweils von den im Simulationsspiel herrschenden Regeln ab. Die Tokens können – wie im Selbstbehauptungstraining – ohne verbale Interaktion als reine Feedbackquelle benutzt werden. Das hat den Vorteil, daß der Gruppenprozeß nicht unterbrochen wird. Ich habe es immer als gute Hilfestellung betrachtet, Tokens als ersten Schritt in einer Gruppe extrem zurückgezogener Klienten einzusetzen, die sich selten verbal bemerkbar machen. Der Klient darf die Beurteilung der Gruppenmitglieder zunächst mit den Chips allein simulieren. Dann erhält er die Instruktion, falls erforderlich, von einer Hilfestellung begleitet, eine verbale Stellungnahme abzugeben, nachdem er den Chip gegeben hat. Schließlich wird er aufgefordert zu sprechen, während er einen Chip verteilt. Es ist zwar noch nicht bekannt, ob dieses Training auch ein vergleichbares Verhalten des Klienten außerhalb der therapeutischen Situation fördert, aber wir haben Hinweise, daß das Training die Häufigkeit und Dauer der sozialen Interaktionen außerhalb der Gruppe erhöht.

Eine weitere Anwendungsmöglichkeit der Token-Simulation in der Gruppentherapie befindet sich noch im experimentellen Stadium. Die Technik wird hier vorgestellt, damit interessierte Leser die Gelegenheit haben, sie für sich selbst auszutesten. Die Regeln können auch dahingehend verändert werden, daß der Klient sich in der Gruppensitzung selbst beurteilt und die Chips nicht von anderen Teilnehmern bekommt. Die Häufigkeit dieser Selbstkontrolle kann noch beeinflußt werden, indem man Sitzungen einschiebt, in denen jeder Teilnehmer dem Klienten eine Bewertung geben kann, wenn er der Ansicht ist, daß dieser selbst eine Gelegenheit dazu versäumt hat. Vorläufige Daten deuten an, daß ein Zusammenhang zwischen dem Ansteigen der positiven Selbstbeurteilungen, der Verbesserung in den täglichen Ratings über die persönliche Stimmung und dem Ansteigen der angenehmen Ereignisse für den Klienten außerhalb der Gruppe besteht. Es darf aber nicht außer acht gelassen werden, daß ein derartiges Training potentiell auch die Häufigkeit negativer Selbstbeurteilungen anheben kann. Der Berater sollte deshalb behutsam vorgehen und genau kontrollieren, was sich verändert und ob die Veränderung im Sinne des Klienten ist. Die Möglichkeiten sind faszinierend, aber sie sind auch nicht mehr als das – es sei denn, der interessierte Berater macht die Erfahrung, daß er sie ausschöpfen kann und daß seine Klienten davon profitieren.

Ausblick in die Zukunft der Simulation

Der an Simulationen und Rollenspiel interessierte Berater sollte sich auch über zwei in der Literatur bekanntgewordene Techniken informieren, die mit der Thematik dieses Kapitels in Zusammenhang stehen. Es wurde sehr viel über das Dilemma des Gefangenen (Prisoner's Dilemma) als Instrument der Datensammlung [20] geschrieben. Dahinter verbirgt sich ein Spiel, das auf der Anekdote zweier Komplizen, die von der Polizei getrennt verhört werden, basiert. Die Polizisten erklären jedem Gefangenen (beide müssen sich in Abwesenheit des Partners entscheiden), daß sie für ein leichtes Verbrechen, bei dem sie zusammen erwischt worden waren, eine Strafe von einem Jahr bekämen, wenn sie beide die Tat leugnen würden. Seien sie beide geständig, würden sie die übliche Strafe von fünf Jahren für ein schweres Verbrechen erhalten, dessen man sie beide verdächtigt. Für den Fall, daß einer von ihnen ein Geständnis ablegt und der andere nicht, wird derjenige, der gesteht, mit einer Verwarnung durch den Richter davonkommen und der andere die Höchststrafe von zwanzig Jahren erhalten. Das Ablegen eines Geständnisses wird in diesem Spiel als unkooperatives Verhalten betrachtet, das Leugnen der Tat als kooperativ. Für den einzelnen bietet unkooperatives Verhalten die beste Chance. Gesteht er nämlich und der Partner tut das nicht, kommt er mit einer Verwarnung davon. Gesteht auch der Komplize, erhält er nur fünf statt zwanzig Jahre Gefängnis. Für das Team als solches ist kooperatives Verhalten die optimalste Lösung, denn sie bekommen beide nur ein Jahr, wenn sie an ihrer Unschuld festhalten. Dieses und ähnliche Spiele wurden zur Klärung der Frage herangezogen, ob unterschiedliche Populationen und Situationen (z.B. männliche versus weibliche Teilnehmer oder normale versus hospitalisierte Patienten) unterschiedliche Häufigkeiten kooperativen oder unkooperativen Verhaltens bedingen. Das Spiel kann auch eingesetzt werden, um Menschen zu lehren, wie man auf Gewinn und Verlust in verschiedenen Situationen und bei verschiedenen Partnern reagiert. Spiele dieser Art können also als Medium verwendet werden, das die persönliche Entwicklung des Klienten fördert.

Ein verwandtes Gebiet in der Literatur ist das Mikrotraining [28]. Hier werden Simulations- und Rollenspiele eingesetzt, um Lehrer und Berater zu trainieren.

Zum Prozeß des Mikrotrainings gehört eine kurze Trainings- oder Beratungssitzung (5 bis 10 Minuten). Vorher wird den Teilnehmern oft ein Video-Band mit dem erwünschten Verhalten vorgeführt. Daran schließt sich die Übung und das unmittelbare Video-Feedback über das Gelingen der Übung an. Die erwünschte Verhaltensveränderung hängt vom Trainer ab. *Wagner* [46] hat diese Methode beispielsweise eingesetzt, um den Anteil der Sprechzeit der Studenten in den Unterrichtsstunden, die von den Studenten gehalten werden mußten, im Vergleich zu den Lehrkräften zu steigern. In der Beratung führte *Ivey* [22] die Technik des Mikrotrainings ein, um bei seinen Studenten die Beobachtung, Reflexion und mündliche Zusammenfassung der Gefühle ihrer Klienten zu fördern. Diese Feedbackübung, die der realen Arbeit im Klassenzimmer oder in der Beratung vorangeht, reduziert mögliche Ängste auf seiten des Trainingsteilnehmers ebenso, wie das Risiko für die Klienten und Studenten. Auch diese Erfahrungen können für den Berater wertvolles Material liefern, obwohl sie für dieses Kapitel nicht unbedingt relevant sind.

Simulationsspiele und ihre Anwendung in der Therapie, in der Forschung und im Training sind aufregend, vielleicht zu aufregend. Diese Tatsache hat bisher viele Trainer dazu verführt, Simulationen übermäßig oft anzuwenden, ohne danach zu fragen, was sie bewirken oder für welche Probleme sie sich eignen. Wie jede therapeutische Intervention, sind Simulationen nur ein Werkzeug unter vielen. Die Frage, die sich der Therapeut stellen sollte, lautet nicht, welches Werkzeug das beste ist, sondern, welches Werkzeug für welche Aufgabe geeignet ist. Wenn Simulationen den Menschen dazu verhelfen, ihr Verhalten zu verändern und dadurch ein zufriedeneres Leben zu führen, haben sie in der Therapie eine Zukunft. Erweisen sie sich aber nur als neuer, erregender Zeitvertreib, werden sie in den Kreis anderer Spiele verbannt werden und nur noch der Unterhaltung dienen, ganz gleich, ob man sie Therapie nennt oder nicht.

Anhang — Selbstbehauptungstechniken[1])

Der Leser sollte sich darüber klar sein, daß es sich bei diesen Techniken um standardisierte Interaktionen handelt, die der Klient nur in den dafür vorgesehenen Situationen einsetzen sollte. Die Interaktionen sind nicht neuartig, erfordern aber Übung, um in streßreichen Situationen angewendet werden zu können. Das therapeutische Ziel beim Erlernen dieser Fähigkeiten ist nicht Einsicht, sondern Übung. Es erfordert jedoch einen beachtlichen Lernprozeß, unterscheiden zu können, wann sie am besten eingesetzt werden.

Zerbrochene Schallplatte (Broken Record). Bei dieser Technik ignoriert der Klient alle Abschweifungen des Partners und kehrt immer wieder zum Ausgangspunkt zurück. Das geschieht normalerweise mit dem Satz: „Aber der springende Punkt ist . . ."

Ärger entwaffnen (Disarming Anger). Diese Technik lehrt den Klienten, den Inhalt der ärgerlichen Mitteilung zu ignorieren und seine Aufmerksamkeit und das Gespräch auf die Tatsache zu lenken, daß der Partner ärgerlich ist. Der Klient muß aufrichtig versprechen, auf den Inhalt einzugehen, sobald sich der Partner beruhigt hat, sich aber freundlich weigern, das zu tun, ehe dies der Fall ist. Der Klient muß versuchen, Blickkontakt zu halten und mit einer nicht zu lauten oder zu leisen Stimme zu sprechen.

Nebel (Fog). Diese Technik wird nur dann eingesetzt, wenn an einem Klienten ständig herumgenörgelt wird. In diesem Fall kann er jeden auftauchenden Vorwurf akzeptieren und sich mit jeder Aufforderung, etwas zu tun, bedingt einverstanden erklären, indem er sagt: „Vielleicht sollte ich . . ." Diese Reaktion veranlaßt den Nörgler oft zu der Gegenfrage: „Was machst du jetzt?" In diesem Augenblick muß der Angegriffene sagen, daß er eine Technik, Nebel genannt, anwendet und sie dem Nörgler erklären. Gleichzeitig muß er ihm auch sagen, daß er bereit ist, anders zu reagieren, wenn der Nörgler sein Verhalten ändert.

Übergang vom Inhalt zum Prozeß (Content-Process-Shift). Diese Technik verlangt, das Gespräch vom Inhalt auf einen beim Sprecher beobachteten Prozeß zu lenken. Das kann beispielsweise eine Emotion sein, die er „zeigt" oder etwa die Geschwindigkeit, mit der er spricht. Aufkommenden Ärger entwaffnen ist ein

---

[1]) Der Autor schuldet Dr. Julio Guerra Dank für die Namen vieler Selbstbehauptungstechniken

Anhang – Selbstbehauptungstechniken

Tabelle 6.1. Zusammenstellung der Simulationsspiele und Rollenspielübungen.

Art der Simulation	Art des Problems	Literatur über die Technik	Forschung
Psychodrama	Konfliktlösung	Moreno [32]	Boies [3]
Klientenbezogenes aktives Zuhören	wenig entwickelte Selbstachtung	Pfeiffer und Jones [34]	Truax und Mitchell [42]
Selbstbehauptungstraining	Passives oder aggressives Verhalten	Alberti und Emmons [1]	siehe unten
(a) Übung		Casey [6]	Lazarus [26]
(b) Moderieren			McFall und Marston [30]
(c) Feedback		McFall und Lillesand [29]	Flowers und Guerra [13]
(d) Modell-Lernen		Rathus [36]	Melnick [31]
Sozialisations-Training	Verzögerte soziale Entwicklung	Freedman [19]	desgl.
Bewerbungstraining	Arbeitslosigkeit	Sarason und Ganzer [41]	Sarason [40]
Barb	Mangelnde Kontrolle von Impulsen	Prazak [35]	keine
Management-Spiel	Organisation und Verwaltung	Kaufmann und Wagner [25]	desgl.
Karriere-Spiel	Lebensentscheidungen bei Schülern	Uretsky [43]	Boocock [4]
Ehrlichkeits-Spiel	Mogeln bei Schülern	Varenhorst [44]	desgl.
Abbau überflüssiger Fragen	Schüler bekommen Aufmerksamkeit des Lehrers auf unangemessenes Verhalten	Flowers [11]	
Selbstvertrauens-Spiel	Geringes Selbstvertrauen bei Studenten	Flowers [12]	desgl.
Kampf-Training	Furcht vor verbaler Auseinandersetzung	Flowers und Marston [15]	desgl.
Aufwärmen der Gruppe	Einleitung des Gruppenprozesses in Therapie- und Trainingsgruppen	Bach und Bernhard [2]	desgl.
Kommunikationsspiel für Paare	Eheschwierigkeiten und mangelnde Kommunikation der Partner	Pfeiffer und Jones [34]	keine
Token-Spiel für Gruppentherapie	Unklare oder geringe verbale Verstärkung und Bestrafung, geringe Selbstverstärkung	Kap. 6, S.000–000 Kap. 6, S. 000–000	keine Flowers, Booraem, Brown und Harris [16]; Flowers, Booraem und Seacat [17]
Mikro-Training	Training für Lehrer und Berater	McAleese und Unwin [28]	desgl.
Persönlichkeitsspiele	Fällen von Entscheidungen	Harris [20]	desgl.

Beispiel für den Übergang vom Inhalt zum Prozeß. Implizit ist allerdings auch das eindeutige Versprechen, den Inhalt wieder aufzugreifen, wenn der Ärger nachgelassen hat.

Negative Selbstbehauptung (Negative Assertion). Diese Technik wird nur dann eingesetzt, wenn der Klient tatsächlich einen Fehler gemacht hat. Negative Selbstbehauptung bedeutet, den Fehler zuzugeben, trennt aber die Tatsache, daß ein Fehler begangen wurde eindeutig von jeder weiteren Implikation, daß der Klient ein schlechter Mensch, inkompetent oder dergleichen sei. Die Technik kann auch eine direkte Konfrontation mit sich bringen, wie z.B. in der Bemerkung: „Willst du damit sagen, daß ich unzuverlässig bin, weil ich vergessen habe, dieses eine Referat abzugeben?" Oder: „Ja, ich habe es vergessen, verdammt noch mal. Das passiert mir sonst nicht".

Schutzraum (Shelter). Diese Technik eignet sich vor allem für schwer gestörte Klienten. Man läßt den Klienten in schwierigen Situationen nur mit ja oder nein oder mit Fakten (wie z.B. seinem Namen) antworten. Der Klient zählt langsam bis fünf und schließt die Interaktion ab, wenn ihm keine weiteren Fragen gestellt werden.

Negatives Fragespiel (Negative Inquiry). Diese Technik wird eingesetzt, um eine unangenehme Interaktion zu beenden. Der Klient reagiert auf jegliche Kritik, indem er den anderen fragt, was er denn noch getan habe, was ihm mißfalle. Er versichert dem anderen, daß er es wissen möchte, um es in Zukunft besser zu machen. Wenn dem Partner keine kritischen Punkte mehr einfallen, faßt der Klient die genannten mit den Worten zusammen: „Von den Dingen, die ich tue, gefällt dir dies und dies und dies nicht". Der Klient stellt dann noch einmal die Frage, ob das alles sei. Kommt noch mehr Kritik, faßt er es anschließend wieder zusammen. Wenn dem Partner wirklich nichts mehr einfällt, dankt ihm der Klient und fordert ihn auf, ihm auch in Zukunft Feedback zu geben, wenn ihn etwas stört.

Clipping. Diese Technik wird angewendet, wenn eine Kritik laut wird und die Person, die sich behaupten will, den Eindruck gewonnen hat, daß die Aussage zwar stimmt, aber eigentlich keine Kritik darstellt. Dazu ein Beispiel: Jemand sagt: „Es sieht so aus, als sei dieser Bericht von vier verschiedenen Leuten geschrieben worden" und es stimmt tatsächlich. Der Betroffene sagt Ja oder Nein – je nachdem – und schweigt dann.

Freie Information (Free Information). Diese Technik dient dazu, den Gruppenteilnehmern zu helfen, verbale Interaktionen einzuleiten und aufrechtzuerhalten. Sie lernen dabei auch, das Gespräch in Bahnen zu lenken, die einen optimalen Kontakt ermöglichen.

Keine gezielten, sondern offene Fragen zu stellen, ist ein erster Schritt. Eine gezielte Frage kann nur mit „ja" oder „nein" oder einer knappen Information beantwortet werden. Fragen, die mit „wo", „wann" oder „wer" beginnen, sind meist sehr eng gefaßt.

Eine offene Frage erbittet zusätzliche Informationen, das heißt Informationen, die über den wesentlichen Inhalt der Frage hinausgehen. Fragen, die mit „was", „wie" und „warum" beginnen, sind meist offene Fragen.

Nachdem die freie Information erteilt wurde, kommt der zweite Schritt. Die Partner versuchen jetzt, an diese Informationen dort anzuknüpfen, wo jeder von ihnen das entsprechende Wissen besitzt. Da nach freier Information nicht ausdrücklich verlangt wird, ist anzunehmen, daß sie für den Sprecher von großem Interesse ist. Es ist die Aufgabe des Klienten, freie Information, über die er sich unterhalten oder nach der er fragen kann, zu finden und zu erweitern.

Freie Information über sich selbst zu geben, ist ein dritter und schwieriger Schritt. Wenn der Partner irgendeine freie Information des Klienten aufgreift, ist aus dem Gespräch eine echte Kommunikation entstanden und es sind keine weiteren systematischen Schritte notwendig, um den sozialen Kontakt zu vertiefen.

Literatur

[1] *Alberti, R. E.* and *M. L. Emmons:* Your perfect right. Impact, San Luis Obispo 1970, (P.O. Box 1094, San Luis Obispo, CA 93401).

[2] *Bach, G.* and *Y. Bernhard:* Aggression lab. Kendall/Hunt, Dubuque, Iowa 1971.

[3] *Boies, K.G.:* Role playing as a behavior change technique: Review of the empirical literature. Psychotherapy: Theory, Research and Practice 9 (1972), 185–192.

[4] *Boocock, S. S.:* An experimental study of the learning effects of two games with simulated environments. In *S. S. Boocock* and *E. O. Schild* (Eds.): Simulation games in learning. Sage, Beverly Hills, Calif 1968, pp. 107–133.

[5] *Booraem, C.D.:* Differential effectiveness of external versus self reinforcement in the acquisition of assertive responses. Unpublished Doctoral dissertation. University of Southern California, 1974.

[6] *Casey, G. A.:* Behavioral rehearsal: Principles and procedures. Psychotherapy: Theory, Research and Practice 10 (19737, 4, 331–333.

[7] *Corsini, R.:* Roleplaying in psychotherapy. Aldine, Chicago, Ill 1966.

[8] *Davidson, G. C.:* Self-control through „imaginal aversive contingency" and „one downsmanship": Enabling the powerless to accommodate unreasonableness. In *J. D. Krumboltz* and *C.E. Thorsen* (Eds.), Behavioral counseling: Cases and techniques. Holt, Rinehart and Winston, New York 1969, pp. 319–328.

[9] *Eisler, R. M., P. M. Miller* and *M. Hersen:* Components of assertive behavior. Journal of Clinical Psychology 29 (1973), 3, 295–299.

[10] *Flowers, J.V.:* Modification of low self-confidence in elementary school children by reinforcement and modeling. Unpublished Doctoral dissertation. University of Southern California, 1972.

[11] *Flowers, J.V.:* Behavior modification of cheating in an elementary school student: A brief note. Behavior Therapy 3 (1972), 311–312.

[12] *Flowers, J.V.:* A behavior modification technique to reduce the frequency of unwarranted questions by target students in an elementary school classroom. Behavior Therapy, in press.

[13] *Flowers, J. V.* and *J. Guerra:* The use of client-coaching in assertion training with large groups. Journal of Community Mental Health 10 (1974), 414–417.

[14] *Flowers, J. V.* and *C. D. Booraem:* The use of tokens to facilitate outcome and monitor process in group therapy. International Journal of Group Psychotherapy in press (1975).

[15] *Flowers, J. V.* and *A. R. Marston:* Modification of low self confidence in elementary school children. Journal of Education Research 66 (1972), 1, 30–34.

[16] *Flowers, J. V., C. D. Booraem, T. R. Brown* and *D.E. Harris:* An investigation of a technique for facilitating patient to patient interactions in group therapy. Journal of Community Psychology, 2 (1974), 1, 39–42.

[17] *Flowers, J.V., C.D. Booraem,* and *G.F. Seacat:* The effect of positive and negative feedback on group members' sensitivity to the roles of other members in group therapy. Psychotherapy: Theory, Research and Practice, 1975.

[18] *Freedman, P.H.:* The effects of modeling and role playing on assertive behavior. In *R. D. Rubin, H. Fensterheim, A. A. Lazarus* and *C. M. Franks* (EDS.7, Advances in behavior therapy 1969. Academic Press, New York 1971, pp. 149–169.

[19] *Freedman, P.H.:* The effects of modeling, role playing and participation on behavior change. In B.A. Maher (Ed.), Progress in experimental personality research, Vol. 6. Academic Press, New York 1972, pp. 42–81.

[20] *Harris, R. J.:* Experimental games as tolls for personality research. In *P.McReynolds* (Ed.), Advances in psychological assessment, Vol. II. Science and Behavior Books, Palo Alto, Calif. 1971, pp. 236–259.

[21] „Intimacy, an encounter program for couples", Human Development Institute, Atlanta, Georgia, 1969.

[22] *Ivey, A. E.:* Microcounseling: Innovations in interview training. Thomas, Springfield, III 1971.

[23] *Kagen, S.* and *M. C. Madsen:* Experimental analyses of cooperation and competition of Anglo-American and Mexican children. Developmental Psychology 6 (1972), 49–59.

[24] *Kanfer, F. H.* and *J. S. Phillips:* Learning foundations of behavior therapy. Wiley, New York 1970.

[25] *Kaufmann, L. M.* and *B. R. Wagner:* Barb: A systematic treatment technology for temper control disorders. Behavior Therapy 3 (1972), 84–90.

[26] *Lazarus, A.A.:* Behavioral rehearsal vs. non-directive therapy vs. advice in effecting behavior change. Behaviour Research and Therapy 4 (1966), 209–212.

[27] *Marston, A. R.:* Dealing with low self-confidence. Educational Research 10 (1968), 134–138.

[28] *McAleese, W. R.* and *D. Unwin:* A bibliography of microteaching. Programmed Learning and Educational Technology, 10 (1973), 1, 40–54.

[29] *McFall, R. M.* and *D. B. Lillesand:* Behavioral rehearsal with modeling and coaching in assertion training. Journal of Abnormal Psachology 77 (1971), 313–323.

[30] *McFall, R. M.* and *A. R. Marston:* An experimental investigation of behavior rehearsal in assertive training. Journal of Abnormal Psychology 76 (1970), 295–303.

[31] *Melnick, J.:* A comparison of replication techniques in the modification of minimal dating behavior. Journal of Abnormal Psychology 81 (1973), 1, 51–59.

[32] *Moreno, J.L.:* Who shall survive? Beacon House, Beacon, New York 1953.

[33] *Perls, F. S., R. F. Hefferline,* and *P. Goodman:* Gestalt therapy. New York: Julian Press, 1951.

[34] *Pfeiffer, J. W.* and *J. E. Jones:* A handbook of structured experiences for human relations training. University Associates Press, Iowa City, Iowa 1970. (4 volumes.)

[35] *Prazak, J. A.:* Learning job-seeking interview skills. In *J.D. Krumboltz* and *C.E. Thorsen* (Eds.): Behavioral counseling: Cases and techniques. Holt, Rinehart and Winston, New York 1969, pp. 414–428.

[36] *Rathus, S.A.:* An experimental investigation of assertive training in a group setting. Journal of Behavior Therapy and Experimental Psychiatry 3 (1972), 81–86.

[37] *Rathus, S. A.:* A thirty-item schedule for assessing assertive behavior. Behavior Therapy 4 (1973), 398–406.

[38] *Rehm, L. P.* and *A. R. Marston:* Reduction of social anxiety through modifications of self-reinforcement: An instigation therapy technique. Journal of Consulting and Clinical Psychology 32 (1968), 565–574.

[39] *Rogers, C.R.:* Client centered therapy. Houghton Mifflin, New York 1951.

[40] *Sarason, I.G.:* Verbal learning, modeling and juvenile delinquency. American Psychologist 23 (1968), 254–266.

[41] *Sarason, I. G.* and *V. J. Ganzer:* Developing appropriate social behaviors of juvenile delinquents. In *J.D. Krumboltz* and *C. E. Thorsen* (Eds.): Behavioral counseling: Cases and techniques. Holt, Rinehart and Winston, New York 1969, pp. 178–192.

[42] *Truax, C. B.* and *K. N. Mitchell:* Research on certain therapist interpersonal skills in relation to process and outcome. In *A.E. Bergin* and *S.L. Garfield* (Eds.): Handbook of psychotherapy and behavior chance. Wiley, New York 1971, pp. 299–344.

[43] *Uretsky, M.:* The management game: An experiment in reality. Simulation and Games 4 (1973), 221–240.

[44] *Varenhorst, B. B.:* Learning the consequences of life's decisions. In *J.D. Krumboltz* and *C. E. Thorsen* (Eds.): Behavioral counseling: Cases and techniques. Holt, Rinehart and Winston, New York 1969, pp. 306–318.

[45] *Varenhorst, B. B.:* Game theory, simulations and group counseling. Educational Technology, 1973, 40–43.

[46] *Wagner, A. C.:* Changing teaching behavior: A comparison of microteaching and cognitive discrimination training. Journal of Educational Psychology 64 (1973), 3, 299–305.

[47] *Winkler, R.C.:* The relevance of economic theory and technology to token reinforcement systems. Behaviour Research and Therapy 9 (1971), 81–88.

[48] *Wolpe, J.* and *A. A. Lazarus:* Behavior therapy techniques. Pergamon Press, New York 1966.

7. Operante Methoden

Paul Karoly

Einführung

Es gibt wahrscheinlich wenig menschliche Motive, die so ausgeprägt sind wie das Verlangen, Verhalten und Einstellungen anderer zu beeinflussen. Psychotherapeuten und Werbefachleute gehören zu denen, die „professionell" Verhalten beeinflussen, während unzählige Millionen von Menschen ständig im Rahmen von Erziehung, kommunalen Einrichtungen und alltäglichen sozialen Interaktionen um Verhaltensänderungen bemüht sind. Die Suche nach einer Konzeption für Gründe und Eigenarten sozialen Einflusses ist auf verschiedenen Ebenen, aus verschiedenen Gründen und mit unterschiedlichem Erfolg betrieben worden. Dieses Kapitel will den Leser mit einem „modernen selbstuntersuchenden, selbst-bewertenden, entdeckungsorientierten Forschungsverfahren zum Studium des Verhaltens" [7] vertraut machen. Dieses Verfahren basiert auf den experimentellen Programmen von *B.F. Skinner* und seinen Kollegen, und es wurde (besonders in den letzten 25 Jahren) erfolgreich auf das Studium und die therapeutische Modifikation von Verhaltensstörungen beim Menschen ausgedehnt. Die angewandte Wissenschaft des operanten Konditionierens, bekannt als die *experimentelle Verhaltensanalyse,* ist einmalig, da sie sowohl eine objektive Ansicht von „Ursachen und Heilungen" von gestörtem oder abnormem Verhalten als auch eine relativ einfache und systematische Methode zur Messung und Veränderung von Verhalten darstellt.

Die Psychologie der Verhaltensbeeinflussung

Der operante Ansatz basiert auf der Annahme, daß eine ganze Reihe komplexer menschlicher Aktivitäten gelernt ist. Eine nützliche Arbeitsdefinition von Lernen ist:

> der Prozeß, durch den eine Aktivität hervorgebracht oder im Gefolge von Reaktionen auf Umweltsituationen verändert wird. Dies gilt jedoch nur, wenn die Aktivitätsänderung nicht auf der Grundlage von angeborenen Reaktionstendenzen, von Reifung oder von zeitweiligen organismischen Zuständen (z.B. Ermüdung, Drogen usw.) erklärt werden kann [15].

Diese allgemeine Definition zeigt, welche Bedeutung der lernpsychologisch orientierte Psychologe folgenden Aspekten beimißt:

Übersetzt von Marina Kolb

a) der Person-Umwelt Beziehung,
b) den Fragen, wie Verhalten entsteht und wie es sich als Ergebnis der Person-Umwelt Beziehung ändert,
c) der Notwendigkeit, „Reaktionen" als beobachtbare Verhaltensweisen zu spezifizieren,
d) der Notwendigkeit, meßbare Aspekte von Situationen anzuführen und
e) der Notwendigkeit eines zuverlässigen Systems zur Feststellung von Veränderungen [25].

Dieser Ansicht kann man den traditionellen Ansatz der beschreibenden Psychiatrie gegenüberstellen, dessen Anhänger versuchten, das Geheimnis menschlichen Handelns zu enträtseln, indem sie zunächst eine Analogie zwischen physischer Krankheit und „seelischer Krankheit" aufstellten und dann spezielle Interviews und „psychologische Testverfahren" zur Anwendung brachten, um die Art der inneren Störung eines Patienten zu bestimmen. Jedes abnorme, persönlich störende, emotional unangenehme oder sozial unannehmbare Verhalten konnte typischerweise als „Symptom" innerer Konflikte bezeichnet werden, deren Wurzeln erwartungsgemäß bis tief in die Vergangenheit des Individuums reichten, und deren Zugänge ebenfalls tief in versteckten „Regionen" der Seele eingebettet waren. Um eine „Heilung" zu bewirken, könnten verschiedene Formen des verbalen Austauschs zwischen Therapeut und Patient verwendet werden (je nach der theoretischen Präferenz des Therapeuten).

Ernste Einwände gegen traditionelle Konzeptionen von gestörtem Verhalten („Psychopathologie"), gegen seine Diagnose und Modifikation sind unter anderem: die geringe Reliabilität diagnostischer Kategorien, die Anfälligkeit für persönlichkeitsbedingte Fehler bei der klinischen Beurteilung, das Fehlen klarer und spezifischer Implikationen für die Behandlung aufgrund der diagnostischen Befunde, die begrenzten Möglichkeiten für Psychotherapie (hauptsächlich in der weißen Mittelklasse vertreten) und die geringe Möglichkeit, die Effektivität der Behandlung zu demonstrieren (sei es die orthodoxe Psychoanalyse nach Freud oder ihre vielen Varianten und Nebenlinien). Obwohl manchmal das Reden über persönliche Probleme mit einem einfühlsamen und einsichtigen Therapeuten zu emotionaler Erleichterung, gestärktem Vertrauen sowie zu neuen Ansichten über die eigene Lage führen kann, wurden dauerhafte Veränderungen in der Effektivität des *Verhaltens* im allgemeinen nicht erreicht. Nach *Schwitzgebel* und *Kolb* [39]: „die traditionelle Psychotherapie scheint Änderungen zu bewirken, die innerhalb der Lippenregion liegen, ohne Hände oder Füße zu beeinflussen" (S. 8).

Der Verhaltenspsychologe andererseits läßt sich kennzeichnen durch die Objektivität in der Definition von Verhalten (meist in kleinen, beobachtbaren Einheiten), durch die Praxisnähe bei der Auswahl des zu ändernden Verhaltens (d.h. kann das „Zielverhalten" leicht aufgezeichnet werden und bringt seine Änderung die größten kürzer- oder längerfristigen Vorteile für den Klienten?), und durch die Anpassung seines Handelns an den Informationsfluß im System (indem der Therapeut Interventionen modifiziert oder korrigiert, um maximales Lernen und maximale Entwicklung des Klienten sicherzustellen). Im Gegensatz zu dem traditionellen Psychotherapeuten, der „im Kopf" seines Klienten forscht, umfaßt der Untersuchungsbereich des Verhaltenspsychologen die Person sowie ihre soziale und physikalische Umgebung.

Man nimmt an, daß sich das Individuum sein ganzes Leben hindurch anpaßt – es lernt (und verlernt) verschiedene Arten, sich zu verhalten und wahrzunehmen im Einklang mit den Erfordernissen der Situation und den selbstgesetzten Standards. Probleme können beispielsweise auftreten, wenn das Lernen unvollständig ist, wenn Verhalten, das in einer Situation erlernt worden ist, in einer anderen in unangepaßter Weise angewendet wird, wenn Verhaltensweisen zwar für die eigene Person zufriedenstellend sind aber die Anpassungsversuche anderer unterbrechen (und sich schließlich störend für das Individuum auswirken), oder wenn Anpassungsfähigkeiten nie erworben wurden. Dem Psychologen, der innerhalb des operant-experimentellen Ansatzes arbeitet, steht eine umfassende Literatur über tierisches und menschliches Lernen zur Verfügung, aus der er Konzeption und technische Richtung beim Verfolgen therapeutischer Ziele ableiten kann. Aus der Grundeinstellung, die Lernen, Verhalten und Anpassung hervorhebt, ergeben sich andere kennzeichnende Faktoren der experimentellen Verhaltensanalyse ganz natürlich. Diese umfassen:

1. ein primäres Interesse am „Hier und Jetzt",
2. die Nichtanerkennung von allgemeinen Begriffen (psychiatrischen Kategorien),
3. die Einbeziehung nicht-professioneller Personen (Gemeindeinstitutionen, Verwandte und Freunde des Klienten, den Klienten selbst) zur Durchführung des Änderungsprogrammes.

Historisch kann man das Studium des Lernens (die Organismus-Umwelt Beziehung) auf das Werk des russischen Psychologen *Iwan Pawlow* und des amerikanischen Forschers *Edward L. Thorndike* zurückverfolgen, die beide um die Jahrhundertwende ihre Forschungen betrieben haben. Pawlows Ansicht des *klassischen Konditionierens* richtet sich an die Frage, wie Verhalten entsteht und sich ändert, besonders wie es dazu kommt, daß neue oder *neutrale Stimuli* (gewöhnlich äußere Ereignisse) angeborene Reaktionen allein dadurch auslösen, daß sie mit den *auslösenden Stimuli* (Ereignisse, die automatisch zum angeborenen Reagieren führen) in enger zeitlicher Aufeinanderfolge auftreten. *Pawlow,* der das Verdauungssystem von Hunden untersuchte, bemerkte, daß man von der Anwesenheit der Nahrung (dem auslösenden Stimulus) im Maul des Tieres den Speichelfluß (die angeborene Reaktion) genau vorhersagen konnte, und daß der Anblick des Experimentators der das Futter brachte (der mit dem Futter *assoziiert* wurde) schon bald zur Speichelabsonderung führte. Lernen hatte stattgefunden (gemäß der obigen Definition). In diesem Laboratorium gingen *Pawlow* und seine Mitarbeiter daran, ihre „beiläufigen" Beobachtungen zu verifizieren, zu quantifizieren und zu ordnen, und sie gaben dadurch den Anstoß, das menschliche und tierische Lernen zu untersuchen. Heute kann man einige häufig angewandte Methoden der Verhaltensänderung als „Abkömmlinge" des experimentellen Ansatzes von *Pawlow* bezeichnen (z.B. systematische Desensibilisierung und aversive Konditionierung).

Die Operationen und Messungen, die man beim Pawlowschen Experiment durchführt, lassen sich von denjenigen unterscheiden, die mit den Paradigmen des *instrumentellen Konditionierens* und des *operanten Konditionierens* verbunden sind, die in Amerika von *E.L. Thorndike* [43] und *B.F. Skinner* [40] entwickelt wurden.

Thorndikes Experimente, die er beispielsweise mit Hunden, Katzen und Küken durchführte, unterschieden sich zumindest in einem Grundprinzip von Pawlows Experimenten: Thorndikes Tiere reagierten *aktiv* in ihrer Umwelt. *Thorndike* setzte seine Tiere in einen geschlossenen Problemkäfig, aus dem sie fliehen sollten: dies konnte durch die Bedienung des korrekten Hebels oder Zugknopfes erreicht werden und wurde mit einem Bissen Nahrung belohnt. *Thorndike*s Versuchstiere „lernten" schließlich durch „Versuch und Irrtum" (d.h. ihr Verhalten änderte sich als Ergebnis der angetroffenen Situation). Da das Verhalten der Tiere zur Flucht aus dem Käfig und zum Erhalt von Futter beitrug, nannte man das Pradigma *instrumentelles* Konditionieren. *Thorndike* verstand tierisches Lernen als „Auswählen und Verbinden". Das heißt, das Tier im Problemkäfig wählte aus einer Vielzahl von möglichen Reaktionen eine aus, probierte sie und führte die Auswahl weiter, bis es die Lösung (Flucht aus dem Käfig) entdeckte. Schließlich verband das Tier die richtige Reaktion mit einer bestimmten Anordnung im Problemkäfig (Stimulus). Lernen wurde dann verstanden als das Befolgen einiger Grundgesetze der Stimulus-Reaktions-Verbindungen deren bedeutendstes als das *Gesetz des Effektes* beschrieben wurde. Einfach ausgedrückt besagt dieses Gesetz, daß *Verhalten durch seine Konsequenzen kontrolliert wird*. Im einzelnen besagt es, daß Verhalten, dem ein „befriedigender Sachverhalt" folgt *eingeprägt* (gefestigt) wird, und daß Verhalten, dem ein „belästigender Sachverhalt" folgt, *ausgemerzt* (geschwächt) wird. Befriedigung und Belästigung entsprechen den gebräuchlicheren Begriffen der *Bestrafung* und *Belohnung*.

Vergleichen wir das Gesetz des Effektes mit der folgenden Aussage des grundlegenden Gesetzes beim Pawlowschen Konditionieren:

> Ein neutrales Stimulusereignis (CS) das mit einem Stimulus (UCS) gepaart wird, der eine Reaktion reflexartig auslöst, wird schon bald fähig, dieselbe (oder beinahe dieselbe) Reaktion (CR) auszulösen.

Zwei wichtige Unterschiede müssen hervorgehoben werden. Erstens, die *Pawlow*sche Konditionierung erfordert die wiederholte Paarung eines neuen Stimulus mit einem spezifischen auslösenden Stimulus, der eine angeborene (ungelernte) Reaktion auslöst. Bei diesem Prozeß kontrolliert der Experimentator das Lernen. Für die Versuchstiere *Thorndike*s ist die Paarung von alten und neuen Verhaltensmustern nicht erforderlich, und das Tier initiiert die Aktivität. Zweitens, das angeborene Verhalten, das beim Pawlowschen Lernen an zentraler Stelle steht, wird von dem vorhergehenden (auslösenden) Reiz kontrolliert, während die instrumentellen Reaktionen bei *Thorndike* von ihren Konsequenzen beeinflußt werden [35]. Wieviel von dem komplexen Verhalten höherer Tiere und des Menschen kann auf die von *Pawlow* beschriebene Art gelernt werden? *Thorndike* und viele spätere

7. Operante Methoden

Theoretiker waren geneigt, den Löwenanteil des Lernens den aktiveren Prozessen des instrumentellen Lernens zuzuschreiben.

Skinner [40] beschrieb das *Pawlow*sche Modell der Paarung von zwei Stimuli als Typus S Konditionierung und das Vorgehen bei *Thorndike,* der Darbietung einer Belohnung kontingent auf das Auftreten einer Reaktion, als Typus R Konditionierung. *Skinner* wird die Einführung einer Wissenschaft und Technologie zugeschrieben, die auf dem Typus R basiert, oder wie man es heute nennt, dem *operanten Konditionieren. Skinner*s Grundhaltung und deren experimenteller Darstellung bilden den Kern dieses Kapitels.

Beeinflussung des Verhaltens durch die Kontrolle seiner Konsequenzen

*Skinner*s Bruch mit der Tradition der Lernpsychologie und der klinischen Psychologie war scharf und radikal. Während viele Lerntheoretiker die Bedeutung unmittelbar vorhergehender Stimuli hervorgehoben hatten, und klinische Theoretiker (z.B. *Freud)* die entfernte Vergangenheit als kritische Antezedenzbedingung für das Lernen betonten, versuchte *Skinner* [41] ein Forschungsprogramm zu erstellen, in dem dem Stimulus „kein spezieller Platz unter den unabhängigen Variablen" zukommen sollte. Er konzentrierte seine Studien auf *operante Reaktionen,* auf frei geäußerte Verhaltensweisen, die auf die Umwelt einwirken, und die daraufhin durch ihre Konsequenzen in der Umwelt kontrolliert werden (d.h. ihre zukünftige Auftrittswahrscheinlichkeit wird durch die Ereignisse, die ihnen folgen entweder erhöht oder verringert).

Operante Reaktionen sind gelernte Verhaltensweisen und können von „reflektorischen Reaktionen" unterschieden werden; eine reflektorische Reaktion ist ein Verhalten, das von vorausgehenden auslösenden Stimuli kontrolliert wird und das einen Teil der biologischen Ausrüstung des Individuums darstellt (entweder von Geburt an oder als Ergebnis von Reifungsprozessen). Der Kniesehnenreflex ist ein Beispiel einer reflektorischen Reaktion. Obwohl der Begriff der „freien operanten Reaktion" häufig verwendet wird um die Abwesenheit von Einschränkungen im Reagieren des Organismus zu verdeutlichen, bestehen in der Tat in den meisten Situationen Beschränkungen, die der Qualität und der Quantität des geäußerten Verhaltens „natürliche Grenzen" setzen. Selbst die Taube in dem bekannten *Skinner*schen Problemkäfig kann nicht auf die Antworttaste picken, wenn die Taste abgezogen worden oder nicht da ist. Ebenso kann ein Junge, dessen Wutanfall als eine operante Reaktion betrachtet werden kann (belohnt durch elterliche Zuwendung) seine Spielsachen nur im Zimmer herumwerfen, wenn ihm jene Spielsachen zur Verfügung stehen. Diese Beispiele unterstreichen einfach die *wechselseitige Abhängigkeit* des Individuums und seiner Umgebung – ein Aspekt, der im *Skinner*schen Ansatz an zentraler Stelle steht.

Ein Schlüsselkonzept bei der Analyse von operanten Reaktionen ist die *Kontingenzbeziehung* zwischen einer operanten Reaktion und den Umweltereignissen, die ihr folgen. Der Begriff der Kontingenz bezieht sich auf die Art des Verhältnisses zwischen einer Reaktion und den nachfolgenden Umweltereignissen. Um in einer kontingenten Beziehung zu stehen, folgt in der Tat Ereignis B auf Ereignis A – aber das *muß nicht* so sein. Im Gegenteil, Ereignis B steht in einer *abhängigen* (nicht kontingenten) Beziehung zu Ereignis A, wenn B auf A durch seine Beschaffenheit folgen *müßte*. Die Beziehung zwischen dem Spaziergang im Regen und dem Naßwerden stellt eine Abhängigkeit dar. Die Beziehung zwischen dem Melden eines Schülers im Klassenzimmer und dem Aufgerufenwerden vom Lehrer ist jedoch typischerweise eine kontingente. Das heißt, die Lehrerin beachtet das Kind wahlweise, sie muß es aber nicht tun. Melden kann als operante Reaktion angesehen werden, die von kontingenten Umweltereignissen kontrolliert wird (einschließlich der Reaktion der Lehrerin sowie der Reaktion anderer Schüler und der des betreffenden Schülers selbst).

Verstärkung, Bestrafung und Löschung

Nachdem die lernpsychologischen Grundlagen für die Entstehung und Änderung von Verhalten entworfen worden sind, können nun die Hauptakteure eingeführt werden. Wie wir später in diesem Kapitel noch sehen werden, ist die Mehrheit der therapeutischen Anwendungen des operanten Konditionierens auf irgendeine Kombination der folgenden Ziele gerichtet:

a) Entwicklung oder Aufbau eines Verhaltens (z.B. Lesen bei einem Kind das nicht liest; soziale Interaktion bei einem zurückgezogenen „psychotischen" Erwachsenen),
b) die Beschleunigung oder Stärkung eines Verhaltens (z.B. kooperatives Spiel in einer Gruppe von Kindergartenkindern; der Austausch anerkennender Äußerungen bei einem Ehepaar), oder
c) die Eliminierung oder Schwächung einer Reaktion (z.B. Reduktion des Alkoholismus bei einem chronischen Trinker; Eliminierung von selbstzerstörendem Verhalten bei entwicklungsgestörten Kindern).

Die Prozesse der *Verstärkung, Löschung* und *Bestrafung* repräsentieren Reaktion-Umwelt Beziehungen, die Änderungen in der Auftrittswahrscheinlichkeit von operantem Verhalten erzeugen. Mit anderen Worten: diese Faktoren sind allgemein verantwortlich für Lernen – beim Menschen sowie bei niederen Tieren. Vor der Diskussion über die Anwendung dieser grundlegenden Verfahren zur Modifikation von Problemverhalten, soll jedes etwas detaillierter beschrieben werden.

Ein *Verstärker* ist ein Stimulus, der, wenn er kontingent auf das Verhalten einer operanten Reaktion folgt, dazu neigt, die Auftrittswahrscheinlichkeit dieser Reaktion in der Zukunft zu erhalten oder zu erhöhen. Der Begriff der Verstärkung bezieht sich auf die beteiligten Prozesse beim Einsatz von Verstärkern, um die Wahrscheinlichkeit einer bestimmten Reaktion aufrechtzuerhalten oder zu erhöhen. *Skinner* [41] unterschied zwei Arten von verstärkenden Stimuli: *positive* Verstärker und *negative* Verstärker. Ein positiver Verstärker ist ein Stimulus, der

7. Operante Methoden

einen verstärkenden Effekt erzeugt, (Aufrechterhaltung oder Beschleunigung der Reaktion) wenn er *dargeboten* wird; ein negativer Verstärker ist ein Stimulus, der eine Reaktion stärkt (die Auftrittswahrscheinlichkeit oder Rate erhöht), wenn er kontingent *entfernt* wird. Der Begriff der *negativen Verstärkung* erscheint auf den ersten Blick etwas verwirrend – da das Wort *Verstärkung* die Stärkung einer Reaktion bedeutet, und *negativ* mit Schwächung assoziiert wird. Alles, was man jedoch zu beachten hat ist, daß der Prozeß der Verstärkung immer ein reaktionsstärkendes Verfahren definiert; und daß sich die Adjektive positiv und negativ auf die reaktionskontingente Darbietung und Entfernung von Stimuli beziehen. Ein kurzes Nachdenken wird uns zeigen, daß ein Stimulus, der verstärkend wirkt, wenn man ihn entfernt unangenehme oder aversive Qualitäten besitzen muß. Negative Verstärker reichen von übelriechenden Substanzen, „grimmigen Blicken" und verbalen Angriffen bis zu geringen physischen Beschwerden, Schmerz und schwerem, psychologischem Schock.

Gute Beispiele für negative Verstärkung im Alltag sind schwer zu finden. Am besten läßt sie sich vielleicht dadurch beschreiben, wenn man vom Regen überrascht wird und sich dann irgendwo unterstellen kann (vorausgesetzt, daß naß werden aversiv ist).

Tausende von Experimenten wurden im Laufe der Jahre durchgeführt, um die Faktoren zu bestimmen, die die Effektivität der Verstärkungsoperationen beeinflussen. Wir können mit großer Überzeugung sagen, daß im allgemeinen die Auswirkung der Verstärker auf den Erwerb und die Festigung einer Reaktion am größten ist, wenn sie *kontingent, konsequent* und mit *minimaler Verzögerung* dargeboten werden. Die Häufigkeit, mit der eine Reaktion verstärkt wird und die Menge der Verstärker pro Reaktion stehen zu der Stärke des Verhaltens in einer negativ beschleunigten Funktion. Das heißt, kleine Zunahmen der Verstärker in Anzahl oder Ausmaß führen zu einem großen Anstieg der Reaktionsstärke (Rate, Geschwindigkeit, Auftrittswahrscheinlichkeit) bis die Reaktion ein Plateau erreicht (auch *asymtotisches Niveau* genannt), nach dem der Nettozuwachs der Reaktionsstärke abnimmt [14].

Verstärker können auch in *primäre* und *konditionierte* eingeteilt werden. Ein primärer Verstärker ist ein Reiz, dessen verstärkende Eigenschaften sich nicht von einer vorausgegangenen Konditionierungsgeschichte ableiten lassen. Primäre Verstärker können als „biologische Gegebenheiten" angesehen werden. Nahrung, Wasser, Luft usw. sind Beispiele für mögliche, primäre verstärkende Stimuli. Ein neutraler Stimulus (einer, der vor der Konditionierung keine verstärkende Funktion erfüllt) kann in zeitlich enger Abfolge mit einem primären Verstärker dargeboten werden und so schließlich die Kraft erwerben, das Reagieren zu erhöhen oder aufrecht zu erhalten. Einen neutralen Stimulus, der seine verstärkenden Eigenschaften durch diese Art des *Pawlow*schen Konditionierens erworben hat, (d.h. durch vorausgegangene Paarung mit einem primären Verstärker) nennt man einen konditionierten Verstärker. Mit dem Begriff *generalisierter Verstärker* bezeichnet man konditionierte Verstärker, die mit mehr als einem primären Verstärker gepaart worden sind. Ein Großteil menschlichen Verhaltens wird durch generalisierte Verstärker wie Zuneigung, Zuwendung, Lob und Geld (nicht notwendigerweise in dieser Reihenfolge!) aufgebaut und aufrechterhalten.

Ein Verhalten kann jedesmal wenn es auftritt kontingent verstärkt werden, und der gesunde Menschenverstand sagt uns vermutlich, daß dieses Vorgehen das Lernen maximiert. Weiteres Nachdenken wird uns jedoch veranlassen, unsere Meinung zu überdenken, weil nämlich nur sehr wenige Aktivitäten beim Menschen (oder beim Tier) genau nach jedem Auftreten verstärkt werden können. *Skinner* und seine Kollegen [17] haben das Studium der *Verstärkungspläne* erschlossen, der Spezifizierung von Kontingenzen in bezug auf die Anzahl emittierter Reaktionen *(Quotenpläne)* und in bezug auf die verstrichene Zeit *(Intervallpläne)*. In seinem Buch *A Primer of Operant Conditioning* erklärt Reynolds [35]:

> Verstärkungspläne haben regelmäßige und tiefgreifende Auswirkungen auf die Reaktionsrate eines Organismus. Die Bedeutung von Verstärkungsplänen kann nicht überschätzt werden. Keine Beschreibung oder Erklärung des operanten Verhaltens eines Organismus ist vollständig, wenn nicht der Verstärkungsplan im einzelnen ausgeführt wurde (S. 60).

Vier einfache Pläne von intermittierender (im Gegensatz zu kontinuierlicher) Verstärkung sind *fixierter Intervallplan, fixierter Quotenplan, variabler Intervallplan* und *variabler Quotenplan*. Bei einem fixierten Intervallplan (FI) wird nach dem Auftreten der ersten Reaktion in einem konstanten (fixierten) Zeitintervall ein Verstärker dargeboten. Die Zeiteinteilung beginnt unmittelbar nach der Darbietung eines Verstärkers. Wenn ein Versuchstier einem FI-Plan ausgesetzt wird, bildet seine Reaktionsrate schließlich ein wiederkehrendes Muster: am Anfang ist die Reaktionsrate niedrig (so als würde das Tier nicht reagieren) aber dann erhöht sie sich, je näher der Zeitpunkt möglicher Verstärkung rückt. Eine grobe menschliche Analogie kann man in den Arbeitsgewohnheiten von Personen mit langweiliger und sich wiederholender Arbeit kurz vor Feierabend sehen. Ein fixierter Quotenplan (FQ), bei dem Verstärkung kontingent auf eine fixierte Anzahl von Reaktionen folgt, führt im allgemeinen zu hohen, stabilen Reaktionsraten. Ein Beispiel aus dem Alltag ist das Fließbandsystem, das in einigen Fabriken angewandt wird. Je mehr ein Arbeiter produziert, desto mehr verdient er. Beim variablen Intervallplan (VI) wird die Verstärkung manchmal nach langen und manchmal nach kurzen Intervallen verfügbar gemacht in einem Muster, das sich ständig ändert. Im allgemeinen arbeiten Individuen schneller bei VI-Plänen, wenn die Zeitabschnitte *im Durchschnitt* kürzer sind. Bei variablen Quotenplänen (VQ) schließlich variiert die Anzahl der für eine Belohnung erforderlichen Reaktionen von einer Belohnung zur anderen in einer unregelmäßigen aber sich wiederholenden Art und Weise. Der VQ-Plan erzeugt sehr hohe und nahezu konstante Reaktionsraten. Das beste Beispiel für die Ausdauer von Verhalten, das durch einen VQ-Plan erreicht wird, ist der Spieler, der einen Spielautomaten bedient. Wenn man Leute neue Verhaltensweisen lehrt, hat man oft den Wunsch, daß sie beständig hohe Reaktionsraten zeigen sollten. Folglich setzen wir die wirksamsten Pläne ein, die uns zur Verfügung stehen (gewöhnlich variable Pläne). Für weitere Einzelheiten über die Wir-

7. Operante Methoden

kungsweise von Verstärkungsplänen, die Art der Verstärkung und den Einfluß, von Übungsbedingungen (Verzögerung, Anzahl der Verstärkungen usw.) auf Erwerb und Aufrechterhaltung von Reaktionen sei der Leser verwiesen an *Reynolds* [35], *Rachlin* [32] oder *Williams* [52].

Bis jetzt haben wir nur Verstärkungsoperationen berücksichtigt. Psychologen in der angewandten Verhaltenspsychologie sind jedoch auch an Verfahren interessiert, die eine Reaktionstendenz schwächen oder eliminieren (wenn das Reagieren gefährlich, unangemessen oder exzessiv ist). Mit Bestrafung bezeichnet man eine Klasse von Verfahren, die zu einer Abnahme, Verlangsamung, Unterdrückung (eine zeitweilige Reduktion) oder Beendigung des Verhaltens führen, auf das sie kontingent folgen. Die operante Reaktion X kann auf jede der drei folgenden Arten geschwächt werden:

1. indem man einen negativen Verstärker (einen aversiven oder schädlichen Stimulus) kontingent darauf darbietet;
2. indem ein positiver Verstärker kontingent auf sein Auftreten verlorengeht oder entfernt wird;
3. indem man einen neutralen Stimulus kontingent und beständig nach jedem Auftreten von X darbietet.

Die erste Methode bezeichnet man als Bestrafung, oder manchmal als *positive Bestrafung* (positiv, weil ein Ereignis hinzugefügt wird; Bestrafung, weil das Ergebnis in einer Reduktion der Reaktion besteht). Das zweite Verfahren umfaßt die Manipulation von positiven Verstärkern mit dem Ziel, die Häufigkeit des Reagierens zu reduzieren. Es gibt verschiedene Möglichkeiten, eine strafende Konsequenz zu erzeugen, ohne daß man aversive Stimuli anwenden müßte. *Auszeit* bezeichnet eine Vorgehensweise, bei der man den Zugang zu jeglichen und allen angenehmen Ereignissen, die in einer Situation verfügbar sein mögen für eine begrenzte Zeitspanne und kontingent auf das Auftreten des zu ändernden Verhaltens sperrt. Häufig wird als Beispiel für Auszeit aus dem Alltag das Wegschicken eines unfolgsamen, störenden Kindes in sein Zimmer angeführt. In den meisten Fällen erweist sich dieses Beispiel jedoch als schlecht, es grenzt in der Tat ans Lächerliche je nach dem Überfluß an Spielsachen im Zimmer des Kindes! Ein verwandtes Vorgehen besteht in dem Entzug von Wertgegenständen die man vorher besaß (wie der Verlust von verdientem Geld oder von verdienten Punkten) kontingent auf eine Reaktion. Dieses Vorgehen, als *Verstärkerrückgabe* bezeichnet, spielt eine Rolle, wenn Eltern ihrem Kind einen Teil des Taschengeldes wieder wegnehmen, wenn das Kind unfolgsam ist. Ein vollständiger Entzug oder eine Unterbrechung positiver Ereignisse, die früher einem Verhalten folgten, nennt man schließlich *Löschung*. Dieses Vorgehen ist gleichbedeutend mit der Darbietung neutraler Ereignisse, wo sich gewöhnlich positive Konsequenzen ergaben.

Beispiele aus dem Alltag sind geläufig. Eltern ignorieren ein jammerndes Kind, dessen Weinen zuvor Zuwendung auslöste. Ein eifersüchtiger Liebhaber ignoriert die verliebten Annäherungen eines launischen Partners. Oder ein Therapeut könnte die Versprechungen eines Klienten „ein für allemal damit aufzuhören" ignorieren und stattdessen nur noch „dokumentierten" Zeichen des Fortschritts Aufmerksamkeit schenken.

Später in diesem Kapitel wird der therapeutische Gebrauch und mögliche Mißbrauch von Bestrafungsverfahren beschrieben. Im Augenblick sollte der Leser zwei Grundtatsachen über die Verhaltensmodifikation durch die Kontrolle der Verstärkungskontingenzen beachten:
1. Konsequenzen können entweder hinzugefügt oder entfernt werden und
2. *sowohl* angenehme *als auch* unangenehme Konsequenzen können eingesetzt werden, um Verhalten zu stärken *und* um Verhalten zu schwächen.
Deshalb gilt:

– Positive Verstärkung   = *Darbietung* einer angenehmen Konsequenz führt zu *erhöhtem* Reagieren.

– Negative Verstärkung = *Entfernen* einer unangenehmen Konsequenz führt zu *erhöhtem* Reagieren.

– (Positive) Bestrafung = *Darbietung* einer unangenehmen Konsequenz führt zu *abnehmendem* Reagieren.

– Löschung, Verstärker-   = *Entfernen* einer angenehmen Konsequenz führt zu rückgabe, Auszeit   *abnehmendem* Reagieren.
(Negative Bestrafung)

Wenn der Leser oder die Leserin Klarheit über obige Definition hat, war er (sie) da erfolgreich, wo viele Professionelle und Lehrbuchautoren scheinbar versagt haben. Hier ist eine einfache Gedankenstütze. Nach der Definition von „negativer Verstärkung" zum Beispiel befragt, denkt man negativ = wegnehmen (Konsequenzen) und Verstärkung = erhöhtes Reagieren. Negative Verstärkung umfaßt die Wegnahme von etwas, das zu erhöhtem Reagieren führt. Der gesunde Menschenverstand sagt einem, daß das, was weggenommen werden muß, etwas Unangenehmes ist. Etwas Übung sollte hier ausreichen, um weitere Verwirrung zu verhindern.

Stimuluskontrolle, Generalisierung und Diskrimination

Bei der *Skinner*schen Verhaltensanalyse agieren Stimuli nicht als „Antreiber" des Verhaltens wie im Falle des Reflexes. Trotzdem beeinflußt vorausgegangene Stimulation nachfolgendes Verhalten. Antezedenzbedingungen wirken als Signale, Hinweisreize oder genauer als *diskriminative Stimuli* (S^D) die die zu erwartenden Bedingungen als solche kennzeichnen, unter denen eine bestimmte Handlung verstärkt wird. Tiere lernen ebenso wie der Mensch, daß Reaktionen in einem *situativen Rahmen* belohnt werden, und daß das wiederholte Auftreten dieser Situation wahrscheinlich die Wiedereinführung einer Belohnung (oder Bestrafung) kontingent auf eine Reaktion signalisiert. Wie wir sehen werden, besteht in vielen Fällen die wirksamste Art, Verhalten zu beeinflussen, in der Manipulation der vorausgehenden Hinweisreize. Die diskriminative Kontrolle von Verhalten nennt man *Stimuluskontrolle*. Der diskriminative Stimulus in einer Verhaltensformel zusammen mit der operanten Reaktion und ihrer kontingenten Verstärkung ergeben die grundlegende „Drei-Begriffe-Kontingenz" Skinners, der grundlegende Wegweiser der operanten Psychologie:

$$S^D \longrightarrow R \longrightarrow S^R$$

1. diskriminativer Stimulus 2. Reaktion 3. verstärkender Stimulus

Kontingenzmanagement bezieht sich auf die Manipulation von 3. in bezug auf 2. Stimuluskontrolle bezeichnet die Kontrolle von 1. und ihre Auswirkungen auf 2. Verhaltensmodifikation beschreibt die kombinierten Technologien von Stimuluskontrolle und Kontingenzmanagement [18].

In der natürlichen Umwelt sowie in der Laborsituation kann man einige faszinierende Kennzeichen der Stimuluskontrolle beobachten. Wir entdecken zum Beispiel, daß die Verstärkung einer Reaktion in der Anwesenheit eines bestimmten Stimulus dazu führt, daß *andere ähnliche Hinweisreize* die gleiche operante Reaktion hervorrufen können. Diese Ausbreitung der Wirkung nennt man *Stimulusgeneralisierung;* und sie ist für beträchtliche Einsparungen in der Zeit und Energie des Individuums verantwortlich. Zum Glück muß man nicht jede Reaktion in jeder neuen Situation erneut lernen.

Verwandt mit der Generalisierung ist das Konzept der *Diskrimination*. In der Tat betrachten einige Theoretiker Diskrimination als das psychologische Gegenteil von Generalisierung. Ein Individuum lernt zu diskriminieren, wenn es unterschiedlich auf verschiedene Stimuli reagiert, selbst wenn diese Stimuli sehr ähnlich sind. Wie wir sehen werden, können viele Verhaltensprobleme auf ein Versäumnis zurückgeführt werden, die angemessenen Diskriminationen und Generalisierungen zu lernen.

Verhaltensdiagnose: Definition und Messung des Problemverhaltens

Der am operanten Ansatz orientierte Psychologe strebt nicht eine „Diagnose" im traditionellen Sinne an, bei der versucht wird, innere Dispositionen und Persönlichkeitszüge (Neigungen zu handeln, denken oder fühlen) im Zusammenhang mit „universellen" Kindheitskrisen (z.B. die ödipale Situation wie sie von Freudschen Theoretikern betont wird) zu sehen. Ein experimental-analytischer Ansatz konzentriert sich vielmehr auf das, was ein Individuum tut und in welchem Kontext es das tut. Eine direkte Probe des Problemverhaltens kann man erhalten durch direkte Beobachtung zu Hause oder am Arbeitsplatz des Klienten, durch physiologische Aufzeichnungen der inneren Reaktionen (Herzrate, Blutdruck usw.), durch ein strukturiertes Interview, durch Rollenspielsitzungen im Zimmer des Therapeuten oder indem man den Klienten bittet, sich selbst eine zeitlang zu beobachten und die speziellen Umstände, unter denen das Problemverhalten auftritt, sowie die Umweltbedingungen, die es hervorrufen und aufrechterhalten (verstärken) in einem ausführlichen Bericht aufzuzeichnen.

Es wäre jedoch falsch, anzunehmen, daß die Durchführung eines Verhaltensinterviews der genauen Beobachtung eines Klienten durch ein „psychologisches Mikroskop" entsprechen würde, die sich auf jede kleine Einzelheit im Leben des Klienten oder der Klientin richtet. Ebenso falsch wäre es, den Schluß zu ziehen, daß ein traditionell psychiatrisches Interview nicht mehr als eine Übung im magischen Denken von seiten des Interviewers darstellt. In einem Standardlehrbuch der Psychiatrie ist die Beschreibung des Vorgehens bei der „Untersuchung des Patienten" teilweise durchaus nicht unvereinbar mit operanten Prinzipien:

> Man versucht... ein psychologisches Bild der lebenden Person als einem spezifischen menschlichen Wesen mit seinen individuellen Problemen zu bekommen... Das erfordert die größtmögliche Information über physische, anatomische, physiologische, pathologische, soziale, psychologische und erzieherische Faktoren und Einflüsse [22].

Worin besteht nun die Einmaligkeit der Verhaltensdiagnose? Der Hauptunterschied liegt sicher darin, was der Diagnostiker mit der gesammelten Information tut. Der psychiatrische Untersucher soll „die besonderen Schwierigkeiten und das Verhalten des Patienten erfassen und seine innere Lebensgeschichte rekonstruieren" [22]. Dem Psychologen, der sich am operanten oder sozialen Lernmodell orientiert, gibt man dagegen zu bedenken, daß „eine Beschreibung des Problemverhaltens, seiner kontrollierenden Faktoren und der Mittel, durch die es verändert werden kann, die besten ‚Erklärungen' für das Handeln des Patienten darstellen" ([20] S. 426). Das Ziel ist eine *funktionale Analyse,* die vollständige Aufzählung aller relevanten Umweltereignisse, die unmittelbar vor und nach einem bestimmten Problemverhalten auftraten. Ein Ereignis ist relevant, wenn es als effektiver Hinweisreiz (diskriminativer Stimulus) oder Verstärker für das fragliche Verhalten dient. Kontrollierende Bedingungen sind nicht ausschließlich auf die äußere Umwelt beschränkt. Verdecktes Verhalten wie Selbstinstruktionen, Vorstellungen oder Selbstverstärkungen können auch eine bedeutende Rolle spielen (s. Kapitel 10 und 11 in diesem Buch).

Um die Faktoren zu präzisieren, die zu einem Problemverhalten in einer bestimmten Situation führen und es verstärken, ist es nützlich, fünf elementare Komponenten in die Verhaltensanalyse einzubeziehen: die vorausgegangene Umweltsituation (S), der biologische Zustand des Organismus (O), die Problemreaktion oder -reaktionen (R), die Kontingenzbeziehung zwischen Verhalten und nachfolgenden Ereignissen (K) und die Art der Konsequenzen selbst (C). Diese Formel S--O --R-- K --C bietet eine grobe Anleitung für Untersuchungsbereiche. Beschreibungen und weitere Vorschläge zur Durchführung einer funktionalen

7. Operante Methoden

Analyse finden sich bei *Ferster* und *Perrott* [16] *Gottman* und *Leiblum* [14], *Holland* [17], *Kanfer* und *Saslow* [20], *Lazarus* [23], *Wahler* und *Cormier* [45] und *Wolpe* [53].

Wie entscheidet man aber über das richtige Zielverhalten bei einer Verhaltensanalyse? Wie definieren wir ein passendes Zielverhalten für klinische Intervention in Anbetracht der Tatsache, daß wir keine „psychotischen Symptome", „neurotische Muster" oder „Charakterstörungen" verwenden, wie sie in dem diagnostischen Manual der Amerikanischen Psychiatrischen Gesellschaft (1968) definiert werden? Auf diese täuschend einfache Frage will ich gezwungenermaßen kurz und bündig antworten: Man fängt an mit den Beschwerden des Klienten und setzt die funktionale Analyse ein, um das Problem einzugrenzen. Wenn ein Verhalten Konsequenzen erzeugt, die die physische Sicherheit des Individuums bedrohen, die seine Emotionen spalten oder seine Effektivität in jeder seiner sozialen Rollen beeinträchtigen, und es sich veranlaßt sieht, Hilfe zu suchen, dann ist das Verhalten wahrscheinlich ein Gegenstand der Verhaltenstherapie. Wenn mehrere, unterschiedliche Verhaltensweisen stören, kann man *zu Beginn* jene Reaktion in Angriff nehmen, die nach der funktionalen Analyse am meisten stört, und die die meisten Aussichten hat, durch die zur Verfügung stehenden Methoden geändert zu werden. Es ist wichtig zu beachten, daß Diagnostik ein kontinuierlicher Prozeß ist. Von der Phase der *Ausgangsdaten* (d.h. vor der Einführung der Behandlung, wenn ein vorhersagbares und konsistentes Bild des Problemverhaltens verfügbar ist) bis zur *Katamnese*, wenn die Behandlungskontingenzen abgesetzt werden, notiert der Verhaltensdiagnostiker sorgfältig den Verlauf der Aktivitäten des Klienten. Auf diese Weise werden Revisionen in Therapieplänen möglich, und wenn sie eingesetzt werden, dann basieren sie eher auf „harten Fakten" aus dem Fall als auf „klinischer Intuition". Information aus der Verhaltensdiagnose wird zu jedem Zeitpunkt als Grundlage der Behandlungsstrategie benützt; nicht um die „Persönlichkeit des Klienten zu rekonstruieren."

Methoden der Verhaltensänderung

Obwohl es viele Techniken zur Änderung von Verhalten gibt, betrachten wir ausschließlich jene, die sich aus dem operant-experimentellen Ansatz ergeben. Die Darstellung der Methoden der Verhaltensbeeinflussung wurde in vier Sektionen unterteilt, um die vier unabhängigen Funktionen der operanten Intervention widerzuspiegeln:
1. der Aufbau von effektivem Verhalten,
2. die Beschleunigung erwünschter Aktivitäten,
3. die Eliminierung unangepaßten Verhaltens und
4. die Aufrechterhaltung therapeutischer Errungenschaften.

Im Grunde werden alle programmatischen Bemühungen Leuten zu helfen alle vier Elemente umfassen. Warum? Wenn man davon ausgeht, daß

a) angepaßtes und unangepaßtes Verhalten gelernt werden müssen und
b) daß die richtige Untersuchung des Verhaltens ein Erforschen von Beziehungen ist, dann behandelt der Verhaltenspraktiker *nie Problemverhalten in der Isolation*.

Jede Intervention ist (oder sollte sein) ein *dreifacher* Vorstoß: erstens die Stärkung (oder der Aufbau) von erwünschten Reaktionen, zweitens, die Eliminierung unerwünschten Verhaltens, das mit dem Erwerb oder Gebrauch angemessener Reaktionen konkurriert, und schließlich die Ermöglichung von Stimuluskontrolle und der schrittweisen Generalisierung der neuerworbenen Gewohnheiten. Und selbstverständlich folgen auf die erfolgreiche Intervention Programme, um die Aufrechterhaltung sicherzustellen. Deshalb wird ein dreifacher Vorstoß vorgeschlagen, unabhängig von der scheinbaren „Singularität" des Zielverhaltens (z.B. „Alles was ich möchte, ist, daß Johnny *aufhört*, seine Hosen zu beschmutzen"; „Wenn Mary nur *endlich* im Unterricht aufpassen würde..."). Während einige Techniken einzeln beschrieben werden, sollte sich der Leser immer bewußt sein, daß sich operante Verfahren ergänzen.

Ausbildung von Verhaltensfähigkeiten

Verhaltensausformung (Differenzierung plus Löschung)

Begründung: Wenn eine Reaktion auftreten muß, um verstärkt (gefestigt) zu werden, wie können dann neue Verhaltensweisen erworben werden? Ein Verfahren, das man *Reaktionsdifferenzierung* nennt, gibt hierauf die Antwort. Einfach ausgedrückt, der Verhaltenspsychologe knüpft an bereits bestehendem Verhalten an, um neue Verhaltensweisen aufzubauen. Jede Handlung oder Bewegung, verbal oder motorisch, variiert innerhalb von qualitativen und quantitativen Dimensionen. Eine verbale Äußerung variiert in Tonhöhe und Lautstärke, eine Bewegung variiert in Richtung, Art, Stärke oder Dauer. Wir können neues Verhalten erzeugen, indem wir eine Ebene oder eine Variante einer bestehenden Reaktion herausgreifen und sie verstärken, während wir die Belohnung für alle anderen Ebenen einstellen. Es werden sich bald neue Variationen einstellen. Wenn wir das Verfahren der Reaktionsausformung fortschreitend und stufenweise anwenden, können wir das Verhalten in eine geplante Richtung entwickeln. Jede neue Form stellt eine Annäherung an das erwünschte Endverhalten dar. Diesen Prozeß der selektiven Belohnung und Löschung nennt man *sukzessive Annäherung* oder *Verhaltensausformung* [26]. Während die frühen Demonstrationen der Verhaltensausformung im Labor interessant und amüsant waren (*Skinner* brachte z.B. Tauben bei, Tischtennis zu spielen) kann das Verfahren zur Planung von schulischen Fertigkeiten (Lesen), sozialem (Kontaktaufnahme, Sprechen und Zusammenarbeit) und komplexem motorischem Verhalten bei normalen und biologisch retardierten Kindern und Erwachsenen angewandt werden. Die Verhaltensausformung wird meist zum Aufbau einzelner Verhaltensweisen verwendet. Wenn das Ziel in dem Aufbau von Verhaltenssequenzen besteht (z.B. sich anziehen, sich sauberhalten usw.) wird die Verhaltensausformung zusammen mit der *Verhaltensverkettung* angewandt (s.u.).

Beschreibung: Hintgen und *Trost* [16] versuchten bei einer Gruppe von Kleinkindern, die als „schizophren" diagnostiziert worden waren, kooperative und vokale Reaktionen aufzubauen. Man nahm an, daß der Erwerb dieser Reaktionen zu größerer Handlungsfreiheit und größerer Toleranz dieser Kinder in der „natürlichen" Umgebung führen würde. Die Untersucher arbeiteten mit vier Kindern, mit denen zu zweit und alleine geübt wurde. Vokale Reaktionen wurden in einer Morgensitzung (Kind alleine) und kooperative Reaktionen wurden in einer Nachmittagssitzung ausgeformt. Die vokale Ausformung ging wie folgt vor sich: Das Kind wurde in einen Raum mit einem Münzautomaten und einem Essenautomaten (mit verschiedenen Artikeln wie Kekse und Bonbons in durchsichtigem Plastik verpackt) geführt und wurde für die Äußerung jedes Lautes mit einer Münze belohnt. Die Laute wurden nach einem kontinuierlichen Plan belohnt, bis das Kind in einer stetigen Rate reagierte. Als nächstes wurden differentielle Löschung und Verstärkung eingesetzt. Husten, Kichern und Summlaute wurden ignoriert. Verstärkung wurde nur für solch erkennbare Laute wie ‚ba', ‚ta', ‚da', ‚ma', ‚loo' usw. gegeben.

Bei der Ausformung kooperativer Reaktionen ging man in vier Schritten vor: zuerst wurde Berühren belohnt durch Anwendung der Methode der sukzessiven Approximation (näher rücken, sich zufällig streifen, länger andauernde Hand-Körper Berührung). Als nächstes wurden nur physischer Kontakt und Vokalisationen zusammen belohnt. Dann wurde Berührung mit beiden Händen und Vokalisation verlangt. Und schließlich wurde Verstärkung nur gegeben, wenn beide Kinder sich mit beiden Händen berührten und vokale Reaktionen zeigten. Die Ergebnisse dieser Demonstration waren erfreulich, weil sie zeigten, daß Kinder, die anfänglich weder Ansätze zu einer erkennbaren Sprache noch zu Interaktion mit Gleichaltrigen aufwiesen und deren psychiatrische Diagnose von einer „schlechten Prognose" und bevormundender Behandlung begleitet gewesen wäre, die Grundlagen interpersonalen Verhaltens lernten. Heute werden in Krankenhäusern, Schulen und Kliniken in den U.S.A. und in vielen anderen Teilen der Welt Kinder („retardierte", „hirnverletzte", „hyperaktive", „schizophrene" usw.) über die Grundlagen hinaus durch Ausformungsmethoden gefördert.

Empfehlungen: Die Verhaltensausformung beinhaltet folgende Stufen:
– Man beginnt mit der Beobachtung des Individuums, dessen Verhaltensrepertoire als ungenügend beschrieben wird. Welche Reaktionen treten mit großer Häufigkeit auf? Man bestimmt die vorausgehenden und nachfolgenden (verstärkenden) Umweltreize, die mit diesem häufig auftretenden Verhalten verbunden sind. Man zeichnet die Variabilität in der Topographie (Form, Stärke oder Dauer) der verfügbaren Reaktionen auf.
– Auf der Grundlage der Beobachtungsdaten entscheidet man, 1. ob eine

erwünschte Endreaktion aus dem bestehenden Verhalten ausdifferenziert werden kann und wenn ja, 2. worin diese *erste Annäherung* an das Endziel bestehen sollte.
- Man setzt das Kriterium für die erste Annäherung. Wie *Blackwood* [9] ausführt: „Bei der Aufstellung eines Kriteriums unterteilen wir die Reaktionen in zwei Klassen; Reaktionen, die jenen, die wir wollen, sehr nahe kommen, und Reaktionen, die jenen die wir wollen sehr wenig ähneln. Hier ist zu beachten, daß das Kriterium niedrig angesetzt werden muß, andernfalls wird jegliches Reagieren gelöscht." (Kapitel 7, S. 6).
- Man gestaltet die Situation so, daß die Wahrscheinlichkeit einer Reaktionsäußerung maximal ist. Wenn für eine erwünschte Reaktion die Anwesenheit anderer Personen oder besonderer Reize erforderlich ist, muß dies bei der Verhaltensausformung gewährleistet sein.
- Man verstärkt differentiell (mit den wirksamsten Verstärkern, die man zur Verfügung hat – Nahrung, Lob, physische Zuneigung usw.) Varianten im ablaufenden Verhalten, die grobe erste Annäherungen an die gewünschte Reaktion sein können. Varianten, die unverträglich mit dem erwünschten Endziel sind, wird die Verstärkung entzogen. Wenn zum Beispiel eine Mutter ihren Sohn langsam dazu bringen will, daß er aufpaßt, wenn sie ihm zeigt, wie man sich richtig anzieht, dann wird sie herzlich zu ihrem Kind sprechen, wenn es auf sie schaut, aber sie wird schweigen, wenn sich das Kind abwendet, die Augen schließt usw.
- Man muß den Wechsel in der Richtung des Zielverhaltens beobachten und das Kriterium entsprechend ändern. Wenn es durch wiederholte Verstärkung nicht gelingt, eine Reaktion zuverlässig aufzubauen, muß wahrscheinlich das Kriterium niedriger angesetzt werden. Wenn ein Verhalten mit hoher und stabiler Rate aufgebaut ist (wenig Fluktuation) (z.B. ein Kind sagt „da" auf den Hinweis „sag da" in 95 Prozent der Zeit), kann das Kriterium in Richtung auf die erwünschte Reaktion geändert werden (man verstärkt nur zwei aufeinanderfolgende „da" Reaktionen; man verstärkt zwei aufeinanderfolgende „da" Reaktionen bei einem Maximum von zwei Sekunden Pause dazwischen, dann einer Sekunde, usw.).
- Man verwendet verbale Hinweise oder Gesten oder Instruktionen auf jeder Stufe des Prozesses, selbst wenn die Hinweisreize *zuerst* das auszuformende Verhalten nicht zuverlässig auslösen. Zu Beginn des Ausformungsverfahrens wird das Verhalten des Kindes bestimmen, welche Hinweisreize der Therapeut benützen wird (Stufe 1). Das heißt, wenn das Kind spontan „goo" sagt, verstärkt der Therapeut den Laut und versucht dann Stimuluskontrolle aufzubauen, indem er das Kind instruiert „Sag goo" und das Befolgen belohnt.

Reaktionsverkettung

Begründung: Komplexe menschliche Verhaltensweisen setzen sich aus Ketten einfacherer Reaktionen zusammen. Die Reaktionseinheiten einer Verhaltenskette werden durch Stimuli verbunden, die als Hinweisreize (diskriminative Stimuli) und als Verstärker wirken. Die Kette von Handlungen, die z.B. durch das Läuten des Weckers in Gang gesetzt wird und die mit dem Verzehr des Frühstücks endet, ist eine Abfolge von Handlungen; diese Handlungen sind auf die Umwelt gerichtet und haben verstärkende Konsequenzen, die auch nachfolgende Operationen ermöglichen (auslösen) und in dem zufriedenstellenden Zustand des Gesättigtseins gipfeln. Die offenen Reaktionen, als *Glieder* der soeben beschriebenen Kette bezeichnet, sind zahlreich (z.B. sich im Bett aufsetzen, Hausschuhe anziehen, zum Badezimmer gehen, sich waschen, Zähne putzen, in die Küche gehen, sich an den Tisch setzen usw.) wie die verbindenden Umweltfaktoren (*Zwischenglieder* genannt), die die Kettenglieder zusammenfügen (z.B. die Hausschuhe lösen das Gehen aus und machen das Gehen angenehmer, die Zahnpastatube löst das Bürsten aus und das Austreten von Zahnpasta verstärkt das Ausdrücken der Tube usw.).

Die Technologie des Aufbaus (Lehrens) angepaßter Verhaltensketten bei Individuen (sowohl Erwachsene als auch Kinder), deren Verhalten als ungenügend beurteilt wird, basiert allein auf den Prinzipien der Ausformung, Stimuluskontrolle und Verstärkung. Genauigkeit und gesunder Menschenverstand in der Anwendung dieser grundlegenden Verfahren können lange, komplizierte und sozial relevante Verhaltensketten erzeugen, deren gleichmäßiger Verlauf ihren „programmierten" Ursprung Lügen straft (s. [18] für die Diskussion des komplexen Themas der „Verzweigung" von Ketten).

Beschreibung: Watson [48] und seine Mitarbeiter verwenden bei ihrer „psychoedukativen" Behandlung von retardierten und autistischen Kindern Verhaltenstechniken. Verkettungsverfahren werden meist angewandt, um altersangemessene Verhaltensabfolgen aufzubauen wie sie z.B. beim Ankleiden vorkommen. Der Vorgang des Ankleidens wird zunächst als Entwurf in fünf Komponenten aufgeteilt wie sie beim Ankleiden vorkommen: Unterhosen anziehen, Hosen anziehen, Hemd anziehen, Socken anziehen und Schuhe anziehen. Eine Ausformungsprozedur wird zunächst dazu verwendet, um jedes der fünf Glieder der „Ankleidungskette" aufzubauen. Dann werden die Glieder verbunden, indem man eine Kette von dem letzten Glied (dem letzten Verhalten in der Abfolge) *rückwärts* zum ersten Glied bildet. Da die letzte Reaktion in der Kette normalerweise den natürlich auftretenden Verstärkern am nächsten ist (d.h. die Eltern belohnen das Kind gewöhnlich dafür, wenn es vollständig und richtig angezogen am Frühstückstisch erscheint), werden Ketten von dem letzten meist unmittelbar verstärkten Glied rückwärts ausgebildet. Wenn man also zunächst einem Kind bis zur vierten Komponente des Ankleidens behilflich war, wird der Therapeut zu dem Kind sagen „Zieh Dich an". Man hilft dann dem Kind die Schuhe anziehen und verstärkt es mit Schokolade, Fruchtsaft oder einem anderen bevorzugten Verstärker und verbalem Lob, einer Umarmung oder einem Lächeln. Wenn das „Schuhglied" einmal unter verbale Kontrolle gebracht ist (d.h. wenn der Hinweisreiz „Zieh Dich an" zuverlässig das Anziehen der Schuhe auslöst), kann man das „Sockenglied" anfügen, wobei die primäre Verstärkung immer noch nach der letzten Reaktion in der

Kette kommt (dem Schuhe anziehen). Verbale Hinweisreize werden zusammen mit verbalem Lob benützt, um jedes Glied der Kette hinzuzufügen bis das Kind vollständig nackt auf das Signal „Zieh Dich an" alle seine Kleider anziehen kann.

Empfehlungen: Die Grundregeln für die Ausbildung von Verhaltensketten sind folgende:
– Die gewünschte Verhaltenssequenz wird in Einheiten unterteilt. Die Größe der Einheiten sollte durch die Erfordernisse des individuellen Falles bestimmt werden.
– Man stellt fest, welche Glieder der zu konditionierenden Kette bereits bestehen und welche individuell ausgeformt werden müssen.
– Man formt die Kettenglieder aus, die nur geringe (niedrige Auftrittswahrscheinlichkeit) oder gar keine Stärke besitzen.
– Man beginnt das Verkettungsverfahren mit der Stärkung des letzten Gliedes. Dies soll in einer von Ablenkung freien Umgebung geschehen.
– Das letzte Glied wird unter zuverlässige Stimuluskontrolle gebracht. Diese und die vorhergehende Stufe werden durch den Einsatz starker Verstärker (bestimmt durch Beobachtung und Befragung des Klienten nach seinen Präferenzen) erzielt, die konsistent, unmittelbar und häufig dargeboten werden, kontingent auf das Emittieren der erwünschten Reaktion. Soziale Verstärker sollten auch verwendet werden (z. B. Lächeln, Lob usw.).
– Man fügt das vorletzte Glied dem bereits erworbenen Verhalten hinzu. Man fügt jedes verbleibende Glied hinzu, indem man rückwärts bis zur ersten Reaktion in der Kette arbeitet. Eine Kette mit drei Gliedern kann zum Beispiel wie folgt dargestellt werden:

$$S_1^D \longrightarrow R_1 \longrightarrow S_1^R$$
$$\qquad\qquad\qquad\quad |$$
$$\qquad\quad S_2^D \longrightarrow R_2 \longrightarrow S_2^R$$
$$\qquad\qquad\qquad\qquad\qquad\quad |$$
$$\qquad\qquad\quad S_3^D \longrightarrow R_3 \longrightarrow S_3^R$$

(hier anfangen)

Nehmen wir an, wir hätten es hier mit den letzten drei Gliedern der Zahnputzkette zu tun. R3 ist Bürsten, verstärkt durch (SR3), die angenehm schmeckende Zahnpasta. Der Hinweisreiz für das Bürsten (SD3) ist die Zahnbürste in der Hand. Das Halten der Zahnbürste nimmt schließlich verstärkende Funktion an. Wenn das Halten der Zahnbürste zuverlässig das Bürsten voraussagt, kann man annehmen, daß das Halten der Zahnbürste (SD3) das Aufnehmen der Zahnbürste (R2) verstärkt (SD3 ist auch SR2). Der Hinweisreiz für das Aufnehmen der Zahnbürste (SD2) kann der Anblick der Zahnbürste sein. Schließlich wird das Sehen der Zahnbürste die erste Reaktion in unserer Minikette (R1) verstärken (SR1), die im Anknipsen des Lichtes im Badezimmer besteht.

7. Operante Methoden

- Wenn während der Ausführung einer verketteten Abfolge ein Fehler auftritt, korrigiert man den Fehler sobald wie möglich und veranlaßt den Ausführenden, soweit wie möglich in der Kette zurückzugehen und erneut zu beginnen.
- Wenn Fehler in einer gelernten Abfolge auftreten, kann es notwendig werden, sie zu bestrafen. Es kann vorkommen, daß man Fehler, die am Anfang der Kette auftreten, bestrafen muß, da eine Unterbrechung der anfänglichen Verhaltensweisen den Erwerb unterbindet und nachteilige Wirkungen auf die Motivation (den Wunsch, es zu versuchen) des Lernenden haben kann.
- Beim Aufbau verketteter Sequenzen (wie angemessenes Kleiden, Säubern, Baden, Eßverhalten usw.) ist es oft nützlich und notwendig, den Ausführenden durch die Abfolge hindurch anzuleiten. Der Lehrer kann auch angemessenes Verhalten demonstrieren (Modell).
- Ein Ausblenden und Provokation von Verhalten können beim Aufbau wirkungsvoller Ketten nützlich sein (siehe unten).

Ein-/Ausblenden und Hilfestellungen

Begründung: Bisher haben wir uns weitgehend auf den Aufbau von Verhalten durch Manipulation der Konsequenzen konzentriert; nun sind wir soweit, im einzelnen Methoden zu betrachten, die dazu dienen, neu erworbene Reaktionen unter diskriminative Stimuluskontrolle zu bringen.

Angemessene Anpassung an eine sich ständig ändernde Umgebung verlangt schnellen und sorgfältigen „Einsatz" der Hinweisreize (Stimuli), die die erwarteten Verhaltensformen signalisieren. Beispiele sind: Anhalten bei Rot; Hutabnehmen in der Kirche (oder Aufsetzen in einer Synagoge); Stehen beim Abspielen der Nationalhymne; leise Reden in der Bibliothek. Und es gibt feinere soziale Signale, die vorschreiben, wie wir uns Mitgliedern des anderen Geschlechts, älteren und jüngeren Mitmenschen, Autoritätspersonen, Freunden und Feinden annähern, mit ihnen eine Beziehung aufnehmen und mit ihnen reden. Unangepaßtes Verhalten ist oft das Ergebnis eines Reagierens auf einen unpassenden Stimulus (d.h. die Form des Verhaltens ist richtig, aber es wird zur falschen Zeit oder am falschen Ort emittiert), oder das Unterlassen des Reagierens auf einen angemessenen Hinweisreiz. Wenn wir die Reaktionen von anderen (oder von uns selbst) unter den Einfluß verbaler oder nichtverbaler Signale (Tips, Hinweise, Anregungen, Anweisungen, Ratschläge, Bitten oder Instruktionen) stellen, können wir häufig wirksamere Handhabung erzielen und die Grundlage für Generalisierung (Ausbreitung) und Aufrechterhaltung der Veränderung schaffen.

Hilfsstimuli sind Verhaltenseingriffe, die die Aufmerksamkeit des Lernenden auf die zu lernende Aufgabe und ihre Erfordernisse lenken. Bei der Ausformung des Ankleideverhaltens, beispielsweise, kann der Lehrer mit dem Kind zusammen eine Abfolge von Bewegungen durchführen und in angemessenen Intervallen Verstärker darbieten. Bei der Ausformung von Sprachverhalten kann der Lehrer zuerst den geforderten Laut zuerst aussprechen und dann den Lernenden anleiten, ihn zu wiederholen. Eine gute Annäherung an den Laut wird dann belohnt. Ausblenden bezeichnet das schrittweise Entfernen von Teilen des Hinweisreizes, so daß der Lernende auf die minimalen Hinweisreize, die in der natürlichen Umgebung vorhanden sind, reagiert. *Ausblenden* bezeichnet auch den stufenweisen Abbau von Hinweisreizen, die künstlich als Hilfe beim Erwerb eingesetzt werden (z.B. Zahlen auf die Klaviertasten schreiben und sie dann buchstäblich „langsam verschwinden" lassen). Kombiniert werden Hilfestellungs- und Ausblendungsverfahren eingesetzt, um die diskriminative Kontrolle von Verhalten zu entwickeln.

Beschreibung: Lautes Lesen kann also als operante Reaktion angesehen werden, die unter der Kontrolle eines gedruckten Stimulus steht. Die Sichtmethode für den Leseunterricht, die Wort und Bild kombiniert, ist ein allgemein übliches Vorgehen, das in *unsystematischer* Weise von dem Verfahren des Ein- und Ausblendens Gebrauch macht. In einer Untersuchung mit vier bis sechsjährigen, nicht lesenden Kindergartenkindern verglichen *Corey* und *Shamow* [13] eine Ausblendungstechnik mit einer Methode, bei der Worte über die Bilder gelegt wurden „ohne systematisches Programm für die Übertragung der Reaktion auf die gedruckten Stimuli alleine". Durch den Einsatz eines speziell konstruierten Diaprojektorsystems konnten die Autoren Bild-Wort Kombinationen darbieten, in denen beide in gleicher Weise sichtbar waren (Sichtmethode) oder bei denen die Beleuchtung für die Bilder stufenweise reduziert werden konnte (Ausblendungsmethode). Die Kinder in beiden Gruppen wurden aufgefordert, das Wort einfach zu einem Spielzeugclown zu sagen, dessen Nase nach jeder korrekten Benennung aufleuchtete. Verbale Hilfestellungen wurden außer den anfänglichen Instruktionen nicht gegeben. Ein sechsstufiges Ausblendungsverfahren erwies sich als effektive Erleichterung des lauten Lesens und war viel wirksamer als die Überlagerungstechnik. Ein zweites Experiment zeigte, daß die Ausblendungstechnik zum besseren Behalten des Gelernten führt (in ein bis zweimonatigen Katamnesen).

Barlow und *Agras* [8] setzten ein Ausblendungsverfahren bei einem ganz anderen Problem ein, um die Stimuluskontrolle der sexuellen Erregung bei drei homosexuellen Männern zu ändern. Die Klienten ersuchten freiwillig um Behandlung wegen eines Problems, das die Untersucher als Beispiel für unangemessene Stimuluskontrolle ansahen. *Barlow* und *Agras* verwendeten ein Verfahren, das dem von *Corey* und *Shamow* beim Unterrichten des Lesens angewendeten sehr ähnlich war. Jeder Proband wurde vor eine Leinwand gesetzt, auf der Dias von nackten Männern und/oder nackten Frauen gezeigt werden konnten. Jeder Proband war an ein Gerät angeschlossen, das die Ausdehnung des Penis als Reaktion auf die Dias maß. Das Ausmaß der Erregung wurde als Prozentsatz der vollen Erektion bestimmt. Vor Beginn der Ausblendungsbehandlung zeigte jeder homosexuelle Proband eine starke Penisreaktion auf Bilder von nackten Männern und eine verhältnismäßig schwache Reaktion auf weibliche Dias. Das Ausblendungsverfahren verlief folgendermaßen: ein attraktives Männerbild und das am „wenigsten unattraktive" Frauenbild wurden in einen synchronisierten Diaprojektor eingelegt. Der Diaprojektor zeigte die übereinandergelegten Bilder einschließlich der

7. Operante Methoden

Genitalregion. Die Projektorkontrollen waren so eingestellt, daß die Erhöhung der Klarheit eines Bildes zu einer simultanen Erniedrigung der Klarheit des anderen Bildes führte. Die Probanden sahen am Anfang 0 Prozent des Frauenbildes und 100 Prozent des Männerbildes. Wenn sie mindestens 75 Prozent einer vollen Erektion während der zweiminütigen Darbietung zeigten, wurde mit der nächsten Stufe (eines 16stufigen Prozesses) begonnen (6 Prozent des Frauenbildes und 94 Prozent des Männerbildes). Dieses schrittweise Vorgehen wurde fortgesetzt bis der Proband die Kriteriumsreaktion (75 Prozent einer vollen Erektion) auf 100 Prozent des Frauenbildes und 0 Prozent des Männerbildes zeigte. Die Stimuluskontrolle wurde bei allen drei Probanden erfolgreich geändert (das Reagieren in Anwesenheit des weiblichen Dias erforderte getrennt 16, 29 und 105 Versuche bei den drei Klienten nacheinander). Zwei der drei Probanden waren nach der Behandlung fähig, sich Frauen zu nähern und intime heterosexuelle Beziehungen aufzunehmen. Offensichtlich ist aber die Änderung der erregenden Stimuli nicht ausreichend, um Verhalten zu ändern. *Barlow* und *Agras* weisen darauf hin, daß „ein wichtiger zusätzlicher Schritt bei der Behandlung von sexuellen Abweichungen in der Unterrichtung des Klienten im notwendigen sozialen Verhalten besteht, das zur Äußerung der neu erworbenen Erregung unerläßlich ist, und auf diese Weise die Anwesenheit positiver Umweltkontingenzen sichert" (S. 365).

Empfehlungen:
– Man verwendet Ausblenden und Hilfestellungen zusammen mit Verstärkung für erwünschtes Verhalten oder sukzessive Annäherungsverfahren (wie in dem Beispiel von *Hintgen* und *Trost*).
– Man verwendet Hilfsstimuli, die denen, die der Lernende in der „realen Lebens"-Situation, für die er vorbereitet wird, antrifft, so ähnlich wie möglich sind.
– Hilfsstimuli müssen deutlich sein, um die Aufmerksamkeit von jungen, aktiven Lernenden auf sich zu ziehen. In geräuschvollen Klassenzimmern kann vermutlich nur ein noch geräuschvollerer Hilfsstimulus den Kindern eine Änderung in den Kontingenzen anzeigen.
– Man blendet den Gebrauch künstlicher Hilfsstimuli langsam aus (d.h. derjenigen, die in der natürlichen Umwelt nicht auftreten).
– Man stellt ein Kriterium für das Ausblenden auf (wie in dem Beispiel von *Barlos* und *Agras*) wenn das Ziel darin besteht, die Kontrolle von einem Stimulus auf einen anderen zu übertragen. Für weitere Beispiele und Empfehlungen zum Thema Aus-Einblenden und Hilfestellungen wird der Leser an den Abschnitt über Stimuluskontrolle verwiesen.

Erhöhung der Wahrscheinlichkeit von erwünschtem Verhalten

Positive Verstärkung

Begründung: Wir haben gesehen, wie die systematische Anwendung von reaktionskontingenter positiver Verstärkung beim Aufbau neuer Verhaltensweisen behilflich sein kann. Wenn das Ziel in der Stärkung oder Aufrechterhaltung von Reaktionen besteht, spielt wieder positive Verstärkung eine große (wenn nicht eine führende) Rolle. Ob das Ziel einfache motorische Handlungen oder Reaktionen „höheren Niveaus" wie Einstellungen und Neigungen sind, die kontingente Darbietung verstärkender Folgen bewirkt wahrscheinlich die erwünschte Beschleunigung der Rate. Positive Kontingenzkontrolle stellt wohl das vielseitigste Werkzeug auf dem Gebiet der Verhaltensänderung dar!

Beschreibungen: Die mannigfaltige Rolle positiver Verstärkungen bei der Bildung, Aufrechterhaltung und Änderung ehelicher Beziehungen wird in der Arbeit von *Azrin, Naster* und *Jones* [6] dargestellt. Diese Autoren meinen, daß die Erwartung von Verstärkung durch die Heirat (Sex, Kameradschaft, finanzielle Gewinne, soziale Anerkennung usw.) ein Schlüsselfaktor für ihren Vollzug ist, aber daß in einer Ehe neue Quellen positiver und negativer Verstärker erzeugt und bestehende Quellen neu geordnet werden. „Art und Ausmaß positiver und negativer Verstärker für jeden Ehepartner werden deshalb in einer ständigen Veränderung begriffen sein. Da dies so ist, können keine festen Kontakte oder Vereinbarungen vor oder während der Ehe maximales Glück und minimalen Ärger in der Zukunft garantieren" (S. 367). Im allgemeinen ist die fehlende Gegenseitigkeit beim Austausch von Verstärkern eine Hauptquelle ehelicher Differenzen. Im einzelnen können die Verstärker, die jeder Ehepartner erhält, zu selten sein, zu begrenzt und zu teuer erkauft sein, wie der Verlust neuer Quellen der Zufriedenstellung und persönlicher Unabhängigkeit. Gegenseitige Beratung wurde entworfen, um den Erfolg des ehelichen Austauschs zu maximieren. Dies geschieht durch Konzentration auf die Anwesenheit von Verstärkern in der gegenwärtigen (Problem) Situation, durch die Entdeckung neuer Quellen zur gegenseitigen Zufriedenstellung innerhalb der Ehe und durch den Einsatz eines Kontraktsystems, das „Gegenseitigkeit als eine allgemeine Beziehung" zusichert. Die Autoren stellen fest: „Ein Ehepartner sollte von dem vorherrschenden Gefühl geleitet sein, daß der Partner ständig danach strebt, ihm (ihr) zu gefallen, und daß er (sie) daraufhin ebenso danach strebt, dem Partner zu gefallen..." (S. 368). *Azrin* und seine Kollegen wenden ein „Paket" von Maßnahmen an, wobei sie ihr Training auf neun eheliche Problembereiche konzentrieren, die umfangreiche Reaktionsklassen und ziemlich indirekte Messungen persönlicher Zufriedenheit umfassen. Die Verfahren sind jedoch aus Theorien abgeleitet, systematisch, intern konsistent und offensichtlich ganz erfolgreich.

Die Anwendung von Belohnungstechniken im Klassenzimmer und in anderen Heilungs-, Trainings-, Rehabilitationsstätten stieg in Beliebtheit und fachmännischer Durchführung seit Dr. *Arthur Staats* Ende der fünfziger Jahre die Wirksamkeit von Münzverstärkern bei der Behandlung von Leseproblemen bei Kindern demonstrierte. *Ward* und *Baker* [47] unterrichteten zum Beispiel Lehrer der ersten Klassen darin, wie sie ihre Belohnungen anders einsetzen könnten, um das störende Verhalten ausgewählter Schüler im Klassenzimmer zu korrigieren. Nach einer fünfwöchigen Phase der Erhebung der Ausgangsdaten, während der acht Verhaltenskategorien von geübten Studenten der unteren Semester anhand eines Intervall-Aufzeichnungssystems beobachtet worden waren, wurde eine siebenwöchige Behandlungsphase eingeführt. Die Lehrer ignorierten (löschten) abweichendes Verhalten wie Weinen, Schreien, Rennen, Daumenlutschen und verstärkten durch *Zuwendung* und *Lob* (konditionierte Verstärker) aufgabenrelevantes „produktives" Verhalten. Die Lehrer wurden angewiesen, die Regel zu befolgen und Verstärker *kontingent, konsistent* und *unmittelbar* darzubieten. Die Durchführung dieses ziemlich begrenzten Eingriffs mit minimalem Training der Lehrer führte zu einer beinahe 20prozentigen Abnahme in abweichendem Verhalten. *O'Leary* und *Becker* [27] verwendeten in einer Klasse für sehr störende Kinder konditionierte Verstärker (Münzen), die gegen Süßigkeiten und Spielsachen eingetauscht werden konnten. Der tägliche mittlere Prozentsatz von störendem Verhalten fiel von einer Streubreite von 66 bis 91 Prozent während der Erhebung der Ausgangsdaten auf 3 bis 32 Prozent während der Phase mit dem Einsatz von Münzverstärkung für angemessenes Verhalten.

Empfehlungen:
- Man bestimmt Verstärker besser durch die Beobachtung ihrer funktionalen Wirkungen auf Verhalten als durch die Annahme, daß das, was für ein Individuum eine Belohnung darstellt, für ein Anderes dieselbe Funktion erfüllt.
- Man bestimmt Aktivitätsverstärker, nachdem man das Individuum in einer Vielfalt von natürlichen Situationen systematisch beobachtet hat.
- Man gibt Verstärker unmittelbar, kontingent und konsistent, um die Festigung der Reaktion zu maximieren.
- Man verstärkt Verhalten oft, während man es zu optimaler Häufigkeit bringt, und „verdünnt" dann die Verstärkung, um die Löschungsresistenz zu maximieren.
- Man verwendet eine Vielfalt von Verstärkern, um dem Schwund an Wirksamkeit infolge wiederholter Darbietung eines bestimmten verstärkenden Reizes oder Ereignisses entgegenzuwirken.
- Man verwendet soziale Verstärkung (verbales und nicht verbales Verhalten von Personen) wann immer dies durchführbar ist, um das sich entwickelnde Verhalten über verschiedene Situationen hinweg aufrechtzuerhalten. Falls erforderlich, entwickelt man wirksame soziale Verstärker, indem man primäre Verstärker ausblendet.

Negative Verstärkung

Begründung: Wenn ein Individuum einer aversiven (unangenehmen oder schmerzhaften) Stimulation ausgesetzt ist, wird jedes Verhalten, das zum Entfernen dieser Stimulation führt, verstärkt. In der Natur wird das Erlernen der Flucht vor oder der Vermeidung von Schaden oder der Furcht vor Schaden durch den Prozeß der negativen Verstärkung gefestigt. Der Leser wird bemerken, daß – in Operationen und Wirkungen ausgedrückt – negative Verstärkung das spiegelbildliche Gegenteil der Bestrafung ist – schädliche Stimuli werden beendet (und nicht dargeboten) mit dem Ziel, die Reaktionshäufigkeit zu erhöhen (und nicht zu verringern). Negative Verstärkung wird meist verwendet, um erworbene Vermeidungsreaktionen zu festigen (z.B. Lernen, das Rauchen, das Trinken oder dickmachende Nahrung aufzugeben). Es sollte jedoch klar sein, daß der Einsatz negativer Verstärkung in einer kontrollierten Situation (das Tierlabor oder das Büro des Therapeuten) einen aversiven Ansatz zur Verhaltensänderung darstellt, mit vielen der potentiellen Nachteile, die mit Strafverfahren assoziiert sind (siehe die laufende Diskussion über Bestrafung sowie Kapitel 9 in diesem Band).

Beschreibungen: Negative Vermeidungsverfahren (Flucht-Vermeidungskonditionierung) wurden bei der Behandlung der Homosexualität von *Feldman* und *MacCulloch* [15] und ihren Mitarbeitern angewandt. Sie nennen ihr Verfahren antizipatorische Vermeidung (AV). Männliche homosexuelle Patienten lernen, Dias von attraktiven Männern mit elektrischem Schock zu assoziieren. Die Bildreize, die den drohenden Schock signalisieren, lösen schon bald antizipatorische Furcht aus. Die Patienten lernen, den aversiven Konsequenzen (und der Furcht) zu entgehen, indem sie die männlichen Stimuli innerhalb der acht Sekunden ihrer Darbietung entfernen. Deshalb wird beim Verfahren der AV das Meiden homosexueller Stimuli durch die auftretende *Befreiung* von Angst verstärkt.

Penick, Filion, Fox und *Stunkard* [31] verwendeten einen „symbolischen" aversiven Stimulus in einem negativen Selbstverstärkungsprogramm zur Gewichtskontrolle. Mit dem Abnehmen verknüpfte Verhaltensweisen sollten beschleunigt werden. Während man annehmen kann, daß Gewichtsabnahme zur positiven Konsequenz, besser auszusehen und sich wohler zu fühlen, führt, setzten die Probanden auch ein negativ verstärkendes Ereignis – bezogen auf den Gewichtsverlust – ein. Der Abnehmende speicherte große Stücke von Schweineschmalz in seinem Kühlschrank, die der Masse des zu verlierenden Übergewichtes entsprachen. Die Untersucher instruierten ihre Probanden lediglich, die Schmalzpäckchen im Verhältnis zum entsprechenden Gewichtsverlust zu entfernen. Diese Technik schien zusammen mit anderen sehr wirksam. Natürlich unterscheidet sich das Gewichtskontrollprogramm durch die Art des aversiven Stimulus, durch die Verzögerung bei seiner Wegnahme, durch seine „Selbst-Vermittlung" und durch die Abwesenheit jeglichen Warnreizes ziemlich von den meisten der experimentell abgeleiteten Techniken, die zur Zeit angewendet werden. Im allgemeinen kann negative Verstärkung jedoch bei der Behandlung von Problemen wie Drogenabhängigkeit, Alkoholismus, Rauchen und übermäßigem Essen wirksam sein, *bei denen der Erwerb von Vermeidungsreaktionen klinisch erwünscht zu sein scheint und ausdrückliches Ziel des Klienten ist.*

Empfehlungen:
– Wenn man negative Verstärkung verwendet, um Vermeidungsverhalten zu entfernen, stellt man eine inkompatible, alternative Annäherungsreaktion bereit (oder zur Verfügung). Bei der Behandlung eines Alkoholikers zum Beispiel kann man während des Alkoholkonsums Schock einsetzen, der dann durch eine

Reaktion beendet wird, die zur Darbietung irgend eines anderen Getränks führt.
- Die Beendigung des aversiven Stimulus sollte kontingent, unmittelbar und konsistent sein.
- Bekanntlich werden beim Vermeidungskonditionieren zwei Ereignisse verbunden:
  1. der aversive Stimulus und
  2. der Hinweisreiz für den Beginn des aversiven Stimulus (den man den *konditionierten aversiven Stimulus* oder CAS nennt).

Das Individuum, das lernt, die aversive Situation, die den CAS enthält zu vermeiden, oder sich aus ihr zu entfernen, verursacht auch die Verknüpfung von CAS und dem zu schwächenden aversiven Ereignis. Auf diese Weise kann es auch zu einer Schwächung der Aversion kommen. Mit fortschreitender Konditionierung ist es ratsam, den CAS und den aversiven Stimulus auf intermittierender Grundlage mit abnehmender Häufigkeit zu paaren.
- Der Zeitraum zwischen den einzelnen Flucht- oder Vermeidungsversuchen darf nicht zu kurz sein. Der aversive Stimulus sollte lange genug ausgesetzt werden, um die „Erleichterung" angenehm zu machen.
- Wenn das Individuum mit der Zeit keine zuverlässigen Vermeidungs- oder Fluchtreaktionen ausführt, hört man mit dem Training auf und stellt fest:
  1. ob unbekannte Kontigenzen (außerhalb der Therapie) auf das Programm Einfluß nehmen oder
  2. ob die aversiven Konsequenzen tatsächlich funktional aversiv sind.

Stimuluskontrolle

Begründung: Wenn man systematisch die Unterschiede des individuellen Verhaltens in verschiedenen Situationen beobachtet, zeigt sich, daß gewisse Stimuli mehr als andere gewisse Reaktionen zuverlässig hervorrufen. Wenn man die Antezedenzbedingungen kontrolliert, die die Gelegenheit für verstärktes Verhalten schaffen, kann man die Wahrscheinlichkeit des Auftretens einer Reaktion erhöhen. Es gibt vier Klassen von Antezedenzereignissen:
1. diskriminative Stimuli, die in der Vergangenheit mit reaktionskontingenter Verstärkung verbunden waren,
2. verbale Hinweisreize oder „Regeln", deren Befolgung bisher zu Verstärkung führte,
3. erleichternde Stimuli, deren Einsatz das Reagieren einfacher macht (z.B. neue Kleider erleichtern soziale Interaktion), und
4. motivierende Abläufe, die die Wirksamkeit der Verstärkung erhöhen (z.B. vorausgegangene Deprivation).

In vielen therapeutischen Situationen ist es einfacher, billiger oder schneller, vorausgehende Stimuli einzuplanen als zu versuchen, die Kontingenzen zu bestimmen und zu verändern. Und, wie wir schon gesehen haben, erfordern nicht alle klinischen Probleme Verhaltensbeschleunigung oder -verminderung – sondern vielmehr das Reagieren am richtigen Ort und zur richtigen Zeit (Stimuluskontrollentwicklung.

Beschreibungen: Schutte und *Hopkins* [38] entwickelten eine verbale Kontrolle durch einen Erwachsenen in einem Kindergartenraum, indem sie die Lehrerin im differentiellen Gebrauch von kontingenter Zuwendung (Verstärkung) unterrichteten. Eine Liste von zehn Instruktionen wurde abgefaßt (z.B. „Hebe die Spielsachen auf", „Komm, hol Dir Bleistift und Papier") und einer Gruppe von fünf Mädchen zwischen 4; 8 und 6 Jahren dargeboten. Die Lehrerin, mit Stoppuhr und Antwortbogen ausgerüstet, notierte, ob ihre Instruktionen befolgt wurden (innerhalb von 15 Sekunden). Die Lehrerin wartete zwei Minuten zwischen den Instruktionen. Während der Erhebung der ersten Ausgangsdaten hatten die Kinder eine durchschnittliche tägliche Instruktionsbefolgungsrate von 60 Prozent. Wenn die Lehrerin jedoch eine „natürliche verbale Reaktion" kontingent auf die Befolgung von Instruktionen (wie „das ist nett", „danke, daß Du getan hast, worum ich Dich bat") äußerte, befolgten die Kinder die Instruktionen in 78 Prozent der Zeit. Das Entfernen der Kontingenzen führte zu einer Abnahme auf 68,7 Prozent und eine zweite Verstärkungsphase erzeugte eine Befolgung von Instruktionen zwischen 80 und 90 Prozent (Durchschnitt 83,7 Prozent). Diese Ergebnisse wurden erzielt in nur 20 täglichen Sitzungen von je 20 Minuten Dauer.

Man könnte sich fragen, ob Stimuluskontrollverfahren in komplexerem Rahmen mit Erwachsenen bei Problemen, die einen größeren Widerstand bieten, als Gewichtskontrolle zum Erfolg führen können. Eine Komponente des erfolgreichen Verhaltensprogramms für Gewichtskontrolle von *Stuart* und seinen Kollegen [42] bestand darin, daß sie ihren Klienten zeigten, wie man die Antezedenzstimuli angemessenen Eßverhaltens festigen kann. Den Diätklienten wurde zum Beispiel dringend geraten, sich eine Auswahl annehmbarer (vorgeschriebener) Nahrung zu besorgen und ihren fortlaufenden Konsum anhand von handlichen Taschen-Aufzeichnungsbögen zu überwachen. Im wesentlichen beschränkt oder „programmiert" der Diätklient seine Umgebung, um maximalen Erfolg zu erzielen. Starke Esser können nehmen und wählen – aber nur aus angemessenen Nahrungsstimuli. Da Appetit häufig durch die äußere Aufmachung (Größe, Verpackung, Farbe usw.) der Nahrung mit ausgelöst wird, wird der Diätklient auch instruiert, kalorienarme „Garnierungen" und „Verschönerungen" (wie Petersilie und Paprika) zu verwenden.

Eine andere Methode der Stimuluskontrolle, die gewöhnlich in Verbindung mit dem Einsatz von Hinweisreizen für angemessenes Verhalten angewandt wird, ist, die Hinweisreize für unangemessenes Verhalten zu schwächen. Diese simultane Stärkungs- und Schwächungstaktik, bei der auch Antezedenzstimuli eingeführt werden, hat eine Parallele in der gleichzeitigen Anwendung von positiver Verstärkung und Löschung beim Kontingenzmanagement. Im Falle von *Stuarts* Diätklienten umfaßte das Stimuluskontroll-Programm solche Vorschläge wie: nur in einem Raum essen, sich während des Essens mit nichts anderem beschäftigen (wie reden, fernsehen), den Teller direkt in den Abfalleimer zu entleeren. Diese „Eliminierungsstufen" wurden entworfen, um den Bereich der Hinweisreize, die dem Überessen vorausgehen, einzuschränken oder zu reduzieren.

7. Operante Methoden

Empfehlungen:
- Zum wirksamen Einsatz von Stimuluskontrolle bestimmt man die funktionalen Glieder zwischen vorausgehenden Hinweisreizen und dem zu beschleunigenden Verhalten durch Beobachtung (nicht durch Ableitung).
- Man bestimmt die Auslöser für unangemessenes Verhalten.
- Man entfernt die Auslöser für unangemessenes Verhalten.
- man verdeutlicht die Hinweisreize für angemessenes Reagieren. Wenn gewisse Individuen als S^D für angemessenes Verhalten anderer dienen, ermöglicht man diesen erleichternden Personen eine „zentralere" Stellung in der Umgebung.
- Man soll Stimuluskontrolle nicht übertreiben und vielmehr beachten, daß jede unverstärkte Darbietung eines Stimulus seine Kraft zur Auslösung des Reagierens schwächt.
- Wenn ein willkürlicher Hinweisreiz als diskriminativer Stimulus aufgebaut wurde, blendet man schrittweise „natürliche" Antezedenzstimuli ein.
- Man trainiert das Individuum dazu, die Stimuluskontrolle seines eigenen Verhaltens zu übernehmen (siehe Kapitel 10 und 11).

Reduktion der Wahrscheinlichkeit exzessiven Verhaltens

Bestrafung

Begründung: Neben rechtlichen und ethischen Überlegungen ist Bestrafung als eine Methode der Verhaltensbeeinflussung wegen technischer Kompliziertheiten ein „aversives" Thema für den Psychologen. *Reese* [33] weist kurz und bündig darauf hin, daß Bestrafung ein komplexer Prozeß sei:

> Er kann auf emotionales reflexhaftes Verhalten wirken ... er kann auf andere als auf die bestrafte operante Reaktion wirken; seine Wirkung auf die bestrafte Reaktion selbst ist eine Funktion von mehreren Variablen einschließlich der Motivation der Versuchsperson, der Heftigkeit des aversiven Stimulus, des Planes, nach dem Bestrafung verabreicht wird und viele mehr (S. 31).

Bestrafungsverfahren können wirksam sein, wenn sie *angemessen* bei Verhaltensweisen *angewandt* werden, die
a) unmittelbare physische Gefahr für den Handelnden oder für andere in seiner Umgebung bedeuten oder
b) nicht durch die Kontrolle von Antezedenzstimuli oder verstärkenden Konsequenzen unterbunden werden können.

Wenn man Bestrafung anwendet, sollte man wissen, wie man mit den häufigen Anstrengungen des Klienten umgeht, die „Behandlung" zu vermeiden oder ihr zu entgehen. Indem er das tut, verwickelt er sich womöglich in Verhalten, das schädlicher sein kann, als das, das „behandelt" werden sollte. Zu unerwünschten Ergebnissen kommt es wahrscheinlich auch, wenn Bestrafung „als die letzte Zuflucht" angewandt wird. Tatsächlich hat jedes Verfahren, das von einem Individuum oder von einem „System" (einem Krankenhaus, einer Schule, einem Gefängnis usw.)

eingesetzt wird, eine gute Aussicht, mißbraucht zu werden, „wenn alles andere versagt hat". Ärger, Frustration, Groll, Empfindlichkeit, Verzweiflung und/oder übertriebene Verpflichtung können alle zu leicht das Ziel therapeutischer Verhaltensänderungen unterminieren.

Beschreibung: Bucher und King [11] arbeiteten mit einem 11 Jahre alten Jungen, John, der als retardiert und schizophren diagnostiziert worden war, dessen Neigung, mit elektrischen Vorrichtungen zu spielen (TV-Geräte, Radios, Plattenspieler) sowohl gefährlich als auch kostspielig war. Das Problem bestand während Johns fünfjähriger Hospitalisierung. Die Therapeuten wollten das unerwünschte Verhalten in einer Vielfalt von Situationen, einschließlich jener, in denen John vollständig alleine ist, unterdrücken.

Um eine nicht funktionierende elektrische Vorrichtung im Behandlungszimmer wurde ein Kreidekreis (einen Meter-Radius) gezogen. Ausgangsdaten, die erfaßten, wie häufig John die Vorrichtung anfaßte oder in die Kreide trat, zeigten, daß er dies unter einer Reihe von Bedingungen tat: wenn ein Freiwilliger an- oder abwesend war, bei Nicht-Beachtung von John oder beim Spiel mit ihm, oder wenn man John einsperrte und dann ignorierte. Dann wurde ein elektrischer Schock an Johns Arm verabreicht (der eine „scharfe, stechende Empfindung" verursachte), sobald er die Vorrichtung berührte. Innerhalb von 36 Schocksitzungen, die in 16 verschiedenen Situationen (Anzahl anwesender Vorrichtungen, verschiedene Räume usw.) durchgeführt wurden, nahm die Häufigkeit der unerwünschten Reaktionen (und der Schocks) ab. Im allgemeinen lernte John schnell. Er bekam nie mehr als drei Schocks in einer zehnminütigen Sitzung und diskriminierte verschiedene Situationsarten. Der Therapeut (ein Freiwilliger) vermied sorgfältig den Gebrauch verbaler Hilfsstimuli, damit John nicht *nur* unter den verbalen Anweisungen des Therapeuten zu unterdrücken lernte.

Nach *Bucher* und *King* [11] verbesserte sich das Verhalten des Kindes zu Hause und in der Schule im Krankenhaus.

Empfehlungen: Wo positive Kontrolle und nicht-physische Formen der Bestrafung sich bei der Änderung von Verhalten als unwirksam erweisen, führt man reaktionskontingente aversive Stimulation (RCAS) am besten nach folgenden Richtlinien durch:
— Man verwendet RCAS im Zusammenhang mit positiver Verstärkung von angemessenem Verhalten.
— Man verabreicht RCAS so rasch wie möglich nach einem Fehlverhalten.
— Die Dauer des RCAS muß nicht sehr lange sein (bei mäßigen elektrischen Schocks hat sich eine Dauer von 0,1 Sek. als effektiv erwiesen).
— Man verabreicht RCAS nach einem kontingenten Plan bis die Reaktion unterdrückt oder eliminiert ist.
— Das Intensitätsniveau der RCAS sollte so hoch sein, wie es ethisch vertretbar ist.
— Man vermeidet ausgedehnte Perioden von RCAS.
— Das Individuum, das RCAS verabreicht, sollte mit der klinischen Entscheidung, die ihre Anwendung vorschreibt, einverstanden sein.
— Man sollte nach effektiven und annehmbaren Alternativen zu Schock und inten-

siver auditiver Stimulation suchen. Zum Beispiel, kneifen, auf die Finger klopfen und selbst Kitzeln kann Verhalten bei einem Jungen unterdrücken, dessen Pflegepersonen Schock als ungebührlich rauh oder unhaltbar ansehen würden.
– Man verwendet Einblendungstechniken, um die bestrafte Reaktion unter diskriminative Kontrolle zu bringen.

Löschung

Begründung: Viele abweichende oder unangepaßte Verhaltensweisen werden durch die verstärkenden Effekte der Zuwendung gefestigt. Auf Kinder, die in einer unordentlichen oder unangemessenen Weise handeln, reagieren Eltern und Lehrer oft, indem sie sich ihnen zuwenden, sie von oben herab ansehen, sie ansprechen oder anschreien in dem Bemühen, das Verhalten zu eliminieren. Wenn diese Taktiken den gegenteiligen Effekt erzeugen, nämlich einen Anstieg in dem störenden Verhalten, tendieren Pfleger und Erziehungspersonen dazu, in mentalistische Erklärungen abzugleiten: „Mit Billy kann ich nicht fertig werden, weil er die Launen seines Vaters hat:" „Jackie ist überspannt und temperamentvoll"; „Frank kann infolge eines ungenügend ausgebildeten Überichs nicht behandelt werden"; „Regan war in letzter Zeit einfach nicht sie selbst . . ." Eines der zwingendsten Argumente für den psychologischen Ansatz bei der Besserung von Problemverhalten liegt in der demonstrierten Wirkung von Löschung – dem „bloßen" Entzug von Verstärkung bei Verhalten mit großer Auftrittswahrscheinlichkeit. Einer der frühen Berichte über erfolgreiche Verhaltensmodifikation unter Anwendung operanter Prinzipien war *Williams* [51] Studie über die Eliminierung von Wutanfällen durch Löschung. Seit dieser Zeit wurde Löschung zusammen mit der Verstärkung inkompatiblen erwünschten Verhaltens in buchstäblich Tausenden von Fällen – in Klassenzimmern, Krankenhäusern, in Kinderhorten und zu Hause angewandt.

Löschung alleine führt *nicht* zu unmittelbarer und konsistenter Reduktion der Reaktion, wie es häufig bei der Anwendung von aversiver Stimulation der Fall ist. Wenn die Löschung erstmals eingeführt wird, kann die Häufigkeit einer Reaktion in der Tat *ansteigen*. Dem Kliniker, der Löschungsverfahren einsetzt, wird deshalb geraten, sich selbst, den Klienten und/oder die nicht professionellen Hilfskräfte, die an einem Verhaltensproblem arbeiten, auf die anfängliche, durch Löschung erzeugte „Verschlechterung" der Zielreaktion vorzubereiten. Löschung wird jedoch mit der Zeit eine allmähliche Reduktion im Reagieren erzeugen. Die Geschwindigkeit, mit der ein Verhalten gelöscht wird, erwies sich als eine Funktion des Verstärkungsplans, nach dem es erworben und aufrechterhalten wurde. Im allgemeinen nimmt die Löschung mehr Zeit in Anspruch, wenn die Reaktion nach einem intermittierenden oder unregelmäßigen Verstärkungsplan erworben wurde (unser Spielautomatenbeispiel, siehe oben). Löschungswiderstand ist das Kennzeichen eines Verhaltens, das nur lästig ist, wenn das Ziel in der Eliminierung exzessiven Reagierens besteht. Andrerseits wird der Kliniker bei der Festigung neuerworbener, erwünschter Verhaltensweisen versuchen, sie widerstandsfähig gegen Löschung zu machen.

Beschreibung: Ayllon und *Michael* [5] lieferten eine der besten Demonstrationen der Effektivität der Löschung bei der Behandlung hospitalisierter psychotischer Patienten. Vor der Durchführung von Eingriffen am Verhalten beobachteten die Stationsschwestern systematisch das Verhalten der Patienten. Daten wurden erhoben über die Häufigkeit des Problemverhaltens, über die Art der Häufigkeit „natürlich auftretender" Verstärkung und (ein Schritt, der von unausgebildeten „Verhaltensmodifikatoren" oft nicht beachtet wird) über die Häufigkeit inkompatiblen Verhaltens, das dazu benützt werden könnte, um das abweichende Reagieren zu ersetzen. Die Ergebnisse zeigten, daß ein Großteil des unerwünschten Verhaltens durch kontingente soziale Billigung und Zuwendung der Schwestern aufrechterhalten wurde. Danach wurden die Schwestern, die als Verhaltensmodifikatoren oder Trainer dienten, im Gebrauch der Löschung unterrichtet (beispielsweise gebeten, „das Verhalten zu ignorieren und sich taub und blind zu stellen, wann immer es auftritt").

Das Ziel für Helen, eine Patientin mit Wahnvorstellungen bestand in der Löschung ihres „psychotischen Sprechens". Über 90 Prozent von Helens Konversation drehte sich um ihr uneheliches Kind und die Männer, die hinter ihr her wären. Nachdem die Schwestern instruiert waren, Löschung plus Verstärkung für andere Gesprächsthemen einzusetzen, nahm das krankhafte Sprechen ständig ab – bis auf ein Minimum von weniger als 25 Prozent relativer Häufigkeit in der zehnten Woche (das wahnhafte Sprechen hatte zuvor drei Jahre lang bestanden). Als das psychotische Reden wieder mit größerer Häufigkeit auftrat, stellte man fest, daß Helen „hintenherum" Verstärkung von Individuen bekam, die mit dem Löschungsprogramm nicht vertraut waren. Die Kraft der Löschung war trotzdem eindeutig gezeigt. Der Leser wird an *Ayllon* und *Azrin* [4] für weitere Beschreibungen über den Gebrauch der Löschung bei hospitalisierten Patienten und an *O'Leary* und *O'Leary* [28] für Beispiele der Anwendung im Klassenzimmer verwiesen.

Empfehlungen:
– Man verwendet Löschung unangemessenen Verhaltens zusammen mit positiver Verstärkung des inkompatiblen angemessenen Verhaltens.
– Löschung ist nur dann wirksam, wenn der Verhaltensmodifikator den zu eliminierenden verstärkenden Stimulus richtig identifiziert hat. Schwierigkeiten und Fehlschläge bei der Löschung können auf ein Minimum reduziert werden
  1. durch sorgfältige und zuverlässige Beobachtung der Problemsituation im Hinblick auf die Bestimmung *aller möglichen Verstärker,* die kontingent auf das unerwünschte Verhalten folgen,
  2. durch Befragung der Zielperson (d.h. durch Vorgabe eines Verstärkungsfragebogens), um die derzeit wirksamen Verstärker in seinem oder ihrem Leben festzustellen.
– Löschung ist am wirksamsten, wenn alle jene Personen, die mögliche Verstärker für unangemessenes Verhalten darstellen, auf die Absetzung der Belohnung hinarbeiten. So kann es nötig sein, daß Lehrer mit Eltern zusammenarbeiten, daß Krankenhauspersonal koordiniert wird, und daß im allgemeinen jede

Hilfsperson in das Löschungsprogramm miteinbezogen wird. Falls dies nicht geschieht, wird die abweichende Reaktion intermittierend verstärkt, was sie löschungsresistent macht.
- Man bereitet die mit dem Klienten beschäftigten Personen, hauptsächlich die, die das Programm durchführen, auf den anfänglichen *Anstieg* in der Häufigkeit der unerwünschten Reaktion bei Beginn der Löschung vor
- Löschung als ausschließliche Methode der Veränderung ist unangemessen

    a) wenn das Verhalten sofort unterbunden werden muß, weil es beim Klienten oder bei anderen körperlichen Schaden anrichtet (wie bei der Selbstverstümmelung von Kindern, Angriffsverhalten oder Brandstiftung),

    b) wenn die „frustrierenden Effekte", die durch Entzug der Belohnung erzeugt werden, zu anderen Verhaltensweisen führen, die gefährlich und möglicherweise unkontrollierbar sind (d.h. Verhalten, dessen Auslöser und Verstärkungskontingenzen unbekannt oder unbehandelbar sind) und

    c) wenn der Entzug der Belohnung für unangemessenes Verhalten den Entzug der Belohnung für erwünschte Reaktionen erfordert.

Verstärkerrückgabe

Begründung: Verstärkerrückgabe (VR) stellt eine Form der Bestrafung dar, bei der vorher erworbene primäre Verstärker (wie Nahrung) oder konditionierte Verstärker kontingent auf eine unerwünschte Reaktion verlorengehen. VR wurde im institutionellen Rahmen angewandt, um das unangepaßte Verhalten psychiatrischer Patienten und retardierter Individuen zu unterdrücken, und es wurde im „ambulanten" Rahmen angewandt, wobei die Patienten therapeutische Kontrakte schließen, die VR-Kontingenzen umfassen (oder die „Drohung" der VR). In vielen praktischen Situationen wird VR zusammen mit positiver Verstärkung für angemessenes Reagieren angewandt. Gelegentlich werden andere Bestrafungstechniken (wie Auszeit oder aversive Stimulation) zusammen mit VR und positiver Kontrolle benutzt. In einer neueren Übersicht über Forschungsergebnisse wurde die vorsichtige Schlußfolgerung gezogen, daß VR keine unerwünschten Nebenwirkungen hervorruft, wie man sie der Bestrafung zuschreibt, und daß durch VR unterdrücktes Verhalten auch nicht mehr auftritt, wenn die VR-Kontingenzen abgesetzt werden [21].

Beschreibungen: Eine zwanzigjährige, hospitalisierte Frau, die als ängstlich-depressiv, hysterisch und als ein Grenzfall zur Psychose diagnostiziert worden war, wurde auf einer Station für Verhaltensmodifikation mit Verstärkerrückgabe und positiven Verstärkungsmethoden behandelt [34]. Das „depressive" Verhalten der Patienten (selten lächeln, häufig unprovoziertes Weinen) war das Zielverhalten des Änderungsprogramms, das von Hilfspersonen durchgeführt wurde, die im Einsatz von Verfahren der Verhaltensmodifikation geschult waren. Eine Phase der Erhebung der Ausgangsdaten (ohne Intervention) zeigte, daß Lächeln nicht auftrat, und Weinen („unartikulierte" Laute, von Tränen im Gesicht des Patienten begleitet ... von 5 bis 30 Minuten Dauer ...) mit einer Häufigkeit von annähernd 29 Episoden pro Woche auftrat. Nach der Erhebung der Ausgangsdaten wurde die Patientin über zwei neue Kontingenzen informiert: daß Weinen einen Verlust von Münzen mit sich bringen würde (Spielmarken, die für Privilegien eingetauscht werden konnten), während Lächeln zum Erhalt von Münzen führen würde. Danach gab die Hilfsperson der Patientin entweder eine Münze, wenn bei ihr ein Lächeln zu beobachten war („ein leichtes Öffnen der Lippen, ein Aufwärtsziehen der Mundwinkel und ein Hervortreten der Haut, die die Backenknochen bedeckt") oder sie ging zu ihr wenn sie weinte und sagte einfach: „Ihr Weinen kostet sie eine Münze". Innerhalb einer Periode von sieben Wochen waren die Raten für Weinen und Lächeln praktisch vertauscht (27 Episoden des Lächelns und 2 Episoden des Weinens in der letzten Woche der Behandlungsphase). Eine dreiwöchige Löschungs- und eine dreiwöchige Reversionsphase führten zur Steigerung des Weinens und zur Reduktion des Lächelns (und zeigten auf diese Weise die Kraft der Kontingenzen). Die VR-Kontingenz wurde dann wieder eingesetzt, zusammen mit sozialer (Lob) und Münzverstärkung. Schließlich wurde die VR-Kontingenz abgesetzt, und das Weinen wurde einfach ignoriert. Die Münzverstärkung für Lächeln wurde nicht mehr beibehalten, aber soziales Lob wurde fortgeführt. Eine 14monatige Katamnese nach der Entlassung zeigte, daß die Patientin sich gut in der Gemeinschaft zurechtfand (zum erstenmal in sechs Jahren).

Boudin [10] berichtet von der Anwendung eines Verstärkerrückgabe-Kontraktes bei der ambulanten Behandlung eines Amphetaminmißbrauchers. Seine Patientin, eine graduierte Studentin, benützte Amphetamine drei Jahre lang vor der Behandlung. Sie nahm Zuflucht zum Lügen und Stehlen, um Drogen zu bekommen und brach in Panik aus bei dem Gedanken, süchtig geworden zu sein. Obwohl der Behandlungsplan viele Elemente beinhaltete (einschließlich Stimuluskontrolle, verbaler Ermutigung und aversiven Techniken) umfaßte er ein „steifes" Verstärkerrückgabe-Abkommen, nach dem die Patientin mit ihrem Therapeuten ein Bankkonto einrichtete, auf dem ihr ganzes Kapital ($ 500) war. Die Klientin unterschrieb zehn 50 Dollarschecks, zu deren Gültigkeit nur die Unterschrift des Therapeuten notwendig war. Man vereinbarte, daß jeder Drogenkonsum oder Verdacht auf Drogenkonsum zum Verlust eines Schecks führen würde. Die VR-Kontingenz wurde nur einmal während des dreimonatigen Vertragsbruches eingesetzt. Man sagte der Klientin (einer Schwarzen), daß gültige Schecks an den Ku-Klux-Klan geschickt werden würden.

Empfehlungen:
– Man verwendet Verstärkerrückgabe (VR) Verfahren zusammen mit positiver Verstärkung für angemessenes und inkompatibles Verhalten.
– Bevor man ein VR-System einsetzt, bestimmt man, ob die möglicherweise zu verlierenden Verstärker tatsächlich geschätzt werden. Sie müssen echte „Verstärker" in dem Sinne sein, daß alle Individuen arbeiten, um sie zu verdienen und sie für Dinge ausgeben, die anderweitig nicht zur Verfügung stehen.

- Man richtet das gesamte Gewinn:Kosten Programm so ein, daß verlorene oder verwirkte Dinge nicht leicht oder schnell ersetzt werden können.
- Man ordnet das gesamte Gewinn:Kosten Programm so an, daß „Verurteilungen" realistisch sind (weder soll der Einzelne in einem einzigen Versuch bankrott gehen, noch dürfen die Löcher in seinen Ersparnissen so klein sein, daß der Verlust unbemerkt bleibt).
- Man ordnet die Verurteilung sobald wie möglich nach dem Mißverhalten an.
- Für Individuen, die keine Verstärker verdient haben, kann es notwendig werden, sie am Anfang nicht kontingent bereitzustellen. VR Verfahren können dann angewendet werden.
- Wenn VR mit verbaler Kritik kombiniert wird, ist es möglich, die Strafkontingenz auszublenden und das störende Verhalten unter die verbale Kontrolle des Trainers zu bringen (Therapeuten, Lehrer, Eltern, Hilfspersonen usw.)
- Bei stark motivierten Klienten ist es denkbar, vorgestellten anstatt tatsächlichen Verlust von Verstärkern als Bestrafungsprozedur zu verwenden [21, 49].

Auszeit

Begründung: Verhaltensreduktion kann erreicht werden durch den Entzug von Möglichkeiten, positive Verstärker zu erhalten. Auszeit (von Verstärkung) ruft nicht die Furcht und Vermeidungstendenzen hervor, die häufig die Wirkungen von aversiven Kontrollprogrammen unterminieren, obwohl sie eine unangenehme Folge darstellt. Auszeit hat sich als nützlich erwiesen im Umgang mit sehr häufig auftretenden störenden (aggressiven, beleidigenden, zerstörerischen) oder selbstzerstörerischen Verhaltensweisen, die durch die Handlungen von Beobachtern und Mitausführenden ausgelöst und verstärkt zu werden scheinen. Wenn man nicht alle Verstärker für abweichendes Verhalten feststellen und entfernen kann, kann die Person, die unangemessen reagiert, aus der problemverschlechternden Situation ausgeschlossen werden. Auszeit ist auf diese Weise in der Schule und im institutionellen Rahmen nützlich, wo es manchmal einfacher ist, sich mit einem störenden Individuum anstatt mit der ganzen Gruppe zu befassen. Wenn ein unangemessenes Verhalten in verschiedenen Situationen festzustellen ist, müssen Auszeit-Kontingenzen von den Kontrollpersonen in jeder Situation dauernd eingesetzt werden [12].

Beschreibung: **Tyler** und **Brown** [44] berichteten von der erfolgreichen Anwendung eines Auszeitprogramms bei einer Gruppe von institutionalisierten delinquenten Jungen (Alter 13 bis 15 Jahre), deren störendes Verhalten im Freizeitraum eines Landhauses für das Personal ein schwieriges Problem darstellte. Nachdem man sich über das Zielverhalten geeinigt hatte (Werfen oder Verletzen mit einem Billardstock, um den Billardtisch herumstreiten, die Spielregeln nicht einhalten und anderes), setzten die Untersucher ein Verfahren ein, bei dem Fehlverhalten zur Isolierung für 15 Minuten in einem Auszeitraum führte. „Es gab keine Verwarnungen, keine Diskussionen, keine Argumente und keine zweiten

Möglichkeiten. Wenn sich eine Versuchsperson schlecht benahm, wurde sie auf eine sehr direkte Art in den Auszeitraum gebracht. Das Personal konnte höchstens als Erklärung sagen ‚Du hast dich schlecht benommen' aber nicht mehr" (S. 2). Der 1,30 × 2,60 m große Isolationsraum wurde in einer Ecke des Landhauses eingerichtet, was ein schnelles Hin- und Herbringen jedes Jungen ermöglichte. Die schlechten Verhaltensweisen verringerten sich unter der Auszeitkontingenz, stiegen während der Wiederherstellung der ursprünglichen Bedingungen an und sanken noch einmal mit der Wiedereinführung der Auszeit.

Der Erfolg dieses Auszeitprogramms ist ganz bemerkenswert, wenn man bedenkt, daß die Untersucher mit wenig Personal arbeiteten, das in der Bestimmung von Zielverhalten nicht gründlich trainiert war, mit einer wechselnden Anzahl von delinquenten Jugendlichen in dem Landhaus und ohne die Möglichkeit, Information über die Reaktion der gleichaltrigen Gruppe auf jede Beleidigung und ihre Konsequenzen sammeln zu können. Unterstützung oder Kritik aus der Gruppe dem „Missetäter" gegenüber könnte das schlechte Verhalten verstärkt und das Programm unterminiert haben. *Tyler* und *Brown* vermuten, daß die Milde der Auszeitprozedur für ihren Erfolg wesentlich war.

> Das Aufsichtspersonal entwickelte eine Fertigkeit im Einsperren der Jungen auf eine lässige und nicht emotionelle Art, die wahrscheinlich die Möglichkeit der Gruppe, zu „spotten" oder aus dem Missetäter einen „Märtyrer" zu machen, auf ein Minimum reduzierte. Es könnte sein, daß die milde Bestrafung Gefühle der Schuld oder Rache beim Personal weniger aufkommen ließ (S. 6).

In diesem Falle wurde nicht für die systematische Belohnung von alternativem erwünschtem Verhalten gesorgt, wie die operante Technologie dies vorschreibt. Die Autoren legen tatsächlich auch nahe, daß ein solches Verfahren zur Wirksamkeit ihres Programms beigetragen hätte.

Empfehlungen:
– Man benutzt Auszeit zusammen mit positiver Verstärkung von angemessenem und inkompatiblem Verhalten.
– Man hält den Auszeitraum frei von attraktiven oder ablenkenden Dingen. Er sollte klein aber gut durchlüftet sein. Man gestaltet den Raum, in dem angemessenes Verhalten erwünscht ist, so attraktiv wie möglich (mit unmittelbar verfügbaren verstärkenden Aktivitäten und Gegenständen für angemessenes Verhalten). Mangelnde Wirkung der Auszeit ist oft der relativ niedrigen Belohnung für richtiges Reagieren zuzuschreiben.
– In der Mehrzahl der erfolgreichen Programme mit Kindern liegt die Dauer der Auszeit zwischen fünf und 25 Minuten. Lange Dauer ist unerwünscht, weil das Individuum von den Möglichkeiten, angepaßtere Reaktionen zu lernen, ferngehalten wird. Man sollte zuerst kürzere Auszeitdauer ausprobieren, und wenn notwendig, die Dauer verlängern. Es wird nicht empfohlen, mit langer Dauer anzufangen und sie dann zu verkürzen [50].
– Um die Forderungen bezüglich der Auszeit-Dauer einhalten zu können, sollten die Entfernung zum Auszeit-Ort kurz sein.

- Wenn es möglich ist, sollte das Verhalten des Individuums überwacht werden, während es sich im Auszeit-Raum befindet. Ein Kind, das Auszeit zu einem „Spiel" macht, wird nicht davon profitieren.
- Man versucht, überhaupt kein Verhalten zu verstärken (weder mit positiver Zuwendung noch durch Äußerungen des Ärgers und der Enttäuschung) während man zum Auszeit-Raum geht oder von ihm kommt.
- Man verwendet verbale und/oder nicht-verbale Signale bevor man eine Auszeit ansetzt. Die Kette von Verhaltensweisen, die zu dem Auszeit-Signal führt, sollte ein „Stop-Signal" beinhalten, das – wenn es wahrgenommen wird – ein weiteres Anwachsen eines Störverhaltens verhindern kann.
- Man verwendet Auszeit nie, wenn die Situation, aus der das Individuum entfernt wird, überwiegend unangenehm ist. Das Kind nutzt einfach die Auszeit als eine Flucht- oder Vermeidungsmöglichkeit und das Verhalten, auf das Auszeit folgt, wird an Häufigkeit zunehmen!

Sättigung und Einschränkung

Eine Reaktion, die über eine kurze Zeitspanne kontinuierlich auftritt und verstärkt wird, kann eine zeitweilige Abnahme in der Häufigkeit aufweisen. Das Individuum kann des Reagierens überdrüssig sein, und der Verstärker wird seine Fähigkeit, zu motivieren und zu informieren verlieren. Tatsächlich kann die Forderung nach kontinuierlicher Ausübung eine vormals angenehme Aktivität aversiv machen. Das bekannteste klinische Beispiel für Sättigung stellt vielleicht *Ayllons* [3] berühmter Fall von Handtuchhamstern dar. Einer Krankenhauspatientin, die Handtücher in ihrem Zimmer sammelte (durchschnittlich etwa 20), wurde nach der Erhebung der Ausgangsdaten freier Zugang zu Handtüchern auf nicht kontingenter Basis gewährt (bis zu 60 pro Tag in der dritten Behandlungswoche). Die Patientin fing an, die Handtücher zu entfernen, nachdem sie über 625 davon in ihrem Raum hatte. Im Anschluß an die Behandlung durch Sättigung gab die Patientin das Handtuchhamstern auf.

Obwohl ein „Klassiker", ist *Ayllons* Fall nicht ein reiner Fall von Sättigungsbehandlung, da der „Verstärker" nicht kontingent dargeboten worden war. Das Sättigungsverfahren bei der Behandlung von Gewohnheitsrauchen erfordert jedoch, daß der Raucher die Reaktion kontinuierlich (auf Befehl) ausübt und die Folgen erlebt, bis der Prozeß unerträglich wird. *Schmahl, Lichtenstein* und *Harris* [37] haben berichtet, daß der Stimulus „Sättigung" zusammen mit dem Inhalieren von heißer Rauchluft oder Mentholluft das Rauchen rasch völlig reduzierte, wobei nahezu 60 Prozent der Versuchspersonen nach sechs Monaten noch abstinent waren.

Die Reduktion einer Reaktion kann auch durch physische Einschränkung erzielt werden. Bei ernsten oder extremen Fällen mit gefährlichem oder lebensbedrohlichem Verhalten, kann es notwendig werden, das Individuum einzusperren und physisch in seiner Bewegungsfreiheit einzuengen. Dies ist eine praktische

Methode, um nur zeitweilig störendes Verhalten zu unterdrücken. Die Risiken sind jedoch so groß, daß die theoretisch niedrige langfristige Wirksamkeit nicht von Bedeutung ist.

Aufrechterhaltung von Verhaltensfortschritten

Das Modell des *Anpassungslernens,* das in diesem Kapitel dargestellt wurde, basiert auf der Annahme, daß die menschliche Anpassung ein flexibler Prozeß ist, der das, was man als „angemessene" Richtung oder Form des Verhaltens ansieht, ändert, und der dadurch Herausforderung und Aufregung sowie Streß und Umwälzung des modernen Lebens darstellt. Als Therapeuten oder Trainer wollen wir, daß unsere Interventionen dauerhafte Wirkungen haben angesichts der ständig wechselnden Anforderungen der Umwelt. Wir wollen jedoch kein „verbessertes" Verhalten erzeugen, das zu gegebener Zeit selbst womöglich wieder einer Änderung bedarf. Betrachten wir kurz die Probleme der *Persistenz* und *Überalterung* beim Lernen.

Persistenz von Behandlungseffekten

Das Paradox der operanten Technologie besteht darin, daß ihre Kraft, Änderung zu bewirken, auf Kosten der Generalisierung und Persistenz von Behandlungserfolgen gehen kann. Es gibt nun schon eine Reihe von Beweisen, aus denen hervorgeht, daß Veränderungen, die in Krankenhäusern, Kliniken, Heimen oder im Zimmer des Therapeuten zustande gebracht worden waren, sich häufig nicht auf andere relevante Verhaltenssituationen im Leben des Klienten ausweiten. Ein Grund für das Ausbleiben der Persistenz ist die Verschiedenheit der Behandlungsumgebungen von den „natürlichen Umweltsituationen", in denen man von den Klienten angepaßtes Verhalten erwartet. Wenn diskriminative Stimuli und Verstärkungskontingenzen sich ändern, ändert sich offensichtlich auch das Verhalten.

Unser Wissen über Stimuluskontroll-Verfahren, über Effekte von Verstärkungsplänen und über die Erzeugung konditionierter Verstärker liefert uns jedoch einige mögliche Hilfsmittel für die Bewältigung der Generalisierungs- und Persistenzprobleme: dies wird auch durch neuere Entwicklungen auf dem Gebiet der Umweltkontrolle erreicht. Daten aus vergleichenden Studien über die Effektivität verschiedener Techniken zur Aufrechterhaltung von Verhalten stehen leider noch nicht zur Verfügung.

Der klarste Weg, den Löschungswiderstand einer neuerworbenen operanten Reaktion zu gewährleisten, besteht zunächst in ihrer Verstärkung nach einem intermittierenden Plan. Während ein kontinuierlicher Belohnungsplan zum Aufbau einer Reaktion notwendig sein mag, wird die Dauerhaftigkeit ohne geplante Kontingenzen durch die „Verdünnung" des Plans möglich (d.h. langsamer Übergang von einem Plan mit variabler Quote zu einem mit variablem Intervall, und von unmittelbarer zu verzögerter Verstärkung). Plötzliche Übergänge sollten vermieden werden. *Kanfer* und *Phillips* [19] meinen in der Tat auch, daß die Ausbildung der Fähigkeit, bei einem Klienten wechselnde Verstärkungspläne zu „tolerieren" ein ausdrückliches Ziel der Behandlung sein kann.

Wir haben das Ein-Ausblenden im einzelnen als Technik zum Aufbau von Reaktionen diskutiert. Das Ein-Ausblenden kann auch verwendet werden, um diskriminative operante Reaktionen mit echtem „Überlebens"-Wert in das Repertoire eines Klienten einzuführen. Für einen chronisch hospitalisierten Patienten ist es zum Beispiel nicht nur notwendig, lächeln und „Guten Morgen" zu den Stationsschwestern sagen zu lernen, sondern auch zu anderen, die eine solche Reaktion richtig auslösen könnten (Freunde, Verwandte, Krankenhauspersonal und Patienten, die auf derselben Station sind). Das Motto der Stimulusgeneralisierung könnte sein: „Ausblendung des Künstlichen, Einblendung des Natürlichen."

Das Reagieren auf verschiedene Hinweisreize ist erforderlich für die Generalisierung ebenso wie das Reagieren auf die zunehmende Vielfalt und natürlichere Arten von Verstärkern. In einem Übergangsheim für delinquente Mädchen, in dem der Autor als Berater tätig ist, wird versucht, Mädchen mit neuen (gewöhnlich wenig wahrscheinlichen) Aktivitäten – wie gemeinsames Baseballspiel, Besuche von Konzerten oder von „luxuriösen" Lokalen – vertraut zu machen, um sie auf alternative Umgebungen und mögliche Befriedigungsquellen in ihnen aufmerksam zu machen.

Obwohl die Neugestaltung der natürlichen sozialen Umwelt gewöhnlich als sehr umständlich angesehen wird, wurde sie als eine Maßnahme zur Aufrechterhaltung vorgeschlagen [2, 30]. Oft wird die „Umständlichkeit" der Einflußnahme auf die Umweltgestaltung durch die Abneigung der im Bereich der Psychohygiene Tätigen bestimmt, ihre Büros zu verlassen, um sich unter die Mitglieder der Familie des Klienten oder seine Freunde zu begeben, neue Fähigkeiten zu lernen, und mit denjenigen zu beraten, deren Fähigkeiten nützlich sein könnten. Heute drängt man Psychologen dazu, soziale Partner zu werden – und einige nehmen diese Herausforderung an. Die Erkenntnis, daß Laien – Eltern, Geschwister, Freunde, Lehrer, Arbeitgeber usw. – die Funktion eines Verhaltensmodifikators ausüben und ausüben können, trug sehr zu einer neuen Anschauung in der Psychotherapie und zu einer neuen Art des „Team-Ansatzes" bei. Ein spezielles Team wird jedoch erforderlich sein, um die Umwelt für Individuen mit einer langen Geschichte begrenzter Leistung neu gestalten zu helfen. In bezug auf diese Individuen meint *Atthowe* [2]:

> Es kann drei Arten von Rehabilitationsmediatoren geben: (a) ein einheimischer Führer, der in der Gemeinschaft soziale Verstärkung erteilt, und an den sich andere um Rat und Hilfe wenden können; (b) eine Person, die politisch Einfluß nimmt, die weiß, wie man mit der relevanten Machtstruktur umgeht, der Ralph Nader der öffentlichen Gesundheitspflege und (c) der gelernte Rehabilitationsarbeiter und Spezialist. (S. 37).

Es ist wichtig zu beachten, daß eine operante Zielreaktion nur ganz selten in ihrer ursprünglichen Form über gewisse Zeit und in einer Vielfalt von Situationen aufrechterhalten werden soll. Reaktionsgeneralisierung (das Ansteigen der Häufigkeiten von Reaktionen, die der operanten Zielreaktion ähnlich sind, aber im Training nicht ausdrücklich verstärkt werden) ist gewöhnlich notwendig, da das Individuum mit Personen und Situationen konfrontiert wird, die alternative „Versionen" des neu erworbenen Verhaltens erfordern. Offensichtlich ist also die Planung der Reaktionsgeneralisierung eine weitere Vorbedingung für ein vollständiges Verhaltenstraining. So wird es also notwendig sein, zusätzlich zu der Veränderung der Hinweisreize und Verstärker innerhalb und außerhalb der Behandlungssituation die Reaktionsanforderungen ebenso zu ändern, und das Repertoire des Lernenden flexibel zu gestalten. Weitere Diskussion und Beschreibung über die planmäßige Aufrechterhaltung von Verhalten findet der Leser bei *Rubin* und *Stolz* [36], *Walker* und *Buckley* [46] und *O'Leary, Poulos* und *Devine* [29].

Überalterung

Die Forderung, die Möglichkeit zur Flexibilität in unser Training einzubauen, umfaßt die Anerkennung der nicht-mechanischen Natur von Menschen und Programmen. Obwohl noch ein strittiger Punkt, werden auf die Frage, *was gelernt wird* im Verhaltenstraining Antworten gegeben; nach einigen besteht es in den „Lernhaltungen", „Fähigkeiten zur Selbstregulierung", „Erwartungen", „Problemlösefähigkeiten" und „Spielregeln". Überalterung (die auf lange Sicht einschränkenden Effekte) des Trainings wird sicher durch die Anerkennung der aktiven Rolle des Lernenden beim Prozeß der Verhaltensänderung abgeschwächt. Die verfügbaren Daten über die Fähigkeit von Individuen, ihr eigenes Verhalten durch selbsterzeugte Stimuli und Verstärkung aufrechtzuerhalten und selbst ungeplante Stimulus- und Reaktionsgeneralisierung zu zeigen, spricht dafür, daß das Verändern des Verhaltensrepertoires eines Menschen in keiner Weise mit dem Auswechseln einer Glühbirne verglichen werden kann. Überalterung wird nur für den unausgebildeten Benützer allgemeiner Verhaltenstechniken schwierig.

Zusammenfassung

Dieses Kapitel gab einen breiten Überblick über die angewandte Wissenschaft des operanten Konditionierens, die als *experimentelle Verhaltensanalyse* bekannt ist. Die kennzeichnenden Merkmale dieses Ansatzes umfassen:
1. die Konzentration auf genaue Definition und Messung beobachtbaren Verhaltens,
2. die funktionale Analyse von Antezedenzbedingungen und Konsequenzen in der Umwelt, die unangepaßtes Reagieren kontrollieren,
3. die Anwendung von Prinzipien bei der Planung von Behandlungsinterventionen, die von experimentellen Lernstudien abgeleitet worden sind, und
4. die kontinuierliche Bewertung der Verhaltensänderung.

Aber es ist nicht nur die Technologie, die den operanten Ansatz von den traditionellen einsichtsorientierten Systemen der Psychotherapie unterscheidet. Die

Techniken, die hier zum Aufbau neuer Verhaltensweisen, zur Beschleunigung persönlich und interpersonell erwünschter Verhaltensweisen, zur Reduktion unangepaßter Arten des Reagierens und zur Aufrechterhaltung behandlungsinduzierter Lernprozesse beschrieben wurden, werden alle innerhalb einer objektiven nichtwertenden Ansicht über menschliches Handeln angewandt. Eine *Änderung des Verhaltens* wird nicht angestrebt, weil es unkonventionell ist bzw. im Gegensatz zu irgendjemandes Ansicht über die „menschliche Natur" steht oder in einem Katalog von Symptomen aufgeführt ist. Wenn vielmehr die Beziehung zwischen dem Verhalten eines Individuums oder den Verhaltensmustern und der einflußnehmenden Umwelt regelmäßig das Verfolgen bestimmter persönlicher Ziele dieses Individuums stört, oder wenn es seine Fähigkeit, sich seinen Lebensumständen anzupassen, oder seinen Sinn für Bequemlichkeit, Befriedigung oder Freiheit stört, und wenn der Verhaltenstherapeut technisch und ethisch in der Lage ist, zu intervenieren, dann werden sich beide zusammen auf das Wagnis der Verhaltensmodifikation einlassen. Im Falle der Verhaltensmodifikation mit „Problemkindern" können Eltern oder Lehrer die Rolle des verhandelnden Klienten übernehmen; aber ihr Ziel der Verhaltensänderung muß auch tatsächlich in den „anpassungsfähigen" Interessen des Kindes liegen.

Die Aufgabe der Verhaltensänderung ist in einem Sinne sekundär im Hinblick auf die vollständige funktionale Analyse eines spezifischen Problems und seiner sozialen und Umweltdeterminanten. Nach einer Verhaltensdiagnose können therapeutische Ziele aufgebaut werden und Gegenstand ständiger Revision sein. Die Behandlung besteht im wesentlichen im systematischen Gebrauch von vier Verfahren: Verstärkung, Bestrafung, Löschung und Stimuluskontrolle – einzeln und in verschiedenen Kombinationen.

Literatur

[1] American Psychiatric Association. Diagnostic and statistical manual of mental disorders. Second Ed., APA, 1968, Washington D.C.

[2] *Atthowe, J.M.:* Behavior innovation and persistence. American Psychologist 28 (1973), 34–41.

[3] *Ayllon, T.:* Intensive treatment of psychotic behavior by stimulus satiation and food reinforcement. Behaviour Research and Therapy 1 (1963), 53–61.

[4] *Ayllon, T. and N.H. Azrin:* The token economy: A motivational system for therapy and rehabilitation. Appleton-Century-Crofts, New York 1968.

[5] *Ayllon, T. and J. Michael:* The psychiatric nurse as a behavioral engineer. Journal of the Experimental Analysis of Behavior 2 (1959), 323–334.

[6] *Azrin, N.H., B.J. Naster and R. Jones:* Reciprocity counseling: A rapid learning based procedure for marital counseling. Behaviour Research and Therapy 11 (1973), 365–382.

[7] *Baer, D.M., M.M. Wolf and T.R. Risley:* Some current dimensions of applied behavior analysis. Journal of Applied Behavior Analysis 1 (1968), 91–97.

[8] *Barlos, D.H. and W.S. Agras:* Fading to increase heterosexual responsiveness in homosexuals. Journal of Applied Behavior Analysis 6 (1973), 355–366.

[9] *Blackwood, R.O.:* Operant control of

behavior. Exordium Press, Akron, Ohio 1971.
[10] *Boudin, H.M.:* Contingency contracting as a therapeutic tool in the deceleration of amphetamine use. Behavior Therapy 3 (1972), 604–608.
[11] *Bucher, B.* and *L.W. King:* Generalization of punishment effects in the deviant behavior of a psychotic child, Behavior Therapy 2 (1971), 68–77.
[12[*Chapman, R.W.:* School suspension as therapy. Personnel and Guidance Journal 40 (1962), 731–732.
[13] *Corey, J.R.* and *J. Shamow:* The effects of fading on the acquisition and retention of oral reading. Journal of Applied Behavior Analysis 5 (1972), 311–315.
[14] *Deese, J.* and *S.H. Hulse:* The psychology of learning. McGraw-Hill, New York 1967.
[15] *Feldman, M.P.* and *M.J. MacCulloch:* Homosexual behavior: Therapy and assessment. Pergamon Press, Oxford 1971.
[16] *Ferster, C.B.* and *M.C. Perrot:* Behavior principles. Appleton-Century-Crofts, New York 1968.
[17] *Ferster, C.B.* and *B.F. Skinner:* Schedules of reinforcement. Appleton-Century-Crofts, New York 1957.
[18] *Findley, J.D. :* An experimental outline for building and exploring multi-operant behavior repertoires. Journal of the Experimental Analysis of Behavior 5 (1962), 113–166.
[19] *Gottman, J. M.* and *S. R. Leiblum:* How to do psychotherapy and how to evaluate it. Holt, Tinehart and Winston, New York 1974.
[20] *Hilgard, E. R.* and *G. H. Bower:* Theories of learning. Appleton-Century-Crofts, New York 1966.
[21] *Hingtgen, J.W.* and *F.C. Trost,* Shaping cooperative responses in early childhood schizophrenics: II. Reinforcement of mutual physical contact and vocal responses. In *R. Ulrich, T. Stachnik,* and *J. Mabry* (Eds.): Control of human behavior. Scott, Foresman, Glenview, Illinois 1966.
[22] *Holland, C.J.:* An interview guide for behavioral counseling with parents. Behavior Therapy 1 (1970), 70–79.
[23] *Homme, L., P. deBaca, L. Cottingham* and *A. Homme:* What behavioral engineering is. The Psychological Record 18 (1968), 425–434.
[24] *Kanfer, F.H.* and *J.S. Phillips:* Learning foundations of behavior therapy. Wiley, New York 1970.
[25] *Kanfer, F.H.* and *G. Saslow:* Behavioral diagnosis. In *C.M. Franks* (Ed.): Behavior therapy; Appraisal and status. McGraw-Hill, New York 1969, 417–444.
[26] *Kazdin, A.E.:* Response cost: The removal of conditioned reinforcers for therapeutic change. Behavior Therapy 3 (1972), 533–546.
[27] *Kolb, L.C.:* Modern clinical psychiatry. Saunders, Philadelphia, Pa. 1973.
[28] *Lazarus, A.A.:* Behavior therapy and beyond. McGraw-Hill, New York 1971.
[29] *Leitenberg, H.:* Is time-out from positive reinforcement an aversive event? A review of experimental evidence. Psychological Bulletin 64 (1965), 428–441.
[30] *Levy, L. H.:* Conceptions of personality. Random House, New York 1970.
[31] *Millenson, J.R.:* Principles of behavioral analysis. Macmillan, New York, 1967.
[32] *O'Leary, K.D.* and *W.C. Becker:* Behavior modification of an adjustment class. Exceptional Children 33 (1967), 637–642.
[33] *O'Leary, K.D.* and *S.G. O'Leary* (Eds.): Classroom management. Pergamon Press, New York 1972.
[34] *O'Leary, K.D., R.W. Poulos* and *V.T. Devine:* Tangible reinforcers: Bonuses or bribes. Journal of Consulting and Clinical Psychology 38 (1972), 1–8.
[35] *Patterson, G.R., S. McNeal, N. Hawkins* and *R. Phelps:* Reprogramming the social environment. Journal of Child Psychology and Psychiatry 8 (1967), 181–195.
[36] *Penick, S.B., R. Filion, S. Fox* and *A.J. Stunkard:* Behavior modification in the treatment of obesity. Psychosomatic Medicine 33 (1971), 49–55.
[37] *Rachling, H.:* Introduction to modern behaviorism. Freeman, San Francisco, Calif 1 30.

7. Operante Methoden

[38] *Reese, E.P.:* The analysis of human operant behavior. Brown, Dubuque, Iowa 1966.

[39] *Reisinger, J.J.:* The treatment of „anxiety-depression" via positive reinforcement and response cost. Journal of Applied Behavior Analysis 5 (1972), 125–130.

[40] *Reynolds, G.S.:* A primer of operant conditioning. Scott, Foresman, Glenview, III 1968.

[41] *Rubin, B.K.* and *S.B. Stolz:* Generalization of self-referent speech established in a retarded adolescent by operant procedures. Behavior Therapy 5 (1974), 93–106.

[42] *Schmahl, D.P., E. Lichtenstein* and *D.E. Harris:* Successful treatment of habitual smokers with warm, smoky air and rapid smoking. Journal of Consulting and Clinical Psychology 38 (1972), 105–111.

[43] *Schutte, R.C.* and *B.L. Hopkins:* The effects of teacher attention of following instructions in a kindergarten class. Journal of Applied Behavior Analysis 3 (1970), 117–122.

[44] *Schwitzgebel, R.K.* and *D.A. Kolb:* Changing human behavior: Principles of planned intervention. McGraw-Hill, New York 1974.

[45] *Skinner, B.F.:* Two types of conditioned reflex: A reply to Konorski and Miller. Journal of General Psychology 16 (1937), 272–279.

[46] *Skinner, B. F.:* The behavior of organisms: An experimental analysis. Appleton-Century-Crofts, New York 1938.

[47] *Stuart, R.B.* and *B. Davis:* Slim chance in a fat world. Research Press, Champaign, III 1972.

[48] *Thorndike, E.L.:* Animal intelligence: An experimental study of associative processes in animals. Psychological Monographs 2 (1898), (No. 2).

[49] *Tyler, V.O.* and *G.D. Brown:* The use of swift, brief isolation as a group control device for institutionalized delinquents. Behaviour Research and Therapy 5 (1967), 1–9.

[50] *Wahler, R.G.* and *W. Cormier:* The ecological interview: A first step in out-patient child behavior therapy. Journal of Behavior Therapy and Experimental Psychiatry 1 (1970), 279–289.

[51] *Walker, H.M.* and *N.K. Buckley:* Programming generalization and maintenance of treatment effects across time and across settings. Journal of Applied Behavior Analysis 5 (1972), 209–224.

[52] *Ward, M.H.* and *B.L. Baker:* Reinforcement therapy in the classroom. Journal of Applied Behavior Analysis 1 (1968), 323–328.

[53] *Watson, L.S.:* Child behavior modification: A manual for teachers, nurses, and parents. Pergamon Press, New York 1973.

[54] *Weiner, H.:* Real and imagined cost effects upon human fixed-interval responding. Psychological Reports 17 (1965), 659–662.

[55] *White, G.D., G.Nielsen* and *S.M. Johnson:* Time-out duration and the suppression of deviant behavior in children. Journal of Applied Behavior Analysis 5 (1972), 111–120.

[56] *Willimas, C.D.:* The elimination of tantrum behavior by extinction procedures: A case report. Journal of Abnormal and Social Psychology 59 (1959), 269.

[57] *Williams, J.L.:* Operant learning: Procedures for changing behavior. Brooks/Cole, Monterey, California 1973.

[58] *Wolpe, J.:* The practice of behavior therapy, 2nd Ed. Pergamon Press, New York 1973.

8. Methoden der Angstreduktion

Richard J. Morris[1])

Psychotherapeuten verwenden viel Mühe und Zeit darauf, Menschen bei der Überwindung ihrer Ängste vor Situationen, Mitmenschen, Tieren und/oder Objekten zu helfen. Furcht ist eine sehr starke Emotion, und sie ist mit vielen Anzeichen von Angst assoziiert – zum Beispiel mit schnellem Puls und starkem Herzklopfen, stark verkrampfter Muskulatur, Schwitzen bei normaler Zimmertemperatur, „Schmetterlingen" im Magen, Reizbarkeit, Konzentrationsschwäche, Schwindelgefühl und Kopfschmerzen. Wenn jemand an einer Situation ohne ersichtliche äußere Gefahr Angst empfindet, so ist diese Angst irrational und wird Phobie genannt. In Tabelle 1 ist eine Anzahl von Phobien aufgeführt, die beim Menschen vorkommen. Wenn eine Person anfängt, eine ungefährliche gefürchtete Situation zu vermeiden – obwohl sie weiß, daß ihr Benehmen töricht oder irrational ist – dann wird aus ihrer Angst eine *phobische Reaktion*.

Phobische Reaktionen gehören zu den häufigsten Formen schlecht angepaßten Verhaltens beim Menschen. Sie treten bei Erwachsenen und bei Kindern auf. Wegen ihrer großen Häufigkeit gelten einige Phobien bei Kindern als „normal", andere hingegen als „normal" bei Erwachsenen. Häufig auftretende Kindheitsphobien sind zum Beispiel Angst vor Hunden und anderen Tieren, Angst vor der

Tabelle 8.1. Einige Phobien, die beim Menschen vorkommen.

Fachausdruck	Angst
Akrophobie	Höhe
Agoraphobie	offene Plätze
Aichmophobie	scharfe und spitze Gegenstände
Klaustrophobie	geschlossene Räume
Menophobie	Alleinsein
Nyktophobie	Dunkelheit
Ochlophobie	Menschenansammlungen
Pyrophobie	Feuer
Xenophobie	Fremde
Zoophobie	Tiere

[1]) Der Autor möchte sich an dieser Stelle ausdrücklich bei Vinnie Morris, Mark Sherman, Kenneth Suckerman, Elaine Morisano, John O'Neill und Marcie Berman für die kritische Durchsicht von verschiedenen früheren Fassungen dieses Kapitels bedanken.

Übersetzt von Marina Kolb

8. Methoden der Angstreduktion

Dunkelheit, vor Gespenstern und vor dem Alleinsein. Dagegen sind Ängste vor Höhen, Insekten und Schlangen bei Erwachsenen häufiger. Einige irrationale Ängste sind nur vorübergehend, andere hingegen sind von langer Dauer.

Wenn Ängste für ein Individuum untragbar werden, sucht es Hilfe. In den letzten 75 Jahren sind verschiedene Verfahren zur Behandlung von Ängsten angewandt worden. Psychoanalyse und andere Formen der „verbalen Therapie" wurden benutzt, sowie Drogen, Hypnose, Elektroschockbehandlung und bestimmte Arten der Hirnchirurgie (z.B. Leukotomie). Im allgemeinen haben sich diese Methoden aber nur als mäßig erfolgreich erwiesen.

Einige Therapieverfahren waren jedoch viel effektiver. Diese Verfahren basieren auf den lerntheoretischen Standpunkten zum Beispiel von *Skinner* [30, 31], *Pawlos* [24], *Hull* [10] und *Mowrer* [22]. Obwohl sich die Methoden im einzelnen unterscheiden, so haben sie doch gewisse allgemeine grundlegende Annahmen gemeinsam:

1. Phobien und die damit verbundenen Vermeidungsreaktionen sind vom Individuum erlernt,
2. Phobien sind nicht ein Ergebnis angeborener Faktoren und
3. Phobien sind nicht das Ergebnis einer zugrundeliegenden psychischen oder psychologischen Störung.

Besonders drei Verfahren haben sich bei der Behandlung von phobischen Reaktionen und Ängsten bewährt: *systematische Desensibilisierung, Selbstsicherheitstraining* und *Implosionstherapie*. In diesem Kapitel soll jede dieser Methoden im einzelnen beschrieben sowie Fälle dargestellt werden, die ihre Anwendung erläutern.

Systematische Desensibilisierung

Die systematische Desensibilisierung wurde Anfang der fünfziger Jahre von *Joseph Wolpe,* einem Psychiater, entwickelt. Die grundlegende Annahme dieser Technik besteht darin, daß eine Angstreaktion (z.B. Furcht vor Höhe) gehemmt werden kann, indem man sie durch eine Aktivität ersetzt, die sich der Angstreaktion gegenüber antagonistisch verhält. Die Reaktion, die durch diesen Behandlungsprozeß am ehesten gehemmt wird, ist Angst, und die Reaktion, die häufig die Angst ersetzt, ist Entspannung und Ruhe. Wenn zum Beispiel jemand eine Höhenangst hat und sich jedesmal sehr ängstlich und unwohl fühlt, wenn er in ein großes Bürogebäude gehen muß und mit dem Fahrstuhl über den dritten Stock hinaus fahren muß, dann würde man ihm helfen, seine Angst in dieser Situation zu hemmen, indem man ihn anleitet, sich zu entspannen und sich ruhig zu fühlen. Auf diese Weise würde man ihn *desensibilisieren* oder seine Höhenangst *gegenkonditionieren.*

Desensibilisierung wird erreicht, indem man ein Individuum allmählich in kleinen Schritten der gefürchteten Situation aussetzt, während es die zur Angst antagonistische Aktivität ausführt. Die graduelle Konfrontation mit der Angst kann entweder in der Phantasie der Person erfolgen – wobei sie gebeten wird, sich selbst in verschiedenen furchtbezogenen Situationen vorzustellen – oder sie kann tatsächlich erfolgen. Das Prinzip, das dem Desensibilisierungsprozeß zugrunde liegt, wurde von Wolpe reziproke Hemmung genannt. Er beschreibt das Prinzip folgendermaßen: „Wenn eine angsthemmende Reaktion in Gegenwart angsterzeugender Reize hervorgerufen werden kann, so schwächt sie die Verknüpfung zwischen diesen Reizen und der Angst." [37].

Das Erstinterview

Bevor mit der Desensibilisierungsbehandlung oder mit anderen Methoden zur Angstreduktion, die in diesem Kapitel besprochen werden, begonnen werden kann, muß der Therapeut die Angst (oder Ängste) sowie die Umstände, unter denen sie auftreten, herausfinden. Das ist keine leichte Aufgabe. Das Interview muß in einer therapeutischen Atmosphäre durchgeführt werden, die durch Achtung vor dem Klienten, Einfühlungsvermögen und Verständnis für die Schwierigkeiten des Klienten und echtem Interesse an seinem Wohlbefinden gekennzeichnet ist. Der Therapeut muß die Lebensgeschichte des Klienten *gründlich* prüfen um sicherzugehen, daß sich beide über alle Aspekte der Angst des Klienten sowie über die Faktoren, die zu der Angst beigetragen haben (und beitragen) im klaren sind. Solche Informationen können dem Therapeuten auch helfen, verschiedene Hypothesen über die Entwicklung und Aufrechterhaltung des Problems des Klienten zu stützen oder zu verwerfen; ebenso helfen sie zu bestimmen, welche Methode der Angstreduktion für den Klienten am besten geeignet ist. Daher ist es leicht möglich, daß sich das Erstinterview über eine Reihe von Sitzungen erstreckt.

Obwohl es weder einen standardisierten Ansatz noch eine standardisierte Zusammenstellung von Fragen gibt, die man beim ersten Interview stellt, explorieren die meisten Therapeuten die folgenden Themenbereiche bei ihren Klienten.

Feststellung des Problemverhaltens

Hierbei wird dem Patienten nicht nur geholfen herauszufinden, was ihn speziell stört, sondern es wird auch versucht, die speziellen Situationen und Umstände zu bestimmen, in denen seine Angst auftritt.

Außerdem erkundigt sich der Therapeut nach der Dauer der Angst, ob sie sich im Laufe der Zeit gebessert oder verschlechtert hat, und in welchen Situationen sie besser/schlechter als „gewöhnlich" zu sein scheint. Es ist auch ratsam, den Klienten nach seinen Gedanken und Gefühlen in Bezug auf seine Angst zu fragen.

8. Methoden der Angstreduktion

Allgemeine Information zum Lebenslauf

Hier dreht sich das Gespräch um Geburtsdatum und -ort des Klienten, Anzahl und Alter der Geschwister, Stellung des Klienten in der Geschwisterreihe und um die Beziehungen, die er während des Heranwachsens zu seinen Geschwistern hatte. Es wird auch gefragt, welches Kind in der Familie bevorzugt wurde und wie der Klient, verglichen mit seinen Geschwistern, von Vater und Mutter behandelt wurde. Der Therapeut sollte auch andere Aspekte in Bezug auf die Eltern ansprechen, zum Beispiel wie der Klient seine Eltern während der Kindheit und Jugendzeit gesehen hat, wie und von wem er bestraft wurde, Eigenschaften, die er an seinen Eltern schätzte/nicht mochte usw. Es ist auch wichtig zu wissen, wie die Eltern miteinander interagierten und zu bestimmen, welche Rollenmodelle sie dem Klienten angeboten haben. Konnten sie sich zum Beispiel im allgemeinen gut leiden, gab es Streitigkeiten, wenn ja, geschah dies in Anwesenheit der Kinder; sprachen sie jemals über Scheidung und Trennung und haben sie versucht, ein Kind oder alle Kinder gegen den anderen Elternteil auszuspielen.

Für viele Klienten sind während ihrer Kindheit andere Leute genauso wichtig wie (oder wichtiger als) ihre Eltern: zum Beispiel Lieblingstanten, Onkel oder Großeltern usw. Diese „wichtigen anderen" sollten auch in das Gespräch einbezogen werden, um den speziellen Beitrag dieser Personen zum Leben des Patienten beurteilen zu können.

Ein zusätzlicher Aspekt im Leben des Patienten bezieht sich auf die Ängste, die er während seiner Kindheit erlebt hat. Der Therapeut sollte nicht nur die besonderen Kindheitsängste feststellen, sondern auch wann sie auftraten und wann sie aufhörten, oder ob sie immer noch vorhanden sind.

Schule und Beruf

In diesem Abschnitt sollte erfragt werden, was der Klient in der Volksschule, im Gymnasium und an der Universität geschätzt beziehungsweise abgelehnt hat, seine beliebtesten/unbeliebtesten Fächer, was er nach der Schule getan hat, seine Aktivitäten außerhalb der Schule usw. Darüber hinaus sollte der Therapeut die Freundschaften des Klienten innerhalb und außerhalb der Schule ansprechen, zum Beispiel, ob er enge Freunde hatte, und ob diese Freundschaften über die Jahre hindurch aufrechterhalten wurden.

Die Arbeitserfahrung des Klienten sollte auch in dieses Gespräch einbezogen werden – wobei man fragt, wie lange er die Schule besucht hat und gegebenenfalls, warum er nicht weitergemacht hat. Besondere Aufmerksamkeit sollte der bisherigen Arbeit des Klienten gewidmet werden, seinen Vorlieben und Abneigungen in seinem Beruf, seiner Fähigkeit, weiterzukommen, und ob seine jetzige Position seinen eigenen Zielen und Wünschen entspricht.

Freundschaft und Ehe

Hier fragt der Therapeut nach den Beziehungen des Klienten zum anderen Geschlecht während des Jugend- und Erwachsenenalters. Außerdem werden sexuelle Erfahrungen des Klienten vor und nach der Heirat besprochen. Auch über eheliche Probleme wird gesprochen, ebenso über die Beziehung zu Verwandten und Kindern und über die Umgebung, in der der Klient lebt. Da dies für manche Menschen sehr heikle Themen sind, sollte man sie in einem für den Klienten verständnisvollen, entgegenkommenden Rahmen erörtern.

Tabelle 2 stellt einen Vorschlag für das erste Interview dar. Wie der Leser zweifellos schon bemerkt hat, ist die im Erstinterview gewonnene Information ziemlich umfangreich. Einige Therapeuten benutzen Tonbandgeräte, um diese Information aufzuzeichnen, andere notieren sich die Antworten des Klienten. Manche lassen ihre Klienten auch einen Fragebogen mit einer Anzahl standardisierter Fragen ausfüllen, der viele ähnliche Fragen wie Tabelle 2 enthält.

Der Auszug eines Teils der ersten Sitzung eines Erstinterviews mit einer 35 Jahre alten Frau, die vor kurzem geschieden worden war, demonstriert die Art und Weise der Durchführung des Interviews.

Tabelle 8.2. Vorschlag für die Durchführung des Erstinterviews [40].[1])

A. *Worin besteht das Problemverhalten? ... Was stört Sie?*
   1. Wie lange haben Sie schon dieses Problem?
   2. Wann kommt es zu dieser Angst oder diesen Gedanken gewöhnlich? Wann tritt dieses Problem am häufigsten auf? In welchen Situationen oder unter welchen Umständen tritt dieses Problem auf? Können Sie sich irgendwelche Gründe für sein Auftreten vorstellen? Wann belästigt Sie das Problem nicht?
   3. Ist das Problem immer gleich geblieben, oder wurde es schlimmer oder besser? Können Sie irgendeine Situation mit der Besserung oder Verschlechterung des Problems in Verbindung bringen?
B. *Allgemeine Lebensdaten*
   1. Wann sind Sie geboren?
   2. Wieviele Geschwister haben Sie?
      a) An welcher Stelle stehen Sie in der Geschwisterreihe?
      b) Um wieviele Jahre sind Ihre Geschwister älter/jünger?
      c) Wie verstehen (verstanden) Sie sich mit ihnen?
   3. Leben Ihre Eltern noch? Wann starb Ihre Mutter/Ihr Vater?
C. *Vater*
   1. Was für ein Mensch ist (war) er – besonders während Ihrer Kindheit?
   2. Interessierte er sich für Sie? Waren Sie daran interessiert zu hören, was er zu sagen hatte?
   3. Hat er Sie je bestraft?
   4. Hat er die Kinder abwechselnd bevorzugt? Wie dachten Sie darüber?

---

[1]) Die Tonbandprotokolle, Fallbeschreibungen und Hierarchien in diesem Kapitel wurden leicht verändert, um die Anonymität der beteiligten Klienten zu wahren.

8. Methoden der Angstreduktion

- D. *Mutter*
    1. Die gleichen Fragen wie über die Beziehung zum Vater.
- E. *Eltern*
    1. Haben sie einander gemocht? Haben sie Sie gemocht?
    2. Benahmen sie sich Ihnen gegenüber so, als ob sie Sie gemocht hätten?
    3. Wie kamen sie miteinander aus?
        a) oft gestritten? . . . Scheidungsdrohungen? usw.
        b) Stritten sie sich vor den Kindern oder nur wenn sie alleine waren?
- F. *Andere wichtige Personen*
    1. Gab es andere Erwachsene, die eine wichtige Rolle in Ihrem Leben spielten?
    2. Beschreiben Sie sie und die Art und Weise, in der sie eine wichtige Rolle spielten.
- G. *Ängste während der Kindheit*
    1. Irgendwelche besonderen Ängste?
    2. Wann traten sie auf?
    3. Haben Sie noch einige davon?
- H. *Schule*
    1. Gingen Sie gerne zur Schule?
    2. Welche Fächer hatten Sie am liebsten, welche am wenigsten gern?
    3. Sport – Nahmen Sie daran teil oder schauten Sie zu? Wie waren Sie darin?
    4. Freunde
        a) Hatten Sie Freunde in der Schule? (an der Universität?)
        b) Waren enge Freunde darunter?
        c) Halten Sie von diesen Freundschaften heute noch welche aufrecht?
        d) Kannten Sie jemanden, vor dem Sie in der Schule (Universität) Angst hatten? War es eine Person gleichen Geschlechts? Hatten Sie Angst vor irgendeinem Lehrer? Warum?
        e) Wie lange gingen Sie zur Schule? Warum verließen Sie die Schule?
    5. Was taten Sie nach Abschluß der Schule?
- I. *Beruf*
    1. Welcher Arbeit gehen Sie nach?
    2. Sind Sie mit Ihrer Stellung zufrieden? Was schätzen Sie am meisten/wenigsten an Ihrer Arbeit?
    3. Denken Sie daran, sie aufzugeben?
    4. Welche andere Stellungen hatten Sie? Warum hörten Sie damit auf?
    5. Sollte der Klient eine Hausfrau sein, frägt man: Sind Sie gerne Hausfrau? Was schätzen Sie besonders daran? Was mißfällt Ihnen dabei besonders?
- J. *Sexuelle Beziehungen*
    1. Ab wann hatten Sie sexuelle Regungen?
        a) Wenn der Klient Schwierigkeiten beim Antworten hat fragt man: Na so ungefähr, waren Sie damals 10, 15, 20 . . . älter oder jünger?
        b) Oder fragen Sie: Vor Ihrem 10., 15. 20. Lebensjahr?
    2. In welcher Situation bemerkten Sie Ihre ersten sexuellen Regungen? Zum Beispiel geschah es als Sie mit Jungen (Mädchen) ausgingen? . . . in einem Kino? oder bei welcher Gelegenheit?
    3. Gingen Sie während dieses Stadiums mit mehreren Jungen (Mädchen) aus oder jeweils nur mit einem (einer)?
        a) Gingen Sie auf Partys?
        b) Bevorzugten Sie bestimmte Verabredungen? Immer nur ins Kino? . . . zum Essen?
    4. Wann haben Sie sich besonders für jemanden interessiert?
    5. Haben Sie sich außerdem noch für irgendjemanden interessiert?
    6. Wann wurde es Ihnen wirklich ernst? (gemeint ist hier enge Freundschaft, Verlobung usw.) oder ist es überhaupt mit irgend jemandem bei Ihnen richtig ernst geworden? Was hat Ihnen an ihr (ihm) gefallen?
    7. Haben Sie je mit jemandem Zärtlichkeiten ausgetauscht? Haben Sie je masturbiert?

Hatten Sie irgendwelche Schuldgefühle oder Angst, weil Sie das getan (nicht getan) haben?
8. Hatten Sie geschlechtliche Beziehungen? Haben Sie sie je gewollt? Was hielt Sie davon ab?
9. (Bei Verheirateten fragt man: Hatten Sie vor Ihrer Heirat geschlechtliche Beziehungen?).

K. *Ehe*
1. Wann begegneten Sie Ihrer Frau (Ihrem Mann) zum erstenmal? Was schätzten Sie an ihr? (an ihm?)
2. Wann fühlten Sie sich bereit, mit ihr (ihm) eine Ehe einzugehen?
3. War sie (er) daran interessiert, Sie zu heiraten?
4. Waren Sie seit (oder während) Ihrer Heirat an anderen Männern (Frauen) interessiert?
5. Ist (war) Ihre Ehe zufriedenstellend? Was macht sie zufriedenstellend? Was macht sie nicht zufriedenstellend? Wie würden Sie gerne Ihre Ehe ändern?
6. Wenn der Klient geschieden ist und wieder geheiratet hat: Wie steht es mit Ihrer zweiten Frau (Ihrem zweiten Mann) Ist diese Ehe zufriedenstellend?
   a) Wie unterscheidet sie (er) sich von Ihrer ersten Frau (Ihrem ersten Mann)?
   b) Wann haben Sie nach der Scheidung wieder geheiratet?
   c) War sie (er) schon einmal verheiratet?

L. *Sex und Ehe*
1. Wie sind die sexuellen Beziehungen in Ihrer Ehe (mit Ihrer Freundin/Ihrem Freund)? Wie sind die sexuellen Beziehungen in Ihrer zweiten Ehe?
2. Haben Sie Orgasmen? Wie oft?
3. Sind Sie glücklich in Ihrer Ehe? (mit Ihrer Freundin/Ihrem Freund?) Irgendwelche Beschwerden?
4. Streiten Sie sich miteinander? d. h. gibt es Wortwechsel?
   a) Worüber streiten Sie sich gewöhnlich?
   b) Wie lange hält der Streit an?
   c) Wie werden Ihre Streitigkeiten meistens gelöst?
5. Haben Sie Heiratspläne? Scheidungspläne?

M. *Kinder*
1. Wie viele Kinder haben Sie? (Wollen Sie Kinder? Wie viele?)
2. Lieben Sie alle Ihre Kinder? Bevorzugen Sie irgendeines? Sind sie alle gesund?
3. Wie alt sind sie?
4. War jedes gewollt?

N. *Umgebung*
1. Mögen Sie die Umgebung, in der Sie jetzt wohnen?
2. Gibt es irgendetwas, womit Sie nicht zufrieden sind?
3. Welcher Religion gehören Sie an?
   a) Ist sie Ihnen wichtig? In welcher Hinsicht?
   b) Wie religiös sind Sie? . . . überhaupt nicht, etwas, ziemlich, sehr?
   c) Verwenden Sie viel Zeit für kirchliche Aktivitäten?

Therapeut: . . . Was für ein Problem haben Sie?
Klientin: Ich kann nicht im Flugzeug sitzen oder den Fahrstuhl benutzen . . . wenigstens nicht höher als bis zum dritten Stockwerk, obwohl ich auch da schon nervös werde.
Therapeut: Sprechen wir zuerst einmal über Ihr Problem mit dem Fliegen. Was macht Ihnen beim Fliegen zu schaffen?
Klientin: Nun, ein aufsteigendes Flugzeug zu beobachten macht mir Angst, obwohl ich als Kind Flugunterricht genommen habe und keine Angst hatte. (Pause) Es ist das Gefühl, in der Luft zu hängen und unbeweglich zu sein, und gefangen zu sein, und das Gefühl zu haben, nicht aussteigen zu können.

8. Methoden der Angstreduktion

Therapeut: Können Sie sich noch daran erinnern, wann diese Angst begann?
Klientin: Es begann vor ungefähr zehn Jahren. Mein Mann mußte fliegen, das gehörte zu seinem Beruf, und ich begleitete ihn mehrere Male. Meine Angst wurde schlimmer, als ich häufiger flog und vor etwa fünf Jahren fiel es mir schwer, hinunter (aus dem Fenster) zu schauen. Jetzt kann ich überhaupt nicht mehr hinunterschauen, nicht einmal mehr aus dem Fenster heraus, obwohl ich mich gezwungen hatte, mitzufliegen.
Therapeut: Fällt Ihnen im Zusammenhang mit dem Fliegen irgendetwas ein, das Sie nicht beunruhigen würde?
Klientin: Ja (lacht), wenn ich nicht daran denke, stört es mich nicht.
Therapeut: Betrachten wir die Sache etwas genauer. Wenn wir Ihre Angst vor dem Fliegen anhand eines zehn-Punkte Systems messen könnten, was würde Sie beim Fliegen am meisten ängstigen, also zehn Punkte bedeuten?
Klientin: Über das Meer zu fliegen.
Therapeut: Und was wären Null Punkte?
Klientin: Jemanden vom Flughafen abzuholen.
Therapeut: Was wären fünf Punkte?
Klientin: Das Starten.
Therapeut: Ihre Angst bezieht sich also in jeder Hinsicht darauf, daß Sie selbst im Flugzeug sitzen. Wie ist es, wenn Sie nun ein Flugzeug im Fernsehen sehen, oder im Kino zum Beispiel, oder in der Luft?
Klientin: Das stört mich ebenfalls . . . vor allem ein Flugzeug im Film, das von einem anderen Flugzeug aus aufgenommen worden ist, und vor allem, wenn das Flugzeug in Schräglage geht.
Therapeut: Welche Punktzahl würden Sie hierfür geben?
Klientin: Fünf oder sechs.
Therapeut: Können Sie sich irgendwelche Gründe vorstellen, oder haben Sie eine Ahnung wie sich die Angst entwickelt haben könnte?
Klientin: Eigentlich nicht, lediglich zu der Zeit als meine Nervosität anfing, hat mein Mann ein Verhältnis mit einer anderen Frau gehabt. Irgendwann während dieser Zeit entwickelte sich meine Angst . . . Ich glaube, ich hatte so Angst, daß wir auseinandergehen könnten.
Therapeut: Wie war Ihre Beziehung zu Ihrem Mann während dieser Zeit?
Klientin: Sehr schlecht . . . viele Auseinandersetzungen und viel Anschreien.
Therapeut: Sprachen Sie damals über Scheidung?
Klientin: Nein, eigentlich nicht. Ich glaube, wir beide wußten, daß unsere Ehe auf der Kippe stand, aber daß wir trotzdem zusammenbleiben würden, wenigstens bis die Kinder älter geworden wären.
Therapeut: Und Ihre Fahrstuhlängste. Wann setzten sie ein?
Klientin: (Pause) Ich glaube vor fast zwanzig Jahren. Ich erinnere mich, in einem hohen Gebäude in Chicago gewesen zu sein . . . warum weiß ich nicht mehr . . . und Angstgefühle in einem besonders schnellen Aufzug bekommen zu haben. Aber ich glaube, vor fünf Jahren habe ich erst richtig Angst bekommen. Ganz schlimm wurde es vor drei Jahren, kurz nachdem ich einen schnellen Fahrstuhl zum zwanzigsten Stockwerk des Acme-Gebäudes genommen hatte und mich übergeben mußte, als ich den Fahrstuhl verlassen hatte und mich beim Hinauffahren schon so nervös und unwohl gefühlt hatte.
Therapeut: Gibt es etwas beim Fahrstuhlfahren oder bei Fahrstühlen im allgemeinen, das nicht zum Unwohlsein führt?
Klientin: Wenn ich mit jemandem an einem Fahrstuhl vorbeigehe und weiß, daß ich nicht hineingehen muß.
Therapeut: Was passiert, wenn Sie alleine vorbeigehen?
Klientin: Es stört mich etwas. Ich bin jetzt an dem Punkt angelangt, wo ich mich unwohl fühlen würde, wenn ich alleine vorbeigehen würde.
Therapeut: Wie sehr . . . wenn wir wieder unsere zehn-Punkte Skala benutzen?
Klientin: Etwa einen Punkt.
Therapeut: Was wären null Punkte?

Klientin: Wenn ich mit jemandem vorbeiginge und wüßte, daß ich nicht hineingehen muß.
Therapeut: Was wären zehn Punkte?
Klientin: (Lacht, und dann Pause) Alleine im Aufzug eingeklemmt zu sein.
Therapeut: Haben Sie eine Ahnung, was zu diesen Ängsten beigetragen haben könnte?
Klientin: Keine. Ich kann es mir nicht erklären, außer es hängt mit meiner Angst vor dem Fliegen zusammen. Aber ich weiß nicht wie.
Therapeut: Belassen wir es zunächst dabei und sprechen wir noch etwas mehr über Ihren Lebenslauf. Wo sind Sie geboren und in welchem Jahr?
Klientin: In Chicago . . .

Am Ende der ersten oder zweiten Sitzung gibt der Therapeut seinem Klienten einige Fragebogen, die er zu Hause bis zur nächsten Sitzung ausfüllen soll. Sie dienen dazu, dem Therapeuten zusätzliche Information über seinen Klienten zu geben, die er während des ersten Interviews vergessen haben könnte. Außerdem ist es eine gute Idee, den Klienten zu bitten, einen oder zwei Abschnitte über seine Ängste zu schreiben – jede Angst zu beschreiben, und alle Gründe anzugeben, warum er glaubt, daß sie auftreten sowie seine Gedanken darüber. Die drei gebräuchlichsten Fragebögen sind im Anhang dargestellt. Es sind die folgenden:

Die Furchtskala

Dies ist eine Fünf-Punkte-Skala, bei der der Klient aufgefordert wird, das Ausmaß von Furcht oder Unbehagen einzustufen, das jedes der im Fragebogen angeführten Dinge und Ereignisse verursacht. Die Skala reicht von „überhaupt nicht" bis „sehr stark".

Der Willoughby-Fragebogen

Dieser Fragebogen enthält auch Schätzskalen mit fünf Punkten. Er enthält Fragen über das Verhalten des Klienten in verschiedenen Situationen. Der Klient hat Antwortmöglichkeiten, die von „nie" („überhaupt nicht"; „nein") bis „eigentlich immer" reichen.

Der Bernreuter Selbstzufriedenheits-Fragebogen

Der Bernreuter enthält eine Reihe von Fragen, die die Selbstsicherheit betreffen. Der Klient wird gebeten, „Ja" anzustreichen, wenn die Frage für ihn zu zutrifft, „Nein", wenn sie nicht zutrifft und das Fragezeichen anzustreichen (?), wenn er sich nicht sicher ist, ob die Frage für ihn zutrifft.
Der Zweck des ausführlichen Interviews und der Fragebögen ist nicht unbedingt die Erforschung der Ätiologie des Problems des Klienten, sondern sie sollen dem Therapeuten ein gründliches und umfangreiches Bild darüber liefern, wer der Klient ist, aus welcher Umgebung er kommt, und wie er das geworden ist, was er

ist. Obwohl diese Information dem Therapeuten sehr hilft, den Klienten und sein Leben im wesentlichen zu verstehen, besteht doch die primäre Bedeutung der Interviews in der Bestimmung
1. der Umstände und Situationen, in denen die Angst auftritt und
2. der relativen Intensität der mit der Angst verbundenen Gefühle in verschiedenen Situationen.

Allgemein wird angenommen, daß die Angst eines Individuums erlernt ist, und daß sie unter Anwendung von Prinzipien, die auf Lerntheorien basieren, verlernt werden kann.

Beim Erstinterview werden auch sehr spezielle Fragen gestellt, und es wird ausgiebig diskutiert, weil das Therapieziel sehr spezifisch ist, nämlich die Reduktion der Angst (Ängste). Es wird kein Versuch unternommen, die Persönlichkeit des Klienten neu zu gestalten, und es wird auch im allgemeinen nicht angestrebt, dem Patienten zu helfen, eine höhere Ebene emotionalen und psychologischen Funktionierens zu erreichen. Das einzige Ziel besteht in der Reduktion der Angst oder der phobischen Reaktion des Klienten bis zu einem Punkt, an dem er seine tägliche Arbeit wieder aufnehmen kann, ohne von seiner Angst geplagt zu werden.

Wenn der Therapeut auch nur den leisesten Verdacht hat, daß der Klient unter einer körperlichen Störung leidet, die das Problem verursachen könnte, oder die möglicherweise störend auf die Behandlung einwirkt, sollte er den Klienten zu einer gründlichen Untersuchung an einen Arzt überweisen, bevor er die Behandlung weiterführt.

Das Desensibilisierungsverfahren

Nachdem alle relevante Information über den Klienten vorliegt, entscheidet der Therapeut über das Behandlungsverfahren und bespricht mit dem Klienten die nächsten Schritte. Wenn die systematische Desensibilisierung angewandt wird, erläutert der Therapeut kurz die Begründung des Behandlungsverfahrens und beschreibt die verschiedenen Schritte des Behandlungsprozesses. Der Therapeut könnte zum Beispiel folgendes sagen:

> Die emotionalen Reaktionen, die Sie erleben, sind das Ergebnis Ihrer früheren Erfahrungen mit Menschen und Situationen; diese Reaktionen führen oft zu Angst oder Spannungsgefühlen, die wirklich unangebracht sind. Da wir diese Situationen in uns selbst wahrnehmen, können wir Ihre Reaktionen direkt hier im Büro angehen ... indem Sie sich jene Situationen vorstellen oder sich vor Augen führen. [23]

Der Therapeut könnte dann sagen, daß ein Verfahren, das man systematische Desensibilisierung nennt, mit dem Klienten durchgeführt wird, und daß es aus zwei Hauptstufen besteht.

> Die erste Stufe besteht aus einem Entspannungstraining, bei dem ich Ihnen zeigen werde, wie Sie sich sehr entspannen können – entspannter, als Sie sich wahrscheinlich seit langem gefühlt haben. Wenn Sie erst einmal gelernt haben, sich zu entspannen, dann werden wir diesen entspannten Zustand nutzen, um der Angst und Anspannung, die Sie immer spüren,

wenn Sie sich in der (den) gefürchteten Situation befinden, entgegenzuwirken. Wir werden das tun, indem Sie sich, während Sie sehr entspannt sind, eine Reihe von immer stärker spannungsauslösenden Szenen, die wir gemeinsam entwickeln werden, vorstellen ... und die direkt mit Ihrer Angst zu tun haben. Auf diese Weise werden wir Ihre Angst gegenkonditionieren oder Ihre Spannung in den gefürchteten Situationen desensibilisieren.

Dieses Verfahren hat sich bei der Behandlung von vielen Arten von Angst als sehr effektiv erwiesen, und wir haben es bereits mit Erfolg bei Leuten angewandt, die ähnliche Ängste wie Sie hatten. Wir werden Sie zunächst darin unterweisen, wie Sie sich besser entspannen können, und Sie bitten, dieses Vorgehen zu Hause zu üben. Haben Sie irgendwelche Fragen? [23]

Bevor man fortfährt, sollten alle Fragen, die der Klient bezüglich der Prozedur hat, vollständig beantwortet werden.

Während dieser ersten Phase sowie in der verbleibenden Therapiezeit sollte der Therapeut darauf achten, daß er eine gute Beziehung zum Klienten hergestellt hat, und daß er sich dem Klienten gegenüber in einer Art verhält, die Wärme und Wohlwollen ausstrahlt. *Morris* und *Suckerman* [20, 21] fanden tatsächlich, daß die Wärme des Therapeuten ein wesentlicher Faktor im Ergebnis einer Desensibilisierung von an Schlangenphobie leidenden College-Studenten darstellte. (In Kapitel 2 von *Goldstein* werden die Methoden zur Verbesserung der therapeutischen Beziehung im einzelnen diskutiert.)

Der Gebrauch der systematischen Desensibilisierung erfolgt im wesentlichen in drei Stufen:
1. Entspannungstraining,
2. Entwicklung einer Angsthierarchie und
3. die eigentliche systematische Desensibilisierung.

Da sich Therapeuten im Hinblick auf einige Einzelheiten der systematischen Desensibilisierung unterscheiden, bezieht sich die vorliegende Beschreibung auf die Art und Weise, wie der Autor sie durchführt.

Entspannungstraining

Der Therapeut beginnt die Desensibilisierung mit dem Entspannungstraining. Dieses Training sollte in einem ruhigen, schwach beleuchteten Raum durchgeführt werden, der sich in einem möglichst ruhigen Gebäude befinden soll. (Wenn möglich, sollte man den gleichen Raum benutzen, in dem auch das Erstinterview stattgefunden hat). Außer bequemen Büromöbeln sollte der Therapeut entweder eine Couch oder einen Lehnstuhl besitzen, so daß die Entspannung durch die Rückenlage des Klienten erleichtert werden kann. Der erste Schritt in dem Verfahren besteht darin, daß sich der Klient im Stuhl zurücklehnt (auf die Couch legt) und seine Augen schließt. Der Therapeut sagt dann folgendes:

> Ich werde Sie jetzt anleiten, wie Sie sich voll entspannen können. Dabei werde ich Sie bitten, entgegengesetzte Muskelpartien anzuspannen und zu entspannen – und das nacheinander mit einer Reihe von Muskelpartien. Das heißt, ich werde Sie bitten, verschiedene Muskelpartien anzuspannen und zu entspannen, so daß wir einen kumulativen Effekt der Entspannung über Ihren ganzen Körper erreichen. (Pause) Also, würden Sie bitte ...

8. Methoden der Angstreduktion

Die Entspannungsschritte, die in Tabelle 3 dargestellt sind, werden dann durchgeführt. Diese Schritte stellen eine veränderte Version von der von *Jacobson* [11] entwickelten Technik zur Induktion tiefer Muskelentspannung dar. Die Anleitungen sollten mit sehr ruhiger, sanfter und angenehmer Stimme gegeben werden. Jeder Schritt sollte etwa zehn Sekunden dauern, mit einer Pause von zehn bis fünfzehn Sekunden zwischen jedem Schritt. Der ganze Vorgang sollte 20 bis 25 Minuten dauern.[1])

Während der ersten Sitzung der Entspannungsübung, empfiehlt es sich oft, daß der Therapeut den Entspannungsvorgang mit dem Klienten durchführt – so daß der Klient (wenn nötig) sehen kann, wie er einen bestimmten Schritt ausführen soll. Es ist auch ratsam, daß der Therapeut jeden Schritt dem persönlichen Tempo des Patienten anpaßt.

Es ist nicht ungewöhnlich, daß sich Klienten in der ersten Entspannungssitzung unwohl fühlen und nicht einen sehr tiefen Entspannungsgrad erreichen. Aber im Laufe von wenigen Sitzungen wird sich der Klient besser fühlen, und er wird fähig sein, tiefe Entspannung leichter zu erreichen. Der Klient sollte auch ermutigt werden, die Entspannung alleine zu Hause zu üben, am besten zweimal täglich für zehn bis fünfzehn Minuten. Um die Übungen des Klienten zu Hause zu verbessern, nehmen einige Therapeuten das Entspannungsverfahren auf Band auf und lassen den Klienten die Übungen täglich nach dem Band durchführen. Andere geben dem Klienten eine Aufstellung von den zu entspannenden Muskelpartien. Beides ist möglich. Das wichtigste Ziel besteht darin, den Klienten zu unterrichten, wie er sich selbst ohne großen Aufwand entspannen kann.

In den meisten Fällen umfaßt das Entspannungstraining zwei oder drei Sitzungen, und es überschneidet sich gewöhnlich mit einem Teil des Erstinterviews. Es empfiehlt sich, im Verlauf des Trainings solche Sätze zu wiederholen wie: „Atmen Sie normal"; „Atmen Sie sanft und regelmäßig"; „Lassen Sie Ihre *Muskeln* weiterhin entspannt"; „Denken Sie daran, den übrigen Teil Ihres Körpers entspannt zu lassen"; „Lassen Sie einfach Ihren Körper entspannen . . . und werden Sie mehr und mehr entspannt."

Es empfiehlt sich auch, während des Entspannungstrainings den Klienten auf die Veränderungen aufmerksam zu machen, die er in seinen Körperempfindungen spürt. Der Therapeut könnte zum Beispiel folgendes sagen: „Achten Sie auf den Unterschied zwischen dem An- und Entspannen Ihrer Muskeln."; „Achten Sie auf das warme angenehme Gefühl des Entspanntseins."; „Achten Sie darauf, wie Sie (eine *bestimmte Muskelgruppe*) jetzt spüren . . . sie ist warm, schwer und ganz entspannt."; „Achten Sie auf den Unterschied zwischen der Entspannung Ihrer . . . (*bestimmte Muskelgruppe*) und der Anspannung dieser Muskeln.";

---

[1]) Bevor man mit der Entspannungsprozedur anfängt, empfiehlt es sich oft, den Klienten vorsichtshalber zu fragen, ob er irgendwelche körperlichen Schwierigkeiten hat, die störend auf die An- und Entspannung der Muskeln einwirken könnten. Wenn der Klient einen Problembereich nennt, sollte der Therapeut diese Muskelpartie von der Prozedur ausnehmen oder den Klienten nicht auffordern, diese Muskelpartie stark anzuspannen.

„Achten Sie darauf, wie sie sich mehr und mehr entspannen – Sie spüren die Entspannung in Ihrem ganzen Körper."

Tabelle 8.3. Einführung in das Entspannungstraining der systematischen Desensibilisierung[1]).

Schritte bei der Entspannung
1. Atmen Sie tief ein, und halten Sie den Atem an (etwa zehn Sekunden lang). Nicht atmen. Gut, jetzt können Sie ausatmen.
2. Heben Sie beide Hände etwa auf halbe Höhe über die Couch (oder die Armlehne eines Stuhls) und atmen Sie normal. Lassen Sie jetzt Ihre Hände wieder auf die Couch (Armlehnen) fallen.
3. Strecken Sie nun Ihre Arme aus und ballen Sie die Hände zu Fäusten. Richtig fest. Achten Sie auf die Spannung in ihren Händen. Ich werde jetzt bis drei zählen, und bei „drei" sollen Sie Ihre Hände fallen lassen. Eins . . . zwei . . . drei.
4. Heben Sie Ihre Arme noch einmal und biegen Sie Ihre Finger (zum Körper) um. Lassen Sie Ihre Hände fallen und entspannen Sie sich.
5. Heben Sie Ihre Arme. Lassen Sie sie fallen und entspannen Sie sich.
6. Heben Sie nochmals Ihre Arme, aber lassen Sie diesmal Ihre Hände „herunterhängen". Gut. Entspannen Sie sich.
7. Heben Sie nochmals Ihre Arme. Entspannen Sie sich jetzt.
8. Heben Sie Ihre Arme nochmals über die Couch (den Stuhl) und spannen Sie Ihre Oberarmmuskeln an, bis sie zittern. Atmen Sie normal und lassen Sie Ihre Hände locker. Entspannen Sie Ihre Hände. (Achten Sie auf das warme Gefühl der Entspannung).
9. Halten Sie nun Ihre Arme seitwärts und spannen Sie Ihre Oberarmmuskeln an. Achten Sie darauf, daß Sie ruhig atmen. Entspannen Sie Ihre Arme.
10. Ziehen Sie jetzt Ihre Schulterblätter zurück. So halten. Achten Sie darauf, daß Ihre Arme entspannt sind. Nun entspannen Sie sich.
11. Ziehen Sie Ihre Schultern nach vorne. So halten, und achten Sie darauf, daß Sie normal atmen, und lassen Sie Ihre Arme entspannt. Gut. Entspannen Sie sich. (Achten Sie auf das Gefühl der Erleichterung, das durch Anspannung und Entspannung Ihrer Muskeln entsteht.
12. Drehen Sie Ihren Kopf nach rechts und spannen Sie Ihre Halsmuskeln an. Halten Sie die Spannung. Gut, entspannen Sie sich, und bringen Sie Ihren Kopf in die Ausgangsstellung zurück.
13. Drehen Sie Ihren Kopf nach links und spannen Sie Ihre Halsmuskeln an. Entspannen Sie sich und bringen Sie Ihren Kopf wieder in seine natürliche Position zurück.
14. Beugen Sie nun Ihren Kopf etwas zum Stuhl zurück. So halten. Gut, bringen Sie jetzt Ihren Kopf langsam in seine Ausgangsposition zurück.
15. Senken Sie diesmal Ihren Kopf bis er fast auf Ihrer Brust liegt. So halten. Nun entspannen Sie sich und bringen Sie Ihren Kopf langsam in seine Ausgangsstellung zurück. (Der Klient sollte nicht aufgefordert werden, seinen Nacken ganz nach vorne oder ganz zurück zu biegen).
16. Öffnen Sie Ihren Mund so weit wie möglich. Noch ein bißchen. Gut so. Entspannen Sie sich. (Der Mund muß zum Schluß etwas geöffnet sein).
17. Spannen Sie nun Ihre Lippen an, indem Sie den Mund fest zumachen. Gut, entspannen Sie sich (Achten Sie auf das Gefühl der Entspannung).
18. Drücken Sie Ihre Zunge gegen den Gaumen. Drücken Sie fest dagegen (Pause). Entspannen Sie sich, und bringen Sie Ihre Zunge in eine angenehme Lage im Mund.
19. Drücken Sie nun Ihre Zunge im Mund nach unten. (Pause) Entspannen Sie sich und bringen Sie Ihre Zunge in eine angenehme Lage im Mund.

[1]) Teilweise übernommen von *Jacobson* [11], *Rimm* (1967) persönliche Mitteilung, und *Wolpe* und *Lazarus* [40].

8. Methoden der Angstreduktion

20. Nun bleiben Sie ganz ruhig liegen (sitzen) und entspannen Sie sich. Versuchen Sie, an nichts zu denken.
21. Um Ihr Verbalisieren zu prüfen, möchte ich, daß Sie so tun, als wollten Sie eine hohe Note singen – nicht laut. Gut, singen Sie für sich selbst. Halten Sie diese Note, und nun entspannen Sie sich.
22. Jetzt singen Sie einen mittleren Ton und spannen Sie wieder Ihre Stimmbänder an. Entspannen Sie sich.
23. Nun singen Sie eine tiefe Note und spannen Sie noch einmal Ihre Stimmbänder an. Entspannen Sie sich. (Ihre Stimmorgane sollten jetzt entspannt sein. Entspannen Sie Ihren Mund.)
24. Nun schließen Sie Ihre Augen. Kneifen Sie sie fest zu und atmen Sie normal. Achten Sie auf die Spannung. Nun entspannen Sie sich. (Achten Sie wieder darauf, wie der Schmerz nachläßt, während Sie sich entspannen).
25. Lassen Sie jetzt Ihre Augen normal geöffnet und lassen Sie Ihren Mund etwas geöffnet.
26. Öffnen Sie Ihre Augen so weit wie möglich. So halten. Entspannen Sie jetzt Ihre Augen.
27. Runzeln Sie nun Ihre Stirne so stark wie möglich. So halten. Gut, entspannen Sie sich.
28. Atmen Sie jetzt tief ein und halten Sie den Atem an. Entspannen Sie sich.
29. Atmen Sie jetzt aus. Atmen Sie jetzt alle Luft aus . . . alles aus. Entspannen Sie sich. (Achten Sie auf das herrliche Gefühl, wieder einzuatmen.)
30. Stellen Sie sich vor, an allen Ihren Muskeln würden Gewichte ziehen, die Sie schlaff und entspannt machen . . . und Ihre Arme und Ihren Körper auf die Couch herunterziehen.
31. Ziehen Sie Ihre Bauchmuskeln zusammen. Noch fester. Gut, entspannen Sie sich.
32. Dehnen Sie Ihre Muskeln jetzt aus, als ob Sie ein Preisboxer wären. Ihr Magen muß jetzt ganz hart sein. (Sie entspannen sich mehr und mehr).
33. Spannen Sie Ihr Gesäß an. Fester. Halten Sie die Spannung. Entspannen Sie sich jetzt.
34. Untersuchen Sie jetzt den oberen Teil Ihres Körpers, und entspannen Sie jeden angespannten Teil. Zuerst die Gesichtsmuskeln. (Pause . . . 3 bis 5 Sek.). Dann die Stirnmuskeln (Pause . . . 3 bis 5 Sek.). Die Halsregion (Pause . . . 3 bis 5 Sek.). Ihre Schultern . . . entspannen Sie jeden angespannten Teil (Pause). Jetzt die Arme und Finger. Entspannen Sie sie. Entspannen Sie sich ganz.
35. Behalten Sie diese Entspannung bei und heben Sie beide Beine hoch (in einem Winkel von ca. 45 Grad). Nun entspannen Sie sich. (Achten Sie darauf, wie Sie dies noch mehr entspannt).
36. Biegen Sie Ihre Füße nach oben, so daß Ihre Zehenspitzen gegen Ihr Gesicht gerichtet sind. Entspannen Sie Ihren Mund. Biegen Sie sie fest zurück. Entspannen Sie sich.
37. Biegen Sie Ihre Füße in eine andere Richtung . . . weg von Ihrem Körper, nicht zu weit weg. Achten Sie auf die Spannung. Gut, Entspannen Sie sich.
38. Entspannen Sie sich. (Pause) Ziehen Sie nun Ihre Zehen ein, so fest Sie können. Noch fester. Gut so. Entspannen Sie sich. (Stille . . . für etwa 30 Sekunden Ruhe).
39. Dies beendet das formale Entspannungsverfahren. Untersuchen Sie jetzt Ihren Körper von den Füßen aufwärts. Vergewissern Sie sich, daß jeder Muskel entspannt ist (sagen Sie sich langsam) – zuerst Ihre Zehen . . . Ihre Füße . . . Ihre Beine . . . Gesäß . . . Bauch . . . Schultern . . . Hals . . . Augen . . . Schließlich Ihre Stirn . . . alles sollte jetzt entspannt sein. (Stille . . . für etwa 10 Sekunden Ruhe).
Bleiben Sie einfach ruhig liegen und fühlen Sie sich sehr entspannt. Achten Sie auf die Wärme der Entspannung (Pause). Ich möchte, daß Sie so noch etwa eine Minute verbleiben, und dann werde ich bis fünf zählen. Wenn ich bei fünf bin, möchte ich, daß Sie die Augen öffnen und sich sehr ruhig und erfrischt fühlen. (Stille – für etwa eine Minute Ruhe).
Also, wenn ich bei fünf bin, möchte ich, daß Sie Ihre Augen öffnen und sich sehr ruhig und erfrischt fühlen.
Eins . . . Sie fühlen sich sehr ruhig; zwei . . . sehr ruhig, sehr erfrischt; drei . . . sehr erfrischt; vier . . .; und fünf.

Manchmal haben Klienten aus unterschiedlichen Gründen Schwierigkeiten, sich anhand dieses Verfahrens zu entspannen. Sie finden es einfach schwierig, darauf anzusprechen, egal, wie motiviert sie sind. So berichten sie zum Beispiel, daß sie Schwierigkeiten haben, ihre Augen länger als ein paar Sekunden (Minuten) geschlossen zu halten, oder daß sie sich sehr unsicher fühlen, wenn sie sich in einem Lehnstuhl zurücklehnen sollen oder sich auf eine Couch hinlegen sollen und jemand sie dabei beobachtet. Um dieses Problem erfolgreich zu behandeln, haben einige Autoren [4, 5, 6] den Einsatz von Drogen (wie Brevital) vorgeschlagen, um ihren Klienten helfen zu können, sich im Entspannungstraining bei der Desensibilisierung entspannen zu können. Andere haben den Gebrauch von Hypnose oder Kohlenstoffdioxyd-Sauerstoff [40, 39] oder die Anwendung einer modifizierten Form der Verhaltensausformung, die „Entspannungsprogrammierung" genannt wird [19] in den genannten Originalbeiträgen vorgeschlagen. Der interessierte Leser findet dort eine detaillierte Beschreibung dieser Ansätze in den genannten Originalbeiträgen.

Aufbau einer Angsthierarchie

Mit Beendigung des Erstinterviews und während des Entspannungstrainings arbeitet der Therapeut zusammen mit seinem Klienten eine Angsthierarchie für jede seiner Ängste aus. Die Hierarchie basiert auf der Angst (den Ängsten), die der Therapeut zusammen mit seinem Klienten als änderungsbedürftig anerkennt, und die der Therapeut behandeln soll.

Nach Beendigung der ersten Sitzung des Entspannungstrainings (und nach Abschluß des Erstinterviews) gibt man dem Klienten 6 mal 12 cm große Karteikarten, die er ausgefüllt zur nächsten Sitzung mitbringen soll – jede dieser Karten enthält die Beschreibung einer Situation, die ein bestimmtes Ausmaß an Angst in ihm erzeugt. Er wird vor allem darum gebeten, jene Situationen herauszufinden, die sich auf seine Angst beziehen, und die zunehmend mehr Angst und Spannung erzeugen. Er soll seine Angst auf einer Skala, die von Null bis 100 geht einteilen und jedem zehnten Wert eine angstauslösende Situation zuordnen (100 bedeutet die am stärksten angstauslösende Situation). Beispiele von Angsthierarchien zu Beginn der Behandlung sind in Tabelle 4 aufgeführt.

Die genaue Zusammensetzung einer Hierarchie ist abhängig von der speziellen Angst des Patienten und davon, wie er die verschiedenen Situationen wahrnimmt. Zum Beispiel kann jemand, der Angst hat, kritisiert zu werden einige sehr verschiedene Situationen beschreiben, in denen seine Angst auftritt – wobei sie sich voneinander durch das Ausmaß der Angst unterscheiden, das sie in ihm hervorrufen. Oder jemand kann eine sehr spezifische Angst haben, wobei sich die Beschreibungen der zunehmend angstauslösenden Situationen auf einer räumlichzeitlichen Dimension unterscheiden. Das war bei der Frau in Tabelle 4 der Fall, die Angst hatte, ihr Haus zu verlassen. Die Hierarchie kann auch im Hinblick auf die Anzahl anwesender Personen variieren (z.B. im Aufzug), im Hinblick auf die

8. Methoden der Angstreduktion

Tabelle 8.4. Muster – Vorläufige Angsthierarchien

Angst vor dem Alleinsein

10. Zusammen mit einer Gruppe von Leuten nachts oder tagsüber im Labor zu sein.
20. Mit einer anderen Frau alleine in einem Zimmer zu sein.
30. Die Vorstellung, tagsüber alleine in meinem Haus zu sein.
40. Morgens zum Unterricht zu gehen, wenn wenig Menschen unterwegs sind.
50. Tagsüber alleine zu Hause in meinem Schlafzimmer zu sein.
60. Einen Wagen nachts alleine zu fahren und zu spüren, daß mir ein Mann folgt.
70. Nachts mit einer Freundin in der Innenstadt spazieren zu gehen.
80. Alleine mit einem kleinen Kind, auf das ich aufpassen soll, in einem Haus zu sein.
90. Die Vorstellung, nachts alleine zu sein, ein paar Stunden bevor ich tatsächlich alleine bin.
100. Abends alleine zu Hause im Wohnzimmer bei geschlossenen Türen zu sitzen.

Angst vor dem Fahren auf höhergelegenen Ebenen

10. In das Erdgeschoß einer Rampengarage zu fahren.
20. Von der zweiten in die dritte Etage einer Garage zu fahren.
30. Mit einem Freund im Auto zu fahren, wenn wir uns der Brücke über den Chicago-River auf der Michigan Avenue nähern.
40. Selbst mit einem Freund im Auto zu fahren, und der Brücke über den Chicago-River näherzukommen.
50. Selbst mit dem Auto über die Chicago-River-Brücke zu fahren.
60. Selbst mit einem Freund im Auto zu fahren und die Brücke über den Mississippi-River bei Moline zu überqueren.
70. Selbst mit dem Auto über die Brücke über den Mississippi-River bei Moline zu fahren.
80. Selbst mit einem Freund im Auto über eine hügelige Straße in Wisconsin zu fahren.
90. Selbst mit einem Freund im Auto über eine hügelige Straße in Wisconsin zu fahren und zwar auf halber Höhe an einer ziemlichen Steigung.
100. Selbst mit einem Freund im Auto bis zur Spitze eines ziemlich steilen Hügels zu fahren. Wir kommen oben an, steigen aus dem Wagen aus und betrachten das Tal unter uns – anschließend gehen wir zu einem nahe gelegenen Restaurant – und später fahren wir den Hügel wieder hinab.

Angst, im Flugzeug zu fliegen

10. Einen Film von einem Flugzeug zu sehen, das auf- und abwärts fliegt und in Schräglage geht.
20. In einem Privatflugzeug zu sitzen, das auf dem Boden steht, und der Motor dreht sich im Leerlauf.

Angst, das Haus zu verlassen

10. Aus der Eingangstür heraustreten, zum Wagen gehen, um zum Einkaufen zu fahren.
20. In den Wagen einsteigen, den Motor anlassen.

30. In einem Privatflugzeug zu sitzen, das auf dem Boden steht, und der Pilot begibt sich auf das Ende der Rollbahn.
40. In einem Privatflugzeug zu sitzen, das auf dem Boden steht, und der Pilot läßt den Motor aufheulen.
50. Mit einem Freund eine Reise mit einem Linienflugzeug vorzubereiten. Die Reise findet in drei Monaten statt.
60. Einen Monat vor der Reise im Flugzeug.
70. Drei Wochen vor der Reise im Flugzeug.
80. Drei Tage vor der Reise im Flugzeug.
90. Während des Starts in einem Privatflugzeug.
100. In einem Linienflugzeug über Land zu fliegen.

30. Im Wagen zu sitzen und aus der Einfahrt herauszufahren.
40. Auf der Straße zu fahren und mich vom Haus zu entfernen.
50. Zwei Häuserblocks entfernt auf dem Weg zum Einkaufen.
60. Im Einkaufszentrum anzukommen und zu parken.
70. Den Laden zu betreten.
80. Einen Einkaufswagen zu nehmen, und nach den Dingen zu schauen, die ich auf meiner Liste stehen habe.
90. Alle Dinge beisammen haben und zur Kasse gehen.
100. Alle Dinge beisammen zu haben und in einer langen, sich langsam bewegenden Schlange warten zu müssen, um an die Kasse zu kommen.

---

vermeintlichen Einstellungen anderer zum Klienten, oder als eine Kombination von einigen dieser Dimensionen (vgl. die Hierarchie für Flugangst in Tabelle 4).

Wenn der Klient mit der vorbereiteten Hierarchie wiederkommt, geht der Therapeut sie mit ihm durch und setzt Einfügungen dazwischen, wo es angemessen erscheint. Die endgültige Hierarchie sollte einen langsamen und allmählichen Anstieg angstauslösender Situationen darstellen, die sich der Klient alle leicht vorstellen kann. Die meisten Hierarchien enthalten 20 bis 25 Teile. Es ist jedoch nicht ungewöhnlich, daß jene Hierarchien, die sich auf eine sehr spezifische Angst beziehen (z.B. Angst, nachts auf der Autobahn zu fahren) weniger Teile enthalten, während jene, die eine komplexere Angst darstellen (z.B. Angst, alleine zu sein) mehrere Teile enthalten. In Tabelle 5 sind endgültige Hierarchien dargestellt.

Der Therapeut sollte eine für den Klienten sehr entspannende Szene herausfinden; eine, der in der Hierarchie der Wert Null zukommt. Man nennt dies häufig die *Kontrollszene*. Diese Szene sollte sich nicht auf die Ängste beziehen und sollte den Klienten voll zufriedenstellen und beruhigen. Gebräuchliche „Null-Grad"-Szenen sind z.B. folgende: „Mit der Ehefrau (dem Ehemann) an einem schönen, sonnigen Tag durch den Wald zu gehen."

„An einem sonnigen warmen Tag an einem Strand am Ozean zu liegen.","Im Bett liegen und einen interessanten Roman zu lesen."„An einem schönen Frühlingstag in einem Gartenstuhl auf der Veranda zu sitzen – und den vorüberziehenden Wolken nachzuschauen." Der Aufbau einer Hierarchie nimmt mindestens einen Teil von zwei oder drei Sitzungen in Anspruch, obwohl man weniger Zeit für Fälle mit Monophobien veranschlagen kann.

Die eigentliche systematische Desensibilisierung

Die eigentliche Desensibilisierung beginnt gewöhnlich drei oder vier Sitzungen nach Abschluß des Erstinterviews. Zu diesem Zeitpunkt hatte der Klient die Möglichkeit, Entspannung zu Hause wie auch im Büro des Therapeuten zu üben, und er konnte eine Angsthierarchie erstellen. Wenn der Klient eine Anzahl von Angsthierarchien entwickelt hat, sollte sich der Therapeut zunächst diejenige vornehmen, die dem Klienten am meisten Kummer und Sorge bereitet. Wenn es zeitlich möglich ist, kann der Therapeut während der Sitzung auch an anderen Hierarchien arbeiten, aber er sollte dem Klienten nicht mehr als drei *verschiedene* Hierarchien in einer Sitzung zumuten.

In der ersten Desensibilisierungssitzung läßt man den Klienten zunächst für drei oder fünf Minuten auf der Couch oder im Lehnstuhl entspannen. Dabei instruiert der Therapeut den Klienten, daß er sich mehr und mehr entspannt und einen tiefen und noch tieferen Entspannungszustand erreicht. In dieser Phase könnte der Therapeut folgendes sagen:

Ihr ganzer Körper wird schwerer ... alle Muskeln entspannen sich mehr und mehr. Ihre Arme werden ganz entspannt (*Pause*). Ihre Schultern (*Pause*). Nun die Kiefermuskeln ... die Zunge ... (*Pause*) und Ihre Augen ... ganz entspannt ... und Sie merken, wie Sie sich ruhiger fühlen, während Sie sich mehr und mehr entspannen (*Pause*) Ganz entspannt ... Sie entspannen jeden Teil Ihres Gesichtes, der noch etwas angespannt ist. (*Pause*) Nun Ihren Nacken ... Ihre Schultern ... Ihre Brust ... Ihr Gesäß ... Ihre Hüften ... Ihre Beine ... Ihre Füße ... ganz tief entspannt. (*Pause*) Sie fühlen sich ganz ruhig und behaglich.

Tabelle 8.5. Muster – Endgültige Hierarchien.

Autofahren
1. Der Ehemann fährt 130 km pro Stunde auf der linken Spur der Autobahn, 30 m hinter dem Vorderwagen. Es ist starker aber schneller Verkehr.
2. Mit eigener angemessener Geschwindigkeit zum Laden fahren.
3. Bei schwachem Verkehr mit ca. 100 km/h auf der Autobahn zu fahren, langsam auf Tempo 130 beschleunigen.
4. Mit Tempo 50 in einer 50 km-Zone zum Laden zu fahren. Jemand fährt 10 Meter hinter Ihnen.
5. Bei schwachem Verkehr mit Tempo 110 auf der Autobahn zu fahren; der Verkehr wird zunehmend dichter.
6. Auf der El Camino (Straße im Zentrum) mit der Mutter fahren, die unnötig viel bremst.
7. Mit dem Vater auf der Autobahn zu fahren. Er ist leicht verärgert und fährt zu dicht auf.
8. Mit Tempo 110 auf der Bayshore Freeway (Autobahn in Kalifornien)[1] fahren, es wird zunehmend dunkler.
9. Mit Tempo 110 bei Nacht auf der Bayshore Freeway fahren, der Regen wird immer heftiger, Sie fahren sicherheitshalber langsamer.

[1]) Anmerkung des Übersetzers.

10. Bei Nacht in den Bergen fahren.
11. Bei Dunkelheit und Regen in den Bergen fahren.

(aus *Marquis, Morgan* und *Piaget* [16].)

Fahrstühle
[2]1. Sie sind in der Nähe meines Büros (des Sprechzimmers des Therapeuten) und sehen beim Hinuntergehen den Fahrstuhl.
2. Den Fahrstuhlrufknopf in der Nähe meines Büros (zweites Stockwerk) drücken.
3. Der Fahrstuhl erreicht das zweite Stockwerk ... Türen öffnen sich ... Sie gehen hinein und fahren hinunter zum Erdgeschoß.
[2]4. Sie sind mit anderen im neuen Fahrstuhl des Acme Gebäudes, unterhalb des vierten Stockwerks und Sie fahren hinab.
5. Sie betreten den Fahrstuhl auf der Höhe meines Büros, die Türen schließen sich, und es dauert eine kleine Weile, bis er hinunterfährt.
6. Sie sind alleine im Fahrstuhl in unserem Bürogebäude, und Sie fahren vom Erdgeschoß zum dritten Stockwerk.
[2]7. Sie sind alleine im neuen Fahrstuhl des Acme Gebäudes und Sie fahren vom Erdgeschoß zum vierten Stock hinauf.
[2]8. Sie sind mit anderen im neuen Fahrstuhl des Acme Gebäudes, und Sie fahren abwärts zwischen dem 15. und dem vierten Stockwerk (das Gebäude hat 15 Stockwerke).
9. Sie sind im Fahrstuhl auf der Höhe meines Büros und Sie fahren abwärts. Der Fahrstuhl erreicht das Erdgeschoß und es dauert kurze Zeit, bevor sich die Türen öffnen.
[2]10. Sie sind mit anderen im neuen Fahrstuhl des Acme Gebäudes und Sie fahren aufwärts zwischen dem vierten und 15. Stockwerk.
11. Sie sind alleine im Fahrstuhl des Acme Gebäudes, fahren aufwärts zwischen dem vierten und 15. Stockwerk, Sie erreichen das 12. Stockwerk und es dauert kurze Zeit, bis sich die Türen öffnen und Sie aussteigen können.
[2]12. Sie sind im fünften Stockwerk des Marshall Gebäudes (dem Klienten gut bekannt). Sie betreten den Fahrstuhl alleine, drücken auf den Knopf, und er fährt hinab zum Erdgeschoß.
13. Während des Hinabfahrens hören Sie einige Geräusche vom Motor des Fahrstuhls.
[2]14. Sie betreten das Marshallgebäude, gehen auf den Fahrstuhl zu, betreten ihn und drücken den Knopf für das fünfte Stockwerk.
[2]15. Sie betreten alleine den Fahrstuhl des Ajax Gebäudes (30 Stockwerke) und benutzen ihn bis zum 10. Stockwerk.
16. ... zum 15. Stockwerk.
17. ... zum 20. Stockwerk.
[2]18. Sie betreten alleine den Fahrstuhl des Thomas Gebäudes (50 Stockwerke) und benutzen ihn bis zum 20. Stockwerk.
19. ... zum 30. Stockwerk.
20. Sie befinden sich alleine im Fahrstuhl unseres Bürogebäudes und Sie drücken den Knopf für das fünfte Stockwerk, der Fahrstuhl hält aber erst im 7. Stockwerk an.
21. Sie befinden sich alleine im Fahrstuhl des Marshall Gebäudes, fahren hinab zum Erdgeschoß, und er bleibt zwischen dem zweiten und dem ersten Stockwerk stehen. Sie drücken noch einmal den Knopf für das Erdgeschoß, und der Fahrstuhl fährt zum Erdgeschoß hinab.
[2]22. Sie sind alleine in einem Fahrstuhl des Thomas Gebäudes und fahren hinauf zum 45. Stockwerk, der Fahrstuhl bleibt zwischen dem 20. und 21. Stockwerk hängen – er fährt weiter, kurz nachdem Sie den Alarmknopf gedrückt haben.

---

[2]) Stellt die ursprünglich vom Klienten angegebenen Items dar.

8. Methoden der Angstreduktion

Der Therapeut bittet den Klienten auch durch Heben des rechten Zeigefingers anzuzeigen, wenn er einen entspannten und behaglichen Zustand erreicht hat.

Nach diesem Signal sagt der Therapeut, daß er ihn nun bitten wird, sich eine Anzahl Szenen aus der Hierarchie vorzustellen, die sie in den letzten Sitzungen gemeinsam entwickelt haben. Er bittet ihn auch, sich jede Szene so klar und lebhaft wie möglich vorzustellen – „Als ob Sie selbst dort wären!" – und dabei in ganz entspanntem Zustand zu verbleiben. Wenn der Klient auch nur Anzeichen von Angst und Spannung während der Vorstellung einer bestimmten Szene spürt, so soll er das sofort mit seinem rechten Zeigefinger anzeigen.

An dieser Stelle bittet der Therapeut den Klienten, zu signalisieren, ob er sich noch ganz ruhig und entspannt fühlt. Wenn er das Signal gibt, gibt der Therapeut die Kontrollszene vor. Wenn er nicht signalisiert, geht der Therapeut noch einmal mit ihm die Entspannungssequenz durch, bis er angibt, sich nicht mehr angespannt zu fühlen.

Die Kontrollszene wird für nahezu 15 Sekunden dargeboten. Ein Beispiel einer Desensibilisierungssitzung mit einem Prüfungsängstlichen ist im folgenden dargestellt.

> Brechen Sie jetzt die Vorstellung ab und konzentrieren Sie sich wieder ganz auf die Entspannung ... Stellen Sie sich vor, Sie sitzen am Abend zu Hause und studieren. Es ist der 20. Mai, – genau ein Monat vor Ihrer Prüfung. (5 Sekunden Pause). Brechen Sie jetzt die Vorstellung ab ... (Pause von 10 bis 15 Sek.). Nun stellen Sie sich die gleiche Szene noch einmal vor – ein Monat vor Ihrer Prüfung ... (Pause von 10 bis 15 Sek.). Brechen Sie nun die Vorstellung ab und denken Sie nur an Ihre Muskeln. Lassen Sie sie gehen und genießen Sie diesen Zustand der Ruhe. (15 Sek. Pause). Nun stellen Sie sich wieder vor, sie studieren zu Hause einen Monat vor Ihrer Prüfung ... (Pause von 5 bis 10 Sek.). Brechen Sie die Vorstellung ab, und denken Sie nur noch an Ihren Körper ... (15 Sek. Pause). [38][1].

Jede Hierarchie wird drei- oder viermal mit einer maximalen Darbietungsdauer von fünf Sekunden bei der ersten Darbietung und einem allmählichen Anstieg auf zehn Sekunden für die nachfolgenden Darbietungen gegeben. Die Hierarchie-Items werden in aufsteigender Folge dargeboten, angefangen von den am wenigsten gefürchteten Items mit Entspannungsphasen von zehn bis 15 Sekunden dazwischen. In den meisten Fällen werden drei bis vier *verschiedene* Szenen pro Sitzung dargeboten. Das bedeutet, daß eine bestimmte Desensibilisierungssitzung 15 bis 20 Minuten dauert. Der Rest der Stunde kann dazu benutzt werden, über Dinge zu sprechen, die mit der Angst des Klienten zusammenhängen (Wie verlief die Woche im Hinblick auf die Angst) und/oder die sich auf die Desensibilisierung einer anderen Hierarchie oder auf die Behandlung anderer Probleme des Klienten beziehen.

Nach Darbietung der letzten Szene in einer Sitzung, wenn man keine weiteren Hierarchien in Angriff nimmt, bittet der Therapeut den Klienten, sich für kurze Zeit zu entspannen. Dann beendet er die Sitzung mit etwa folgenden Worten:

> ... Ruhen Sie sich aus ... Sie fühlen sich sehr wohl und behaglich. Ich möchte, daß Sie so bleiben, bis ich bis fünf gezählt habe. Wenn ich bei fünf bin, öffnen Sie bitte Ihre Augen, Sie

---

[1]) Die in Klammern angeführten Stellen wurden vom Autor hinzugefügt.

fühlen sich wohl und erfrischt. (*Pause*) Eins ... Sie fühlen sich ganz ruhig; zwei ... ganz ruhig, ganz erfrischt; drei ... ganz erfrischt; vier ...; und fünf.

Das gleiche allgemeine Vorgehen gilt für alle nachfolgenden Desensibilisierungssitzungen. Die Szenen sollten nicht rasch dargeboten werden; eher in einer gesprächartigen Form, die Verständnis und Interesse am Klienten vermittelt. Damit man weiß, welche Szenen der Klient durchlaufen hat, wie häufig er sie durchlaufen hat, und an welcher Stelle die Hierarchie jewails in einer Sitzung begonnen und beendet wurde, empfiehlt es sich, sich an das in Tabelle 6 dargestellte Vorgehen zu halten.

Tabelle 8.6. Vorschlag für ein Protokollsystem.

```
2. 4. 74            | | Ø 15 | | |        25
Ende

        Sie nähern sich dem Supermarkt. Beim
        Näherkommen stellen Sie fest, daß er
        beinahe leer ist, und Sie betreten das
        Geschäft.

        Keine bemerkenswerte Unruhe
```

```
14. 10. 73          | Ø 25 | | |         40
Beginn

        Sie sind in der Tango Bar. Sie verlassen
        Ihren Tisch mit Ihrem Getränk für fünf
        Minuten, und Sie kommen zurück und be-
        ginnen, wieder aus Ihrem Glas zu trin-
        ken.

        Bewegt sich anfänglich im Stuhl
```

Das Datum bezieht sich auf die Darbietungszeit der Szene. Die Worte „Ende" und „Beginn" zeigen an, ob die Sitzung mit dieser Szene begann oder endete. Die „senkrechten Linien" erinnern den Therapeuten daran, wie häufig er diese Szene dargeboten hat – ein Strich pro Darbietung. Der Strich durch den Kreis bedeutet, daß der Klient Angst angezeigt hat, und daß die Szene abgebrochen und daß einige Sekunden Entspannung folgten, deren Dauer neben dem Kreis angegeben ist. Am unteren Rand der Karte stehen Bemerkungen über das Wohlbefinden des Klienten während der Vorstellung der Szene.

Der Therapeut sollte jede Szene darbieten, bis der Klient drei aufeinanderfolgende Erfolge hat. Wenn der Klient jedoch bei einer Szene zweimal hintereinander nicht erfolgreich war (Anzeichen von Angst), dann sollte der Therapeut zu der letzten erfolgreich durchlaufenen Szene zurückgehen und noch einmal mit dem Durcharbeiten beginnen. Wenn der Mißerfolg anhält, sollte die vorausgegangene erfolgreiche Szene wieder dargeboten werden, so daß der Klient die Sitzung mit einem positiven Erlebnis beendet. Dann sollte der Therapeut die Schlußphase des Verfahrens einleiten. Die Probleme mit der Szene sollten mit dem Klienten besprochen werden, und es sollten Veränderungen an der Szene oder im Hinblick auf andere Aspekte des Verfahrens vorgenommen werden.

Selbst wenn ein Klient keine Angst anzeigt, empfiehlt es sich, oft im Verlauf der Desensibilisierung (besonders während der ersten Sitzung) festzustellen, ob er bei einer bestimmten Szene unruhig wurde, ob es ihm gelang, sich die Szene ganz vorzustellen, oder ob er sich weiterhin ganz entspannt fühlt. Um dies zu erreichen, bittet der Therapeut den Klienten zwischen den Darbietungen der Szenen: („Wenn Sie diese Szene überhaupt nicht beunruhigt" oder „Wenn es Ihnen gelingt, sich diese Szene ganz deutlich vorzustellen . . ." oder „Wenn Sie sich weiterhin ganz entspannt fühlen . . .") tun Sie überhaupt nichts; im anderen Falle heben Sie Ihren rechten Finger." Wenn er den Finger hebt, unternimmt der Therapeut entsprechende Schritte (z.B. er könnte weitere Entspannungsinstruktionen geben, die Szene oder die Kontrollszene noch einmal darbieten und den Klienten instruieren, sich jedes Detail vorzustellen). Wenn der Klient nach wiederholter Darbietung einer bestimmten Szene wieder Angst anzeigt oder sie sich nicht gut vorstellen konnte, wird die Sitzung mit der oben beschriebenen Schlußphase beendet. Der Therapeut exploriert dann im einzelnen die Schwierigkeiten, die der Klient hat und nimmt die notwendigen Veränderungen in der Hierarchie oder in der Entspannungsprozedur vor.

Ein zweites nützliches Vorgehen besteht darin, daß man den allgemeinen Entspannungszustand des Klienten vor, während und nach einer bestimmten Desensibilisierungssitzung feststellt. Das tut man gewöhnlich nach Abschluß der Desensibilisierungssitzung. Der Klient wird gebeten, seinen Entspannungszustand anhand einer 10 Punkte umfassenden Skala zu beurteilen – wobei null „äußerst" entspannt und zehn „überhaupt" nicht entspannt bedeutet. Dieses Vorgehen gibt dem Therapeuten nicht nur eine Rückmeldung über die relative Veränderung im Entspannungszustand des Klienten zwischen Anfang und Ende der Sitzung, sondern es informiert auch den Klienten über seinen eigenen Fortschritt und bietet die Grundlage für seine weiteren Entspannungsbemühungen.

Zusätzliche Überlegungen

Im Verlauf der eigentlichen Desensibilisierung sollte man beim Klienten auf Anzeichen von Müdigkeit achten. Dabei empfiehlt es sich, den Klienten zu fragen, ob er findet, daß zu viele Szenen (oder Hierarchien) während einer Sitzung dargeboten werden. Es ist auch ratsam, auf jede Unruhe zu achten, die der Klient während der Entspannung oder der eigentlichen Desensibilisierung zeigt. Bei

Das Desensibilisierungsverfahren

Klienten, die auf der Couch liegen, äußert sich Unruhe häufig wie folgt: sie bewegen sich hin und her, als ob sie eine bequeme Lage finden wollten; schnelle Bewegung der Augenlider; sehr ausgiebiges Gähnen; oder unkontrolliertes Sprechen bei geschlossenen Augen ...

Das Unbehagen braucht manchmal wie im folgenden Beispiel, nicht mit der Angst des Klienten in Zusammenhang zu stehen.

Frau Farber hatte schon ihre fünfte Desensibilisierungssitzung, es ging langsam aber stetig mit der Bewältigung ihrer Angst vor dem Alleinsein in ihrem Haus voran. Sie bewegte mitunter ihre Augenlider, zeigte aber keine Angst bei den dargebotenen Szenen an. Während den folgenden entspannungsfördernden Instruktionen begann sie ihre Beine übereinanderzuschlagen und ihren Körper unruhig hin und her zu bewegen. Als der Therapeut sich gerade nach ihrem Entspannungszustand erkundigen wollte, öffnete sie ihre Augen, setzte sich im Lehnstuhl auf und sagte: „Sie müssen mich entschuldigen, aber ich habe heute soviel getrunken und muß kurz die Toilette aufsuchen. Ich vergaß zu gehen, bevor ich herkam."

Wie das nächste Beispiel zeigt, kann tiefe Entspannung auch einen sehr angespannten Klienten dazu veranlassen, über sein Problem nachzudenken.

Herr Martin hatte Schwierigkeiten, Entspannung zu lernen. Einige Sitzungen vergingen, und es gelang ihm nicht, einen Entspannungsgrad von weniger als vier auf der zehn-Punkte-Skala zu erreichen. In der vierten Sitzung wurde eine entspannungsfördernde Technik angewandt. Er entspannte sich ziemlich intensiv, mehr als vorher und schien sich über seinen Erfolg zu freuen. Innerhalb weniger Minuten begann er seinen Kopf hin und herzubewegen, und Tränen liefen ihm über die Backen. Er fing dann an zu weinen und entschuldigte sich für die Unterbrechung, aber es wäre das erste Mal gewesen, daß er sich den Gedanken an die Probleme, die er durch seine Impotenz hätte „und all der Unruhe, die sie in sein Leben gebracht habe, so ganz hingeben könnte."

Ähnliche Ereignisse können auch zu wiederholtem Mißerfolg mit einem Item in einer Sitzung beitragen. Im folgenden Beispiel erzeugte das bestimmte Hierarchie-Item nicht die signalisierte Angst; die Angst wurde vielmehr durch einen Telefonanruf einer alten Freundin der Klientin ausgelöst.

Frau Carol machte stetige Fortschritte in ihrer Hierarchie bezüglich der Angst, ihr Haus alleine zu verlassen – und sich mehr als eine Meile von ihrem Haus zu entfernen. Im Verlauf der neunten Sitzung wurde das Item dargeboten, alleine neun Meilen zum Büro des Therapeuten zu fahren. Sobald das Item dargeboten war, zeigte sie Angst, die bis zur Beendigung der Sitzung andauerte. Auf die Frage nach ihren wiederholten Angstsignalen begann sie zu weinen und sagte, daß sie an diesem Tag einen Telefonanruf von einer alten engen Schulfreundin bekommen hätte, die sie seit zehn Jahren nicht gesehen hatte. Die Freundin traf unerwartet im Flughafen ein, wartete auf die nächste Maschine und bat Frau Carol, sie dort aufzusuchen (20 Meilen entfernt). Frau Carol wollte sehr gerne hinfahren, traute sich aber nicht und lehnte ab; stattdessen telefonierte sie lange mit ihrer Freundin. Sie war furchtbar böse auf sich, daß sie so ein „dummes Problem" haben mußte.

Ein anderer Grund für wiederholten Mißerfolg bei einem Hierarchie-Item könnte die psychologische Distanz zwischen dem letzten durchlaufenen Item und dem nächsten nicht durchlaufenen Item sein. Hierzu zwei Beispiele:

Klient A.
Item durchlaufen. In einem Flugzeug fliegen, das in einer Höhe von 30 000 Fuß stehen bleibt und keine Änderung im Geräuschpegel der Motoren zu bemerken.
(60 in der Hierarchie)

8. Methoden der Angstreduktion

Item nicht durchlaufen. Wenn das Flugzeug in Schräglage geht, die Neigung und keine Änderung im Geräusch der Motoren zu bemerken.
(65 in der Hierarchie)

Klient B.
Item durchlaufen. Mit einem guten Freund eine Flugreise zu den Bahamas vorzubereiten, und es sind noch neun Monate bis zur Reise.
(20 in der Hierarchie)
Item nicht durchlaufen. Mit einem guten Freund die Pläne für die Flugreise zu den Bahamas durchzugehen, und es ist noch ein Monat bis zur Reise.
(25 in der Hierarchie)

In Beispiel A entschieden sich die Klientin und der Therapeut dafür, eine Szene dazwischenzuschieben, die eine Änderung im Geräusch der Flugzeugmotoren beschrieb, die die Klientin wahrnehmen konnte, kurz bevor sie spürte, daß das Flugzeug in Schräglage ging. In Beispiel B wurde dagegen eine zeitliche Dimension zwischen die beiden Szenen eingefügt. Es wurden drei zusätzliche Szenen entwickelt: ... vier Monate vor der geplanten Reise; ... zwei Monate vorher ... In beiden Fällen erleichterte das Hinzufügen dieser Items in die entsprechenden Hierarchien das erfolgreiche Durchlaufen der bisher nicht bestandenen Items.

So wie einige Klienten wiederholt Schwierigkeiten bei einer oder mehreren Hierarchieszenen anzeigen, signalisieren andere nie Angst bei bestimmten Szenen. In manchen Fällen ist das gut, denn es läßt vermuten, daß die Hierarchie ein gleichmäßiges Ansteigen der Angst des Klienten darstellt. In anderen Fällen bedeutet es, daß der Klient zögert, tatsächlich empfundene Angst zu signalisieren. Um die Möglichkeit zu reduzieren, daß der Klient Angst nicht anzeigt, wenn er es tun sollte, sollte der Therapeut verschiedentlich während der Sitzung bemerken: „Denken Sie daran, beim kleinsten Anzeichen von Angst den Finger zu heben." Der Therapeut sollte sich auch bemühen, weder Unzufriedenheit beim Signalisieren von Angst zu zeigen, noch Zufriedenheit darüber, wenn der Klient in einer Sitzung überhaupt keine Angst signalisierte. Beides könnte beim Klienten zur Vermutung führen, daß der Therapeut nicht wirklich möchte, daß er Angst anzeigt.

Es ist auch wichtig, daß der Therapeut jede Sitzung mit einem positiven Erlebnis für den Klienten beendet (d.h. mit einem Hierarchie-Item aufhören, das erfolgreich durchlaufen wurde). Außerdem sollte er am Ende der Sitzung (wie auch zu Beginn) genügend Zeit übrig lassen, um alle Themen oder Schwierigkeiten des Klienten oder dessen Befinden im Laufe der Woche zu besprechen.

Die meisten Desensibilisierungssitzungen dauern 30 Minuten bis eine Stunde, je nachdem, wieviele Hierarchien dargeboten werden. Einige Untersucher berichten jedoch von der erfolgreichen Behandlung einer Phobie durch eine massierte Desensibilisierungssitzung, die 90 Minuten dauerte [41], während andere [27] von Erfolg nach einer dreistündigen massierten Sitzung berichten. Die Häufigkeit der Desensibilisierungssitzungen variiert zwischen ein- und zweimal pro Woche, obwohl *Wolpe* [39] von Klienten berichtet, die zwei und mehr Sitzungen pro Tag hatten.

Während der Anfangsphase der Desensibilisierung wird dem Klienten nahegelegt, der Versuchung, sich in die aktuelle gefürchtete Situation zu begeben, nicht nachzugeben. Da das für einige Klienten eine unrealistische Forderung sein kann, werden sie gebeten, sich nicht mit „Volldampf" in die gefürchtete Situation zu begeben. Mit fortschreitender Desensibilisierung werden sie jedoch ermutigt, unter bestimmten Aspekten die gefürchteten Situationen aufzusuchen und zwar unter Aspekten, die den unteren erfolgreich durchlaufenen Hierarchie-Items entsprechen und die im Klienten, wenn überhaupt, nur wenig Angst oder Spannung auslösen.

Bei einigen Klienten schließlich, ob sie phobisch sind oder nicht, könnte sich der Therapeut dazu entschließen, *nur* Entspannung durchzuführen. Obwohl es wenig empirische Daten gibt, die diesen Ansatz stützen, gibt es Hinweise aus klinischen Fallstudien, wonach Entspannungstraining allein eingesetzt werden kann, um ängstlichen Klienten zu helfen, sich mehr zu entspannen und wohlzufühlen.

Variationen der systematischen Desensibilisierung

Es wurden verschiedentlich Alternativen zur Desensibilisierung vorgeschlagen. Bei der *in vivo* Desensibilisierung [29] wird der Klient den Hierarchie-Items in der realen Situation ausgesetzt, nicht in der Vorstellung. Das Entspannungstraining wird nicht als gegenkonditionierte Reaktion zu der Situation angewandt. Dagegen werden Gefühle des Wohlbehagens, der Sicherheit und des Vertrauens, die der Klient zum Therapeuten entwickelt hat (die der therapeutischen Beziehung entstammen), als Mittel der Gegenkonditionierung verwendet. Der Therapeut geht mit dem Klienten in die reale Lebenssituation und fordert ihn auf, allmählich jedes Hierarchie-Item auszuführen. Im folgenden ein Beispiel für dieses Vorgehen:

Herr Kay ist ein sehr erfolgreicher Vertreter in einer Großstadt. Aber er hat außergewöhnlich große Angst vor Fahrstühlen. Vor kurzem wurde seine Angst so stark, daß er auf sein Erscheinen bei Sitzungen, die über vier Stockwerke hoch stattfanden, verzichtete. Zu der *in vivo* Desensibilisierung gehörte es, daß Herr Kay und der Therapeut verschiedene Fahrstühle in der ganzen Stadt aufsuchten, in ihnen auf und ab fuhren und absichtlich in ihnen stecken blieben – gemäß einer Hierarchienfolge, die zuvor mit dem Therapeuten entwickelt worden war. Herr Kay wurde auch ermutigt, Fahrstühle alleine zu benutzen usw., während der Therapeut in verschiedenen Stockwerken auf ihn wartete.

Ein ähnliches Verfahren, *Kontaktdesensibilisierung* wird bei Kindern und Erwachsenen angewendet. Diese Technik umfaßt eine abgestufte Hierarchie, hinzu kommen eine Modell- und eine Kontaktkomponente, die Ermutigung durch den Therapeuten und dessen persönliche Beziehung zum Klienten. Das Vorgehen wird im nächsten Beispiel erläutert.

Bei der Anwendung dieser Methode, um Schlangenphobien zu heilen, zeigte der Experimentator selbst bei jedem Schritt furchtloses Verhalten und brachte die Probanden allmählich dazu, den Schlangenkörper zu berühren, zu streicheln und dann zu halten, zunächst mit Handschuhen und dann mit bloßen Händen, während er die Schlange sicher an Kopf und Schwanz hielt. Wenn ein Proband nach einer ausführlichen Demonstration nicht fähig war, die Schlange zu berühren, wurde er gebeten, seine Hand auf die des Experimentators zu legen und langsam entlangzufahren, bis er den Körper der Schlange berührte. Nachdem die Probanden sich nicht mehr fürchteten, die Schlange unter diesen sicheren Bedingungen zu berühren, wurden die Ängste, die sich auf Kopf- und Schwanzregion der Schlange bezogen, gelöscht. Der Experimentator führte die Aufgabe wieder furchtlos aus und danach gemeinsam mit dem Probanden; sowie die Probanden ihre Angst langsam verloren, reduzierte der Therapeut allmählich seine Teilnahme und Kontrolle über die Schlange, bis die Probanden ohne Unterstützung die Schlange auf ihrem Schoß halten konnten, bis sie die Schlange frei im Raum bewegen lassen und wieder in den Käfig bringen konnten, und bis sie die Schlange frei über ihre Körper kriechen lassen konnten. Die Einzelphasen der Annäherungsaufgaben richteten sich nach dem Grad der Ängstlichkeit der Probanden. Wenn sie berichteten, daß sie eine Aufgabe mit wenig oder keiner Angst ausführen konnten, wurden sie zu einer schwierigeren Interaktion übergeleitet ([3], S. 185).

Eine dritte Variation ähnelt der eigentlichen Desensibilisierung sehr, benützt aber ein Tonbandgerät. Man nennt sie *automatisierte Desensibilisierung*. Bei diesem Verfahren durchläuft der Klient den Desensibilisierungsprozeß, indem er eine Reihe von Sitzungen vom Band abhört, die er mit dem Therapeuten zuvor vorbereitet hat. Dieses Verfahren, das von *Lang* [38] entwickelt und später von *Migler* und *Wolpe* [17] angewandt wurde, erlaubt es dem Patienten, den Desensibilisierungsprozeß seinem eigenen Tempo anzupassen und sich privat zu Hause zu desensibilisieren. Diese Methode hat sich als ebenso erfolgreich erwiesen wie die direkte Desensibilisierung [2].

Die letzte Variation, die besprochen werden soll, ist die Methode der *emotionalen Vorstellung*. Diese Methode wurde zuerst von *Lazarus* und *Ambromovitz* [16] angewandt, um die Desensibilisierung für Kinder zu adaptieren. Sie umfaßt den Gebrauch von angsthemmenden Bildern, die Erregung bei einem Abenteuer sowie Gefühle von Stolz, Frohsinn usw. hervorrufen. Sie besteht aus folgenden Stufen:

a) Wie bei der gewöhnlichen systematischen Desensibilisierung wird eine abgestufte Hierarchie erstellt.
b) Durch systematisches Gespräch und Exploration stellt der Kliniker die Heldenbilder fest sowie Wunscherfüllungen und Identifikationen, die sie begleiten.
c) Das Kind wird gebeten, seine Augen zu schließen und sich eine Folge von Ereignissen vorzustellen, die seinem Alltagsleben nahe genug kommt, um glaubhaft zu wirken, aber in die eine Geschichte eingebaut ist, die von seinem bevorzugten Helden oder seinem zweiten Ich handelt.
d) Wenn der Kliniker meint, daß diese Emotionen maximal geweckt worden sind, führt er den niedrigsten Teil der Hierarchie als natürlichen Bestandteil der Erzählung ein. Wenn es Anzeichen dafür gibt, daß die Angst gehemmt ist, wird das Verfahren wie bei der gewöhnlichen systematischen Desensibilisierung wiederholt, bis das höchste Item in der Hierarchie ohne Unbehagen ertragen wird ([40] S. 143).

Selbstsicherheitstraining

Ein weiteres Verfahren zur Reduktion der Angst ist das *Selbstsicherheitstraining*. Diese Methode ist besonders bei Personen angebracht, die sich davor fürchten, in sozialen und interpersonellen Situationen unangemessen zu reagieren. Sie wird angewandt, wenn der Therapeut glaubt, daß der Klient (1) im Moment unfähig ist, sich in Situationen durchzusetzen, in denen er sich ungerecht behandelt fühlte, (2) nicht oder nur mit Schwierigkeiten seine eigenen Interessen in jenen Belangen vertreten kann, die sein Leben oder das Leben seiner Familie direkt berühren, und (3) Schwierigkeiten hat, Gefühle der Liebe und Zuneigung ihm nahestehenden Menschen gegenüber auszudrücken.

Im Gegensatz zum selbstsicheren Individuum hat die unsichere Person kein Selbstbewußtsein in sozialen Situationen und interpersonellen Beziehungen, sie äußert Emotionen und Gefühle nicht spontan, fühlt sich in gesellschaftlichen Situationen oft angespannt und ängstlich und erlaubt gewöhnlich anderen, Entscheidungen für sich zu treffen. Das folgende Beispiel beschreibt eine Situation, in der Herr A. unsicheres Verhalten zeigt:

> Herr und Frau A. sind zum Abendessen in einem mäßig teuren Restaurant. Herr A. hat ein nur kurz gebratenes Steak bestellt, aber als es serviert wird, stellt er fest, daß es entgegen seinem Wunsch, ganz durchgebraten ist. Herr A. brummt etwas zu seiner Frau über das „verbrannte" Fleisch und bemerkt, daß er dieses Restaurant in Zukunft nicht mehr besuchen würde. Er sagt nichts zur Bedienung und auf ihre Frage „Ist alles in Ordnung?" antwortet er „Prima!" Sein Essen und der Abend verlaufen höchst unbefriedigend, und er hat Schuldgefühle, weil er nichts unternommen hat. Herrn A's Selbsteinschätzung und Frau A's Einschätzung ihres Mannes sind durch das Erlebnis beeinträchtigt worden ([1] S. 26–27).

Die Entscheidung, Selbstsicherheitstraining mit einem Klienten zu beginnen, gründet sich meistens auf die Information, die man aus dem Erstinterview erhält. Der Therapeut erfährt, wie der Klient mit Leuten interagiert und er kann anhand von Fragebögen wie der Willoughby Skala (siehe Anhang 2) einige seiner Vermutungen über den Klienten erhärten.

Der Therapeut könnte auch eine Reihe von Fragen wie die unten angeführten stellen oder den Klienten den *Rathus Selbstsicherheits-Fragebogen* ausfüllen lassen ([26] – dieser Fragebogen ist im Anhang 4 angegeben) oder die *Ausdrucksskala* [7] vorlegen. Jedes dieser Beurteilungsverfahren hilft, jene Bereiche genauer zu erfassen, in denen sich der Klient schwer durchsetzt.

> Wenn eine Person offensichtlich unfair ist, sagen Sie es ihr gewöhnlich? Sind Sie immer sehr darauf bedacht, alle Ärgernisse mit anderen Leuten zu vermeiden? Meiden Sie häufig soziale Kontakte aus Angst, Sie könnten das Falsche tun oder sagen? Wenn ein Verkäufer in einem Laden jemanden bedient, der nach Ihnen eingetreten ist, weisen Sie ihn darauf hin? Finden Sie, daß es nur wenig Menschen gibt, bei denen Sie sich entspannen und sich angenehm fühlen? Wenn jemand Sie fortwährend hänselt, fällt es Ihnen schwer, Ihrem Ärger oder Ihrem Mißfallen Ausdruck zu verleihen? Wenn jemand fortwährend im Kino mit dem Fuß gegen die Lehne Ihres Stuhls stößt, würden Sie ihn auffordern, aufzuhören? Wenn ein Freund Sie dauernd sehr spät abends anruft, würden Sie ihn oder sie bitten, nicht mehr nach einer bestimmten Zeit anzurufen? Wenn jemand an Ihren Gesprächspartner das Wort richtet, während Sie gerade mitten in der Unterhaltung sind, drücken Sie dann Ihre Entrüstung darüber aus? Wenn Sie in einem Plüschrestaurant ein mäßig gebratenes Steak bestellen, und Sie finden es zu roh, würden Sie dann die Bedienung darum bitten, es noch einmal zu braten? Wenn der Vermieter Ihrer Wohnung keine Reparaturen durchführen ließe, obwohl er es versprochen hat, würden Sie darauf bestehen? Würden Sie ein fehlerhaftes Kleidungsstück, das Sie ein paar Tage zuvor gekauft haben, zurückbringen? ([12] S. 132–133).

Die Durchführung des Selbstsicherheitstrainings

Das Selbstsicherheitstraining gründet auf der allgemeinen Annahme, daß selbstsicheres Verhalten die Furcht und die Angst, die eine Person mit einer bestimmten Situation assoziiert, allmählich gegenkonditioniert. Diese Veränderung hilft ihr dann, Vertrauen zu entwickeln, ihre Gefühle in diesen Situationen angemessen auszudrücken, weil sie wahrzunehmen beginnt, daß ihr selbstsicheres Verhalten nicht notwendigerweise bei anderen zu negativen Reaktionen führt [28, 39].

Das Selbstsicherheitstraining besteht aus drei primären Komponenten: *Rollenspiel, Modellernen* und *soziale Belohnung und Training*. Das *Rollenspiel* soll dem Klienten helfen, zu erproben, wie er in einer bestimmten Situation agieren soll, z.B. was er zu seiner fordernden Ehefrau sagen soll, wie sein Gesichtsausdruck sein soll usw. Der Klient spielt gewöhnlich sich selbst und der Therapeut spielt das Individuum, auf das der Klient reagiert. *Modellernen* und Rollentausch werden angewandt, um dem Klienten zu demonstrieren, wie eine selbstsichere Person sich in der gleichen Situation verhalten würde. In den meisten Fällen spielt der Therapeut den Klienten und der Klient spielt die Person, auf die der Therapeut reagiert. Einige Therapeuten haben jedoch schon Berufsschauspieler/Schauspielerinnen verpflichtet, um die verschiedenen Rollen zu spielen, und sie haben diese Möglichkeit dazu benutzt, dem Klienten zu zeigen, was er in derselben Situation tun sollte. *Soziale Belohnung und Training* vom Therapeuten sind auch wichtig. Der Therapeut kommentiert nicht nur, wie gut der Klient reagiert und wie gut er vorankommt, sondern er macht auch Vorschläge und gibt ihm Rückmeldung über sein Verhalten, um weitere Verbesserungen in seiner Selbstsicherheit zu fördern.

Das eigentliche Selbstsicherheitstraining

Folgende Stufen werden beim Selbstsicherheitstraining durchlaufen:
1. Der Therapeut und der Klient arbeiten in abgestufter Form eine Reihe von Situationen aus, in denen es dem Klienten zunehmend schwerer fällt, sich selbstsicher zu verhalten. Wie die Items in der Angsthierarchie bei der systematischen Desensibilisierung, so sollten diese Situationen ausführlich genug beschrieben werden (in manchen Fällen unter Verwendung eines Manuskripts), so daß der Klient adäquat schildern kann, was im wirklichen Leben vor sich geht. Die Ereignisse, die am Anfang der Reihe stehen, sollten so beschaffen sein, daß sich der Klient ohne Schwierigkeiten selbstsicher verhalten kann, und daß seine Selbstsicherheit keine negativen Folgen hat. Dieser Erfolg wird sein Selbstvertrauen aufbauen und festigen und wird dazu beitragen, seine Furcht und Angst bezüglich der Äußerung seiner Gefühle zu reduzieren.
2. Der Therapeut und der Klient spielen jede der Szenen im Rollenspiel durch. Der Therapeut kommentiert dann das Verhalten des Klienten und macht Verbesserungsvorschläge – besonders im Hinblick auf den Gesichtsausdruck, Haltung, Gang, Armbewegungen, Tonfall, Blickkontakt usw. In dieser Phase wird

auch Modellernen durchgeführt. Die Anzahl von Situationen, die in einer Sitzung im Rollenspiel und Modellernen durchgeführt werden, ist unterschiedlich, sie hängt ab vom Ausmaß der Unsicherheit des Klienten sowie von seiner Toleranzgrenze bei der Ausübung selbstsicheren Verhaltens.
3. Nach Beendigung des Rollenspiels und mit der erfolgreichen Ausübung selbstsicheren Verhaltens in bestimmten Situationen besprechen Therapeut und Klient alternative Reaktionen, die in diesen Situationen möglich wären. Sie könnten zum Beispiel besprechen, was der Klient tun sollte, wenn auf eine seiner selbstsicheren Äußerungen eine negative Antwort folgt, oder sie könnten darüber diskutieren, wie man einfühlsamer und wärmer antworten kann, ohne leicht aggressiv zu wirken. Wenn man über diese Alternativen entschieden hat, wird das Rollenspiel und Modellernen wieder angewandt, bis der Klient auch diese Alternativen meistert.
4. Wenn die selbstsicheren Reaktionen erst einmal beherrscht werden, und Therapeut und Klient sind sich darüber einig, daß der Klient merkt, wann er angemessen selbstsicher reagieren soll, wird er ermutigt, seine Selbstsicherheit in der realen Situation zu üben. Da dieser Schritt für viele Klienten nicht einfach ist, sollte er ermutigt werden, das Verhalten zu Hause zu üben, und die Gefühle, die er dabei hat sowie das, wodurch sie möglicherweise in der jeweiligen Situation ausgelöst wurden, aufzuschreiben. Er sollte auch notieren, wie er sich nach der Übung fühlte oder was ihn davon abhielt, so selbstsicher zu sein, wie er es wollte. Diese Aufzeichnungen sollten dem Klienten als Gedächtnisstütze dienen, wenn er mit dem Therapeuten über die Probleme spricht, die seit der letzten Sitzung auftraten, so daß sie aufgearbeitet und ausgeräumt werden können.
5. In der nächsten Sitzung werden die Übungen des Klienten seit der letzten Stunde nochmals durchgegangen. Wenn er sich dabei angemessen verhielt, sollte er überschwenglich gelobt werden. Seine Aufzeichnungen sollten diskutiert und alle Probleme durchgearbeitet werden. Er sollte ermutigt werden, seine Selbstsicherheit weiterhin in diesen Situationen zu üben und die Aufzeichnungen über seine Leistungen fortzusetzen. Dann sollte der Therapeut die nächste Situation in Angriff nehmen, in der es dem Klienten schwerfiel, sich selbstsicher zu verhalten – gemäß den oben beschriebenen Stufen.

Wenn es dem Klienten schwerfiel, selbstsicher zu sein, sollten die Gründe für seine Schwierigkeiten (was ihn an der Situation davon abhielt, sich selbstsicher zu verhalten) besprochen und das entsprechende Training wiederholt werden – wobei man mit ihm die Schritte eins bis vier durchgeht.

Ein Beispiel des Selbstsicherheitstrainings wird im folgenden Fall beschrieben [40]:

Herr P.R., 38 Jahre alt, klagte über Depression und beschrieb sich selbst als ein „beruflicher Versager". Obwohl er in Buchführung und Volkswirtschaft hoch qualifiziert war, hatte er nur zweitrangige Positionen in seinem Betrieb inne. Er gab an, sich frustriert und entkräftet zu fühlen. Zu dem Zeitpunkt, als er Hilfe durch Verhaltenstherapie suchte, war er in einer großen Firma in die Position des zweiten Chefs der Buchführungsabteilung befördert worden.

8. Methoden der Angstreduktion

Diese leichte Anhebung seines Status – äußerst absurd für einen Mann mit seinen ausgezeichneten Qualifikationen – ließen bei ihm erneut Befürchtungen in bezug auf seine Stellung im Leben aufkommen und führten ihn zur Verhaltenstherapie „als einer letzten Zuflucht". Im Verlauf des Erstinterviews stellte sich heraus, daß Herr P.R. ein großes Defizit an selbstsicherem Verhalten aufwies ... Der Therapeut betonte (in der nächsten Sitzung), daß der Mangel an Selbstsicherheit für den beruflichen Mißerfolg bei Herrn P.R. verantwortlich sei, und daß berufliches Vorwärtskommen eher eine Folge von größerer Selbstsicherheit ist, als daß es ihr vorangeht. Es war jedoch klar, daß Herr P.R. die Arbeitssituation als einziges Kriterium zur Bewertung seiner allgemeinen Besserung heranziehen würde. Eine sorgfältige Analyse zeigte, daß die Aufstiegschancen in seiner Firma äußerst gering waren. Es war offensichtlich, daß Herr P.R. woanders hingehen mußte, um die gewünschte Anhebung seines beruflichen Status zu erreichen, aber er erklärte, er würde sich in einem ungewohnten Arbeitsmilieu unsicher fühlen. Weiteres Nachfragen ergab, daß Herr P.R. der Gedanke an ein Interview mit zukünftigen Arbeitgebern zuwider war. Dieser Bereich stand dann im Mittelpunkt der Aufmerksamkeit in einem Selbstsicherheitstraining durch Probeagieren.

Herr P. R. sollte annehmen, der Therapeut wäre ein prominenter Geschäftsführer, der um einen erfahrenen Buchhalter annonciert habe, der die Verantwortung für eine seiner Firmen übernehmen sollte. Herr P.R. hätte sich für die Stellung beworben und würde gebeten, zu einem Interview zu kommen. Der Therapeut instruierte Herrn P. R., das Sprechzimmer zu verlassen, an die Türe zu klopfen und hereinzukommen, wenn man ihn dazu auffordert ...

Auf das überlegen klingende „Herein" des Therapeuten öffnete Herr P.R. die Tür des Sprechzimmers und ging zögernd auf den Schreibtisch zu. Der Therapeut unterbrach das Rollenspiel, um dem Klienten vorzumachen, mit welch furchtsamer Haltung, schlürfendem Gang, gesenktem Blick und allgemeiner Anspannung er eingetreten war. Herr P.R. wurde aufgefordert, am Schreibtisch zu sitzen und die Rolle des prominenten Geschäftsführers zu spielen, während der Therapeut den Eintritt Herr P.R.'s in das Zimmer noch einmal spielte. Der Patient wurde gebeten, die Darbietung des Therapeuten zu kritisieren. Der Therapeut spielte dann den Eintritt eines „selbstsicheren" Modells und bat den Patienten dabei, auf alle Veränderungen in der Haltung, im Gang und den überaus wichtigen bestehenden oder fehlenden Blickkontakt zu achten.

Das „richtige" Hereinkommen wurde mehrmals geübt, bis Herrn P. R.'s Annäherung an den prominenten Geschäftsführer hinter dem Schreibtisch völlig ohne Anzeichen von Furchtsamkeit oder Angst ablief. Dann wurde er mit einer Anzahl von verschiedenen Eintrittsmöglichkeiten vertraut gemacht – an der Türe empfangen werden; der Arbeitgeber, der sich unansprechbar gibt, während er wichtig aussehende Dokumente studiert; und der überschwengliche Typ, der ihn selbstbewußt zu zwanglosem Verhalten bringen will.

Als nächstes wurde der Inhalt des Interviews genau geprüft. Herrn P.R.'s Antworten auf Fragen bezüglich seiner früheren Tätigkeiten, Qualifikationen und Erfahrungen wurden auf Band aufgenommen. Herr P.R. wurde instruiert, sich selbst an die Stelle des zukünftigen Arbeitgebers zu versetzen und wurde aufgefordert, zu entscheiden, ob er den Bewerber auf der Grundlage des aufgezeichneten Interviews anstellen würde. Die Aufzeichnungen machten deutlich, daß der Erwerb eines selbstsicheren Ganges und einer selbstbewußten Haltung nicht seine zaudernde Sprechweise beeinflußt hatte. Vor allem merkte man, daß Herr P.R. dazu neigte, sich unter seinem Wert zu verkaufen. Anstatt seine ausgezeichneten Qualifikationen zu betonen, murmelte er ziemlich zusammenhanglos Farbloses und Allgemeines über seine bisherige Tätigkeit und Ausbildung. Der Therapeut demonstrierte wirkungsvollere verbale Antworten, die der Patient imitieren sollte. Auf diese Weise wurde Herr P. R. fähig, spezifische Fragen angemessen zu beantworten und eine beeindruckend klingende Rede für unstrukturierte Interviews vorzubereiten.

Die oben angeführten Verfahren kamen im Verlauf von fünf wöchentlich abgehaltenen therapeutischen Sitzungen zur Anwendung. Herr P.R. sagte die sechste Verabredung ab und meldete sich beinahe zwei Monate lang nicht mehr. Dann vereinbarte er einen weiteren Termin. Beim Eintritt ins Sprechzimmer sagte er „Sie sehen den Chefbuchhalter von ... vor sich ..." Er beschrieb dann, wie er auf eine Annonce geantwortet hatte ... und wie man ihm schließlich die Stelle mit einem höheren Gehalt gab, als in der Annonce angegeben.

Herr P.R. erklärte sich selbst für „gesund". Obwohl der Therapeut das Gefühl hatte, daß Herr P.R.'s interpersonelles Verhalten in vieler Hinsicht noch zusätzlich Selbstsicherheitstraining erfordert hätte, riet er ihm nicht davon ab, die Therapie zu beenden (mit der Vereinbarung, daß er sie jederzeit wieder aufnehmen könnte, wenn er es für nötig hielte). Fünf Jahre später rief Herr P.R. den Therapeuten an, um ihm zu sagen, daß er Chefberater in Wirtschaftsfragen bei einem bedeutenden Bergbaukonzern geworden sei. (S. 48–50.)

Zusätzliche Überlegungen

Der Klient sollte nicht vom Therapeut gedrängt werden, selbstsicher zu sein. Dies wird ihn nur erschrecken und zusätzlich verunsichern. Das Selbstsicherheitstraining sollte wie die Desensibilisierung in einem therapeutischen Rahmen stattfinden, der das Lernen erleichtert und in dem der Therapeut Interesse für den Klienten, Wärme und Verständnis für seine Probleme zeigt. Im Hinblick darauf sollte man beim Selbstsicherheitstraining langsam vorgehen und dem Klienten genügend Zeit lassen, sein neu erworbenes Verhalten auszuüben. Der Therapeut sollte deshalb mit dem Klienten nicht mehr als ein bis zwei Sitzungen pro Woche vereinbaren.

Außerdem sollte der Therapeut vor Beginn der Behandlung dem Klienten die Begründung für die Anwendung des Selbstsicherheitstrainings darlegen. Man sollte ihm zum Beispiel sagen, daß man bei dieser Behandlung davon ausgeht, unsicheres Verhalten sei erlernt worden. Und daß in verschiedenen Situationen durch das Training der Selbstsicherheit die Angst und Furcht, die mit diesen Situationen verbunden sind, gegenkonditioniert werden – so daß er am Ende mit sich zufrieden ist, daß er angemessen reagiert hat.

Es ist auch wichtig, das Selbstsicherheitstraining mit Situationen zu beginnen, in denen wahrscheinlich keine aversiven Konsequenzen für den Klienten eintreten, und die Erfolgserwartung belohnt wird. Man sollte dem Klienten jedoch nicht 100prozentig garantieren, daß seine Bemühungen nicht auch einmal negative Konsequenzen haben können. Er sollte auf diese Möglichkeit aufmerksam gemacht werden, und man sollte ihm sagen, daß, obwohl solche Konsequenzen unwahrscheinlich sind, er darauf vorbereitet sein sollte, eine der alternativen Reaktionen, die oben in Schritt 3 beschrieben worden sind, auszuführen.

In manchen Fällen wird ein Klient sehr zögern, sich selbstsicher zu verhalten – selbst in einer Situation, in der seine Selbstsicherheit sehr wahrscheinlich keine negativen Konsequenzen hat. Wenn das eintritt, sollte der Therapeut systematische Desensibilisierung anwenden (siehe S. 278), um zu erreichen, daß sich der Klient in diesen Situationen ruhiger und entspannter fühlt.

Der Therapeut sollte schließlich nicht voraussetzen, ein erfolgreiches Selbstsicherheitstraining in bezug auf eine Situation oder einen Bereich im Leben des Klienten (z.B. seine Interaktion mit den Kollen bei der Arbeit) würde auch auf andere wichtige Bereiche generalisieren (z.B. seine Interaktionen mit seiner Frau und/oder seinen Kindern). Der Autor wie auch andere [13] haben die Erfahrung gemacht, daß eine Generalisierung gewöhnlich nicht eintritt. Deshalb sollte Selbstsicherheitstraining auch in bezug auf jene Lebensbereiche einer Person durchgeführt werden, in denen sie sich noch unsicher verhält. Das Ergebnis eines solchen Trainings soll den Klienten dazu befähigen, in angemessener Weise Liebe, Zuneigung, Wärme und aggressives Verhalten zu demonstrieren.

Implosionstherapie

Die dritte Methode, die besprochen werden soll, ist die *Implosionstherapie*. Wie bei der systematischen Desensibilisierung wird bei diesem Verfahren angstauslösendes Material in der Vorstellung dargeboten. Im Gegensatz zur Desensibilisierung erfordert diese Methode, daß sich der Klient zuerst eine ganz furchtbare und drohende Szene längere Zeit vorstellt, ohne vorher ein Entspannungstraining absolviert zu haben.

Der Zweck dieser Therapie besteht darin, bei einer Person ein furchterregendes Erlebnis von solchem Ausmaß zu erzeugen, daß die Furcht dadurch tatsächlich verringert und nicht gesteigert wird. Von dem Psychologen *Thomas G. Stampfl* [32, 34] entwickelt, verwendet diese Methode Prinzipien aus der Lerntheorie und der psychodynamischen Theorie (z.B. Freuds psychoanalytische Theorie). Obwohl *Stampfl* betont, daß Furcht und die damit assoziierten Ängste erlernt sind, nimmt er nicht an, daß diese Furcht am wirksamsten durch Gegenkonditionierung reduziert werden könnte. Er glaubt vielmehr, daß eine Person ihre Furcht am besten verlernt, indem man ein Verfahren anwendet, das auf einem *Löschungsmodell* basiert. Hier bezieht sich die Löschung auf eine stufenweise Reduktion des Auftretens einer Angstreaktion als Ergebnis der kontinuierlichen Darbietung einer angsterzeugenden Stimulussituation ohne Verstärkung, die die Furcht aufrechterhielt. Bei dieser Therapie wird der Löschungsprozeß erreicht, in dem der Therapeut „ ... die Stimuli (Hinweisreize) darbietet, an die die Angstreaktion konditioniert war, sie wiedereinsetzt oder sie symbolisch vorgibt ...", ohne die sie begleitende Verstärkung dazubieten, die die Reaktion aufrechterhält ([34], S. 499)[1]).

Entwicklung der Hierarchie von Situationen mit ansteigendem Vermeidungswert

Aufgrund der Information aus dem Erstinterview entwickelt der Therapeut Hypothesen in bezug auf wichtige, mit der Angst des Klienten verknüpfte Hinweisreize. Viele dieser Hinweisreize sind situative Ereignisse im Leben des

---

[1]) In dieser Ausführung benutzten *Stampfl* und *Levis* [34] den Begriff „Verstärkung" im Sinne des klassischen Konditionierens, d.h. das Verfahren, bei dem dem konditionierten Stimulus (CS) ein unkonditionierter Stimulus (UCS) folgt.

Klienten und können rasch festgestellt werden. Bei jenen Leuten zum Beispiel, die unter Höhenangst leiden, können die situativen Ereignisse im Anblick von hohen Büro-und Wohngebäuden, kurvenreichen Straßen im Gebirge, Flugzeugen, Brücken usw. bestehen.

Die verbleibenden Hinweisreize werden vom Therapeuten formuliert; sie basieren auf der psychodynamischen Theorie und auf seinem Wissen um allgemeine Reaktionen bei Klienten mit ähnlichen Problemen. Sie werden von den Äußerungen des Klienten im Erstinterview abgeleitet sowie aus seinem nicht verbalen Verhalten, und sie stellen jene psychodynamischen Bereiche dar, die nach Ansicht des Therapeuten relevant sind für die Angst (Ängste) des Klienten. Diese Hinweisreize beziehen sich gewöhnlich auf die Themen Aggression und Feindseligkeit, orale und anale Aktivitäten, sexuelle Aktivität, Strafe, Ablehnung, körperliche Verletzungen, Verlust an Impulskontrolle und Schuld. *Stampfl* und *Levis* [34] beschreiben zum Beispiel vier der angenommenen dynamischen Hinweisreize auf folgende Weise:

Aggression. Szenen aus diesem Bereich betreffen die Äußerung von Ärger, Feindseligkeit und Aggression beim Patienten gegenüber Eltern, Geschwistern, Ehemann oder anderen wichtigen Personen in seinem Leben. Verschiedene Ausmaße körperlicher Verletzungen werden beschrieben, einschließlich völliger körperlicher Verstümmelung und Tod des Opfers.

Bestrafung. Der Patient wird instruiert, sich selbst als Empfänger von Strafe, Feindseligkeit und Aggression vorzustellen, die ihm von verschiedenen wichtigen Individuen in seinem Leben zuteil werden. Die Bestrafung, die in dieser Szene auferlegt wird, ist häufig ein Ergebnis verbotenen Handelns des Patienten.

Sexuelles Material. Aus diesem Bereich wird eine Vielfalt von hypothetisch angenommenen Hinweisreizen dargeboten, die mit Sex zu tun haben. Es werden zum Beispiel Szenen dargeboten, die vom ersten Intimverkehr handeln, ödipale Szenen und Szenen über Kastration, Fellatio und Homosexualität.

Verlust der Kontrolle. Hier wird der Patient ermuntert, sich vorzustellen, wie er in solchem Ausmaß an Impulskontrolle verliert, daß er unterdrückte sexuelle und aggressive Impulse in die Tat umsetzt. Diesen Szenen folgen gewöhnlich Szenen, in denen das Individuum angeleitet wird, sich vorzustellen, daß man es für den Rest des Lebens in der letzten Station einer Nevenklinik hospitalisiert als Folge seines Verlustes an Impulskontrolle. Dieser Bereich wird hauptsächlich bei Patienten einbezogen, die Angst haben, „wahnsinnig zu werden" oder sich für hoffnungslos und unheilbar halten ([34], S. 501).

Man nimmt an, daß diejenigen Hinweisreize, die am untersten Ende der Hierarchie stehen, die Situationen und Ereignisse darstellen, die der Klient mit seiner Angst assoziieren kann. Die höher eingestuften Hinweisreize, sind jene internen dynamischen Reize, von denen der Therapeut annimmt, daß sie in enger Beziehung zu dem grundlegenden psychologischen Problem des Klienten stehen. Die besonderen dynamischen Themen, die in der Hierarchie betont werden, hängen vom Problem des Klienten ab und von der Information aus dem Erstinterview.

Die Hierarchieszenen werden nach Abschluß des Erstinterviews vom Therapeuten entwickelt. Sie werden nicht von Klienten und Therapeuten zusammen entwickelt, wie bei der systematischen Desensibilisierung. Insgesamt gesehen unterscheidet sich die Hierarchie weitgehend von der in der systematischen Desensibilisierung entwickelten. Diese Hierarchie von Situationen mit ansteigendem Vermeidungswert enthält zum Beispiel nur Items, die vermutlich fähig sind, im Klienten ein Höchstmaß an Angst auszulösen. Dies ist bei der Desensibilisierungs-Hierarchie nicht der Fall. Letztere wird aus einem anderen Grunde erstellt, nämlich um die Hierarchie stufenweise durchzuarbeiten, um die Möglichkeit, daß der Klient überhaupt Angst empfindet, auf ein Minimum zu reduzieren. Die Hierarchie von Situationen mit ansteigendem Vermeidungswert beginnt mit Items, die ein Maximum an Angst in der Person erzeugen, sie beginnt mit äußeren Stimuli, die Angst hervorrufen und fährt fort mit den hypothetisch angenommenen inneren Stimuli, die auch maximale Angst erzeugen.

Ein Beispiel dieser Art von Hierarchie ist im folgenden dargestellt:

Angst vor Ratten
Stellen Sie sich vor, Sie berühren eine Ratte im Labor ... sie beginnt an Ihren Fingern zu nagen ... und läuft dann über Ihren Arm. Die Ratte beißt Sie plötzlich in Ihren Arm, und dann spüren Sie, wie sie schnell über Ihren Körper läuft ... Sie fängt an, in Ihren Hals zu beißen und fährt mit ihrem Schwanz in Ihr Gesicht. ... dann kratzt sie über Ihr Gesicht und fährt in Ihre Haare ... kratzt in Ihren Haaren ... Sie versuchen, sie wegzuholen mit Ihrem blutenden Arm, aber Sie können es nicht. Dann geht sie an Ihre Augen ... Sie öffnen Ihren Mund und sie springt hinein und Sie schlucken sie ... dann fängt sie an, Teile verschiedener innerer Organe anzufressen – wie Ihren Magen und Ihre Därme, was Ihnen große Beschwerden und großen Schmerz bereitet ... usw. [9].

Im nächsten Beispiel bespricht *Stampfl* [3] eine Hierarchie, die sich auf Angst vor geschlossenen Räumen bezieht.

... Der Klient wird instruiert, sich vorzustellen, daß er in einen geschlossenen Raum eintritt. Er bleibt dort und wird instruiert, sich vorzustellen, wie er langsam zu Tode erstickt ... Der Therapeut beschreibt viele Einzelheiten des Erstickens und könnte dann, basierend auf der Information aus dem Interview Szenen darbieten, die Missetaten beinhalten, wobei eine Elternfigur das Eingesperrtsein auf so engem Raum als Strafe überwacht. Die Elternfigur könnte mit dem Patienten schimpfen und ihn schlagen, während er erstickt. Frühe traumatische Ereignisse, die zu der Phobie in Beziehung zu stehen scheinen, können auch eingeführt werden, zum Beispiel indem man den Patienten wiederholt der Qual aussetzt, zugedeckt unter der Decke gehalten zu werden. Wenn der Patient anscheinend in der Kindheit in eine typische ödipale Situation verwickelt war, könnte der Therapeut Szenen einführen, die sexuelle Interaktion mit der Mutterfigur beinhalten, gefolgt von der Verhaftung durch die Vaterfigur, die den Patienten in einen geschlossenen Raum bringt und ihn kastriert ... die Hinweisreize bezüglich der körperlichen Verletzung werden lebhaft beschrieben ([33], S. 200).

Die eigentliche Implosionstherapie

Nachdem die Hierarchie erstellt ist, beschreibt der Therapeut dem Klienten die Implosionstherapie. Das erfolgt gewöhnlich zu Beginn der dritten Sitzung. Man sagt dem Klienten unter anderem, daß ihm eine Reihe von Szenen dargeboten wird, daß er sich in den Lehnstuhl zurücklehnen und jede Anstrengung machen wird, sich in dem Teil der Szene, die er spielen wird „zu verlieren", und die Szenen mit echter Emotion und mit echtem Gefühl „leben" wird. „Das Ziel besteht dann darin, ...ohne physische Schmerzen eine möglichst gute Annäherung zu reproduzieren, Anblicke, Geräusche und taktile Erlebnisse wie sie tatsächlich in der Ursituation..." in der die Angst gelernt wurde, gegeben waren. (*Stampfl* und *Levis*, 1968, S.33).

Der Klient wird weder gebeten, die Genauigkeit seiner Vorstellung anzuerkennen, noch muß er zustimmen, daß die Szenen für seine Angst (Ängste) repräsentativ sind. Die Szenen werden dann vom Therapeuten beschrieben und in lebhaften Einzelheiten ausgearbeitet. Je dramatischer die Darbietung der Szenen verläuft, desto leichter ist es für den Klienten, voll an dem Erlebnis teilzunehmen. Dann wird nach *Stampfl* und *Levis* [34]

... vom Therapeuten ein Versuch unternommen, beim Patienten einen hohen Angstpegel hervorzurufen. Wenn ein hoher Grad an Angst erreicht ist, wird der Patient in diesem Zustand gehalten, bis einige Anzeichen spontaner Reduktion im angstauslösenden Wert der Hinweisreize sichtbar sind ... der Prozeß wird wiederholt, und beim ersten Anzeichen spontaner Reduktion der Angst werden neue Variationen eingeführt, um eine intensive Angstreaktion auszulösen. Dieses Vorgehen wird wiederholt, bis sich eine wesentliche Verringerung der Angst ergibt (S. 500)[1]).

Um zu bestimmen, ob die Szenen beim Klienten Angst auslösen, kann man beobachten, ob der Klient errötet, schwitzt, grimassiert, seinen Kopf hin und herbewegt, oder ob er seine motorische Aktivität im Stuhl erhöht. Das Implosionsverfahren wird über 30 bis 40 Minuten beibehalten. Nachdem eine Szene ein paarmal dargeboten wurde, und wenn man bemerkt, daß der Klient bei dieser Szene Angst empfindet, gibt man ihm die Möglichkeit, sich die Szene selbst in der Vorstellung darzubieten und er wird ermutigt, seine Rolle in der Vorstellung voll auszuagieren. Der Therapeut beobachtet weiterhin Anzeichen der Angst und hilft dem Klienten durch Suggestion, sich die Szene lebhaft vorzustellen. Manchmal wird der Klient dem Therapeuten ein paar weitere Ereignisse in seinem Leben nennen, die seine Angstreaktion hervorrufen. Das sollte vom Therapeuten vermerkt werden und in die nächste Implosionstherapie-Sitzung aufgenommen werden.

Die Sitzung endet nach 50 bis 60 Minuten, nachdem der Klient eine Verringerung in seiner Angstreaktion auf die implosive(n) Szene(n) gezeigt hat. Der Klient wird dann aufgefordert, die implosiven Szenen zu Hause etwa einmal täglich bis zur nächsten Sitzung zu üben. Dieses Vorgehen ermöglicht nicht nur die Ausweitung der Therapie auf Situationen außerhalb des Therapeutenbüros und unterstützt daher die Generalisierung von Behandlungseffekten, sondern es vermittelt dem Klienten auch die Erkenntnis, daß er selbst mit seinen Ängsten effektiv umgehen kann, indem er das Implosionsverfahren anwendet. Tatsächlich ... „hofft man, daß der Patient mit Beendigung der Behandlung fähig sein wird, mit neuen angstauslösenden Situationen ohne Hilfe des Therapeuten fertig zu werden" ([34], S. 500).

Der folgende Auszug einer Therapiesitzung mit einer Schlangenphobikerin demonstriert, wie Implosionstherapie durchgeführt wird.

---

[1]) Mit Erlaubnis wiedergegeben.

8. Methoden der Angstreduktion

Schließen Sie wieder Ihre Augen. Malen Sie sich aus, die Schlange wäre vor Ihnen, nun zwingen Sie sich, sie aufzuheben. Beugen Sie sich hinunter, nehmen Sie sie, legen Sie sie auf Ihren Schoß, spüren Sie, wie sie sich in Ihrem Schoß herumschlängelt, lassen Sie die Hand auf ihr ruhen, Sie legen Ihre Hand auf sie und spüren, wie sie sich um ihre Hand schlängelt. Sie erforschen ihren Körper mit Ihren Fingern und mit Ihrer Hand. Sie tun es nicht gerne, zwingen Sie sich dazu. Zwingen Sie sich dazu. Fassen Sie die Schlange richtig an. Drücken Sie sie etwas, fühlen Sie sie. Fühlen Sie, wie sie sich um Ihre Hand zu winden beginnt. Lassen Sie sie. Lassen Sie Ihre Hand dort liegen, fühlen Sie, wie Ihre Hand berührt und wie sie sich um sie windet, wie sie sich um Ihr Armgelenk wickelt.

In diesem zweiten Auszug wird das Angstausmaß gesteigert und die Geschwindigkeit der Darbietung erhöht.

Gut, nun strecken Sie Ihren Finger nach der Schlange aus und spüren ihren Kopf hochkommen. Nein, sie ist in Ihrem Schoß und kriecht nach oben. Ihr Kopf ist auf Ihren Finger gerichtet, und sie fängt an, in Ihren Finger zu beißen. Strecken Sie Ihren Finger aus, lassen Sie sich beißen, lassen Sie sich in Ihren Finger beißen, spüren Sie, wie ihre Giftzähne ganz in Ihren Finger eindringen. Oh, spüren Sie den Schmerz, der direkt durch Ihren Arm in Ihre Schulter zieht. Sie wollen Ihre Hand wegziehen, aber Sie lassen sie dort. Lassen Sie die Schlange etwas an Ihrem Finger nagen. Spüren Sie, wie sie nagt, sehen Sie das Blut, das aus Ihrem Finger kommt. Sie spüren es in Ihrem Magen und die Schmerzen in Ihrem Arm. Versuchen Sie Ihren blutenden Finger vor sich zu sehen. Und die Zähne der Schlange stecken richtig im Finger bis zum Knochen. Und es knirscht. Lassen Sie es. Spüren Sie ihr Beißen, sie beißt in Ihren Finger, sie beißt und nun dreht sie sich um Ihren Finger und beißt in Ihre Hand. Wieder und wieder und wieder ...

Im dritten Abschnitt wird das Angstausmaß erhöht, wobei das Tier anfängt, das Gesicht der Frau oder wichtige Organe anzugreifen. Dieses Material kommt den wirklichen Ängsten solcher Klienten näher.

Gut, spüren Sie, wie sie sich wieder um Ihre Hand windet, Sie berührt, schleimig, nun bewegt sie sich aufwärts zu Ihren Schultern und sie kriecht dort und sitzt auf Ihrer Brust, und sie schaut Ihnen direkt in die Augen. Sie ist groß und schwarz und häßlich, und sie windet sich empor, und sie ist bereit, anzugreifen, und sie schaut Sie an. Stellen Sie sich ihre Augen vor, schauen Sie ihr in die Augen, schauen Sie diese langen scharfen Giftzähne an. Sie starrt Sie an, sie sieht böse aus, sie ist schleimig, sie ist bereit, Ihr Gesicht anzugreifen. Spüren Sie, wie sie dort sitzt und sie anstarrt. Diese langen scharfen Zähne mit dem Blut daran. Sie greift Sie an (Therapeut klatscht in die Hände). Spüren Sie, wie sie in Ihr Gesicht beißt. Spüren Sie, wie sie in Ihr Gesicht beißt, lassen Sie sie beißen, lassen Sie sie in Ihr Gesicht beißen; entspannen Sie sich einfach und lassen Sie sie beißen; lassen Sie sie in Ihr Gesicht beißen, lassen Sie sie beißen; lassen Sie sie in Ihr Gesicht beißen; Spüren Sie, wie Ihre Giftzähne direkt in Ihre Backen eindringen; und das Blut strömt aus und läuft jetzt über Ihr Gesicht. Und das Gift dringt in Ihren Körper ein, und Sie werden krank und Ihnen wird übel, und sie greift Ihr Gesicht immer wieder an. Nun windet sie sich zur Schulter hinüber, und sie ist bereit, wieder Ihr Gesicht anzugreifen. Spüren Sie, wie sie beißt, neigen Sie Ihren Kopf zu ihr hinunter, neigen Sie Kopf hinunter, lassen Sie sie in Ihr Gesicht beißen, lassen Sie sie beißen soviel sie will. Spüren Sie, wie sie beißt, sie hebt ihren Kopf, ihren kleinen Kopf und schnappt nach Ihrem Ohr. Spüren Sie, wie sie nach Ihrem Ohr schnappt. Jetzt bewegt sie sich auf Ihre Augen zu, und sie fängt an, in Ihre Augen zu beißen, spüren Sie, wie sie in Ihre Augen beißt. Spüren Sie beißen, lassen Sie sie beißen, spüren Sie, wie ihre Giftzähne in Ihre Augen eindringen und sie daran zerrt und daran reißt und sie zerfleischt. Stellen Sie sich vor, wie Ihr Gesicht aussieht. Sie haben dieses Übelkeitsgefühl in Ihrem Magen, und nun nagt sie an Ihrer Nase und beißt in Ihren Mund. Atmen Sie infach tief und lassen Sie es sich gefallen. Nun windet sie sich um Ihren Hals, schleimig und naß und schmutzig, und sie drückt Sie, spüren Sie, wie sie Sie würgt, spüren Sie, wie der Atem aus Ihnen herausgepreßt wird, dieses widerliche Gefühl in Ihrem Magen. Sie schnappt nach Ihnen, spüren Sie, wie sie nach Ihnen schnappt. Nun kriecht sie Ihnen übers Gesicht. Können Sie sie spüren? Sie ist naß und schleimig und sie berührt Ihr Gesicht, sie kriecht hinauf in Ihr Haar. Spüren Sie sie in Ihrem Haar, wie sie sich herumschlängelt... Spüren Sie, wie sie nach Ihnen schnappt. Spüren Sie sie schnappen; dieses widerliche Gefühl in Ihrem Magen, spüren Sie, wie sie Sie beißt, sie nagt an Ihren Backen, spüren Sie sie jetzt, schrecklich – und dann stellen Sie sich vor, wie häßlich und schrecklich Sie aussehen, und nun ist sie wütend geworden, und sie beißt und beißt und beißt und beißt und beißt und beißt.

Und später die folgende Szene:

Spüren Sie die Schlange an Ihren Augen, sie wird Sie gleich beißen, sie wird gleich ein Auge herausreißen. Spüren Sie, wie sie in Ihr Auge beißt, und sie wird Ihr Auge einfach herausreißen und es über die Backe ziehen. Sie nagt etwas daran und frißt es, frißt an Ihrem Auge. Malen Sie es sich aus. Nun kriecht sie in Ihre Augenhöhle und schlängelt sich darin herum, spüren Sie, wie sie sich schlängelt und in Ihrem Kopf herumschlängelt. Spüren Sie, wie sie sich herumschlängelt, ahhhh, ahhhh, spüren Sie, wie sie sich schlängelt. Und nun windet sie sich aus Ihrem Auge heraus, und dann kriecht sie in Ihrer Nase hoch, spüren Sie sie geradewegs in Ihre Nase hinaufkriechen, in Ihren Kopf, sie schlängelt sich herum und nagt sich durch das andere Auge von innen her wieder heraus. Spüren Sie, wie sie sich herausbeißt.

Meistens lasse ich den Klienten nicht frei verbalisieren, weil die Sprache oft eingesetzt wird, um Angst zu vermeiden. Ich begnüge mich mit einem Kopfnicken oder einem kurzen Kommentar, um eine klinische Hypothese zu verifizieren. Der Leser wird bemerken, daß der Therapeut nach einem Kommentar des Klienten häufig gleich weitermacht.

Bei klinischen Fällen würde die nächste Sequenz sexuelle Inhalte mehr betonen. Ich könnte die Schlange von der Klientin schlucken lassen, und sie könnte später aus ihrer Vagina herauskriechen. Ich würde sie eine männliche Geschlechtsrolle spielen lassen, oder sie könnte kastriert werden in dem Bemühen, Konflikte – von der Art, wie sie *Freud* beschrieb – in der Vorstellung noch einmal zu erleben.

Therapeut: Stellen Sie sich vor, Sie würden sich vorbereiten, um ins Bett zu gehen, und in Ihrem Bett sind Tausende von Schlangen. Können Sie sehen, wie sie in Ihrem Bett herumkriechen? Ich möchte, daß Sie sich zu ihnen legen. Legen Sie sich hin. Legen Sie sich mit ihnen hin, spüren Sie, wie Sie sich mit den Schlangen herumbewegen, und sie kriechen ganz über Sie hinweg. Und sie bewegen sich im Bett und drehen sich herum, und die Schlangen berühren Sie. Spüren Sie, wie sie über Sie kriechen, Sie berühren, schleimig und gleitend. Spüren Sie, wie sie sich im Bett umdrehen, wie sie sind unter Ihnen und über Ihnen und um Sie herum, und sie berühren Ihr Gesicht, und sie sind in Ihren Haaren, und sie kriechen über Ihr Gesicht. Können Sie spüren, wie sie Sie berühren? Beschreiben Sie das Gefühl.

Klient: Ziemlich kalt

Therapeut: Spüren Sie, wie Sie jetzt kalt und klebrig feucht werden wie eine Schlange, und sie berühren Sie mit ihren kalten, klebrigen, feuchten, schleimigen, triefenden kalten Körpern, die sich auf Ihrer Haut schlängeln und Sie berühren und die Sie spüren. Ahhhh, wie Sie diese Berührung spüren. Sie berühren Sie. Können Sie spüren, wie sie Sie berühren? Bewegen Sie sich etwas hin und her, so daß Sie mehr Kontakt haben. Bewegen Sie Ihren Körper wie die Frau in der Seely-Reklame, und spüren Sie, wie sie Sie berühren, ahhhh, sich schlängelnd und schleimig, sie kriechen auf Ihnen, auf Ihr Gesicht. Ahhh!

Aufgrund der offenen Reaktionen dieser Klientin auf eine Serie von Vorstellungen, in denen man sie die Schlange schlucken ließ und im Hinblick auf die klinische

Beurteilung, daß sie orale Konflikte hatte (sie ist übergewichtig und schien eine oral aggressive Persönlichkeit zu sein) wurde das Material in diesen letzten Teil aufgenommen.

Therapeut: Drücken Sie nun, sacht, fühlen Sie das Schleimige, spüren Sie sie beißen, spüren Sie sie beißen. Drücken Sie sie fester. Ist es Ihnen lästig, das zu tun? Kneten Sie ihren Körper etwa so, als wenn es Teig wäre. Drücken Sie Ihre Nägel in sie und brechen Sie ihre Haut auf. Spüren Sie, wie ihr Inneres herausquillt. Lassen sie es durch Ihre Finger gleiten. Zwicken Sie nun kleine Stücke davon ab, so als wenn es Teig wäre. Nehmen Sie dieses glitschige Zeug und legen Sie es sich aufs Gesicht, weiter nach oben in Ihr Gesicht. Verreiben Sie es schnell in Ihrem Gesicht. Spüren Sie es, ahhhh, Sie lieben das nicht, oder? Legen Sie noch mehr davon aufs Gesicht, ahhhh, schmieren Sie noch etwas herum damit. Nun reiben Sie Ihre Hände in dieser Schweinerei, und legen Sie sich das aufs Gesicht und lassen Sie es dort liegen. An Ihrer Nase, ahhh riechen Sie es, spüren Sie es. Es ist kalt, schmieren Sie es sich ins Gesicht, beeilen Sie sich. Sie wenden sich nun weg, gut, nehmen Sie die Hand weg. Nehmen Sie die Schlange, heben Sie die Schlange, heben Sie sie mit Ihrem Mund auf. Beißen Sie ihr den Kopf ab. Beißen Sie in ihren Kopf. Beißen Sie ihn ab! Beißen Sie ihn ab! Haben Sie ihn abgebissen? Kauen Sie ihren Kopf. Spüren Sie ihn. Kauen Sie ihn. Kauen Sie ihn. Kauen Sie ihn. Kauen Sie ihn fest. Sie kauen ihn nicht. Kauen Sie ihn. Jetzt schlucken Sie ihn, ahhh, er ist in Ihnen, das Gift und ahhh, es tropft in Ihren Magen hinein. Spüren Sie es in Ihrem Körper. Ihr Kopf ist da unten, er liegt in Ihrem Magen, der Kopf beißt jetzt, er beißt sich in Ihrem Magen nach unten. Er bewegt sich hin und her und beißt. Spüren Sie ihn in Ihrem Magen. Ahhh! Er schlängelt sich herum, er schlängelt sich alleine, dieser Kopf. Heben Sie noch eine Schlange auf, heben Sie sie auf. Beißen Sie ihren Kopf ab, beißen Sie ihn ab. Kauen Sie ihn jetzt. Kauen Sie ihn. Kauen Sie ihn. Kauen Sie ihn. Kauen Sie ihn. Kauen Sie ihn. Spüren Sie, wie er in Ihrem Mund kracht. Spüren Sie, wie heftig er kracht. Kauen Sie, schlucken Sie; ahhhh, er ist in Ihrem Magen, spüren Sie dieses Übelkeitsgefühl in Ihrem Magen? . . .

Alternativen zur Implosionstherapie

Eine Variante der Implosionstherapie ist *Reizüberflutung*. Der Hauptunterschied zwischen dieser Methode und der Implosionstherapie besteht in der Art der Szenen, denen die Klienten ausgesetzt werden. Anstatt Klienten furchterregenden Szenen auszusetzen, in denen bestimmte Konsequenzen auftreten (z.B. Fleisch essen, Menschen kastrieren, Tod usw.) werden Szenen beschrieben, in denen gefürchtete externe Stimuli über eine ausgedehnte Zeitspanne hinweg dargeboten werden[1]). Als Beispiel einen Vergleich zwischen der oben beschriebenen Szene der Implosionstherapie (über die Ratte) und der folgenden Reizüberflutungsszene:

Während Sie an Ihrem Schreibtisch im Labor arbeiten, bemerken Sie plötzlich, wie eine große Ratte Ihr Bein hochkriecht. Sie springen auf, um sie abzuschütteln, aber sie läuft weiter an Ihnen hoch . . . über Ihr Gesicht in Ihre Haare und verfängt sich dort. Bei dem Versuch, freizukommen, fällt ihr Schwanz auf Ihr Gesicht und berührt Ihre Lippen. Sie versuchen, sie von Ihrem Kopf herunterzubringen, aber es gelingt Ihnen nicht . . . usw. [25].

Somit werden in den Formulierungen der Szenen keine psychodynamischen Hinweisreize und/oder Interpretationen verwendet; der Therapeut verwendet

---

[1]) Dieser Unterschied zwischen Reizüberflutung und Implosionstherapie wurde von *Levis* [15] infrage gestellt.

vielmehr nur die äußeren Hinweisreize und beschreibt die Szenen lebhaft in ähnlicher Weise wie bei der Implosionstherapie. Die Szenen werden genauso lange dargeboten wie bei der Implosionstherapie, und es wird auch versucht, die Angsterregung des Klienten in maximalem Ausmaß während der Sitzung aufrechtzuerhalten.

Grenzen der Implosionstherapie

Stampfl und *Levis* [34] geben an, daß „je zutreffender die hypothetisch angenommenen Hinweisreize sind und je realistischer sie dargeboten werden, desto größer wird der Löschungseffekt sein" (S. 499). Diese Feststellung läßt vermuten, daß der Therapeut sich ganz gut in der psychodynamischen Theorie auskennen sollte, besonders in der psychoanalytischen Theorie. Wenn das nicht der Fall ist, sollte er diesen Ansatz nicht anwenden. Einen möglichen Ersatz für diese Therapie bietet die Reizüberflutungsmethode, aber auch sie sollte mit Vorsicht angewandt werden, wenn der Therapeut nicht sehr gut über die Identifizierung von angstauslösenden Reizen und die Formulierung stark angstauslösender Szenen Bescheid weiß, und wenn er nicht fähig ist, mit einem Klienten umzugehen, der möglicherweise sehr negativ auf die dargebotenen angstauslösenden Szenen reagiert.

Schlußbemerkung

Die drei in diesem Kapitel beschriebenen Methoden werden häufig zur Reduktion von Ängsten angewandt. Die Hauptfrage jedoch, die noch nicht beantwortet wurde, ist: „Welche Methode sollte ich für die Angstreduktion bei einem Klienten anwenden?". Diese Frage ist nicht leicht zu beantworten, aber es soll versucht werden, eine Anleitung für den Gebrauch jeder Methode zu geben.

Die nützlichste und am besten erforschte Angstreduktionsmethode ist zweifellos die systematische Desensibilisierung. Sie hat sich in vielen Untersuchungen als sehr effektiv bei der Reduktion verschiedener Angstarten erwiesen.

Ihre einzige Schwäche ist, daß sie äußerst zeitaufwendig ist, wenn der Klient eine große Anzahl von Ängsten hat. Selbst wenn man diese Einschränkung berücksichtigt, scheint systematische Desensibilisierung die Methode der Wahl bei den meisten Ängsten zu sein.

Andrerseits sollte zunächst Selbstsicherheitstraining versucht werden, wenn die Ängste des Klienten sich ausschließlich auf soziale Situationen beziehen, in denen er Angst hat, von sich aus zu agieren. Wenn sich der Klient jedoch fürchtet, sein Selbstsicherheitstraining in der Realsituation zu praktizieren, dann sollte Desensibilisierung angewandt werden, damit er sich in dieser Situation entspannen lernt.

Schließlich sollte im Hinblick auf die erwähnten Grenzen der Implosionstherapie, und da sie sich im allgemeinen nicht als effektiver erwiesen hat als systematische Desensibilisierung [18], Implosionstherapie nicht als erste Methode der Wahl angewandt werden.

Anhang 1

Furcht Skala[1])

Die Teile in diesem Fragebogen beziehen sich auf Dinge und Erlebnisse, die Furcht oder andere unangenehme Gefühle hervorrufen können. Schreiben Sie die Nummer jedes Teiles in die Spalte, die angibt, wie stark sie zur Zeit davon beeinträchtigt werden.

	überhaupt nicht	ein bißchen	ziemlich	stark	sehr stark
1. Offene Wunden					
2. Verabredungen					
3. Alleine zu sein					
4. An einem fremden Ort zu sein					
5. Laute Geräusche					
6. Tote Menschen					
7. In der Öffentlichkeit zu reden					
8. Straßen überqueren					
9. Leute, die nicht normal sind					
10. Fallen					
11. Autos					
12. Getäuscht werden					
13. Zahnärzte					
14. Donner					
15. Sirenen					
16. Versagen					
17. In einen Raum einzutreten, in dem schon andere Leute sitzen					
18. Höhere Erhebungen auf dem Lande					
19. Von hohen Gebäuden hinunterzuschauen					
20. Würmer					
21. Vorstellungsgebilde					
22. Fremde					
23. Spritzen bekommen					
24. Fledermäuse					
25. Zugreisen					
26. Busreisen					
27. Autofahrten					
28. Verärgert sein					
29. Autoritätspersonen					
30. Fliegende Insekten					
31. Zuschauen, wenn andere eine Spritze bekommen					
32. Plötzliche Geräusche					
33. Küchenschaben					
34. Menschenansammlungen					
35. Große offene Räume					
36. Katzen					

[1]) Aus *Wolpe, J.:* The Practice of Behavior Therapy, 1973.

Anhang 1

	über-haupt nicht	ein bißchen	ziemlich	stark	sehr stark
37. Wenn jemand einen anderen anschreit					
38. Roh aussehende Menschen					
39. Vögel					
40. Anblick von tiefem Wasser					
41. Bei der Arbeit beobachtet werden					
42. Tote Tiere					
43. Waffen					
44. Schmutz					
45. Kriechende Insekten					
46. Anblick einer Rauferei					
47. Häßliche Menschen					
48. Feuer					
49. Kranke Menschen					
50. Hunde					
51. Kritisiert werden					
52. Alleine auf dunklen Straßen gehen					
53. In einem Fahrstuhl sein					
54. Bei einer chirurgischen Operation zuschauen					
55. Zornige Menschen					
56. Mäuse					
57. Blut a) menschliches b) tierisches					
58. Von Freunden weggehen					
59. Geschlossene Räume					
60. Eine chirurgische Operation vor sich haben					
61. Sich von anderen abgelehnt fühlen					
62. Flugzeuge					
63. Arzneigeruch					
64. Mißbilligung zu erfahren					
65. Ungiftige Schlangen					
66. Friedhöfe					
67. Ignoriert zu werden					
68. Dunkelheit					
69. Unregelmäßige Herzschläge (Fehlender Herzschlag)					
70. Nackte Männer a) Nackte Frauen b)					
71. Blitze					
72. Ärzte					
73. Menschen mit Mißbildungen					
74. Fehler zu machen					
75. Lächerlich zu wirken					
76. Die Kontrolle zu verlieren					
77. In Ohnmacht zu fallen					
78. Übelkeit					
79. Spinnen (ungiftige)					

8. Methoden der Angstreduktion

	überhaupt nicht	ein bißchen	ziemlich	stark	sehr stark
80. Entscheidungen treffen zu müssen					
81. Anblick scharfer Messer oder Objekte					
82. Seelisch krank zu werden					
83. Mit einem Vertreter des anderen Geschlechts zusammen zu sein					
84. Schriftliche Prüfungen abzulegen					
85. Von anderen berührt zu werden					
86. Das Gefühl zu haben, anders zu sein als andere					
87. Gesprächspause					
88. Laborratten					
89. Prüfungen jeder Art					
90. Öffentliches Sprechen (vor Gruppen zu reden)					
91. Aus großen Höhen herabsehen					

Anhang 2

Erneuerter Willoughby Fragebogen zur Selbstanwendung[1])

Instruktionen. Die Fragen in dieser Skala sollen verschiedene emotionale Persönlichkeitsmerkmale andeuten. Es handelt sich um keinen Test, weil es zu keiner der Fragen richtige oder falsche Antworten gibt. Nach jeder Frage finden Sie eine Reihe von Zahlen, deren Bedeutung unten angegeben ist. Ihre Aufgabe besteht nur darin, diejenige Zahl einzukreisen, die am besten auf Sie zutrifft.

    0 bedeutet „Nein", „nie", „überhaupt nicht", usw.
    1 bedeutet „etwas", „manchmal", „ein wenig", usw.
    2 bedeutet „mehr oder weniger häufig", „durchschnittlich" usw.
    3 bedeutet „gewöhnlich", „ziemlich", „ziemlich häufig", usw.
    4 bedeutet „praktisch immer", „völlig" usw.

1. Bekommen Sie Angst, wenn Sie vor einer Gruppe von Fremden sprechen müssen oder irgendetwas vorzutragen haben? − 0 1 2 3 4
2. Sind Sie verärgert, wenn Sie sich lächerlich machen, oder wenn Sie spüren, daß man Sie lächerlich gemacht hat? − 0 1 2 3 4
3. Haben Sie Angst zu fallen, wenn Sie sich an einem hochgelegenen Ort befinden und nicht die Gefahr besteht hinunterzufallen − zum Beispiel wenn Sie von einem Balkon im zehnten Stock hinunterschauen? − 0 1 2 3 4
4. Fühlen Sie sich leicht verletzt durch etwas, was andere zu Ihnen sagen oder was sie tun? − 0 1 2 3 4
5. Halten Sie sich bei sozialen Ereignissen abseits? − 0 1 2 3 4
6. Haben Sie Stimmungsschwankungen, die Sie sich nicht erklären können? − 0 1 2 3 4

[1]) Aus *Wolpe, J.:* The Practica of Behavior Therapy, 1973.

7. Fühlen Sie sich unbehaglich, wenn Sie neue Leute kennenlernen? — 0 1 2 3 4
8. Hängen Sie oft Tagträumen nach, d. h. geben Sie sich Phantasien hin, die keine konkreten Situationen beinhalten? — 0 1 2 3 4
9. Werden Sie leicht entmutigt, z. B. durch Mißerfolg oder Kritik? — 0 1 2 3 4
10. Sagen Sie voreilig Dinge, die Sie dann bereuen? — 0 1 2 3 4
11. Stört Sie jemals die bloße Anwesenheit anderer Leute? — 0 1 2 3 4
12. Weinen Sie leicht? — 0 1 2 3 4
13. Stört es Sie, wenn man Ihnen bei der Arbeit zusieht, auch wenn Sie sie gut machen? — 0 1 2 3 4
14. Kann Kritik Sie sehr verletzen? — 0 1 2 3 4
15. Überqueren Sie die Straße, um nicht mit jemandem zusammentreffen zu müssen? — 0 1 2 3 4
16. Gehen Sie bei Empfängen oder bei Tee der anwesenden wichtigen Person aus dem Weg? — 0 1 2 3 4
17. Fühlen Sie sich häufig einfach elend? — 0 1 2 3 4
18. Zögern Sie, sich bei einer Diskussion oder Debatte mit einer Ihnen mehr oder weniger bekannten Gruppe von Leuten zu Wort zu melden? — 0 1 2 3 4
19. Fühlen Sie sich isoliert, wenn Sie allein sind, oder wenn Sie unter Menschen sind? — 0 1 2 3 4
20. Sind Sie befangen gegenüber ‚Höhergestellten' (Lehrern, Arbeitgebern, Behörden)? — 0 1 2 3 4
21. Fehlt es Ihnen gewöhnlich an Selbstvertrauen, Dinge zu tun und Situationen zu meistern? — 0 1 2 3 4
22. Sind Sie ängstlich um Ihr Aussehen besorgt, selbst wenn Sie gut angezogen und gepflegt sind? — 0 1 2 3 4
23. Fürchten Sie den Anblick von Blut, Verletzungen und Zerstörung, selbst wenn keine Gefahr für Sie besteht? — 0 1 2 3 4
24. Meinen Sie, daß andere besser sind als Sie? — 0 1 2 3 4
25. Fällt es Ihnen schwer, sich zu entscheiden? — 0 1 2 3 4

Anhang 3

Bernreuter S-S Selbstzufriedenheitsfragebogen[1]

1. Ja Nein ? Würden Sie es vorziehen, selbständig zu arbeiten anstatt das Programm eines Vorgesetzten durchzuführen, den Sie achten?
2. Ja Nein ? Finden sie es angenehm, einen Abend alleine zu genießen?
3. Ja Nein ? Finden Sie Bücher unterhaltsamer als Freunde?
4. Ja Nein ? Haben Sie das Bedürfnis nach mehr sozialen Kontakten als es zur Zeit der Fall ist?
5. Ja Nein ? Werden Sie leicht entmutigt, wenn die Meinung anderer von der Ihrigen abweicht?
6. Ja Nein ? Stellt Bewunderung eine größere Befriedigung dar als Erfolg?
7. Ja Nein ? Behalten Sie Ihre Meinung gewöhnlich lieber für sich?
8. Ja Nein ? Gehen Sie ungern allein ins Kino?
9. Ja Nein ? Hätten Sie gern einen sehr nahen Freund, mit dem Sie Ihren Tagesablauf planen könnten?

[1] Aus *Wolpe, J.:* The Practice of Behavior Therapy, 1973.

8. Methoden der Angstreduktion

10. Ja	Nein	?	Können Sie Ihre Ängste alleine beruhigen?
11. Ja	Nein	?	Kann Gespött Sie demütigen, selbst wenn Sie wissen, daß Sie recht haben?
12. Ja	Nein	?	Glauben Sie, daß Sie so von kreativer Arbeit aufgesogen werden könnten, daß Sie das Fehlen enger Freunde nicht bemerken würden?
13. Ja	Nein	?	Gehen Sie in einer Situation ein Wagnis ein, selbst wenn das Ergebnis zweifelhaft ist?
14. Ja	Nein	?	Finden Sie zwecks Formulierung Ihrer Ideen ein Gespräch nützlicher als Lesen?
15. Ja	Nein	?	Machen Sie Einkäufe gerne alleine?
16. Ja	Nein	?	Brauchen Ihre Ambitionen gelegentlich eine Anregung von erfolgreichen Leuten?
17. Ja	Nein	?	Fällt es Ihnen schwer, sich zu entscheiden?
18. Ja	Nein	?	Würden Sie eine Reise ins Ausland lieber nach Ihren eigenen Plänen gestalten oder ziehen Sie ein angebotenes Arrangement vor?
19. Ja	Nein	?	Werden Sie stark durch Lob oder Tadel vieler Leute beeinflußt?
20. Ja	Nein	?	Verschließen Sie sich gewöhnlich gegenüber Ratschlägen?
21. Ja	Nein	?	Betrachten Sie das Beachten sozialer Sitten und Gebräuche als wesentlich für Ihr Leben?
22. Ja	Nein	?	Möchten Sie, daß jemand bei Ihnen ist, wenn Sie schlechte Nachricht bekommen?
23. Ja	Nein	?	Beunruhigt es Sie, „anders" oder unkonventionell zu sein?
24. Ja	Nein	?	Treffen Sie eilige Entschlüsse lieber allein?
25. Ja	Nein	?	Wenn Sie anfangen würden, in der Forschung zu arbeiten, würden Sie lieber im Projekt eines anderen assistieren oder unabhängig für sich selbst arbeiten?
26. Ja	Nein	?	Versuchen Sie jemanden zu finden, der Sie aufmuntert, wenn Sie niedergeschlagen sind?
27. Ja	Nein	?	Haben Sie es meistens vorgezogen, allein zu sein?
28. Ja	Nein	?	Reisen Sie lieber mit jemandem, der die notwendigen Vorkehrungen trifft, oder ziehen Sie das Abenteuer vor, alleine zu reisen?
29. Ja	Nein	?	Arbeiten Sie lieber etwas alleine aus, oder lassen Sie es sich zeigen?
30. Ja	Nein	?	Liegt Ihnen besonders daran, von Freunden gepflegt zu werden, wenn Sie krank sind?
31. Ja	Nein	?	Ziehen Sie es vor, Gefahren alleine gegenüberzutreten?
32. Ja	Nein	?	Erkennen Sie gewöhnlich, wo Ihre Fehler liegen, ohne daß man Sie darauf hinweist?
33. Ja	Nein	?	Schließen Sie gerne Freundschaften, wenn Sie woanders hinkommen?
34. Ja	Nein	?	Können Sie lange an einer mühevollen Arbeit sitzen, ohne daß Sie jemand anstachelt oder ermutigt?
35. Ja	Nein	?	Gibt es Zeiten, in denen Sie sich einsam fühlen?
36. Ja	Nein	?	Hören Sie gerne die Ansichten von vielen anderen, bevor Sie eine wichtige Entscheidung treffen?
37. Ja	Nein	?	Würden Sie jede Arbeit ablehnen, die Sie für ein paar Jahre isolieren würde, zum Beispiel als Förster usw.?
38. Ja	Nein	?	Ziehen Sie ein Schauspiel einem Ball vor?
39. Ja	Nein	?	Übernehmen Sie gewöhnlich zusätzliche Verantwortung?
40. Ja	Nein	?	Schließen Sie leicht Freundschaften?
41. Ja	Nein	?	Können Sie optimistisch sein, wenn andere in Ihrer Umgebung sehr niedergeschlagen sind?
42. Ja	Nein	?	Versuchen Sie, Ihre Ansicht durchzusetzen, selbst wenn Sie dafür kämpfen müssen?
43. Ja	Nein	?	Sind Sie sehr gerne mit anderen zusammen?
44. Ja	Nein	?	Bekommen Sie ebensoviele Einfälle beim Lesen wie durch eine anschließende Diskussion darüber?

45. Ja Nein ? Nehmen Sie beim Sport lieber an individuellen Wettbewerben oder an Gruppenkämpfen teil?
46. Ja Nein ? Nehmen Sie Ihre Probleme gewöhnlich alleine in Angriff, ohne Hilfe zu suchen?
47. Ja Nein ? Finden Sie gewöhnlich mehr Spaß oder Humor an Dingen, wenn Sie in einer Gruppe sind, oder wenn Sie alleine sind?
48. Ja Nein ? Finden Sie sich nur ungern an unbekannten Orten alleine zurecht?
49. Ja Nein ? Können Sie ohne Lob und Anerkennung glücklich arbeiten?
50. Ja Nein ? Glauben Sie, daß die Ehe für Ihr Glück wichtig ist?
51. Ja Nein ? Wenn die meisten Ihrer Freunde die Beziehungen mit Ihnen abbrechen würden wegen einer Gewohnheit, die sie als Laster bei Ihnen ansehen, und die Sie nicht als schädigend empfinden, würden Sie die Gewohnheit aufgeben, um Ihre Freunde zu behalten?
52. Ja Nein ? Haben Sie es gerne wenn man Ihnen Ratschläge gibt, während Sie an einem Puzzle arbeiten?
53. Ja Nein ? Planen Sie lieber alleine oder zusammen mit anderen?
54. Ja Nein ? Werden Sie durch Menschen gewöhnlich mehr angeregt als durch irgendetwas anderes?
55. Ja Nein ? Ziehen Sie es vor alleine zu sein, wenn Sie unter emotionalem Streß stehen?
56. Ja Nein ? Übernehmen Sie gerne die Alleinverantwortung für etwas?
57. Ja Nein ? Gelingt es Ihnen gewöhnlich besser, ein Problem zu verstehen, wenn Sie alleine darüber nachdenken oder wenn Sie mit anderen darüber reden?
58. Ja Nein ? Glauben Sie, die schönste Art, eine gute Nachricht zu genießen wäre, anderen davon zu erzählen?
59. Ja Nein ? Verlassen Sie sich gewöhnlich auf Ihr eigenes Urteil?
60. Ja Nein ? Haben Sie Spiele gerne, bei denen Ihnen niemand zuschaut?

Anhang 4

Rathus Selbstsicherheitsskala[1])

Anweisungen. Vermerken Sie, wie charakteristisch oder zutreffend jede der folgenden Feststellungen für Sie ist, wobei Sie den folgenden Code benutzen.
- + 3   sehr charakteristisch für mich, äußerst zutreffend
- + 2   ziemlich charakteristisch für mich, ganz zutreffend
- + 1   etwas charakteristisch für mich, leicht zutreffend
- − 1   etwas uncharakteristisch für mich, leicht unzutreffend
- − 2   ziemlich uncharakteristisch für mich, ganz unzutreffend
- − 3   sehr uncharakteristisch für mich, äußerst unzutreffend

.... 1. Die meisten Menschen scheinen aggressiver und selbstsicherer zu sein als ich.[1])
.... 2. Ich zögere, Verabredungen zu treffen oder anzunehmen wegen meiner „Schüchternheit."[1])

[1]) Umgekehrtes Item. Aus *Rathus, S. A.* [26].

8. Methoden der Angstreduktion

....   3. Wenn das Essen in einem Restaurant nicht zu meiner Zufriedenheit zubereitet ist, beklage ich mich darüber beim Ober oder bei der Bedienung.
....   4. Ich achte darauf, die Gefühle anderer nicht zu verletzen, selbst wenn ich mich gekränkt fühle.[1]
....   5. Wenn sich ein Vertreter viel Mühe macht und mir Waren zeigt, die nicht ganz entsprechend sind, fällt es mir schwer „Nein" zu sagen.[1]
....   6. Wenn ich etwas tun soll, bestehe ich darauf, den Grund zu erfahren.
....   7. Es gibt Zeiten, in denen ich mir ein treffendes Argument herbeiwünsche.
....   8. Ich bemühe mich, vorwärtszukommen, wie die meisten Leute auch in meiner Position.
....   9. Ehrlich gesagt, die Leute nützen mich oft aus.[1]
.... 10. Ich beginne gerne Unterhaltungen mit neuen Bekannten oder Fremden.
.... 11. Ich weiß häufig nicht, was ich mit attraktiven Vertretern des anderen Geschlechts reden soll.[1]
.... 12. Ich zögere, geschäftliche Einrichtungen und Institute anzurufen.
.... 13. Ich würde mich lieber um eine Arbeitsstelle oder um Zulassung bei einer Hochschule brieflich bewerben, als persönliche Interviews über mich ergehen zu lassen.[1]
.... 14. Ich finde es peinlich, Waren zurückzugeben.[1]
.... 15. Wenn ein naher und geschätzter Verwandter mich ärgern würde, würde ich lieber meine Gefühle besänftigen, als meinen Ärger auszudrücken.
.... 16. Ich vermeide es, Fragen zu stellen, aus Angst daß man mich für dumm hält.[1]
.... 17. Während eines Streites fürchte ich manchmal, daß ich so aus der Fassung gerate, daß ich am ganzen Körper zittere.[1]
.... 18. Wenn ein bekannter und geachteter Redner etwas sagt, das ich für unzutreffend halte, lasse ich die Zuhörer auch meinen Standpunkt wissen.
.... 19. Ich vermeide es, mit Verkäufern und Vertretern über Preise zu streiten.[1]
.... 20. Wenn ich etwas Wichtiges oder Bedeutendes getan habe, richte ich es so ein, daß andere davon erfahren.
.... 21. Ich äußere mich offen und frei über meine Gefühle.
.... 22. Wenn jemand falsche oder unschöne Geschichten über mich verbreitet, möchte ich ihn (sie) sobald wie möglich treffen, um darüber zu reden.
.... 23. Es fällt mir oft schwer, „nein" zu sagen.[1]
.... 24. Ich behalte meine Gefühle lieber für mich, anstatt sie öffentlich zur Schau zu tragen.[1]
.... 25. Ich beklage mich über schlechte Bedienung im Restaurant oder sonstwo.
.... 26. Wenn man mir ein Kompliment macht, weiß ich manchmal einfach nicht, was ich sagen soll.[1]
.... 27. Wenn sich ein Paar neben mir im Theater oder bei einem Vortrag ziemlich laut unterhalten würde, würde ich sie bitten, ruhig zu sein, oder ihre Unterhaltung woanders fortzuführen.
.... 28. Jeder, der sich in einer Schlange vor mich drängt, kann sich auf etwas gefaßt machen.
.... 29. Ich äußere rasch meine Meinung.
.... 30. Es gibt Momente, in denen ich einfach nichts sagen kann.

Der Gesamtwert ergibt sich aus der Addition der Zahlenantworten auf jedes Item, nachdem man die Vorzeichen der umgekehrten Items geändert hat.

Literatur

[1] *Alberti, R. E.* and *M. L. Emmons:* Your perfect right. Authors, San Luis Obispo, Calif. 1970.

[2] *Baker, B. L., D. C. Cohen* and *J. T. Saunders:* Self-directed desensitization for acrophobics. Behaviour Research and Therapy, 11 (1973) 79–89.

[3] *Bandura, A.:* Principles of behavior modification. Holt, Rinehart and Winston, New York 1969.

[4] *Brady, J. P.:* Brevital-relaxation treatment of frigidity. Behaviour Research and Therapy, 4 (1966) 71–77.

[5] *Brady, J. P.:* Systematic desensitization. In *W. S. Agras* (Ed.): Behavior modification: Principles and clinical applications. Little, Brown, Boston Mass. 1972.

[6] *Friedman, D. E.:* A new technique for the systematic desensitization of phobic symptoms. Behaviour Research and Therapy, 4 (1966) 139–140.

[7] *Galassi, J. P., J. S. Delo, M. D. Galassi* and *S. Bastien*: The college self-expression scale: A measure of assertiveness. Behavior Therapy, 5 (1974) 165–171.

[8] *Hogan, R. A.:* The implosive technique. Behaviour Research and Therapy, 6 (1968) 423–431.

[9] *Hogan, R. A.* and *J. H. Kirchner:* A preliminary report of the extinction of learned fears via short term implosive therapy. Journal of Abnormal Psychology, 72 (1967) 106–111.

[10] *Hull, C. L.:* Principles of behavior. Appleton-Century-Crofts, New York 1943.

[11] *Jacobson, E.:* Progressive relaxation. University of Chicago Press, Chicago 1938.

[12] *Lazarus, A. A.:* Behavior therapy and beyond. McGraw-Hill, New York 1971.

[13] *Lazarus, A. A.:* On assertive behavior: A brief note. Behavior Therapy, 4 (1973) 697–699.

[14] *Lazarus, A. A.* and *A. Abramovitz:* Learn to relax – A recorded course in muscular relaxation. Troubadour Records, Johannesburg 1962.

[15] *Levis, D. J.:* Implosive therapy: A critical analysis of Morganstern's review. Psychological Bulletin, 81 (1974) 155–158.

[16] *Marquis, J. N., W. G. Morgan* and *G. W. Piaget:* A guidebook for systematic desensitization. (2nd ed.) Veterans Workshop, Palo Alto, Calif. 1971.

[17] *Migler, B.* and *J. Wolpe:* Automated self-desensitization. A case report. Behaviour Research and Therapy, 5 (1967) 133–135.

[18] *Morganstern, K. P.:* Implosive therapy and flooding procedures: A critical review. Psychological Bulletin, 79 (1973) 318–334.

[19] *Morris, R. J.:* Shaping relaxation in the unrelaxed client. Journal of Behavior Therapy and Experimental Psychiatry, 4 (1973) 353–354.

[20] *Morris, R. J.* and *K. R. Suckerman:* The importance of the therapeutic relationship in systematic desensitization. Journal of Consulting and Clinical Psychology, 42 (1974) 148.

[21] *Morris, R. J.* and *K. R. Suckerman:* Automated systematic desensitization: The importance of therapist warmth. Journal of Consulting and Clinical Psychology, 42 (1974) 244–250.

[22] *Mowrer, O. H.:* Learning theory and personality dynamics. Roland Press, New York 1950.

[23] *Paul, G. L:* Insight vs. desensitization in psychotherapy. Stanford University Press, Stanford, Calif. 1966.

[24] *Pavlov, I. P.:* Conditioned reflexes. Oxford University Press, London 1927.

[25] *Rachman, S.:* Studies in desensitization, II: Flooding. Behaviour Research and Therapy, 4 (1966) 1–6.

[26] *Rathus, S. A.:* A 30-item schedule for assessing assertive behavior. Behavior Therapy, 4 (1973) 398–406.

[27] *Richardson, F. C.* and *R. M. Suinn:* A comparison of traditional systematic desensitization, accelerated massed desensitization, and anxiety management training in the treatment of mathematics anxiety. Behavior Therapy, 4 (1973) 212–218.

[28] *Salter, A.:* Conditioned reflex therapy. Farrar, Strauss, New York 1949. Re-

published: Capricorn Books, Putman, New York 1961.
[29] *Sherman, A. R.:* Real-life exposure as a primary therapeutic factor in the desensitization treatment of fear. Journal of Abnormal Psychology, 79 (1972) 19–28.
[30] *Skinner, B. F.:* The behavior of organisms. Appleton-Century, New York 1958.
[31] *Skinner, B. F.:* Science and human behavior. MacMillan, New York 1953.
[32] *Stampfl, T. G.:* Implosive Therapy: A learning theory derived psychodynamic therapeutic technique. Paper presented at the University of Illinois, 1961.
[33] *Stampfl, T. G.:* Implosive therapy: An emphasis on covert stimulation. In *D. J. Levis* (Ed.): Learning approaches to therapeutic behavior change. Aldine, Chicago 1970.
[34] *Stampfl, T. G.* and *D. J. Levis:* Essentials of implosive therapy: A learning-based-psychodynamic behavioral therapy. Journal of Abnormal Psychology, 72 (1967) 496–503.
[35] *Stampfl, T. G.* and *D. J. Levis:* Implosive therapy – A behavioral therapy? Behaviour Research and Therapy, 6 (1968) 31–36.
[36] *Wolpe, J.:* Reciprocal inhibition therapy. Stanford University Press, Stanford, Calif. 1958.
[37] *Wolpe, J.:* The experimental foundations of some new psychotherapeutic methods. In *A. J. Bachrach* (Ed.), Experimental foundations of clinical psychology. Basic Books, New York 1962.
[38] *Wolpe, J.:* The practice of behavior therapy. Pergamon Press, New York 1969.
[39] *Wolpe, J.:* The practice of behavior therapy. (2nd ed.) Pergamon Press, New York 1973.
[40] *Wolpe, J.* and *A. A. Lazarus:* Behavior therapy techniques. Pergamon Press, New York 1966.
[41] *Wolpin, M.* and *L. Pearsall:* Rapid deconditioning of a fear of snakes. Behaviour Research and Therapy, 3 (1965) 107–111.

9. Aversive Methoden

Jack Sandler

Einführung

Die Kontrolle unerwünschten Verhaltens durch aversive Methoden ist vermutlich die älteste Form der Verhaltenstherapie. Schon die frühesten Beobachter menschlichen Verhaltens bemerkten zweifellos die wesentlichen gemeinsamen Merkmale all dieser Techniken: unerwünschtes Verhalten kann beendet werden, wenn ein ausreichend schmerzhaftes Ereignis mit dem betreffenden Verhalten verbunden wird. Es ist eine Praxis, die wahrscheinlich von allen Eltern und Lehrern, die mit der Kindererziehung zu tun haben, wiederholt angewandt wurde.

In neuerer Zeit wurde das allgemeine Prinzip, das dem Gebrauch der aversiven Kontrolle zugrundliegt (einen schmerzhaften Reiz „kontingent" auf unerwünschtes Verhalten anzuwenden) sehr häufig als Behandlungsmethode bei der Modifikation sich selbstverstärkender Problemzustände, die sehr therapieresistent sind, benützt. Das beste Beispiel stellt vielleicht der Alkoholismus dar, obwohl, wie wir sehen werden, nun mit der Erweiterung des Wissens und der Verbesserung der Techniken beinahe der gesamte Bereich unerwünschten Verhaltens mit aversiven Methoden behandelt wird.

Diese Entwicklungen haben auch immer mehr Aufsehen erregt und Diskussionen entfacht. Wenn tatsächlich mit dem Aufkommen der Verhaltensmodifikation große Kontroversen entstanden, dann konzentriert sich die Aufmerksamkeit, pro und contra, vor allem auf den Gebrauch der Aversionstherapie. Gegner betrachten diese Praktiken als die Quintessenz aller „Übel" der Verhaltenstherapie; sie sind zu einfach, in theoretischer Hinsicht fragwürdig, potentiell gefährlich und möglicherweise ethisch nicht vertretbar. Die Befürworter verweisen andrerseits auf Berichte aus der Fachliteratur, die über schnelle und effektive Veränderungen – durch solche Techniken bewirkt – berichten, besonders bei Problemzuständen, die sich gegenüber traditionellen Methoden als behandlungsresistent erwiesen hatten.

Diese Kontroverse läßt sich möglicherweise mit anderen komplexen gesellschaftlichen Dilemmas vergleichen; zum Beispiel mit den Argumenten für und wider den Gebrauch von DDT und mit dem Streit um die Einschränkung der Umweltverschmutzung, um nur zwei wichtige Bereiche zu nennen, mit denen sich die Gesellschaft auseinanderzusetzen hat. In beiden Fällen müssen Vor- und Nachteile gegeneinander abgewogen werden, und kurzfristige Erfolge müssen unter dem Gesichtspunkt langfristiger Risiken betrachtet werden.

Übersetzt von Marina Kolb

9. Aversive Methoden

Die gleichen Probleme und emotionsgeladenen Debatten treten in bezug auf die Aversionstherapie auf. Irgendwo zwischen dem Interesse an der Anwendung von Techniken, die bei der Behandlung vieler unmittelbares Handeln erfordernder Fälle erfolgreich sind, und dem Interesse an der Anwendung von Techniken, die allgemein annehmbar sind, müssen einige Richtlinien aufgestellt werden, um dem Praktiker bei der Entscheidung zu helfen, *wann* solche Techniken angewandt werden sollen. Es gibt aber wahrscheinlich nur wenige Fälle, bei denen eine rasche Antwort gegeben werden kann. Stellen wir uns vor, wir hätten es mit einem stark retardierten, institutionalisierten tauben Kind zu tun, das anfängt, sich heftig mit den Fingern in die Augen zu stoßen. Die medizinische Untersuchung ergibt weiter, daß solches Verhalten innerhalb von kurzer Zeit zum dauernden Verlust der Sehkraft führt. Man kann unter Hinweis auf den gegenwärtigen Wissensstand die Entscheidung treffen – es muß ein unmittelbarer Eingriff erfolgen, um dieses Verhalten schnellstmöglich zu eliminieren und wahrscheinlich wird nur mit Aversionstherapie dieses Ziel zu erreichen sein. Wenn das in einem solchen Falle unter Berücksichtigung des bestehenden Wissens über die Effizienz solcher Verfahren *nicht* getan wird, könnte das sogar als eine Vernachlässigung der beruflichen Verantwortung angesehen werden. *Donald Baer* [4] hat eine ausgezeichnete Abhandlung über die moralischen Forderungen geschrieben, die in solchen Entscheidungen enthalten sind. *Baer* argumentiert, daß der Gebrauch der Aversionstherapie auf der Grundlage wissenschaftlicher Beweise erfolgen sollte und nicht aufgrund vorgefaßter Meinungen. Lehnt man die Anwendung aversiver Methoden aus den letztgenannten Gründen ab, so verurteilt man durchaus behandlungsfähige Patienten zu lebenslanger Unangepaßtheit.

Leider sind nur wenige Situationen so eindeutig. In den meisten Fällen muß die Entscheidung über Gebrauch oder Ablehnung der Aversionstherapie getroffen werden, obwohl nicht alle relevanten Informationen zur Verfügung stehen. Daher gibt es keine einfache Antwort auf die Frage:„Wann soll Aversionstherapie angewandt werden?"

Einen besseren Ansatz bei der Entscheidung über den Gebrauch der Aversionstherapie bietet die Analyse von Vor- und Nachteilen. So kann man bei Anwendung solcher Techniken die Aufmerksamkeit auf die Maximierung der Effektivität richten.

Es gibt nichts Magisches oder Geheimnisvolles bei aversiven Formen der Verhaltenskontrolle. Wie wir gesehen haben, werden Techniken dieser Art seit der Antike angewandt. Solche Praktiken sind praktisch so vorherrschend, daß dieser Punkt gar nicht weiter ausgeführt zu werden braucht. Es genügt zu sagen, daß viele Autoritäten zustimmen, daß die meisten Versuche, unerwünschtes Verhalten zu kontrollieren oder zu regulieren, in dem Einsatz aversiver Methoden bestehen, angefangen von dem Elternteil, der einem unartigen Kind einen Klaps gibt bis zu dem Lehrer, der einen störenden Schüler bestraft und dem Richter, der einen rücksichtslosen Autofahrer verurteilt. Solche Praktiken werden weitgehend akzeptiert und angewandt, hauptsächlich, weil sie in den meisten Fällen „wirken", d.h. sie bringen Leute dazu, unerwünschtes Verhalten zu unterlassen.

Wenn es nur um die Beendigung unerwünschten Verhaltens ginge, könnte man einfach Bedingungen anführen, unter denen diese Kontrolle am erfolgreichsten ist und so eine Reihe von Verfahren von maximaler Wirksamkeit entwickeln. Leider ist die wirkliche Situation viel komplexer. Tatsache ist, daß aversive Methoden der Verhaltenskontrolle *nicht* immer wirken, und selbst wenn sie wirksam sind, entstehen durch diese Techniken zusätzliche Probleme. Obwohl viele, die sich mit menschlichem Verhalten beschäftigen, diese Beobachtungen gemacht haben, hat sich erst seit kurzem ein relativ klares Verständnis für die Grenzen aversiver Techniken entwickelt, vor allem als Ergebnis von Laborstudien an Tieren.

Der heftigste Kritiker des Gebrauchs aversiver Methoden bei der Verhaltenskontrolle ist vielleicht *B.F. Skinner*. *Skinner* argumentierte, daß obwohl aversive Kontrollen „effektiv" sind, die Effekte häufig nur vorübergehend sind; außerdem führen die Techniken häufig zu Gegenaggression und erzeugen andere Formen unerwünschten Verhaltens. Daher könnte das eigentliche Ergebnis im Auftreten eines anderen Problemverhaltens bestehen, das zumindest genauso ernst zu nehmen ist, wie das behandelte Problemverhalten [58].

Andere Autoren äußerten zusätzliche Vorbehalte, und in der klinischen Psychologie und in der Psychiatrie besteht seit langem ein Tabu gegenüber der Anwendung jeglicher Techniken, die angeblich nur beobachtbare Symptome behandeln, während sie die zugrundeliegende Ursache ignorieren. Aufgrund dieser Ansicht sowie aufgrund des Argumentes von *Skinner* würde man vorhersagen, daß die Reduktion irgendeines Problemverhaltens durch Aversionstherapie zu einer anderen Form (vielleicht noch stärker) unerwünschten Verhaltens führt. Diese traditionellen Kritikpunkte in bezug auf aversive Kontrolle wurden erst vor kurzem in Frage gestellt, weil sie nur populäre Fabeln [60] oder zu grobe Verallgemeinerungen sind [27]. Ein Teil der Gründe für die unterschiedlichen Meinungen stammt aus der Tatsache, daß Aversionstherapie meistens körperlich schmerzende Stimuli einbezog. Wie wir sehen werden, muß dies nicht notwendigerweise der Fall sein, und möglicherweise können einige der Vorbehalte gegen die konventionelle Aversionstherapie durch den Einsatz nicht-schmerzhafter physischer Methoden ausgeräumt werden.

Ein weiterer erschwerender Faktor bei der Abwägung der Vorteile gegenüber den Nachteilen der Aversionstherapie stammt aus der Tatsache, daß viele klinische Studien aus der Literatur über Aversionstherapie überhaupt keine reliable und valide Schlüsse über die Effektivität der Behandlung zulassen [27]. Die gegenwärtige Situation kann vielleicht folgendermaßen zusammengefaßt werden: Obwohl viele der traditionellen Vorbehalte gegen den Gebrauch aversiver Methoden fragwürdig sein mögen, wird nur die weitere Forschung Antworten liefern können. Inzwischen kann im Hinblick auf den gegenwärtigen Wissensstand eine konservative Faustregel bezüglich der Modifikation von Verhalten angeboten werden. *Je nach Umständen sollten nicht-aversive Techniken gegen unerwünschtes Verhalten als Methode der Wahl angesehen werden.* Wenn aversive Techniken einbezogen werden, sollten möglichst zunächst nicht physisch schmerzhafte Techniken angewandt werden, bevor man auf schmerzhafte Stimulation zurückgreift. Daher *sollten stark aversive Techniken bei relativ schwach ausgebildeten, nicht-bedrohlichen oder ungefährlichen Problemzuständen kaum angewandt werden. Bei einem ernsten Problemzustand andererseits, bei dem die biologische oder physiologische Integrität eines Individuums auf dem Spiele steht, müssen aversive Techniken umgehend in Betracht gezogen werden.*

Es muß betont werden, daß dies nur eine allgemeine Richtlinie darstellt. Abweichungen ergeben sich in Abhängigkeit von einer großen Menge von spezifischen individuellen Umständen, und sie variieren von einem bis zum anderen Ende eines Kontinuums.

Allgemeine Beschreibung

Auf der praktischen Ebene erscheint eine Beschreibung aversiver Verfahren verhältnismäßig direkt und unkompliziert. Meistens beinhalten diese Anordnungen seitens des Patienten ein unerwünschtes und/oder unangepaßtes Verhalten und die Darbietung eines unangenehmen Reizes oder Ereignisses in enger zeitlicher Beziehung zu dem Verhalten. Alle Arten aversiver Behandlung zeigen diese Charakteristika, ob sie nun so allgemein verbreitet und informell sind wie in dem Falle des Elternteils, der einem Kind einen Klaps gibt, weil es mit Zündhölzern spielt, oder ob sie ungewöhnlich und spezifischer sind, wie in dem Falle der Darbietung von Schocks an die Fingerspitzen von einem, der Kinder belästigt, während er Kinderkleidung anfaßt. Das Ziel besteht natürlich in jedem Falle darin, die zukünftige Auftrittswahrscheinlichkeit des unangepaßten Verhaltens zu reduzieren.

Eine detaillierte Analyse der angewandten Verfahren würde jedoch sehr schnell eine Reihe von komplexen Sachverhalten aufdecken, die in der Aversionstherapie enthalten sind. Obwohl es nicht die Absicht dieses Kapitels ist, die Theorien zu analysieren, die diesen Ansätzen zugrundeliegen, sollte der interessierte Leser doch zumindest mit den Tatsachen vertraut werden.

Es gibt zwei theoretische Hauptpositionen, die versuchten, solche Prozesse zu erklären. Obwohl es Überlappungsbereiche zwischen den beiden gibt, gehen sie von verschiedenen Annahmen aus und *sind* eher dazu *bestimmt,* verschiedenartige Behandlungspraktiken hervorzubringen. Der größte Teil der Aversionstherapieberichte in der Fachliteratur spiegelt entweder die eine oder die andere theoretische Position wider, obwohl in der aktuellen Praxis die Unterschiede zwischen den beiden häufig verschwommen sind.

Die erste theoretische Position entstand aus Pawlows allgemein bekannter Erforschung konditionierter Reaktionen bei Hunden. In dieses System wird ein vorher *neutraler Stimulus* wie ein Summton oder ein Blinklicht in enger zeitlicher Kontiguität mit einem *unkonditionierten Stimulus,* d.h. einem Stimulus, der normalerweise eine Reflexreaktion auslöst, dargeboten. Nach einer genügend großen Anzahl solcher Paarungen erwirbt auch der zuvor neutrale Stimulus die Kraft, den Reflex auszulösen. Wenn auf diese Weise ein Organismus einem aversiven Stimulus ausgesetzt wird, werden gewisse physiologische Reflexe hervorgerufen, die gewöhnlich als Angstreaktion bezeichnet werden. Unter entsprechenden Umständen erwerben darüber hinaus auch neutrale Stimuli, die bei solchen Gelegenheiten auftretende Fähigkeit, dieselbe oder eine ähnliche Reaktion hervorzurufen. Auf diese Weise wird die Angstreaktion an die vorher neutralen Stimuli „konditioniert". Obwohl dies notwendigerweise eine Vereinfachung der konditionierten Angsthypothese darstellt, wurden diese Beobachtungen doch herangezogen, um sowohl die Art, in der gewisse unangepaßte Reaktionen *erworben* werden können, als auch die Art, in der gewisse pathologische Reaktionen *modifiziert* werden können, zu beschreiben. Wenn so zum Beispiel ein Alkoholiker aufgefordert wird, ein alkoholisches Getränk zu sich zu nehmen, und man ihn dabei einem schmerzhaften Stimulus aussetzt, der, nach einer ausreichenden Anzahl solcher Erlebnisse die Angstreaktion auslöst, wird die Angst an das alkoholische Getränk konditioniert. In Zukunft werden Anblick, Geschmack und Geruch alkoholischer Getränke die physiologischen Veränderungen auslösen, die mit den Angstreaktionen assoziiert sind und werden den Patienten abstoßen. Tatsächlich wurden, wie wir sehen werden, Verfahren dieser Art bei einer Vielzahl von Problemzuständen mit unterschiedlichem Erfolg angewandt.

Eine alternative Theorie wurde von den Vertretern des operanten Konditionierens vorgeschlagen, die ihre Aufmerksamkeit eher auf die *Konsequenzen* einer Reaktion richten und nicht auf die Ereignisse, die einem Verhalten vorausgehen. In diesem System (siehe Kapitel 7 für eine umfangreiche Diskussion des operanten Paradigmas) besagt die Theorie, daß tatsächlich alle Verhaltensweisen, abnorm wie auch normal, durch verstärkende Ereignisse aufrechterhalten oder zumindest stark beeinflußt werden. Wenn daher eine Reaktion ein positiv verstärkendes Ereignis erzeugt oder ein negativ verstärkendes Ereignis vermeidet, dann wird die zukünftige Auftrittswahrscheinlichkeit dieser Reaktion ansteigen. Wenn andrerseits eine Reaktion einen aversiven Stimulus erzeugt, oder wenn ihr keine Konsequenzen folgen, wird die zukünftige Auftrittswahrscheinlichkeit dieser Reaktion sinken. Diese Anordnungen bezeichnet man als Strafe bzw. Löschung. Auch solche Verfahren wurden in der aktuellen klinischen Praxis angewandt. Wenn zum Beispiel ein Kind, das ständig den Kopf anschlägt (eine Form selbstverletzenden Verhaltens, die man häufig bei gestörten und retardierten Kindern beobachtet) einen Schock „kontingent" auf ein unerwünschtes Verhalten erhält, d.h. wenn jedes Anstoßen des Kopfes das aversive Ereignis „erzeugt", dann wird die Reaktion nach einer genügend großen Anzahl solcher Erlebnisse in der Häufigkeit abnehmen.

Es sei daran erinnert, daß sich die obige Beschreibung auf Verfahren und Ergebnisse bezieht, die im Labor gewonnen wurden. In der klinischen Situation kann man beträchtlich von dieser Anordnung abweichen, so daß eine genaue Analyse der tatsächlichen Verfahren ausgeschlossen ist. So könnten Pawlowsche Verfahren versehentlich mit operanten Verfahren kombiniert werden und umgekehrt. Das Vorgehen nach Pawlow könnte zum Beispiel den Einsatz von Schock vorschreiben, der bei jeder Gelegenheit mit alkoholbezogenen Stimuli gepaart wird, *unab-*

hängig vom Verhalten des Patienten. Die *tatsächliche* Anordnung kann jedoch aufgrund der Reaktion des Patienten von diesem Vorgehen abweichen und das Verfahren so mit dem operanten Konditionieren vermischen. Aus diesem Grunde scheint es, daß viele Techniken, die angeblich innerhalb eines der oben genannten Systeme entworfen worden sind, häufig auch Prozesse enthalten, die anhand des anderen Systems interpretiert werden können.

Maximierung der Effekte der Aversionstherapie

Wenn die Entscheidung für die Aversionstherapie gefallen ist, ist der Therapeut dafür verantwortlich, die gewählte Technik so effektiv wie möglich zu gestalten, d.h. seine Bemühungen sollten alle ethischen und wissenschaftlichen Vorsichtsmaßnahmen umfassen, die Teil jedes therapeutischen Verfahrens sind.

Idealerweise sollte das Verfahren so geplant werden, daß die Problembedingung endgültig, so rasch wie möglich und ohne unerwünschte Nacheffekte eliminiert wird.

Obwohl es derzeit unmöglich ist, alle Bedingungen zu spezifizieren, die dazu beitragen würden, dieses Ziel zu erreichen, sollte der Therapeut versuchen, diesem Ideal so nahe wie möglich zu kommen. Da viele Empfehlungen für die effektive Anwendung aversiver Techniken aus der Literatur über operante Techniken stammen, ist anzunehmen, daß die meisten Problembedingungen, mit denen Kliniker zu tun haben, als versehentliches Erlernen unerwünschter Handlungsweisen angesehen werden können, woraus Schwierigkeiten für das Individuum entstehen bzw. das Erlernen jener operanten Reaktionen, die zu einer befriedigenden Anpassung im täglichen Leben befähigen, verhindern.

Vor allem ist es, zumindest zu Beginn der Behandlung wichtig, das aversive Ereignis direkt mit dem Problemverhalten zu koppeln. Das heißt, es sollte jedesmal dargeboten werden, wenn die Reaktion auftritt, nicht jedoch, wenn keine Reaktion stattfindet. Die Begründung hierfür stammt aus Experimenten, die zeigen, daß eine Reaktionsminderung am raschesten dann erfolgt, wenn der aversive Stimulus immer mit dem Auftreten der Reaktion gepaart wird.

Bei vielen Ereignissen kann dieses Prinzip wegen der spezifischen Merkmale der Reaktion leicht und ohne Angst vor Fehlern angewandt werden. Ein ausgeprägter Gesichtstick kann zum Beispiel leicht festgestellt werden (d.h. er hat diskrete Merkmale) und ist von kurzer Dauer. In diesem Fall ist es relativ einfach, das aversive Ereignis mit jeder Tic-Reaktion zu paaren, und dafür zu sorgen, daß es nie unter anderen Umständen dargeboten wird.

Eine etwas komplexere Situation besteht beim Kopfschlagen, das praktisch mehrere Reaktionen unterschiedlicher Topographie und Dauer umfassen kann. So kann das Kind, das den Kopf ständig anschlägt, jeweils verschiedene Muskelgruppen einsetzen; es kann den Kopf nach vorne oder nach hinten bewegen oder von einer Seite zur anderen oder mit unterschiedlicher Intensität stoßen. Außerdem beinhaltet die Kopfschlagreaktion auch Abläufe *normaler* Kopfbewegungen, die fälschlich als Vorläufer des Kopfschlagens gedeutet werden könnten. In der Praxis führen solch geringe Variationen zur sinnwidrigen Darbietung der Stimulation bzw. zu deren Ausbleiben wenn sie erforderlich wäre.

Noch mehr Schwierigkeiten ergeben sich bei der aversiven Behandlung des Alkoholismus, der komplizierte Reaktionsketten umfaßt, die in bezug auf Zeit und Ort beträchtlich variieren.

Eine Möglichkeit, diese Probleme zu lösen, besteht darin, die Vielfalt des Verhaltens einzugrenzen, zum Beispiel beim Kopfschlagen, indem man eine mechanische Vorrichtung anbringt, die nur ein Vorwärtsstoßen des Kopfes ermöglicht und so die Reliabilität der Behandlung zu erhöhen. Der Nachteil dieses Ansatzes besteht darin, daß die Behandlungsform irgendwie künstlich wird, da sie sich von den natürlichen Umständen, unter denen die Reaktion auftritt, unterscheidet. Dieses Problem wird später im einzelnen behandelt.

Eine *zweite* Empfehlung zur Erhöhung der Therapieeffektivität besteht darin, daß man die Behandlung fortsetzt, bis das Problemverhalten nicht mehr offen sichtbar ist und so die Dauerhaftigkeit des Therapieeffektes vergrößert wird. Das scheint so einleuchtend, daß es keiner weiteren Erläuterung mehr bedarf. Es ist jedoch anzunehmen, daß Aversionstherapie häufig genau deshalb nicht effektiv ist, weil der Kliniker es versäumte, die Behandlung über eine begrenzte Zeitspanne hinaus fortzuführen. Die Frage, „Wie lange sollte die Therapie durchgeführt werden?" kann nur empirisch beantwortet werden, d.h. die Therapie kann eingestellt werden, wenn innerhalb einer vernünftigen Zeitspanne (zwei Wochen, sechs Monate) die Reaktion *unter nicht-klinischen Umständen* nicht aufgetreten ist. Ein gutes Kriterium (und eines, das leider selten benutzt wird) ist das Auftreten von angepaßtem Verhalten unter Umständen, unter denen zuvor das Problemverhalten aufgetreten ist.

Eine *dritte* Empfehlung besteht in dem Einsatz eines Stimulus oder eines Ereignisses, das *tatsächlich* aversiv ist (in dem Sinne, daß man es gewöhnlich vermeidet) und nicht nur eines Stimulus, der *angeblich* aufgrund irgendwelcher *vorheriger* Überlegungen als aversiv gilt. Das Offenkundige erfordert wieder Erklärungen. Viele offensichtlich aversive Stimuli können ihre schädlichen Eigenschaften durch wiederholtes Auftreten verlieren. Sie können in der Tat unter bestimmten Bedingungen zu verstärkenden Eigenschaften werden und dadurch einen dem Ziel der Aversionstherapie entgegengesetzten Effekt erzeugen. Es gibt zum Beispiel zahllose Fälle in der klinischen Literatur, die sich auf Individuen beziehen, die sich ständig normalerweise schädlichen Stimuli aussetzen. Solch „masochistischem" Verhalten wurde in der klinischen Psychologie großes Interesse entgegengebracht [54]. Im allgemeinen sind auch bei den meisten sozial beleidigenden Stimuli wie Drohungen, Spott, Beleidigungen und drohenden Gesten solche Grenzen gesetzt, aber selbst körperlich schmerzende Stimuli können gelegentlich verstärkend wirken. Aus diesem Grunde wenden sich vermutlich immer mehr Aversionstherapeuten dem Gebrauch des elektrischen Schocks zu. Die Vorteile der Schockbehandlung wurden vielfach beschrieben und erfordern keine weitere Erläuterung [3]. Es genügt zu sagen, daß elektrischer Schock als ein beinahe universaler aversiver

Stimulus betrachtet werden kann, wenn er richtig angewandt wird. Außerdem hat Schock keines der rohen Merkmale, die mit der herkömmlichen physischen Bestrafung verbunden sind, wie zum Beispiel Stockschläge, Verhauen oder Ohrfeigen.

Neuerdings führte die Suche nach nicht-physischem aversivem Vorgehen zu einigen neuen Techniken, die Erweiterungen der traditionellen Geldstrafen und Bußen zu sein scheinen. Diese werden im Abschnitt über operante Verfahren ausführlicher beschrieben.

Es gibt natürlich noch andere Aspekte der Aversionsverfahren, die deren Effektivität erhöhen können, besonders wenn sie wie in einem späteren Abschnitt beschrieben wird, mit anderen Techniken kombiniert werden. Um mit *Johnson* zu sprechen, die erfolgreiche Anwendung der Aversionstherapie kann nicht auf eine kurze Zusammenfassung von Prinzipien reduziert werden; die grundlegenden Prinzipien müssen in der Anwendung auf eine Vielfalt von verfahrenstechnischen Details ausgeweitet werden, deren Bedeutung jeweils in den einzelnen Situationen variiert. Wenn irgendeine dieser Variablen nicht beachtet wird, so muß das nicht alle therapeutischen Bemühungen zunichte machen; es ist vielmehr so, daß die Wahrscheinlichkeit maximaler Effektivität in dem Maße erhöht wird, in dem solche Faktoren bei der Therapie berücksichtigt werden [27].

Verfahren und Techniken

Pawlowsche Verfahren

Es wurde bereits angedeutet, daß der therapeutische Gebrauch aversiver Methoden im allgemeinen nach zwei Lernparadigmen erfolgt: dem Pawlowschen Modell und dem operanten Modell. Im ersten Fall beinhaltet das Verfahren im allgemeinen die Kopplung eines attraktiven Stimulus mit einem aversiven Stimulus, der gewöhnlich Schmerz, Übelkeit, Muskelreaktionen usw. auslöst. Obwohl in der Literatur häufig von solchen Versuchen berichtet wird, sind sie Gegenstand strenger methodologischer und konzeptioneller Kritik (*Feldman*, 1966: *Franks*, 1963; *Kushner* und *Sandler*, 1966; *Rachman*, 1965).

Wir haben die Hauptschwierigkeit in diesem Zusammenhang schon erwähnt; sie besteht in der Anwendung des Pawlowschen Modells bei Reaktionen, die betont operante Komponenten beinhalten. Zudem hat *Franks* argumentiert, daß einige Pawlowsche Verfahren (besonders diejenigen, die bei der Behandlung des Alkoholismus angewandt werden) tatsächlich „Rückwärtskonditionierung" (siehe unten) beinhalten, was bestenfalls ein sehr dürftiges Lernen bewirkt. Schließlich hat eine Reihe von Autoren angeführt, daß die Effekte des Pawlowschen Konditionierens nicht so dauerhaft sein könnten wie Effekte, die durch operante Konditionierungsverfahren erzeugt werden.

Vielleicht erklärt das Gewicht dieser Kritik die Abwendung von Pawlowschen

Techniken zugunsten der operanten Techniken. Folglich wird sich dieser Überblick auf einige repräsentative Berichte beschränken.

Der weitaus größte Teil der Literatur, die auf den aversiven Methoden des Pawlowschen Konditionierens beruht, wurde von Untersuchern verfaßt, die sich mit dem Alkoholismus beschäftigten. Darunter lieferten *Lemere* und *Voegtlin* [39] die umfassendste und systematischste Reihe von Beobachtungen. In ihren Verfahren bekommen die Patienten Emetin und Apomorphin (unkonditionierte Stimuli), die häufig Übelkeit und Erbrechen innerhalb von 30 Minuten auslösen. Kurz bevor es zum Erbrechen kommt, wird der Patient instruiert, sein bevorzugtes alkoholisches Getränk zu sich zu nehmen. Dieses Verfahren wird innerhalb von zehn Tagen mehrmals täglich wiederholt. Gelegentliche „Nachsitzungen" werden veranstaltet, nachdem der Patient entlassen ist. *Voegtlin* [67] berichtet, daß etwa die Hälfte der Patienten, die auf diese Weise behandelt worden waren, für mindestens zwei Jahre abstinent blieb.

Die Pawlowsche Grundlage ist in dem Verfahren offensichtlich. Nach einer genügend großen Anzahl von Paarungen mit Emetin sollen angeblich Geschmack, Anblick und Geruch von Alkohol Übelkeit und Erbrechen auslösen. Eine ähnliche Begründung wird für die Behandlung des Alkolismus mit Antabus angegeben, einer Droge, die zu heftigen physiologischen Reaktionen führt, wenn sie mit Alkohol vermischt wird. Die Validität dieser Begründung hängt offensichtlich davon ab, wie nahe diese Verfahren dem Pawlowschen Paradigma kommen. Es kann in der Tat so scheinen, daß solche Techniken beträchtliche Abweichungen von dem klassischen Konditionierungsverfahren beinhalten [20]. Ein Problem stellt unter anderem die Variation in der individuellen Reaktion auf die Droge dar. Wenn ein Patient sehr schnell oder sehr langsam reagiert (und das läßt sich schwer mit Sicherheit feststellen) dann wird der Alkohol möglicherweise zu früh oder sogar erst gegeben, nachdem der Patient Übelkeit spürt.

Eine etwas bessere Kontrolle über die relevanten Ereignisse ist möglich, wenn das aversive Ereignis ein elektrischer Schock ist, aber selbst hier gibt es noch Probleme in methodologischer Hinsicht. Verfahren nach dem Pawlowschen Modell wurden auch in einer Vielfalt therapeutischer Versuche zur Modifikation sexueller Abweichungen angewandt. Eine genaue Prüfung dieser Verfahren läßt sehr stark vermuten, daß auch operante Prozesse beteiligt waren, deshalb werden sie unter dieser Überschrift abgehandelt.

Operante Verfahren

Die zweite Hauptkategorie der aversiven Therapietechniken spiegelt im allgemeinen das operante Modell wider. Die Begründung besteht hier in der Annahme, daß Verhalten, das zu unangenehmen Konsequenzen führt, mit abnehmender Häufigkeit auftritt. Obwohl es wichtige Ausnahmen von dieser Regel gibt, wurde die Annahme gut belegt.

Wie wir gesehen haben, muß eine Reihe von Bedingungen berücksichtigt werden, wovon die wichtigste vielleicht die enge zeitliche Beziehung zwischen der Reaktion und dem aversiven Ereignis ist (die Kontingenz). Deshalb beschreiben Vertreter des operanten Konditionierens solche Anordnungen häufig als Beispiele für „von der Reaktion erzeugte" aversive Stimulation, selbst wenn das schädigende Ereignis von außen dargeboten wird.

Diese Forderung kann in der Laborsituation gut erfüllt werden, wenn entsprechende verfahrenstechnische Kontrollen zur Verfügung stehen. In der klinischen Praxis sind jedoch Einschränkungen gegeben, die häufig Abweichungen vom Laborverfahren erfordern. Das Ausmaß der Abweichung hängt von einer Vielzahl von Umständen ab, wovon der wichtigste die Art des Problemzustandes ist. Wenn zum Beispiel die Therapie die Häufigkeit eines Schreibkrampfes reduzieren soll, dann können die „lebensnahen" Umstände, unter denen solches Verhalten auftritt, in der Klinik angemessen arrangiert werden und so den Einsatz einer Kontingenz mit derselben oder einer ähnlichen Reaktion ermöglichen. Die Situation ändert sich ganz erheblich bei anderen Problemzuständen. Es ist zum Beispiel schwierig (aber nicht unmöglich) eine angemessene Annäherung an lebensnahe Umstände im Zusammenhang mit Alkoholismus herzustellen; noch größere Probleme treten bei sexuellen Abweichungen und aggressivem Verhalten auf. Von dieser Situation ausgehend haben Praktiker eine Anzahl von Methoden erdacht, um diesen Schwierigkeiten auszuweichen. Homosexuelle werden zum Beispiel mit problembezogenen Stimuli wie Bildern von gleichgeschlechtlichen Nackten konfrontiert. Sie werden dann beim Betrachten dieser Bilder geschockt. Oder Patienten werden gebeten, sich eine „lebensnahe" Szene vorzustellen und dann geschockt, wenn sie anzeigen, daß sie die Szene in der Vorstellung haben. Obwohl solche Techniken nun beinahe das Standardvorgehen darstellen, muß festgehalten werden, daß diese Verfahren (höchstens) *problembezogene* Ereignisse beinhalten und nicht die eigentlichen Verhaltensweisen. Das soll nicht heißen, daß solche Techniken deshalb ineffektiv wären. Im Gegenteil, viele dieser Bemühungen führten zu tiefgreifenden und konstruktiven Verhaltensänderungen. Die Gründe für diesen Erfolg müssen jedoch erst noch aufgedeckt werden, da sie Prozesse beinhalten, die außerhalb der Grenzen des strikten Reaktions-Kontingenzmodells liegen.

Dieser Abschnitt beschreibt einige Techniken, die von der am wenigsten physisch aversiven bis zu der am stärksten physisch aversiven Technik reichen.

Auszeit von positiver Verstärkung

In den letzten paar Jahren wurde einer Technik zunehmend Aufmerksamkeit entgegengebracht, die *Auszeit von positiver Verstärkung* genannt wurde. Bei diesem Verfahren geht man davon aus, eine Abnahme in der Häufigkeit zu erzielen, indem man die Gelegenheit dem Individuum aufgrund eines Problemverhaltens positive Verstärkung zu erhalten, nimmt; so zum Beispiel, wenn man ein Kind absondert, um zu verhindern, daß es auf sein „prahlerisches" Verhalten Verstärkung von seinen Altersgenossen erhält.

Es gibt zwei Hauptformen des Auszeit-Verfahrens:
a) Dem Individuum den Verstärker entziehen und
b) Das Individuum vom verstärkenden System isolieren.

Meistens wird die Wahl von praktischen Überlegungen bestimmt. Im ersten Falle umfassen die wesentlichen Veränderungen den Entzug der Verstärkung ohne große Veränderung im Status des Individuums. Ein Beispiel wäre das Ausschalten des Fernsehgerätes als Folge der Uneinigkeit der Kinder über die Programmwahl. Dadurch wird die Verstärkung für gewisse Zeit unerreichbar. Oder bei einem klinischen Beispiel, wenn man sich von einem Kind während einer belohnenden Aktivität abwendet, weil es sich in einen Wutanfall hineinsteigert. So werden die das Kind potentiell verstärkenden Stimuli zeitweilig entfernt.

Im zweiten Falle bestehen die wesentlichen Veränderungen darin, das Individuum physisch von potentiell verfügbaren Verstärkern fernzuhalten. Der Lehrer, der ein aggressives Kind dem positiven Einfluß der Anwesenheit im Klassenzimmer entzieht, demonstriert eine alltägliche Anwendung der Auszeit.

Auszeit kann erfolgreich angewandt werden bei Individuen jeden Alters, verschiedener persönlicher Merkmale und unterschiedlichen Problemzuständen. Im letzten Teil dieses Kapitels werden einige Beispiele angeführt. Der erfolgreiche Einsatz der Technik hängt in jedem Falle davon ab

a) die positive Verstärkung zu bestimmen und
b) zu sichern, daß die Unterbrechung der positiven Verstärkung umgehend und genau kontingent auf das Problemverhalten folgt.

Mit anderen Worten, *bevor* man den Einsatz der Auszeit in Erwägung zieht, muß der Praktiker die positive Verstärkung isolieren und ein Verfahren entwickeln, das die reaktionskontingente Art der Anordnung gewährleistet. Wenn diese Regeln in der Realsituation nicht beachtet werden, wird die Effizienz der Auszeit dadurch verringert. Ein Lehrer, der ein aggressives Kind von einer Aktivität im Klassenzimmer entfernt, die das Kind *nicht gerne mag,* hat die Forderungen der Auszeit nicht erfüllt. Wenn es darüber hinaus noch ins Büro geschickt wird und die Aufmerksamkeit des Schulberaters auf sich zieht, kann das unerwünschte Verhalten möglicherweise ansteigen, anstatt in der Häufigkeit abzunehmen. In ähnlicher Weise haben Eltern, die ihr unartiges Kind in ein Zimmer mit Fernsehgerät, Spielen und Spielsachen bringen, ihrem Kind positiv Verstärkung nicht entzogen und deshalb Auszeit nicht maximal effektiv gestaltet.

Es ist auch schon mehrfach die Frage aufgetaucht, wie lange Auszeit dauern soll. Das heißt, wenn erst einmal die unerwünschte Reaktions-Verstärkungsbeziehung festgestellt ist, wie lange soll das Individuum in Auszeit bleiben? Obwohl es dafür keine Faustregel gibt, sollte die Dauer aufgrund von praktischen und Verhaltenskriterien festgelegt werden. Wenn zum Beispiel ein Kind in die Auszeit gebracht wird, sollte es im allgemeinen so lange dort bleiben, bis es einige Verstärkungsmöglichkeiten verloren hat und das unerwünschte Verhalten beendet ist. In der täglichen Praxis ist es wahrscheinlich am besten, Auszeit auf zehn bis fünfzehn Minuten zu beschränken (obwohl anfänglich eine längere Dauer erforderlich sein kann) und dann die Dauer allmählich zu verkürzen, um dadurch die Reaktion-Konsequenz-Beziehung deutlicher hervorzuheben.

In manchen Fällen kann der Unterschied zwischen Auszeit und einem Löschungsverfahren (detaillierte Diskussion in Kapitel 7) undeutlich sein. Zum Beispiel wird die beliebte und gängige Praxis des „sich Absendens" von einem Kind während eines Wutanfalls häufig als Versuch angesehen, solches Verhalten zu löschen; es kann aber auch als Auszeit angesehen werden; das hängt hauptsächlich davon ab, ob die Verstärkung völlig entzogen wurde, wie bei der Löschung, oder ob sie nur vorenthalten wurde wie bei der Auszeit. In der täglichen Praxis ist es offensichtlich schwierig, solche Anordnungen zu unterscheiden.

In jedem Falle stellt die Auszeit-Technik für den Kliniker, der sich mit der Reduktion unerwünschten Verhaltens befaßt, einen wichtigen Zusatz zu den häufiger gebrauchten aversiven Methoden dar. Wenn man sie in der oben beschriebenen Weise anwendet, sind viele Probleme einer solchen Behandlung zugängig.

Verstärkerrückgabe

Ein zweites aversives Verfahren, dem steigende Aufmerksamkeit zukommt, ist Verstärkerrückgabe [70]. Diese Verfahren sind mit konventionellen Straftechniken vergleichbar, anhand derer ein Individuum für unerwünschtes Verhalten zu einer Geldstrafe verurteilt wird. Der Hauptunterschied zwischen den beiden liegt in der systematischen Art der Verstärkerrückgabe. So kann rechtswidriges Fahren *gelegentlich* zu einer Geldstrafe führen, wobei man davon ausgeht, daß der Geldverlust in Zukunft eine Abschreckung bezüglich dieses Verhaltens darstellt. Tatsache ist jedoch, daß diese Bemühungen häufig nicht zum gewünschten Ergebnis führen, oder daß ihre Wirkung nicht lange anhält.

Verstärkerrückgabe andrerseits erfordert eine genaue Darlegung der Beziehung zwischen unerwünschter Reaktion und entsprechender Strafe. Wenn diese Forderungen optimal erfüllt sind, ist auch die Effektivität der Verstärkerrückgabe als Abschreckung maximal gegeben. Aus diesem Grunde bestand vielleicht die klinische Anwendung der Verstärkerrückgabe gewöhnlich in einem Verlust an Belohnungen, die für angemessenes Verhalten erworben worden waren.

Zum Beispiel kann mit hospitalisierten Patienten eine Münzökonomie eingeführt werden, wobei konstruktives Verhalten in unterschiedlichen Bereichen mit Münzen belohnt wird, die für greifbare Belohnungen oder Privilegien eingetauscht werden können. Man kann zusätzliche Regeln einführen, deren Verletzung zum Verlust von Münzen führt. Solche Kombinationen von Belohnung und Verstärkerrückgabe-Vereinbarungen sind gewöhnlich sehr wirksam, um erwünschte Veränderungen im konstruktivem Verhalten herbeizuführen.

Wenn andrerseits das Verhältnis zwischen dem erworbenen und dem verlorenen Betrag insgesamt zu einem Defizit führt, wird der Anreiz, für Verstärkung zu arbeiten nachlassen, was zu einem Zusammenbruch des Systems führen kann. Es ist deshalb sehr wichtig, daß der Praktiker ständig die Effekte der Verstärkerrückgabe im Verhältnis zu den Gewinnen überprüft und ihre Werte gegenseitig annähert.

Rückmeldung

Einige Techniken der Verhaltensmodifikation umfassen die Beobachtung des Verhaltens, um die Häufigkeit einer Reaktion festzuhalten. Das Überprüfungsverfahren kann eine Vielfalt von Formen annehmen, die von der Beobachtung des eigenen Herzschlags auf einem Oszillographen bis zu der einfachen Handlung reicht, einen Strich auf ein Stück Papier zu machen, wie im Falle des Individuums, das die Anzahl gerauchter Zigaretten registriert.

Unter diesen Umständen und unabhängig von jeglicher formalen Behandlung kann allein das boße „Alarmieren" des Individuums bezüglich des Auftretens einer Reaktion die Reaktionsrate beeinflussen (siehe Diskussion über Selbstüberprüfung in Kapitel 10). Solche Effekte nennt man *Rückmeldung,* da sie im wesentlichen melden, daß eine bestimmte Reaktion aufgetreten ist; diese Information steht der Person gewöhnlich nicht zur Verfügung. Bei gewissen Problemstellungen kann Rückmeldung zu einer Abnahme in der Häufigkeit einer Reaktion führen. Obwohl man die Ursachen dieser Effekte nicht gut kennt, können die erzeugten Veränderungen möglicherweise für die Aversionstherapie von Belang sein.

Daraufhin hat eine Reihe von Forschern Verfahren vorgeschlagen, die die Effektivität der Rückmeldung bei der Reduktion der Häufigkeit einer Reaktion erhöhen sollten. So gibt es eine Reihe von Beispielen in der Literatur über Verhaltensmodifikation, die zeigen, daß das eigene Registrieren zu einer Reduktion der Häufigkeit bei Rauchen, Trinken, Überessen und Streiten führte. Es scheint, daß in diesen Fällen schon das Aufmerksamwerden auf die Häufigkeit des fraglichen Verhaltens ausreiche, um eine konstruktive Veränderung zu bewirken. Der Klient, der plötzlich merkt, daß er drei Schachteln pro Tag raucht und nicht zwei, wie anfänglich berichtet, muß sich dieser neuen Information anpassen.

In anderen Situationen kann die Wirkung der Rückmeldung erhöht werden, wenn sie systematisch mit einer Verhaltensänderung gekoppelt auftritt. Einige Forscher fanden zum Beispiel, daß die Stotterrate gesenkt werden kann, wenn auf jede Unterbrechung unmittelbar eine verzögerte akustische Rückmeldung folgt [57]. Da verzögerte akustische Rückmeldung von den meisten Individuen als aversiv empfunden wird, scheint das Verfahren mit dem Strafparadigma vergleichbar, das weiter unten ausführlicher beschrieben wird.

In bezug auf die Reaktions-Rückmeldungstechniken gibt es noch viele offene Fragen; ihre Hauptrolle als Behandlungstechnik scheint weitgehend darin zu bestehen, Veränderungen einzuleiten, aber diese Veränderungen werden vermutlich nur vorübergehend sein, wenn sie nicht durch andere Techniken untermauert werden.

9. Aversive Methoden

Unkonditionierte aversive Stimuli

Im Großteil der Literatur über operante Aversionstherapie spricht man vom Gebrauch von Stimuli, die physisch unangenehm oder sogar schmerzhaft sind. Bei diesen Techniken tritt das schadende Ereignis in einer von der Reaktion erzeugten oder in einer ähnlichen Anordnung auf. Vielerlei Stimuli, die gewöhnlich eine Rückzugsreaktion auslösen, wurden zu diesem Zweck verwendet (zum Beispiel faulige Geruchsempfindungen, unangenehme Geräusche und schmerzhafte Stimuli wie Ohrfeigen, an den Haaren ziehen und elektrischer Schockbehandlung an den Gliedmaßen). Gelegentlich wurden diese Stimuli mit ausgesprochen konditionierten Stimuli wie lautem Schreien, Verweisen, mißbilligenden Gesten und Gesichtsausdrücken verbunden.

Meistens wurde bei diesen Ansätzen elektrischer Schock angewandt, da er die oben beschriebenen Forderungen zur Maximierung der Wirksamkeit der Aversionstherapie erfüllt. Zusätzlich können Intensität und Dauer des Schocks den Forderungen entsprechend eingerichtet werden. Aus diesem Grunde beschränkt sich der gegenwärtige Überblick im wesentlichen auf Schockverfahren.

Ausgedehnte Forschungen im Labor und in klinischen Situationen haben sich mit Schock befaßt, so daß die Möglichkeiten zur Erhöhung der Schockeffektivität gut geschrieben sind.

Um den optimalen Aversionstherapieeffekt zu erzielen, sollte der Schock anfänglich mit großer Intensität (nicht graduell ansteigen), ziemlich kurz (0,05 Sekunden zum Beispiel) und kontingent auf das Auftreten jedes Problemverhaltens verabreicht werden. In einem späteren Stadium der Therapie kann die Schockdarbietung nach einem variablen Plan erfolgen (siehe Kapitel 7 über operantes Konditionieren), um die Dauerhaftigkeit der Unterdrückungseffekte zu erhöhen.

Die Palette von Problemzuständen, die mit solchen Verfahren behandelt wurden, weist ein weites Verhaltensspektrum auf, von allgemein üblichen Reaktionen wie Zigarettenrauchen bis zu so komplexen pathologischen Verhaltensweisen wie Belästigung von Kindern sowie Zwangsneurosen. Ein Überblick über einige klinische Untersuchungen und Fallstudien wird später in dem Abschnitt über praktische Anwendungen gegeben.

Kombination der Aversionstherapie mit anderen Techniken

Dieser Abschnitt befaßt sich mit der Art und Weise, in der die oben beschriebenen Techniken zusammen mit anderen Techniken angewandt werden können, um die Effektivität der Behandlung zu erhöhen.

Obwohl sie gewöhnlich Teil jedes Programms der Verhaltensänderung sind (und als solche auch in anderen Kapiteln beschrieben werden), liegt die Betonung hier auf ihrer Anwendung im Zusammenhang mit der Aversionstherapie.

Es gibt zwei Gründe für die Einbeziehung solcher Praktiken. Zunächst führt, wie wir sahen, praktisch jeder Versuch, ein Laborverfahren auf klinische Situationen anzuwenden zu einer gewissen Abweichung gegenüber der Anwendung der Technik unter „reinen" Umständen. Zweitens gibt es zunehmend Beweise dafür, daß die Ergebnisse der Aversionstherapie verbessert werden können, wenn der Praktiker systematisch andere Lernverfahren einbezieht. Das heißt, daß unter solchen Umständen eine raschere und länger anhaltende Reduktion des unerwünschten Verhaltens erzielt werden kann, als wenn Auszeit, Verstärkerrückgabe usw. alleine angewandt werden würden.

Einbeziehung von Reaktionsalternativen

Einige Studien haben gezeigt, daß eine Änderung im Problemverhalten beschleunigt werden kann, wenn dem Patienten alternative Reaktionen zur Verfügung stehen. In manchen Fällen kann der Therapeut ausdrücklich solch „neues" Lernen ermutigen, und wenn diese Technik mit einem Verfahren kombiniert wird, das eine unerwünschte Reaktion eliminieren soll, können höchst positive Therapieergebnisse erzielt werden. Obwohl solche Verfahren verschiedentlich *Gegenkonditionierung, differenzierte Verstärkung anderen Verhaltens* oder *Verstärkung inkompatiblen Verhaltens* genannt wurden, haben alle eines gemeinsam, nämlich die *gleichzeitige Manipulation von mehr als einer Reaktionsdimension in einem Behandlungsprogramm*. So kann zum Beispiel ein Gegenkonditionierungsprogramm in der Darbietung von Schock kontingent auf eine unerwünschte Reaktion wie aggressives Verhalten bestehen, und gleichzeitig positive Verstärkung für eine angepaßte alternative Reaktion, zum Beispiel kooperatives Verhalten, darbieten.

Obwohl man auch annehmen kann, daß in jeder aversiven Behandlung irgendeine neue Reaktion auftaucht, ist es für die Technik der Reaktionsalternativen erforderlich, die alternative Reaktion vor der Behandlung zu bestimmen. Aus diesem Grunde unterscheidet man zwischen Programmen, die formal und ausdrücklich eine Reaktionsalternative einbeziehen und jenen, in denen dieser Prozeß abgelaufen sein könnte aber nicht geplant war. Der Kliniker, der sich für solche Techniken interessiert, sollte offensichtlich Kenntnisse über allgemeine Lernprinzipien erwerben, die umfassender sind als jene, die auf die Aversionstherapie beschränkt sind.

Die Vorteile des Verfahrens der Einbeziehung von Reaktionsalternativen sind zahlreich: es kann mit allen oben beschriebenen Techniken zusammen angewandt werden; es verstärkt den Behandlungsprozeß und reduziert dadurch die Anzahl aversiver Erlebnisse, die zur Modifikation des Verhaltens erforderlich sind; es erhöht die Dauerhaftigkeit der Wirkung und – vielleicht am wichtigsten von allem – es bietet dem Individuum eine angepaßte Alternative an, die auf Situationen außerhalb der Klinik erweitert werden kann. Die verbreitete Praxis, Zigaretten durch Süßigkeiten zu ersetzen, zeigt einige Grundzüge der Technik der Einbeziehung alternativer Reaktionen.

9. Aversive Methoden

Ein–Ausblenden

Wie wir gesehen haben, wirken sich konstruktive Veränderungen, die in einer Situation eingetreten sind, nicht notwendigerweise auf andere Situationen aus. Ein Kind, das gelernt hat, im Klassenzimmer zu kooperieren, kann zu Hause oder auf dem Spielplatz weiterhin aggressiv sein. Solche „begrenzten" Effekte sind besonders charakteristisch für Versuche, bestimmte Problemzustände, wie Alkoholismus, zu behandeln. Es ist zum Beispiel nicht ungewöhnlich, daß Patienten bei einer Behandlung in der Klinik einen Rückgang des Alkoholkonsums aufweisen, um dann, bald nachdem sie in ihre alte Umgebung zurückkehren, in der das ursprüngliche Trinkverhalten auftrat, wieder rückfällig zu werden. Man kann das Problem als ein Beispiel für unterschiedliches Reagieren auf unterschiedliche Umstände ansehen.

Die effektivste Behandlung ist dann offensichtlich die, die die größte Allgemeinveränderung erzielt, wobei die Technik des „Ein–Ausblendens" in dieser Verbindung deutliche Vorteile bietet (sie ist auch im Zusammenhang mit operanten Methoden in Kapitel 7 beschrieben)

Ein–Ausblenden beinhaltet im wesentlichen eine graduelle Änderung in der Behandlungssituation, so daß entweder (a) die Reduktion unerwünschten Verhaltens unter neuen (und vorzugsweise „relevanteren") Umständen aufrechterhalten wird, oder (b) neue Umstände geschaffen werden, um Verhaltensänderungen zu vergrößern. Solche Techniken werden informell seit vielen Jahren benutzt.

In der Kriminologie wird es zum Beispiel immer üblicher, eine graduell abgestufte Reihe von „Entlassungserfahrungen" zu ermöglichen, wobei der Gefangene zunächst an einem Arbeitsprogramm teilnimmt, das ihn für seine Entlassung vorbereitet. Er kann vielleicht auch seinen Entlassungsbeamten mehrmals pro Woche besuchen. Wenn dies erfolgreich verläuft, kann er in ein Gefängnis mit gelockerten Bedingungen gebracht werden, und die Häufigkeit der Besuche beim Entlassungsbeamten kann verringert werden. Auf diese Art kommt es zu einem allmählichen Übergang vom Gefängnisleben zum normalen Leben, wobei man davon ausgeht, daß durch diesen Prozeß konstruktive Veränderungen im Verhalten besser aufrechterhalten werden.

In ähnlicher Weise erlaubt man genesenden Patienten in psychiatrischen Kliniken einige Wochenendbesuche zu Hause und geht dann, wenn keine Schwierigkeiten auftreten, zu einem einmonatigen „Probebesuch" über. Dieser kann in der Folgezeit, je nach der Anpassung des Patienten, außerhalb der Klinik verlängert werden.

Der Unterschied zwischen diesen Praktiken und einer Ein–Ausblendetechnik besteht in größerer Detailliertheit und Strenge der letzteren. Eine ideale Ein–Ausblendetechnik würde dem Patienten graduell reale physikalische und soziale Stimuli darbieten, so daß sich alle natürlichen Vorkommnisse, die für seine Problematik von Bedeutung sind, optimal in der Behandlungssituation widerspiegeln.

Je näher die Ein–Ausblendetechnik dem Ideal kommt, desto größer wird die Allgemeingültigkeit der Ergebnisse. In zunehmendem Maße geht man bei der Modifikation kindlichen Verhaltens dazu über, zunächst die Eltern in den Behandlungstechniken zu unterrichten, um dann allmählich ihren Teil der Verantwortung für die Behandlung zu erhöhen. Änlich können Eltern bei der Aversionstherapie im Gebrauch des Schockverfahrens in häuslicher Umgebung geschult werden. So bezieht die Ein–Ausblendetechnik jene Individuen und Situationen mit ein, die letzlich die Dauerhaftigkeit der in der Behandlung erzielten konstruktiven Veränderung garantieren.

Verstärkungspläne

Eine weitere Technik, die dem Ein–Ausblenden in mancher Hinsicht ähnelt, besteht in Änderungen der Verstärkungspläne. Es wurde schon erwähnt, daß die Behandlung anfänglich am effektivsten ist, wenn das aversive Ereignis unmittelbar auf jedes Auftreten der unerwünschten Reaktion folgt, was die schnellste Reduktion des Verhaltens bewirkt. Größere Dauerhaftigkeit der erwünschten Reduktion kann jedoch vermutlich erzielt werden, wenn die Abfolge der aversiven Ereignisse nicht vorauszusehen ist, da sie z.B. durchschnittlich nur bei jeder dritten oder vierten Reaktion eintreten. Die Häufigkeit aversiver Stimulation kann nach Wunsch weiter graduell verringert werden, obwohl es der Praktiker dann irgendwann mit Ereignissen zu tun haben wird, die nur selten auftreten. So kann zum Beispiel ein Zigarettenraucher anfänglich zehn Schocks über dreißig Zigaretten pro Tag verteilt erhalten. Mit der Abnahme der Zigarettenhäufigkeit auf vielleicht drei bis vier Zigaretten pro Tag muß jedoch auch der Plan der Schockdarbietung angepaßt werden.

Der Einsatz von wichtigen Bezugspersonen

Wenn es möglich und angebracht ist, können Menschen, die zum Patienten eine wichtige Beziehung unterhalten, in das Behandlungsprogramm einbezogen werden. Die Begründung hierfür ist ähnlich wie bei der Ein–Ausblendetechnik, d.h. die Dauerhaftigkeit der Veränderung soll erhöht werden. Einige Instruktionen sind natürlich notwendig, unter anderem über die Gestaltung eines Auszeitbereichs, eines Verstärkerrückgabesystems und eventuell sogar über den Einsatz von reaktionskontingentem Schock. Wenn dieser Versuch unternommen wurde, wurden je nach dem Ausmaß an Instruktionen und Vorbereitung sehr beachtliche Ergebnisse erzielt, wie wir im nächsten Abschnitt sehen werden. Zum Beispiel kann selbstschädigendes Verhalten bei Kindern wirksam kontrolliert werden, wenn die Eltern instruiert werden, die Behandlungstechnik in der häuslichen Umgebung anzuwenden.

9. Aversive Methoden

Selbstkontrolle

Schließlich richtet sich die Aufmerksamkeit in immer stärkerem Maße auf Techniken, die den Patienten selbst für die Veränderung verantwortlich machen (siehe Kapitel 10 über Selbstregulierung). Eine Begründung braucht hier kaum näher erläutert zu werden, obwohl diese Entwicklung in vieler Hinsicht eine radikale Abwendung von einigen konventionellen Behandlungstechniken darstellt, die verdeckt oder offen die Hauptverantwortung für die Veränderung den Therapeuten übertragen.

Techniken dieser Art wurden zuerst im Zusammenhang mit Problemverhalten eingeführt, die öffentlich nur schwierig zu analysieren waren wie Zigarettenrauchen, Trinken, Zwangsvorstellungen, Zwangshandlungen usw. In letzter Zeit wurden Selbstkontrolltechniken bei einer großen Vielfalt von Problemverhalten angewandt wie z.B. bei Aggression, Streit in der Familie, Wutanfällen usw. Das Verfahren erfordert im wesentlichen, daß man den Patienten mit verschiedenen Techniken vertraut macht, die dazu dienen, einen oder mehrere der folgenden Punkte anzugehen:

a) typische unerwünschte Reaktionen bei bestimmten Gelegenheiten,
b) die Sequenz von Reaktionen, die schließlich zu der Problemreaktion führt (unterbrechen der Kette) und
c) die Konsequenzen des unerwünschten Verhaltens.

So kann man durch eine Analyse der relevanten Komponenten eines unerwünschten Verhaltens aufzeigen, daß es unter gewissen Umständen auftritt, daß es aus mehreren diskreten Reaktionen besteht, und daß es gewisse verstärkende Ereignisse erzeugt. Zigarettenrauchen, zum Beispiel, tritt in regelmäßigen Intervallen auf und wird durch typische Situationen ausgelöst. Das liefert ein Bild von der Häufigkeit des Rauchverhaltens. Die Kette kann bei einem Raucher darin bestehen, daß er zunächst die Schachtel aus seiner Hemdtasche nimmt, eine Zigarette mit der rechten Hand herauszieht, sie auf einen harten Untergrund aufklopft, sie in den Mund steckt, anzündet, einige tiefe Züge nimmt, sie zwischen den Lippen stecken läßt, abwechselnd tiefe Züge nimmt und die Asche abstreift, sie dann rasch bis zu einem kurzen Stummel abraucht und ausdrückt. Das ergibt ein Bild der Topographie der Reaktion. Schließlich könnte man den Versuch machen, die Reaktions-Verstärkungsbeziehung zu analysieren.

Anhand dieser Information kann der Patient in Selbstkontrolltechniken unterrichtet werden, die die Effekte der Aversionstherapie erhöhen. Er kann zum Beispiel instruiert werden, einige der Umstände zu vermeiden, unter denen das Rauchen mit großer Häufigkeit auftritt; er kann instruiert werden, einige Komponenten der Kette zu ändern, wie die Zigarette in der linken Hand zu halten, die Zigarette zwischen den Zügen im Aschenbecher abzulegen, langsamer zu rauchen usw. Der Patient kann schließlich auch in der Selbstdarbietung von aversiven Ereignissen unterrichtet werden, die vom Sammeln der Zigarettenstummel, dem Inhalieren des abgestandenen Rauchs und dem Bild von einer kranken Lunge in der Zigarettenschachtel bis zu selbstauferlegten Strafen, Verzicht auf Privilegien und Schockdarbietung reichen können.

Kanfer und *Karoly* [29] beschrieben kürzlich eine lerntheoretische Analyse der Bestandteile der Selbstkontrolle. Unter anderem schlagen sie vor, wie bedeutsame Ereignisse genutzt werden können, um klinisch relevante Veränderungen zu unterstützen. Sie weisen auf die Notwendigkeit hin, die Motivation des Klienten zu fördern, zum Beispiel durch eine vertragliche Vereinbarung zwischen Klient und Therapeut, die eine Absichtserklärung oder ein Leistungsversprechen seitens des Klienten darstellt.

Es gibt wahrscheinlich noch zusätzlich Verfahren, die zusammen mit den oben beschriebenen in Betracht gezogen werden sollten. In der Praxis überlappen sich diese Techniken ziemlich, so daß die Unterschiede verschwommen sein können. Meistens muß der Praktiker nicht sehr um die „Reinheit" der Technik besorgt sein. Wichtiger ist wahrscheinlich, daß so viele Techniken wie möglich in einer *systematischen* Art und Weise angewandt werden können, wodurch die Chancen für ein positives Ergebnis optimiert werden.

Zusammenfassung

Die vorausgehenden Abschnitte zeigen einige wichtige Schritte, die der Therapeut in jedem Aversionstherapie-Programm beachten muß. Zunächst sollte er sich versichern, daß das Ereignis, das eingesetzt wird, in der Tat aversiv ist; daß es auf reaktionskontingenter Basis angewendet wird, und daß es lange genug beibehalten wird, um das Verhalten so lange wie möglich zu unterdrücken.

Außerdem können dauerhafte Veränderungen sichergestellt werden, wenn eine alternative (angepaßte) Reaktion zur Verfügung steht, wenn gewöhnliche, lebensnahe Umstände in die Behandlungssituation einbezogen werden, und wenn Kontrolltechniken in das Behandlungsprogramm integriert werden.

Praktische Anwendungen

Bisher drehte sich die Diskussion um allgemeine Prinzipien und Richtlinien. In diesem Abschnitt werden deren repräsentative Anwendungen aus der Literatur über operante Aversionstherapie dargestellt.

Eine willkürliche Unterscheidung wird getroffen zwischen
a) jenen Problemzuständen, die relativ „begrenzt" und leicht definierbar sind und
b) Problemverhalten, das komplexer in seinen Reaktionsdimensionen und weniger einer „öffentlichen" Analyse zugänglich ist.

Der Begriff „Zwang" wurde im traditionellen Sinne für mehrere problematische Verhaltensweisen der letzteren Kategorie verwendet, in der Annahme, daß es einen internen Trieb gibt, der den Menschen zwingt, solch anpassungsunfähiges Verhalten trotz der Konsequenzen auszuführen. Vertreter der Verhaltensmodifikation haben diese Annahme in Frage gestellt.

Jedenfalls gibt es Gründe zur Annahme, daß zumindest beim gegenwärtigen Stand des Wissens mehr Erfolg mit Problemen der ersten Kategorie erzielt werden konnte. Diese Schlußfolgerung wird durch die Tatsache eingeschränkt, daß Aversionstherapie ein relativ junger Ansatz ist, sowie durch die Tatsache, daß der Erfolg der Behandlung nicht nur durch die Komplexität des Problemzustandes bestimmt wird, sondern auch durch die Genauigkeit und konsequente Handhabung der Behandlungstechnik.

Soweit möglich, werden Beispiele im Rahmen eines Problemzustandes beschrieben, die die Haupttechniken der Aversionstherapie einander gegenüberstellen.

Diskrete und/oder leicht definierbare Problemzustände

Selbstschädigendes Verhalten

Problematische Verhaltensweisen, die häufig bei extremen Formen der Pathologie auftreten, sind verschiedene Arten selbstschädigenden Verhaltens. Obwohl viele andere Problemzustände wie Rauchen, Alkoholismus und Spielleidenschaft ähnliche Merkmale aufweisen, bleibt die Bezeichnung ‚selbstschädigendes Verhalten' gewöhnlich solchen Verhaltensweisen vorbehalten, die *innerhalb von kurzer Zeit* das biologische Wohlbefinden des Individuums bedrohen würden, wenn sie nicht unter Kontrolle gebracht werden. Sie erfordern daher umgehendes Eingreifen einschließlich physischer Einschränkungen. Leider sind diese Eingriffe meistens zeitlich begrenzt und unwirksam.

In der klinischen Literatur umfaßt die Bezeichnung ‚selbstschädigendes Verhalten' gewöhnlich den „willkürlichen" Muskelapparat wie er sich im Kopfschlagen, bei der Selbstverstümmelung oder beim Haare ausreißen usw. zeigt. Im vorliegenden Überblick sind auch Beispiele einbezogen, die „unwillkürliche" (oder autonome) Prozesse umfassen.

a) *Kopfschlagen, Selbst-Beißen und ähnliche Probleme*
Am häufigsten wird Aversionstherapie bei diskreten Problemzuständen verwendet, indem schmerzhafter Schock kontingent auf Kopfschlagen und Selbstverstümmelung bei Kindern verabreicht wird. Inzwischen konnte die Wirksamkeit solcher Verfahren durch eine recht hohe Anzahl von Beobachtungen bestätigt werden, besonders wenn man sie betreffend schnelle Unterdrückung des Verhaltens mit aversiven Techniken vergleicht. Wenn außerdem noch zusätzliche Maßnahmen in das Verfahren einbezogen werden (zum Beispiel wenn die Behandlung von selbstschädigendem Verhalten zu Hause von den Eltern durchgeführt wird), generalisieren die unterdrückenden Effekte und ermöglichen dadurch das Auftreten anderer produktiver Reaktionen.

Der eindrucksvollste Beweis für die Effektivität der Aversionstherapie stammt vielleicht von *Lovaas* und *Simmons* [41]. In dieser Untersuchung wurden drei stark retardierte Kinder mit extremen Formen von selbstschädigendem Verhalten (und dadurch erforderlich gewordenen langen Perioden physischer Einschränkung) reaktionskontingentem Schock ausgesetzt. In jedem Fall wurde das selbstschädigende Verhalten schon nach wenigen Schocks wirkungsvoll und vollständig in der Behandlungssituation unterdrückt. Dieselbe Behandlung wurde auch erfolgreich von anderen Menschen in anderen Situationen angewandt, um den Allgemeinheitsgrad des Ergebnisses zu maximieren.

Ähnliche Resultate wurden von einer Reihe anderer Autoren berichtet. *Tate* und *Baroff* [63] wandten die Schockbehandlung bei einem blinden, neunjährigen Jungen an, bei dem viele Arten selbstschädigenden Verhaltens auftraten (Kopfschlagen, ins Gesicht schlagen, sich selbst mit dem Fuß treten usw.). 24 Minuten vor der Behandlung registrierte man 120 selbstschädigende Ereignisse. In den folgenden 90 Minuten wurden Schocks von einer halben Sekunde Dauer für jedes selbstschädigende Verhalten dargeboten, und es traten nur fünf selbstschädigende Reaktionen auf. Das Kind wurde auch für die Unterlassungen von selbstschädigendem Verhalten gelobt. Mit fortschreitender Behandlung wurden bei dem Kind für zunehmend längere Zeitintervalle die körperlichen Beschränkungen aufgehoben (Ausblenden). Die Rate des selbstschädigenden Verhaltens sank immer weiter und es trat in 20 aufeinanderfolgenden Tagen nicht auf. Interessanterweise wuchs während dieser Zeit zunehmend sein prosoziales Verhalten.

Risley [52] versuchte bei einem sechsjährigen retardierten Mädchen gefährliches Kletterverhalten zu eliminieren; dieses Mädchen verletzte sich selbst ständig durch zahlreiche Stürze. Nachdem sich einige andere Techniken (differentielle Verstärkung von alternativem Verhalten und Auszeit) als ineffektiv erwiesen hatten, konnte durch den Einsatz von reaktionskontingentem Schock, kombiniert mit verbalen Ermahnungen das Kletterverhalten in der Behandlungssituation vollständig eliminiert werden. Die Mutter des Kindes benutzte nach Anleitung dieselbe Technik in der häuslichen Situation mit dem Ergebnis, daß das Kletterverhalten von etwa 20 Reaktionen auf zwei Reaktionen pro Tag sank. Diese Änderungen waren wieder von einem gleichzeitigen Anstieg an konstruktivem Verhalten im Sinne von Zuwendung und Reagieren auf soziale Stimuli begleitet.

Diesen Bemühungen folgten zahlreiche ähnliche Prozeduren mit sehr positiven Ergebnissen. *Corte, Wolf* und *Locke* [12] konnten nahezu unmittelbar und vollständig selbstschädigendes Verhalten (einschließlich Selbstschlagen, in die Augen stoßen, Haare ausreißen und die Haut aufkratzen) bei vier retardierten Jugendlichen durch reaktionskontingenten Schock eliminieren, nachdem sich ein Löschungsverfahren und differentielle Verstärkung von alternativem Verhalten als ineffektiv erwiesen hatten. Auch hier mußte die Behandlung dann außerhalb der ersten Behandlungssituation durchgeführt werden, um die Generalisierung zu erhöhen.

Scholander [56] benutzte ein ähnliches Verfahren bei einem vierzehnjährigen Jungen, um ein Verhalten abzubauen, das darin bestand, daß er sich immer seine Hände um den Hals legte. Dieses Verhalten (das offenbar von einer Epilepsie herrührte) trat so häufig auf, daß es den Ablauf von normalen täglichen Aktivitäten wie Essen oder sich Anziehen störte. Das Schockverfahren führte innerhalb von viereinhalb Wochen zu einer Veränderung von anfänglich 25 Reaktionen pro Tag zur vollständigen Eliminierung; danach wurde das Schockgerät entfernt. Bei einer Nachuntersuchung nach neun Monaten trat das Problemverhalten nicht mehr auf.

Merbaum [46] reduzierte bei einem psychotischen Jungen selbstschädigendes Verhalten (mit den Händen ins Gesicht schlagen) von etwa 221 Reaktionen innerhalb einer Zeitspanne von zehn Minuten auf Null während einer zweistündigen Behandlungssitzung. Ähnliche Ergebnisse erzielten der Lehrer und die Mutter eines Kindes, die auch instruiert wurden, eine positive Verstärkung für das Unterlassen des selbstschädigenden Verhaltens darzubieten (differentielle Verstärkung alternativen Verhaltens). Diese Effekte dauerten noch bei einer Nachuntersuchung nach einem Jahr an und waren von Besserungen in einer Reihe von Verhaltensbereichen begleitet.

Greene und *Hoats* [23] zeigten, daß „Kitzeln" angewandt werden konnte, um bei einer Jugendlichen selbstschädigendes Verhalten und bei einer zweiten aggressives Verhalten zu unterdrücken. Dabei näherte man sich dem Mädchen von hinten, während sie unerwünschtes Verhalten zeigte und kitzelte sie kräftig und etwas aggressiv unter den Armen. Das führte bei dem Mädchen gewöhnlich zu Fluchtversuchen, wobei das unerwünschte Verhalten unterbrochen wurde. Wenn das Problemverhalten wieder auftrat, wurde das Kitzeln wiederholt und fortgeführt, bis sich der Zwischenfall abschwächte. In beiden Fällen zeigte sich eine erhebliche Abnahme in der Häufigkeit des unerwünschten Verhaltens, aber dieses Verhalten verschwand nicht vollständig aus dem Repertoire der Mädchen.

Dieser Überblick zeigt nur eine kleine Auswahl von der Breite und Vielfalt der Aversionstherapie bei selbstschädigendem Verhalten. Es genügt festzuhalten, daß Aversionstherapie zumindest in diesem Bereich sehr erfolgreich ist – nicht nur in einer raschen Reduktion der Häufigkeit unerwünschten Verhaltens, sondern auch im Aufbau langfristiger, konstruktiver Veränderungen. Es zeigte sich auch, daß einige der Vorbehalte bezüglich des Einsatzes von Schockverfahren nicht bewiesen wurden.

Im Gegenteil scheint unter Kontrolle gebrachtes selbstschädigendes Verhalten den Weg frei zu machen für andere angepaßtere Reaktionen.

b) *Selbstinduziertes Erbrechen*

Möglicherweise als Ergebnis des zunehmenden Vertrauens in die Aversionstherapie bei selbstschädigendem Verhalten versuchten einige Kliniker ähnliche Methoden bei anderen schweren Problemzuständen, die traditionsgemäß therapieresistent sind, einzusetzen.

Ein potentiell gefährliches aber zum Glück seltenes Problemverhalten besteht im selbstinduzierten Erbrechen. Dieser Zustand zeichnet sich durch das Fehlen physiologischer Determinanten sowie durch eine Resistenz gegenüber einer Drogentherapie aus, was einen Einfluß psychologischer Faktoren vermuten läßt. In extremen Fällen können solche Zustände zu schwerem Gewichtsverlust und verlangsamter Entwicklung führen und sogar lebensbedrohende Formen annehmen. Aus diesen Gründen ist ein sofortiger Eingriff geboten, und drei Studien berichten von der Heilung exzessiven psychisch verursachten Erbrechens.

Luckey, Watson und *Musick* [42] setzten reaktionskontingenten Schock bei einem chronisch erbrechenden retardierten sechsjährigen Jungen ein, nachdem die übliche medizinische Behandlung keine positiven Veränderungen erbrachte. Das Kind wurde tagsüber beobachtet und bekam immer dann einen Schock von einer Sekunde Dauer, wenn es erbrach oder wenn Brechreiz auftrat. Am fünften Tag wurde die Behandlung auf zwei Stunden bei jeder Mahlzeit eingeschränkt. Später wurden weitere Kürzungen eingeführt, als die Häufigkeit des Verhaltens abnahm.

Außer einem kleinen Rückfall einige Tage nach Beginn der Behandlung wurde in den letzten neun Tagen der Behandlung kein Erbrechen beobachtet. Auch hier wurde die starke Hemmung unangepaßten Verhaltens von Verbesserungen in einer Vielfalt von prosozialem und selbständigem Verhalten begleitet.

Lang und *Melamed* [37] benutzten ein ähnliches Verfahren bei einem neun Monate alten chronisch erbrechenden Kind, dessen Leben dadurch bedroht war. In diesem Fall ging dem Erbrechen ein Saugen voraus, und es wurde von heftigen Schluckbewegungen begleitet. Die Aversionstherapie bestand im Einsatz von Schocks von einer Sekunde Dauer, die mit dem Auftreten des Erbrechens dargeboten und fortgesetzt wurden, bis die Reaktion beendet wurde.

Nach zwei kurzen Sitzungen war der Brechreiz erheblich reduziert und in der dritten Sitzung traten nur eine oder zwei Reaktionen auf. Während dieser Veränderungen kam es zu einer Steigerung von Gewicht, Wachheit und Umweltwahrnehmung.

Nach nahezu drei Wochen wurde das Kind aus der Klinik entlassen, und es ging ihm weiterhin gut, wie die Nachkontrolle nach einem Jahr zeigte.

Kohlenberg [33] berichtet von ähnlichen Erfolgen bei der Behandlung übermäßigen Erbrechens bei einer 21jährigen schwer retardierten Frau. In diesem Falle wurde Schock kontingent auf das Auftreten von Anspannungen der Magenmuskulatur dargeboten, die dem Erbrechen vorausgingen.

c) *Anfälle*

Wie beim Erbrechen, werden auch Anfälle im allgemeinen als Ergebnis einer physiologischen Dysfunktion angesehen. Einige Autoren gaben jedoch zu bedenken, daß solche Zustände auch durch äußere Faktoren induziert oder beeinflußt werden können. Häufigkeit und Schweregrad von Anfällen können jedenfalls eine ernste Gefahr für das Individuum darstellen, wenn sie nicht unter Kontrolle gebracht werden.

Ein kürzlich erschienener Bericht von *Wright* [73] gibt zu der Vermutung Anlaß, daß zumindest einige Formen anfallsbezogener Ereignisse möglicherweise durch Aversionstherapie unterdrückt werden können und dadurch zu einer Abnahme in der Anfallshäufigkeit führen.

Wright arbeitete mit einem fünf Jahre alten Jungen, der seine eigenen Anfälle induzierte, indem er seine Hand vor seinen Augen hin und her bewegte, während er in eine Lichtquelle blickte. Beobachtungen und EEG-Aufzeichnungen bestätigten den Zusammenhang zwischen diesen Ereignissen und Anfallsperioden. Sie entdeckten auch das Auftreten einiger Hundert selbstinduzierter Anfälle pro Tag.

Folglich wurde Schock kontingent auf jede „Hand-Augen"-Reaktion in fünf einstündigen Sitzungen, die sich über drei Tage erstreckten, dargeboten. In der dritten Sitzung wurden alle Reaktionen unterdrückt. Fünf Monate später induzierte das Kind jedoch wieder bis zu 400 Anfälle pro Tag durch Augenzwinkern. Dann wurde Schock kontingent auf die Zwinker-Reaktion dargeboten, was zu einer erheblichen Reduktion der Anfälle in der vierten Sitzung führte. Bei einer Nachkontrolle nach 7 Monaten zeigte sich eine Abnahme der Häufigkeit der Hand-Augen Reaktion von 90 Prozent, bezogen auf den Zustand vor der Behandlung.

Enuresis

Aversionstherapie wurde auch zur Reduktion nächtlichen Bettnässens (Enuresis) angewandt. *Tough, Hawkins, McArthur* und *Ravenswaay* [65] stellten fest, daß ein kaltes Bad kontingent auf Bettnässen und Lob für Blasenkontrolle die Enuresis bei einem retardierten achtjährigen Jungen vollständig behob, daß es aber bei seinem jüngeren Bruder weniger effektiv war.

Atthowe [2] fand, daß eine Kombination aversiver Ereignisse Enuresis sogar bei stark behinderten älteren Patienten reduzieren konnte. Chronisch einnässende Patienten (die sonst an einem Münzökonomie-Programm teilnahmen) wurden in eine durchweg aversive Umgebung gebracht: überfüllte Station, die Lichter wurden vier mal jede Nacht für je zehn Minuten angeschaltet und die Patienten wurden für zehn Minuten zur Toilette gebracht. Dieses Vorgehen wurde zwei Monate lang beibehalten; danach wurde die Blasenkontrolle belohnt, während Inkontinenz zum Verlust von Belohnung führte (Verstärkerrückgabe). Acht Monate nach Beginn der Behandlung hatten alle Patienten die Blasenkontrolle erworben einschließlich einiger Patienten, die stark neurologisch geschädigt waren; diese Wirkung hielt noch nahezu vier Jahre nach Beginn der Studie an.

In der bei weitem größten Anzahl erfolgreicher Versuche, Enuresis zu heilen wurde eine Variante des „Mowrerschen Wecksystems" angewandt, bei dem Bettnässen ein Signal auslöst, das den Patienten aufweckt. Nach einer Reihe solcher Erfahrungen wachen die meisten Kinder auf, bevor sie einnässen und werden dann dazu angehalten, die Toilette aufzusuchen.

Als der Apparat zuerst von *Mowrer* [48] beschrieben wurde, zog man das Pawlowsche Modell zur Erklärung der Effektivität der Technik heran. Die gedehnte Blase stellte also den konditionierten Stimulus (CS) dar, der mit dem unkonditionierten Stimulus (UCS, Klingelsignal) gepaart wurde. Nach erfolgter Pawlowscher Konditionierung würde der CS alleine zum Aufwachen führen. Neuerdings schlug *Jones* [28] vor, die Methode durch das operante Aversionstherapie-Modell zu erklären.

Niesen

Kushner [36] zeigte, daß exzessives Niesen auch durch Aversionstherapie kontrolliert werden kann. In diesem Falle ging es um ein 17 Jahre altes Mädchen, das heftig und schnell (etwa alle 40 Sekunden eine Reaktion) seit sechs Monaten ohne Besserung niesen mußte. Die Ursache dieses Zustandes konnte durch umfangreiche medizinische Untersuchungen nicht aufgedeckt werden, und eine Vielfalt von Behandlungstechniken führte nicht zu entscheidender Besserung.

Bei der Behandlung wurde ihr ein Mikrophon am Hals angebracht, das mit einem Stimmabnehmer und mit einem Schockgerät verbunden war. Jedes Niesen aktivierte den Stimmabnehmer und verabreichte automatisch einen Schock an die Fingerspitzen (reaktionskontingenter Schock). Nachdem sich die Patientin an das Schockverfahren gewöhnt hatte, bei dem die Elektroden am Arm befestigt wurden, um besseren Kontakt zu erreichen, unterließ die Patientin nach einer Behandlung von vier Stunden das Niesen. Bei einer Nachuntersuchung nach 13 Monaten zeigten sich keine Anzeichen eines Rückfalls.

Funktionelle („hysterische") Lähmung

In einer unveröffentlichten Untersuchung, die im Veteranenkrankenhaus Miami durchgeführt wurde, wurde eine modifizierte Art eines Aversionstherapie-Programms zur Behandlung einer funktionellen Lähmung angewandt. Der Patient war ein Mann im mittleren Alter, der über einen Verlust an Empfindung und beeinträchtigter Bewegungsmöglichkeit der unteren Hälfte des linken Beines litt, wodurch er auf den Rollstuhl angewiesen war. Durch umfangreiche neurologische Untersuchungen wurde die Möglichkeit jeglicher organischer Dysfunktionen ausgeschaltet. Die Aversionstherapie-Methode wurde wie folgt durchgeführt: Am Fuß und an zwei Fingerspitzen des Klienten wurden Elektroden angebracht. Er wurde dann informiert, daß ein schwacher Schock an sein Bein gegeben würde, gefolgt von einem stärkeren Schock an seine Finger fünf Sekunden später. Wenn er den Schock an seinem Fuß spürte, sollte er einen Schalter betätigen, den er in seiner Hand hielt. Weitere Instruktionen wurden nicht gegeben, obwohl jede Betätigung des Schalters zur Vermeidung des Schocks an den Finger führte.

Dieses Verfahren wurde in der ersten Sitzung in drei Versuchen durchgeführt, wobei keine Vermeidungsreaktionen auftraten. Die zweite Sitzung wurde nach dem ersten Versuch unterbrochen, weil dem Patienten übel wurde. In der dritten Sitzung betätigte der Patient zweimal den Schalter und gab an, daß er sein Bein wieder spüren würde, worauf die Elektroden entfernt wurden, und der Patient zur Station zurückging. Er wurde einige Tage später ohne Beschwerden entlassen. Obwohl die Ergebnisse in diesem Falle positiv sind, stellt das angewandte Verfahren eine Abweichung vom typischen reaktionskontingenten Paradigma dar und scheint mehr der „antizipatorischen Vermeidung" zu ähneln die ausführlicher im nächsten Abschnitt beschrieben wird.

9. Aversive Methoden

Schreibkrampf

Zwei Studien berichten von Versuchen, verschiedene Formen des Schreibkrampfes durch Aversionstherapie zu behandeln. Diese Art der Bewegungsbeeinträchtigung ist gewöhnlich durch Muskelkontraktionen oder Krämpfe gekennzeichnet und hindert den Menschen an der Ausübung von Tätigkeiten, die die Handmuskulatur benötigen wie Schreiben, Tippen usw. Der Zustand wird gewöhnlich Müdigkeit oder emotionalen Problemen zugeschrieben. Jedenfalls sind Menschen, die an Schreibkrampf leiden häufig fähig, andere Aufgaben durchzuführen, obwohl solche Aufgaben die Tätigkeit derselben oder ähnlicher Handmuskeln einbeziehen können.

Liversledge und *Sylvester* [40] identifizierten 39 Fälle von Schreibkrampf als eine Funktion von Handtremor oder Muskelkrämpfen; jeder dieser Zustände wurde für sich mit einem anderen Apparat behandelt. Die Tremorpatienten sollten einen Metallgriffel in eine Reihe zunehmend kleiner werdender Löcher einer Metallvorrichtung einführen. Abweichungen (Berühren der Seiten) führte zu Schock. Die Kontraktionsreaktion wurde dadurch behandelt, daß dem Patienten ein Schock verabreicht wurde, sobald er extrem starken Daumendruck (durch ein Meßgerät bestimmt) auf einen Bleistift ausübte. Normales Schreiben wurde nach drei bis sechs Wochen Behandlung bei 24 Patienten wieder erreicht. Diese Verbesserungen wurden bis zu vier Jahren Dauer aufrechterhalten.

Kushner und *Sandler* [35] verwendeten ein ähnliches Verfahren bei der Behandlung einer Handkontraktion bei einem 42 Jahre alten Mann, der einen Fernschreiber zu bedienen hatte. Der Patient sollte in der Klinik eine Schreibmaschine bedienen und Ausgangsbeobachtungen zeigten eine große Häufigkeit von raschen, krampfartigen Kontraktionen der rechten Hand, die zu Tippfehlern führten. Der Patient kam dann zu zwölf Sitzungen von je 30 Minuten, in denen Schock kontingent auf jede Kontraktionsreaktion dargeboten wurde. Während der nächsten drei Sitzungen wurden die Elektroden entfernt, und es wurden keine Kontraktionen beobachtet. Kurz danach trat jedoch die Kontraktionsreaktion wieder auf und seine Leistung blieb wechselhaft und verschlechterte sich allmählich bis zur 46. Sitzung. Daraufhin wurde die Anzahl der Sitzungen pro Woche erhöht. In der 61. Sitzung zeigten sich keine Kontraktionen und der Patient wurde dann an einen Fernschreiber gesetzt. Beinahe unmittelbar gelang ihm die fehlerfreie Bedienung des Gerätes, selbst als man die Elektroden abgenommen hatte.

Stottern

Die Literatur der Verhaltensmodifikation weist ein langes und stetiges Interesse am Einsatz aversiver Techniken zur Verbesserung der Sprache von Stotterern auf. Zahlreiche reaktionskontingente Ereignisse reduzieren die Häufigkeit des Stotterns einschließlich verzögerter akustischer Rückmeldung, Verstärkerrückgabe-Vereinbarungen, Auszeit-Anordnungen und elektrischem Schock. Da im vorlie-

Zusammenfassung

genden Bericht nur ein kurzer Überblick über diese Bemühungen gegeben wird, sei der interessierte Leser auf den umfassenden Überblick von *Siegel* verwiesen [57]. In jeder der beschriebenen Studien wird Stottern durch die Häufigkeit von Unterbrechungen im Sprechablauf definiert (Wiederholungen, Zwischenlaute, Verlängerungen, Unterbrechungen usw.).

Adams und *Popelka* [1] wandten eine Auszeit-Technik bei acht jungen, erwachsenen Stotterern an. Bei diesem Vorgehen folgte kontingent auf jede Unterbrechung des flüssigen Sprechablaufes eine Periode, während der nicht gesprochen wurde. Dies geschah in der Annahme, daß die Möglichkeit zu sprechen positiv verstärkend wirkt. Obwohl die Sprechunterbrechungen unter Auszeitbedingungen abnahmen, können die Ergebnisse offensichtlich anders erklärt werden.

Kazdin [31] verglich die relative Effektivität von lautem reaktionskontingentem Geräusch und Rückmeldung bei der Unterdrückung des nicht-flüssigen Sprechens bei 40 retardierten Patienten. Bei dem Verstärkerrückgabe-Verfahren wurden Münzen, die für greifbare Belohnungen ausgetauscht werden konnten, beim Auftreten von Unterbrechungen im Sprechablauf eingezogen. Unter der zweiten Bedingung wurde ein lautes Geräusch kontingent auf nicht-flüssiges Sprechen dargeboten; und unter der Rückmeldungsbedingung wurde jedes nicht-flüssige Sprechen durch ein Lichtsignal angezeigt. Die Ergebnisse zeigten, daß Verstärkerrückgabe und aversive Stimulation nicht-flüssiges Sprechen reduzierten, aber Verstärkerrückgabe war in jeder Hinsicht effektiver, einschließlich der Generalisierung der Behandlungseffekte bei einem Nachtest.

Verzögerte akustische Rückmeldung wurde in diesem Zusammenhang auch untersucht, da solche Ereignisse aversive Eigenschaften aufzuweisen scheinen. Gewöhnlich wird bei dem Verfahren der verzögerten akustischen Rückmeldung das nicht-flüssig Gesprochene in leicht verzögerter Form dem Klienten während einer Sprechaufgabe durch Kopfhörer übermittelt. Das soll das Individuum dazu bringen, seine Sprechgeschwindigkeit zu reduzieren, wobei er gleichzeitig spricht und auf Unterbrechungen im Sprechablauf achtet. *Goldiamond* «2] zeigte, daß eine solche Behandlung zu flüssigem und raschem Sprechen führt. *Sonderberg* [59] erzielte ähnliche Resultate bei stotternden Studenten und konnte außerdem beobachten, daß diese Effekte über die experimentelle Situation hinaus generalisierten.

Daly und *Frick* [13] schließlich setzten bei 38 erwachsenen männlichen Stotterern ein Schockverfahren ein. Stottererwartungen sowie tatsächliches Stottern wurden bei einigen unabhängig voneinander, bei anderen dagegen simultan behandelt. Die Ergebnisse zeigten, daß die Darbietung von Schock kontingent auf Stottererwartungen nicht zur Reduktion der Häufigkeit der Stotterreaktionen führte, aber die anderen Bedingungen erzeugten konstruktive Veränderungen. Diese Effekte wurden darüber hinaus noch in einer Nachtestperiode von 20 Minuten Dauer aufrechterhalten.

Komplexe Problemzustände

Allgemeine Zwänge

Wie schon erwähnt, gibt es jetzt umfangreiche Literatur über Versuche, chronische, langwierige zwanghafte Problemzustände mit Aversionstherapie anzugehen. Es war vielleicht eine natürliche Entwicklung, daß Verhaltenstherapeuten diese Richtung einschlugen, da die meisten gängigen Behandlungsansätze auf diesem Gebiet nicht sehr erfolgreich sind. Die Literatur ist voll von Beispielen von behandelten Alkoholikern, die abgesprungen sind, Übergewichtigen, die nach der Behandlung mehr essen als zuvor, Zigarettenrauchern, die das Rauchen während der Behandlung einstellten nur, um nach der Entlassung noch mehr zu rauchen usw.

Eines der Probleme, das man bei einigen dieser Zustände antrifft (besonders beim ersten der drei folgenden) ist, daß sie unter gewissen (manchmal unter vielen) Umständen direkt gefördert und verstärkt werden. Trinken und Rauchen werden größtenteils sozial akzeptiert und Abstinenz kann in der Tat sogar zu sozialer Mißbilligung führen. Essen ist natürlich eine biologische Notwendigkeit, und die Verstärkung liegt in der Reaktion. Nur wenn solche Reaktionen mit *exzessiver* Häufigkeit und/oder unter *unangemessenen* Umständen auftreten, stellen sie Problemverhalten dar. Unter diesen Bedingungen können solche Zustände als Zusammenbruch der Diskrimination angesehen werden. Im vorliegenden Überblick wird nicht versucht, den gesamten Bereich von Ansätzen auf diesem Gebiet darzustellen, es wird vielmehr eine Auswahl repräsentativer Bemühungen berichtet.

a) Alkoholismus. Die Geschichte der aversiven Behandlung des Alkoholismus reicht erstaunlicherweise bis in die Römerzeit zurück. Erst in den letzten Jahren haben diese Techniken jedoch ein gehobenes wissenschaftliches Niveau erreicht. Anfang bis Mitte der sechziger Jahre begannen Verhaltenstherapeuten aversive Kontrollen unter sorgfältig geplanten Bedingungen einzusetzen. Viele der frühen Studien spiegeln deutlich Pawlows Methodologie wider, aber neuere Untersuchungen kommen dem operanten Modell näher. Außerdem sind sie durch Versuche gekennzeichnet, Alternativen zu Schock zu finden, und ihre Ziele bestehen mehr im Aufbau von kontrolliertem (mäßigem, sozial angemessenem) Trinken als in der vollständigen Abstinenz. Eine Untersuchung von *Blake* [7] ist vielleicht repräsentativ für frühe Versuche mit der Aversionstherapie unter Einbeziehung operanter Prozesse. Bei diesem Verfahren wurde elektrischer Schock dargeboten, sobald der Patient der Aufforderung nachkam, einen Schluck von seinem Getränk zu nehmen. Die Schockintensität wurde erhöht, bis der Patient den Alkohol ausspuckte und dadurch den Schock beendete (Fluchtverhalten). Außerdem wurde der Schock in der Hälfte der Zeit nur nach Zufall dargeboten. Als diese Behandlung mit Entspannungstraining kombiniert wurde, konnte *Blake* feststellen, daß nahezu 50 Prozent der 37 Patienten in diesem Programm ein Jahr nach der Nachkontrolle noch abstinent waren.

In einem ähnlichen Vorgehen bedienten *Vogler, Lunde, Johnson* und *Martin* [68] Alkoholiker mit alkoholischen Getränken in einer simulierten Barsituation. Bei jeder Trinkreaktion wurde ein Schock gegeben, der solange anhielt, bis der Patient das Getränk ausspuckte. Obwohl es auch hier schwierig ist, die Strafeffekte (Schock beim Trinken) von den Flucheffekten (Absetzen des Schocks kontingent auf das Ausspucken des Getränks) zu isolieren, führten diese Untersucher einige Kontrollbedingungen ein und setzten auch Nachbehandlungssitzungen nach der Entlassung an.

Die Vogler-Technik, bei der die Behandlung in der natürlichen Umgebung durchgeführt wurde, stellt eine wichtige Entwicklung dar und wird offensichtlich immer häufiger angewandt. Situationen werden dahingehend verändert, daß sie viele der Merkmale der Umgebungen aufweisen, in denen das Trinken normalerweise auftritt. Offensichtlich haben Effekte, die unter diesen Umständen erzielt wurden, eine größere Chance, auf die natürliche Lebenssituation des Patienten zu generalisieren, als es unter künstlichen Bedingungen der Fall sein kann.

Von einem mehr operanten Ansatz berichtet *Davidson* [14]. Alkoholbezogene Reaktionen werden durch eine automatische Vorrichtung aufgezeichnet, die 2 cm eines bevorzugten alkoholischen Getränks pro 30 Reaktionen innerhalb einer halben Stunde ausgibt. Der Patient hat die Möglichkeit, das Getränk in jedem Darbietungsintervall zu trinken. Wenn sich die Reaktionsrate stabilisiert hat, erhält der Patient einen Schock, wenn er tatsächlich nach dem Getränk greift. Die Schockintensität wird beibehalten, bis sich die Effekte bei einer gegebenen Intensität (Ab- oder Zunahme der Reaktionsrate) genau zeigen; dann geht man zu einer neuen, größeren Schockintensität über, bis die Reaktion des Patienten vollständig unterdrückt ist. Wenn dieses Kriterium einmal erreicht ist, kann der Patient das Getränk nehmen, ohne einen Schock zu erhalten (die Elektroden werden entfernt). Danach wird der Patient entlassen und wird zu Nachsitzungen bestellt, in denen die Maßnahme fortgeführt wird. Über 80 Prozent der Patienten griffen in den Nachsitzungen nicht zum Alkohol und die Information von Patienten und aus anderen Quellen läßt bei 65 Prozent der Patienten eine erhebliche Reduktion des Trinkverhaltens bis mindestens ein Jahr nach der Entlassung vermuten. Solche Techniken scheinen echte Aussichten für die Behandlung eines Problems anzubieten, das viele Autoritäten als das schwerste unserer Zeit ansehen.

b) *Zigarettenrauchen.* Schon am Anfang – in den sechziger Jahren – zeigten Therapeuten ein starkes Interesse am Einsatz aversiver Methoden beim Zigarettenrauchen. Heute beläuft sich die Anzahl vorgeschlagener Techniken, die irgendeine Form aversiver Kontrolle beinhalten, vermutlich schon auf Tausende. Leider wurde diese Entwicklung nicht von einem vergleichbaren Interesse begleitet, Beweise für die Effektivität verschiedener Techniken zu liefern. Wahrscheinlich kennt jeder irgend jemanden, der sogar mit verschiedenen aversiven Mitteln versuchte, mit dem Rauchen aufzuhören, und der scheiterte. Ohne entsprechende wissenschaftliche Analyse ist es unmöglich, die Effektivität der Technik zu beurteilen. In einer neueren Ausgabe einer großen psychologischen Fachzeitschrift, die

9. Aversive Methoden

nur dem Thema der am Verhalten orientierten Ansätze der Rauchertherapie gewidmet war, wurde in einem Überblick über eine Vielfalt von Modifikationsansätzen (einschließlich aversiver Methoden) festgestellt, daß mindestens 75 Prozent der behandelten Individuen wieder mit dem Rauchen anfingen [26]. Unter Beachtung dieser Information sollten einige Aversionstherapie-Studien und ihre Effektivität betrachtet werden.

Gendreau und *Dodwell* [21] wandten eine Kombination von ansteigender Schockintensität und möglicher Fluchtreaktion an, um die Häufigkeit des Zigarettenrauchens zu reduzieren. Die Patienten erhielten einen Schock, sobald sie die Instruktion befolgten, sich eine Zigarette anzuzünden. Die Schockintensität wurde stufenweise erhöht, bis der Patient die Zigarette ausdrückte. Unterschiede in der Rauchhäufigkeit zwischen behandelten und unbehandelten Rauchern waren am Ende der Behandlung sowie auch zwei Jahre später festzustellen.

Ende der sechziger Jahre wurde über eine ganze Reihe von Studien berichtet, die Techniken und Geräte beschrieben, die die Erfolgsquote der Aversionstherapie bei Rauchern vergrößern sollten. Die beste Technik besteht vielleicht in einem tragbaren Schockgerät, das automatisch an irgendeiner Stelle der Rauchreaktion einen Schock verabreicht. Diese Bemühungen scheinen von der Annahme auszugehen, daß bei Befolgen der Instruktion dem Patienten ein Schock kontingent auf jede und in jeder Rauchsituation gegeben wird. Das würde zu einem zufriedenstellenden Behandlungsergebnis führen. Obwohl die Annahme plausibel klingt, wurden keine entsprechenden Kontrollen durchgeführt, und die Annahme muß erst bewiesen werden. Die Grenzen dieser Verfahren bestehen darin, daß sie sich vollständig auf die Mitarbeit und Genauigkeit des individuellen Patienten verlassen.

Elliot und *Tighe* [15] entwickelten eine aversive Alternative zum Schockverfahren, aber auch hier liegen zweideutige Ergebnisse vor. Ihr Verfahren bestand in einer modifizierten Verstärkerrückgabe – Vermeidungstechnik, bei der freiwillige Patienten Geld für eine Zeitspanne von 12 oder 16 Wochen einzahlten. Das Geld wurde an jene Patienten zurückbezahlt, die während dieser Zeit das Rauchen aufgaben. Von 25 Patienten hörten 21 während der Dauer der Studie mit dem Rauchen auf. Außerdem waren 38 Prozent der Patienten bei einer Nachkontrolle nach 12 Monaten abstinent. Obwohl das bei weitem kein annehmbarer Indikator für Erfolg ist, läßt sich die Rate gut mit Ergebnissen von Untersuchungen vergleichen, die andere Techniken verwendeten.

Gegenwärtig scheinen die meisten Therapeuten, die sich mit der Reduktion des Rauchens befassen, eine verwirrende Auswahl von Techniken einschließlich aversiver Methoden mit begrenztem Erfolg anzuwenden.

c) *Überessen.* Wie beim Rauchen, werden nun auch bei der Fettleibigkeit voreilig aversive Behandlungsmethoden angewandt, was zum Aufkommen fragwürdiger Praktiken und unbewiesener Behauptungen bezüglich der Effektivität führte. Auch hier werden wegen dem Fehlen strenger Studien nur einige Beispiele aus der Literatur über Aversionstherapie dargestellt.

Wahrscheinlich wurde das früheste Beispiel der Anwendung von reaktionskontingentem Schock bei zwei übergewichtigen Frauen von *Meyer* und *Crisp* [47] beschrieben. Versuchungsgerichte (Gerichte, nach denen der Patient am meisten Verlangen hatte im Gegensatz zu Gerichten der Diätvorschrift) wurden zunehmend länger vor den Patienten aufgestellt, und die Patienten erhielten Schocks für Annäherungsreaktionen. Die Schockkontingenz wurde langsam ausgeblendet, während Gewichtsveränderungen konstant aufgezeichnet wurden. Jede Gewichtszunahme führte zur Wiedereinsetzung der Behandlungsbedingung. Obwohl die Ergebnisse für eine Patientin sehr zufriedenstellend ausfielen (ein Gewichtsverlust von etwa 75 Pfund im Verlauf von sechs Monaten, der beinahe zwei Jahre nach der Entlassung noch vorhanden war) wurde bei der anderen Patientin keine dauerhafte konstruktive Veränderung beobachtet.

Obwohl dieser Ansatz von einer großen Anzahl von Verhaltenstherapeuten übernommen wurde, wird von anderen Untersuchern eine Alternative angeboten, die nicht-physische, schmerzhafte aversive Ereignisse einbezieht. *Ferster* et al. [19] beschrieben ein Verfahren, das eine Vielfalt von Techniken enthielt, einschließlich der Betonung der höchst aversiven Konsequenzen des Überessens. Übergewichtige Frauen trafen sich in Gruppen und diskutierten das zu erwartende Ergebnis ihres Problemverhaltens (Gewichtszunahme, unvorteilhafte Erscheinung usw.). Außerdem wurden sie aufgefordert, ihren eigenen Eßkonsum und ihre Gewichtsveränderungen zu registrieren. Alle Frauen berichteten über Gewichtsverluste, obwohl diese Effekte nicht über lange Zeit hinweg aufrechterhalten wurden.

d) *Andere zwanghafte Zustände.* Andere Untersucher berichten von der erfolgreichen Behandlung des Spielens [6] und Ladendiebstahls [32]. Obwohl offensichtlich ist, daß operante aversive Techniken eng in diese Bemühungen eingeflochten wurden, macht es die Komplexität der Verfahren unmöglich, den relativen Beitrag jeder Komponente zu analysieren.

„Verdeckte" Problemzustände

Eine weitere interessante Entwicklung, die in den letzten Jahren auftrat, besteht in dem Einsatz der Aversionstherapie bei der Behandlung von verdeckten Problemzuständen. In solchen Fällen wird die verbale Beschwerde des Patienten gewöhnlich als äußerliche Begleiterscheinung störender Gedanken angesehen, die häufig sexuelle oder aggressive Vorstellungen beinhalten. Im Gegensatz zu der allgemein vertretenen Annahme, läßt der folgende Überblick darauf schließen, daß auch solche Zustände für Aversionstherapie zugänglich sind.

Kushner und *Sandler* [35] setzten ein Schockverfahren bei der Behandlung der Selbstmordgedanken eines 48 Jahre alten Mannes ein. Diese Zwangsgedanken bestanden aus persistentem, täglichem Grübeln über sechs verschiedene Selbstmordvorstellungen. Der Patient wurde instruiert, sich eine bestimmte Szene vorzustellen und erhielt einen Schock, sobald er eine klare Vorstellung signalisierte. In

9. Aversive Methoden

jeder Sitzung wurden 15 bis 20 solcher Versuche durchgeführt, und nach der zwölften Sitzung berichtete der Klient, daß nur noch eine Szene in der Vorstellung auftauchte. Die Behandlung wurde nach drei weiteren Sitzungen wegen eines Todesfalles in der Familie, zeitweilig unterbrochen, aber sie wurde nachher wieder aufgenommen. (Während dieser Zeit traten keine Selbstmordgrübeleien auf). Die Behandlung wurde nach weiteren fünf Sitzungen und einer Gesamtzahl von 350 Versuchen beendet. Bei einer Nachkontrolle nach drei Monaten war kein erneutes Auftreten des früheren Problems festzustellen.

Bucher und *Fabricatore* [10] setzten eine Selbstschockvorrichtung ein, um bei einem 47 Jahre alten hospitalisierten Patienten, der als paranoid schizophren diagnostiziert worden war, die Häufigkeit von Halluzinationen zu reduzieren. Die Halluzinationen wurden als häufige, obszöne und kritische Stimmen beschrieben, die vier- bis siebenmal pro Tag auftraten und etwa 20 Minuten andauerten.

Der Patient wurde mit einem tragbaren Schockgerät ausgerüstet und instruiert, sich beim Einsetzen der Halluzinationen einen Schock zu geben. Das führte zu einem offensichtlichen, unmittelbaren und im wesentlichen vollständigen Ausbleiben der Halluzinationsepisoden über 20 Tage hinweg; dann wurde das Schockgerät plötzlich entfernt und der Patient, leider ohne seine Zustimmung, entlassen. Zwei Wochen später wurde er wieder in die Klinik gebracht, und die Stimmen schienen „zurückgekehrt" zu sein.

Haynes und *Geddy* [25] zeigten, daß Halluzinationen auch durch Auszeitverfahren unterdrückt werden können. Die Patientin war eine 45 Jahre alte Frau, die als schizophren diagnostiziert worden war. Sie zeigte lautes unverständliches Verbalverhalten von großer Häufigkeit, das als Beweis für Halluzinationen angesehen wurde. Während der Behandlung wurde sie beim Auftreten einer Halluzination von einem Mitglied des Pflegepersonals informiert, daß sie zum Auszeitraum gehen müsse, weil sie zu sich selbst spreche; dann führte er sie zum Auszeitraum, schloß die Türe und öffnete sie zehn Minuten später wieder. Die Behandlung verlief in zwei Phasen, die durch ein Zeitintervall ohne Behandlung getrennt waren, um die Effekte der Absetzung der Behandlung zu beobachten.

Die Ergebnisse zeigten, daß das halluzinatorische Verhalten während der beiden Auszeitverfahren um die Hälfte abnahm. Noch deutlichere Veränderungen wurden bei einem zweiten Patienten erzielt, der ähnliche Probleme aufwies.

Reisinger [51] zeigte, daß depressives Verhalten durch ein nicht-physisches aversives Verfahren behandelt werden kann. Die Patientin war in diesem Fall eine 20 Jahre alte hospitalisierte Frau, die als ängstlich-depressiv diagnostiziert worden war. Ihr Verhalten zeichnete sich aus durch sehr häufiges Weinen ohne offensichtlichen Grund und wenig oder kein positives emotionales Verhalten. Die Behandlung bestand in der Darbietung von Münzen (austauschbar für greifbare Verstärker) kontingent auf Lächeln sowie Rücknahme der Münzen kontingent auf Weinen. Auf diese Weise enthielt das Verfahren differentielle Verstärkung für alternatives Verhalten und eine Verstärkerrückgabe-Vereinbarung. Zwischen zwei Behandlungsphasen wurde eine Reversionsphase eingeschoben, in der die Kontingenzen abgesetzt wurden. Die verschiedenen Bedingungen wurden von entsprechenden Veränderungen in beiden Reaktionssystemen begleitet. Die Münzen wurden schließlich ausgeblendet und durch soziale Verstärkung ersetzt (Lob, Komplimente usw.), um die positiven Veränderungen unter natürlichen Bedingungen aufrechtzuerhalten.

Sexuelle Abweichungen

Eine Vielfalt von Techniken der Aversionstherapie wurden zu dem Zweck angewandt, abweichendes sexuelles Verhalten zu modifizieren. Die Arbeit in diesem Bereich war besonders empfänglich für die Kritik, die in der Einleitung dieses Kapitels erwähnt wird. Ein Großteil dieser Kritik scheint kaum gerechtfertigt zu sein im Hinblick darauf, daß eine große Anzahl vorher unglücklicher Individuen infolge solcher Behandlung ein zufriedenstellenderes Niveau sexueller Anpassung erreicht hat. Trotzdem besteht echtes Interesse an besser kontrollierten Beobachtungen, und man kann nur hoffen, daß zukünftige Forschungen ihm nachkommen.

Wie beim Alkoholismus waren auch hier die frühen Ansätze durch das Pawlowsche Modell gekennzeichnet, obwohl man bald feststellte, daß operante Prozesse (häufig unkontrolliert) in die Verfahren eingingen. Der Hauptwert dieser Arbeit liegt mehr in ihrer heuristischen und historischen Bedeutung als in ihrem Beitrag an fundiertem Wissen für Theorie und Praxis. Außerdem sollte die Initiative jener Untersucher nicht unerwähnt bleiben, die komplexe Probleme durch ursprünglich für verdächtig gehaltene Methoden zu lösen versuchten und dadurch die herrschenden Mythen angriffen.

Einer der ersten Ansätze, ein operantes Aversionstherapie-Verfahren bei sexuellen Störungen anzuwenden, wird von *Blakemore, Thorpe, Barker, Conway* und *Lavin* [8] berichtet. Vor dieser Studie wurden meistens übelkeitserregende Drogen verwendet, um eine konditionierte Aversion in Gegenwart von Stimuli zu erzeugen, die mit den abweichenden Praktiken in Beziehung stehen.

Der Zustand, der in der Blakemore-Studie behandelt wurde, war ein bereits längere Zeit auftretender Transvestitismus. Der Patient berichtete von einer Vielfalt solcher Aktivitäten, die gewöhnlich zu sexueller Befriedigung führten. Eheliche und rechtliche Gründe dienten ihm als Anstoß, Hilfe zu suchen.

Die Therapie wurde in einem privaten Raum der Klinik durchgeführt, der eine Spiegelwand und ein elektrisch aufladbares Gitter im Fußboden hatte. Die „Lieblingsausstattung" an weiblichen Kleidern des Patienten wurde auf einen Stuhl gelegt.

Das Verfahren beinhaltete eine Reihe von Versuchen, in denen der Patient instruiert wurde, Frauenkleider anzuziehen. An irgendeiner Stelle im Versuch erhielt er das Signal, sich auszuziehen. Das Signal bestand entweder in einem Brummton oder in einem Schock an die Füße. Diese Signale wurden in Zufallsordnung und in unterschiedlich langen Intervallen dargeboten, während er die Frauenkleidung auszog. Mit jeweils einer Minute Pause wurde das Verfahren in insgesamt fünf Versuchen während jeder Behandlungssitzung wiederholt. An den sechs

9. Aversive Methoden

Behandlungstagen wurden insgesamt 400 Versuche durchgeführt. Die Behandlung war offensichtlich erfolgreich, da sechs Monate nach der Behandlung kein Transvestitenverhalten mehr auftrat.

Es ist schwierig, das Verfahren von *Blakemore* einzuordnen, da es Komponenten verschiedener Paradigmen enthält. Offensichtlich war eine Reaktionskontingenz gegeben, da Schock zumindest zusammen mit einigen Transvestitenreaktionen auftrat, und der Patient konnte dem Schock entkommen, indem er sich auszog. Jedenfalls stellt diese Studie ein Übergangsverfahren von den früheren aversionstherapeutischen Ansätzen bei sexuellen Abweichungen dar, und in den darauffolgenden Jahren wurde über eine große Anzahl ähnlicher Bemühungen berichtet.

Thorpe, Schmidt, Brown und *Castell* [64] wandten ein „Aversionserleichterungs"-Verfahren bei verschiedenen sexuellen Problemen an, einschließlich Homosexualität (bei Menschen, die eine Änderung wünschten) und Transvestitismus. Diese Technik gründet sich auf die „Erleichterung", die ein Individuum empfindet, das einem schmerzhaften Ereignis entkommen ist. Wenn außerdem ein aversiver Stimulus wie Schock, während eines anderen Stimulus entfernt wird, so kann der letztere positive Eigenschaften in diesem Prozeß erwerben. In der Thorpe-Studie wurde eine Reihe von problembezogenen Worten dargeboten und von einem Schock gefolgt. Am Ende dieser Reihe wurde ein entgegengesetzter und „normaler" Stimulus (z.B. weibliche Brüste) dargeboten, der nicht von einem Schock gefolgt wurde und daher Erleichterung brachte. Obwohl das Verfahren komplex ist, können die konstruktiven Veränderungen im Sexualverhalten zumindest teilweise dem Einsatz reaktionskontingenten Schocks zugeschrieben werden.

Eine weitere Verbesserung der Aversionstherapie bei sexuellen Problemen berichten *Marks* und *Gelder* [45] in einer Untersuchung über die Behandlung von fünf Patienten mit fetischistischen und/oder transvestiten Verhaltensweisen. Neben anderen Ausgangsdaten wurden die Penisreaktionen auf problembezogene Stimuli bei jedem Patienten mit einem Instrument festgestellt, das das Penisvolumen mißt (Plethysmograph).

Das Vorgehen bestand in zwei täglichen einstündigen Sitzungen, die sich über zwei Wochen erstreckten. Im ersten Abschnitt der Behandlung wurde der Patient instruiert, sich vorzustellen, wie er das abweichende Verhalten ausführt, wobei jedem klaren Vorstellungsbild ein Schock folgte. Am dritten oder vierten Tag wurden die Patienten aufgefordert, das Problemverhalten tatsächlich auszuüben, und Schock wurde kontingent in 75 Prozent der Versuche dargeboten.

Die Ergebnisse zeigten im allgemeinen, daß es den Klienten immer schwerer fiel, sich die abweichenden Handlungen vorzustellen und – was vielleicht wichtiger ist – daß die Penisreaktionen auf relevante Stimuli nachließen.

Bei diesen Verfahren wurden also genau definierte Maße vor und nach der Behandlung benutzt, und die Schockdarbietung erfolgte partiell und zufällig, was möglicherweise die Dauerhaftigkeit der vorher beschriebenen Unterdrückungseffekte vergrößert hat.

Zur selben Zeit etwa wurde auch in mehreren Studien über die Anwendung der Aversionstherapie ausschließlich bei Homosexuellen (die ihre sexuellen Präferenzen ändern wollten) berichtet. Obwohl die Verfahren kompliziert waren und eine Analyse schwierig ist, waren die Erfolge mäßig bis sehr positiv. Über den wohl breitesten Ansatz berichten *Feldman* und *MacCulloch* [18] und *MacCulloch, Birtles* und *Feldman* [43]. Ihr Vorgehen, „antizipatorische Vermeidung" genannt, umfaßte reaktionskontingenten Schock, negative Verstärkung (Schockvermeidung), Ausblenden und vermutlich differentielle Verstärkungen alternativen Verhaltens. Jedenfalls unterließen zwischen 50 und 70 Prozent der behandelten Patienten das homosexuelle Verhalten vollständig und zeigten einen Anstieg in heterosexuellem Verhalten während der Therapie. Zudem wurden diese Effekte mindestens 24 Monate aufrechterhalten.

Zusätzliche Berichte lassen vermuten, das Fetischismus [34], Exhibitionismus [35] und Voyeurismus [5] durch ein „Schock-kontingent-auf-Vorstellung" Verfahren ganz eliminiert oder reduziert werden können.

Ein Verfahren mit stärker operantem Charakter wurde schließlich bei der Behandlung einer Pädophilie (d.h. Belästigung von Kindern) angewandt, die so schwer war, daß man beim Patienten eine Gehirnoperation in Erwägung zog [5]. Man versuchte, die natürlichen Bedingungen herzustellen, in denen die pädophilen Verhaltensweisen auftraten. Dem Patienten wurden Bilder von jungen Mädchen dargeboten, und wenn eine Penisreaktion auftrat (festgestellt anhand eines Penisplethysmographen) wurde ein schmerzhafter Schock an den Arm dargeboten. Dies wurde fortgeführt, bis sich eine Reduktion in der Reaktion zeigte. Jeder Versuch dauerte zehn Minuten, und Schocks wurden nicht ohne ein Kriterium gegeben. Täglich wurden sechs bis acht Versuche durchgeführt, und dieses Vorgehen erstreckte sich über acht Wochen mit einer Anzahl von insgesamt 200 Schockversuchen. Außerdem wurde der Schockapparat bei jedem vierten Versuch ausgeschaltet, der Patient sah Bilder von erwachsenen Frauen und wurde aufgefordert, sich normalen sexuellen Vorstellungen hinzugeben.

Obwohl die Untersucher ihre Ergebnisse nicht als vollständigen therapeutischen Erfolg werten, zeigte sich eine deutliche Abnahme in der Häufigkeit pädophilen Verhaltens und eine Zunahme an normalem heterosexuellem Verhalten.

Jedenfalls ist diese Studie ein Beweis für die fortschreitende Verfeinerung der Aversionstherapie bei sexuellen Störungen. Sie enthielt eine diskrete Reaktions-Schock-Kontingenz; das Vorgehen wurde so lange wiederholt, bis sich eine Reduktion des unerwünschten Verhaltens zeigte; außerdem wurde eine alternative Reaktion aufgebaut. Obwohl nicht klar ist, welche von diesen Komponenten zum Ergebnis beitrugen, stellt doch die Methode an sich eine wichtige Weiterentwicklung des Aversionstherapie-Paradigmas bei solchen Problemzuständen dar.

Generalisierte asoziale Verhaltensweisen

Das letzte Problem, das hier besprochen werden soll, umfaßt eine große Vielfalt sozial abweichenden Verhaltens von milden Formen der Belästigung und asozialen

9. Aversive Methoden

Verhaltens bis zu gefährlichen Aggressionen, die sich gegen Menschen und Gegenstände richten.

Die Literatur auf diesem Gebiet ist umfangreich und wird hier nur im kurzen Überblick angeführt.

Es gibt inzwischen eine ganze Reihe von Untersuchungen, die auf die Effektivität der Auszeit bei der Reduktion einer großen Auswahl von aggressiven, asozialen negativistischen Verhaltensweisen hinweisen. Zudem wurden diese Untersuchungen mit Menschen unterschiedlichen Alters und Geschlechts sowie in den unterschiedlichsten Versuchsanordnungen durchgeführt. *Bostow* und *Bailey* [9] milderten zum Beispiel schwer gestörtes und aggressives Verhalten (lautes Schimpfen, Angriffe gegen andere) bei zwei retardierten erwachsenen Frauen, indem sie Auszeitkontingente auf solche Reaktionen einsetzten. *White, Nielson* und *Johnson* [71] konnten dieselbe Erfahrung bei 20 retardierten Kindern machen. *Ramp, Ulrich* und *Dulany* [50] reduzierten unerlaubtes Aufstehen und Sprechen im Klassenzimmer, und *Wahler* [69] zeigte, daß ähnliche Techniken zu Hause durch Instruierung der Eltern angewandt werden können. *Tyler* und *Brown* [66] stellten fest, daß aggressives und asoziales Verhalten (Werfen von Gegenständen, tätliche Beleidigungen usw.) bei 15 männlichen Jugendlichen auf ähnliche Weise behandelt werden konnte.

Aggressives Verhalten wurde auch effektiv durch den Einsatz von Verstärkerrückgabe reduziert. *Winkler* [72] unterdrückte zum Beispiel das Auftreten von Gewalttätigkeiten und lautem Geschrei bei chronisch psychiatrischen Patienten, indem Münzen kontingent auf dieses Verhalten entfernt wurden. *Kazdin* [30] gibt einen Überblick über die relevante Literatur, wobei er eine Vielfalt von Problemverhalten anführt, die erfolgreich durch Verstärkerrückgabe behandelt werden konnten (Rauchen, Überessen, Stottern, psychotisches Sprechen); außerdem berichtet er über die Dauerhaftigkeit dieser Verfahren im Sinne einer langanhaltenden Wirkung und beschreibt einige Möglichkeiten, die Effektivität der Verstärkerrückgabe-Verfahren zu erhöhen.

Reaktionskontingenter Schock wird schließlich auch besonders dann angewandt, wenn Problemzustände sehr gefährliche Formen annehmen. Auf diese Weise konnten *Bucher* und *King* [11] äußerst zerstörerisches Verhalten bei einem elf Jahre alten psychotischen Jungen in der Klinik wie auch in der häuslichen Umgebung unterdrücken, wo die Behandlung von den Eltern des Jungen fortgeführt wurde. *Royer, Flynn* und *Osadca* [53] setzten auch ein Schockverfahren ein, um bei einem stark regredierten, gestörten psychiatrischen Patienten die Häufigkeit, mit der er Brände legte, zu reduzieren. In diesem Fall blieb die Schockdarbietung kontingent auf Worte, die mit Brandstiftung zu tun hatten, ohne Auswirkung auf das tatsächliche Verhalten des Patienten. Daraufhin wurde der Patient aufgefordert, eine Reihe von Handlungen auszuführen, die bei der Brandstiftung vorkommen, wobei Schock in reaktionskontingenter Form dargeboten wurde. Dieses Vorgehen führte zu einer deutlichen Reduktion des Problemverhaltens und zu vollständigem Ausbleiben solcher Handlungen im Laufe einer vierjährigen Nachkontrolle.

Zusammenfassung – Aversionstherapie

Die Literatur über Aversionstherapie hat in relativ kurzer Zeit in erstaunlichem Maße zugenommen. Jeder neue Überblick bescheinigt die fortwährende Verbesserung der Techniken und die ständig größer werdende Liste von Problemzuständen, die mindestens zum Teil durch solche Techniken gebessert werden konnten. Noch beeindruckender ist vielleicht, daß dieser Fortschritt trotz der Tatsache erzielt werden konnte, daß nur wenige – wenn überhaupt welche – dieser Verfahren alle Techniken enthielten, die zur Erhöhung der Behandlungseffektivität beitragen.

Im Hinblick auf diese Entwicklungen scheint es nicht länger angemessen, solche Praktiken von der Hand zu weisen. Im Gegenteil, die Kenntnis dieser Verfahren erweitert die Vielfalt an Techniken um eine wichtige Dimension, die der Verhaltenstherapeut bei der Behandlung von Problemen im klinischen Bereich anwenden kann.

Aversionstherapie ist in der Tat eine legitime Behandlungsform, besonders wenn es sich um Probleme handelt, die rasches Eingreifen erfordern. Jeder, der zum Beispiel die dramatische Besserung bei einem Kind mit Kopfschlagen beobachten konnte, kann nicht umhin, diese Schlußfolgerung zu billigen. Außerdem werden mit der Erweiterung unseres Wissens viele der traditionellen Vorbehalte und Kritiken ausgeräumt. Es hat, zugegebenermaßen, Auswüchse in der anderen Richtung gegeben, besonders im undifferenzierten und unsystematischen Einsatz von elektrischem Schock durch unkritische Enthusiasten. Aber die angeblichen Greuel, die von vielen Kritikern mit dem Gebrauch der Aversionstherapie verbunden wurden, sind sehr übertrieben – sie sind kein notwendiges und unabwendbares Ergebnis solcher Praktiken, solange die entsprechenden Vorsichtsmaßnahmen, wie sie in den vorhergehenden Abschnitten beschrieben wurden, eingehalten werden.

Was wirklich dringend nötig ist, sind besser kontrollierte klinische Untersuchungen, die mehr den im Labor entwickelten Vorgehensweisen entsprechen. Außerdem müssen genauere Kriterien zur Feststellung von Verhaltensänderungen entwickelt und eine umfassende Bewertung der Ergebnisse vorgenommen werden; die Behandlungstechniken müssen stärker an der Realität orientiert werden, es müssen Untersuchungen durchgeführt werden, in denen die Effektivität verschiedener Behandlungsmethoden bei demselben Problemzustand verglichen wird – die Liste ist lang.

Die Verhaltensmodifikation ist stolz auf die ihr zugeschriebene wissenschaftliche Strenge. Auf diesem Gebiet sind derzeit vermutlich mehr als woanders die Möglichkeiten gegeben, diese Behauptung zu rechtfertigen.

Literatur

[1] *Adams, M.R.* and *G. Popelka:* The influence of „time out" on stutterers and their dysfluency. Behavior Therapy, 1971, 2, 334–339.

[2] *Atthowe, J.M., Jr.:* Controlling nocturnal enuresis in severely disabled and chronic patients. Behavior Therapy, 1972, 3, 232–239.

[3] *Azrin, N.H.* and *W.C. Holz:* Punishment. In W.K. Honig (Ed.), Operant behavior: Areas of research and application. New York: Appleton-Century-Crofts, 1966.

[4] *Baer, D.M.:* A case for the selective reinforcement of punishment. In C. Neuringer and J.L. Michael (Eds.), Behavior modification in clinical psychology. New York: Appleton-Century-Crofts, 1970.

[5] *Bancroft, H.H.,* Jr., *H.G. Jones* and *B.R. Pullan:* A simple transducer for measuring penile erection, with comments on its use in the treatment of sexual disorders. Behaviour Research and Therapy, 1966, 4, 239–241.

[6] *Barker, J.C.* and *M.E. Miller:* Aversion therapy for compulsive gambling, Journal of Nervous and Mental Disorders, 1968, 146, 285–302.

[7] *Blake, B.G.:* The application of behavior therapy to the treatment of alcoholism. Behaviour Research and Therapy, 1965, 3, 75–85.

[8] *Blakemore, C.B., J.G. Thorpe, J.C. Barker, C.G. Conway* and *N.I. Lavin:* The application of faradic aversion conditioning in a case of transvestism. Behaviour Research and Therapy, 1963, 1, 29–34.

[9] *Bostow, D.E.* and *J.B. Bailey:* Modification of severe disruptive and aggressive behaviour using brief time-out and reinforcement procedures. Journal of Applied Behavior Analysis, 1969, 2, 31–38.

[10] *Bucher, B.* and *J. Fabricatore:* Use of patient-administered shock to suppress hallucinations. Behavior Therapy, 1970, 1, 382–385.

[11] *Bucher, B.* and *L.W. King:* Generalization of punishment effects in the deviant behavior of a psychotic child. Behavior Therapy, 1971, 2, 68–77.

[12] *Corte, H.E., M.M. Wolf* and *B.J. Locke:* A comparison of procedures for eliminating self-injurious behavior of retarded adolescents. Journal of Applied Behavior Analysis, 1971, 4, 201–215.

[13] *Daly, D.A.* and *J.V. Frick:* The effects of punishing stuttering expectations and stuttering utterances: A comparative study. Behavior Therapy, 1970, 1, 228–239.

[14] *Davidson, R.S.:* Alcoholism: Experimental analyses of etiology and modification. Personal communication, 1973.

[15] *Elliot, R.* and *T.J. Tighe:* Breaking the cigarette habit. Psychological Record, 1968, 18, 503–513.

[16] *Evans, D.R.:* Masturbatory fantasy and sexual deviations. Behaviour Research and Therapy, 1968, 6, 17–20.

[17] *Feldman, M.P.:* Aversion therapy for sexual deviation: A critical review. Psychological Bulletin, 1966, 65, 65–79.

[18] *Feldman, M.P.* and *M.J. MacCulloch:* The application of anticipatory avoidance learning to the treatment of homosexuality. I. Theory, technique and preliminary results. Behaviour Research and Therapy, 1965, 2, 165–183.

[19] *Ferster, C.B., J.L. Nurnberger* and *E.B. Levitt:* The control of eating. Journal of Mathetics, 1962, 1, 87–109.

[20] *Franks, C.M.:* Behavior therapy: The principles of conditioning and the treatment of the alcoholic. Quarterly Journal of Studies on Alcohol, 1963, 24, 511–529.

[21] *Gendreau, P.E.* and *P.C. Dodwell:* An aversive treatment for addicted cigarette smokers: Preliminary report. Canadian Psychologist, 1968, 9, 28–34.

[22] *Goldiamond, I:* Stuttering and fluency as manipulative operant response classes. In L. Krasner and L.P. Ullman

(Eds.), Research in behavior modification. New York: Holt, Rinehart and Winston, 1965.

[23] *Greene, R.J.* and *D.L. Hoats:* Aversive tickling: A simple conditioning technique. Behavior Therapy, 1971, 2, 389–393.

[24] *Hamiltin, J., L. Stephans* and *P. Allen:* Controlling aggressive and disruptive behavior in severely retarded institutionalized residents. American Journal of Mental Deficiency, 1971, 71, 852–856.

[25] *Haynes, S.M.* and *P. Geddy:* Suppression of psychotic hallucinations through Time-out. Behavior Therapy, 1973, 4, 123–127.

[26] *Hunt, W.A.* and *J.D. Matarazzo:* Three years later: Recent developments in the experimental modification of smoking behavior. Journal of Abnormal Psychology, 1973, 81, 107–114.

[27] *Johnson, J.M.:* Punishment of human behavior. American Psychologist, 1972, 27, 1033–1054.

[28] *Jones, H.G.:* The behavioral treatment of enuresis nocturna. In H.J. Eysenck (Ed.), Behavior therapy and the neuroses. Oxford: Pergamon Press, 1960.

[29] *Kanfer, F.H.* and *P. Koroly:* Self-Control: A behavioristic excursion into the lion's den. Behavior Therapy, 1972, 3, 398–416.

[30] *Kazdin, A.E.:* Response cost. The removal of conditioned reinforcement for therapeutic change. Behavior Therapy, 1972, 3, 533–546.

[31] *Kazdin, A.E.:* The effect of response cost and aversive stimulation in suppressing punished and non-punished speech dysfluencies. Behavior Therapy, 1973, 4, 73–82.

[32] *Kellam, A.P.:* Shoplifting treated by aversion to a film. Behaviour Research and Therapy, 1969, 7, 125–127.

[33] *Kohlenberg, R. J.:* The punishment of persistent vomiting: A case study. Journal of Applied Behavior Analysis, 1970, 3, 241–245.

[34] *Kushner, M.:* The reduction of a long-standing fetish by means of aversive conditioning. In L. Ullmann and L. Krasner (Eds.), Case studies in behavior modification. New York: Holt, Rinehart and Winston, 1965.

[35] *Kushner, M.,* and *J. Sandler:* Aversion therapy and the concept of punishment. Behaviour Research and Therapy, 1966, 4, 179–186.

[36] *Kushner, M.:* Faradic aversive controls in clinical practice. In C. Neuringer and J. L. Michael (Eds.), Behavior modification in clinical psychology. New York: Appleton-Century-Crofts, 1970.

[37] *Lang, P. J.,* and *P. G. Melamed,* Case Report: Avoidance conditioning therapy of an infant with chronic ruminative vomiting. Journal of Abnormal Psychology, 1969, 74, 1–8.

[38] *Lebow, M. D., S. Gelfand* and *W. R. Dobson:* Aversive conditioning of a phenothiazine-induced respiratory stridor. Behavior Therapy, 1970, 1, 222–227.

[39] *Lemere, F.,* and *W. L. Voegtlin:* An evaluation of aversion treatment of alcoholism. Quarterly Journal of Studies on Alcohol, 1950, 11, 199–204.

[40] *Liversedge, L. A.,* and *J. D. Sylvester:* Conditioning techniques in the treatment of writer's cramp. Lancet, 1955, 2, 1147–1149.

[41] *Lovaas, O. A.,* and *J. Q. Simmons:* Manipulation of self-destruction in three retarded children. Journal of Applied Behavoir Analysis. 1969, 2, 143–157.

[42] *Luckey, R. E., C. M. Watson* and *J. K. Musick:* Aversive conditioning as a means of inhibiting vomiting and rumination. American Journal of Mental Deficiency, 1968, 73, 139–142.

[43] *Mac-Culloch, M. J., C. J. Birtles* and *M. P. Feldman:* Anticipatory avoidance learning for the treatment of homosexuality: Recent developments and an automated aversive therapy system. Behavior Therapy, 1971, 2, 151–169.

[44] *McGuiere, R. J.,* And *M. Vallance:* Aversion therapy by electric shock: A simple technique. British Medical Journal, 1964, 1, 151–153.

[45] *Marks, I.,* And *M. Gelder:* Transvestism and fetishism: Clinical and Psychological changes during faradic aversion. British Journal of Psychiatry, 1967, 119, 711–730.

[46] *Merbaum, M;* The modification of self-destructive behavior by a mother-the-

rapist using aversive stimulation. Behavior Therapy, 1973, 4, 442–447.
[47] *Meyer, V.,* and *A. Crisp:* Aversion therapy in two cases of obesity. Behaviour Research and Therapy, 1964, 2, 143–147.
[48] *Mowrer, O. H.,* and *W. M. Mowrer:* Enuresis. A method for its study and treatment. American Journal of Orthopsychiatry, 1938, 8, 436–459.
[49] *Rachman, S.:* Aversion therapy: Chemical or electrical? Behaviour Research and Therapy, 1965, 2, 289–300.
[50] *Ramp, E., R. Rulrich* and *S. Dulaney:* Delayed timeout as a procedure for reducing disruptive classroom behavior: A case study. Journal of Applied Behavior Analysis, 1971, 4, 235–239.
[51] *Reisinger, J. J.:* The treatment of „anxiety-depression" via positive reinforcement and response cost. Journal of Applied Behavior Analysis, 1972, 5, 125–130.
[52] *Risley, T. R.:* The effects and side effects of punishing the autistic behavior of a deviant child. Journal of Applied Behavior Analysis, 1968, 1, 21–34.
[53] *Royer, F. L., W. F. Flynn* and *B. S. Osadca:* Case history: Aversion therapy for fire-setting by a deteriorated schizophrenic. Behavior Therapy, 1971, 3, 229–232.
[54] *Sandler, J.:* Masochism: An empirical analysis. Psychological Bulletin, 1964, 62, 197–204.
[55] *Schaefer, H., M. K. Soebell* and *K. C. Mills:* Some sobering data on the use of self-confrontation with alcoholics. Behavior Therapy, 1971, 2, 28–39.
[56] *Scholander, T.:* Treatment of an unusual case of compulsive behavior by aversive stimulation. Behavior Therapy, 1972, 3, 290–293.
[57] *Siegel, G. M.:* Punishment, stuttering, and disfluency. Journal of Speech and Hearing Research, 1970, 13, 677–714.
[58] *Skinner, B.F.:* Science and Human Behavior. New York: Macmillan, 1953.
[59] *Soderberg, G. A.:* Delayed auditory feedback and stuttering. Journal of Speech and Hearing Disorders, 1968, 33, 260–267.
[60] *Solomon, R. L.:* Punishment. American Psychologist, 1964, 19, 239–253.
[61] *Solyom, L.,* and *S. Miller:* A differential conditioning procedure as the initial phase of the behavior therapy of homosexuality. Behaviour Research and Therapy, 1965, 3, 147–160.
[62] *Tate, B. G.:* Case study: Control of chronic self-injurious behavior by conditioned procedures. Behavior Therapy, 1972, 3, 72–83.
[63] *Tate, B. G.,* and *G. S. Baroff:* Aversive control of self-injurious behavior in a psychotic boy. Behavior Therapy, 1966, 4, 281–287.
[64] *Thorpe, J. G., E. Schmidt, P. T. Brown* and *D. Castell:* Aversion-relief therapy: A new method for general application. Behaviour Research and Therapy, 1964, 2, 71–82.
[65] *Tough, J. H., R. P. Hawkins, M. M. McArthur* an *S. V. Ravenswaay:* Modification of neurotic behavior by punishment: A new use for an old device. Behavior Therapy, 1971, 2, 567–574.
[66] *Tyler, V. O.,* Jr. and *G. D. Brown* use of swift, brief isolation as a group control device for institutionalized delinquents. Behaviour Research and Therapy, 1967, 5, 1–9.
[67] *Voegtlein, W. L.:* Conditioned reflex therapy of chronic alcoholism. Ten years experience with the method. Rocky Mountain Medical Journal, 1947, 44, 807–812.
[68] *Vogler, R. E., S. E. Lunde, G. R. Johnson* and *P. L. Martin:* Electrical aversion conditioning with chronic alcoholics. Journal of Consulting and Clinical Psychology, 1970, 34, 302–307.
[69] *Wahler, R. G.:* Oppositional children: A quest for parental reinforcement control. Journal of Applied Behavior Analysis, 1969, 2, 159–170.
[70] *Weiner, H.:* Some effects of response cost upon human operant behavior. Journal of the Experimental Analysis of Behavior, 1962, 5, 201–208.
[71] *White G. D., G. Nielsen* and *S. M. Johnson:* Timeout duration and the suppression of deviant behavior in

children. Journal of Applied Behavior Analysis, 1972, 5, 111–120.

[72] *Winkler, R. C.:* Management of chronic psychiatric patients by a token reinforcement system. Journal of Applied Behavior Analysis, 1970, 3, 47–55.

[73] *Wright, L.:* Aversive conditioning of self-induced seizures. Behavior Therapy, 1973, 4, 712–712.

10. Selbstmanagement-Methoden

Frederick H. Kanfer[1])

In Kapitel 7 wurden verhaltensverändernde Methoden dargestellt, die vorwiegend auf einer Veränderung der Umwelt beruhen. Beschrieben wurden z. B. die Vergabe angemessener Verstärker ebenso wie die Verwendung bestimmter Stimuli als Signal oder als Auslöser für Verhalten und die Kombination von operanten und diskriminativen Techniken als Mittel zur Verhaltensänderung. Die erwähnten Methoden zur Verhaltensmodifikation können nicht ohne Mitwirkung einer weiteren Person durchgeführt werden (Lehrer, Helfer, Therapeut oder Freund). In extremen Fällen muß die Umweltkontrolle sogar besonders umfassend sein, und eine systematische Verhaltenskontrolle kann oft nur durch einen stationären Aufenthalt erreicht werden. Trotzdem können viele Schwierigkeiten, die von leichteren persönlichen Problemen bis zu verhältnismäßig ernsten Störungen reichen und damit das tägliche Leben beeinträchtigen, nur schwer unter Umweltkontrolle gebracht werden. Dafür gibt es eine Reihe von Gründen:
1. Das Verhalten kann nur unzureichend offen beobachtbar sein, um eine Modifikation durch andere zuzulassen. Das gilt in der Regel z. B. für sexuelle Verhaltensweisen oder in der Vorstellung ablaufende Prozesse wie Selbstreflexionen.
2. Das Verhalten kann unregelmäßig oder nur selten im Leben einer Person auftreten, und die fortwährende Beaufsichtigung durch einen Therapeuten wäre unökonomisch und störend. So kann man z. B. ein Programm zur Gewichtsabnahme mit Hilfe einer operanten Verhaltensformung der Eßgewohnheiten durchführen, während sich der Übergewichtige im Krankenhaus aufhält. Aber ein derartiges Vorgehen ist nicht nur unökonomisch, sondern schränkt den Patienten außerdem unnötig ein.
3. Das problematische Verhalten, das es zu ändern gilt, kann verbal sein und die Selbstbewertung eines Patienten, seine Selbstkontrolle oder seine Reaktionen auf das eigene Verhalten betreffen. Es ist z. B. möglich, daß sich ein Patient ständig selbst kritisiert, ein Beobachter dies jedoch nicht wahrnehmen kann. Dieses selbstkritische Verhalten kann auch während einer produktiven Tätigkeit fortdauern.
4. Außerdem sollte eine Person die Veränderung und das Aufrechterhalten ihres Verhaltens letztlich selbst verantworten. Obwohl eine Umweltkontrolle im anfänglichen Therapiestadium effektiv sein kann, muß doch der Patient das neu

---

[1]) Der Autor dankt den Studenten und Doktoranden für die kritische Durchsicht des Manuskriptes, besonders Larry Grimm, Bryce Kaye, Marian MacDonald und Charles Spates.

Übersetzt von Dr. Daniela Beiersdorf

erlernte Verhalten irgendwann in seinem alltäglichen Leben selbst anwenden und zwar in Abwesenheit des Therapeuten. In einigen Fällen können soziale Bedingungen verändert werden. Diese Modifikationen verhaltensbedingender Faktoren in der familiären oder in der schulischen Umwelt können ausreichend sein. Aber in vielen Fällen ist es unerläßlich, daß das veränderte Verhalten nicht nur von der Umwelt, sondern auch vom Klienten selbst aufrechterhalten wird.

Die erkannten Grenzen umweltkontrollierender Programme haben die Verhaltenstherapeuten veranlaßt, neue Techniken zu entwickeln: So z. B. Selbstmanagement-Techniken. Das gemeinsame Element der verschiedenen Formen dieser Techniken liegt darin, daß der Therapeut anregt und motiviert, um dem Patienten beim Start eines Änderungsprogrammes zu helfen. Für die Durchführung des Programms und die Aufrechterhaltung dessen Wirkung ist letztlich der Klient selbst verantwortlich. Der Therapeut gibt nur die für den Patienten notwendige Unterstützung. Teilweise trifft der Therapeut bestimmte Vorkehrungen, damit die Bemühungen des Klienten von seiner häuslichen, schulischen oder beruflichen Umwelt zusätzlich unterstützt werden. In der Arbeit mit dem Patienten gestaltet der Therapeut die Interaktion derart, daß der Klient bei der Ausrichtung und Erstellung eines Programmes beraten und unterstützt wird. Die Durchführung selbst liegt jedoch bei dem Patienten. Anschließend teilt er dem Therapeuten seine Fortschritte mit, damit das Programm entsprechend verändert oder weiter ausgebaut werden kann. Deshalb muß zu Beginn eines Programms dem Patienten eindringlich klar gemacht werden, daß die angestrebte Veränderung nicht *während* einer Sitzung mit dem Therapeuten, sondern *zwischen* den Sitzungen stattfindet. Die Selbstmanagement-Techniken erweitern einerseits das Spektrum bezüglich der Anwendung verhaltensverändernder Prinzipien. Andererseits aber verlangen diese Techniken umfassendere Verpflichtung und stärkere Motivation von seiten des Patienten als solche Programme, die ausschließlich auf Umweltkontrolle basieren.

Zusammenfassend läßt sich sagen, daß die Selbstmanagement-Techniken die anderen verhaltensverändernden Methoden ergänzen und sie gleichzeitig in der Anwendung bei bestimmten Personen erweitern, besonders bei denjenigen, deren Probleme die tägliche Lebensbewältigung nicht besonders einschneidend stören oder deren Schwierigkeiten nur schwer beobachtbar sind. Außerdem bei Klienten, die keine Unterbrechung ihrer täglichen Routine durch einen Klinikaufenthalt benötigen oder bei denjenigen, die über genügend Motivation und Geschicklichkeit verfügen, um die Ratschläge und Anweisungen des Therapeuten aufzugreifen und ihr eigenes Programm durchführen können. Ebenso bei Patienten, deren Probleme ein großes Spektrum verbal und gedanklich ablaufender Verhaltensweisen umfassen, die ihrerseits nicht nur Beschwerden in der Beziehung zu anderen Personen, sondern auch in der Beziehung zu sich selbst verursachen.

In den früheren Verhaltensmodifikations-Techniken wurde die Rolle der Lerngeschichte eines Patienten, seine Gedanken und Vorstellungen vernachlässigt zugunsten der verändernden Wirkung durch die Umweltkontrolle. In Situationen, in denen das Individuum keine Wahl hat, z. B. in denen die Verhaltensbedingungen tief und fest in der gesamten sozialen und physischen Umwelt verwurzelt sind, spielen diese privat ablaufenden Ereignisse tatsächlich kaum eine Rolle. In einigen Institutionen wird beispielsweise durch festgelegte Regeln das Verhalten relativ streng kontrolliert. So in militärischen Organisationen oder in Situationen, in denen ein Individuum aus Überlebensgründen vollständig von seiner sozialen und physischen Umwelt abhängig ist. Unter solch starr (und teilweise unflexiblen) programmierten Umweltbedingungen trägt die Reaktion eines Menschen auf eine derartige Kontrolle bzw. seine Einstellung zu sich selbst wenig dazu bei, das eigene Verhalten zu verändern. Das Verhalten eines kleinen Kindes, das völlig bei der Befriedigung seiner physischen Bedürfnisse auf die Erwachsenen seiner Umgebung angewiesen ist, kann man leicht durch Umstellung der Verstärkerbedingungen modifizieren. Verstärkt die soziale Umwelt konsequent das Tragen einer Uniform oder das Einhalten bestimmter strenger Regeln, so wird man sich entsprechend verhalten, um Ärger und Schmerz zu vermeiden und um die positiven Verstärker, die die Umwelt anbietet, zu erlangen.

Unsere tägliche Erfahrung jedoch lehrt, daß die Umweltkontrolle meist weit weniger konsequent, oft sogar widersprüchlich ist. So kann beispielsweise ein Kind bei verschiedenen oder gleichen Gelegenheiten für dasselbe Verhalten (z. B. eine lustige Geschichte erzählen) belohnt oder bestraft werden. Kommentare geistlicher oder weltlicher Erzieher, Fernsehbeiträge oder Szenen aus dem Alltag demonstrieren häufig die positiven und negativen Konsequenzen aggressiven Verhaltens. Auch selbstbewußtes und sexuelles Verhalten oder Nikotin- und Alkoholkonsum werden von widersprüchlichen sozialen und physischen Konsequenzen bedroht. Eine noch größere Gruppe, häufig als neurotisch bezeichnete Verhaltensweisen, zwischenmenschliche Umgangsformen eingeschlossen, bei denen andere Personen kontrolliert oder Angst und Unbehagen reduziert werden sollen, ist durch die Kombination positiver und negativer Konsequenzen determiniert. Oft werden sogar derartige Verhaltensweisen in spezifischen Situationen belohnt und aufrechterhalten, in anderen dagegen bestraft. Gerade in den Fällen mit konfliktträchtigen Verhaltenskonsequenzen kann eine Person im Denken, in der Phantasie und in anderen nicht offen beobachtbaren Verhaltensweisen am stärksten beeinflußt werden. Dabei verändert sich die einfache input-output Beziehung, d. h. die Beziehung zwischen den umweltbedingten, diskriminativen, verstärkenden Stimuli und dem Verhalten, das sie zu regulieren helfen.

Das Theoriengerüst von Skinner, aus dem viele der in diesem Kapitel beschriebenen Techniken abgeleitet sind, sieht den Ursprung selbstregulierenden Verhaltens in der vergangenen Lerngeschichte einer Person. Durch die Selbstregulierung kann sich ein Individuum — wenigstens zeitweilig — von der unmittelbaren Umweltkontrolle befreien. Es wird allerdings angenommen, daß die soziale und physische Umwelt letztlich eine derartige Selbstregulation unterstützen muß. Zur Entwicklung wirkungsvoller verhaltenstherapeutischer Techniken ist es zweckmäßig, zwischen *momentanen externen* und *selbstgeschaffenen* Kontrollquellen zu unterscheiden.

Theoretisches Gebäude der Selbstregulation

Zuerst sollen einige bei der Selbstregulation ablaufende psychologische Prozesse betrachtet werden, um das allgemeine Konzept zu verstehen, aus dem die verschiedenen Selbstmanagement-Techniken entwickelt wurden. Soziale Lerntheorien gehen davon aus, daß ein großer Teil der alltäglichen Verhaltensweisen aus Reaktionsketten besteht, die so aufgebaut sind, daß eine Reaktionseinheit von der vorausgegangenen Handlungskomponente ausgelöst wird. Z. B. Schreibmaschineschreiben, Laufen, Autofahren, Rasieren, Frühstück zubereiten und viele andere Tätigkeiten bestehen nicht aus jeweils zerlegten Aktionen, die fortwährendes Entscheiden zwischen Alternativreaktionen oder wiederholtes Überprüfen auf Richtigkeit der einzelnen Komponenten verlangen. Werden diese normalerweise reibungslos ablaufenden Tätigkeiten jedoch unterbrochen oder erbringen sie nicht die vom Individuum gewohnte Wirkung, wird die Tätigkeit eingestellt und ein *Selbstregulations-Prozeß* setzt ein. Aufgrund klinischer und experimenteller Untersuchungen wurde dieser Prozeß als eine Sequenz beschrieben, in der verschiedene Stadien unterschieden werden können. Zur Verdeutlichung stellen wir uns einen Autofahrer auf dem Weg zur Arbeit vor. Nachdem er an einer Kreuzung abgebogen ist, findet er sich in einer ihm unbekannten Straße. Das Verhalten wird unterbrochen. Der Fahrer könnte nun zuerst seine Aufmerksamkeit auf das lenken, was er gerade tut. Er könnte sich auch fragen, wie er in diese Straße geraten ist. Diese erste Stufe wird *Selbstüberwachung* oder *Selbstbeobachtung* genannt und meint damit im Wesentlichen absichtliches und sorgfältiges Überprüfen des eigenen Tuns. Aufgrund früherer Erfahrungen auf dem Weg zum Arbeitsplatz hat der Autofahrer spezifische Erwartungen für den Fall, was passieren *sollte,* wenn er eine bestimmte Straße entlangfährt oder abbiegt. Dies sind die sog. *Leistungskriterien* oder *Standards,* also die Erwartungen für das, was passieren wird, wenn man ein gut eingeübtes Verhalten ausführt.

Die zweite Stufe der Selbstregulation besteht aus einem Vergleich zwischen den aufgestellten Kriterien und den Informationen, die man aus der Selbstbeobachtung des gezeigten Verhaltens gewinnt. Dieses Stadium wird *Selbstbewertung* genannt. Es handelt sich um eine Diskriminations-Reaktion, einen Vergleich, der den Unterschied zwischen dem, was man tut und dem, was man tun sollte, aufdeckt. Eine volle Übereinstimmung zwischen den Leistungskriterien und den Feedback-Informationen sollte zu gewisser Zufriedenheit mit sich selbst, eine große Diskrepanz dagegen zu Unzufriedenheit führen. Z. B. könnte der Autofahrer feststellen, daß ihm die Kreuzung zwar vertraut, er jedoch zu früh abgebogen ist. Er könnte über seine Dummheit schimpfen und daraufhin sein Verhalten korrigieren.

Die dritte Stufe des Selbstregulations-Prozesses ist eine motivationale. Sie besteht in der Verabreichung von *Selbstverstärkung,* abhängig von dem Abweichungs- bzw. Übereinstimmungsgrad der Leistung mit dem Standard. Positive Selbstverstärkung sollte zur Fortsetzung der unterbrochenen Verhaltenskette führen. So könnte z. B. der Fahrer feststellen, daß er sich nicht wirklich in einer fremden Straße befindet, sondern sich nur ein Schild eines Geschäftshauses verändert hat. Er wäre dann, da er sich auf dem richtigen Weg befindet, zufrieden mit sich selbst und würde weiterfahren. Wären seine Erwartungen (Standards) jedoch nicht erfüllt, würde er eine Reihe von Verhaltensweisen einleiten, um seinen Fehler zu korrigieren. So wird im allgemeinen jedes Mal, wenn man eine neue Verhaltensweise ausprobiert, derselbe Prozeß wiederholt, bis man sich dem Standard annähert oder man die ganze Verhaltenssequenz aufgibt.

Das Selbstregulations-Modell geht also davon aus, daß ein Individuum dann aufmerksam wird, wenn sein Verhalten zu unerwarteten Konsequenzen führt oder eine Entscheidung darüber notwendig wird, wie es weitergehen soll. Solche Unterbrechungen kommen im allgemeinen dann vor, wenn neue Verhaltensweisen gelernt werden, man sich in ungewohnten Situationen befindet oder sich die Umweltreaktionen verändert haben. Insgesamt wird die Qualität des Verhaltens in dem Ausmaß reduziert, in dem Störungen bei einem Stadium oder mehreren Stufen der drei oben beschriebenen psychologischen Prozesse eintreten. Gerät der Autofahrer beispielsweise, da er sich auf dem Weg zur Arbeit verspätet hat, in Panik, könnte seine *Selbstüberprüfung* versagen. Er wäre nicht in der Lage zu überprüfen, wo er sich befindet, wie er dorthin gekommen ist und könnte unüberlegterweise an der nächsten Ecke abbiegen, um seinen Fehler zu korrigieren. Hat der Autofahrer eventuell diese Strecke noch nicht sehr oft befahren, kann auch sein *Leistungskriterium* vage sein, d. h. er kann sich möglicherweise nicht erinnern, wo er sich nach dem Abbiegen befinden sollte, und deshalb wird sein Fahrverhalten unvorhersehbar sein. Wenn der verirrte Fahrer vielleicht jemand ist, der bislang sehr selbstkritisch auf jegliches Fehlverhalten reagiert hat, wird er auch in dieser Situation durch seine Tendenz zur Selbstkritik (Selbstbestrafung) zu Beunruhigung und Aufregung neigen. Unter klinischen Bedingungen wurden mehrere Methoden ausgetestet, um die Effektivität der Verhaltensweisen auf den einzelnen Stufen des Selbstregulations-Prozesses zu verbessern. Die meisten Selbstmanagement-Programme bestehen aus einer Kombination von Techniken, die sich sowohl auf das *Standardsetzen,* die *Selbstbeobachtung,* die *Selbstbewertung* als auch auf die *Selbstverstärkung* ausrichten. Diese Methoden sollen in den folgenden Abschnitten zwar getrennt beschrieben, jedoch dabei nicht vergessen werden, daß man beim Entwurf eines individuellen Programms im Hinblick auf die Fähigkeiten und Fertigkeiten des Individuums und hinsichtlich seines speziellen Problems auf eine der genannten Komponenten besonders eingehen muß.

Abb. 10.1. zeigt die Skizze des Arbeitsmodells. Dabei ist zu beachten, daß es sich lediglich um ein Denkmodell handelt. Es ist das Ergebnis experimenteller Forschung und hat sich bei der Entwicklung klinischer Techniken als brauchbar erwiesen. Das heißt jedoch nicht, daß das Modell die aktuelle und universelle Gegenwärtigkeit der drei unterschiedlichen psychologischen Prozesse annimmt. Es ist dagegen wahrscheinlicher, daß die gesamte Sequenz von Kriteriumaufstellen über Selbstbeobachtung, Bewertung, Verstärkung bis zum Planen neuer Handlungen sehr rasch aufeinander folgt, oft ohne intensives Nachdenken von seiten des Individuums. Trotzdem kann das Modell nützlich sein, einige der grundlegenden Merkmale des Prozesses zu gliedern, mit dessen Hilfe ein Individuum sein eigenes

Theoretisches Gebäude der Selbstregulation

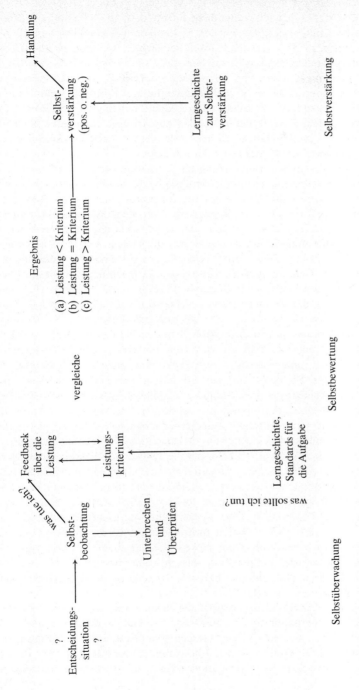

Abb. 10.1.

10. Selbstmanagement-Methoden

Verhalten steuert. Das Modell verdeutlicht zudem, daß die Bedeutung der Belohnung zur Aufrechterhaltung des eigenen Verhaltens viel komplexer ist, als das Lernen operanter, selektiv von der Umwelt verstärkter Reaktionen. Bei den von der Umwelt gebotenen Konsequenzbedingungen sind kritische Entscheidungen des Individuums nicht notwendig. Man kann zum Vergleich das Beispiel des Autofahrers so ändern, daß das Verhalten unter äußerer Kontrolle steht. Nehmen wir an, daß ein Freund, der die Stadt sehr gut kennt, neben dem Fahrer sitzt. Der Freund bestätigt dem Fahrer, daß er sich auf der richtigen Strecke befindet und warnt ihn vorher, in eine falsche Straße einzubiegen. Verhaltensformung und externe Kontrolle sind also in der Hand des Freundes.

Wenn die Frage der Selbstregulierung ein Verhalten betrifft, das unter stark konfliktträchtigen Konsequenzen steht, wird ein Änderungsprozeß weiter kompliziert durch die Notwendigkeit, akzeptable Standards aufzustellen. Bevor ein selbstkorrigierendes Verhalten eingeleitet wird, muß das Individuum eine entsprechende *Vorsatzerklärung* abgeben. Eine derartige Erklärung, das Verhalten zu verändern, wird allerdings ihrerseits wiederum durch solche Variablen beeinflußt, die eine Person Vorsätze fassen läßt. Weiter liefern verschiedene Umweltbedingungen mehr oder weniger günstige Umstände, die bestimmen, inwieweit diese Vorsätze (die verhaltensbezogenen Standards) erfüllt werden. Tabelle 10.1. zählt einige Faktoren auf, die das Abgeben von Vorsatzerklärungen beeinflussen. Ganz andere Faktoren jedoch bestimmen, mit welchem Erfolg jemand ein Änderungsprogramm einleiten und durchführen wird. Bittet ein Patient um Hilfe, so ist die wichtigste Überlegung, wie man ihn zu einem Entschluß zu einer Verhaltensänderung motiviert und wie man das Programm einleitet. Techniken zur Handhabung dieses Problems und zur Förderung der Patient-Therapeut-Beziehung werden in einem späteren Teil dieses Kapitels dargestellt. Ebenso wichtig ist, jedenfalls zu Beginn eines Programms, der Abbau externer Unterstützung, die das Problemverhalten aufrechterhält. Ein Drogenabhängiger in seinem gewohnten Milieu oder eine unterdrückte Ehefrau zu Hause können niemals ausreichend wirksame Selbstverstärkung entwickeln, um die Umweltverstärkung zu übertreffen, die bislang das alte Verhalten aufrechterhält. In einigen Fällen kann allerdings eine Reduzierung der Umweltkontrolle allein ausreichen und so dem Patienten erlauben, seine Probleme selbständig zu lösen. Ist dies nicht der Fall, können Selbstmanagement-Techniken gelehrt werden. Ihre Wirksamkeit jedoch ist am umfassendsten, wenn die vorteilhaften Konsequenzen auf das Problemverhalten unbedeutend sind oder es wenigstens nicht durch Personen verstärkt wird, die ihrerseits Vorteile aus der Beibehaltung des unveränderten Patientenverhaltens ziehen (z. B. dominierende Ehefrau, deren Herrschaft geschwächt würde, wenn der Patient selbstsicherer aufträte.)

Der Begriff der Selbstregulation betrifft den allgemeinen Fall, in dem ein Individuum sein eigenes Verhalten steuert. Das Verhalten braucht nicht besonders konfliktträchtig zu sein, sondern z. B. das Erlernen neuer Fertigkeiten oder das Lösen von Problemen anstreben (Kap. 4 und 11 beschäftigen sich mit Methoden, die sich auch mit dem Training in Selbstregulation befassen). Wenn jedoch eine ausgeführte oder eine vermiedene Verhaltensweise Konflikte in sich birgt, sprechen wir bei der entsprechenden Veränderung von Selbstkontrolle. In der klinischen Praxis trifft man am häufigsten diesen speziellen Fall der Selbstregulation an, wobei meistens Selbstmanagement-Techniken angewendet werden.

Für den Patienten, der über seine Selbstmanagement-Probleme klagt und um Hilfe bittet, sind gewöhnlich einige Aspekte seines Problemverhaltens angenehm. So schildern z. B. Exhibitionisten, Alkoholiker oder Ladendiebe ihr Schicksal und

Tabelle 10.1. Faktoren, die eine Vorsatzerklärung zur Durchführung eines Selbstkontroll-Programms beeinflussen[1]).

Vorsatzerklärung wird begünstigt	Vorsatzerklärung wird erschwert
1. Hinauszögern des Programmbeginns.	1. Sofortiger Beginn des Programms.
2. Positive Lerngeschichte für Vorsatzerklärungen.	2. Bisheriges Nichteinhalten von Versprechungen wurde bestraft.
3. Kürzliche Befriedigung bis zur Sättigung.	3. Das problematische Verhalten wird vom Patienten als nicht kontrollierbar eingeschätzt, „ich kann nichts dafür".
4. Starke Schuldgefühle, Unbehagen oder Angst vor Auftreten des Verhaltens (aversive Wirkungen des Verhaltens).	4. Wirkungsvolle positive Verstärkung für das Problemverhalten.
5. Vermeidung sozialer Ablehnung.	5. Zu hohe Standards für die Verhaltensänderung.
6. Anwesenheit anderer Personen, die Versprechungen abgeben (Modellernen und sozialer Druck).	6. Harte Konsequenzen für das Brechen von Versprechungen.
7. Das zu verändernde Verhalten läuft gedanklich, privat ab und kann nur schwer überprüft werden.	7. Offene Beobachtbarkeit des Verhaltens.
8. Vage Formulierungen des Vorsatzes.	8. Unterstützungen für eine Programmplanung sind nicht zu erwarten.
9. Abgeben der Vorsatzerklärung führt zu sozialer Anerkennung oder sofortigen Vorteilen.	

[1]) Beachte: Das Abgeben von Vorsatzerklärungen garantiert nicht die Durchführung eines entsprechenden Programms. Andere Faktoren, z. B. Anforderungen durch das Programm und Verstärkung für die Durchführung im frühen Stadium beeinflussen die Erfüllung einer gemachten Versprechung.

beteuern ihren ernsthaften Änderungswunsch. Einige Auswirkungen ihres Verhaltens können tatsächlich aversiv sein: soziale Ablehnung, Stellungsverlust oder Polizeiaktionen. Gleichzeitig geben diese Handlungsweisen ihnen jedoch auch eine gewisse Befriedigung, während sich die aversiven Konsequenzen vorläufig nicht oder nur eventuell einstellen. Ohne Unterstützung eines Helfers wird der Versuch, ein derartiges Verhalten zu verändern, in den meisten Fällen scheitern.

Selbstkontrolle als spezieller Fall des Selbstmanagements

In der Alltagssprache werden Begriffe wie Selbstkontrolle, Willensstärke oder Selbstdisziplin synonym gebraucht. Solche Verhaltensanlagen können als persönliche Eigenschaften angesehen werden, die aus der biologischen Konstitution des Individuums oder aus seinen Lernerfahrungen beim Kontrollieren seiner Handlungen und Impulse resultieren. Der Begriff der Selbstkontrolle, wie er in diesem Kapitel vom behavioristischen Standpunkt vertreten wird, beschreibt dagegen eher die Verhaltensweise einer Person in einer *spezifischen* Situation und weniger eine Persönlichkeitseigenschaft. Konkret verlangt diese Definition von Selbstkontrolle,
1. daß das in Frage stehende Verhalten relativ *gleichwertige positive und aversive Konsequenzen* hat;
2. daß vor dem Auftreten des Verhaltens, z. B. in einem frühen Stadium der Verhaltenskette, die zu dem problematischen Endverhalten führt, eine *kontrollierende Handlung* eingeführt wird. Sie soll die Auftretenswahrscheinlichkeit des zu kontrollierenden Verhaltens verändern; und
3. daß das Individuum, auch wenn es Selbstkontroll-Techniken von anderen gelernt hat, mit Hilfe *selbsterzeugter Hinweisreize* die kontrollierende Handlung *eingeleitet* hat, ohne direkte Kontrolle der sozialen und physischen Umwelt.

Wenn sich also ein Individuum selbst kontrolliert, sprechen wir von der Tatsache, daß es ohne sofortigen externen Druck oder Zwang eine Verhaltensweise ausführt (die kontrollierende Handlung), die ursprünglich geringere Auftretenswahrscheinlichkeit hatte, als das der Versuchung nachgebende Verhalten (die zu kontrollierende Verhaltensweise) mit dem Erfolg, daß die zu kontrollierende Handlung mit geringerer Wahrscheinlichkeit auftritt [27, 68].

Aber das heißt nicht, daß Selbstkontrolle als ein Verhalten angesehen werden kann, das einer individuellen Entwicklung frei von Umwelteinflüssen Tür und Tor öffnet. Ganz im Gegenteil. Die Lerngeschichte der Selbstkontrolle steht mit dem früheren Training des Individuums und ihr Erfolg mit den sofortigen Konsequenzen der sozialen Umwelt in Beziehung. Nur in dem Augenblick, in dem die Person dieses Verhalten einleitet, steht sie nicht unter direkter Umweltkontrolle. Dennoch kann die Wahrscheinlichkeit, daß jemand ein Selbstkontroll-Programm anfangen wird, von der Umwelt beeinflußt sein. Die Faktoren, die eine derartige Entscheidung zur Verhaltenskontrolle begünstigen, werden ihrerseits die Wahrscheinlichkeit zur Durchführung mitbestimmen. Sich für ein Programm zur Gewichtsabnahme zu entschließen, kann beispielsweise durch mehrere Faktoren bedingt sein. Die ärztliche Information, daß Übergewicht gesundheitsschädlich ist, die Nachwirkungen des Übersättigtseins nach Festtagen, die Feststellung, nicht mehr in die alten Kleider zu passen oder der Diätentschluß eines Freundes beeinflussen stark den Entschluß einer Übergewichtigen, ein Programm zur Gewichtsabnahme einzuleiten. Somit ist also der Vorsatz für Verhaltensänderungen von Umwelteinflüssen bestimmt, unabhängig davon, wie erfolgreich er später verwirklicht wird. In späteren Abschnitten wird sowohl auf die Techniken eingegangen, die solche Vorsatzerklärungen mit Hilfe von Vertragsvereinbarungen erleichtern, als auch auf die zur Einhaltung der Vertragsbedingungen notwendigen Maßnahmen.

Für den Patienten besteht das Hauptproblem zuerst in der Überwindung der attraktiven Aspekte des Problemverhaltens. Z. B. kann sich ein Exhibitionist in einer ihn in Versuchung führenden Situation befinden, die ihm bei entsprechendem Verhalten sexuelle Befriedigung verspricht. Obwohl ihm die Möglichkeit, von der Polizei gefaßt zu werden, eventuell die Stellung zu verlieren oder ins Gefängnis zu kommen, Angst einjagt, liegen diese möglichen Konsequenzen für ihn in ferner Zukunft und müssen nicht unbedingt eintreten. Gerade in einer derartigen Situation kann ein Selbstregulations-Training helfen. Der Patient befindet sich in einer konfliktträchtigen Situation und zögert einen Moment um abzuwägen, ob er nachgeben oder sein Verhalten kontrollieren soll. Beabsichtigt er, seine guten Vorsätze nicht einzuhalten, werden voraussichtlich Selbstkritik, Angst oder andere aversive Konsequenzen folgen. Es ist deshalb wahrscheinlicher, daß er die heikle Situation meidet, anstatt ihr nachzugeben. Der Klient könnte exhibitionieren, wenn geringe Gefahr besteht, gefaßt zu werden, wenn die Zuschauer für ihn anziehend sind und seine bisherigen Erfahrungen alle angenehm waren und niemals zu einer Festnahme führten und er keine ernsthaften Folgen von seiten der Ehefrau oder der Freunde fürchten mußte. Wenn die zu erwartenden ernsthaften Konsequenzen stärker sind als die Verlockung des Exhibitionierens, könnte er auch einen Freund anrufen, beten oder kalt duschen.

Diese Darstellung sollte verdeutlichen, daß das Selbstmanagement-Training eine anfängliche Unterstützung des Helfers verlangt, während der Patient erst im Laufe der Zeit seinen neu entwickelten Fertigkeiten vertrauen lernt. Diese schließen Fertigkeiten ein wie
1. Selbstüberwachen,
2. Festsetzen spezifischer Verhaltensregeln durch Verträge mit sich selbst oder anderen,
3. von der Umwelt Unterstützung suchen für Vertragserfüllung,
4. Selbstbewertung,
5. Schaffung wirkungsvoller Belohnungen nach erfolgreicher Selbstkontrolle.

Das Konzept der Selbstkontrolle impliziert, daß ein Individuum lernen kann, Verstärkerbedingungen so umzuändern, daß es in der Zukunft liegende Gewinne genießen kann, obwohl es aktuelle Befriedigungen aufgeben oder vorerst Unangenehmes tolerieren muß. Dennoch gilt das Konzept der Selbstkontrolle nur für bestimmte Situationen. Wenn jemand sein Verhalten voll und ganz genießt, obwohl es langfristige aversive Konsequenzen haben kann, entsteht kein Konflikt und somit ist auch das Selbstkontroll-Konzept nicht anwendbar. Bei einem Raucher beispielsweise, der sich der Gefahren voll bewußt ist, trotzdem aber den Genuß nicht für ein längeres Leben aufgeben will, handelt es sich um ein Verhalten, das nicht in das Selbstkontroll-Modell paßt. Dasselbe gilt auch für einen Raucher, der sich der aversiven Folgen seines Verhaltens durchaus bewußt ist. In derartigen Fällen kann man nicht von gescheiterter Selbstkontrolle sprechen. Genausowenig liegt selbstkontrollierendes Verhalten bei einer Person vor, die früher übermäßig viel gegessen, sich aber seit Jahren neue Eßgewohnheiten zugelegt hat und seitdem Maß hält. Mit anderen Worten, man spricht von Selbstkontrolle nur in dem Fall, in dem jemand ein Verhalten einleitet mit dem Ziel, die Auftretenswahrscheinlichkeit des problematischen Verhaltens zu verändern und zwar unabhängig vom Erfolg.

Oft muß ein Konflikt eingeleitet oder intensiviert werden, um die Behandlung klinischer Fälle zu ermöglichen. Z. B. kann dem Patienten durch Darlegung der aversiven Konsequenzen, die er bislang außer acht gelassen hat, die Annahme eines Behandlungsprogramms erleichtert werden. Obwohl Forschungen dazu noch im Anfangsstadium stehen, haben einige Experimente [36, 46] jedoch gezeigt, daß die Kontrolle von dem Zusammenspiel der drei besprochenen Variablen (externe, selbsterzeugte, physiologische) abhängig und keine stabile und überdauernde Persönlichkeitseigenschaft ist. Individuen, denen es schwer fällt, einer Versuchung in einer bestimmten Situation zu widerstehen, müssen diese Schwierigkeiten in anderen Situationen nicht haben. Es dürfte jedoch Personen, die aufgrund von Übungen gelernt haben, einer spezifischen Versuchungssituation zu widerstehen, leichter fallen, andere Situationen zu bewältigen, ohne daß sie auf diese gezielt vorbereitet wurden. Dieser „Generalisationseffekt" wurde zwar in Behandlungssituationen beobachtet, muß aber noch in experimentellen Untersuchungen nachgewiesen werden.

Bei Selbstmanagement-Techniken handelt es sich häufig um Selbstkontroll-Methoden. Aus dem Vorausgegangenen folgt, daß die Maßnahmen des Helfers sich auf drei verschiedene Gebiete konzentrieren sollten:

1. er sollte dem Individuum helfen, günstige Bedingungen für die Durchführung des Selbstkontroll-Programms zu schaffen und anfänglich Verstärker anbieten, die den Ausschlag zugunsten einer Veränderung des unerwünschten Verhaltens geben (Motivation);
2. er sollte weiter dem Patienten bestimmte Verhaltenstechniken beibringen, um den Änderungsprozeß zu erleichtern (Training);
3. letztlich sollte er die Anstrengungen und Erfolge des Patienten während der Durchführung des Selbstkontroll-Programms verstärken (Unterstützung und Aufrechterhaltung des Verhaltens).

Da die Rolle des Helfers im Anfangsstadium der Behandlung so wichtig ist, müssen die verschiedenen Faktoren mitberücksichtigt werden (sie sind in Kapitel 2 beschrieben), die die Helfer-Patient-Beziehung beeinflussen.

Selbstattribuierung bei Selbstmanagement-Methoden

Zusätzlich zu den praktischen Vorteilen, die eine Mitarbeit des Patienten für ein Änderungsprogramm hat, gibt es Hinweise aus verschiedenen Forschungsansätzen, daß seine Emotionen, Handlungen und Einstellungen mitbestimmt werden durch seine Ansichten über Verhaltensursachen. Die wichtigste Überlegung ist die, ob jemand die Verursachungsmomente seines Verhaltens sich allein oder dem Einfluß anderer Personen zuschreibt. Es kommt bei der Wirkung einer solchen Zuordnung nur auf die subjektive Überzeugung an, nicht auf die objektiven Ursachen. In welche Richtung die Auswirkungen einer solchen Zuordnung gehen, hängt von den Umständen ab, unter denen sie auftritt. Aus der medizinischen Literatur ist seit langem bekannt, daß ein Patient auf harmlose und wirkungslose Medikamente besonders dann anspricht, wenn er an die verschriebenen Arzneien und an den Behandlungserfolg des Arztes glaubt. Wie auch schon die Übersetzung des lateinischen Begriffs „Placebo" — „ich werde gefällig sein" — andeutet, sind Suggestionen und Ergebenheit wichtige Faktoren, die in der Arzt-Patient-Beziehung therapeutisch wirksam werden. Die positive Wirkung, die sich während der Einnahmezeit des Placebo einstellt, verschwindet häufig wieder, wenn es abgesetzt wird.

In einem von *Davison, Tsujimoto* und *Galros* [13] durchgeführten Experiment wurde bei Patienten mit Einschlafstörungen eine Kombination von Chloralhydrat (verkürzt die Einschlafzeit), Entspannungsübungen und genauen Verhaltensanweisungen für die Schlafengehenszeit angewandt. Die der Attribuierungstheorie zugrundeliegende Hypothese besagt, daß Behandlungserfolge, die die Vpn dem Medikament zuschreiben, nach Entzug wieder verschwinden. Nach der Behandlung wurde der einen Hälfte der Patientengruppe mitgeteilt, daß sie eine optimale Dosierung des Medikamentes bekommen hätten. Der anderen Hälfte wurde mitgeteilt, daß aufgrund der zu schwachen Dosierung keine Erfolge eintreten konnten. Alle Vpn setzten das Medikament anschließend ab, führten aber weiterhin ihre Entspannungs- und Einschlafübungen durch. In den Ergebnissen zeigte sich, daß Vpn, die ihre Erfolge mehr den Entspannungsübungen als dem Medikament zuschrieben, ihre neuen Schlafgewohnheiten länger beibehielten als Vpn, die glaubten, daß die Dosierung optimal zum Einschlafen gewesen war. Diese Ergebnisse stimmen mit früheren Untersuchungen von *Davison* und *Valins* [12] überein, die Vitamintabletten als Schmerzmittel ausgaben. Vpn, denen später mitgeteilt wurde, daß sie wirkungslose Tabletten eingenommen hatten, ertrugen Schmerzreize länger als Vpn, denen mitgeteilt wurde, daß sie ein schmerzlinderndes Mittel bekommen hatten. Entsprechend ist also zu erwarten, daß Verhaltensänderungen, die jemand auf externe Einflüsse — z. B. Medikamente — zurückführt, nicht so dauerhaft sind, wie Veränderungen, die man den eigenen Anstrengungen verdankt[1]).

---

[1]) *Wilson* und *Thomas* [73] verglichen die Wirkungen von selbstinduzierter und medikamentös-attribuierter Entspannung bei systematischer Desensitivierung. In dieser und

Andere Untersuchungen ergaben, daß die Leistungsmotivation von der Art der Zuordnung, die eine Person vornimmt, abhängt und zwar inwiefern sie sich selbst oder externe Bedingungen für Erfolg oder Mißerfolg verantwortlich macht [35]. Entwicklung und Änderung von Einstellungen werden außerdem durch den Ort der Attribuierung beeinflußt [52, 70, 71]. Ebenso hängt der erfolgreiche Erwerb neuer Fertigkeiten und die Verbesserung sozialer oder wahrnehmungsgebundener Fähigkeiten von der Überzeugung der Person ab, daß sie für den Erfolg eher eigene Anstrengungen als Zufälle oder Maßnahmen des Experimentators verantwortlich macht [53]. Ist ein Individuum überzeugt, daß es das Auftreten aversiver Ereignisse selbst unter Kontrolle hat, kann es sogar seine Schmerztoleranz ändern. Diese Effekte werden damit erklärt, daß es dem Individuum ermöglicht wird, den genauen Zeitpunkt und Ablauf des aversiven Stimulus vorauszusagen. Diese Voraussage ist am exaktesten, wenn die Person den Schmerzreiz selbst setzen kann. Da therapeutische Programme oft am Anfang unangenehme oder angsterregende Schritte verlangen, ist zu erwarten, daß eine Person, die das Tempo zur Bewältigung des Programms selbst bestimmen kann, bessere Fortschritte macht als jemand, dem das Tempo von anderen vorgeschrieben wird. In einem Übersichtsreferat zu den Experimenten über die Eigenkontrolle aversiver Stimuli hat *Averill* [1] betont, daß für die Voraussage der Reaktionen die Situationsbedingungen des Verhaltens entscheidend sind. *Averill* kommt zu dem Schluß, daß „streßreduzierende oder streßinduzierende Eigenschaften der Eigenkontrolle von der Bedeutung abhängen, die ein Individuum dem Kontrollverhalten beimißt; die Bedeutung des Kontrollverhaltens ist durch den Zusammenhang bestimmt, in den es eingebettet ist" ([1], S. 301).

Schachter und seine Mitarbeiter haben in einer Reihe von Untersuchungen die Bedeutsamkeit für die Attribuierung von emotionalen Erregungsquellen auf verschiedene Stimuli herausgearbeitet [56, 57, 58]. *Schachter* meint, daß zwei Komponenten notwendig sind, emotionales Verhalten hervorzurufen:

a) ein Grad emotionaler Erregung, den ein Individuum empfindet;
b) die kausale Zuordnung der Erregung zu einer relevanten Quelle.

Die Qualität der nachfolgenden Gefühle wird bestimmt durch die Einordnung, die die Person aus der kausalen Zuordnung ableitet. So kann z. B. von dem Bedeutungsumfeld der Situation die Auswirkung eines anregenden Medikamentes entweder als Wut oder als Angst bezeichnet werden. Da Verhaltensprobleme oft emotionale Komponenten beinhalten, sind die Folgerungen aus diesen Untersuchungen für den Kliniker besonders interessant. Wenn einer Person beispielsweise geholfen wird, den eigenen Erregungszustand zu identifizieren und eine zutref-

(Fortsetzung der Fußnote v. S. 361)

ähnlichen Untersuchungen zeigten die verschiedenen Attribuierungen keine signifikanten Unterschiede. Teilweise kann dies darauf zurückzuführen sein, daß diese Experimente die Attribuierung an den Anfang der Behandlung setzten, während die Untersuchungen, die die Attribuierungshypothese unterstützen, das Ziel hatten, die Verhaltensänderung *beizubehalten*. Zudem sind diese Effekte einer Selbst-Zuordnung nur dann zu erwarten, wenn weder die therapeutische *Maßnahme* besonders wirkungsvoll noch die Motivation des Patienten sehr stark ist.

fende Ursachenbestimmung vorzunehmen, kann sich das folgende Verhalten drastisch ändern. Ein gutes Beispiel bieten die sexuellen Probleme Jugendlicher. Manchmal halten diese Patienten sexuelle Erregung fälschlicherweise für Angst und reagieren bei anwachsendem Intimitätsgrad mit Flucht- oder Vermeidungsverhalten, das sie bisher zur Angstbewältigung einzusetzen gelernt haben. Etikettiert man diese emotionale Schlüsselreize um, so kann es bei diesen Patienten zu angemessenem Sexualverhalten führen.

Eine Reihe weiterer Experimente ist für die motivationalen Aspekte des Selbstmanagements von Bedeutung. *Deci [14] und Lepper, Greene* und *Nisbett* [37] haben darauf hingewiesen, daß intrinsische Motivation für bestimmte Handlungen durch ursprüngliche Vergabe und nachfolgenden Entzug von Belohnungen verringert werden kann. Man zieht diese Experimente auch heran, um die Folgen der Diskriminationsverstärkung zu verdeutlichen. Wenn Belohnung entzogen wird, dann fehlt der S^D für die Verhaltensweise und sie tritt nicht länger auf. Für die Anwendung von Selbstmanagement-Methoden bedeuten diese Ergebnisse, daß der Helfer im Einsatz von Verstärkern für solche Verhaltensweisen, die der Patient bereits gerne mag, zurückhaltend sein muß. Weiterhin wird deutlich, wie wichtig gerade der Einsatz von Selbstverstärkung ist, um gelerntes Verhalten unabhängig von einer externen Unterstützung aufrechtzuerhalten.

Therapeutische Methoden

Die Anwendung von Selbstmanagement-Methoden ist am leichtesten, wenn der Patient über seine momentanen Probleme beunruhigt ist und glaubt, durch deren Lösung seine Situation zu verbessern. Dennoch sind Patienten häufig nicht stark genug motiviert, um ein Änderungsprogramm durchzuführen. Manche glauben, daß es nach so langer Leidenszeit hoffnungslos sei, Änderungen zu erwarten. Andere wiederum befürchten, daß sie befriedigende Verhaltensweisen aufgeben müssen zugunsten unbekannter und wahrscheinlich unangenehmer Lebensgewohnheiten. Eine andere Gruppe erwartet, daß der Therapeut Wunder bewirken kann und daß sie sich selbst dabei nicht anstrengen müßten. Deshalb ist es bei der Anwendung von Selbstmanagement-Techniken besonders entscheidend, inwiefern der Patient Änderungen für wahrscheinlich und wünschenswert erachtet. Der Helfer muß daher von vornherein dem Patienten die Grenzen seiner therapeutischen Rolle verdeutlichen. So muß der Therapeut beispielsweise klarmachen, daß er Mitarbeit insofern erwartet, als daß der Patient bestimmte, auf das Programm bezogene Übungen durchführen und die Verantwortung bei der Einleitung und Aufrechterhaltung von Verhaltensänderungen übernehmen muß. Gleichzeitig versichert der Therapeut seinerseits, daß er dem Patienten bestimmte Techniken beibringen kann, die die Änderung erleichtern und daß er ihn bei der Ausarbeitung des Änderungsprogramms und des Behandlungsziels anleiten wird. Die Selbstmanagement-Technik kann mit Hilfe von Informationen über den Programmablauf aufgebaut werden. Während der Programmdurchführung muß der Helfer jedoch auch Hilfestellungen geben. Dazu gehören unter anderem die fortlaufenden Bemühungen, dem Patienten bei Entscheidungen zu helfen, die den gesamten Änderungsplan fördern. Ein Therapeut würde auf die direkte Frage des Patienten, ob er etwa seinen Beruf wechseln oder sich mit jemandem befreunden soll, nicht antworten. Dagegen ist eine Zusammenarbeit mit dem Patienten insofern möglich, daß er die einer Entscheidung zugrundeliegenden Überlegungen genau beschreibt und daß jede der Alternativen hinsichtlich ihrer Wirkungen auf den Patienten selbst und auf andere Menschen überprüft wird. Die Entscheidung jedoch trifft letztlich der Patient selbst.

Es gibt mehrere Methoden, die sowohl dem Aufbau des Selbstmanagement-Prozesses dienen als auch der Zielbestimmung durch den Patienten. In den folgenden Abschnitten werden die häufigsten Methoden beschrieben: Kontrakte, Selbstüberwachung und praktische Übungen.

Kontrakte

Juristische und soziale Verträge sind die Basis unseres sozialen Kontrollsystems. Will man auf ein gemeinsames Ziel hinarbeiten, sich gegenseitig Dienstleistungen anbieten oder Waren austauschen, werden im allgemeinen die Erwartungen der Partner in Form einer Vereinbarung niedergelegt. Bei den meisten Abmachungen des täglichen Lebens werden die Konsequenzen nicht aufgezählt, die die Partner bei Erfüllung oder Nicht-Erfüllung zu erwarten haben. Hält man z. B. die Verabredung mit einem Freund nicht ein, ergeben sich Folgen, die im voraus nicht detailliert besprochen waren. Andererseits kann ein Vertrag eine Vertragsstrafe für den Fall vorsehen, daß der vereinbarte Termin bei der Lieferung der Ware nicht eingehalten wird.

Kontrakte, die Psychologen mit Patienten schließen, betonen dagegen die positiven Konsequenzen für den Fall, daß das aufgestellte Ziel erreicht wird. In verhaltenstherapeutischen Programmen werden derartige Verträge aufgesetzt, a) um dem Patienten beim Einleiten einer bestimmten Verhaltensweise zu helfen, b) um klare Kriterien hinsichtlich der Leistung aufzustellen und c) um die entsprechenden Konsequenzen zu beschreiben. In einem schriftlich fixierten Vertrag werden die beiderseitig verpflichtenden Vereinbarungen zwischen dem Therapeuten und dem Patienten festgehalten. Durch den Kontrakt wird es ermöglicht, den Fortschritt des Patienten an seinen vertraglich festgehaltenen Pflichten zu messen. Weiter wird dem Klienten durch Vertragsvereinbarungen eine Anzahl von Regeln angeboten, die den Änderungsprozeß bestimmen.

Verträge können einseitig sein, d. h. einer der Partner verpflichtet sich zur Durchführung eines Änderungsprogramms, ohne Gegenleistungen vom anderen zu erwarten. Zweiseitige Kontrakte dagegen, wie sie z. B. zwischen Ehepartnern, in Familien oder zwischen Lehrer und Schülern geschlossen werden, beinhalten beiderseitige Verpflichtungen und damit gegenseitige Verstärker für die Partner. Verträge können auch von einem Individuum mit sich selbst oder mit einer ganzen

Gruppe abgeschlossen werden, z. B. eine Schulklasse oder Familie mit einem Helfer oder mit anderen Personen, wobei der Helfer nur als Überwachungs- oder Verhandlungsinstanz dienen kann.

Ein guter Kontrakt besteht aus insgesamt sieben Elementen. Jedes dieser Elemente sollte detailliert besprochen, erörtert und vom Patienten voll akzeptiert werden. Weiter sollten gute Verträge kurzfristig erreichbare Ziele beinhalten und schriftlich fixiert sein. Das Verhalten, das in der Vertragsvereinbarung verlangt wird, sollte vor Vertragsfixierung geübt werden, um zu schwierige oder undurchführbare Vertragsforderungen für den Klienten zu vermeiden. Die sieben Kontraktelemente sind:

1. Es soll eine klare und detaillierte Schilderung der verlangten instrumentellen Verhaltensweisen gegeben werden.
2. Es sollten Kriterien für den Zeitplan und die Auftretenshäufigkeit des erwünschten Zielverhaltens aufgestellt werden.
3. Der Vertrag sollte die positiven Verstärker spezifizieren, die von der Erfüllung der Kriterien abhängen.
4. Es sollten Vorkehrungen für das Eintreten aversiver Konsequenzen getroffen werden für den Fall, daß der Vertrag nicht innerhalb der geforderten Zeitspanne oder bezüglich der geforderten Auftretenshäufigkeit erfüllt wird.
5. Eine Vertragsklausel sollte die Vergabe von Sonderprämien als zusätzliche Verstärker beinhalten, wenn die Minimalanforderungen des Kontraktes übertroffen werden.
6. Der Vertrag sollte die Methoden beschreiben, durch die das vereinbarte Verhalten beobachtet, gemessen oder protokolliert wird. Zudem sollte festgehalten werden, mit Hilfe welcher Methode ein Patient während der Laufzeit des Vertrages über seine Fortschritte informiert wird.
7. Es muß eine Regelung dafür getroffen werden, daß die Zeitspanne zwischen vereinbartem Verhalten und den Konsequenzen möglichst kurz ist.

Stuart [64] meint, daß eine erfolgreiche Vertragsdurchführung auf vier Voraussetzungen beruht. Positive Verstärker von anderen zu erhalten, ist kein Recht, sondern ein Privileg. Daraus folgt, daß die Vergabe der Verstärker an gewisse Bedingungen zu knüpfen nicht als Strafe oder als starke Einschränkung betrachtet werden kann. Die Regeln sollten die zwischenmenschlichen Beziehungen nur in ein System bringen. Eine zweite Voraussetzung ist, daß wirkungsvolle zwischenmenschliche Vereinbarungen beiderseitig bindend sind. Ein drittes Prinzip besagt, daß die Bewertung einer interpersonalen Wechselbeziehung eine direkte Funktion des Bereiches, der Häufigkeit und Größe der positiven Verstärkung ist, die durch die Beziehung vermittelt wird. Somit wird durch einen Vertrag die gegenseitige Verstärkungshäufigkeit zwischen Vertragspartnern maximal erhöht. Die letzte Voraussetzung besteht darin, daß durch Regeln Freiheiten innerhalb zwischenmenschlicher Beziehungen geschaffen werden. Daraus ergibt sich, daß man, von den Verstärkern für bestimmte Verhaltensweisen wissend, bessere Entscheidungen zu treffen vermag, da man das zu erwartende Ergebnis der verschiedenen

Alternativen kennt. Die Festlegung gegenseitiger Verpflichtungen läßt keine Unsicherheit über die Reaktionen des Partners aufkommen.

Vertragsvereinbarungen werden meist mit anderen Selbstmanagement-Methoden kombiniert. Verträge dienen nicht nur zur Förderung der Motivation, sondern sie können auch als Verhaltensänderungs-Methoden angesehen werden, durch die der Behandlungsprozeß strukturiert und seine Entwicklung verdeutlicht wird. Schließlich bieten Kontrakte den Maßstab, anhand dessen sowohl der Patient als auch der Helfer den Fortschritt bewerten kann. Im folgenden wird die Anwendung von Verträgen in dreierlei Bereichen durch Beispiele illustriert: Schulklasse, Familie und erwachsene Patienten, die während der Behandlungszeit nicht aus ihrem Alltagsleben gerissen werden.

Verträge mit Kindern

Homme [21] hat den Einsatz von Verträgen mit Kindern in Einzelsitzungen und in Schulklassen detailliert beschrieben. Für den Gebrauch von Verstärkern bei Vertragsabschluß und -ablauf gibt es zehn Grundregeln.

Regel 1. Der Verstärker muß sofort eintreten. Bei Kindern ist es besonders wichtig, daß das verlangte Verhalten verständlich und leicht erkennbar ist und die Belohnung sofort erfolgt.

Regel 2. Die anfänglichen Verträge sollten kleine Verhaltensschritte verlangen und belohnen. Es ist besonders wichtig, das Verhalten in kleine Komponenten zu zerlegen und zu definieren. Es wäre z. B. ungünstig, das Zielverhalten im Kontrakt mit „Zimmer aufräumen" zu beschreiben. Statt dessen sollte das erste Zielverhalten lauten, alle auf dem Boden liegenden Kleidungsstücke aufzuheben und sie am entsprechenden Platz aufzuhängen. Ein zweiter Schritt würde später folgen, nämlich vom Kind zu verlangen, sein Bett zu machen. Im dritten Vertrag könnte das Kind ersucht werden, seine Spielecke oder seinen Schreibtisch aufzuräumen. Jedes Mal, wenn das erwünschte Verhalten stabil ist, werden die Kontraktanforderungen gesteigert.

Regel 3. Es sollten häufig kleine Belohnungen gegeben werden. Es ist bei Kindern wichtig, Belohnungen nicht nur um ihres eigentlichen Wertes willen einzusetzen, sondern um das Kind wissen zu lassen, wann es sich in erwünschter Weise verhalten hat.

Regel 4. Die Belohnung muß für die Leistung und nicht für den Gehorsam eingesetzt werden. Diese Regel bedeutet, daß ein Kontrakt mit einem Kind kein unspezifiziertes Verhalten als Vertragsziel beschreiben darf. Der Erwachsene darf nicht von Fall zu Fall unterschiedliche Bewertungsmaßstäbe anlegen. Die Entscheidung, ob ein Kriterium erreicht wurde, sollte nie vom Urteil des Erwachsenen allein abhängen, sondern auch vom Kind überprüfbar sein.

Regel 5. Sofortige Belohnung des Verhaltens. Diese Regel spiegelt die einfache und wohlbekannte Wirksamkeit des Verstärkerprinzips wider: Zuerst die Leistung, dann die Belohnung. Es wird dem Kind nie erlaubt, die Belohnung zu genießen und erst dann das erwünschte Verhalten zu erbringen. So wäre es z. B. falsch, einen Kontrakt zu schließen, der dem Kind erlaubt, vor Erledigung seiner Hausarbeiten eine halbe Stunde zu spielen.

Regel 6. Der Vertrag muß fair sein, d. h. die Bedingungen müssen für das Kind akzeptabel sein. Das Verhältnis zwischen der Belohnungsgröße und dem verlangten Verhalten muß ausgewogen sein.

Regel 7. Das Abkommen muß ehrlich sein. Arbeiten Eltern mit der Kontraktmethode, so belohnen sie zuerst meist regelmäßig das erwünschte Verhalten. Mit der Zeit allerdings werden sie nur noch unwillig Belohnungen für etwas vergeben, was das Kind von ganz alleine tun sollte. Obwohl durch einen guten Vertrag letztendlich die externe Verstärkung reduziert, gleichzeitig aber auch die Selbstverstärkung erhöht werden sollte, ist es von größter Bedeutung, daß die im Vertrag festgehaltenen Bedingungen während dessen Gültigkeitsdauer eingehalten werden. Mühsam erreichte Erfolge beim Aufbau von Verhaltensweisen können durch nichteingehaltene Kontraktabmachungen von seiten der Eltern wieder vernichtet werden.

Regel 9. Der Vertrag muß positiv sein, d. h. er sollte dem Kind keine Strafängste, sondern vielmehr das Gefühl vermitteln, durch die Erfüllung der Vertragsbedingungen einen aktiven und positiven Beitrag zum Erwachsenwerden und zur eigenen Fortentwicklung zu leisten.

Regel 10. Das Vorgehen bei der Vertragsmethode muß systematisch sein. Die der Kontraktmethode zugrundeliegende Wirkungsweise besteht darin, daß sie, wie viele andere Selbstmanagement-Methoden, zu einer im Alltagsleben einsetzbaren Regel wird. Weiter können weder Vertragsmethoden noch andere Techniken für ganz spezielle Gelegenheiten, z. B. fürs Wochenende oder für schwierige Situationen, reserviert werden. Zudem sollte man sich, so weit irgendwie möglich, ausnahmslos an den Vertrag halten.

In Schulklassen werden Verträge meist zur Verbesserung der Schulleistungen und zum Abbau störenden Verhaltens eingesetzt. Um in Klassen Kontrakte zu ermöglichen, muß zuerst eine Belohnungsliste erstellt werden, durch die die meisten Schüler angespornt werden. Der Lehrer muß weiter die Verhaltensweise spezifizieren, die er ändern möchte, z. B. Erledigen der Hausarbeiten, verstärkte mündliche Mitarbeit, nicht Schwätzen während des Unterrichtes oder mit Kameraden raufen. Im nächsten Schritt erklärt der Lehrer den Kindern das System und läßt sie die Belohnungen für kurze Zeit genießen. Man kann sowohl mit einem Token- als auch mit einem Punktsystem arbeiten, damit jedes Kind aus einem Angebot seine Verstärker auswählen kann. Wirkungsvolle Belohnungen für Grundschulkinder sind: Zeit für freies Spielen, Ausführen der Lieblingsbeschäftigung und das Privileg, bestimmte Unternehmungen zu verwirklichen. Der Lehrer muß anschließend die Methode erklären, mit deren Hilfe die Verhaltensänderungen überprüft werden, und er muß weiter die Abhängigkeitsbeziehung zwischen Verhalten und Verstärker verdeutlichen.

Verträge mit Ehepartnern

Patterson und *Hops* [49] haben in einem Forschungsbericht detailliert die Trainingstechniken beschrieben, um Ehepartnern beim Aushandeln von Verhaltensweisen zu helfen, damit Auftretenshäufigkeit und Intensität der Konflikte verringert werden. Man kann davon ausgehen, daß aufgrund vieler kleiner Ärgernisse die Unstimmigkeiten zwischen Ehepartnern sich beträchtlich steigern. Wahrscheinlich versuchen beide Partner, die störenden Verhaltensweisen des anderen dadurch zu kontrollieren, daß sie sich gegenseitig aversiv stimulieren. Dies führt zu heftigen Auseinandersetzungen, bei denen jeder Partner die lästigen Verhaltensweisen des anderen verstärkt [50]. Nach einigen derartigen Interaktionen kann ein Partner gelernt haben, entweder durch frühes Nachgeben Auseinandersetzungen zu vermeiden oder das Ausmaß der aversiven Kontrolle zu steigern. Es kann auch durch die Konfrontation vorübergehende Besserung eintreten, die jedoch nicht lange andauert. *Patterson* und *Hops* haben Videoaufnahmen der Partnerinteraktionen aufgezeichnet, um beim Paar die Häufigkeit der aversiven Verhaltensweisen zu reduzieren. Sie haben Beispiele von nichtaversiven Interaktionen zur Nachahmung vorgegeben und unter Supervision ablaufende praktische Übungen eingeführt. Weiterhin lernten die Partner, störendes Verhalten genau zu benennen. Die erwünschten Veränderungen und die für jeden Partner zu erwartenden Konsequenzen wurden im Vertrag festgehalten. *Patterson* und *Hops* führten Erstinterviews und zusätzliche Besprechungen durch und verschafften sich zusätzliche Informationsquellen zum Kernproblem. Weiterhin verlangten sie von dem Ehepaar, Abschnitte aus *Lederer* und *Jackson* [36] durchzuarbeiten. Anschließend mußte das Paar einen seiner Konflikte besprechen, was auf Videoband aufgezeichnet wurde. Danach wurde dem Paar der Begriff des aversiven Stimulus erklärt, und zwei Experimentatoren führten im Rollenspiel die vorgegebene problembezogene Interaktion in einer nichtaggressiven Art und Weise vor. Das Paar mußte anschließend versuchen, dies so nachzuspielen, daß dabei das störende Partnerverhalten klar ausgesprochen wurde. Das Paar lernte, seine Klagen genau zu spezifizieren und über die Vertragsbedingungen hinsichtlich der Verhaltensveränderungen zu verhandeln. In Tabelle 2 wird das Beispiel eines Erstvertrages gegeben. Anschließend wurden weitere Kontrakte über spezifiziertere Verhaltensweisen abgeschlossen, um weitere Unstimmigkeiten zwischen den Ehepartnern abzubauen.

Verträge mit Einzelpersonen

Die Vertragsmethode wird oft auch bei Einzelpersonen eingesetzt. So kam z. B. eine Studentin zur Therapie, weil sie über Minderwertigkeitsgefühle klagte, sich gegenüber ihrer Zimmergenossin nur schwer durchsetzen konnte und zudem das Gefühl hatte, zu viel Zeit zu vertrödeln. Nach dem Anfangsgespräch wurde beschlossen, zuerst die Minderwertigkeitsgefühle anzugehen. Die Verhaltensanalyse zeigte, daß die Beschwerden dadurch entstanden waren, daß die Patientin in

Tabelle 10.2. Abmachung Nr. 1 (Mit Erlaubnis übernommen aus *Patterson, G. R.* und *Reid, S.:* Coercion, a game for two; intervention techniques for marital conflict. Technical Report No 6, ONR Project, University of Oregon 1971).

Bettys Forderungen an Bill:
1. Über Geldprobleme nur einmal pro Woche für 15 Minuten reden.
2. Nur einmal im Monat nörgeln.
3. Keine Klagen über Berufsleben, außer es ergeben sich dort ungewöhnliche Schwierigkeiten.

Konsequenzen: Wenn Bill den Vertrag nicht einhält und mehr nörgelt, als festgelegt ist, darf sich Betty vom Haushaltsgeld ein Kleid (20 $) kaufen. Wenn er jedoch mehr als dreimal pro Woche nörgelt, kann Betty ein 100 $-Kleid anzahlen.

Bills Forderungen an Betty:
1. Nicht länger als bisher arbeiten, d. h. Mo 9–17.30, Di 17–21, Mi frei, Do 17–21, Fr 9–13, niemals Sonnabends und Sonntags.

Konsequenzen: Wenn Betty später, als festgelegt ist, nach Hause kommt oder am Wochenende arbeiten geht, muß 5 $ von ihrem eigenen Sparbuch abheben.
2. Wenn Bill es sich leisten kann, Betty 100 $ Taschengeld im Monat zu geben, hört sie mit der Arbeit auf.

Betty	Bill

Retrospektion meinte, sich in den meisten sozialen Situationen falsch und unentschlossen verhalten zu haben. Zuerst wurde der Studentin eine Liste mit positiven Äußerungen über sich selbst übergeben, damit sie über genügend Selbstverstärker verfügte. Anschließend wurde mit der Patientin ein Vertrag abgeschlossen. Sie mußte sich verpflichten, zweimal täglich — direkt nach dem Mittagessen und vor dem Zubettgehen — ihr Verhalten anderen Menschen gegenüber zu überdenken. Sie sollte mindestens drei derartige Situationen aufzählen, die ihrer Meinung nach befriedigend abgelaufen waren. Zudem hatte die Studentin die Aufgabe, die Anzahl dieser Situationen zu protokollieren und sie mit einer positiven Aussage über sich selbst zu verknüpfen. Wenn sie 25 derartige Selbstbestätigungen gesammelt hatte, durfte sie eine Kurzgeschichte lesen, eine für sie ausgesprochen angenehme Beschäftigung. Allmählich wurden die Vertragsbedingungen so erhöht, daß sie bis zu 10 für sie befriedigende Interaktionen und entsprechend viele Selbstbelohnungen pro Tag sammeln mußte, um eine Kurzgeschichte lesen zu dürfen. Nachdem sie diesen Problemkreis erfolgreich bewältigt hatte, wurde ein neuer Kontrakt abgeschlossen. Er verlangte ein Minimum assertiven Verhaltens, d. h. die Studentin sollte eigene Gedanken und Einstellungen anderen gegenüber ausdrücken. Nachdem sich auch hierbei Erfolge eingestellt hatten, wurden mit Hilfe eines weiteren Vertrages die Arbeitsstörungen angegangen. So durfte die Patientin erst nach einer gewissen Arbeitsdauer ihren Lieblingsbeschäftigungen nachgehen. Zugleich ermutigte und lobte der Therapeut die Studentin wegen ihrer Fortschritte, über die sie während der Gesprächssituationen berichtete. Die Kontraktmethode wurde in diesem Fall außerdem durch Entspannungsübungen ergänzt, damit die Studentin sie bei ansteigendem Anspannungsgrad einsetzen konnte. Außerdem lernte die Patientin durch die Vertragsvereinbarungen (die Kontrakte liefen jeweils über 2 bis 3 Wochen) und die Erfolgsbewertungen, sich selbst zu beobachten und ihre Wirkung auf andere genau zu beschreiben. Innerhalb von 14 Tagen hatte sich das Verhalten der Studentin zu ihrer Zufriedenheit geändert, so daß die Therapie beendet werden konnte.

Klinische Beispiele für die erfolgreiche Anwendung der Vertragsmethode in Kombination mit anderen Selbstmanagement-Techniken stammen hauptsächlich aus der Behandlung Übergewichtiger, starker Raucher, Alkoholiker und Patienten mit homosexuellen Vorstellungen. Bei derartigen Fällen ist die Vertragsmethode hilfreich, da der Patient nicht mit der Aufgabe überfordert wird, sein unerwünschtes Verhalten von einem Tag auf den anderen aufzugeben. Ein Klient machte sich beispielsweise wegen seiner sexuellen Leistungsfähigkeit Sorgen. Anfänglich konnte er sich nicht vorstellen, jemals normale sexuelle Funktionen auszuüben. Mit Hilfe eines Vertrages zwischen dem Patienten und seiner Ehefrau wurde eine Stimulus-Kontrolle eingeführt. Dadurch sollten nicht die Ängste vollständig beseitigt, sondern nur in ihrer Auftretenshäufigkeit eingeschränkt werden, um das eheliche Sexualverhalten nicht zu stören. Es wurde vertraglich festgelegt, Zärtlichkeiten auszutauschen, ohne dabei unbedingt zum Orgasmus kommen zu müssen. Es schlossen sich Zärtlichkeitsübungen an, wie sie *Masters* und *Johnson* [44] und andere vorgeschlagen haben, um die sexuellen Annäherungen allmählich zu verbessern. In diesem genannten Beispiel diente der Vertrag primär der Angstreduktion des Patienten, der fürchtete, sich niemals zufriedenstellend verhalten zu können. Diese Furcht wurde angegangen durch die vertraglich festgelegten Vereinbarungen, die anfänglich nur kleine Verhaltensänderungen verlangten. Außerdem wurde die Basis geschaffen, die die Anwendung von weiteren Selbstmanagement-Techniken ermöglichte. Es liegen weitere erfolgreiche Berichte über die Kontrakt-Technik bei Drogenabhängigen [6, 74], bei Übergewichtigen [69], bei starken Rauchern [54] und bei Patienten mit anderweitigen Störungen vor.

Die Wirkung von Vertragsabmachungen kann dadurch erhöht werden, daß man sie öffentlich bekannt gibt, z.B. einem Freund, der Ehefrau, oder Mitarbeitern. Bei derartigen öffentlichen Bekanntgebungen besteht jedoch die Gefahr, daß ein Patient, um andere Personen zu beeindrucken, zu hohe Standards und unerreichbare Vertragsziele aufstellt. Die folgenden Schwierigkeiten, derartiger Vertragsabmachungen einzuhalten, können dazu führen, daß der Klient den Personen, die um die Versprechung wissen, aus dem Wege geht, oder daß er sich so verhält, daß die Beziehung zu dem „Zeugen" des nichterfüllten Vertrages gefährdet wird. Derartige Folgen hängen mit dem Problem der Gegenreaktion oder des Widerstandes zusammen, auf das am Ende dieses Kapitels eingegangen wird.

Selbstbeobachtung

Wie bereits bei der Darstellung des vorläufigen Selbstmanagement-Modells besprochen wurde, handelt es sich bei der Selbstbeobachtung oder Selbstüberwachung um einen Vorgang, der der Messung des Patientenverhaltens unter kontinuierlicher Beobachtung durch einen Therapeuten oder Experimentator entspricht. Behandlungsmethoden mit dem Ziel, das beobachtende Verhalten des Patienten zu erweitern, verlangen genaue Protokollierung des Verhaltens. Und nur wenn der Patient Zugang zu dem Verhalten hat, scheint Selbstüberwachung – als verfeinerte Version des Selbstberichtes – die brauchbarste Methode zu sein, um dem Patienten die Ausführung eines Selbstmanagement-Programms zu ermöglichen. In unserem vorläufigen Modell wird jedoch auch deutlich, daß die Selbstbeobachtung (SB) weder von der Selbstbewertung einer Person unabhängig ist noch von deren Tendenz, bestimmte Konsequenzen an ihr Verhalten zu knüpfen. Bittet man jemanden, sein Verhalten zu beobachten und zu protokollieren, hilft man ihm dadurch, sich über die Auftretenshäufigkeit bestimmter Verhaltensweisen klar zu werden. Zugleich schafft man ein objektives Maß, um spätere Änderungen hinsichtlich des beobachteten Verhaltens sofort festzustellen. Somit kann SB einen *rückwirkenden* Effekt haben, d. h. daß sich allein durch ihren Einsatz das überwachte Verhalten ändern kann.

Setzt man SB als Änderungsmethode ein, liegt implizit oder explizit ein Kriterium vor, das das angestrebte Niveau des beobachteten Verhaltens definiert. Der Klient erwartet möglicherweise vom Therapeuten Lob oder Kritik, oder der Patient selbst zeigt Freude oder Mißfallen, wenn er verändertes oder unverändertes Verhalten beobachten konnte. Deshalb ist es wichtig, die verschiedenen Funktionen der SB in der Selbstmanagement-Methode zu trennen. SB wird meist als Hilfsmittel vor Beginn der eigentlichen therapeutischen Behandlung eingesetzt, um die Auftretenshäufigkeit von Verhaltensweisen zu protokollieren. Bezweckt der Therapeut, das Ausmaß des Problemverhaltens oder die Bedingungen, unter denen das definierte Verhalten auftritt, kennenzulernen, lehrt er den Patienten, ein bestimmtes Verhalten zu klassifizieren und es hinsichtlich seiner Auftretenshäufigkeit zu überwachen. Untersuchungen jedoch haben erwiesen, daß die Genauigkeit der Selbstbeobachtung sehr unterschiedlich sein kann, vergleicht man deren Ergebnisse mit objektiven Messungen des gleichen Verhaltens in verschiedenen Situationen [32]. In einigen Untersuchungen wurden weitgehende Übereinstimmungen zwischen SB und unabhängigen Beobachtungen festgestellt, in anderen wiederum zeigten sich große Diskrepanzen. Als ein diagnostisches Verfahren sollte man die SB deshalb nur einsetzen, wenn zugleich weitere unabhängige Beobachtungen vorliegen, die mit dem Selbstbericht des Klienten verglichen werden können.

Anfänglich wurde die SB eingesetzt, um von dem ursprünglichen Verhalten eine Häufigkeitsverteilung als Ausgangsbasis zu gewinnen. In einigen Fällen konnte sogar festgestellt werden, daß sich das beobachtete Verhalten in die erwünschte Richtung veränderte. Daran anschließende experimentelle Studien und klinische Erprobungsuntersuchungen haben deshalb versucht, die SB als therapeutische Technik zu nutzen. In verschiedenen Untersuchungen mit Übergewichtigen [64], mit Rauchern [45], mit Schulkindern [8] und mit arbeitsgestörten Patienten konnte eine Reduzierung des unerwünschten Verhaltens festgestellt werden. In anderen

Untersuchungen [42] wiederum konnten diese Ergebnisse nicht reproduziert werden. Unser vorläufiges Verständnis über die Wirkung der SB auf das beobachtete Verhalten selbst ergibt, daß ein Effekt nur am Anfang eines Behandlungsprozesses zu erwarten ist, sich jedoch im Laufe der Zeit wieder abschwächt. Die Stärke und Richtung dieser Wirkung variiert beträchtlich bei verschiedenen Behandlungsbedingungen und bei unterschiedlichen Verhaltensweisen, die es zu beobachten gilt. So kann die Wirkung der SB beispielsweise gesteigert werden, wenn die SB als therapeutische Technik eingesetzt wird und gleichzeitig ein eindeutiger Bewertungsmaßstab über die erwünschte Änderung des beobachteten Verhaltens vorliegt. Trotzdem ist die Wirkung der SB wohl nicht allein auf das aktive Beobachtungsverhalten zurückzuführen. Veränderungen des überwachten Verhaltens dürften auch durch die implizierten Erfolgserwartungen des Therapeuten und durch die vermehrte Selbstbelohnung des Patienten erleichtert werden, wenn er die Kriterien des Therapeuten erfüllt. Der Klient beispielsweise, der von der Notwendigkeit überzeugt ist, seine Kalorienzufuhr zu reduzieren, der weiter Selbstverstärkungs-Techniken nach Nahrungsverweigerung gelernt hat, und der eventuell eine vertragliche Vereinbarung hinsichtlich der Nahrungsreduzierung getroffen hat, dürfte auf selbstüberwachtes Eßverhalten mit mehr reagieren als nur mit einer einfachen Eintragung der Kalorienaufnahme in sein Beobachtungsprotokoll.

Eine weitere wichtige Eigenschaft der SB — vom Therapeuten oft wohlüberlegt genutzt — ist, daß die SB inkompatibel mit dem Weiterbestehen des unerwünschten Verhaltens sein kann. Der Autor hat beispielsweise die SB über aggressive Reaktionen und über Vorstellungen physischer Gewalttaten verlangt, um den eingeschliffenen Ablauf von aggressiven Verhaltensweisen zu unterbrechen, die das Problem des Patienten ausmachten. Wenn die SB also ein Verhalten betrifft, das sowohl vom Therapeuten als auch vom Klienten verstärkt wird und das inkompatibel mit der unerwünschten Reaktion ist, kann die positive Wirkung hinsichtlich der Veränderung des unerwünschten Verhaltens nicht allein der SB zugeschrieben werden. So hat z. B. der Autor bei einem verheirateten Mann mit Eheproblemen eine SB bezüglich bösartiger und aggressiver Gedanken gegenüber seiner Ehefrau angeraten. Die Überwachungsaufgabe verlangte, daß jede Interaktion, bei der man einen anschließenden Streit befürchten mußte, auf Tonband aufgenommen wurde. Das Ehepaar berichtete ein Nachlassen der Streitereien, da teilweise — wie es lachend erzählte — das Tonband gerade nicht zur Hand war. Durch den gemeinsamen Aufbau des Tonbandgerätes wurden die verletzenden gegenseitigen Beschuldigungen erst einmal unterbrochen und anschließend konnte sich das Paar nicht mehr daran erinnern, worum der Streit überhaupt ging.

Ein weiteres wichtiges Merkmal der SB besteht in der Beziehung des selektierten zu beobachtenden Verhaltens und dem Beobachtungszeitpunkt. In Untersuchungen wurden z. B. Selbstbeobachtungen in folgenden Situationen verlangt: beim Auftreten zwanghafter Gedanken, beim Drang, das problematische Verhalten auszuführen, beim Auftreten einfacher motorischer Störungen, wie Hautzupfen oder Werfen von Gegenständen oder beim Eintreten komplexer sozialer Verhaltensweisen wie selbstabwertende Äußerungen und bei vielen anderen Verhaltensweisen. Dabei kann die SB entweder vor dem Eintreten des unerwünschten Verhaltens, direkt danach oder am Ende einer längeren Verhaltenssequenz stattfinden. Um maximale Erfolge zu erbringen, gibt es bislang noch zu wenig experimentelle Ergebnisse, die dem Therapeuten die Entscheidung erleichtern, ob die SB schon bei der Absicht oder dem Drang, das Verhalten auszuführen, einsetzen sollte oder erst nach der Ausführung des unerwünschten Verhaltens. Jedoch würde ein zusammenfassendes Protokollieren des beobachteten Verhaltens nach mehreren Stunden oder am Ende eines Tages eine lange Verzögerung bedeuten und sicher die günstigen Auswirkungen des protokollierenden Verhaltens allein abschwächen. Aus unserer Sicht ist eindeutig festzustellen, daß die SB allein keine ausreichend wirksame Technik ist, um langandauernde Verhaltensveränderungen hervorzurufen. Trotz allem können SB-Methoden mit Erfolg eingesetzt werden, um die Motivation des Klienten hinsichtlich einer Verhaltensänderung zu erhöhen. Im Gespräch mit dem Therapeuten kann das Erreichen eines Kriteriums, das durch eine graphische Darstellung der selbstbeobachteten Verhaltensweisen verdeutlicht wird, sowohl für den Therapeuten als auch für den Patienten als Ansporn und später auch als Gelegenheit zur Verstärkung dienen. So können verschiedene Maßnahmen direkt an das Erreichen der erwünschten Verhaltensänderung geknüpft werden, z. B. sich selbst verwöhnen, indem man sich etwas Luxuriöses leistet, eine angenehme Tätigkeit ausführt oder sich eine kurze Pause gönnt. Somit kann das Protokoll über die selbstbeobachteten Verhaltensweisen bzw. die daraus gewonnene graphische Darstellung als sichtbarer Leitfaden für die Anwendung von Selbstbelohnung dienen.

Regeln für die Selbstbeobachtung

Wenn man dem Patienten die SB beibringt, sollten folgende Schritte beachtet werden:

Schritt 1. Man sollte dem Patienten erklären, wie wichtig das genaue Protokollieren ist und die Nützlichkeit der SB im therapeutischen Programm mit Beispielen belegen.

Schritt 2. Zusammen mit dem Patienten sollte die zu beobachtende Kategorie von Verhaltensweisen klar definiert und anhand von Beispielen zu irrelevantem Verhalten abgegrenzt werden. Bei leicht isolierbaren Verhaltensweisen, wie z. B. Rauchen einer Zigarette oder Abgeben einer spezifischen positiven Äußerung, sollte die Häufigkeit protokolliert werden, bei länger andauernden Verhaltensabläufen dagegen die Zeitspanne. So kann man z. B. die Zeitdauer vom Anfang bis Ende einer Arbeitsperiode festhalten oder die Zeitspanne messen, die man mit anderen Menschen verbringt oder in der man zwanghaften Gedanken nachhängt.

Schritt 3. Es sollte eine unauffällige und bequeme Methode für das Protokollieren gewählt werden, d. h. die Methode muß auch immer dann anwendbar sein, wenn abzusehen ist, daß das Verhalten eintreten wird. Für das Auszählen von Häufigkeiten kann man eine Zähluhr benutzen, wie sie z. B. Golfspieler am

Handgelenk tragen. Für Verhaltensweisen, die seltener auftreten, kann der Patient eine Anzahl von Pfennigen in seiner Hosentasche tragen. Jeweils nach Auftreten des Verhaltens wird dann z. B. ein Pfennig aus der rechten in die linke Tasche getan und die Anzahl der Pfennige in regelmäßigen Abständen in das Beobachtungsprotokoll eingetragen [72]. Ähnliche Hilfsmittel sind Zahnstocher, kleine Chips usw. Kleine Karteikarten, die man bequem in der Hosentasche tragen kann, erleichtern das Eintragen von Beobachtungen.

Schritt 4. Man sollte dem Patienten zeigen, wie er das Beobachtungsprotokoll auswerten und graphisch darstellen kann.

Schritt 5. Das Protokollieren sollte zusammen mit dem Patienten im Rollenspiel eingeübt werden. Zudem ist es ratsam, den Klienten entweder mit den notwendigen Protokollblättern zu versorgen oder ihn das entsprechende Material besorgen zu lassen, damit die Protokollierungs-Prozedur mit Handhabung der notwendigen Hilfsmittel vollständig eingeübt werden kann.

Im Anfangsstadium sollte man für die SB am besten relativ einfach zu erkennende Reaktionsklassen aussuchen und nur eine einzige Verhaltenskategorie protokollieren lassen. Wenn der Patient dies beherrscht, kann man ihn bitten, zusätzliche Informationen zu sammeln. So kann man z. B. ein Kodierungssystem entwickeln, um auch die Bedingungen zu protokollieren, unter denen das Verhalten auftritt. Dabei muß man sich meist auf einige wenige, leicht zu unterscheidende Situationen beschränken. Ein Klient kann beispielsweise sein Verhalten, das entweder allein oder in Verbindung mit anderen Reaktionen auftritt, jeweils entsprechend in verschiedene Spalten seines Protokollbogens eintragen. Er kann auch eine zweite Golfer-Zähluhr tragen oder die Pfennige aus der rechten Tasche in zwei verschiedene linke zählen, damit das Registrieren der Verhaltenshäufigkeit hinsichtlich der beiden unterschiedlichen Qualitäten gewährleistet wird. Im allgemeinen bringen die Klienten, denen man die Funktion und den Zweck der SB erklärt, eigene Vorschläge für den Protokollierungsgang, der am besten ihrem persönlichen Stil entspricht.

Selbstbeobachtungs-Aufgaben sollten in den darauffolgenden Sitzungen überprüft werden. Teilweise bringen Patienten nämlich längere Abhandlungen oder ausführliche verbale Beschreibungen des problematischen Verhaltens und der begleitenden Umstände. Derartige Protokolle sind nicht quantifizierbar und der Klient sollte dazu nicht ermutigt werden. Wenn das Problemverhalten sehr häufig ist oder sich über längere Zeit hinzieht, kann man die Zeitproben-Technik einsetzen. Der Patient beobachtet dabei sein Verhalten nur während vorher festgelegter Zeitintervalle. Der Therapeut kann ein Selbstbeobachtungs-Programm entwickeln, um sicherzugehen, eine adäquate Stichprobe des Verhaltens zu erhalten. Nach dem Zufallsprinzip werden dabei aus allen Gelegenheiten, bei denen das Verhalten auftreten kann, einige ausgewählt, und der Klient soll dann während festgelegter Zeitintervalle die SB durchführen. So kann beispielsweise eine Stichprobe aggressiven oder schüchternen Verhaltens bei solchen Patienten gewonnen werden, die tagsüber im Beruf dauernd mit Menschen zu tun haben, indem man halbstündige Beobachtungsperioden über mehrere Tage hindurch festsetzt. Es muß jedoch darauf geachtet werden, daß sich keine Informationsverfälschungen ergeben, weil der Tagesrhythmus eines Patienten systematisch von einem Tag auf den anderen variiert oder weil sein Problemverhalten nur in begrenzten, ganz spezifischen Situationen auftritt.

Weitere Variationen der SB schließen den Gebrauch der graphischen Darstellung hinsichtlich der Auftretenshäufigkeit oder -dauer des Verhaltens ein, entweder als Erinnerungshilfe für den Patienten selbst oder als Mittel, um soziale Anerkennung oder Unterstützung von kleinen Personengruppen zu erhalten. Man kann derartige Graphiken am Kopfende des Bettes bei stationären Patienten, an einem für alle Familienmitglieder zugänglichen Ort oder öffentlich im Schulklassenzimmer anbringen. *Rutner* und *Bugle* [55] stellten beispielsweise durch eine SB Verhaltensänderungen bei einem Klienten fest, der jeweils die Auftretensdauer seiner Halluzinationen in ein an der Wand hängendes Schaubild eintrug. Eine Belohnung von der sozialen Umwelt kann sicher die Wirkung einer derartigen Technik beträchtlich erhöhen.

Für die SB-Methode sind noch weitere Modifikationen entwickelt worden, die jedoch aufwendigere Protokollmedien verlangen. In einer Reihe von Untersuchungen wurden Ton- oder Videoaufnahmen abgespielt, um dem Patienten Gelegenheit zu geben, sein eigenes Verhalten zu beobachten. Später dienen dann diese Selbstbeobachtungen als Grundlage, das Verhalten zu verbessern. Meist ist jedoch eine derartige Selbstbeobachtungs-Methode nur ein Teil eines breiter angelegten Änderungsprogramms. Im allgemeinen nehmen daran eine Therapeuten- und eine Patientengruppe teil. Die Therapeuten leiten einen selbstkorrigierenden Prozeß dadurch ein, daß dem einzelnen Patienten beigebracht wird, bestimmte problematische Aspekte seines interagierenden Verhaltens genau zu überprüfen und zu differenzieren. Weitere Therapeuten dienen anschließend als Modell für erwünschtes Verhalten und verstärken die Versuche der Klienten, es nachzuahmen (vgl. Kapitel 5 für die Darstellung dieser Techniken).

Eine noch kompliziertere Selbstbeobachtungs-Methode ist die Biofeedback-Technik. Der Patient lernt, unterschiedliche Vorgänge, z. B. Herzfrequenz, Hautwiderstand, Hirnstromwellen und andere körperliche Reaktionen, wahrzunehmen. Forscher und Praktiker maßen dieser Technik wegen ihrer potentiellen Eignung zur psychologischen und medizinischen Behandlung eine große Bedeutung bei. Sieht man jedoch die Literatur durch, ergibt sich, daß bislang Biofeedback allein zu noch keinen bedeutenden Verhaltensänderungen bei Klienten geführt hat, deren medizinische und psychologische Probleme freiwilliges Kontrollieren körperlicher Funktionen verlangen [59]. Eine SB physiologischer Vorgänge erbringt nur kleine Erfolge und nur zeitbegrenzte Änderungen hinsichtlich physiologischer Funktionen sowohl bei Tieren als auch bei Menschen [4]. Derartige Veränderungen konnten bislang weder über längere Zeit hinweg aufrechterhalten werden noch war das Ausmaß der Verbesserung groß genug, um langfristige therapeutische Effekte zu erzielen.

Zusammenfassend läßt sich sagen, daß die SB zwar eine das Selbstmanagement-Programm fördernde Komponente ist, aber kein ausreichend zuverlässiges diagnostisches Instrument. Auch zeigt sie als alleinige Methode bei verschiedenen Bedingungen und bei unterschiedlichen Verhaltensweisen keine nachweisbaren Erfolge.

Anweisungen für praktische Übungen

Seit langem werden Anweisungen zur Ausführung praktischer Übungen als therapeutische Technik benutzt [19]. Gerade bei Selbstmanagement-Programmen spielen sie eine zentrale Rolle. Das Vergeben von praktischen Übungen als Hausaufgaben, die nach dem Schwierigkeitsgrad geordnet werden, ergänzt inhaltlich die Selbstmanagement-Methode, so daß der Patient Verhaltensänderungen selbst verantworten muß. Zusätzlich bekommt er durch die Aufgabenstellungen eine klare Vorstellung, wie wichtig das schrittweise Verändern von gewohnheitsmäßigem Verhalten *außerhalb* der Therapie ist. Gleichzeitig schwächen sie die Überzeugung des Klienten ab, daß eine Änderung unmöglich sei. Durch die Aufgaben eröffnet sich weiter die Möglichkeit zur SB und zur Besprechung der Probleme, die auf den Patienten zukommen, wenn er sich in veränderter, erwünschterer Art und Weise verhält. Geht man von der Annahme aus, daß Selbstattribuierung den Behandlungserfolg erleichtert, wird die Motivation des Patienten durch die kleinen Erfolge beim Erledigen der Aufgaben erhöht und gleichzeitig sein Einsatz für das Änderungsprogramm verstärkt. Die gestellten Aufgaben verlangen größtenteils neue Verhaltensweisen, die der Klient in seinem Alltag auszuführen versuchen soll, damit sich sein Verhaltensrepertoire erweitert.

Hausaufgaben in Form von praktischen Übungen sollen ein neues Verhaltensrepertoire schrittweise aufzubauen helfen. Teilweise haben sie auch das Ziel, dem Patienten zu zeigen, daß seine Versuche keine aversiven Folgen haben. Es ist jedoch wichtig, den Patienten bei der Planung der Aufgaben und bei der Art und Weise, wie er sie ausführen soll, miteinzubeziehen. Die Ziele sollten realistisch und die Möglichkeiten zu versagen gering sein.

Falls der Patient vor bestimmten Situationen Angst hat, kann der Therapeut einen Vorwand suchen, um den Klienten dazu zu bringen, bislang vermiedene Verhaltensweisen erstmalig auszuführen. So kann man z.B. einem Patienten, der sich vor sozialen Situationen ängstigt, eine ganz spezifische Aufgabe geben, damit er diese Furcht überwindet. Für einen extrem schüchternen Klienten wurden folgende Aufgaben entwickelt: Er sollte in ein Café gehen, eine Tasse Kaffee trinken und gleichzeitig die Häufigkeit und die Art der Interaktionen zwischen den anderen Gästen der Nachbartische für 15 Minuten protokollieren. In einem anderen Fall sollte eine scheue junge Frau mit Minderwertigkeitskomplexen nur deshalb zu einer Party gehen, um dort Informationen über die berufliche Ausbildung und die momentane Stellung zweier männlicher und weiblicher Gäste einzuholen. In einem dritten Fall sollte ein Patient, der oft zu viel Wein trank, in einer Kneipe eine Flasche Bier bestellen, die Zahl der männlichen und weiblichen Gäste, die das Lokal betraten und verließen, feststellen und ihr Alter einschätzen. In all diesen Fällen hatten die Aufgaben mehrere Ziele. Erstens boten sie dem Klienten die

Gelegenheit, das Verhalten auszuführen, das für ihn zuvor ein Problem darstellte. Teilweise hilft es auch, die Bedenken zu zerstreuen, daß etwas Schreckliches passieren könne. Zweitens ergibt sich aus erfolgreichem Erledigen der Aufgaben, aus der SB und aus den Besprechungen mit dem Therapeuten, daß der Patient seine neuerworbene Rolle immer geschickter ausfüllt und sich in ihr wohlfühlt. Man kann den Klienten auch bitten, seinen Einfluß auf das Verhalten anderer Personen und seine Gefühle während der Ausführung der Aufgabe zu beobachten und zu schildern [34]. Durch solche Erfahrungen kann der Patient seine Selbsteinschätzung und die Bewertung seiner Fähigkeiten revidieren. Dadurch wird zudem sein Problemlösungsverhalten, das er in der Therapie gelernt hat, im Alltagsleben verbessert.

Es ist jedoch unbedingt notwendig, daß das als Aufgabe verlangte Verhalten in Gegenwart des Therapeuten im Rollenspiel eingeübt und vor der praktischen Durchführung detailliert besprochen wird. Weiter ist es ratsam, die Ergebnisse der SB schriftlich zu protokollieren. Der Therapeut sollte sich in seiner Verstärkung und Unterstützung auf das Verhalten konzentrieren, das zusammen vorher geplant war und das der Klient auch ausgeführt hat und zwar unabhängig von der Reaktion anderer Personen auf dieses Patientenverhalten. Ansichten und Ideen des Klienten vermitteln dem Therapeuten oft Anregungen für praktische Übungen. Zur Überwindung seiner Schwierigkeiten sollte der Patient während eines Änderungsprogrammes ermutigt werden, für sich selbst Aufgaben zu planen und durchzuführen.

Modifikation der Umwelt

Ein Patient, dessen Probleme mit Hilfe von Selbstmanagement-Techniken behandelt werden können, hat wahrscheinlich bereits mehrmals vergeblich versucht, sein Verhalten zu verändern. Sein Versagen kann entweder auf mangelnde Umweltunterstützung, auf mangelndes Wissen um brauchbare Änderungsmethoden oder auf unzureichende Anwendung von Selbstverstärkung beim Änderungsversuch zurückzuführen sein. Die in den folgenden beiden Abschnitten dargestellten Techniken verlangen vom Patienten nur ein Minimum an Eigeninitiative, die jedoch Veränderungen in der Umwelt auslösen, so daß sich dadurch auch die nachfolgenden Reaktionen des Patienten entsprechend ändern. Wenn z. B. jemand über den äußersten Rand eines Swimmingpools hinaustritt, werden die folgenden Ereignisse allein durch physikalische Gesetze bestimmt und nicht durch Selbstregulation. Ein ähnlicher Prozeß läuft ab, wenn ein Alkoholiker ein Mitglied der Anonymen Alkoholiker anruft und mit ihm im Park spazierengeht. Er schafft dadurch Umweltbedingungen, durch die selbstkontrollierendes Verhalten — nämlich den Besuch in der nächsten Kneipe zu verhindern — nicht notwendig wird.

Die hier beschriebenen Techniken kann man unter dem Begriff der *Stimulus-Kontrolle* zusammenfassen. Es werden Umweltbedingungen geschaffen, die das Auftreten des unerwünschten Verhaltens unmöglich oder zumindestens unwahrscheinlich machen. Stimulus-Kontrolle kann ganz *extreme Einschränkungen* beinhalten, um das unerwünschte Verhalten zu verhüten. Extreme Beschränkungen sind z. B., sich freiwillig in eine geschlossene Klinik zu begeben, sich selbst in ein Zimmer einzusperren oder den Autoschlüssel einem Freund abzugeben. In diesen Fällen wird unerwünschtes Verhalten dadurch verändert, daß das Individuum das erwünschte Verhalten über ein externes Kontrollagens kontrolliert, indem es auf etwas verzichtet. Leider ist eine derartige Kontrolle nur kurzfristig erfolgreich. Zudem werden oft Vermeidungsverhalten oder Aggressionen gegen das Agens aufgebaut, dem man die Kontrolle zugespielt hat. Beim anderen Extrem wird Stimulus-Kontrolle unter Zuhilfenahme *selbsterzeugter verbaler Reaktionen* ausgeführt. Dabei werden weder die physische Umwelt noch die physischen Möglichkeiten zur Ausübung der unerwünschten Reaktion verändert. So können beispielsweise wiederholte Selbstinstruktionen, die die langfristigen aversiven Konsequenzen des Verhaltens betonen, Aussagen über die positiven Aspekte, eine unangenehme Situation zu tolerieren oder einer Versuchung zu widerstehen und selbstverstärkende Bemerkungen über die eigene „Willensstärke" als Stimuli dienen, die ihrerseits mächtige Kontrolle auf die nachfolgenden Handlungsweisen ausüben. Das Einsetzen selbsterzeugter verbaler Instruktionen wird ausführlich in Kapitel 11 dargestellt und soll deshalb hier nicht besprochen werden.

In den folgenden Abschnitten sollen Stimulus-Kontroll-Techniken, Manipulation der physischen Umwelt, Umordnung der sozialen Gegebenheiten und Selbstanwendung kontrollierender Stimuli und kontrollierender Handlungen dargestellt werden. Sie ähneln im Prinzip den Techniken, die *Meichenbaum* in seinem Kapitel bespricht, unterscheiden sich aber hinsichtlich der Methoden. Techniken, auf die später unter dem Oberbegriff verdeckte Konditionierung eingegangen wird, unterscheiden sich insofern von Stimulus-Kontroll-Methoden, als das Trainieren eines Patienten, Hinweisreize in seiner Phantasie oder in seiner Vorstellung zu entwickeln, als Beispiel für Veränderung kontrollierender Stimuli angesehen werden kann. Verdeckte Konditionierungs-Methoden verlangen fortlaufende Aktivität des Individuums, das sein eigenes Verhalten und seinen gewohnten Denkablauf umorganisiert. Im Unterschied dazu beruhen die Stimulus-Kontroll-Techniken auf Veränderungen externer physischer und sozialer Stimuli.

Die physisch kontrollierenden Stimuli sollten früh in der Verhaltenskette eingesetzt werden und zwar bei Elementen in der zu dem unerwünschten Verhalten führenden Reaktionskette, die relativ schwach und bei denen viele alternative Verhaltensweisen möglich sind. Da Versuche, konfliktträchtiges Verhalten mit Hilfe von Stimulus-Kontrolle zu verändern, nur unbeständige Erfolge erbringen, werden in den meisten Fällen zusätzliche Selbstmanagement-Techniken eingesetzt. Sie sollen dem Individuum dann weiterhelfen, wenn durch die externe Kontrolle vorübergehend das unerwünschte Verhalten reduziert wurde.

Stimulus-Kontroll-Techniken können der jeweiligen Funktion entsprechend unterschieden werden in

a) Änderung der physischen Umwelt, so daß die Ausführung des unerwünschten Verhaltens unmöglich ist,

b) Veränderung der sozialen Umwelt, so daß die Gelegenheiten zur Ausführung des unerwünschten Verhaltens stark von anderen Personen kontrolliert werden,
c) Veränderung der Funktion des diskriminativen Stimulus, so daß das Auftreten unerwünschten Verhaltens auf bestimmte, spezifische Umweltsituationen oder auf die Anwesenheit genau unterscheidbarer externer Hinweisreize eingeschränkt wird und
d) Veränderung des physiologischen oder psychologischen Zustandes des Patienten, so daß Verhaltensweisen geändert werden.

Es ist also möglich, sowohl durch diese Methoden wie auch durch Selbstkontroll-Techniken das unerwünschte Verhalten abzubauen. Die Wirkung wird jedoch wesentlich verbessert, wenn gleichzeitig ein neues Verhaltensrepertoire aufgebaut wird. Dieser zweigleisige Ansatz ist besonders dann wichtig, wenn das unerwünschte Verhalten nur durch zeitweiliges Umordnen der Umwelt unterdrückt oder eliminiert wird.

Physische Stimulus-Kontrolle

In verschiedenen klinischen Fallberichten wurde berichtet, daß durch Veränderung physischer Umweltbedingungen bestimmte Reaktionen verhütet werden können. So hat man z. B. Zigarettendosen oder Kühlschränke mit Zeitschlössern ausgestattet, um den Griff zur Zigarette oder zum Braten nur zu vorher genau festgelegten Zeiten möglich zu machen. Personen, die ein Gewichtsabnahme-Programm mitmachten, wurden gebeten, nur zum sofortigen Verbrauch bestimmte Lebensmittel im Hause zu halten, damit Naschen am späten Abend ausgeschlossen wurde. Der Gebrauch des Keuschheitsgürtels (und andere ähnlich beschränkende Kleidungsstücke) bedeuten Stimulus-Kontrolle. Um den Geschlechtsverkehr unmöglich zu machen, wurden derartige physische Umstände verändert. Im Alltagsleben setzen die meisten Menschen diese Techniken ganz zufällig ein. Mütter ziehen z. B. ihren Kleinkindern Fäustlinge an, um das Daumenlutschen zu reduzieren, Studenten suchen sich ruhige Plätze, um ungestörter arbeiten zu können, andere wiederum führen wenig Bargeld und keine Scheckkarte bei sich, weitere Personen spielen laut Musik oder vermeiden Häuser, die mit alten Erinnerungen belastet sind, um dadurch ihr unerwünschtes Verhalten oder ihre Vorstellungen zu kontrollieren.

Die Anwesenheit einer anderen Person ist für die meisten Menschen ein das Verhalten stark determinierender Faktor. Sucht sich ein Patient die richtige Person oder die richtige Umweltbedingung aus, kann er sich einen Großteil der Mühe ersparen, selbstkontrollierende Handlungen einzuleiten. Gibt man z. B. die Zigarettenpackung einem Freund, der sich bereit erklärt hat, einem beim Abgewöhnen des Rauchens zu helfen, ist die Wahrscheinlichkeit größer, daß man aufhören wird. Mit einer Patientin, die wegen Ladendiebstahls angeklagt war, hat der Autor beispielsweise einen Vertrag geschlossen, daß sie nicht mehr alleine in Geschäfte gehen durfte, sondern nur noch in Begleitung ihres Mannes oder ihrer Tochter.

Die meisten Jugendlichen haben verschiedene Techniken für das Zusammensein mit Freunden entwickelt. Sie verabreden sich mit zwei Freunden gleichzeitig, oder aber sie treffen sich an öffentlichen Plätzen, um ungewollte sexuelle Annäherungen zu vermeiden und zu kontrollieren.

Stimulus-Einengung

Folgende Methode wird häufig im klinischen Bereich eingesetzt: Man bringt den Patienten dazu, Schritt für Schritt die vielen verschiedenen Bedingungen, unter denen das unerwünschte Verhalten auftritt, auf einige wenige einzuengen. Das Verhalten wird z. B. unter S^D-Kontrolle gebracht. Übergewichtige Patienten dürfen dann nur noch im Eßzimmer an einem Tisch essen, der mit einer einfarbigen Tischdecke gedeckt sein muß oder nur in Anwesenheit anderer Familienmitglieder [15, 65]. Allmählich verlieren somit die Reize, die zuvor mit Essen assoziiert wurden, ihre Kontrolle über das Verhalten. Ähnlich kann der Zigarettenkonsum unter S^D-Kontrolle gebracht werden, indem man nur noch unter ganz bestimmten Umweltbedingungen das Rauchen erlaubt. So kann das Rauchen schrittweise eliminiert werden, indem man es beim Autofahren, im Büro, in verschiedenen Räumen der Wohnung oder in Gegenwart bestimmter Personen unterläßt. Derartige Techniken sind von *Nolan* [48] und *Roberts* [51] beschrieben worden. Den Patienten wurde das Rauchen dadurch abgewöhnt, daß sie das Rauchverhalten auf einen ganz bestimmten „Rauchersessel" beschränkten. Diese Technik wird oft damit kombiniert, daß die Zigaretten oder die Lebensmittel nur an den Stellen aufbewahrt werden dürfen, die für die S^D-Kontrolle auserwählt wurden, um das unerwünschte Verhalten an anderen Orten unmöglich zu machen. So kann man auch ein Arbeitsverhalten verbessern, indem bestimmte Bedingungen geschaffen werden, die anderweitige Betätigung einschränkten [17]. Will man S^D-Kontrolle einsetzen, muß der Patient z. B. sofort den Arbeitsplatz verlassen, wenn er Tagträumereien nachhängt, oder wenn er mit anderen Beschäftigungen beginnt. Ebenfalls können sexuelle Beziehungen zweier Menschen erfolgreich verbessert werden, indem man bestimmte Rituale einführt, z. B. Kerzenlicht oder andere stimmungsvolle Bedingungen, die bei den Partnern gegenseitige Zuwendung und Zärtlichkeit auslösen. Uhren und Wecker sind die wirksamsten und am bequemsten zu handhabenden S^Ds. Man kann bestimmte Uhrzeiten als Auslöser für selbstsicheres Verhalten, Rauchen, Tagträumen, sich Sorgen, Hautzupfen oder Nägelbeißen einsetzen. Diese Techniken dienen zweierlei Zwecken: Einmal die Auftretenshäufigkeit des Verhaltens durch Beschränkung auf bestimmte Situationen und Zeiten allmählich zu reduzieren und zweitens das Auftreten einer Handlung durch häufigere und eindeutige Verbindungen mit einer bestimmten Umweltsituation oder Zeit zu erhöhen.

Soll die Auftretenshäufigkeit eines Verhaltens reduziert werden, so werden Stimulus-Kontroll-Techniken häufig mit Methoden kombiniert, die vom Klienten beim Ausführen des unerwünschten Verhaltens *besondere zusätzliche Mühe* verlangen. Beschränkt man das Auftreten des Verhaltens auf bestimmte Situationen oder Zeiten, kann man z. B. zusätzliche Forderungen stellen, um die Vorbereitung zur Ausführung eines bestimmten Verhaltens immer beschwerlicher zu gestalten. Schließlich wird das ganze Ritual so aversiv, daß sich die Bemühungen nicht mehr lohnen, in den Genuß der antizipierten positiven Konsequenzen zu kommen. Man kann beispielsweise Stimulus-Kontrolle bei Rauchern etablieren, indem man sie bittet, das Zigarettenpaket immer in bestimmter Entfernung und die Streichhölzer an anderem Ort aufzubewahren. Bevor der Klient eine Zigarette anzündet, soll er erst ein Stück Kaugummi kauen, eine bestimmte „Rauchermütze" aufsetzen und sich schließlich in einen ganz speziellen Sessel setzen. Vielfach wurde von Klienten, von denen man eine derartige Prozedur verlangte, berichtet, daß sie das unerwünschte Verhalten allmählich einstellten, „weil es einfach viel zu mühsam war, den ganzen Kram vorzubereiten". Die Etablierung einer Stimulus-Kontrolle fordert schrittweise Lernvorgänge, die jeweils in aufsteigendem Schwierigkeitsgrad geordnet sein müssen. Es ist weiter darauf zu achten, daß neue Elemente erst dann hinzugefügt werden, wenn der vorhergehende Lernschritt voll beherrscht wird.

Der Einsatz von physiologischen Reizen für die Stimulus-Kontrolle ist schwieriger, da solche Reize nicht ganz einfach zu differenzieren sind. Es muß daran erinnert werden, daß die diskriminierende Funktion einer Gruppe von Stimuli dadurch aufgebaut wird, daß eine Person lernt, wann auf ein bestimmtes Verhalten in Anwesenheit von derartigen S^Ds immer wieder entweder positive oder negative Konsequenzen folgen. Deshalb können charakteristische Merkmale, die dem physiologischen Zustand vorangehen oder ihn begleiten, mit eingesetzt werden, um die S^Ds stärker zu verdeutlichen. Der Einsatz von Antabus zur Behandlung Alkoholabhängiger und von Placebo zur Schmerzlinderung oder zur Potenzsteigerung sind Beispiele für die Stimulus-Kontroll-Methode. Dabei wird entweder der aktuelle physiologische Zustand verändert oder nur die Überzeugung des Patienten, daß körperliche Veränderungen eintreten werden. Obwohl Sättigung oder Deprivation des Individuums oft als motivationale Techniken eingesetzt werden, können diese auch für die Kontrolle physiologischer Stimuli gebraucht werden. Z. B. können riesige Mengen kalorienarmer Nahrung die Hungerreize reduzieren. Bei einem Alkoholiker kann die Aufnahme großer Mengen alkoholfreier Flüssigkeit vor dem Partybesuch einige der internen Durstreize kontrollieren, die üblicherweise ein Trinken rechtfertigen.

Stimulus-Kontroll-Techniken werden im allgemeinen mit den anderen, in diesem Kapitel beschriebenen Methoden, kombiniert. Wenn man beispielsweise öffentlich eine Änderungsabsicht äußert, werden die Zeugen dieser Vorsatzerklärung zum S^D, der das Verhalten mitbeeinflußt. Stimulus-Kontrolle als Technik darf erst dann zum Einsatz kommen, wenn nach einer genauen Analyse die Verhaltenskette rekonstruiert ist, die zum problematischen Verhalten führt. Ein einprägsamer Auslöser für die neue (kontrollierte) Reaktion wird *früh* in die Verhaltenskette eingeführt, falls das Zielverhalten fern, die Reaktion schwach und der sofortige positive Verstärker nicht so mächtig ist, als daß er überwunden werden könnte. Obwohl diese Techniken seit Jahrhunderten bekannt sind, erlaubt erst ihre systematische Anwendung dem Patienten, seine Umwelt so umzuorganisieren, daß er sein Problemverhalten ganz leicht verändern kann.

Alle bisher erwähnten Methoden behandeln die Reorganisation der externen Umwelt eines Individuums. Es sind jedoch auch Stimulus-Kontroll-Techniken entwickelt worden, bei denen der Klient die Art seiner selbsterzeugten Stimuli verändert. Im Gegensatz zu den obengenannten Methoden ist die Kontrolle selbsterzeugter Stimuli relativ anfällig, da das Individuum derartige Reize wie verbale Instruktionen, vorgestellte Handlungsabläufe oder Gedanken leicht wegschieben oder abstellen kann. Bei der Veränderung extern kontrollierender Stimuli dagegen muß der Patient nur einen Schritt tun, nämlich den Ablauf einer Verhaltenskette einleiten. Die nachfolgende Sequenz wird dann durch die natürliche Umwelt oder durch das Verhalten anderer Personen bestimmt. Bei den selbsterzeugten kontrollierenden Stimuli muß dagegen der Klient diese sehr oft länger beibehalten, da ja Versuchungssituationen in der Umwelt, die das Problemverhalten unterstützen und verstärken, weiterhin auf ihn einwirken. Wir werden in einem späteren Abschnitt dieses Kapitels auf diese Selbstkontroll-Techniken eingehen. Sie werden auch in Kapitel 11 beschrieben.

Veränderung der selbstverabreichten Verhaltenskonsequenzen

Im Laufe eines Menschenlebens scheinen nur wenige Verhaltensweisen eines Erwachsenen sofortige externe Konsequenzen zu haben. Viele andere scheint er selbst aufrechtzuerhalten. Trotz zahlreicher Untersuchungen über die Bedingungen der Selbstverstärkung [2, 25] sind noch viele Fragen zum Wirkungsprozeß der Selbstverstärkung (SV) ungeklärt. Aus praktischen Gründen sollen die Selbstverstärkungs-Operationen den motivationalen Vorgängen, wie sie durch externe Verstärkung ausgelöst werden, gleichgesetzt werden (vgl. Kapitel 7 über operantes Konditionieren). SV repräsentiert einen Spezialtyp selbsteingeleiteten Verhaltens, das dem Individuum erlaubt, seine Handlungsweise relativ unabhängig von der Umwelt aufrechtzuerhalten oder zu verändern. Skinner [62] hat eine Eigenschaft der Selbstbelohnung so definiert: „Sie setzt voraus, daß es in der Macht des Individuums steht, die Verstärkung zu erhalten, es diese aber erst dann einsetzt, wenn ein bestimmtes Verhalten ausgeführt wurde" (S. 237−238). In dieser Definition wird zwar die Abhängigkeitsbeziehung der SV von vorhergegangenen S^Ds betont, aber sie umfaßt nicht alle Verhaltenskategorien, die hier beschrieben werden sollen.

Positive SV umfaßt zwei verschiedene Operationen: a) Annäherung und Aneignung eines für den Patienten verfügbaren materiellen Verstärkers. Wenn sich z. B. eine Person für hartes Arbeiten mit einer Tasse Kaffee oder einer guten Mahlzeit „selbst belohnt", *verabreicht* sie sich selbst eine positive Konsequenz in *indirekter Form.* b) Wenn sie sich dagegen z. B. selbst für eine erledigte Aufgabe lobt, gibt sie sich eine *direkte verbal-symbolische* SV. Weiter kann auf eine Verhaltensweise aversive SV in Form von Selbstkritik oder Selbstbestrafung folgen oder in Form von Zurückhaltung positiver Selbstbelohnung. Auf die aversiven Selbstverstärkungs-Operationen soll erst später eingegangen werden. Bei dem Prozeß der indirekten Form der SV handelt es sich um eine externe Verstärkung, durch und für den Patienten selbst. Diese indirekten positiven Selbstverstärker können in zwei weitere Gruppen unterteilt werden: 1. Sich selbst einen neuen und allgemein im Alltagsleben nicht verfügbaren Verstärker zugestehen, z. B. ein teures Modellkleid kaufen oder sich eine besondere Reise gönnen. 2. sich alltägliche angenehme Dinge vorerst versagen und erst nach Ausführung des erwünschten Verhaltens als Belohnung zugestehen [68]. Z. B. kann man ein erfreuliches Telefongespräch, einen Kinobesuch, ein Gespräch mit einem Freund oder den Genuß einer Tasse Kaffee so lange verschieben, bis man eine vorgegebene Aufgabe erledigt hat, sozusagen als Selbstbelohnung. Das Individuum muß sich also — so *Thoresen* und *Mahoney* — zuerst etwas versagen, wodurch eine anfängliche aversive Komponente in den Selbstmanagement-Prozeß ins Spiel kommt. Wenn jedoch derart leicht zur Verfügung stehende Verstärker an die Erfüllung bestimmter Aufgaben gekoppelt werden, dann beinhaltet die Zeitspanne der Versagung und die Verschiebung der Belohnung konfliktträchtige Elemente einer Selbstkontroll-Situation, d. h. einer Situation, in der das Selbstverabreichen von Belohnungen ein zu kontrollierendes Verhalten ist, bis das erwünschte Ziel erreicht wird.

Direkte verbal-symbolische Selbstverstärker bestehen aus verbalen Bemerkungen wie „das habe ich gut gemacht", „das war prima so" und anderen positiven Äußerungen über sich selbst, mit denen das Individuum seine Befriedigung über bestimmte Leistungen ausdrückt. Diese Art selbstverstärkender Äußerungen ist bei Untersuchungen äußerst schwer in den Griff zu bekommen, da sie im allgemeinen leise oder nur bruchstückhaft gesagt werden. Der Patient kann sie nur schwer beschreiben oder sich nur mühsam an sie erinnern. Trotzdem kann man derartige verbal-symbolische Selbstbelohnungen in ein Änderungsprogramm einbauen, indem man den Klienten bittet, nach Erreichung seines Ziels sich laut zu loben. Ein weiteres Problem beim Selbstloben jedoch liegt darin, daß andere Faktoren Äquivalente der verbal-symbolischen Selbstverstärker in verkürzter Form darstellen können. So z. B. könnten ein selbstzufriedenes Lächeln, das Gefühl der Befriedigung oder sogar eine nur angedeutete Veränderung der Körperhaltung verstärkende Operationen sein, die der erfolgreichen Erledigung einer Aufgabe folgen. Für externe negative Verstärkung kann man ebenso die Parallele für selbstangewandte Konsequenzen herstellen. Jemand kann sich beispielsweise einer aversiven Situation aussetzen, die jedoch nur dann beendet werden darf, wenn das Individuum sein selbstaufgestelltes Ziel erreicht hat. Ebenso kann ein positives Faktum als Konsequenz eines bestimmten Ereignisses beseitigt werden. Z. B. kann eine Person planen, solange auf das Fernsehen zu verzichten, bis alles für den nächsten Arbeitstag vorbereitet ist. Schließlich kann sich ein Individuum auch selbst mit einer stark aversiven Konsequenz bestrafen, falls es sich in unerwünschter Form verhalten hat. Zurückhalten positiver Selbstverstärker, die man sich sonst gegeben hat, und selbstauferlegte Prozeduren zur Löschung des Verhaltens sind ebenfalls

10. Selbstmanagement-Methoden

Tabelle 10.3. Mögliche Kombinationen innerhalb der Selbstverstärkung

Qualität der Konsequenz	Konsequenz-Operationen	
	Geben	Entfernen
Positiv	Positive Selbstverstärkung a) indirekte Form der Selbstverstärkung b) direkte Form der Selbstverstärkung = verbal-symbolische	Verdeckte Löschung, selbstauferlegtes (zeitweiliges) time-out
Negativ	Selbstbestrafung a) indirekte Form der Selbstbestrafung b) direkte Form der Selbstbestrafung = verbal-symbolische	negative Selbstverstärkung a) indirekte Form b) direkte Form = verbal-symbolische

teilweise in Selbstmanagement-Programmen eingesetzt worden (vgl. verdeckte Löschung). Löschung unterscheidet sich von Bestrafung dadurch, daß jemand eine positive Konsequenz aufgibt, sonst aber nichts weiter tut. So kann beispielsweise ein Patient, um die Auftretenshäufigkeit störender Gedanken wegen einer zerstörten Liebesbeziehung zu vermindern, folgendes tun: er kann sich selbst dazu bringen, zwar noch an die andere Person zu denken, aber sich nicht länger positive Konsequenzen über das Zusammensein mit ihr auszudenken, oder der Klient verpflichtet sich zu absichtlich neutralen oder mit dem Gedanken nicht in Beziehung stehenden Konsequenzen, wenn die störenden Vorstellungen auftreten. Tabelle 3 stellt die möglichen Kombinationen dieser Vorgänge zusammen, die den verschiedenen externen Verstärkungsoperationen vergleichbar sind.

Obwohl ein Training, sich Selbstverstärkungen nach bestimmten Verhaltensweisen zu geben, weitaus schwieriger ist, als den Patienten externen Konsequenzen auszusetzen, bieten Selbstverstärkungs-Prozesse jedoch den großen Vorteil, daß das Individuum sie unabhängig vom Therapeuten anwenden kann und auch bei solchen Schwierigkeiten, die nichts mit dem zentralen Problem zu tun haben. Experimentelle Untersuchungen mit Kindern und Erwachsenen haben ergeben, daß selbstverstärkende Operationen die beiden charakteristischen Merkmale verstärkender Stimuli haben: Sie ändern die Auftretenswahrscheinlichkeit des vorangegangenen Verhaltens, und sie motivieren zu neuem Lernen [3, 28, 47]. Vergleicht man die Wirkung von Selbstverstärkung mit der bei der Vergabe der gleichen Verstärker durch andere Personen, schneidet positive SV im allgemeinen gleich gut ab, teilweise etwas besser [23, 39 u. a.]. Die immer umfangreicher werdende Literatur über das Selbstverstärkungs-Konzept — die meisten Untersuchungen galten der positiven SV — zeigt auf, daß SV nicht immer unabhängig von der Umwelt ist. Obwohl Selbstverstärkungs-Operationen dem Patienten zeitweilige Unabhängigkeit verschaffen, scheinen sofortige positive Konsequenzen notwendig zu sein, um das neu erlernte Verhalten auf längere Zeit aufrechtzuerhalten. Solche unterstützenden Umweltkonsequenzen sind z. B. gewisse Erfolge bei der Verhaltensausführung, für das man sich selbst belohnt, und partielle Übereinstimmung mit den Modellen aus der Umwelt des Patienten, die Selbstverstärkungs-Verhalten zeigen. Eine Anzahl von Untersuchungen konnte klar beweisen, daß Selbstbelohnungs- oder Selbstkritiksgewohnheiten selbst durch Lernprozesse verändert werden können. Solche Gewohnheiten werden wahrscheinlich in der Kindheit durch direktes Training und durch Beobachtung von Konsequenzbeziehungen und selbstverstärkendem Verhalten der sozialen Umwelt erworben (vgl. Zusammenfassung bei *Bandura* [2], *Kanfer* und *Phillips* [29]).

Etablieren von SV bei Erwachsenen

Wie bereits ausgeführt, ist das Ziel des Therapeuten, ein Änderungsprogramm einzuleiten, das der Patient selbst durchführt. Er soll Änderungen erreichen, die ohne anhaltende soziale Verstärkung beibehalten werden können. Deshalb beziehen die meisten Selbstmanagement-Programme SV als Behandlungskomponente mit ein. So kann z. B. durch die Verhaltensanalyse aufgedeckt werden, daß durch das geringe Auftreten von positiver SV der Patient in der Erreichung seiner Ziele behindert wird. Er kann auch besonders selbstkritisch sein oder zu hohe Kriterien für sein Zielverhalten aufgestellt haben, so daß positive SV nur selten auftreten kann, oder er hat gelernt, daß Selbstlob unerwünscht oder unbescheiden ist.

Die folgenden vier Schritte fassen den üblichen Behandlungsablauf für ein Individuum zusammen, damit es lernt, positive Selbstverstärker effektiv einzusetzen.

Schritt 1: Auswahl angemessener Verstärker. Es liegen einige Fragebogen vor, die die Vorauswahl von Verstärkern erleichtern [11]. Trotzdem ist es im allgemeinen ratsam, mit dem Patienten selbst über seine individuellen Verstärker zu reden und sie zu diskutieren. Befragt man ihn über seine derzeit angewandte Selbstbelohnung, symbolisch oder materiell, über „luxuriöse Dinge", die er gerne haben würde und über verbale Inhalte, mit denen er Selbstzufriedenheit äußern würde, bekommt man Anregungen für angemessene Selbstverstärker. Oft ist das Umordnen von Selbstbelohnungen hinsichtlich deren Abhängigkeit von bestimmten Verhaltensweisen besonders wirksam, da sich meist ein Patient inkonsequent belohnt oder nur in Verbindung mit anderen Verhaltensweisen, nicht jedoch für das Zielverhalten. Zusätzlich werden dann noch neue materielle Selbstverstärker als spezielle Anreize für das Durchhalten eines ausgedehnten Programms in Aussicht gestellt. Diese Liste über materielle Verstärker, angenehme Tätigkeiten und lobende Selbstäußerungen wird aus den gegenwärtigen Verhaltensweisen des Patienten zusammengestellt. So kann z. B. ein Luxusgegenstand, den sich der Klient schon seit langem wünscht, sich bislang aber diesen Wunsch noch nicht erfüllt hat, ein Taschenbuch sein, ein kleines Schmuckstück, ein modisches Accessoire oder ein Kosmetikartikel. Ein Museums- oder Theaterbesuch, eine Wochenendreise oder Freizeit fürs Hobby können zu solchen bevorzugten Aktivitäten gehören.

Direkte verbal-symbolische Verstärker schließen positive Äußerungen über die eigene Person ein. Dazu gehört: Sich selbst loben, sich der eigenen Fähigkeiten versichern, sich zur äußeren Erscheinung, zur körperlichen Stärke, zur sozialen Beliebtheit, zur Geschicklichkeit in der Menschenführung und zu anderen zutreffenden Dingen gratulieren. Es ist ausgesprochen wichtig, daß die ausgewählten Verstärker eine Beziehung zur Entwicklungsgeschichte des Klienten herstellen. Sie müssen für ihn akzeptabel sein, etwas darstellen, was er möchte, leicht erreichen könnte oder schon erreicht hat, und ihm ein angenehmes Gefühl vermitteln. Wenn man für einen Patienten ein langes, komplexes Programm plant, sollten mehrere, etwa gleichwertige verstärkende Stimuli vorhanden sein, damit man sie untereinander austauschen kann. Damit beugt man der Sättigung mit einem einzigen Verstärker vor. In einem Langzeitprogramm sollten zudem manchmal mehrere kleine Belohnungen für einen größeren Verstärker eintauschbar sein. Jemand, der eine Anzahl vorher festgelegter symbolischer Selbstverstärker gesammelt hat, da er mehrere Schritte auf sein Ziel hin erfolgreich bewältigen konnte, kann auf einen größeren materiellen Verstärker hinarbeiten: z. B. der Kauf eines Luxusgegenstandes, wenn der Klient das erwünschte Ziel innerhalb einer bestimmten Zeitspanne erreicht hat. Die Liste der austauschbaren Verstärker sollte daher von kleinen, im Alltagsleben des Patienten auftauchenden Dingen reichen bis zu größeren Belohnungen, die normalerweise gerade außerhalb seiner Möglichkeiten liegen.

Schritt 2: Definieren der spezifischen Reaktions-Verstärker-Bedingungen. Der Klient sollte die Variationen, die beim Ausführen des Zielverhaltens auftreten können, aufschreiben und für jede genau die Bedingungen für die Selbstverstärker-Vergabe und die Selbstverstärkungs-Methode festlegen. Wenn jemand z. B. abnehmen will, kann er sich verbal-symbolisch belohnen, wenn er eine Einladung zum Essen ablehnt, seine tägliche Kalorienzufuhr nicht überschreitet oder statt einer kalorienhaltigen Mahlzeit eine kalorienarme auswählt. Zusätzlich kann der Kauf eines neuen Kleides oder eines modischen Accessoires als größere SV abhängig gemacht werden von dem vorher festgelegten Gewichtsverlust innerhalb einer bestimmten Zeit. Legt man die Bedingungen für die Belohnungen fest, sollte auf angemessene Verstärker geachtet werden. Es ist z. B. sinnlos, große Festmahlzeiten als SV einzusetzen, wenn ein Patient ein Gewichtsverlust-Programm durchführt. Außerdem hat sich herausgestellt, daß man bei bestimmten Verhaltensweisen für bestimmte Verstärker empfänglicher ist und die dann entsprechend effektiver sind [60]. Es sollten also möglichst solche Selbstverstärker ausgewählt werden, die mit dem erwünschten Verhalten grundsätzlich zu vereinbaren sind. Die übergewichtige Patientin sollte sich daher besser mit einem neuen Kleid belohnen, weil dadurch die positiven Aspekte des Gewichtsverlustes, wie körperliche Attraktivität oder kleine Kleidergröße, betont werden. Ein Verstärker, der die Gleichwertigkeitsgefühle des Klienten betont, sein Selbstwertgefühl steigert oder seine Meinung über sein Aussehen verbessert, kann z. B. eine angemessene Belohnung für selbstsicheres Verhalten sein. Derartige Verstärker stimmen mit dem Ziel überein, dem Patienten ein Gefühl der Gleichwertigkeit anderen Menschen gegenüber zu vermitteln und sein Selbstvertrauen zu stärken. Wenn man nun angemessene Verstärker gefunden hat, sollte man die Vergabebedingungen festlegen und den tatsächlichen Einsatz der SV protokollieren lassen. Gegebenenfalls sollte man, falls das erwünschte Verhalten sehr häufig oder das Programm sehr langfristig geplant ist, intermittierende Verstärkerpläne einbauen. Nachdem ein Patient kleine materielle Belohnungen für verbessertes Arbeitsverhalten eingesetzt hatte, kam er z. B. auf die Idee, sowohl diesen Nutzwert als auch die Effektivität seines Verstärkerplans mit Hilfe eines intermittierenden Belohnungsplans zu kombinieren: Er nahm dazu ein Kartenspiel und übertrug die Selbstverstärker-Werte nur auf Spielkarten, deren Wert höher als 10 war. Bevor er nun den materiellen Selbstverstärker ausgab, zog er eine der gut gemischten Karten und belohnte sich nur dann, wenn ihr Wert über 10 lag.

Schritt 3: Praktische Übungen zum Ablauf. Nachdem man angemessene Belohnungen und ihre Anwendungsbedingungen festgelegt hat, sollte der Therapeut mit dem Patienten die verschiedenen Aspekte des erwünschten und des selbstverstärkenden Verhaltens durchspielen. Während dieses Rollenspiels kann der Therapeut das Verhalten des Klienten solange verbessern, vereinfachen und verstärken, bis er es gut beherrscht. Diese Rollenspiele sind besonders wichtig, weil sie dem Patienten einerseits ein Modell vorgeben und ihm andererseits weitere Erfahrungen über sein Verhalten vermitteln, das er sich möglicherweise nicht so recht zutraut oder das ihm unangenehm ist. Natürlich erhöht die Anwesenheit des Therapeuten, dessen Ermutigung und Beifall die Wahrscheinlichkeit, daß der Patient das Verhalten auch tatsächlich ausführen wird. Diese Unterstützung hilft auch, das häufige Fehlurteil zu revidieren, daß solche vereinfachten Mechanismen beim Selbstmanagement keinerlei Mühe machten, nicht sorgfältig geplant werden müßten oder kein fleißiges Üben verlangten.

Schritt 4: Überprüfen und Korrigieren des Ablaufs. Der Klient sollte seine Protokolle über das Zielverhalten und über seine Selbstverstärker-Vergabe in die Sitzungen mitbringen, damit man beides durchsprechen und eventuell berichtigen kann. Ist z. B. das Therapieziel, sich selbst häufiger verbal-symbolisch direkt zu loben, so sollte man im Laufe des Programms ganz unterschiedliche tägliche Aktivitäten, für die man die SV anwenden kann, auswählen, um ein möglichst breites Spektrum abzudecken. Bei der Überprüfung der Protokolle kann der Therapeut auch die Vergabe der Selbstverstärkungen unter verschiedenen Bedingungen durchsprechen und durchspielen. Damit hilft man den Klienten, ein Repertoire angemessener verbal-symbolischer Verstärker aufzubauen, wodurch wiederum allmählich die Vergabe kleiner materieller Belohnungen eingeschränkt werden kann. Das endgültige Programmziel ist nicht, alle langfristigen „luxuriösen" Verstärker einzustellen, sondern sie nur unregelmäßig einzusetzen, während man gleichzeitig die Leistungsanforderungen steigert. Das Programmziel ist also, den Patienten von der Brauchbarkeit selbstangewandter Verstärkertechniken zu überzeugen, damit er sie auch nach Therapiebeendigung anwenden kann, sollte er in psychologische Schwierigkeiten geraten.

Einige Untersuchungen haben ergeben, daß Verhaltensänderungs-Programme unter Zuhilfenahme von Selbstverstärkungs-Techniken erfolgreicher verlaufen [22, 42]. Über den effektiven Einsatz von SV liegen Berichte für folgende Bereiche vor: Verbesserung des Arbeitsverhaltens, Herabsetzen des Körpergewichtes, Steigerung selbstsicheren Verhaltens, Anhebung des Aktivitätsniveau bei Depressiven und Reduzierung der Häufigkeit homosexueller Vorstellungen. Der Ablauf der SV repräsentiert vorrangig die motivationale Komponente eines Selbstmanagement-Programms; weitere Techniken müssen jedoch hinzukommen und die Möglichkeiten eröffnen, in die die SV eingebettet werden kann.

Anwendung von Selbstverstärkungs-Programmen bei Kindern

Auch kleinen Kindern kann man durchaus beibringen, sich nach bestimmten Bedingungen selbst zu belohnen (vgl. Übersichtsreferat bei Masters und Mokros [43]), vorausgesetzt man modifiziert einiges. Es liegen Berichte von klinischen und experimentellen Untersuchungen vor, bei denen zuerst ein Erwachsener als Modell für Selbstverstärkung und Vergabebedingungen eingesetzt wurde. Wenn das Kind Lernfortschritte in der Ausführung des verlangten Verhaltens machte, wurde allmählich die Unterstützung und Hilfe des Modells ausgeblendet. Zuerst wird laute verbal-symbolische SV eingesetzt. Z. B. bittet der Lehrer das Kind, eine positive Äußerung über sich selbst zu wiederholen, nachdem es die Ergebnisse einer Leistungsaufgabe mit einem Lösungsschlüssel überprüft hat. Es soll sehen, daß es das Leistungskriterium erfüllt hat. Ganz allmählich rückt die Übereinstimmung der Schülerleistung mit dem vom Lehrer aufgestellten Kriterium in den Hintergrund. Der Lehrer verschwindet von der Bildfläche. Beim Training für Einzelkinder und für Schüler im Klassenverband ist es aus Gründen der Eindeutigkeit oft besser, zuerst mit Münzverstärkern anzufangen. Außerdem können die Münzen oder Chips später für andere Belohnungen eingetauscht werden. Auf diese Weise beugt man der Langeweile oder Übersättigung vor.

Aversive Selbstverstärkung

Es gibt grundsätzlich zwei verschiedene Arten selbstangewandter aversiver Konsequenzen, die für eine Verhaltenskontrolle eingesetzt werden können: *Selbstbestrafung* und *negative Selbstverstärkung*. Diese beiden Arten unterscheiden sich darin, daß die Selbstbestrafung eine Reaktion unterbricht und verlangsamt, während negative SV die Auftretenshäufigkeit einer Reaktion erhöht. Beim negativen Verstärken meidet man einen anfallenden unerfreulichen Stimulus, indem man alternative oder konkurrierende Verhaltensweisen einsetzt. Man geht davon aus, daß die Reduktion des Unangenehmen oder der Angst hilft, das neu erlernte Vermeidungsverhalten positiv zu verstärken. Verbal-symbolische direkte SV wie selbstkritische oder selbstabwertende Äußerungen kann beiden Grundfunktionen dienen. Zusätzlich kann eine aversive Konsequenz, wie auch beim operanten Konditionieren, daraus bestehen, einen positiven Stimulus, der auf ein Verhalten folgt, in Zukunft zu entfernen. Weiter können aversive Konsequenzen auch eingesetzt werden, um entweder die Häufigkeit eines vorausgegangenen Verhaltens zu verringern oder die neue Handlungsweisen zu erhöhen. Für das erstere ist das vorzeitige Verlassen einer netten Party, nachdem man sich dort dumm benommen hat, ein Beispiel. Sagt jemand die ersehnte Verabredung mit seiner festen Freundin ab, um sich mehr aufs Examen vorzubereiten, so ist das ein Beispiel für negative SV. In diesem Fall ist die Abwesenheit der Freundin ein unangenehmer Stimulus; man vermeidet also das Zusammensein, um eine Arbeit zu erledigen.

Eine etwas komplexere Methode besteht darin, sich selbst eine Geldstrafe aufzuerlegen, wenn das Verhalten auftritt, das es abzulegen gilt. So hat man z. B. bei der Behandlung von Rauchern verlangt, daß die Patienten an die von ihnen am stärksten abgelehnten Partei 2 DM schicken mußten, wenn sie eine Zigarette geraucht hatten. Über den Einsatz von Belohnungsentzug liegen nur wenige Berichte vor. *Mahoney, Moura* und *Wade* [42] konnten dazu feststellen, daß in Gewichtskontroll-Programmen diese Technik als alleinige Behandlungsmethode nicht besonders wirksam ist. Trotzdem bietet diese Methode auch einige logische Vorteile, obwohl für das Funktionieren die Beweiskraft eingeschränkt ist. Da aversive Stimuli im allgemeinen nicht eingesetzt werden, vermeidet man auch all die Probleme, die mit selbstangewandter Bestrafung zusammenhängen. Gleichzeitig sind noch nicht alle praktischen Schwierigkeiten bekannt, die sich möglicherweise dadurch ergeben, daß man von einem Patienten verlangt, angenehme Tätigkeiten zu unterbrechen, wertvolle Objekte wegzugeben oder zu zerstören. Diese Technik ist bislang noch nicht hinreichend untersucht worden, so daß sie bei klinischen Behandlungen noch keine weitverbreitete Anwendung gefunden hat.

Für die Selbstbestrafung hat man verschiedene Verfahren eingesetzt. Selbstkritische verbale Aussagen, die vermutlich früher durch aversive Konsequenzen konditioniert wurden, können systematisch mit unerwünschtem Verhalten gekoppelt werden. Leider sind derartige Selbstbestrafungen oft auftretende Verhaltensweisen und schwächen häufig das unerwünschte Verhalten nicht ab. Statt dessen beseitigen sie meist nur die Schuld- und Angstgefühle eines Klienten, die das Auftreten der unerwünschten Reaktion begleiten. Der Autor hat beispielsweise einen Patienten kennengelernt, für den schwache Elektroschocks (selbstangewandt mit Hilfe eines tragbaren batteriebetriebenen Gerätes) als Selbstbestrafung eingesetzt wurden. Der Student, der über sexuelle Zwangsgedanken beim Arbeiten klagte, sollte sich jeweils einen schwachen Schock geben, sobald die Vorstellungen auftauchten. Anfänglich nahmen die Zwangsvorstellungen tatsächlich ab. Nach einigen Tagen jedoch stieg deren Häufigkeit wieder an. Außerdem zeigte sich, daß der Student sowohl die Anzahl als auch die Intensität der selbstverabreichten Schocks erhöht hatte. Bei näherer Betrachtung des ganzen Ablaufes stellte sich heraus, daß der Patient die Sequenz nahezu in umgekehrter Reihenfolge handhabte. Er gab sich, kurz nachdem die Zwangsvorstellungen auftraten, einen Schock. Danach hatte er das Gefühl, daß er „bereits den Preis für sein Fehlverhalten gezahlt hatte", hing weiter seinen Gedanken nach und gab sich dann Schocks in intermittierenden Intervallen.

Viele Patienten haben eine lange Erfahrungsgeschichte aus der Kindheit, die sie lehrte, „die Suppe, die man sich einbrockt, auch auszulöffeln". Sie lernten, sowohl das unerwünschte Verhalten auszuführen, aber auch anschließend die Bestrafung zu erdulden. Therapeuten, die mit Müttern arbeiten, kennen deren Klagen, daß Kinder teilweise auf körperliche Strafe nicht reagieren. Oft lindert die extern angewandte und teilweise auch die selbstangewandte Bestrafung nur die Schuld- und Angstgefühle, die mit dem Verhalten verbunden sind und geben dann den Weg zur Wiederholung des Fehlverhaltens frei. Teilweise haben Patienten auch eine ungewöhnliche Lerngeschichte hinter sich, in der Bestrafung ein positiver Verstärker oder ein S^D für Zuneigung war, so daß sie sich dann exzessiv körperlich bestrafen. Aus diesen Gründen sollten sowohl verbal-symbolische als auch physische Selbstbestrafungs-Methoden nur eingesetzt werden, wenn keine anderen Möglichkeiten bestehen. Wenn körperliche Selbstbestrafung von einem Therapeuten oder Helfer dauernd überwacht wird, ist die Anwendung möglicherweise weniger problematisch. Wenn man selbstangewandte, schwache Elektroschocks in einer modifizierten Form der Aversions-Therapie z. B. einsetzt, können gute Ergebnisse erzielt werden (s. Kapitel 9).

Mahoney [40] hat z. B. eine einfache, aber wirksame Technik entwickelt. Ein Patient mußte ein starkes Gummiband an seinem Handgelenk tragen. Wenn Zwangsgedanken auftraten, die abgeschwächt werden sollten, zupfte der Klient am Gummiband und erzeugte dadurch eine Schmerzempfindung. Diese Selbstbestrafungs-Methode haben auch der Autor und seine Studenten erfolgreich eingesetzt. Selbstangewandte, aversive Konsequenzen, wie andere Selbstverstärker auch, wirken möglicherweise nicht so sehr über den Faktor der Schmerzerzeugung, sondern vielleicht eher deshalb, weil sie die unerwünschte Reaktion aus dem Gesamtverhalten herausheben. Schließlich dienen sie auch als Ausgangsbasis für die Selbstbewertung und für den selbstkorrigierenden Prozeß, auf den bereits eingegangen wurde.

Ein anderes Beispiel für eine selbstangewandte Bestrafung ist der Einsatz eines aversiv konditionierten Verstärkers in der *Gedankenstop-Technik* [9]. Der Patient soll an seine Zwangsvorstellungen, Halluzinationen oder Phantasien denken, die es abzubauen gilt. Wenn er tief in diese Gedanken versunken ist, muß er seinen Finger heben, worauf der Therapeut so laut „Stop!" ruft, daß der Klient sichtbar erschrickt. Nach verschiedenen Versuchen und Erklärungen der Behandlungsmethode führt der Patient dieses Verhalten selbst durch, und zwar hörbar. Später stellt er sich nur noch vor, daß er mit lauter Stimme „Stop!" ruft. Der Klient muß anfänglich diese Technik häufig praktizieren und nicht nur dann einsetzen, wenn sich das Problemverhalten einstellt. Die Gedankenstop-Technik wird meist sehr erfolgreich bei Klienten mit Zwangsvorstellungen benutzt.

Der Einsatz von aversiver Selbstverstärkung zum Zwecke eines Vermeidungslernens kann am besten am Beispiel der *verdeckten Sensitivierung* illustriert werden. Auf diese Technik soll in einem späteren Abschnitt eingegangen werden. Im Wesentlichen besteht sie darin, daß der Patient lernt, sich etwas Unangenehmes vorzustellen. Er darf dann damit aufhören, sobald er das erwünschte Verhalten ausführt. Bei einigen Gewichtskontroll-Programmen hat man eine einfachere Art der aversiven SV eingesetzt. Der Klient kauft sich auf Anordnung des Therapeuten ein riesiges Stück Schweinefett und legt es als sichtbaren, aversiven Stimulus in den Kühlschrank. Je nach erfolgter Gewichtsabnahme darf der Patient Stück für Stück von dem Schweinefett abschneiden, um so allmählich den unangenehmen Stimulus zu beseitigen.

Eine weitere Technik ist die *Sättigungs-Methode*. Sie kommt besonders dann zur Anwendung, wenn ein extrem häufiges Verhalten abgebaut werden soll. Der Patient muß dazu absichtlich sein Verhalten immer und immer wiederholen, auch wenn er es nicht mehr will. Z. B. kann man einem starken Raucher raten, pausenlos Zigaretten anzuzünden und zu rauchen, bis ihm übel wird. Auf diese Art kann ein positiver Stimulus eventuell seine verstärkende Eigenschaft durch das ständige Wiederholen verlieren und aversiven Charakter annehmen. Nach langem und intensivem Rauchen kann dann bereits das Anzünden einer Zigarette Übelkeits- oder Schwindelgefühle auslösen. Diese Technik wird meistens in Verbindung mit weiteren unangenehmen Stimuli eingesetzt. Man kann z. B. den Klienten zusätzlich in einen kleinen Raum setzen, in dem ihm die starke Qualmentwicklung lästig wird. Außerdem können alternative Verhaltensweisen des Patienten verstärkt werden (vgl. Darstellung in Kapitel 9). Es wurde bereits festgestellt, daß Selbstentbehrung ein Sich-Selbst-Aussetzen einer aversiven Situation bedeuten kann. Das Vorenthalten verschiedener positiver Verstärker, wenn jemand meint, sich nicht angemessen verhalten zu haben, ist dafür beispielhaft, sich selbst einer aversiven Konsequenz aussetzen bedeutet, eine Einladung zum Essen abzulehnen, sich Verbote für das Rauchen, für bestimmte sexuelle Verhaltensweisen oder für den Alkoholkonsum aufzuerlegen.

Verdecktes Konditionieren

Wolpes systematische Desensitivierung (s. Kapitel 8) ist eine weitverbreitete Technik. Dabei wird Angst gemindert, indem man sich bestimmte Situationen bildhaft vorstellt. Dadurch werden die realen physischen Bedingungen ersetzt, die beim Patienten intensive Angst auslösen. Die bewiesene Wirkung dieser Technik geht davon aus, daß die Verhaltensänderung durch die bildhafte Darbietung der Problemsituation entsteht, während sich der Klient im Zimmer des Therapeuten aufhält. Der grundsätzliche Unterschied zwischen dem Einsatz visueller Vorstellungen und verbaler Stimuli liegt darin, daß der Therapeut die Vorstellungen des Patienten nur schwer kontrollieren kann. Es ist auch schwierig, die charakteristischen Merkmale derartiger Stimuli zu bestimmen. Ihre direkten Einwirkungen können praktisch oder theoretisch kaum untersucht werden. *Homme* [20] vertritt die Auffassung, daß verdeckte Operants (sog. Coverants = covert operants) mit operanten Verhaltensweisen gleichgesetzt werden können, obwohl diese verdeckten Operants schwieriger zu überprüfen sind, weil man sie nicht offen beobachten kann. Aus dieser Richtung sind unter der Leitung von *Cautela* [9] verschiedene Konditionierungs-Techniken entwickelt worden. Sie alle benutzen die im Patienten ablaufenden Vorstellungen als Stimuli: als Reaktionen oder als Verstärker. Diese Techniken sollen hier von der verbalen Stimulus-Methode getrennt beschrieben werden, da verdeckte Vorgänge meist verbale, symbolische oder vorgestellte Reize beinhalten, die der Klient unter Anweisung des Therapeuten selbst hervorbringt. In diesem Abschnitt sollen Beispiele für die am häufigsten angewandten Techniken gegeben werden: *Verdeckte Sensitivierung, verdecktes Verstärken, verdecktes Löschen* und *verdecktes Modellernen*.

Verdeckte Sensitivierung

Bei der verdeckten Sensitivierung soll sich der Patient eine Szene mit dem unerwünschten aber für ihn momentan befriedigenden Verhalten vorstellen. Wenn der Klient dieses angenehme Bild sehr intensiv und lebhaft vor Augen hat, soll er es abrupt abbrechen und sich etwas sehr Unangenehmes vorstellen. Man setzt dafür häufig aversive soziale und physische Stimuli ein und paßt sie der individuellen Lerngeschichte des Patienten an. Anschließend soll sich der Klient vorstellen, daß er aus der Problemsituation flieht. Dadurch vermeidet er auch die aversiven Ereignisse, die an die Problemsituation gekoppelt sind. Nach der Flucht stellt sich der Patient vor, erleichtert zu sein und sich besser zu fühlen. Wenn der Klient die Situation vermeidet oder sie umgeht, werden starke positive Verstärkungen vom Therapeuten und teilweise auch vom Patienten selbst eingesetzt. Zusätzlich sollten die Erkenntnisse aus derartigen Erfahrungen verbal zusammengefaßt werden. Unangepaßtes Verhalten wird also mit aversiven Konsequenzen gekoppelt, während das Vermeiden der gesamten Problemsituation durch das erlebte Gefühl der Erleichterung belohnt wird. Dieser gesamte Prozeß läuft unter der Anleitung eines therapeutischen Helfers ab.

An einem Patienten mit exzessivem Alkoholkonsum soll der genaue Ablauf der Technik beispielhaft illustriert werden. Nachdem der Therapeut dem Klienten die Grundlagen des Behandlungsprozesses erklärt hat, werden für ihn spezifische positive und aversive Konsequenzen ausgesucht. Anschließend läßt sich der Therapeut schildern, wann und wo normalerweise getrunken wird. Es muß eine detaillierte Schilderung der äußeren Situation und der sozialen Bedingungen sein. In einem Vortest sollte dann geklärt werden, ob der Patient sich auf Anweisung bestimmte

Szenen bildhaft vorstellen kann. Wenn er damit Schwierigkeiten hat, sollte man seine Vorstellungsfähigkeit anhand von praktischen Übungen trainieren und seine Illustrationsfähigkeit für verschiedenartige Situationen verbessern.

Einem Alkoholiker könnte man z. B. sagen, er solle sich vorstellen, gemütlich in seiner Lieblingsbar zu sitzen. Während der Therapeut diese Szene beschreibt und umreißt, soll der Patient sie sich mit allen Details vor Augen führen. Hat er sich offensichtlich in die Vorstellung vertieft, beispielsweise gerade ein volles Glas an die Lippen zu führen, soll er sich auf Anweisung des Therapeuten etwas Unangenehmes vorstellen. Z. B. kann man dem Klienten sagen, er bekomme Magenkrämpfe und fange an, sich zu übergeben. Der Therapeut beschreibt diesen scheußlichen Zustand in allen Details. Der Patient soll dabei alle Einzelheiten nachvollziehen, miterleben, sich bildhaft vorstellen und auch den entstehenden Gestank mitempfinden. Wenn der Klient alle unangenehmen Folgen so richtig zu erleben scheint, gibt der Therapeut ihm die Anweisungen für die nächste Vorstellungsszene. Der Klient soll sich denken, wie er angeekelt das Lokal verläßt und nach draußen stürzt, um frische Luft zu schöpfen. Dabei soll er sich etwas Angenehmes vorstellen, und zwar etwas, das man zuvor als positive Konsequenz herausgesucht hatte. Solche angenehmen Folgen sind z. B. das Zulächeln eines hübschen jungen Mädchens oder das Gefühl der Erleichterung, dem Alkohol entronnen zu sein. Zudem bietet man dem Patienten günstige Feststellungen an, die er selbst anwenden kann, z. B. „warum bin ich bloß so dumm und trinke, es wird mir doch nur schlecht dabei". Zuerst erarbeitet man die einzelnen Szenen mit dem Patienten zusammen. Dabei sind etwa 10 Versuche pro Vorstellungsbild notwendig. Man sollte auch die Szenen variieren, um verschiedene Bedingungen und Folgen mitzuerfassen. Bei der lauten Schilderung der Szenen wechselt sich der Patient mit dem Therapeuten ab. Einige Vorstellungsbilder können auch das Trainieren von Vermeidungsverhalten einschließen. Z. B. könnte sich ein Alkoholiker vorstellen, bei einem angebotenen Glas zu sagen: „Nein, ich trinke keinen Alkohol!" und sich anschließend erleichtert zu fühlen. Der Patient soll sich die einzelnen Szenen auch zwischen den Sitzungen vorstellen, wenn die Einübungszeit mit dem Therapeuten beendet ist. Es sind einige Variationen zu diesem Behandlungsablauf entwickelt worden. Man hat z. B. Tonbänder mit entsprechend verallgemeinerten Vorstellungsszenen besprochen, so daß man sie mehreren Klienten gleichzeitig vorgeben kann. Die Patienten werden in Gruppen zusammengefaßt, deren Mitglieder an ähnlichen Verhaltensschwierigkeiten leiden.

Klinische Fallberichte und Forschungsuntersuchungen haben die Effektivität der verdeckten Sensitivierungs-Technik nachgewiesen. Dennoch muß der Klient sorgfältig vorbereitet werden, damit er sich die geschilderten Szenen gut vorstellen kann. Zudem muß er hoch motiviert und kooperativ sein, und die Szenen müssen ausreichend variiert werden, um generalisierende Effekte zu erbringen. Schließlich ist es auch wichtig, daß man wirkungsvolle, persönlich zutreffende Verstärker einsetzt. Vorausgesetzt der Alkoholiker in dem geschilderten Beispiel ist sehr gerne mit anderen Menschen zusammen, dann kann man das Erbrechen auch so schildern, daß er dabei versehentlich ein ganz besonders hübsches Mädchen bespuckt, das auf dem benachbarten Barhocker neben ihm sitzt. In ähnlicher Weise könnten die angenehmen Vorstellungen die Anerkennung und den Beifall seiner Mitmenschen einbeziehen, wenn der Klient sich vorstellt, die Bar zu verlassen.

Die verdeckte Sensitivierung hat sich bei der Behandlung verschiedenster Schwierigkeiten bewährt, z. B. bei Suchtkranken, die im allgemeinen schwer zu therapieren sind. Die Technik wird meist mit weiteren verhaltensverändernden Methoden kombiniert. Leider gibt es nur wenige Berichte über eine exakte wissenschaftliche Analyse ihres Wirkungsprozesses. Die Auswertung dieser Technik wird besonders durch methodische Probleme erschwert. Erstens entziehen sich die für den Prozeß der verdeckten Konditionierung verantwortlichen Stimuli und Verhaltensweisen von ihrem Wesen her der objektiven Beobachtung und Messung. Zweitens verändert der Therapeut in der klinischen Arbeit die Intensität, die Auftretenshäufigkeit und die Dauer der Szenen, während er die Wirkung seiner Instruktionen beim Patienten beobachtet. Deshalb variieren die individuellen Anweisungen ganz beträchtlich. Schließlich ist die Unterbrechung der vorgestellten Szene ein wesentlicher Bestandteil der verdeckten Sensitivierung. Man unterbricht z. B. die Vorstellung, gemütlich in einer Bar zu sitzen und größere Mengen Alkohol zu konsumieren. Man kann jedoch zu ähnlichen Ergebnissen kommen, wenn man irgendeine alternative Verhaltensweise einsetzt. Die Unterbrechung einer gewohnheitsmäßig ablaufenden Verhaltenskette kann möglicherweise zu dem gleichen Resultat führen, wenn sich der Patient eine angenehme Verhaltensfolge statt einer aversiven vorstellt [16]. Immerhin ist die verdeckte Sensitivierung eine wirkungsvolle therapeutische Technik für Verhaltensänderungen. Sie verlangt keine bestimmte Stimulusanordnung, kann ziemlich unauffällig vom Patienten durchgeführt werden und führt — wie berichtet wird — bereits in wenigen Sitzungen zum Erfolg.

Verdeckte Verstärkung

Diese Technik ist in ihren Vorgängen der Selbstverstärkungs-Methode vergleichbar. Der Unterschied liegt darin, daß man sich bei der verdeckten Verstärkung eine Szene vorstellt, während man bei der verbal-symbolischen Selbstverstärkung etwas zu sich selbst sagt. Der Klient wird trainiert, sich eine Szene bildhaft vorzustellen, die ihn bislang immer glücklich stimmte und angenehme Gefühle hervorrief. *Cautela* meint, der Therapeut solle zudem an die Vorstellung einen verbalen Reiz koppeln, wie z. B. das Wort „Belohnung", um die Szene auszulösen.

Die angenehme Vorstellung wird – wie jede verstärkende Folge – nur dann hervorgerufen, wenn bestimmte Bedingungen erfüllt sind. Wie auch bei der verdeckten Sensitivierung werden die imaginären Szenen zuerst mit dem Therapeuten geübt und allmählich lernt der Patient, die Verstärkung selbst auszulösen.

Bei der verdeckten negativen Verstärkung lernt der Klient, sich unangenehme Situationen vorzustellen. Man kann die verdeckte negative Verstärkung z. B. auch zu einem späteren Behandlungszeitpunkt statt einer realen aversiven Konsequenz einsetzen. *Cautela* schlägt vor, die verdeckte negative Verstärkung nicht nur als Technik zur Reduzierung der Auftretenshäufigkeit eines Verhaltens einzusetzen, sondern auch als unangenehmen Stimulus, um Flucht- bzw. Vermeidungsverhalten zu konditionieren. Dazu folgendes Beispiel: Ein Patient hat in der Vorstellung eine scheußliche Situation durchlebt. Anschließend stellt er sich das Verhalten vor, das in Zukunft häufiger auftreten soll. In der Vorstellung betritt er z. B. einen mit Menschen voll besetzten Raum, fühlt sich dort wohl, ruft ein Mädchen an und verabredet sich mit ihm, oder der Klient führt in der Vorstellung andere Verhaltensweisen aus, die bislang nicht in seinem Verhaltensrepertoire enthalten sind. Verdeckte negative Verstärkung sollte nur nach gründlicher Überlegung eingesetzt werden. Aversive Szenen, die ein unbehagliches Gefühl zurücklassen, können nämlich den entgegengesetzten Effekt haben, wenn das Verhalten, das es abzubauen gilt, mit unangenehmen Wirkungen assoziiert wird. Ein Patient, der ein Verhalten mit aversiven Folgen verknüpft, z. B. mit Angst oder Erbrechen, kann möglicherweise diese unangenehme Vorstellung nicht schnell genug abbrechen. Auch wenn das erwünschte Vermeidungsverhalten zuvor schon intensiv angstbesetzt war, können nachteilige Folgen entstehen. Deshalb sollte diese Technik nur mit größter Vorsicht benutzt werden.

Verdeckte Löschung

Diese Technik ist vergleichbar mit den operanten Löschungsmethoden. Der Patient soll sich das unerwünschte Verhalten, das es abzubauen gilt, vorstellen und statt der normalerweise eintretenden angenehmen Konsequenz eine neutrale denken. Um z. B. kalorienreiche Nahrungsaufnahme zu reduzieren, soll sich der Klient folgendes vorstellen: Er ißt seine Lieblingseiscreme mit Sahne, findet aber keinen rechten Geschmack daran und hat auch sonst dabei keinerlei positiven Erlebnisse.

Man kann verdeckte Konditionierung auch in erweiterter Form benutzen. Es brauchen nicht nur solche Szenen eingesetzt werden, die der Patient selbst erlebt hat, sondern es können auch Ideal-, Angst- oder sonstige Phantasiesituationen herangezogen werden. Bei all diesen Techniken muß man jedoch darauf achten, daß der Patient die selbstpräsentierten Szenen in allen Details in Gegenwart des Therapeuten wiederholt und einübt. Dadurch versichert sich der Helfer, ob der Klient wirklich die wichtigsten Faktoren selbst beschreibt. Trotz Übung bleibt dennoch das Grundproblem bei den Vorstellungstechniken bestehen. Die Kontrolle über die Stimuli und die Verhaltensweisen, die sich der Patient selbst vorstellt, ist beschränkt, und deshalb kann der Therapeut nur schwer korrigierend eingreifen.

Verdecktes Modellernen

Neuere Veröffentlichungen [10, 31] berichten über den Einsatz vorgestellter Stimuli als Ersatz für lebende oder im Film vorgeführte Modelle, um ängstliches Verhalten abzubauen. Dabei werden verdeckte Techniken mit Modellern-Methoden (vgl. Kapitel 5) kombiniert. Zuerst lernt der Patient in mehreren Durchgängen, sich die unangenehme Szene im Detail vorzustellen. Anschließend soll er sich eine andere Person — das Modell — vorstellen, die die Angstsituation bewältigt, z. B. den Hund streichelt oder einen überfüllten Raum betritt. Der Therapeut beschreibt zu Beginn der Vorstellungsszenen das Modell als eine zuversichtliche Person, und zusammen mit dem Patienten schildert er die positiven Eigenschaften des Modells. *Kazdin* [31] fand in einer Untersuchung über Studenten mit Angst vor Schlangen, daß das verdeckte Modellernen das Vermeidungsverhalten sehr effektiv und langfristig veränderte. Zudem zeigte dieses Experiment, daß die gleichen Variablen wichtig zu sein scheinen, die auch die Wirkung des Modellernens nach lebenden oder nach im Film gezeigten Modellen erhöhen, um Verhaltensänderungen durch verdecktes Modellernen zu erreichen.

Susskind [67] beschreibt eine Variante des verdeckten Modellernens, die *Wunschbild-Technik*. Dabei soll sich der Klient einige wünschenswerte Veränderungen seines Verhaltens vorstellen, die durchaus erreichbar sind. Zuerst beschreibt er sein Verhalten, überlagert dann sein momentanes Selbstbild mit dem idealen Wunschbild und beobachtet anschließend die allmähliche Verbesserung seines Selbstbildes. Um beim Patienten ein ideales Selbstbild aufzubauen, soll er sich an vergangene Situationen oder an zurückliegende Ereignisse erinnern, die ihn mit Stolz oder Selbstbewußtsein erfüllten. Dieses Erfolgsgefühl wird dann auf all die Bemühungen ausgedehnt, durch die das gesetzte Ziel erreicht werden soll. Der Klient soll in seiner täglichen Routine so handeln, sich so fühlen und so vorstellen, wie es seinem Wunschbild entspricht. Somit dienen einige der veränderten Verhaltensaspekte als Basis für verdecktes Modellernen und zur Einleitung von Verhaltensweisen, die denen des Modells entsprechen. Sowohl die Wunschbild-Technik als auch die Methode des verdeckten Modellernens haben Gemeinsamkeiten mit dem Rollenspiel und mit der Rollenspiel-Therapie von *Kelly* [33]. Dabei liegt folgende Annahme zugrunde: Die Vorstellung, selbst anders zu reagieren und endlich auch entsprechend handeln zu können, bewirkt schließlich Verhaltensänderungen in den alltäglichen Lebensbereichen, auch wenn die erwünschten Verhaltensformen zuerst in künstlich herbeigeführten Situationen geübt werden. Vorgestellte Szenen können also als Standards dienen, die der Klient erreichen möchte. Zudem dienen derartige Vorstellungsszenen als Auslösereiz in aktuellen Situationen.

Andere Therapieformen des Selbstmanagements

Behandlung der Angst

Es gibt einige Techniken, die sich von der systematischen Desensitivierung dahingehend unterscheiden, daß der Patient keinem spezifischen phobischen oder angsterzeugenden Reiz ausgesetzt wird, weder in der Realität noch in der Vorstellung. Man ruft vielmehr beim Klienten Furcht durch suggestive Anweisungen oder Rekonstruktionen angsterregender Szenen hervor. Wenn er wachsende Unruhe und körperliche Verkrampfung zeigt, lehrt man ihn, sich zu entspannen. Theoretisch betrachtet, setzen diese Techniken [5, 61] die Angstreaktionen als S^Ds ein, auf die nun Reaktionen konditioniert werden, die der Angst antagonistisch sind.

Suinn und *Richardson* [66] beschreiben einige der wichtigsten Schritte in dem Angstbewältigungs-Training. Zuerst werden dem Patienten die der Therapieform zugrundeliegenden Prinzipien und der Behandlungszweck erklärt. Dann lernt der Klient vollständige Muskelentspannung. Die spezifischen Schlüsselreize für die Angsterzeugung und für den Entspannungszustand werden genau bestimmt und eingeübt. Nachdem die Angst induziert ist, folgt kurz darauf die Vorstellung einer entspannenden und beruhigenden Szene. Dabei läßt tiefes Atmen des Patienten auf Entspannung schließen. Wenn der Klient entspannt ist, werden wieder die Angst- und die folgenden Entspannungsstimuli gegeben, so daß ein schneller Wechsel zwischen dem Angst- und dem Entspannungszustand entsteht. *Suinn* und *Richardson* benutzten zur Darbietung einer derartigen Sequenz Tonbänder mit genauen Instruktionen für den Klienten, einer passenden Hintergrundmusik oder entsprechenden Geräuschen für die Vorstellungsszenen. Während des Ablaufs werden die Angstmerkmale genau benannt, damit der Klient sie leichter unterscheiden kann. Im Wesentlichen soll der Patient mit Hilfe dieser Technik lernen, einen Angstzustand — egal, wodurch er hervorgerufen wurde — in solchen Situationen zu überwinden, in denen der furchterregende Stimulus nicht eindeutig identifizierbar ist. Die Angstbewältigungs-Methode besteht also aus einem Diskriminationslernen ängstlicher Gefühle, die den Klienten veranlassen, sich zu entspannen. Im Gegensatz dazu wird bei der Desensitivierungs-Methode vor dem Auftauchen der Angst eingegriffen. Die Angstmanagement-Technik zeigt dann Erfolge, wenn beim Patienten die Häufigkeit von Angstzuständen vermindert werden soll. Befindet sich jedoch der Klient in einem fortgeschrittenen Angstzustand, scheint diese Technik wenig effektiv zu sein.

Selbstdirigierte Desensitivierung

Bei den abgeänderten Formen der Desensitivierungstechnik (vgl. Kapitel 8) wird ebenfalls zuerst eine Hierarchie mit dem Therapeuten erarbeitet. Anschließend spielt sich der Patient selbst ein Tonband mit den Entspannungsanweisungen vor. Es gibt inzwischen Tonbänder mit bereits vorgegebenen hierarchisch geordneten Szenen. Diese Bänder sind bei solchen Patienten anwendbar, die unter ähnlichen Ängsten leiden. Im Wesentlichen besteht diese Variation der Desensitivierungstechnik daraus, daß der Patient die Anweisungen für die Entspannung und für die Hierarchieszenen von einem Tonband entgegennimmt. Im Detail ähnelt diese Form der Desensitivierung sehr der Originalmethode, bei der selbstdirigierten Desensitivierung jedoch hat der Patient den Ablauf selbst in der Hand. Wie auch bei den anderen Selbstmanagement-Behandlungstechniken muß ein selbstdirigiertes Programm unterstützt werden durch Selbstüberwachung, Selbstverstärkung und Berichte an den Therapeuten. Er hat die Aufgabe, den Klienten für seine Fortschritte zu loben und weiterhin zu ermutigen, um die erreichten Verbesserungen aufrechtzuerhalten. Bei der selbstdirigierten Desensitivierung handelt es sich um eine aktive Bewältigung und um eine aktiv eingeleitete Angstreduktion durch den Patienten selbst, während bei der allgemeinen Desensitivierung der Patient relativ passiv bleibt und so schrittweise die Angst vor bestimmten Objekten und Situationen abgebaut wird. Praktiker und Forscher haben verschiedene Abwandlungen zur systematischen Desensitivierungstechnik entwickelt. Dabei hat man oft die ursprüngliche Methode von *Wolpe* mit Selbstmanagement-Techniken kombiniert, indem man die Fähigkeiten des Patienten zur Wiedererkennung und zur Bewältigung von Angstsituationen verbessert und ihn für die internen Merkmale empfänglicher macht, die den Beginn von Angstzuständen signalisieren.

Systematische rationale Umstrukturierung

Goldfried hat eine Behandlungstechnik entwickelt, die auf der Grundlage von *Ellis* rational-emotionaler Therapie beruht. Der Patient soll sich zuerst eine angsterregende Situation vorstellen, dann den Erregungsgrad benennen und seinen Angstzustand dazu benutzen, seine Einstellungen und Erwartungen über eine Selbstverteidigung zu dieser angsterzeugenden Situation zu beschreiben. Die aufgezählten Überlegungen zu der Selbstverteidigung werden dann auf rationaler Basis neu bewertet, zuerst mit dem Therapeuten zusammen, später vom Klienten selbst. Die Angst nimmt nach einer derartigen Umbewertung ab. Anschließend werden die angsterregenden Situationen hierarchisch geordnet. *Goldfried, Decenteceo* und *Weinberg* [18] beschreiben den Vorgang folgendermaßen: Der Klient lernt, seine Angst dadurch zu kontrollieren, daß er den kognitiven Ablauf verändert, mit dem er bislang möglicherweise aufregenden Ereignissen begegnet ist. Theoretisch ähnelt dieser Prozeß den Abläufen bei den Angstmanagement-Techniken: der Patient lernt, internale Angstmerkmale als Hinweisreize zu erkennen, um neu erlernte, angstreduzierende Verhaltensweisen auszuführen.

Selbstmanagement und Selbstkontrolle

In der Einleitung wurde bereits darauf hingewiesen, daß sich die Probleme der Selbstkontrolle von denen der Selbstregulation unterscheiden. Es soll im Folgenden auf die Anwendung von Selbstmanagement-Techniken bei Selbstkontroll-Schwierigkeiten eingegangen werden, nachdem der Leser bereits mit den verschiedenen Selbstmanagement-Techniken vertraut ist. Bei Selbstkontroll-Problemen steht das Dilemma des Klienten im Vordergrund, sich auf eine Verhaltensänderung einzulassen, obwohl seine momentanen Handlungsweisen positive Konsequenzen zur Folge haben. Bei Selbstmanagement-Schwierigkeiten werden Verhaltenspläne aufgebaut und umgeordnet und es wird gelernt, Probleme zu erkennen und zu lösen, sich neue Fertigkeiten anzueignen und Aktivitäten zu entwickeln. Die Verhaltenskonsequenzen werden dadurch kaum verändert. Im Unterschied dazu geht es bei den Selbstkontroll-Schwierigkeiten darum, eine kontrollierende Verhaltensweise aufzubauen. Ein weiterer Unterschied zwischen Selbstmanagement- und Selbstkontroll-Problemen besteht darin, daß bei letzteren konfliktträchtige Konsequenzen für das momentane Verhalten in Aussicht stehen. Verbesserungen des Selbstkontroll-Verhaltens können dadurch erreicht werden, daß man eine *kontrollierende Handlung* aufbaut, die anstelle der unerwünschten Verhaltensweise eingesetzt wird und die schließlich zur festen Gewohnheit wird. Um dieses Ziel zu erreichen, wurden bereits zahlreiche Techniken dargestellt, z. B. Stimulus-Kontrolle, Aufbau konkurrierender Verhaltensweisen und Veränderungen bei den Konsequenzenbedingungen. Das zweite charakteristische Merkmal bei Selbstkontroll-Schwierigkeiten besteht darin, daß sie *konfliktträchtige Konsequenzen* zur Folge haben. Folgende Techniken können eingesetzt werden, um dem Klienten zu helfen, diese Gleichwertigkeit zwischen den negativen und den positiven Konsequenzen zu verändern: Einsetzen von selbstangewandten aversiven Konsequenzen für unerwünschtes Verhalten, Steigerung von positiver Selbstverstärkung oder ähnliche Methoden. Ein drittes Merkmal der Selbstkontrolle besteht darin, daß das Individuum die *neue Verhaltenssequenz selbst einleiten* muß. Dies kann erreicht werden mit Hilfe von Selbstinstruktionen, Diskriminations-Training, Selbstbeobachtung und anderen Methoden. Daraus wird ersichtlich, daß bei der Selbstkontrolle viele der bisher beschriebenen Techniken genutzt werden können. Sie werden jedoch bei Schwierigkeiten angewendet, die auf die spezifische Definition der Selbstkontroll-Situation zutreffen. In allen Selbstkontroll-Programmen werden viele der dem Selbstmanagement zugrundeliegenden Elemente benutzt. Die meisten Programme weisen gemeinsame Merkmale auf, z. B. dem Patienten Hilfestellungen geben bei der Aufstellung seiner Ziele, bei der Beobachtung und Überprüfung seines Verhaltens und bei dessen Bewertung und Belohnung. Die Aufgabe des Therapeuten ist immer dieselbe: Er muß den Patienten durch Gespräche, Verträge, Selbstbeobachtungen und andere Methoden zur Verhaltensänderung motivieren und dann allmählich seine therapeutischen Hilfestellungen abbauen, sobald der Klient die Selbstmanagement-Methoden besser beherrscht. Die Selbstkontroll-Techniken und die Selbstmanagement-Techniken wurden hier wegen ihrer überschneidenden Gemeinsamkeiten nicht getrennt behandelt. Der Unterschied liegt in dem Wesen der Probleme, auf die die Techniken angewendet werden, nicht in den Behandlungstechniken selbst.

Grenzen und Einschränkungen

Es wurde bereits betont, daß Selbstmanagement-Techniken nur angewendet werden sollten, wenn der Patient die Behandlungsziele für wünschenswert erachtet und für ihr Erreichen motiviert ist. Die beschränke Anzahl von Untersuchungsergebnissen über die Effektivität der in diesem Kapitel beschriebenen Programme ergibt im allgemeinen ein positives Ergebnis. Allerdings ist das theoretische Gebäude, auf dem die Selbstmanagement-Techniken beruhen, bislang noch ein unvollständiges Versuchsmodell. Es wurde bereits erwähnt, daß gerade die Behandlungsmethoden erfolgreich sind, die aus den allgemeinen theoretischen Grundlagen abgeleitet wurden, während andere, leicht abgeänderte Techniken keine derartigen Wirkungen erzielen. Teilweise liegt die Schwierigkeit darin, daß ein Selbstmanagement-Programm eine gekonnte Kombination verschiedener Komponenten verlangt, um es den Bedürfnissen jedes einzelnen Patienten anzupassen, während bei experimentellen Untersuchungen meist nur die Wirkung eines einzigen Merkmals überprüft wird. Jedoch können die Interaktionen zwischen verschiedenen Komponenten Effekte hervorrufen, die aus Forschungsergebnissen über einzelne Komponenten nicht voraussehbar sind.

Ein individuell zugeschnittenes Programm und geschickte Kombination verschiedener Behandlungstechniken setzt eine exakte Verhaltensanalyse des Problems voraus. Auch die Beziehung zwischen dem Therapeuten und dem Klienten kann einen Änderungsprozeß unterstützen. Da das Zielverhalten bei dem Selbstmanagement oft schwer zu beobachten ist, muß sich der Therapeut in weitaus stärkerem Maße auf die Mitarbeit des Klienten verlassen können, als dies bei anderen verhaltensverändernden Methoden der Fall ist. Es kommt häufiger vor, daß Patienten aufgrund ihrer Erfahrungen aus Scham, Angst oder Abscheu solange das problematische Verhalten verschweigen, um das sie sich so sorgen, bis sie voll und ganz dem Therapeuten vertrauen. Wenn aber die Bedingungen für eine vertrauensvolle Beziehung besonders ungünstig sind, kann man Selbstmanagement-Methoden nicht sofort anwenden. Solche ungünstigen Voraussetzungen werden geschaffen, wenn der Klient z. B. vom Gericht oder von anderen Personen zur Therapie geschickt wird, oder wenn der Patient zu gestört ist, um eine zwischenmenschliche Beziehung aufzubauen. Dennoch ist es möglich, auch bei solchen Bedingungen eine Atmosphäre zu schaffen, die die Voraussetzungen für ein Selbstmanagement erfüllt. Nur wenn dieses Ziel erreicht ist, können angemessene Selbstmanagement-Techniken angewendet werden.

In unserer Gesellschaft werden die persönliche Freiheit und die Selbstbestimmung besonders hoch bewertet [63]. Wenn eine Person nun glaubt, sie solle die Kontrolle über ihr Verhalten jemand anderem übergeben, kann sie sich derartigen Bemühungen widersetzen. Es wurde bereits zu Beginn dieses Kapitels auf die Wichtigkeit der Selbstattribuierung bei einem Selbstmanagement-Programm hingewiesen. Wenn ein Patient jedoch glaubt, er werde von dem Therapeuten kontrolliert, kann sich die zur Erreichung des Therapieziels notwendige aktive Mitarbeit ins Gegenteil verkehren. Forschungsergebnisse aus der Sozialpsychologie [7] haben zur Beschreibung des Wesens und der Wirkung der *Gegenreaktion* geführt, der Entwicklung des Widerstandes gegenüber einer Beeinflussung. Mit den zunehmenden Möglichkeiten einer Verhaltenskontrolle hat man den Bedingungen mehr Aufmerksamkeit gewidmet, unter denen solche Gegenreaktionen geübt werden können und sollten [38]. Die Selbstmanagement-Techniken basieren hauptsächlich darauf, daß der Therapeut nur eine zeitbegrenzte, unterstützende Rolle spielt, indem er den Klienten dazu anleitet, sein eigenes Verhalten zu verändern. Teilweise bedeutet es aber für den Therapeuten eine Versuchung, dem Patienten Belastungen für die in diesem Kapitel beschriebenen Techniken abzunehmen. Der Helfer kann z. B. übernehmen, Umweltbedingungen zu schaffen, Verstärkerbedingungen zu etablieren, Kriterien zu beeinflussen oder Ziele aufzustellen, ohne sich der Mitarbeit oder Zustimmung des Klienten zu versichern. In einem derartigen Fall kann sich der Widerstand eines Patienten gegenüber der Beeinflussung durch den Therapeuten in Form von Mißerfolg bei der Ausführung des Programmes äußern. Es ist deshalb ganz besonders wichtig, daß sich der Therapeut ganz zu Beginn der Behandlung versichert, ob die Wahl des Zielverhaltens und der Techniken für den Klienten akzeptabel ist.

Zusammenfassung

In diesem Kapitel wurden Techniken zur Verhaltensänderung dargestellt. Diese Behandlungstechniken beruhen auf der Annahme, daß ein Klient sein Verhalten selbst ändern kann, indem er einmal neu erlernte Fertigkeiten einsetzt und zum anderen selbst seine Umweltbedingungen verändert. Weiter wurde kurz das theoretische Modell der Selbstregulation dargestellt. Dabei wurde betont, daß anfänglich auch für ein Selbstmanagement eines Klienten Unterstützung und Hilfe von der Umwelt notwendig ist. Zudem wurde auch auf die Wichtigkeit der Rolle des Patienten eingegangen, sich selbst als die den Verhaltensänderungs-Prozeß kontrollierende Person wahrzunehmen. Das Selbstkontroll-Verhalten wurde auf solche Situationen begrenzt, in denen ein Individuum die positiven Aspekte seines Verhaltens genießt, das Verhalten selbst jedoch sowohl positive als auch negative Konsequenzen für das Individuum hat. Die Lösung eines derartigen Selbstkontroll-Problems besteht in der Ausbildung einer kontrollierenden Handlung, durch die die Auftretenswahrscheinlichkeit der Verhaltensweise verändert wird, die kontrolliert werden soll. Selbstkontroll-Probleme treten einmal auf in Situationen, die die Ausführung eines Verhaltens betreffen, z. B. Rauchen oder übermäßiges Essen; zum anderen sind sie anzutreffen bei der Vermeidung oder dem Aufgeben einer notwendigen, aber unangenehmen Tätigkeit, z. B. Arbeiten oder Schmerzen ertragen.

Bevor man mit dem Training bestimmter Selbstmanagement-Techniken beginnt, sollten erst die Bedingungen für die Einleitung einer Verhaltensänderung geschaffen werden. Kontrakte, Selbstbeobachtung und die Erfüllung praktischer Übungen können dazu beitragen, den Patienten zu einer Änderung zu motivieren.

10. Selbstmanagement-Methoden

Es wurden Verstärkungs-Operationen besprochen, die — vergleichbar der Kontrolle durch externe Verstärkung — positive oder negative Selbstverstärkung in Form von materieller oder verbal-symbolischer Verstärkung einsetzen. Entsprechend wurden selbsterzeugte Sättigung oder Entbehrung als Techniken beschrieben, die einer Verhaltensänderung dienen können.

Eine Gruppe von Änderungstechniken wurde unter dem Begriff der Stimuluskontrolle zusammengefaßt. Hierzu gehören die Veränderungen von sozialen und physischen Bedingungen der Umwelt (so daß dadurch die Auftretenswahrscheinlichkeit des problematischen Verhaltens verändert wird) oder auch der Einsatz selbsterzeugter Verhaltensweisen. Unter dem Begriff der verdeckten Konditionierung wurde ein spezieller Fall der Veränderung selbstverstärkender Konsequenzen durch imaginäre Darbietung von Reiz und Reaktion besprochen. Weiter wurden zusätzliche Techniken beschrieben, die Merkmale der Selbstregulation aufweisen.

Die meisten Selbstmanagement-Programme werden durch die folgenden Schritte gekennzeichnet, auch wenn die spezifische Abfolge für jeden einzelnen Patienten unterschiedlich sein kann:

Schritt 1. Erstellen einer Verhaltensanalyse. Sie sollte das spezifische Problemverhalten beschreiben, die positiven und negativen Verstärker entsprechend den Stärken und Fertigkeiten des Individuums beinhalten und solche Möglichkeiten in der Umwelt des Klienten aufzählen, die Hilfe für einen Verhaltensänderungs-Prozeß bieten könnten.

Schritt 2. Beobachtung und Selbstüberwachung des Zielverhaltens.

Schritt 3. Entwicklung eines Verhaltensänderungs-Plans. Darunter fällt das Aushandeln eines Vertrages, der die angestrebten Ziele klar definiert, die Laufzeit des Programms angibt, die Konsequenzen bei der Zielerreichung bestimmt und die Methoden festhält, durch die die Verhaltensänderung erreicht werden soll.

Schritt 4. Eine kurze Aufklärung des Patienten über die den geplanten Behandlungstechniken zugrundeliegenden Annahmen und wissenschaftlichen Erkenntnisse.

Schritt 5. Regelmäßiges externes Überprüfen des Fortschrittes und der Faktoren, die den Erfolg verzögern. Regelmäßiges Durchsprechen des Vertrages.

Schritt 6. Protokollierung und Überprüfung der qualitativen und quantitativen Daten, die den Änderungsprozeß dokumentieren.

Schritt 7. Erstellung eines Selbstverstärkungs-Programmes, das sich in zunehmendem Maße auf die Selbstreaktionen des Klienten bezieht und das genügend Abwechslung bietet, um einer Übersättigung vorzubeugen. Weiter muß das Selbstverstärkungs-Programm effektiv das Problemverhalten verändern.

Schritt 8. Der Patient muß das neuerlernte Verhalten in seiner alltäglichen Umwelt ausführen. Dies wird besprochen und wenn nötig korrigiert.

Schritt 9. Regelmäßiges Durchsprechen der Behandlungsauswirkungen, der Mittel, durch die die Effekte erzielt wurden und der Situationen, auf die die Methoden in Zukunft angewendet werden können.

Schritt 10. Anhaltende starke Unterstützung durch den Therapeuten. Sie muß jeder Aktivität folgen, mit der der Klient weitere Verantwortung für die ganze Durchführung des Programms oder dessen Ausdehnung auf andere problematische Verhaltensweisen übernimmt.

Literatur

[1] *Averill, J.R.:* Personal control over aversive stimuli and its relationship to stress. Psychological Bulletin, 80 (1973), 286–303.

[2] *Bandura, A.:* Principles of behavior modification. Holt, Rinehart and Winston, New York 1969.

[3] *Bandura, A.* and *B. Perloff:* Relative efficacy of self-monitored and externally imposed reinforcement systems. Journal of Personality and Social Psychology 7 (1967), 111–116.

[4] *Barber, T., L.V. DiCara, J. Kamiya, N.E. Miller, D. Shapiro* and *J. Stoyva (Eds.):* Biofeedback and self-control. Aldine-Atherton, New York 1971.

[5] *Bornstein, P.H.* and *C.N. Sipprelle:* Group treatment of obesity by induced anxiety. Behaviour Research and Therapy 11 (1973), 339–341.

[6] *Boudin, H.M.:* Contingency contracting as a therapeutic tool in the deceleration of amphetamine use. Behavior Therapy 3 (1972), 604–608.

[7] *Brehm, J.W.:* A theory of psychological reactance. Academic Press, New York 1966.

[8] *Broden, B., R.V. Hall* and *B. Mitts:* The effect of self-recording on the classroom behavior of two eighth grade students. Journal of Applied Behavioral Analysis 4 (1971), 191–199.

[9] *Cautela, J.R.:* The use of imagery in behavior modification. Paper presented to the Annual Meeting of the Association for the Advancement of Behavior Therapy, Washington, D.C., September 1969.

[10] *Cautela, J. R.:* Covert extinction. Behavior Therapy 2 (1971), 192–200.

[11] *Cautela, J.R.* and *R. Kastenbaum:* A reinforcement survey schedule for use in therapy, training and research. Psychological Report 20 (1967), 1115–1130.

[12] *Davison, G.C.* and *S. Valins:* Maintenance of self-attributed and drug-attributed behavior change. Journal of Personality and Social Psychology 11 (1969), 25–33.

[13] *Davison, G.C., R.N. Tsujimoto,* and *A.G. Galros:* Attribution and the maintenance of behavior change in falling asleep. Journal of Abnormal Psychology 82 (1973), 124–133.

[14] *Deci, E.L.:* The effects of externally mediated rewards on intrinsic motivation. Journal of Personality and Social Psychology 18 (1971), 105–115.

[15] *Ferster, C.B., J.I. Nurnberger* and *E.B. Levitt:* The control of eating. Journal of Mathetics 1 (1962), 87–109.

[16] *Foreyt, J.P.* and *R.L. Hagan:* Covert sensitization: Conditioning or suggestion? Journal of Abnormal Psychology 82 (1973), 17–23.

[17] *Fox, L.:* Effecting the use of efficient study habits. Journal of Mathetics 1 (1962), 75–86.

[18] *Goldfried, M.R., E.T. DeCenteceo* and *L. Weinberg:* Systematic rational restructuring as a self-control technique. Behavior Therapy 5 (1974), 247–254.

[19] *Herzberg, A.:* Active psychotherapy. Grune and Stratton, New York 1945.

[20] *Homme, L.E.:* Perspectives in psychology – XXIV Control of coverants: The operants of the mind. Psychological Recor 15 (1965), 501–511.

[21] *Homme, L., A.P. Csanyi, M.A. Gonzales* and *J.R. Rechs:* How to use contingency contracting in the classroom. Research Press, Champaign, Ill 1969.

[22] *Jackson, B.* and *B. Van Zoost:* Changing study behaviors through reinfor-

cement contingencies. Journal of Counseling Psychology 19 (1972), 192–195.

[23] *Johnson, S.M.* and *S. Martin:* Developing self-evaluation as a conditioned reinforcer. In *B. Ashem* and *E.G. Poser* (Eds.): Behavior modification with children. Pergamon Press, New York 1973.

[24] *Johnson, S.M.* and *G. White:* Self-observation as our agent of behavioral change. Behavior Therapy 2 (1971), 488–497.

[25] *Kanfer, F.H.:* Verbal conditioning: A review of its current status. In *T.R. Dixon* and *D.L. Horton* (Eds.): Verbal behavior and general behavior theory. Prentice-Hall, Englewood Cliffs N.J. 1968.

[26] *Kanfer, F. H.:* Self-regulation: Research, issues and speculations. In *C. Neuringer* and *J.L. Michael* (Eds.): Behavior modification in clinical psychology. Appleton-Century-Crofts, New York 1970.

[27] *Kanfer, F.H.:* The maintenance of behavior by self-generated stimuli and reinforcement. In *A. Jacobs* and *L.B. Sachs* (Eds.): The psychology of private events. Academic Press, New York 1971.

[28] *Kanfer, F.H.* and *P.H. Duerfeldt:* Motivational properties of S-R. Perceptual and Motor Skills 25 (1967), 237–246.

[29] *Kanfer, F.H.* and *J.S. Phillips:* Learning foundations of behavior therapy. Wiley, New York 1970.

[30] *Kanfer, F.H.* and *J. Zich:* Self-control training: The effects of external control on children's resistance to temptation. Developmental Psychology 10 (1974), 108–115.

[31] *Kazdin, A.E.:* The effect of response cost and aversive stimulation in suppressing punished and nonpunished speech disfluencies. Behavior Therapy 4 (19731), 73–82.

[32] *Kazdin, A.E.:* Self-monitoring and behavior change. In *M.J. Mahoney* and *C.E. Thoresen* (Eds.): Self-control: Power to the person. Brooks/Cole, Monterey, Calif. 1974.

[33] *Kelly, G.A.:* The psychology of personal constructs. Norton, New York 1955.

[34] *Kopel, S.A.* and *H. Arkowitz:* The role of attribution and self-perception in behavior change: Implications for behavior therapy. Paper presented at Sixth Annual Meeting of the Association for Advancement of Behavior Therapy, New York 1972.

[35] *Kukla, A.:* Attributional determinants of achievement-related behavior. Journal of Personality and Social Psychology 21 (1972), 166–174.

[36] *Lederer, W.J.* and *D.D. Jackson:* The mirages of marriage. Norton, New York 1968.

[37] *Lepper, M.R., D. Greene* and *R.E. Nisbett:* Undermining children's intrinsic interest with extrinsic reward: A test of the „overjustification" hypothesis. Journal of Personality and Social Psychology 28 (1973), 129–137.

[38] *London, P.:* Behavior control. Evanston, New York and Harper und Row, London 1969.

[39] *Lovitt, T.C.* and *K.A. Curtis:* Academic response rate as a function of teacher and self-imposed contingencies. Journal of Applied Behavioral Analysis 2 (1969), 49–53.

[40] *Mahoney, M.J.:* The self-management of covert behavior: A case study. Behavior Therapy 2 (1971), 575–578.

[41] *Mahoney, M.J.* and *C.E. Thoresen:* Self-control: Power to the person. Brooks/Cole, Monterey, Calif. 1974.

[42] *Mahoney, M.J., N.G.M. Moura* and *T.C. Wade:* Relative efficacy of self-reward, self-punishment, and self-monitoring techniques for weight loss. Journal of Consulting and Clinical Psychology 40 (1973), 404–407.

[43] *Masters, J.C.* and *J.R. Mokros:* Self-reinforcement processes in children. In *H. Reese* (Ed.): Advances in child development and behavior, vol. 9. Academic Press, New York 1974.

[44] *Masters, W.H.* and *V.E. Johnson:* Human sexual inadequacy. Little, Brown, Boston 1970.

[45] *McFall, R.M.:* The effects of self-monitoring on normal smoking behavior. Journal of Consulting and Clinical Psychology 35 (1970), 135–142.

[46] *Mischel, W., E.B. Ebbesen* and *A.R. Zeiss:* Cognitive and attentional mechanisms in the delay of gratification. Journal of Personality and Social Psychology 21 (1972), 204–218.

[47] *Montgomery, G.T.* and *D.A. Parton:* Reinforcing effect of self-reward. Journal of Experimental Psychology 84 (1970), 273–276.

[48] *Nolan, J.D.:* Self-control procedures in the modification of smoking behavior. Journal of Consulting and Clinical Psychology 32 (1968), 92–93.

[49] *Patterson, G.R.* and *H. Hops:* Coercion, a game for two: Intervention techniques for marital conflict. Technical Report 6, ONR project, University of Oregon 1971.

[50] *Patterson, G.R.* and *J. Reid:* Reciprocity and coercion: Two facets of social systems. In *C. Neuringer* and *J. Michael* (Eds.): Behavior modification in clinical psychology. Appleton-Century-Crofts, New York 1970.

[51] *Roberts, A.H.:* Self-control procedures in modification of smoking behavior: Replication. Psychological Report 24 (1969), 675–676.

[52] *Ross, M., C.A. Insko* and *H.S. Ross:* Self-attribution of attitude. Journal of Personality and Social Psychology 17 (1971), 292–297.

[53] *Rotter, J.B.:* Generalized expectancies for internal vs. external control of reinforcement. Psychological Monographs 80 (1966), 1–28.

[54] *Russell, R.K.* and *J.F. Sipich:* Cue-controlled relaxation in the treatment of test-anxiety. Journal of Behavior Therapy and Experimental Psychiatry 4 (1973), 37–49.

[55] *Rutner, I.T.* and *C. Bugle:* An experimental procedure for modification of psychotic behavior. Journal of Consulting and Clinical Psychology 33 (1969), 651–653.

[56] *Schachter, S.:* The interaction of cognitive and physiological determinants of emotional state. In *L. Berkowitz* (Ed.): Advances in experimental social psychology, vol. I. Academic Press, New York 1964.

[57] *Schachter, S.* and *J.E. Singer:* Cognitive, social and psysiological determinants of emotional state. Psychological Review 69 (1962), 379–399.

[58] *Schachter, S.* and *L. Wheeler:* Epinephrine, chlorpromazine, and amusement. Journal of Abnormal and Social Psychology 65 (1962), 121–128.

[59] *Schwartz, G.E.:* Biofeedback as therapy: Some theoretical and practical issues. American Psychologist 28 (1973), 666–673.

[60] *Seligman, M.E.P.:* On the generality of the laws of learning. Psychological Review 77 (1970), 406–418.

[61] *Sipprelle, C.N.:* Induced anxiety. Psychotherapy, Theory, Research and Practice 4 (1967), 36–40.

[62] *Skinner, B.F.:* Science and human behavior. Macmillan, New York 1953.

[63] *Skinner, B.F.:* Beyond freedom and dignity. Alfred A. Knopf, New York 1971.

[64] *Stuart, R.B.:* A three-dimensional program for the treatment of obesity. Behaviour Research and Therapy 9 (1971), 177–186.

[65] *Stuart, R.B.* and *B. Davis:* Slim chance in a fat world: Behavioral control of obesity. Research Press, Champaign, Ill 1972.

[66] *Suinn, R.M.* and *F. Richardson:* Anxiety management training: A nonspecific behavior therapy program for anxiety control. Behavior Therapy 2 (1971), 498–510.

[67] *Susskind, D.J.:* The idealized self-image (ISI): A new technique in confidence training. Behavior Therapy 1 (1970), 538–541.

[68] *Thoresen, C.E.* and *M.J. Mahoney:* Behavioral self-control. Holt, Rinehart and Winston, New York 1974.

[69] *Tobias, L.L.:* The relative effectiveness of behavioristic bibliotherapy, contingency contracting, and suggestions of self-control in weight reduction. Unpublished Ph.D. dissertation, University of Illinois, Champaign, Ill 1972.

[70] *Valins, S.:* Cognitive effects of false heart rate feedback. Journal of Personality and Social Psychology 4 (1966), 400–408.

[71] *Valins, S.:* Emotionality and information concerning internal reactions.

Journal of Personality and Social Psychology 6 (1967), 458–463.
[72] *Watson, D.L.:* and *R.G. Tharp:* Self-directed behavior: Self modification for personal adjustment. Brooks/Cole, Monterey, Calif. 1972.
[73] *Wilson, T.G.* and *M.G.W. Thomas:* Self- versus drug-produced relaxation and the effects of instructional set in standardized systematic desensitization. Behaviour Research and Therapy 11 (1973), 279–288.
[74] *Wisocki, P.A.:* The successful treatment of a heroin addict by covert conditioning techniques. Journal of Behavior Therapy and Experimental Psychiatry 4 (1972), 55–61.

11. Methoden der Selbstinstruktion

Donald Meichenbaum

Vorwort

Nach der Lektüre einiger Kapitel dieses Buches wird sich mancher Leser über die Vielzahl der Behandlungsarten wundern, die dem zukünftigen Therapeuten an die Hand gegeben werden. Soll der Therapeut den Patienten Entspannungsübungen machen lassen oder ihm ein Selbstbehauptungstraining mittels Modellernen oder Rollenspiel angedeihen lassen? Besteht die rechte Ausrichtung einer Therapie in der Einübung neuer Fertigkeiten oder im Versuch, den Denkstil zu ändern? Soll der Therapeut eine Mehrzahl von Techniken anwenden, und wenn ja, in welcher Reihenfolge? Wenn es nur eine hundertprozentige Prüfliste gäbe, die es dem Therapeuten ermöglichen würde, für jedes auftretende Problem die „richtige" Technik herauszufinden! Aber das Dilemma besteht darin, daß die Probleme, die jemanden veranlassen, einen Therapeuten aufzusuchen, sich selten als so einfach erweisen.

Andere Leser denken vielleicht, die Techniken, von denen sie gelesen haben, sehen vielversprechend aus und seien tatsächlich für motivierte, kooperative Patienten gut geeignet, die mit leicht umschreibbaren oder begrenzten Problemen kommen. Indes scheinen die meisten Patienten dieser Kategorie nicht anzugehören. Ein häufiges Problem besteht darin, den Patienten zu motivieren, damit er die Verfahren zur Selbstkontrolle auch wirklich durchführt und sich an den Therapeut-Patient-Kontrakt hält. Der Leser mag denken: „Ich würde gerne sehen wie Dr. Soundso seine Methode bei meinem Patienten anwendet."

Noch andere Leser könnten Anhänger der Verhaltensmodifikation sein und an dieses Kapitel mit der Frage herantreten: „Was sind Methoden der Selbstinstruktion? Wie, wann und von wem sind sie anwendbar? Und überhaupt: Wozu dieses Vorwort?"

Der Zweck des Vorwortes ist, die Denkprozesse des Lesers, der mit diesem Kapitel beginnt, zu lenken. Denn ich will zu zeigen versuchen, daß das Erkennen des Denkstils des Patienten durch den Therapeuten einen wichtigen Zugang zur Verhaltensänderung eröffnen kann. Die Fähigkeit des Therapeuten, vorherzusehen und zu verändern, was der Patient im stillen zu sich selbst sagt (oder nicht sagt), ist ein wesentlicher Teil der Trainingsverfahren in Selbstinstruktion. Wenn der Therapeut die Denkmuster des Patienten erkennt, wird er feststellen, daß die im vorliegenden Buch beschriebenen Verfahren zur Modifikation des Denkstils seines Patienten anwendbar sind. Somit kann der Therapeut den Selbstinstruk-

Übersetzt von Max Werner Vogel

tionsansatz zur Behandlung vieler verschiedener klinischer Probleme verwenden oder auch dazu, dem Patienten Methoden zur Verfügung zu stellen, die er später bei neuen Problemen anwenden kann. Ohne Zweifel hat die Forschung zum Selbstinstruktionstraining die Tatsache herausgestellt, daß es nicht allein die Manipulation der umweltlichen Konsequenzen per se ist, die im Behandlungsprozeß eine herausragende Rolle spielt, sondern auch das, was der Patient über jene Konsequenzen zu sich selbst sagt. Was indes der Patient zu sich selbst spricht, d. h. wie er Ereignisse bewertet und deutet, ist dank vieler Techniken der Verhaltensmodifikation veränderbar, die seit einiger Zeit zur Modifikation fehlangepaßter Verhaltensweisen eingesetzt werden. Die folgende Gruppe klinischer Beispiele soll diese Punkte veranschaulichen.

Klinisches Beispiel für den inneren Dialog des Patienten

Malen Sie sich die folgende Szene aus. Zwei Menschen, die über *dieselbe* Redegewandtheit verfügen, werden, jeder zu verschiedener Gelegenheit, gebeten, eine öffentliche Rede zu halten. Die beiden Individuen unterscheiden sich im Grad ihrer Angst vor öffentlichem Sprechen: Der eine hat darin einen hohen Meßwert, der andere einen niedrigen. Während des Vortrages des einen wie des anderen verlassen einige Zuhörer den Raum. Dieser Umstand löst in den Individuen mit den verschiedenen Redeangstwerten völlig verschiedene Selbstaussagen oder Selbstbewertungen aus. Der mit dem hohen Redeangstwert sagt vermutlich zu sich selbst: „Ich langweile die Leute. Wie lange muß ich noch reden? Ich wußte, daß ich nie und nimmer eine Rede halten kann" usw. Diese Selbstbewertungen erzeugen Angst und ergeben genau das Redeangstverhalten, das der Betreffende fürchtet (d. h. sie werden zu sogenannten selbstbewahrheitenden Prophezeihungen). Auf der anderen Seite das Individuum mit dem niedrigen Redeangstwert sieht das Weglaufen der Zuhörerschaft doch vermutlich als Zeichen ihrer Unzivilisiertheit an oder schreibt es äußeren Ursachen zu. Er sagt etwa: „Gewiß müssen sie zu einer Vorlesung. Wie dumm, daß sie wegmüssen: Sie verpassen einen guten Vortrag."

Ein ähnliches Muster von verschiedenen Denkstilen läßt sich bei Individuen mit hohen bzw. niedrigen Prüfungsantworten ausmachen. Man denke an eine Examenssituation; dort geben einige Studenten ihre Arbeiten frühzeitig ab. Für einen dort sitzenden Kandidaten mit hohem Prüfungsangstwert ist dies der Anlaß zu Selbstaussagen von der beunruhigenden Art, nämlich: „Ich werde mit dem Problem nicht fertig. Ich komme nie ans Ziel. Was kann man mit so einem Kerl anfangen?" Daraus entstehen vermehrte Angst und weitere irrelevante und selbstbehindernde Gedanken. Dagegen übergeht der Student mit dem geringen Prüfungsangstwert die Leistungen jener anderen Studenten ohne weiteres, indem er zu sich sagt: „Diejenigen, die ihr Geschreibsel so früh abgeben, wissen mal wieder nichts. Hoffentlich wird ihre Note von rückwärts gezählt."

In jedem der angegebenen Beispiele löst ein und dasselbe Ereignis (im ersten

Fall das Weggehen von Zuhörern mitten im Vortrag, im zweiten Fall die Studenten, die ihre Aufgaben so früh abgeben) in den durch Angstwerte unterschiedenen Individuen — und das ist das bemerkenswerte — verschiedene Wahrnehmungen und Selbstbewertungen aus. Solche Denkstile sind nicht auf die Dimensionen Prüfungsangst oder Redeangst beschränkt. Ähnliche Beispiele negativer Selbstaussagen, die zu fehlangepaßtem Verhalten führen, finden sich in vielerlei Situationen und bei den verschiedenartigsten Patienten (z. B. bei Depressiven, Phobikern).

Der Denkstil des Patienten, oder was er zu sich selbst sagt, spielt eine wichtige Rolle bei der Definition des jeweiligen Falles. Wie wir bei der Beschreibung der Behandlungsverfahren sehen werden, findet zwischen dem Verhaltensrepertoire des Patienten und seinem inneren Dialog ein wichtiger Austausch statt. Die therapeutischen Verfahren der Selbstinstruktion sind dazu angelegt, sowohl die kognitiven[1]) wie die Verhaltensanteile der jeweiligen Problematik zu modifizieren. Die Selbstinstruktionstherapie ist darauf ausgerichtet, die Patienten zur Bewußtheit ihrer eigenen Gedanken zu bringen und sie dazu anzuleiten, inkompatible Selbstinstruktionen und inkompatibles Verhalten hervorzubringen.

Ein überzeugenderes Beispiel ist vielleicht jener Fall von Phobie, der sich der bedrohlichen Situation schließlich stellen muß. Der innere Dialog ist dazu angetan, den Ausgang der Behandlung zu bestimmen, sei die Behandlungsform nun *Desensibilisierung, Modellernen* oder *Reizüberflutung.* Vor der Behandlung schloß der innere Dialog des Patienten vermutlich Aussagen ein, die ein Gefühl der Hilflosigkeit, der Verlegenheit wegen der eigenen Unzulänglichkeit, Empfindungen des Verlusts der Herrschaft über sich selbst, Bilder und Gedanken der Katastrophe usw. spiegelten. Das Training, in der phobischen Situation eine Reihe von bewältigenden Selbstaussagen hervorzubringen, begünstigt die Verhaltensänderung. Zum Beispiel:

> Eins nach dem anderen. Entspanne dich. Gut. Ich werde es schaffen. Diese Verspanntheit und die Angst sind genau, wie erwartet. Ich soll also meine Angst zwischen null und zehn einschätzen und beobachten, wie sie sich verändert. Gut. Die Verspanntheit und das heftige Atmen sind die Zeichen, die mich zur Anwendung meiner Bewältigungstechnik auffordern.

Interessanterweise haben alle Forscher, die Phobien mit unterschiedlichen Verfahren behandelt haben, darauf hingewiesen, daß der den jeweiligen Therapieverfahren zugrunde liegende gemeinsame Mechanismus eine Änderung in den Selbstaussagen des Patienten sei. Autoren, die phobisches Verhalten vermittels Desensibilisierung, Modellernen, Reizüberflutung und der Modifikation von Kognitionen über interne Reaktionen zu verändern suchten, haben übereinstimmend auf die Bedeutung der Selbstaussagen des Patienten für den Änderungsprozeß hingewiesen, auch wenn keine direkte Anstrengung unternommen wird, diese Aussagen selbst zu ändern. *Marks, Boulougouris* und *Marset* [38] berichten, daß nach einer Reizüberflutungs-Therapie etliche Patienten spontan erzählten, sie hätten sich aus ihren Gefühlen herausgeredet; andere berichteten, sie hatten sich gesagt, die Realität komme nie an die Schrecken der Phantasie heran, während die Selbstaussagen

---

[1]) Siehe Anmerkung [1]) des Kapitels 3 auf Seite 61.

11. Methoden der Selbstinstruktion

anderer das von ihnen empfundene Element der Herausforderung betonten (z. B. „Ich werde es dem Therapeuten zeigen"). *Geer* und *Turtletaub* [21] stellten die Hypothese auf, die Selbstinstruktion des Patienten „Wenn andere Patienten das können, dann kann ich das auch!" sei einer unter den möglichen Mechanismen, der bei der Behandlung durch Modellernen die Verhaltensänderung zuwege bringe. Ähnlich meint *Lang* [30], daß die veränderten Selbstaussagen des Patienten die durch Desensibilisierung verursachte Änderung im Verhalten anzeigen könnten. Lang stellte fest, die Desensibilisierung ziele in ihrer Anlage darauf ab, die Reaktion „Ich habe keine Angst" (oder eine potentiell mit Angst wettstreitende Reaktion, wie „ich bin entspannt") in Gegenwart einer abgestuften Reihe von diskriminativen Stimuli aufzubauen. Sobald dies bis zur Beherrschung gediehen sei, könnte die Reaktion den Status einer momentanen „Einstellung" oder einer Selbstinstruktion haben, die sodann die übrigen entsprechenden Verhaltensweisen zu bestimmen vermag ([30] S. 187).

Wenn die Hypothese zutrifft, daß es die Selbstinstruktionen des Patienten sind, welche die Verhaltensänderungen hervorbringen, so würden wir erwarten, daß ein ausdrückliches Selbstinstruktionstraining die Behandlungseffizienz verbessert.

Zwei weitere Arten von Beispielen sollen die Rolle der Selbstaussagen des Patienten im Änderungsprozeß illustrieren. Das erste betrifft die Behandlung von Patienten, die Probleme der Selbstkontrolle im Bereich des Rauchens, Überessens, Alkoholkonsum usw. haben. Der Inhalt ihrer Selbstaussagen muß bei der Behandlung mitberücksichtigt werden. Wahrnehmungen, Attributionen und Selbstaussagen begleiten jeglichen Versuch, das Verhalten eines Patienten zu ändern, und sollten daher auf die Liste der Therapieziele gesetzt werden. Jemand, der sich dafür einsetzt, sein Verlangen zu rauchen unter Kontrolle zu bringen, sieht sich kritischen Augenblicken gegenüber, in denen sein innerer Dialog den Behandlungserfolg beeinflussen kann, egal ob er durch Konditionierung durch aversive Stimuli, vermittels Entspannung oder Rollenspiels behandelt wird. Wenn er nach der Zigarette gegriffen hat, könnte der interne Dialog des Patienten so lauten:

> Verflixt, ich bin also wieder soweit. Was hat es für einen Sinn, ich werde nie imstande sein aufzuhören... Laß dich nicht auf solches Gerede ein! Gib dir Mühe. Der Rauchhunger scheint schon nachzulassen.

Das alles stimmt mit der Analyse der Selbstkontroll-Mechanismen durch *Premack* [64] überein, die zur Beendigung des Rauchverhaltens beitragen. Nach *Premack* führt die Entscheidung, mit dem Rauchen aufzuhören, zu einer *Selbstinstruktion*, welche die Automatik der den Gesamttakt des Rauchens ausmachenden Verhaltenskette unterbricht. Ein gesteigertes Selbstbeobachtungsverhalten bildet den Hintergrund für solche Selbstinstruktionen, und schon die Ausarbeitung von Selbstinstruktionen erweist sich als behandlungswirksam. Ein Beispiel dafür, daß die Berücksichtigung der kognitiven Tätigkeiten eines Rauchers, die Wirksamkeit der Therapie vergrößert, gibt die Studie von *Steffy, Meichenbaum* und *Best* [74]. Diese Autoren modifizierten das Behandlungsparadigma des Konditionierens mit aversiven Reizen dergestalt, daß dem Einschalten des Strafreizes (Elektroschock) der Bericht des Rauchers über Gedanken und bildhafte Vorstellungen von jenen äußeren Umständen folgte, in denen er sich dem Rauchen hingab. Die Schockbeendigung war kontingent mit der ausgesprochenen Formulierung von Selbstinstruktionen, wonach die Zigarette auszumachen sei, oder solchen Selbstaussagen wie, jenes „Krebsunkraut" zu verabscheuen. Der Zusatz, den Beginn und das Ende des Schocks mit verbalisierten inneren Prozessen, die den Rauchakt begleiteten, kontingent zu machen, senkte die Häufigkeit des Raucherverhaltens überaus wirksam. (Weitere Beispiele für dieses Behandlungsparadigma werden in einem späteren Abschnitt gegeben.)

Im Fall der Individuen mit hoher Rede- bzw. Prüfungsangst war der Inhalt der negativen Selbstaussagen eine der Ursachen ihres Problems. Ebenso muß der Therapeut bei den Phobikern und den Rauchern den internen Dialog, den der Patient in kritischen Situationen mit sich führt, in Rechnung stellen. Stets aber versucht der mit dem Mittel der Selbstinstruktion arbeitende Therapeut im Patienten Bewußtheit für den Inhalt seines selbstbehindernden inneren Dialogs zu erzeugen. Es ist diese Bewußtheit des inneren Dialogs, die das Signal gibt zur Hervorbringung konstruktiver und daher inkompatibler Selbsturteile und Verhaltensweisen.

Das letzte Beispiel betrifft ein etwas unterschiedliches klinisches Problem, nämlich Patienten, deren Verhaltensdefizite sich daraus ergeben, was der Patient zu sich selbst zu sagen *versäumt,* also nicht so sehr aus der Produktion negativer Selbstaussagen. Diese Unfähigkeit oder die Tendenz, kognitive und verhaltensmäßige Strategien *nicht* zu erzeugen und anzuwenden, ist hierbei eine Hauptursache des vorgestellten Problems. Zwei klinische Gruppen, für die dies ein Problem zu sein scheint, sind erwachsene Schizophrene sowie hyperaktive und impulsive Kinder. Wir können das Wesen des Defizits mittels der Continuous Performance Task (CPT) [68] veranschaulichen. Interessanterweise zeigen sowohl impulsive Kinder [75] wie auch Schizophrene [58] ausgeprägte Schwierigkeiten, ihre Aufmerksamkeit auf die Aufgabe gerichtet zu halten. Die Anforderungen, die der CPT stellt, ergeben sich aus den folgenden Instruktionen:

Wenn die Maschine anläuft, werden Sie nacheinander einzelne Buchstaben sehen. Ihre Aufgabe ist es, den Knopf zu drücken, sobald Sie ein X sehen, das auf ein A folgt. Drücken Sie den Knopf nicht bei irgendeinem andern Buchstaben, sondern nur wenn X auf A folgt.

Schizophrene wie ebenso die impulsiven Kinder haben Schwierigkeiten, ihre Aufmerksamkeit über einen längeren Zeitraum (15 Minuten) auf diese Aufgabe zu konzentrieren. Der im Rahmen eines Selbstinstruktions-Programms arbeitende Therapeut verfährt bei der Erklärung des Defizits so:
1. Um festzustellen, was zu der schlechten Leistung im CPT führe, unterzieht sich der Therapeut selbst dieser Aufgabe. Während er die CPT-Aufgabe löst, führt er eine Introspektion durch, die sich auf jene Gedanken eines Dauerleistungstests und Strategien richtet, welche er selbst anwendete, um seine Aufmerksamkeit bei der Sache zu halten. Möglicherweise wünscht er den CPT noch einmal

11. Methoden der Selbstinstruktion

an sich selbst durchzuführen, um dabei die von ihm angewendeten kognitiven und Verhaltensstrategien ins Auge zu fassen.
2. Der nächste Schritt ist, auch andere jeweils ihre eigenen Strategien beobachten zu lassen. Während jeder Aufgabenbewältigung achtet der Therapeut auf Hinweise für die gerade eingesetzten besonderen Strategien.

Probanden, die im CPT gute Ergebnisse zustande bringen, berichten, sie hätten versucht, ihre Bemühungen fortlaufend zu überprüfen und es ausdrücklich zu bemerken, sollte ihre Aufmerksamkeit abzuschweifen beginnen. Dieses Bemerken, wie die Aufmerksamkeit von der Aufgabe abläßt, mobilisiere eine Reihe kognitiver und Verhaltensstrategien, u. a. den Versuch, das A−X vorzustellen, strengere Reaktionsmaßstäbe und Selbstinstruktionen zu setzen oder motorische Reaktionen hervorzubringen, darunter etwa, sich zu schütteln, um wach zu bleiben. Mit anderen Worten, der Selbstinstruktions-Therapeut führt nicht allein eine Verhaltensanalyse durch, sondern er analysiert darüber hinaus das Denken, das zur Durchführung einer Aufgabe notwendig ist. Ungenügende Leistungen im CPT können sich bekanntlich aus einer Anzahl von Aufgabenunterbrechungen sowie aus der Art und Weise ergeben, wie der Proband diese Unterbrechungen zur Kenntnis nimmt und mit ihnen umgeht.
3. Sodann kann der Therapeut jede der kognitiven und verhaltensmäßigen Strategien in spezifische Selbsturteile und Regeln übersetzen, die der Therapeut für den Patienten als Modell darstellen kann und die vom Patienten schließlich geprobt werden.

Eine andere Testaufgabe, die sowohl Schizophrenen wie auch impulsiven Kindern vorgelegt wurde, ist die Reaktionszeitmessung. (Vom Probanden wird verlangt, eine Telegraphentaste so schnell wie möglich zu drücken, sobald ein Signallicht aufleuchtet.) Aus Interviews mit normalen Probanden geht hervor, daß sie ihre Leistungen häufig anheben, indem sie kognitive Spiele erfinden. Viele Menschen, die sich einer langweiligen, sich fortwährend wiederholenden Aufgabe, wie der Reaktionszeitmessung, gegenübersehen, setzen sich anregende Ziele oder malen sich irgend etwas aus, um die Aufgabe sinnvoller zu gestalten (z. B. ließe sich die Signalleuchte als anfliegendes Feindflugzeug denken, und der Druck auf die Taste löst etwa das Feuer der Flugabwehr aus). Solche bildhaften Vorstellungen fördern die Leistung, indem sie helfen, ein hohes Aufmerksamkeitsniveau aufrechtzuerhalten. Der erwachsene Schizophrene und das impulsive Kind, beide mit offensichtlichen Aufmerksamkeitsdefiziten, scheinen nicht imstande zu sein, solche bildhaften Vorstellungen sowie Selbstinstruktionen spontan zu mobilisieren. Wenn sich die Aufmerksamkeit tatsächlich schärfen läßt, indem sich der Betreffende einer kontrollierten spielerischen Phantasie überläßt und selbstinstruktive Herausforderungen bildet, so erwachsen aus diesem Umstand faszinierende therapeutische Implikationen. *Meichenbaum* und seine Kollgen [48, 52] zeigten, daß Trainingsverfahren, in die kognitives Modellernen und Probeagieren eingebaut sind, sich zur Unterrichtung von Schizophrenen und Kindern eignen, solche aufgabenrelevante und leistungsfördernde Kognitionen hervorzubringen und zu kontrollieren.

Wie diese Übungsverfahren anzuwenden sind, wird unten beschrieben. Gegenwärtig genügt die Schlußfolgerung, daß, was der Patient zu sich selbst sagt oder nicht sagt, nicht außer-, sondern innerhalb des eigentlichen Arbeitsbereichs des Therapeuten liegt. Der folgende Abschnitt beschreibt die alternativen Behandlungsstrategien, die es zur Modifikation des inneren Dialogs eines Patienten gibt.

Behandlungsstrategien zur Modifikation von Selbstaussagen

Welche therapeutische Technik einzusetzen ist, um den inneren Dialog und das fehlangepaßte Verhalten eines Patienten in größerem Umfang zu modifizieren, hängt davon ab, wie man dessen Denkstil auffaßt. Verschiedene Begriffsgerüste führen zu unterschiedlichen therapeutischen Interventionen. Eine verbreitete Auffassung wird von Therapeuten der semantischen oder kognitiven Richtung wie *Jerome Frank* [19], *Albert Ellis* [17] und *Aaron Beck* [3] vorgetragen. Sie fassen die negativen Selbstaussagen des Patienten und seine fehlangepaßten Verhaltensweisen als Ergebnis eines fehlerhaften Systems von Meinungen und eines fehlerhaften Denkstils auf. Nach *Frank* [19] beinhaltet Psychotherapie die Einflußnahme des Therapeuten, um die Annahmen des Patienten (z. B. das komplexe Inventar von Vorstellungen, Werten und Erwartungen) zu ändern. Beispielsweise nimmt jemand an, er müsse, damit ihn überhaupt ein Mensch gernhabe, perfekt sein. Eine Therapie würde u. a. versuchen, die Annahmen, Wahrnehmungen und Attributionen zu verändern, welche der Patient sich selbst und der Welt gegenüber macht.

Der Therapeut der semantischen Richtung versucht dem Patienten seinen eigenen Denkstil bewußt zu machen und erklärt ihm, daß er solches Denken unter Kontrolle bringen kann. Zweitens versucht der Therapeut mit den Mitteln der verstandesmäßigen Analyse, der Informationsvermittlung oder anderer Verfahren, dem Patienten ein Inventar von Selbstaussagen beizubringen, die mit seinen bisherigen negativen Selbsturteilen inkompatibel sind, sowie ihn in einen angepaßteren Verhaltensstil einzuführen. Dem Behandlungspaket werden häufig Dinge wie Selbstüberprüfung, Probeagieren von hierarchisch gesteigerten Streßsituationen auf Verhaltens- und Vorstellungsebene, Modellernen sowie Bekräftigung durch Lob und schließlich moralische Stützung durch den Therapeuten beigefügt.

Therapeuten der semantischen Richtung unterscheiden sich nach dem Grad ihres Dirigismus und danach, in welchem Umfang sie Techniken der Verhaltensmodifikation einsetzen. Vielleicht charakterisieren die Worte „Wenn Sie sich nicht wohlfühlen, dann denken Sie vermutlich nicht das richtige" den Geist dieses Ansatzes. (Siehe Kapitel 4 dieses Buches sowie *Meichenbaum* [47], wo sich vollständigere Beschreibungen dieser Verfahren finden.)

Im Gegensatz zum Therapeuten der semantischen Richtung geht der Verhaltenstherapeut die Aufgabe, die Kognitionen seines Patienten oder dessen Selbstaussagen zu ändern, auf andere Art und Weise an. Zwei allgemeine Behandlungsstrategien scheinen den Ansatz der Verhaltenstherapie zu kennzeichnen. Der erste faßt die Kognitionen des Patienten ausdrücklich als Verhaltensweisen auf, die als solche zu verändern seien. Die verdeckten Verhaltensweisen des Patienten, seine inneren Ereignisse und höheren seelischen Prozesse, wie Gedanken, Selbstaussagen und bildhafte Vorstellungen, gelten als Verhalten. Daher seien sie denselben „Lerngesetzen" unterworfen wie das offene, äußere Verhalten. *Homme* [24] hat bekanntlich den Begriff „Coverants" (covert operants[1]) angeboten zu dem Zweck, die verdeckten Verhaltensweisen einem lerntheoretischen Bezugssystem einzuordnen, obwohl sie von Außenstehenden nicht beobachtbar sind. Der Verhaltenstherapeut vermag demnach auf Intensität und Häufigkeit der Gedanken des Patienten einzuwirken, indem er sie entweder mit Verstärkern oder mit Bestrafungen paart.

Die zweite Strategie der Verhaltenstherapeuten konzentriert die Behandlung auf die fehlangepaßten offenen Verhaltensweisen des Patienten und eben *nicht* auf seinen fehlerhaften Denkstil. Im Blickpunkt solchen therapeutischen Vorgehens steht es, den Patienten ein Inventar angepaßter offener Verhaltensweisen erlernen zu lassen, die mit seinen mitgebrachten fehlangepaßten Verhaltensweisen unvereinbar sind. Dabei wird angenommen, daß so, wie der Patient neue Verhaltensfertigkeiten erlernt und für sie Verstärkungen von Bezugspersonen seiner Umwelt erhält, auch sein Denkstil sich verändern werde. Diesen letzten Behandlungsansatz veranschaulicht das Wort: „Es ist leichter, durch Handeln zu neuen Denkwegen hinzufinden als durch Denken zu neuen Handlungsweisen."

Indes ist mehr und mehr deutlich geworden, daß ein therapeutisches Fortkommen entlang nur einer einzigen Dimension *unmöglich* ist, sei es die kognitive oder die des Verhaltens. Vielleicht lassen sich die einzigartigen Vorteile sowohl der Verfahren der semantischen Therapie wie der Verhaltenstherapie miteinander kombinieren. Die verhaltenstherapeutischen Verfahren des Modellernens, des Probeagierens auf Verhaltens- und Vorstellungsebene, des operanten Lernens und des Konditionierens mit aversiven Reizen und anderen Techniken ließen sich dazu verwenden, die Selbstaussagen und das Meinungs- bzw. Einstellungssystem des Patienten zu modifizieren. Unter diesem Aspekt wurde eine „lockere" Verbindung zwischen der Technologie der Verhaltenstherapeuten und dem klinischen Anliegen der semantischen Therapeuten konzipiert. Das Ergebnis war die Entwicklung von Übungsverfahren der Selbstinstruktion.

Die folgenden Abschnitte beschreiben, wie Trainingsverfahren in Selbstinstruktion für Erwachsene einerseits und für Kinder andererseits anzuwenden sind.

Selbstinstruktionsmethoden für Erwachsene

Den Therapieprozeß kann man als dreiteilig betrachten. Diese einzelnen Phasen bilden nicht etwa eine zwingende Reihenfolge, sondern lassen sich, wie es der Behandlungsfortschritt notwendig erscheinen läßt, wiederholen, bzw. es kann zu

---

[1] Verdeckte bzw. innere Operants oder instrumentelle Handlungen (Anm. d. Ü.).

irgendeiner von ihnen zurückgekehrt werden. Die *erste Phase* beschäftigt sich mit dem *verstehenden Eindringen in die besondere Natur des vom Patienten vorgestellten Problems (oder seiner Probleme) und der Planung des Behandlungsanfangs.* Hier beginnen Patient und Therapeut eine gemeinsame Auffassung vom vorgestellten Problem herauszuarbeiten, aus der sich eine Reihe therapeutischer Interventionen natürlich ergibt. Es ist für eine Reihe von Patienten ein Motivationsfaktor, daß sie ihrem Verhalten einen Sinn abzugewinnen suchen, daß sie verstehen wollen, was überhaupt geschieht und warum, sowie daß sie die Versicherung zu erhalten suchen, daß sie nicht „den Verstand verlieren werden" und daß etwas getan werden könne, was ihnen zu einer Änderung verhilft. Teilweise als Reaktion auf diese Anliegen und auch als Vorbereitung der Patienten auf die aktive Teilnahme an den Änderungsvorgängen, gewinnt der Prozeß der Ausbildung eines Begriffsgerüsts zur Aufnahme der Problematik so viel Beachtung. Während der *zweiten Phase* des Selbstinstruktionstrainings *hilft der Therapeut seinem Patienten, die begriffliche Struktur des vorgestellten Problems auszuforschen, auszuprobieren und zu konsolidieren.* Die Auswahl der dem Therapeuten für diese zwei Phasen zur Verfügung stehenden Methoden ist unten beschrieben.

Während die ersten beiden Phasen der Behandlung der Vorbereitung des Patienten auf eine Änderung dienten, ist es Aufgabe der *dritten Phase* des Selbstinstruktionstrainings, daß *der Therapeut dem Patienten bei der Modifikation seiner Selbstäußerungen und der Hervorbringung neuer besser angepaßter Verhaltensweisen hilft.*

Die Dauer jeder dieser Phasen variiert in Abhängigkeit von der Natur des vorgestellten Problems, vom Stil des Therapeuten und seiner Erfahrung, von den Therapiezielen und von weiteren Faktoren. In Forschungsprogrammen mit Patienten mit allgemein verbreiteten Problemen konnten die drei Phasen nach acht Sitzungen erfolgreich abgeschlossen werden, während manche Einzelbehandlung 40 Sitzungen erforderte.

Phase I. Begriffliche Strukturierung des Problems

Die Rolle des Prozesses der begrifflichen Strukturierung der Probleme wurde von Verhaltenstherapeuten bislang nur ungenügend beachtet. Was zum Beispiel in einer Behandlung vor sich geht, bevor die eigentliche Verhaltenstherapie, etwa eine Desensibilisierung, geschieht, wird selten diskutiert. Wie bereiten wir den Patienten darauf vor, die therapeutische Intervention und vor allem ihre Begründung hinzunehmen? Ein möglicher Weg ist, das herauszufinden und zu verändern, was der Patient zu sich selbst über das von ihm vorgestellte Problem oder Symptom innerlich sagt, d. h. seine Wahrnehmungen und Attributionen zu modifizieren. Der Patient bringt gewöhnlich ein Begriffsschema für sein Problem oder dessen Definition in die Therapie mit. Wenn er an einer Depression mit Zwangsideen leidet, klagt er etwa, er sei ein Opfer seiner Gedanken und Stimmungsumschwünge; wenn er an Ängsten und einer Phobie leidet, so sieht er äußere Umstände als Ursachen seiner Erkrankung an. Kaum je erkennt ein Patient die Rolle seiner eigenen Denkvorgänge und/oder der interpersonalen Bedeutung seines Verhaltens als Quelle seiner Störung. Ein Ziel dieser der begrifflichen Strukturierung dienenden Anfangsphase der Therapie ist es für Therapeut wie für Patient, die Probleme des letzteren nach Begriffen neu zu definieren, die dem Patienten ein Gefühl der Kontrollierbarkeit und der Hoffnung vermitteln, zumal nach Begriffen auch, die zu spezifischen, den Verhaltensbereich betreffenden Interventionen hinführen. Solcherart versucht der Therapeut zwar die vom Patienten gegebene Beschreibung und Definition des Problems zu verstehen, aber er übernimmt nicht einfach unkritisch dessen Sicht. Vielmehr suchen Therapeut und Patient das Problem mit Ausdrücken neu zu formulieren, die für beide annehmbar sind. Gerade diese Phase der Neuformulierung oder begrifflichen Neuordnung bildet die Basis für die Verhaltensänderung.

Es wird angenommen, daß jeder Patient genügend Lebenserfahrung besitzt, die Daten zur Stützung des Therapiekonzeptes zu liefern. Wenn der Therapeut psychoanalytisch orientiert ist, so vermag er aus den Lebenserfahrungen seines Patienten zu schöpfen, was sein Konzept stützt. Dasselbe trifft auf den Therapeuten der Jungschen Richtung, auf Anhänger von *Rogers,* der Gestalttherapie oder der semantischen Richtung zu. Das menschliche Dasein bietet Erfahrungen reichlich an, um die Beschäftigung einer Schar von Therapeuten verschiedenster Überzeugung zu sichern. Die für den Therapieausgang wesentlicheren Variablen sind einerseits der Grad, in dem Patient und Therapeut ein gemeinsames Konzept mit gemeinsamen Erwartungen zustande bringen, und andererseits der Grad, in dem ein gegebenes Konzept zu spezifischen Verhaltensänderungen führt, die auf Situationen des täglichen Lebens übertragbar sind. Dieser Abschnitt erläutert, wie Therapeut und Patient gemeinsam ein Konzept hervorbringen.

Wie man im einzelnen vorgeht, hängt davon ab, ob eine Selbstinstruktionsbehandlung in der Gruppe oder einzeln durchgeführt wird. Unsere vorangehende Arbeit [42, 53] erwies, daß die Gruppenbehandlung ebenso wirksam war wie die Einzeltherapie. Tatsächlich stellte sich die Gruppenbehandlung als einfacher heraus und ist hinsichtlich der Förderung einer Verhaltensänderung höher zu bewerten. Der Vorteil, gemessen an Therapeutenstunden, ist offensichtlich. Darüber hinaus zieht der Patient in einer Gruppenbehandlung Gewinn aus der Gruppendiskussion seines fehlerhaften Denkstils und seiner fehlerhaften Selbstaussagen wie schließlich auch aus der Diskussion der inkompatiblen Gedanken und Verhaltensweisen in der Gruppe, die er zur Angstreduktion und zum Zwecke der Verhaltensänderung anwenden muß. Andere Faktoren, wie Gruppenkohärenz und Gruppendruck, lassen sich in einem Gruppenbehandlungsverfahren bequem einsetzen.

Für illustrative Zwecke wollen wir daher annehmen, die Therapie bewege sich auf Gruppenbasis. Darüber hinaus werden wir dem Therapeuten das Leben etwas erleichtern, indem nur Patienten zugelassen sind, die ähnliche Probleme haben — etwa Sozialängste oder mangelndes Durchsetzungsvermögen. Da die Patienten mit ähnlichen Problemen antreten, kann der Therapeut sie, noch vor der eigentlichen

Behandlung, bitten, sich einzeln einer für alle ähnlichen Situation zur Verhaltensbeobachtung zu unterziehen, dies kann ein Vortrag, eine Prüfungssituation oder die Konfrontation mit einer phobischen Situation sein. In den ersten Therapiesitzungen kann dann die Gruppe den Gefühlen und Gedanken nachgehen, die ein jeder in der Situation der Verhaltensbeobachtung erlebte. Man beachte, daß daraus ein denkbares neues Anwendungsgebiet der Verhaltensbeobachtungs-Verfahren erwächst, nämlich ihr Einsatz zur Förderung von Gruppenidentität, von Gruppenkohärenz (das bedeutet etwas von der Art der Initiationsrituale von Brüderschaften oder Clubs); und zudem vermitteln sie der Gruppe eine gemeinsame Erfahrung, welche die Mitglieder während des Therapieverlaufs miteinander teilen. Das Gefühl für Gruppenprozeß und Gruppenidentität läßt sich (zu Beginn der Therapie) weiter steigern durch das Wissen darum, daß die Patienten aufgefordert sind, an einer auf die Therapie folgenden Verhaltensbeurteilung teilzunehmen.

Es gibt mehrere Wege, auf denen Patient und Therapeut eine gemeinsame begriffliche Basis, ein Konzept, erarbeiten können. Manche Therapeuten zwingen aufgrund der Stärke ihrer Persönlichkeit, mittels ihres Fachjargons oder ihrer Stellung dem Patienten auf ziemlich dirigistische Art ein bestimmtes Konzept auf. Mitunter erweist sich ein derartiges „Verkaufsgespräch" auch als erfolgreich.

Vorzugsweise läßt man den Patienten und den Therapeuten gemeinsam ein Konzept hervorbringen, so daß der Patient das Gefühl haben kann, er steuere etwas bei und sei ein aktiver Teilnehmer. Die Anfangsphase der Selbstinstruktionstherapie mit Erwachsenen ist darauf zugeschnitten, daß ein solches gemeinsames Konzept zustande kommt. Die Art und Weise, in der der Therapeut das vorgestellte Problem diskutiert, die Art der von ihm gestellten Fragen, die besonderen verhaltensanalytischen Methoden, der Inhalt der erklärenden Begründung der Therapieform und die Arten von Hausaufgaben: sie alle sollen auf die Herausarbeitung eines dem Patienten und dem Therapeuten gemeinsamen Konzepts hinauslaufen.

Die Anfangssitzung des Selbstinstruktionstrainings beginnt damit, daß der Therapeut Ausmaß und Dauer des vom Patienten vorgestellten Problems exploriert. Der Therapeut führt eine *Situationsanalyse* des vom Patienten vorgestellten Problems durch. (Tabelle 1 beschreibt ein solches Interview.) Der Therapeut läßt die Gruppe die Probleme nicht allein in einem allgemeinen Zusammenhang diskutieren, sondern auch nach Maßgabe der spezifischen verhaltensanalytischen Situation, an der die Patienten sämtlich teilgenommen haben: Die Patienten können nun die Gefühle und Gedanken diskutieren, die sie in der verhaltensanalytischen Situation erlebten. In dem einen oder anderen Fall mag es hilfreich sein, einen Patienten die Augen schließen und „einen Film durch seinen Kopf laufen" zu lassen, der ein Beispiel zu seinem Problem aus der jüngeren Vergangenheit bringt, wozu er nun den Gedanken- und den Verhaltensablauf schildern soll. Diese, die Vorstellungskraft einsetzende Methode hat sich, zum Zwecke der Auslösung von Selbstaussagen, als nützlicher Zusatz zum Standardinterview erwiesen. Eine weitere interessante Ergänzung ist die Bildaufzeichnung. Die Patienten werden aufgefordert, ihre fehlangepaßten Verhaltensweisen auszuführen (z. B. eine Rede zu

11. Methoden der Selbstinstruktion

Tabelle 11.1.[1]) Das klinische Interview

A. Definition des Problemverhaltens
1. Eigenart des Problems nach Definition des Patienten
„Wie ich es verstehe, kamen Sie her, weil..." (Bringen Sie hier die Gründe der Kontaktaufnahme ins Gespräch, die von der vermittelnden Instanz angegeben worden sind.) „Ich möchte, daß Sie mir mehr darüber sagen. Wie sehen Sie das Problem?" (Vorstöße so weit, wie notwendig, um die Ansicht des Patienten über sein Problemverhalten kennenzulernen, d. h. was er tut oder läßt und was er oder ein anderer als Problem definiert.)
2. Schwere des Problems
   a) „Wie ernst ist das Problem Ihrer Ansicht nach?" (Sondierung der wahrgenommenen Wichtigkeit des Problems.)
   b) „Wie oft führen Sie das... aus, wie oft geschieht es Ihnen, daß...?" (Stellen Sie das Problemverhalten dar, wenn es eine Störung vom Typ überflüssigen Verhaltens ist, oder versuchen Sie, das erwünschte Verhalten zu zeigen, wenn es sich um ein Verhaltensdefizit handelt. Das Ziel ist eine Information über die Häufigkeit des Fehlverhaltens.)
3. Generalisiertheit des Problems
   a) Dauer: „Wie lange geht es nun schon?"
   b) Ausmaß: „Wo tritt das Problem gewöhnlich auf?" (Sondierung der Situationen, in denen das Problemverhalten auftritt, z. B.: „Fühlen Sie sich auf diese Weise auch bei der Arbeit? − wie zu Hause?")
B. Determinanten des Problemverhaltens
1. Bedingungen die das Problemverhalten intensivieren
„Ich möchte jetzt, daß Sie an Zeiten denken, wo es mit dem... (dem Problem) am schlechtesten geht. Was für Sachen passieren dann?"
2. Bedingungen, die das Problemverhalten lindern
„Wie ist es mit Zeiten, wo es mit dem... (dem Problem) besser geht? Was passiert dann?"
3. Wahrgenommene Ursprünge
„Was glauben Sie, ist an dem... (dem Problem) schuld?"
4. Spezifische Auslösebedingungen
„Denken Sie an das letztemal, als das... (das Problem) vorkam. Was ging da gleichzeitig vor?"
Wenn nötig:
a) Soziale Einflüsse − „Waren irgendwelche anderen Leute dabei? Wer? Was taten diese?"
b) Persönliche Einflüsse − „Was dachten Sie zu der Zeit? Wie fühlten Sie sich?"
5. Spezifische Konsequenzen
„Was geschah, nachdem... (das Problemverhalten) auftrat?"
Wenn nötig:
a) Soziale Konsequenzen − „Was haben... (die oben genannten Bezugspersonen) getan?"
b) Persönliche Konsequenzen − „Wie fühlten Sie sich danach?"
6. Vom Patienten vorzuschlagende Änderungsmaßnahmen
„Sie haben eine Menge über... (das Problem) nachgedacht. Was könnte man Ihrer Meinung nach tun, um... (die Situation) zu verbessern?"
7. Vorschläge zu weiteren Fragen
„Was sollte ich nach Ihrer Meinung darüber herausfinden, um Ihnen bei diesem Problem zu helfen?"

---

[1]) Aus *Donald R. Peterson:* The Clinical Study of Social Behavior, 1968, Seite 121 f.

halten, mit einem phobischen Objekt umzugehen), und dies wird aufgenommen. Unmittelbar anschließend sehen Patient und Therapeut die Aufzeichnung gemeinsam an, wobei der Patient die Gedanken zu rekonstruieren sucht, die er während der Durchführung der Aufgabe erlebte.

Nach der Diskussion der Denkvorgänge, welche die Patienten in den spezifischen diagnostischen Situationen erlebten, ermitteln die Patienten den Bereich von Situationen, in denen sie zu denselben oder vergleichbaren Selbstaussagen kommen. Während der gesamten Phase muß der Therapeut den jeweiligen Grad bestimmen, in dem das Problem jedes einzelnen Patienten für einen charakteristischen Denkstil beispielhaft ist. Ein kürzlich behandelter Fall zeigte Zwangsvorstellungen und eine phobische Reaktion beim Überqueren von Straßen. Aufgabe des Therapeuten war, zu bestimmen, in welchem Grade eine derartige Unentschlossenheit charakteristischer Denkstil war, der in einer Mehrzahl von Situationen offenbar wurde. Der Therapeut hat zu entscheiden, ob die Therapie sich darauf konzentrieren soll, dem Patienten einen solchen Denkstil bewußt zu machen und ihn zu ändern, *oder* ob die Behandlung sich auf das spezifische vorgestellte Problem allein auszurichten habe (d. h. im Beispiel die Unfähigkeit, Straßen zu überqueren). Schwere und Dauer eines vorgestellten Problems, Therapieziele und andere Faktoren beeinflussen diese Entscheidung. Gegenwärtig stehen uns nur wenige klare Regeln für die Entscheidung zur Verfügung, ob wir das vorgestellte Problem direkt behandeln oder es lediglich als eine Illustration des allgemeinen Denkstils des Patienten begreifen sollen.

Während dieser Anfangsphase der Therapie hilft der Therapeut den Patienten, die irrationalen selbstbehindernden sowie auch die selbsterfüllenden Aspekte ihrer Denkstile und ihrer Selbstaussagen zu erkennen. Beispielsweise fanden wir, daß Patienten spezifische Verhaltensrituale durchführen, um mit Streß und Angst fertigzuwerden. Ein Patient mit hohem Prüfungsangstwert wußte an einem Prüfungstag genau, welchen Sitzplatz er haben würde. Er kam frühzeitig, um die Furcht, zu spät zu sein, zu vermeiden, aber er blieb abseits von den übrigen Studenten, um nicht zu hören, was sie sprachen. Das Mitanhören von Gesprächen hätte angsterzeugende Gedanken ausgelöst. Während den ersten Sitzungen, nachdem die Patienten Beschreibungen solcher Verhaltensmuster gegeben haben, kann sie der Therapeut laut fragen, welchen Zweck ein Verhalten haben mag wie etwa jenes Sitzritual. Die Gruppe könnte als plausible Antwort sagen, das Ritual habe negative Selbstaussagen kontrolliert.

Ein anderer Weg, der Gruppe die Rolle negativer Selbstaussagen einsichtig zu machen, ist die Hausaufgabe, die Patienten sollten sich mit einem „dritten Ohr" selbst zuhören. Der Zweck der Hausaufgabe ist es, den Glauben des Patienten zu stärken, daß Selbstaussagen Probleme mitverschulden. Die Therapeuten unterscheiden sich hinsichtlich der Meinung, wie anspruchsvoll und strukturiert die Hausaufgabenanweisung zu sein habe. Manche Therapeuten ermuntern zur Selbstbeobachtung, zur schriftlichen oder sonstigen Aufzeichnung von Verhaltensakten, Gedanken, Antrieben, Stimmungen usw. Wie jemand hinsichtlich der Hausaufgabe und anderer Therapieaspekte vorgeht, hängt zum Teil davon ab, wie er die Rolle der Selbstaussagen auffaßt. Es ist *wahrscheinlich,* daß der Patient vor der Behandlung zu sich selbst mit Bewußtheit oder aus eigenem Entschluß Verschiedenes sagt, sobald er mit Problemsituationen konfrontiert ist. *Goldfried, Decenteceo* und *Weinberg* [22] verweisen darauf, daß es — da Erwartungen oder Meinungen habitueller Natur sind — vielmehr wahrscheinlich ist, daß sich solche Denkvorgänge, wie die meisten überlernten Akte, automatisieren und anscheinend unwillkürlich erfolgen. Die negativen Selbstaussagen des Patienten werden zum habituellen Denkstil, in vieler Hinsicht ähnlich der Gedankenautomatisierung, welche die Meisterung motorischer Akte mit sich bringt, wie z. B. des Autofahrens, des Skilaufens usw. Der Therapeut kann jedoch im Patienten solche Denkvorgänge bewußt machen und die Wahrscheinlichkeit steigern, daß der Patient zukünftig ähnliche Selbstaussagen bemerkt.

Man beachte, daß die fehlerhafte Kognition des Patienten anstelle der verbalen auch eine bildhafte Form annehmen kann. *Beck* [3] berichtet von einer Frau, die Angst hatte, allein auszugehen, und fand, daß ihre Angstanfälle den bildhaften Vorstellungen folgten, sie hätte einen Herzanfall und würde hilflos alleingelassen sein; eine College-Studentin entdeckte, daß ihre Angst, den Schlafraum zu verlassen, von visuellen Phantasien ausgelöst wurde, überfallen zu werden.

Zusammenfassend sei der Zweck der vier Schritte der Anfangsphase der Therapie so dargestellt: a) die diagnostischen oder Beurteilungsverfahren, b) die Gruppendiskussion, c) die Situationsanalyse und d) die Hausaufgabe — sie suchen Informationen sicherzustellen über die Probleme der Patienten, den Grundstein zu legen, auf dem Therapeut und Patient gemeinsam eine begriffliche Fassung des vorgestellten Problems erarbeiten, und entscheiden hinsichtlich der Mittel der therapeutischen Intervention. Wenn der Patient erst soweit ist, die Möglichkeit anzuerkennen, daß das, was er zu sich selbst sagt, sein Verhalten beeinflußt, kann die Selbstinstruktionsbehandlung leicht eingeführt werden.

Phase II. Die „Erprobung" des Konzepts

Die zweite Phase des Selbstinstruktionstrainings ist darauf ausgerichtet, die Patienten die begriffliche Fassung ihres Problems „erproben" zu lassen und dieselbe somit zu konsolidieren. Diese Phase schließt auch die Diskussion der rationalen Begründung der Therapie und des Therapieplans ein.

Die Phase beginnt damit, daß die Patienten über ihre Hausaufgabe, auf ihre Selbstaussagen zu „horchen", berichten. Während die Patienten davon Mitteilung machen, kann der Therapeut anfangen, eine mehr passive Rolle einzunehmen, indem er taktvoll fragt: „Wollen Sie sagen, daß Ihr Problem zum Teil darin besteht, was Sie zu sich selbst sagen? Wieso?" Dieser Hinweis sollte nicht eher vorgebracht werden, als bis die Gruppe den Inhalt ihrer Selbstaussagen und die selbstbehindernden Aspekte ihres jeweiligen Denkstils sowie die sich selbst erfüllenden Prophezeiungen, die ständig mit ihm gegeben sind, untersucht hat. Man kann in der Tat das Verhalten des Klienten in der Therapiesitzung als Grundlage zur Erklärung von Selbstaussagen benutzen. Wenn ein Patient beispielsweise nicht an der Gruppe teilnimmt, kann der Therapeut ihn auffordern, zu beschreiben, wie er sich außerhalb der Gruppe fühlt, und die Gedanken zu erforschen, die ihn von der Teilnahme abhalten. Auf diese Weise werden die Gruppenmitglieder ihrerseits bemüht sein, einmal den Therapeuten, dann ein jeder den anderen und schließlich ein jeglicher sich selbst davon zu überzeugen, daß ihr jeweiliger Denkstil ein Schlüssel zu ihrem Problem ist. Die Patienten beginnen zu entdecken, daß ihre Befürchtungen und ihre Ängste *nicht* Eigenschaften äußerer Ereignisse sind, sondern daß es vielmehr ihre eigenen *Gedanken* sind, die die Angst auslösen.

An diesem Punkt kann der Therapeut die rationale Begründung der Therapie ins Gespräch bringen. Im Verlauf ihrer Darstellung läuft ein Wechselgespräch zwischen Therapeut und Gruppe. Die folgenden Therapiebegründungen sollen als Beispiele dienen. Genauer Wortlaut, Niveau der Wortwahl und Format können der jeweiligen Gruppe angepaßt werden.

Die erste der nachfolgenden Therapiebegründungen fand Anwendung in einer Behandlung von Prüfungsangst mittels Modifikation kognitiven Verhaltens [42]. Der Therapeut sagt zur Gruppe:

„Wenn ich der Diskussion Ihrer Prüfungsangst zuhöre, fallen mir ein paar Ähnlichkeiten auf, wie jeder von Ihnen fühlt und wie er denkt. Auf der einen Seite berichten Sie von ziemlich intensiver Spannung und Angst in Prüfungssituationen und in Bewertungssituationen. Anscheinend nimmt das vielerlei Formen an: Magen und Nacken werden hart, das Herz fängt an zu schlagen, die Handflächen schwitzen, Sie atmen heftig usw. (der Therapeut sollte hier die spezifischen Reaktionen verwenden, die die Patienten zuvor aufgezählt haben). Zur gleichen Zeit — berichten Sie mich, wenn ich fehlgehen sollte — fiel es Ihnen, wie einige beschrieben haben, schwer, Ihre Aufmerksamkeit auf nichts anderes als die vor Ihnen liegende Aufgabe zu richten. Irgendwie schweifte Ihre Aufmerksamkeit von dem, was Sie gerade zu tun hatten, ab (vom Studieren etwa oder von der Prüfungsaufgabe) zu etwas Unwichtigem hin. (Wiederum sollte der Therapeut Reaktionen nennen, die von den Gruppenmitgliedern angeboten wurden.) Ihre Gedanken bzw. Ihre Selbstaussagen scheinen Ihnen bei dem, was Sie zu tun gehabt hätten, in die Quere gekommen zu sein. Ihre Gedanken an die Katastrophe und an die schlimmen Folgen, die aus Ihrem schlechten Abschneiden entstehen würden, lagen im Weg. (Pause.) Habe ich das richtig gehört?"

Der Therapeut könnte es nun für gut erachten, daß die Gruppe zur Beschreibung der Prüfungsangst zurückkehrt; insbesondere zur diagnostischen Beurteilungssituation, an der jedes Mitglied teilgenommen hat. Welche Art Gedanken und Gefühle, welche Selbstaussagen brachten die Patienten in jener Situation hervor?

Man erinnere sich, daß der Therapeut mit den Patienten die Theorie teilte, die zur Entwicklung des Behandlungsverfahrens führt. Im vorliegenden Fall bilden die beiden Faktoren — einerseits der Emotionalität und der Besorgtheit, die das Verhalten von Menschen mit hohem Prüfungsangstwert charakterisieren [54], andererseits das Problem der Aufmerksamkeitsausrichtung [69, 78] die Basis für die rationale Begründung der Therapie.

11. Methoden der Selbstinstruktion

Diese läuft so weiter:

„In den Therapiesitzungen werden wir auf Mittel hinarbeiten, mit denen Sie Ihre Gefühle beherrschen, mit denen Sie Ihre Angst und Ihre Gespanntheit kontrollieren werden. Wir erreichen das, indem wir die Entspannung erlernen.

Zusätzlich zur Entspannungsübung werden wir unsere Denkvorgänge und unsere Aufmerksamkeit zu kontrollieren lernen. Die Beherrschung unseres Denkens oder dessen, was wir zu uns selbst sagen, wird erreicht, indem wir uns zuerst bewußt werden, wann wir negative Selbstaussagen, Katastrophenphantasien, das Abirren von der Aufgabe usw. hervorbringen. (Wiederum sollte der Therapeut Beispiele vom Denkstil des Patienten bringen.) Die Erkenntnis, daß wir dies tatsächlich tun, ist schon ein Schritt auf dem Wege zur Änderung. Diese Erkenntnis wird uns auch ständig daran erinnern, wie ein Signal, wie eine Alarmglocke, daß wir andere Gedanken und Selbstaussagen produzieren, daß wir unsere Selbstaussagen anzweifeln und diskutieren. Auf diese Weise gelangen wir dahin, aufgabenrelevante Selbstinstruktionen und neue, angepaßte Verhaltensweisen hervorzubringen. (Pause.) Ich wüßte gerne Ihre Reaktionen auf das, was ich soeben gesagt habe. Haben Sie Fragen?" (Der Therapeut sollte beurteilen, wie die Therapiebegründung im Verhältnis zu den Erwartungen und zum Änderungskonzept des Patienten steht.)

Eine bessere Illustration dessen, wie der Therapeut sich mit dem Patienten zusammentut und mit ihm die Theorie der Verhaltensänderung teilt, bietet vielleicht die Beschreibung eines Trainingsprogramms zur „Streßimmunisierung" für Patienten mit verschiedenen starken Objektängsten [50]. Das Trainingsprogramm wurde auf drei Ziele ausgerichtet:

a) die verstandesmäßige „Bildung" der Patienten hinsichtlich der Natur ihrer Streß- bzw. Angstreaktionen,

b) das Probeagieren verschiedener Verhaltensweisen zur Bewältigung jener Angstreaktionen und

c) dem Patienten Gelegenheit zu geben, seine neuen Bewältigungsfertigkeiten in einer Streßsituation in die Praxis umzusetzen.

Die Bildungsphase der Streßimmunisierungs-Behandlung begann mit einer Diskussion der Eigenart der Ängste des Patienten. Der Diskussionsstoff beinhaltete die Gefühle und Gedanken anläßlich der Konfrontation mit den Angstobjekten sowie die vom Patienten unternommenen Bewältigungsanstrengungen gegenüber Streß im allgemeinen und gegenüber seinen Phobien im besonderen. Interessanterweise können selbst Patienten, die man dazu für unfähig hält, Bewältigungstechniken beschreiben, welche sie auf anderen stresserzeugenden Gebieten eingesetzt haben (z. B. beim Zahnarztbesuch). Der Therapeut ließ derlei Fertigkeiten in der Gruppe diskutieren und herausfinden, warum sie nicht zur Bewältigung des vorgestellten Problems eingesetzt wurden.

Als Teil der Therapiebegründung brachte der Therapeut die Angst auf Begriffe des Schachterschen Modells der emotionalen Aktivierung [70]. Das bedeutet, der Therapeut sagte erklärend aus, daß die Furchtreaktion des Patienten zwei Hauptanteile umfasse:

a) seine erhöhte physiologische Aktivierung und
b) sein Inventar angsterzeugender, auf Vermeidung gerichteter Gedanken und Selbstaussagen (z. B. der Widerwille, den das Angstobjekt hervorruft, ein Gefühl der Hilflosigkeit, panisches Denken in bezug darauf, von Angst überwältigt zu werden, ein Verlangen zu fliehen).

Als diese Grundlage gegeben war, sagte der Therapeut, die Angst des Patienten scheine mit der Schachterschen Theorie übereinzustimmen, daß ein emotionaler Zustand wie Furcht großenteils von Gedanken bestimmt ist, mit denen sich der Patient beschäftigt, sobald er physiologisch aktiviert ist.

Es ist anzumerken, daß die Gefühlstheorie von *Schachter* und *Singer* [71] nur zu Zwecken der begrifflichen Ordnung dienen sollte. Obwohl die Theorie und die Forschung, auf die sie sich gründete, kritisiert worden sind [33, 63], so hat sie doch den Anschein der Plausibilität, den die Patienten zu akzeptieren geneigt sind: Die Logik des Behandlungsplans erscheint den Patienten im Lichte dieses begrifflichen Konzepts klarer.

Die Darlegung der Therapiebegründung fuhr fort, indem sie andeutete, die Behandlung werde darauf gerichtet sein,

a) dem Patienten die physiologische Aktivierung beherrschen zu helfen und
b) anstelle der angsterzeugenden Selbstaussagen, die in Streßsituationen sein Bewußtsein ausfüllten, positive Selbstaussagen der Bewältigung einzusetzen.

Es wurde dem Patienten gesagt, er werde in einer Reihe physischer Entspannungsübungen unterrichtet werden, die der Reduktion der physiologischen Aktivierung zugrunde gelegt werden sollten. Außerdem wurde ihm dargelegt, daß, sofern er diese Übungen in angstprovozierenden Situationen einsetze, seine Konzentration darauf, etwas Positives (d. h. Entspannung) hinsichtlich seines Unbehagens zu tun, an sich schon darauf hinauslaufen werde, die negativen Selbstaussagen zu eliminieren. (Wie solche Entspannungsübungen durchgeführt werden, wurde von *Paul* [61] und von *Meichenbaum* [45] beschrieben.)

Um den Patienten weiter auf das Selbstinstruktionstraining vorzubereiten, half ihm der Therapeut, seine Wahrnehmung, wie er sich in der phobischen Situation verhält, zu verändern. Anstatt seine Reaktion als eine massive Panikreaktion aufzufassen, sollte sie nach Ansicht des Therapeuten so betrachtet werden, daß sie sich über mehrere Stufen erstreckt. Im Verlauf der Diskussion wurden folgende vier Stufen zur Betrachtung vorgelegt: die Vorbereitung auf den Stressor; die Konfrontation mit ihm oder seine Handhabung; das mögliche Überwältigtsein durch den Stressor; schließlich die Selbstverstärkung dafür, mit ihm fertiggeworden zu sein.

Der Patient wurde ermutigt, Beispiele von Selbstaussagen zu geben, die er zur Bewältigung jeder Phase einsetzen könnte. Nach einiger Unterstützung kam ein Paket von Selbstaussagen ähnlich den in der Tabelle 2 aufgestellt zustande. Während der nächsten paar Sitzungen übten die Patienten das Selbstinstruieren, anfangs laut, später schweigend. Dies lief parallel zu den Entspannungs- und Atemübungen.

11. Methoden der Selbstinstruktion

Tabelle 11.2. Beispiele für bewältigende Selbstaussagen, geübt beim Training zur Immunisierung gegen Streß.

Vorbereitung auf einen Stressor
  Was ist zu tun?
  Du kannst einen Plan machen, wie du damit umgehen willst. Denke nur daran, was du dagegen tun kannst. Das ist besser, als Angst zu bekommen.
  Keine negativen Selbstaussagen; denke ganz rational.
  Keine Aufregung; Aufregung hilft gar nichts.
  Vielleicht ist, was du für Angst hältst, der Eifer, sich dem Stressor entgegenzustellen.

Konfrontation und Umgang mit dem Stressor
  Bau dich psychisch auf — du kannst damit fertigwerden.
  Du kannst dich überzeugen, daß du es schaffst. Du kannst deine Furcht in Grund und Boden denken.
  Eins nach dem andern; du kannst die Situation meistern. Denke nicht an Furcht; denke allein daran, was zu tun ist. Bleibe beim wesentlichen.
  Diese Angst hat der Doktor vorausgesagt. Sie ist das Signal zum Einsatz der Bewältigungstechniken.
  Diese Gespanntheit kann ein Verbündeter sein: der Hinweis, Bewältigungstechniken einzusetzen.
  Entspanne dich; du hast dich in Kontrolle. Atme langsam und tief ein.
  Ah, gut.

Bewältigung des Gefühls, übermannt zu werden
  Wenn die Furcht kommt, dann Zeit lassen.
  Schaue immer auf das, was gerade los ist; was ist da zu tun?
  Schätze deine Angst von null bis zehn und beobachte, wie sie sich ändert.
  Du solltest erwarten, daß deine Furcht noch ansteigt.
  Versuche nicht, die Furcht völlig zu eliminieren; halte sie lediglich regulierbar.

Verstärkung durch Selbstaussagen
  Es hat funktioniert; du hast es geschafft.
  Warte, bis du das deinem Therapeuten (oder deiner Gruppe) erzählen kannst.
  Es war nicht so schlecht, wie du dachtest.
  Du hast mehr aus deiner Furcht gemacht, als sie wert war.
  Deine verdammten Phantasien — das ist das Problem. Wenn du die beherrschst, dann beherrschst du die Furcht.
  Jedesmal, wenn du das Verfahren anwendest, wird es besser.
  Du kannst dich über deine Fortschritte freuen.
  Du hast es geschafft.

Die Selbstaussagen ermunterten die Patienten darin,
a) die Realität der jeweiligen Situation abzuschätzen,
b) die negative, selbstbehindernde, angsterzeugende Vorstellungstätigkeit zu kontrollieren,
c) die erlebte Angst anzuerkennen, zu benützen und möglicherweise mit einem neuen Etikett[1]) zu versehen,

[1]) Nach der oben schon angezogenen Schachterschen Gefühlstheorie besteht ein Gefühl aus einer physiologischen sowie aus einer kognitiven Komponente, die sich i. a. aus der Situationswahrnehmung herleitet; letztere bildet das „Etikett" (den Namen und die kognitive Wertstelle) für die Empfindungen, die aus der physiologischen Aktivierung erwachsen (Anm. d. Ü.).

d) sich zur Durchführung der Aufgabe „psychisch aufzuraffen",
e) mit der intensiven Furcht, die ihnen widerfahren könnte, fertigzuwerden, und
f) sich selbst zu verstärken, wenn das gelungen war.

Sobald der Patient die Entspannungsübungen wie auch die Selbstinstruktionstechniken meisterte, schlug der Therapeut vor, der Patient möge seine Bewältigungsfertigkeiten testen und vervollkommen, indem er sie unter streßerzeugenden Bedingungen der Wirklichkeit anwenden würde, wie bei einem unvorhersagbaren elektrischen Schock, beim Ansehen grausiger Filme oder bei der Vorstellung furchterregender Szenen. Je vielseitiger und ausgedehnter das Anwendungstraining war, um so größer auch die Wahrscheinlichkeit, daß der Patient eine allgemeine Lernbereitschaft entwickelt, d. h. einen generellen Weg der Bewältigung.

Zusammenfassend sei gesagt, das Streßimmunisierungstraining umfaßte die Diskussion der besonderen Eigenart der emotionalen und der Streßreaktionen, sodann das Probeagieren der Bewältigungstechniken und schließlich das Testen derselben unter wirklichen Streßbedingungen. In gewissem Sinne verlegt sich der Nachdruck der Behandlung vom Versuch, die Angst des Patienten total zu reduzieren, darauf, ihn darin zu trainieren, daß er trotz seiner Angst funktioniert. Sobald das erreicht ist, führt die fortgesetzte Praxis wahrscheinlich zur Angstreduktion. Gerade dies veranschaulichen die Aussagen einer phobischen Patientin nach einer Selbstinstruktionsbehandlung. Sie berichtete davon, wie sie sich nach der Behandlung stets wieder beruhigt habe, indem sie sich selbst zusprach. Sie sagte:

> Es (die Selbstinstruktion) setzt mich in den Stand, die Situation zu ertragen; es ist zwar nicht behaglich, aber auszuhalten ... Ich rede mich nicht aus der Angst heraus, bloß daraus, ängstlich zu scheinen ... Man reagiert sofort auf die Sache, vor der man Angst hat, und fängt dann an, darüber nachzudenken. Ich rede mich aus der Panik heraus.

Nach einigen erfolgreichen Versuchen berichtete sie, daß sogar das Gefühl der Furcht verschwand und das Angstausmaß verringert war.

Angesichts der wachsenden täglichen Streßbelastung des einzelnen hat die Möglichkeit etwas Faszinierendes, das Immunisierungstraining zu prophylaktischen Zwecken einzusetzen. Die Möglichkeit, jemanden im einzelnen darin zu unterrichten, wie er kognitiv vermag so verschiedene Techniken, wie Informationsgewinn, antizipatorischer Problembearbeitung, Probeagieren auf Vorstellungsebene, Aufgabenstrukturierung, Änderung von Attributionen und Selbst-Etikettierung, Aufmerksamkeitswechsel oder Einsatz von kognitiver Neubewertung und von Entspannung, derlei Anforderungen bewältigt, scheint recht vielversprechend. Ein umrissenes Trainingsprogramm, das in Bewältigungsfertigkeiten unterrichten und daraufhin Übungen an die Hand geben soll, verschiedenartige Streßsituationen zu meistern, steht im scharfen Kontrast dazu, wie die meisten von uns heutzutage aufs Geratewohl lernen, Streß zu meistern.

Eine Illustration der Möglichkeit dieses Ansatzes vermittelt eine kürzlich durchgeführte Untersuchung von *Langer, Janis* und *Wolfer* [31], worin Patienten, die sich einer größeren chirurgischen Operation unterziehen wollen, erfolgreich trainiert wurden, solche Bewältigungsverfahren einzusetzen, wie kognitive Neubewertung angsterregender Ereignisse, beruhigender Selbstzuspruch und kognitive Kontrolle mittels Aufmerksamkeitsselektion. Den Patienten, denen eine Operation bevorstand, wurde gesagt, daß Menschen vor einer Operation ein wenig Angst haben, daß die Emotionen aber beherrschbar seien, wenn man nur weiß wie. Es wurde erklärt, daß es selten die Ereignisse selbst sind, die Streß verursachen, sondern vielmehr die Auffassung, die jemand von ihnen hat, sowie die Aufmerksamkeit, die man diesen Auffassungen zuteil werden läßt. Übereinstimmend mit diesen einführenden Bemerkungen wurden den Patienten einige Alternativen an die Hand gegeben, wie man scheinbar negative Ereignisse, einschließlich einer bevorstehenden Operation, auffassen könne. Die Patienten wurden aufgefordert, jedesmal wenn sie sich hinsichtlich unangenehmer Aspekte der bevorstehenden chirurgischen Erfahrungen aufgeregt zu fühlen begännen, realistische positive Aspekte durchzuspielen. Sie wurden gebeten, das folgende Ereignis zu interpretieren: „Angenommen, es ist irgendein Notfall eingetreten, so daß Ihre Operation ein paar Tage verschoben werden muß. In welcher Weise würden Sie dies positiv auffassen?"

Ein solches Neubewertungstraining, kombiniert mit vorbereitender Information hinsichtlich postoperativer Unannehmlichkeiten sowie der chirurgischen Sorgfalt, ergab eine signifikante Verringerung der vor- und nachoperativen Leidensbelastung, gemessen durch die Beobachtung der Krankenschwestern und an der Nachfrage nach Beruhigungsmitteln.

Phase III. Die Modifikation von Selbstaussagen und die Produktion neuer Verhaltensweisen

Die ersten beiden Phasen der Selbstinstruktionsbehandlung dienten dem Zweck, den Therapeuten zu einem Verständnis der Probleme und Befürchtungen seines Patienten kommen, sowie Patient und Therapeut gemeinsam ein Konzept finden zu lassen. Die dritte Phase der Selbstinstruktionsbehandlung soll dem Patienten helfen, seine Selbstaussagen zu modifizieren und neue Verhaltensweisen hervorzubringen. Es steht eine Auswahl an therapeutischen Verfahren zur Verfügung, mittels deren die Selbstaussagen eines Patienten verändert werden können.

Vielleicht das populärste Therapieverfahren ist die semantische Therapie in Form der Rational-Emotive Therapy (RET) von *Albert Ellis*. Wie oben erwähnt, betrachtet der RET-Therapeut die Selbstaussagen des Patienten als ein Produkt irrationaler Einstellungen, die aus der Akzeptierung fehlerhafter Meinungen hervorgegangen sind. Diese voreingenommenen Gedanken führen zu emotionalen, fehlangepaßten Reaktionen. Wie die RET durchgeführt wird, richtet sich großenteils nach dem Stil des Therapeuten. Verfahren der semantischen Therapie variieren stark, je nach dem Therapeuten, auch wenn sie unter demselben Namen laufen. Der „semantische" Therapeut, der die Selbstaussagen seines Patienten mittels einer Gruppendiskussion modifizieren möchte, könnte in die Fußstapfen von *Ellis* [17] treten und das Meinungssystem des Patienten „attackieren". Oder er wünscht statt dessen *Beck* [3] nachzufolgen und versucht den Denkstil seines Patienten zu ändern, indem er ihm solche Vorgänge bewußt macht, wie übertriebene Verallgemeinerung, dichotomisierendes Verstandesdenken, ausuferndes Kausaldenken und ähnliche Dinge. Oder der „semantische" Therapeut wünscht die Aufmerksamkeit darauf zu richten, dem Patienten bestimmte negative Selbstaussagen bewußt zu machen und mit ihm bestimmte Selbstinstruktionen zur Bewältigung seines Anliegens und angepaßte Verhaltensweisen einzuüben. Gegenwärtig können wir die relativen Vorteile dieser Ansätze noch nicht gegeneinander abwägen.

Wie am Anfang dieses Kapitels vorgeschlagen, läßt sich eine Reihe von verhaltenstherapeutischen Verfahren leicht zur Modifikation von Selbstaussagen nutzen. Und wirklich wurden, wenn verhaltenstherapeutische Verfahren dahin gehend modifiziert wurden, eine selbstinstruktive Komponente aufzunehmen, größere Generalisierung der Behandlungserfolge sowie eine höhere Rückfallresistenz beobachtet [51]. Die folgenden Abschnitte beschreiben, wie jegliches verhaltenstherapeutische Verfahren zur Änderung des inneren Dialogs eines Patienten eingesetzt werden kann.

Systematische Desensibilisierung

Die Grundverfahren der Desensibilisierung wurden in Kapitel 8 beschrieben. Sowohl die Entspannung wie die Phase der Vorstellungsbildungen innerhalb des Gesamtverfahrens lassen sich zur Aufnahme selbstinstruktiver Inhalte anpassen. Nach Durchsicht der Literatur über Desensibilisierung folgerte *Rachman* [65], daß der Hauptbeitrag der Entspannung zum Desensibilisierungsverfahren eher eine Sache der geistigen als der physischen Entspannung sei. Damit stimmt der Vorschlag überein, der Therapeut solle während der Entspannungsphase die folgenden Instruktionen geben:

„Sie können die Entspannung vertiefen und Spannungsgefühle durch Entspannung auflösen, indem Sie, während Sie sich muskulär entspannen, zu sich selbst still die Worte ‚Entspanne dich' oder ‚Ruhe' sprechen. Denken oder malen Sie sich, während Sie langsam ausatmen, diese Worte im Geist aus. Dies ist besonders hilfreich zwischen den Sitzungen, wenn Sie die Entspannung üben oder wann immer Sie Spannungen und Angst empfinden."

Vor einer Reihe von Jahren beschrieb *Dorothy Yates* [80] einen ähnlichen Vorgang unter dem Titel „Technik der assoziativen Grundeinstellung"[1]. Im wesentlichen bestand sie darin, dem Patienten zu helfen sich zu entspannen, indem er veranlaßt wurde, ein beruhigendes Wort, wie „Ruhe", zu denken oder sich eine angenehme Szene vorzustellen. Die Patienten wurden ermuntert, die Entspannung

---

[1]) Im Original: Association Set Technique (Anm. d. Ü.).

zu üben und sich dabei auf das Schlüsselwort bzw. die Schlüsselvorstellung zu konzentrieren, etwa eine friedvolle Landschaft, sowie das Wort oder das Bild in aufregenden Situationen wachzurufen, und dem Streß entgegenzuwirken. Ähnlich lehrte *Cautela* [10] die Patienten, sich „Ich bin ruhig und entspannt" vorzusagen, während sie allein die Entspannung übten, besonders aber in Erwartung einer Streßsituation. Die Patienten berichteten, daß „nach einer Weile die bloßen Worte beruhigten". *Kahn, Baker* und *Weiss* [27] wendeten ein ähnliches Verfahren zur Behandlung von Schlaflosigkeit an, und *Chappell* und *Stevenson* [12] behandelten Patienten mit Magengeschwüren erfolgreich, indem sie eine angenehme Szene vorstellen ließen, sobald diese Patienten Angstgefühle erlebten.

Die Vorstellungskomponente der Behandlung durch Desensibilisierung läßt sich durch Hinzunahme von Selbstinstruktionen ebenso verbessern. Bei der Standardbehandlung durch Desensibilisierung wird der Patient dahin gehend instruiert, sich eine Szene bildhaft vorzustellen, während er entspannt ist und wenn der Patient nun Angst erlebt, so signalisiert er dies dem Therapeuten, der daraufhin den Patienten anweist, die Vorstellung zu beenden und das Entspannen wiederaufzunehmen. Diese Verfahrensschritte gründen sich auf die Prämisse, der Erfolg der Behandlung hinge ab von den Prinzipien des Gegenkonditionierens (siehe Kapitel 8).

Im Gegensatz zum Standardverfahren der Desensibilisierung, das eine gemeisterte Situation zur Vorstellung bringt, verwendet ein Selbstinstruktionsansatz zur Densensibilisierung eine Vorstellung der Situationsbewältigung. Das Verfahren mit Bewältigungsvorstellung verlangt, daß der Patient, der sich soeben eine Szene der Hierarchie vorstellt, sich darin selbst sieht, wie er mit der auftretenden Angst fertigwird, indem er langsam und tief atmet, sich entspannt und Selbstinstruktionen erteilt. Mit anderen Worten: Der Patient stellt sich im Verfahren mit Bewältigungsvorstellung das Erlebnis der Angst zusammen mit Arten der Angstbewältigung und -reduktion bildhaft und lebendig vor. Dies steht im Gegensatz zur Standarddesensibilisierung, wo es keinerlei Hinweis darauf gibt, daß der Patient in Situationen der Wirklichkeit außerhalb des Behandlungsraumes Angst erleben würde.

Diese Modifikation des Desensibilisierungsverfahrens gründet sich auf die Prämisse, daß Patienten, die mittels des Vorstellens hierarchisch geordneter Szenen desensibilisiert worden sind, sich in Wahrheit mit einem Modell für ihr weiteres Verhalten rüsten. Je größer die Ähnlichkeit zwischen den vorgestellten Szenen und der wirklichen Lebenssituation, um so größer die Wahrscheinlichkeit der Generalisierung des Behandlungserfolgs.

Das Verfahren mit Bewältigungsvorstellungen läßt sich in zweierlei Situation anwenden. Erstens kann der Therapeut den Patienten, der sich eine Szene der Standardhierarchie vorstellt und dem Therapeuten Angst anzeigt, zur fortgesetzten Vorstellung der Szene veranlassen, aber zusammen damit, daß er sich die Bewältigungstechniken zur Angstreduktion anwenden sieht. Beispielsweise sagt der Therapeut, dem der Patient Angst angezeigt hat:

„Sehen Sie sich selbst mit dieser Angst fertigwerden durch Anwendung der

Phase III. Die Modifikation von Selbstaussagen

Atemübungen, die wir erlernt haben. Sehen Sie sich einen langsamen tiefen Atemzug nehmen, der langsam Ihre Brusthöhle füllt. Gut. Nun atmen Sie langsam aus. Während Sie sich ausatmen sehen, bemerken Sie das Gefühl von Entspannung und Beherrschung, das Sie selbst hervorgebracht haben. Fein. Nun beenden Sie die Vorstellung und entspannen Sie sich wieder."

Die zweite Situation, die die Anwendung einer Bewältigungsvorstellung erlaubt, ergibt sich daraus, daß der Therapeut ein Item der Hierarchie vorgibt, aber nun in die Szene miteinführt, daß der Patient gespannt und ängstlich wird und sich sodann selbst beobachtet, wie er mit den so erzeugten Gefühlen und Ängsten fertig wird. Bei der Behandlung von Prüfungsangst sagt der Therapeut etwa:

„Sie sind bei einer wichtigen Prüfung, und wie Sie das Prüfungsheft durchblättern, empfinden Sie eine bestimmte Gespanntheit in der Magengrube. Ihre Augen fangen im Raum zu wandern an, Ihre Gedanken schweifen ab usw." (Der Therapeut kann hier spezifische Beobachtungen des Patienten aus solchen Situationen zitieren.) Die Vorstellung fährt fort: „Nun achten Sie darauf, was Sie gefühlt und getan haben. Dies sind die Erinnerungssignale, die Hinweise zum Einsatz der Bewältigung. (Der Therapeut legt eine Pause ein.) Gut. Sehen Sie sich zu, wie Sie einen langsamen tiefen Atemzug nehmen, Sie halten ihn, Sie halten ihn. Sehen Sie, wie Ihre Lippen auseinander gehen, und während Sie ausatmen, sagen Sie zu sich, was zu tun ist." (Der Therapeut kann die Selbstinstruktionen und Bewältigungstechniken für seinen jeweiligen Patienten maßschneidern.) Ein detailliertes therapeutisches Handbuch über die Durchführung einer solchen Bewältigungs-Desensibilisierung wurde von *Meichenbaum* [45] vorgelegt.

Verschiedene Forscher [13, 29, 41, 42] haben den Nachweis erbracht, das solche Bewältigungsverfahren wirksamer sind als das Verfahren mit der reinen Konfrontation. Ein Ergebnis der Hereinnahme solcher Bewältigungsverfahren in das Behandlungspaket ist beispielsweise, daß die Patienten das Angsterlebnis nach der Behandlung eher als positiv und eben nicht als entkräftend ansehen (d. h. als Hinweis, ihre Bewältigungsmechanismen einzusetzen). Die Angst, die vom Patienten imaginierten Probleme und die Symptome funktionieren solcherart als Signale, die neu erlernten Bewältigungstechniken zum Einsatz zu bringen. Kurz, der Therapeut versucht den inneren Dialog, den der Patient über seine Symptome führt, zu modifizieren. Während vor der Behandlung solch inneres Verhalten zu vermehrter Angst und zu fehlangepaßtem Verhalten führte, so sollen danach die Symptome des Patienten Signale zur Bewältigung sein, Hinweiszeichen, trotz der Angst zu funktionieren. Auf diese Weise wird die Generalisierung des Behandlungserfolges in das Behandlungspaket gleich mit eingebaut. Die Symptome des Patienten werden ihm zu Aufforderungen, jene Verfahren einzusetzen, die er während der Therapie erlernt hat.

Diese Veränderungen im Desensibilisierungsverfahren stimmen

a) mit den Beobachtungen überein, wonach die Desensibilisierung als aktives Mittel aufzufassen sei, Bewältigungs- und Selbstkontrollfertigkeiten zu erlernen, und

b) mit allgemeinen Vorstellungen vom therapeutischen Wert der „Besorgnisarbeit". Diese meint die vorwegnehmende Problembearbeitung und jenes kognitive Probeagieren, das der einzelne anwendet, wenn er sich auf eine Streßsituation vorbereitet, etwa einen chirurgischen Eingriff [39]. Der Einbau selbstinstruktiver Komponenten in das Desensibilisierungsverfahren versucht gerade solche Fertigkeiten zu stärken.

Eine weitere interessante Variante des Desensibilisierungsverfahrens wurde von *Feather* und *Rhoads* [18] vorgestellt unter dem Namen „Dynamische Verhaltenstherapie"[1]). Anstelle der Szenen des wirklichen Lebens, die im Entspannungszustand vorgestellt werden, soll sich der Patient jene Phantasie bildhaft vorstellen, die der Angst so häufig zugrunde liegt. Der Therapeut löst die Phantasien des Patienten aus, indem er ihn fragt, was das schlimmste sei, das passieren könnte, wäre er mit der phobischen Situation konfrontiert. Ein Patient mit Redeangst spricht etwa von einer Phantasie, er würde über sich selbst und die Zuhörerschaft so ärgerlich werden, daß er die Beherrschung verliert und jemanden verletzt. Genau hinsichtlich dieser Phantasie wird dann der Patient desensibilisiert. *Feather* und *Rhoads* argumentieren, daß in vielen Fällen der Patient die eigenen Gedanken fürchtet und daß ein Großteil seines Verhaltens in der erlernten Vermeidung des Aufsteigens solcher Gedanken besteht. Die Unterscheidung zwischen Wirklichkeit und Phantasie sowie die Kontrolle der Phantasie werden erreicht, indem der Patient sich die Phantasieszene auf kontrollierte Weise und unter Entspannung vorstellt.

Modellernen

Vor allem während der letzten zehn Jahre wurde das volle therapeutische Potential des Modellernens auf Verhaltens-, auf kognitiver und auf Vorstellungsebene erkannt (das Grundparadigma des Modellernens findet sich in Kapitel 5 beschrieben). Teil des dahinter stehenden Antriebs war die wachsende Erkenntnis, daß Modellernen oder Beobachtungslernen *nicht* mit Nachäfferei oder genauem Kopieren oder künstlicher Imitation gleichzusetzen sei. Statt dessen erlaubt die Wahrnehmung einer Modellszene die Gliederung und organisierte Spurenbildung hinsichtlich relativ komplexer und integrierter Verhaltensketten; auf solche Spuren kann dann später zurückgegriffen werden, wenn entsprechende Umweltansprüche befriedigt werden müssen.

Bandura [12] betonte, daß die Information, die ein Beobachter aus dem Modellverhalten gewinnt, in verdeckte, innere Vorstellungen auf Wahrnehmungs- und Denkebene sowie in verdeckte aktionsvermittelnde Reaktionen des Probeagierens umgesetzt wird. Der Beobachter behält sie im Gedächtnis und verwendet sie später als symbolische Hinweisreize für offenes Verhalten. So folgt von einem Stand-

---

[1]) Im Original: Dynamic Behavior Therapy — eine Verbindung der Verhaltenstherapie mit der sogenannten dynamischen Psychologie tiefenpsychologischer Konvenienz (Anm. d. Ü.).

Phase III. Die Modifikation von Selbstaussagen

punkt des Selbstinstruktionsansatzes, daß das ausdrückliche Modellernen solcher aktionsvermittelnder Reaktionen in Form von Selbstaussagen jenen Lernprozeß fördern muß, den *Bandura* beschreibt.

Einige Beispiele sollen die Art und Weise veranschaulichen, wie ein Verfahren des Modellernens zur Aufnahme einer selbstinstruktiven Komponente verändert und wie diese in solchem Rahmen nachdrücklich hervorgehoben werden kann. Das erste Beispiel behandelt den Gebrauch von Modellfilmen, welche Bewältigungstechniken zeigen, zur Behandlung von Erwachsenen mit Angst vor Schlangen [41]. Obwohl die Behandlung eines solchen umschriebenen Problems begrenzt ist, zeigt die Studie doch die klinischen Möglichkeiten einer Therapie nach dem Ansatz des kognitiven Modellernens, der sich auch auf bedeutendere klinische Probleme anwenden läßt.

In einer Behandlung durch Modellernen mit Selbstinstruktionskomponente steigert der Therapeut die wahrgenommene Ähnlichkeit zwischen Beobachter und Modell, indem er Modelle heranzieht, die ein Bewältigungsverhalten demonstrieren (d. h. sie stellen zunächst furchtsame Verhaltensweisen, sodann Bewältigungsverhalten und schließlich ein Verhalten dar, das die jeweilige Situation meistert). Die Modelle fangen mit einem Kommentar über ihre Angst und Befürchtungen sowie über die physiologischen Begleiterscheinungen (feuchte Handflächen, gesteigerte Herz- und Atemfrequenz, Angespanntheit usw.) an. Zugleich aber versuchen sie schon, mit ihrer Furcht fertigzuwerden, indem sie ein solches Mittel wie die Selbstinstruktion einsetzen,

1. entspannt zu bleiben und die Kontrolle etwa durch langsame, tiefe Atemzüge aufrechtzuerhalten,
2. einen Schritt nach dem andern zu tun und
3. zielstrebig weiterzumachen und in der Überwindung der Angst nicht nachzulassen.

Die Modelle — um mit einem Ausdruck der Umgangssprache zu reden — „bauten sich psychisch auf" zur Durchführung der jeweiligen Aufgabe, und bei Beendigung derselben sprachen sie sich selbstverstärkende Selbstaussagen zu und verliehen dem positiven Affekt Ausdruck, daß sie die Aufgabe zu Ende gebracht hatten. Ein Modell aus der Schlangen-Untersuchung sprach zu der Schlange: „Ich mache jetzt einen Handel mit dir. Wenn du mir nicht Angst einjagst oder mich beißt, dann jage ich dir auch nicht Angst ein oder tue dir weh", und nach Erledigung des letzten Schrittes der Vorstellung fügte es hinzu: „Warte, wenn ich das meiner Mutter erzähle, daß ich imstande war, eine Schlange mit bloßen Händen eine volle Minute lang zu halten, dann wird sie das nicht für möglich halten. Ich bin so froh über mich. Ich bin mit meiner Angst fertiggeworden.

Es mag interessant sein, festzuhalten, daß zwei Probanden, die diese Reihe von Selbstaussagen, in denen Bewältigungsverhalten verbalisiert ist, mitanhörten, bei der Wiederkehr zur katamnestischen Begutachtung laut aussagten (im wesentlichen):

„Du (auf die Schlange bezogen) hast mit ihr (dem Modell) einen Handel abgeschlossen; ich will auch einen Handel mit dir abschließen: Wenn du mir nicht wehtust, dann tu ich dir auch nicht weh. Jetzt nehme ich dich also in Hand."

Wir glauben, daß sich weitere therapeutische Vorteile erreichen lassen, wenn die Modelle Bewältigungsverhalten an Stelle von Meisterungsverhalten demonstrieren. Die wahrgenommene Ähnlichkeit zwischen Modell und Beobachter steigert sich, wenn das Modell zuerst das Verhalten, die Gedanken und die Gefühle des Patienten porträtiert. Sodann zeigen die Modelle jene Folge von Bewältigungsfertigkeiten, die sich zur Auffüllung der Defizite des Patienten anbieten.

Die Modelle führen also nicht allein wünschenswerte Verhaltensweisen vor, sondern auch der Bewältigung dienende Kognitionen und Neueinschätzungen sowie Wege, mit Gefühlen der Frustration oder des Selbstzweifels fertigzuwerden. Im Endstadium zeigen sie die Selbstaussage, mit der sie sich selbst verstärken.

Die kognitive Akte von Modellen können auf vielfältige Weise auch in Bildaufzeichnungen einbezogen werden. Wie der Fall auch liegt – der beobachtende Patient wird darüber instruiert, daß das Modell aufgefordert war, seine Gedanken mitzuteilen und während der Durchführung der Aufgabe laut zu denken. Einerseits kann das Modell laut mit sich selbst sprechen, während es die Aufgabe durchführt. Eine andere Möglichkeit ist, das gefilmte Modell die Aufgabe bewältigen zu lassen, die kognitiven Äußerungen von einem Sprecher machen zu lassen. Zur Stunde gibt es kaum Untersuchungen, die das für eine solche Behandlung beste Verfahren anzeigen.

Ein weiteres Beispiel für ein Modellverfahren auf kognitiver Ebene gibt die Arbeit von *Sarason* [69] über Prüfungsangst. Die Modelle *Sarasons* mußten den Prozeß, mit dem sie zu offenen Reaktionen gelangten, ausdrücklich aufzeigen. *Sarason* fand, daß die Gelegenheit, einem Modell zuzusehen, welches allgemeine Prinzipien verbalisierte, während es eine Anagrammaufgabe bearbeitete, dazu führte, daß Probanden mit hoher Prüfungsangst eine solche Aufgabe schneller lösten als Probanden mit niedrigem Prüfungsangstwert. Die Modelle *Sarasons* verbalisierten, während sie die Anagramme lösten, etwa so: „Ich möchte sichergehen, daß ich nicht an bloß einem Ansatz zur Buchstabenkombination kleben bleibe. Manchmal sieht es wie ein hoffnungsloser Buchstabenhaufen aus, aber ich bin sicher, daß ich etwas finde." *Richardson* [66] hat ein halbautomatisches Selbsttrainingshandbuch entworfen, mit dem Studenten mit hohem Prüfungsangstwert entsprechende Fertigkeiten in Selbstinstruktion erlernen können.

Derlei Beobachtungsgelegenheiten bringen beim Patienten eine Neustrukturierung der Denkprozesse zuwege. Die modellhafte Darstellung auch der verdeckten Reaktionen, die im Zusammenhang mit der Aufgabendurchführung auftreten, scheint den Änderungsprozeß zu fördern. Um die jeweilige Modelltechnologie dem individuellen Patienten anzupassen, bedarf es weiterer Forschung. Es ist möglich, daß sich für Kinder ein Modell der Aufgabenmeisterung hinsichtlich der Furchtreduktion als wirksamer erweist als ein Modell des Bewältigungsverhaltens. *Zimmerman* und *Rosenthal* [81] beschreiben weitere Verfahrensschritte, die beim Modellernen eines den Regeln entsprechenden Verhaltens durch Kinder berücksichtigt werden müssen. Beispielsweise bedürfen kleine Kinder der „Abwechs-

Phase III. Die Modifikation von Selbstaussagen

lungsform", worin das Modell zunächst den einen Schritt durchführt, sodann dem Kind erlaubt, darauf zu reagieren, und danach erst zum nächsten Schritt übergeht usw.

Für die Erwachsenenbehandlung hat *Kazdin* [29] das Modellverfahren des Bewältigungsverhaltens ausgedehnt auf vorstellendes oder verdecktes Modellernen, und er konnte nachweisen, daß Wirkungen des Modellernens durch Imagination erzielt werden können. Die im Modell vorzuführenden Hinweisreize werden dem Patienten hier mittels Instruktionen vorgegeben, und er stellt sich sodann ein Modell vor, das verschiedenste Verhaltensweisen vorführt. *Kazdin* fand, daß ein vorgestelltes Bewältigungsmodell wirksamer war als ein vorgestelltes Meisterungsmodell.

Das Modellernen gibt dem Therapeuten Gelegenheit, jene Gedanken und Gefühle in die Behandlung hereinzunehmen, die dem Patienten mit Wahrscheinlichkeit widerfahren werden. In der Behandlung des Nägelbeißens oder bei einem ähnlichen Problem der Selbstkontrolle kann der Therapeut eine Bildaufnahme einsetzen, in der ein Modell folgendes darstellt:

Das Modell ist nahe daran, seine Nägel an den Mund zu führen, da sagt es: „Also schon wieder! – Bloß diesen einen Nagel, dann hör ich auf ... Ich wußte, daß die Behandlung nichts helfen würde; ich kann mich eben nicht beherrschen. Nein, so nicht! – du redest dich nur immer wieder heraus. Langsam und tief einatmen, entspannen. Nun denke mal, daß du vor allen Leuten am Daumen lutschst. Was für ein Bild! usw."

Der Therapeut kann dem Patienten verschiedene solche Modelle vorführen, wie sie ihren Drang bewältigen und Selbstkontrolle üben. Solcherlei Vorführung erfüllt mehrere Zwecke: Sie lehrt bestimmte kognitive und verhaltensmäßige Fertigkeiten; sie gibt ein Vorbild oder Modell davon, wie andere ihre Probleme gemeistert haben, und demonstriert die daraus resultierenden Verstärkungen; und sie weckt im Patienten jenen Denkstil, den er nun vermutlich mit Erleichterung handhabt. Sollte er demnächst ähnliche Gedanken in sich finden, so werden sie einen Geschmack von „Déjà vu" mit sich führen (nämlich: „Das sind die Gedanken, die wir in der Behandlung besprochen haben; sie sind die Signale für die Bewältigung").

Andere verhaltenstherapeutische Verfahren einschließlich Probeagieren und Rollenspiel lassen sich zur Aufnahme selbstinstruktiver Bewältigungsverfahren modifizieren. Man kann die Patienten darüber ins Bild setzen, welcherart zwischenmenschliche Hinweisreize negative Selbstaussagen auslösen, und sie dann darauf trainieren, als Folge solcher Reize inkompatible Selbstaussagen und Verhaltensweisen hervorzubringen. *Meichenbaum* und *Cameron* [48] beschreiben, wie dieses Verfahren auf Schizophrene anzuwenden sei. Dem schizophrenen Patienten wurde beigebracht, zunächst bei einfachen, sensomotorischen Aufgaben von geschlossener Struktur (z. B. Ziffernsymbol-Substitution, Fingerlabyrinth) sich selbst zu instruieren, dann bei anspruchsvolleren kognitiven Aufgaben (z. B. Sprichwortdeutung). Solcherart kam eine Bemühung zustande, der zufolge der Schizophrene veranlaßt werden konnte, mit einiger neugewonnener Gewandtheit ein Ensemble von selbstinstruktiven Reaktionen zu entwickeln mit dem Zweck, die Aufmerksamkeit zu sammeln und die Leistung zu verbessern. Sodann wurde der Schizophrene unterrichtet, diese bewältigenden Selbstaussagen in zwischenmenschlichen Situationen anzuwenden, die bei ihm stärkere Angst auslösten. In Interviewsituationen wurde der Schizophrene trainiert, die Wirkung seines Verhaltens auf andere zu erkennen, insbesondere die Wirkung seines fehlangepaßten, unverhältnismäßigen verbalen wie auch nichtverbalen Verhaltens. Dieses Erkennen sollte das Signal sein, die vordem entwickelten selbstinstruktiven Kontrollen einzusetzen. Darunter befanden sich solche: „Sei wesentlich; bleibe im Zusammenhang; mache dich verständlich." Darüber hinaus wurde dem Schizophrenen beigebracht, zwischenmenschliche Aussagen, wie „Ich glaube, ich mache mich nicht verständlich", „Das war nicht deutlich, lassen Sie es mich noch einmal versuchen", angemessen zu verwenden. Während das Verhalten von Bezugspersonen in der Vergangenheit oftmals Angst und schizophrenes Denken auslöste, versuchte nun das Trainingsverfahren, diesen Kreis aufzubrechen. Da nun dem Schizophrenen gezeigt worden war, zu erkennen, wann ein solches Muster auf ihn zukam, vermochte er jetzt, sein Repertoire selbstinstruktiven und zwischenmenschlichen Verhaltens anzuwenden.

Interessanterweise ist im Rahmen eines solchen Behandlungsansatzes das fehlangepaßte Verhalten des Patienten selbst der Hinweisreiz, das Signal, die entsprechenden kognitiven Bewältigungsverfahren und Verhaltenstechniken einzusetzen. In der Vergangenheit waren die Symptome Gelegenheit zu Besorgtheit, Verängstigung, Depression und fehlangepaßtem Verhalten, während im Gefolge des Selbstinstruktionstrainings das, was der Patient zu sich selbst über seine Symptome sagt, angepaßtere Funktionen angenommen hat.

Konditionierung von Angsterleichterung und Konditionieren mit aversiven Reizen

Die Verfahren der Desensibilisierung wie des Modellernens wurden dahin gehend geändert, selbstinstruktive Komponenten aufzunehmen. Die Kognitionen des Patienten (d. s. seine Gedanken, bildhafte Vorstellungen und Phantasien) wurden als ein Inventar von Bewältigungsfertigkeiten betrachtet.

Im Gegensatz zu dieser Haltung, die den Akzent auf die Veränderung der kognitiven Prozesse legt, so daß dem Patienten eine Richtung zu neuartigem Verhalten vorgegeben wird, sieht eine Reihe von verhaltenstherapeutischen Verfahren die Kognitionen des Patienten als Verhaltensweisen an, die selbst modifiziert werden müßten. Wie zuvor erwähnt, werden die verdeckten Verhaltensweisen des Patienten offenen Verhaltensweisen gleichgestellt und sind so denselben „Lerngesetzen" unterworfen.

Von einem solchen Standpunkt aus lassen sich Häufigkeit und Stärke von Kognitionen beeinflussen, indem der Patient veranlaßt wird:
1. seine kognitiven Akte zu verbinden mit Beginn, Ende oder Vermeidung einer

äußerlich gegebenen aversiven Konsequenz, wie eines Elektroschocks, oder der Darbietung einer äußeren Belohnung;
2. zwei verdeckte Ereignisse zu verbinden, wie etwa zwei Bildvorstellungen aus dem Verfahren der verdeckten Sensibilisierung[1]) nach *Cautela* [11];
3. seine Kognition mit einem offenen Verhalten, wie physischer Entspannung, zu verbinden.

So vermag der Therapeut zu beeinflussen, was der Patient zu sich selbst spricht, und damit auch sein offenes Verhalten, indem er verschiedenerlei Ereignisse mit den kognitiven Akten seines Patienten assoziativ verbindet.

Drei Illustrationen zu verhaltenstherapeutischen Verfahren, die der direkten Einflußnahme darauf dienen, was der Patient zu sich selbst sagt, sind *Konditionieren von Angsterleichterung, Konditionieren mit aversiven Reizen* und *Gedankenstop-verdeckte Selbstbehauptung*[2]). Die rationale Begründung des *Angsterleichterungsverfahrens* geben *Wolpe* und *Lazarus* [70]:

> Wenn ein unangenehmer Stimulus sich über mehrere Sekunden fortsetzt und fast sofort nach Auftreten eines bestimmten Signals zum Verschwinden gebracht wird, dann wird jenes Signal auf die Veränderungen konditioniert, die der Beendung des unangenehmen Stimulus folgen (Seite 149).

Gemeinhin gibt das Wort „Ruhe" das Signal ab, welches mit der Beendigung der aversiven Stimulation (gewöhnlich eines Elektroschocks) assoziativ gepaart wird. Theoretisch gesehen, nimmt die Selbstinstruktion „Ruhe" die Gegenkonditionierungs-Eigenschaft der Angsterleichterung an, die sodann über verschiedene Situationen generalisiert. Der Gedanke dahinter ist, der Patient werde in den Stand versetzt, sein Angstniveau in den allermeisten Situationen zu senken, wenn er sich selbst instruiert, „ruhig" zu sein, da er damit ja die konditionierte „Erleichterungs"-Reaktion auslöst. Eine Zahl von Untersuchungen [73, 76] hat Daten vorgelegt, die den therapeutischen Wert solcher Angsterleichterungstechniken bei der Beseitigung von phobischem und von Zwangsverhalten zeigen.

Meichenbaum und *Cameron* [49] haben das Angsterleichterungsverfahren dahin ausgedehnt, daß auf Beginn und Ende des Elektroschocks entsprechend der Ausdruck des Angstanstiegs beim Patienten bzw. dessen bewältigende Selbstaussagen folgen. Bei der Behandlung von an Schlangenangst leidenden Patienten wurde das Angsterleichterungsverfahren wie folgt durchgeführt: Der Therapeut sprach das Wort „Schlange"; der Patient verbalisierte sodann seine Selbstaussagen, Gedanken und beschreibenden Bildvorstellungen, die er erlebte, sobald er mit einer Schlange konfrontiert worden war (z. B. „Sie ist häßlich; sie ist schleimig; ich will sie nicht sehen"). Dann wurde der Patient ermutigt, die persönlichen Selbstaussagen auszusprechen, die er bei früheren Zusammentreffen mit dem phobischen Objekt sich hatte sagen hören. Dem Ausdruck dieser Selbstaussagen folgend, wurde ein Elektroschock verabreicht, so daß die angstbezogenen Selbstaussagen

---

[1]) Im Original: Covert sensitization (Anm. d. Ü.).
[2]) Im Original: Anxiety relief conditioning, aversive conditioning, thought stopping – covert assertion (Anm. d. Ü.).

11. Methoden der Selbstinstruktion

bestraft wurden. Die instrumentelle Reaktion, die der Patient zwecks Beendigung des Schocks (und in späteren Sitzungen zwecks Vermeidung des Schockbeginns) von sich gab, bestand aus einem Ensemble positiver bewältigender Selbstinstruktionen (z. B. „Entspanne dich; ich kann sie anfassen; ein Schritt auf einmal"). Während des gesamten Trainings wurden die Selbstaussagen auf eine bedeutungsvolle, persönliche Art und Weise geäußert. Das Training erwies sich als erfolgreich in der Verminderung hartnäckigen Vermeidungsverhaltens.

Die Behandlung durch Konditionieren mit aversiven Reizen läßt sich ebenfalls zur Inkorporation von Selbstaussagen modifizieren. Gemeinhin gehört zum aversiven Konditionieren, daß man dem Patienten einen Stimulus, dem er sonst strikt aus dem Wege geht, im Original oder im Abbild (z. B. als Dia) darbietet, und wenn der Patient reagiert (was durch Maße der physiologischen Aktivierung angezeigt wird), erhält er einen Schock. Durch die Verminderung ebendieser autonomen Aktivierung oder durch eine instrumentelle Reaktion, etwa einen Hebeldruck zur Wahl eines anderen Dias, wird der Schock beendet. Einige andere Paradigmen machen Beginn und Beendigung des Schocks mit Beginn und Ende einer instrumentellen Handlung kontingent, etwa dem Alkoholtrinken oder dem Rauchen. Vom Gesichtspunkt eines Selbstinstruktionsansatzes läßt sich das aversive Konditionieren ausweiten zur Aufnahme der Selbstaussagen des Patienten. Wenn wir beispielsweise einen Pervertierten, der Kinder belästigt, mittels aversiven Konditionierens behandeln würden, wobei die konditionierten Stimuli Dias von kleineren Kindern wären, dann könnte der Therapeut den Schockbeginn mit einem ernstgemeinten Ausdruck aus der Gruppe von Selbstaussagen und beschreibenden Vorstellungen, Gefühlen und Phantasien kontingent machen, die der Patient angesichts eines wirklichen Kindes erlebt. Die Schockbeendigung wäre dann mit inkompatiblen Selbstaussagen kontingent zu machen, welche Selbstinstruktionen von der Art enthalten könnten, daß er seine Aktivierung fälschlich für sexuell hält oder daß er sich vom Spielplatz entfernen möge oder daß er nicht zu dieser Sorte Leute gehört.

Gedankenstop und verdeckte Selbstbehauptung

Der Therapeut trifft recht häufig Patienten an, zu deren Hauptproblemen Zwangsdenken und Zwangsgrübeln über Ereignisse gehören, die nur mit verschwindender Wahrscheinlichkeit wirklich auftreten. Die Gedankeninhalte dieser Patienten sind gewöhnlich der Aufgabenlösung nicht dienlich, sondern kreisen vielmehr um die vorgestellten negativen und katastrophalen Aspekte der Situation.

Ein verhaltenstherapeutischer Ansatz zur Behandlung solcher Probleme ist das Gedankenstoppen. Bei diesem Verfahren wird der Patient gebeten, sich auf seine zwanghaften, angstauslösenden Gedanken zu konzentrieren, sodann ruft der Therapeut plötzlich und eindringlich „Stop!" oder bringt auf anderem Wege, etwa durch ein lautes Geräusch oder einen Elektroschock, eine Unterbrechung zuwege.

Phase III. Die Modifikation von Selbstaussagen

Dieses Verfahren wird mehrmals wiederholt, bis der Patient sagt, seine Gedanken seien mit Erfolg unterbrochen worden. Dann wird die Verantwortung für den Eingriff dem Patienten übergeben, so daß also der Patient nun sich selbst „Stop!" zuruft, anfangs laut, später unterschwellig, und zwar jedesmal, wenn er anfängt, sich mit selbstquälerischem Grübeln zu beschäftigen.

Rimm und *Masters* [67] haben die Gedankenstop-Methode mit einem Verfahren der *verdeckten Selbstbehauptung* ergänzt. Zusätzlich dazu, daß der Patient lernen soll, seine zwanghaften Gedanken mittels Selbstinstruktionen zu unterbrechen, wird er ermutigt, eine positive Aussage mit Selbstbehauptungscharakter hervorzubringen, die mit dem Inhalt des Zwangs unvereinbar ist. Die Autoren berichten, daß ein Patient, der andauernd grübelt, er werde einen Nervenzusammenbruch erleiden oder geisteskrank werden (während die Wirklichkeit keinerlei Grundlage dafür bot), zur Bekämpfung solcher Vorstellungen die verdeckte Selbstbehauptungsaussage aufnahm: „Verfluchtnochmal! ich bin völlig normal."

Das aus Gedankenstop und verdeckter Selbstbehauptung kombinierte Verfahren umfaßt die folgenden Schritte:

1. Bestimmung von Häufigkeit und Stärke der irrationalen Selbstverbalisierungen (und ebensolcher bildhafter Vorstellungen) des Patienten. Diskussion der selbstbehindernden Eigenschaften solcher Denkprozesse.
2. Das Stop-Verfahren beginnt damit, daß der Patient die Augen schließt, sich in seiner Vorstellung in eine Situation seines täglichen Lebens versetzt und seine zwanghaften Gedanken laut auszusprechen beginnt. Der Therapeut ruft zu Beginn des Zwangsdenkens „Stop!". Nach mehreren erfolgreichen Durchgängen wird dem Patienten die Verantwortung für die Durchführung übergeben.
3. Nun beginnt der Patient sich seinen zwanghaften Gedanken zu überlassen, indem er sie unterschwellig verbalisiert, sodann ruft er selbst laut „Stop!", um die zwanghafte Gedankenfolge zu unterbrechen. Dies wird über mehrere Durchgänge fortgesetzt, anfangs laut, dann verdeckt, innerlich.
4. Um die Fähigkeit des Patienten, sein Zwangsdenken zu unterbrechen, und um seine Überzeugung, er könne seine Denkprozesse kontrollieren, nachhaltig zu stärken, wird er ermutigt, sich selbst eine Selbstbehauptungsaussage zuzusprechen, die mit dem Inhalt der Zwangsgedanken unverträglich ist. Anfangs werden der Ruf „Stop!" und die Selbstbehauptungsaussage laut gesprochen. Nach einer Anzahl von Durchgängen wird ihre Lautstärke graduell vermindert und allmählich auf ein verdecktes Niveau zurückgeblendet.

Als Teil eines umfassenden Behandlungsprogramms zum Aufbau von Selbstkontrolle bei übergewichtigen Patienten fügte *Mahoney* [36] auch verdeckte Selbstbehauptung und Übungen in Gedankenmanagement ein. Unter Verwendung des Ausdrucks „kognitive Ökologie" trainierte er Patienten darin, „ihre Selbstgespräche zu säubern", sofern sie das Abnehmen betrafen. *Mahoney* lehrt seine Patienten, solcher für das Körpergewicht relevanten Selbstverbalisierungen gewahr zu werden, wie: „Ich habe einfach nicht die Willenskraft"; „Wenn ich diese zwei Pfund nicht loswerde, schaff ich's nie". Zur Bekämpfung dieser Gedanken wurden die Patienten ermutigt, verdeckte Selbstbehauptung einzusetzen. Die

11. Methoden der Selbstinstruktion

Komponente an kognitiver Ökologie war nur ein wichtiger Aspekt der Behandlung unter anderen. Die übrigen waren Selbstüberprüfung des relevanten Verhaltens, ernährungswissenschaftliche Beratung, Anleitung zu Körperübungen, Regulierung von auf das Eßverhalten Einfluß nehmenden Hinweisreizen, Entspannungstraining, Selbstbelohnungstraining und familiäre Unterstützung.

Es bedarf ausgedehnter Forschungen, um zu bestimmen, ob man Kognitionen wirklich auf dieselbe Weise behandeln kann wie das offene Verhalten. Eine Anzahl kürzlich veröffentlichter Untersuchungen hat die Angemessenheit einer lerntheoretischen Erklärung für verhaltenstherapeutische Verfahren in Frage gestellt. Beispielsweise berichtet *Marks* [37], daß Gedankenstop, angewendet auf neutrale, nichtzwanghafte und nichtphobische Gedanken, sich als ebenso wirksam erwies wie die zwangskontingente Anwendung des Verfahrens. Der Zustand unter Zwangsvorstellungen leidender Patienten, die trainiert worden waren, das Gedankenstopverfahren nur mit ihren nichtzwanghaften, alltäglichen Gedanken durchzuführen, zeigte eine ebenso große Besserung, wie bei jenen Patienten, deren Gedankenstoptraining sich gezielt auf Zwangsvorstellungen bezogen hatte. Die Ergebnisse der Marksschen Untersuchung führen zu der Frage, was denn der Patient in Wahrheit erlerne, wenn er das Gedankenstopverfahren aufnimmt. Mit anderen Worten: Welche Mechanismen bringen die Wirkung einer bestimmten Behandlung zuwege?

Diese Frage erhebt sich auch nach einer weiteren Untersuchung von *Marks* [38]. Hier bestand das Behandlungsverfahren in der Reizüberflutung oder Implosion bei Phobikern auf Vorstellungsebene. Für das Reizüberflutungsverfahren muß sich der phobische Patient emotional hoch geladene, furchterweckende Szenen vorstellen, die sich auf den jeweiligen phobischen Bereich erstrecken. Beispielsweise wird ein Spinnenphobiker gebeten, sich Spinnen vorzustellen, die überall über seinen Leib krabbeln usw. Um die Mechanismen des Behandlungsverfahrens zu erforschen, zogen *Marks* und seine Mitarbeiter eine zweite Behandlungsgruppe heran, welche emotional hoch geladene, aktivierende Szenen zu imaginieren hatte, die jedoch mit dem Phobieobjekt in keinerlei Beziehung standen. Der Spinnenphobiker wurde also gebeten, sich vorzustellen, der sei in einem Zoo, ein Tiger habe sich losgerissen und greife ihn an. Interessanterweise zeigten beide Gruppen vergleichbare, auf die Behandlung zurückgehende Besserung. Wiederum erhebt sich die Frage, welche Mechanismen die Behandlungswirkung zuwege bringen.

Eine „lerntheoretische" Erklärung des eigentlichen therapeutischen Agens wird ferner in einer Reihe von Behandlungsstudien in Frage gestellt, welche die Bedeutung der Kontingenz des Elektroschocks untersuchten. Die Paradigmen Angsterleichterung und aversives Konditionieren (die oben beschrieben sind) wurden der Untersuchung unterworfen. Die Strategie des Versuchs war, die Wirksamkeit des Standardansatzes der Therapie, in dem Anfang und Ende des Schocks mit dem Verhalten regelgerecht kontingent war, mit einer Behandlungsgruppe zu vergleichen, für die die kontingente Verabreichung des Schocks umgedreht wurde oder rückwärts ablief. Sollten beide Behandlungsgruppen vergleichbare Besserungen zeigen, dann würde eine lerntheoretische Erklärung des Behandlungsergebnisses in Schwierigkeiten geraten, und es müßte eine alternative Erklärungsweise in Betracht gezogen werden. Es finden sich drei beispielhafte Studien zu dieser Fragestellung. *Meichenbaum* und *Cameron* [49] berichten, daß ein „umgedrehtes" Angsterleichterungsverfahren, das den Ausdruck von bewältigenden Selbstaussagen bestrafte und angsterzeugende Gedanken belohnte, sich als ebenso wirksam erwies wie das Standardverfahren der Angsterleichterung. *Carlin* und *Armstrong* [8] haben für Raucher, *McConaghy* und *Barr* [40] haben für Homosexuelle berichtet, daß umgekehrtes oder nichtkontingentes aversives Konditionieren sich als ebenso wirksam erwies wie das eigentliche Konditionieren mit aversiven Reizen. Es bedarf weiterer umfangreicher Forschungen, die diese Studien wiederholen und ausweiten. Für die Zwischenzeit jedoch sollten diese Resultate den Anhängern der Verhaltenstherapie eine Denkpause anzeigen und sie Annahmen in Frage stellen lassen, die ihren Behandlungsansätzen zugrunde liegen.

Selbstinstruktions-Training mit Kindern

Zumeist beinhalteten die auf Kinder angewendeten Selbstinstruktionsverfahren ein Training in Selbstkontrollfertigkeiten, so besonders bei überaktiven, impulsiven Kindern. Andere Verhaltensprobleme und Probleme aus dem Bereich der Lernstörungen, die mit Selbstinstruktionsverfahren behandelt worden sind, schließen Resistenz gegenüber Versuchungen, Aufschub von Vergnügungen, Problembearbeitung, Lesen und kreatives Denken ein. Der vorliegende Abschnitt beschäftigt sich hauptsächlich mit impulsiven Kindern.

Überaktive, impulsive Kinder

Ein soziales Hauptproblem in den Schulen ist das zahlreiche Vorkommen von Überaktivität und Impulsivität bei Kindern, d. h. zwischen fünf und zehn Prozent der Kinder im Schulalter werden als überaktiv diagnostiziert [57]. Nach einer Schätzung [23] erhalten etwa 200 000 Schulkinder in den USA täglich irgendeine Form von Medikation zur Behandlung der Überaktivität. Der zweite Hauptmodus der Behandlung dieser Kinder ist die umweltliche Kontrolle durch Methoden wie das operante Lernen. Zur Behandlung von überaktiven, impulsiven Kindern wurde nunmehr ein Selbstinstruktionsansatz entwickelt. Es bedarf weiterer Forschung, um die relative Wirksamkeit der drei verschiedenen Behandlungsansätze und dessen, wie sie zur gegenseitigen Ergänzung einzusetzen wären, experimentell zu bestimmen.

Den Anstoß für das Trainingsverfahren in Selbstinstruktion gaben die theoretischen Arbeiten der sowjetischen Psychologen *Luria* [35] und *Vygotsky* [77]. Auf der Grundlage seiner Arbeit mit Kindern hat *Luria* [34] ein Dreistufenprogramm vorgeschlagen, mittels dessen Auftreten und Hemmung willkürlich gesteuerten motorischen Verhaltens unter verbale Kontrolle gebracht werden. Auf der ersten

11. Methoden der Selbstinstruktion

Stufe kontrolliert und leitet das Sprechen anderer, gewöhnlich Erwachsener, das Verhalten des Kindes. Die zweite Stufe ist dadurch charakterisiert, daß das Kind durch lautes Sprechen sein Vorhaben steuert. Schließlich übernimmt verdecktes oder inneres Sprechen des Kindes die Führungsrolle. Aus dieser hypothetischen Entwicklungsfolge entwickelten wir ein Behandlungsparadigma, das sich beim Training impulsiver Kinder als erfolgreich erwies: Sie sollten, als Mittel zur Entwicklung von Selbstkontrolle, zu sich selbst sprechen [52].

Das Trainingsverfahren in Selbstinstruktion wurde auf individueller Basis angewendet und verlief wie folgt:

b) Zuerst beobachtete das Kind ein selbstverbalisierendes Modell, wie es eine Aufgabe, etwa das Fingerlabyrinth, löste:
b) dann führte das Kind dieselbe Aufgabe durch, wobei es den verbalen Instruktionen des Modells folgte;
c) sodann wurde dem Kind gesagt, es möge bei der Durchführung der Aufgabe selbst laut sprechen und dabei die Verbalisationen des Modells annähernd nachahmen;
d) in einer Endphase sollte das Kind verdeckte Selbstinstruktionen anwenden, um den Internalisierungsprozeß zu konsolidieren.

Die vom Therapeuten im Modell vorgegebenen und dann vom Kind verwendeten Verbalisierungen enthielten

a) Fragen über das Wesen der Aufgabe,
b) Antworten auf diese Fragen in Form kognitiven Probeagierens und kognitiver Planung,
c) Selbstinstruktion in Form von Selbstanleitung,
d) Wege der Bewältigung von Frustration und Fehlschlag und
e) Selbstverstärkung.

So übt das impulsive Kind die Entwicklung eines neuen kognitiven Ansatzes oder einer Lerneinstellung, mit deren Hilfe es die Aufgabenanforderungen beurteilen, sein Leistungsverhalten durch Selbstinstruktionen kognitiv überwachen und entsprechend leiten sowie schließlich sich selbst verstärken kann.

Das Folgende gibt ein Beispiel der vom Therapeuten im Modell dargestellten Verbalisierungen, die das Kind im weiteren Verlauf übernahm:

„Okay, was soll ich also tun? Du willst, daß ich das Bild mit den verschiedenen Linien abmale. Ich muß es langsam und sorgfältig anfangen. Okay, die Linie läuft 'runter, 'runter, gut; dann nach rechts; gut so; jetzt noch etwas mehr 'runter. Gut, ich krieg's prima hin. Aber schön langsam, verstanden."

Solche Instruktionen wurden vom Therapeuten im Modell dargestellt und sodann vom Kind geübt, und zwar an einer Vielzahl von Aufgaben, von einfachen sensomotorischen Übungen bis hin zu komplexen Problembearbeitungen. Kürzlich konnte *Butter* [7] zeigen, daß eine taktile Diskriminationsaufgabe erfolgreich verwendet werden kann, um einen impulsiven kognitiven Stil zu verändern. Bei derlei taktilen Aufgaben wird das Kind aufgefordert, hinter einem Schirm ein Objekt aus einer Gruppe herauszufinden, das mit einem dargebotenen Standardobjekt identisch ist. Diese Aufgabe bietet sich sehr hübsch zum Zwecke des kognitiven Modellernens und des selbstinstruktiven Probeagierens an.

Man kann sich eine ähnliche Übungsfolge zum Erlernen einer neuen motorischen Fertigkeit, des Autofahrens etwa, vorstellen. Wie *Henry Murray* [55] vor einer Reihe von Jahren bemerkte: „Wenn jemand das Autofahren erlernt, so sind ihm zuerst jede dazugehörige Absicht und die darauf folgende motorische Bewegung bewußt, später aber, wenn er es beherrscht, werden die Einzelheiten der Tätigkeit ganz selten bewußt" (Seite 51). Das Übungsverfahren der Selbstinstruktion verläuft ähnlich, wenn die Verbalisierungen in dem Maße nachlassen, in dem die Bewältigung der Aufgabe voranschreitet.

Hinsichtlich des Selbstinstruktionstrainings bei Kindern gibt es zwei Hauptanliegen. Zum ersten gehört die Frage, was das Kind beim Training, zu dem kognitives Modellernen sowie offenes und verdecktes selbstinstruktives Probeagieren gehören, eigentlich gelernt habe. Repräsentieren die Veränderungen, die durch solch ein Selbstinstruktionstraining entstehen, wahre Umstruktierungen im Denkstil des betreffenden Kindes oder bloß oberflächliche Änderungen spezifischer interner Reaktionen, wie sie sich bei der Durchführung einer bestimmten Aufgabe zeigen? Wir können eine kognitive Entwicklung nicht mit dem bloßen Auswendiglernen einer Strategie gleichsetzen, die ein Therapeut für das Kind individuell herausdifferenziert hat, oder mit der Wiederholung einer bloß mechanischen Integrationsleistung, die der Therapeut zufällig verlangt. Die Forschung [4, 16, 52, 59, 60], die sich bis dato mit Selbstinstruktionsübungen und kognitivem Modellernen bei Kindern befaßte, läßt sich, nach Begriffen des Übungstransfers auf andere Aufgaben, andere Situationen und in der Zeit, vielversprechend an, was darauf hinweist, daß die kognitiven Umbauten tatsächlich von allgemeiner Natur sind.

Ein zweiter zu berücksichtigender Punkt beim Selbstinstruktionstraining mit Kindern ist mehr praktischer Natur und betrifft die Art und Weise, wie man das Kind dahin bringt, zu sich selbst zu sprechen. Ein Weg, das Selbstinstruktionstraining durchzuführen, geht über das Spiel. Die Selbstinstruktionsbehandlung kann mitten im ablaufenden Spielgeschehen anfangen. Der Therapeut vermag das überaktive und impulsive Kind zum Verständnis des Zu-sich-selbst-Sprechens zu bringen und kann seine Aufmerksamkeit erregen, indem er sich ins Spielgeschehen einschaltet. Während so der Therapeut mit einem überaktiven Kind spielte, sagte er: „Ich muß mein Flugzeug zur Landung bringen, langsam jetzt und Obacht, 'rein in den Hangar." Daraufhin ermunterte der Therapeut das Kind, es solle den Kontrollturm zum Piloten sagen lassen, langsam zu fliegen usw. Auf diese Weise vermag der Therapeut im Kind ein Repertoire von Selbstaussagen aufzubauen, die sich bei vielerlei Aufgaben einsetzen lassen. Das Training beginnt bei einer Gruppe von Spielaufgaben, in denen das Kind bereits einige Übung und *keine* Erfahrungsreihe von Niederlagen und Frustrationen besitzt. Der Therapeut zieht Aufgaben heran, die sich für den Selbstinstruktionsansatz eignen und bezüglich der Verwendung von kognitiven Strategien einen hohen Anforderungscharakter mitbringen. Beispielsweise kann der Therapeut das impulsive Kind jemand anderen (z. B. ihn, den Therapeuten) bei der Durchführung einer Aufgabe verbal dirigieren lassen, etwa beim Fingerlabyrinth, während das Kind selbst auf seinen Händen sitzt. So muß das Kind lernen, das Sprechen instrumentell einzusetzen, um einen andern bei der Aufgabenerledigung anzuleiten. Eine andere Technik zur Förderung von Selbstkontrolle besteht darin, ein älteres impulsives Kind ein jüngeres in der Aufgabendurchführung unterrichten zu lassen. Das impulsive Kind, dessen Verhalten das Ziel der modifikatorischen Intervention eigentlich ist, wird als „Lehrassistent" angestellt, um Selbstinstruktionsverhalten dem kleineren Kind im Modell darzustellen.

Bei der Anwendung solcher selbstinstruktiver Verfahren ist es wichtig, sich dagegen abzusichern, daß das Kind die Selbstaussagen auf eine relativ mechanische, wie auswendig gelernte oder automatenhafte Weise von sich gibt, ohne Bedeutungsgehalt und ohne Modulation. Dies wäre der alltäglichen Erfahrung mit lautem oder stillem Lesen ähnlich, bei dem man den Gedanken freien Lauf läßt. Man kann da einen Absatz laut gelesen haben, ohne imstande zu sein, sich an den Inhalt zu erinnern. Was statt dessen notwendig ist, sind Modellernen und Übung beim Aufbau und der Internalisierung der Bedeutung eigener Selbstaussagen.

Das Tempo, mit dem der Therapeut beim Selbstinstruktionstraining vorgeht, läßt sich den Bedürfnissen jedes Kindes individuell anpassen. Manche Kinder bedürfen beim kognitiven Modellernen und beim offenen Probeagieren von Selbstinstruktionsverhalten zahlreicher Durchgänge, während andere direkt zum Stadium des verdeckten Probeagierens übergehen, nachdem sie ein Modell erlebt haben. Bei einigen Kindern führt die Phase, in der das Kind die Aufgabe erledigen soll, während der Therapeut das Kind instruiert, zu einer Abhängigkeitstendenz. In solchen Fällen mag kognitives Modellernen mit anschließendem verdeckten Probeagieren genügen. In einigen Fällen ist es *nicht* notwendig, daß das Kind die Selbstinstruktionen laut äußert. Eine Stärke des Trainingsverfahrens ist seine Flexibilität.

Der Selbstinstruktionsansatz bietet auch einige Flexibilität hinsichtlich dessen, wie schnell Therapeut und Kind zum Proben von umfangreicheren Bündeln von Selbstaussagen fortschreiten. Gewöhnlich verläuft das Selbstinstruktionstraining nach dem Prinzip der sukzessiven Annäherung. Anfangs gibt der Therapeut das Modell ab und läßt das Kind einfache Selbstaussagen proben, wie: „Stop! Denke, bevor du antwortest!" Allmählich gibt der Therapeut komplexere Selbstaussagen im Modell vor (und das Kind probt sie).

Das Trainingsprogramm der Selbstinstruktion läßt sich durch Vorstellungsmanipulationen ergänzen, besonders bei kleinen Kindern. Das impulsive Kind kann angeleitet werden, sich das Folgende bildhaft vorzustellen und nachher dementsprechend sich selbst zu instruieren: „Ich will nicht schneller gehen als eine langsame Schildkröte, eine langsame Schildkröte." *Schneider* [72] verwendete dieses Schildkrötenphantasie-Verfahren auf geniale Weise zur Einpflanzung von Selbstkontrollverhalten bei überaktiven, verhaltensgestörten Schulkindern. *Schneider* fügt die Schildkrötenphantasie in eine Geschichte ein, die der Klasse vorgelesen wird. Sodann imitieren die Kinder die Schildkröte, die sich in ihren Panzer zurückgezogen hat, wenn sie die Kontrolle zu verlieren fühlte. Daran angeschlossen waren Entspannung, Übungen in Selbstinstruktion und Problembearbeitung, sämtlich zum Zwecke der Einführung in das Selbstkontrollverhalten. In der Untersuchung Schneiders verbrachte die Lehrerin über drei Wochen 15 Minuten täglich mit dem Training und erreichte eine Abnahme des Aggressionsverhaltens und der Frustrationsreaktionen. Man könnte eine Vielzahl verschiedener Geschichten und kognitiver Techniken zum Lehren von Selbstkontrollverhalten anwenden. Es gibt Geschichten, Filme mit Modellen für kognitives und offenes Verhalten sowie Verfahren des Selbstinstruktionstrainings zur Behandlung von Kindern, die in hohem Maß Zurückgezogenheit und Introversion zeigen [56].

Bei der Behandlung von Impulsivität konzentriert sich der Selbstinstruktionsansatz auf die bewußte Fähigkeit des Kindes zur Selbststeuerung. Dies gilt ebenso für die Behandlung impulsiver Heranwachsender und Erwachsener. Die Verhaltensmuster des Kindes werden in leicht zu handhabende kleinere Einheiten unterteilt, und der Therapeut versucht ihm jene Ereigniskette bewußt zu machen (d. h. die Umweltsituationen sowie die verhaltensmäßigen und kognitiven Reaktionen darauf), die das impulsive und oftmals explosive Verhalten verursacht. Dieses Vorgehen wird weiter durch eine diagnostische Einschätzung der Bedingungen gefördert, unter denen das Selbstkontrollverhalten Mängel zeigt. Mit der Bewußtmachung der Ereignisfolge wird dem Kind geholfen, sie rechtzeitig zu unterbrechen und sofort Bewältigungsverfahren einzusetzen.

Der Selbstinstruktionsansatz läßt sich anderen Therapieverfahren zur Behandlung von Impulsivität gegenüberstellen. Wie *Bergin* [6] gezeigt hat, „werden Probleme der Kontrolle impulsiven Verhaltens häufig mit aversiven Methoden behandelt, sowie mittels Analyse der psychodynamischen Vorgänge am Übertragungsverhalten, durch Modifikation der Selbstwahrnehmung und der Beziehungen zu anderen, durch Änderung von Bewertungen usw., selten aber werden sie durch eine Behandlung des Selbststeuerungsdefekts an sich angegangen" (Seite 116).

Die Behandlung von Schulproblemen

In den letzten Jahren wuchs die Forschung über Anwendungsmöglichkeiten von Trainingsverfahren zur Selbstinstruktion auf dem Gebiet herkömmlicher schulischer Belange stärker an, so hinsichtlich Lesestörungen, Problemlösungen, Kreativität. Heute dürfen wir an der in der Forschung angewandten allgemeinen Trainingsstrategie teilhaben und die Fortsetzung der Forschungsvorhaben verlangen, welche das pädagogische Potential der Selbstinstruktions-Trainingsverfahren prüfen sollen.

Wie die Ursprünge des Selbstinstruktionsverfahrens für überaktive Kinder ihren Anstoß in der Arbeit sowjetischer Psychologen fanden, so nahm der auf schulische Probleme gerichtete Trainingsansatz seinen Ausgang vom Werk des amerikanischen Psychologen *Gagne*. *Gagne* [20] bedient sich eines aufgabenanalytischen Ansatzes, indem er das Instruktionsziel mit einer Aussage erfaßt, die ein bestimmtes Verhalten benennt. Sodann fragt er nach den Verhaltensvoraussetzungen, die

11. Methoden der Selbstinstruktion

das Kind mitzubringen hat, um die erwünschten Zielverhaltensweisen durchführen zu können. Hinsichtlich jeder ermittelten Verhaltensweise wird dieselbe Frage gestellt, und damit baut sich eine Hierarchie von Zielen auf. *Gagne* vermutet, daß das Erlernen einer komplexen Verhaltensweise davon abhängt, daß vorher eine Folge von einfacheren Verhaltensweisen erworben wurde. Die Instruktion kann sich also des kumulativen Lernvorgangs bedienen.

Der Trainingsansatz des Selbstinstruktionsverfahrens folgt einer ähnlichen Strategie, und zwar wird jeder Schritt der Hierarchie in Selbstaussagen oder kognitive Strategien übersetzt, die dann per Modell vorgegeben und schließlich eingeübt werden können. In praxi bedeutet das, der Lehrer habe so einfühlsam zu sein, daß er die Aufgabenanalyse nicht allein der Verhaltensweisen, sondern ebenso der zur Lösung notwendigen kognitiven Akte, Strategien und Regeln durchzuführen vermag.

Das angelaufene Selbstinstruktionstraining verlangt vom Lehrer, daß er die Strategien und Selbstaussagen bestimmt, die zur Erledigung einer gegebenen Aufgabe notwendig sind. Er ermittelt die Hierarchie der erforderten kognitiven Lösungswege, indem er beim Bearbeiten der Aufgabe etwa seine eigenen Denkvorgänge beobachtet oder indem er Kinder beobachtet und befragt, die die Aufgabe schlecht bzw. gut lösen. Nun kann er die so ermittelten kognitiven Strategien in komplexe Selbstaussagen übersetzen, die er sodann im Modell vorgibt und die schließlich vom Schüler geübt werden. Zudem kann der Lehrer nicht allein aufgabenrelevante Selbstaussagen zur Problembearbeitung, sondern auch ebensolche zur Bewältigung modellhaft vorgeben. Lehrer (wie auch Professoren) geben nur sehr selten, wenn überhaupt dafür ein Modell ab, wie sie Frustrationen und Fehlschläge bei der Durchführung einer bestimmten Aufgabe bewältigen (d. h. sie sind Meisterungs-, nicht aber Bewältigungsmodelle). Denkvorgänge und andere Ereignisse, die sie zur Erledigung von Aufgaben benutzen, teilen sie nur sehr selten ihren Schülern mit.

Der Schüler (bzw. der Student) wird angehalten, die Aufgabe zu lösen, aber ihm wird kaum einmal gezeigt,
a) wie die Aufgabe in handhabbare Einheiten zu unterteilen ist,
b) wie die zur Aufgabenlösung erforderlichen Etappen des Vorgehens festzulegen ist,
c) wie eine jede dieser Fertigkeiten in übungsfähige Selbstaussagen zu übersetzen ist.

Eine Demonstration des Potentials der Selbstinstruktionsverfahren hinsichtlich akademischer Probleme gibt eine kürzlich veröffentliche Untersuchung, die die Kreativität durch ausdrückliche Modifikation dessen zu steigern suchte, was die College-Studenten im internen Dialog zu sich selbst sagen [49]. Jede der drei in der Literatur vornehmlich vertretenen Kreativitätstheorien wurde in eine Gruppe von Selbstaussagen übersetzt, die vom Therapeuten im Modell vorgetragen und sodann von den Probanden bei für sie sinnvollen selbstgewählten Aufgaben eingeübt werden konnten. Tabelle 3 zeigt die Mannigfaltigkeit der im Training verwendeten Selbstaussagen. Ihre Anwendung steigerte die Leistung nicht allein in den

Tabelle 11.3. Beispiele für Selbstaussagen des Kreativitätstrainings

---

Selbstaussagen gemäß einer Einstellungstheorie der Kreativität

Einstellungsinduzierende Selbstaussagen
Was zu tun sei:
   Sei kreativ, sei einzigartig.
   Brich vom Offensichtlichen, vom Gemeinplatz aus.
   Denke daran, woran keiner sonst denkt.
   Überlaß dich dem freien Gedankenspiel.
   Wenn du dich dazu treibst, vermagst du kreativ zu sein.
   Quantität hilft Qualität züchten.
Was nicht zu tun sei:
   Wirf innere Blockaden hinaus.
   Schiebe Urteile auf.
   Kümmere dich nicht darum, was andere denken.
   Dies ist nicht Sache von Recht oder Unrecht.
   Gib nicht die erste Antwort, die dir einfällt.
   Keine negativen Selbstaussagen.

Selbstaussagen gemäß einer Intellektualitätstheorie der Kreativität

Problemanalyse – der Problembearbeitung vorangehende Selbstaussagen
   Steck das Problem ab: Was ist zu tun?
   Du mußt die Teile anders zusammensetzen.
   Verwende andere Analogien.
   Erledige die Aufgabe, als wärest du Osborn beim Brainstorming oder Gordon beim Synectics-Training[1].
   Mache das Fremdartige vertraut, das Vertraute fremd.

Aufgabendurchführung – Selbstaussagen während der Problembearbeitung
   Du trottest im Gleis – versuch was Neues.
   Wie läßt sich diese Frustration nützen, um kreativer zu werden?
   Mach jetzt Pause; wer weiß, wann die Einfälle zurückkommen.
   Langsam voran – keine Eile – nicht nötig, anzuschieben.
   Gut. Du kommst drauf.
   Das macht Spaß.
   Das war eine famose Lösung – erzähl das erst den anderen.

Selbstaussagen gemäß einer psychoanalytischen Kreativitätstheorie
   Laß die Zügel locker; laß deinen Geist wandern.
   Assoziiere frei, laß die Einfälle fließen.
   Entspanne dich – laß es einfach geschehen.
   Laß deine Einfälle spielen.
   Halte dich an die Erfahrung, aber betrachte sie aus neuem Blickwinkel.
   Laß dein Ich regredieren.
   Fühl dich wie ein Zuschauer, durch den die Ideen fließen.
   Laß eine Antwort die nächste anführen.
   Fast wie im Traum haben die Einfälle eigenes Leben.

---

[1] Ein Begriff des Kreativitätsforschers R. Gordon, das „Zusammen-Haben" (συνεχειν) von Ursache und Wirkung betreffend (Anm. d. Ü.).

Kreativitätsmaßen, sondern erzeugte darüber hinaus ein generalisiertes Inventar, mit dessen Hilfe die Situationen des täglichen Lebens auf kreativere Art und Weise handhabbar wurden. Nach dem Training berichteten die Patienten, sie hätten das im Kreativitätstraining Erlernte spontan auf eine Vielzahl persönlicher und akademischer Probleme angewendet. Diese Beobachtung verweist darauf, daß auch Patienten der Psychotherapie aus einem solchen Lehrplan von Selbstinstruktionen zur Kreativität oder Problembewältigung Nutzen ziehen können. Einen ähnlichen Hinweis bieten *D'Zurilla* und *Goldfried* [15] in ihrem Artikel über einen Problemlösungsansatz auf dem Gebiet der Psychotherapie.

Es sollte beachtet werden, daß den Patienten *keinerlei* Liste von Selbstaussagen an die Hand zu geben ist und daß ihnen *nicht* gesagt werden soll, das reine Hersagen solcher Sätze werde ihre Lage insgesamt verbessern. Eine solche Strategie würde an die Autosuggestionen des französischen Psychiaters *Emile Coué* erinnern, der in den zwanziger Jahren alle Welt aufforderte zu sagen: „Jeden Tag geht es mir auf jede Weise besser und besser." Vielmehr ist der hier vorgelegte Behandlungsansatz darauf abgestellt,

1. daß der Patient sich seines negativen Denkstils, der sein Leistungsverhalten behindert und zu emotionaler Erregung führt, bewußt wird;
2. daß er in Zusammenarbeit mit dem Therapeuten ein Ensemble inkompatibler, spezifischer Selbstaussagen, Regeln, Strategien usw. entwirft, die er sodann anzuwenden hat; und
3. daß er bestimmte angepaßte kognitive wie verhaltensmäßige Fertigkeiten erwirbt.

Das Trainingsverfahren zur Selbstinstruktion wird gegenwärtig auf solche Probleme aus dem akademischen Umkreis angewendet, wie Leseverständnis, kritisches Denken und Lösung zwischenmenschlicher Probleme. Die Technologie der Modifikation des kognitiven Verhaltens kann in der Hand des Lehrers tatsächlich ein großartiges Instrument sein.

Nachwort

Vielleicht hat das vorliegende Kapitel nicht jedes Anliegen und jede Selbstaussage des Lesers behandelt, aber es sollte doch zu einer stärkeren Anerkennung der Rolle geführt haben, welche die Selbstaussage im Änderungsprozeß zu spielen vermag. Zitate zweier ganz verschiedener Beobachter des menschlichen Verhaltens unterstreichen dies noch einmal. Das erste stammt von keinem geringeren Therapeuten (denn etwas von der Art ist er) als Don Juan, dem Philosophen vom Schlage eines Don Quijote aus den Schriften von *Carlos Castaneda*. Don Juan gibt, in seiner unnachahmlichen Weise, den Rat:

> Die Welt ist die-und-die und soundso nur, weil wir uns einreden, daß sie so ist ... Du redest mit dir selbst. Darin bist du nicht einmalig. Jedermann tut das. Wir führen unablässig ein inneres Gespräch ... Tatsächlich halten wir unsere Welt mittels unseres inneren Gesprächs aufrecht [9].

Bekannter ist vielleicht das Zitat von *Farber:*

Auf eines kann der Psychologe zählen, nämlich daß sein Proband oder Patient reden werde, wenn auch nur zu sich selbst; und nicht selten, sei es nun relevant oder nicht, bestimmt das, was die Leute zu sich selbst sagen, das was sie tun [17a].

Die Verfahren des Selbstinstruktionstrainings zielen darauf ab, die Eigenart des internen Dialogs eines Patienten zu beeinflussen.

Literatur

[1] *Bandura, A.:* Vicarious Processes: A case of no trial learning . In: *L. Berkowitz* (Ed.): Advances in experimewntal *witz* (Ed.): Advances in experimental social psychology, Vol. 2 Academic Press, New York, 1965.

[2] *Bandura, A.:* Principles of behavior modification. Rinehart and Winston, New York, 1969.

[3] *Beck, A.:* Cognitive therapy: Nature and relation to behavior therapy. Behavior Therapy, 1 (1970), 184 – 200.

[4] *Bem, S.:* Verbal self-control: The establishment of effective self-instruction. Journal of Experimental Psychology, 74 (1967), 485 – 491.

[5] *Berenson, B.* and *R. Carkhuff:* Sources of gain in counseling and psychotherapy. Holt, Rinehart and Winston, New York, 1967.

[6] *Bergin, A.:* A self-regulation technique for impulse control disorders. Psychotherapy: Theory, Research and Practice, 6 (1967), 113 – 118.

[7] *Butter, E.:* Visual haptic training and cross modal transfer of a reflective cognitive strategy. Unpublished dissertation, University of Massachusetts, 1971.

[8] *Carlin, A.* and *H. Armstrong:* Aversive conditioning: Learning or dissonance reduction? Journal of Consulting and Clinical Psychology, 32 (1968), 674 – 678.

[9] *Castaneda, C.:* A separate reality: Further conversations with Don Juan. Pocket Books, New York, 1972.

[10] *Cautela, J.:* A behavior therapy approach to pervasive ansiety. Behaviour Research and Therapy, 4 (1966), 99 – 111.

[11] *Cautela, J.:* Covert processes and behaviour modification. Journal of Nervous and Mental Disease, 157 (1973), 27 – 35.

[12] *Chappell, M.* and *T. Stevenson:* Group psychological training in some organic conditions. Mental Hygiene, 20 (1936), 588 – 597.

[13] *Debus, R.:* Effects of brief observation of model behavior on conceptual tempo impulsive children. Developmental Psychology, 2 (1970), 202 – 214.

[14] *Denny, D.:* Modeling effects upon conceptual style and cognitive tempo. Child Development, 43 (1972), 105 – 119.

[15] *D'Zurilla, T.* and *M. Goldfried:* Problem solving and behavior modification. Journal of Abnormal Psychology, 78 (1971), 107 – 126.

[16] *Egeland, B.:* Training impulsive children in the use of more efficient scanning techniques. Child Development, in press.

[17] *Ellis, A.:* Reason and Emotion in Psychotherapy. Lyle Stuart Press, New York, 1962.

[17] *Farber, I.:* The things people say to themselves. American Psychologist, 18 (1963), 185 – 197.

[18] *Feather, B.* and *J. Rhoads:* Psychodynamic behavior therapy: I. Theory and rationale Archives of General Psychiatry 26 (1972), 496–502.

[19] *Frank, J.:* Persuasion and healing. Johns Hopkins Press, Baltimore, Md., 1961.

[20] *Gagne, R.:* Elementary science: A new scheme of instruction. Science, 151 (1966), 49 – 53.

[21] *Geer, J.* and *A. Turtletaub:* Fear reduction following observation of a model.

447

Journal of Personality and Social Psychology, 6 (1967), 327−331.
[22] *Goldfried, M., E. Decenteceo* and *L. Weinberg:* Systematic rational restructuring as a self-control technique. Behavior Therapiy, 5 (1974), 247−254.
[23] *Greenspoon, L.* and *S. Singer:* Amphetamines in the treatment of hyperkinetic children. Harvard Educational Review, 43 (1973), 515 −565.
[24] *Homme, L.:* Perspectives in psychology: Control of coverants, the operants of the mind. Psychological Record, 15 (1965), 501 −511.
[25] *Janis, I.:* Psychological stress: Psychoanalytic and behavioral studies of surgical patients. Wiley, New York, 1958.
[26] *Kagan, J.: Reflection-impulsivity:* The generality and dynamics of conceptual tempo. Journal of Abnormal Psychology, 71 (1966), 17−24.
[27] *Kahn, M., B. Baker* and *I. Weiss:* Tre*atment of* insomnia by relaxation training. Journal of Abnormal Psychology, 73 (1968), 556 −558.
[28] *Kazdin, A.:* Covert modeling and the reduction of avoidance behavior. Journal of Abnormal Psychology, 81 (1973), 87−95.
[29] *Kazdin, A.:* Covert modeling, model similarity, and reduction of avoidance behavior. Behavior Therapy, 5 (1974), 325−340.
[30] *Lang, P.:* The mechanics of desensitization and the laboratory study of human fear. In *C. Franks (Ed.):* Assessment and status of behavior therapies. McGraw-Hill, New York, 1969.
[31] *Langer, E., I. Janis* and *J. Wolfer:* Effects of cognitive coping device and preparatory information on psychological stress in surgical patients. Unpublished manuscript, Yale University, 1973.
[32] *Lazarus, A.:* Behavior therapy and beyond. McGraw-Hill, New York, 1971.
[33] *Lazarus, R. J. Averill* and *E. Opton:* Towards a cognitive theory of emotion. In *M. Arnold* (Ed.): Feeling and emotion. Academic Press, New York, 1970.

[34] *Luria, A.:* The directive function of speech in development, Word, 15 (1959), 341−352.
[35] *Luria, A.:* The role of speech in the regulation of normal and abnormal behavior. Liveright, New York, 1961.
[36] *Mahoney, M.:* Clinical issues in self-control training. Paper presented at the meeting of the American Psychological Association, Montreal, 1973.
[37] *Marks, I.:* New approaches to the treatment of obsessive-compulsive disorders. Journal of Nervous and Mental Disease, 156 (1973), 420 −426.
[38] *Marks, I., J. Boulougouris* and *P. Marset:* Flooding versus desensitization in the treatment of phobic patients. British Journal of Psychiatry, 119 (1971), 353 −375.
[39] *Marmor, J.:* The psychodynamics of realistic worry. Psychoanalysis and Social Science, 5 (1958), 155 − 163.
[40] *McConaghy, M.* and *R. Barr:* Classical, avoidance, and backward conditioning treatments of homoseyuality. British Journal of Psychiatry, 122 (1973), 151−162.
[41] *Meichenbaum, D.:* Examination of model characteristics in reducing avoidance behaviour. Journal of Personality and Social Psychology, 17 (1971), 298 −307.
[42] *Meichenbaum, D.:* Cognitive modification of test anxious college students. Journal of Consulting and Clinical Psychology, 39 (1972), 370 −380.
[43] *Meichenbaum, D.:* Cognitive factors in behavior modification: Modifying what clients say to themselves. In *C. Franks* and *T. Wilson* (Eds.): Annual review of behavior therapy: Theory and practice, Brunner-Mazel, New York, 1973.
[44] *Meichenbaum, D.:* Enhancing creativity by modifying what subjects say to themselves. Unpublished manuscript, University of Waterloo, 1973.
[45] *Meichenbaum, D.:* Therapist manual for cognitive behavior modification. Unpublished manuscript, University of Waterloo, 1974.
[46] *Meichenbaum, D.:* A self-instructional approach to stress management. A-

proposal for stress inoculation training. In *C. Spielberger* and *I. Sarason* (Eds.): Stress and anxiety in modern life. Winston, New York, in press.
[47] *Meichenbaum, D.:* Cognitive behavior modification. General Learning Press, Morristown, N. J., 1974.
[48] *Meichenbaum, D.* and *R. Cameron:* Training schizophrenics to talk to themselves: A means of developing attentional controls. Behavior Therapy, 4 (1973), 515 – 534.
[49] *Meichenbaum D.* and *R. Cameron:* An examination of cognitive and contingency variables in anxiety relief procedures. Unpublished manuscript, University of Waterloo, 1973.
[50] *Meichenbaum, D.* and *R. Cameron:* Stress inoculation: A skills training approach to anxiety management. Unpublished manuscript, University of Waterloo, 1973.
[51] *Meichenbaum, D.* and *R. Cameron:* Clinical potential of modifying what clients say to themselves. In *C. Thoresen* and *M. Mahoney* (Eds.): Self-control: Power to the person. Brooks/Cole, Palo Alto, 1974.
[52] *Meichenbaum, D.* and *J. Goodman:* The nature and modification of impulsive children: Training impulsive children to talk to themselves. Paper presented at the Society for Research in Child Development Conference, Minneapolis, Minnesota, April 1971.
[53] *Meichenbaum, D., B. Gilmore* and *A. Fedoravicius:* Group insight vs. group desensitization in trating speech anxiety. Journal of Abnormal Psychology, 77 (1971), 115 – 126.
[54] *Morris, L.* and *R. Liebert:* Relationship of cognitive and emotional components of test anxiety to physiological arousal and academic performance. Journal of Consulting and Clinical Psychology, 35 (1970), 332 – 337.
[55] *Murray, H.:* Explorations in personality. Oxford Press, New York, 1938.
[56] *O'Conner, R.:* Relative efficacy of modeling, shaping, and the combined procedures for modification of social withdrawal. Journal of Abnormal Psychology, 79 (1972), 327 – 334.
[57] *O'Malley, J.* and *L. Eisenberg:* The hyperkinetic syndrome. Seminars in Psychiatry, 5 (1973), 95 – 103.
[58] *Orzack, M.* and *C. Kornetsky:* Attention dysfunction in chronic schizophrenia. Archives of General Psychiatry, 14 (1966), 323 – 326.
[59] *Palkes, H., M. Stewart* and *J. Freedman:* Improvement in maze performance of hyperacitive boys as a function of verbal training procedures. Journal of Special Education, 5 (1972), 337 – 342.
[60] *Palkes, H., M. Stewart* and *B. Kathana:* Porteus maze performance of hyperactive boys after training in self-directed verbal commands. Child Development, 39 (1968), 817 – 826.
[61] *Paul, G.:* Insight vs. desensitization in psychotherapy: An experiment in anxiety reduction. Stanford University Press, Stanford, 1966.
[62] *Peterson, D.:* The clinical study of social behavior. Prentice-Hall, Englewood Cliffs, N.J., 1968.
[63] *Plutchik, R.* and *A. Ax:* A critique of "Determinant of emotional states" by *Schachter* and *Singer* (1962). Psychophysiology, 4 (1967), 79 – 82.
[64] *Premack, D.:* Mechanisms of self-control. In *W. Hunt* (Ed.): Learning and mechanisms of control in smoking. Aldine, Chicago, 1970.
[65] *Rachman, S.:* Systematic desensitization. Psychological Bulletin, 67 (1967), 93 – 103.
[66] *Richardson, F.:* Coping with test anxiety: A guide. Unpublished manual, University of Texas at Austin, 1973.
[67] *Rimm, D.* and *J. Masters:* Behavior therapy: Techniques and empirical findings. Academic Press, New York, 1974.
[68] *Rosvold, H.:* A continuous performance test of brain damage. Journal of Consulting Psychology, 20 (1956), 343 – 350.
[69] *Sarason, I.:* Test anxiety and cognitive modeling. Journal of Personality and Social Psychology, 28 (1973, 58 – 61.
[70] *Schachter, S.:* The interaction of cognitive and physiological determinants of emotional state. In *C. Spielberger* (ed.): Anxiety and behavior. Academic Press, New York, 1966.

11. Methoden der Selbstinstruktion

[71] *Schachter, S.* and *J. Singer:* Cognitive, social and physiological determinants of emotional state. Psychological Review, 69 (1962), 379 – 399.

[72] *Schneider, M.:* Turtle technique in the classroom. Exceptional Child 1972.

[73] *Solyom, L.* and *S. Miller:* Reciprocal inhibition by aversion relief in the treatment of phobias. Behaviour Research and Therapy, 5 (1967), 313 – 324.

[74] *Steffy, R., D. Meichenbaum* and *A. Best:* Aversive and cognitive factors in the modification of smoking behavior. Behaviour Research and Therapy, 8 (1970), 115 – 125.

[75] *Sykes, D., V. Douglas* and *G. Morgenstern:* Sustained attention in hyperactive children. Journal of Child Psychology and Psychiatry, 14 (1973), 213 – 220.

[76] *Thorpe, J.:* Aversive-relief: A new method for general application. Behaviour Research and Therapy, 2 (1964), 71 – 82.

[77] *Vygotsky, L.:* Thought and language. Wiley, New York, 1962.

[78] *Wine, J.:* Investigations of attentional interpretation of test anxiety. Unpublished doctoral dissertation, University of Waterloo, 1971.

[79] *Wolpe J.* and *A. Lazarus:* Behaviour therapy techniques. Pergamon Press, New York, 1966.

[80] *Yates, D.:* Relaxation in psychoterapy. Journal of General Psychology, 34 (1946), 213 – 238.

[81] *Zimmermann, B.* and *T. Rosenthal:* Observational learning of rule governed behavior by children. Psychological Bulletin, 81 (1974), 29 – 42.

12. Therapieerwartung, Hypnose und suggestive Methoden

William C. Coe und Linda G. Bruckner

Die Rolle der Erwartung im therapeutischen Prozeß[1])

Es ist schon seit langem bekannt, welch wichtige Rolle die Erwartung des Patienten für das Ergebnis der Behandlung spielt. Dies gilt gleichermaßen für Heilberufe mit den verschiedensten theoretischen Konzeptionen, einschließlich Medizinmännern und Psychotherapeuten. Die wichtige Rolle, die die Erwartung dabei spielt, kann den therapeutischen Erfolg, den die Behandlung für sich in Anspruch nimmt, überschatten. Medikamentöse und andere Therapien scheinen gelegentlich nicht effektiver zu sein als das Vertrauen, das der Patient in die Behandlung setzt. Diese Heilungswirkungen werden oft als Placeboeffekt bezeichnet; sie sind also nicht auf die spezifische Behandlungsmethode zurückzuführen. Sie treten dennoch auf und üben manchmal einen ganz entscheidenden Einfluß aus; deshalb sollten sie bei therapeutischen Bemühungen nicht außer acht gelassen werden.

Drei Grundprinzipien

Torrey [30] stellt die Hypothese auf, daß das Vertrauen und die Therapiemotivation eines Patienten von verschiedenen Faktoren beeinflußt werden: 1. dem Ausmaß der Übereinstimmung zwischen der Fähigkeit des Therapeuten, die Krankheit und ihre Ursachen zu nennen, und den Ansichten des Patienten darüber,

---

[1]) Mit diesem Kapitel wollen wir eine zweifache Aufgabe erfüllen: einmal wollen wir erörtern, welche Rolle die Erwartung bei der Steigerung therapeutischer Erfolge spielt, und zum anderen wollen wir darstellen, wie hypnotische und suggestive Techniken zur Beseitigung psychischer Störungen eingesetzt werden können. Diese zwei verschiedenen Themen können insofern zueinander in Beziehung gesetzt werden, als die Erwartung bei allen Formen von Psychotherapie eine nicht unwesentliche Rolle spielt. Der Leser sollte nicht den Eindruck bekommen, daß die Effektivität der hypnotischen und der suggestiven Therapietechniken in größerem Maße als andere Therapieformen auf Erwartungswirkungen beruht. Obgleich sie als Beispiele dafür herangezogen werden können, wie die Erwartung in der Psychotherapie eingesetzt werden kann, hätte man dafür ebensogut andere Therapieansätze nehmen können. Nur ein Teil dieses Kapitels beschäftigt sich ausschließlich mit den Erwartungswirkungen; es wird jedoch immer ausdrücklich auf sie hingewiesen werden, wenn dies angemessen erscheint. Der größte Teil des Textes wird sich mit Hypnose und anderen suggestiven Therapietechniken beschäftigen.

Übersetzt von Angelika Bastin-Popp

2. inwieweit der Patient davon überzeugt ist, daß ihm die angewendeten therapeutischen Techniken Hilfe bringen werden, 3. inwieweit die persönlichen Eigenschaften des Therapeuten mit der Erwartung des Patienten von einem Therapeuten übereinstimmen.

Zum besseren Verständnis der Funktion des Placeboeffektes bei den verschiedenen Therapietechniken wollen wir jedes dieser drei Grundprinzipien näher erläutern. Sie weisen starke kulturelle und subkulturelle Komponenten, sowohl bezüglich des Therapeuten als auch bezüglich des Patienten, auf. Therapeuten sollten sich der Auswirkungen kultureller Faktoren bewußt sein und ihren Therapieansatz so modifizieren, daß ihre therapeutischen Möglichkeiten voll ausgeschöpft werden können. Es ist nicht ungewöhnlich, daß ein Therapeut sich in die Lage versetzt sieht, einen Klienten dazu überreden zu wollen, seine Ansichten zu akzeptieren. In einigen Fällen ist es dann in der Tat besser, den Klienten zu einem anderen Therapeuten zu überweisen, der mit den kulturell geprägten Überzeugungen und Werthaltungen des Klienten vertrauter ist.

Das Benennen des Problems und seiner Ursachen

Allein das Benennen bzw. die Etikettierung der Krankheitseinheit kann schon wirksam sein und zu einer Besserung der Probleme des Klienten führen. Die Fähigkeit des Therapeuten, das Problem zu etikettieren und seine Ursachen aufzuzeigen, gibt dem Klienten das Gefühl, daß es jemanden gibt, der versteht, was in ihm vorgeht. Die Etikettierung der Krankheit impliziert auch, daß es einen wirksamen Weg gibt, sein Leiden zu lindern. Wenn jedoch die Etikettierung des Therapeuten mit den Anschauungen des Patienten über Geisteskrankheit oder psychische Fehlanpassung nicht übereinstimmt, wird sich weiterer therapeutischer Kontakt wahrscheinlich als weniger wirksam erweisen. Wenn z. B. der Klient psychische Probleme in Zusammenhang mit unbewußter Verdrängung traumatischer Kindheitserfahrungen sieht, wird die Etikettierung eines Therapeuten, der diese Ansichten teilt, mit viel höherer Wahrscheinlichkeit als zutreffend betrachtet und dadurch das Vertrauen des Klienten gesteigert werden. Soll die Therapie durch einen Therapeuten mit anderer theoretischer Überzeugung wirksam sein, so muß er bei seiner Arbeit zunächst vom Standpunkt des Klienten ausgehen oder beträchtliche Zeit darauf verwenden, bei dem Klienten einen Umlernprozeß in Gang zu setzen.

Andere Probleme können sich bei einem sehr religiösen Klienten ergeben, der seine Störung als eine Strafe Gottes für seine Sünden betrachtet. Diesem Klienten wäre wahrscheinlich mehr geholfen, wenn er sich zwecks Buße und Sühne an einen Priester wendet, anstatt einen Psychotherapeuten zu konsultieren, der sein Problem im Zusammenhang mit seinem Verhalten und mit seiner Umwelt sieht. Sehr wahrscheinlich wird ein solcher Klient den Therapeuten als einen inkompetenten Heiden betrachten, der in das Walten Gottes keinen Einblick hat.

Die therapeutische Technik

Die Behandlungstechniken eines Therapeuten leiten sich logischerweise aus seinen Ansichten über die Ursache der Störung her. Der Verhaltenstherapeut wendet Techniken zum Erlernen und zum Verlernen von Verhaltensgewohnheiten an; der Psychoanalytiker bedient sich spezieller Techniken zum Aufdecken unbewußter Konflikte usw. Der Klient seinerseits hat Erwartungen bezüglich der Therapietechniken, die ihm Hilfe bringen können; diese sind abhängig von seiner Ansicht über die Ursache seiner Störung. Diesbezüglich spielen das kulturelle und das subkulturelle Milieu eines Patienten oft eine wichtige Rolle.

Sehr aufschlußreich in dieser Hinsicht ist das Problem, das sich in angloamerikanischen Kliniken bei der Behandlung von Amerikanern mexikanischer Abstammung stellt. Therapeuten, die die Bedeutung der sozialen Wertmaßstäbe der Mexikoamerikaner nicht erkennen, werden große Schwierigkeiten haben, diesen Personenkreis zu behandeln. Wenn z. B. ein mexikoamerikanisches Ehepaar in die Eheberatung kommt, ist es wichtig, über die traditionellen Rollen von Mann und Frau in dieser Subkultur Bescheid zu wissen. Es wird wahrscheinlich für die Aufrechterhaltung ihrer Ehe wenig nützlich sein, der Ehefrau zu raten, mehr Spaß am sexuellen Verkehr zu haben und eine dominantere Rolle in der Beziehung zu ihrem Ehemann einzunehmen. Die gesellschaftlich akzeptierte Rolle der mexikanischen Frau ist es, unterwürfig zu sein und keinen Spaß beim geschlechtlichen Zusammensein mit ihrem Ehepartner zu haben. Eine dominante Ehefrau stellt eine Bedrohung für die männliche Identität des Mannes dar und eine Frau, die Spaß am sexuellen Verkehr hat, ist der Promiskuität verdächtig [30]. Es ist unwahrscheinlich, daß sich dieses Paar weiter zu einem so naiven und unmoralischen Therapeuten in Behandlung begeben würde. Der Priester der mexikoamerikanischen Subkultur, der Curandero, könnte wahrscheinlich in einem solchen Falle bessere Hilfe leisten. Er wird mit größerer Wahrscheinlichkeit die Ansichten des Ehepaares vom Funktionieren einer Ehe teilen und entsprechende Schritte einleiten, um ihre Beziehung zu verbessern.

Die persönlichen Qualitäten eines Therapeuten

Jeder hat seine eigenen Ansichten darüber, wie ein Psychologe oder Psychiater aussehen und sich verhalten sollte. Die Ansichten reichen von „Sie sind alle verrückt" bis zu „Sie sind alle sehr gebildet, weise und hilfreich". Gewöhnlich wenden sich Hilfesuchende an einen Therapeuten mit der Annahme, daß er eine Autorität darstellt und wirksame Mittel besitzt, um ihnen zu helfen. Schon allein diese Erwartung kann die Fähigkeit des Klienten steigern, mit seinen Problemen selbst fertigzuwerden. Auch die Therapieräumlichkeiten tun ihre Wirkung. Diplome, Bestätigungen der Mitgliedschaft in angesehenen beruflichen Organisationen, Lizenzen und andere Statussymbole, die den Therapeuten in der amerikanischen Kultur als legitimen Heilkundigen ausweisen, erhöhen die Erwartungen des Klienten, Hilfe zu finden. Auch die Lage der Praxisräume kann ein wirksamer Faktor sein. Klienten mit den für die Mittelklasse typischen Wertmaßstäben können von einer luxuriös ausgestatteten Praxis sehr beeindruckt sein, da sie auf finanziellen und, im übertragenen Sinne, auf beruflichen Erfolg schließen läßt. Bei Klienten, die diese Wertmaßstäbe nicht teilen, kann dies zu einer genau entgegengesetzten Reaktion führen, indem sie den Therapeuten als jemanden betrachten, der sehr konservativ und unfähig ist, ihre Ansichten zu verstehen. Die Kleidung und das Aussehen des Therapeuten haben eine ähnliche Wirkung. Lange oder kurz geschnittene Haare, modische Kleidung oder elegante Geschäftsanzüge prägen u. a. den ersten Eindruck, den der Klient vom Therapeuten hat, und dieser Eindruck des Klienten kann für die Therapie förderlich oder abträglich sein. Was immer auch zutreffen mag, die Umgebung und die äußere Erscheinung des Therapeuten üben ihre Wirkung aus. Ein wachsamer Therapeut wird sich dieser Wirkungen bewußt sein und sie so gestalten, daß sie für die Therapie förderlich sein werden.

Lazarus hat unter vielen anderen die Therapeuteneigenschaften emotionale Wärme, Echtheit und Verständnis in ihrer Wichtigkeit hervorgehoben. Diese Eigenschaften werden, ungeachtet des theoretischen Standpunktes, den der Therapeut vertritt, als wünschenswert betrachtet. Die Klienten unterscheiden sich jedoch in ihrer Ansicht darüber, wie aktiv, wie direktiv oder wie passiv ein Therapeut sein sollte und wie lange er durchschnittlich während der Therapiesitzungen sprechen sollte. Ein Geschäftsmann z. B., der sich durch kathartische Sitzungen[1]) von seinen inneren Spannungen befreien möchte, würde eher einen Therapeuten in der traditionellen Rolle des passiven Zuhörers, im Gegensatz zur aktiven Rolle des verhaltenstherapeutisch orientierten Therapeuten, erwarten. Es ist die Aufgabe des Therapeuten, diese unterschiedlichen Erwartungen zu erkennen und positiv zu nutzen.

Eine der vielleicht wichtigsten Therapeutenvariablen ist die Überzeugung des Therapeuten, daß dem Klienten geholfen werden kann. Eine kürzlich veröffentlichte Untersuchung von *Lerner* und *Fiske* [18] zeigt, daß die Überzeugung des Therapeuten, einem bestimmten Klienten helfen zu können, wahrscheinlich einen höheren Voraussagewert für das Therapieergebnis hat als Klientenvariablen wie z. B. sozioökonomischer Status, die man in der Vergangenheit als die besten Indikatoren zur Voraussage von Therapieergebnissen betrachtet hatte. Es ist sehr wahrscheinlich, daß der Therapeut seinen Optimismus oder seinen Pessimismus unabsichtlich auf den Klienten überträgt und damit die Erwartungen des Klienten beeinflußt.

Schließlich ist in Zusammenhang mit den Erwartungen des Therapeuten bezüglich des Therapieerfolges bei einem bestimmten Klienten die Überzeugungskraft seiner Therapietechnik für den Klienten ausschlaggebend. Dies bedeutet, daß die Wahrscheinlichkeit des Therapieerfolges positiv beeinflußt wird, wenn der Klient

---

[1]) Anm. des Übers.: Katharsis ist ein Sich-Befreien von unterdrückten Emotionen bzw. Spannungen im Sinne einer Abreaktion.

davon überzeugt werden kann, daß gerade diese Therapietechnik sein Leiden lindern kann. *McReynolds* [21] z.B. fand, daß die systematische Desensibilisierung, eine verhaltenstherapeutische Technik zur Behandlung von Phobien, nicht effektiver war als andere Therapietechniken, wenn diese in gleichermaßen überzeugender Weise an den Klienten herangetragen wurden. Das Ausmaß, in dem eine Therapietechnik auf den Klienten überzeugend wirkt, ist von all den Variablen beeinflußt, die wir bisher besprochen haben, und zeigt, wie wichtig es ist, solche Variablen im therapeutischen Prozeß zu berücksichtigen.

Techniken zur Steigerung der Erwartungswirkung

Alle oben genannten Variablen können entscheidend dazu beitragen, die Erwartung des Klienten auf wirksame Hilfe zu steigern. *Torrey* [30] erörtert drei suggestive Methoden, die in unserer Kultur häufig eingesetzt werden, um Erwartungen zu steigern: die direkte Suggestion, Methoden, die sich symbolischer Inhalte bedienen, und Zauberformeln.

Direkte Suggestion wird von Ärzten und Psychotherapeuten im Verlauf ihrer therapeutischen Kontakte mit dem Patienten oft unabsichtlich eingesetzt. Während der Arzt ein Medikament verschreibt, sagt er vielleicht: „Wenn Sie dieses Medikament einnehmen, werden Sie sich gleich besser fühlen." Damit gibt er die direkte Suggestion, daß das Medikament wirksam ist und erhöht somit die Erwartungen des Klienten auf Heilungserfolg. Wenn ein Verhaltenstherapeut eine Methode zur Modifikation von Verhalten erklärt, fügt er vielleicht hinzu: „Dieses Programm wird Ihnen helfen, Ihr Ziel zu erreichen" oder „Dieses Programm ist leicht zu befolgen und wird Ihnen helfen . . ." Wieder wird die direkte Suggestion gegeben, daß Erfolg zu erwarten ist. Das Gegenstück zur positiven Suggestion würde etwa folgendermaßen lauten: „Nun, wir werden dies oder jenes versuchen, denn was haben wir schon zu verlieren?" Im günstigsten Falle wird der Klient hoffen, daß es ihm helfen wird, was immer es auch sein mag, obgleich der Therapeut seine Zweifel zu haben scheint.

In dem Maße, wie die Amerikaner mit östlichen Kulturen und Religionen vertrauter werden, gewinnt auch die Verwendung von Symbolen immer mehr an Bedeutung. Diese Symbole sind Rituale, von denen man glaubt, daß sie einen bestimmten, erwünschten Endzustand wie z. B. Entspannung, Symptombeseitigung oder Beziehung zu Gott herbeiführen. Hypnose und Entspannungstraining sind die am weitesten verbreiteten Formen von Symbolverwendung, die in der amerikanischen Psychotherapie eingesetzt werden; sie werden später in diesem Kapitel ausführlicher behandelt werden. Auch in der Meditation werden symbolische Rituale verwendet; sie werden jedoch im Moment noch nicht im gleichen Maße akzeptiert. Daseinsanalytische und psychoanalytische Therapiemethoden beinhalten ebenfalls solche symbolischen Rituale.

Solche symbolischen Rituale führen bei manchen Klienten zu einer ganz beträchtlichen Steigerung der Aussicht auf Therapieerfolg. Das Ritual zur Induktion des hypnotischen Zustandes z. B. ist ein Hinweis darauf, daß ein Prozeß von tiefgehender und bedeutsamer Wirkung eingeleitet wird. Rituale steigern nicht nur die positiven Erwartungen beim Klienten, sondern die Therapeuten sind oft ebenso von ihrer Wirksamkeit überzeugt, was wiederum die Erwartungen des Klienten erhöht. Rituale sind jedoch nur insofern wirksam, als sie mit anderen Erwartungen und Überzeugungen des Klienten übereinstimmen. Wenn sie seinen Überzeugungen widersprechen, können sie eine beeinträchtigende Wirkung ausüben.

Zur Zauberformel sind in unserer Kultur v. a. die Psychopharmaka geworden. Die Hausfrau der Mittelklasse wird auf die Wirksamkeit der Beruhigungsmittel schwören, die ihr von ihrem Hausarzt verschrieben werden, auch wenn es sich in Wirklichkeit nur um Zuckerpillen bzw. Placebos handelt. Sie helfen ihr, die stumpfsinnige Hausarbeit zu bewältigen und geduldiger mit ihren Kindern zu sein. Die psychohygienischen Aufklärungskampagnen haben sie davon überzeugt, daß ihr Streß eine nervöse Ursache hat, und ihr Hausarzt hat diese Diagnose bestätigt. Er hat ihr auch eine in unserer Kultur akzeptierte Behandlung verordnet, nämlich eine Pille, verbunden mit der Äußerung: „Fast ohne Ausnahme können diese Störungen wirksam beseitigt werden, wenn Sie jeden Morgen eine von diesen Tabletten einnehmen."

In einer anderen Kultur können dieselben Zauberformeln auf eine ganz andere Art wirksam sein. Einem Stammesangehörigen einer „primitiven Kultur" wird mehr geholfen sein, wenn er das Medikament in Einklang mit den Heilungsritualen seines Stammes um den Hals trägt, anstatt es einzunehmen. Die Erwartungen des Eingeborenen bezüglich Krankheit und ihrer Heilung unterscheiden sich ganz beträchtlich von denen der Hausfrau, sie sind jedoch für den Erfolg der Behandlung genauso wichtig.

Summa summarum kann die Suggestion als ein wichtiger zu berücksichtigender Faktor bei der Effektivitätssteigerung vieler verschiedener Therapieformen betrachtet werden. Sie alle können beträchtlichen Heilungswert besitzen, vorausgesetzt, daß sie mit der Weltanschauung und den Therapieerwartungen des Klienten übereinstimmen[1]).

Placebotherapie

Fish [11] beschreibt, wie die oben erörterten Variablen in der Therapie eingesetzt werden können. In seinem Buch „Placebo Therapy" beschäftigt er sich mit Arten der Anwendung von Placeboprinzipien.

---

[1]) Das Buch von *Jerome Frank* mit dem Titel „Persuasion and Healing" [12] stellt eine weitere, ausgezeichnete Quelle zu diesem Thema dar. Er führt Beweise dafür an, welch wichtige Rolle die Variablen der Erwartungswirkung sowohl bei medizinischen als auch bei psychologischen Therapietechniken spielen. Sein Hauptanliegen ist zu zeigen, daß jede Form von Behandlung, durch die Ängste reduziert und Hoffnungen geweckt werden können, zu einer Heilung führen kann.

Fish unterteilt den therapeutischen Prozeß in drei Hauptabschnitte: die Vorbehandlung, die Behandlung und die Nachbehandlung. Der dritte Abschnitt über die Nachbehandlung beschäftigt sich nur indirekt mit der Erwartungswirkung; aber im Stadium der Vorbehandlung und der Behandlung ist es notwendig, diese Variablen zu berücksichtigen, wenn sie erfolgreich in die Therapie miteinbezogen werden sollen. Wir wollen die verschiedenen Abschnitte von *Fish* hier nur kurz skizzieren und verweisen den interessierten Leser auf seine Originalarbeit.

Auf der Stufe der Vorbehandlung, dem Stadium, in welchem die Inhalte der Placebotherapie formuliert werden, müssen die Eigenschaften des Therapeuten, die Probleme, die Erwartungen und die Weltanschauung des Klienten besonders berücksichtigt werden. Die Kenntnis dieser Faktoren ist notwendig zur Festlegung einer therapeutischen Strategie, die auf Placeboprinzipien zurückgreift. Im Therapiestadium kommen die im Stadium der Vorbehandlung festgelegten therapeutischen Vorgehensweisen zur Anwendung. Es wird dem Klienten mitgeteilt, daß ein Heilungseffekt eintreten wird, wenn er bestimmte Dinge ausführt, das „Heilungsritual" beginnt. Sobald sich positive Veränderungen einstellen, kann der Therapeut auf sie verweisen als Beweis für die Effektivität der Behandlung und somit weitere Erwartungen wachrufen, die die Ansprechbarkeit des Klienten auf die Behandlung steigern werden. Das Stadium der Nachbehandlung beinhaltet Maßnahmen, die auf eine Aufrechterhaltung des Therapieerfolges abzielen. Dabei wird versucht, das Selbstvertrauen des Klienten zu stärken und Veränderungen in der Umwelt des Klienten herbeizuführen.

Im weiteren werden wir uns in diesem Kapitel mit der Anwendung von Hypnose und anderen Suggestivtherapien beschäftigen. Viele dieser Therapiezugänge sind aus Erweiterungen der Anwendung jener Variablen, die wir soeben erörtert haben, abgeleitet.

Hypnose und andere hypnotische Techniken

Hypnose ist schon immer mit dem Mystischen, dem Seltsamen, dem Außergewöhnlichen und dem Dramatischen in Verbindung gebracht worden. Die Massenmedien und die Populärliteratur berichten über hypnotische Geschehnisse und Erfahrungen fast immer als von etwas äußerst Wundersamen – als die Wunderheilung durch die vieldimensionale Persönlichkeit oder den machtvollen Einfluß des Hypnotiseurs. Angefangen vom Anhänger des Mesmerismus im 18. Jahrhundert bis zum Jahrmarktshypnotiseur der Gegenwart stellte sich den Laien die Hypnose immer als ein Phänomen der Machtausübung und der Beeinflussung dar. Den weniger spektakulären Ansichten über Hypnose wurde nur geringe Beachtung geschenkt, obwohl sie seit ihrem Bestehen von einigen vertreten werden. In letzter Zeit jedoch wird die Hypnose in zunehmendem Maße als legitime therapeutische Technik in der Medizin, der Zahnmedizin und der Psychotherapie anerkannt. Weniger dramatische Erwartungen machen allmählich den übertriebenen Erwartungen Platz, aber eine Aura von Geheimnisvollem und

12. Therapieerwartung, Hypnose und suggestive Methoden

von Sensationslust ist dennoch erhalten geblieben. Unglücklicherweise hat diese Vorstellung von der Hypnose als einem mysteriösen und an das Okkulte grenzenden Geschehen viele Praktiker bisher davon abgehalten, die Hypnose einzusetzen, und Patienten, die davon profitieren würden, dazu veranlaßt, vor der Hypnose zurückzuschrecken. Diese Erwartungen machen andererseits die Hypnose zum Betätigungsfeld für unqualifizierte Personen, die die Kranken, die sich eine Wunderheilung erhoffen, zu ihrem eigenen Vorteil ausnutzen. Was versteht man unter Hypnose? Obgleich im allgemeinen ein Zweierverhältnis zwischen Hypnotiseur und Patient üblich ist, reichen die Erscheinungsweisen, die man unter dem Begriff der Hypnose zusammenfaßt, von Autosuggestionsmethoden bis hin zu Großgruppenphänomenen. Der Hypnotiseur führt bestimmte Handlungen aus und gibt bestimmte Instruktionen, die beim Klienten bestimmte Reaktionen auszulösen scheinen. Es scheint so, als habe er Macht über den Klienten.

Bei der üblichen Vorgehensweise beginnt man mit der Induktion; das sind Instruktionen, die den Klienten vom normalen Wachzustand in den Trancezustand hinüberführen. Der Klient wird dabei meist instruiert, ein bestimmtes Objekt zu fixieren, während der Hypnotiseur eine Vielzahl von Suggestionen, einschließlich solcher, die den Entspannungszustand herbeiführen, die die bewußte Wahrnehmung von Empfindungen erhöhen und die zu einer Ermüdung der Augen führen, wiederholt darbietet. Sobald der Klient die Augen geschlossen hat, wird der hypnotische Zustand durch weitere Suggestionen vertieft. Dabei kann ein gut ansprechbarer Proband, der sich mit der Aufgabe voll identifiziert, unter dem Einfluß der Instruktionen des Hypnotiseurs erstaunliche Verhaltensweisen produzieren wie z. B. suggerierte Veränderungen in der Körperwahrnehmung, induzierte Paralyse, Vorstellungen von großer Lebhaftigkeit, erhöhte Bewußtheit, selektives Vergessen, Phänomene der Dissoziation und die Ausführung posthypnotischer Aufträge.

Die Methoden zur Induktion des hypnotischen Zustandes ähneln sich, so wie auch die unter Hypnose gezeigten Verhaltensweisen einander ähnlich sind, ganz gleich, ob es sich um Gruppen-, Individual- oder Autohypnose handelt; der hauptsächliche Unterschied liegt in der Anzahl der Teilnehmer und in der An- oder Abwesenheit des Therapeuten. Eine Beschreibung der üblichen Vorgehensweise bei der Hypnose ist natürlich eine unvollkommene Antwort für den Wissenschaftler, der sich für das Wesen der Hypnose interessiert. Die Bedingungen, die für das Auftreten der oben beschriebenen Phänomene verantwortlich sind, sind bis heute noch nicht ganz ergründet. Viele offene Fragen sind noch nicht endgültig beantwortet, aber die meisten der früheren Annahmen über das Wesen des Trancezustandes, die überirdischen Kräfte des Hypnotiseurs usw. werden allmählich durch weniger phantastische, rationale Erklärungen ersetzt, die auf psychologischen und sozialpsychologischen Konzeptionen beruhen [16, 28].

Die Anwendungsmöglichkeiten der Hypnose haben sich erweitert und verfeinert, aber in vielen Fällen sind sie den vor hundert Jahren verwendeten Techniken immer noch sehr ähnlich. Oft werden die herkömmlichen Techniken nur umbenannt und neue wissenschaftlich begründete Erklärungen zugrundegelegt. Die gleiche Technik, die von einigen z. B. als Autohypnose bezeichnet wird, wird auch beim Yoga, beim autogenen Training, in der Psychokybernetik und beim Lehren im Schlaf verwendet. Oft hat es den Anschein, als ob verschiedene Wissenschaftler unabhängig voneinander die Nützlichkeit von Selbst- und Fremdsuggestionsmethoden einfach wiederentdeckt und im Sinne ihres theoretischen Standpunktes umbenannt haben.

Wenn wir die Techniken und die Vorgehensweise bei Suggestivtherapien näher betrachten, wird klar, welche Rolle die Erwartung, die Überzeugung und die Identifikation mit der Aufgabe dabei spielen. Alle Methoden, die die Hoffnung und die positive Einstellung des Klienten steigern, spielen eine wichtige Rolle bei der Therapie. In Abhängigkeit von der theoretischen Überzeugung des Therapeuten werden jedoch auch unterschiedliche therapeutische Techniken eingesetzt, die ihren Teil zu einer positiven Veränderung beitragen.

Wer verwendet Hypnose?

Obgleich allgemein angenommen wird, daß Hypnose hauptsächlich in der Psychotherapie eingesetzt wird, trifft dies jedoch nicht zu. *Levitt* und *Hershman* [19] schickten einen Fragebogen an die Mitglieder der zwei größten Gesellschaften für Hypnose in den USA. Obgleich ihre Ergebnisse aufgrund der geringen Rücklaufquote von Fragebögen mit Vorsicht zu betrachten sind, geben sie einigen Aufschluß darüber, welche Berufsgruppen zu welchem Zweck Hypnose einsetzen.

Nur 7% derer, die eine Rückantwort gaben, waren Psychiater oder Psychologen. 70% der Mitglieder waren Ärzte, 19% Zahnärzte, 4% andere graduierte Fachleute und 7% Nicht-Graduierte. 61% der Ärzte waren Allgemeinmediziner und sie benützten Hypnose hauptsächlich zur Schmerzstillung bei kleineren Operationen. Das am weitesten verbreitete medizinische Anwendungsgebiet für Hypnose war die Geburtshilfe (11%). Geburtshelfer setzten Hypnose bei 12% ihrer Klientinnen ein, um den Geburtsvorgang zu erleichtern. Sie berichteten im Durchschnitt über eine Verkürzung der Geburtswehen um drei Stunden und über eine Verminderung der Anwendung von medikamentösen Anästhesiemitteln um 60%. Chirurgen stellten vier Prozent der Rücklaufquote an Medizinern dar, und sie benützten Hypnose hauptsächlich als schmerzstillendes Mittel. Sie schätzten, daß durch die Hypnose die Verwendung von medikamentösen Anästhesiemitteln um durchschnittlich 50% reduziert werden konnte, und daß das Auftreten von Blutungen beträchtlich vermindert wurde. Es scheint, daß unter allen Verwendungsmöglichkeiten die Verwendung der Hypnose als schmerzstillendes Mittel an der Spitze steht. Ihre Anwendung reduziert die Notwendigkeit der Verwendung von chemischen Anästhesiemitteln, die für einige Patienten ein beträchtliches Gesundheitsrisiko darstellen. Wir werden uns jedoch auf die Verwendung der Hypnose zur Lösung von Anpassungsproblemen konzentrieren. Einige Anwendungsbeispiele werden in späteren Abschnitten ausführlicher erläutert werden.

12. Therapieerwartung, Hypnose und suggestive Methoden

Der historische Hintergrund

Es ist unmöglich den Zeitpunkt genau festzulegen, zu dem Hypnose und andere hypnotische Techniken zum erstenmal eingesetzt wurden. Es ist sehr wahrscheinlich, daß sie schon in der Frühzeit der Menschheitsgeschichte ihren Ursprung nahmen, wahrscheinlich zu der Zeit, als sich Stammesverbände mit ihren eigenen Wertsystemen, Gebräuchen und Zeremoniellen herauszubilden begannen, zu einer Zeit also, in der die Möglichkeit der Beeinflussung seiner Mitmenschen durch die Mittel der Sprache an Bedeutung gewann. Sicherlich waren tranceähnliche Zustände und suggestive Beeinflussung Bestandteil früher Religionen und ihrer emotionsgeladenen Zeremonielle. In einigen Religionen wird immer noch die Macht der Suggestion zur Hervorrufung dramatischer Wirkungen eingesetzt, so z. B. im Voodoo-Kult und durch Medizinmänner. In den östlichen Kulturen ist die nutzbringende Wirkung meditativer Techniken und der Autosuggestion schon lange bekannt, aber in den westlichen Kulturen begann sich die Hypnose erst vor etwa 200 Jahren durchzusetzen.

Ein erster Versuch, das Phänomen der Hypnose einem wissenschaftlichen Zugang zu eröffnen, gelang dem Wiener Arzt *Franz Antoine Mesmer* (1734—1815). Seine Technik wurde als „Mesmerismus" bekannt. Dieser Ausdruck wird heute immer noch zur Beschreibung des Vorgangs, durch den eine Person in einen tranceähnlichen Zustand versetzt wird, verwendet.

In der Mitte des 18. Jahrhunderts war die Wissenschaft noch stark von der dualistischen Philosophie, d. h. von der Annahme, daß Körper und Geist voneinander getrennte Einheiten darstellten, beeinflußt. Die Erforschung des Geistes wurde als Gegenstand der Religion und der Philosophie, und die Erforschung des Körpers und der unbelebten Natur als Gegenstand der Naturwissenschaften betrachtet. Da sich zu dieser Zeit die Naturwissenschaftler von der Beschäftigung mit geistigen Vorgängen fernhielten, begannen sie sich erst dann dafür zu interessieren, als *Mesmer* seine Beobachtungen auf physikalischer Grundlage erklären konnte.

Zu *Mesmers* Zeit waren die Postulate über den Einfluß der Sterne und der Himmelskörper auf das menschliche Verhalten weithin anerkannt, und erste Fortschritte in der Erforschung der Elektrizität und des Magnetismus hatten zu Annahmen geführt, die zu diesen Phänomenen in Beziehung standen. Ausgehend von der Lehre der Astrologie nahm *Mesmer* an, daß ein Prinzip oder eine Kraft das ganze Universum durchdringen müsse, die mit der Elektrizität oder dem Magnetismus identisch sein könnte. Seine Überlegungen führten ihn dazu zu untersuchen, welche Wirkungen Magnete auf seine Patienten ausüben würden. Dabei arbeitete er mit unterschiedlichen Methoden, indem er Magnete entweder an ihrem Körper entlang führte oder sie damit berührte. Einige Störungen, vor allem solche, die man später mit Hysterie bezeichnete, konnte er damit heilen. Zu seiner Überraschung fand er jedoch, daß der Magnet überflüssig war. Er konnte ähnliche Wirkungen erzielen, wenn er einfach seine Hände über sie hinweggleiten ließ oder sie streichelte. Seine Entdeckungen veranlaßten ihn zu der Überzeugung, die

Quelle einer universal wirkenden Kraft entdeckt zu haben und damit die Fähigkeit zu besitzen, die Körpersäfte seiner Patienten in heilsamer Weise umverteilen zu können. Er bezeichnete diesen Vorgang als „tierischen Magnetismus" und postulierte die Existenz einer Körpersubstanz bzw. einer Lebenskraft, die dem Magnetismus ähnlich war und die er umverteilen und dadurch eine Heilung herbeiführen konnte. Die Quelle der Heilung lag somit in seiner Fähigkeit zur Umverteilung dieser Körpersubstanzen; damit stellte er eine erste Theorie auf, in der er die Reaktionen der Patienten auf die Einflußnahme durch den Hypnotiseur zurückführte.

Mesmer wandte sich mit seinen Entdeckungen an eine Anzahl der im Jahre 1775 bestehenden wissenschaftlichen Forschungsgemeinschaften, aber seine Hypothesen wurden abgelehnt. Entmutigt, aber immer noch davon überzeugt, eine große Entdeckung gemacht zu haben, siedelte er nach Paris über, wo er sein berühmtes „Baquet" errichtete, eine Einrichtung, mit der er eine Vielzahl von Patienten gleichzeitig behandeln konnte. Das „Baquet" war ein riesiger Behälter, der „mesmerisiertes" Wasser enthielt. Die heilende Wirkung konnte auf den Körper des Patienten durch Metallstäbe übertragen werden, die in diese Flüssigkeit eingetaucht waren. Die Patienten versammelten sich rund um das „Baquet" in einem schwach erleuchteten Raum, während im Hintergrund leise Musik spielte; sie hielten die Metallgriffe in ihren Händen, und *Mesmer*, bekleidet mit einem wallenden Umhang, schritt von einem zum anderen, wobei er über einigen die Hände erhob, andere mit den Augen fixierte und wieder andere berührte. Es dauerte gewöhnlich nicht lange, bis einer seiner Patienten in eine Art Ohnmacht verfiel, was bei den anderen Patienten dramatische Reaktionen auslöste. *Mesmer* hatte Helfer, die seine Patienten massierten und ihnen beistanden, sobald sie in einen solchen Trancezustand verfallen waren. Er konnte dadurch stark emotionale und unterschiedliche Wirkungen erzielen, die in einer Anzahl von Fällen eine Heilung herbeizuführen schienen.

Mesmer wurde in Paris zu einer bekannten Persönlichkeit und schließlich setzte man wissenschaftliche Kommissionen ein, um seine Theorie zu überprüfen. Ihre Ergebnisse führten jedoch nicht zu einer Bestätigung seiner Theorie und er geriet schließlich in Verruf; seine Anhänger jedoch lehrten und praktizierten viele Jahre hindurch weiterhin in Europa und in den USA die Kunst des „tierischen Magnetismus".

Etwa 50 Jahre nach *Mesmers* Versuch kam *John Elliotson,* ein Professor und Arzt am University College in London, zu der Überzeugung, daß man den Mesmerismus als Hilfsmittel in der Medizin einsetzen könnte. Er richtete in seinem Krankenhaus eine mesmerische Abteilung ein, was jedoch zu einem Streit mit der Universitätsverwaltung führte, so daß er schließlich von seinem Amt zurücktreten mußte. Trotz ständiger Angriffe und Verachtung von seiten seiner Berufskollegen setzte er seinen Kampf für den Mesmerismus fort und gründete die erste Zeitschrift, die sich ausschließlich mit der Erforschung der Gehirnphysiologie und dem Mesmerismus beschäftigte. Diese Zeitschrift stellte das einzige Sprachrohr für

12. Therapieerwartung, Hypnose und suggestive Methoden

Berichte aus mesmerischen Kliniken dar, die sich um die Mitte des 19. Jahrhunderts zu etablieren begannen.

Da die Medizin im 19. Jahrhundert ernsthaft danach strebte, ein wirksames Mittel zur Linderung der Schmerzen bei Operationen zu finden, hätte man erwarten können, daß der Mesmerismus als willkommenes Hilfsmittel akzeptiert worden wäre, denn chemische Anästhesiemittel waren zu diesem Zeitpunkt noch unbekannt. *James Eisdale,* ein britischer Chirurg, der in Indien arbeitete, begann zu dieser Zeit erstmals, den Mesmerismus als Anästhesiemittel einzusetzen. Die Mediziner begannen sich jedoch erst mit seiner Arbeit zu beschäftigen, als er von über hundert Operationen berichten konnte, bei denen die Patienten offensichtlich keinerlei Anzeichen von Schmerzen zeigten, und die Häufigkeit von Operationsschocks mit Todesfolge sich beträchtlich verringert hatte. Das Untersuchungsergebnis fiel so positiv aus, daß man der Gründung eines kleinen mesmerischen Krankenhauses zustimmte, das auch von der indischen Regierung unterstützt wurde. In den medizinischen Zeitschriften jedoch wurde über seine Arbeit nur sehr zurückhaltend berichtet. Etwa zur gleichen Zeit berichtete *Ward,* ein englischer Arzt, über eine schmerzlos durchgeführte Beinamputation unter der Anwendung von Mesmerismus. Sein Bericht erregte viel Aufsehen; während einer objektiven Untersuchung des Vorfalls jedoch wurde ihm immer wieder Betrug vorgeworfen.

Man sollte meinen, daß in Anbetracht der zwingenden Notwendigkeit und der offensichtlichen Gültigkeit wenigstens einiger dieser Fallberichte der Mesmerismus als legales medizinisches Hilfsmittel akzeptiert worden wäre, und das wäre vielleicht auch der Fall gewesen, wenn nicht zur selben Zeit drei historisch bedeutsame Entdeckungen gemacht worden wären. Lachgas, Äther und Chloroform wurden alle etwa zu dieser Zeit entdeckt. Diese chemischen Substanzen konnten auf physiologischer Basis erklärt werden, ihre Wirkung war verläßlicher und sie konnten ohne Spezialausbildung angewendet werden. Da sie, im Gegensatz zum Mesmerismus, keinen mystischen Bedeutungsgehalt hatten, konnten sie von den Medizinern leichter akzeptiert werden.

Eine neue theoretische Erklärung und eine neue Bezeichnung führten schließlich zur Anerkennung des Mesmerismus. *James Braid* (1795−1860), ein schottischer Arzt, begann sich für das Phänomen des Mesmerismus etwa zu der Zeit zu interessieren, als *Eisdale* und *Elliotson* an ihren Entdeckungen arbeiteten. Während er einer öffentlichen Demonstration zur Verwendung von Mesmerismus beiwohnte, kam er zu dem Schluß, daß die ganze Sache ein Betrug sei. Nachdem er jedoch während einer zweiten Sitzung den mesmerisierten Probanden genau untersucht hatte, änderte er seine Meinung. Er war sehr beeindruckt von der Tatsache, daß der Proband offensichtlich unfähig war seine Augen zu öffnen, d. h. daß eine Lähmung der Augenmuskeln eingetreten war. Er begann mit Freunden zu experimentieren und fand sich in der Lage, die meisten dieser Phänomene selbst hervorrufen zu können, wenn er sie instruierte, unverwandt einen Punkt zu fixieren, der etwas über der Augenhöhe lag. Nach wenigen Minuten begannen ihre Augen zu tränen und sich zu schließen, woraufhin sie in einen schlafähnlichen Zustand zu verfallen schienen. *Braid* zog daraus den Schluß, daß aufgrund der

Ermüdung und der Lähmung der Nervenzentren, die die Augen steuern, eine Veränderung im Nervensystem eingetreten war. Gemäß diesen Annahmen übersetzte er die unter Mesmerismus auftretenden Verhaltensweisen in zeitgemäße und verständliche neurophysiologische Begriffe und nannte das Phänomen „nervösen Schlaf" oder Neurohypnotismus, was später zu Hypnotismus verkürzt wurde. Die Bezeichnung mit griechisch-lateinischen Ausdrücken war eine akzeptable wissenschaftliche Vorgehensweise und die physiologische Erklärung stand in Einklang mit den wissenschaftlichen Erkenntnissen seiner Zeit. *Braids* Erklärungsweise des Mesmerismus führte zu einer Ablehnung von seiten der Anhänger des Mesmerismus, was ihn andererseits davor bewahrte, zur Zielscheibe der Kritik von seiten der traditionellen Mediziner zu werden.

Endlich war die Hypnose zu einem legitimen Objekt wissenschaftlicher Forschung und Kontroverse geworden. Von dieser Zeit an stand nicht mehr die Existenz der Hypnose, sondern Fragen bezüglich ihres Wesens im Mittelpunkt der wissenschaftlichen Diskussion. Seitdem haben viele bedeutende Wissenschaftler wie *Charcot, Bernheim, Janet, Freud, Binet, Wundt, Hull, Sarbin* und *Hilgard* das Phänomen der Hypnose untersucht, und sie wurde von den verschiedenen Heilberufen allmählich in die Reihe ihrer therapeutischen Methoden mit aufgenommen.

Überlegungen zur Steigerung der Erwartungswirkung

Jeder potentielle Hypnotisant bringt bestimmte Persönlichkeitseigenschaften mit, die mitbestimmen, wie er auf Hypnose ansprechen wird. Er besitzt kognitive Fähigkeiten, die es ihm ermöglichen, seine Aufmerksamkeit zu zentrieren und Vorstellungen von großer Lebhaftigkeit zu produzieren. Wahrscheinlich sind diese Fähigkeiten zum Teil angeboren; frühere Erfahrungen mit Verhaltensweisen jedoch, die dem hypnotischen Zustand ähnlich sind, tragen zur Entwicklung der Fähigkeiten bei, auf die man sich in der Hypnose stützt; solche Erfahrungen sind z. B. Vertiefung in Literatur oder Musik, Übung in der Fähigkeit, Emotionen erfahren und hervorrufen zu können, oder andere Erfahrungen, die eine Konzentration auf körperliche oder kognitive Vorgänge erfordern. Außerdem bringt der Klient Überzeugungen und Erwartungen mit in die Therapie, die ihn die Rolle des Hypnotisanten positiv oder negativ erleben lassen. Klienten, die eine Vorliebe für ungewöhnliche und aufregende Erfahrungen haben, werden eher die hypnotischen Instruktionen befolgen und sich mit der Rolle des Hypnotisanten identifizieren. Fast jeder hat vorgefaßte Vorstellungen über die Hypnose und die Erscheinungen, die während der Hypnose auftreten; je mehr die Erwartungen des Klienten mit denen des Hypnotiseurs übereinstimmen, desto besser wird er auf die Hypnose ansprechen. Es ist die Aufgabe des Hypnotiseurs, ihm klarzumachen, was er von ihm erwartet.

Wenn ein Klient sich weigert, die Instruktionen des Hypnotiseurs, wie sie später anhand der Stanford-Skala erläutert werden, zu befolgen, kann er nicht in den hypnotischen Zustand versetzt werden. Es wird dann notwendig, zuerst seine

Befürchtungen und Ängste abzubauen, bevor er versucht, die Instruktionen zu befolgen und seine vorhandenen Fähigkeiten einzusetzen; er muß also dazu motiviert werden, von sich aus diese Beziehung einzugehen. Je mehr die Erwartungen bezüglich seines eigenen Verhaltens damit übereinstimmen, was der Hypnotiseur von ihm fordert, desto besser wird er auf die Hypnose ansprechen. Neben den motivationalen Faktoren muß der Klient noch andere Fähigkeiten wie z. B. Konzentrationsfähigkeit und Vorstellungskraft mitbringen. Je besser diese Fähigkeiten bei einem Klienten entwickelt sind, desto leichter wird er in Hypnose versetzt werden können und desto eher wird er diesen Zustand als außergewöhnliche und überzeugende Erfahrung betrachten. Es ist jedoch auch offensichtlich, daß viele Klienten zwar den Instruktionen des Hypnotiseurs nachkommen, dabei jedoch keine außergewöhnlichen Erfahrungen machen.

Auch Faktoren der Umgebung und die Eigenschaften des Hypnotiseurs beeinflussen die Ansprechbarkeit eines Klienten. Gewöhnlich sind Umgebung und Erscheinung des Hypnotiseurs so gestaltet, daß sie die Mitarbeit des Klienten fördern. Die Sitzungen finden oft in Laboratorien statt, die so ausgestattet sind, daß sie den seriösen wissenschaftlichen Zweck der Untersuchung unterstreichen; sie können auch in einer Privatpraxis stattfinden, die so eingerichtet ist, daß sie auf die beruflichen Qualifikationen des Hypnotiseurs hinweist. Eine solche Umgebung führt zu einer positiven Motivation beim Klienten und verringert seine anfänglichen Befürchtungen. Auch die äußere Erscheinung des Hypnotiseurs spielt eine wichtige Rolle. An erster Stelle muß der Klient ihn in seiner Rolle als Hypnotiseur erkennen. Dies wird gewöhnlich durch einen verbalen Meinungsaustausch beim ersten Treffen klargestellt oder aber der Klient weiß schon vorher, daß er sich zu einem ausgebildeten Hypnotiseur in Behandlung begibt. Eine Reihe von kulturellen Symbolen, die fast immer mit der Rolle des Hypnotiseurs in Verbindung gebracht werden, weisen ihn als vertrauenswürdigen Fachmann aus. Seine Kleidung, sein Alter und sein professionelles Auftreten tragen dazu bei, daß er als kompetente und vertrauenswürdige Person betrachtet wird. Nur wenige Klienten würden sich von einem Therapeuten in Hypnose versetzen lassen, dessen äußere Erscheinung unordentlich ist, der eine ungebildete Ausdrucksweise hat und der verantwortungslos zu sein scheint. So beeinflussen schon vor Beginn der hypnotischen Induktion eine Reihe von Faktoren die Beziehung zwischen Therapeut und Klient, wodurch die Ansprechbarkeit des Klienten entsprechend modifiziert wird.

Der Wortlaut der hypnotischen Induktion zielt darauf ab, die Motivation des Klienten zu erhöhen und Hinweise darauf zu geben, was von ihm erwartet wird. Folglich wird die Induktion so dargeboten, daß der Klient den Eindruck gewinnt, daß an ihn die Erwartung gestellt wird, auf die Suggestionen des Hypnotiseurs anzusprechen. Die anfänglichen Suggestionen wie z. B. die Muskelentspannung, das Schließen der Augen und die Erzeugung eines Schweregefühls im Körper sind gewöhnlich sehr leicht zu befolgen. Der Klient wird dann Schritt für Schritt zu Verhaltensweisen hingeführt, die schwieriger hervorzurufen sind und die ein höheres Maß an Vorstellungskraft und Konzentrationsfähigkeit erfordern. Es werden auch Suggestionen gegeben, die die physiologische Ansprechbarkeit des Klienten steigern sollen. Er wird instruiert, seine Aufmerksamkeit Reizen zuzuwenden, die durch körperliche Veränderungen hervorgerufen werden oder, im therapeutischen Rahmen, sich auf Geschehnisse zu konzentrieren, die mit emotionalen Assoziationen verknüpft sind. Je tiefer der Klient in den hypnotischen Zustand eintritt, desto mehr wird er die bewußte Kontrolle über sich selbst verlieren und Reaktionen zulassen, die er normalerweise verdrängen würde.

Bei der Aufhebung des hypnotischen Zustandes werden wieder genaue Instruktionen gegeben, die dem Klienten zeigen, welche Reaktionen der Hypnotiseur von ihm erwartet. Er gibt ihm zu verstehen, daß er einen Rollenwechsel von der Rolle des Hypnotisanten in die Rolle des Probanden oder des nicht-hypnotisierten Klienten zu vollziehen hat.

Klienten, die gut auf Hypnose ansprechen, können lernen, schon auf ein kurzes Signal des Hypnotiseurs hin in Hypnose zu verfallen. Wieder macht der Hypnotiseur dem Klienten seine Erwartung deutlich, daß er auf ein vorher festgelegtes Signal hin seine ganze Aufmerksamkeit der Nachvollziehung der Verhaltensweisen, die er kurz vorher unter Hypnose ausgeführt hat, zuwenden soll. Auf diese Weise kann der Hypnotiseur sich die Wiederholung zeitaufwendiger Induktionsprozesse ersparen.

Die Induktion des hypnotischen Zustandes

Zur Erforschung jeglichen Verhaltens ist es notwendig, zu einem Konsensus über seine Charakteristika zu finden, d. h. es muß verläßlich gemessen werden können. Die Hypnose bildet da keine Ausnahme. In letzter Zeit ist ihrer Erforschung sehr zugute gekommen, daß man standardisierte Meßinstrumente entwickelt hat, die operational definieren, was man unter Hypnose versteht. Obgleich einige Forscher bestreiten, daß diese Standardskalen das Phänomen der Hypnose wirklich erfassen, also ihre Validität bezweifeln, werden die Skalenitems schon seit Mesmers Zeiten zu hypnotischen Erscheinungsweisen in Beziehung gesetzt. Mit der Entwicklung der „Stanford Skalen zur Erfassung der hypnotischen Ansprechbarkeit" (Stanford Hypnotic Susceptibility Scales)[1] wurde ein zuverlässiges Meßinstrument zur Erfassung der unter Hypnose auftretenden Verhaltensweisen geschaffen [33]. Die Skala ist eine Arbeitsprobe einer hypnotischen Sitzung insofern, als der Proband wirklich hypnotisiert wird und seine Reaktionen auf typische hypnotische Suggestionen aufgezeichnet werden. Sein Gesamtpunktwert, der jeden Wert zwischen 0 und 12 annehmen kann, zeigt an, wie gut der Proband auf die hypnotische Vorgehensweise anspricht. In ca. 45 Minuten kann die ganze Skala durchgegangen werden. Der Hypnotiseur liest dabei die Instruktionen wörtlich vor; detaillierte Bewertungskriterien sorgen für eine hohe Beurteilerübereinstimmung. Basierend auf den Reaktionen einer großen Anzahl von Probanden wurden

---

[1] Anm. des Übers.: Eine deutsche Validierung dieser Skala liegt bis jetzt nicht vor.

12. Therapieerwartung, Hypnose und suggestive Methoden

Normwerte erstellt, anhand derer man die Reaktionen eines einzelnen Probanden mit der Reaktionsverteilung in der Normalpopulation vergleichen kann. Die Skala ist besonders für Anfänger in der Technik der Hypnose, die die Vorgänge bei der Induktion der Hypnose noch nicht vollständig beherrschen, eine große Hilfe, da sie sehr klar strukturiert ist.

Der Induktion des hypnotischen Zustandes anhand der Skala gehen allgemeine Erläuterungen zur Hypnose voraus. Dies ist eine freie Diskussion, bei der versucht wird, die Ängste und Zweifel, die der Proband vielleicht der Hypnose entgegenbringt, abzubauen. Damit wird beabsichtigt, dem Probanden seine Bedenken zu nehmen und sich seiner aktiven Mitarbeit zu versichern. Dann wird ihm die Suggestion zum Aufwachen demonstriert. Dazu wird dem Probanden erklärt, daß die Hypnose in erster Linie eine Reaktion auf Suggestionen darstellt und daß die Suggestion zum Aufwachen ein Beispiel für die Vorgänge ist, die unter Hypnose stattfinden. Diese Suggestion, Schaukeltest genannt, ist das erste Item auf der Skala. Der Hypnotiseur steht dabei hinter dem Probanden und instruiert ihn, die Augen zu schließen, die Arme an den Körper anzulegen und die Füße parallel nebeneinanderzustellen; dann instruiert er ihn, sich vorzustellen, wie er langsam rückwärts fällt. Der Hypnotiseur suggeriert dann weiter solange die Bewegung des Hin- und Herwiegens des Körpers und des Fallens, bis der Klient sich in seine Arme fallen läßt oder bis die Standardinstruktionen abgeschlossen sind. (Einige Hypnotiseure benutzen diese Suggestion zur Induktion der Hypnose: Nachdem der Proband in die Arme des Hypnotiseurs gesunken ist, bringt er ihn zu einem Stuhl und gibt weitere Suggestionen zur Vertiefung der Entspannung und des hypnotischen Zustandes.)

Dann wird der Klient gebeten, sich bequem in einen Stuhl zu setzen. Ein Punkt an der Wand, etwas über der Augenhöhe, dient als Konzentrationspunkt. Bei klinischen Fällen wird oft eine brennende Kerze oder ein anderes Hilfsmittel für diesen Zweck benutzt. Dies erhöht die Erwartung des Klienten, daß sich etwas ganz Ungewöhnliches ereignen wird. Bei der Verwendung der Hypnose in der Einsichtstherapie kann die Konzentration auf ungewöhnliche Objekte die spätere Aufmerksamkeitszuwendung auf ungewöhnliche, psychische Assoziationen erleichtern. Der Proband soll sich nun auf diesen Punkt konzentrieren, bis ihm die Augen zufallen. Dann beginnt der Hypnotiseur eine Beschreibung der standardisierten Induktionsmethode, die zum Schließen der Augen führt, vorzulesen. Der erste Teil der Induktion enthält weitere Erklärungen zur Hypnose, Instruktionen, um die Mitarbeit des Klienten anzuregen, Suggestionen zur Steigerung des Schweregefühls, der Schläfrigkeit und der Entspannung und schließlich Suggestionen, daß die Augen schwer werden und die Augenlider zufallen. Wenn der Klient die Augen schließt bevor der Hypnotiseur seine 14 minütige Induktion beendet hat, bekommt er einen Punktwert für die Bewältigung des zweiten Items. Nachdem der Klient die Augen geschlossen hat, gibt der Hypnotiseur weitere Suggestionen zur Vertiefung des Trancezustandes, indem er von 20 bis 1 zählt und dabei dem Klienten suggeriert, daß er mit jeder Zahl immer tiefer in den angenehmen Zustand der Hypnose versinkt. Nach dieser Phase der Vertiefung des hpnotischen

Zustandes werden zehn hypnotische Suggestionen gegeben. Bei der Standarddarbietung der Skala werden diese Suggestionen nach vorgegebenen Kriterien bezüglich ihrer Erreichung oder Nicht-Erreichung gewertet. Bei der klinischen Anwendung wird man wahrscheinlich vermeiden wollen, daß der Patient das Kriterium nicht erreicht und dadurch das Gefühl bekommt, die Hypnosetherapie könne ihm nicht helfen. Deshalb vermeiden viele Therapeuten, die Tiefe des hypnotischen Zustandes zu überprüfen, obgleich bei einem guten Probanden die Erwartung gesteigert werden kann, wenn er in der beabsichtigten Weise auf die Suggestionen anspricht. Die Überprüfung könnte etwa folgendermaßen vor sich gehen: „Ihre Augen sind fest geschlossen, wie zusammengeklebt, und Sie können sie nicht öffnen — versuchen Sie es mal!"

Eine andere Stanford-Skala, die SHSS-Skala Form C [34] enthält mehr kognitive Items wie Regression, hypnotischen Traum und positive und negative Halluzinationen, die in der klinischen Praxis sehr nützlich sein können[1]).

Milton H. Erickson war einer der bedeutendsten Verfechter der Anwendung von Hypnose in der Psychotherapie. Er hat durch die Entwicklung neuer Induktions- und Therapietechniken einen bedeutenden Beitrag zur Hypnose geleistet. Es lohnt sich, eine seiner Induktionstechniken näher auszuführen, weil sie zeigt, wie verschiedenartig die verbale Beeinflussung in der hypnotischen Transaktion formuliert werden kann. *Erickson* [10] und *Haley* [15] beschreiben die sog. „Verwirrungstechnik", die sich für die verschiedensten Zwecke als effektiv erwiesen hat. Sie soll besonders bei widerspenstigen Probanden, die die Vorgänge während der Induktion einer Analyse unterziehen, sich deshalb nicht konzentrieren können und nur schlecht ansprechen, sehr nützlich sein. Der Proband wird in ernsthafter und absichtlicher Weise mit einer Flut von Worten überschüttet, die sehr schwer verständlich ist. *Erickson* benutzt dabei Wortspiele, verändert die Zeiten der Verben und bringt Belanglosigkeiten, die außerhalb dieses Kontextes wohl eine Bedeutung haben, aber im Kontext dieses Wortschwalles nur verwirren und stören. Das Ziel dieser Technik wird folgendermaßen beschrieben: Der Klient ist gerade im Begriff zu antworten, wird jedoch frustriert, weil er sofort mit einem neuen Inhalt konfrontiert wird, und dieser ganze Prozeß wird solange fortgesetzt, bis sich eine Hemmung entwickelt, die zur Verwirrung führt und in steigendem Maße beim Probanden das Bedürfnis weckt, eine klare, verständliche Mitteilung zu erhalten, auf die er angemessen reagieren kann ([10], S. 183).

Er benützte diese „Verwirrungstechnik" zur Induktion der Hypnose, wenn der Klient während der Hypnose regredieren sollte. Bestimmte Ereignisse aus der Lebensgeschichte des Klienten werden in einen geschichtlichen Zusammenhang verwoben, so daß sie den Klienten nach Beendigung der Suggestionen auf eine bestimmte Altersstufe regredieren lassen.

---

[1]) In einem späteren Abschnitt über Autohypnose wird eine andere Induktionstechnik ausführlicher dargestellt werden. Sie soll besonders dann zur Anwendung kommen, wenn das Entspannungstraining einen Hauptbestandteil der Therapie darstellt.

12. Therapieerwartung, Hypnose und suggestive Methoden

Der folgende Ausschnitt soll zeigen, wie gekonnt er irrelevantes Material, geänderte Verbzeiten usw. miteinbezieht und den Probanden solange damit verwirrt, bis dieser dazu bereit ist, jede verständliche Mitteilung, und das sind in diesem Falle die Suggestionen des Hypnotiseurs, dankbar aufzunehmen.

Ich freue mich sehr, daß Sie sich als Versuchsperson zur Verfügung gestellt haben. Sie haben wahrscheinlich heute ihre Mahlzeiten mit Genuß eingenommen. Bei den meisten Menschen ist das der Fall und trotzdem lassen sie gelegentlich eine Mahlzeit aus. Sie haben wahrscheinlich heute morgen gefrühstückt, vielleicht würden Sie morgen gerne etwas essen, das Sie heute gegessen haben; Sie haben es früher schon einmal gegessen, vielleicht an einem Freitag, wie z. B. heute. Vielleicht werden Sie es nächste Woche tun. Ob letzte Woche, diese Woche oder nächste Woche ist egal. Der Donnerstag geht immer dem Freitag voraus. Das war so letzte Woche, das wird nächste Woche so sein und ist diese Woche auch so. Der Donnerstag geht dem Freitag voraus und der Mai dem Juni, aber „erst kommt der April mit seinen Regenschauern" und der März folgt auf den Schneemonat Februar, aber wer erinnert sich wirklich an den 6. Februar. Der 1. Januar ist der Beginn des neuen Jahres im Jahre 1963 und der Beginn all dessen, was es mit sich bringen wird. Der Dezember jedoch brachte Weihnachten mit sich. Das Erntedankfest jedoch war vor Weihnachten, und all die Einkäufe, die zu erledigen waren und das gute Festessen, das es gab [10].

Diese Mitteilungen werden fortgesetzt, wobei immer mehr Erlebnismaterial aus der Lebensgeschichte des Patienten eingebaut wird und der Patient so allmählich in seinem Erleben auf frühere Entwicklungsstufen zurückgeführt wird. In dem oben genannten Beispiel war das Zitat von Chaucer über den April für den Patienten von großer persönlicher Bedeutung. Es stand in Beziehung zu einem einschneidenden Erlebnis in seinem Leben. Obgleich sich der größte Teil von Ericksons Arbeit auf klinische Fälle bezieht, sind seine Beispiele überzeugend und geben neue Anstöße zu einer konsequenteren Überprüfung.

Verwendung der Hypnose als diagnostisches Instrument

Hypnose kann in den Fällen zur klinischen Diagnostik verwendet werden, in denen organischen Störungen kein organischer Erkrankungsprozeß zugrundeliegt. Eine Möglichkeit dabei ist, den Patienten zu hypnotisieren und ihm zu suggerieren, daß seine Symptome verschwinden werden. Wenn dies wirklich eintritt, kann die Störung als funktionell, d. h. als nicht-organisch betrachtet werden. In einigen Fällen erzielte man damit erstaunliche Erfolge. Ein Patient z. B., dessen Arm gelähmt ist, kann im Anschluß an entsprechende hypnotische Suggestionen wieder völlige Bewegungsfreiheit erlangt haben. Der Diagnostiker kann dann annehmen, daß die Störung eine psychische Ursache hatte, sofern keine gegenteiligen medizinischen Befunde vorliegen.

Das Problem bei dieser Technik ist die Möglichkeit, daß eine hypnotisch induzierte Schmerzbetäubung das Vorhandensein wirklicher Schmerzen aufgrund einer organischen Störung verschleiern kann. Es kann während der hypnotischen Sitzung seinen Zweck erfüllen, wenn man einem Patienten, der über Rückenschmerzen klagt, suggeriert, daß er keine Schmerzen mehr haben wird und wieder aufrecht stehen kann; die Möglichkeit einer organischen Ursache der Schmerzen kann jedoch auf dieser Grundlage allein nicht ausgeschlossen werden.

Eine andere diagnostische Methode, die sich aus dynamischen Persönlichkeitstheorien herleitet, verwendet die Hypnose als Hilfsmittel zur Aufdeckung psychischer Konflikte, die der organischen Störung zugrundeliegen. *Rosen* [26] hat Hypnose auf diese Art und Weise bei Patienten eingesetzt, deren organische Störungen auf medizinische Diagnose und Behandlung nicht ansprachen. Er teilt dem Patienten dabei oft nicht mit, daß er ihn hypnotisieren wird, sondern erklärt ihm, daß er ihm eine Methode zur Entspannung demonstrieren will. Er erklärt ihm vielleicht, daß er den Grad seiner nervlichen Anspannung und seine Fähigkeit zur Entspannung überprüfen will. Der Patient wird dann instruiert, seine Aufmerksamkeit auf die Körperregion zu lenken, von der die Schmerzen ausgehen und daß seine Aufmerksamkeit Schwankungen unterworfen sein, aber immer wieder zu ihrem Ausgangspunkt zurückkehren wird. Der Hypnotiseur setzt dann die Reaktionen des Patienten als Hilfsmittel ein, um den hypnotischen Zustand einzuleiten. Er stellt sein Sprechtempo auf den Atemrhythmus des Patienten ein und konstatiert spontan auftretende Verhaltensweisen wie z. B. Erröten, Zittern und reflexhafte Fußbewegungen, sobald sie in ihrem Ansatz sichtbar werden, oft bevor sich der Patient ihres Auftretens bewußt wird. Diese Kommentare sollen den Patienten zu dem Glauben veranlassen, daß sie einen physiologischen Ursprung haben. Obgleich diese Verhaltensweisen durch die Beschreibungen des Hypnotiseurs in ihrer Auftretenswahrscheinlichkeit zunehmen, ist dem Patienten nicht bewußt, daß er auf Suggestionen reagiert. Außerdem wird dem Patienten erklärt, daß auch andere Verhaltensweisen, die der Hypnotiseur bis ins kleinste Detail beschreibt, auftreten werden. Diesen Verhaltensweisen können unmöglich physiologische oder anatomische Ursachen zugrundeliegen, d. h. wenn sie auftreten, stellen sie Reaktionen auf die Suggestionen des Hypnotiseurs dar. Auf diese Weise wird der Patient in den hypnotischen Zustand versetzt. Der Hypnotiseur wendet dann verschiedene Methoden an, um die psychischen Ursachen zu ergründen, die der Störung zugrundeliegen.

Zur Ergründung der Psychodynamik im Patienten werden oft Methoden eingesetzt, durch die die Phantasie angeregt wird. Eine der Methoden ist, den Patienten sich vorstellen zu lassen, daß er in einem Theater sitzt und der „Zeremonienmeister" hinter dem Vorhang hervortritt. Es wird dem Patienten dabei in größter Ausführlichkeit geschildert, daß der „Zeremonienmeister" unter denselben Symptomen wie der Patient leidet. Diese Suggestionen werden solange fortgesetzt, bis der Hypnotiseur annimmt, der Patient habe die Vorstellung dieser Szene nun klar vor Augen. Dann suggeriert er ihm die Vorstellung, daß sich der Bühnenvorhang öffnet und auf dem Gesicht des „Zeremonienmeisters" Erschrecken sichtbar wird; Erschrecken und zugleich Erstaunen deshalb, weil er auf der Bühne erblickt, wodurch seine Symptome verursacht werden. Der Hypnotiseur wartet, bis beim Patienten erste Anzeichen einer emotionalen Erregung sichtbar werden, und bittet ihn dann, die Szene genau zu beschreiben. Die Szene kann für die Schwierigkeiten des Patienten von Bedeutung sein und dem Therapeuten die Richtung anzeigen, in der die weiteren psychotherapeutischen Bemühungen zu erfolgen haben.

Eine Technik, die oft zusammen mit der Theaterphantasie eingesetzt wird, ist die Technik der „Emotionsintensivierung". Der Hypnotiseur gibt dem Patienten den Auftrag, sich seiner momentanen emotionellen Reaktionen bewußt zu werden, und suggeriert ihm, daß diese so stark werden, daß er sie nicht mehr ertragen kann. Wenn die emotionelle Erregung ihren Höhepunkt erreicht hat, wird der Patient sich an eine Zeit in seinem früheren Leben erinnern, die für ihn große Bedeutung hatte und ein ähnlich starkes emotionelles Erleben ausgelöst hatte. Der Hypnotiseur fährt dann fort, das emotionale Erleben weiter zu vertiefen, bis der Patient eine neue Phantasie entwickelt, die wichtige Informationen für zukünftige therapeutische Schritte enthält. Der folgende Fallbericht ist ein Beispiel für diese Technik:

> Ein Patient z. B., bei dem jahrelang Asthma diagnostiziert worden war, mußte seinen Beruf aufgeben, da seine starken und beeinträchtigenden Erstickungsanfälle immer häufiger auftraten. Er entwickelte zwanghafte Erinnerungen an einen Freund, der vor drei Jahren ertrunken war, und äußerte ziemlich ernst gemeinte Suizidgedanken, weil er sich am Tod seines Freundes mitschuldig fühlte, da er nicht versucht hatte, ihn zu retten. Als seine Emotionen in der Hypnose verstärkt wurden, entwickelte er eine ausgesprochene Haßreaktion und lebte sein Verlangen aus, seiner Freundin, mit der er verlobt war und vor kurzer Zeit sexuellen Kontakt aufgenommen hatte, den Kopf einzuschlagen, sie auf den Boden zu werfen und durch Tritte in den Unterleib zu töten. Nach Aufhebung des hypnotischen Zustandes erinnerte er sich, daß er diese Gefühle einst seiner alkoholsüchtigen Schwester entgegengebracht hatte, und fragte sich, ob er wohl ursprünglich beide, seine Schwester und seinen Freund, hatte umbringen wollen, denn das Ertrinken dieses Freundes hatte seine Symptome ausgelöst. Nach dieser Abreaktion hörten seine Erstickungsanfälle sofort auf und er konnte seine Arbeit wieder aufnehmen. Im Anschluß daran jedoch zeigte er leichte depressive Verstimmungen und freiflottierende Ängste. Da er erkannte, daß es an der Zeit war — um seine eigenen Worte zu zitieren — „etwas Konstruktives bezüglich seiner zugrundeliegenden Struktur zu unternehmen", wurde die Therapie fortgesetzt, obgleich seine Symptome schon beseitigt waren [26].

Die therapeutische Anwendung

Suggestive Therapieansätze

Die direkteste therapeutische Anwendung der Hypnose scheint wohl die Methode zu sein, dem Patienten zu suggerieren, daß seine Symptome in der Hypnose verschwinden werden und daß dieser Effekt auch nach Beendigung des hypnotischen Zustandes andauern wird. Diese Technik ist sehr alt und wurde auch von *Freud* zu Beginn seiner Arbeit mit Hypnose eingesetzt. Zahlreiche Fallberichte zeigen, daß mit dieser Methode Symptome wirksam beseitigt werden können. Die Technik ist jedoch immer noch sehr umstritten, weil viele Therapeuten, vor allem Psychoanalytiker, der Ansicht sind, daß an die Stelle des beseitigten ein anderes, noch beeinträchtigenderes Symptom treten kann oder daß der Verlust des Symptoms zu einer schweren grundlegenden psychischen Störung führt und so der Zustand des Patienten nur verschlechtert wird.

Aufgrund dieser Kontroverse und aufgrund von Berichten, die die Symptomsubstitutionshypothese zu rechtfertigen scheinen, wurde eine alternative Technik entwickelt. Anstatt dem Patienten zu suggerieren, daß er symptomfrei sein wird, wird ihm suggeriert, daß an die Stelle des ursprünglichen Symptoms ein weniger beeinträchtigendes Symptom treten wird. Der Hypnotiseur bietet dem Patienten also ein Ersatzsymptom an, das die Funktion des ursprünglichen Symptoms erfüllen soll. Ein Handelsvertreter mit einem Gesichtstic z. B. kann behandelt werden, indem man ihm suggeriert, daß sich der Tic auf weniger auffällige Körperteile wie Zehen oder Finger verlagern wird, was ihn in der Ausübung seines Berufes weniger stören wird.

Direkte Suggestion und Symptomsubstitution führen manchmal zu aufsehenerregenden Heilungserfolgen, obgleich diese viel seltener auftreten, als die Populärliteratur einen zu glauben veranlaßt. Wenn im hypnotischen Zustand eine Schmerzlinderung herbeigeführt wird, besteht immer die Gefahr, daß eine wirkliche organische Störung unerkannt und zum Nachteil des Patienten unbehandelt bleibt.

Hypnose und Einsichtstherapie

Die Hypnose kann in der herkömmlichen Psychotherapie als Hilfsmittel zur Beschleunigung des therapeutischen Prozesses eingesetzt werden. Die zugrundeliegende Hypothese dabei ist, daß unter Hypnose die Bewußtwerdung von unbewußtem, verdrängtem Material erleichtert wird. In welcher Weise die Hypnose dabei eingesetzt wird, ist abhängig von der grundsätzlichen Vorgehensweise und Technik der Therapeuten.

Wolberg [35] benützt Hypnose in Verbindung mit Psychoanalyse und nennt diese Technik „Hypnoanalyse"[1]. Da man unter Hypnose leichter zu verdrängtem Erlebnismaterial vordringen kann, betrachtet er die Hypnose als nützliches Hilfsmittel, um Widerstände aufzulösen und die Einsicht zu beschleunigen. Vor Beginn der analytischen Arbeit lernt der Patient, auf ein Signal des Analytikers hin in den Zustand tiefer Hypnose einzutreten. Obgleich dies eine Anzahl von Sitzungen in Anspruch nehmen mag, glaubt *Wolberg,* daß es eine notwendige Voraussetzung ist, weil der Patient im Laufe der Behandlung Widerstände aufbauen und sich der Induktion der Hypnose widersetzen kann. Die Hypnose wird eingesetzt, wenn der Therapeut beim Patienten auf Widerstände stößt und diese schnell überwinden möchte. Er gibt dem Patienten das o. g. Signal, um ihn in Hypnose zu versetzen, und wendet dann eine bestimmte Technik an, um das unbewußte Material aufzudecken, das den Widerstand verursacht. Vor Beginn der Analyse wird der Patient auch in diese Techniken eingeweiht. Einige dieser Techniken sollen nun näher erläutert werden.

---

[1]) Bei *Gill* und *Brenman* [13] sind weitere Hinweise darauf zu finden, wie die Hypnose vom psychoanalytischen Standpunkt aus eingesetzt werden kann.

Der hypnotische Traum

Bei dieser Technik werden die Phantasien des Patienten eingesetzt, um eine bestimmte Klasse von Stimuli mit Bedeutungsgehalt zu erfüllen. Wenn z. B. bei einem Patienten während der freien Assoziation zu Material, das zu seiner Mutter in Beziehung steht, eine Hemmung auftritt, wird er hypnotisiert und es wird ihm vom Analytiker die Suggestion gegeben, daß er einen Traum haben wird, der ihm die Bedeutung dieses Materials aufdecken wird. Der Inhalt dieses Traumes wird auf dieselbe Art und Weise interpretiert wie andere Träume und wird dann in den nicht-hypnotischen analytischen Sitzungen weiter bearbeitet.

Automatisches Schreiben

Nachdem der Patient in den hypnotischen Zustand versetzt worden ist, gibt ihm der Therapeut Papier und Bleistift zusammen mit der Suggestion, daß er die wichtigsten Aspekte, die zu dem analytischen Material in Beziehung stehen, aufschreiben soll. Er ist sich dabei offensichtlich nicht bewußt, was er schreibt, und das Schreiben scheint von seinen bewußten Gedanken dissoziiert zu sein. Das Aufgeschriebene wird dann bezüglich seiner Bedeutung für die psychischen Konflikte des Patienten interpretiert.

Regression und Aktivierung früherer Erlebnisse

Der Hypnotiseur suggeriert dem Patienten, daß er immer weiter regrediert bis zu einem bestimmten Abschnitt seiner Lebensgeschichte. Dann wird ihm die Suggestion gegeben, daß er die Erfahrungen dieser Entwicklungsstufe noch einmal durchlebt und die mitgeteilten Inhalte werden als Grundlage in den analytischen Sitzungen verwendet.

Jacob Conn [7] verwendet die Hypnose in der analytischen Psychotherapie in einer Weise, die er als „Hypnosynthese" bezeichnet. Die zugrundeliegende Annahme dabei ist, daß der Patient während der Hypnose in der Lage ist, auseinanderklaffende Aspekte in seinem Leben zu einer Synthese zu bringen. Das soll zu einer größeren inneren Harmonie führen. *Conn* legt keinen Wert auf die Vergangenheit oder auf das erneute Durchleben vergangener Erinnerungen. Was er als wichtig erachtet, sind die vorgeprägten Vorstellungen des Patienten von Psychotherapie und sein Idealbild von einem Therapeuten. So sieht *Conn* den Patienten als aktiven Faktor seiner Genesung und die Therapie soll ihm helfen, seine natürlichen Kräfte zu einer selbständigen Bewältigung seiner Schwierigkeiten zu aktivieren. Er beabsichtigt dabei nicht, den Patienten in tiefe Hypnose zu versetzen, sondern läßt den Patienten selbst bestimmen, wie tief er aufgrund seiner momentan bestehenden Bedürfnisse gehen möchte. Für *Conn* ist die Hypnose eher eine für den Patienten freizügig gehandhabte Technik. Er wird während des Trancezustandes nicht von außen beeinflußt und es ist auch nicht notwendig, daß er seine Konflikte mit großer emotioneller Erregung durchlebt. Er glaubt, daß Patienten, die dies tun, nur dem Therapeuten einen Gefallen erweisen möchten, weil sie annehmen, nur auf diese Weise geheilt werden zu können. *Conn* ist der Überzeugung, daß Patienten auch über hochtraumatische Ereignisse ganz ruhig sprechen können, wenn sie entsprechend instruiert werden. Die folgenden Auszüge aus einer Fallstudie zeigen *Conns* therapeutische Anwendung der Hypnose.

John B., 32 Jahre alt, begab sich in psychotherapeutische Behandlung, weil er sich seit vier Jahren vor allem am Morgen nervös und angespannt fühlte und von Übelkeit geplagt war. Er beschrieb sich selbst als sehr gewissenhaften Menschen, der Angst hatte, sich seinen Vorgesetzten gegenüber durchzusetzen. Er arbeitete schon seit 15 Jahren bei derselben Firma. In den letzten 10 Jahren war er oft so sehr in Eile gewesen, daß er keine Zeit zum Frühstücken hatte. Beim Erstinterview berichtete der Patient, daß sein Vater ein sehr strenger und harter Mann war und ihn seit seiner Geburt abgelehnt hatte. Er schrieb dies der Tatsache zu, daß seine Mutter schon schwanger war, als sein Vater sie heiratete. Herr B. ist das älteste von vier Kindern. Er erinnerte sich, daß er seinem Vater bei jeder möglichen Gelegenheit aus dem Weg gegangen war und es vorgezogen hatte, bei seiner Großmutter mütterlicherseits zu leben, wo er die meiste Zeit seiner Kindheit verbrachte. Sein Bruder und seine zwei Schwestern jedoch schienen gerne zu Hause zu leben.

Der Patient ließ sich ohne Schwierigkeit in einen Trancezustand versetzen und berichtete spontan darüber, daß er seit seiner Kindheit von Alpträumen geplagt ist. „Ich hatte das Gefühl, als ob jemand hinter mir her sei, und wachte von Angst erfüllt auf. Es war ein Geist, der zu lauschen schien" und dann „der Geist war hinter mir her. Ich hatte Angst, ertappt zu werden und das Gefühl, etwas Unrechtes zu tun. Ich kann mich daran erinnern, daß ich 25 Cents klaute, als ich 7 Jahre alt war. Das wichtigste Element aller dieser Träume ist immer das Davonlaufen." (Erzählen Sie mir mehr von diesem Geist!) „Er erinnert mich an den Geist von Canterville. Charles Laughton spielte diese Rolle in dem Film mit dem gleichnamigen Titel und mein Vater sieht genauso aus. Als Kind fürchtete ich mich vor ihm. Ich hatte Angst, er würde mich beim Masturbieren erwischen; dies ist jedoch nie geschehen. In meinen Träumen machte ich ihn dann zum Bösewicht. Das kam mir gerade so in den Sinn." (Fahren Sie fort.) „Eines Tages, als meine achtjährige Schwester gerade schlief, versuchte ich, ihren Körper zu erforschen. Ich hörte ihn oben umhergehen und ich versteckte mich unter der Bettdecke; ich war damals gerade 12. Ich würde jetzt gerne Ihr Gesicht sehen." (Warum?) „Ich würde gerne wissen, wie Sie darüber denken." (Fahren Sie fort.) „Vielleicht könnte das auch erklären, warum ich in meinen Träumen immer von Löwen verfolgt werde. Sie sind die Könige des Urwalds, die großen, mutigen Tiere; könnten nicht auch sie stellvertretend für meinen Vater stehen?" (Als Kind ist es ganz natürlich, daß man den Vater als starke, mächtige Person empfindet.) „Innerlich habe ich noch immer vor ihm Angst." (Und nicht nur vor ihm.) „Ich habe Angst vor dem Leben und Angst, mich auf mich selbst zu verlassen." (Als Sie den Körper Ihrer Schwester erforschen wollten, warum haben Sie da nicht genau hingeschaut?) Der Patient lachte. (Was ist Schlimmes daran, den Körper eines Mädchens zu erforschen, so wie es jeder kleine Junge macht? Sie hatten Angst; Sie hatten das Gefühl, daß Sie kein Recht hatten, dies zu tun.) „Das ist eine gute Idee. Ich habe das Gefühl, als würde ich schweben; es ist ein sehr angenehmes Gefühl." Dann wurde der Patient instruiert, die Augen zu öffnen, indem er bis fünf zählte, was er auch tat, und wieder drückte er seine Zufriedenheit darüber aus, daß er sich so entspannt fühlte.

Während der nächsten Sitzungen, die zweimal wöchentlich stattfanden, berichtete der Patient, daß es ihm besser gehe. Seine Augen schlossen sich im Zeitraum von etwa einer Minute und er begann tief und regelmäßig zu atmen. Als der Therapeut ihn fragte, worüber er gerne reden würde, sagte er: „Ich hatte solche Angst vor meinem Vater und ich habe auch jetzt noch immer Angst vor ihm. Ich habe Angst vor allen Vorgesetzten und deshalb fühle ich mich in meinem Beruf auch nach 15 Jahren noch so unwohl. Daran ist mein Vater schuld, er hat mich dazu gebracht." (Man kann nicht jemanden dazu bringen, daß er sich unwohl fühlt. Es könnte nur so gewesen sein . . .?) „Ich selbst war es, ich habe es kapiert. Ich war unterlegen, weil ich das Gefühl hatte, unterlegen zu sein. Ich stimmte meinem Vater immer zu, weil ich Angst hatte, er könnte sonst ärgerlich werden; es ist viel einfacher zu sagen: ‚Ja, du hast Recht.'"

Bei der 34. Sitzung im September, sechs Monate nach Beginn der Behandlung, sagte Herr B. plötzlich: „Diese Behandlung wirkt bei mir nicht." (Welche Behandlung? Es liegt an Ihnen, es so zu machen, wie Sie es wollen. Was wollen Sie wirklich? Sie wissen, daß Sie die Behandlung in Ihrem Sinne verändern können.) „Ich glaube wirklich, daß ich meinen Arbeitsplatz nun doch aufgeben muß. Diese Entscheidung war mir schon seit einiger Zeit klar. Endlich hatte ich den Mut es auszusprechen."

Herr B. konnte keinen Grund dafür angeben. Er arbeitete schon seit 15 Jahren für dieselbe Firma und man hatte sehr viel Rücksicht auf ihn genommen. Der Patient hatte einfach das Gefühl, er könne nicht länger dort arbeiten. Während er sich im Zustand der Trance befand, wurde ihm gesagt, daß ihm der Grund ohne große Anstrengungen von seiner Seite einfallen würde und daß er diesem Impuls vertrauen müsse, obwohl er im Moment keinen einsichtigen Grund dafür habe. Eine Woche später rief den Patient an und berichtete, daß er seine Arbeitsstelle aufgegeben habe, nachdem er vorher seinen Vorgesetzten angebrüllt hatte, weil dieser ihn die ganzen Jahre nur herumkommandiert habe. Er hatte alle Arbeit geleistet, während sein Vorgesetzter die Anerkennung dafür für sich in Anspruch genommen hatte. Der Patient freute sich sehr über das, was er vollbracht hatte; einige Tage später rief die Firma bei ihm an und bot ihm eine bessere Position mit einer Gehaltserhöhung an, die er akzeptierte. Jetzt kannte er den Grund, warum er die Arbeitsstelle aufgegeben hatte. Er mußte sich bei seiner Arbeit genauso frei fühlen wie zu Hause und im Bibelunterricht und mußte sich so akzeptieren können, wie er wirklich war. Er hatte das Gefühl, daß er jetzt sein wahres Selbst zeigen konnte. Beim letzten Gespräch am 17. September sagte er: „Eines ist ganz sicher; ich weiß, daß ich jetzt tun kann, was ich will, was ich wirklich will; und das ist der Unterschied dazu, daß ich weiß, was ich will und was andere Leute von mir verlangen."

Ein follow-up Interview nach zwei Jahren zeigte, daß der Patient symptomfrei, selbstbewußt und sowohl zu Hause als auch in seinem Beruf gut angepaßt war [7].

Hypnose in der Verhaltenstherapie

Verhaltenstherapeuten setzen Hypnose meistens zur Vertiefung der Entspannung und zur Steigerung der Vorstellungsfähigkeit ein. *Wolpe* [36] empfiehlt, daß die Verhaltenstherapeuten verschiedene Techniken zur Induktion der Hypnose lernen sollten. Außerdem betont *Weitzenhoffer* [32], daß die Hypnotherapeuten schon seit geraumer Zeit Techniken verwenden, die den Methoden sehr ähnlich sind, die jetzt unter dem Begriff der Verhaltenstherapie zusammengefaßt werden; der hauptsächlichste Unterschied ist, daß die Anwendung von Lernparadigmen von den Hypnotherapeuten unerkannt blieb oder nicht systematisch eingesetzt wurde.

Wolpes Technik der systematischen Desensibilisierung (s. Kapitel 8) bei Phobien besteht aus den folgenden drei Hauptelementen:
1. Tiefenentspannungs-Übungen,
2. Anfertigen eines Verzeichnisses von Situationen, ansteigend geordnet nach dem Grad von angstauslösender Wirkung, die sie hervorrufen,

3. während der Tiefenentspannung Imaginieren dieser Szenen in der gleichen Rangordnung.

Das Ziel dieser Technik ist, die Angst des Klienten vor der realen Situation zu desensibilisieren. Dabei können Entspannungstechniken verwendet werden, die von der Hypnose Gebrauch machen (wie später noch genauer ausgeführt wird). Bei einigen Klienten kann man mit den Techniken der hypnotischen Entspannung bessere Erfolge erzielen als mit nicht-hypnotischen Techniken. Es gibt jedoch derzeit noch kein verläßliches Kriterium dafür, welche Patienten auf welche Art von Entspannungstraining besser ansprechen. Möglicherweise kann die Induktion der Hypnose bei einigen Klienten auch die Vorstellungsfähigkeit steigern. Damit kann man erreichen, daß die vorgestellten Szenen den natürlichen Situationen im alltäglichen Leben möglichst ähnlich werden und so den Generalisationseffekt des Lernens auf reale Situationen steigern.

Cautelas [4] Technik der „Verdeckten Sensibilisierung" (siehe Kapitel 10) ist ebenfalls den Methoden, die die Hypnotherapeuten schon seit langem anwenden, sehr ähnlich ([32], S. 73—74). Der zugrundeliegende Wirkungsmechanismus ist die Verknüpfung einer unangenehmen Vorstellung mit einer störenden Gewohnheit oder Objekt. Der Alkoholiker z. B. soll sich vorstellen, daß ihm übel wird, wenn er sich Alkohol nähert. Die Aufgabe des Therapeuten dabei ist es, Suggestionen zu geben, die dem Patienten eine möglichst lebhafte Vorstellung dieser aversiven Situation ermöglichen. *Cautela* spricht nicht ausdrücklich von Hypnose, aber sein Vorgehen ist zweifellos sehr ähnlich. Fettsucht, Rauchen, Homosexualität und wahrscheinlich auch andere unerwünschte Verhaltensgewohnheiten können so behandelt werden; meist werden jedoch auch noch andere therapeutische Techniken mit eingesetzt.

Coe[1]) verbindet die Vorstellung aversiver Stimuli mit kalorienhaltiger Nahrung als Teil eines umfassenderen Zugangs zur Kontrolle von Übergewicht. Der Klient soll den aversiven Stimulus und die begehrte Nahrung zuerst in der Realität miteinander assoziieren, bevor er den Versuch unternimmt, dies in der Autosuggestion durchzuführen. Ein Klient z. B., der unheimlich gerne Schokoladenkuchen ißt, soll Rizinusöl darübergießen und wirklich versuchen, dies zu essen. Der Zweck dieses Vorgehens ist, die Erinnerung an diese Erfahrung dann später einzusetzen, um sich die aversive Situation möglichst lebhaft vorstellen zu können.

Es steht noch nicht endgültig fest, ob durch Einführung von Hypnose die Wirksamkeit der verdeckten Sensibilisierung und anderer verhaltenstherapeutischer Techniken wirklich gesteigert werden kann. Nach unserer Meinung sollte die Entscheidung, ob man eine therapeutische Technik wie z. B. die Entspannung als hypnotisch oder als nicht-hypnotisch bezeichnet, auf den Erwartungen und Einstellungen des Klienten zur Hypnose beruhen. Man kann dieselben Techniken benutzen, ob man sie nun ausdrücklich als „hypnotisch" bezeichnet oder nicht.

---

[1]) Ein unveröffentlichtes Manuskript zur Verwendung dieser Technik mit dem Titel „A Behavioral Approach to Weight Control" kann angefordert werden von W. C. Coe, Ph.D., Department of Psychology, California State University, Fresno, California.

12. Therapieerwartung, Hypnose und suggestive Methoden

Obwohl wir oben einige Hinweise gegeben haben bezüglich der Erwartungen und Einstellungen von Klienten, die gut hypnotisierbar erscheinen, kennen wir kein sicheres Entscheidungskriterium dafür, ob bei einem bestimmten Klienten durch die Bezeichnung der Technik als „hypnotisch" die Erwartungen wirklich gesteigert werden können. Es bleibt der Fähigkeit des praktizierenden Therapeuten überlassen, diese Entscheidung zu fällen. Man sollte jedoch auch nicht vergessen, daß in einigen Fällen der therapeutische Fortschritt dadurch beschleunigt werden kann, daß man die angewendeten Therapietechniken einfach als hypnotisch bezeichnet.

Weitzenhoffer [32] erwähnt eine Reihe anderer hypnotherapeutischer Techniken, die in Form von Lernparadigmen interpretiert werden können. Er weist auch darauf hin, daß die Hypnose zum Therapieerfolg beitragen kann, indem sie die Motivation des Klienten erhöht und zu einer engen Beziehung zwischen Klient und Therapeut beiträgt.

Autohypnotische Techniken

Autohypnose, auch als Autosuggestion oder als Selbsthypnose bezeichnet, ist eine Technik, bei der der Klient lernt, sich selbst Suggestionen zu geben. Üblicherweise wird er zu Beginn von einem Hypnotherapeuten in dieser Technik unterrichtet, obgleich in einigen Fällen phonographische Aufzeichnungen und Literatur die einzige Quelle des Wissens sein können.

Bei der Anwendung all dieser Techniken muß der Klient üben, um seine Ansprechbarkeit auf die Suggestionen zu erhöhen. Dabei ist klar, daß die Hilfe des Hypnotiseurs zwar für kurze Zeit (vielleicht nur zwei oder drei Sitzungen) benötigt wird, daß jedoch der Klient selbst die Hauptverantwortung für die Therapie trägt.

Nach dem Erstinterview wird bei den meisten autohypnotischen Therapieansätzen mit dem Entspannungstraining begonnen. Meist wird zu Beginn des Entspannungstrainings entweder durch Standardinstruktionen oder durch progressive Entspannung die Hypnose induziert. Zu irgendeinem Zeitpunkt wird dabei dem Klienten gezeigt, daß er seine gesamte Körpermuskulatur entspannen kann, indem er mit sämtlichen Muskelpartien der Reihe nach die Entspannung übt. Während sich der Klient ganz auf bestimmte Muskelpartien konzentriert, werden ihm die Suggestionen gegeben, daß sie sich entspannen, daß sie gelöst und schwer werden, daß sie locker herunterhängen und daß alle Anspannung aus ihnen entweicht[1]). Mit zunehmender Übung lernt der Klient sich auf seinen ganzen Körper gleichzeitig zu konzentrieren und den Entspannungszustand durch Autosuggestionen herbeizuführen. Viele Menschen können so in relativ kurzer Zeit einen Zustand tiefer Entspannung herbeiführen; auf jeden Fall können sie lernen, sich viel besser und leichter zu entspannen als vorher.

---

[1]) Andere Methoden des Entspannungstrainings werden von *Wolpe* ([36], S. 100) und von *Lazarus* ([17], S. 273) beschrieben. Ein Therapeut sollte mit mehreren verschiedenen Techniken vertraut sein, da die Klienten auf die verschiedenen Techniken unterschiedlich gut ansprechen.

Entspannungstraining und Training in tiefer Konzentration

Es soll nun eine Technik ausführlicher beschrieben werden, die nach Meinung des Autors sehr nützlich ist, um seine Klienten mit der Verwendung von Vorstellungskraft und Konzentration vertraut zu machen. Bei der Erklärung der Technik wird dem Klienten gesagt, daß sie ihm helfen wird, sein allgemeines Erregungsniveau zu reduzieren, und ihm zeigen wird, wie man Autosuggestionen am wirksamsten einsetzt. Man beginnt mit einer Demonstration, die dem Klienten zeigen soll, daß es ihm gelingt, Suggestionen von außen zu befolgen und auch sie sich selbst zu geben, und daß er dadurch positive Veränderungen bei sich bewirken kann.

Dabei soll betont werden, daß das, was der Klient gerade lernt, als eine spezifische Fähigkeit zu betrachten ist und daß er sie, wie andere Fähigkeiten auch, mit fortschreitender Übung immer besser beherrschen wird. Eventuell bestehende Erwartungen einer Wunderheilung oder spektakulärer Wirkungen werden damit soweit wie möglich ausgeschaltet. Man soll betonen, daß dabei nur bestimmte, ganz natürliche Fähigkeiten eingesetzt werden, die von den Menschen normalerweise nicht in systematischer Weise angewendet werden; diese Fähigkeiten könnten jedoch trainiert werden, sobald man sie erkannt habe. Die Demonstration beginnt damit, daß der Klient dem Therapeuten gegenüber oder neben ihm sitzt; dann sagt er ihm, daß er ihm erklären will, wie man auf die wirksamste Weise Suggestionen befolgt, ganz gleich ob er sie sich selbst gibt oder ob sie ihm vom Therapeuten gegeben werden. Dies könnte folgendermaßen lauten:

Es gibt da einige Dinge, die ich Ihnen gerne dazu erklären würde, wie man Suggestionen von außen aufnimmt oder sie sich selbst gibt, so daß Sie die größtmögliche Wirkung damit erzielen. Aber erst noch einige Dinge, die Sie auf jeden Fall vermeiden sollten; erstens einmal sollten Sie sich nicht allzusehr dabei anstrengen. Es soll eine leichte Aufgabe sein, die man gerne macht, und nicht eine, die harte Arbeit und hohe Konzentrationsleistung erfordert. Wenn Sie mit der Einstellung an die Aufgabe herangehen, daß Sie harte Arbeit leisten müssen, dann werden Sie sehen, daß die Gedanken an die Anstrengung anstatt der Suggestionen, die Sie sich eigentlich geben wollen, ins Zentrum ihrer Aufmerksamkeit rücken werden. Ein zweites, weit verbreitetes Problem ist, daß es Ihnen vor allem in den ersten Anfängen des Lernens ein wenig befremdlich oder auch interessant erscheinen wird, wenn die Suggestionen zu wirken beginnen. Man neigt dann dazu, zu analysieren und herauszufinden, was in einem vor sich geht; dies jedoch unterbricht die Suggestionen und schwächt ihre Wirkung. Die Suggestionen werden dann zum Hauptgegenstand Ihres Interesses und haben dann ihre größte Wirkung, wenn Sie sich Ihren Geist als Fluß vorstellen, der in ruhigem, gemächlichem Tempo dahinfließt, und wenn Sie Ihre Gedanken im selben Tempo mitfließen lassen, immer und immer wieder; ganz von selbst, nicht erzwungenermaßen, fließen Ihre Gedanken ruhig und gemächlich dahin. Das Ganze ist wirklich ein eher ruhiger und entspannter Vorgang. Wenn Sie abgelenkt werden sollten, so macht das nichts; kehren Sie wieder zu Ihren Gedanken zurück, lassen Sie sie immer wieder an Ihnen vorbeiziehen, so daß alles andere für Sie unwichtig wird. Regen Sie sich nicht auf, wenn Sie durch irgend etwas abgelenkt werden. Dies wird wahrscheinlich des öfteren vorkommen, vor allem im Anfangsstadium des Lernens. Nehmen Sie einfach zur Kenntnis, daß Sie abgelenkt worden sind, und lenken Sie dann Ihre Aufmerksamkeit wieder zurück auf den ruhigen, gemächlichen Fluß der Suggestionen, die Sie sich selbst geben.

Zu diesem Zeitpunkt sollten dann Fragen beantwortet werden, die der Klient

12. Therapieerwartung, Hypnose und suggestive Methoden

vielleicht hat, wobei hauptsächlich nochmals durchgegangen wird, was der Therapeut ihm soeben erklärt hat.

Als nächster Schritt wird eine Suggestionsaufgabe gegeben, die fast jeder Mensch bis zu einem gewissen Grade durchführen kann. Auf diese Weise wird sichergestellt, daß der Klient bei seinen ersten Erfahrungen mit Suggestionen ein Erfolgserlebnis haben wird. Die Suggestion, die ich meist dazu verwende, wird „Chevrulsches Pendel" genannt. Alles was man dazu braucht, ist ein Faden bzw. eine dünne Schnur von ca. einem halben Meter Länge, an dem ein mittelschweres Gewicht, z. B. ein Schlüssel hängt. Der Klient stützt seinen Ellenbogen auf dem Schreibtisch auf und hält das lose Ende der Schnur zwischen Daumen und Zeigefinger fest, wobei sein Handgelenk einen rechten Winkel bildet. Das Gewicht hängt so von seinem Arm weg senkrecht herunter, etwa 2 cm über der Oberfläche des Schreibtisches. Der Klient soll sich ganz auf das Gewicht konzentrieren und sich vorstellen, daß es sich bewegt, z. B. Kreise beschreibt oder auf festgelegten Achsen hin- und herschwingt usw. Im folgenden eine wörtliche Wiedergabe dieser Instruktion:

> Halten Sie dieses kleine Gewicht genauso wie ich. (Demonstrieren Sie an dieser Stelle, wie man den Faden richtig hält.) Ja, so ist es richtig, halten Sie ihn so, daß Sie dabei bequem sitzen und sich entspannen können. Sie sollen sich nun für kurze Zeit nur auf das Gewicht konzentrieren, so daß alles andere aus Ihrem Wahrnehmungsfeld ausgeschlossen ist. So ist es richtig, konzentrieren Sie sich ganz darauf und versuchen Sie, alles Wissenswerte über das Gewicht zu erfahren. (Dazu ist es wichtig, daß das Gewicht Muster, Farben und andere Unregelmäßigkeiten aufweist.) Gut so, schauen Sie es ganz genau an, verfolgen Sie seine Umrisse mit Ihren Augen, achten Sie auf die geometrischen Figuren, die Sie darauf entdecken können wie z. B. Kreise oder Quadrate; vielleicht können Sie sogar ein Rechteck entdecken, wenn Sie ganz genau hinschauen. Versuchen Sie von dem kleinen Gewicht soviel wie möglich zu erfahren, betrachten Sie es als neue und aufregende Erfahrung, als etwas Einzigartiges, über das Sie gerne alles erfahren würden. Achten Sie auf seine Farben, achten Sie darauf, wie dieselbe Farbe an verschiedenen Stellen unterschiedliche Tönungen aufweist, achten Sie auf die verschiedenen Farbschattierungen. Beachten Sie, wie das Licht darauf spielt, wie dies von Stelle zu Stelle unterschiedlich erscheint und wie die Beleuchtung sich verändert. Je mehr Sie von der Betrachtung des Gewichts gefangengenommen werden, desto mehr wird es zum Zentrum Ihrer Aufmerksamkeit. Ihr Wahrnehmungsfeld wird immer enger und Dinge am Rand Ihres Wahrnehmungsfeldes verschwimmen immer mehr und werden immer unwichtiger. Das Gewicht rückt ganz ins Zentrum Ihrer Aufmerksamkeit; betrachten Sie es ganz genau, denn gleich wird es anfangen, sich zu bewegen, es wird schwingen, hin und her und hin und her und hin und her.

An diesem Punkt wird sich das Gewicht auf ganz natürliche Weise in die eine oder andere Richtung in Bewegung befinden. Es ist für den Klienten hilfreich und ermutigend, daß er diese natürlichen Bewegungen, die das Gewicht beschreibt, steigern kann. Fahren Sie nun mit Ihren Suggestionen fort und versuchen Sie dabei, Ihre Suggestionen mit dem Bewegungstempo des Gewichtes in Einklang zu bringen.

> Das Gewicht schwingt hin und her, hin und her, immer schneller und jedesmal schwingt es weiter aus, es schwingt hin und her und hin und her usw. (Sobald diese Bewegung eingeschliffen ist, können Sie zur nächsten Bewegung übergehen.) Nun ändert das Gewicht seine Bewegungsrichtung, es beginnt sich im Kreise zu bewegen, immer im Kreise rundherum und

rundherum. Sehen Sie, jetzt fängt es an, sich im Kreis zu bewegen, immer runder und runder und runder, immer rundherum. Stellen Sie sich einen Kreis auf dem Schreibtisch vor und das Gewicht zeichnet die Umrisse dieses Kreises nach, immer runder und runder und runder usw.

Die Klienten sprechen unterschiedlich stark auf diese Suggestionen an. Aber schon eine geringfügige Reaktion in der suggerierten Richtung kann eine ganz überzeugende Erfahrung darstellen. Denn Sie haben dem Klienten gezeigt, daß er in der Lage ist, auf Suggestionen anzusprechen. Jetzt muß ihm demonstriert werden, daß er sich diese Suggestionen auch selbst geben kann[1].

„Jetzt sollen Sie sich selbst die Suggestion geben, daß das Gewicht hin- und herschwingt." Sobald er die Vorstellung von einer gleichmäßigen Hin- und Herbewegung des Gewichtes hat und das Gewicht auch tatsächlich hin- und herschwingt, instruieren Sie den Klienten, er solle sich nun wieder vorstellen, daß das Gewicht sich im Kreis bewegt; geben Sie ihm dann die Suggestion, daß das Gewicht sich nun immer langsamer bewegt und schließlich stillsteht. Kurz bevor es zum Stillstand gekommen ist, nehmen Sie es dem Klienten aus der Hand und fahren folgendermaßen fort: „Welche Erfahrungen haben Sie nun dabei gemacht?" Die Klienten berichten dann meist, daß sie erstaunt und überrascht waren und daß dies für sie eine neue und ungewöhnliche Erfahrung darstellte. Wenn der Klient nicht von sich aus berichtet, daß es ihm so schien, als hätten seine Gedanken das Gewicht in Bewegung versetzt, fragen Sie ihn direkt, ob er diesen Eindruck gehabt habe. Die meisten Klienten haben das Gefühl, daß ihre Gedanken die Bewegung des Gewichts zumindest ein wenig beeinflußt haben, während es den Klienten in unterschiedlichem Ausmaß zu Bewußtsein kommt, daß sich ihre Finger bewegten. Fahren Sie in Ihrer Erklärung weiter fort:

Das Ganze ist gar nicht ungewöhnlich. Aus zwei Gründen haben Sie nicht bemerkt, daß sich Ihre Finger bewegten. Erstens war Ihre Aufmerksamkeit ganz von der Betrachtung des Gewichtes in Anspruch genommen; deshalb haben Sie die minimalen Bewegungen Ihrer Finger gar nicht bemerkt. Wenn Sie auf Ihre Finger geachtet hätten, hätten Sie diese geringfügigen Bewegungen wahrgenommen. Das ist ein Zeichen dafür, daß jemand auf Suggestionen gut ansprechen kann. Ihre ganze Aufmerksamkeit richtet sich auf diese Suggestionen und andere Dinge werden immer weniger wahrgenommen. Zweitens wurden die minimalen

---

[1] Einige Klienten scheinen nicht in der Lage zu sein, auf diese Suggestionen anzusprechen; man kann dann meist an den abgehackten Bewegungen des Gewichtes erkennen, daß sie offensichtlich den Fluß ihrer Gedanken unterbrechen. Wenn dies geschieht, sollte man unterbrechen und den Klienten fragen, was er gerade tut und denkt. Es stellt sich dann meist heraus, daß er einen der Fehler macht, vor denen Sie ihn vorher gewarnt haben. Es ist oft ausreichend, das Problem kurz zu diskutieren, um dann wieder zu der ursprünglichen Aufgabe zurückzukehren. Wenn die Schwierigkeit jedoch immer noch nicht überwunden ist, können Sie das Gewicht in der suggerierten Richtung in Bewegung setzen und den Klienten diese Bewegung in Gedanken nachvollziehen lassen, damit er das Bewegungstempo in sich aufnehmen kann. Wenn seine Gedanken mit dem Bewegungsrhythmus des Gewichtes zusammenfallen, kann man die Suggestionen zur Änderung der Bewegungsrichtung geben, die dann meist wirksam sein werden; so hat der Klient etwas darüber erfahren und gelernt, wie man auf Suggestionen anspricht.

12. Therapieerwartung, Hypnose und suggestive Methoden

Bewegungsimpulse Ihrer Finger durch die Länge der Schnur verstärkt, so daß die Bewegung des Gewichts ziemlich heftig war im Vergleich zu den geringfügigen Muskelbewegungen, die diese Bewegung in Gang setzten. Die Bewegung des Gewichts zeigt Ihnen, wie Sie durch Ihre Gedanken Ihre Muskelaktivität und andere Körperorgane beeinflussen können. Das Nervensystem sendet Signale zu den entsprechenden Körperteilen, in diesem Fall zu den Muskeln in Hand und Finger, wodurch die entsprechende Bewegung ausgelöst wird. Auf jeden Fall hatten Sie Gelegenheit zu erfahren, wie gut Sie auf Suggestionen ansprechen können und welche Wirkungen diese auslösen. Sie haben auch gesehen, daß Sie sich mit dem gleichen Erfolg selbst Suggestionen geben können. Setzen Sie sich nun bitte in diesen bequemen Stuhl und ich werde Sie als nächstes lehren, wie Sie sich völlig entspannen und in einen Zustand versetzen können, in dem die Suggestionen ihre volle Wirkung entfalten können.

Der Klient setzt sich also in einen bequemen Stuhl, der seinen ganzen Körper stützt. Am besten für diesen Abschnitt des Trainings geeignet sind ein Liegestuhl, eine Couch oder jedes andere Möbelstück, auf dem der Klient mit seinem ganzen Körpergewicht aufruhen kann. Erklären Sie ihm, daß es wichtig ist, die Entspannung immer in einer Position zu üben, in der er alle seine Muskelpartien völlig lockern kann. Er sollte weder die Beine übereinanderschlagen noch die Hände über dem Bauch falten, was bei vielen Leuten eine Gewohnheit ist, wenn sie sitzen oder liegen. Erklären Sie ihm auch, daß im Unterkörper immer eine gewisse Anspannung vorhanden sein wird, da er das Gewicht des Oberkörpers stützen muß.

Wenn der Klient bequem sitzt, geben Sie zunächst eine Suggestion, die sehr leicht zu befolgen ist, und erklären Sie ihm, daß Sie mit dieser Suggestion beginnen, weil das erfolgreiche Befolgen einer Suggestion die Ansprechbarkeit auf die folgenden Suggestionen günstig beeinflußt. Ich erinnere dabei oft an das „Chevrulsche Pendel" und wie er damit immer geschickter umgehen konnte, sobald er angefangen hatte, die Suggestionen zu befolgen.

Eine Suggestion, die schnell und leicht zu befolgen ist, besteht darin, den Klienten zu bitten, sich auf einen Punkt zu konzentrieren, der zwischen seinen Augen in der Höhe des Haaransatzes zu denken ist. Dies zwingt ihn dazu, angestrengt nach oben zu schauen, was Anspannung erzeugt. Berühren Sie zuerst den gedachten Punkt mit Ihrem Finger und bitten Sie ihn, sich die Lage dieses Punktes genau einzuprägen. Instruieren Sie ihn dann, daß er sich diesen Punkt in der Form eines „X" in der Nähe des Haaransatzes vorstellen und sich darauf konzentrieren soll. Bevor Sie weitergehen, versichern Sie sich, daß er die Instruktion verstanden hat und wirklich angestrengt nach oben schaut. Erklären Sie ihm, daß es ganz leicht sein wird, sich auf die natürliche Anspannung seiner Augen zu konzentrieren, wenn er angestrengt auf diesen Punkt schaut. Durch die Konzentration wird sich diese Anspannung noch über das gewöhnliche Maß hinaus steigern, seine Augen werden müde und seine Augenlider werden schwer werden und bald zufallen. Sagen Sie dem Klienten, daß er sich dieser Suggestion nicht widersetzen soll. Sagen Sie ihm, er soll seine Augen ruhig zufallen lassen, wenn die Suggestionen zu wirken beginnen und dann auf weitere Instruktionen warten. Setzen Sie sich zurück in Ihren Stuhl, instruieren Sie den Klienten, sich weiter auf den Punkt zu konzentrieren, und fahren Sie dann folgendermaßen fort:

„Konzentrieren Sie sich ganz auf diesen Punkt, richten Sie all Ihre Aufmerksamkeit darauf; achten Sie auf die Anspannung Ihrer Augen, wie sie immer stärker zu werden scheint, wie die Anspannung in Ihren Augen immer mehr zunimmt, wie sie mehr und mehr angespannt werden; Ihre Augen werden immer müder, ganz müde. (Wenn Sie bemerken, daß der Klient mit den Augen zu zwinkern beginnt, können Sie auch Suggestionen zum Zwinkern mit einsetzen.) Ihre Augen zwinkern jetzt, sie werden immer schwerer und schwerer; Ihre Augen sind jetzt ganz müde, ganz ermüdet von der Anspannung, die immer stärker wird. Ihre Augenlider werden schwer, immer schwerer und schwerer, ganz schwer und Ihre Augen beginnen sich zu schließen, sie werden immer schwerer und schwerer usw."

Den meisten Menschen werden dabei innerhalb weniger Minuten die Augen zufallen. Wenn Sie bemerken, daß der Klient wegzuschauen versucht oder übermäßig häufig blinzelt, um die Anspannung zu reduzieren, weisen Sie ihn darauf hin, daß er gegen die Wirkung der Suggestionen nicht ankämpfen soll. „Lassen Sie es einfach geschehen, geben Sie sich ganz diesem Schweregefühl hin, lassen Sie Ihre Augen langsam zufallen, wenn dieses Schweregefühl Sie überkommt." Wenn es sehr lange dauert, bis der Klient eine Reaktion zu zeigen beginnt, dann können Sie anfangen zu zählen und ihm dabei suggerieren, daß seine Augen mit jeder Zahl schwerer und angespannter werden. Dann beginnen Sie einfach zu zählen und fahren zwischen den Zahlen fort, das Gefühl der Anspannung und der Schwere zu suggerieren. Solange die Klienten sich weiterhin angestrengt auf den Punkt konzentrieren und damit Anspannung erzeugen, werden Sie mit Hilfe dieser Methode in der Lage sein, auch bei Klienten, die nur sehr schlecht ansprechen, schließlich die gewünschte Reaktion auszulösen[1]).

Wenn sich die Augen des Klienten langsam zu schließen beginnen, sprechen Sie weiter:

„Gut, lassen Sie jetzt Ihre Augen geschlossen und bringen Sie sie wieder in die normale Lage zurück. Fühlen Sie, wie die Anspannung in den Augen nachläßt und wie gleichzeitig mit dem Nachlassen dieser Anspannung die Anspannung aus Ihrem ganzen Körper entweicht; lassen Sie sich einfach gehen, fallen Sie ganz schwer in Ihren Sessel zurück und fühlen Sie, wie Ihr Körper ganz gelöst, ganz schwer und ganz entspannt wird. Das Schließen der Augen und das Nachlassen der Anspannung in Ihren Augen ist ein Hinweisreiz dafür, daß die Anspannung aus Ihrem ganzen Körper zu entweichen beginnt. Stellen Sie sich vor, wie die Anspannung aus Ihrem Körper herausströmt – aus Ihren Augen, aus Ihrem ganzen Körper, bis zu den Zehen. Sie werden immer gelöster, fallen schwer in Ihren Stuhl zurück und sind ganz entspannt.

Konzentrieren Sie sich jetzt nur auf Ihren rechten Fuß. Wenden Sie all Ihre Aufmerksamkeit Ihrem rechten Fuß zu. Denken Sie an nichts anderes als an Ihren rechten Fuß – Ihr rechter Fuß ist im Moment das einzig Wichtige. In dem Maße wie Sie sich auf Ihren rechten Fuß konzentrieren, werden Sie sich seiner immer bewußter. Sie bemerken jede kleinste Veränderung Ihrer Sinnesempfindungen wie z. B. ein leichtes Kribbeln und jede Temperaturveränderung, Sie werden sich Ihres rechten Fußes viel bewußter als je zuvor. Betrachten Sie den Schuh an Ihrem Fuß, fühlen Sie seinen Druck auf Ihren Zehen, Ihren Fußballen, Ihrer

---

[1]) Einige Klienten scheinen auf diese Suggestion nur unzureichend anzusprechen. Sie schauen ständig weg, blinzeln häufig und versuchen zu verhindern, daß ihnen die Augen zufallen. Bei diesen Klienten unterbreche ich oft den Behandlungsablauf und erkläre ihnen, daß es für unsere Ziele nicht unbedingt notwendig ist, daß sie auf diese Suggestion ansprechen. Geben Sie einfach die Instruktion, daß sie ihre Augen zumachen sollen und fahren Sie dann mit dem Training fort.

Fußwölbung und an Ihrer Ferse. Wenn Sie sich Ihres Fußes ganz bewußt sind, stellen Sie sich vor, wie er ganz schlaff, ganz locker und ganz gelöst wird. Ihr rechter Fuß entspannt sich immer mehr, wird ganz gelöst und hängt ganz locker herab – ganz locker, ganz gelöst und ganz entspannt. Achten Sie darauf, wie sich Ihre Zehen leicht spreizen, während Sie Ihre Muskeln ganz gehenlassen, Ihr Fuß ganz locker und ganz entspannt herunterhängt und mit seinem ganzen Gewicht auf dem Stuhl aufruht; der Stuhl trägt sein ganzes Gewicht und er wird immer schwerer, immer gelöster und entspannter, bis er ganz locker, ganz gelöst und ganz entspannt herunterhängt. Lassen Sie Ihren rechten Fuß einfach gehen, ganz gehenlassen, bis er immer lockerer und immer entspannter wird. Mit jedem Gedanken an die Entspannung werden die Muskeln noch ein wenig lockerer, noch ein wenig gelöster. Während Sie Ihre Muskeln locker, ganz locker lassen und ganz gehenlassen, entweicht alle Anspannung aus Ihnen. Konzentrieren Sie sich nun darauf, wie die Muskeln in Ihrem unteren rechten Bein immer lockerer werden, wie Ihr unteres rechtes Bein ganz schwer herunterhängt und immer schlaffer und entspannter wird, sich völlig entspannt. Die Muskeln in Ihrem Oberschenkel werden ganz schlaff und ganz locker, bis hinunter zu Ihren Wadenmuskeln, ganz gehenlassen, ganz locker herunterhängen lassen, ganz locker lassen, ganz entspannen."

Die gleichen Suggestionen werden für die übrigen Muskelpartien des Körpers gegeben. Ich gehe dabei gewöhnlich in folgender Reihenfolge vor: rechter Fuß, untere Hälfte des rechten Beines, obere Hälfte des rechten Beines, dann das ganze rechte Bein zusammen mit dem rechten Fuß.

„Konzentrieren Sie sich jetzt bitte ganz auf Ihr rechtes Bein und Ihren rechten Fuß. Stellen Sie sich vor, sie sind vom übrigen Körper getrennt, ganz für sich alleine und sie sind ganz entspannt, ganz gelöst und ganz locker, alle Muskeln in Ihrem rechten Bein sind ganz entspannt, ganz locker und ganz gelöst; Ihr rechtes Bein und Ihr rechter Fuß werden immer entspannter und mit jedem Gedanken entspannen Sie sich noch ein wenig mehr. Der Sessel stützt das ganze Gewicht und Ihr Bein und Ihr Fuß sind ganz locker und ganz entspannt."

Man beginnt deshalb mit kleineren Muskelpartien wie dem Fuß, der Wade oder dem Schenkel und bezieht erst dann allmählich das ganze Bein und den Fuß mit ein, um dem Klienten zu zeigen, worauf man mit diesen fortschreitenden Übungen abzielt. Zu Beginn, wenn der Klient noch nicht so viel Übung hat, soll er sich nur auf engumgrenzte Muskelgruppen konzentrieren, was eher zu einem Erfolgserlebnis führen wird. Je besser er die Entspannung beherrschen lernt, desto eher wird er auch in der Lage sein, immer größere Muskelgruppen gleichzeitig zu entspannen. Das Endziel ist, daß er in der Lage sein wird, sich hinzusetzen, die Augen zu schließen und innerhalb weniger Sekunden einen Zustand tiefer Entspannung seines ganzen Körpers herbeiführen zu können.

Die weitere Reihenfolge ist: linker Fuß, unterer Teil des linken Beines, oberer Teil des linken Beines, gesamtes linkes Bein und linker Fuß; beide Beine und beide Füße; rechte Hand, rechter Unterarm, rechter Oberarm, rechte Schulter; rechte Schulter, rechter Arm und rechte Hand gemeinsam; linke Hand, linker Unterarm, linker Oberarm, linke Schulter; linke Schulter, linker Arm und linke Hand gemeinsam; Körpergegend zwischen den beiden Schultern; beide Schultern, beide Arme und beide Hände gemeinsam; Brust; Atmung; Magen; Hüften; unterer Teil des Rückens, mittlerer Teil des Rückens, oberer Teil des Rückens; ganzer Körper von den Schultern bis zu den Füßen; Nacken, Unterkiefer, Lippen, Nase, rechte Wange, linke Wange, Augenlider, Augenbrauen, Stirn, gesamtes

Autohypnotische Techniken

Gesicht, Kopfhaut und Ohren; gesamte Kopf- und Nackenpartie; gesamter Körper. Es ist günstig, wenn der Therapeut die Übungen mitmacht und ebenfalls das Gefühl der Entspannung in den verschiedenen Muskelgruppen erlebt. Seine eigenen Gefühle dienen dann als Hinweis darauf, wann er die entsprechenden Suggestionen wie „fallenlassen" und „gehenlassen" einsetzen soll.

Der Nacken und die Schultern scheinen oft besonders verspannt zu sein. Dabei sind folgende Suggestionen sehr nützlich:

„Konzentrieren Sie sich nun auf die Körperregion zwischen Ihren Schultern, genau zwischen Ihren Schultern; lassen Sie diese Muskeln ganz locker und lehnen Sie sich ganz schwer in Ihren Sessel zurück. Lassen Sie Ihre Arme und Hände ganz locker von Ihren Schultern herunterhängen. Lassen Sie Ihre Schultern ganz schwer in den Sessel zurückfallen. Ihre Schultern werden ganz gelöst, immer gelöster, ganz locker und ganz entspannt; lassen Sie Ihre Schultern ganz locker und ganz entspannt herunterhängen. Konzentrieren Sie sich nun auf Ihre Brust; fühlen Sie, wie Ihre Brust sich ganz entspannt, ganz locker und ganz gelöst wird – einfach loslassen, ganz locker lassen. Während Sie sich ganz auf Ihre Brust konzentrieren, merken Sie, daß Ihr Körper ganz von alleine atmet. Ihr Körper kann für sich selbst sorgen und Sie können ruhig alle Ihre Muskeln entspannen und ganz locker lassen. Stellen Sie sich vor, Sie treten aus sich heraus und beobachten, wie Ihr Körper ganz von alleine funktioniert und atmet. Während Sie alle Ihre Muskeln entspannen und ganz gehenlassen, kann Ihr Körper für sich selbst sorgen. Sagen Sie sich vor: ‚Mein Körper atmet ganz von alleine, mein Körper atmet ganz von alleine' und Sie werden sehen, daß Ihr Körper recht gut für sich selbst sorgen kann. Sie können alle Ihre Muskeln entspannen und lockerlassen und alle Anspannung aus Ihrem Körper entweichen lassen und Ihr Körper wird ganz alleine für sich selbst sorgen."

Die folgenden Suggestionen werden zur Entspannung der Nackenpartie gegeben:

„Nun entspannen Sie Ihren Nacken, ganz lockerlassen, ganz gehenlassen. Bewegen Sie Ihren Kopf leicht von einer Seite zur anderen und fühlen Sie, wie die Muskeln in Ihrem Nacken lockerlassen und ganz schlaff werden. Die Rückenlehne stützt das ganze Gewicht Ihres Kopfes. Ihr Kopf liegt schwer auf der Rückenlehne auf und Ihre ganze Nackenmuskulatur ist ganz gelöst und ganz entspannt, ganz locker und ganz entspannt – ganz lockerlassen, ganz gehenlassen."

Auch das Gesicht ist wichtig. Sie können die Suggestion geben, daß der Unterkiefer ganz schlaff wird, „ganz locker und gelöst, ganz schlaff und ganz entspannt". Wenn der Klient gut darauf anspricht, wird sich sein Mund dabei leicht öffnen. Vielen Menschen ist es sehr unangenehm, in diesem Zustand beobachtet zu werden und es wird einige Ermutigung notwendig sein, sie dazu zu bringen, ihren Unterkiefer dennoch lockerzulassen und die Lippen leicht zu öffnen. Es ist günstig, diese Suggestionen getrennt zu geben; die Klienten sollen sich außerdem vorstellen, daß ihre Zunge ganz locker und ganz entspannt in ihrem Mund liegt.

Nachdem Sie auf diese Weise alle Körperpartien durchgegangen sind, ist der nächste Schritt, dem Klienten eine Methode zu demonstrieren, wie er die Konzentration auf seine Gedanken vertiefen kann. Die prinzipielle Technik dabei ist, den Klienten vorstellen zu lassen, wie er immer tiefer gleitet und alles widerstandslos in sich aufnimmt, so daß seine Gedanken und Ihre Worte zum Mittelpunkt seiner Aufmerksamkeit werden. Es gibt eine Anzahl von verschiedenen Möglichkeiten, diese „Vertiefung" zu suggerieren, wie z. B. das Hinunterfahren mit einem Aufzug, das Hinuntersteigen auf einer Treppe, das Schweben auf einer Wolke usw. Das beste ist vielleicht, eine eher neutrale Suggestion zu geben wie z. B.: „Sie gleiten immer tiefer." Denn einige Klienten haben Angst vor Aufzügen, Treppen oder anderen Dingen und es ist schwierig vorherzusagen, was für eine bestimmte Person ein aversiver Reiz sein könnte. Ich gebe meistens eine Suggestion, die etwa folgendermaßen lautet:

„Nachdem Sie nun Schritt für Schritt Ihren ganzen Körper entspannt haben, sollen Sie sich jetzt vorstellen, daß Sie aus Ihrem Körper heraustreten und sich gleichsam selbst beobachten, wie Sie dort in Ihrem Stuhl sitzen. Mit jedem Atemzug wird Ihr Körper noch ein wenig lockerer, noch ein wenig entspannter und Sie beginnen hinabzuschweben, hinab, immer tiefer. Mit jedem Atemzug schweben Sie tiefer, immer tiefer und Ihre Gedanken rücken immer mehr ins Zentrum Ihrer Aufmerksamkeit. Ihr Körper funktioniert ganz von selbst. Alle Ihre Muskeln sind völlig entspannt. Jegliche Spannung entweicht aus Ihrem Körper und Sie können sich immer besser auf Ihre Gedanken konzentrieren. Konzentrieren Sie sich immer stärker auf Ihre Gedanken, so daß die Suggestionen, die Sie sich selbst geben, voll zur Wirkung kommen können. Immer weiter hinab gleiten Sie, immer tiefer, noch tiefer, noch entspannter, und Sie können sich immer besser auf Ihre Gedanken konzentrieren. Mit jedem Atemzug rücken Ihre Gedanken immer mehr ins Zentrum Ihrer Aufmerksamkeit und die Suggestionen, die Sie sich selbst geben, können ihre volle Wirkung entfalten."

Nach einigen Minuten geben Sie dem Klienten die Suggestion, daß er in der Lage sein wird, zu üben und jederzeit ohne Schwierigkeiten wieder in den Wachzustand zurückzukehren.

Die Sitzung kann folgendermaßen beendet werden:

Jetzt, da Sie völlig entspannt sind und sich nur auf Ihre Gedanken und meine Stimme konzentrieren, werden Sie auch in der Lage sein, dies mit fortschreitender Übung selbst zu tun und Ihre Gedanken werden voll zur Wirkung kommen. Ich werde nun gleich von fünf bis eins zählen. Wenn ich bei eins angelangt bin, sollen Sie die Augen öffnen und aufwachen. Zwischen jeder Zahl sollen Sie sich jedoch selbst die Suggestion geben, daß Sie, wenn Sie diese Technik konsequent üben, in der Lage sein werden, Ihre Schwierigkeiten leichter, vernünftiger und selbständig zu lösen. Ich zähle jetzt von fünf bis eins und Sie sollen sich dabei immer intensiver vorstellen, wie Sie durch Einübung in dieser Technik Ihre Probleme in den Griff bekommen werden und leichter selbst lösen können. Sind Sie soweit, 5 - 4 - 3 - 2 - 1!"

Bei den meisten Klienten dauert der Vorgang des Aufweckens ziemlich lange. Beim Aufwachen werden die Klienten Sie anschauen, lächeln, sich strecken und ihre Augen reiben, was ein Zeichen dafür ist, daß sie sich im Zustand tiefer Entspannung befanden. Gelegentlich schläft ein Klient auch ein. Es ist gewöhnlich recht einfach dies festzustellen, aber wenn Sie sich nicht sicher sind und der Klient seine Augen immer noch geschlossen hat, sagen Sie einfach mit ziemlich lauter Stimme: „Aufwachen!" Ich hatte niemals große Schwierigkeiten, einen Klienten wieder in den Wachzustand zurückzurufen. Sobald der Klient wach ist, fragen Sie ihn, ob er an bestimmten Stellen besondere Schwierigkeiten hatte und ob er irgendwelche Fragen habe. Besprechen Sie mit ihm Möglichkeiten, wie er Schwierigkeiten, auf die er möglicherweise gestoßen war, überwinden kann. Gehen Sie mit ihm die Technik noch einmal durch, einschließlich des Grundes dafür, warum man bei kleineren Muskelpartien beginnt und allmählich zu größeren Muskelgruppen fortschreitet, bis er sehr bald in der Lage sein wird sich vorzustellen, wie sein ganzer Körper sich entspannt und seine Konzentrationsfähigkeit zunimmt. Er sollte, wenn möglich, die Technik zweimal am Tag üben und er soll sich an Sie wenden, wenn er auf irgendwelche Probleme stößt.

Wenn ein Klient gelernt hat sich zu entspannen und sich ganz auf seine Gedanken zu konzentrieren, ist die Voraussetzung für die Anwendung vieler spezieller Techniken geschaffen. Erstens einmal hat die Entspannung selbst eine heilungsfördernde Wirkung und außerdem wird der Klient dadurch befähigt, sich anderen Einsichts- oder Verhaltenstherapiemethoden zu unterziehen.

Entspannung auf ein Signal hin

Allein das Entspannungstraining kann bei Patienten, die an chronischen Anspannungszuständen mit ihren entsprechenden psychophysiologischen Störungen wie z. B. Migräne, Kopfschmerzen, Magengeschwüren, Asthma und ähnlichem leiden, wirksam sein. Das Training kann in der oben beschriebenen Form durchgeführt werden, bis der Klient in der Lage ist, sich in relativ kurzer Zeit tief zu entspannen. Das Training kann aber auch mehr der direkten hypnotischen Vorgehensweise entsprechen.

Eine Möglichkeit dabei ist, den Klienten mit Suggestionen tiefer Entspannung zu hypnotisieren und ihm dann den posthypnotischen Auftrag zu geben, daß er beim Aufwachen auf ein Signal des Hypnotiseurs hin („Entspannen Sie sich!") den Entspannungszustand sofort wieder herbeiführen kann. Das bedeutet, daß der Klient lernt, auf ein Signal hin in den Zustand der Hypnose einzutreten, und der hypnotische Zustand wird somit als Zustand tiefer Entspannung definiert. Wenn sich gezeigt hat, daß der Klient auf das Signal des Hypnotiseurs gut anspricht, soll er lernen, sich selbst laut die Instruktion zur Entspannung („Entspanne dich!") zu geben und damit die gleiche tiefe Entspannung herbeiführen zu können. Der letzte Schritt ist, ihm zu suggerieren, daß er nur noch an die Entspannungsinstruktion zu denken braucht und so den Entspannungszustand einleiten kann.

Alle diese Methoden haben ein gemeinsames Ziel: der Klient soll lernen auf ein Signal anzusprechen, das er sich selbst in Gedanken gibt. Wenn er an die Entspannungsinstruktion denkt, wird sich sein Körper automatisch zu entspannen beginnen. Ein Mensch, der ständig angespannt ist, wird von dieser Technik sehr viel profitieren. Wenn er die ersten Anzeichen von Anspannung bemerkt, kann er sich einfach die Entspannungsinstruktion geben und somit eine Steigerung der Anspannung verhindern. Dadurch kann er die physiologischen Reaktionen, die mit Anspannungszuständen einhergehen, und gleichzeitig ihren schädigenden Einfluß auf den Organismus reduzieren. Frühe Anzeichen einer auftretenden Migräne oder die Beklemmung in den Bronchien beim Asthmatiker können als Hinweisreize dafür dienen, jetzt mit der Entspannung zu beginnen. Ein vielbeschäftigter Geschäftsmann mit Magenbeschwerden z. B. kann während seines hektischen Tagesablaufs diese Entspannungsinstruktion jederzeit einsetzen. Dadurch können die schädigenden physiologischen Nebenwirkungen emotionaler Erregung in ihrer Auswirkung reduziert werden.

Die gleiche Methode kann zur Erleichterung des Geburtsvorganges eingesetzt werden. Die Entspannung ist fast immer ein Hauptbestandteil der Programme zur Methode des natürlichen Geburtsvorganges, obgleich normalerweise auch andere Aspekte des Geburtsvorganges miteinbezogen werden. Suggestionen, daß Schmerzen eine ganz natürliche Erscheinung sind und daß ihrem Auftreten während des Geburtsvorganges keine besondere Bedeutung beigemessen werden soll, helfen der Klientin, diese leichter zu ertragen. Das Training beinhaltet meist auch Übung in den Bewegungen während der Wehen und Aufklärung darüber, was während des Geburtsvorganges geschieht. Zum Zeitpunkt der Niederkunft ist die Klientin dann in der Lage, sich zu entspannen, weiß, wann sie alle Energie aufbringen muß, um die Geburt zu vollziehen, und sollte nun keine Angst mehr davor haben, was geschehen wird. Aufgrund der praktischen Fähigkeiten, die sie erlernt hat, und ihrer positiven Einstellung kann sie beim Geburtsvorgang aktiv mitwirken.

Andere suggestive Techniken

Das Autogene Training

Schultz und *Luthe*[29] entwickelten eine ziemlich exakt ausgearbeitete Therapiemethode, bei der die Autosuggestion eine wichtige Rolle spielt. Der Klient lernt dabei, seine Körperfunktionen und seine Vorstellungsfähigkeit durch Autosuggestion unter Kontrolle zu bringen. Während der Trainingsperiode, die ziemlich viel Zeit in Anspruch nimmt, besteht ein enger Kontakt zum Therapeuten, der den Fortschritt des Klienten genau überwacht und ihm hilft, eventuell auftretende Schwierigkeiten zu überwinden.

Die Therapie beginnt mit den leicht zu befolgenden Suggestionen zur völligen Entspannung des linken Armes. Schritt für Schritt werden immer mehr Glieder und Muskelpartien miteinbezogen. Wenn der Klient ausreichende Kontrolle über seine Muskeln gewonnen hat, werden Suggestionen zur Kontrolle über verschiedene Organsysteme hinzugenommen wie z. B., daß sein Körper „ganz von alleine atmet", „mein Körper atmet ganz von selbst", „mein Körper atmet". Wenn der Klient seine motorischen und seine innerorganischen Funktionen unter Kontrolle hat, geht man zum Hervorrufen suggestiver Phantasien über. Diese Fähigkeit zur Phantasieverdichtung kann dann zur Lösung von Problemen und psychischen Konflikten eingesetzt werden.

Yoga

Yoga ist auf religiösen Überzeugungen begründet. Ziel seiner Ausübung ist die Vereinigung mit der „ewigen Wahrheit", mit einem „allesdurchdringenden Sein", mit Gott. Es gibt mehrere Methoden des Yoga, doch das gemeinsame Ziel aller ist die Herbeiführung eines Trancezustandes, in dem diese Vereinigung vollzogen wird. Der religiöse Hintergrund kann hier nicht ausführlich behandelt werden, obgleich er von jenen, die Yoga aktiv praktizieren, als wichtigster Teil des Trainings betrachtet wird[1]). Einige der Übungen sollen jedoch erwähnt werden, weil sie von der Technik der Autosuggestion Gebrauch machen. Einer der ersten Schritte bei der Erlernung des Yoga ist das Entspannungstraining durch Autosuggestion. Körperhaltungen und -stellungen spielen jedoch auch eine wichtige Rolle. Außerdem werden verschiedene Atemübungen in Verbindung mit Autosuggestionen eingesetzt.

Ein wichtiger Bestandteil des Yoga ist die Meditation. Beim Lehren der Meditation werden Techniken verwendet, die denen sehr ähnlich sind, die zur Induktion der Hypnose eingesetzt werden, mit der Einschränkung, daß die Beeinflussung nicht von außen kommt, sondern vom Meditierenden selbst ausgeht. Dabei sind besondere Körperstellungen erforderlich, von denen man annimmt, daß sie die Funktionsfähigkeit des Nervensystems erhöhen. Das Ziel der Meditation ist die mentale Entspannung und die Reifung des Selbst, deren Vollendung die mystische Vereinigung mit Gott ist.

Im folgenden ein Auszug aus Medidationsinstruktionen [8]. Dabei wird eine Kerze als Fixationspunkt benutzt.

„Richten Sie Ihre Augen unverwandt auf diese Flamme und lassen Sie sie nicht umherschweifen. Atmen Sie regelmäßig und rhythmisch. Schließen Sie dann Ihre Augen und versuchen Sie, das Bild der Flamme vor Ihrem geistigen Auge festzuhalten. Sie können sie ganz deutlich sehen, halten Sie das Bild fest; wenn die Flamme Ihrem geistigen Auge entschwindet, öffnen Sie die Augen und betrachten Sie die Flamme nochmals intensiv. Dann schließen Sie Ihre Augen wieder und schauen, ob Sie jetzt in der Lage sind, sich die Flamme intensiv vorzustellen. Wiederholen Sie dies solange, bis Sie die Vorstellung hervorrufen und festhalten können. Wenn es Ihnen immer noch nicht gelingt, versuchen Sie es am nächsten Tag noch einmal; versuchen Sie es immer wieder, solange bis es Ihnen gelingt. Versuchen Sie nicht, darauf zu drängen oder es zu erzwingen – versuchen Sie es nicht zu krampfhaft. Dies wird der Sache nicht nur nicht förderlich sein, sondern kann eher zu einer Verzögerung führen. Denken Sie immer daran, daß es sehr wichtig ist, dabei innerlich entspannt und ruhig zu bleiben [8].

Dann wird der Proband instruiert, das Licht weiter zu betrachten und über seine Beschaffenheit wie z. B. seine Form oder seine Farbe zu meditieren. Die Flamme soll als Quelle des Guten und des Göttlichen betrachtet werden; daran soll sich eine Meditation über diese Ideale anschließen. Der nächste Schritt ist, sich die Quelle des Lichtes im eigenen Selbst vorzustellen und über seine göttliche Ausstrahlung zu meditieren, die das Dunkel der Unwissenheit, der Einsamkeit, der Angst, des Hasses, der Wollust, der Eifersucht, der Habgier, des Ärgers und des Neides erhellt. Das Ziel ist, durch die Verwendung positiver Autosuggestionen zu einer inneren Harmonie und zum Frieden mit sich selbst zu finden.

---

[1]) Eine umfassende Darstellung der Theorie und der Praxis des Yoga gibt *Eliade* [9].

Es werden auch Übungen gelehrt, die innere Anspannungszustände beseitigen können und es wird eine gesunde, abgerundete Ernährungsweise empfohlen. Durch bestimmte Körperstellungen im Yoga soll die Funktion der endokrinen Drüsen stimuliert werden, was die Gesunderhaltung des Körpers und des Geistes fördert. Die „Umkehrstellung" z. B. soll eine verjüngende Wirkung auf alle Körperorgane ausüben, die Haut jung erhalten und das gesamte Äußere reizvoller erscheinen lassen. Bei dieser Übung ruht das gesamte Körpergewicht auf dem Nacken, den Schultern und den Oberarmen, während das Gesäß und die Beine, die nach oben gestreckt sind, von den Händen gestützt werden. „Diese Wunderwirkung haben wir der Einwirkung dieser Übung auf die Schilddrüse und vor allem auf die Geschlechtsdrüsen, deren Sekretionen unser Aussehen jung erhalten und unsere Lebenskraft stärken, zu verdanken. Während der Durchführung dieser Übung sollte man intensiv daran denken, wie man gesünder, ruhiger, jünger und stärker wird" ([8], S. 174). Es wird deutlich, daß auch hier Autosuggestionen eingesetzt werden.

Die Psychokybernetik

Auch in der Psychokybernetik [20], eine der zur Zeit populärsten Selbsthilfetechniken, werden Autosuggestionen eingesetzt. Diese Technik von *Maltz* basiert auf der Annahme, daß das Selbstbild für den einzelnen von großer Bedeutung ist und seine Einstellungen, seine Ziele und sein Verhalten beeinflußt. Er glaubt, daß das Selbstbild eine höchst wichtige Rolle bei der Sinn- und Richtungsgebung im Leben eines jeden Menschen spielt. Das Ziel dieser Technik ist es, den Menschen zu helfen, ein realistisches und positives Selbstbild zu entwickeln. Das Selbstbild wird nach *Maltz* durch Erfahrungen entwickelt und verändert. Diese Erfahrungen werden entweder aus der unmittelbaren Interaktion mit der Umwelt oder in der Vorstellung gewonnen und haben einen starken Einfluß darauf, wie ein Mensch sich selbst sieht. Gerade diese Auswirkungen der durch Imagination gemachten Erfahrungen rechtfertigen zum Teil die Verwendung autosuggestiver Methoden in seinem Therapiekonzept. Die Wirkungsweise dieser imaginativen Stimuli wird durch ein kybernetisches Modell erklärt. Ähnlich einer Maschine kann man sich das Unbewußte des Menschen als einen Mechanismus vorstellen, als eine „zielgerichtete Selbststeuerungseinheit", die aus dem Gehirn und dem Nervensystem besteht und vom „Geist" benützt und gesteuert wird. Das heißt, daß das Bewußtsein (bei *Maltz* „Geist") einen automatischen Mechanismus (bisher als Unbewußtes bezeichnet) in Bewegung setzt, der, ähnlich elektronischen Selbststeuerungsmechanismen dazu dient, Feedbackinformationen zur Lösung eines Problems zu liefern. Ein analoges Beispiel aus der Elektronik wäre eine ferngesteuerte Rakete, die Feedbackimpulse dazu benutzt, um auf Kurs zu bleiben. Der Mechanismus ist jedoch neutral und arbeitet für die Ziele, die ihm vom Bewußtsein gesetzt werden. Er arbeitet sowohl für Ziele, die Mißerfolg versprechen, als auch für solche, die erfolgversprechend sind.

Maltz schreibt auf sehr überzeugende Art und Weise. Er zitiert viele Fallbeispiele, um seine Ansichten darzulegen, und untermauert seine Konzeption mit medizinischen Berichten, wissenschaftlichen Forschungsergebnissen, Zitaten berühmter Männer und aus der Bibel. Im gesamten Buch kommt seine persönliche Überzeugung deutlich zum Ausdruck. Die Erwartungen und Hoffnungen der meisten Leser können wahrscheinlich durch diesen Stil ganz entscheidend gesteigert werden.

Beim Durchlesen des Buches stößt man auf eine Anzahl von Übungen und Formeln zur erfolgreichen Lebensbewältigung. Wir werden auf einige von diesen etwas ausführlicher eingehen um zu zeigen, auf welche Weise hier Autosuggestionen eingesetzt werden, und um einen allgemeinen Eindruck von diesem Therapieansatz zu vermitteln.

Die erste Übung ist, das zweite Kapitel des Buches in den ersten 21 Tagen wenigstens dreimal pro Woche zu wiederholen. Dieses Kapitel erklärt dem Leser, wie sein Gehirn als automatischer Selbststeuerungsmechanismus beim Finden von Problemlösungen funktioniert und daß der Mensch einen Erfolgsinstinkt besitzt, der durch Übungen in kreativer Phantasie aktualisiert werden kann. Das Ziel ist, „Sie von einem alten, unangemessenen Selbstbild zu befreien ... (Seite 25)."

Die nächste Übung besteht darin, 30 Minuten pro Tag seine Vorstellungsfähigkeit zu üben, wobei die Vorstellungen so lebhaft und detailliert wie möglich sein sollten (dabei kann es hilfreich sein, sich eine Filmleinwand vorzustellen), denn diese Vorstellungen sind in Wirklichkeit Übungserfahrungen, die das Selbstbild beeinflussen können, und als solche werden sie um so mehr Wirkung haben, je ähnlicher sie realen Erfahrungen sind. Die Aufgabe dabei ist sich vorzustellen, daß man sich erfolgreich verhält. Ein zurückgezogener, scheuer Mensch z. B. soll sich vorstellen, daß er sich innerhalb einer Gruppe sehr gesellig und kontaktfreudig verhält und dadurch von den anderen akzeptiert wird. Eine andere Übung soll den Leser lehren, sich durch die Vorstellung geistiger Bilder zu entspannen, wie z. B. durch die Vorstellung, daß seine Beine so schwer wie Blei sind und im Bett versinken, daß sein Körper so schlaff wie eine gliederlose Puppe ist oder durch die Vorstellung irgendeiner anderen Situation, die zuvor schon einmal als sehr entspannend empfunden worden ist. Die Fähigkeit zur Entspannung wird dann eingesetzt, um ganz entspannt an alle Aufgaben des täglichen Lebens herangehen zu können. Der Leser wird instruiert, sich dabei daran zu erinnern, wie entspannt er während der Durchführung der Übungen war. Mit der Zeit sollte diese entspannte Einstellung zur Gewohnheit werden, so daß bewußtes Üben nicht mehr nötig ist.

Maltz bietet konstruktive Vorstellungen zu Begriffen wie Glück, Erfolg, Mißerfolg, Kränkungen, Selbstberuhigung, Krise, Siegesgefühl und Hemmungen an. Zu jedem dieser Begriffe gibt er Übungen an, die für die Entwicklung dieser Eigenschaften förderlich sind bzw. helfen, sie zu überwinden, und empfiehlt, diese Übungen sowohl im alltäglichen Leben als auch in der Vorstellung durchzuführen.

Bei seinen Erläuterungen zum Typ der erfolgreichen Persönlichkeit z. B. benutzt er das Wort „SUCCESS" (Erfolg) als Gedächtnisstütze dafür, welche Eigenschaften eine solche Persönlichkeit besitzen muß:

12. Therapieerwartung, Hypnose und suggestive Methoden

        S-ense of direction (Orientierungssinn)
        U-nderstanding (Verständnis)
        C-ourage (Mut)
        C-harity (Güte, Nachsichtigkeit)
        E-steem (Ansehen)
        S-elf-confidence (Selbstvertrauen)
        S-elf-acceptance (Selbstannahme)

Jeder Begriff wird ausführlich besprochen und seine Wichtigkeit für das Selbstbild betont. Häufig wird eine spezielle Übungstechnik dazu angeboten. Zur Stärkung des Selbstvertrauens z. B. soll sich der Leser in eine vergangene Erfolgserfahrung zurückversetzen und sich die Gefühle ins Gedächtnis zurückrufen, die damit verbunden auftraten; diese Übung soll vor allem dann eingesetzt werden, wenn er vor der Bewältigung einer neuen Aufgabe steht. Das gesamte Programm zielt darauf ab, die Person von der Überzeugung abzubringen, daß sie ihrer Umwelt als hilfloses Opfer ausgeliefert ist; es soll ihr zeigen, daß sie fähig ist, ihr Schicksal weitgehend selbst zu wählen und zu bestimmen.

Allgemeine Überlegungen zur Hypnose

Die „Macht" der Hypnose

Unvermeidlich wird von vielen Leuten die Frage gestellt, ob die Hypnose ihnen helfen kann, sich das Rauchen abzugewöhnen, von ihrer Fettleibigkeit loszukommen, ihre schlechten Gewohnheiten aufzugeben, sie von ihren unkontrollierbaren Phantasien zu befreien usw. Der Inhalt dieser Fragen weist allzuoft darauf hin, daß man sich von der Hypnose irgendwelche außerordentlichen Fähigkeiten erhofft, die ihr von den Massenmedien zugesprochen worden sind. Die Vorführungen der Jahrmarktshypnotiseure veranlassen die Öffentlichkeit zu der Überzeugung, daß Hypnose eine außergewöhnliche und machtvolle Technik zur Einflußnahme auf andere Menschen ist und daß Menschen unter ihrer Einwirkung dazu befähigt werden können, ihre normalen Fähigkeiten bei weitem zu übersteigen oder sich auf eine Art und Weise zu verändern, die so spektakulär ist, daß es fast ans Unglaubliche grenzt. Zeitungsberichte über die medizinische Anwendung der Hypnose spielen spektakuläre Fälle hoch und übersehen dabei weniger dramatische Befunde und experimentelle Forschungsergebnisse. Der geschichtliche Hintergrund der Hypnose als magisches Mittel der Beeinflussung zusammen mit der unkritischen Berichterstattung über aufsehenerregende Einzelfälle haben einen großen Teil der Öffentlichkeit dazu veranlaßt, die Hypnose entweder als Wunderheilmittel zu betrachten oder andererseits völlig abzulehnen. Es liegt auf der Hand, daß wenn die Hypnose wirklich so wirksam bei der Veränderung von Verhalten wäre, wie vereinzelt behauptet wird, dann jeder im Bereich der Psychohygiene Tätige in den hypnotischen Techniken ausgebildet würde und daß Gefängnisse, psychiatrische Kliniken und Wohlfahrtsorganisationen bald leer wären aufgrund der tiefgreifenden Veränderungen, die man durch die Macht der Hypnose bewirken könnte. Wenn ein Hypnotiseur den Alkoholismus, die beeinträchtigenden Wirkungen psychosomatischer Störungen oder asoziales Verhalten einfach durch entsprechende Suggestionen wegzaubern könnte, dann wäre der persönliche Anpassungsprozeß sicherlich ein Kinderspiel. Trotzdem werden ausgebildete Hypnotiseure immer noch deshalb aufgesucht, weil man von ihnen erwartet, daß sie irgendeine magische Macht oder Fähigkeit besitzen, mittels derer sie alle hartnäckigen Probleme des Lebens schnell, schmerzlos und billig beseitigen können.

Bevor wir auf zwei Gebiete der hypnotischen Einflußnahme, die sorgfältigen Nachforschungen unterzogen worden sind, näher eingehen werden, soll hier ein für alle Mal klargestellt werden, *daß die Hypnose kein Wunderheilmittel ist; der Hypnotiseur besitzt keine magischen Kräfte und die meisten der spektakulären Fallberichte können durch die Wirkung von Variablen erklärt werden, die nichts mit der Induktion der Hypnose zu tun haben.*

Asoziale Verhaltensweisen

Eine oft gestellte Frage ist, ob eine Person unter dem Einfluß des Hypnotiseurs dazu veranlaßt werden kann, etwas gegen ihren Willen zu tun. Es ist sinnlos hinwegleugnen zu wollen, daß Hypnotiseure ohne ethisches Bewußtsein wohl dann und wann ihre Klienten zu unmoralischen Handlungen wie Exhibitionismus in der Öffentlichkeit, Beischlaf und Diebstahl veranlaßt haben. Es ist jedoch genauso wahrscheinlich, daß Nichtfachleute und andere „Helfer" ohne ethisches Bewußtsein wie z. B. Freunde, Lehrer, Barmixer, Rauschgifthändler u. a. Menschen auf die gleiche Weise ausgenutzt bzw. benutzt haben. Der Unterschied liegt darin, wie man dieses Verhalten erklären will, ob es einem inneren, mentalistischen Konzept wie dem hypnotischen Trancezustand oder anderen, verständlicheren Gründen zugeschrieben wird.

Der Jahrmarktshypnotiseur z. B. läßt Leute komische und manchmal allzu lächerliche Handlungen vollführen und veranlaßt seine Zuhörerschaft dazu, das Verhalten seiner Probanden auf die Auswirkungen seiner hypnotischen Technik zurückzuführen. Es ist nicht zu leugnen, daß dies seine Vorführung ansprechender und unterhaltsamer macht, und es ist auch sehr unwahrscheinlich, daß er seinen Zuschauern erklären wird, daß gerade diese Vorstellungen von der Hypnose den Probanden einen Entschuldigungsgrund dafür geben, sich so zu verhalten. Die meisten von ihnen stehen ohnehin gerne auf der Bühne und im Mittelpunkt der Aufmerksamkeit der Zuschauer, sonst hätten sie sich nicht freiwillig zur Verfügung gestellt. Er wird seinen Zuschauern wahrscheinlich auch nicht erklären, daß die Probanden geradezu dazu verpflichtet sind, seinen Aufforderungen Folge zu leisten, um ihn nicht bloßzustellen. Außerdem wird er seinen Zuschauern auch nicht sagen, daß er die Probanden (er wählt gewöhnlich zwei oder drei aus vierzehn bis fünfzehn Freiwilligen aus) danach auswählt, ob sie gewillt erscheinen,

12. Therapieerwartung, Hypnose und suggestive Methoden

seine Instruktionen zu befolgen und dies höchst wahrscheinlich solange tun werden wie er die Grenzen, bis zu denen sie gehen werden, im Auge behält. Wenn er den Zuschauern überhaupt eine Erklärung gibt, dann wahrscheinlich nur dahingehend, daß er sagt, er wähle jene Personen aus, die in der Lage sind, in einen Zustand tiefer Hypnose einzutreten, was beinhaltet, daß sie sich dann seinen Befehlen nicht mehr widersetzen können. Ich will damit nicht sagen, daß diese Hypnotiseure es nur darauf anlegen, ihre Zuschauer zu täuschen; ganz im Gegenteil sind viele fest davon überzeugt, daß der hypnotische Trancezustand das Hauptelement ihrer Vorführung darstellt. Aufgrund der Erklärungsprinzipien, die man für diese Beobachtungen heranzieht, werden dann der Hypnose die außerordentlichen und magischen Kräfte zugesprochen.

Zwei Beweisgründe werden meist zur Unterstützung der Ansicht angeführt, daß Probanden unter Hypnose wirklich Handlungen gegen ihren Willen durchführen oder Dinge vollbringen, die ihre normalen Kräfte und Fähigkeiten weit übersteigen. Der erste Beweisgrund ist die leicht abgewandelte Form folgender Hypothese: „Wenn ein Proband sich tief genug im hypnotischen Zustand befindet, wird er Handlungen gegen seinen Willen ausführen." Diese Behauptung kann weder verifiziert noch falsifiziert werden, wenn nicht zusätzlich quantitative Maße angegeben werden, welche Tiefe des hypnotischen Zustandes dazu erforderlich ist. Wenn der Proband, offensichtlich gegen seinen Willen, eine Handlung ausführt, die gegen die gesellschaftlichen Normen verstößt, dann kann man daraus schließen, daß der hypnotische Zustand tief genug gewesen sein muß. Wenn er jedoch die Handlung nicht ausführt, wird der Hypnotiseur einfach erklären, daß der hypnotische Zustand des Probanden nicht tief genug war. Solche Beweisführungen können jedoch nie der entscheidenden Überprüfung zu ihrer Verifikation unterzogen werden.

Die zweite Hypothese lautet folgendermaßen: „Der Hypnotisant wird dann Handlungen ausführen, die offensichtlich gegen seinen Willen verstoßen, wenn ein unbewußter Wunsch dazu besteht." Diese Behauptung dient gleichfalls zur Festigung einer Überzeugung und kann nicht empirisch validiert werden. Wenn der Proband eine Handlung durchführt, die offensichtlich gegen seinen Willen verstößt, kann der Hypnotiseur behaupten, daß ein unbewußtes Verlangen ihn dazu veranlaßte. Weigert er sich jedoch, so wird angenommen, daß der unbewußte Wunsch dazu nicht bestand. Per definitionem ist es unmöglich, einen unbewußten Wunsch zu messen, und deshalb auch nicht möglich festzustellen, ob er bestand oder nicht.

Experimentelle Beweise

Orne [25] stellte das Beweismaterial zusammen, das in Zusammenhang mit Hypnose und asozialen Verhaltensweisen vorliegt. Eine Reihe von Studien behandelt diese Frage unter dem Aspekt, daß Suggestionen, die beinhalten, daß eine durchzuführende Handlung kriminell sei, obwohl sie dies tatsächlich gar nicht ist, genügen um behaupten zu können, daß der Hypnotisant sie als kriminell betrachtete. Man gibt dem Probanden z. B. ein Gummimesser und suggeriert ihm, daß es ein scharfes Messer sei und daß er damit einen der Versuchsleiter erstechen solle. Wenn der Proband diese Handlung tatsächlich ausführt, so nimmt man an, daß er dies in dem Glauben tat, den Versuchsleiter wirklich damit erstechen zu können. Die entscheidende Variable bei der Interpretation solcher Studien ist die Annahme, daß der Proband durch die hypnotischen Suggestionen dazu veranlaßt wurde, die Handlung als kriminell zu betrachten. Eine einfachere Erklärung dieser Studien könnte darin bestehen, daß der Proband erkannte, daß an ihn die Erwartung gestellt wurde, die Instruktionen zu befolgen, dabei jedoch sehr wohl wußte, daß er den anderen nicht wirklich verletzen würde. Wenn ähnliche Situationen, wie z.B. die Aufforderung an ein Mädchen, sich in der Öffentlichkeit zu entkleiden, in die Realität umgesetzt werden, weigern sich die Probanden fast immer, die Instruktionen zu befolgen.

Eine andere mögliche Vorgehensweise ist, dem Probanden eine gegen gesellschaftliche Normen verstoßende Handlung durch Induktion von Halluzinationen und falschen Überzeugungen als akzeptable Handlung hinzustellen und dann zu beobachten, ob der Proband die Handlung ausführt oder nicht. Dazu folgendes Beispiel: ein Proband, der einen militärischen Rang bekleidete, wurde dazu veranlaßt, seinen vorgesetzten Offizier anzugreifen, was einen ernsten Verstoß gegen das Militärgesetz darstellt, indem ihm suggeriert wurde, daß der Offizier ein japanischer Soldat sei, der ihn angreifen und töten wolle. Der Proband mußte schließlich mit Gewalt festgehalten werden, um ihn daran zu hindern, seinen Vorgesetzten anzugreifen. Andere Experimente wurden unter Verwendung ähnlicher Techniken in Colleges durchgeführt, und die Ergebnisse scheinen die Hypothese zu unterstützen, daß unter hypnotischer Realitätsverzerrung solche gegen gesellschaftliche Normen verstoßende Verhaltensweisen wirklich auftreten können. Alle diese Studien können jedoch einer entscheidenden Kritik unterzogen werden. Der gesamte Hintergrund, auf dem das Experiment stattgefunden hat, muß mit in Betracht gezogen werden, bevor man Schlüsse daraus ziehen kann. Erstens einmal ist es sehr unwahrscheinlich, daß die Versuchsperson annimmt, daß ein Versuchsleiter mit ethischem Bewußtsein ihr erlauben wird, sich selbst oder andere zu verletzen. Im Gegensatz zur Annahme der hypnotischen Realitätsverzerrung besteht der wichtigste Teil dieser Aussage darin, daß der Proband zu der Überzeugung kommt, daß der Versuchsleiter von ihm die Durchführung der Handlung erwartet. Sobald der Proband die Anforderungen des Versuchsleiters erkannt hat, gibt es für ihn nur wenig Grund zu der Annahme, daß Verletzungen tatsächlich zugelassen würden. Ferner kann man daraus schließen, daß die Suggestion von Halluzinationen und Sinnestäuschungen vielleicht gar nicht die wichtige Rolle spielt, die man ihr beimißt. Viele dieser Studien sind wiederholt worden, wobei auf die Verwendung von Suggestionen, die zu Realitätsverzerrungen führen, verzichtet wurde, und trotzdem haben die Versuchspersonen das gleiche Verhalten gezeigt. Der wichtigste Aspekt scheint demnach zu sein, daß der Proband feststellt, daß der Versuchsleiter von ihm die Ausführung der Handlung erwartet und *nicht,* daß er aufgrund der hypnotischen Realitätsverzerrung die Handlung anders betrachtet und beurteilt.

In einer kürzlich durchgeführten Untersuchung versuchten wir, die Schwächen, die wir in der Versuchsplanung vieler früherer Experimente festgestellt haben, zu überwinden [6]. Die asoziale Handlung bestand darin, einem Hypnotiseur, der ein graduierter Student war, zu helfen, außerhalb des Universitätsgeländes Heroin zu verkaufen. Obgleich unsere Ergebnisse zu keiner endgültigen Klärung des Sachverhalts führten, schienen doch die persönlichen Wertmaßstäbe des Probanden bezüglich der Handlung die wichtigste Variable zu sein. Die Hypnose allein hatte offensichtlich nicht die Wirkung, daß dadurch die Durchführung der Handlung erleichtert wurde.

Gesetzeswidriges Verhalten

In der Literatur wird über zwei Arten kriminellen Mißbrauchs der Hypnose berichtet: Einmal sexuelles Vergehen des Hypnotiseurs an seinen Klienten und zum anderen die Veranlassung des Klienten zu Handlungen, die dem Hypnotiseur zu materiellem Vorteil gereichen.

Wir werden auf die einzelnen Fälle nicht näher eingehen; nur soviel sei bemerkt, daß die anklagenden Betroffenen meist behaupteten, der hypnotische Zustand sei der Grund dafür gewesen, daß sie diese Handlung begingen. Bezüglich des sexuellen Mißbrauchs gibt es besonders im psychotherapeutischen Rahmen noch eine Reihe anderer Erklärungsmöglichkeiten. Einmal kann die sexuelle Beziehung nur in der Phantasie des Patienten bestanden haben, und falls dies zutrifft, steht nur die Aussage des Patienten gegen die des Hypnotiseurs. Zum anderen geschieht es wahrscheinlich häufiger als man annimmt, daß sich im Laufe der Therapie zwischen Patient und Therapeut eine sexuelle Beziehung entwickelt, ob nun Hypnose verwendet wird oder nicht. Im Kontext einer Therapeut-Patient- oder Lehrer-Schüler-Beziehung werden sexuelle Kontakte als unangemessen betrachtet, die unter anderen gesellschaftlichen Umständen durchaus akzeptiert würden. Folglich ist es ungerechtfertigt, der diesbezüglichen Bedeutung der Hypnose einen höheren Stellenwert zu geben als den anderen wirksamen emotionalen und interpersonellen Faktoren.

In Fällen, in denen der Klient behauptete, er sei zu asozialen Handlungen gezwungen worden, die dem Hypnotiseur zum Vorteil gereichten (und diese Fälle sind sehr selten), spielte auch der Faktor einer seit langer Zeit bestehenden Beziehung eine wichtige Rolle; d. h., daß in jedem dieser Fälle schon seit langer Zeit eine enge Beziehung zwischen Hypnotiseur und Klient bestanden hatte. Der Einfluß dieser Beziehung könnte für das Verhalten des Klienten ebenso verantwortlich sein wie die Hypnose. Es ist auch fraglich, ob man in diesen Fällen den Tatsachen wirklich auf den Grund gelangen konnte. Sie können oft dadurch aufgedeckt werden, daß der Klient von einem Fachmann auf dem Gebiet der Hypnose erneut hypnotisiert und aufgefordert wird, sich an die Geschehnisse zu erinnern.

Es wäre jedoch sehr naiv anzunehmen, daß die Wiedererinnerung unter Hypnose nicht auch von unbewußten Konfabulationen und absichtlichen Lügen beeinflußt sein kann.

Es wäre ungerechtfertigt, abschließend zu sagen, daß damit die Frage zufriedenstellend beantwortet ist. Je sorgfältiger ausgearbeitet jedoch der Versuchsplan zur Kontrolle von verschiedenen Variablen ist, desto unwahrscheinlicher wird es erscheinen, daß sich die Hypnose wirklich entscheidend auf die Ausführung von asozialen Handlungen auswirkt; solche zu kontrollierenden Variablen sind z. B. die persönliche Beziehung, die Erwartung, daß die Aufforderung Teil des Experimentes ist, und die moralische Einstellung des Probanden zur Handlung.

Außerordentliche Fähigkeiten

Oft taucht die Frage auf, ob man einen Probanden durch Hypnose in die Lage versetzen kann, übermenschliche Fähigkeiten zu zeigen. Eine solche Demonstration übermenschlicher Fähigkeiten wird oft von Hypnotiseuren auf der Bühne vorgeführt. Sie geben einem Probanden die Suggestion, daß sein Körper vollkommen steif wird und lassen ihn dann zwischen zwei Stühlen frei schweben, wobei sein Nacken auf dem einen und seine Fersen auf dem anderen Stuhl ruhen. Schon allein dieses freie Schweben scheint unmöglich, aber der Hypnotiseur kann seine Glaubwürdigkeit dem Publikum sogar noch weiter demonstrieren, indem er sich dem Probanden auf den Magen bzw. auf die Brust stellt. Diese Vorführung verliert jedoch an Überzeugungskraft, wenn man weiß, daß jeder Mensch mit einigermaßen kräftigem Körperbau dies auch ohne hypnotische Suggestionen nachmachen kann und daß die meisten Menschen es für kurze Zeit ohne übermäßige Anstrengung in dieser Lage aushalten können.

Andere Verhaltensweisen wiederum, wie z.B. suggerierte Blindheit, Farbenblindheit und Taubheit usw., scheinen die Annahme zu unterstützen, daß Menschen unter Hypnose zu außerordentlichen und ungewöhnlichen Dingen fähig sind. Diese Untersuchungen können hier nicht ausführlich beschrieben werden, und im ganzen gesehen standen auch keine adäquaten Kontrollgruppen zur Verfügung; es soll nur erwähnt werden, daß in den Experimenten von *Barber* [1] die hochmotivierten Versuchspersonen der Kontrollgruppe die gleichen Verhaltensweisen zeigten, obwohl sie nicht hypnotisiert waren.

Verbesserungen in der Gedächtnisleistung, gesteigerte Lernfähigkeit, körperliche Ausdauer und Schmerzunempfindlichkeit sind Verhaltensweisen, die ebenfalls oft der Macht der Hypnose zugeschrieben werden. Wenn man jedoch adäquate Kontrollgruppen verwendet, büßt das Auftreten dieser Verhaltensweisen viel von seiner spektakulären Wirkung ein. Als man z. B. die Steigerung der körperlichen Ausdauer, die angeblich auf eine hypnotisch induzierte Analgesie, d. h. Schmerzunempfindlichkeit der beanspruchten Muskeln zurückgeführt werden konnte, genauer überprüfte, kam man zu dem Ergebnis, daß die Ausdauer sogar noch über das in der Hypnose erreichte Maß hinaus gesteigert werden konnte, wenn man den Versuchspersonen eine Geldsumme als Anreiz zum Weitermachen anbot. Es wurden außerdem die verschiedensten Untersuchungen zur Lernfähigkeit durchgeführt; keine jedoch zeigt eine entscheidende Verbesserung der Lernfähigkeit unter Hypnose. Dagegen ergaben einige Untersuchungen, daß die Hypnose zu einer Verringerung in der Lerngeschwindigkeit führte.

Ist die Hypnose gefährlich?

Diese Frage wird oft andersherum gestellt: „Ist die Hypnose nicht gefährlich?" Die größte Gefahr, die die Hypnose in sich birgt, ist wahrscheinlich die Überzeugung des Probanden und/oder des Hypnotiseurs von ihrer Gefährlichkeit. In den Händen kompetenter Fachleute ist die Verwendung der Hypnose sicherlich viel weniger gefährlich als die Verabreichung von Medikamenten oder die meisten anderen medizinischen Methoden. Nach meinem besten Wissen und Gewissen ist bisher noch über keinen Fall berichtet worden, in dem eine „Überdosis" Hypnose zu Selbstmord oder unerwartetem Tod führte. Auf der anderen Seite können nicht-ausgebildete Laien, die sich mit emotionellen und sonstigen Problemen, die das Leben mit sich bringt, zu beschäftigen versuchen, unabsichtlich die Probleme des Hilfesuchenden verschlimmern, anstatt ihm zu helfen, ob sie nun Hypnose einsetzen oder nicht. Wenn jemand sich dazu entschließt, einen sog. Pseudofachmann wie z. B. einen Hellseher, einen Chiromanten (Handleser), ein Medium, einen Wahrsager, einen Kartenleser oder einen Hypnologen zu konsultieren, sollte er sich immer bewußt sein, welches Risiko er damit eingeht.

Aufgrund der Vorurteile, die in der Öffentlichkeit und unter Fachleuten bezüglich der Hypnose herrschen, besteht ihre größte Gefahr nicht für den Hypnotisanten, sondern eher für den Hypnotiseur! Obgleich es keine schlüssigen Beweise dafür gibt, daß die Hypnose von schädigender Wirkung sein kann, kann sie zur Erklärung unglücklicher Komplikationen mißbraucht werden. Oft werden von Fachleuten nichtssagende Argumente gegen die Verwendung der Hypnose vorgebracht, die allein ihrer Uninformiertheit, ihren falschen Ansichten und ihren Ängsten entspringen. Ein Psychiater, der die Verwendung der Hypnose ablehnt, behauptete z. B., daß Patienten während der Hypnosetherapie Selbstmord begehen. Der Prozentsatz der Patienten jedoch, die während psychiatrischer oder psychotherapeutischer Behandlung Selbstmord begehen, ist zumindest genauso hoch, wenn nicht noch höher. Diese Behauptung ist ebenso lächerlich wie jene, daß Krankenhäuser gefährlich seien, weil so viele Leute darin sterben.

Diese unhaltbaren Behauptungen bezüglich der Hypnose entspringen hauptsächlich der Annahme eines besonderen inneren Zustandes, durch den sich die hypnotisierte Person irgendwie von anderen Personen unterscheidet. Ihr Verhalten muß deshalb anhand spezieller Annahmen erklärt werden, und folglich wird jede Verhaltensweise, die man normalerweise ganz vernunftgemäß erklären würde, auf irgendeinen geheimnisvollen, inneren Wirkungsmechanismus zurückgeführt.

Qualifikationen, die zur Erlernung und Anwendung hypnotischer Techniken erforderlich sind

Wie wir im gesamten Kapitel gezeigt haben, kann Hypnose sowohl von Psychotherapeuten mit den verschiedensten theoretischen Hintergründen als auch von Vertretern anderer Berufsdisziplinen, vor allem der Medizin und der Zahnmedizin, eingesetzt werden. Ihrem Verwendungszweck entsprechend wird die Hypnose bzw. die Induktion der Hypnose als Hilfstechnik zur Erreichung verschiedener therapeutischer Ziele eingesetzt. Für sich allein gesehen ist die Hypnose keine therapeutische Methode. Deshalb sollten die Qualifikationen, die jemand haben muß, der Hypnose verwendet, die gleichen sein, wie sie für die verschiedenen Zielsetzungen erforderlich sind, bei denen die Hypnose als zusätzliche Technik eingesetzt wird, wie z. B. in der Psychotherapie.

Die Hypnose stellt erst seit etwa zehn Jahren eine legitime therapeutische Technik im Rahmen der Medizin und der Psychologie dar. Die amerikanische Psychologenvereinigung (American Psychological Association) hat einen speziellen Zweig für Therapeuten, die sich mit Hypnose befassen, und die medizinischen, die zahnmedizinischen und die psychologischen Berufsverbände fordern von denen, die Hypnose einsetzen wollen, bestimmte Grundqualifikationen. Einige Staaten haben Gesetze zur Kontrolle über die Verwendung von Hypnose erlassen und versuchen gewöhnlich, ihre Verwendung auf die Berufe der Medizin, der Zahnmedizin und der Psychologie zu beschränken. Jeder, der beabsichtigt Hypnose einzusetzen, tut daher gut daran, sich vorher über die in seinem Staat bestehenden Gesetzeserlasse bezüglich ihrer Verwendung informieren.

Nehmen wir an, daß ein Therapeut die notwendigen beruflichen Qualifikationen besitzt, die für die Ausübung der Therapiemethode, mit der er die Hypnose verbinden will, erforderlich sind, so ist es seine eigene Aufgabe, sich die hypnotischen Techniken anzueignen. *Rosen, Kaufman, Lebensohn* und *West* [27] haben verschiedene Methoden zur Ausbildung in Hypnose auf dem Gebiet der Medizin erörtert und *Moss, Logan* und *Lynch* [23] haben sich mit diesem Thema für das Gebiet der Psychologie befaßt. Im allgemeinen scheinen recht konservative Ansichten darüber zu bestehen, wer dafür qualifiziert ist Hypnose einzusetzen und was als angemessene Ausbildung in den Techniken der Hypnose zu betrachten ist. Das Problem scheint von den falschen Vorstellungen über die Gefahren der Hypnose herzurühren. Doch können, wie wir mehrfach betont haben, Erwartungen zu Handlungen führen, und – bezogen auf die Hypnose – haben diese Handlungen oft negative Auswirkungen. Vielleicht unglücklicherweise ist die Technik zur Induktion der Hypnose relativ leicht zu erlernen. Eine auf Tonband aufgenommene Induktion z. B. kann zu ganz ähnlichen Ergebnissen führen, wie sie ein erfahrener Hypnotiseur erzielen kann. Obgleich es viele verschiedene Techniken zur Induktion der Hypnose gibt [15, 31], scheinen doch alle fast gleich wirksam zu sein, obwohl von einigen auch das Gegenteil behauptet wird. Es stellt für Laien keine große Schwierigkeit dar, suggestible Personen in den Zustand tiefer Hypnose zu versetzen, wenn sie auch nicht wissen, wie sie weiter vorgehen sollen, sobald die Person hypnotisiert ist. In Anbetracht der dramatischen Geschehnisse, die sich viele Leute, einschließlich der Hypnotiseure, von der Hypnose erwarten, ist es nicht allzu überraschend, daß die Dinge leicht außer Kontrolle geraten können, wenn ein Laie damit experimentiert[1].

Coe [5] hat eine Methode empfohlen, mit deren Hilfe man sich zu experimentellen Zwecken die Techniken der Hypnose selbst aneignen kann. Dazu erforderlich sind angelesenes, theoretisches Wissen, eine qualifizierte Person, an die man sich jederzeit mit Fragen wenden kann, und praktische Erfahrungen in der Anwendung der Suggestionen zum Aufwachen und einer hypnotischen Standardskala. Während es der eigentliche Zweck dieses Vorgehens ist, Personen dafür zu qualifizieren, wissenschaftliche Untersuchungen durchzuführen, könnte es auch für Kliniker einen vernünftigen Weg darstellen, sich das Grundwissen für die spätere Ausbildung anzueignen.

Die Effektivität der Hypnosetherapie

Die Beurteilung der Effektivität der Hypnose ist nicht weniger schwierig als die Beurteilung der Effektivität jeder anderen Form von Psychotherapie. Es bestehen dabei die gleichen Forschungsprobleme. Wie kann u. a. therapeutischer Fortschritt definiert und gemessen werden? Wie soll sich eine adäquate Kontrollgruppe zusammensetzen? Es ist nicht unsere Absicht, dieses wichtige Problem hier zu diskutieren; der interessierte Leser sei auf die ausführliche Darstellung bei *Bergin* und *Garfield* [3] verwiesen.

Barrios [2] hat Hinweise darauf, daß die Hypnose in der Therapie wirksam ist, zusammengestellt. Er stützt sich dabei auf die Ergebnisse veröffentlichter Fallstudien und zeigt, daß die Psychoanalyse nach durchschnittlich 600 Sitzungen eine Besserungsrate von 38%, *Wolpes* Verhaltenstherapie eine Besserungsrate von 72% nach durchschnittlich 22 Sitzungen aufwies und daß die Hypnosetherapie in 93% aller Fälle nach durchschnittlich sechs Sitzungen zu einer Besserung führte. Wir können natürlich nicht einfach diese Zahlenangaben als gültige Vergleiche zwischen den drei Therapieformen akzeptieren, aber sie sollten uns zumindest auf die positiven Möglichkeiten, die man nutzen kann, wenn man die hypnotischen Techniken zusätzlich zu anderen therapeutischen Fähigkeiten einsetzt, aufmerksam machen.

Die spezifischen Techniken, über deren Anwendung in den Fallbeispielen berichtet wird, entsprechen nicht dem, was die Fachleute normalerweise von der Hypnose erwarten, nämlich direkte Symptombeseitigung und Ursachenaufdeckung. „Momentan besteht der Trend dazu, die Hypnose einzusetzen, um die nega-

---

[1]) Anm. des Übers.: In den USA gibt es an einigen Universitäten Kurse zur Ausbildung in Hypnose; außerdem finanzieren die zwei größten Hypnosegesellschaften solche Kurse und Workshops. Die amerikanischen Adressen wurden weggelassen, da sie für den deutschen Leser wenig brauchbar erscheinen.

tiven Einstellungen, die Ängste, die unangepaßten Verhaltensmuster und die negativen Selbsteinschätzungen, die dem Symptom zugrundeliegen, zu modifizieren. Ursachenaufdeckung und direkte Symptombeseitigung werden immer noch bis zu einem bestimmten Ausmaß angewendet, aber gewöhnlich unter Berücksichtigung dieses neuen Verständnisses von Hypnose" [2]. Bei diesen Rekonditionierungsprozessen genügt wahrscheinlich eine „leichte" Hypnose. Deshalb ist die Anwendung der Hypnose nicht dadurch eingeschränkt, daß der Klient nur begrenzt darauf anspricht.

Außerdem weist *Barrios* darauf hin, daß Patienten mit den verschiedensten Störungen durch Hypnosetherapie erfolgreich behandelt werden konnten, angefangen von psychophysiologischen Störungen über neurotische Störungen und Persönlichkeitsstörungen bis hin zu einigen Formen psychotischer Störungen.

In Übereinstimmung mit dem Konzept der Erwartungswirkung betrachtet *Barrios* die hypnotische Induktion als wirksame Methode, das Vertrauen in den Therapeuten zu stärken und die Überzeugung von der Effektivität seiner Technik zu festigen. Dies wiederum führt zum Aufbau einer engen, interpersonellen Beziehung, in der die Worte des Therapeuten bei der Herbeiführung einer positiven Veränderung um so mehr Wirkung haben werden.

Schlußfolgerungen und Zusammenfassung

Wir haben in diesem Kapitel zwei Themen darzustellen versucht: einmal die Rolle, die die Erwartung bei der Steigerung der therapeutischen Wirksamkeit in der Psychotherapie spielt, und zum anderen die Anwendung suggestiver Techniken in der Therapie.

Die Erwartung spielt nicht nur bei den suggestiven Methoden, sondern bei allen Formen von Psychotherapie eine wichtige Rolle und sollte von allen Therapeuten berücksichtigt werden. Obgleich die Erwartungswirkung nicht allein für das Therapieergebnis verantwortlich gemacht werden kann, spielt sie wahrscheinlich bei allen therapeutischen Techniken eine Rolle. Der Placeboeffekt bei der Behandlung mit Medikamenten ist ein klassisches Beispiel für die beträchtliche Wirkung des Erwartungseffektes. Bei der Anwendung von operanten Konditionierungsprinzipien in psychiatrischen Institutionen spielt die Erwartung wahrscheinlich eine vergleichsweise geringere Rolle und die suggestiven Methoden nehmen eine Mittelstellung ein. Auf jeden Fall kommt ein Klient mit ganz bestimmten Erwartungen in die Praxis eines Therapeuten. Inwieweit der Therapeut diesen Erwartungen entspricht und wie er mit ihnen umgeht, hat einen starken Einfluß auf das Ergebnis der therapeutischen Beziehung. Je mehr ein Therapeut sich dieser Erwartungswirkungen bewußt ist, desto eher wird er in der Lage sein, sie so einzusetzen, daß sie die Wirksamkeit seiner therapeutischen Techniken steigern.

Es wurden verschiedene Anwendungsmöglichkeiten von hypnotischen und autosuggestiven Techniken ausführlich besprochen. Diese Techniken sind in vielfältiger Weise für die verschiedensten Störungen eingesetzt worden. Die „Tiefenpsychologen" haben behauptet, daß der Therapiefortschritt beschleunigt wird, wenn man die Hypnose einsetzt, um unbewußtes Material bewußt zu machen und um Widerstände aufzulösen. Dieselben Techniken können auch als diagnostische Instrumente zur Aufdeckung der zugrundeliegenden dynamischen Ursachen eingesetzt werden. In der Verhaltenstherapie wird die Hypnose zur Herbeiführung tiefer Entspannung und zur Steigerung der Vorstellungsfähigkeit angewendet. Trotz verschiedener theoretischer Konzeptionen scheinen viele hypnotherapeutische Techniken den Techniken sehr ähnlich zu sein, die von den Verhaltenstherapeuten eingesetzt werden.

Seit der Entdeckung der Hypnose durch *Mesmer* im 18. Jahrhundert wurde sie von den verschiedenen etablierten therapeutischen Berufen nur zögernd anerkannt. Auch heute noch ist sie umgeben von einer Aura des Magischen, des Geheimnisvollen und des Mystischen, obgleich sie nun als legitime therapeutische Technik anerkannt wird. Diese magischen Erwartungen, die der Hypnose entgegengebracht werden, können sowohl von Vorteil als auch von Nachteil sein. Sie veranlassen die Patienten dazu, einerseits von ihr wahre Wunderwirkungen zu erwarten oder ihr andererseits mit Zurückhaltung gegenüber zu stehen. In beiden Fällen können solche Erwartungen die therapeutische Wirksamkeit beeinträchtigen. Der Klient, der sich Wunderwirkungen erhofft, ist fast immer enttäuscht, wenn der Therapeut nicht die Wunder wirken kann, die er sich erwartet, was natürlich nicht ausschließt, daß positive Erwartungen gesteigert werden können; der ängstliche Klient andererseits wird unfähig sein, die therapeutische Beziehung einzugehen. Aufgrund der Konfrontation mit den gleichen, in der Öffentlichkeit herrschenden Mißverständnissen stehen viele Fachleute der Hypnose nicht realistischer gegenüber als der Laie.

Es wurden außerdem verschiedene Therapieansätze diskutiert, die von der Autosuggestion Gebrauch machen. Sie alle legen besonderen Wert darauf, daß der Klient lernt, seine Vorstellungsfähigkeit und die Macht seiner eigenen Gedanken einzusetzen. Autohypnose, autogenes Training, Yoga und die Psychokybernetik dienten als Beispiele zur Erläuterung dieser Techniken.

Am Schluß des Kapitels befaßten wir uns mit einigen interessanten Fragestellungen in Zusammenhang mit der Hypnose: die „Macht" der Hypnose, die Ausbildung und die Qualifikationen, die zur Anwendung der Hypnose erforderlich sind, sowie ein kurzer Ausblick auf ihre Effektivität als psychotherapeutische Technik. Es liegen Beweise vor, die die Annahme unterstützen, daß hypnotische Therapieansätze sehr effektiv sein können und deshalb als ernstzunehmender Bestandteil der therapeutischen Techniken eines jeden Therapeuten nicht unberücksichtigt gelassen werden sollten.

Literatur

[1] *Barber, T. X.:* Hypnosis: A scientific approach. Nostrand, Princeton, N. J., 1969.

[2] *Barrios, A.:* Hypnotherapy: A reappraisal. Psychotherapy: Theory, Research and Practice 7 (1970) 2–7.

[3] *Bergin, A. E.* and *S. L. Garfield* (Eds.): Handbook of psychotherapy and behavior change. Wiley, New York, 1971.

[4] *Cautela, J.:* Covert sensitization. Psychological Reports, 20 (1967), 459–468.

[5] *Coe, W. C.:* A procedure for teaching one's self-hypnotic techniques for experimental purposes. International Journal of Clinical and Experimental Hypnosis, 13 (1964), 144–148.

[6] *Coe, W. C., K. Kobyashi* and *M. L. Howard:* Experimental and ethical problems in evaluating the influence of hypnosis in antisocial conduct. Journal of Abnormal Psychology, 82 (1973), 476–482.

[7] *Conn, H. H.:* Hypnosynthesis: Psychobiologic principles in the practice of dynamic psychotherapy utilizing hypnotic procedures. International Journal of Clinical and Experimental Hypnosis, 16 (1968), 1–25.

[8] *Devi, I.:* Renew your life through Yoga. Prentice-Hall, New York, 1963, (Also Paperback Library, New York, 1969.(.

[9] *Eliade, M.:* Yoga: Immortality and freedom. Princeton University Press, Princeton, N.J., 1969.

[10] *Erickson, M. H.:* The confusion technique in hypnosis. American Journal of Clinical Hypnosis, 6 (1964), 183–207.

[11] *Fish, J. M.:* Placebo therapy. Jossey-Bass, San Francisco, 1973.

[12] *Frank, J. D.:* Persuasion and healing. Johns Hopkins Press, Baltimore, Md., 1961, 1972.

[13] *Gill, M. M.* and *M. Brenman:* Hypnosis and related states: Psychoanalytic studies in regression. International Universities Press, New York, 1959.

[14] *Gordon, J. E.:* Handbook of clinical and experimental hypnosis. Macmillan, New York, 1967.

[15] *Haley, J.* (Ed.): Advanced techniques of hypnosis and therapy: Selected papers of Milton H. Erickson. Grune and Stratton, New York, 1967.

[16] *Hilgard, E. R.:* Hypnotic susceptibility. Harcourt, Brace, and World, New York, 1965.

[17] *Lazarus, A. A.:* Behavior therapy and beyond. McGraw-Hill, New York, 1971.

[18] *Lerner, B.* and *D. W. Fiske:* Client attributes and the eye of the beholder. Journal of Consulting and Clinical Psychology, 40 (1973), 272–277.

[19] *Levitt, E. E.* and *S. Hershman:* The clinical practice of hypnosis in the United States: Apreliminary survey. International Journal of Clinical and Experimental Hypnosis, 11 (1963), 55–65.

[20] *Maltz, M.:* Psychocybernetics. Prentice-Hall, Englewood Cliffs, N.J., 1960. No. Hollywood, Calif.: Wilshire, 1970.

[21] *McReynolds, W. T., A. R. Barnes, S. Brooks* and *N. J. Rehagen:* The role of attention-placebo influences in the efficacy of systematic desensitization. Journal of Consulting and Clinical Psychology, 41 (1973), 86–92.

[22] *Moss, C. S.:* Hypnosis in perspective. Macmillan, New York, 1965.

[23] *Moss, C. S., J. C. Logan* and *D. Lynch:* Present status of psychological research and training in hypnosis: A developing professional problem. American Psychologist, 17 (1962), 542–549.

[24] *Orne, M. T.:* The nature of hypnosis: Artifact and essence. Journal of Abnormal and Social Psychology, 58 (1959), 277–299.

[25] *Orne, M. T.:* Antisocial behavior and hypnosis: Problems of control and validation in empirical studies. In *G. H. Estabrooks* (Ed.): Hypnosis: Current problems, Harper and Row, New York, 1962.

[26] *Rosen, H.:* Hypnotherapy in clinical psychiatry. Julian Press, New York, 1953.

[27] *Rosen, H., M. R. Kaufmann, Z. Lebensohn* and *L. J. West:* Training in medical hypnosis. Journal of American Medical Association, 180 (1962), 693–698.

[28] *Sarbin, T. R.* and *W. C. Coe:* Hypnosis: A social psychological analysis of influence communication. Holt, Rinehart and Winston, New York, 1972.

[29] *Shultz, J. H.* and *W. Luthe:* Autogenic training. Grune and Stratton, New York, 1959.

[30] *Torrey, E. F.:* The mind game: Witchdoctors and psychiatrists. Emerson Hall, New York, 1972.

[31] *Weitzenhoffer, A. M.:* General techniques of hypnotism. Grune and Stratton, New York, 1957.
[32] *Weitzenhoffer, A. M.:* Behavior therapy techniques and hypnotherapeutic methods. American Journal of Clinical Hypnosis, 15 (1972), 71–82.
[33] *Weitzenhoffer, A. M.* and *E. R. Hilgard:* Stanford Hypnotic Susceptibility Scale, Forms A a. B. Consulting Psychologist's Press, Palo Alto, Calif., 1959.
[34] *Weitzenhoffer, A. M.* and *E. R. Hilgard:* Stanford Hypnotic Susceptibility Sacle, Form C. Consulting Psychologist's Press, Palo Alto, California, 1962.
[35] *Wolberg, L. R.:* Medical hypnosis, Volume I and II. Grune and Stratton, New York, 1948.
[36] *Wolpe, J.:* The practice of behavior therapy. Pergamon Press, New York, 1969.

13. Gruppenmethoden

Morton A. Lieberman

Einführung

In den Großstädten Amerikas (und nicht nur dort) verkündet fast jedes schwarze Brett, daß Gruppen als Medium der Wahl für die Veränderung von Menschen „in" sind. Schätzungsweise fünf Millionen Amerikaner oder mehr haben irgendwann einmal an irgendeiner Gruppenaktivität teilgenommen, deren Ziel persönliche Entwicklung oder Veränderung in Encounter-Gruppen war. Einige Millionen sind Mitglieder von *Selbsthilfe-Gruppen;* Zehntausende waren als Patienten in irgendeiner Form von *Gruppenpsychotherapie*. Was für Gruppen sind das, was für Teilnehmer, was für Probleme und was für Menschen, die die Aufgabe übernehmen, anderen zu helfen, sich zu verändern? Diese vier Fragen bedürfen einer gründlichen Antwort, um einen Überblick darüber zu gewinnen, was sich auf diesem Gebiet tut, denn der Umfang der Anwendungsmöglichkeiten, Methoden, Teilnehmer und Trainer hat in den vergangenen zwanzig Jahren sprunghaft zugenommen.

Wer nimmt an Gruppen teil und warum?

Die einfachste Antwort darauf ist die Feststellung, daß es sich dabei um ganz verschiedene Menschen mit allen erdenklichen psychologischen oder sozialen Beschwerden handelt. Die Ziele, die die Gruppenteilnehmer verfolgen, reichen von der Behandlung der Jugendkriminalität bei anderen bis zur eigenen Gewichtsabnahme. Einige Klienten bringen heute Probleme in diese therapeutischen Gruppen, die früher fast ausschließlich an Psychiater und Psychologen herangetragen wurden – nämlich ernste persönliche oder zwischenmenschliche Sorgen. Andere haben keine schwerwiegenden aktuellen Probleme, kommen aber mit der Erwartung in die Gruppe, daß sie dort Anregungen zu ihrer persönlichen Bereicherung erhalten, und daß die Teilnahme an diesem gemeinsamen Bemühen um persönliche Entwicklung ihnen dazu verhelfen wird, ungenutzte persönliche Potentiale zu aktivieren. Einen beträchtlichen Anteil an den Gruppen haben auch jene, die sich nicht generell in ihrer Persönlichkeit oder ihrer persönlichen Situation eingeschränkt glauben, sondern durch ganz bestimmte Probleme, die aufgrund ihrer Beziehung zur sozialen Ordnung auf ihnen lasten und von denen sie sich bezüglich

Übersetzt von Hannelore Benkeser

13. Gruppenmethoden

sexueller Normen, Rasse, Alter usw. unterdrückt fühlen. Schließlich gibt es auch noch Gruppen, deren Mitglieder als einziges Motiv angeben, daß sie ihre Erfahrung erweitern, sich anderen mitteilen, sich wohlfühlen oder auch nur lernen möchten, die Gemeinschaft mit anderen zu genießen.

Wendet man sich der Frage zu, *welche Arten von Gruppen* die Szene heute beherrschen, begegnet man einer ähnlichen Vielfalt wie zuvor bei den Teilnehmern und ihren Zielen. Die Litanei der Namen – Gestalt, Transaktionale Analyse, Therapie durch Konfrontation, Encounter, sinnliche Wahrnehmung, T-Gruppen, Selbsthilfegruppen, Gruppen zur Steigerung des Bewußtseins, alle zusätzlich zu den traditionellen Formen der Gruppentherapie – hilft bei der Klärung der Frage nicht weiter, welche Ereignisse die einzelnen Schulen als entscheidend für die Veränderung oder Heilung ansehen. Einige Gruppenleiter glauben leidenschaftlich an die heilende Kraft der in einer Gruppe entstehenden liebevollen Gefühle füreinander, andere schwören auf den Haß als Heilmittel, da sie in der Erfahrung des Urzorns den Schlüssel zu jeder Art von Veränderung sehen. Einige verlassen sich nur auf Gesprächstherapie, andere arbeiten mit Musik, Kerzen und dem Clinch menschlicher Körper. Und viele Gruppen haben keinen vorher benannten Leiter.

Kann man die Arbeit mit Gruppen, wie sie heute üblich ist, beschreiben, indem man sich die Frage stellt, wer ihre Leiter sind?

Wäre es wohl möglich, die derzeit herrschende Verwirrung zu beseitigen, wenn man die vielfältigen Formen und Techniken aufgrund Schulbildung oder beruflicher Richtung derjenigen ordnet, die sich darum bemühen, Menschen zu verändern? Die Antwort ist ein Nein, denn die Leiter solcher Gruppen können entweder auf ein langjähriges Training in angesehenen fachlichen Institutionen oder auf die Teilnahme an einem zweiwöchigen Training oder auch nur auf ihr persönliches Engagement zurückgreifen. Es würde auch nicht weiterführen, den Ort solcher Aktivitäten genauer unter die Lupe zu nehmen. Viele Gruppen, die sich die Veränderung der Persönlichkeit zum Ziel gesetzt haben, arbeiten in traditionellen Institutionen, wie z. B. Nervenkliniken, Schulen und anderen sozialen Einrichtungen; einige finden in den Räumen der Privat-Praxen von Therapeuten statt. Vielen begegnet man in Therapiezentren (growth centers), einer neuen Institution, die speziell für die Durchführung solcher Gruppen geschaffen wurde. Kirchen, Studentenheime und Wohnzimmer sind ebenfalls zum Tummelplatz von Gruppen geworden, die Menschen verändern wollen.

Die Verschiedenheit der Ziele, der Zielgruppen, der Art der Aktivitäten, der Führung und der Situation solcher Gruppenarbeit ist ein Grund dafür, warum Versuche, die Konsequenzen und die Wirksamkeit all dieser Aktivitäten zu erhellen, zu ebenso unterschiedlichen Ergebnissen geführt haben. Die Effekte reichen von gut dokumentierten Befunden über entscheidende Verhaltens-, Einstellungs- und Persönlichkeitsveränderungen – was einer individuellen Erneuerung nahekommt – bis zu ebenso gut belegten Beispielen dafür, daß die Teilnahme an Selbsterfahrungsgruppen zu einer ernsten Schwächung der Person geführt hat.

Dieses Kapitel verfolgt das Ziel, den Leser durch analytische Beschreibung über den derzeitigen Einsatz von Gruppen in all ihrer Vielfalt zu informieren und einige vernünftige Wegweiser zur Orientierung über die Unzahl an Aktivitäten aufzustellen, die heute für therapeutische Gruppen charakteristisch sind. Welche historischen und neuzeitlichen Kräfte haben die in unserer Gesellschaft so zahlreich vertretenen therapeutischen Zentren geformt? Warum fassen Therapeuten, Trainer und Organisationen Menschen in Gruppen zusammen, um einen Heilprozeß in Gang zu setzen? Welche Theorien stehen dahinter? Was meinen diese Theorien zu der Frage, welche Klienten geeignet sind? Welche Definitionen von Krankheit oder Pathologie stecken implizit oder explizit in den verschiedenen theoretischen Positionen? Welche kritischen Ereignisse werden von unterschiedlichen theoretischen Ansätzen als notwendige Voraussetzung für persönliches Wachstum, Entwicklung oder positive Veränderung betrachtet? Welche Rolle oder Aufgabe übernimmt der Leiter bzw. Therapeut? Und auf welche Weise stellen diese divergenten Theorien schließlich die Rolle der Gruppe im Heilprozeß fest? Die zweite Hälfte dieses Kapitels beschäftigt sich mit einer allgemeinen Theorie über den Heilprozeß in Gruppen. Am Anfang steht die Untersuchung der *besonderen Eigenschaften der Gruppe,* die sie befähigen, Menschen in psychologischen Krisen Hilfestellungen zu geben. Auf dieser Grundlage soll dann die Frage diskutiert werden, was der Leiter oder die zentrale Person tun muß, um das Ziel der Gruppe zu erreichen. Besondere Aufmerksamkeit wird darauf verwendet, abzuklären, wie Gruppen zu beurteilen und zu diagnostizieren sind, um eine angemessene und nützliche Intervention in die Wege leiten zu können. Zuletzt werden die kritischen Ereignisse untersucht, die eine Person erleben muß, damit die Gruppe als der Ort für sie Bedeutung gewinnt, an dem sinnvolles Lernen möglich ist.

Warum Gruppen?

Der systematische Einsatz einer Gruppentherapie für Menschen, die sich in schwierigen persönlichen Situationen befinden, ist in der modernen psychotherapeutischen Praxis relativ neu. Aber wir sollten uns auch daran erinnern, daß Kleingruppen schon immer eine therapeutische Aufgabe zu erfüllen hatten. Aus Überlieferungen ist uns bekannt, daß die in einer Gruppe verborgenen Energien schon vor Zeiten dazu eingesetzt wurden, Hoffnungen neu zu beleben, die Moral zu stärken, starken emotionalen Beistand zu leisten, Heiterkeit und Vertrauen zu fördern, sowie mancherlei körperlichen und seelischen Belastungen zu begegnen. Die religiösen Heilpraktiken haben immer stark auf die Gruppenkräfte gebaut. Als der Heilberuf jedoch vom Priester auf den Arzt überging, nahm der Einsatz von Gruppenenergien zu therapeutischen Zwecken ebenso schnell ab, wie die Unverletzlichkeit der Beziehung Arzt-Patient an Bedeutung gewann.

13. Gruppenmethoden

Den seltsamen Eindruck, den viele Hilfesuchende bei ihrer ersten Begegnung mit der Gruppenarbeit und ihren Bedingungen gewinnen, ist das Resultat eines komplexen Prozesses, dem alle Beteiligten ausgesetzt sind: diejenigen, die Hilfe suchen ebenso, wie diejenigen, die ihre Hilfe anbieten. Die Entwicklung der Psychiatrie als festgefügtem Teil der modernen Medizin war von der Vorstellung geprägt, daß sich die „wissenschaftliche Medizin" um jeden Preis vom Heilen, das einer nichtwissenschaftlichen Tradition entstammte, abgrenzen müsse. Die moderne westliche Psychiatrie unterwarf sich sogar noch weitgehender der Forderung, „wissenschaftlich" zu sein als andere Gebiete der Medizin. Zu ihrer Legitimation als Disziplin der medizinischen Wissenschaften erforderte die Behandlung psychologischer Probleme – besonders in den Anfängen – eine klare Unterscheidung zwischen ihren eigenen Methoden und jenen, die bestimmte Völkergruppen überliefert hatten. Diese hatten hochentwickelte, auf Gruppenarbeit aufbauende Techniken zur Heilung psychologischer Krankheiten innerhalb der Familie, der Gruppe von Leidensgenossen im Dorf oder innerhalb der religiösen Gemeinschaft zur Anwendung gebracht. Die Assoziation zwischen „vorwissenschaftlichen" Therapien und Arbeit mit Gruppen hielt die Psychiatrie vielleicht vom Einsatz von Gruppentechniken ab.

Bis zum Auftauchen der *neuen Gruppentherapie* dominierte in der westlichen Welt die Erwartung, daß persönliche Hilfe von *einer einzigen* Person kommen müßte – sei es nun vom Kellner in der Bar an der Ecke, von einem persönlichen Freund, oder einem Fachmann, wie z. B. einem Rechtsanwalt, Arzt oder Geistlichen. Wichtig ist dabei die implizite Annahme, daß die Situation vertraulich, intim und unter Ausschluß von anderen bleiben muß. Selbst in solch geschlossenen Einheiten wie der Familie oder der Kirche wird allgemein angenommen, daß persönliche Hilfe in der Intimität einer Zweierbeziehung angeboten und angenommen werden muß, keineswegs aber durch die Gemeinschaft als Ganzes. In der Geschichte der westlichen Psychiatrie während der ersten Hälfte des 20. Jahrhunderts gab es also mit anderen Worten keine günstigen Voraussetzungen für das Entstehen einer gruppentherapeutischen Technologie.

Zu Anfang dieses Jahrhunderts organisierte *Joseph Pratt*, ein Internist aus Boston, Gruppen für Patienten mit Tuberkulose. „Das Gruppentreffen ist eine angenehme Plauderstunde für die Teilnehmer ... Die Gruppen setzen sich aus Mitgliedern verschiedener Rassen und beiderlei Geschlechts zusammen und haben in der gemeinsamen Krankheit ein gemeinsames Band. Ein feiner kameradschaftlicher Geist hat sich entwickelt. Sie sprechen nie über ihre Symptome und sind fast immer guter Laune ..."[13]. *Pratts* Therapie hat viele Ähnlichkeiten mit der heutigen inspirativen Gruppenpsychotherapie; er hoffte, den Pessimismus der Patienten zu bekämpfen, neurotischem sekundären Krankheitsgewinn vorzubeugen und ihr Selbstvertrauen zu stärken.

Einzelne Personen berichteten zu Beginn des 19. Jahrhunderts über ähnliche Erfahrungen. *Alfred Adler* errichtete in Europa Zentren, die für die Behandlung von Patienten der Arbeiterklasse ein eigenes Gruppenkonzept entwickelten. Ein früher und bedeutender Einfluß auf die Gruppenpsychotherapie war der Einsatz der Gruppe als Heilmittel durch *Jacob L. Moreno,* der durch die Entwicklung des Psychodramas bekannt geworden ist [11]. Die Analogien zwischen *Morenos* Ansatz und den in der anthropologischen Literatur beschriebenen sind eindrucksvoll. Der Patient erhält die Gelegenheit, sich im Drama frei zu artikulieren, indem er seine eigene Rolle oder die eines anderen spielt, wenn sie nur in einem signifikanten Zusammenhang mit seiner augenblicklichen Problematik steht. Der Patient stellt oft Szenen aus seiner Vergangenheit dar, während andere Personen (die *Moreno* alter ego nannte) Gefühle, Stimmungen, Reaktionen usw. artikulieren, die dem Patienten selbst vielleicht nicht bewußt sind (eine Art griechischer Chor unter Leitung des Therapeuten). In England gab es auf dem Gebiet der Gruppenarbeit einen bedeutenden, leider aber nicht anerkannten Einfluß der Arbeit von *Trigant L. Burrow.* Dieser, ein Psychoanalytiker, war unzufrieden mit dem Nachdruck, den die Psychoanalyse auf das Individuum legte. Er war der Meinung, daß damit die Untersuchung sozialer Einflüsse ausgeklammert würde. Zu Beginn der zwanziger Jahre führte *Burrow* die Gruppe ein zur Analyse von Verhaltensstörungen in Abhängigkeit von sozialen Zwängen, und prägte zugleich den Begriff „Gruppenanalyse", um die Situation für die Behandlung zu beschreiben [4].

Man kann also sagen, daß sich die Techniken, die für die heutigen Zentren der Gruppentherapie charakteristisch sind, schon im ersten Viertel unseres Jahrhunderts klar abzeichneten. Der inspirative Charakter von *Pratts* Gruppen findet bei den Bewegungen für Selbsthilfe viele moderne Gegenstücke: Alcoholics Anonymous, Recovery Inc., Weight Watchers. Die Verwendung der expressiven Fähigkeiten der Person mittels dramaturgischer Gestaltung als Teil des therapeutischen Prozesses ist wesentlicher Bestandteil vieler gegenwärtiger Gruppentechniken geworden. Die soziale Gruppensituation gilt in der Praxis auch heute noch als Ausgangspunkt jeder psychoanalytisch orientierten Analyse. Im großen und ganzen jedoch blieben die Bemühungen der frühen Verfechter der Gruppenmethodik auf einen kleinen Kreis beschränkt. Ihre vornehmlich pragmatischen Interessen veranlaßten weder sie noch andere, die theoretischen Grundlagen für den Einsatz der Gruppe zu therapeutischen Zwecken zu erforschen.

Wenn der Leser bei diesem Kapitel angelangt ist, und bemerkt hat, daß von allen vorhergegangenen Kapiteln nur eines den Einsatz von Gruppen in der Therapie diskutiert, dann erscheint die Frage angebracht, warum man überhaupt Patienten in Gruppen behandelt. Es sollte hier nicht in Vergessenheit geraten, daß zu anderen Zeiten und in anderen Kulturen der entgegengesetzte Zwang herrschte und es als „abnorm" oder ungewöhnlich erscheinen mußte, nur einen Heiler und einen Patienten vor sich zu haben. Die Beispiele von Heilzeremonien in bestimmten Völkergruppen bringen sehr deutlich zum Ausdruck, daß in vielen Gesellschaften die Heilung gewöhnlich in einem sozialen Kontext und unter Teilnahme vieler Personen stattfand. Dennoch drängt sich die Frage auf, was dazu geführt hat, daß auch in unserer Kultur Menschen in Gruppen behandelt werden. Diese Frage kann nicht mit einem Satz beantwortet werden. Es gibt aber einige wichtige Faktoren, die die Gruppe als therapeutischen Ort gefördert haben.

Die heute übliche Gruppenpsychotherapie entwickelte sich erst in den vierziger

13. Gruppenmethoden

Jahren zu voller Blüte. Obwohl es – wie die Geschichte der auf die Gruppentherapie einwirkenden Kräfte zeigt – schon früher klar erkennbare Zeichen einer Bewegung, Gruppen zu Heilzwecken zu verwenden, gegeben hat, blieben diese schüchternen und vereinzelten Versuche ohne starkes Echo in psychiatrischen Kreisen.

An erster Stelle der Gründe, die für eine Gruppentherapie sprechen, steht die Praktikabilität und Ökonomie der Situation. In Zeiten, da psychiatrisches Personal knapp war, wie beispielsweise während des Zweiten Weltkrieges, und der Bedarf an psychiatrischer Hilfe ständig anstieg, gewann das Argument an Bedeutung, daß es „vernünftig" wäre, Patienten in Gruppen zu behandeln. Diese „Entdeckung" wurde in verschiedenen Bereichen der therapeutischen Berufe immer wieder aufs neue gemacht. Denn die Verbreitung wurde stark beeinflußt durch den auf sozialem Gebiet vorherrschenden Gedanken, Fachleute für die Behandlung einer größeren Anzahl von Menschen zu gewinnen, um damit die Wirtschaftlichkeit der aufzubringenden Gebühren zu verbessern. All dies sind Faktoren, die man bei der Erklärung der Entwicklung und Verbreitung von Gruppen im Heilprozeß nicht übersehen darf.

Einen weiteren Anstoß zur Arbeit mit Gruppen erhielten Psychiater und Psychologen durch den Wandel der Theorie im Hinblick auf die Natur des Menschen und der Genesis seiner psychologischen Probleme. Die zunehmende Betonung einer interpersonalen Sichtweise des Menschen und der Hinweis auf den ursächlichen Zusammenhang zwischen psychischen Störungen und Problemen zwischenmenschlicher Beziehungen – was eher ein soziales als ein innerpsychisches Problem darstellt – trugen dazu bei, den Sprung von der Dyade (Interaktion zwischen zwei Personen) zu einer therapeutischen Situation, an der mehrere Personen teilhaben, zu erleichtern.

Im Laufe langjähriger therapeutischer Praxis sind viele Beispiele von Intuition bekannt geworden, z. B. die durch Zufall gemachte Entdeckung, daß Gruppenarbeit eine für die Beseitigung psychischer Krankheiten wirkungsvolle konstruktive Kraft darstellt. Dieser Gesichtspunkt muß bei der Frage, weshalb Therapeuten Patienten in Gruppen behandeln, berücksichtigt werden. Psychotherapeuten sind ein rastloses Volk, und die therapeutische Praxis befindet sich permanent auf schwankendem Boden. Innere Zweifel, das Gefühl zu versagen, Entmutigung und offene therapeutische Verzweiflung sind das gemeinsame Los aller Therapeuten. Die Suche nach neuen Techniken, Modalitäten oder Verfahren nimmt kein Ende. Dies mag die gegenwärtige Popularität von Gruppen zum Teil erklären.

Schließlich gehört auch die Befriedigung der persönlichen Bedürfnisse des Therapeuten – ein Thema, das Furcht und Besorgnis auslöst und allgemein gemieden wird – zu den Faktoren, die den Therapeuten dazu veranlassen, mit Patienten lieber in Gruppen als in Dyaden zu arbeiten. Das Aufregende dieser Situation, die Anregungen, die diese Therapieform vermittelt und der Reiz des Neuen sind noch einige „Gründe", die Therapeuten zur Arbeit mit Gruppen veranlaßten. Für viele praktizierende Therapeuten stellen die Unverletzlichkeit und Abgeschiedenheit, sowie die Möglichkeit, sich vollkommen auf ein anderes menschliches Wesen zu konzentrieren ebenso wie die Chance, die eine solch intime Beziehung als Ausgleich bietet, einen Hauptanziehungspunkt der individuellen psychotherapeutischen Beziehung dar. Es gibt jedoch auch Therapeuten, die einen anderen Wirkungskreis brauchen, denen die Gelegenheit, Verhalten zu beobachten statt immer nur davon zu hören, ebenso viel bedeutet wie das größere Auditorium oder die Möglichkeit, auf andere Art Einfluß zu nehmen.

Betrachtungen über Altes und Neues in der Gruppentherapie

Ehe wir dazu übergehen, die diversen in Gruppen angewandten Modelle zur Veränderung des Menschen zu untersuchen, ist es vielleicht ganz nützlich, sich zu vergegenwärtigen, auf welche Weise Psychotherapie bisher im Rahmen der traditionellen Institution Psychiatrie betrieben wurde, und wie sie von einigen „neuen" Therapieformen gehandhabt wird. Die erste Sitzung einer traditionellen therapeutischen Gruppe könnte beispielsweise so aussehen:

Ungefähr neun Personen finden sich langsam und zögernd in einem Raum zusammen. Jeder hat bisher nur einen einzigen der Anwesenden gesehen: den Therapeuten nämlich – eine Woche zuvor in einem diagnostischen Interview. Einige machen einen mißmutigen, andere einen begeisterten Eindruck. Aber alle sind zumindest mit der Bereitschaft gekommen, dem Therapeuten zu glauben, daß ihnen die Gruppe nützen könne. Sie sitzen in einem Kreis, still und abwartend. Ihre Haltung ist ängstlich. Was wird hier geschehen? Was kann hier geschehen? Was wird der Therapeut tun? Einige in der Gruppe waren schon anderweitig in Psychotherapie. Eine Frau bringt die Interaktion in Gang, indem sie von den Enttäuschungen spricht, die sie in früheren Behandlungen erfahren hat. Eine Spur von Verzweiflung, ja beinahe Panik ist aus den Reaktionen der anderen auf ihr Wehklagen, ihre Selbstverleugnung und Hilflosigkeit herauszuhören. Einige der Anwesenden bringen daraufhin ähnliche Probleme vor. Von Zeit zu Zeit schaltet sich der Therapeut ein. Er weist auf die ängstlichen Erwartungen einiger Mitglieder der Gruppe hin.

Aus den „Geschichten" und Darstellungen, die einige Mitglieder bringen, „hört" der Therapeut heraus, daß die Patienten Fragen stellen möchten, die in dem, was sie sagen, nur angedeutet werden. Und hinter den Fragen über die Anwesenden verbergen sich noch andere, die mit der Person selbst in Zusammenhang stehen. Warum sind Sie gekommen? Welche Erwartungen haben Sie? Wie zeigt sich Ihre „Krankheit"? Glauben Sie, daß mir das überhaupt etwas bringen wird? Sind Sie genauso krank wie ich? Bin ich so krank wie Sie? Wie seltsam, wenn nicht gar unsinnig, sich einer Gruppe von Neurotikern anzuschließen, um wieder gesund zu werden. Vor allem, was will der „Doktor" da drüben für mich tun? Ich mag keine Leute, was soll ich hier? Wer sind diese anderen, und was habe ich mit ihnen zu tun?

So oder ähnlich beginnt eine Gruppentherapie. Verständlicherweise machen die Patienten gleich zu Beginn eine Erfahrung mit der Behandlung, die ihre Erwartungen, die sie aus anderen Arzt-Patient-Beziehungen mitbringen, enttäuschen muß.

13. Gruppenmethoden

Klienten in Gruppentherapie ist es oft nicht einsichtig, was eine unglückliche neurotische Person davon haben soll, ihre „Probleme" mit anderen leidenden Neurotikern zu besprechen. Genügt es, zu versichern, daß „geteiltes Leid halbes Leid" sei, wie einige Therapeuten tatsächlich glauben, oder einen Zusammenhang auf der Annahme begründen, daß Kummer nicht nur nach Gesellschaft verlangt, sondern auch Erleichterung dadurch findet? Wie steht es mit dem Therapeuten? Wird er kraft seiner, oft spärlichen, Spezialausbildung und einiger intuitiver Eigenschaften in der Lage sein, schwierige, teils lebenslange Persönlichkeitsprobleme zu verstehen, zu diagnostizieren, und zu verändern? Und noch dazu bei mehreren Personen gleichzeitig? Er – der Therapeut – hat offensichtlich die Erwartung, daß sich aus der Interaktion dieser Leute etwas Positives entwickelt. Aber wie sollen in seinen Augen die Teilnehmer einander von Nutzen sein, wenn er selbst so lange schweigt, und sich passiv verhält? Was glaubt er, wird geschehen?

Am anderen Ende des gruppentherapeutischen Kontinuums könnten wir uns eine Gruppe von Leuten vorstellen, die vorübergehend zu einem Gruppenzentrum pilgern. Ihre Ankunft ist lärmend, unbekümmerter, spielerischer; sie tragen Freizeitkleidung, sie sprechen freier und die Szene erinnert eher an den ersten Abend eines sommerlichen Ferienlagers als an die schweigsame und angstvolle Atmosphäre einer Gruppensitzung. Die Teilnehmer haben vermutlich ein oberflächliches Wissen über *Maslow, Rogers, Berne* und *Perls* und über die neuesten Techniken in Selbsterfahrungsgruppen. Sie bringen ihren Wunsch zur persönlichen Weiterentwicklung offen zum Ausdruck, und sind sehr erpicht darauf, einander kennenzulernen. Sie scheinen den nächsten Morgen kaum erwarten zu können. Obwohl auch unter ihnen einige sind, die ein wenig Angst haben, warten doch die meisten begeistert auf das Schauspiel, das sich ihnen bieten wird. Im großen und ganzen wissen alle, was sie erwarten dürfen, und dennoch warten sie ungeduldig auf den Augenblick, da sie die Gefühle und Ereignisse vom Stapel lassen können, die den Inhalt ihrer gemeinsamen Erfahrung bilden werden.

Wie wird der Leiter sein, dem sie nie zuvor begegnet sind? Was wird er tun, was von ihnen erwarten? Eigentlich haben sie alle eine Reihe von Vorstellungen, die sich aus Berichten von Freunden und der Presse zusammensetzen, und zu dem Wunsch verschmelzen, sich zu verändern. Wird die Methode auch mir etwas bringen? Wie wird es den anderen ergehen? Werden sie mich wirklich kennenlernen? Kann ich ihnen vertrauen? Werden sie mir helfen?

Die Teilnehmer brauchen nicht lange zu warten. Der Gruppenleiter beginnt mit einer Explosion seiner Gefühle: er sei heute morgen sehr schläfrig, eigentlich habe er gar nicht kommen wollen, oder er sieht sich um, und stellt lakonisch fest, daß sich die Gruppe aus wenig attraktiven Leuten zusammensetze. Kurz, er nennt die Dinge beim Namen. Andererseits könnte er ebensogut seine Achtung für alle Teilnehmer betonen und die Bereitschaft bekunden, jedes zum Ausdruck gebrachte Verhalten zu akzeptieren. Im weiteren Verlauf könnte er nun eine Reihe von Instruktionen geben, indem er beispielsweise feststellt: „Ihr macht alle einen so ‚angespannten' Eindruck, daß wir zur Auflockerung ein Spiel aus unserer Kindheit spielen sollten."

Diese beiden letzten Beispiele sollten die Tatsache verdeutlichen, daß die therapeutische Gruppenarbeit wie wir sie in unserer heutigen Gesellschaft kennen, von so vielerlei verschiedenen Annahmen, Behauptungen und Erwartungen ausgeht, daß es als sinnloses Unterfangen gelten muß, sie pauschal abhandeln zu wollen.

Vergleiche zwischen gegenwärtigen Formen der Gruppentherapie

Eine genaue Überprüfung der Gruppenaktivitäten, die sich der psychologischen und verhaltensorientierten Veränderung des Individuums, sowie der Befreiung von menschlicher Misere verschrieben haben, würde eine Kategorisierung nach vier Haupterscheinungsformen nahelegen, die sich jeweils hauptsächlich in der Behandlung der Frage unterscheiden, wen sie für diese Art der Therapie als geeignet erachten und welche Funktion(en) der Gruppe sie für wesentlich halten. Am einen Ende des Kontinuums liegen jene Techniken, die formal in den Bereich der allgemein anerkannten, von einem Fachmann geleiteten Gruppe fallen – *Gruppenpsychotherapie*. Sie arbeitet ganz explizit mit einem *medizinischen* Modell. Die Heilung bzw. die Wiederherstellung seelischer Gesundheit ist ihr erklärtes Ziel, und sie sieht in denjenigen, die von sich aus die Befreiung aus seelischer Not suchen, ihre relevante Population. Alle Mitglieder der Gruppe werden im allgemeinen als „Patienten" bezeichnet. Der Therapeut (und vermutlich auch der Patient selbst) ist der Ansicht, diese seien seelisch krank und verhielten sich „krankhaft". Eine Folge davon ist, daß einige Individuen als geeignete Kandidaten für diese Form der Therapie akzeptiert werden und andere (die psychisch „Gesunden") nicht.

Am anderen Ende des Kontinuums befindet sich eine ganze Reihe von *Institutionen zur Selbsthilfe:* Alcoholics Anonymous, Synanon, Recovery Inc. etc. Es gibt auf diesem Gebiet ca. 216 voneinander unabhängige Organisationen. Es ist ein Merkmal dieser Gruppen, daß sie keine fachbezogene Führungsspitze kennen. Sie sind Laiengruppen und haben mit der Gruppenpsychotherapie einige einschränkende Ansichten über die Eignung von Mitgliedern gemeinsam. Die Kriterien dafür, welche Klienten geeignet sind, sind normalerweise zwar viel enger gefaßt als bei psychotherapeutischen Gruppen, aber es bestehen klare Prinzipien dafür, wer aufgenommen wird und wer nicht. Man muß ein Alkoholiker oder ein Drogenabhängiger sein, ein Kind mißbraucht oder ein Kind mit einem ungewöhnlichen Leiden haben etc. Die Aufmerksamkeit jeder Institution zur Selbsthilfe beschränkt sich auf Personen, die dasselbe Symptom oder Problem haben, oder in derselben mißlichen Situation stecken.

Eine dritte Kategorie therapeutischer Gruppen erscheint unter der Bezeichnung *Human Potential Movement* (Bewegung zur Entwicklung menschlichen Potentials). Dazu zählen Aktivitäten wie Sensitivity Training (Training zur Entwicklung der sinnlichen Wahrnehmung), Encounter (Selbsterfahrungsgruppen) etc. Obwohl solche Gruppen in vielen Fällen von Personen geleitet werden, die keine Fachleute sind, handelt es sich im Normalfall um Experten, die ihre Ausbildung entweder während eines traditionellen Studiums der Psychologie oder der Psychiatrie oder durch ein kurzes Training an einem modernen Institut erhalten haben. Die zuerst beschriebenen Methoden und Selbsterfahrungsgruppen unterscheiden sich hauptsächlich dadurch, daß letztere sich auf universelle Anwendbarkeit berufen. Im Gegensatz zur Gruppentherapie, die eine seelische Krankheit und den Patientenstatus impliziert, oder zu Programmen der Selbsthilfe, die sich auf ein gemeinsames Problem ihrer Mitglieder konzentrieren, betrachtet die Bewegung zur Entwicklung menschlichen Potentials ihre Tätigkeit als relevant für alle, die sich persönlich weiterentwickeln wollen.

Schließlich kennen wir auch noch die *bewußtseinserweiternden Gruppen,* die mit den Selbsthilfegruppen die nichtfachliche Orientierung und gegenseitige Kontrolle gemeinsam haben, im Gegensatz zu ihnen aber weiter gefaßte Kriterien für die Aufnahme von Mitgliedern befürworten. Obwohl sie nicht jeden aufnehmen, bilden sich bewußtseinserweiternde Gruppen auf der Grundlage *allgemeiner* demographischer Gemeinsamkeiten wie Geschlecht, Rasse, ethnische Abstammung, Alter oder Sexualverhalten. Das gemeinsame Band ist nicht das allen gleichermaßen anhaftende psychische Syndrom, sondern die allgemeine soziale Charakteristik einer starken Minderheit. Ihre Kriterien für eine Mitgliedschaft erlauben mit anderen Worten, bezogen auf persönliche Besonderheiten, eine breite Streuung.

Strukturelle und technische Unterschiede zwischen Gruppen

Die vielleicht bedeutendste technologische Veränderung in dieser neuen Form der Gruppenarbeit zeigt sich im Vergleich zu den traditionelleren psychotherapeutischen Gruppen bei den Techniken, die der *Verringerung der menschlichen Distanz* zwischen dem Leiter und den Teilnehmern der Gruppe dient. Eine ganze Reihe von Methoden erfüllt diesen Zweck: Die Transparenz des Therapeuten (er enthüllt seine eigene Persönlichkeit), der zwanglose Rahmen, die Neigung der Leiter, sich als Teilnehmer zu verstehen, die geringere Bedeutung der fachlichen Qualifikation des Leiters, seine Selbstdarstellung als Gleicher unter Gleichen, und schließlich auch der Einsatz von Körperkontakt (Berühren) sind alles Neuerungen, die offensichtlich darauf abzielen, die zwischenmenschliche Distanz vom Therapeuten zum Therapierten abzubauen.

Es gibt nur wenige Anhaltspunkte, um die Bedeutung der Veränderung in der traditionellen Beziehung zwischen Therapeut und Patient zu erfassen. Mit einiger Sicherheit kann jedoch gesagt werden, daß diese Veränderung Ausdruck eines gegenwärtigen Wandels gesellschaftlicher Gepflogenheiten ist, die mehr und mehr von der Betonung der seelsorgerischen Stellung des Therapeuten und anderer Spezialisten Abstand nehmen. Von den neuen Formen, die sich erst vor kurzem entwickelt haben, könnte man sagen, daß sie den kulturellen Erwartungen der Gegenwart gerechter werden.

Ein zweites wichtiges Unterscheidungsmerkmal zwischen Therapie- und Selbsterfahrungsgruppen auf der einen Seite, sowie bewußtseinserweiternden und

Selbsthilfegruppen auf der anderen besteht in ihren divergierenden Vorstellungen über die Funktion der Gruppe als unterstützendem Mechanismus im Prozeß persönlicher Veränderung. Psychotherapie und Selbsterfahrungsgruppe verbindet eine gemeinsame, elementare Annahme, nämlich die Interpretation der Gruppe als *sozialen Mikrokosmos,* als kleine, vollständige soziale Welt, die alle Dimensionen des realen und sozialen Umfeldes im kleinen reproduziert. Gerade diese Eigenschaft der Gruppe, die Reflexion zwischenmenschlicher Probleme, denen sich der Einzelne in der Gesellschaft gegenüber sieht, wird als Auslöser individueller Veränderung hoch geschätzt. Verschiedene Methoden der Selbsterfahrung und verschiedene psychotherapeutische Schulen haben natürlich voneinander abweichende Vorstellungen davon, welcher Kommunikationsfluß der entscheidende ist: derjenige zwischen Patient und Therapeut oder derjenige *zwischen* den Patienten. Sie unterscheiden sich auch in bezug auf die Annahme, welche emotionalen Erlebnisse positive Veränderungen bewirken. Allen Aktivitäten dieser beiden Therapieformen liegt jedoch die Hypothese zugrunde, daß Heilung bzw. Veränderung auf der Exploration und Durcharbeitung von Beziehungen in der Gruppe basiert.

Selbsthilfe- und bewußtseinserweiternde Gruppen entwickeln eine ganz andere Einstellung zur Gruppe als sozialem Mikrokosmos. Die Interaktion zwischen den Mitgliedern scheint hier als Auslöser einer Veränderung an Bedeutung verloren zu haben. Für sie stellt die Gruppe das geeignete Umfeld zur Entwicklung neuer Verhaltensweisen außerhalb der Gruppe dar. Die Gruppe dient zwar als Medium zur kognitiven Umstrukturierung, aber die Analyse der Interaktionen zwischen den Mitgliedern zählt nicht zu den grundlegenden Techniken der Verhaltensänderung.

Ein weiteres Charakteristikum, das diese vier Konzeptionen voneinander abhebt, ist der Grad, in dem sie Wert legen auf *Differenzierung* versus Nicht-Differenzierung unter ihrer Zielgruppe. „Neurotisch" zu sein, psychische Probleme zu haben, oder Patient zu sein, sind vage Identifizierungen im Vergleich zu der Feststellung, daß jemand Angehöriger einer rassischen Minorität, oder Frau in einer bewußtseinserweiternden Gruppe ist. Das Interesse an persönlichem Wachstum und Entwicklung bildet offensichtlich eine unklarere, unbestimmtere Grundlage für die Schaffung einer Identität in der Gemeinschaft als die persönliche Realität eines Alkoholikers oder eines Päderasten. Für bewußtseinserweiternde und Selbsthilfegruppen ist es leichter, die Identität durch ein gemeinsames Kernproblem zu unterstreichen, als dies in der Psychotherapie und anderen Gruppen möglich ist. Obwohl für eine psychotherapeutische Gruppe die Phase typisch ist, in der Gemeinsamkeiten betont werden, stellt dies normalerweise eine frühe Stufe der Entwicklung dar, während der die Gruppe den Versuch unternimmt, eine gewisse Gruppenkohäsion zu entwickeln. Es ist nicht der *raison d'etre* der Gruppe, wie es für eine bewußtseinserweiternde oder Selbsthilfegruppe zutreffen würde. Es gibt tatsächlich Hinweise, daß für Teilnehmer an Selbsterfahrungsgruppen, die zu lange bei der Betonung von Gemeinsamkeiten stehen bleiben, die Wahrscheinlichkeit, sich positiv zu verändern, geringer wird. Die Stärke von bewußtseinserweiternden und Selbsthilfegruppen andererseits scheint auf deren ständigem Beharren auf dem gemeinsamen Problem zu beruhen. Ihre Mitglieder sind der Meinung, daß sie aus ihrer Identifizierung mit einem gemeinsamen Kernproblem die nötige Unterstützung erhalten.

Ein unverkennbarer Unterschied zwischen den verschiedenen gruppentherapeutischen Ansätzen liegt in ihrem Attributionssystem, d. h. den expliziten und impliziten interpretativen Theorien über die Ursache menschlicher Probleme und ihre Bewältigung. Ein Beispiel dafür ist die Bedeutung, die verschiedene psychologische Richtungen der internen und externen Ursache eines Problems beimessen. Psychoanalytisch orientierte therapeutische Gruppen schreiben die Ursache seelischer Probleme der persönlichen Lerngeschichte zu. Bewußtseinserweiternde Gruppen für Frauen betonen mit Nachdruck die externe Herkunft der Problematik: eine unpersönliche, von Sex besessene Gesellschaft. In unserem Bemühen, zu verstehen, welche Prozesse psychotherapeutisch sind, haben wir meiner Meinung nach der Wirksamkeit verschiedener Attributionssysteme zu wenig Beachtung geschenkt. Beim Vergleich einiger in Selbsterfahrungsgruppen angewandter Theorien über persönliche Entwicklung (Gestalt, Tranksaktionale Analyse, *Rogers*-Methode etc.) stellte sich heraus, daß es keinen großen Unterschied machte, welche Theorie „gelehrt" wurde, solange ein gewisses Maß an kognitiver Struktur aus der Gruppe dazu herangezogen wurde, die Probleme zu erklären und zu lösen. Ob diese Beobachtung auch auf tiefgreifendere Unterschiede innerhalb der einzelnen Attributionssysteme, wie man sie z. B. zwischen psychotherapeutischen und bewußtseinserweiternden Gruppen für Frauen annehmen kann, schließen läßt, bleibt eine ungeklärte Frage.

Therapeutische Ansätze

Der Student, der lernen möchte, wie man therapeutische Gruppen leitet, sieht sich heute einer weitaus komplizierteren Aufgabe gegenüber, als dies noch vor weniger als zehn Jahren der Fall war. Die Theorien, Ziele, Techniken und Auswahlverfahren für Klienten haben in einer Art und Weise an Umfang gewonnen, die diesen Lernprozeß gemeinsam erschwert hat. Die Wahl der Theorie, die Auswahl unter den zur Verfügung stehenden Techniken, die Beantwortung der Frage, welche Methoden bei bestimmten Klienten anzuwenden sind, dies alles mag in den Augen des Anfängers die Weisheit Salomons erfordern.

Es wäre vermessen anzunehmen, daß die Leser dieses Kapitels hinsichtlich der Theorien über individuelle Veränderungen noch ein *unbeschriebenes Blatt* sind. Sehr viel wahrscheinlicher ist, daß die meisten schon mit Vorstellungen über persönliche Weiterentwicklung, einem Konglomerat aus Verhaltenstheorie, humanistischer Psychologie und vermutlich auch dynamischer Persönlichkeitstheorien und ihrer therapeutischen Techniken in Berührung gekommen sind. Deshalb ist es angebracht, die aus diesen drei Richtungen stammenden Auffassungen kurz zu umreißen und ihren Einfluß auf die therapeutische Gruppenarbeit zu untersuchen. Man sollte dabei allerdings nicht vergessen, daß fast jede Theorie über die Veränderung von Individuen in Gruppen von theoretischen Systemen abgeleitet wurde, die ihrerseits dem dyadischen Therapiemodell verhaftet sind.

Verhaltenstheoretische Modelle

Verhaltenstheoretische Modelle, die sich vielleicht am besten in Begriffen der Theorie sozialen Lernens beschreiben lassen, nennen einige Mechanismen, die einen entscheidenden Anstoß für eine Modifikation geben können: Steigerung oder Verminderung der Erregung, Modell-Lernen, kognitive Umstrukturierung etc. Die spezifischen Prinzipien und ihre Anwendung werden in einigen Kapiteln dieses Buches näher erläutert, so daß dem Leser nicht auch noch eine Zusammenfassung verhaltenstheoretischer Ansätze zugemutet werden muß. So nützlich verhaltenstheoretische Ansätze auch in der Zweierbeziehung sein mögen, bringen sie doch einige ernste technische und theoretische Probleme mit sich, wenn sie in Gruppen angewendet werden sollen. Mit unserer Entscheidung, mehrere einzelne Personen mit dem Ziel einer Veränderung in einer Gruppe zusammenzufassen, schaffen wir gleichzeitig ein soziales System, das einige entscheidende Eigenschaften hat, auf die die Dyade nicht zurückgreifen kann. Diese besonderen Gruppencharakteristika bringen in eklatanter Weise für die Beziehung zwischen dem Leiter bzw. Therapeuten und den Teilnehmern eine Veränderung mit sich, die er nicht durch rein technische Adaption kompensieren kann.

Diejenigen, die den Versuch gemacht haben, in Gruppen verhaltenstherapeutisch zu arbeiten, implizieren damit, daß der Gruppenleiter in der Lage ist, die Situation genau unter Kontrolle zu halten, daß es in seiner Macht liegt, Verhalten beliebig zu modifizieren, zu desensibilisieren, zu modellieren etc. Diese implizite Annahme schränkt die Brauchbarkeit verhaltenstherapeutischer Ansätze in der Gruppe ein. Macht und Einfluß sind in Beziehungen mehrerer Personen zueinander beträchtlich breiter gestreut als in der Zweierbeziehung. Wo mehr als zwei Individuen zusammentreffen, gerät die Frage nach den Quellen der Macht und der Fähigkeit zu ihrer Ausübung zu einer komplexen Angelegenheit. Das Belohnungs- und Bestrafungssystem in Gruppen unterscheidet sich in einigen wesentlichen Punkten von den Dyaden: In Dyaden bedeutet Liebesentzug die extremste Bestrafung; in der Gruppe ist es der Ausschluß aus der Gemeinschaft, eine Bestrafung, die eher von der Gruppe selbst, als vom Leiter ausgeht. Deshalb kann das exakte methodische Vorgehen, das viele Trainer an der Verhaltenstherapie so fasziniert, im Rahmen der Gruppe nicht durchgehalten werden, weil jede Einflußnahme zur Funktion des sozialen Systems wird. Ein anderes Beispiel ist das Dilemma, in das die Verhaltenstherapie gerät, wenn es um die Rolle der anderen in der Gruppe geht. Feststellungen wie „die Teilnehmer verstärken einander", die „Gruppenmitglieder dienen als Modell" oder „es findet stellvertretendes Lernen statt", sind in diesem Modell an der Tagesordnung. Nehmen die Theoretiker damit nicht an, daß die Teilnehmer im richtigen Augenblick das Richtige tun, daß sie also in der Lage sind, den therapeutischen Prozeß zu unterstützen und daß es bestimmte Strategien aus der Theorie des sozialen Lernens gibt, die diese Reaktionen in der Gruppe auslösen können?

Die meisten Sozialpsychologen stimmen darin überein, daß es sich am besten anhand von Gruppennormen erklären läßt, welche Verhaltensweisen in Gruppen verstärkt werden. Es handelt sich um das unausgesprochene, gemeinsame Übereinkommen der Teilnehmer, was erwünschtes bzw. unerwünschtes Verhalten ist. Auch hier nehmen die Verhaltenstherapeuten implizit an, daß die Normen der Gruppe den Intentionen des Gruppenleiters entsprechen. Neuere Studien zeigen jedoch, daß Gruppennormen weder ausschließlich noch notwendigerweise eine Funktion dessen sind, was der Gruppenleiter will oder wie er sich verhält. Mit einem verhaltenstheoretischen Ansatz an die Mechanismen heranzugehen, die in Gruppen Veränderungen auslösen, wirft einige problematische theoretische und technische Fragen auf, die bisher in der Literatur kaum angesprochen worden sind. Die Verhaltenstherapie befindet sich in einer ähnlichen Lage wie andere Theorien zur individuellen Veränderung, die aus Erfahrungen mit Einzeltherapien entwickelt wurden. Wenn es ihr nicht gelingt, die entscheidenden Eigenschaften der Gruppe zu integrieren, verringert sich die Wirksamkeit der Prinzipien, die sich in der Zweierbeziehung als erfolgreich erwiesen haben. Die Verhaltenstherapie muß der Tatsache Rechnung tragen, daß die Gruppe ein komplexes soziales System darstellt, das zwar die Eigenschaft besitzt, Verhalten zu verändern, andererseits aber auch Probleme ganz besonderer Art aufwirft.

Humanistische Ansätze

Über die Veränderung von Individuen gibt es gewisse Vorstellungen, die ihre Wurzel in der existentiellen humanistischen Weltanschauung haben. Außer der schon genannten verhaltenstheoretischen und der noch zu besprechenden dynamischen Betrachtungsweise, gibt es noch einige Gesichtspunkte zur Unterscheidung verschiedener Positionen, die man unter dem Terminus „humanistisch" zusammenfassen kann. Gemeinsam ist all diesen Theorien jedoch die Auffassung der Natur des Menschen, der Ursachen seiner Leiden, wie auch der Gegebenheiten, die er benötigt, um sich entfalten zu können. Es sind vor allem gewisse Inhalte dieser Anschauung, die den humanistischen Ansatz von verhaltenstheoretischen und dynamischen Intentionen unterscheiden. Die nachdrückliche Betonung liegt auf der Entwicklung des Menschen. Ziel ist die Verwirklichung latenten Potentials. Das bekannteste humanistische Modell wurde von *Carl Rogers* (1970) ursprünglich für die Gruppentherapie entwickelt, und später auch in Selbsterfahrungsgruppen eingesetzt. *Rogers* Denken konzentriert sich hauptsächlich auf das Problem, in welcher Form der Therapeut oder Gruppenleiter den Gruppenprozeß fördern kann. Die Anhänger dieser Methode messen drei Bedingungen entscheidende Bedeutung zu für die Beziehung zwischen dem Therapeuten bzw. Leiter und den Klienten: Die Annahme (bedingungslose positive Zuwendung) des Klienten oder der Gruppe; das einfühlende Verständnis für einen Menschen (Empathie); die

Echtheit der eigenen Kommunikation mit anderen, was voraussetzt, daß man seinen eigenen Gefühlen vertraut. Die drei genannten Bedingungen wurden in einer eindrucksvollen Reihe von Forschungsarbeiten, die in den fünfziger Jahren von *Rogers* und seinen Schülern in Angriff genommen wurden, ausführlich dargestellt. *Truax* und seine Kollegen [16] haben mit an Sicherheit grenzender Wahrscheinlichkeit nachgewiesen, daß diese drei Grundbedingungen einer guten Beziehung zwischen Therapeuten und Klienten in der Zweierbeziehung förderlich sind und zu günstigen Ergebnissen führen. Es ist bemerkenswert, daß im Rahmen der humanistischen Arbeit nur eine sehr geringe Anzahl neuer Konzepte entwickelt wurde, die den sozialen Kräften Rechnung getragen hätten, die dann aktiviert werden, wenn in einer Gruppe Veränderungen ausgelöst werden. Es wird offenbar vorausgesetzt, daß der Leiter oder Therapeut diese drei Bedingungen mit jeder einzelnen Person in der Gruppe herstellen kann und damit die Situation reproduziert, die er ansonsten in der Dyade schafft. Für uns von besonderer Bedeutung ist die Tatsache, daß *Truax* und *Carkhuff* in ihren Studien darauf hinweisen, daß dieselben drei Voraussetzungen seitens des Therapeuten, die in der individuellen Therapie immer einen starken positiven Einfluß hatten, in der Gruppensituation niemals auch nur annähernd so wirkungsvoll waren. Praktiker aus der Schule von *Rogers* benützen die Gruppe als Medium, um ein Gefühl der Gemeinschaft zu schaffen, und als Quelle für Feedback. In diesem System sind jedoch keine Techniken enthalten, um die in der Gruppe wirksamen Kräfte zu analysieren oder die Intervention des Therapeuten zu dem Prozeß in der Gruppe als sozialem System in Beziehung zu setzen. Wie solche Gruppenleiter an eine Gruppe herangehen, erinnert in mancher Hinsicht an die große „Schau", die der Mensch schon seit Urzeiten in der Geschichte gibt. In der Betonung der Heranbildung eines grundlegenden Vertrauens, sowie der bedingungslosen Annahme und Einfühlung ist die Hypothese enthalten, daß der Leiter kraft seiner eigenen Persönlichkeit in der Lage sein wird, eine Gruppe zu fördern, ihr als Modell zu dienen oder Verhalten direkt zu verändern.

Obwohl die Gestalttherapie einen anderen Gebrauch von der Gruppe macht, hat auch sie sich eine im wesentlichen positive Sicht der menschlichen Natur und ihrer psycho-sozialen Bedürfnisse zu eigen gemacht. Im Vergleich zu Gruppenleitern, die mit *Rogers'* Methode arbeiten, sind Gestalttherapeuten bei weitem aktiver, wenden mehr Techniken zur Konfrontation an und beziehen ihre Teilnehmer im allgemeinen mehr in strukturierte Übungen und Spiele ein. Dennoch machen sie – ähnlich wie die Anhänger von *Rogers* – über die Entwicklung eines Gemeinschaftsgefühls und die stützende Funktion hinaus nur geringfügigen Gebrauch von den in der Gruppe wirksamen Kräften. Diese Ansätze unterscheiden sich also klar in ihren Techniken und Annahmen über die Bedingungen, die eine Veränderung hervorrufen. Gemeinsam ist ihnen allerdings die grundlegende Erkenntnis, daß menschliche Probleme eher sozialen Erfahrungen entspringen, als negativen inneren Einflüssen. Beide haben auch die Tendenz, nur einen begrenzten Gebrauch von der gesamten Gruppe als Katalysator individueller Veränderungen zu machen.

13. Gruppenmethoden

Dynamische Ansätze

Wie es bei den verhaltenstheoretischen und humanistischen Ansätzen der Fall war, gibt es auch viele theoretische und technologische Beiträge, die man grundsätzlich unter die dynamische Richtung einordnen kann. Ihre historischen Wurzeln liegen in der Psychoanalyse, d. h. der wesentliche Unterschied zwischen diesem Ansatz und den bereits diskutierten ist in der Auffassung zu suchen, daß die Ursache menschlichen Leidens eine innerpsychische ist – innere Konflikte, die der Betroffene ein ganzes Leben lang mit sich herumgeschleppt hat. Die Therapie hat die kognitive Bewältigung dieser Konflikte in der Gegenwart und Vergangenheit zum Ziel. Zwei Prozesse vor allem spielen dabei eine wichtige Rolle: Die Interpretation des Widerstandes und die Analyse der Übertragung. Es wird angenommen, daß der Widerstand ein Resultat der fundamentalen Ambivalenz der Person ist, und dazu dient, sich gegen die Aufdeckung schmerzlicher Aspekte der eigenen Person zu schützen. Ambivalenz manifestiert sich auch darin, daß Veränderungen gleichzeitig erwünscht und abgelehnt werden. Übertragung im klassischen Sinn meint die Gefühle zu aktuellen Bezugspersonen, die ihren Ursprung in signifikanten früheren Beziehungen haben. Diese grundlegenden Vorstellungen wurden *in toto* auf die Gruppentherapie übertragen. Daher sind die klassischen Methoden dynamisch orientierter Gruppentherapeuten die Interpretation von Widerständen und die Analyse von Übertragungen. Sie sehen die Gruppe als wichtige Quelle zur Wiederbelebung der lebenslangen Konflikte der Teilnehmer. Unter diesem Aspekt ist auch der entscheidende Beitrag der Gruppe zum Therapieverlauf zu verstehen, daß sie es nämlich dem Patienten ermöglicht, die Natur seiner neurotischen Handlungen besser zu beobachten und zu verstehen. Der Inhalt der Gruppen wird dadurch bearbeitet, daß in der Gruppe viele Übertragungsprozesse stattfinden. Im großen und ganzen steht letztlich aber immer noch die Person des Therapeuten im Mittelpunkt. In der Praxis scheinen die psychoanalytisch orientierten Gruppen die traditionellen Funktionen zu übernehmen; in diesen Gruppen kann man beispielsweise beobachten, daß die interpretative Rolle, die der Analytiker in der Dyade spielt, durch Mitglieder der Gruppe übernommen wird.

Andere, dynamisch orientierte Theoretiker haben die Gruppe viel nachdrücklicher als therapeutisches Mittel eingesetzt. Da für *Adler* und seine Schüler die schwerwiegendsten menschlichen Probleme grundsätzlich sozialer Natur waren, messen die Gruppenpsychotherapeuten, die nach dieser Methode arbeiten, der Gruppe eine weitaus größere Wirksamkeit zu, und zwar nicht nur deshalb, weil sie die Konflikte und das Fehlverhalten ihrer Mitglieder aufdeckt und näher beleuchtet, sondern auch weil sie Korrekturen vornimmt. Der *soziale* Charakter der Psychopathologie, die Auffassung, daß seelische Krankheit das Ergebnis von Interaktionen mit anderen ist, stellt auch ein Postulat in der Arbeit von *Harry Stack Sullivan* [15] dar. Er sah den Sinn der Therapie vor allem darin, dem Patienten die verschiedenen Prozesse und Techniken bewußt zu machen, die er einsetzt, um Angstreaktionen zu vermeiden, die ihren Ursprung in früheren sozialen Interaktionen haben. Dem Gruppentherapeuten, der mit *Sullivans* Methode arbeitet, liefert die Gruppe als sozialer Mikrokosmos die Basis für die Analyse, nämlich die entscheidenden Komponenten der Interaktion.

Wichtig ist, sich vor Augen zu halten, daß alle drei genannten Theorien – die verhaltenstherapeutische, die existentiell-humanistische und die dynamische – der Entwicklung der Persönlichkeit aus der Theorie und Praxis individueller therapeutischer Beziehungen entwickelt wurden. Mit fortschreitender Integration dieser Methoden in die Gruppentherapie ging die Erprobung neuer Techniken zu ihrer Anwendung einher. Es wurde jedoch kaum untersucht, ob nicht etwa kritische Unterschiede zwischen den therapeutischen Prozessen in einer Gruppe und einer Zweierbeziehung Patient-Therapeut bestehen, die eine theoretische Überprüfung und Neufassung als notwendige Bedingung für eine effektive Auswahl von Techniken stellen.

Die besonderen Eigenschaften der Gruppe[1])

Was also sind die besonderen Eigenschaften der Gruppe im Gegensatz zur Dyade, die man nicht übersehen darf, wenn man Gruppen als Medium zu persönlichen Veränderungen einsetzen will? Fünf Eigenschaften der Gruppe sind für den Einfluß auf die therapeutische Erfahrung des Klienten von besonderer Bedeutung:
1. Die Fähigkeit der Gruppe, *Kohäsion* bzw. ein Gefühl der Zusammengehörigkeit zu entwickeln
2. Die Fähigkeit der Gruppe, Verhalten zu kontrollieren (zu belohnen und zu bestrafen)
3. Die Fähigkeit, für die individuelle Person die *Realitäten* zu bestimmen
4. Die Fähigkeit, starke Gefühle zu provozieren und freizusetzen *(emotionale Ansteckung)*
5. Die Fähigkeit, einen Kontrast zu schaffen für den *sozialen Vergleich und soziales Feedback* zu geben

Wie sehen die Implikationen für diese Eigenschaften zur Auslösung produktiver psychotherapeutischer Erfahrungen in der Gruppe aus?

Die Fähigkeit der Gruppe, Kohäsion zu entwickeln

Diese Eigenschaft betrifft das einzigartige Erlebnis der Gemeinschaft oder auch Zugehörigkeit, die operational häufig als Attraktivität der Gruppe auf ihre Teilnehmer definiert wird. Kohäsion spielt in der Gruppe ungefähr dieselbe Rolle,

---

[1]) Der Abschnitt über die besonderen Eigenschaften der Gruppe ist die Zusammenfassung eines Artikels: Lieberman, M. A., Lakin, M., and Whitaker, D. S.: The group as a unique context for therapy. Psychotherapy: Theory, research and practice. Vol. 5, No. 1. Winter, 1968.

wie positive „Übertragung" zwischen Arzt und Patient in der Dyade. In den vergangenen Jahren wurde in Studien über die Einzeltherapie eine ganze Menge an Beweismaterial zusammengetragen, das die Bedeutung der Übertragung zwischen Therapeut und Patient unterstreicht. *Truax* und *Carkhuff* [16] haben Ergebnisse vorgelegt, die die Hypothese untermauern, daß sich bestimmte Qualitäten dieser Beziehung, wie z. B. ein hoher Grad an Empathie, nichtbesitzergreifender Wärme und Echtheit günstig auswirken oder daß Patienten, die beliebt sind oder sich vom Therapeuten akzeptiert fühlen, mit größerer Wahrscheinlichkeit Fortschritte in der Therapie machen. In der Gruppe ist die Chance nicht so groß, eine derartige Beziehung zwischen jedem Teilnehmer und dem einzelnen Leiter herzustellen. Die Kohäsion spielt in der Gruppe jedoch dieselbe Rolle, denn es ist gerade das Gefühl der Zugehörigkeit, das den Teilnehmer bewegt, in der Gruppe zu bleiben und mit ihr zu arbeiten. Die schmerzhafte therapeutische Exploration wird dadurch erleichtert. Kohäsive Gruppen sind solche, die einem Mitglied fast bedingungslose Aufnahme gewähren, ganz gleich welche Vergangenheit es hat, und wie es sich außerhalb der Gruppe verhält.

Die Fähigkeit der Gruppe, Verhalten zu kontrollieren

Mit dem Grad der Kohäsion aufs engste verbunden ist die Eigenschaft der Gruppe, Verhalten durch Belohnung und Bestrafung zu kontrollieren. Die Gruppe als mikrokosmisches Abbild unseres gesellschaftlichen Systems entwickelt ihre eigene Sozio-Kultur und stützt sich auf besondere Normen und Regeln, die sie im Laufe ihrer Entstehung definiert. Wieviel jemand spricht, worüber er spricht, ja sogar die „Art und Weise" wie man über gewisse Dinge spricht, sind Merkmale des Verhaltens der Gruppenmitglieder, auf die die Gruppe Einfluß ausübt. Die Kontrolle über individuelles Verhalten ist sowohl in der Therapie- als auch in der Selbsterfahrungsgruppe eine zentrale Eigenschaft. Die Gruppenmitglieder werden geradezu unvermeidlich von den anderen unter Druck gesetzt, ihr Verhalten und ihre Meinung zu ändern. Die Notwendigkeit, Schritt zu halten und die Regeln zu befolgen sind wirkungsvolle Motoren, um Konformität in der Gruppe zu erzeugen. Denn Mißachtung der Regeln zieht möglicherweise Strafe nach sich. Die äußerste Strafe, die die Gruppe verhängen kann, ist der psychische oder physische Ausschluß. In der Einzeltherapie fürchtet sich der Patient nicht davor, ausgeschlossen zu werden, wenn er mit dem Therapeuten nicht übereinstimmt, sondern vielmehr vor dem Verlust der Achtung und Zuneigung des Therapeuten. Wir haben es hier mit zwei ganz verschiedenen Erfahrungen zu tun, die dennoch ein sehr ähnliches Verhalten erzeugen – nämlich Konformität. Eine weitere starke Kraft, die Konformität bei den Teilnehmern erzeugt, ist zugleich die höchste Belohnung, die eine Gruppe vergeben kann – *vermag sie es doch, dem Einzelnen die Bestätigung seiner Mitmenschen zu verschaffen.* Die Erfahrung der „übereinstimmenden Validierung" (Zustimmung durch Mitglieder, deren Meinung wichtig geworden ist) scheint in der Gruppentherapie ein herausragendes und erfreuliches Erlebnis zu sein, wirksamer auch als die Bestätigung durch den Therapeuten. Der Zwang der Gruppe zu konsequenter Konformität löst häufig auch Angst bei den Leuten aus. So gibt es denn auch überzeugende Beweise dafür, daß Gruppen nicht nur in der Lage sind, Konformität zu erzeugen, sondern auch Angst bei den Teilnehmern vor der Strafe bei Mißachtung der Regeln. Es sollte hier jedoch festgehalten werden, daß die Normen, durch die festgelegt wird, welches Verhalten dem Einfluß der Gruppe unterliegt, niemals von einer einzelnen Person in der Gruppe definiert werden, sondern ihre Existenz immer einer einhelligen Übereinstimmung verdanken. Die einzelne Person in der Gruppe lebt in dem Glauben, daß sie in der Gruppe Einfluß auf die Entwicklung von Normen und Regeln hat, was dazu beiträgt, Ängste und andere negative Gefühle, die auf der Eigenschaft der Gruppe, Konformität zu erzeugen, beruhen, bis zu einem gewissen Grad abzubauen.

Die Fähigkeit der Gruppe, für ihre Mitglieder die Realität zu definieren

In der Einzeltherapie ist es eine der wichtigsten Aufgaben des Therapeuten, das Verhalten des Patienten zu deuten – seine Gedanken, Gefühle und Phantasien ebenso wie seine Umwelterfahrungen in der Gegenwart und Vergangenheit in ein Schema einzuordnen. Die meisten Schulen, die verbale Psychotherapie betreiben, sehen im *Verständnis* seitens des Klienten das wichtigste therapeutische Ziel. Die Entwicklung dieses Verständnisses (Einsicht) vollzieht sich natürlich nicht nur mittels der Deutungen durch den Therapeuten, sondern ist auch das Ziel einer ganzen Reihe anderer therapeutischer Interventionen.

Es ist ein wichtiges Merkmal der Gruppe, Einfluß darauf zu nehmen, wie jeder Einzelne sich selbst, die Gruppe als ganzes und andere in der Gruppe sieht; in der Gruppensituation spielt also nicht nur der Leiter eine tragende Rolle in der Vermittlung von Einsicht und Verständnis, sowie in der Deutung von Verhalten – das soziale System, die Gemeinschaft der Teilnehmer, trägt insgesamt zur Deutung bei. Die Fähigkeit der Gruppe, Realität zu bestimmen, wird durch ein Ereignis in einem durch den Autor veranstalteten Kurs für Gruppentherapie auf dramatische Weise illustriert. Zwei Psychiater haben zwei Studenten bei ihrer Arbeit als Therapeuten in einer laufenden Gruppe beobachtet. Die Beobachter sahen von einem abgedunkelten Beobachtungsraum aus zu, und diskutierten mit den Therapeuten anschließend ihr Vorgehen. Vor der achten Sitzung wurden die Vorhänge zur Reinigung abgenommen, so daß die Patienten die Beobachter durch die Einwegscheibe hindurch erkennen konnten. Die beiden Therapeuten waren der Meinung, es sei nicht nötig, deshalb die Beobachtung ausfallen zu lassen, da allen Patienten bewußt war, das sie beobachtet wurden. Die Patienten kamen nacheinander herein, jeder schaute besonders aufmerksam auf den großen Spiegel und nahm dann Platz. Die Sitzung begann damit, daß die Teilnehmer darüber sprachen, wie schwierig es sei, mit Leuten in Kontakt zu treten, „besonders dann, wenn man sie nicht sehen könne, wie beim Telefonieren etc.". Sie wiesen auf die Beobachter hin (was sie in den vorangegangenen Sitzungen nicht getan hatten) und machten Bemerkungen wie „es ist unangenehm. Ich möchte nicht beobachtet werden, weil es einseitig geschieht. Die Beobachter können die Patienten sehen, aber nicht umgekehrt". Die Sitzung ging eine halbe Stunde weiter in diesem Stil, und griff dann andere Themen auf. Als die beiden Therapeuten sich nach der Sitzung mit den anderen zur Besprechung trafen, wurden sie von den Beobachtern gefragt, warum sie nicht eingegriffen hätten und die Gruppe auf den Boden der „Wirklichkeit" zurückgeholt hätten, indem sie ihnen sagten, daß die Beobachter ja zum erstenmal sichtbar gewesen seien. Sie antworteten, das Licht habe sich verändert und die Beobachter hätten nicht wirklich gesehen werden können. Sie waren davon derart überzeugt, daß einige von uns mit ihnen in den Therapieraum gehen mußten, um ihnen zu zeigen, daß die Gruppe die Beobachter doch sehen konnte, wenn auch vielleicht nicht jeden Gesichtsausdruck, so doch zumindest ihre deutlichen Umrisse.

Dies als Beispiel für die Fähigkeit der Gruppe, ihre eigene, ganz besondere Realität zu bestimmen. Die beiden Therapeuten, die mit dem Wissen in die Sitzung gingen, daß die Beobachter gesehen werden konnten, und die Patienten, die gemeinsam die Illusion, die Beobachter seien unsichtbar als „Realität" aufrechterhielten, hatten *übereinstimmend* die Realität neu definiert, um ihre eigenen Bedürfnisse zu befriedigen.

Die Fähigkeit der Gruppe, die Intensität der Gefühle zu regulieren

Emotionale Ansteckung war das erste Phänomen, für das sich die Gruppenforscher zu interessieren begannen. *Le Bon* [9] und *Freud* [7] haben darauf hingewiesen, daß in Gruppen starke ursprüngliche Gefühle ausgelöst werden können. Einzelne Teilnehmer werden mitgerissen, sie erleben Gefühle, die ihrer Meinung nach nicht charakteristisch für sie sind und sie reagieren auf diese Empfindungen ohne die für sie typische Kontrolle. Diese Eigenschaft der Gruppe kann sich positiv oder negativ auf die Therapie auswirken. Manche Teilnehmer können in dieser Situation Gefühle, die sie früher in Angst versetzt haben, akzeptieren, ohne wieder in Panik zu geraten. Sie machen, mit anderen Worten, zum erstenmal die Erfahrung, daß Gefühle einen nicht überwältigen müssen und daß die gefürchteten Konsequenzen ausbleiben. Zu einem negativen Erlebnis kann es kommen, wenn jemand von einem Gefühl überschwemmt wird und sich durch seinen direkten körperlichen oder indirekten emotionalen Rückzug der Gruppe entziehen oder sich durch die Flucht in unerwünschte Abwehrmechanismen gegen die Gruppe verteidigen muß. Die potentielle Fähigkeit, Gefühle zu stimulieren ist zwar nicht allein die Eigenart therapeutischer Gruppen, aber für ihre Arbeit von entscheidender Bedeutung, da sie einen direkten Einfluß auf individuelles Lernen und persönliche Wachstumsprozesse in Gruppen ausübt.

Die Fähigkeit der Gruppe, einen Raum für soziale Vergleichsmöglichkeiten zu schaffen

Auch dieses fünfte Gruppenmerkmal hat einen bedeutenden Einfluß auf die therapeutische Situation. Patienten in Gruppentherapie vergleichen häufig ihre Einstellungen zu Eltern, Partner und Kindern. Sie sprechen darüber, was sie traurig, glücklich und ärgerlich macht oder Schuldgefühle in ihnen auslöst. Sie erzählen einander, wie jeder mit seinen Gefühlen von Ärger, Zuneigung usw. umgeht und wie er sie zum Ausdruck bringt. Solche Vergleiche ergeben sich ganz selbstverständlich und tragen zur Veränderung der Identität des Patienten bei, weil sie ihm neue Dimensionen des Wahrnehmens, Fühlens und Verhaltens eröffnen. Die Tatsache, daß in einer Gruppe eine ganze Reihe verschiedener Gesichtspunkte bearbeitet werden kann, weil die Teilnehmer immer wieder neue Themen vorbringen, ist eine entscheidende Eigenschaft der Gruppensituation. Am deutlichsten wird dies vermutlich im Rahmen einer Therapie, weil wir hier den Einzelnen einem sozialen System aussetzen, das von ihm erwartet, ja oft sogar fordert, über sich und sein Verhalten zu sprechen. Der soziale Vergleich ist eine natürliche Folge dieser Erwartung.

Aufgrund der genannten Bedingungen wird der Patient in der Gruppe in eine Reihe von Aktivitäten und Überlegungen mit einbezogen, die sich von denjenigen unterscheiden, die er in der Einzeltherapie kennenlernen würde. Im Vergleich zur Einzeltherapie bekommt das Mitglied einer Gruppe wenig Gelegenheit, über sich selbst und seine Interaktionen mit anderen zu reflektieren, zu seinen Gefühlen zu assoziieren, Träume zu analysieren, gegenwärtige Erfahrungen mit Erlebnissen aus der Vergangenheit in Beziehung zu setzen oder verdeckten Deutungen nachzuspüren. Er ist zu sehr am aktuellen Geschehen beteiligt und damit beschäftigt, sich innerhalb der Gruppe eine tragfähige Position zu erobern. Dafür lernt er besser als der Patient in Einzeltherapie, anderen gegenüber seine Gefühle zu äußern, die Folgen dieser Äußerungen abzuschätzen, zu versuchen andere zu verstehen und sich in sie hineinzuversetzen, von anderen Feedback darüber zu bekommen, wie er auf sie wirkt und Vergleiche zwischen sich und anderen anzustellen.

Führen diese unterschiedlichen Erfahrungen zu unterschiedlichen Ergebnissen? Es wird im allgemeinen angenommen, daß dem Gruppenmitglied letzten Endes dieselbe Hilfe zuteil wird, die es in einer Einzeltherapie bekommen hätte. Es wäre vielleicht ganz nützlich, diese Hypothese durch eine Datenerhebung am Ende der Intervention (Symptome, Konflikte, Abwehrmechanismen, Verhaltensmuster in der Interaktion mit anderen und dgl.) zu überprüfen und den erreichten Lernzuwachs (Lernen, wie man an Probleme herangeht, wie man sich Konflikten stellt und sie löst, wie man mit Ängsten umgeht) festzustellen.

Die folgenden drei Punkte sind für den Zustand des Individuums am Ende der Intervention relevant:
1. die Symptome bzw. die vorgebrachten Beschwerden

13. Gruppenmethoden

2. der Abbau unerwünschter Verhaltensmuster, die Aufgabe neurotischer Abwehrmechanismen oder die Lösung neurotischer Konflikte
3. die nicht beabsichtigten positiven Nebenwirkungen

Die Beseitigung des Symptoms kann beispielsweise einen unterschiedlichen Grad erreichen. Der „Placebo"-Effekt (siehe Näheres in Kapitel 12), in vielen Fällen ein kritisches Ereignis bei schneller Symptombeseitigung, scheint unserer Meinung nach für die Dyade charakteristisch zu sein. Bestimmte Verhaltensveränderungen oder Konfliktlösungen können in der einen oder anderen therapeutischen Situation besser gelingen, je nach Art des Problems, Art der Zusammensetzung (im Fall der Gruppe) etc. Eine Therapiegruppe, deren Mitglieder einen Patienten darin verstärken würden, ein neurotisches Verhaltensmuster aufrechtzuerhalten, wäre unwirksamer als eine Einzeltherapie. Andererseits könnte eine Gruppe, die dem Patienten mittels emotionaler Ansteckung dazu verhilft, ein zuvor gefürchtetes Gefühl positiv zu erleben, wirksamer sein, als eine Einzeltherapie.

Schließlich besteht noch die Möglichkeit, daß die beiden unterschiedlichen Behandlungsmethoden auch unterschiedliche sekundäre Gewinne nach sich ziehen. Die Schwierigkeit, anderen etwas von sich zu geben, mag vielleicht nur am Rande mit den Beschwerden oder Konflikten der Person in Zusammenhang stehen, aber trotzdem ein ernstes Problem sein. Da „Geben" sehr oft eine zentrale Frage in Gruppen ist, hat jedes Mitglied ausreichend Gelegenheit, sich über seine diesbezüglichen Ängste klarzuwerden und neue Verhaltensmuster auszuprobieren. Aus diesem Grund können sich hier Veränderungen aus diesem Bereich schneller und direkter ergeben als in der Einzeltherapie.

Beide therapeutischen Ansätze lenken die Aufmerksamkeit auf verschiedene Aspekte des menschlichen Daseins. Von einigen Erfahrungen in der Gruppe zeigen sich die Teilnehmer meist sehr beeindruckt: von dem allgemeinen Wunsch, Gemeinsamkeiten zu entdecken, von dem wachsenden Bedürfnis, sich anderen mitzuteilen und von Personen, die oberflächlich betrachtet einen ganz anderen Eindruck erweckt hatten. Ebenso beeindruckt sind sie davon, wie schwierig es ist, sich anderen sinnvoll mitzuteilen und wie sehr sie belohnt werden, wenn sich die gewünschte Kommunikation als möglich erweist. Die Einzeltherapie dagegen fördert solche Erfahrungen nicht direkt.

Die Unterschiede beim Meta-Lernen[1]) mögen sogar noch gravierender sein, als die im Zustand des Klienten am Ende der Intervention. In jeder Behandlungsform erwirbt der Klient eine bestimmte Technik, mit Problemen fertig zu werden. Darin spiegelt sich der Schwerpunkt des therapeutischen Ansatzes wider, dem er ausgesetzt war. Es ist nicht ungewöhnlich, daß ein Patient mit der erhöhten Tendenz aus der Psychoanalyse hervorgeht, auf seine Träume zu achten, seiner Vergeßlichkeit eine emotionale Bedeutung beizumessen und unterbewußten Gefühlen nachzugehen, wenn er Ungereimtheiten in seinem Verhalten feststellt. Wer in Gruppentherapie war, wird aller Wahrscheinlichkeit nach versuchen, Feedback von anderen zu

---

[1]) Ergebnis der Reflexion über den Lernprozeß (Anm. d. Übers.)

bekommen, Vergleiche im sozialen Bereich anstellen und Verhaltensweisen im zwischenmenschlichen Kontakt austesten. Die Würdigung der intensiven positiven und negativen Kräfte, die die Gruppe als therapeutisches Medium in sich birgt, ist vielleicht der einzige Weg, ein realistisches Bild über die Probleme und Möglichkeiten zu gewinnen, die der Einsatz von Gruppen zur Veränderung der Persönlichkeit mit sich bringt.

Obwohl einige Theoretiker wie *Bion* [3] und *Ezriel* [5] ihre Untersuchung gruppentherapeutischer Prozesse schon mit der Prämisse begonnen haben, daß Gruppen außerordentliche Eigenschaften besitzen, sind die meisten Beispiele dieser Richtung von den neueren Entwicklungen der therapeutischen Arbeit in Gruppen überholt worden. Sie beruhen ausschließlich auf Beobachtungen der traditionellen therapeutischen Situation und tragen der veränderten Konzeption über Klienten und Funktionen der neueren Therapieformen noch nicht Rechnung. Die Theoretiker, deren Interesse sich auf die Erforschung sozialer Systeme richtet, haben den Versuch unternommen, bei der Entwicklung einer einheitlichen Theorie der Gruppe beide Komponenten zu berücksichtigen: die Merkmale der Gruppe und die individuelle Dynamik. Interessant ist die Rolle, die der Therapeut unter solchen Bedingungen spielt. Die Englische Schule prägte das Wort „Führer" (conductor), um die Funktion des Therapeuten in der Gruppe zu erklären. Ein vielleicht deskriptiveres, wenn auch nicht so menschliches Konzept ist die Vorstellung, daß der Gruppenleiter bzw. Therapeut als sozialer Ingenieur tätig ist. Seine wichtigste Funktion ist es, das soziale System (die Gruppe) dabei zu unterstützen, soziale Normen und andere Systemeigenschaften zu entwickeln, die eine wesentliche Voraussetzung für eine effektive Psychotherapie sind. Die Unterscheidung zwischen therapeutischen Bedingungen und therapeutischen Mechanismen dürfte die Beschreibung systemorientierter Vorstellungen über Gruppenpsychotherapie erleichtern. Erstere impliziert den *Kontext,* in dem Veränderung bzw. Lernen stattfindet – in der Dyade ist es die Zweierbeziehung, in der Gruppe das soziale System. In beiden Situationen wird es als die Aufgabe des Therapeuten angesehen, die Bedingungen dergestalt zu verbessern, daß Veränderungen stattfinden können. Das ist etwas anderes als die Aussage, daß die therapeutische Beziehung in sich schon therapeutisch ist. Es besagt aber, daß die in Behandlung befindliche Person zu ihrer individuellen Entwicklung gewisse Erfahrungen machen muß. Diese Ereignisse haben wir therapeutische Mechanismen genannt.

Die Funktionen des Gruppenleiters

Von der Betrachtung der besonderen Eigenschaften der Gruppe, die für die therapeutischen Methoden eine wichtige Rolle spielen, ist es nur ein kleiner Schritt bis zu der Frage, wie sich Therapeuten bzw. Gruppenleiter verhalten müssen, damit das Gruppenpotential für die Teilnehmer voll zum Tragen kommt. Entscheidend für einen effektiven therapeutischen Prozeß ist die Fähigkeit des Therapeuten, den Gefühlszustand und die Entwicklung seines Klienten abzuschät-

13. Gruppenmethoden

zen. Eine wirksame Gruppentherapie kann nur dann erfolgen, wenn der Leiter bzw. Therapeut Zugang zu einem ausreichenden Feedback über den Zustand seiner Klienten hat, um ihre Bedürfnisse feststellen und sein Verhalten dementsprechend ausrichten zu können. Eigentlich hat der Gruppentherapeut zwei Patienten – das soziale System, dem er zum Leben verhalf und das den Rahmen für die therapeutische Arbeit bzw. die persönliche Veränderung bildet und jedes Individuum in diesem System. Ohne Feedback ist es für den Leiter oder Therapeuten unmöglich, die individuellen oder die Gruppenbedürfnisse in einer Weise zu erkennen, die es ihm erlaubt, Hilfestellung zu leisten. Es ist unerläßlich, zu wissen, wann zu intervenieren ist und in welcher Form, was zu tun ist, wenn die Gruppe gut arbeitet, bzw. wenn dies nicht der Fall ist, wann sie nützt und wann sie schadet.

Es bedarf vermutlich nur einer kurzen Überlegung, um sich klar zu machen, daß solche Erwartungen beträchtliche Anforderungen an die zentrale Person stellen. Worauf richtet er seine Aufmerksamkeit, um die Gruppe zu „lesen", um daraus ein wirkungsvolles Feedback ableiten zu können, das es ihm ermöglicht, seine Interventionen zu beurteilen. Verläßt er sich nur auf seine Gefühle – wenn er gelangweilt ist, dann ist möglicherweise jedem einzelnen in der Gruppe langweilig und er muß etwas dagegen tun. Ist er ärgerlich, sind das vielleicht auch alle anderen. Diese Art des Vorgehens birgt offensichtlich Gefahren in sich, denn einer der verhängnisvollen Züge des Menschen ist seine ausgeprägte Neigung zur Projektion. Ein Phänomen, das angesichts einer Gruppe noch mehr Blüten zu treiben scheint. Es ist schwierig, seine eigenen Gefühle gegen die der anderen Teilnehmer abzugrenzen. Seinen eigenen Gefühlen in einer Gruppensituation zu vertrauen bedeutet letztlich sehr häufig, sie einem Kollektiv zuzuschreiben, das sie nicht teilt. Andererseits mag der Therapeut sehr wohl in der Lage sein, zu unterscheiden, was er fühlt und was die Gruppe fühlt, jedoch zu der Überzeugung gelangen, daß die wertvollste Quelle für Feedback der Grad der Begeisterung, Lebendigkeit oder Schwingungsfähigkeit ist, den die Gruppe zum Ausdruck bringt. Hier treffen wir auf die Annahme, daß die Gruppe auf dem richtigen Weg ist, wenn intensive positive Gefühle ausgedrückt oder erlebt werden. Tauchen diese Gefühle nur selten auf, dann ist der Gruppenprozeß in Gefahr und bedarf neuer Impulse. Das Ausmaß der Begeisterung, die von den Gruppenmitgliedern geäußert wird, ist jedoch nur ein dürftiges Maß dafür, inwieweit die Gruppe dem Bedürfnis ihrer Teilnehmer nach Veränderung gerecht wird. Es ist durchaus möglich, daß die Mitglieder auch dann von den Erfahrungen, die sie in der Gruppe machen, begeistert sind, wenn diese ein schlechtes Lernmedium ist, das kaum positive Veränderungen ermöglicht.

Ein weiterer Hinweis, dem der Therapeut vielleicht noch Beachtung schenken möchte, ist die Feststellung der Teilnehmer, daß er es richtig macht, daß sie ihn als kompetent, hilfreich etc. erleben. Leider hat sich aber die Meinung der Teilnehmer über die Kompetenz, Sachkundigkeit etc. des Leiters nicht als relevantes Kriterium für die Beurteilung der Effektivität der Gruppe erwiesen. Gruppenleiter können beispielsweise den Eindruck, den die Teilnehmer von ihrem fachlichen Können erhalten, ganz einfach dadurch verbessern, daß sie eine möglichst große Anzahl strukturierter Übungen oder Spiele mit ihnen durchführen. Diese Aktivitäten wecken zwar das Interesse der Teilnehmer, stellen aber nicht immer wertvolle Lernerfahrungen dar.

Welche diagnostischen Werkzeuge können Therapeuten oder Leiter dann einsetzen, um die Gruppe „lesen" und eine Entscheidung darüber treffen zu können, wann und in welcher Form sie eingreifen wollen? Zwei Ansätze sollen dazu anschließend beschrieben werden, welche die sozialen Kräfte berücksichtigen, die im Rahmen der Gruppenarbeit einen starken Einfluß ausüben. Beide richten ihre Aufmerksamkeit auf etwas unterschiedliche Aspekte des sozialen Systems der Gruppe und gehen von verschiedenen theoretischen Modellen aus. Das erste, die Theorie des zentralen Gruppenkonfliktes (Focal Conflict Model), bietet diagnostische Hilfen an, mit denen die Unterhaltungen, die behandelten Themen etc., mit denen die Gruppe sich beschäftigt, in eine methodische Erklärung der realen, aber noch sehr verdeckten Interessen der Gruppe übersetzt werden können. Das zweite Modell stellt einen Versuch dar, zu verstehen, was bestimmte Gruppen als entscheidend ansehen. Dies wird aus den Vereinbarungen geschlossen, die die Teilnehmer in bezug auf erwünschtes und unerwünschtes Verhalten, Gedanken und Gefühle in der Gruppe untereinander geschlossen haben. Gruppennormen sind Regeln, die man in jedem sozialen System beobachten kann, deren sich die Teilnehmer aber oft erst bewußt werden, wenn jemand sie artikuliert. Diese beiden theoretischen Modelle sind nicht erschöpfend, denn es gibt mehrere Möglichkeiten, soziale Systeme methodisch zu untersuchen. Sie wurden ausgesucht aufgrund ihrer Bedeutung für Gruppen, die sich speziell der Veränderung der Persönlichkeit widmen. Es gibt noch andere gründlich untersuchte Modelle, die das Lösen von Problemen, die Übernahme von Rollen und andere charakteristische Gruppenmerkmale beschreiben, die aber wahrscheinlich besser für die Diagnose in Arbeitsgruppen als für Therapiegruppen geeignet sind.

Theorie des zentralen Gruppenkonflikts[1])

In jeder Therapiegruppe, in der der Therapeut weder auf den Inhalt noch auf das Vorgehen Einfluß nimmt, wird eine Sitzung etwa nach folgendem Schema ablaufen. Bis die Patienten alle versammelt sind, wird die Zeit mit Plaudern verbracht – vielleicht über ein Ereignis aus der vorangegangenen Sitzung oder über ein Erlebnis, das jemand seit dem letzten Treffen gehabt hat, vielleicht auch über ein neutrales Geschehen außerhalb der Gruppe. Einige Unterhaltungen laufen parallel zwischen zwei oder drei Patienten, einer oder zwei beteiligen sich nicht. Die Unterhaltung mag in sehr allgemeinen Bahnen verlaufen, die Atmosphäre eine depressive Stimmung, Spannung, Zurückhaltung oder oberflächliche Freund-

---

[1]) Gekürzt wiedergegeben aus Whitaker, D. S. and Lieberman, M. A.: Psychotherapy through the group process. Aldine-Atherton, New York, 1964, Kapitel 1.

lichkeit ausstrahlen. Bei irgendeinem Zeichen – vielleicht dem Schließen einer Tür, der Ankunft des Therapeuten oder ganz einfach dem Heranrücken des Zeitpunktes, zu dem der Beginn angesetzt ist – fängt die Sitzung an.

Nach einer kurzen Pause oder einem langen Schweigen fällt die erste Bemerkung. Sie kann sich auf persönliche Belange beziehen, eine Reaktion auf die letzte Sitzung artikulieren oder die augenblickliche Situation betreffen. Der Sprecher kann seinen Kommentar an den Therapeuten richten, an einen anderen Patienten oder an die ganze Gruppe. Der ersten Bemerkung folgt eine zweite, die mit der vorangegangenen in Zusammenhang stehen kann oder auch nicht. Wenn sie sich darauf bezieht, handelt es sich entweder um eine Reaktion auf das angesprochene Thema oder auf den emotionalen Charakter der ursprünglichen Feststellung, wobei letzteres nur wenig mit dem Inhalt zu tun hat. Möglich ist auch eine Reaktion auf eine Beziehung, die in der Gruppe begonnen hat. Ein Beitrag folgt dem anderen: Es entsteht eine Unterhaltung. In der Diskussion wird ein Zusammenhang erkennbar, man kann sagen, die Gruppe spricht „über" etwas. Manchmal wird das Gespräch zusammenhanglos. Abrupte Fehler in der Logik schleichen sich ein die Gruppe verfällt in Schweigen oder beschäftigt sich mit irrelevanten Dingen. Die Stimmungen wechseln, der Rhythmus und das Tempo der Diskussion sind Schwankungen unterworfen. Einige Patienten reden sehr viel, andere tragen fast gar nichts bei. Manchmal greift der Therapeut ein. Seine Bemerkungen richten sich mal an einen Einzelnen, mal an die Gruppe als Ganzes. Er nimmt Stellung zur Stimmung der Gruppe, zur Art der Interaktion, zum Problem eines Patienten.

Einige Bemerkungen gehen in der Gruppe „unter", als ob sie niemand gehört hätte. Andere werden ausgeschlachtet, bis sie sich zum beherrschenden Thema entwickeln. Die Patienten drücken Gefühle aus wie Ärger, Freude, Argwohn, Nervosität, Überlegenheit. Manche Gefühle und Einstellungen werden verbal, andere averbal geäußert. Einiges davon wird durch Beobachtung erkennbar: wer dominiert, wer schweigt, wer zu wem spricht, wer welche Gefühle äußert. Nach etwa einer Stunde gibt der Therapeut das Zeichen zum Aufbruch. Einige Tage später wird sich die Gruppe zur nächsten Sitzung treffen.

Was ist vorgegangen? Wir nehmen an, daß die während dieser gruppentherapeutischen Sitzung beobachtete Vielfalt der Ereignisse nur scheinbar ist, und daß die vielen verschiedenen Elemente der Sitzung auf einem elementaren Sachverhalt basieren, und dadurch „zusammenhängen". Ein Beispiel: Die erste Sitzung stationärer Patienten war gekennzeichnet durch langanhaltendes intensives Schweigen, das nur gelegentlich von kurzen Perioden schnellen Redens unterbrochen wurde, in denen die Patienten Bemerkungen über körperliche Leiden austauschten, Andeutungen über seelische Probleme aber sorgfältig zu vermeiden schienen. Diese Phase wurde von einer etwas lebhafteren gefolgt, während der sich die Patienten über den Bau der Klinik unterhielten und darüber sinnierten, ob sie eine gute Architektur besitze und auf sicherem Grund gebaut sei. Oberflächlich betrachtet stehen diese Fragmente in keinem Zusammenhang, sie gewinnen jedoch eine bestimmte Kohärenz, wenn man die Annahme gelten läßt, daß sie aus der von allen geteilten inneren Unruhe entstanden sind, Unruhe, weil man in eine

Gruppe gesteckt wurde und wegen der Sorge um die Kompetenz und Stärke des Therapeuten. Ein weiteres Beispiel: Einer Gruppe von Patienten, die schon eine gewisse Anzahl von Sitzungen hinter sich hatte, wurde mitgeteilt, daß einige Sitzungen ausfallen müßten, weil der Therapeut in Urlaub ginge. Sie wünschten ihm herzlich schöne Ferien, beachteten ihn für den Rest der Sitzung überhaupt nicht und wandten sich an ein älteres Mitglied, um Informationen zu erhalten über die Aufnahmekriterien im College und das übliche Verfahren, Studenten am Ende des ersten Schuljahres „rauszuwerfen". Auch in diesen Einzelheiten erkennt man einen Zusammenhang, wenn man davon ausgeht, daß sie sich sämtlich auf die zugrundeliegenden Gefühle über die bevorstehende Trennung vom Therapeuten beziehen.

Unter diesem Aspekt bilden die beobachtbaren Elemente der Sitzung das greifbare Material. Diese Elemente schließen nicht nur den verbalen Inhalt mit ein, sondern auch das non-verbale Verhalten wie Stimmung, Tempo, Reihenfolge der Themen und Beteiligung am Geschehen. Eine lebhafte Phase, während der sich jeder an der Diskussion beteiligt, ist ebenso Bestandteil der Sitzung, wie eine zusammenhanglose Unterhaltung oder eine Periode nüchterner, aber ritueller „Arbeit" an der Problematik eines Patienten. Ebenso wichtig ist eine Sitzordnung wenn z. B. die beiden Plätze an der Seite des Therapeuten frei bleiben oder die Tatsache, daß die männlichen Teilnehmer ihre Plätze auf der einen, die weiblichen auf der anderen Seite des Raumes einnehmen. Averbale Verhaltensweisen – beim Sprechen nur auf den Boden zu schauen, sich ausschließlich an den Therapeuten zu wenden oder mit anderen in direkten Kontakt zu treten – sind ebenfalls wichtige Faktoren.

Wir nehmen an, daß in allen Gruppen unterschwellige Strömungen existieren. Diese sind allerdings in Fällen, in denen der Inhalt relativ zusammenhängend und konsistent ist, nur sehr schwer zu erkennen. Wenn eine Gruppe über irgend etwas redet, könnte man meinen, daß das alles ist, was passiert. In den vorhin beschriebenen Beispielen sprach eine Gruppe über Architektur, eine andere über Verfahrensfragen am College. Und dennoch – selbst wenn die Gruppensituation durch eine in sich zusammenhängende Unterhaltung charakterisiert wird, nehmen wir die Existenz einer anderen Bedeutungsebene an. Denn auch in solch einer Gruppe ergeben sich thematische Lücken und Verschiebungen. Verkehrungen ins Gegenteil sowie Beobachtungen aus dem non-verbalen Bereich lassen vermuten, daß man einen wichtigen Aspekt der Situation außer acht lassen würde, wollte man annehmen, es handle sich hier nur um eine Unterhaltung. In Therapiegruppen werden diese verdeckten Schichten am offensichtlichsten, wenn es sich um ziemlich kranke Patienten handelt, die viel weniger in der Lage sind, sich über längere Zeit hinweg kohärent zu verhalten. Aber auch in nicht-therapeutischen Gruppen läßt sich dieses Phänomen beobachten.

Es ist unwahrscheinlich, daß sich die Patienten der verdeckten Bedeutung dieses manifesten Materials bewußt sind. Für den Patienten geht die Unterhaltung *tatsächlich* nur um Architektur oder Aufnahmeverfahren am College. Ein Beobachter jedoch ist in der Lage, die zugrundeliegende Problematik aufzugreifen. „Sieht" er erst einmal das Kernproblem, gewinnen die Aspekte der Sitzung, die oberflächlich betrachtet, mannigfaltig, widersprüchlich und bedeutungslos erscheinen, an Kohärenz und Bedeutung.

Dieser Sichtweise liegt die Annahme zugrunde, daß die nacheinander auftauchenden manifesten Elemente der Sitzung durch Assoziation miteinander verbunden sind und sich auf Gefühle beziehen, die in der augenblicklichen Situation erfahren werden. Alles, was in der Gruppe gesagt wird, hat demnach also nicht nur mit den eigenen Interessen des Individuums zu tun, sondern auch mit der zwischenmenschlichen Situation, in der es sich befindet. Was der Einzelne von seinen persönlichen Empfindungen, von seinen Sorgen, seinem Ärger und seinen sexuellen Gefühlen tatsächlich zum Ausdruck bringt, kommt ganz auf die Situation an. Es ist zu erwarten, daß jede Äußerung eine Reihe von Aspekten enthält, auf die die anderen Gruppenmitglieder selektiv reagieren. Nehmen wir einmal an, es trifft jemand eine Feststellung, die ein halbes Dutzend Elemente enthält. Während die anderen Teilnehmer den ganz persönlichen Ausführungen lauschen, reagieren sie auf gewisse Aspekte und ignorieren andere. Jene Punkte, die aufgegriffen werden, sind für die anderen Patienten in irgendeiner Weise relevant und entwickeln sich allmählich zur gemeinsamen Problematik. Die Aspekte eines individuellen Beitrags, die für die Gruppe relevant sind, werden also durch die Reaktion der anderen Patienten definiert. Dazu ein Beispiel: In einer Gruppe stationärer Patienten erzählte ein Mann eine Geschichte von einem Bekannten, der mißverstanden wurde, als er das Wort „intim" gebrauchte. Es war bekannt, daß dies eine Problematik des Patienten war, denn er entschuldigte sich laufend für seine sexuellen Gedanken. Die Beiträge der anderen Mitglieder arbeiteten den Aspekt des Mißverständnisses dieses Kommentars heraus und beachteten den Aspekt der „Intimität" nicht im geringsten. Wir schließen daraus, daß Mißverstandenwerden ein allgemeines Interesse bei der Gruppe fand, nicht aber das Problem der Intimität.

Wir nehmen an, daß der Inhalt der Sitzung, so weit hergeholt er auch scheinen mag, Beziehungen und Gefühle betrifft, die hier und jetzt in der Gruppe erlebt werden. Die Patienten, die sich um die Kompetenz des Architekten und die Widerstandsfähigkeit des Gebäudes Sorgen machen, sind in Wirklichkeit über die Kompetenz und Stärke des Therapeuten beunruhigt. Die Patienten, die sich über die Verwaltung des Colleges beklagen, die ihre Studenten am Ende des ersten Schuljahres „hinauswirft", bringen damit in Wirklichkeit nur ihren Groll gegenüber dem Therapeuten zum Ausdruck. Dasselbe gilt für Elemente der Sitzung, die nicht den manifesten Inhalt betreffen. Non-verbales Verhalten, wie z. B. eine Sitzordnung, bei der sich Männer und Frauen gegenübersitzen, spiegelt vielleicht das Problem heterosexueller Kontakte in der Gruppe wider. Dominiert ein Patient in der Gruppe, kann das auch bedeuten, daß die anderen ihn dazu benützen, um nicht selbst aktiv werden zu müssen.

Wir betrachten die verdeckten gemeinsamen Aspekte der Gruppe als Kräfte und Gegenkräfte. Das betrifft ganz besonders die gemeinsamen Triebimpulse, Wünsche, Hoffnungen und Befürchtungen der Patienten. In einer Sitzung, die im Folgenden noch detailliert beschrieben wird, waren immer wieder Hinweise dafür aufgetaucht, daß viele Patienten in der Gruppe den Wunsch hatten, einmalig zu sein und eine besonders enge Beziehung mit dem Therapeuten anzuknüpfen. Gleichzeitig war ihnen aber bewußt, daß die anderen Patienten dies nicht zulassen würden. Sie hatten auch die ernste Befürchtung, daß der Therapeut sie dafür auf irgendeine Weise bestrafen würde. Im Verlauf der Sitzung suchten die Patienten nach Gemeinsamkeiten. Sie einigten sich schließlich darauf, daß sie sich in verschiedenen äußeren Zügen glichen. Eine derartige Sitzung kann analysiert werden unter dem Gesichtspunkt des starken Wunsches, eine besondere und befriedigende Beziehung zum Therapeuten herzustellen und der gleichzeitigen Angst vor Vergeltung. Wunsch und Angst sind gegensätzliche Kräfte. Die Angst verhindert, daß der Wunsch zum Ausdruck gebracht oder überhaupt erst erkannt wird. Der Wunsch kann dadurch weder aktiv verfolgt, noch völlig befriedigt werden. Er kann andererseits aber auch nicht ganz negiert werden und erhält damit die Angst lebendig. Diese Situation erzeugt Spannungen in der Gruppe. Die Patienten werden von starken, miteinander in Widerstreit liegenden Gefühlen und Impulsen bedrängt, die, wenn überhaupt, nur undeutlich wahrgenommen werden. Diese starken Impulse beginnen einen Druck auszuüben, doch sind die Patienten weder in der Lage, sie zu erkennen, noch sie zu artikulieren. Unter diesen Bedingungen versuchen die Patienten nun einen Weg zu finden, mit ihren in Widerspruch zueinander stehenden Wünschen und Befürchtungen fertig zu werden. Im obigen Beispiel kann die Suche nach Gemeinsamkeiten und die übereinstimmende Feststellung, daß sich alle ähneln, als Versuch gewertet werden, ihre Ängste zu beschwichtigen. Es ist, als würden die Patienten sagen: „Bestrafe mich nicht! Ich habe den Therapeuten um nichts Besonderes gebeten." Diese Lösung kann natürlich nicht befriedigen, da sie die Konsequenz bedeuten würde, auf den Wunsch verzichten zu müssen. Die Angst wird jedoch dadurch möglicherweise reduziert.

Bei dem Versuch, die verdeckten, gemeinsamen Aspekte des Gruppenlebens zu beschreiben, haben wir uns eine Terminologie mit den Hauptbegriffen „zentraler Gruppenkonflikt", „störendes Motiv", „reaktives Motiv" und „Lösung" geschaffen. Die Ergebnisse in einer gruppentherapeutischen Sitzung werden als das langsame Auftauchen eines gemeinsamen verdeckten Konfliktes begriffen, der sich aus zwei Elementen zusammensetzt, nämlich einem störenden Motiv (einem Wunsch) und einem reaktiven Motiv (einer Befürchtung). Diese beiden Elemente bilden den zentralen Gruppenkonflikt. Der Begriff „zentraler Gruppenkonflikt" umfaßt die Grundzüge dieser Betrachtungsweise von Gruppen. Er deutet an, daß die störenden und reaktiven Motive die ganze Gruppe durchdringen und in Konflikt bringen und als Kernproblem die Energien der Patienten an sich binden. Als Begleiterscheinung des zentralen Gruppenkonflikts kann man verschiedene Versuche beobachten, eine Lösung zu finden. Eine Gruppenlösung ist ein Kompromiß zwischen den widerstreitenden Kräften. Er dient hauptsächlich dazu, die reaktive Angst zu beseitigen, stellt aber auch einen Versuch dar, die Befriedigung des störenden Motivs zu maximieren.

Was die Entwicklung eines zentralen Gruppenkonflikts anbelangt, so läuft keine Sitzung ab wie die andere. Selbst dann, wenn ähnliche Gefühle wieder mit im Spiel sind, werden sie in immer wieder neuen Bildern ausgedrückt. Auch die Lösungen unterscheiden sich in der Art und Weise, wie sie mit den Ängsten des Patienten fertig werden und inwieweit das störende Motiv zum Ausdruck gebracht und befriedigt werden kann.

Die mit einem zentralen Gruppenkonflikt verbundenen Impulse und Ängste werden von den Patienten nicht bewußt erlebt. Obwohl ein außenstehender Beobachter die verdeckten Hinweise erkennen und mit einem gemeinsamen Interesse in Verbindung bringen kann, hat das Individuum, das selbst Teil dieses Konflikts ist, diese Möglichkeit nicht. Unter gewissen Bedingungen können sich die Patienten dieser Gefühle bewußt werden. Normalerweise jedoch, ganz besonders aber während der Entwicklung des Konflikts, sind die Patienten nicht in der Lage, den störenden oder reaktiven Charakter der Motive zu erkennen. Lösungen unterscheiden sich in eklatanter Weise von einem störenden oder reaktiven Motiv. Sie werden direkter formuliert und schneller bemerkt. Des Inhalts der Lösung können sich die Patienten bewußt sein, obwohl sie den Bezug zum unterschwelligen zentralen Konflikt wahrscheinlich nicht bemerken.

Lösungen können sowohl effektiv sein, als auch nicht. Soll eine Lösung erfolgreich sein, muß sie einhellig angenommen werden und die Angst reduzieren. Übereinstimmung ist deshalb unerläßlich, weil eine Lösung, wie z. B. „alle sind gleich", wirkungslos ist, wenn sie von einem Patienten nicht akzeptiert wird. Wenn auch nur einer dagegen ist, den Therapeuten zu bitten, gegen einen von der Norm abweichenden Patienten einzuschreiten, hemmt er die Lösung. Einmütige Annahme muß allerdings nicht heißen, daß jeder lauthals seine Bereitschaft bekundet, sich an die Lösung zu halten. Es kommt ebenso häufig vor, daß die Annahme implizit ist und einige Patienten durch ihr Schweigen erkennen lassen, daß sie nichts einzuwenden haben. Die einzelnen Lösungen unterscheiden sich auch in der Art, wie sie versuchen, die betreffenden Konflikte zu bewältigen. Manche Lösungen konzentrieren sich auf reaktive Ängste. Viele Patienten scheinen über ihre Ängste so beunruhigt zu sein, daß sie jede Lösung annehmen, die sie von ihnen befreit. Selbst wenn dies auf Kosten des damit verbundenen Wunsches geht. Die Lösung „alle sind gleich" war beispielsweise das Ergebnis des folgenden zentralen Konflikts: „der Wunsch, einzigartig zu sein und vom Therapeuten ganz besonders herausgehoben zu werden" gegenüber der „Angst vor Rache". Diese Lösung beschäftigte sich nur mit der Angst. Sie beseitigte die Angst vor Strafe, indem sie auf den Wunsch nach einer einmaligen und befriedigenden Beziehung mit dem Therapeuten verzichtete. Andere Lösungen mindern reaktive Ängste und gestatten trotzdem die Äußerung oder gar eine gewisse Befriedigung des störenden Motivs. Eine Lösung, mit deren Hilfe die Patienten ihrem Ärger gemeinsam Luft machten, ist ein Beispiel dafür: sie reduzierte die Angst vor der drohenden Isolation, indem es jedem unmöglich gemacht wurde, in eine Außenseiterposition zu gelangen und abgelehnt zu werden und erlaubte gleichzeitig, seinen Ärger über den Therapeuten in verhüllter Form auszudrücken. In diesem Fall ermöglichte die Lösung also eher den indirekten als den direkten Ausdruck des störenden Motivs. Gelegentlich kommt es auch zu

Lösungen, die die Angst reduzieren und gleichzeitig den direkten Ausdruck des störenden Motivs billigen.

Das im Anschluß detailliert beschriebene Beispiel sollte nur insofern als typisch angesehen werden, als es zeigt, wie das manifeste Material der Sitzung mit verdeckten Problemen in Zusammenhang steht und wie eine einzelne Gruppensitzung in Begriffe des zentralen Gruppenkonflikts gefaßt werden kann.

Die betreffende Sitzung war die erste einer Gruppe stationärer Patienten. Zu ihr zählten drei weibliche und acht männliche Patienten, sowie zwei weibliche Therapeuten. Nur ein Patient galt als psychotisch, zwei waren Alkoholiker und der Rest litt an akuten Angstzuständen, die ein Ausmaß erreicht hatten, das die Patienten funktionsunfähig machte. Fünf unter ihnen waren zuvor bei Dr. T. in Gruppentherapie gewesen. Die anderen sechs und Dr. E., der zweite Therapeut, nahmen zum erstenmal an der Gruppe teil.

Dr. T. machte eine allgemeine Bemerkung über den Zweck der Gruppe. Sie sagte, die Gruppe sei eine Chance für die Patienten, über alles zu sprechen, was ihnen am Herzen läge: Ereignisse in der Klinik, persönliche Probleme oder Dinge, die in der Gruppe geschehen. Sie stellte Dr. E. vor und gab die Termine für alle Sitzungen bekannt.

Ein Anfang in dieser Form legt keine Struktur fest, macht den Patienten jedoch klar, daß man von ihnen erwartet, daß sie an der Gruppe teilnehmen und die Verantwortung für den Inhalt der Sitzungen übernehmen.

Carl sagte, er würde gleich eine Bombe in die Gruppe werfen und Dr. E. fragen, wie sie es fertigbringt, so schöne Haare zu haben, obwohl sie so aussehen, als würde sie sie mit einem Schneebesen kämmen.

Mit der Verwendung des Begriffs „Bombe" macht Carl auf die gewagte und potentiell gefährliche Natur seiner Feststellung aufmerksam. Zweierlei ist darin enthalten – ein Hauch von Aggression und ein Hauch von Sex. Er zieht damit die Aufmerksamkeit der Gruppe sofort auf den neuen Therapeuten.

Es folgte ein kurzes Schweigen. Tim sagte: „Das war ein fragwürdiges Kompliment." Es gab ein allgemeines Gelächter in der Gruppe. Carl sagte, seine Frau würde sich permanent über ihr Haar beklagen und Tim machte eine Bemerkung über das Haar seiner Frau. Margaret verteidigte Carls Frau, indem sie meinte, er solle ihr entweder Komplimente machen oder ihr gut zureden, ihre Frisur zu verändern.

Carl hatte offenbar recht, denn sein Kommentar schlug wirklich wie eine Bombe ein und die Gruppe schwieg eine Zeitlang verblüfft. Tims Bemerkung schien die Spannung in der Gruppe zu lösen, weil er die feindseligen Aspekte von Carls Bombe ebenso wie die liebenswürdigen explizit machte. Carl fühlte sich dann dazu gedrängt, die aggressiven Elemente seiner Feststellung zurückzunehmen, indem er Dr. E. vorteilhaft mit seiner Frau verglich. In Margaretes Angriff auf Carl kündigt sich ein Kampf zwischen den Geschlechtern an.

Bisher sind mehrere mögliche zentrale Themen aufgetaucht, aber es ist schwierig zu sagen, in welche Richtung sich die Gruppe bewegen wird. Da war das direkte Zugehen auf einen der beiden Therapeuten, das sexuelle und feindselige Elemente enthielt, in jedem Fall aber die Weiblichkeit des Therapeuten betonte. Damit war

13. Gruppenmethoden

die Aufmerksamkeit der Gruppe zweifellos auf Carl gelenkt. Darauf folgte ein Rückzug auf Personen außerhalb der Gruppe und die Andeutung einer Streitfrage innerhalb der Gruppe. Aber es ist kein unterschwelliger Trend sichtbar geworden.

> Dr. T. deutete an, daß in der Gruppe gewisse Gefühle aufgekommen sein könnten, weil zum erstenmal weibliche Patienten anwesend seien. Die Gruppe reagierte auf diese Bemerkung nicht, und fuhr fort, sich über Frisuren zu unterhalten.

Diese Intervention kam zu früh. Es war eine Vermutung über ein zentrales Problem, die ihr Ziel verfehlte. Der Intervention lag die Vermutung zugrunde, daß das angedeutete heterosexuelle Problem etwas mit den Gefühlen zwischen Personen zu tun hat. In gewisser Weise ist diese Bemerkung eine Einladung an die Patienten, auf ihre Gefühle füreinander einzugehen. Die Patienten sind dazu nicht bereit und setzen ihre Diskussionen über Haartrachten fort. Dieses Verhalten könnte als verdrängter und symbolischer Ausdruck sexueller Interessen ausgelegt werden.

Es scheint sich eine Neigung zu entwickeln, sich mit sexuellen Interessen und Impulsen zu beschäftigen, aber weder das Ziel, noch die Implikationen für die Gruppe sind klar.

> Melvin, der bisher geschwiegen hatte, meinte, er hätte eine Medaille dafür verdient, daß er schon zum drittenmal an einer Therapiegruppe teilnehme. Carl erwiderte, daß er bereits zum viertenmal in einer Gruppe sei, und Melvin fügte hinzu, daß er ihm in diesem Falle den Vorrang einräumen müsse.

Oberflächlich betrachtet, bedeutet das eine abrupte Wendung in der zentralen Thematik. Auch diese Bemerkung ist eine Bombe, wenn auch in einem anderen Bereich. Melvin hebt sich als etwas Besonderes heraus, vermutlich in dem Wunsch, seitens der Therapeuten oder der Patienten Aufmerksamkeit oder Anerkennung zu gewinnen. Er weist auf den Unterschied zwischen sich selbst und den anderen hin und erinnert die Gruppe daran, daß es alte und neue Mitglieder gibt. Carl greift Melvins Anspruch auf Überlegenheit und eine gewisse Sonderstellung sofort an. Er tritt mit ihm in Konkurrenz und gewinnt mit dem Hinweis darauf, daß er es ist und nicht Melvin, der besondere Anerkennung verdient, mit Erfolg die Oberhand.

> Jean sagte, sie sei Alkoholikerin und hätte andere Probleme als alle anderen Patienten. Carl sagte: „Wir sind alle süchtig", aber Tim meinte, das sei nicht wahr. Es gab eine Diskussion, in der die Patienten versuchten, eine Definition der „Abhängigkeit" zu finden. Carl meinte, Tim sei süchtig nach Schlaf. Carl sagte auch, daß seine Frau glaube, er sei ein Alkoholiker.

Jean beansprucht eine Sonderstellung für sich. Carl widerspricht ihr sofort, wie er es auch bei Melvin getan hat. Anstatt wieder seine eigene Überlegenheit herauszustreichen, zieht er es diesmal vor, darauf hinzuweisen, daß alle Mitglieder der Gruppe gleich seien und Jean deshalb keinen Anspruch darauf habe, etwas Besonderes zu sein. Es fällt auf, daß es immer Carl ist, der darauf besteht, daß alle gleich sind. Andere Gruppenmitglieder stimmen ihm nicht zu.

Man könnte jetzt die Hypothese aufstellen, daß sich die Streitfrage entwickelt, ob Menschen einzigartig oder alle gleich sind. Zwei Patienten, Melvin und Jean, haben deutlich zu verstehen gegeben, daß sie aus der Masse herausgehoben werden wollen. Auch Carls erste Bemerkung – die sogenannte Bombe – kann in diesem Licht gesehen werden. Er war mit seinem Vorstoß aufgefallen und hatte sich selbst aus der Masse der Patienten herausgehoben. Er hatte vor allem auch die Aufmerksamkeit eines der Therapeuten auf sich gelenkt. Vom Standpunkt eines zentralen Gruppenkonflikts aus betrachtet, taucht hier ein störendes Motiv auf: der Wunsch, als einmalig zu gelten und besondere Aufmerksamkeit zu erhalten. Das Objekt des Wunsches ist nicht klar. Für Carl ist es der Therapeut, für Melvin ist es nur vermutlich der Therapeut, für Jean ist es noch unklar. Das reaktive Motiv – die Kraft, die dem Wunsch den ersehnten Erfolg versagt – ist nicht klar. Das einzige, was wir wirklich sehen, ist die Tatsache, daß einer der Teilnehmer, Carl, keinem erlauben wird, diesen Wunsch zu befriedigen. Jedesmal, wenn jemand einen Vorstoß wagt, greift Carl ein. Es ist ungewiß, wie der Rest der Gruppe dazu steht. Vielleicht ist es ihnen gleichgültig. Vielleicht machen sie sich auch sehr viel daraus, lassen aber Carl den Kampf für sie austragen. Nach der Konflikttheorie hat Carl auch eine Lösung parat – „wir sind alle gleich". Es ist gleichsam, als würde er sagen: „Wir dürfen nicht zulassen, daß einer diese Konkurrenz gewinnt." Aber es gibt keinen Hinweis dafür, daß noch andere diese Ansicht teilen.

Tim und Melvin, beide schon längere Zeit Gruppenmitglieder, begannen über Dr. Y. zu sprechen (ein Psychiater, der einigen Sitzungen als Beobachter beigewohnt hatte). Sie bezogen sich dabei auf eine Diskussion, die die Gruppe damals über die Kosten psychiatrischer Behandlung geführt hatte.

Betrachtet man nur den Inhalt dieses Abschnitts der Sitzung, könnte man annehmen, daß diese beiden Patienten sich die Frage stellen, ob die in der Gruppe in Bewegung geratenen Gefühle nicht sehr schwer in den Griff zu bekommen sein könnten. Vielleicht ziehen sie auch in Zweifel, daß sich die Gruppe überhaupt lohnt. Die Art der Interaktion in dieser Episode lenkt uns aber in eine andere Richtung.

Tim und Melvin sind alte Gruppenmitglieder. Mit der Wahl eines Themas, das den neuen Teilnehmern der Gruppe nichts bedeuten konnte, schlossen sie diese von der Unterhaltung aus und stellten damit den Unterschied zwischen alten und neuen Mitgliedern kraß heraus. Vom Inhalt der Unterhaltung abgesehen, kann man dieses Verhalten als interessante Variante des Anspruchs auf Einmaligkeit betrachten. Zunächst hat jedes Mitglied einen persönlichen Vorstoß unternommen, um die Aufmerksamkeit auf sich und seine Besonderheit zu lenken. Jetzt haben sich zwei Mitglieder bei dem Versuch, eine besondere Stellung in der Gruppe zu erobern, solidarisiert. Dieses Verhalten kann als Lösung für den sich entwickelnden zentralen Konflikt angesehen werden. Der Konflikt läßt sich wie folgt darstellen:

störendes Motiv	*reaktives Motiv*
Wunsch, als einmalig angesehen und vom Therapeuten besonders hervorgehoben zu werden	Einmischung durch andere Patienten

13. Gruppenmethoden

Tims und Melvins Verhalten bedeutet zum Teil den Verzicht auf den Anspruch der Einmaligkeit, aber den gleichzeitigen Versuch, sich als alte Mitglieder doch einen besonderen Platz in der Gruppe zu sichern. Das reaktive Motiv besteht nicht aus Angst- oder Schuldgefühlen. Es zeigt nur an, daß jeder Anspruch auf Einmaligkeit von einem anderen Gruppenmitglied durchkreuzt wurde.

Zwei neue Patienten, Sam und Margaret, begannen, Dr. E. Fragen zu stellen. Sam fragte, ob ihm Beruhigungstabletten helfen würden. Dr. E. fragte zurück, ob sie ihm bisher geholfen hätten. Margaret wollte wissen, ob Beruhigungstabletten Sedativ seien. Dr. E. gab die gewünschte medizinische Information. Jetzt reagierten Tim und Melvin mit boshaftem Vergnügen. Tim sagte: „Ich denke, normalerweise beantworten Ärzte in dieser Gruppe keine Fragen. Das ist ja allerhand!"

Sam und Margaret unterbrachen also die Diskussion zwischen Tim und Melvin. Sie machten damit deutlich, daß sie Erinnerungen an bestimmte Erfahrungen nicht duldeten. Gleichzeitig versuchten sie, die Aufmerksamkeit auf sich zu lenken. Diese beiden neuen Patienten warben um die Zuwendung des neuen Therapeuten in der Gruppe. In dem Augenblick, da es so aussah, als hätten sie damit Erfolg, schalteten sich Tim und Melvin ein. Sie ließen gegenüber Sam und Margaret durchblicken, daß sie eine besondere Vergünstigung erhalten hätten, machten aber auch den anderen Patienten und dem neuen Therapeuten zweifelsfrei deutlich, daß eine seit langem bestehende Norm verletzt worden war. Auf diese Weise durchkreuzen sie nicht nur Sams und Margarets Vorstoß, vom Therapeuten besondere Beachtung zu erhalten, sondern sie unterstreichen auch erneut den Unterschied zwischen alten und neuen Patienten. Das ist eine Wiederholung dessen, was sich bereits einmal abgespielt hat: ein Versuch, die Aufmerksamkeit eines Therapeuten auf sich zu lenken, wird durch andere Patienten vereitelt. Dadurch wird die Hypothese unterstützt, daß ein störendes Motiv, nämlich der Wunsch, beim Therapeuten eine Sonderstellung einzunehmen, am Werk ist. Es unterstreicht auch die Annahme, daß die anderen Mitglieder es niemand erlauben werden, sich derart herauszustellen.

Diese Interpretation betont noch einmal, daß die Interaktion für Gruppen charakteristisch ist. Denkt man an den Inhalt, könnte man sich die Frage stellen, weshalb sich die Patienten ausgerechnet mit Beruhigungsmitteln befassen. Es ist unklar, ob dieses Vorgehen symbolische Bedeutung hat, ob es Ausdruck des Wunsches ist, die Gruppe nicht in Unruhe zu versetzen oder ob es nur auf der persönlichen Ansicht basiert, daß Ärzte eben dafür da sind, auf den Patienten einzugehen.

Melvin knüpfte an eine Diskussion über Autos an, die die Gruppe einige Sitzungen zuvor gehabt hatte. Dann sagte er zu Carl, diese Sitzung würde gute Möglichkeiten bieten, um Lose zu verkaufen (ebenfalls ein Rückgriff auf ein Ereignis in einer früheren Sitzung). Carl, Tim und Melvin sprachen dann noch über die Kosten der Lose und über diverse Automobiltypen, wie Ford, Mercury und Lincoln (ebenfalls Themen aus früheren Sitzungen).

Diese Unterhaltung soll die Beziehung zwischen alten Gruppenmitgliedern festigen und die neuen Teilnehmer ausschließen. Es wurde ja schon angedeutet, daß sich in der Gruppe eine Lösung anbahnt, die den alten Mitgliedern einen besonderen Platz in der Gruppe sichert. Es ist, als würden die alten Teilnehmer sagen: „Wenn wir schon nicht einmalig sein dürfen und als Individuen keine besondere Zuwendung erhalten, wollen wir uns wenigstens gegen die Neuankömmlinge zusammenschließen." Das Gespräch über Automobile ist ein Hinweis dafür, daß diese Lösung Freunde findet und in die Tat umgesetzt wird.

Dr. T. deutete an, daß die Gruppe eine ganze Reihe von Fragen an Dr. E. gestellt hat, um zu erfahren, was für ein Mensch die neue Ärztin sei. Die Gruppe lachte. Dr. T. führte weiter aus, daß zwischen alten und neuen Mitgliedern vermutlich ein Problem bestünde und daß die neuen Teilnehmer möglicherweise der von einigen alten Teilnehmern begonnenen Diskussion nicht folgen konnten.

Der erste Teil dieses Kommentars scheint für die gemeinsamen Probleme, die sich in der Gruppe entwickeln, irrelevant zu sein. Der Hinweis auf die Neugier über Dr. E. berührt allerdings den Wunsch, den einige Patienten enthüllt haben, nämlich Dr. E. näher zu kommen und eine besondere Hilfestellung von ihr zu erhalten. Der zweite Teil der Erklärung konfrontiert die alten Mitglieder direkt mit der Tatsache, daß sie sich verbünden und macht einen Aspekt des sich entwickelnden zentralen Konflikts, und zwar die Lösung, explizit.

Tim schickte voraus, daß er wirklich eine Antwort auf die Fragen wolle, die er stellen würde und bat Dr. E. um Auskunft über eine Spritze, die ihm verabreicht worden war und die in seinem Arm eine Anästhesie verursacht hatte. Dr. E. beantwortete diese Frage nicht direkt. Die Gruppe begann eine Diskussion über Punktierung. Sie brachten ihre tiefe Besorgnis über dieses Verfahren zum Ausdruck und wollten wissen, warum es angewandt wird. Im Mittelpunkt der Diskussion stand die Ansicht, daß Punktieren die schmerzhafteste und schrecklichste Behandlung sei, der man sich überhaupt unterziehen könne.

Wieder haben wir hier eine plötzliche Wendung im Gesprächsthema. Die Patienten scheinen Dr. T.s Eingriff nicht wahrgenommen zu haben. Zumindest reagieren sie nicht darauf. Die Art der Interaktion zeigt, daß die Patienten sich von Dr. T. abwenden und ihre Aufmerksamkeit nun auf Dr. E. richten. Inhaltlich betrachtet ist die Diskussion über Injektionen und Punktierungen möglicherweise ein symbolischer Ausdruck des Gefühls der Patienten, Ärzte seien eine potentielle Gefahrenquelle und könnten unter dem Deckmantel des Helfenwollens große Schmerzen zufügen. Unter diesem Aspekt scheint die Annahme plausibel, daß die Patienten eigentlich doch auf Dr. T.s Intervention reagieren. Durch diese Mißbilligung wurde eine Lösung blockiert. Vielleicht entstanden unterschwellige Ängste, die die Patienten nun zum Ausdruck bringen, indem sie sich Dr. E. zuwenden. Auch der Inhalt deutet darauf hin, daß die Patienten den Eingriff von Dr. T. als bestrafend erlebt haben. Vielleicht zeigen sie indirekt und symbolisch an, daß die Bemerkung des Therapeuten genauso schlimm war, wie eine Punktierung. Vielleicht glauben sie auch, daß ihr Ärger Strafe verdient. Dies ist allerdings eine Spekulation. Es ist unklar, auf welchen Aspekt der Bemerkung des Therapeuten sie reagieren – ob es die Aufdeckung des Lösungsversuches ist, nämlich die neuen Mitglieder auszuschließen oder die Enthüllung ihrer Neugierde bezüglich Dr. E. Die Reaktion ist jedenfalls stark, wie die primitive Qualität des Symbolismus (Punktierungen und Anästhesie) zeigt.

13. Gruppenmethoden

Aus der Sicht des Modells des zentralen Konflikts hat die Intervention des Therapeuten zu einer Verschiebung im reaktiven Motiv geführt. Bisher wurde der Wunsch durch das Bewußtsein, daß die anderen Patienten jeden Versuch einer Hervorhebung der eigenen Person vereiteln würden, in Schach gehalten. Jetzt unterdrückt ihn die Angst vor einer Bestrafung durch den Therapeuten. Das bedeutet, daß der Therapeut nicht nur den Wunsch, etwas Besonderes zu sein, mißbilligt, sondern auch dessen modifizierte Lösung, nämlich, den alten Mitgliedern eine Sonderstellung einzuräumen.

Interessant ist die Anmerkung, daß Dr. E. in diesem Fall die Frage der Patienten gar nicht direkt beantwortet hatte. Sie scheint auf den früheren Hinweis reagiert zu haben, daß eine Gruppennorm verletzt wird, wenn Fragen beantwortet werden.

Die Gruppe begann über die Bedeutung ihrer Sitzungen zu sprechen.

> Alan sagte, daß er lernen möchte, mit dieser Gruppe zurechtzukommen, fügte aber hinzu: „Wird mir das auch bei meinen Freunden und Verwandten helfen?" Jean erwiderte: „Ich bin eine Fremde und doch redest Du mit mir." Carl meinte dazu: „Das ist deshalb so, weil wir diese Erfahrung schon gemacht haben." Jean sprach dann über die Organisation der Anonymen Alkoholiker (Alcoholics Anonymous) und sagte, daß die Gruppe den Zweck habe, den Leuten ein Gefühl zu geben, ‚daß du glaubst, du bist allein, aber du bist es nicht'. Carl meinte, daß er in dieser Gruppe über alles sprechen könnte.

Diese Phase der Sitzung brachte zunächst ein Absinken der allgemeinen Moral mit sich, die aber später wieder aufgerichtet werden konnte. Der Abwertung der Gruppe mag ein verdeckter Ärger über den Therapeuten zugrundeliegen. Eine andere Möglichkeit ist, daß sie die Verzweiflung widerspiegelt, die einen Patienten befällt, wenn er mit schwierigen Fragen konfrontiert wird. Dann kommt es zu einem plötzlichen Wandel der Stimmung. Die Patienten werden freundlicher zueinander. Zum erstenmal beginnen sie, die Barrieren zwischen den alten und neuen Mitgliedern einzureißen (Jean, eine neue Teilnehmerin, sagt zu Carl, einem alten Mitglied: „Ich bin eine Fremde und doch redest Du mit mir" und Carl antwortet: „Das ist deshalb so, weil wir diese Erfahrung schon gemacht haben"). Die Betonung der Bedeutung von Menschen füreinander und der Möglichkeit, sich nahe zu sein, ist neu.

Aus der Sicht des zentralen Gruppenkonflikts bedeutet diese Wendung den Verzicht auf den Wunsch, als einmalig zu gelten (das störende Motiv), und zugleich die Annahme einer neuen Lösung. Die freundliche Atmosphäre unter den Patienten ist ein Anzeichen dafür, daß sie nicht mehr darauf bestehen werden, als einzigartig anerkannt zu werden und wohl auch dafür, daß die alten Mitglieder nicht mehr auf ihrer Sonderstellung beharren werden. Es liegt nahe anzunehmen, daß die Verschiebung im reaktiven Motiv – von der Bedrohung durch das aktive Eingreifen der anderen Patienten zur Angst vor der Bestrafung durch den Therapeuten – zu diesem Wandel geführt hat. Wenn derart intensive und ursprüngliche Ängste das reaktive Motiv prägen, scheint der Verzicht auf den Wunsch die einzige mögliche Lösung zu sein.

> Dr. T. ging auf Carls Bemerkung ein. Sie sagte, daß es ein wichtiger Gesichtspunkt für die Gruppe sein würde, was die einzelnen Personen sich zu sagen getrauen und was nicht. Alan

meinte, daß die Gruppe ein Ort sein könnte, wo er lernen könnte, sich selbst zu verstehen. Tim sagte, er wisse nicht, was seine Probleme seien, aber er kenne seine Symptome. Er beschrieb sie als Essen, Schlafen und unendliches Hinausschieben seiner Arbeit. Jean meinte, für sie gelte das auch. Sie sprach darüber, daß sie manchmal allein bis zum Umfallen trinke, dabei nichts esse und nur wochenlang puren Whisky in sich hineinschütte. Jean und Tim sprachen dann noch ein wenig über gemeinsame Probleme.

Die Bemerkung des Therapeuten stellt den Versuch dar, zu verhindern, daß sich die Gruppe kopfüber in ein grenzenloses Vertrauen stürzt. Sie macht die Gruppe darauf aufmerksam, daß es besser sei, langsamer vorzugehen. Die Interaktion zwischen Jean und Tim verläuft weiter in freundlichen Bahnen, doch haben die beiden jetzt begonnen, über ihre Probleme zu sprechen. Teilweise scheinen die Patienten gegenseitig Hilfe zu suchen, teilweise scheinen sie dadurch den Therapeuten besänftigen zu wollen. Sie nehmen wohl an, der Therapeut erwarte das von ihnen. In jedem Fall ist diese Phase der Sitzung als Versuch anzusehen, eine Lösung zu finden, die sich vor allem auf das reaktive Motiv bezieht. Es ist ein Versuch, die Angst vor dem Unwillen des Therapeuten zu bewältigen.

Melvin brachte das Thema der Hypnose zur Sprache. Er sagte, er vertraue seinem persönlichen Therapeuten, Dr. J., und würde ihn alles tun lassen, sogar, ihn zu hypnotisieren. Jean sagte, daß Dr. J. einmal erfolglos versucht habe, sie zu hypnotisieren. Ella bestätigte das auch für sich. Einige Patienten wollten von Melvin etwas über Hypnose erfahren, wobei sie sich ziemlich skeptisch äußerten. Sam stellte die Frage, ob die Pillen, die er einnehmen mußte, denselben Effekt wie Hypnose hätten. Alan war der Meinung, Schlaf sei dasselbe, wie ein Zustand der Hypnose. Dr. T. fragte: „Meinen Sie, daß jeder hypnotisiert worden ist?" Alan beschrieb die Momente der Bewußtlosigkeit, die er erlebt hatte. Jean und William wollten Näheres über diese Anfälle wissen. Damit endete die Sitzung.

Gruppennormen

Gruppennormen, d. h. die gemeinsame Vorstellung über angemessenes Verhalten in einem bestimmten sozialen System, beeinflussen nicht nur die Teilnehmer, sondern leben auch von dem Glauben der Mitglieder, daß sie von den meisten in diesem System lebenden Personen anerkannt werden. Verhaltensweisen, die die Vorstellungen von „richtigem" Verhalten verletzen, werden normalerweise als abweichend betrachtet und unterliegen gewissen Sanktionen, um ihr Auftreten zu reduzieren und das System wieder ins gewohnte Gleichgewicht zu bringen. Sanktionen müssen allerdings selten und nicht immer buchstabengetreu angewendet werden. Oft genügt die Androhung von Sanktionen, um abweichendes Verhalten unter Kontrolle zu bringen.

Normen und die entsprechenden Sanktionen sorgen für eine gewisse Stabilität und Vorherbestimmbarkeit des sozialen Lebens. Die Mitglieder des sozialen Systems wissen, was sie voneinander zu erwarten haben. Obwohl die Gruppenmitglieder die für ihre Gruppe charakteristischen Normen selten diskutieren, nehmen sie die Stelle von gegenseitigen Druckmitteln und ad hoc Strategien ein. Sie stellen einen ungeschriebenen Vertrag im sozialen Bereich dar, der hervorgeholt werden kann, wenn es zu Störungen kommt. Normen sind ein entscheidender Faktor für Gruppen als Medium der Selbsterfahrung. Der Erfolg solcher Gruppen hängt zum großen Teil von der Schaffung einer winzigen Gesellschaft ab, die sich von der Umgebung abgrenzt. Im alltäglichen zwischenmenschlichen Kontakt gilt es als Normverletzung, die Erscheinung oder das Verhalten anderer Personen offen zu kritisieren oder seine eigenen Gefühle zu Fragen zu äußern, die in der jeweiligen Kultur als intim oder auch nur als zu persönlich angesehen werden. Ein solches Verhalten wird im allgemeinen als „unhöflich", „krank" oder zumindest „eigenartig" bezeichnet und kommt selbst unter intimen Freunden selten vor. Selbsterfahrungsgruppen schaffen sich jedoch gewöhnlich Normen, die sich im Gegensatz zu den im größeren sozialen System gebräuchlichen befinden. Über seinen eigenen Zustand und über seine Gefühle zu anderen Menschen zu sprechen gilt als notwendig und die Vermeidung dieses Verhaltens als schädlich. Selbsterfahrungsgruppen entwickeln auch oft Normen, die zu engeren Beziehungen ermuntern als dies für normale soziale Kontakte typisch ist. Es ist schwer, sich in diesem Zusammenhang eine Gruppe vorzustellen, die keine Normen entwickelt, die sich nicht von der normativen Gesellschaft, in der wir leben, unterscheiden, wenn nicht gar im Gegensatz dazu stehen. Die meisten Modelle gehen nämlich – ganz gleich, welche Maßnahmen sie für geeignet halten, um persönliche Veränderungen herbeizuführen – von der Voraussetzung aus, daß sie im Vergleich zum normalen Leben der Teilnehmer etwas Neues bieten müssen, um erfolgreich zu sein. Andernfalls müßte man sich die Frage stellen, warum Leute, die in solche Gruppen gehen, sich nicht auch in ihrer alltäglichen Lebenssituation positiv verändern.

Der Gruppenleiter bzw. der Therapeut, der sich dazu entschlossen hat, mit seinen Patienten in Gruppen zu arbeiten, muß sich mit der Frage beschäftigen, wie er Gruppennormen entwickeln kann, die eine Behandlung fördern oder der persönlichen Entwicklung dienen. Es handelt sich also nicht darum, Normen mit Gewalt in die Gruppensituation einzuführen, denn alle Gruppen entwickeln Normen. Ein soziales System ohne Normen zur Definition richtigen und falschen Verhaltens ist ebenso undenkbar wie die Erde ohne Gravitation, denn in einer Gesellschaft ohne Regeln würde niemand wissen, was er tun soll und was er von anderen zu erwarten hat. Es ist die Aufgabe des Gruppenleiters, Hilfestellung bei der Entwicklung von Normen zu leisten, die die Annäherung an das therapeutische Ziel der Gruppe erleichtern. Zuvor muß er jedoch imstande sein, die Gruppe richtig zu „lesen". Er muß die Normen beim Namen nennen können, wenn die Teilnehmer darauf stoßen. Er muß auch damit vertraut sein, daß zwar in den meisten Selbsterfahrungsgruppen Normen unterscheidbar sind, daß sie aber je nach der Besonderheit der Zusammensetzung der betreffenden Gruppe eine besondere Färbung annehmen. Es ist deshalb unerläßlich, daß der Leiter Methoden und Strategien zum Verständnis der spezifischen Normen entwickelt, die in der Gruppe, mit der er gerade arbeitet, eine Rolle spielen. Einen Ansatz zur Veränderung bieten diejenigen Normen, die sich auf die Grenzen des Systems beziehen: die Kriterien für die Mitgliedschaft, worüber man sprechen darf und worüber nicht, welche Gefühlsäußerungen legitim sind und welche nicht. Die herrschenden Regeln sind es vor allem, die den therapeutischen Prozeß jeder auf eine Veränderung hinarbeitenden Gruppe beeinflussen.

Aufdecken von Gruppennormen

Obwohl die meisten Leute mit dem Begriff der Norm nicht vertraut sind, handelt fast jeder angepaßt an die Regeln, die im jeweiligen Kontext, in dem er sich bewegt, gelten. Die meisten Menschen tasten sich beim Betreten einer neuen Gruppe oder neuen Kultur ganz „automatisch" langsam vor, um herauszufinden, welches Verhalten in dieser Situation erwünscht ist und welches nicht. Die meisten von uns betrachten das Geschehen in einer neuen Situation forschend: wir beobachten, was andere zu tun scheinen und wie das Beobachtete von dem abweicht, was wir gewohnt sind. Wahrscheinlich bemühen wir uns implizit um die Feststellung von Regelmäßigkeiten im Verhalten in der neuen Gruppe bzw. in der neuen Kultur. Wir bemerken dann, daß man über bestimmte Dinge spricht und über andere nicht, daß man gewisse Einstellungen oder Gefühle äußern darf und andere nicht. Wir sehen vielleicht auch, daß sich die Anwesenden abwechseln und daß nach Ablauf einer bestimmten Zeit fast alle Mitglieder der Gruppe zum Reden gekommen sind. In anderen Worten: Wir studieren die Normen der Gruppe. Wir versuchen herauszufinden, was von uns erwartet wird, was erwünschtes und was unerwünschtes Verhalten ist.

Ein Weg, die Normen einer Gruppe oder irgendeines sozialen Systems zu „diagnostizieren", ist es, bewußter als wir es im Alltag normalerweise tun, auf Regelmäßigkeiten des Verhaltens zu achten und zwar sowohl des im Augenblick sichtbaren als auch des gerade nicht beobachtbaren. Dieser mit den wohlbekannten Methoden der Anthropologie verwandte Beobachtungsprozeß hilft die Normen sichtbar zu machen. Im Laufe der Zeit werden weitere Beobachtungen in einer Gruppe Informationen über die normativen Merkmale dieses bestimmten sozialen Systems liefern. Wir werden mit der Zeit feststellen, daß bestimmte Mitglieder in den Mittelpunkt der Aufmerksamkeit rücken. Wir werden dabei vielleicht auch bemerken, daß diese Konzentration auf ein gewisses Mitglied mit großer Intensität betrieben wird. Sehr oft scheint es so, als würden sich die meisten Gruppenmitglieder gegen ein bestimmtes Mitglied verbünden und versuchen, dessen Verhalten zu verändern. Im weiteren Verlauf der Ereignisse wird die Gruppe möglicherweise in ihrem Bemühen noch intensiver. Die zunächst relativ milden Versuche, ein Mitglied zur Veränderung seines Verhaltens zu bewegen, entwickeln sich zu einem ernsthaften Anliegen der Gruppe, wobei Gefühle des Ärgers überwiegen. Führen alle diese Anstrengungen der Gruppe nicht dazu, daß das betreffende Mitglied sein Verhalten verändert (was es meist nicht tut), beginnt die Gruppe, ihm seine Aufmerksamkeit zu „entziehen". Das kann soweit gehen, daß die betreffende Person in der Gruppe fast zu einem Nichts degradiert wird – nicht beachtet, isoliert, so, als ob sie nicht vorhanden wäre.

Was ist hier geschehen? Es ist sehr wahrscheinlich, daß der betreffende Teilneh-

Tabelle 13.1. Faktorenanalyse von Normen [10].

Verhaltensweise	Faktorenladung
Faktor 1 Intensiver emotionaler Ausdruck (27% Varianz)	
Berührte ein anderes Mitglied warm	0.96
Küßte ein anderes Mitglied	0.94
Brachte einem anderen Mitglied gegenüber stark zum Ausdruck, wie liebenswert es sei	0.91
Sagte einem anderen Mitglied, wie sehr er/sie es mag	0.89
Weinte	0.81
Flehte um Hilfe	0.77
Schlug ein anderes Mitglied	0.76
Bat um Feedback („Wie siehst du mich in dieser Gruppe?")	0.65
Machte drohende Bemerkungen zu anderen Mitgliedern	0.61
Bezog seine Bemerkungen darauf, was in der Gruppe vorging	0.58
Sprach eine Menge, ohne seine wahren Gefühle zu zeigen	−0.56
Zeigte einer anderen Person in der Gruppe offen, daß er bzw. sie sich sexuell angezogen fühle	0.61
Faktor 2 Öffnen der Grenzen: Bemerkungen über persönliche oder außerhalb der Gruppe liegende Dinge (17% Varianz)	
Machte oft Witze	0.88
Sprach über Einzelheiten seines Sexuallebens	0.81
Brachte ständig Themen von außerhalb der Gruppe	0.70
Brachte Probleme zur Sprache, die er mit Personen außerhalb der Gruppe hatte	0.66
Trug Informationen über die Gruppe nach draußen	0.64
Weigerte sich, sich durch eine Gruppenentscheidung festlegen zu lassen	0.60
Beschrieb seine Träume und intimen Phantasien	0.57
Brachte einen Freund mit in die Gruppe	0.46
Faktor 3 Feindliche Konfrontation und Beurteilung (11% Varianz)	
Sagte, das Verhalten eines anderen Mitglieds sei falsch und müsse verändert werden	0.81

Verhaltensweise	Faktoren-ladung
Machte Einwände gegen die Bemerkungen des Leiters	0.82
Drang weiter auf ein anderes Mitglied ein, obwohl es gesagt hatte: „Ich habe genug."	0.78
Sprach davon, sich umzubringen	0.76
War zu einem anderen Mitglied abweisend, das sich gerade mit der Äußerung persönlicher Gefühle „geöffnet" hatte	0.70
Schrie ein anderes Mitglied ärgerlich an	0.73
Sagte einem anderen Mitglied, er oder sie sei nicht liebenswert	0.72
Unterbrach einen Dialog zwischen zwei Personen	0.67
Gab anderen Mitgliedern einen Rat, was sie tun sollten	0.62
Versuchte, andere von der Richtigkeit eines bestimmten Standpunktes zu überzeugen	0.61
Sagte einem anderen Mitglied genau, was er bzw. sie von ihm bzw. ihr halte	0.55
Faktor 4 Gegenseitige Abhängigkeit (9% Varianz)	
Sagte, er sei der Meinung, der Leiter solle den größten Teil der Verantwortung für die Planung und Durchführung von Gruppenaktivitäten übernehmen	−0.82
Sagte, er sei der Meinung, die Gruppe solle mehr Verantwortung dafür übernehmen, was zu tun sei	−0.77
Bat den Leiter um Unterstützung	−0.66
Sagte in den meisten Sitzungen wenig oder nichts	−0.47
Faktor 5 Kontrolle über andere (7% Varianz)	
Versuchte, die Führung der Gruppe zu übernehmen	−0.92
Versuchte, die Gruppe in seinem Sinne zu manipulieren	−0.84
Beherrschte die Diskussion der Gruppe mehr als eine Sitzung lang	−0.74
Sagte in mehreren Sitzungen wenig oder nichts	−0.54
Schrieb ein anderes Mitglied auf, indem er bzw. sie sagte, es habe keine Bedeutung	−0.52
Verhielt sich anderen Mitgliedern gegenüber gleichgültig	−0.51
War oft abwesend	−0.50

13. Gruppenmethoden

mer eine Grundregel der Gruppe verletzt hat. Er hat vielleicht einen Standpunkt vertreten, der in dieser bestimmten Gruppe als anstößig betrachtet wird. Möglicherweise hat er auch ein intensives positives oder negatives Gefühl einem anderen Gruppenmitglied gegenüber zum Ausdruck gebracht oder irgend etwas anderes getan, das in dieser Gruppe nicht erwünscht ist. Gruppennormen sind dann am leichtesten zu erkennen, wenn sie von einem Mitglied verletzt werden. Wenn eine Gruppe hart an einem ihrer Mitglieder arbeitet, damit es seine Einstellung oder sein Verhalten verändert, dann aggressiv gegen es wird und es schließlich und endlich fallen läßt, kann man sicher gehen, daß die Gruppe versucht, eine für sie lebenswichtige Norm zu verteidigen. Wiederholte Beobachtungen der eben beschriebenen Art sind geeignet, Gruppennormen in ihrer simpelsten Form zu enthüllen. Ohne es zu wissen, sind diese Hinweise jenen ähnlich, die die meisten Menschen im täglichen Leben dazu benützen, um festzustellen, was in einer bestimmten Situation „vorgeht" und was nicht. Häufig helfen ihnen die Schlüsse, die sie aus solchen Beobachtungen ziehen, zu entscheiden, ob sie zu der betreffenden Gruppe gehören wollen oder nicht.

Es gibt noch einen anderen Weg, Gruppennormen in den Griff zu bekommen, der in Analogie zu dem gesehen werden kann, was Menschen oft tun, wenn sie mit einer unbekannten Situation in Berührung kommen – einer neuen Schule, einer neuen Gruppe, einer neuen Stellung, einem fremden Land etc. Wenn sie „hineinpassen" wollen, fragen sie einen Freund oder Bekannten, „was trägt man am besten?", „was sollte man hier an Trinkgeld geben?" etc. Es ist eine Bitte an die anderen, ihnen zu helfen, die Normen der neuen Situation herauszufinden. Wie die moderne Anthropologie, benutzen auch sie einen Informanten zur Entdeckung der ungeschriebenen, und im allgemeinen unausgesprochenen sozialen Regeln der untersuchten Kultur. In ähnlicher Weise kann ein Gruppenleiter bzw. Therapeut die einzelnen Mitglieder mit einem einfachen Fragebogen um die Information bitten, welche Verhaltensweisen für die Gruppe akzeptabel sind und welche nicht. Er erfährt dadurch, welche ihm bisher nicht bekannten Normen einen Einfluß auf die Gruppe ausüben. Von den drei beschriebenen Methoden ist die dritte die einfachste und versetzt den Therapeuten sehr schnell in die Lage, sich über die Normen der Gruppe, mit der er gerade arbeitet, klar zu werden.

Ein konkretes Beispiel für diese Art des Vorgehens ist die Anwendung eines Fragebogens in einer Studie über Selbsterfahrungsgruppen [10], in dem sowohl die Leiter als auch die Teilnehmer Angaben darüber machen sollten, welche Einstellung ihre Gruppen ihrer Meinung nach zu 48 vorgegebenen Verhaltenskategorien haben. Jedes Gruppenmitglied (bzw. jeder Leiter) wurde aufgefordert, sich vorzustellen, er würde mit einem neuen Mitglied darüber sprechen, was in der Gruppe im allgemeinen vor sich geht. Der Interviewte sollte ihm beispielsweise erklären, ob die Gruppe ein bestimmtes Verhalten (z. B. wiederholtes Zuspätkommen) als erwünscht oder unerwünscht ansehen würde. Die vorgegebenen Verhaltenskategorien bezogen sich auf normative Merkmale, die für solche Gruppen charakteristisch sind. Will man diese Informationen zur Bestimmung von Gruppennormen verwenden, sollte man die Faustregel nicht vergessen, daß Gruppennormen gemeinsame Abmachungen zwischen Mitgliedern einer Gruppe sind. Etwa zwei Drittel der Mitglieder sollten sich darin einig sein, daß ein bestimmtes Verhalten erwünscht oder unerwünscht ist, ehe es als Norm betrachtet werden kann. Tabelle 1 zeigt die Kategorien, die aufgrund der Faktoren- und Cluster-Analyse in fünf normative Dimensionen unterteilt wurden.

Weniger ausführliche Fragebögen dieser Art sind leicht zu konstruieren. Die Verhaltenskategorien können je nach den Umständen unterschiedlich sein. Sie stellen ein handliches Instrument für den Leiter bzw. Therapeuten dar, um Informationen darüber zu bekommen, worauf er seine Bemühungen konzentrieren muß, damit ein therapeutisch günstiges Klima geschaffen wird. Diese Studie über Selbsterfahrungsgruppen bestätigte die signifikante Beziehung der Normen zu der Effizienz der Gruppen. Beispielsweise schufen Gruppen, die die Diskussion von Ereignissen außerhalb der Gruppe nicht gestatteten, weitaus ungünstigere Lernbedingungen als solche, die ihren Mitgliedern eine freiere Wahl der Gesprächsthemen gewährten. Gruppen mit einer großen Anzahl von Normen waren – ganz gleich, welchen Inhalt sie hatten – produktiver als Gruppen mit weniger Normen. Diese Ergebnisse sind bis jetzt allerdings noch nicht auf andere Arten von Gruppen, die sich persönliche Veränderung zum Ziel gesetzt haben, generalisierbar. Wichtig ist die Erkenntnis, daß Normen die Qualität der Bedingungen beeinflussen, unter denen Lernen und therapeutische Fortschritte gedeihen können. Die normative Struktur einer Gruppe nicht beachten, heißt deshalb, eine Variable zu ignorieren, die für den Prozeß der Veränderung von großer Bedeutung ist.

Therapeutische Methoden und die Rolle des Leiters

Bisher war die Rede davon, wie es dazu kam, daß Gruppen als Medium für persönliche Veränderung dienten. Noch haben wir die wichtige Frage nicht untersucht: Was geschieht eigentlich in solchen Situationen, das die Veränderung der Persönlichkeit wesentlich beeinflußt? Die allen Theorien über die Veränderung von Menschen durch die Teilnahme an Gruppen zugrundeliegende Annahme besagt, daß die Gruppe als sozialer Mikrokosmos im Laufe der Zeit in jedem Mitglied diejenigen Gefühle, Gedanken und Verhaltensweisen wachruft, die ihn tief beunruhigen. Ganz gleich, ob die psychoanalytische Deutung dynamischer Konflikte am Anfang steht, ob man den Blick auf die zwischenmenschlichen Beziehungen als Quelle persönlicher Probleme richtet oder einen streng behavioristischen Standpunkt einnimmt – jede Richtung betrachtet im Grunde das *direkte oder indirekte Wachrufen störender Faktoren* als den ersten Schritt zur Veränderung. Sich diese Störungen vor sich selbst oder im Gespräch mit anderen bewußt zu machen, in einem Kontext, der in wichtigen Punkten vom Alltag abweicht, ist der erste Schritt in einem therapeutischen Prozeß.

Der nächste ganz allgemeine Schritt in dieser Veränderungsreihe ist, daß die *betreffende Person ihre Gedanken, ihre Gefühle und ihr Verhalten in einer Art und Weise erleben muß, die sich deutlich von ihrer bisherigen Lerngeschichte unterschei-*

13. Gruppenmethoden

det. Das Individuum muß „lernen", daß seine Erwartungen und Befürchtungen nicht notwendigerweise eintreffen werden, nur weil es sich in einer bestimmten Weise verhalten, denken oder fühlen würde, daß es weder Unheil, noch negative Folgen mit sich bringt, anderen nahe zu sein, von ihnen abzuhängen, mit ihnen zu kämpfen etc. Ebenso, daß es mehrere Wege gibt, angestrebte Ziele zu erreichen oder Bedürfnisse zu befriedigen, als es bisher geglaubt hatte. Was in einer Gruppe geschehen muß, damit die Teilnehmer diesen Nutzen daraus ziehen können, darin liegt das ganze Geheimnis der Arbeit mit Selbsterfahrungsgruppen. Der Leser sollte sich darüber klar sein, daß unser heutiges Wissen über die Möglichkeiten der Veränderung von Menschen noch sehr lückenhaft ist. Es gibt bisher noch keine Methode, die jedem Fall gerecht würde. All das Beweismaterial, das man anführen kann, läßt nur den Schluß zu, daß die Veränderung von Menschen ein komplizierter Prozeß ist. Weder in Gruppen, noch in der Einzeltherapie gab es bisher eine Methode oder auch eine Reihe von Techniken, die alle verändert haben – aber es wurden auch nur wenige eingesetzt, die nicht jemand verändert hätten. Die Beachtung, daß fast jede entwickelte Methode zumindest einige verändert, daß aber nicht jeder durch jede Methode verändert werden kann, ist verantwortlich für die Schwierigkeit, bessere Theorien über die wesentlichen Vorgänge individueller Veränderung zu entwickeln.

Einige Menschen lernen aus der Beobachtung der Erfahrungen anderer; das Wachwerden ihrer eigenen, damit in Zusammenhang stehenden Probleme, ist eher indirekt als direkt. Sie machen neue Erfahrungen, indem sie anderen beim Ausprobieren der gefürchteten Verhaltensweisen zusehen, und nicht so sehr dadurch, daß sie es selbst tun. Einige lernen durch eine innere kognitive Reaktion, beispielsweise die neue Erkenntnis, daß der Konflikt zwischen ihren Wünschen und Befürchtungen gar nicht so sicher angenommen werden kann, wie sie früher geglaubt hatten. Wieder andere machen die Beobachtung, daß es einigen anderen Gruppenmitgliedern gelingt, ihre Bedürfnisse mit Hilfe von Verhaltensweisen zu befriedigen, an die sie selbst nie gedacht hatten und sie fühlen sich durch diese „guten Beispiele" ermutigt, dies auch zu versuchen. Einige sind erleichtert, zu entdecken, daß niemand durch ihre tiefen, verborgenen Geheimnisse schockiert ist, deretwegen sie sich immer geschämt oder schuldig gefühlt hatten. Wieder andere testen neue Verhaltensweisen in einer Situation aus, in der sie sich zum erstenmal sicher und geborgen fühlen und werden dadurch ermutigt, sich zu verändern.

Welche Rolle hat dann der Leiter oder Therapeut bei der Aufgabe, den Gruppenmitgliedern und ihren Veränderungswünschen Hilfestellung zu geben? Wie wird er sicherstellen, daß die Gruppensituation die beunruhigenden Gedanken, Gefühle und Verhaltensweisen, die die einzelnen Personen mitbringen, auch tatsächlich wachrufen wird? Wie kann er den Teilnehmern dazu verhelfen, neue Gedanken, Gefühle und Verhaltensmuster so zu erleben, daß sie die früher damit assoziierte Angst verlieren?

Die Untersuchung einer Reihe theoretischer Positionen bezüglich persönlicher Veränderungen in Gruppen würde eine große Anzahl von Begriffen zur Beschreibung dessen aufdecken, was Therapeuten bzw. Leiter tun: Widerstände interpretieren, konfrontieren, reflektieren, stützen, Rollenspiele entwickeln, als beobachtendes Ego eingreifen; Gruppenkrisen herbeiführen, indem sie sich nicht gemäß den Erwartungen des Durchschnittspatienten verhalten; verstärken, Lernen am Modell einsetzen, Verträge schließen, Grundregeln einführen, beschützen, wohlwollende Aufnahme zum Ausdruck bringen, Echtheit der Gefühle und positive Zuwendung mitteilen, Übertragung analysieren; lehren, eine intakte (whole) Person zu sein; persönliche Gefühle enthüllen, Gefühle ausdrücken, Gruppendynamik interpretieren, individuelle Dynamik interpretieren, herausfordern, provokativ sein, usw. Die deskriptiven und methodischen Begriffe, mit denen die Arbeit eines Therapeuten beschrieben wird, sind in der Tat sehr weitreichend. Es ist dennoch möglich, in diese Aufzählung deskriptiver Punkte über das Verhalten und die Funktion des Gruppenleiter etwas Ordnung zu bringen.

Leiter von Sensitivity-Gruppen sehen ihre Rolle darin, den Teilnehmern durch Verstehen des Gruppenprozesses zu helfen, sich selbst und andere zu verstehen. Für sie ist kennzeichnend, daß sie sich auf die Gruppe als Ganzes und auf die Interaktionen der Mitglieder untereinander konzentrieren. Sie versuchen zu erklären, was die Gruppe als Ganzes tut. Sie beziehen sich dabei auf Phänomene wie die Erhaltung der Gruppe, Kohäsion, Macht- und Arbeitsverteilung, Untergruppen, Sündenbock suchen etc.

Leiter, die mit der Gestalttherapie arbeiten, betonen die Ganzheit des Individuums. Veränderung wird als ein Prozeß angesehen, der sich jenseits der Ratio vollzieht und dadurch zustandekommt, daß dem Individuum dazu verholfen wird, mit der primitiven, ursprünglichen Weisheit des Körpers Fühlung aufzunehmen. Die Gruppe als solche bzw. die anderen Gruppenmitglieder spielen dabei nur eine untergeordnete Rolle. In der klassischen Durchführung dieser Methode gibt es neben dem Leiter einen leeren Stuhl, den „heißen Sitz", den die Teilnehmer einer nach dem anderen einnehmen, um mit dem Leiter zu „arbeiten". In Gestaltgruppen wird großer Nachdruck auf verstärkte Emotionalität gelegt und das Verstehen körperlicher Botschaften, die wir über unsere Haltung, zahlreiche autonome Vorgänge und Reaktionen von Muskeln und Knochengerüste wahrnehmen. Der Leiter hilft den Teilnehmern häufig, innere Konflikte dadurch zu lösen, daß die unvereinbaren Teile der Psyche in einen Dialog miteinander treten. Die Teilnahme der anderen Mitglieder ist auf ein Minimum beschränkt. Oft besteht ihre hauptsächliche Funktion einfach darin, mit ihrer Anwesenheit die Aussagen des Leiters zu bestätigen, wie der allmächtige griechische Chor.

Anhänger der Transaktionalen Analyse arbeiten abwechselnd mit jedem einzelnen Teilnehmer. Der Begriff Transaktionale Analyse bezieht sich auf die Transaktionen zwischen Zuständen des Ego (Eltern, Kind, Erwachsener) innerhalb eines Individuums und nicht auf Transaktionen zwischen Individuen. Verträge mit einem bestimmten Lernziel abzuschließen ist ein typisches Merkmal dieser Methode. Der Akzent liegt auf der formalen Vermittlung des analytischen Modells, damit die Patienten in die Lage versetzt werden, dieses begriffliche System auf sich selbst und das Verhalten anderer anzuwenden.

13. Gruppenmethoden

Leiter von Selbsterfahrungsgruppen betonen die Erfahrung und Vertiefung zwischenmenschlicher Beziehungen sowie das Freimachen somatischer Hemmungen. Sie glauben, daß Menschen durch das Aufbrechen sozialer und muskulärer Hemmungen lernen können, ihren eigenen Körper und andere Menschen anders und echter zu erleben. Die Aufmerksamkeit des Leiters gilt sowohl den individuellen als auch den zwischenmenschlichen Beziehungen innerhalb der Gruppe. Die Leiter solcher Encounter-Gruppen schlagen den Teilnehmern häufig Übungen vor, um die einengenden Hemmungen leichter zu überwinden. Der Nachdruck liegt auf Tun und Erfahren. Die Ursache oder die Bedeutung der hartnäckigen Hemmungen ist nicht so wichtig.

Gesprächsgruppentherapie (client-centered group therapy) ist eine Weiterentwicklung von *Rogers'* individueller Psychotherapie für die Arbeit mit Gruppen. Die Aufmerksamkeit des Leiters konzentriert sich auf dynamische Vorgänge zwischen Personen und innerhalb der Person. Selten steht die Gruppe als Ganzes im Mittelpunkt. Der Therapeut dient als Modell für persönliche Entwicklung und schafft die Bedingungen für Echtheit, bedingungslose positive Zuwendung und Empathie, die in der von *Rogers* entwickelten Therapieform als die wesentlichen Elemente der therapeutischen Beziehung angesehen werden.

Die Angriffstherapie (attack therapy) betont den Ausdruck von Zorn. Alle Mitglieder werden nacheinander von den anderen systematisch angegriffen. Dahinter steht die Überzeugung, daß der Einzelne seine schwachen Stellen stärkt, wenn er nur lange genug attackiert wird. Dieses Vorgehen wird „das Spiel" in Synanon genannt, denn nach Beendigung der Gruppensitzung verwandelt sich die Atmosphäre sehr rasch in eine Situation, die den Teilnehmern einen warmen Rückhalt bietet. Die Synanon-Angriffstherapie unterscheidet sich von anderen Modellen ähnlicher Prägung dadurch, daß diese Gruppen erfahrene und unerfahrene Mitglieder haben. Daher wird ein großer Teil der therapeutischen Arbeit nicht von einem Leiter, sondern von mehreren „erfahrenen Spielern" geleistet. Bei anderen Formen der Angriffstherapie ist der Leiter fast immer der alleinige Angreifer.

Der Versuch, Psychodrama als Technik zur persönlichen Veränderung in Gruppen einzuführen, geht auf Vorstellungen zurück, die *Jacob L. Moreno*, der Begründer der Therapie durch Psychodrama, entwickelt hat. Im Mittelpunkt steht die Konstruktion von Rollenspielen und psychodramatischen Übungen, mit deren Hilfe die Teilnehmer bislang blockierte Verhaltensmuster oder gefürchtete emotionale Beziehungen in einer „sicheren" Situation ausagieren können. Der Methode liegt die Annahme zugrunde, daß der Mensch entweder aus der direkten Erfahrung (wenn er in der Übung eine Rolle spielt) oder stellvertretend (wenn er das Psychodrama beobachtet) lernen kann.

Wie schon erwähnt, konzentriert sich die psychoanalytisch orientierte Gruppentherapie auf die innere Dynamik, insbesondere die frühe Entwicklung des Individuums, wie sie in der Gruppe zum Tragen kommt. In solchen Gruppen geht es weniger emotional zu, sie sind rationaler ausgerichtet und das Interesse liegt bei der intellektuellen Bewältigung der inter- und intrapersonalen Kräfte innerhalb der Gruppe. Der Therapeut handelt als beobachtendes Ego, interpretiert Widerstände und analysiert Abwehrmechanismen der einzelnen Teilnehmer, wenn sie im sozialen Mikrokosmos der Gruppe auftreten.

Mit Hilfe einer genauen Beobachtung von sechzehn Gruppenleitern [10], die in ihrer Arbeit mit Gruppen die genannten acht theoretischen Richtungen vertreten, wurden aufgrund von Beobachter-Ratings und der Wahrnehmung der Teilnehmer ihres eigenen Verhaltens vier grundlegende Funktionen isoliert, die den größten Teil des Verhaltens aller dieser Leiter beschrieben: emotionale Stimulation, Unterstützung, Deutung und exekutive Funktionen. Ungeachtet ihrer theoretischen Positionen zeigen alle Gruppenleiter Verhaltensweisen, die man diesen vier Kategorien zuordnen kann. Sie unterscheiden sich allerdings stark bezüglich des Ausmaßes, in dem sie eine bestimmte Funktion ausüben: einige Leiter stimulieren vor allem emotional, andere verbringen die meiste Zeit mit exekutiven Funktionen etc. Wieder andere verbinden Unterstützung mit Deutung oder betonen emotionale Stimulation mit dem gleichen Nachdruck wie Unterstützung etc.

Emotionale Unterstützung

Alle auf persönliche Veränderung abzielenden Gruppen legen Wert auf die emotionale Beteiligung der Mitglieder. Auf einer ganz elementaren Stufe hat die Stimulationsfunktion des Leiters Aufforderungscharakter. Der Leiter setzt eine bestimmte Taktik oder Strategie ein, um die Teilnehmer aus der Reserve zu locken und emotionale Reaktionen auszulösen. Die in der Ausübung dieser Funktion benützten Strategien sind vielfältig und reichen von der Enthüllung eigener Gefühle durch den Leiter (Transparenz des Leiters) bis zur persönlichen Herausforderung, Konfrontation, Teilnahme als Gruppenmitglied statt als Leiter, Ermahnung, Lenken der Aufmerksamkeit auf sich selbst; Demonstration oder Modellieren durch den Leiter, wie man etwas riskiert; Ausdruck von Ärger, Wärme, Liebe etc. Weitere Strategien, die die Leiter zur Stimulation von Gefühlen anwenden, sind Rollenspiel, simulierte Spiele und verschiedene „strukturierte Übungen", die sie vorschlagen, um die Teilnehmer in Aktivitäten zu verwickeln: „Vertrauensspaziergänge", „Einbrechen" und dergleichen mehr.

Diese Strategien unterscheiden sich sämtlich bezüglich der Intensität, mit der bestimmte Reaktionen gefordert werden. Sie differieren auch in dem Ausmaß, in dem die direkte Beziehung zu einem bestimmten Teilnehmer eine Rolle spielt oder in dem die Bildung besser ausgearbeiteter Strukturen gewährleistet, daß mehrere Mitglieder an den ausgelösten emotionalen Reaktionen beteiligt sind. Einige Leiter stimulieren nur sehr behutsam, z. B. mit einladenden Worten und Fragen. Andere lösen durch herausforderndes Verhalten, Konfrontation und persönliche Enthüllungen sehr intensive Reaktionen aus. *Wichtig ist hier, daß alle Gruppenleiter – ungeachtet ihrer theoretischen Überzeugung – sich so verhalten, als sei es eine grundlegende Funktion ihrer Rolle, in den Teilnehmern emotionale Reaktionen hervorzurufen.*

13. Gruppenmethoden

Der historische Wandel dieser Art des Vorgehens ist interessant. Ein fundamentaler Unterschied zwischen Selbsterfahrungsgruppen, die aus der Tradition der Psychotherapie stammen, und den sogenannten neueren Therapieformen ist der Grad, in dem jede dieser Methoden Nachdruck auf emotionale Stimulation legt. Die klassischen Formen der Gruppentherapie stammen aus einer Tradition, die die Ansicht vertritt, daß allein die Tatsache, Klienten in kleinen Gruppen zusammenzufassen, um eine Veränderung zu bewirken, bereits einen hohen Grad an Erregung und Stimulation schafft. Die hauptsächliche Funktion des Therapeuten wird deshalb darin gesehen, dieses potente Klima zu steuern. Die traditionelle Form der Gruppentherapie nimmt auch an, daß Veränderungen lange Zeit benötigen – ein Aspekt, der die Bedeutung der emotionalen Stimulation wahrscheinlich verringert. Die neueren Techniken glauben im allgemeinen, daß Veränderungen in relativ kurzer Zeit geschehen können und legen vielleicht deshalb besonderen Nachdruck auf die Intensität der Stimulation, um „den Prozeß zu beschleunigen". Trotz dieser Unterschiede ist die Tatsache nicht zu übersehen, daß alle Therapieformen emotionale Beteiligung und Reaktionsfähigkeit als zentrales Moment des Veränderungsprozesses ansehen und Techniken bereitstellen, die solche Reaktionen in den Teilnehmern auslösen.

Unterstützung und Fürsorge

Eine Gruppe, deren Ziel persönliche Veränderung ist, wird in jedem Fall bei den Teilnehmern Angst oder Spannungen hervorrufen. Solche Gruppen sind für die Auslösung von Angst geradezu prädestiniert: Niemand weiß, was als nächstes geschieht, oft werden höchst persönliche Dinge zur Diskussion gestellt und Interaktionen zwischen den Teilnehmern können mit sehr intensiven emotionalen Erlebnissen verbunden sein. Es kommt schließlich auch vor, daß Teilnehmer sich davor fürchten, alte Verhaltensweisen zugunsten neuer aufzugeben, obwohl sie sich sehnlichst wünschen, sich zu verändern. Es ist deshalb eine grundlegende Aufgabe jedes Leiters einer Therapiegruppe, die Gruppe zu lehren, wie sie die dem Veränderungsprozeß eigene Angst bewältigen kann. Obwohl sich alle Leiter den Gruppenmitgliedern gegenüber unterstützend und fürsorglich verhalten, variieren Art und Ausmaß sehr stark. Einige Theorien über Gruppenarbeit, beispielsweise diejenigen, die aus der Rogers-Tradition stammen, legen großen Nachdruck auf die Herstellung einer tragfähigen Beziehung zu den Teilnehmern, mit denen der Leiter arbeitet. Echtheit, positive Zuwendung und Empathie sind die Begriffe für dieses System. Gruppenleiter, die mit dieser Methode arbeiten, zeigen diese Verhaltensweisen sehr viel häufiger als andere.

Therapeuten aus der englischen Tavistock-Schule für Gruppenanalyse glauben, daß ein relativ hoher Grad an Angst eine notwendige Bedingung für eine Veränderung ist. Weitere Unterschiede zwischen verschiedenen theoretischen Positionen bezüglich Unterstützung und Fürsorge sind daraus zu erkennen, ob ein Leiter den stützenden Prozeß direkt oder indirekt einleitet. Einige Leiter bieten durch die

Art, wie sie mit den Teilnehmern umgehen, Wärme, Fürsorge, Unterstützung, Zuneigung, Lob und Ermutigung an. Andere Leiter treffen Vorkehrungen zur Schaffung einer wohlwollend freundlichen Atmosphäre und sehen ihre wichtigste Aufgabe in der Kanalisierung der Spannungen, die in der therapeutischen Situation auftreten. Diese Trainer arbeiten eher indirekt und versuchen, eine Situation zu schaffen, in der die Gruppenmitglieder selbst die wichtigste Quelle der Unterstützung darstellen. Direkte Beobachtungen von Gruppenleitern geben jedoch Hinweise darauf, daß alle – ungeachtet der Schule, aus der sie kommen, und ungeachtet ihrer theoretischen Position – in ihrer Arbeit mit Gruppen in einem gewissen Grad direkte Unterstützung, Zuneigung, Freundschaft, Ermutigung und Lob verteilen.

Deutung

Das Unbekannte oder nicht Erkennbare hat der Menschheit schon immer Furcht eingeflößt. Seit unerdenklichen Zeiten war es in der Gesellschaft eine wichtige Funktion der Heiler, den Menschen zu helfen, diese Furcht zu überwinden, indem das Unbekannte erkennbar gemacht wird oder ihm zumindest etwas von seinem Schrecken genommen wird. Gruppentherapeuten tun dasselbe. Eine ihrer fundamentalen Funktionen ist die Deutung. Sie benennen Gefühle oder Ereignisse, die die Teilnehmer erlebt haben, ohne sich ihrer voll bewußt zu sein. Sie schreiben den individuellen und Gruppenerfahrungen eine bestimmte Bedeutung zu, mit dem Ziel, ein besseres Verständnis dafür zu wecken, was ihnen zugrunde liegt. Alle Gruppenleiter führen diese Funktion aus – egal ob sie sich der traditionelleren therapeutischen Begriffe wie z. B. Einsicht bedienen, oder die Termini der neueren, mehr auf direkter Erfahrung beruhenden Bewegung zur Veränderung der Persönlichkeit bevorzugen. Auf welche Weise sie es tun und welche einzelnen Deutungen und Bezeichnungen sie der Erfahrung geben, ist sehr unterschiedlich. Auch die Methoden der Vermittlung differieren beträchtlich. Manche Leiter setzen das Modellieren als das wichtigste Medium ein, um eindrucksvollen emotionalen Erfahrungen eine kognitive Struktur zu geben. Andere machen von formaleren pädagogischen Methoden Gebrauch, die traditionellerweise dazu dienen, eine begriffliche Internalisation auf eine höhere Ebene zu legen. Einige lehren ganz direkt ein allgemeines System zum Verständnis von Verhalten, andere deuten eine Erfahrung in dem Augenblick, da sie erlebt wird, um den Teilnehmer in die Lage zu versetzen, sie mit anderen Augen zu sehen. Wieder andere lehren Möglichkeiten, sich zu verändern, indem sie Übungen vorschlagen, die den Teilnehmern neue Einblicke in sich selbst und ihre Beziehungen zu anderen vermitteln – Anregungen, die sie dazu verwenden können, sich außerhalb der Gruppe effektiver zu verhalten. Manche Therapeuten lenken die Aufmerksamkeit der Teilnehmer mehr auf die Prozesse, die ihrer Meinung nach der persönlichen Veränderung zugrundeliegen und führen Begriffe ein, die von der klassischen *Freud*schen Analyse bis zu der mehr sozialpsychologisch orientierten

Arbeit von *Lewin* und den gegenwärtigen biopsychischen Bewegungen reichen. Die Methoden und die Begriffe sind natürlich verschieden. Wichtig ist jedoch die Tatsache, daß alle Leiter von Gruppen, die sich der persönlichen Veränderung widmen, den Teilnehmern Mittel in die Hand geben, Gefühle und Verhalten in *Vorstellungen* zu übersetzen.

Exekutive Funktion

Bei der Frage, wie die sozialen Eigenschaften der Gruppe für therapeutische Zwecke zu nutzen seien, gehen die Meinungen der Theoretiker weit auseinander. Einige Theorien ziehen die Gruppenphänomene nicht in Erwägung – die Beziehung zwischen dem Leiter und einzelnen Gruppenmitgliedern gilt als einzige Quelle der Veränderung. Einige Theorien geben zu, daß man offenbar ein soziales System schafft, wenn man mit Gruppen arbeitet, entwickeln aber weder einen begrifflichen Rahmen für das soziale System, noch Techniken zur Nutzung seines therapeutischen Potentials. Eine geringere Anzahl von Theoretikern glaubt, daß sich die *hauptsächliche* Arbeit des Therapeuten bzw. Gruppenleiters auf die Entwicklung eines lebensfähigen und therapeutisch produktiven sozialen Systems konzentrieren sollte. Es ist aber dennoch so, daß alle Gruppenleiter einen Teil ihrer Aufmerksamkeit der Lenkung der Gruppe als sozialem System widmen.

Alles, was der Leiter für die Funktion der Gruppe als sozialem System tut, zählt zu seiner exekutiven Funktion. Manche der Leiter nehmen es mit dieser Funktion nicht so genau. Sie tun sehr wenig, um die in der Gruppe wirksamen Mechanismen zu verändern. Andere Leiter machen von den üblichen Formen der exekutiven Funktion als therapeutischem Mittel (Konfrontation der Gruppe mit ihren eigenen Bedürfnissen, mit dem Ziel, daß sie ihre eigenen Kräfte mobilisiert) nur wenig Gebrauch. Solche Trainer leugnen die exekutive Funktion aber nicht vollkommen. Sie verwenden einen großen Teil ihrer Bemühungen darauf, die Gruppe zu bewegen, darüber nachzudenken, welche Bedeutung das Nichtvorhandensein der sonst üblichen exekutiven Funktionen auf sie als Gruppe und als Einzelpersonen hat.

Es ist vielleicht nützlich, die exekutiven Funktionen des Gruppenleiters hinsichtlich seiner direkten und indirekten Interventionen zu untersuchen. Direkte Interventionen sind solche Aktivitäten des Leiters, die sich im Verlauf der Gruppenarbeit auf die Funktion des sozialen Systems beziehen. Indirekte Interventionen sind Vorkehrungen, die der Trainer bei der Zusammenstellung von Gruppen zur Verbesserung ihrer therapeutischen Qualitäten trifft. Zu den direkten Interventionen gehört das Aufstellen von Regeln (das können einfache Regeln sein wie Ort und Zeit der Sitzung oder auch eine scharfe Kritik an Beziehungen zwischen Teilnehmern außerhalb der Gruppe), die Diskussion der Gruppenziele mit den Teilnehmern, der Hinweis, daß die Gruppe sich lange genug mit einem Thema befaßt hat, die Gruppe davon abzuhalten, aus einem Mitglied einen „Sündenbock" zu machen, oder die Gruppe zur Reflexion dessen zu bewegen, was sie tut. Hilfestellungen beim Treffen von Entscheidungen oder Vorschläge zu alternativen Verfahrensweisen für die Gruppe sind andere Formen der exekutiven Funktion.

Die wirkungsvollste indirekte Funktion des Leiters bzw. Therapeuten ist die Auswahl der Personen für eine Gruppe, die „Vorbereitung des Einzelnen", ehe er in die Gruppe eintritt und die Zusammenstellung der einzelnen Personen zu einer Gruppe. Die Grundsätze und Kontroversen, die bei diesen drei genannten Aspekten eine Rolle spielen, lassen sich im Rahmen dieses Kapitels nicht erschöpfend behandeln. Es sei hier nur erwähnt, daß eine ganze Reihe klinischer Beobachtungen Hinweise dafür liefert (wenn auch mit widersprüchlicher empirischer Evidenz), daß manche Personen besser in einer Gruppensituation arbeiten als in einer Zweierbeziehung und umgekehrt. Was die Vorbereitung des Klienten betrifft, so weisen sowohl klinische Beobachtungen als auch die empirische Forschung deutlich darauf hin, daß es möglich ist, die Erwartungen der zukünftigen Gruppenmitglieder vor Beginn der Gruppe mit Hilfe verschiedener Verfahren zu verändern und daß die Art der Erwartungen und die Vorstellungen des Klienten, was er in der Gruppe sucht und von ihr erwartet, ganz besonders in der ersten Zeit die Funktion der Gruppe beeinflussen können. Es gibt außerdem klinische und empirische Beweise dafür, daß es die Produktivität einer Gruppe stark beeinflußt, wenn man sich bei der Zusammensetzung der Gruppe einige Gedanken macht.

Erfahrungen, die eine Veränderung bewirken

Die Veränderungsprozesse durch Gruppentherapie stellen sich als zwei zentrale, voneinander abhängige Aspekte der Gruppenerfahrung dar. Die bisher diskutierten Merkmale der Gruppe legen die Bedingungen für den Rahmen fest, in dem die ersehnten Veränderungen stattfinden sollen. Der zweite wichtige Aspekt dieser therapeutischen Methode ist das „Paket" der Ereignisse oder Veränderungsmechanismen, wie Selbstenthüllung, Feedback geben und erhalten und Ausdruck starker Gefühle, von denen man sich einen positiven Einfluß auf die Gefühle, Gedanken und Verhaltensweisen der Teilnehmer erhofft. Wenn man sich klarmacht, wie angstauslösend solche Erfahrungen unter gewissen Umständen sein können, ist die Interdependenz dieser beiden Aspekte leicht zu erkennen. Viele Therapeuten und Teilnehmer aus Selbsterfahrungsgruppen schreiben beispielsweise dem Phänomen der Selbstenthüllung absolute therapeutische Funktion zu. Man kann jedoch sicher sein, daß sich manche Teilnehmer erst dann soweit vorwagen werden, wenn sie ein gewisses Vertrauen zu der Gruppe gefaßt haben. Es müssen also Bedingungen in der Gruppe herrschen, daß die Teilnehmer nicht andauernd Angst haben müssen und es sich „leisten" können, zumindest bei einigen Ereignissen in der Gruppe ihre sonst übliche Abwehr fallen zu lassen. Von einigen typischen, in Selbsterfahrungsgruppen zu beobachtenden Ereignissen hat man oft angenommen, sie hätten einen günstigen Einfluß auf die persönliche Entwicklung. Einige der Mechanismen werden all denen recht vertraut sein, die wissen, wie hilfreiche Beziehungen zwischen zwei Menschen funktionieren. Andere sind nur in einer Situation möglich, an der mehrere Personen teilhaben. Von keinem der Ereignisse konnte bisher bewiesen werden, daß es bei allen Leuten und unter allen Umständen mit Erfolg eingesetzt werden kann. Sie sind ein Auszug dessen, was in der Arbeit mit Gruppen generell als wichtig angesehen wird.

Expressivität

Die meisten Theorien über therapeutische Arbeit mit Gruppen halten den Ausdruck von Gefühlen für ein wichtiges Element des Veränderungsprozesses. Einige theoretische Systeme legen das Gewicht auf den Ausdruck positiver Gefühle, andere auf den Ausdruck negativer Gefühle, insbesondere von Feindseligkeit und Ärger. Manchmal wird es als entscheidender Schritt angesehen, von seinen Gefühlen über wichtige Ereignisse seines Lebens zu sprechen. Die einzelnen Theorien unterscheiden sich sehr deutlich in bezug auf die Arten emotionalen Ausdrucks, die sie für wichtig halten und die Bedeutung, die sie diesem Mechanismus beimessen. *Freud* betrachtete ursprünglich die Katharsis als entscheidenden Mechanismus im Prozeß der persönlichen Veränderung. Er sah verdrängte Emotionen als große Bedrohung für die seelische Gesundheit und als Hauptquelle für Symptome an. Er selbst und die psychoanalytischen Theoretiker nach ihm haben die kathartische Dimension im Prozeß der persönlichen Veränderung später ziemlich abgeschwächt. Im scharfen Gegensatz dazu legen manche der „neuen Therapieformen" (Gestalt, verschiedene Encounter-Techniken, bestimmte Selbsthilfegruppen wie Synanon) großen Nachdruck auf emotionalen Ausdruck als zentralem Moment im Veränderungsprozeß. Sie gehen von der Voraussetzung aus, daß dem Individuum der Weg zur persönlichen Veränderung verbaut ist, ehe es nicht die Freiheit erlangt hat, sowohl negative als auch positive Gefühle anderen gegenüber offen und direkt zum Ausdruck zu bringen. Die einzelnen theoretischen Richtungen unterscheiden sich im Hinblick auf die Funktion der Expressivität. Es kommt vor, daß intensive Gefühle nur dann als wichtig betrachtet werden, wenn sie an einer Katharsis beteiligt sind (Hervorbrechen zuvor blockierter Gefühle), oder nur dann, wenn sie „hier und jetzt" in der Gruppe anderen gegenüber ausgesprochen werden oder nur dann, wenn es sich um das nochmalige Erleben kritischer Ereignisse aus dem Leben des Teilnehmers außerhalb der Gruppe handelt. Die Theorien unterscheiden sich auch hinsichtlich der Frage, ob der Ausdruck von Gefühlen das eigentliche Ziel oder nur ein notwendiger Schritt in einer komplexen Veränderungsreihe ist, die noch andere Elemente, wie z. B. die kognitive Strukturierung dieser Erfahrungen, umfaßt. Für Gestalttherapeuten ist der Ausdruck intensiver Affekte bereits ein Ziel der Intervention. Sie ermutigen die Teilnehmer häufig, ihren Gefühlen gegenüber Gruppenmitgliedern Ausdruck zu verleihen. Demgegenüber unterstreichen bewußtseinserweiternde Gruppen für Frauen den Ausdruck von Ärger und Wut mehr in der Form einer Katharsis, indem sie diese Freisetzung der Gefühle gegen die Gesellschaft und nicht gegen die Mitglieder der Gruppe lenken. Auf der anderen Seite halten manche Selbsthilfegruppen, wie beispielsweise Alcoholics Anonymous, emotionalen Ausdruck nicht für entscheidend, um Menschen zu verändern. Ganz allgemein kann man sagen, daß die traditionellen Gruppenpsychotherapeuten im Vergleich zu den Gruppenleitern der neuen Richtungen, die der Expressivität als Mechanismus der Veränderung einen großen Raum geben, weniger Nachdruck auf die Äußerung von Gefühlen legen (obwohl sie sie nicht ignorieren). Es gibt Berichte von Klienten vieler Gruppen, daß die Fähigkeit, in der Gruppe sowohl ärgerliche als auch positive Gefühle auszudrücken, ein wichtiges Moment der Gruppenerfahrung ist. Es ist interessant, daß Gruppenteilnehmer häufig den intensiven emotionalen Ausdruck anderer Personen als bedeutendes Erlebnis für sich selbst werten, ein Phänomen, das im Zusammenhang mit einem anderen Mechanismus erörtert werden soll (Zuschauer-Therapie).

Selbstenthüllung

Selbstenthüllung ist die ausdrückliche Kommunikation einer Information durch ein bestimmtes Mitglied der Gruppe, die die anderen Teilnehmer seiner Meinung nach ohne seine Mitteilung nicht erfahren hätten und die es für so intim hält, daß es sich gut überlegt, wem es sie erzählt. Obwohl einige Theoretiker die Erfahrung der Selbstenthüllung in der Individualtherapie erörtert haben, sollte man daran denken, daß die Enthüllung vor einem einzelnen bezahlten Therapeuten eine ganz andere Bedeutung hat, als wenn sie vor einer Gruppe geschieht. Es ist weniger dramatisch und weniger angstauslösend, einem einzelnen Therapeuten persönliche Informationen anzuvertrauen als einer ganzen Gruppe. Gruppenmitglieder sagen zwar, es sei leichter, sich in einer Zweierbeziehung zu offenbaren; dennoch geraten sie in einer Situation mit mehreren Beteiligten darüber sehr in Aufregung. Einige Theoretiker [8] halten Selbstenthüllung für den primären therapeutischen Mechanismus, das *sine qua non* persönlicher Entwicklung. Gruppenmethoden, die die Teilnehmer vor allem mit der Frage der Schuld konfrontieren, betonen das Phänomen der Selbstenthüllung ebenfalls als therapeutischen Mechanismus. Er spielt in vielen Selbsthilfegruppen eine bedeutende Rolle, ganz besonders bei Alcoholics Anonymous. Im allgemeinen legen die neueren Therapien mehr Nachdruck auf die Selbstenthüllung als die traditionelleren Theorien über Gruppentherapie. Wie der schon beschriebene Mechanismus des emotionalen Ausdrucks, darf Selbstenthüllung in bezug auf die Person selbst als primärer Mechanismus betrachtet werden. Ein sekundärer Mechanismus ist sie in dem Sinne, daß die Selbstenthüllung anderer Mitglieder der Gruppe für bestimmte Individuen häufig eine eindrucksvolle therapeutische Erfahrung zu sein scheint.

Der jeweilige Inhalt der Selbstenthüllung hängt vermutlich von den Wertmaßstäben des betreffenden therapeutischen Systems ab. In manchen Gruppen haben Ereignisse Vorrang, die mit Schuld oder Scham assoziiert sind. In anderen Fällen beziehen sich die persönlichen Offenbarungen mehr auf die Gefühle, Gedanken und Phantasien der Teilnehmer über andere Gruppenmitglieder. Es ist wichtig, darauf hinzuweisen, daß der Inhalt im Vergleich zu der Tatsache, daß die betreffenden Personen eine riskante und im wesentlichen soziale Tat vollbracht haben, nur eine geringe Rolle spielt. Selbstenthüllung scheint nur dann von Nutzen zu sein, wenn die Absicht des betreffendn Mitglieds, andere an äußerst persönlichen Informationen teilhaben zu lassen, von der Gruppe als Ganzes verstanden, gewürdigt und richtig interpretiert wird. Das heißt mit anderen Worten, daß die Wirkung der Selbstenthüllung *nicht* darin liegt, daß das Gesagte zum erstenmal gesagt wurde. (Dies ist selten der Fall; in einer Untersuchung gaben Teilnehmer an, daß nur 14% aller Selbstenthüllungen erstmalig gebracht wurden.) Es sind die Erfahrungen des Sich-Wohlfühlens und des Vertrauens in andere Menschen und das Gefühl, akzeptiert zu werden, die einen aktiven Anteil an der Bedeutung der Selbstenthüllung als Mechanismus der Veränderung haben. Schließlich sei noch erwähnt, daß Selbstenthüllungen – ähnlich wie der Ausdruck intensiver Gefühle – einer Katharsis vergleichbare Ereignisse sind. Manche Selbstenthüllungen werden von einem Gefühl begleitet, daß man seinen Gefühlen in einem sozial akzeptablen Rahmen Luft gemacht hat. Für andere Teilnehmer scheint der Akt der Selbstenthüllung dann sinnvoll zu sein, wenn er zu einer kognitiven Strukturierung der Situation führt. Manchmal wird auch angenommen, daß die betreffende Person ein tieferes Verständnis dessen gewinnt, was sie vor den anderen enthüllt hat. Obwohl die Veränderungsmechanismen im allgemeinen als wirkungsvoll angesehen werden, spielen die Situationsvariablen eine überwiegende Rolle. Wo Selbstenthüllung nicht akzeptabel ist, wird sie bestraft. Wird sie von den anderen Gruppenmitgliedern angenommen, kann sie therapeutisch wirksam sein. Es gibt auch Hinweise dafür, daß Selbstenthüllung weniger nutzbringend ist, wenn sie vorkommt, ehe die Gruppe eine gewisse Kohäsion erreicht hat, als zu einer Zeit, in der bereits ein bestimmtes Maß an gegenseitigem Vertrauen in der Gruppe herrscht.

Feedback

Feedback, d. h. das Sammeln von Informationen darüber, wie der Einzelne von seiner Umwelt wahrgenommen wird, ist ein Lernmechanismus, der für die Gruppe sehr charakteristisch ist. Theorien, die den Ursprung von Psychopathologie im sozialen Bereich vermuten, empfehlen Feedback als therapeutische Technik viel stärker als Theorien, die emotionale Störungen auf eine innerpsychische Dynamik zurückführen. Dessen ungeachtet halten alle Theorien über Gruppentherapie irgendeine Form von Feedback für wichtig. Feedback scheint auch einem fundamentalen menschlichen Bedürfnis entgegenzukommen, dem Wunsch, unseren Standort zu bestimmen und herauszufinden, wie die anderen uns sehen. Gruppenmitglieder erleben Feedback als eine der wertvollsten Erfahrungen während ihrer Teilnahme an Gruppen. Ganz allgemein kann man sagen, daß Feedback desto effektiver ist, je schneller es auf ein bestimmtes Verhalten folgt. Die Art der

Übermittlung scheint auch ein wichtiger Faktor für seinen Nutzen zu sein. Feedback scheint in dem Maße hilfreich zu sein, in dem es konkret ist. Das bedeutet, daß es der betreffenden Person leicht verständlich sein muß, weil es sich auf ein bestimmtes Ereignis bezieht und weil es in einer relativ angstfreien Situation gegeben wird.

Gruppenleiter setzen Feedback sehr unterschiedlich ein. Einige unter ihnen stellen Feedback in den Mittelpunkt: sie klären die Teilnehmer über die Natur von Feedback auf, demonstrieren dieses Verhaltensmuster häufig und tun alles, um seine Anwendung zu fördern.

Andere Gruppenleiter werden viel weniger aktiv, um zu Feedback zu ermutigen, unterstützen es jedoch, wenn es vorkommt. Wie es auch beim Ausdruck von Emotionen der Fall war, unterscheiden sich die verschiedenen therapeutischen Ansätze vermutlich in bezug auf den Inhalt und die Wertigkeit von Feedback. Einige legen mehr Wert auf negative bzw. kritische Äußerungen, andere mehr auf positive bzw. unterstüzende Beobachtungen.

Die Erfahrung intensiver Emotionen

Alle therapeutischen Ansätze räumen dem emotionalen Leben des Individuums einen bedeutenden Platz ein. Die Erfahrung starker Affekte steht in engem Zusammenhang mit dem schon erwähnten Mechanismus der Expressivität, ohne daß allerdings der direkte Ausdruck von Gefühlen zu einer unbedingten Forderung erklärt wird. Es wird als ausreichend angesehen, starke positive oder negative Gefühle zu erleben. Der von *Franz Alexander* [1] geprägte Begriff der „korrektiven emotionalen Erfahrung" (corrective emotional experience) beschreibt die Funktion, die die Erfahrung intensiver Gefühle hat. Das Grundprinzip der von *Alexander* entwickelten Behandlung besteht darin, den Patienten unter günstigen Bedingungen emotional gefärbten Situationen auszusetzen, denen er in der Vergangenheit nicht gewachsen war. Für *Alexander* liegt in der *korrektiven* emotionalen Erfahrung das Erlebnis eines starken Affekts in *Begleitung* einer Realitätskontrolle. Die Gruppe bietet unzählige Reize, um in den Teilnehmern intensive Gefühle wachzurufen. Was sich in der Gruppe abspielt, berührt Kernprobleme des Einzelnen: Fragen des Wetteiferns mit anderen, der Intimsphäre, der Abhängigkeit, usw. Die Wahrscheinlichkeit ist sehr groß, daß es im Verlauf einer therapeutischen Gruppe zwischen den Mitgliedern zu affektiven Äußerungen kommt, die mit der Problematik des Einzelnen in Zusammenhang stehen. Darüber hinaus gibt es noch andere Merkmale der Gruppe, die in einigen Teilnehmern Gefühle freisetzen, die sie zuvor entweder nicht erleben konnten oder wollten. Dazu gehört das häufige Phänomen der affektiven Ansteckung. Es bedeutet, daß einige Gruppenmitglieder durch die Beobachtung von Gefühlsausbrüchen anderer „fortgetragen" werden. Verschiedene Theorien über Veränderungsprozesse in Gruppen betonen unterschiedliche Aspekte der emotionalen Erfahrung. Psychoanalytisch orientierte

Gruppentherapeuten neigen dazu, starke emotionale Erlebnisse vorzuziehen, die bestimmte Merkmale früherer Erfahrungen rekapitulieren. Wer größeren Wert auf die Gruppe als soziales Gefüge legt, wird die intensive Erfahrung persönlicher Beziehungen in der Gruppe fördern, ohne einen direkten Zusammenhang zu früheren Ereignissen herzustellen. Die neueren Therapieformen leiten sich zu einem guten Teil von der Annahme ab, daß die Schwierigkeiten des modernen Menschen auf die Verkümmerung der Fähigkeit zurückzuführen seien, intensive Gefühle zu erleben. Sie bemühen sich um die Entwicklung von Techniken zur Steigerung der sinnlichen Wahrnehmung, z. B. durch die Vermittlung von Erfahrungen auf der körperlichen Ebene und von emotionalen Erlebnissen. Viele der strukturierten Übungen, die in den neueren Formen der Gruppentherapie zur Unterstützung von Meditation, Einbildungskraft, erhöhter Reaktionsbereitschaft im zwischenmenschlichen Bereich etc. eingesetzt werden, haben ferner zum Ziel, die verschütteten Pfade wieder gangbar zu machen, die zu intensiven Gefühlen über unser Innenleben, unseren Körper und unsere Beziehungen zu anderen führen. Einige Theorien sprechen negativ gefärbten Emotionen (Ärger, Wut etc.) therapeutische Kräfte zu, andere positiven Gefühlen, insbesondere dem Gefühl der Liebe.

Die Erfahrung der Gemeinschaft

Die einzigartige Eigenschaft der Gruppe, ihren Mitgliedern das Gefühl der Einheit mit anderen, der Zugehörigkeit zu einer Gemeinschaft zu vermitteln, hat in den letzten Jahren an Bedeutung gewonnen. Dies ist vielleicht die Reaktion auf die Erkenntnis, daß die heutige Gesellschaft diese Bedürfnisse nicht befriedigen kann. Das innige Zusammensein mit anderen scheint ein echtes, wenn auch unausgesprochenes, Bedürfnis von Teilnehmern an Selbsterfahrungsgruppen zu sein. Die Entwicklung dieses Gefühls kann insofern als wichtiger therapeutischer Mechanismus betrachtet werden, als die Menschen nach dieser ersten Erfahrung in der Gruppe auch lernen, daß sie anderen gegenüber Gefühle haben können, deren sie sich davor nicht fähig geglaubt hatten. Viele Theorien halten die Erfahrung der Gemeinschaft für einen wichtigen Schritt im Gruppenprozeß. Sie gilt als eine der Bedingungen, die Vertrauen und Offenheit positiv beeinflussen und damit den Prozeß der Veränderung erleichtern können. Viele Gruppenteilnehmer berichten, das Gefühl der Kommunion habe einen starken Einfluß auf ihre Lernfähigkeit gehabt. Viele Gruppen zur Erweiterung des Bewußtseins für Frauen legen ganz besonderen Wert auf das Erlebnis der Zusammengehörigkeit, weil sie die Probleme der modernen Frau teilweise auf die Entfremdung der Frauen voneinander zurückführen. Obwohl auch einige traditionelle Psychotherapeuten die Erfahrung der Gemeinschaft als wichtiges Nebenprodukt der Gruppe betrachten, glauben sie nicht an deren primären therapeutischen Wert. Gruppen, die sich keiner Tradition verpflichtet fühlen, wie beispielsweise viele Selbsthilfegruppen und Gruppen, die an der Erweiterung des Bewußtseins arbeiten, neigen eher azu, die Erfahrung der

Gemeinschaft als Mechanismus der persönlichen Veränderung in den Mittelpunkt zu rücken.

Altruismus

Obwohl die Teilnehmer nicht mit dem ausgesprochenen Ziel in die Gruppe kommen, anderen zu helfen, machen Gruppen immer wieder die Erfahrung, daß die einzelnen Mitglieder wirklich vieles tun können, um sich die Situation gegenseitig zu erleichtern. Das geringe Selbstvertrauen und die Tatsache, daß sie sich für unbedeutend halten – beides typische Verhaltensweisen bei neurotischen Patienten – lassen den Gedanken, sie könnten anderen Menschen in irgendeiner Weise nützen, gar nicht in ihnen aufkommen. Trotzdem machen sie in der Gruppe häufig ganz andere Erfahrungen. In diesem Sinne kann Altruismus die Funktion eines primären therapeutischen Mechanismus übernehmen.

Lernen durch Beobachtung

In psychotherapeutischen und anderen Selbsterfahrungsgruppen wird häufig die Beobachtung gemacht, daß sich ein paar Leute im Verlauf der Sitzungen durchweg sehr ruhig und passiv verhalten haben. Dennoch bringen diese Teilnehmer ganz klar zum Ausdruck, daß sie von der Gruppe profitiert haben und empirische Messungen unterstützen diese Behauptung. Offensichtlich lernen diese Personen dadurch, daß sie einer Situation beiwohnen, in der andere bedeutsame und entscheidende Erfahrungen machen. Die plausibleste Erklärung dieses Prozesses ist die, daß diese Situationen für den Zuschauer kritische Fragen klären helfen. Die Arbeit von *Bandura* [2] über Lernen durch Nachahmung mag zum besseren Verständnis dieses Phänomens beitragen (siehe Kapitel 5 über Lernen am Modell). Persönlichkeitszüge sind für das Verständnis dieses Mechanismus ebenso relevant, denn nicht alle Gruppenmitglieder sind gleichermaßen in der Lage, sich mit anderen zu identifizieren und aus ihren Erfahrungen zu lernen. Stellt man den Teilnehmern am Ende einer Sitzung die Frage, was die wichtigsten Ereignisse gewesen seien, geben sie sehr häufig an, daß starke emotionale Erlebnisse und bedeutsame Selbstenthüllungen anderer sie selbst sehr beeindruckt hätten. Obwohl dieser Vorgang noch nicht ganz als Veränderungsmechanismus begriffen wird, ziehen die Gruppenteilnehmer häufig Nutzen aus ihrer Rolle als Zuschauer. Es wird angenommen, daß der Beobachter sich die Erfahrung anderer, die ähnliche Probleme haben wie er, mittels kognitiver Prozesse zunutze macht. Viele Selbsthilfegruppen schlagen aus diesem Phänomen Kapital. Bei den Alcoholics Anonymous bietet die Sitte, einander zu erzählen, „wie es mit mir ist" den passiven Mitgliedern die Chance, sich zu identifizieren und dient gleichzeitig noch anderen Funktionen.

13. Gruppenmethoden

Die Entdeckung von Gemeinsamkeiten

Die Erleichterung, die Gruppenmitglieder häufig verspüren, wenn sie entdecken, daß sie mit ihrem Problem nicht allein sind, scheint zu den positiven subjektiven Erfahrungen zu gehören, die eine Gruppe einem Individuum bieten kann. Viele Selbsthilfe- und bewußtseinserweiternde Gruppen haben das ausdrückliche Ziel, die Erfahrung der Gemeinsamkeit zu fördern, um den Teilnehmern dadurch Unterstützung und Erleichterung bei der Bewältigung ihrer Problematik zu gewähren. Andere Formen der Gruppentherapie unterscheiden sich beträchtlich in ihrer Auffassung darüber, inwieweit das Gefühl, ähnliche Probleme zu haben, therapeutisch bedeutsam ist. Aber ganz gleich, wie sehr der Leiter diese Erfahrung mittels bestimmter Interventionen fördert oder auch nicht, in den meisten neugeformten Gruppen scheint die Entdeckung von Gemeinsamkeiten für die Teilnehmer ein wichtiges Erlebnis zu sein. Auf welche Weise diese Erfahrung eine Veränderung bewirkt, ist ziemlich unklar. Phänomenologisch scheint es eine wichtige Erfahrung für das Individuum zu sein und sein negatives Selbstbild abzubauen. Ähnlich wie bei vielen Mechanismen, die am Prozeß der Veränderung beteiligt sind, ist es auch hier schwer, den spezifischen Anteil an einem Ergebnis zu isolieren.

Einübung neuer Verhaltensweisen

Eine Gruppensituation bietet den Teilnehmern die einmalige Gelegenheit, neue Formen des Verhaltens unter relativ risikofreien Bedingungen auszuprobieren. Alle formalen und viele der neueren Systeme der Gruppentherapie sind so angelegt, daß sie die Teilnehmer ermutigen, neues Verhalten einzuüben. Theorien, die davon ausgehen, daß die Gruppe ein sozialer Mikrokosmos ist, betrachten die Einübung neuer Verhaltensweisen als wichtigen Mechanismus im Veränderungsprozeß. In Selbsthilfe- und bewußtseinserweiternden Gruppen scheint er eine geringere Rolle zu spielen. Einige therapeutische Ansätze haben formale Verfahren entwickelt, um das Experimentieren zu erleichtern: das Rollenspiel ist ein ausgezeichnetes Beispiel dafür. Viele Interventionen des Leiters, z. B. seine Vorschläge, wie man auf eine andere und neue Art Beziehungen anknüpfen kann, verfolgen das Ziel, Verhalten durch Übung zu verändern. Dahinter steht die Annahme, daß jemand mehr Mut hat, ein bestimmtes Verhalten auch außerhalb der Gruppe zu zeigen, wenn er es zuvor schon einmal unter dem Schutz der Gruppe getan hat. Dieser Mechanismus hängt natürlich weitgehend von den in der Gruppe herrschenden Bedingungen ab. Die Gruppe muß ein Gefühl der Sicherheit vermitteln und weniger bedrohlich als die reale Welt sein, damit die Teilnehmer neue Verhaltensmuster einüben können. Eine weitere Voraussetzung ist auch die genaue Beschreibung des Problems, sowie Vorschläge für alternatives Verhalten. Manchmal ist eine ganze Kette von Ereignissen notwendig, damit die Teilnehmer in die Lage versetzt werden, der Umwelt anders entgegenzutreten. Es beginnt damit, daß sie durch die Beobachtung anderer entdecken, daß es verschiedene Wege gibt, ein gewünschtes Ziel zu erreichen. Diese Entdeckung zwingt zum Nachdenken, macht Mut, neues Verhalten in der Gruppe auszuprobieren und es dann auf die alltägliche Situation zu übertragen. Um diesen komplexen Ablauf von Ereignissen zu erlauben, müssen viele Eigenschaften der Gruppe positiv zusammenwirken. Die Gruppennormen dürfen beispielsweise der Entscheidung zu experimentieren nicht im Wege stehen.

Lernen am Modell

Der Begriff des Modellernens wurde in anderen Kapiteln (siehe Kapitel 5 und 6) ausführlich beschrieben und diskutiert. Daß dieses Prinzip in Gruppen tatsächlich vorkommt, wird nicht in Frage gestellt. Es ist aber wenig über die Bedingungen bekannt, unter denen es stattfindet und inwieweit es sich darauf bezieht, was der Teilnehmer oder der Therapeut tut. Es gibt Hinweise dafür, daß Modellernen ein wichtiger Mechanismus für die Aufrechterhaltung persönlicher Veränderung ist. In einer späteren Untersuchung von Personen, die in Encounter-Gruppen positive Fortschritte gemacht hatten, wurde festgestellt, daß Modellernen, die Internalisation dessen, was bestimmte Mitglieder oder Therapeuten in einer bestimmten Situation getan hätten, für die Erhaltung der erzielten Fortschritte eine wesentliche Rolle spielten. Modellernen ist also ein in der Gruppensituation wichtiges, wissenschaftlich jedoch noch wenig erforschtes Prinzip. Wir wissen wenig darüber, unter welchen Bedingungen es vorkommt, welche Verhaltensmuster des Leiters es fördern und wie man die Entscheidung darüber trifft, welches Verhalten modelliert werden soll und welches nicht.

Erwecken von Hoffnungen

In Gruppensituationen gibt es immer wieder Ereignisse, die in den Teilnehmern Hoffnung aufleben lassen. *Jerome Frank* [6] hat die Bedeutung der Hoffnung in der Therapie sehr eingehend beschrieben. Kurz gesagt, Hoffnung ist ein Gefühl, das veränderbar ist, wofür die Gruppe (oder das Individuum) verantwortlich ist. In der Gruppensituation ereignet sich vieles, das die Teilnehmer wieder Hoffnung schöpfen läßt. Sie beobachten zum Beispiel, wie andere Gruppenmitglieder Probleme mit Erfolg anpacken oder sich anderweitig im Verlauf ihrer Teilnahme an der Gruppe verändern. Der Leiter bzw. Therapeut spielt hierbei in der Gruppe eine geringere Rolle als in der Einzeltherapie. Was mit den anderen in der Gruppe geschieht, spielt sich vor den Augen der meisten Gruppenmitglieder ab. Diese Evidenz hat vermutlich eine stärkere Wirkung als irgendein Hoffnung erweckendes Verhalten seitens der Gruppenleiter. Einige Therapieformen setzen Hoffnung als zentrales therapeutisches Prinzip ein. Dies gilt insbesondere für Selbsthilfe- und bewußtseinserweiternde Gruppen. Die von Synanon durchgeführten „Spielgruppen", an denen sowohl erfahrene als auch unerfahrene Personen teilnehmen, sind ein klassisches Beispiel dafür, andere kennenzulernen, die im selben Boot waren, dieselbe Misere durchgemacht und sie überwunden haben. Die Gelegenheit, mit anderen zu sprechen, die ihre Problematik bewältigen konnten, wie sie Alcoholics Anonymous bietet und die positive Weltanschauung vieler Selbsthilfegruppen sind dazu da, Hoffnungen neu zu beleben.

Kognitive Faktoren

Bei vielen der genannten therapeutischen Prinzipien wird die Beteiligung kognitiver Faktoren vermutet. Es gibt bis jetzt noch ziemlich viele Unklarheiten über die Rolle kognitiver Faktoren im gruppentherapeutischen Prozeß. Die traditionellen psychotherapeutischen Ansätze, die aus der dynamischen Psychiatrie entwickelt wurden, haben die entscheidende Rolle kognitiver Faktoren klar unterstrichen. Ein Beispiel dafür ist der Begriff der Einsicht in die neurotischen Prozesse. Die modernen Formen der Gruppentherapie haben im allgemeinen weniger Nachdruck auf die kognitiven Faktoren des Lernprozesses gelegt. Manche Theorien sprechen von der Bedeutung kognitiver Strukturierung psychischer Vorgänge, begreifen diesen Vorgang jedoch als das Verstehen oder Entdecken zuvor unbekannter oder nicht annehmbarer Ichfunktionen, die nicht unbedingt in einem ursächlichen Zusammenhang mit Ereignissen aus der Lebensgeschichte der betreffenden Person stehen müssen. Einige Therapieformen trainieren ihre Teilnehmer ausdrücklich in der Anwendung eines bestimmten kognitiven Modells. Gruppenleiter, die mit der Methode der Transaktionalen Analyse arbeiten, wenden z. B. häufig traditionelle pädagogische Techniken an, um ihren Teilnehmern beizubringen, ihre Erfahrungen zu analysieren. Andere Methoden verlassen sich mehr auf zufällig zum Tragen kommende oder weniger formale Lernprozesse. Sie werden gewöhnlich dadurch in Gang gesetzt, daß der Leiter auf bestimmte Ereignisse in der Gruppe „aufmerksam macht" oder sie interpretiert. Manche therapeutischen Ansätze sehen zwei mögliche Wege, um eine kognitive Klärung herbeizuführen: erstens den direkten Weg, wobei das betreffende Individuum selbst Erfahrungen in der Gruppe macht und zweitens den indirekten Weg, wobei es die Erfahrungen anderer beobachtet und sich mit ihnen identifiziert. Die meisten psychotherapeutischen Methoden und viele Selbsthilfegruppen legen auf die kognitive Bearbeitung der Lebensgeschichte Wert. Demgegenüber verfolgen bewußtseinserweiternde Gruppen für Frauen eine kognitive Klärung weniger zum Verständnis der eigenen Lebensgeschichte als zum Verständnis der eigenen Position und Rolle im Lichte gesellschaftlicher Vorstellungen. Zusammenfassend kann man sagen, daß eine Reihe von Techniken zur kognitiven Strukturierung seelischer Vorgänge und zum besseren Verständnis persönlicher Erfahrungen entwickelt worden sind.

Obwohl kogitives Lernen in einigen der neueren Therapieformen etwas an Bedeutung verloren hat, gibt es Hinweise darauf [10], daß an den effektivsten Lernprinzipien in Selbsterfahrungsgruppen auch einige kognitive Elemente beteiligt sind. Es stellte sich beispielsweise heraus, daß die Häufigkeit der Selbstenthüllung an sich nicht ausreichte, um Fortschritte zu erklären, daß aber Selbstenthüllung mit parallel laufender kognitiver Strukturierung bzw. gleichzeitig geäußertem Verständnis des Vorgangs mit positiven Ergebnissen hoch korrelierte. Die kognitive Verarbeitung von Erfahrungen erwies sich hier als positive Kraft. Erfahrungen scheinen an Bedeutung zu gewinnen, wenn kognitive Faktoren dabei eine Rolle spielen. Noch unbeantwortet ist die Frage, welchen Stellenwert eine ganz bestimmte Art kognitiver Strukturierung hat. Welche Gültigkeit hat der von psychoanalytisch orientierten Theoretikern vertretene Lehrsatz über die kognitive Verarbeitung der persönlichen Entwicklungsgeschichte? Wie steht es mit der kognitiven Bewältigung der gegenwärtigen zwischenmenschlichen Kommunikation? Macht es einen Unterschied, ob das Individuum sich und seine Erfahrungen im Rahmen der Psychoanalyse verstehen lernt oder unter Zuhilfenahme von Interaktionstheorien oder gar einem bestimmten sozio-kulturellen System? Wahrscheinlich ist jedes konsistente System, das einem Menschen dazu verhilft, seine Erfahrungen besser zu verstehen ein entscheidendes Werkzeug und der besondere Inhalt der Methode von geringerer Relevanz.

Fachliche Qualifikation

Nachdem wir uns nun einen Weg durch den Dschungel theoretischer und technischer Fragen über Gruppentherapie gebahnt haben, stehen wir vor einer neuen Hürde: Was muß man wissen, um Gruppenleiter bzw. Therapeut zu sein? Auf dem Gebiet der Gruppenarbeit werden Stimmen laut, die darauf hinweisen, man müsse einen langen und dornigen Weg zurücklegen, um dieser Rolle gewachsen zu sein. Andererseits sind viele der Meinung, daß eine Schulung für die Praxis fast belanglos ist. Im Vergleich zu dem relativ klaren Aufbau der einzelnen Schritte, die die Verhaltenstherapie entwickelt hat, müssen die gruppentherapeutischen Techniken dem Anfänger sehr undurchsichtig erscheinen. Die meisten traditionellen Gruppentherapeuten vertreten die Ansicht, daß eine Schulung mit nachfolgendem Praktikum eine Voraussetzung zur Leitung von Gruppen ist.

In den vergangenen zehn Jahren hat sich ein genau entgegengesetzter Standpunkt herauskristallisiert. Es gibt mehrere Gründe für diese neue Entwicklung: der Mangel an Personal in den Berufen, die im Bereich der Psychohygiene tätig sind; der Ruf nach Gleichheit in einigen Bereichen unserer Gesellschaft, der gegen die messianische Stellung des Therapeuten zu Felde zieht (wo immer man ihr auch begegnet); die Überzeugung vieler diskriminierten Gruppen, daß nur diejenigen sie verstehen und ihnen helfen können, die dieselbe Erfahrung durchgemacht haben (wie z. B. Sucht, sexuelle oder Rassendiskriminierung, Eltern behinderter Kinder); die explosive Entwicklung der Bewegung zur Entwicklung menschlichen Potentials (Human Potential Movement), die eine Unzahl von Techniken entwickelt hat, die an die Teilnehmer weitergegeben werden können (die schon sehr bald

13. Gruppenmethoden

Trainerrollen übernehmen). Die Folge dieser Entwicklung ist ein Verzicht auf fachlich qualifizierte Personen in der therapeutischen Arbeit.

Ein Anfänger mag die berechtigte Frage stellen, welchen Weg man vernünftigerweise einschlagen muß, um Gruppen leiten zu können, die sich die Veränderung der Persönlichkeit zum Ziel gesetzt haben, wenn auf der anderen Seite viele Leute solche Gruppen führen, ohne eine gründliche und zeitraubende Schulung durchgemacht zu haben. Diejenigen unter Ihnen, die empirisch ausgerichtet sind, mögen sich die Frage stellen, ob hierzu Forschungsergebnisse vorliegen. Leider gibt es nur wenige Arbeiten darüber. Sie sind nicht sehr weitreichend und oft widersprüchlich. Einige Wissenschaftler haben die Frage untersucht, ob fachlich qualifizierte Leiter besser arbeiten als untrainierte. Ihre Ergebnisse brachten keinen signifikanten Unterschied. Andere Studien bewiesen die Effizienz fachlich nicht ausgebildeter Gruppenleiter in der Psychotherapie (insbesondere der Einzeltherapie). Es gibt auch Berichte über den sinnvollen Einsatz Nichtprofessioneller im Bereich der Psychohygiene. Es gibt Schulen, in denen Leute ein Minimum an Ausbildung erhalten und danach ihre Aufgabe als Leiter recht gut meistern. Das Datenmaterial ist jedoch noch nicht sehr umfangreich und es wäre voreilig, endgültige Schlüsse daraus zu ziehen. Viele dieser Gruppenuntersuchungen leiden unter der Schwierigkeit, daß Gruppen eigene Fähigkeiten entwickeln, persönliche Entwicklung und Veränderung ins Leben zu rufen. Das hat zur Folge, daß die erzielten positiven Fortschritte nicht etwa eine einfache Funktion der fachlichen Qualifikation des Leiters sind, sondern in einem nicht bekannten Ausmaß auch die Funktion dieser Gruppeneigenschaften. Unter diesem Gesichtspunkt erscheint die Frage nach der fachlichen Ausbildung des Leiters wesentlich komplexer. Ehe wir nicht wissen (und in keiner dieser Studien wurde diese Frage gestellt), ob die Trainer von den in der Gruppe liegenden Kräften Gebrauch gemacht haben, muß auch die Möglichkeit in Betracht gezogen werden, daß die professionellen Leiter in den wenigen Studien, in denen ihnen fachlich nicht ausgebildete Leiter gegenübergestellt wurden, den Eigenschaften der Gruppe, Veränderungen zu bewirken, entgegengearbeitet haben.

Kann fachliche Qualifikation operational definiert werden? Ein wesentliches Hindernis in der Durchführung geeigneter Studien zur Erfassung therapeutischer Fähigkeiten war bisher die Unfähigkeit der Forscher, die Bedeutung der fachlichen Qualifikation zu definieren. Viele geben sich mit der Definition zufrieden, daß ein Experte jemand ist, der im richtigen Augenblick bei der richtigen Person den richtigen Eingriff macht. Menschen zu verändern, erfordert eine komplexe Kette von Ereignissen. Die bisher vorliegenden Ergebnisse besagen eindeutig, daß es keine Erfahrung gibt, die allen Teilnehmern gleichermaßen nützlich ist. Ob eine bestimmte Erfahrung für eine bestimmte Person angemessen ist, hängt vom Zustand der Person zu dem Zeitpunkt und von der Situation (den Merkmalen des sozialen Systems) ab, in der sie sich befindet. Diese Definition fachlicher Geschicklichkeit fordert vom Leiter, den augenblicklichen Zustand des Einzelnen und des sozialen Systems exakter zu beurteilen, eine Reihe von Interventionsstrategien bereit zu haben und die Diagnose auf eine Weise stellen zu können, daß sein Eingreifen sowohl dem einzelnen Mitglied als auch der gesamten Gruppe dient. Der soziale Mikrokosmos, den die Gruppe darstellt, ist eine komplexe, dynamische, sich laufend verändernde Einheit. Auch für den erfahrensten Leiter kann das, was in der Gruppe geschieht, rätselhaft und widersprüchlich sein. Es ist schwierig, in Gruppen kognitive Strukturen aufzudecken. Es kostet den Leiter harte Arbeit, die in einer Gruppe plötzlich auftauchenden unzähligen Verhaltensmuster, Gedanken und Gefühle in einen vernünftigen Zusammenhang zu bringen. Er ist in der Gruppe sehr leicht der Gefahr der Projektion ausgesetzt (Übertragung seiner eigenen Gedanken oder Gefühle durch den Leiter auf das amorphe, komplexe, überlastete System der Gruppe). Es kommt häufig vor, daß Leiter ihren inneren Gefühlszustand, ihre Langeweile, ihren Ärger, ihre warmen Gefühle der Gruppe zuschreiben.

Gruppen können mitreißen, und es ist nicht ungewöhnlich, daß ein Trainer von bestimmten Gruppenemotionen beeinflußt wird. Das schon erwähnte Beispiel, bei dem sowohl die Trainer als auch die Teilnehmer einer Illusion erlegen sind, unterstreicht diesen Gesichtspunkt. Gruppen erwecken in ihren Mitgliedern ganz ursprüngliche Ängste, und auch ihre Leiter sind nicht davor gefeit. Viele Trainer verfallen oft in den Fehler mitzumachen, wenn sich die Gruppe ein bestimmtes Mitglied als Sündenbock sucht. Dies ist ein Fehler, der in Gruppen sehr leicht begangen wird, da es zu ihren ausdrücklichen Zielen gehört, andere Menschen zu verändern, sich selbst zu offenbaren etc. Ich könnte noch viele Beispiele zu diesem Punkt zitieren, doch interessiert uns hier vor allem die Frage, daß sich der Trainer den für Selbsterfahrungsgruppen oft typischen aufgestauten kollektiven Empfindungen nicht entziehen kann. Der Gruppenleiter muß daher in der Lage sein, seine eigenen Gedanken und Gefühle von den jeweils in der Gruppe herrschenden zu trennen. Dadurch gewinnt er die notwendige Distanz, um das Gruppengeschehen zu beobachten und den Teilnehmern die nötige Hilfestellung zu geben. Der Besitz dieser Fähigkeiten ist nicht selbstverständlich. Sie müssen geschult und trainiert werden. Ein entscheidender Faktor ist auch die Entwicklung eines Standpunkts bezüglich der eigenen Rolle und Position in der Gruppenarbeit.

Unter die fachliche Qualifikation fällt auch die Fähigkeit, Feedback-Kanäle einzurichten. Man kann weder der Gruppe noch dem einzelnen Mitglied helfen, wenn man sich nicht Gewißheit darüber verschaffen kann, in welcher Weise die vorgenommenen Eingriffe die Gruppe beeinflußt haben. Der Trainer muß eine Methode entwickeln, um die Wirkung seiner Interventionen zu kontrollieren. Auch diese Fertigkeit will gelernt sein.

Um die Probleme, die sich bei der Umgehung einer qualifizierten Ausbildung auftun, möglichst genau beschreiben zu können, sollte man sich vielleicht einige der neueren Hypothesen der „neuen Formen der Gruppentherapie" kurz ansehen. Die Bewegung zur Entwicklung menschlichen Potentials hat die Frage der Schulung dadurch entschieden, daß sie Strategien zur Führung von Gruppen entwickelte, die die Notwendigkeit eines Trainings auf ein Mindestmaß verringerten. Sie nimmt an, daß jeder, der zu Selbsterfahrungsgruppen oder Gruppen zur Steige-

13. Gruppenmethoden

rung der sinnlichen Wahrnehmung kommt, dieselben Bedürfnisse hat, weil alle Menschen unserer Zeit entfremdet, isoliert und von ihrer Gefühlswelt abgeschnitten sind. Gruppen können das Gefühl der Gemeinschaft und der Verbindung mit anderen ohne die Hilfe hochqualifizierter Übungsleiter vermitteln. Die verallgemeinerte Ansicht, daß alle Menschen dasselbe brauchen, beeinträchtigt die Einsicht in die Komplexität des Veränderungsprozesses, denn sie macht es überflüssig, die besonderen Bedürfnisse einer bestimmten Person zu bestimmen. Man muß dann nur noch das Medium der Gruppe herstellen, in dem die vermutlich blockierten Gefühle zum Ausdruck gebracht werden können, um eine Veränderung zu bewirken. Die Leitung der Gruppe beschränkt sich dann darauf, den Teilnehmern die Erfahrung seelischer und körperlicher Nähe zu vermitteln und sie spüren zu lassen, daß sie nicht allein sind. Eine derart einseitige Auffassung des Menschen und seiner Bedürfnisse, sowie der Frage, wie sie verändert werden können, schlägt den Tatsachen ins Gesicht.

Ein zweiter Lösungsversuch war die Entwicklung einer Reihe spezifischer Techniken (strukturierte Übungen genannt). Es handelt sich dabei hauptsächlich um Verhaltensweisen, die nicht den gewohnten Normen entsprechen und die in den Teilnehmern bestimmte Empfindungen und Erfahrungen hervorrufen. In den vergangenen fünf Jahren sind zahlreiche Bücher über diese Techniken erschienen. Sie dienen auch dazu, die Aufgabe des Übungsleiters zu erleichtern, denn er hat damit eine ganze Reihe ganz spezifischer Aktivitäten zur Hand, die er zur Aktivierung des Gruppenprozesses einsetzen kann. Bei der Untersuchung solcher Interventionen [10] stellte es sich heraus, daß sie nicht sehr erfolgreich waren und eher dazu dienten, das Ansehen des Übungsleiters in den Augen der Gruppe zu steigern als dazu, die Mitglieder der Gruppe zu verändern. Übungsleiter, die diese Werkzeuge benutzten, waren sehr beliebt und wurden von den Teilnehmern für kompetent gehalten, aber sie waren nicht besonders erfolgreich darin, Menschen zu verändern. Der vielleicht schwerwiegendste Irrtum der neueren Therapieformen liegt in der Annahme, daß nützlich und produktiv ist, was die Mitglieder mögen. Sie erzeugen bei ihren Teilnehmern große Begeisterung. Es kommt häufiger vor, daß ehemalige Mitglieder von Selbsterfahrungsgruppen versuchen, neue Teilnehmer zu werben. Sie versichern ihren Freunden, auch sie müßten unbedingt eine Gruppe bei ihrem Übungsleiter mitgemacht haben. Dadurch geraten die Gruppenleiter in einen Teufelskreis: sie machen noch größere Anstrengungen, um auch bei ihren neuen Teilnehmern dieselbe begeisterte Resonanz zu finden. Im großen und ganzen haben sie auch Erfolg mit ihren Interventionen und hinterlassen begeisterte Gruppen. Leider gibt es deutliche Hinweise dafür, daß Enthusiasmus nicht mit produktivem Lernen und persönlicher Veränderung gleichzusetzen ist. Sie sind vielmehr orthogonal: einige der begeistertsten Teilnehmer hatten sich am wenigsten verändert. Veränderung und Enthusiasmus sind nicht dasselbe. Werden sie verwechselt, gefährden die Übungsleiter ihre Chance, Situationen zu schaffen, in denen Menschen lernen und wachsen können.

Zusammenfassend kann man sagen, daß es keine direkten Beweise dafür gibt, daß fachliche Qualifikationen ein entscheidender Faktor in der Gruppenarbeit sind. Doch haben sich einige der Lösungsversuche zur Umgehung dieses Problems als weitgehendst unbrauchbar erwiesen. Diese noch immer offene Frage verlangt eine detaillierte Untersuchung der Komponenten fachlichen Könnens ebenso wie die Klärung des Problems, was diese Qualifikationen zur Entwicklung des sozialen Mikrokosmos, in dem sich der Lernprozeß abspielt, letzlich beitragen können.

Literatur

[1] *Alexander F.* and *T. M. French:* Psychoanalytic therapy. Ronald Press, New York, 1946.
[2] *Bandura, A.:* Principles of behavior modification. Holt, Rinehart and Winston, New York, 1969.
[3] *Bion, W. R.:* Experiences in groups. Tavistock Press, London, 1961.
[4] *Burrow, T.:* The group method of analysis. Psycho-analystic Review, 14 (1927), 268–280.
[5] *Ezriel, H.:* A psychoanalytic approach to group treatment. British Journal of Medical Psychology, 23 (1950), 59–74.
[6] *Frank, J.:* Persuasion and healing. Johns Hopkins Press, Baltimore, 1961.
[7] *Freud, S.:* Group psychotherapy and the analysis of the ego. Boni and Liveright, New York, 1940.
[8] *Jourard, S. M.:* The transparent self: Self disclosure and well being. Van Nostrand, Princeton, N.J., 1964.
[9] *LeBon, G.:* The crowd: A study of the popular mind. Viking, New York, 1960.
[10] *Lieberman, M. A., I. Yalom* and *M. Miles:* Encounter groups. First facts. Basic Books, New York, 1973.
[11] *Moreno, J. J.:* Who shall survive? Beacon House, New York, 1953.
[12] *Mowrer, O. H.:* The new group therapy. Van Nostrand, Princeton, N.J., 1964.
[13] *Pratt, J. H.:* The class method of treating consumption in the homes of the poor. Journal of the American Medical Association, 49 (1907), 755–759.
[14] *Rogers, C. R.:* Encounter groups. Harper and Row, New York, 1970.
[15] *Sullivan, H. S.:* The interpersonal theory of psychiatry. Norton, New York, 1953.
[16] *Truax, C. B.* and *R. R. Carkhuff:* Towards effective counselling and psychotherapy: Training and practice. Aldine, Chicago, Ill., 1967.

14. Automatisierungsverfahren[1])

David L. Elwood

Einführung

Seit einigen Jahren zeigt der Kreis der Psychologen ein ständig wachsendes Interesse an automatisierten Verfahren, sei es bei der Durchführung von Forschungsprojekten oder sei es bei der Behandlung von Patienten in Privatpraxen, Kliniken etc. Beim Abfassen dieses Kapitels bin ich mir wohl bewußt, daß einige Leser, die daran interessiert sind, Menschen bei ihren Problemen zu helfen wahrscheinlich nur geringes Interesse an automatisierten Verfahren haben dürften. Auf sie wirken Drehknöpfe, Schalter, Maschinen, Computer etc. eher abschreckend als anziehend. Speziell für diese Leser möchte ich drei Dinge anmerken. Erstens: Desinteresse an automatisierten Verfahren ist verständlich; diese speziellen Verfahren sind ja letzlich kein zentraler Punkt in der theoretischen und praktischen Arbeit der Psychologen. Zweitens: Der Grund für das mangelnde Interesse mag an einem Mangel an Information über die Möglichkeiten automatisierter Verfahren bei der Behandlung von Patienten liegen. Sollte dies der Fall sein, so könnte das vorliegende Kapitel dazu beitragen, diesem Mangel abzuhelfen. Drittens: Ich bin bestrebt, das Material sehr einfach, „untechnisch" und leicht verständlich darzustellen, in der Hoffnung, daß einige Leser Anregungen und Hinweise über die Möglichkeiten zum Einsatz automatisierter Verfahren in ihrem eigenen Labor oder ihrer Praxis erhalten.

Nun gibt es auf der anderen Seite vermutlich eine Reihe von Lesern, die bereits mit einem hohen Wissensstand und praktischer Erfahrung auf diesem Gebiet ausgestattet sind, bevor sie die Lektüre dieses Kapitels beginnen. Solche Leser sollten wissen, daß dies nur als eine Einführung in automatisierte Verfahren gedacht ist. Es soll keineswegs der Versuch unternommen werden, einen systematischen,

---

[1]) Die Abfassung dieses Kapitels wurde unterstützt durch einen Zuschuß vom National Institute of Mental Health, Nr. RO1 MH 14864. Der Autor dankt *Lowell E. Engelking*, *George C. Weinland*, M.D., *M. Eugene Hall*, *Thomas B. Orr*, Ph.D., und dem Quinco Consulting Center, Board of Directors für ihre Unterstützung, Ermutigung und ihr Interesse an der Arbeit im Automated Psychology Laboratory. Außerdem möchte der Autor *Mary L. Muckler* für das Abschreiben des Manuskripts und *Carolyn L. Clark* für ihre scharfsichtigen Vorschläge zur Erleichterung des Verständnisses des Textes danken. Die Herren Dr. *Frederick H. Kanfer* und Dr. *Arnold P. Goldstein* gaben zahlreiche wertvolle Hinweise, die sowohl die Lesbarkeit als auch den Aufbau dieses Kapitels verbesserten; der Autor möchte hierfür seinen Dank ausdrücken.

Übersetzt von Rainer Schandry

umfassenden Überblick über Automatisierungsverfahren in der Psychologie zu geben, oder gar detaillierte technische Beschreibungen bestimmter Apparaturen vorzulegen. Trotzdem war ich bestrebt, auch dem bereits mit der Fragestellung vertrauten Leser noch einiges an nützlicher Information zu bieten.

Was ist nun mit *automatisierten Verfahren* gemeint? In diesem Kapitel betrachten wir hauptsächlich elektronische bzw. elektromechanische Apparaturen, die dazu dienen können, einzelnen Klienten bestimmte Reize im Kontext einer Behandlung darzubieten. Programmierbarkeit wird nicht vorausgesetzt, um eine Anordnung als automatisiert zu bezeichnen. Es kann also ein handelsüblicher Kassettenrecorder, ein Diaprojektor ebenso wie ein Computer als Gerät zur „Automatisierung" dienen. Wir bezeichnen also solche Verfahren als automatisiert, bei denen Geräte dieser Art zur Reizdarbietung bei der Behandlung von Klienten eingesetzt werden. Dies ist eine weit gefaßte Definition, unter die aber z. B. nicht die tägliche Benutzung des Telefons oder der Einsatz irgendwelcher prothetischer Hilfsmittel, wie Hörgeräte, fallen soll (womit natürlich keineswegs die potentielle Bedeutung solcher Hilfsmittel in der Verhaltensmodifikation übersehen werden soll). Zum größten Teil wurden die hier beschriebenen Geräte in Fallstudien oder kontrollierten Experimenten bei Patienten mit Störungen im emotionalen Bereich angewandt. Wir werden beispielhafte Anwendungen automatisierter Techniken beschreiben und auf die verschiedenen psychologischen Interpretationen der dadurch erzielten Verhaltensänderungen eingehen.

Historischer Überblick

Der Gebrauch von Apparaturen zur Darbietung von Reizen und Aufzeichnung von Reaktionen hat eine lange Tradition im Bereich der Experimentalpsychologie. Im Vergleich dazu kennt die Geschichte der klinischen Psychologie kaum Tendenzen zur Instrumentierung. Der Gebrauch irgendwelcher Geräte in der Psychotherapie war bisher stets die Ausnahme und nicht die Regel. Es wurden zwar z. B. Zeichnungen, Puzzles, geometrische Körper etc. schon seit langer Zeit in der Intelligenzdiagnostik eingesetzt, in der Psychotherapie wurde jedoch stets das Schwergewicht auf die zwischenmenschliche Beziehung Therapeut-Patient gelegt. Demnach standen stets bestimmte Charakteristika der Therapeuten und ihrer Vorgehensweisen im Mittelpunkt des Interesses und nicht etwa irgendwelche apparativen Hilfsmittel.

In den letzten Jahren hat sich jedoch das Bild innerhalb der klinischen Psychologie beträchtlich gewandelt. Heute kennt man zahlreiche, zum Teil sehr verschiedenartige Beispiele für apparative Einrichtungen, die direkt den Behandlungsprozeß unterstützen. Es ist nur schwer abzuschätzen, wie hoch die Zahl der im Therapiegebrauch befindlichen Apparaturen ist; ordnet man einmal die in *Schwitzgebels* [35] Arbeit „Survey of Electromechanical Devices for Behavior Modification" zitierten Publikationen nach ihrem Erscheinungsjahr, so wird in den Arbeiten aus dem achtjährigen Zeitraum von 1960–1967 über ungefähr doppelt so viele Geräte und apparative Methoden berichtet, wie aus einen der davor liegenden Zeitspanne von 94 Jahren (1866–1959).

Es lassen sich mindestens drei Gründe für diese beeindruckende Zunahme im Gebrauch apparativer Hilfsmittel bei psychotherapeutischen Behandlungen angeben. Erstens: Es hat sich in den letzten zwei Jahrzehnten mehr und mehr die Anwendung von technischen Hilfsmitteln und Computern in allen Bereichen der Humanwissenschaften durchgesetzt. Daraus folgte zwangsläufig ein zunehmendes Interesse der Psychologen an diesen Verfahren und den Möglichkeiten, sie im psychotherapeutischen Bereich einzusetzen. Zweitens: Das große Angebot an relativ preisgünstigen und hochwertigen Tonbandgeräten hat es den Psychologen ermöglicht, zu Behandlungszwecken verbale Stimuli aufzunehmen, zu speichern und wiederzugeben. So können beispielsweise Entspannungsinstruktionen vom Therapeuten auf Band gesprochen werden und immer wieder von verschiedenen Patienten abgespielt werden, ohne daß die Notwendigkeit besteht, daß der Therapeut anwesend ist. Dasselbe was für Tonbandgeräte bezüglich der Aufnahme und Wiedergabe akustischer Reize gesagt wurde, gilt analog für Videorecorder bezüglich optischer Information. Leider sind jedoch Videogeräte immer noch wesentlich teurer und werden noch nicht in der Typenvielfalt angeboten wie Tonbandgeräte. Drittens: Der Erfolg verhaltenstherapeutischer Methoden, wie der Systematischen Desensibilisierung (s. Kapitel 8), die bezüglich der psychologischen Theorie und der Behandlungsverfahren stark auf Reiz-Reaktions-Mechanismen konzentriert sind, hat zu Therapieverfahren geführt, die relativ leicht standardisierbar und automatisierbar sind.

Es ist mit einiger Sicherheit anzunehmen, daß automatisierte Verfahren eine immer wichtigere Rolle im Rahmen der psychotherapeutischen Gesundheitsversorgung spielen werden. Vermutlich ist der Tag nicht mehr allzu ferne, an dem automatisierte Systeme, versehen mit vorprogrammiertem Therapiematerial, das in komplexe Untereinheiten aufgeteilt und auf individuelle Unterschiede zwischen den Klienten zugeschnitten ist, zur Behandlung spezifischer Störungen bei entsprechenden Patientengruppen eingesetzt werden können.

Gründe für automatisierte Behandlungsverfahren

Die Gründe für die Entwicklung automatisierter psychologischer Behandlungsmethoden sind zum ersten wissenschaftlicher Natur, zum zweiten ergeben sie sich aus berufspraktischen Überlegungen, zum dritten folgen sie aus Erwägungen vom Standpunkt des Patienten aus. Man kann aus der Sicht des Wissenschaftlers zwei unmittelbare Vorzüge automatisierter Verfahren angeben:

1. Es wird ein höheres Maß an Kontrolle über Variablen der interpersonalen Wechselwirkung gewonnen, welche bei einer psychologischen Behandlung von Bedeutung sind.
2. Bestimmte physiologische Variablen, mit denen normalerweise überhaupt nicht

gearbeitet werden könnte, da sie vom Therapeuten ohne technische Hilfsmittel nicht beobachtbar sind, sind nun registrierbar und manipulierbar.

Ein Behandlungsprogramm, daß automatisch dargeboten wird, läßt sich nach objektiven Kriterien beurteilen, ist standardisierbar und kann bei demselben oder verschiedenen Patienten beliebig oft reproduziert werden. Damit ist eine sorgfältigere Überprüfung des Programms möglich, welche dann zu zutreffenderen Schlußfolgerungen führen kann. Dieser Punkt soll an einem Beispiel verdeutlicht werden: Es ist bekannt, daß Therapeuten, die *Wärme* ausstrahlen, mit sanfter und angenehmer Stimme sprechen; diese erzielen bei der Behandlung von Phobikern bessere Ergebnisse, als emotional kalt erscheinende Therapeuten, welche mit harter, unpersönlicher Stimme sprechen [9]. Man kann zwar den Therapeuten trainieren, mit angenehmer, ruhiger Stimme zu sprechen, aber das Ausmaß, in dem er in der aktuellen Therapiesituation tatsächlich Wärme auf den Patienten ausstrahlt, hängt natürlich von den verschiedensten Umständen ab: Der momentanen Stimmung, der aktuellen Einstellung, vom Temperament und von möglicherweise kurz vorher aufgetretenen Ereignissen. Außerdem wird der Verlauf der jeweiligen Therapiesitzung seinen Einfluß auf die Haltung des Therapeuten haben. Ist der Patient angenehm und kooperativ, fällt es dem Therapeuten leichter, freundlich und herzlich zu sein. Ist der Patient dagegen mürrisch oder gereizt, mag es für den Therapeuten wesentlich schwieriger zu sein, ihm gegenüber Wärme auszustrahlen, insbesondere, wenn er den Patienten nicht besonders sympathisch findet. Diese weitgehend unkontrollierbaren Variablen der Therapeut-Patient-Interaktion sind für ein automatisiertes Behandlungsprogramm völlig bedeutungslos. Andererseits ist es trotzdem jederzeit möglich, das Programm so flexibel zu gestalten, daß durch ganz bestimmte Reaktionen des Patienten Änderungen im automatisierten Behandlungsablauf augelöst werden können.

Insbesondere gilt für die physiologischen Reaktionen, daß seit dem Auftauchen der hochentwickelten Geräte für Biofeedbackanwendungen dem Therapeuten Beobachtungs- und Behandlungsmethoden offenstehen, deren Einsatz früher undenkbar war. Andere Aspekte des Verhaltens dagegen lassen sich relativ leicht beobachten und ihre Manipulation hat durchaus therapeutische Bedeutung, doch ist es vielen Therapeuten zu umständlich, diese Variablen zu berücksichtigen. So beurteilen z. B. die meisten Psychologen erhöhte motorische Aktivität als einen Indikator für Angst und schließen aus verringerter motorischer Aktivität auf reduzierte Angst und erhöhte Selbstkontrolle. *Elwood* [14] beschreibt ein empfindliches Gerät, das Bewegungen, sogar Augenzwinkern, aufzeichnet und jedesmal einen unangenehmen Ton erschallen läßt, wenn es eine motorische Aktivität registriert. Eine Patientin, die über unwillkürliche Anspannung der Nackenmuskulatur klagte, was zu häufigen, ruckartigen Seitwärtsbewegungen des Kopfes führte, wurde in einem Entspannungssessel mit dieser Apparatur behandelt und berichtete ein wesentliches Zurückgehen ihrer Störung.

Der Einsatz automatisierter Verfahren bietet dem Praktiker folgende Vorteile:
1. genauere Prognosen des Therapieerfolgs werden ermöglicht, was zu einer effektiveren Therapieplanung führen müßte;

2. es können zusätzliche (z. B. physiologische) Variablen berücksichtigt werden, wodurch potentiell die Effektivität der Behandlung erhöht werden kann;
3. es kann an die Entwicklung sogenannter Behandlungspakete gedacht werden, die man dann einem Patienten *verschreiben* könnte;
4. durch den Einsatz speziell ausgebildeter technischer Assistenten, die mit dem Patienten bestimmte Behandlungsmethoden durchführen können, würde der Praktiker spürbar entlastet.

In vielen Anwendungsfällen einer automatisierten Behandlung wird der Therapeut, der den Behandlungsplan aufstellt, persönliche Gespräche führt etc., von manchen Routineaufgaben befreit werden und kann sich statt dessen weiterer Patienten annehmen. In den meisten wissenschaftlichen Veröffentlichungen und Berichten, die sich mit automatisierten Verfahren befassen, wird der Zeitgewinn für den Therapeuten als der wesentliche Vorteil genannt.

Die bis hierher erörterten Begründungen für automatisierte Verfahren wurden vom Standpunkt des Therapeuten oder des Forschers aus gesehen. Auf welche Weise kommen nun diese Verfahren direkt dem Patienten zu gute?

Ein sofort ins Auge fallender Vorteil einer automatisierten Therapie liegt in der Reduktion der Kosten gegenüber einer gleich langen „persönlichen Therapie". In dem „Automatisierten Psychologischen Laboratorium", dessen Details später in diesem Kapitel erörtert werden sollen, liegen die Kosten für eine Therapie bei einem Viertel der Kosten für eine persönliche Einzeltherapie. Diese finanzielle Einsparung kann zum überwiegenden Teil an den Patienten weitergegeben werden.

Ein anderer Vorteil automatisierter Verfahren liegt darin, daß sie für den Patienten oft „bequemer" sind als eine konventionelle Therapie. Das bedeutet z. B. in der Praxis, daß er ein „Behandlungspaket" mit nach Hause nehmen kann, es dort zu einer ihm angenehmen Zeit ablaufen läßt und dadurch nicht in Konflikt mit seinem normalen Tages- und Arbeitsrhythmus gerät und ihm einige u. U. umständliche und zeitraubende Besuche in der Praxis erspart bleiben.

Automatisierte Verfahren mögen sich als besonders hilfreich für diejenige Gruppe von Patienten erweisen, die zwar erkannt haben, daß sie Probleme haben und Hilfe brauchen, sich jedoch davor scheuen, ihre Schwierigkeiten mit anderen Menschen zu diskutieren. Offenbar müssen viele dieser Patienten weiter unter ihren Problemen leiden, weil sie sich nicht der üblichen Meinung anschließen können, daß es gut ist, sich über Schwierigkeiten mit einem anderen Menschen „auszusprechen". Für diese Patienten könnten automatisierte Verfahren eine praktikable Hilfe bereitstellen. Sollte sich eine Verbesserung ihres Zustandes durch eine automatisierte Therapie einstellen, so würde sicher auch eine spätere „persönliche" Therapie für diese Personen akzeptabler. Fast jeder hat sicher schon einmal an sich selbst beobachtet, daß er dem Bedürfnis einer anderen Person über seine Schwierigkeiten zu erzählen, erst dann nachkam, nachdem sich schon ein Lösungsweg abzeichnete, bzw. sich schon eine Verbesserung des problematischen Zustandes eingestellt hatte. Wir beobachteten übrigens, daß z. B. geistig behinderte Patienten manchmal einen automatisierten Intelligenztest einer interpersonalen Testsituation vorziehen, vielleicht, weil es ihnen auf diese Weise erspart bleibt, etwa die Worte „Ich weiß es nicht" einer anderen Person gegenüber auszusprechen. Einige Klienten, die von uns behandelt wurden, sagten übrigens ganz klar, daß sie eine automatisierte Behandlung einer Behandlung durch einen Therapeuten vorziehen.

Parallelen zwischen persönlicher und automatisierter Therapie

Eine Möglichkeit, die psychologische Theorie zu verstehen, die automatisierten Verahren zugrunde liegt, besteht darin, die Funktionen des Therapeuten zu analysieren. Vom Standpunkt einer „Humanistischen Psychologie" aus gesehen ist der Therapeut eine Person, die Wärme ausstrahlt, verständnisvoll und mitfühlend zuhört und auf jede Bemerkung des Patienten genauestens achtet. Er versetzt sich in dessen Lage, ermutigt und ermuntert ihn und schätzt an ihm die Einzigartigkeit eines jeden Patienten und Menschen. Es ist klar, daß die Funktionen eines Therapeuten aus dieser Sicht heraus niemals durch ein Gerät übernommen werden können. Dieser Aspekt, unter dem eine „Humanistische Psychologie" die Person des Therapeuten sieht, ist insofern wertvoll, als hier Begriffe wie „Fühlen", „Denken" und die grundlegenden Fragen der Philosophie wie: „Was ist der Mensch?" mit eingeschlossen werden können. Trotzdem erscheint es möglich und wünschenswert, die Funktion des Therapeuten aus einer Perspektive heraus zu analysieren, die

a) sich auf ein möglichst präzises Verständnis der Prozesse der Verhaltensmodifikation konzentriert und

b) zu einer Verbesserung der Therapiemethoden führen kann.

Ein Beispiel diene zur Verdeutlichung: Innerhalb der normalen sozialen Interaktion schätzen wir die „Ganzheit" eines Menschen als besonders wichtige Eigenschaft, andererseits zögern wir nicht, z. B. im medizinischen Kontext den Menschen als die Zusammenschaltung verschiedener Untersysteme zu betrachten und auf Analogien zwischen biologischen Wirkungsgefügen und unbelebten physikalischen Systemen hinzuweisen. Wir wissen, daß das Herz wie eine Pumpe arbeitet, die Augen wie Linsensysteme, die Arme wie Hebel usw. Diese Analogien helfen uns, die biologischen Systeme zu verstehen. In demselben Sinne können wir den Psychotherapeuten zum einen als eine einfühlende Persönlichkeit sehen, zum anderen wissen wir aber auch, daß er die Funktionen eines Informationsspeichers, eines Reaktionstestgeräts, eines Computers usw. ausübt. Natürlich muß man sich beim Herstellen von Analogien wie diesen fragen, ob sie uns helfen, effektivere Behandlungsverfahren zu entwickeln.

Welches wären nun die Funktionen eines Therapeuten, die vergleichbar mit den Funktionen eines automatisierten Verfahrens sein könnten? Eine wesentliche Aufgabe des Therapeuten besteht darin, das Verhalten des Klienten zu beobachten, und Informationen darüber zu speichern, d. h. sich daran zu erinnern. Dies geschieht im Prinzip dadurch, daß er zuhört, was der Klient sagt und beobachtet,

14. Automatisierungsverfahren

wie sich dieser verhält. Wenn er zuhört, achtet er auf die Äußerungen, Wortwahl, Tonfall, Lautstärke, Sprechgeschwindigkeit; wenn er das Verhalten beobachtet, konzentriert er sich auf die Haltung, Gestik, Gesichtsausdruck, unwillkürliche Bewegungen, Zittern, Schwitzen, Blickkontakte etc.

Automatisierte Verfahren können nun ebenfalls die Funktion erfüllen, das Klientenverhalten zu beobachten und zu speichern. In den meisten Fällen wird durch ein solches Verfahren natürlich nur ein Teil dessen beobachtet, was ein Therapeut beobachten kann. Beispielsweise kann man sich ein Gerät vorstellen, das aus einer Reihe von Drucktasten besteht. Der Klient erhält die Instruktion, bei den unterschiedlichen Empfindungen verschiedene Tasten zu drücken. Das Registriersystem könnte dann die Zahl der Knopfdrücke, Dauer der einzelnen Knopfdrücke und auch die Kraft, mit der sie ausgeführt wurden, aufzeichnen. Es könnten gleichzeitig am Arm des Klienten Elektroden angebracht werden, die die galvanische Hautreaktion (d. i. die elektrische Aktivität der Schweißdrüsen und der Epidermis, welche oft mit der Darbietung emotional geladener Stimuli varriiert) registrieren. Dies ist eine Reaktion, die völlig unwillkürlich und für den Klienten selbst kaum wahrnehmbar abläuft. Diese Registriermethode erhöht die Zuverlässigkeit und Spezifizität von Verhaltensbeobachtungen beträchtlich. Sie gestattet eine einfache Aufzeichnung von Veränderungen, die durch gewisse Behandlungsprozeduren hervorgerufen werden und kann als Grundlage der Erfolgskontrolle und Verbesserung eines bestimmten Therapieprogramms dienen. Natürlich wird bei einem automatisierten Verfahren eine Menge von Informationen verlorengehen, die sich dem Psychotherapeuten aus der direkten Beobachtung des Patientenverhaltens erschließen würden, andererseits wiederum kann z. B. eine persönliche Voreingenommenheit oder ein vorgefaßtes Urteil des Therapeuten nicht so gravierend ins Gewicht fallen.

Entweder während oder nach der Verhaltensbeobachtung wird der Therapeut in einer bestimmten Weise die Reaktionen des Klienten analysieren. Diese Analyse besteht möglicherweise nur darin, die Äußerungen des Klienten den Kategorien: „stellt der Klient eine Frage?" oder „stellt der Klient eine Behauptung auf?" zuzuordnen. Oder aber die Analyse besteht aus einer schrittweisen, möglichst exakten Klassifikation des Klientenverhaltens. Es ist vorteilhaft, sich den Prozeß so vorzustellen, daß der Therapeut eine Reihe von diesbezüglichen Fragen an sich selbst richtet, z. B. „Ist dies eine Behauptung oder eine Frage?", „Betrifft diese Behauptung sein Verständnis gewisser Dinge oder bestätigt sie bloß eine Tatsache?", „Ist diese Tatsache wahr oder falsch?", „Hat er seine Gedanken klar ausgedrückt, oder müssen noch weitere Fragen gestellt werden?", „Rufe ich bei ihm Ärger hervor, oder ist es ihm angenehm, sich mit mir zu unterhalten?". Auf der Grundlage der Antworten auf diese Fragen entwickelt der Therapeut die Strategie seines Verhaltens und die therapeutische Interaktion wird fortgesetzt.

Ein automatisiertes Gegenstück zu dieser „Reaktionsanalyse" des Therapeuten wäre ein Computerprogramm; man kann eine große Anzahl von „Fragen" in ein solches Programm schreiben, im „Gedächtnis" des Computers speichern und dann benutzen, um das Verhalten des Klienten zu analysieren. Es könnte z. B. die

Zeitdauer, während der der Klient spricht, gemessen werden und mit einer vorgegebenen Standardzeit, die im Computer gespeichert ist, verglichen werden, um dann zu entscheiden, ob der Klient für sein Sprechen belohnt werden soll (z. B. könnte von einem Tonbandgerät der Satz „Das haben Sie gut gemacht; machen Sie weiter so!" abgespielt werden), oder ob eine milde Bestrafung (z. B. ein unangenehmer Ton) gegeben werden soll, wenn der Klient zu viel gesprochen hat.

Eine Analyse der Informationen, die von Therapeuten an ihre Patienten gegeben werden, würde aufzeigen, daß sie Instruktionen, Beispiele, Verhaltensrichtlinien, Modelle für adäquates verbales Verhalten usw. übermitteln, und daß sie versuchen, den Patienten zu einer zutreffenden Analyse seiner eigenen Probleme zu führen. Man kann leicht die Parallelen zwischen einem Therapeuten und einem automatisierten System sehen, wenn es sich um die Funktion der Informationsweitergabe handelt. Es ist ohne weiteres möglich, die meisten Informationen, die vom Therapeuten an den Patienten gegeben werden, so aufzubereiten, daß sie mittels technischer Einrichtungen wie Videobildschirm, Tonbandgerät, Dia oder Film dargeboten werden können. Natürlich besitzen automatisierte Systeme nicht die Flexibilität eines echten Therapeuten, der ja völlig verschiedene Typen und Spielarten der Informationsabgabe innerhalb einer Sitzung einsetzen kann; aber dieser Nachteil sollte nicht überbewertet werden. Es mag sogar sein, daß es für die Behandlung ganz spezifischer Verhaltensstörungen effektiver ist, ein sorgfältig vorbereitetes Behandlungsprogramm mit festliegendem Informationsgehalt einzusetzen anstelle der nahezu unbegrenzten Flexibilität eines Therapeuten. Die mit der Systematischen Desensibilisierung gewonnenen Erfahrungen zeigen, daß dieser Ansatz bei der Behandlung von Phobien wesentlich effektiver sein kann, als das völlig flexible Gespräch zwischen Patient und Therapeut.

Beschreibung automatisierter Verfahren

Um dem Leser einmal einen kurzen Einblick in die psychotherapeutische Abteilung eines Gemeindekrankenhauses zu geben, in der automatisierte Verfahren eingesetzt werden, soll zunächst unser Automatisiertes Psychologisches Laboratorium (APL) beschrieben werden. Damit wollen wir demonstrieren, daß es durchaus möglich ist, eine Atmosphäre der Ernsthaftigkeit, Offenheit und des Interesses innerhalb einer solchen Einrichtung zu erhalten, die automatisierte Verfahren innerhalb einiger klinischer Bereiche einsetzt. Das APL ist eine Einrichtung, die Forschungs- und Therapieaufgaben innerhalb des Quinco Consulting Centers, einer städtischen Einrichtung der psychischen Gesundheitsbetreuung, erfüllt. Eine Funktion des APL ist es, die hier entwickelten automatisierten Verfahren den Patienten des Quinco Center auf einer Routinebasis zugänglich zu machen. Außerdem hat sich APL die Aufgabe gestellt, weitere automatisierte Einrichtungen und Programme zu entwickeln, die dann direkt an dieser Klinik oder in anderen Institutionen bei der Behandlung von Patienten eingesetzt werden können. Dieser zweifachen Aufgabenstellung entsprechend wird das APL sowohl von Patienten aufgesucht, die hier behandelt werden als auch von Versuchspersonen, die an experimentellen Studien teilnehmen.

In Abb. 14.1. ist eine schematische Darstellung des APL zu sehen. Man erkennt einen Empfangsraum, drei Büros, vier Behandlungs- bzw. Testräume, eine Werkstatt und einen Lagerraum. Die Behandlungsräume 1, 2 und 4 sind mit Entspannungssesseln ausgestattet und dienen hauptsächlich der automatisierten Therapie. Raum 3 ist für automatische psychologische Testverfahren eingerichtet und hier kann z. B. völlig automatisch der *Wechsler Intelligenztest für Erwachsene* [15] durchgeführt werden, wenn man die Schaltungseinheiten, die den selbsttätigen Ablauf der Testprozedur steuern, nur geringfügig verändert.

Zur Zeit sind wir dabei, das programmierte Steuersystem, das die Test- bzw. Behandlungsreize darbietet, zu erweitern und zu verbessern. Das neue System, welches einen PDP 12 Computer der Digital Equipment Corporation als zentrale Steuereinheit hat, wird gleichzeitig die Darbietung der Behandlungsstimuli in den Räumen 1, 2 und 4 sowie die Testreize in Raum 3 steuern. Abgesehen von der Darbietung der Stimuli an den verschiedenen Patienten-Terminals wird der Computer

a) die Reaktionen der Patienten auf das Therapieprogramm und

b) Antworten auf Testfragen sammeln und speichern.

Das System wird in der Lage sein, sowohl digitale, als auch analoge Daten von Patienten aufzunehmen und gibt individuell abgestimmtes Feedback, z. B. akustische Instruktionen, Aufleuchten von Lampen, Ertönen von Summern oder z. B. die Darstellung von Zahlen.

Abb. 14.2. zeigt ein Blockdiagramm des Zusammenwirkens der elektronischen Subsysteme des APL. Die Programme sind so beschaffen, daß der Ablauf einer Sitzung durch bestimmte Befehle, die man auf dem ASR-33-Fernschreiber eingibt, gesteuert werden kann. Alle Programme sind auf Magnetband gespeichert. Der PDP 12 Computer ist mit einem „Universal Digital Controller"[1]) (UDC) und einer „Behavior Research System" Einheit (BRS) kombiniert. Diese Einheiten dienen dazu, die Reaktionen der Patienten zu registrieren, in geeignete digitale Information umzuwandeln und die Darbietung der Reize auszulösen. Computer brauchen stets ein solches „Interface", d. i. ein System, bestehend aus elektronischen Schaltungen und Relais, die die Verbindung zwischen dem Rechner und

a) den Reaktionsaufnehmern (z. B. Drucktasten) und

b) den Geräten die „angesteuert" werden sollen (z. B. ein Tonbandgerät) herstellen.

Die UDC und BRS stellen im wesentlichen das Interfacesystem des APL dar.

Außerdem gehören zu dieser Anlage 17 fernbedienbare Tonbandgeräte (Hersteller: Broadcast Electronics[2]), die mit sogenannten Endlosbändern (das sind in sich geschlossene Bandschleifen) arbeiten. Auf diese Bänder kann man eine große Anzahl individueller Instruktionen aufnehmen; an das Ende einer jeden Instruk-

[1]) s. Nachwort des Übersetzers
[2]) s. Nachwort des Übersetzers

Beschreibung automatisierter Verfahren

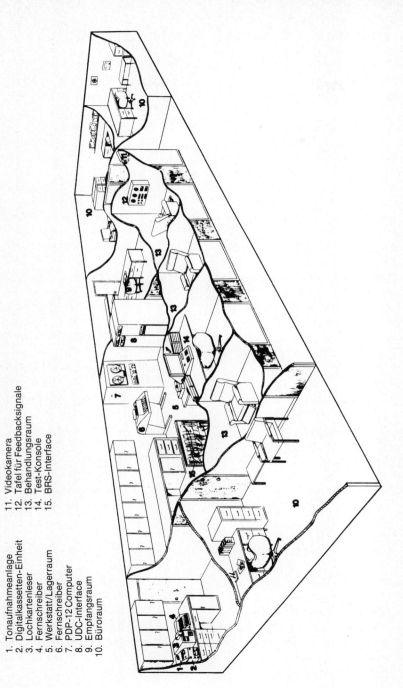

1. Tonaufnahmeanlage
2. Digitalkassetten-Einheit
3. Lochkartenleser
4. Fernschreiber
5. Werkstatt/Lagerraum
6. Fernschreiber
7. PDP-12 Computer
8. UDC-Interface
9. Empfangsraum
10. Büroraum
11. Videokamera
12. Tafel für Feedbacksignale
13. Behandlungsraum
14. Test-Konsole
15. BRS-Interface

Fig. 14.1. Diese Abbildung zeigt die Verteilung der Räume und die wesentlichen technischen Einrichtungen im Automatisierten Psychologischen Laboratorium. Die Räume im unteren Teil der Zeichnung dienen als Behandlungs- und Experimentierräume.

14. Automatisierungsverfahren

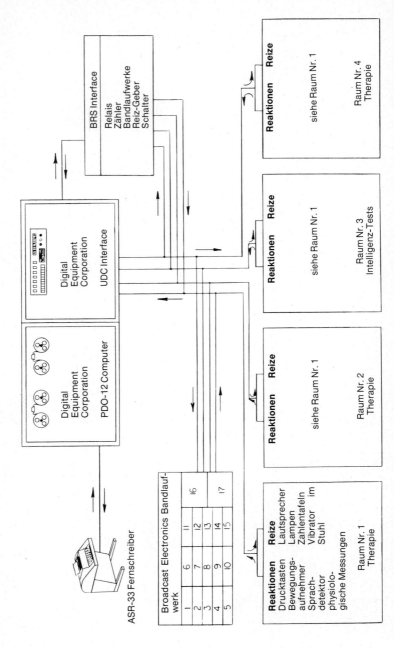

Fig. 14.2. Diese Blockdarstellung zeigt die Verbindungen zwischen dem Computer, den UDC- und BRS-Interfaces, und den Bandlaufwerken in den einzelnen Räumen, die entweder zur Therapie oder zur Durchführung von Experimenten dienen.

Beschreibung automatisierter Verfahren

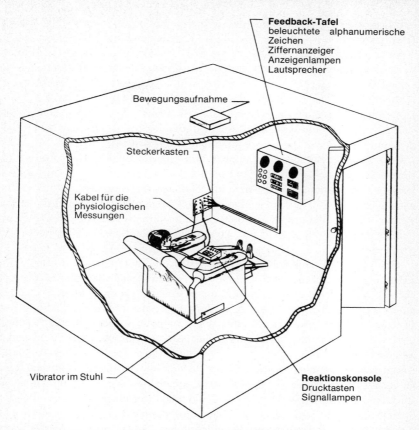

Fig. 14.3. Die Abbildung zeigt einen Probanden im Entspannungssessel, der die Reaktionskonsole vor sich hat und auf die Feedbacktafel schaut. Dieser Raum kann sowohl für Therapie- als auch für Testzwecke benutzt werden.

tion wird ein „stop"-Signal aufgespielt. Man kann also das Tonbandgerät per Fernbedienung starten, es spielt die vorher aufgenommene Instruktion ab und bringt sich beim Auftreten des „stop"-Signals selbst zum Stillstand. Es können noch weitere Steuersignale aufgespielt werden, die z. B. den Start eines weiteren Bandgeräts auslösen, nachdem das erste angehalten wurde. Eine praktische Anwendung hiervon wäre, daß ein Tonbandgerät den Namen des Klienten wiedergibt, an der „stop"-Marke anhält, worauf von einem anderen Gerät eine Therapieanweisung abgespielt wird.

Diese Verwendung der Broadcast Electronics Einheiten ist jedoch nur eine Möglichkeit unter vielen. Sehr bedeutungsvoll ist folgender Punkt: Man kann sich einen Vorrat von akustischen Ereignissen (z. B. Instruktionen) mit sog. *freiem Zugriff* schaffen. Hierbei bedeutet *freier Zugriff,* daß jedes der 17 Bandgeräte in beliebiger Reihenfolge gestartet werden kann. So kann beispielsweise ein Klient

14. Automatisierungsverfahren

ein Angstreduktionsprogramm von Tonbandgerät Nr. 17 dargeboten bekommen. Wenn die PDP 12 aus den Reaktionen des Klienten entnimmt, daß er ermutigende Aufforderung brauchen könnte, würde z. B. das Bandgerät Nr. 14 gestartet, das solche Aufforderungen enthält. Sollte eine andere, vielleicht ausführlichere und genauere Instruktion gebraucht werden, würde das Gerät Nr. 15 gestartet etc. Also würde der Computer das UDC-Interface instruieren, das Gerät Nr. 17 kurz anzuhalten, dann die Nachrichten, die auf Bandgerät Nr. 14 und 15 gespeichert sind, abzuspielen und schließlich wieder das Gerät Nr. 17 anzuschalten, welches dann mit dem Angstreduktionsprogramm fortfahren würde.

Ein solches akustisches System mit *freiem Zugriff* läßt eine automatisierte Therapie natürlich viel spezifischer auf die Reaktionen der Patienten antworten. Es können in die Computerprogramme Instruktionen aufgenommen werden, mit welchen überprüft wird, ob z. B. ein Patient durch bestimmte Therapieschritte gelangweilt wird; sollte dieser Fall eintreten, können alternative Schritte angeboten werden. Diese „Verzweigungstechnik" kommt der Flexibilität eines Therapeuten relativ nahe.

Die Abb. 14.3. zeigt einen Klienten, der im Therapieraum in einem Entspannungssessel sitzend eine Konsole mit verschiedenen, leuchtenden Knöpfen vor sich hat, auf die er drücken soll, um bestimmte Therapie-Items einzustufen, *multiple choice*-Entscheidungen zu treffen, Angst anzuzeigen etc. Diese Konsole ist über das UDC-BRS-Interface mit dem Computer verbunden. Die Feedbacktafel vor dem Klienten besteht aus Lautsprechern, programmierbaren Ziffernanzeigen und Lampen, die zur Darbietung von Feedbacksignalen dienen. Beispielsweise kann ein schweigsamer Patient die Aufgabe bekommen, durch möglichst langes Sprechen Punkte zu sammeln, für die er später einen entsprechenden Geldbetrag erhält. Ein auf Stimmlaute ansprechendes Relais wird das Sprechen des Patienten registrieren. Die Länge des bisher Gesprochenen wird ihm ständig über ein programmierbares, numerisches Display zurückgemeldet. Damit hätte der Patient ein kontinuierliches Feedback über den Geldbetrag, den er schon verdient hat.

Obwohl das APL aus einer Vielzahl von Geräten besteht, die alle zusammen das automatisierte Gesamtsystem bilden, machen auch etliche der hier arbeitenden Therapeuten nur von einzelnen Geräteeinheiten Gebrauch. Es sollen nun einige dieser Geräte beschrieben werden.

Das von klinischen Psychologen wohl am meisten benutzte technische Hilfsmittel ist das Tonbandgerät. Es gibt eine enorme Anzahl verschiedener Ausführungen, Funktionen und Spezifikationen dieser Geräte. Für die üblichen Anwendungszwecke werden jedoch keine Spezialausführungen gebraucht. Man sollte allerdings auf zwei Punkte achten: *Erstens:* Geräte mit Stereo-Aufnahme- und Wiedergabeknöpfen haben den Vorteil, daß man auf einer Spur therapeutisches Material aufnehmen kann, auf der anderen Spur kann man Steuerimpulse aufspielen. Wenn ein Therapeut wünscht, daß ein bestimmtes Ereignis, z. B. das Erscheinen eines Dias, mit einer bestimmten Instruktion verknüpft ist, kann er den Steuerimpuls für den Diaprojektor auf die zweite Spur geben. Wenn das Steuersignal beim Abspielen des Bandes wiedergegeben wird, kann entweder ein vorher festgelegtes Gerät angeschaltet werden, oder es wird ein Gerät *vorbereitet,* d. h. es wird dann eingeschaltet, wenn vom Patienten eine bestimmte Reaktion kommt, z. B. ein Knopfdruck, um Angst anzuzeigen. Will man ein Tonbandgerät in dieser Weise einsetzen, so benötigt man eine elektronische Einheit, die Steuerimpulse erzeugen und auf Band aufspielen kann, sie während der Wiedergabe registriert und in ein elektrisches Ereignis umwandelt, welches geeignet ist, Relais, Lampen usw. zu steuern (diese Funktion erfüllen die sogenannten „Diapiloten", welche im Handel erhältlich sind). Bei einigen Geräten der höheren Preisklassen werden diese Funktionen durch bereits fest eingebaute Schaltungen übernommen. *Zweitens:* Bandgeräte, bei denen die Andruckwalze für den Bandlauf von einer elektromagnetischen Spule gesteuert wird, haben den großen Vorteil, daß man das Band sehr schnell, auch über Fernbedienung, starten und stoppen kann, ohne den Motor an- bzw. abzuschalten. Diese Geräte sind insofern empfehlenswert, als hier bei Aufnahme und Wiedergabe keine Verzerrungen auftreten, die mit dem Anlaufen und Abbremsen des Motors verbunden sind.

Die am meisten verbreiteten Tonbandgeräte sind die sogenannten Kassettengeräte, die man jetzt immer häufiger bei psychologischen Experimenten und Therapien vorfindet. Diese Geräte sind meist klein und handlich, entweder netz- oder batteriebetrieben und man kann sie schon ab 100 DM bekommen; die Preise für qualitativ hochwertige Geräte, ausgestattet mit einer Vielzahl an Funktionen, liegen jedoch bei über 500 DM. Alle diese Geräte arbeiten mit Magnetbändern, die in Kassetten eingeschlossen sind, was die Bedienung sehr vereinfacht. Die meisten Kassettengeräte reproduzieren die menschliche Stimme mit ausreichender Qualität. Es sind auch sogenannte Endloskassetten erhältlich, die die dauernde Wiederholung desselben Programms ohne Zurückspulen gestatten.

Achtspur-Kassettengeräte mit Endlosband erscheinen zwar zunächst aufgrund der komplizierteren Handhabung weniger empfehlenswert, sie haben aber einen möglicherweise bedeutungsvollen Vorteil. Man kann sie derart modifizieren, daß man ein System mit *freiem Zugriff* zu den verschiedenen Instruktionen auf den verschiedenen Spuren hat. Das heißt, man kann jede der acht Spuren (und damit die auf ihnen gespeicherte Information) beliebig abhören, je nach Wunsch des Bedienenden oder des Programms. Auch hier besteht bei hochwertigen Geräten die Möglichkeit, das Band bei stetig weiterlaufendem Motor zu starten und zu stoppen. Das von RCA[1]) hergestellte Gerät „Mark 8 Stereo, MYC 555W" ist ein Beispiel für eine solche Anlage, die in der oben beschriebenen Weise eingesetzt werden kann. Dieses Modell wird mit einem Stapel von fünf Kassetten geladen und bietet damit *freien Zugriff* zu 40 verschiedenen Spuren, d. h. Informationskanälen. Falls noch besondere Zusatzeinrichtungen vorhanden sind, die hier nicht im Detail erläutert werden sollen, kann man jede Spur nochmal in eine große Anzahl von Untereinheiten einteilen (60 oder mehr), die sequentiell abgerufen werden können. So könnte z. B. von Kassette Nr. 1, Spur Nr. 1 immer „starke, positive

---

[1]) s. Nachwort des Übersetzers

Verstärkung" zu hören sein, jedoch jedesmal mit verschiedenen Worten ausgedrückt, bis die Bandschleife einmal durchgelaufen ist. Spur Nr. 2 könnte die Sätze mit „schwacher, positiver Verstärkung" enthalten. Dadurch, daß man also diese Fülle verschieden formulierter verbaler Verstärker einsetzen könnte, würde man für den Klienten eine Situation schaffen, die bezüglich der Vielfalt der Aufforderungen, Beurteilungen, Ermutigungen etc. der Behandlungssituation mit einem „echten" Therapeuten in vielen Punkten entsprechen würde.

In der Rundfunktechnik werden Kassetten*laufwerke* verwendet, die auch für die Anwendung im Bereich psychologischer Forschung und Behandlung geeignet sind. Ein Laufwerk besteht aus dem Motor, der Mechanik und der notwendigen Elektronik, um die Laufwerkfunktionen zu steuern. Diese Laufwerke sind zwar relativ teuer, jedoch präzise im Aufbau, robust konstruiert, zuverlässig, leicht auf Fernbedienung umzustellen und häufig mit einer eingebauten Elektronik versehen, um Steuersignale aufzuspielen, die z. B. das Band anhalten können oder andere Geräte ansteuern. Die meisten dieser Geräte arbeiten mit standardmäßigen Kassetten. Interessenten für diese Laufwerksysteme finden häufig Annoncen der Hersteller in Zeitschriften wie „Broadcast Engineering".

Ein weiteres Gerät, das in den letzten Jahren auf breiter Ebene Eingang in die Bereiche Ausbildung, Erziehung und Verhaltensmodifikation gefunden hat ist der *Videorecorder*. Nachdem in diesen und anderen Bereichen die Nachfrage nach Videogeräten immer größer geworden ist, sind die Preise dieser Anlagen zurückgegangen und eine wichtige Weiterentwicklung, die Videokassette, hat an Verbreitung zugenommen. Zu deren wachsender Bedeutung im Rahmen der Verhaltensmodifikation haben außer den Faktoren einfache Handhabung, hohe Bildschärfe und Bedienungskomfort die Möglichkeiten zum Löschen und Überspielen und zur sofortigen Wiedergabe eben aufgenommener Szenen beigetragen. Die weitverbreitete Benutzung dieser Geräte in der therapeutischen Arbeit weist darauf hin, daß sie zu immer unentbehrlicheren Hilfsmitteln werden. *Alger* und *Hogan* [1] schreiben: „Es mag keine Übertreibung sein, daß die Bedeutung, die die Videotechnik für die Psychotherapie gewonnen hat, vergleichbar ist mit der Bedeutung, die die Erfindung des Mikroskops für die Biologie hatte." *Woody* [41] meint zu diesem Thema: „Will man die Möglichkeiten für eine bestmögliche Therapie schaffen, so ist es unabdingbar, daß jedem Psychotherapeuten Videogeräte zur Verfügung stehen, die er zumindest bei ganz bestimmten Patienten einsetzen kann." (Siehe auch Kapitel 6 bezüglich der Effektivität von Videoaufnahmen im therapeutischen Kontext.)

Die Benutzung von *Filmen* ist in den Experimenten zur Therapieforschung schon seit langem verbreitet, hat aber traditionsgemäß bei der eigentlichen Therapie von Verhaltensstörungen nur eine geringe Rolle gespielt. Hier haben in den letzten Jahren zwei wichtige Prozesse zur weiteren Verbreitung des Films in der individuellen Behandlung beigetragen. *Erstens:* Es herrscht seit einigen Jahren von der Seite der Theorie her ein günstigeres Klima, denn seit dem Aufkommen der Verhaltenstherapie besteht in größerem Maße die Bereitschaft, komplexe Verhaltensabläufe in kürzere Unterabschnitte aufzuteilen und auch die

Umgebung, in der das störende Verhalten auftritt, genauer einzugrenzen und zu spezifizieren. So ist es also durchaus möglich, daß ein zwölf- bis fünfzehnminütiger Film oder eine Serie von Dias Bestandteil des therapeutischen Programms ist. Der Therapeut sollte dabei völlig frei von der Befürchtung sein, ungerechtfertigterweise kritisiert zu werden, er „mißachte die Einzigartigkeit eines jeden Patienten" oder er „behandle nur einen Teilbereich der Probleme des Patienten". Es ist selbstverständlich, daß der Gebrauch automatisierter Techniken niemals das Gespräch zwischen Therapeut und Patient ersetzen soll, in dem der Therapeut sein einfühlendes Verständnis zeigt und von seiner Erfahrung in der zwischenmenschlichen Interaktion Gebrauch macht. *Zweitens:* Wir haben heute aufgrund des technischen Fortschritts Kameras zur Verfügung, die batteriegetrieben sind, mittels elektronischer Schaltungen die Blendenöffnung und Belichtungszeit selbsttätig regulieren und mit Kassettenfilmen arbeiten, wodurch das Filmwechseln wesentlich erleichtert wird. Damit wird die Technik der Filmherstellung auch für den Laien attraktiv. Projektoren sind heutzutage klein und handlich, fädeln den Film selbsttätig ein und gestatten es häufig, mittels eines Kassettenrecorders den Film zu vertonen. Einige Projektoren arbeiten auch mit Endlosfilmschleifen, die bloß in einen Schlitz des Projektors eingeschoben werden und dann ohne weitere Bedienung ablaufen.

Diaprojektoren bieten attraktive Möglichkeiten zur Darbietung von optischen Reizen. Die meisten dieser Geräte sind störunanfällig und lassen sich leicht mit anderen Geräten zusammenschalten. Eine interessante Möglichkeit bieten modifizierte Diaprojektoren, die Steuerfunktionen für ein automatisiertes Therapieprogramm übernehmen können. Beispielsweise könnte die Darbietung des Dias Nr. 10 immer mit dem Einschalten des Tonbandgeräts verbunden sein, welches einen beruhigenden Text vorspielt. Man erzielt diese Möglichkeit der Programmsteuerung, indem man kleine Löcher in den Rand des Dias stanzt, deren Anordnung nach einem Binärcode erfolgt. Das durchtretende Licht fällt auf eine entsprechende Anordnung von Fotozellen. Dadurch werden elektronische Schaltkreise angesteuert, die dann ihrerseits wieder andere Geräte, wie Lampen, Summer, Tonbandgeräte etc. einschalten können. Es können aber auch hier bestimmte Schaltungen *vorbereitet* werden, so daß bei einer bestimmten Reaktion eines Patienten auf ein Dia dieses geschieht, bei einer anderen Reaktion jenes.

Das Gebiet der Biofeedback-Anwendungen, das im letzten Jahrzehnt sehr schnell gewachsen ist, schließt in seinen verschiedenen Teilgebieten den Gebrauch z. T. sehr unterschiedlicher Geräte ein. Diese können sowohl kleine, tragbare, leicht zu bedienende Apparate sein, die man häufig in den populärwissenschaftlichen Magazinen annonciert findet, oder auch sehr komplizierte, fest installierte Feedbacksysteme, die mit „on-line"-Computerprogrammen arbeiten und damit sehr gut an die jeweilige Fragestellung und an den speziellen Patienten angepaßt werden können. Hier bedeutet „on-line", daß der Computer sofort und direkt die Daten aufnimmt und analysiert, um dann über diejenige Geräteeinheit, die im direkten Kontakt mit dem Patienten steht, Signale oder Instruktionen abzugeben. Biofeedbacksysteme werden eingesetzt, um willkürliche Kontrolle über Variablen

14. Automatisierungsverfahren

wie Herzrate, Blutdruck, Hauttemperatur, Gehirnwellen und andere biologische Größen zu gewinnen, von denen man traditionsgemäß glaubte, daß sie nicht willentlich steuerbar seien. Es gibt zahlreiche Biofeedbackgeräte, die leicht von jedermann zu bedienen sind, sich auf einem gewöhnlichen Tisch aufstellen lassen und damit gut in klinisch-psychologischen Praxen eingesetzt werden können.

Zahlreiche automatisierte Verfahren beinhalten nichts weiter, als das Abspielen einer Tonbandaufnahme und das Abschalten des Geräts am Ende des therapeutischen Materials. Andere Verfahren dagegen sind interaktiv, d. h. was sie „machen", hängt von bestimmten Reaktionen des Patienten ab. Interaktive automatisierte Systeme verlangen irgendeine Art von Programmsteuerung. Das flexibelste, universell einsetzbare System der Programmsteuerung ist der Computer. Es gibt jedoch auch andere, weniger teuere, und trotzdem leistungsfähige Methoden zum Aufbau programmgesteuerter Verfahren. Es muß an dieser Stelle darauf hingewiesen werden, daß mit Programm zwei verschiedene Dinge gemeint sein können. Einmal das therapeutische Programm, das aus dem Material besteht, welches dem Klienten direkt dargeboten wird. Das andere ist das Steuerprogramm, welches aus den Anweisungen und Steuerbefehlen besteht, welche die Interaktion zwischen dem System und dem Klienten regulieren. Im momentanen Zusammenhang interessieren wir uns für das Steuerprogramm.

Wie schon früher bemerkt, können Tonbandgeräte und Diaprojektoren durchaus als programmierbare Steuereinheiten dienen. Codierte Dias stellen wahrscheinlich eine flexiblere Programmsteuertechnik dar, als allgemein angenommen wird. Dabei ist es keineswegs nötig, daß das auf dem Dia dargestellte Bild als therapeutisches Material dargeboten wird. Der Lichtstrahl kann verdeckt werden, so daß die Bilder nicht erscheinen, jedoch die am Rand aufgebrachte codierte Information dazu dienen kann, Lämpchen, Summer oder Tonbandgeräte einzuschalten oder das Anschalten derart vorzubereiten, daß erst bestimmte Reaktionen des Patienten das Auftreten der Therapie-Reize auslösen. Ganze Programme können in sekundenschnelle ausgewechselt werden, indem bloß ein anderes Diamagazin eingesetzt wird, welches anders codierte Dias enthält. Es können auch einzelne Programmschritte verändert werden, indem man nur ein einziges Dia austauscht.

Für die meisten typischen Anwendungen automatisierter Verfahren bilden wohl Stereo-Tonbandaufnahmen, welche auf einer Spur Steuerimpulse tragen, die brauchbarste Methode einer Programmsteuerung. Die parallele Anordnung von akustischer Information auf einer Spur und Steuerimpulsen auf der anderen gewährleistet die Synchronizität zwischen dem, was der Patient hört und anderen Funktionen der Apparatur. Diese Art der Programmsteuerung hat außerdem den Vorteil, daß sich die Steuersignale leicht aufspielen und auch wieder löschen lassen.

Lochstreifenleser bieten zwar eine beträchtlichere Flexibilität als programmierbare Steuergeräte, aber sie benötigen einige recht umfangreiche Zusatzeinrichtungen, so daß ihr Gebrauch für viele klinische Institutionen unattraktiv wird.

Es gibt auch *festverdrahtete* Programmsteueranlagen, bei denen bestimmte

Funktionen von bestimmten, untereinander festverdrahteten Bauteilen übernommen werden. Solche Anlagen sind sehr wenig flexibel und damit relativ uninteressant.

Alle diese Verfahren arbeiten auf der Grundlage recht komplizierter elektronischer Schaltkreise, die verschiedene Zähl-, Meß- und Vergleichsfunktionen und z. T. auch *logische Operationen* ausführen. Wollte ein Psychologe diese Elektronik genauer verstehen, bedürfte es eines beträchtlichen Zeit- und Arbeitsaufwandes. Nun ist es aber für den Therapeuten keineswegs notwendig, den *Aufbau* dieser Geräte zu durchschauen. Dessen Hauptaufgabe besteht vielmehr darin, seine Behandlungsstrategien genügend klar zu formulieren, so daß ein technisch versierter Experte diese in ein automatisiertes Verfahren umsetzen kann. Es verfügen nämlich z. B. alle Hersteller von Instrumenten für die Verhaltensforschung über Mitarbeiter, die auf derartige Anwendungsprobleme spezialisiert sind. Diese Fachleute arbeiten eng mit den potentiellen Kunden bei der Umwandlung psychologischer Prozeduren in Hardware-Software-Konfigurationen zusammen. Sie entwerfen die nötige Elektronik und erstellen detaillierte Kostenvoranschläge für ein projektiertes automatisiertes System.

Klinische Anwendungen automatisierter Verfahren

Die verschiedenen theoretischen Richtungen der Psychotherapie sind alle in einem gewissen, wenn auch sehr unterschiedlichen Maße der Automatisierung zugänglich. Ein Verhaltenstherapeut, der bestimmte Verhaltensstörungen als unerwünschte Reiz-Reaktionsverknüpfungen ansieht, könnte automatisierte Techniken mit großem Gewinn als einen zentralen Teil seiner Therapie einsetzen. Ein Psychoanalytiker dagegen, der die Störung als Folge eines ungelösten Konflikts aus der Kindheit des Patienten ansieht, der im Gespräch mit einer verständigen Person aufgearbeitet werden muß, verfügt nur über sehr begrenzte Einsatzmöglichkeiten für automatisierte Verfahren. Die folgenden Beispiele wurden ausgewählt, um aufzuzeigen, wie vielfältig die psychologischen Behandlungsmethoden, die Verhaltensstörungen und die theoretischen Richtungen sind, bei denen automatisierte Verfahren zum Einsatz kommen.

Gesprächstherapie

Die Gesprächstherapie ist gekennzeichnet durch die Unterhaltung zwischen Patient und Therapeut. Normalerweise versucht der Therapeut, sich in einer Weise zu verhalten, die man mit Begriffen wie Interesse, Wärme, Verständnis beschreiben kann; gleichzeitig möchte er Einblicke in die Probleme des Patienten erhalten und ihre Ursachen durchschauen. Der Patient ist auf der Suche nach Selbstverständnis, versucht seine Emotionen richtig einzuordnen und erfolgversprechende Wege zur Lösung seiner Probleme zu finden. Die Interaktionen zwischen Thera-

14. Automatisierungsverfahren

peut und Patient sind außerordentlich vielfältig und kompliziert, dennoch haben einige Forscher versucht, hierbei automatisierte Verfahren anzuwenden.

So kann man z. B. Interviewsysteme, die auf Computerbasis arbeiten, entwikkeln. Ein Fernschreiber dient zum Informationsaustausch zwischen Mensch und Computer. Der Klient tippt seine Nachricht in seiner Diktion und Zeichensetzung in den Fernschreiber. Darauf untersucht das Programm die Nachricht nach sog. „Schlüsselworten". Diese dienen dem Rechner dazu, die Antwort an den Klienten zu formulieren, welche dann auf dem Fernschreiber ausgedruckt wird, worauf wieder eine Eingabe vom Klienten abgewartet wird. So könnte beispielsweise ein Klient eintippen: „Ich bin unglücklich, weil mir meine Kinder nicht gehorchen." Dem Computer könnte nun das Wort „unglücklich" als Schlüsselwort dienen und er wird antworten: „Erzählen Sie mir mehr darüber, warum Sie unglücklich sind." Solche Dialoge können durchaus den Charakter einer „Unterhaltung" tragen, aber meist führen sie für die Klienten nach einer gewissen Zeit zur Frustration. Der Computer kann sich vielleicht doch nicht an alles „erinnern", was ihm gesagt wurde und es gelingt ihm eben nicht vollständig, alle Aspekte der Aussagen eines Klienten zu erfassen. Kurz gesagt, der Klient empfindet das Computerprogramm als „unzureichend". Es ist zwar wohl prinzipiell möglich, daß der Computer alle Informationen, die er vom Klienten erhält, in seinem „Gedächtnis" speichert und auch die wesentlichen Inhalte der Äußerungen bewertet, aber dazu muß er eben in geeigneter Weise programmiert werden. Diese Programme existieren noch nicht, und es muß die weitere Entwicklung auf dem Sektor der Programmierung von Therapieabläufen abgewartet werden [9, 10].

Ein Problem bei derartigen computergesteuerten Gesprächsabläufen besteht darin, daß dem Computer nichtverbale Äußerungen der Patienten entgehen, wodurch u. U. sehr wesentliche Information verloren gehen kann. So liefert beispielsweise die Gestik des Patienten häufig für den Therapeuten sehr nützliche Hinweise. *Slack* [39] hat ein Programm entwickelt, das nicht nur die vom Patienten eingetippte Information verwertet, sondern auch die Reaktionszeit und Herzrate für jede Reaktion registriert und speichert. Diese nichtverbalen Daten können den Ablauf des Programms modifizieren („verzweigen"), wodurch es flexibler auf individuelle Unterschiede zwischen den Patienten reagieren kann. Andere Therapeuten arbeiten z. B. mit standardisierten Aufforderungen an den Patienten, mehr zu sprechen, welche sie über einen Videobildschirm darboten. Es wurden auch Programme eingesetzt, die mit akustischen „Fühlern" arbeiten, welche Sprechlaute wahrnehmen können, und beim Eintreten einer zu langen Stille den Patienten ermuntern, doch mehr zu sprechen. Andere wiederum arbeiteten mit einem „Übersetzer"; das ist eine Person, die die Aussagen des Patienten in eine dem Computer besser verständliche Sprache übersetzt. Es ist heutzutage auch bereits möglich, Sprache künstlich zu erzeugen und man kann die entsprechenden Anlagen so programmieren, daß sie beliebige Wortfolgen aussprechen. Der Patient würde also seine Nachricht in den Fernschreiber eingeben und der Computer würde mit hörbarer Stimme antworten, also tatsächlich mit dem Patienten „sprechen". Aufgrund dieser und anderer Entwicklungen erscheint es angebracht, über

Computerprogramme für Therapiezwecke nachzudenken, die über ein *time-sharing*-Verfahren jedem zugänglich wären, der
a) den Code kennt, um das Programm aufzurufen,
b) Zugang zu einem gewöhnlichen Telefonanschluß hat und
c) über ein tragbares Fernschreiberterminal verfügt, welches er praktisch überall, zu Hause, im Büro, in einem Hotelzimmer, in der Klinik etc. benutzen kann.

Die meisten der oben diskutierten Verfahren basieren auf dem Einsatz von Computern; es gibt jedoch auch einige Versuche zur Automatisierung in der Gesprächstherapie, die völlig unabhängig von Computern sind. *Lindsley* [24] entwickelte ein System, bei dem Therapeut und Klient in verschiedenen Räumen saßen und sich gegenseitig auf Videobildschirmen sahen. Der Klient hatte zwei Drucktasten, mit denen er das Bild und die Stimme des Therapeuten kontrollieren konnte. Drückte er mit einer gewissen, recht hohen Rate (ca. 60mal pro Minute) den einen Knopf, dann sah er ein *kontinuierliches* Bild des Therapeuten. Die andere Taste wirkte analog für die Wiedergabe der Stimme des Therapeuten. Der Klient mußte also beide Knöpfe mit einer ziemlich hohen Frequenz drücken, um eine kontinuierliche Wiedergabe des Bildes und der Stimme des Therapeuten zu erzielen. Damit bestand nun die Möglichkeit, dem Therapeuten Feedback darüber zu geben, ob sein Bild oder seine Stimme für den Klienten verstärkend wirkt (wenn man das Knopfdrücken als eine operante Reaktion ansieht). Bemerkte er, daß der Klient nur mit einer geringen Rate drückte, so bedeutete das für ihn eine Aufforderung, sein Verhalten so zu verändern, daß er wieder mehr Knopfdrücke erreichte.

Cameron, Levy, Ban und *Rubenstein* [8] haben darauf hingewiesen, daß die Automatisierung die „äußerst zeitraubenden Prozesse" der Psychotherapie verkürzen könnte, wenn sie dabei helfen würde, einige der „grundlegenden Mechanismen" einer Psychotherapie „anzuregen". Von einem psychodynamischen Gesichtspunkt ausgehend definierten sie die *Aufdeckung* als einen dieser Mechanismen. Damit ist gemeint, daß Ereignisse und Konflikte aus der Kindheit, welche für die aktuell vorhandene Störung verantwortlich sein könnten, ins Bewußtsein gerufen und aufgehellt werden. Ihr Verfahren bestand darin, auf Tonband solche Aufforderungen aufzunehmen, welche dazu führen sollten, daß sich der Patient an jene Vorfälle aus seiner Kindheit erinnert, die mit seinem jetzigen Problem im Zusammenhang stehen. Er wurde instruiert, mehrere Stunden wöchentlich das Band anzuhören, und während der Pausen seine Assoziationen zu notieren. Diese Notizen wurden dem Therapeuten übergeben, dem sie dann als Unterlagen zum Erstellen eines neuen Tonbandes für den Patienten dienten. Eine Reihe anderer Mechanismen wie Problemidentifikation, Problemlösung und Therapeut-Patient-Interaktion konnten mit Hilfe dieser Technik angeregt werden. *Cameron* et al. waren bestrebt, den direkten Kontakt zwischen Therapeut und Patient auf ein Minimum zu reduzieren; wir dagegen möchten die Therapeuten anregen, jede Kombination zwischen automatisierten Methoden und „direkter" Therapie, die aus klinischer Sicht angebracht erscheint, zu versuchen.

Automatisierte Verfahren können den gesamten Ablauf einer Gesprächstherapie bestimmen, wie in einigen computerorientierten Versuchen, oder sie spielen nur eine engumgrenzte Rolle innerhab einer Therapie. Beispielsweise setzte ein Therapeut einen Diaprojektor zur Behandlung von Frigidität ein. Um seinen Patientinnen dabei zu helfen, durch Masturbation zu einem Orgasmus zu gelangen (ein Schritt, der zur Vorbereitung auf eine Penis-Vagina-Stimulation als hilfreich angesehen wurde), wurde eine Serie von 19 Dias gezeigt, auf denen eine Frau zu sehen war, die „mit sich selbst spielt". Jedes Bild wurde 20 Sekunden lang dargeboten und zeigte eine Frau, die ihr Gesicht, ihren Nacken, ihre Schenkel, ihre Brüste und ihren Genitalbereich berührte. Der Therapeut beurteilte diese Technik insofern als wertvoll, als sie dazu diene, „bestimmte sexuelle Einstellungen und Verhaltensweisen in anorgasmischen weiblichen Patienten abzubauen...". Die Wirksamkeit des Verfahrens wurde auf mögliche Effekte einer Desensibilisierung, des Modellernens bzw. stellvertretenden Lernens zurückgeführt.

Soziales Modellernen

Das Interesse theoretisch sowie praktisch orientierter klinischer Psychologen am sozialen Modellernen beruht auf der Tatsache, daß eine Verhaltensweise häufig schneller dadurch gelernt wird, daß eine andere Person beim Ausüben dieser Verhaltensweise beobachtet wird, als wenn diese Verhaltensweise nur beschrieben würde. Ausführliche Bemerkungen zum sozialen Modellernen findet der Leser in Kapitel 5 dieses Buches. Das Kapitel 6 über Rollenspiele ist in diesem Zusammenhang ebenfalls von Bedeutung.

Häufig kommen Patienten zu uns, die bei der Beseitigung ihrer Verhaltensstörung Hilfe suchen, die aber im zwischenmenschlichen Bereich nicht völlig offen sind und daher auch von der Therapie nur unvollständig profitieren können. Wir besprechen dann stets mit dem Patienten seinen Mangel an Offenheit und die Folgen, die sich daraus ergeben, aber häufig gelingt es uns nicht, dieses Verhalten zu ändern. Automatisierte Verfahren zur Unterstützung des Modellernens könnten bei Problemen dieser Art sinnvoll eingesetzt werden. *Whalen* [40] verwendete auf Tonband aufgenommene Instruktionen und gefilmtes Modellverhalten, um die interpersonale Offenheit bei kleinen Gruppen interagierender Collegestudenten zu untersuchen. Grundsätzlich kam sie stets zu folgendem Ergebnis: Studenten, die interpersonale Offenheit zeigten, hatten „detaillierte Instruktionen" darüber gehört, wie man offen agiert *und* hatten einen Film über offenes Verhalten zu sehen bekommen. Die Studenten, die nur geringe interpersonale Offenheit zeigten, waren diejenigen, welche

a) nur „Minimalinstruktionen" über offenes Verhalten gehört hatten und den Film zu sehen bekamen,
b) nur „Mininmalinstruktionen" gehört hatten,
c) nur „detaillierte Instruktionen" gehört hatten und
d) nur den Film gesehen hatten.

Ein interessanter Aspekt dieser Untersuchung ist, daß zwei automatisierte Techniken, Tonband und Film verwendet wurden, wobei jedoch die alleinige Anwendung einer dieser Techniken noch nicht zum gewünschten Ergebnis führte. Erst der kombinierte Einsatz dieser beiden Verfahren führte zur interpersonalen Offenheit. Dieser Gebrauch von Tonbandgeräten und Filmen zur Darbietung therapeutischen Materials kann auch im klinischen Bereich durchaus wirksam sein. Man könnte durch den Einsatz dieser Hilfsmittel die Patienten darauf vorbereiten, freizügiger über ihre ganz privaten Probleme zu sprechen, eigenes Fehlverhalten einzugestehen etc. Außerdem könnten Patienten durch eine derartige Technik erst auf die eigentliche Therapie vorbereitet werden. Man sollte noch erwähnen, daß die detaillierten Instruktionen, die von *Whalen* [40] verwendet wurden, nur fünf Minuten dauerten, und daß der Film eine Dauer von 12 Minuten hatte. Die Übertragung dieses Materials eines Laborexperiments in ein therapeutisches Programm könnte die Erweiterung auf ca. ein halbes Dutzend dreißigminütiger Abschnitte bedeuten. Für solche Programme wäre es wünschenswert, daß hierin besondere Trainingsmethoden für die verschiedenen Aspekte interpersonaler Offenheit bereitgestellt werden und die Möglichkeit besteht, dem Patienten während des Ablaufs der Therapie immer wieder Rückmeldung über seine Fortschritte zu geben.

Die Nützlichkeit gewisser Verhaltensweisen, die durch Modelling-Prozeduren erlernt wurden, hängt in hohem Maße davon ab, ob die Reizbedingungen, unter denen das Modelling geschieht, genügend verschiedenartig sind. Beispielsweise wird die Fähigkeit, mit fremden Menschen Kontakt aufzunehmen am besten gelernt, wenn man viele Modelle beobachtet, die viele Fremde treffen. Hier können automatisierte Verfahren in der Therapie sehr nützlich sein, da sie die Möglichkeit bieten, eine Fülle von verschiedenen Modellszenen darzubieten. Man kann eine endlose Zahl von Worten, Menschen, Tieren, Plätzen etc. auf Dias, Tonbänder, Filme und Videobänder aufnehmen. Dieses Reizmaterial kann in einem automatisierten Verfahren routinemäßig eingesetzt werden. Im Gegensatz dazu wird in der klassischen Therapiesituation kein zusätzliches Reizmaterial Anwendung finden. *Bandura und Menlove* [3] machten zu diesem Fragenkomplex folgendes Experiment: Ein Psychologe zeigte Kindern, die ausgeprägte Angst vor Hunden hatten, eine große Anzahl verschiedener, gefilmter Modelle, die ohne Angst mit „zahlreichen Hunden, die verschieden groß und verschieden furchterregend waren" spielten. Kinder, denen diese Filme gezeigt wurden, reagierten mit größerer Angstreduktion als Kinder, denen ein Film gezeigt wurde, in dem nur ein einziges Modell mit nur einem Hund spielte.

Goldstein [17] hat versucht, das Problem der traditionellen Psychotherapie, nämlich ihre erschwerte Anwendbarkeit auf sozial schwache Gesellschaftsschichten mit seiner „strukturierten Lerntherapie" anzugehen. Diese Therapie stellt einen sehr systematischen und ausgereiften Ansatz dar, um

a) den Klienten unter Einsatz automatisierter Verfahren (hauptsächlich Ton- und Videobänder) soziales Modellverhalten zu präsentieren und
b) die psychologische Behandlung bestimmter Verhaltensstörungen so weit zu standardisieren und automatisieren, daß man sie „verschreiben" kann.

14. Automatisierungsverfahren

Goldstein hat eine große Anzahl von Ton- und Videobändern erstellt, die soziale Situationen zum Inhalt haben bzw. soziale Fertigkeiten illustrieren und als Modellsituation dienen können. Ein wichtiger Gesichtspunkt dieser Bemühungen ist, daß sie auf den Zeitpunkt ausgerichtet sind, an dem die Institutionen, welche psychotherapeutische Behandlungen durchführen, aus einer „Bibliothek" von Therapie-Bändern jene Bänder zur Verfügung stellen können, die ein Therapeut einem bestimmten Klienten mit einer bestimmten Störung „verschreibt".

Selbstsicherheitstraining

Es ist bekannt, daß ein Mangel an selbstsicherem Verhalten sich auf die allgemeine soziale Anpassung als sehr hinderlich auswirken kann. In Kapitel 6 dieses Buches findet der Leser eine ausführliche Diskussion der theoretischen und klinischen Aspekte des Selbstsicherheitstrainings. Unsere Ausführungen beschränken sich auf die Anwendungsmöglichkeiten automatisierter Verfahren in diesem Bereich.

Serber [36] beschreibt eine Möglichkeit zum Einsatz von Videoaufnahmen, um die nichtverbalen Komponenten selbstsicheren Verhaltens zu lehren. Dieses Verfahren ist sehr instruktiv und soll nun etwas ausführlicher beschrieben werden. *Serber* nennt drei Bedingungen, die für das Erlernen nichtverbaler Verhaltensweisen günstig sind:

1. Eine klar definierte Situation (d. h. der spezifische soziale und situative Kontext, in dem das problematische Verhalten meist auftaucht).
2. Die Konzentration auf eine beschränkte Anzahl nichtverbaler Variablen.
3. Der Gebrauch von audiovisuellem Feedback.

Unter Berücksichtigung dieser Forderungen wählt *Serber* eine problematische Situation aus, die beliebig oft wiederholbar ist, läßt den Patienten im Rollenspiel das Verhalten in dieser Situation darstellen, nimmt es auf Videoband auf, spielt es dem Patienten vor, gibt ihm bei Bedarf Instruktionen und Verstärkung, läßt ihn wieder die Rolle spielen usw. Er teilt nichtverbales, selbstsicheres Verhalten in sechs Kategorien ein: Lautstärke der Stimme, Flüssigkeit der Sprache, Blickkontakt, Gesichtsausdruck, Körperausdruck und räumlicher Abstand vom Gegenüber. Jeder dieser Verhaltensaspekte wird einzeln während des Rollenspiels geübt und beim Playback besprochen und beurteilt.

Der Gebrauch von Videobändern in *Serbers* Vorgehensweise ist durchaus sinnvoll und er berichtet über klinische Erfolge; man darf jedoch nicht übersehen, daß diese Prozedur die ständige Anwesenheit des Therapeuten erfordert, um die Geräte zu bedienen, Instruktionen zu geben, den Patienten zu verstärken etc. Es gibt jedoch einige Schritte in diesem Training nichtverbalen Verhaltens, die sich weiter automatisieren ließen. Durch den Einsatz einiger elektronischer Geräte, die man entweder kaufen oder leicht selbst entwerfen und bauen kann, könnten die folgenden Beobachtungs- und Feedbacksysteme erstellt werden:

1. Eine Einheit mit manuell verstellbarer Empfindlichkeit, die einen Summton einschaltet, wenn der Patient mit zu leiser Stimme spricht.
2. Ein Relais, dessen Ansprechempfindlichkeit ebenfalls verstellbar ist, das einen unangenehmen Ton anschaltet, wenn die Sprechweise des Patienten zu langsam ist.
3. Ein Stirnband, auf das eine Fotozelle montiert ist, womit die Orientierung des Kopfes kontrolliert werden könnte. Damit könnten Signale ausgelöst werden, wenn sich der Kopf nicht in der gewünschten Orientierung befindet, also der Patient sich vom Therapeuten abwendet.
4. Ein System von Quecksilberschaltern, die an den Schultern und am Kopf des Patienten angebracht sind und einen unangenehmen Reiz auslösen, wenn der Patient sich nicht mehr „aufrecht hält".

Die meisten dieser Registrier- und Feedbackeinheiten arbeiten mit einfachen Schaltern, die entweder „an" oder „aus" sind. Der Therapeut könnte z. B. eine Serie von irgendwelchen Äußerungen, die eine Androhung enthalten, auf Band aufnehmen (am besten von verschiedenen Personen gesprochen). Gleichzeitig mit der Wiedergabe abgegebene Steuersignale würden einen Schaltkreis „vorbereiten", so daß der Patient nach einer gewissen, vorgegebenen Zeit etwas sagen muß, wenn er z. B. einen unangenehmen Ton vermeiden will. Dieser Ton wird automatisch ausgelöst, wenn nach einer gewissen Zeit nach dem Ende der vom Band abgespielten Nachricht vom Patienten kein Sprechen registriert wurden. Die Zeit, die dem Patienten bleibt, um etwas zu sagen, könnte am Anfang der Therapie relativ lange gewählt werden, und in den folgenden Therapiesitzungen immer mehr verkürzt werden. Nachdem der Patient gelernt hat, auf jede Androhung schnell zu antworten, kann ihm eine zusätzliche Bedingung auferlegt werden, beispielsweise, im nächsten Therapieschritt schnell *und* laut zu antworten. Dabei kann die geforderte Lautstärke ebenfalls individuell eingestellt werden. Falls der Patient nicht laut genug antwortet, ertönt ein anderer unangenehmer Ton. Sobald er gelernt hat, schnell und laut zu antworten, könnte man eine weitere Bedingung einfügen etc.

Für die klinische Anwendung dieses Verfahrens bedeutet das, daß eine große Anzahl von Verhaltensweisen des Patienten der Steuerung durch den Therapeuten zugänglich wird. Die Haltung, Gestik, Blickrichtung, Lautstärke und Dauer des Sprechens können simultan kontrolliert werden. Es ist nun sehr wichtig, zu beachten, daß die Anzahl der kontrollierbaren Variablen und die der klinischen Relevanten durchaus verschieden sein können. Es kann, mit anderen Worten, der Gebrauch aller vorhandenen Möglichkeiten zur Erhebung einer Datenfülle führen, die der Therapeut gar nicht verwerten kann; andererseits kann auch bei zu vielfältigem Feedback an den Patienten diesem ein adäquates Reagieren sehr erschwert werden. Außerdem sollte beachtet werden, daß dieses Verfahren völlig unabhängig vom Inhalt der verbalen Äußerungen des Patienten ist. Der Therapeut muß natürlich auch *darauf* achten und Verstärker in Abhängigkeit davon einsetzen, wie der Patient im Inhalt seiner Äußerungen auf die Androhung reagiert. Der optimale Einsatz dieser Verfahren und ihre günstigste Kombination innerhalb eines Selbstsicherheitstrainings muß durch empirische Untersuchungen festgelegt werden.

McFall und seine Mitarbeiter [28] berichten über eine Serie von Experimenten, die zeigten, daß ein automatisiertes Trainingsverfahren selbstsicheres Verhalten von Collegestudenten stetig verbesserte. Ihre automatisierte Methode bestand im wesentlichen darin, daß sie über ein Tonbandgerät bestimmte „Reizsituationen" darboten, welche folgendes beinhalteten:
a) Eine „Miniatur"-situation, in der selbstsicheres Verhalten angebracht ist,
b) Gelegenheit, für den Probanden, eine Reaktion zu zeigen,
c) soziales Modellernen und
d) Belehrung darüber, wodurch eine Reaktion zu einer guten, selbstsicheren Reaktion wird.

Longin und *Rooney* [25] verwendeten mit gutem Erfolg ein ähnliches automatisiertes Verfahren zur Erhöhung der Selbstsicherheit bei Patienten einer psychiatrischen Klinik. Es scheint sicher zu sein, daß automatisierte Verfahren zur Erlernung sozialer Fähigkeiten dieser Art sehr viel beitragen können.

Extinktionsprozesse

Ein anderes Anwendungsgebiet für Tonbandgeräte liegt im Bereich der Implosions- oder Reizüberflutungstherapie („flooding"). Im wesentlichen beinhaltet diese Therapieform, daß der Patient einem massiven, anhaltenden Strom von Reizen ausgesetzt wird (verbale Beschreibungen oder echte phobische Objekte), die die Situationen, Objekte oder Personen repräsentieren, von denen die phobische Reaktion ausgelöst wurde. Die Konsequenz ist, daß der Patient die Situation übersteht, obwohl er nicht fliehen konnte und damit wird für ihn offensichtlich die Notwendigkeit verringert, Situationen dieser Art zu vermeiden. Man versteht den Vorgang am besten als Extinktion von Vermeidungsprozessen. *Kirchner* und *Hogan* [20] berichteten über den Einsatz von Tonbandgeräten bei der Implosionsbehandlung von Rattenphobikern. Sie erhielten für die behandelte Gruppe eine signifikant größere Verbesserung gegenüber der Kontrollgruppe, gemessen in einem Nachtest, bei dem die Probanden eine Ratte anfassen mußten. In einer gut kontrollierten Studie berichtete *Dee* [12] über den Einsatz von Tonbandaufnahmen bei der Implosionstherapie von Schlangenphobikern. Sie fand keine konsistenten Unterschiede zwischen der Experimentalgruppe und einer Kontrollgruppe, welche die Therapiebänder nicht anhörte. Problematisch an *Dees* Studie ist die Tatsache, daß sie die Probanden aufgrund eines Fragebogens zur Schlangenphobie auswählte. Da diese Probanden nicht von sich aus zur Therapie kamen, könnte hier eine nur relativ geringe Motivation für die Mitarbeit vorgelegen haben. Die Einfachheit, mit der therapeutisches Material für eine Implosionstherapie auf Band aufgenommen und wiedergegeben werden kann, macht Tonbandgeräte zu einem attraktiven Hilfsmittel für diese Therapieform. Selbstverständlich können auch Videogeräte in einer solchen Therapie sehr sinnvoll eingesetzt werden. So haben z. B. einige Therapeuten versucht, Schlangenphobie zu behandeln, indem sie Videofilme von Schlangen zeigten, die über eine Person kriechen. *Denholtz* [13] benutzte Tonbandaufnahmen bei der Behandlung eines 32jährigen Mannes mit ejaculatio praecox, der sich davor fürchtete, von seiner Frau beschimpft zu werden und dem außerdem der Gedanke, eine Familie zu haben, unerträglich war. Der Therapeut stellte ein Tonband her, in welchem der Patient aufgefordert wurde, sich vorzustellen, daß er, durch die Umarmung seiner Frau gefesselt, ständig und unkontrollierbar in ihren Uterus ejakulierte. Währenddessen überhäufte ihn seine Frau mit den schmutzigsten Worten und schrie ihm ins Gesicht, daß er Vater werden würde. Der Patient spielte sich das Band täglich auf einem tragbaren Tonbandgerät in seinem Auto vor. Der Therapeut berichtete, daß der Patient lernte, die Ejaculation bis zum Orgasmus seiner Partnerin zurückzuhalten.

Konditionierung von Vermeidungsverhalten

Während häufig das therapeutische Ziel Extinktion von Vermeidungsverhalten ist, um einem Patienten eine „Annäherung" an ein bestimmtes Objekt zu ermöglichen (z. B. beim Überwinden einer Phobie), sind andere Therapien darauf ausgerichtet, den Patienten die Vermeidung bestimmter Reize zu lehren (z. B. bei abweichenden Sexualverhalten). *Feingold* [16] beschreibt die automatisierte Behandlung sexueller Abweichungen bei der ein Tonbandgerät eingesetzt wurde, welches auch das Auslösen elektrischer Reize am Bein des Patienten steuerte. Die Tonbänder enthielten die Beschreibung bestimmter Situationen sexuellen Inhaltes (mit z. B. homosexueller, pädophiler oder exhibitionistischer Thematik), je nach dem speziellen Problem des Patienten. Zwischen diese Szenen waren Szenen mit heterosexuellem Inhalt eingestreut, in welchen eine verführerische Frauenstimme „erregende heterosexuelle Situationen beschrieb...". Der Patient hörte jeweils der Wiedergabe einer Szene zu, stoppte das Gerät mit einem Handschalter und versuchte, sich die Szene deutlich vorzustellen. Nach der Vorstellung einer jeden problematischen Szene wurde ein elektrischer Reiz gegeben. Der Patient wurde gebeten, die Vorstellung der Szene so oft zu wiederholen (jeweils begleitet von einem Schock), bis sie bei ihm keine sexuelle Erregung mehr hervorrief. *Feingold* berichtete, daß eine Therapiesitzung 45 bis 90 Minuten dauerte, wobei die Patienten in der ersten Woche täglich zur Therapie kamen. Nach Abschluß der Behandlung bestand für die Patienten die Möglichkeit, zu Nachsitzungen zu kommen, falls sie diese benötigten. *Feingold* schreibt, daß er „niemals ohne diese technischen Hilfsmittel so viele und so lange Sitzungen hätte durchführen können".

Eine andere Anordnung wird von *MacCulloch, Birtles und Feldman* [27] beschrieben, um Vermeidungsverhalten bei Homosexuellen zu konditionieren. Dem Klienten wurde ein Dia eines Mannes gezeigt, darauf folgte nach 8 Sekunden ein elektrischer Reiz, wenn er nicht auf einen Knopf drückte. Der Knopfdruck bewirkte, daß das Dia verschwand, und durch die Abbildung einer Frau ersetzt wurde. Das System von *MacCulloch* et al. war abhängig von der Anwesenheit eines Therapeuten, der den Diaprojektor bediente, die Schockstärke einstellte, beurteilte, wie die Fortschritte des Klienten waren etc. Es wäre mit einem Minimum an elektronischem Aufwand möglich gewesen, dieses Verfahren weiter zu automatisieren. *MacCulloch* et al. haben auf diese Notwendigkeit hingewiesen und Möglichkeiten hierzu in ihrem Artikel diskutiert.

Birk, Huddleston, Miller und *Cohler* [5] beschrieben ein ähnliches Verfahren zur Konditionierung von Vermeidungsverhalten bei Homosexualität, das dem von *MacCulloch* et al. sehr ähnlich ist. Zwei zusätzliche Details sind erwähnenswert: Sie forderten die Klienten auf, ihr eigenes Bildmaterial mitzubringen, welches dann auf Diapositiven reproduziert wurde und die Klienten nahmen zusätzlich an einer parallel laufenden Gruppentherapie teil.

Es wäre relativ einfach und sinnvoll, ein Tonbandgerät gemeinsam mit den Dias einzusetzen, um geeignete verbale oder andere akustische Reize gleichzeitig darzubieten. So ist ein einfacher Ansatz mit klassischer Konditionierung zum Training von Vermeidungsverhalten denkbar. Es könnten aversive Töne oder unangenehme elektrische Reize gleichzeitig mit manchen Dias (z. B. von Männern) dargeboten werden, während eine sanfte verführerische Frauenstimme gleichzeitig mit den Bildern von Frauen hörbar wäre.

Es sollte abschließend darauf hingewiesen werden, daß
1. durch die leichte Beschaffbarkeit des Reizmaterials,
2. die technische Vervollkommnung von Diaprojektoren und Tonbandgeräten und
3. deren einfache Bedienbarkeit und Kompatibilität mit anderen Geräten der Einsatz automatisierter Verfahren für einen immer weiteren Kreis von Psychotherapeuten attraktiv wird.

Selbstkontrolle

Unter den klinischen Psychologen nimmt das Interesse an den Möglichkeiten zur Verbesserung der Selbstkontrolle bei Patienten immer mehr zu. Im Kapitel 10 dieses Buches werden drei Grundprozesse genannt, die beim Erlernen von Selbstkontrolle eine Rolle spielen. Diese sind: Selbstbeobachtung, Selbstbewertung und Selbstverstärkung. Im folgenden Abschnitt sollen automatisierte Verfahren diskutiert werden, welche beim Training von Selbstkontrolle eingesetzt werden können.

Sims und *Lazarus* [28] berichteten über einen Patienten, der leicht in Depressionen und Tagträumereien verfiel; einer der Gründe lag darin, daß er nicht in der Lage war, angenehme Stimmungen zu registrieren und die erfreulichen Ereignisse in seiner Umgebung wahrzunehmen. Um dieser Problematik entgegenzuarbeiten übergab man dem Patienten ein kleines „akustisches Stimulationsgerät", das er mit sich tragen sollte. In bestimmten, unregelmäßigen Abständen gab dieses Gerät einen hohen Ton ab, der den Patienten daran erinnerte, „sich selbst zu beobachten". So sollte er z. B. nach Ertönen des Signals seine Gefühle auf einer Skala von eins bis fünf zwischen angenehmen und unangenehmen Empfindungen einordnen und außerdem hatte er die Aufgabe, herauszufinden, welches die erfreulichen Dinge in seiner momentanen Umgebung sind. Die Autoren berichteten, daß dieses Vorgehen einem depressiven Patienten dabei half, eine positivere Grundeinstellung zu gewinnen und seine Gedanken über sich selbst mehr in der Gegenwart anzusiedeln als in Tagträumereien über die Vergangenheit.

Vom Zigarettenrauchen sagt man häufig, daß es „automatisch" geschehe. Dies würde bedeuten, daß keine ausreichende Selbstbeobachtung stattfindet. *Powell* und *Azrin* [31] haben eine Zigarettenschachtel konstruiert, die beim Öffnen jedesmal einen elektrischen Schock am Arm des Klienten auslöst. Damit konnte der Benutzer nicht mehr der Selbstbeobachtung entgehen, wenn er sich eine Zigarette herausnahm. Man kann sich in diesem Zusammenhang auch zahlreiche Anwendungen von Ton- und Videoaufnahmen denken, dabei ist jedoch Voraussetzung, daß die Wiedergabe in genügend kurzem Zeitabstand nach der Aufnahme erfolgt. Es kann im übrigen jedes automatisierte System mit Feedbackeigenschaften den Prozeß der Selbstbeobachtung fördern. Natürlich ist zu bedenken, daß das bloße Anregen der Selbstbeobachtung noch lange nicht zu irgendwelchen Verhaltensänderungen führen muß. Es kann sogar sein, daß eine Selbstbeobachtung bei dem unvorbereiteten Patienten eher störende Einflüsse hat [2].

Häufig ist die Ursache dafür, daß es einem Patienten nicht gelingt, eine effektive Selbstkontrolle auszuüben, darin zu suchen, daß er zu selten positive Selbstverstärkung einsetzt. So kann es z. B. sein, daß ein Patient, der seine Depressionen überwinden möchte, seine Fortschritte dabei gar nicht erkennt und sich demzufolge auch nicht selbst verstärkt; oder es möchte z. B. jemand seine Fettsucht bekämpfen, aber er bemerkt es gar nicht, wenn er einmal auf das Essen verzichtet, also findet auch hier keine Selbstverstärkung statt. Es soll nun an einem Beispiel die Entwicklung eines Therapieprogramms demonstriert werden, bei dem Tonbandgeräte sinnvoll zur Behandlung von Fettsucht über ein Selbstkontrollverfahren eingesetzt werden.

1. Es wird ein Manuskript vorbereitet, das eine Reihe von sozialen und nicht-sozialen Situationen beschreibt, in denen der Patient zu unmäßigem Essen verleitet werden könnte.
2. Diese Situationen werden nacheinander auf ein Tonband aufgenommen, um später in der Behandlung vorgegeben zu werden.
3. Nach jeder Szene wird ein Steuersignal aufgespielt, das ein Anhalten des Bandes bewirkt.
4. Es wird ein anderer Text ausgearbeitet, der eine Reihe von selbstverstärkenden Äußerungen enthält, wie z. B. „Gut, ich habe die richtige Entscheidung getroffen", „Jetzt bin ich auf dem richtigen Wege", „Wenn ich so weiter mache, werde ich mit dem Problem schon fertig werden" usw. (s. auch Kapitel 11). Dieses Material spricht der Patient selbst auf ein zweites Band.
5. An Geräten hierzu würden gebraucht: a) zwei Tonbandgeräte, b) eine *rechte* und eine *linke* Drucktaste, und c) die notwendige Elektronik zum Steuern dieser Anlage.

14. Automatisierungsverfahren

Der Einsatz dieses automatisierten Systems könnte etwa folgendermaßen aussehen: Der Patient sitzt allein in einem Raum und hat vor sich die *rechte* und die *linke* Drucktaste. Die erste Szene wird ihm über Lautsprecher vorgespielt. Das könnte z. B. der folgende Text sein:

Stellen Sie sich vor, Sie sind auf einer Party und haben an und für sich schon genug gegessen. Da überkommt Sie der Wunsch, in die Küche zu gehen, um dort mit einem Freund zu plaudern; Sie könnten aber auch ins Wohnzimmer gehen, um sich dort mit einem anderen Freund zu unterhalten. Drücken Sie, falls Sie sich für die Küche entscheiden, den linken Knopf, fürs Wohnzimmer den rechten Knopf.

Die Steuerelektronik wäre nun so ausgelegt, daß das Drücken des *rechten* Knopfes (Wohnzimmer) das zweite Tonbandgerät einschaltet, auf dem sich die selbstverstärkenden Instruktionen befinden (z. B. „Gut, ich habe die richtige Entscheidung getroffen."). Danach käme eine neue Szene vom ersten Tonbandgerät. Hätte der Patient den *linken* Knopf gedrückt, also die Küche gewählt, würde z. B. ein aversiver Ton erschallen oder es würde ohne Kommentar zur nächsten Szene übergegangen. Dieses automatisierte System könnte also dafür sorgen, daß der Patient jedesmal prompt positive Selbstverstärkung erhält, wenn er Entscheidungen trifft, die mit seinem Ziel, unmäßiges Essen zu vermeiden, konsistent sind. Dieses Verfahren ist leicht zu programmieren und könnte vom Therapeuten bei einer Vielzahl klinischer Fälle, die er unter Einsatz von Selbstverstärkung behandeln möchte, verwendet werden. Unsere Erfahrungen im Automatisierten Psychologischen Laboratorium deuten darauf hin, daß solche Aufnahmen, bei denen der Patient die selbstverstärkenden Texte selbst aufgesprochen hat, wirksamer sind als solche, die mit der Stimme eines anderen aufgenommen wurden [19].

Systematische Desensibilisierung

Im Zusammenhang mit der Systematischen Desensibilisierung wurden wahrscheinlich mehr Versuche zur Automatisierung unternommen, als bei allen anderen Therapieformen. Der interessierte Leser findet in dem Kapitel von *Morris* eine ausführliche Diskussion der Systematischen Desensibilisierung. Die folgenden Erörterungen setzen eine gewisse Vertrautheit mit den Grundlagen dieser Therapieform voraus. Einer der am besten bekannten Versuche ist das DAD-System (Device for Automated Desensitization) von *Lang* [22]. DAD ist ein „interaktives" System, das auf den subjektiven, emotionalen Zustand des Klienten, welchen dieser durch Knopfdrücken anzeigt, reagieren kann. Drückt er z. B. einen Knopf, der Angst signalisiert, so stoppt das System die Darbietung angstauslösender Reize (Tonbandgerät Nr. 1 wird abgeschaltet) und beginnt die Darbietung der Entspannungsinstruktionen (Tonbandgerät Nr. 2 wird angeschaltet). Bleibt der Patient angsterfüllt (wird durch Drücken eines anderen Knopfes angezeigt), oder ist er nicht in der Lage, sich zu entspannen, wird das System „zurückgeschaltet" und bietet weniger angstauslösende Reize dar. Der Ausgang der Experimente deutet darauf hin, daß das DAD bei der Reduktion von Schlangenphobien effektiver arbeitete als ein Therapeut. *Lang* et al. vermuteten, daß die Effektivität des DAD auf dessen überaus systematischer Arbeitsweise beruht.

Lang [21] hat die Entwicklung eines komplizierteren Behandlungsverfahrens beschrieben, welches einen Digital Equipment Computer LINC 8 einsetzt. Dieses System hat freien Zugriff zu 36 akustischen Informationskanälen und ist in der Lage, das Behandlungsprogramm auf der Basis der physiologischen Reaktionen des Klienten zu modifizieren. Wenn z. B. die physiologische Registriereinrichtung anzeigt, daß der Klient zu schnell atmet (was möglicherweise zum subjektiven Angstgefühl beiträgt) wird vom System die akustische Aufforderung, langsamer zu atmen, eingeblendet.

Mann [26] konnte die Systematische Desensibilisierung bei Prüfungsangst von Oberschülern mit gutem Erfolg automatisieren. Er nahm eine Sitzung mit Instruktionen zur Systematischen Desensibilisierung auf Videoband auf und führte sie als „stellvertretende Desensibilisierung" seinen Oberschülern vor. Schüler, denen diese Bänder vorgeführt wurden, zeigten eine signifikante Abnahme ihrer Prüfungsangst im Gegensatz zu Schülern, die die Aufnahmen nicht sahen. Eine solche Technik könnte in den verschiedenen Institutionen der psychiatrischen Gesundheitsversorgung für die Behandlung unterschiedlicher Patientengruppen mit ängstlichem Verhalten eingesetzt werden. Wir wissen, daß es Patienten gibt, die eine Therapie von Angesicht zu Angesicht scheuen, die aber durchaus bereit sind, sich Videobänder anzuschauen, auf denen die Therapie bei einer Person gezeigt wird, die eine ähnliche Störung hat. *Reppucci* und *Baker* [32] gaben Studenten mit Phobien einen „Bauksten" mit nach Hause, der Anleitungen enthielt, wie sie ihre eigene Angst-Hierarchie konstruieren können und wie sie ein Tagebuch führen sollten, in dem die täglichen Fortschritte zu notieren waren. Außerdem enthielt er eine Langspielplatte, mit Entspannungsinstruktionen auf der einen Seite und einem „Gerüst" zum Aufbau der Hierarchie auf der anderen Seite. *Reppucci* und *Baker* fanden, daß energische, extravertierte und organisationsfähige Probanden mehr von dieser Desensibilisierungsprozedur profitierten, als solche, die eher nachdenklich und introvertiert waren und die ihre Störung sehr ernst nahmen. Dies macht deutlich, daß bei der Anwendung automatisierter Verfahren auf verschiedene Individuen die Therapieaussichten sehr unterschiedlich sein können. So könnte z. B. ein sorgfältig konstruierter Test, der die Reaktionen eines Patienten auf technische Geräte, Knöpfe, Schalter, Computer etc. überprüft und seine Einstellung zu gewissen Fragen der Mensch-Maschine-Interaktion untersucht, bei der Voraussage des Therapieerfolgs sehr hilfreich sein.

Eine automatisierte Therapie, die mit der Vorstellungswelt des Patienten arbeitet

Wie der Leser schon aus den vorhergehenden Kapiteln von *Meichenbaum*, *Goldfried* und *Kanfer* entnehmen konnte, führen Veränderungen, die zunächst nur

14. Automatisierungsverfahren

in der Vorstellung des Patienten stattfinden, u. U. auch zu Veränderungen im Verhalten. Die Automatisierte Therapie durch Vorstellungen (ATV) ist eine Behandlungstechnik, die im Automatisierten Psychologischen Laboratorium entwickelt wurde, und auf dieser Tatsache aufbaut. Es soll an dieser Stelle noch einmal auf zwei, nach unserer Meinung sehr wesentliche Vorteile automatisierter Verfahren hingewiesen werden. *Erstens:* Der Gebrauch dieser Verfahren führt häufig zu Therapieformen, die man objektiver beurteilen kann, die sich zuverlässiger wiederholen lassen und besser kontrollierbar sind, als die üblichen Therapieverfahren. Damit werden sie einer wissenschaftlichen Analyse eher zugänglich. *Zweitens:* Der Gebrauch von automatisch arbeitenden Geräten erleichtert es, Therapieprogramme zu erstellen, die von einem Therapeuten *verschrieben* werden können und die z. B. auch eine technische Assistentin anwenden kann. Das bedeutet für den Psychotherapeuten eine wesentliche Einsparung an Zeit und Aufwand. Er wäre damit von Routineaufgaben entlastet und hätte mehr Zeit für kompliziertere klinische Fälle, könnte eine größere Anzahl von Patienten betreuen oder sich z. B. auch mehr seiner eigenen Forschungsarbeit widmen.

Es mag für das Verständnis von ATV hilfreich sein, wenn dem Leser ein Anwendungsbeispiel aus der Sicht des Klienten vorgestellt wird: Der Klient wird in einen kleinen Raum geführt, wo er in einem Entspannungssessel Platz nimmt (s. Abb. 3 dieses Kapitels) und eine Drucktaste in der Hand hält. Es wird ihm mitgeteilt, daß ihm auf Tastendruck über Lautsprecher eine bestimmte Situation beschrieben wird. Dabei soll sich der Klient vorstellen, daß er selbst sich in dieser Situation befindet und genau so fühlt, denkt und handelt, wie es beschrieben wird, wobei natürlich berücksichtigt wird, daß er sich nicht immer so verhalten würde. Trotzdem wird er aufgefordert, es sich möglichst genau vorzustellen, daß er selbst sich in *dieser* Situation in *dieser* Weise verhält. Nachdem die Vorstellung dem Klienten gut gelungen ist, drückt er auf einen Knopf und es wird ihm die nächste Situation geschildert. So bekommt er eine Szene nach der anderen dargeboten und stellt sich vor, er selbst befände sich in dieser Situation, bis schließlich die Sitzung beendet ist. Die einzelnen Programme enthalten 20 bis 50 derartiger Situationen und sind so aufgebaut, daß sie nicht länger als eine Stunde in Anspruch nehmen.

Jene Leser, die sich dafür interessieren, selbst automatisierte Verfahren zur Modifikation der Vorstellungswelt eines Patienten einzusetzen, werden sich vielleicht fragen, wie man die Modellsituationen konstruiert und welches die einzelnen Schritte dabei sind. Wie wurden *unsere* ATV-Items konstruiert? Im Prinzip haben wir bei der Erstellung der Items drei grundsätzlich verschiedene Wege beschritten. *Erstens:* Einige Items wurden anhand der Geschichte des Patienten konstruiert, um ihm bei einem ganz spezifischen Problem zu helfen. *Zweitens:* Zahlreiche Items wurden durch eine systematische Analyse des Problembereichs gewonnen. Wir versuchten, die kognitiven, emotionalen und interpersonalen „Fähigkeiten" zu identifizieren, die zu einem vernünftigen und angemessenen Verhalten in einer bestimmten problematischen Situation erforderlich sind. Dann entwarfen wir Items, die es unseren Patienten ermöglichen sollten, sich vorzustellen, sie besäßen dieselben „Fähigkeiten". *Drittens:* Es wurden zahlreiche Items aufgrund psychologischer Tests, welche zur Messung des fraglichen problematischen Verhaltens dienen, konstruiert. So benutzten wir z. B. Items aus Angstfragebögen, um die Reizsituationen und Verhaltensweisen zu identifizieren, die bei dem Patienten das ängstliche Verhalten auslösen. Dann wurden Items konstruiert, von denen wir annehmen, daß sie die „Fähigkeit" zu einem nicht-ängstlichen Reagieren genügend genau wiedergeben.

In den USA herrscht in den Gemeindezentren für die psychiatrische Gesundheitsbetreuung ein ständiger Bedarf an bewährten Therapietechniken, die mit relativ geringem Aufwand auf eine große Anzahl von Patienten anwendbar sind und effektiver arbeiten als die traditionellen Verfahren. Es war eines unserer Ziele, ATV zu einem Werkzeug für die routinemäßige klinische Behandlung zu machen. Wir haben eine Reihe verschiedener Programme entwickelt, die bereits dazu eingesetzt wurden, Patienten bei ihren Verhaltensstörungen zu helfen. Diese Programme wurden z. B. eingesetzt bei Ängsten, Depressionen, negativer Selbsteinschätzung, gestörtem Sozialverhalten bei Heranwachsenden, gestörtem Sozialverhalten bei erwachsenen Frauen, Fettsucht bei Frauen, Fehlverhalten der Eltern bei der Kindererziehung etc. Außerdem wurden noch spezielle Programme für ganz spezifische Störungen einzelner Klienten entwickelt.

Die oben erwähnten Programme sind dem Mitarbeiterstab zur Behandlung der Patienten zugänglich. Das AVT-Programm wurde von den meisten Mitarbeiten als Therapiemöglichkeit akzeptiert und heute ist das Wort „automatisierte Behandlung" bereits zu einem stehenden Begriff für eine der verfügbaren Therapieformen geworden. Man darf natürlich daraus keineswegs vorschnell auf die tatsächliche Effektivität oder Überlegenheit dieses Verfahrens schließen. Es ist jedoch wichtig zu bemerken, daß zum heutigen Zeitpunkt bereits *automatisierte Verfahren zur fachkundigen Behandlung von Patienten erfolgreich in die tägliche Routine eingegliedert wurden.*

Die Bewertung des ATV kann, ebenso wie bei jeder anderen Therapieform unter mindestens vier Aspekten geschehen, nämlich
a) praktisch-klinische Brauchbarkeit,
b) Aufnahme der Therapie durch die Patienten,
c) Ergebnisse von Fallstudien und
d) Anwendung wissenschaftlicher Kriterien.

Nun sollen diese vier Aspekte einzeln abgehandelt werden.

Der praktisch-klinische Wert des ATV ist erwiesen. Es ist leicht zu verstehen, erfordert ein Minimum an technischen Aufwand und die ATV-Programme sind relativ leicht zu erstellen. Eine technische Assistentin oder eine Sekretärin kann die Anwendung überwachen. Allerdings ist es auch hierbei wichtig, daß die Person, welche die Behandlung durchführt, gegenüber dem Patienten stets Interesse und Wärme zeigt.

Zur Aufnahme des ATV durch die Patienten ist zu sagen, daß unsere bisherigen Erfahrungen darauf hinweisen, daß es nicht schlechter aufgenommen wird, als eine klassische Therapie mit einem ausgebildeten Psychotherapeuten. Dies wurde dadurch überprüft, daß wir die Patienten das Ausmaß, in dem ihnen ATV „geholfen" hatte, einstufen ließen. Eine Gruppe von Patienten, welche ATV erhalten hatte, mußte ebenso wie die Parallelgruppe mit der gleichen Verteilung bezüglich des Alters, des Geschlechts, der klinischen Diagnose und der selben Anzahl von Sitzungen, die jedoch eine klassische Therapie erhalten hatte, eine Einstufung vornehmen. Auf einer Fünfpunkteskala, die von „überhaupt nicht hilfreich" bis „sehr hilfreich" reichte, mußte die Therapie eingestuft werden. Ein statistischer Test (t-Text) zeigte keinen signifikanten Unterschied zwischen beiden Gruppen. Es darf natürlich nicht vergessen werden, daß der Therapie*erfolg* in keiner Weise schon dadurch belegt ist, daß ein Patient eine Therapie als „hilfreich" empfindet.

Es sollen nur zwei klinische Fälle, bei denen ATV angewandt wurde, beschrieben werden. Diese Fallstudien zeigen, daß ATV auf verschiedene Störungen anwendbar ist bei Patienten, die sich bezüglich ihres Alters und ihrer Erziehung unterscheiden und daß sich automatisierte Verfahren ohne weiteres mit den klassischen Therapiemethoden kombinieren lassen.

Elterliches Fehlverhalten bei der Kindererziehung

Frau Smith war eine verheiratete Frau von 29 Jahren, die mit ihrem Mann und drei Kindern auf dem Lande lebte. Ihre chronische Ablehnung der vierjährigen Tochter Sally war der Grund für ihren Besuch im Quinco Consulting Center. Sie berichtete, daß ihr abweisendes Verhalten Sally gegenüber einige Wochen nach deren Geburt einsetzte. Sie wollte Sally nicht streicheln und liebkosen, ignorierte ihr Weinen, behandelte sie unaufmerksam und lieblos, steckte ihr ausgespucktes Essen wieder in den Mund, zwang sie, verbrannten Toast zu essen, verweigerte ihr die Vorteile, die sie ihren anderen Kindern zukommen ließ, bestrafte sie, wenn andere Erwachsene ihr Zuneigung zeigten etc. Frau Smith wurde zu sechs Sitzungen mit einem Therapeuten bestellt, wobei dieser die Items, die während der ATV verwendet werden sollten, erarbeitete. (Z. B. „Frau Smith ist eine freundliche und großzügige Person; Frau Smith ist geduldig; Frau Smith ist aufrichtig; Frau Smith möchte sich immer richtig verhalten; Frau Smith kann sich vorstellen, daß sie Sally in den Armen wiegt; Frau Smith kann sich vorstellen, daß sie Sally streichelt; Frau Smith kann sich vorstellen, daß sie Sally küßt" etc.). Dieses Therapiematerial wurde auf Tonband aufgenommen. Die Klientin kam zu zwölf weiteren Sitzungen, in denen sie mit dem Therapeuten sprach und zu 32 ATV-Sitzungen, die zum Teil ihre Ablehnung des Kindes, zum Teil ihre Fettsucht zum Thema hatten. Während der Therapie berichtete sie, daß sie Sally nun nicht mehr beschimpfte, ihr nicht mehr vorhielt, daß sie anders sei als andere Kinder und daß sie beginne, mit dem Kind freundlich zu spielen. Ihr Gewichtsverlust in dieser Zeit betrug ungefähr zwanzig Pfund. Sie beendete die Therapie nach ca. vier Monaten. Nach 32 Monaten kam sie zu einer follow-up-Sitzung. Sie berichtete, daß sich ihre Beziehung zu Sally ständig verbessere. Nun verteidigte sie Sally vor den Angriffen anderer, sie achtete darauf, daß sie so schön wie ihre Geschwister gekleidet war, küßte Sally, wenn sie zur Schule und zu Bett ging etc. Frau Smith berichtete, daß sie mit ATV sehr zufrieden war und einige der im ATV behandelten Items ihr noch immer als Verhaltensrichtlinien dienten.

Höhenangst

Herr Brown, ein 45jähriger Mann, der selbst im Bereich der Psychotherapie tätig ist, kam zu uns, um seine Höhenangst, unter der er seit seinem zehnten Lebensjahr litt, behandeln zu lassen. Schon das bloße Lesen über Situationen, die sich in einer gewissen Höhe abspielten, erfüllte ihn mit Angst. Da er eine Geschäftsreise geplant hatte, bei der er auch längere Strecken im Flugzeug zurücklegen mußte, wurde die Behandlung seines Problems dringlich. Er war bisher zweimal geflogen, vor 15 bis 18 Jahren, und hatte sich dabei sehr unwohl gefühlt und große Angst verspürt. Zu Behandlungsbeginn interviewte ihn eine Forschungsassistentin[1]), um die Daten und Fakten zur persönlichen Geschichte des Klienten zu erheben. Aufgrund dieser Daten wurde dann das spezielle ATV-Programm entwickelt. Nachdem es fertiggestellt war, kam Herr Brown in das Automatisierte Psychologische Laboratorium, um die Programmszenen selbst auf Band zu sprechen. Dann kam er zu zehn Sitzungen um sein ATV-Programm anzuhören. Nach dem Ende der Therapie unternahm Herr Brown eine Flugreise, bei der er sich frei von jeglicher Angst fühlte. Er setzte sich in der Folgezeit immer öfter Situationen in der Höhe aus, z. B. blickte er über Brückengeländer, sah aus den Fenstern hoher Gebäude und stieg auf hohe Leitern. Er erklärte, daß er nicht zögern würde, erneut zu fliegen, falls es nötig werden sollte, und er erwähnte seine speziellen Methoden, wie er die in den Behandlungs-Items aufgezeigten Bewältigungsmechanismen einsetzte, um die aktuelle Angst zu bekämpfen. Herr Brown führte die Verbesserung seines Zustands eindeutig auf die automatisierte Behandlung zurück.

Bis hierher haben wir die ATV unter dem Aspekt der klinischen Brauchbarkeit, der Aufnahme durch den Patienten und im Hinblick auf Fallstudien betrachtet und fanden ermutigende Hinweise auf den klinischen Wert dieses Verfahrens. Nun soll über den „wissenschaftlichen Wert" der ATV berichtet werden. Dabei meinen wir mit „wissenschaftlichem Wert", ob „Daten zur Verfügung stehen, die unter kontrollierten experimentellen Bedingungen gewonnen wurden und deren statistische Analyse signifikante Effekte einer Behandlung mit der ATV aufzeigte". *Bloch* [7] fand in einer kontrollierten Studie für die Experimentalgruppe signifikant größere Reduktion manifester Angst als für die Kontrollgruppe. Die Experimentalgruppe hörte ATV-Tonbänder an, die

a) die problematische, angstauslösende Situation beschrieben,
b) Bewältigungsvorschläge enthielten und
c) Selbstverstärkung als Belohnung für erfolgreiche Bewältigung anboten (die Probanden sagten zu sich selbst, „daß sie gute Arbeit geleistet hätten", „auf dem rechten Weg seien" etc.);

[1]) Carolyn L. Clark

die Kontrollgruppe nahm lediglich an den Vor- und Nachtests teil. Eine andere Gruppe von Probanden, die Tonbändern zuhörten, die keine selbstverstärkenden Instruktionen enthielten, zeigte keinen signifikanten Unterschied zur Kontrollgruppe bezüglich ihrer Angstreduktion.

Vor kurzen wurde im Automatisierten Psychologischen Laboratorium eine Studie abgeschlossen, in der freiwillige weibliche Probanden ATV-Tonbänder zur Angstbehandlung angehört hatten, in denen die Beschreibung des Problems, Bewältigungsstrategien und selbstverstärkende Instruktionen enthalten waren. Diese Probanden zeigten eine größere Reduktion manifester und verdeckter Angst als die Kontrollgruppe, die nur am Vor- und Nachtest teilnahm. Es zeigte sich kein signifikanter Unterschied zwischen der Kontrollgruppe und einer Gruppe von Probanden, die Bänder anhörten, welche nur die Beschreibung der problematischen Situation und selbstverstärkende Instruktionen enthielten. Ebenso bestand kein signifkanter Unterschied zwischen der Kontrollgruppe und einer Gruppe, die sich nur die Beschreibung der problematischen Situationen anhörten. Diese Untersuchung und die Studie von *Bloch* [7] weisen darauf hin, daß ein ATV-Programm, um wirklich effektiv zu sein, folgendes einschließen muß:

a) die Beschreibung von Situationen, die angstauslösend sind,
b) Vorschläge für Bewältigungsmechanismen und
c) Beispiele für verstärkende Selbstinstruktionen.

Wenn, mit anderen Worten, die „Bewältigungskomponente" oder die „selbstverstärkende Komponente" oder beide nicht im Programm enthalten waren, so wurde dadurch offenbar die Effektivität der Behandlung stark reduziert.

Zusammenfassend kann also gesagt werden, daß die ATV eine leicht zu handhabende, von den Patienten gut aufgenommene Therapieform darstellt, die zu signifikanten wissenschaftlichen Ergebnissen geführt hat.

Empfehlungen für den Gebrauch automatisierter Verfahren

Welche Empfehlungen kann man bezüglich des Gebrauchs automatisierter Behandlungsverfahren geben? Wir sind der Meinung, derartige Empfehlungen sollten dem Therapeuten, der ein Neuling auf diesem Gebiet ist, dabei helfen, von den Erfahrungen anderer zu profitieren und häufig auftretende Probleme zu überwinden. Außerdem sollen einige Punkte erörtert werden, die auch den mit diesen Methoden schon vertrauten klinischen Psychologen interessieren dürften.

Effektivität automatisierter Verfahren

Will man die Frage nach der Effektivität automatisierter psychologischer Behandlungsmethoden beantworten, muß man berücksichtigen, daß diese von der speziellen verwendeten Technik abhängt, dem Patienten, der Art der Störungen und vielen anderen Variablen. Man kann jedoch sicher sagen, daß die bisherigen Erfolge dieser Verfahren in der klinischen Praxis durchaus ermutigend sind. Einige dieser Methoden scheinen mit mindestens gleicher oder gar höherer Effektivität angewandt zu werden als eine Therapie im üblichen Sinne [12]. Es mag durchaus sein, daß der außerordentlich systematische Aufbau dieser Verfahren zwangsläufig ihre Effektivität steigert, wie *Lang* et al. vermuten. Andere automatisierte Verfahren, etwa solche, die bei bestimmten Biofeedback-Techniken eingesetzt werden, können kaum wahrnehmbare physiologische Reaktionen registrieren und der therapeutischen Manipulation zugänglich machen. Mit manchen dieser Variablen wird vom Therapeuten unter den üblichen Bedingungen überhaupt nicht gearbeitet; in dieser Erweiterung der therapeutischen Möglichkeiten liegt schon ein gewisser Wert dieser Verfahren. Da die Biofeedback-Techniken und Anwendungen zu kompliziert sind um sie in diesem Kapitel ausführlicher zu behandeln, verweisen wir den interessierten Leser auf einen Artikel von *Blanchard* und *Young* [6], in dem die neueren Entwicklungen kritisch dargestellt werden.

Es gibt zahlreiche Hinweise dafür, daß Tonband- und Videoaufnahmen, Dias, Filme und eine Reihe anderer elektromechanischer Verfahren [35] auf effektive Weise zur Verhaltensänderung dienen können. Man kann einige Bedingungen angeben, die den Einsatz dieser Techniken in der Verhaltensmodifikation erleichtern können. *Erstens:* Es ist günstig, wenn die Verfahren auf die spezifische Störung zugeschnitten werden. *Zweitens:* Das automatisierte System sollte in hohem Maße interaktiv sein, d. h. Feedbackeigenschaften besitzen, so daß der Patient ständig darüber informiert werden kann, ob seine Reaktionen angemessen waren und wie groß seine Fortschritte sind. *Drittens:* Es muß verhindert werden, daß der Patient gewisse Prozeduren als „kalt", unpersönlich oder gar als inhuman empfindet [29]. *Viertens:* Es könnte sich als günstig erweisen, wenn zwischen den Sitzungen mit automatisierter Therapie einige „normale" Therapiesitzungen eingefügt werden. *Fünftens:* Es sollte auf den *Transfer* des Trainings auf die Alltagssituationen in der realen Umwelt des Patienten geachtet werden [17]. *Sechstens:* Wir haben im Automatisierten Psychologischen Laboratorium den Eindruck gewonnen, daß die Effektivität eines Trainingsprogramms erhöht wird, wenn der Patient selbst an der Vorbereitung des Therapiematerials teilnimmt.

Welche Arten von Störungen können mit einer automatisierten Therapie behandelt werden? Kurz gefaßt kann man sagen, daß diese Methoden folgendes bewirken können:
1. Eine Verbesserung bei „chronischen" sozialen Störungen;
2. eine Anregung gewisser kognitiver Prozesse um Probleme analysieren und Bewältigungsstrategien entwickeln zu können;
3. eine Unterstützung beim Erlernen „interpersonaler" Fähigkeiten, z. B. selbstsicheren Verhaltens;
4. die Beeinflussung bestimmter biologischer Systeme, so z. B. die Entspannung „chronisch" angespannter Muskelpartien;
5. die Verbesserung von Selbstkontrollvorgängen durch genauere Beobachtung, bessere Bewertung und angemessenere Belohnung des eigenen Verhaltens.

Ethische Überlegungen

Bei der Anwendung einer automatisierten Therapie gelten weitgehend dieselben ethischen Überlegungen, wie bei jeder anderen psychologischen Behandlung auch. Es gibt jedoch noch einige zusätzliche Gesichtspunkte. *Erstens:* Es muß alles getan werden, um zu verhindern, daß dem Patienten durch die Apparatur irgendein körperlicher Schaden zugefügt werden kann. Der Gebrauch elektrischer Reize sowie aversiver Töne und das Anbringen von Elektroden am Körper des Patienten können bei einem Zusammentreffen verschiedener ungünstiger Umstände gefährlich werden. *Zweitens:* Es muß darauf geachtet werden, daß die Würde des Patienten gewahrt bleibt. So sollte niemand mit einem automatisierten Verfahren behandelt werden, wenn eine Therapie in der klassischen Form erfolgversprechender erscheint. Andererseits wäre es unklug, wenn der Einsatz automatisierter Verfahren wegen einiger anfänglicher Fragen oder Bemerkungen des Patienten ausscheiden würde. Es sollte stets versucht werden, dem Patienten die Apparatur und ihre Wirkungsweise so verständlich zu machen, daß er ihre Anwendung gutheißen kann. Bisweilen sprechen aber auch gute Gründe dafür, auf der Anwendung einer solchen Behandlung zu bestehen, zumindest für eine begrenzte Zeitdauer. Es kommt ja beispielsweise auch häufig vor, daß Patienten, welchen schließlich durch eine klassische Therapie geholfen wurde, zuerst von Verwandten oder Bekannten mit sanfter Gewalt dazu gebracht werden mußten, einen Therapeuten aufzusuchen. *Drittens:* Der Patient sollte wissen, daß sich viele automatisierte Verfahren noch im Versuchsstadium befinden. Wird mit dem Patienten ein *Experiment* durchgeführt, so sollte er über die Zusammenhänge unterrichtet werden, und frei entscheiden können, ob er daran teilzunehmen wünscht. *Viertens:* Aufgrund mancher technischer Verfahren wird eine unrechtmäßige Beobachtung des Patienten oder ein Mißbrauch irgendwelcher Daten erleichtert. Die Informationen, die durch Videosysteme, Wechselsprechanlagen, Schreiber etc. gewonnen wurden, müssen unbedingt vertraulich behandelt werden. Der Patient sollte so ausführlich wie möglich über die verschiedenen Techniken informiert werden, die zur Beobachtung seines Verhaltens eingesetzt werden. *Fünftens:* Die Möglichkeit, daß ein Therapeut eine Behandlung *verschreibt,* die dann von einem anderen Therapeuten durchgeführt wird, wirft die Frage nach der *Verantwortlichkeit* auf. Ist in erster Linie der Therapeut, der die Behandlung verschrieben hat oder derjenige, der sie dann durchführt bzw. überwacht verantwortlich? Diese Frage muß vor dem Beginn einer jeden automatisierten Behandlung geklärt werden. *Sechstens:* Bei verschreibungsfähigen automatisierten Therapien muß stets überlegt werden, ob der „Programminhalt" tatsächlich optimal für einen bestimmten Patienten geeignet ist. *Siebtens:* Ein Therapeut sollte die von ihm entwickelten und benutzten automatisierten Verfahren bekanntmachen, um von der Kritik und dem Urteil seiner Fachkollegen profitieren zu können; natürlich ist es auf der anderen Seite nicht sinnvoll, noch über den Einsatz standardmäßiger, automatisierter Verfahren zu berichten.

Weitere Bemerkungen zu ethischen Fragen findet man im *American Psychologi-*

cal Association Directory, Ausgabe von 1973 und speziell bei *Schwitzgebel* [34], *Rubin* und *Franks* [33] und bei *Berger* [4].

Erforderliche Qualifikationen für Therapeuten, die automatisierte Verfahren anwenden

Die Person, die automatisierte Behandlungsverfahren anwendet, sollte die gleiche Sensibilität, Freundlichkeit und Urteilskraft aufweisen, die wir von allen denjenigen erwarten, die Therapien im klassischen Sinne durchführen. Wir wissen, daß manche Patienten eine automatisierte Therapie der üblichen Therapieform vorziehen; es gibt aber auch andere Patienten, die eine solche Therapie als „unzureichend" empfinden und sie daher mehr oder weniger ablehnen. Es ist also von großer Bedeutung, daß ein Therapeut, der ein automatisiertes Verfahren einsetzt, dem Patienten gegenüber stets eine interessierte und anteilnehmende Einstellung zeigt. Zur Frage der Ausbildung der Therapeuten ist zu sagen, daß jeder Psychologe und jede gut ausgebildete Assistentin in der Lage sein sollte, diese Aufgaben zu erfüllen. Ein gewisses technisches Interesse wäre natürlich wünschenswert.

Überlegungen zu administrativen Fragen

Es gibt einige Punkte, die ein Therapeut, der bei einer Behörde oder Institution einen Antrag zur Einrichtung eines automatisierten Labors stellt, beachten sollte. Als erstes wäre zu sagen, daß es äußerst bedeutungsvoll ist, daß er ein gewisses Maß an Enthusiasmus für diese Verfahren zeigt. Es ist bekannt, daß Gutachter eher dazu neigen, ein Projekt zu fördern, wenn sie der Meinung sind, daß der Antragsteller von einer gewissen Begeisterung für sein Vorhaben erfüllt ist. Natürlich besteht hier ein enger Zusammenhang zum Wissensstand eines Therapeuten über automatisierte Verfahren. Es ist schwer, überzeugend seine Einstellung zu einer relativ neuen Idee zu vertreten, wenn man nicht über ein gut fundiertes Spezialwissen über das Forschungsgebiet verfügt. Die Detailinformationen, die man möglicherweise aus dem rein technischen Bereich braucht, können von der Frage, wie hoch man die Steckdosen des Labors absichern muß, bis zu den Konstruktionsprinzipien von Computerspeichern reichen. Es ist offensichtlich unmöglich, daß ein Therapeut über all diese Dinge Bescheid weiß und es muß eine gewisse Auswahl an Informationsschwerpunkten getroffen werden. Vom Standpunkt des Gutachters aus sind diejenigen Informationen, welche die Laboreinrichtung, Wartung, Anwendbarkeit und Kosten eines automatisierten Programms betreffen, am interessantesten. Zu einem gewissen Zeitpunkt wird eine detaillierte Beschreibung erforderlich sein, welche Spezifikationen und Kosten für Personal, Beratung, Ausrüstung, Ersatzteile, Reisen, geplante Erweiterungen, Anmietung von Räumen und Wartungsverträgen enthält. In vielen anderen Fällen wird der

14. Automatisierungsverfahren

Antrag für einen Aufbau eines automatisierten Verfahrens nur einige wenige Punkte enthalten, vielleicht ein Tonbandgerät oder ein Dutzend Videokassetten. In solchen Fällen kann der Antrag natürlich kurz gehalten werden. Andere Therapeuten wiederum denken vielleicht an ein umfangreicheres System, welches die Einstellung neuer Mitarbeiter, neue Geräte, zusätzliche Räume, Beschäftigung von Beratern und ein beträchtliches Unterhaltsbudget erfordert. Dann sollte der Antrag natürlich alle wichtigen Informationen in detaillierter Form enthalten, damit es dem Gutachter ermöglicht wird, ohne allzu viele Rückfragen ein Urteil über Ablehnung oder Annahme des Antrages zu fällen.

„Einstieg" in automatisierte Verfahren

Wo kann man sich informieren, wenn man plant, automatisierte Verfahren in seinem eigenen Arbeitsbereich einzusetzen? Im Folgenden sollen einige Hinweise dazu gegeben werden. In Zeitschriften über Verhaltenstherapie findet man häufig die Beschreibung von Verfahren, die bereits automatisiert sind oder sich leicht automatisieren lassen. So besteht auch die Möglichkeit zur Automatisierung für viele der in diesem Buch beschriebenen Verfahren. Einige psychologische Zeitschriften (z. B. *Contemporary Psychology*) berichten über neue Filme und Lehrmittel, die für manche automatisierte Verfahren brauchbar sein können. Manche Firmen, die Geräte für die Psychologie verkaufen, haben ein großes Angebot an Dias, die für solche Verfahren hergestellt wurden. Es sind auch bereits komplette, automatisierte Systeme erhältlich, die der Käufer nur noch bei sich aufstellen muß. Dem Leser, der etwas über Elektronik erfahren möchte, seien die Bücher von *Hughes* und *Pipe* [18] und *Cornsweet* [12] empfohlen. Von *Sidowski* [37] gibt es ein sehr gutes Buch über Instrumentierung in der Psychologie. Man bleibt ständig auf dem Laufenden über die Entwicklung neuer Geräte für den psychologischen Bereich, wenn man die Zeitschrift *Behavior Research Methods and Instrumentation* liest. Es gibt einen Katalog von Geräten, die u. U. bei einer Therapie eingesetzt werden können; er erscheint jährlich und wird von der National Audio-Visual Aids Association herausgegeben. Die Zeitschriften *The International Journal of Instructional Media* und *Journal of Educational Technology Systems* veröffentlichen Arbeiten, die für den Anwender automatisierter Verfahren durchaus interessant sein können. Die Hersteller von Geräten zur Verhaltensforschung[1]) haben eine breite Palette von entsprechenden Geräten in ihrem Angebot und sind auch bereit, ganz spezielle Anordnungen für einen Kunden zu entwickeln. Sie annoncieren regelmäßig in psychologischen Zeitschriften. *Oswald* und *Wilson* [30] haben ein sehr praktisches Buch geschrieben, das für alle diejenigen hilfreich sein dürfte, die den Einsatz von Videotechniken im Rahmen einer Therapie planen.

---

[1]) s. Nachwort des Übersetzers

Nachwort des Übersetzers

Die vorliegende Arbeit beschreibt zum Teil sehr detailliert den Aufbau des Automatisierten Psychologischen Laboratoriums im *Quinco Consulting Center*. Hier und an einigen anderen Stellen dieses Kapitels gibt der Autor die Typenbezeichnungen und Herstellerfirmen bestimmter, in den USA produzierter Geräte an. Für manche Leser der deutschen Übersetzung wäre es vermutlich wissenswert, die auf dem deutschen Markt erhältlichen Geräte mit entsprechenden Funktionen zu kennen. Daher hat der Übersetzer eine Liste der Hersteller und Vertriebsbüros für Geräte dieser Art zusammengestellt. Diese Aufstellung wird Interessenten auf Anforderung zugesandt.

Es soll außerdem darauf hingewiesen werden, daß im März 1975 ein Sonderheft des *American Psychologist* erschienen ist, das den Titel „Instrumentation in Psychology" trägt (American Psychologist, 30 (1975), 3). Dieses Heft informiert sehr umfassend über die Anwendung technischer Verfahren in den verschiedensten Bereichen der Psychologie.

R. Schandry
Psychologisches Institut
der Universität München
Kaulbachstraße 93
D-8000 München 40

Literatur

[1] *Alger, I.* and *P. Hogan:* The use of videotape recordings in conjoint marital therapy. In *M. M. Berger* (Ed.): Videotape techniques in psychiatric training and treatment. Brunner/Mazel New York, 1971.

[2] *Bailey, K. G.* and *W. T. Sowder:* Audiotape and videotape self-confrontation in psychotherapy. Psychological Bulletin, 74 (1970), 127–137.

[3] *Bandura, A.* and *F. I. Menlove:* Factors determining vicarious extinction of avoidance behavior through symbolic modeling. Journal of Personality and Social Psychology, 8 (1968), 99–108.

[4] *Berger, M. M.* (Ed.): Videotape techniques in psychiatric training and treatment Brunner/Mazel, New York, 1970.

[5] *Birk, L., W. Huddleston, E. Miller* and *B. Cohler:* Avoidance conditioning for homosexuality. Archives of General Psychiatry, 25 (1971), 314–323.

[6] *Blanchard, E. B.* and *L. D. Young:* Clinical applications of biofeedback training. A review of evidence. Archives of General Psychiatry, 30 (1974), 573–589.

[7] *Bloch, J. P.:* The automated presentation of practiced imagination therapy to reduce anxiety. Unpublished doctoral dissertation, University of Louisville, 1973.

[8] *Cameron, D. E., L. Levy* and *L. Rubenstein:* Automation of psychotherapy. Comprehensive Psychiatry, 5 (1964), 1–14.

[9] *Colby, K. M.* and *H. Enea:* Heuristic methods for computer understanding of natural language in context-restricted on-line dialogues. Mathematical Biosciences, 1 (1967), 1–25.

[10] *Colby, K. M., J. B. Watt* and *J. P. Gilbert:* A computer method of psychotherapy: Preliminary communication. Journal of Nervous and Mental Diseases, 142 (1966), 148–152.

[11] *Cornsweet, T. N.:* The design of electrical circuits in the behavioral sciences. Wiley, New York, 1963.

[12] *Dee, C.:* Instructions and the extinction of a learned fear in the context of taped implosive therapy. Journal of Consulting and Clinical Psychology, 39 (1972), 123–132.

[13] *Denholtz, M.:* The use of tape recordings between therapy session. Journal of Behavior Therapy and Experimental Psychiatry, 1 (1970), 193–143.

[14] *Elwood, D. L.:* Automated WAIS testing correlated with face-to-face WAIS testing: A validity study. International Journal of Man-Machine Studies, 4 (1972), 129–137. (a)

[15] *Elwood, D. L.:* A device to record gross motor movements in human subjects. Behavior Methods and Instrumentation, 4 (1972), 315–316. (b)

[16] *Feingold, L.:* An automated technique for aversive conditioning in sexual deviations. In *R. D. Rubin* and *C. M. Franks* (Eds.): Advances in behavior therapy, 1968. Academic Press, New York, 1969.

[17] *Goldstein, A. P.:* Structured learning therapy: Toward a psychotherapy for the poor. Academic Press, New York, 1973.

[18] *Hughes, R. J.* and *P. Pipe:* Introduction to electronics. Doubleday, Garden City, New York, 1961.

[19] *Kanfer, F. H.* and *J. Zich:* Self-control training: The effects of external control on children's resistance to temptation. Developmental Psychology, 10 (1974), 108–115.

[20] *Kirchner, J. H.* and *R. A. Hogan:* The therapist variable in the implosion of phobias. Psychotherapy: Theory, Research and Practice, 3 (1966), 102–104.

[21] *Lang, P. J.:* The on-line computer in behavior therapy research. American Psychologist, 24 (1969), 236–239.

[22] *Lang, P. J., B. G. Melamed* and *J. Hart:* A psychophysiological analysis of fear modification using an automated desensitization procedure. Journal of Abnormal Psychology, 76 (1970), 220–234.

[23] *Lehman, R. E.:* The disinhibiting effects of visual material in treating orgasmically dysfunctional women. Behavioral Engineering. (Pub.: Farrell Instruments, Grand Island, Nebraska), 1 (2) (1974), 1–3.

[24] *Lindsley, O. R.:* Direct behavioral analysis of psychotherapy sessions by conjugately programmed closed circuit television. Psychotherapy: Theory, Research, and Practic, 6 (1969), 71–81.

[25] *Longin, H. E.* and *W. M. Rooney:* Assertion training as a programmatic intervention for hospitalized mental patients. Proceedings of the 81st Annual Convention of the American Psychological Association, 8 (1973), 459–460.

[26] *Mann, J.:* Vicarious desensitization of test anxiety through observation of videotaped treatment. Journal of Counseling Psychology, 19 (1972), 1–7.

[27] *MacCulloch, M. J., C. J. Birtles* and *M. P. Feldman:* Anticipatory avoidance learning for the treatment of homosexuality: Recent developments and an automatic aversion therapy system. Behavior Therapy, 2 (1971), 151–169.

[28] *McFall, R. M.* and *C. T. Twentyman:* Four experiments on the relative contributions of rehearsal, modeling, and coaching to assertion training. Journal of Abnormal Psychology, 81 (1973), 199–218.

[29] *Morris, R. J.* and *K. R. Suckerman:* Therapist warmth as a factor in automated systematic desensitization. Journal of Consulting and Clinical Psychology, 42 (1974), 244–250.

[30] *Oswald, I.* and *S. Wilson:* This bag is not a toy. Council on Social Work Education, Inc., New York, 1971.

[31] *Powell, J.* and *N. Azrin:* The effects of shock as a punisher for cigarette smoking. Journal of Applied Behavior Analysis, 1 (1968), 63–71.

[32] *Reppucci, N. D.* and *B. L. Baker:* Self-

desensitization: Implications for treatment and teaching. In *R. D. Rubin* and *C. M. Franks* (Eds.): Advances in behavior therapy, 1968. Academic Press, New York, 1969.
[33] *Rubin, R. D.* and *C. M. Franks* (Eds.): Advances in behavior therapy, 1968. Academic Press, New York, 1969.
[34] *Schwitzgebel, R. K.:* Ethical and legal aspects of behavioral instrumentation. In *R. L. Schwitzgebel* and *R. K. Schwitzgebel* (Eds.): Psychotechnology, electronic control of mind and behavior. Holt, Rinehart and Winston, New York, 1973.
[35] *Schwitzgebel, R. L.:* Survey of electromechanical devices for behavior modification. Psychological Bulletin, 70 (1968), 444–459.
[36] *Serber, M.:* Teaching the nonverbal components of assertive training. Journal of Behavior Therapy and Experimental Psychiatry, 3 (1972), 179–183.
[37] *Sidowski, J. B.* (Ed.): Experimental methods and instrumentation in psychology. McGraw-Hill, New York, 1966.
[38] *Sims, G. K.* and *A. A. Lazarus:* The use of random auditory stimulation in the treatment of a manic-depressive patient. Behavior Therapy, 4 (1973), 128–133.
[39] *Slack, W.:* Computer-based interviewing system dealing with nonverbal behavior as well as keyboard responses. Science, 171 (1971), 87–87.
[40] *Whalen, C.:* Effects of a model and instructions on group verbal behaviors. Journal of Consulting and Clinical Psychology, 33 (1969), 509–521.
[41] *Woody, R. H.:* Clinical suggestion in video taped psychotherapy: A research progress report. American Journal of Clinical Hypnosis, 14 (1971), 32–37.

Über die Herausgeber

Frederick H. Kanfer ist Professor für Psychologie an der Universität von Illinois. Sein Hauptinteresse gilt der Entwicklung eines breiten begrifflichen und methodischen Gerüsts der Verhaltensmodifikation für eine Anwendung auf persönliche und soziale Probleme.

Er ist gewähltes Mitglied der American Psychological Association und hatte verschiedene Ämter im Bereich der Klinischen Psychologie und in der Association for the Advancement of Behavior Therapy inne.

Prof. Kanfer hat an der Washington-Universität in St. Louis, an der Purdue-Universität, an der Psychiatrischen Abteilung der Medical School der Universität von Oregon und an der Universität von Cincinnati gelehrt. 1968 war er als Fullbright-Stipendiat in Europa und ist als Gastprofessor und Berater bei verschiedenen Organisationen tätig, die sich entweder in den USA oder in Europa mit psychologischen Problemen befassen. Zudem ist er Mitherausgeber mehrerer psychologischer Zeitschriften und hat selbst mehr als neunzig wissenschaftliche Arbeiten verfaßt. Er ist Mitautor eines Standardwerks über die lerntheoretischen Grundlagen der Verhaltenstherapie. Seine experimentelle Arbeit liegt vornehmlich auf dem Gebiet der kognitiven Einflußnahme auf das Verhalten.

Arnold P. Goldstein ist Professor für Psychologie an der Universität von Syracuse. Sein Hauptinteresse gilt der Verhaltensmodifikation und den Problemen interpersoneller Beziehungen. Er ist gewähltes Mitglied der American Psychological Association und Mitglied der Association for the Advancement of Behavior Therapy und der Society for Psychotherapy Research.

Prof. Goldstein hat an der Medical School der Universität Pittsburgh gelehrt und war an der psychologischen Forschung des Labors für ambulante Untersuchungen der Kriegsveteranen in Washington, D. C. beteiligt. 1970 war er als Gastprofessor an der Freien Universität von Amsterdam und im Sommer 1972 an der Universität von Hawaii. Er hat mehr als vierzig wissenschaftliche Arbeiten veröffentlicht und ist Autor, Mitautor oder Herausgeber einer großen Zahl psychologischer Fachbücher.

Sachverzeichnis

Absicht, kooperative 66, 80
Abwehr 72, 77, 90
Abwehrhaltung 63, 70
– Abbau 70
Abwehrmechanismus 87, 549
Änderung, Widerstand 88
– Ziel 77
Änderungskonzept des Patienten 422
Änderungsmodell 60
affektive Ansteckung 557
– Reaktion 148
Agens, therapeutischer 438
Aggression 182
Aktivierung, physiologische 422, 436
Alcoholics Anonymous 507, 511, 555, 559
Alkoholiker 135 f., 148, 168, 410
– Behandlung 393
Alkoholismus 146, 152
– Aversionstherapie 336
alter ergo 507
Altruismus 559
Analyse, funktionale 11, 231 f.
– der psychodynamischen Vorgänge 443
– transaktionale 504, 547
– verstandesmäßige Aneignungsphase 134, 171
Anfälle 331
Angriffstherapie 548
Angst 61 f., 72, 74, 148, 180, 185, 418
– Behandlung 144, 397
angstauslösende Situation 275
Angstbewältigung 428
Angsterleichterung, Konditionierung 434
Angsterleichterungsverfahren 435
– umgedrehtes 439
Angsthierarchie 271, 275
Angstreaktion 422
– neurotische 146

Angstreduktion 10, 416, 428
Annäherung, sukzessive 233
Annahme 66
Anpassungsfähigkeit, soziale 62
Anpassungsfunktion 87
Anpassungslernen 255
Ansatz, funktioneller 87
– lerntheoretischer 77
– operanter 257
– sozialstruktur-genetischer 95
Antezedenzbedingung 224, 230, 244
Antezedenzstimulus 246 f.
antizipatorische Vermeidung 243, 333, 343
Anxiety relief conditioning 435
Appell, emotionaler 81
Arbeitsgruppen 527
Arbeitsverhalten, Verbesserung 388
Argumentation, zweiseitige 81
Atemübungen 423, 429
attack therapy 548
Attribution 410, 425
Attributionssystem 514
Attributionstheorie 361
– kausale 73
Audio-Feedback 190
Aufdeckung 587
Aufgabenstrukturierung 425
Aufgeschlossenheit 70
Aufmerksamkeitsausrichtung 421
Aufmerksamkeitsniveau 412
Aufmerksamkeitsselektion 426
Aufmerksamkeitswechsel 425
Aufwärmphase 206
Ausblenden 238 ff., 256, 324

Ausblendetechnik 324
Ausdruck 80
– rechten Verstehens 68
Ausfallsquote 179
Ausführungsphase 171
Auslöser 246
Auszeit 228 f., 252, 318 ff., 335, 344
– Dauer 253
– Ort 254
– Technik 320
Auszeitprogramm 253
autogenes Training 459
Autohypnose 458 f., 467, 500
autohypnotische Techniken 476 f.
Autosuggestion 460, 475 f., 486 ff., 500
Autosuggestionsmethoden 458, 488
Aversion, konditionierte 341
Aversionserleichterung 342
Aversionstherapie 310, 314, 327, 331, 342
– Alkoholismus 336
– Enuresis 332
– exzessives Niesen 333
– Lähmung, funktionelle 333
– bei selbstschädigendem Verhalten 330
– stellvertretende 152
– Übressen 338
– Rauchen 337
– Zwänge, allgemeine 336
– emotionale Reaktion 152
– Konsequenz 435
– Kontrolle 311
– Methoden 309 ff.
– Reize, Konditionierung 411
– Stimuli 15

Baseline 202
Behandlungseffekt, Generalisierung 139, 163, 427 ff.

Sachverzeichnis

Behandlungsplan, Logik 423
Behandlungsprozeß, Frühphase 145
Behandlungsstrategie 413
Behandlungsverfahren, Entwicklung 421
Behaviorismus 103
Belohnung 223, 520
- soziale 288
Belohnungsentzug 389
Belohnungssystem in der Gruppe 515
Beobachtungslernen 133, 171
- Wirkung 134
Bernreuter Selbstzufriedenheits-Fragebogen 269
Besorgtheit 421
Bestrafung 223, 225, 246ff., 258, 414, 520
- positive 228f.
- Verfahren 246
Bestrafungssystem in der Gruppe 515
Beurteilungssituation, diagnostische 421
Bewältigung, Signale 433
Bewältigungs-Desensibilierung 429
Bewältigungsfertigkeiten 422, 425, 429, 432
Bewältigungsverfahren, Modellverhalten 433
Bewußtheit 411
Bewußtsein, Steigerung 504
bewußtseinserweiternde Gruppen 512
Beziehung, therapeutische 14, 19
- vertrauensvolle 77
Bezugsgruppe 89
- Wechsel 90
Bezugsperson 91, 414
- wichtige, Einsatz 325
Bildaufzeichnung 417, 432 f.
Biofeedback 571, 583, 603
Biofeedbackgeräte 583
Blickkontakt 67
Brainstorming 120, 124

client-centred group therapy 548
Computer 574ff., 583ff., 586ff.
Computerprogramm 574, 583ff.
Continuous Performance Task 411
Coverants 414
covert operants 392
- sensitization 435

Datenerhebung 12, 183
Dauerleistungstest 411
Deutung 551
Delinquent, jugendlicher 149
Demoralisierung 72f., 75f., 77
- Abbau 72, 76
Denken, kreatives 439
Denkprozeß, Neustrukturierung 432
Denkstil 407, 409, 413, 415f., 418, 421, 425
Depression 61f., 74, 146, 594, 599
Depressive 409
- Anhebung des Aktivitätsniveaus 388
Desensibilierung 74, 179, 262, 275, 282, 409f., 427f., 434
- automatisierte 186
- eigentliche 278, 282
- in vivo 285
- durch Selbstinstruktion 428
- systematische 114, 117, 129, 137, 222, 262, 270, 299, 455, 474, 570, 596ff.
- - eigentliche 278
- Variationen 285
Desensibilierungssitzungen 270, 284
Desensibilierungsverfahren 429 f.
Desensitivierung, selbstdirigierte 397
Dialog, innerer 408f., 411, 427
- - Modifikation 412
Diaprojektor 581, 583 f., 588

Dias 580, 583 f.
Dilemma der Gefangenen 212
Dirigismus 413
Diskrimination 230
Dissonanz, kognitive, Theorie 96
- menschliche, Verringerung 412
Drehtürtherapie 191
Drogenabhängige, Problemlösen 128
Drogenmißbrauch 152
Dynamic Behavior Therapy 430
Dynamik, Eindruck 80

Echtheit 548
Effekt, reaktionserleichternder 135
Effektivität der Gruppe 526
Effizienz der Gruppen 545
Egozentrismus 63, 71, 77
Ehrlichkeitsspiel 198
Einblenden 238f., 256, 324
Einblendetechnik 324
Einfachheit 82
- Prinzip 82
Einfluß, situativer 59
Einflußnahme, soziale, Ansatz 89
- - Methoden 77
Einfühlungsgabe 62
Einschränkung 254
Einsicht 9, 72, 75, 186, 521, 551
Einsichtstherapie 466, 471
Einstellung 57, 105
- adaptive, umweltbewältigende Funktion 88
- zur eigenen Person, Änderung 10
- Festigung 96
- und Gefühl 58
- kognitive Organisation 96
- Komponente, aktive 57
- Imitation 92
- negative, selbstschädigende Funktion 88
- Nutzen 87
- Objekt 57
- selbstbehindernde 91

Sachverzeichnis

- Sozialstruktur-Genese 96
- System 82, 96
- wünschenswerte 58
Einstellungsänderung 56 f., 63, 76
- funktionale 88
- Konsequenz 97
- Methoden 77
- Theorie 76
Einstellungserwerb 56, 77
- funktionaler Zugang 77
- kognitiver Zugang 77
Einstellungsfunktion 87
Einstellungswandel 76 f., 84
- Ansätze 96
- funktionaler Zugang 77
- Haupttheorie 77
- kognitiver Zugang 77
Einzeltherapie 99, 183, 416, 555
emotionale Ansteckung 519, 522
- Gegenvorstellung 286
- Reaktion 148, 152 549
- Stimulation 550
- Unterstützung 549 f.
emotionaler Ausdruck 554
Emotionalität 421
Empfänger 79, 81
Empathie 167 f., 169, 516, 520, 550, 580
- Richtlinien 38
- Skala 32
- Trainingsverfahren 35
Encounter 511
Encounter-Gruppen 503, 548
Encounter-Techniken 554
Enthemmungseffekt 135, 171
Entscheidungen, lebenswichtige 364
Entspannung 410, 422, 427, 429, 435, 455, 482 f.
- mentale 487
- Schritte 273
Entspannungstechniken 475
Entspannungstherapie 430
Entspannungstraining 271 f., 275, 423 ff., 455, 467, 474, 476 ff., 485
Entspannungszustand 458

Enuresis 332
- Aversionstherapie 332
Entwicklung, persönliche 1, 503
Erbrechen, selbstinduziertes 330
Erfahrungen, soziale 517
Erfolg 73
Erfolgserlebnisse 62, 186
Erkenntnisfunktion 87 f.
Erstinterview 145, 263 ff., 270, 292
Erwachsene, psychotische 136, 162, 173
Erwartung 105, 459, 464, 475 ff.
Erwartungswirkung 451, 455 f., 499
Etikettierung 452
Exhibitionismus 343, 359
Expressivität 554
exzessives Niesen, Aversionstherapie 333

Feedback 99, 189, 191, 517, 526, 556 f., 576, 587 f., 590 ff., 603
- soziales 519
Feedbackeinheiten 591
Feedbacksignale 580
Feedbacksystem 583
Fehlverhalten, Häufigkeit 419
Fertigkeiten für Einstellungsgespräche, Erlernen 191
- interpersonale 63
Fetischismus 343
Fettsucht 595, 599
Film 582 f., 589
Filmmodell 155
Fingerlabyrinth 433
Flexibilität 211
flooding 592
Fluchtverhalten 363
Flucht-Vermeidungs-Konditionierung 243
Focal Conflict Model 527
forced response 202
Fragen, diagnostische 76
Frigidität 588
Frustration 432
Funktion, exekutive 552
Furchtskala 269

Ganzheit 82
Gedankenstopp 436 f.
- Technik 390
Gefühle, Vermittlung 67
Gefühlsausdruck 67
Gegenkonditionierung 78, 262, 285, 323, 428
Gegenreaktion 400
Gemeinsamkeit, Entdeckung 560
Gemeinschaftsgefühl, Entwicklung 517
Generalisation 203
Generalisationseffekt der Selbstkontrolle 360
Generalisierung 180, 230, 255
Generalisierungsprobleme 255
Gesprächstherapie 178, 504, 586, 588
Gesprächsgruppentherapie 548
Gestalt 82 f.
Gestalttherapie 2, 416, 517, 547
Gesundheit, psychische 60
- - Modell 60, 77
Gewohnheit 73
Gleit-Modell 138
Gruppe 183
- als sozialer Mikrokosmos 413, 545
- Vertrauen 556
Gruppenanalyse 507
Gruppenbehandlung 416
Gruppendiskussion 416, 420, 424, 427
Gruppendruck 416
Gruppen-Entscheidungsfunktion 89
Gruppenidentität 417
Gruppenkohärenz 416 f.
Gruppenkohäsion 513
Gruppenkonflikt, zentraler 531
- - Theorie 527
Gruppenleiter 525 f.
Gruppenmehrheit 90
Gruppenminderheit 90
Gruppennorm 90, 516, 527, 539 f.
Gruppenprozeß 417
Gruppenpsychologie 90

613

Sachverzeichnis

Gruppenpsychotherapie 147, 511
Gruppenstandard 90
gruppentherapeutische Technologie 506
Gruppentherapie, Auswahl der Personen 553
– Simulationsspiel 210
Gruppenziele 552

Halluzination 340, 467, 492
Handlung, instrumentelle 436
Hausaufgabe 420
Hautreaktion, galvanische 574
Heilungsritual 456
Hemmungen, somatische 548
Hemmungseffekt 135, 171
Hemmungsmechanismus 152
Hierarchie 184
Hierarchieszenen 284
Hilfeleistung 240
– Ziel 98
Hilfeleistungsbeziehungen 64
Hilfeleistungsverfahren 60
Hilfsstimulus 238, 240
Hinweisreize 230f., 237f., 292ff., 298, 430, 433
Hinweiszeichen 429
Höhenangst 262, 601
Hoffnung, zentrales therapeutisches Prinzip 561
Homosexualität 594
homosexuelle Vorstellungen, Reduzierung 388
Human Potential Movement 511
Hypnose 179, 451ff., 455, 457ff., 459ff., 463, 471, 490ff., 497ff., 500
– Induktion 464, 466, 471, 497ff.
Hypnosetherapie 467, 498ff.
hypnotischer Zustand 463f. 465f., 484, 491ff.
– – Induktion 458
– Techniken 457f., 460, 497ff.

Ich-Abwehrfunktion 87f.
Identifikation 91f., 133
Identität 62
Imitation 133
Immunisierung 96, 424
Immunisierungstraining 425
Implosion 438
Implosionstherapie 292
– Alternativen 298
– eigentliche 294
– Grenzen 199
Induktion 458
Induktionstechnik 467
Information 79
Informationsgewinn 425
Informationssammlung 12
Informationsvermittlung 413
Informator 79
– Glaubwürdigkeit 80
– Wärme 80
Inhibition, reziproke 74
inkompatibles Verhalten, Verstärkung 323
Instruktion 139, 189, 191
Intelligenzdiagnostik 569
Intentionalität 62
Interaktion 2, 14, 536, 547
– soziale 164, 212
Interaktionsübung, strukturierte 207
Interaktionsverlauf 96
Interface 576
interpersonale Fertigkeiten 63
Intervallplan, fixierter 227
– variabler 227
Intervention, direkte 552
– indirekte 552
Interventionsverfahren, Modell, normatives 61
Interview 182
– klinisches 419
Introspektion 411
Irrationalität, Quellen 111
Isolation 90

Kälte 93
– Ausdruck 93
Kampfübung 205
Karriere-Spiel 197, 200
Kassettengeräte 581

Katamnese 98
Katastrophenphantasie 422
Katharisis 554
Katzsche Theorie 88
Kernprobleme, gemeinsame 513
Keuschheitsgürtel 379
Kinder, Aggressionsverhalten 443
– autistische 136, 154, 160, 170, 173
– Frustrationsreaktion 443
– impulsive 411, 439f.
– Introversion 443
– Kontrolle, verbale 439
– Lernen, operantes 439
– Modellernen, kognitives 442
– Problembearbeitung 439
– Selbstinstruktion 440f.
– Selbstinstruktionstraining 439, 441
– überaktive 439f.
– – Selbstkontrollverhalten 442
– Verhalten, motorisches 439
– verhaltensgestörte, Selbstkontrollverhalten 442
Klient, Übereinstimmung mit dem Therapeut 47
– Verantwortlichkeit 74
Klinikpersonal 166
Körperdistanz 67
Körpergewicht, Herabsetzung 388
Körperhaltung 67
Kognition 82, 434
– fehlerhafte 420
– irrationale 106f., 112, 114, 119
kognitive Ansätze 82
– Spiele 412
– Verhalten, Modifkation 421
Kohäsion 547
Kommunikation, eigene, Echtheit 517
– zwischen Patient und Therapeut 64
Kommunikationsfähigkeit 62
Kommunikationsspiel 207

Sachverzeichnis

Komponente, kognitive 57
Konditionierung 226
– aversive 222, 438
– – klassische 173
– mit aversiven Reizen 434
– instrumentelle 223
– – Paradigmen 222 f.
– klassisches 78, 96, 222
– operante 220, 223 f., 225, 313 f.
– positive 173
– stellvertretende klassische 152
– verdeckte 391 f.
Konditionierungs-Methoden, verdeckte 378
Konfliktintensivierung 360
Konformität 89
– in der Gruppe 520
Konformitätsdruck 27
Konfrontation 547
Konsistenztheorie 84
Kontaktangst 117
Kontaktdesensibilierung 285
Kontingenz 224, 318
Kontingenzbeziehung 224
Kontingenzkontrolle, positive 241
Kontingenzmanagement 230, 245
Kontrakte 364 f.
Kontraktsystem 241
Kontrolle, kognitive 426
Kontrollgruppe 194
Kontrollszene 275, 280, 282
Konzept, Erprobung 420
Kooperationsabsicht 68
– Ausdruck 92
Kopfschlagen 328
korrektive emotionale Erfahrung 557
Krankenschwester 170
– Training 168
Kreativität, Einstellungstherapie 445
– Intellektualitätstheorie 445
Kreativitätstheorie, psychoanalytische 445
Krise, emotionale 75
Kritik, soziale, Angst 115, 118

Laiengruppen 511
Lebensausrichtung, zielbezogene 62
Lebenssituation, Analyse 183
Lebensstil, Veränderung 11
Lehrer 170
Leiter, Transparenz 549
Leitfäden, ethische 60
Lerndefizit 148
Lernen, operantes 78, 96, 439
Lerngesetze 434
Lernmotivation 384
Lerntheorie 79
Lerntherapie, strukturierte 589
Lesestörung 443
Libido 3
Lochstreifenleser 584
Löschung 200, 225, 228 f., 248, 250, 258
– stellvertretende 137
– verdeckte 395
Löschungsmodell 292
Löschungswiderstand 255
Lösung 531

Magengeschwüre 428
Management-Spiel 196
Meditation 455, 487
meditative Techniken 460
Meinungen 77
Meinungskomponente 57
Meinungssystem 424, 427
Meisterungsmodell 433
Mesmerismus 457, 460 ff.
Messung, quantitative 12
Mikrotraining 213
Mimikri 67, 133
Minderwertigkeitsgefühle 368
Modell und Belohnung 157
– Darbietung 141
– echtes 138
– eingeschleustes 147
– für Kinder 162
– lebendes 137, 155, 171
– multiples 139, 172
– symbolisches 138, 140, 171
– – Kombination mit Entspannungstechnik 140

– verhaltenstheoretisches 515
Modellernen 133, 189, 191, 194, 288 f., 409 f., 414, 430, 515, 547, 559, 561, 588 ff.
– Imagination 433
– kognitives 412, 431
– Methode zur Ausbildung von Laientherapeuten 136
– – – Psychotherapeuten 136
– Prinzipien, klinische Anwendung 135
– teilnehmendes 143, 172
– verbales 146 f.
– verdecktes 396
– zufälliges 170, 174
Modellauswahl 138
Modelldarbietung 172
Modellverfahren auf kognitiver Ebene 432
Modellverhalten 430
– Ausführung 134
Moderator 185
Motiv, reaktives 531
– störendes 531
Motivation 143, 203, 360, 414, 464
Mowrersches Wecksystem 332
Münzökonomie 332
Münzverstärker 241

Nachahmung 23 ff., 133
Nägelbeißen 433
Neubewertung, kognitive 425 f., 432
Neubewertungstraining 426
nonverbale Kanäle 93
Normen, Beziehung 545

Objektängste 422
Ökologie, kognitive 437 f.
Ökonomie, psychische 58

Patient, Situation 77
– Zuneigung 92
Pawlowsche Konditionierung 223 f., 226, 316, 332
– Methodologie 336
Pawlowsches Modell 316
Perfektionismus 88

615

Sachverzeichnis

Persistenz 255
Persistenzprobleme 255
Persönlichkeitseigenschaft 73
Persönlichkeitstheorie 5
- dynamische 514
Persönlichkeitsstruktur 59, 73
Person, eigene, Annahme 69
Pervertierte 436
Pflegepersonal 169f.
Phantasie, Kontrolle 430
Phobie 74, 135f., 261f., 409f., 435, 493, 597
- Behandlung 144
Phobie, Schlangen 136f., 140, 592f.
phobische Reaktion 261
- - Stressor 423ff.
Placebo 361, 456
Placeboeffekt 18, 451f, 524
Placeboprinzipien 457
Placebotherapie 456f.
posthypnotischer Auftrag 458, 484
Prägnanztendenz 83
Probeagieren 412f., 422, 425, 433
- kognitives 430
- selbstinstruktives 440f.
- auf Verhaltensebene 414
- auf Vorstellungsebene 414
Problemanalyse 445
- rationale 111
Problemaufbereitung, Methode 75
Problem, Definition 415
- persönliche Ursache 75
- psychische, Erklärung 73
- sexuelle 74
- Ursachen 73f.
- Veränderbarkeit 73
Problembearbeitung, antizipatorische 425
- kooperative 64
- vorwegnehmende 430
Problemlösemethoden 127
Problemlösen 118ff.
- Phasen 119f.
- Trainingsphasen 122
Problemlösetraining 128
Problemlöseprozeß 121f.

Problemlöse-Verhalten 120
Problemverhalten 419
- Dauer 12
- Determinanten 419
- Frequenz 12
- Intensität 12
- persönliche Verursachung 75
Problemzustände, verdeckte 339f.
Programmsteueranlagen 584
Programmsteuerung 583f.
Projektion 526
Proxemik 48
Prozeß kognitiver 104f.
Prüfungsangst 107f., 115f., 411, 421, 429, 432, 597
psychische Vorgänge, kognitive Strukturierung 561
Psychoanalyse 5, 178, 498, 507, 518
Psychodrama 178f., 507, 548
- Übungen 548
Psychohygiene 1, 5
Psychokybernetik 459, 488f., 500
Psychologie, dynamische 430
- humanistische 514, 573
- klinische 4
Psychotherapie 2
- formelle 18
- informelle 18
- Rollenspiel 205
- Simulation 205

Qualität, wertende 84
Quotenplan 227
- fixierter 227
- variabler 227

Rathus-Selbstsicherheits-Fragebogen 287
Ratingverfahren 194
Rational-emotive-theory 96
Rational-Emotive-Therapie 106f., 424
Rauchen 74, 410
Reaktion, aktionsvermittelnde, verdeckte 430

- emotionelle 424
- instrumentelle 436
- kontrollierende 358
- negative emotionale 78
- operante 224, 230, 255
- - freie 224
- phobische 261
- positiv emotionale 78
- reflektorische 224
Reaktionsalternativen 323
Reaktionsbereitschaft, emotionale 152
Reaktionsdifferenzierung 233
reaktionserleichternder Effekt 171
Reaktionsgeneralisierung 256f.
Reaktionsketten 315
Reaktionsrate 227f.
Reaktionsstärke 226
Reaktionsverkettung 235ff.
Reaktionszeitmessung 412
Realitätsdefinierung 521
Realitätskontrolle 557
Realitätstherapie 74f.
Redeangst 107, 115, 411
Reflex 313
Reflexreaktion 312
Regeln, Aufstellen 552
Regression 467, 472
Reize, aversive, Konditionierung 414
Reizüberflutung 298f., 409f., 438
Replikationstherapie 180
Reponse Cost 200
Resistenz gegenüber Versuchen 439
Resozialisierung, Training Jugendlicher 129
- - von Kindern 129
Retardierte 136
- Training 156f.
retardierte Kinder 160
reziproke Hemmung 263
Rituale 455
- zur Hypnose, Induktion 455
Rollenspiel 95, 97, 169, 178f., 181, 194, 288f., 387, 410, 547f., 560
- Psychotherapie 205
- als Übung 186

Sachverzeichnis

Rollenspieltechnik „Barb" 193
Rollenspiel-Therapie nach Kelly 396
Rollentausch 68, 71 f., 92 ff., 96
– Verfahren 94
Rollenvorschriften 96
Rückfallresistenz 427
Rückmeldung 321
– verzögerte akustische 321, 324
Rückwärtskonditionierung 316
Rückzug, sozialer 61

Sättigung 254
Sanktionen 539
Schachtersche Gefühlstheorie 424
Schachtersches Modell der emotionalen Aktivierung 422 f.
Schicksal 73
Schizophrene 162, 433 ff.
– erwachsene 411
– hospitalisierte, Training 166
schizophrenes Denken 434
Schlaflosigkeit 428
Schmerztoleranz, Änderung 362
Schock, reaktionskontingenter 329 f., 339
Schockvorrichtung 340
Schreibkrampf 334
Schüler, angemessenes Verhalten in der Klasse 153
Schule 153
– Modellernen 136, 156
Schulleistung 153
Schulprobleme 443
Seelsorger, Training 167
Selbstattribuierung 361
Selbstaussage 408 ff., 414, 416, 418, 420, 423 f., 431
– Auslösung 417
– bewältigende 409, 424
– einstellungsinduzierte 445
– Inventar 413
– Modifikation 424 f.
– negative 418, 422, 427

– positive 423
– selbstverstärkende 431
Selbst-Beißen 328
Selbstbehauptung 179
– negative 193
– Übung 213
– verdeckte 436 f.
Selbstbehauptungstechniken 213 ff.
Selbstbehauptungstest 182
Selbstbehauptungstraining 129, 150 f., 181 ff., 212 f.
– Konsequenzen 187
– Ziel 187
selbstbehindernde Gedanken 408
Selbstbelohnung 372, 383 f.
– bei Selbstüberwachung 372
Selbstbelohnungstraining 437
Selbstbeobachtung 189, 191, 194, 353, 370 ff.
– Biofeedback-Technik 375
– Protokollieren 373
– Regeln 373
– bei Zwängen 372
Selbstbeobachtungsverhalten 410
Selbstbestrafung 354, 388 f.
Selbstbeurteilung 189, 198
Selbstbewertung 353, 359, 371, 408
Selbstbewußtheit 62
Selbstbewußtsein 62
Selbstbild 87 f., 488 f.
Selbstdarstellung, verbale 136
Selbstdisziplin 358
Selbsteinschätzung 82, 84
Selbsteinstellung 84, 87
Selbsteinstellungs-Wandel, Methode 84
Selbstenthüllung 65, 69, 99, 555 f.
– Phänomen 553
Selbsterfahrungsgruppen 510 f., 540, 548, 550
– Fragebogen 545 ff.
Selbst-Etikettierung 425
Selbsthilfe, Institutionen 511

Selbsthilfegruppen 504, 554
Selbsthilfetechniken 488 ff.
Selbstinstruktion 378, 407, 409, 411, 414, 429
– bewältigende 435 f.
– Erwachsene 414
Selbstinstruktionsansatz 431
Selbstinstruktionsbehandlung 416
Selbstinstruktionstechnik 424
Selbstinstruktionstherapie, Anfangsphase 417
Selbstinstruktionstraining 410, 423, 434
Selbstinstruktionsverfahren, Trainingsansatz 444
Selbstkontrolle 114, 212, 326, 357 ff., 383 f., 398, 433, 437, 594
– Generalisationseffekt 360
Selbstkontrollfertigkeiten 429
Selbstkontroll-Konzept 360
Selbstkontroll-Mechanismen 410
Selbstkontrolltechnik 326
Selbstkontrollverfahren 130
Selbstkritikgewohnheiten 385
Selbstmanagement 398
– Einschränkung 400
Selbstmanagement-Programm, praktische Übungen 376
Selbstmanagement-Techniken, Grenzen 399
Selbstoffenbarung 66
Selbstreflexion 350
Selbstregulation 130, 356
Selbstregulierungs-Prozeß 353
selbstschädigendes Verhalten 328
Selbstsicherheit 592
Selbstsicherheitstraining 286 ff., 291, 299, 590 ff.
– eigentliches 288
– Stufen 288
Selbststeuerungsdefekt 443
Selbsttrainingshandbuch, halbautomatisches 432

617

Sachverzeichnis

Selbstüberprüfung 354, 413
Selbstüberwachung 353, 359, 370
Selbsturteil 411, 415
– negatives 413
Selbstverbalisation 105 f., 108 f., 111, 113, 437
– irrationale 109
Selbstverstärkung 144, 353, 363, 594, 596
– aversive 388 f.
Selbstvertrauen-Spiel 200 f.
Selbstvertrauen im Unterricht 201
Selbstverwirklichung 62
Selbstwahrnehmung 443
Selbstzuspruch 426
Selbstzweifel 432
Sensibilierung, verdeckte 435, 475
Sensitivierung, verdeckte 382 f., 390
Sensitivity-Gruppen 547
Sensitivy-Training 511
sensomotorische Aufgaben 433
Sexualverhalten, abweichendes 152, 341 ff.
sexuelle Störungen 72, 341 ff.
– Verhaltensweisen 350
Signale, nichtverbale 67
Simulation 178 f., 181
Simulation, Berufsberatung 197
– betriebliche Ausbildung 196
– Ehe- und Familientherapie 207
– Erfolgskontrolle 196
– offene 179
– Pädagogik 197, 204
– Psychotherapie 205
– verdeckte 179
Simulationsspiel, Forschungsprojekt 204
– gruppentherapeutisches 210
– Kontrolle 205
– Unterricht 200
Situationsanalyse 417, 420
Situationsbewältigung 428
Situationstypen 95

Skinnersche Verhaltensanalyse 230
Skinnerscher Ansatz 224
– Problemkäfig 224
sokratische Methode 84, 86
Sozialangst 107, 115
soziale Fähigkeiten 60
– – grundlegende 61
– Fertigkeiten 148, 191
– Interaktion s.
  Interaktion, soziale
– Druck 148
soziales Verhalten, Modifikation 148
Sozialstruktur 77
Sozialsysteme 95
Spannungen, psychische 84
Sprachmodell 163
Sprachtraining 163
Sprechkontinuität 67
Sprichwortdeutung 433
Standarddesensibilierungsbehandlung 143
Standardinterview 417
Standortverlagerung 62, 71
Steuerimpulse 584
Stimulation, aversive 435
– emotionale 550
Stimulus, auslösender 222
– aversiver 15
– – reaktionskontingenter 247
– – unkonditionierter 244, 322
Stimulus, diskriminativer 230 f., 255
– – Änderung 379
– neutraler 312
– unkonditionierter 312, 332
– verstärkter 225
Stimuluseinengung 380 f.
Stimulusgeneralisierung 230, 256 f.
Stimuluskontrolle 230, 235 ff., 238, 244 f., 250, 258, 377
– Änderung der physischen Umwelt 378, 381
– – sozialen Umwelt 378, 381
– physische 379
– Programm 245
– Verfahren 245, 255

Stottern 334 f.
Straffälligkeit 74
Straftäter, jugendlicher 74
Streß 73, 418, 425
– psychischer 99
Streßimmunisierung 422
Streßreaktion 422
Streßsituation 428
– hierarchisch gesteigerte, Probeagieren 413
Struktur, begriffliche, des vorgestellten Problems 415
strukturierte Situation 184
SUD-Skala 185
Suggestion 456, 460, 464, 472 f., 477 ff., 481 ff., 492 ff., 497
– direkte 455
– hypnotische 465
– positive 455
suggestive Techniken 499, 451 ff., 455
– Therapieansätze 470 f.
Suggestivtherapie 457, 459
sukzessive Annäherung, Prinzip 442
Supervision 5
Sympathie 20
Symptomsubstitution 471
Synanon 511
Synanon-Angriffstherapie 548

Tavistock-Schule für Gruppenanalyse 550
Technik der assoziativen Grundeinstellung 427
– operante 6
Theorie sozialen Lernens 515 f.
Therapeut, Aufrichtigkeit 6
– Bemühen 44
– als beobachtendes Ego 549
– Deutung 521
– Einsatz 44
– Empathie 6, 31 f.
– Gespräch, Gebote 49 ff.
– – Verbote 49
– kognitive Richtung 413
– Kompetenz 27 ff.
– Schweigepflicht 15

618

- semantische Richtung 413
- Spontaneität 45
- Status 27 ff.
- Training 166
- Übereinstimmung mit dem Klient 47
- Verständnis 45
- Wärme 6, 39 ff.
therapeutische Bedingungen 525
- Mechanismen 525
Therapie, Anfangsphase 420
- Begründung 422 f.
- - rationelle 420 ff.
- Beurteilungsverfahren 420
- Erfolg 600
- - Kontrolle 183
- Erwartung 451 ff., 456
- durch Konfrontation 504
- semantische 414, 424
Therapieansätze, suggestive 470 f.
Therapieform, erklärende Begründung der begrifflichen Basis 417
Therapiekonzept 416
Therapiemotivation 451
Therapieplan, rationelle Begründung 420
Therapieprozeß 414
Therapiezentren 504
Therapieziel 2, 8, 270, 410
thought stopping - covert 435
Token-Economy 105
Token-Simulation 212
Token-System 189
Tonfall 67
Tonband 589
Tonbandgerät 576, 580, 583
TOTE-Modell 121
Trancezustand 458, 461, 466, 472 ff., 487 ff.
- hypnotischer 491 f.
Training 288, 360
Traniningsfilm 138
Transaktionale Analyse 561
Transvestitismus 342
Tüchtigkeit, soziale 61 f., 92

Überalterung 255 f.
Überessen 410
- Aversionstherapie 338
Übergewicht 74
- Motivation zur Selbstkontrolle 359
Überlebenstechniken 173
- Training 157
Übertragung 178, 518
Übertragungsverhalten 443
Übungen, strukturierte 549
- strukturierende 558, 566
Umfeld, soziales 15
Umstrukturierung, kognitive 108, 114 ff., 119, 129, 515
- - systematische 105, 130
Umwelt, Änderung 95
Umweltbedingungen 187
Umweltkontrolle 350
umweltkontrollierende Programme, Grenzen 351
Unkenntnis aus Isolation 90
Unsicherheit 62
Unterstützung, Umwelt 359
Ursachendeutung 75
Urteilskraft 62

Validierung, übereinstimmende 520
Variable, kognitive 103
Veränderungsmechanismus 553
Verärgerung 93
- Ausdruck 93
Verantwortung, soziale 98
Verfahren, operantes 317
Vergleich, sozialer 89, 523
Verhalten, aggressives 193, 344, 372
- Fertigkeiten 59
- inkompatibles, Verstärkung 323
- kognitives, Modifikation 421
- kooperatives 213
- Motive 59
- non-verbales 530
- selbstschädigendes 57
- selbstsicheres 183
- - Steigerung 388
- soziales 133, 173

- überflüssiges 419
- unkooperatives 213
- verbales 144, 172
- - Modifikation 146 f.
- Vorhersage 59
Verhaltensanalyse 231, 402, 412
- experimentelle 220, 222, 257
Verhaltensausformung 233 ff.
Verhaltensbeobachtung 417
Verhaltensbeurteilung 417
Verhaltensdefizit 8, 10
Verhaltensdiagnose 230 ff.
Verhaltenserwartung 95
Verhaltensfortschritte, Aufrechterhaltung 255
Verhaltenskategorien 545
Verhaltenskette 236 f.
Verhaltenskontrolle, aversive Methoden 310
Verhaltensmodifikation 2, 4, 11, 60
- Techniken 15
Verhaltensmuster, Definition 182 f.
Verhaltensnormen 59
Verhaltensprobleme, Definition 419
Verhaltensregeln durch Verträge mit sich selbst 359
Verhaltensrepertoire 409
Verhaltensrituale 418
Verhaltenssequenz 399
Verhaltensstörung 3
Verhaltensstrategien, kognitive 412
verhaltenstherapeutische Verfahren 427
Verhaltenstherapie 414, 474, 500, 514
- begriffliche, Strukturierung des Problems 415
- dynamische 430
Verhaltenstraining 257
- Simulationsspiele 114, 196
Verhaltensveränderung 3 f.
- Plan 402
- Techniken 13, 15

Sachverzeichnis

Verhaltensverkettung 234
Verhaltensweisen, angepaßte 415
– Einüben 560
– generalisierte asoziale 343 ff.
– neue, Produktion 424
– offene, fehlangepaßte 414
– verdeckte 414
Verhaltenszyklus 58
Vermeidenskonditionierung 244
Vermeidensverhalten 243, 363, 436
Vermeidungsprozeße 592
Vermeidungsreaktion 242, 333
Vermeidungstechnik 338
Vermeidungswert 293
Verstärker 414
– generalisierter 227
– konditionierter 226 f., 242, 250, 255
– negativer 226
– positiver 225 f.
– primärer 226 f., 242
– sozialer 242
Verstärkerkontingenz 229, 255
Verstärkerrückgabe 228 f., 250 ff., 320 f., 332, 335, 338, 344
Verstärkerrückgabe-Kontrakt 250, 340
Verstärkung 78, 189, 194, 225, 227, 236, 245, 258, 323
– äußere 195
– direkte 143, 172
– inkompatiblen erwünschten Verhaltens 248 f.
– innere 195

– negative 229, 242
– Plan 248
– positive 229, 240 f.
– durch Selbstaussagen 424
– stellvertretende 143, 172
– verdeckte 394
Verstärkungspläne 227 f., 255, 325
Vertrag zwischen Hilfeleistenden und Patienten 98
Vertrauen 63 f., 70
– Aufbau 65, 68 f.
– zu den eigenen Fähigkeiten 62
– und Kommunikation 65
– soziales 61
Versagen 377
Verstehen 66
– rechtes, Bekundung 92
Verwundbarkeit 65
Verzögerung, minimale 226
Videoband 590, 597 ff.
Videobildschirm 586 f.
Video-Feedback 188, 190, 195, 213
Videokassetten 582
Videorecorder 582
Vogler-Technik 337
Vorhersagbarkeit 87
Vorschule 154
Vorstellungen, innere, verdeckte 430
Vorstellungsmanipulation 442
Vorstellungstechniken 395
Vorstrukturierung 20 ff.
Vorurteil 72
Voyeurismus 343

Wärme 66 f., 80, 92
– Ausdruck 93

Wahrnehmung 88, 410
– Organisation 82
– sinnliche 504
Weight Watchers 507
Wertausdrucksfunktion 87 f.
Werte, Konsistenz, Tendenz 83
Werthaltung 88
– Konsistenz 83
Wertungskonsistenz, Prinzip 82
Wertvorstellung 83
Widerstand 400, 518, 547
Willensstärke 378
Willoughby-Fragebogen 269
Wunderheilungen 18
Wunschbild-Technik 396

Yale-Programm 96
Yoga 487 ff., 500

Zeitplan 365
Zielverhalten 212, 232, 402
Ziffernsymbol-Substitution 433
Zugang, lernpsychologischer 77
Zugriff, freier 580 f.
Zuhören, aktives 106
Zuneigung 92
Zuschauer-Therapie 555
Zuwendung, positive, bedingungslose 516
zwanghafte Zustände 339
Zwangsverhalten 435
Zwangsvorstellung 438
Zynismus 62

Psychologie

U&S

Urban &
Schwarzenberg
Medizin · Psychologie

Kursus der Medizinischen Psychologie
Gruppendynamische Didaktik

Von Dr. Klaus Antons, Dr. Editha Enke-Ferchland, Peter Malzahn und Prof. Dr. Jürgen v. Troschke
Herausgegeben von Prof. Dr. Helmut Enke, Ulm
1972. IX, 298 Seiten, 40 Abbildungen. Kartoniert DM 19,80
ISBN 3-541-05581-2

Siegrist
Lehrbuch der Medizinischen Soziologie
2., überarbeitete und erweiterte Auflage

Von Prof. Dr. Johannes Siegrist, Marburg
1975. VIII, 192 Seiten. Kartoniert DM 24,–
ISBN 3-541-06382-3

Hartig
Probleme und Methoden der Psychotherapieforschung

Von Dr. Monika Seiderer-Hartig, München
1975. VII, 184 Seiten, 4 Abb. Kartoniert DM 28,–
ISBN 3-541-07061-1

Psychotherapie: Grundlagen, Verfahren, Indikationen

Herausgegeben von Prof. Dr. Hans Strotzka, Wien
Unter Mitarbeit von A. M. Becker, R.-S. Graupe, I. Grumiller, E. Jager, H. Katschnig, M. Kremser, E. Montag, H. Petsche, L. Reiter, M. Ringler und R. Vollmer
1975. XVIII, 542 Seiten, 3 Abb. Kartoniert DM 38,–
ISBN 3-541-06931-7

Holland/Skinner
Analyse des Verhaltens
2., überarbeitete Auflage

Von Prof. Dr. James G. Holland, Pittsburgh und Prof. Burrhus F. Skinner, Cambridge, Mass., USA
1974. XV, 337 Seiten, 28 Abb. Kartoniert. DM 22,–
(Mengenpreis ab 10 Exemplare je DM 19,80)
ISBN 3-541-04932-4

Rachman/Philips
Arzt und Psychologe
Ein Programm zur Partnerschaft

Von Prof. Dr. Stanley J. Rachman und Clare Philips, London
1976. XII, 152 Seiten. Kart. DM 24,–
ISBN 3-541-07401-9